Das höhere Schulwesen im Spannungsfeld
von Demokratie und Nationalsozialismus

STUDIEN ZUR BILDUNGSREFORM
Herausgegeben von Wolfgang Keim
Universität – Gesamthochschule – Paderborn

BAND 31

PETER LANG
Frankfurt am Main · Berlin · Bern · New York · Paris · Wien

Hans-Günther Bracht

Das höhere Schulwesen im Spannungsfeld von Demokratie und Nationalsozialismus

Ein Beitrag zur Kontinuitätsdebatte
am Beispiel der preußischen Aufbauschule

PETER LANG
Europäischer Verlag der Wissenschaften

Die Deutsche Bibliothek - CIP-Einheitsaufnahme

Bracht, Hans-Günther:

Das höhere Schulwesen im Spannungsfeld von Demokratie
und Nationalsozialismus : ein Beitrag zur Kontinuitätsdebatte
am Beispiel der preußischen Aufbauschule / Hans-Günther
Bracht. - Frankfurt am Main ; Berlin ; Bern ; New York ; Paris ;
Wien : Lang, 1998
    (Studien zur Bildungsreform ; Bd. 31)
    Zugl.: Paderborn, Univ., Diss., 1998
    ISBN 3-631-33804-X

Gedruckt auf alterungsbeständigem,
säurefreiem Papier.

D 466
ISSN 0721-4154
ISBN 3-631-33804-X

© Peter Lang GmbH
Europäischer Verlag der Wissenschaften
Frankfurt am Main 1998
Alle Rechte vorbehalten.

Printed in Germany 1 2 3 4 5 7

Dank

Vorliegende Publikation ist im Wintersemester 1997/98 vom Fachbereich 2 (Pädagogik, Psychologie, Sport) der Universität-Gesamthochschule Paderborn als Dissertation angenommen worden. Ihre Entstehung ging auf eine Anregung von Prof. Dr. Wolfgang Keim zurück, der die Arbeit auch ausdauernd betreut und schließlich begutachtet hat. Ihm bin ich nicht nur zu besonderem Dank verpflichtet, daß er mich immer wieder ermunterte, mich umfassend der Kontinuitätsdebatte in der Pädagogik zu stellen, sondern auch, weil er mir bereitwillig und ermutigend zu ergiebigen Sachgesprächen zur Verfügung stand. Seinen Oberseminaren und den in diesem Rahmen erfolgenden intensiven Diskussionen mit Mitarbeiter(inne)n, Studierenden und Referent(inn)en - besonders auf Wochenendveranstaltungen - verdanke ich einen Teil meines Profils. Ich habe mich gefreut, daß Prof. Keim bereit war, die Dissertation in die von ihm herausgegebene Reihe „Studien zur Bildungsreform" im Peter Lang Verlag aufzunehmen. Besonderer Dank gilt auch Prof. Dr. W. Hagemann für seine sorgfältige Zweitbegutachtung meiner Arbeit.

Jeder weiß, daß eine derartige Untersuchung ohne vielfältige Unterstützung nicht möglich ist. Stellvertretend für die Archive möchte ich Herrn Sommer vom Stadtarchiv Rüthen und für die Bibliotheken Herrn Vischer, Erzbischöfliche Akademische Bibliothek Paderborn, für ihre Hilfsbereitschaft danken. Nicht unerwähnt darf bleiben, daß mir OStD a.D. Herbert Pilters im Interesse einer umfassenden und aufklärenden Darstellung der Schulgeschichte den Zugang zum Archiv der Aufbauschule Rüthen gewährte. Bedanken möchte ich mich auch bei den ehemaligen Schüler(inne)n, die mich alle sehr gastfreundschaftlich aufgenommen haben und sich für Interviews zur Verfügung stellten.

Ein derartiges Projekt hat auch Auswirkungen auf das Privatleben. Sigrid Blömeke danke ich herzlich für die kritikfreudigen Sachgespräche und die sich nicht nur hieraus ergebende umfassende Förderung des Forschungsvorhabens. Ihr und meinen Kindern Hannes und Lukas widme ich diese Arbeit.

Hans-Günther Bracht

Vorwort des Herausgebers

An einschlägigen Forschungen zur Schule im Nationalsozialismus besteht kein Mangel. Den bereits in den 60er und 70er Jahren erschienenen allgemeinen Darstellungen zur nationalsozialistischen Schulpolitik und zur Schule im Nationalsozialismus folgten in den 80er und 90er Jahren regionalgeschichtliche Aufsatzsammlungen und Monographien sowie quellengestützte Rekonstruktionen zur Nazizeit an einzelnen Schulen; von der Vielzahl an Festschriften mit mehr oder weniger affirmativer oder - neuerdings - auch kritischer Haltung der eigenen Schule gegenüber ganz zu schweigen. Ungeachtet dessen kann Hans-Günther Bracht mit vorliegender, an der Universität-Gesamthochschule Paderborn als Dissertation angenommenen Untersuchung für sich beanspruchen, neue Bereiche der Thematik erschlossen und weiterführende Forschungsperspektiven entwickelt zu haben, und zwar in mehrfacher Hinsicht:

Zunächst einmal steht mit der Aufbauschule ein Schultyp des höheren Schulwesens im Mittelpunkt des Interesses, der merkwürdigerweise in der Forschung bislang kaum eine Rolle gespielt hat, obwohl seine explizit kulturkritischen und völkisch-nationalen Begründungszusammenhänge mit ihren Affinitäten zur NS-Ideologie einer reibungslosen Nazifizierung entgegenkamen. Von daher muß bereits als Verdienst gelten, daß Hans-Günther Bracht auf Grundlage der Aktenbestände des preußischen Kultusministeriums, des Schrifttums zur Aufbauschule sowie allgemeiner historischer und schulgeschichtlicher Darstellungen eine differenzierte Bearbeitung dieses Schultyps, der mit ihm verbundenen Intentionen wie seiner Entwicklung in Preußen für den Zeitraum der 20er und 30er Jahre vorgelegt hat.

Mit der Analyse des Typus „Aufbauschule" verbindet sich *zweitens* die bislang - wie ich sehe - grundlegendste Rekonstruktion von Unterricht an einer einzelnen Schule für den Zeitraum des Übergangs von Weimar zum Nationalsozialismus, wobei der Verfasser die große Chance genutzt hat, an der ehemaligen Aufbauschule in Rüthen (Kreis Soest), an der er seit mehr als zwei Jahrzehnten als Lehrer tätig ist, das nahezu vollständig erhaltene Schularchiv auszuwerten.

Schließlich kann der Verfasser *drittens* für sich in Anspruch nehmen, erstmals anhand der Schulgeschichte die in der historischen Bildungsforschung immer noch umstrittene Frage zu diskutieren, ob der Übergang von Weimar zum nationalsozialistischen Staat im Bereich des Erziehungswesens einen Bruch bedeutet hat oder eher durch Elemente von Kontinuität gekennzeichnet ist.

Unter dem zuletzt genannten Aspekt ist von Bedeutung, daß - wie der Verfasser differenziert und auf breiter Materialbasis zeigen kann - der Typus „Aufbauschule" bereits zum Zeitpunkt seiner Einführung in Preußen im Februar 1922, entgegen weit verbreiteten Vorstellungen, alles andere als einen Ansatzpunkt durchgreifender Demokratisierung des damaligen Bildungswesens im Sinne der - etwa vom Bund Entschiedener Schulreformer und anderer fortschrittlicher Gruppen geforderten - Einheitsschule dargestellt, sondern vielmehr ganz im Gegenteil den Gedanken der Einheitsschule und dessen demokratische und emanzipatorische Elemente geradezu unterlaufen hat, war doch die Aufbauschule eindeutig an bürgerlich-nationalistischen Zielen orientiert. Dafür macht der Verfasser vor allem das nur wenig auf Demokratisierung ausgerichtete Geflecht von Parteien, Verbänden und Schulbürokratie verantwortlich, das zugleich als Ausdruck der gesamtgesellschaftlichen Entwicklung anzusehen ist.

Diese wenig demokratische und egalitäre Ausrichtung speziell der ländlichen Aufbauschulen - überwiegend als Deutsche Oberschulen geführt - stand dem Demokratieanspruch der Weimarer Reichsverfassung diametral entgegen, kam jedoch nationalsozialistischen Ansprüchen und Vorstellungen in vielem recht nahe. Die Aufbauschule stellt somit tendenziell eher ein Element der Kontinuität zwischen Weimarer und NS-Schule dar, organisatorisch als begrenzter Aufstiegskanal für ländliche Begabungsreserven bei unverändert ständisch-vertikalen Schulstrukturen, inhaltlich-ideologisch mit vor 1933 völkisch-deutschkundlicher, nach 1933 nazistisch-rassistischer Prägung.

Diese Einschätzung der Aufbauschule bestätigt die Einzeluntersuchung der Rüthener Schule, und zwar sowohl nach der Seite der Einstellung ihrer Schulleiter und des gesellschaftlichen Bewußtseins ihrer Lehrerschaft als auch nach der des Unterrichts hin, der sich anhand der erhaltenen Abiturunterlagen dieser Schule rekonstruieren läßt und in vorliegender Untersuchung in den für die Schulform maßgeblichen - ideologieträchtigen - Fächern Deutsch, Erdkunde, Geschichte und Biologie umfassend analysiert wird. Wie für die Gesamtentwicklung der Aufbauschule in Preußen beinhaltet auch für den Unterricht in Rüthen das Jahr 1933 zwar einen Einschnitt, der sich zum ersten Male deutlich in den Abiturprüfungen von 1934 niederschlägt, allerdings kaum im Sinne eines Bruches, sondern lediglich als Zuspitzung bereits vor 1933 nachweisbarer Grundtendenzen.

So anregend und weiterführend die skizzierten Ergebnisse vorliegender Untersuchung sind, so erschöpft sich ihr Wert darin keineswegs. Vielmehr liegt dieser ebenso auch im methodischen Vorgehen, in der wissenschaftlichen Sorgfalt sowie im quellenkritischen Reflexionsvermögen des Verfassers, die als vorbildlich gelten können. Dies zeigt bereits die außergewöhnlich umfangreiche Einleitung mit Vorüberlegungen grundsätzlicher Art, mit einem umfassenden Überblick über den Forschungsstand, vor allem aber mit einer ausführlichen, die Kontroversen der vergangenen zehn Jahre einbeziehenden Diskussion der zentralen Frage nach Kontinuität und Diskontinuität. Schon in diesem einleitenden Teil wird deutlich, daß es Hans-Günther Bracht nicht etwa um vordergründige „Entlarvungen" geht, wie sie entsprechenden Untersuchungen häufig unterstellt werden. Ausdrücklich betont er vielmehr, daß sein Forschungsinteresse der in der Themenstellung formulierten „Gemengelage" des Spannungsfeldes von Demokratie und Nationalsozialismus gilt, und zwar in einer durch den Katholizismus geprägten ländlichen Region. Dieser Anspruch wird, wie ich meine, gerade in der Analyse des Verhaltens der Lehrerschaft und des Unterrichts an der Aufbauschule in Rüthen voll eingelöst. So unterschlägt der Verfasser nicht, daß zum Verhalten der Lehrerschaft vielfach widersprüchliche Aussagen vorliegen, zeitgenössische *und* spätere aus Entnazifizierungsverfahren, wobei man dem Autor bei seinen Interpretationen ein hohes Maß an Fairneß attestieren muß, da er stets auch entlastenden Argumenten nachgeht und sie angemessen würdigt, ohne klaren Einschätzungen aus dem Wege zu gehen, sofern dies die Quellenlage zuläßt. Dabei werden wissenschaftliche Urteile nie mit *Ver*urteilung verwechselt.

Entsprechendes gilt für die Unterrichtsanalysen, die nicht - wie häufig üblich - aus den Richtlinien abgeleitet sind, sondern überwiegend auf den umfangreichen Unterlagen sowohl für die schriftlichen als auch mündlichen Abiturprüfungen basieren, von denen aus auf den vorangegangenen Unterricht zurückgeschlossen wird - nach Möglichkeit unter Hinzuziehung von Befragungen ehemaliger Schülerinnen und Schüler. Als sinnvoll erweist es sich, daß der Verfasser den Unterricht jeweils nach Jahrgängen, Fächern und unterrichtenden Lehrern getrennt analysiert, weil er auf diesem Weg ein weites Spektrum von Anpassungsverhalten und Nazitum erfassen kann, und zwar bis hin zum Fach Erdkunde, dessen ideologische Ausrichtung sich interessanterweise in Rüthen nach 1933 - entgegen den Richtlinienforderungen - kaum verändert hat. Zwar wird dadurch die skizzierte Gesamttendenz nicht in Frage gestellt, jedoch angedeutet, wie groß die Spielräume gewesen sind, die einzelne Lehrer und Schulen auch in der Nazi-Zeit gehabt haben, ebenso die Chance genutzt, Lehrern mit Standvermögen Gerechtigkeit widerfahren zu lassen.

Angesichts ihrer interessanten und weiterführenden Forschungsergebnisse wie ihrer methodischen Sorgfalt ist vorliegender Untersuchung eine weite Leserschaft zu wünschen.

Paderborn, April 1998

Wolfgang Keim

Inhalt

11

16

A. Einleitung

I. Motive für die Beschäftigung mit der Thematik und persönliche Interessenlage

Der durch frühe kirchliche Selbstdarstellungen[1] entstandene Mythos eines geschlossenen katholischen Widerstands gegen den Nationalsozialismus[2] - gestützt von der Einbeziehung der Kirchen in den Wiederaufbau nach 1945 durch die Alliierten[3] auch im Schulwesen[4] - korrespondierte mit einer schnellen Wiedereröff-

---

[1] vgl. u.a. Neuhäusler, Johann, Kreuz und Hakenkreuz. Der Kampf des Nationalsozialismus gegen die katholische Kirche und der kirchliche Widerstand. Erster Teil, München 1946; Hofmann, Konrad (Hrsg.), Zeugnis und Kampf des deutschen Episkopats. Gemeinsame Hirtenbriefe und Denkschriften (= Das christliche Deutschland 1933 bis 1945. Dokumente und Zeugnisse hrsg. von einer Arbeitsgemeinschaft katholischer und evangelischer Christen. Katholische Reihe Heft 2), Freiburg 1946, und für den Episkopat die Herausstellung des späteren Kardinal von Galen als „Löwen von Münster". Von Galen war „konservativ, patriarchalisch"; er sah im britischen Besatzungsregime „in mancher Beziehung eine Nachahmung des Nationalsozialismus", der ihm als „Fremdherrschaft" galt, und behauptete, daß ihre „Konzentrationsläger schlimmer (seien) als die der Nazis". So die Biographie von seinem langjährigen Kaplan Portmann, Heinrich, Kardinal von Galen. Ein Gottesmann seiner Zeit, Münster 1948, S. 69, 244f. Vgl. auch für den Bereich der Priester Schäfer, Josef (Zusammenstellung), Wo seine Zeugen sterben ist sein Reich. Briefe der enthaupteten Lübecker Geistlichen und Berichte von Augenzeugen, Hamburg 1946, und zum Katholischen Jungmännerverband Roth, Heinrich (Zusammenstellung), Katholische Jugend in der NS-Zeit. Daten und Dokumente (= Altenberger Dokumente 7), Düsseldorf 1959

[2] vgl. zu den kirchlichen Hirtenbriefen aus dem Jahre 1945, die fast nur den Zeitraum der letzten Kriegsjahre würdigten, Lemhöfer, Ludwig, Die Katholiken in der Stunde Null. Restauration des Abendlandes oder radikaler Neubeginn, in: Kringels-Kemen, Monika / Lemhöfer, Ludwig (Hrsg.), Katholische Kirche und NS-Staat. Aus der Vergangenheit lernen?, Frankfurt 1981, S. 101-117

[3] vgl. Epkenhans, Michael, Neuere Literatur zur britischen Deutschland- und Besatzungspolitik 1945-1949, in: Westfälische Forschungen 41 (1991), S. 517-529, der von einer christlich-konservativen Einflußnahme ausgeht. Füssl erkennt eine „Etablierung der Kirche als Erziehungsmacht", der „traditionsorientierte, konservative und autoritär fixierte Einstellungen" zuspricht. Vgl. Füssl, Karl-Heinz, Restauration und Neubeginn. Gesellschaftliche, kulturelle und reformpädagogische Ziele der amerikanischen „Re-education"-Politik nach 1945, in: Aus Politik und Zeitgeschichte Heft B 6/97 vom 31. Januar 1997, S. 14

[4] vgl. Himmelstein, Klaus, Kreuz statt Führerbild. Zur Volksschulentwicklung in Nordrhein-Westfalen 1945 - 1950, (= Studien zur Bildungsreform Bd. 13), Frankfurt u.a. 1986; derselbe (Hrsg.), Otto Koch - Wider das deutsche Erziehungselend. Versuche eines Schulreformers (= Studien zur Bildungsreform, Bd. 17), Frankfurt u.a. 1992, und Blömeke, Sigrid, Der Wiederaufbau der Volksschullehrerinnen- und -lehrerausbildung in der Provinz Westfalen 1945/46 und die Pädagogische Akademie Paderborn, Paderborn 1991 (unver-

nung der katholisch geprägten höheren Schulen mit überwiegend demselben, nunmehr entnazifizierten Personal wie vor 1945. Zahlreiche Publikationen verfestigten bis in die 60er Jahre[5] die Vorstellung eines durchgängigen und umfassenden Widerstands[6] der katholischen Kirche und ihrer Mitglieder, wohingegen die Forschungsergebnisse seit den 70er Jahren eher auf eine weitgehende Beschränkung eines widerständigen Verhaltens auf das kirchliche Terrain deuten - und zwar weder zeitlich ungebrochen noch alle Teile des Kirchenvolkes und des Klerus einbeziehend. Es handelte sich um eine Gemengelage von Konsens und Dissens mit den nationalsozialistischen Zielen und Herrschaftspraktiken.[7]

öff. Staatsexamensarbeit); Pakschies, Günter, Umerziehung in der Britischen Zone 1945 - 1949. Untersuchungen zur britischen re-education-Politik (= Studien und Dokumentationen zur deutschen Bildungspolitik Bd. 9), 2. durchgesehene Aufl. Köln u.a. 1984; Eich, Klaus-Peter, Schulpolitik in Nordrhein-Westfalen 1945 - 1954, Düsseldorf 1987

[5] vgl. zum Überblick Hehl, Ulrich von, Der deutsche Katholizismus nach 1945 in der zeitgeschichtlichen Forschung, in: Kaiser, Jochen-Christoph/ Doering-Manteuffel, Anselm (Hrsg.), Christentum und politische Verantwortung. Kirchen im Nachkriegsdeutschland, Stuttgart u.a. 1990, S. 146-175, und immer noch Pottier, Joel (Hrsg.) Christen im Widerstand gegen das Dritte Reich, Stuttgart u.a. 1988, sowie Bildungswerk des Bistums Dresden-Meißen e.V. (Träger), Die katholische Kirche und der Nationalsozialismus. Märtyrer und Zeugen aus Mitteldeutschland. Ausstellungskatalog, (o.O.) 1994. Auch für schulische Schriften gilt dies häufig noch heute (vgl. Kapitel A.III.2.c).

[6] Zur notwendigen Auffächerung des pauschalen Widerstand-Begriffs in Opposition, Resistenz, Dissens, Nonkonformismus etc. siehe die zahlreichen Hinweise bei Steinbach, Peter / Tuchel, Johannes (Hrsg.), Widerstand gegen den Nationalsozialismus (Bundeszentrale für politische Bildung, Schriftenreihe Band 323), Bonn 1994, und Eckert, Rainer, Die Widerstandsforschung über die NS-Zeit - ein methodisches Beispiel für die Erfassung widerständigen Verhaltens in der DDR?, in: GWU 46 (1995), S. 553-566, sowie die kritischen Hinweise zum Resistenz-Begriff bei Köhler, Ernst, Die langsame Verspießerung der Zeitgeschichte. Martin Broszat und der Widerstand, in: Freibeuter. Vierteljahrszeitschrift für Kultur und Politik, Heft 36 1988, S. 53-72

[7] vgl. Gotto, Klaus / Hockerts, Hans Günter / Repgen, Konrad, Nationalsozialistische Herausforderung und kirchliche Antwort. Eine Bilanz, in: Bracher, Karl Dietrich / Funke, Manfred / Jacobsen, Hans-Adolf (Hrsg.), Nationalsozialistische Diktatur 1933-1945. Eine Bilanz (= Bundeszentrale für politische Bildung, Schriftenreihe Bd. 192), Bonn 1983, S. 655-668, und Köhler, Joachim / Thierfelder, Jörg, Anpassung oder Widerstand? Die Kirchen im Bann der „Machtergreifung" Hitlers, in: Landeszentrale für politische Bildung Baden-Württemberg und Haus der Geschichte Baden-Württemberg (Hrsg.), Formen des Widerstandes im Südwesten 1933-1945: Scheitern und Nachwirken, Ulm 1994, S. 53-94. Gerade milieuspezifische Forschungen stützen die Erkenntnis einer „widerwilligen Loyalität" bzw. einer „partiellen Nichtanpassung", vgl. stellvertretend für eher lokale Untersuchungen Blessing, Werner K., „Deutschland in Not, wir im Glauben ...". Kirche und Kirchenvolk in einer katholischen Region 1933-1949, in: Broszat, Martin u.a. (Hrsg.), Von Stalingrad zur Währungsreform. Zur Sozialgeschichte des Umbruchs in Deutschland (= Quellen und Darstellungen zur Zeitgeschichte hrsg. vom Institut für Zeitgeschichte, Bd.

Die uneingeschränkte Vorstellung einer widerständigen katholischen Kirche wurde für mich grundsätzlich zum erste Mal durch das Rezipieren der Publikation von Denzler/Fabricius[8] und der - noch nicht beendeten - Diskussion um Böckenfördes[9] bahnbrechenden Aufsatz zum Verhalten des deutschen Katholizismus bei der Machtübergabe an Hitler in Frage gestellt und fand ihre Konkretisierung für katholische Schulen, als über die Schule, an der ich die Reifeprüfung abgelegt hatte und an der ich zu diesem Zeitpunkt (1986) auch zehn Jahre als Lehrer beschäftigt war, Schüler(innen) eines Leistungskurses auf Anregung des damaligen Schulleiters OStD Herbert Pilters und unter Betreuung meiner Kollegin OStR' Karin Gödde Konferenzprotokolle aus der Zeit des Nationalsozialismus auswerteten, sich mit der einschlägigen Erlaßlage vertraut machten und zur Absicherung Zeitzeugen befragten.[10] So wurde ermittelt, daß „die Auswirkungen der NS-Diktatur auch an unserem Gymnasium ihre Spuren (hinterließen)"[11].

Sehr massiv und manchmal in polemischer Form reagierten einige ehemalige Schüler(innen) auf die Veröffentlichung der Ergebnisse in der Schulzeitung „Rü-

---

26), München 1988, S. 3-111, und Rauh-Kühne, Cornelia, Katholisches Milieu und Kleinstadtgesellschaft. Ettlingen 1918-1939, Sigmaringen 1991, sowie für regionale Studien die profunde Arbeit Paul, Gerhard, „...gut deutsch, aber auch gut katholisch". Das katholische Milieu zwischen Selbstaufgabe und Selbstbehauptung, in: Paul, Gerhard / Mallmann, Klaus-Michael, Milieus und Widerstand. Eine Verhaltensgeschichte der Gesellschaft im Nationalsozialismus (= Widerstand und Verweigerung im Saarland 1935-1945 hrsg. von Hans-Walter Herrmann, Bd. 3), Bonn 1995, S. 25-152. Demgegenüber Hürten, Heinz, Katholische Kirche und Widerstand, in: Steinbach, Peter u.a. (Hrsg.), Widerstand ..., a.a.O., S. 182-192, sowie derselbe, Deutsche Katholiken 1918-1945, Paderborn 1992, dessen Position Paul zu Recht als eher „apologetisch-legitimatorisch" qualifiziert (Paul, Gerhard, „... gut deutsch ..., a.a.O., S. 26). Hürten ist in dem Dilemma, einerseits für die Katholiken „gewisse Hemmwirkungen auf die Praxis des Nationalsozialismus" festzustellen zu wollen, andererseits aber auch einräumen zu müssen: „Direkte quellenmäßige Belege dafür sind freilich selten." (Hürten, Heinz, Deutsche ..., a.a.O., S. 557)

8   vgl. Denzler, Georg / Fabricius, Volker, Die Kirchen im Dritten Reich. Christen und Nazis Hand in Hand? Band 1: Darstellung, Frankfurt 1984, und dieselben (Hrsg.), Die Kirchen im Dritten Reich. Christen und Nazis Hand in Hand?, Band 2: Dokumente, erweiterte Ausgabe Frankfurt 1988

9   vgl. Böckenförde, Ernst-Wolfgang, Der deutsche Katholizismus im Jahre 1933. Eine kritische Betrachtung, in: Hochland 53 (1960/61), S. 215-239

10   Während meiner Schulzeit an dem Staatlichen Aufbaugymnasium Rüthen von 1961 bis 1966 war nach meiner Erinnerung die Geschichte der Schule gar nicht und der Nationalsozialismus kaum thematisiert worden, wenn man vom 20. Juli 1944 und den Geschwistern Scholl absieht. Sehr nachhaltig hat mich nur die intensive Besprechung von Paul Celans „Todesfuge" durch meinen Deutschlehrer Dr. Erwin Lawrenz geprägt. Inzwischen ist die „Todesfuge" Programmbestandteil unserer Theatergruppe „Spectaculum" (Leitung StD Hermann Bertling).

11   Schule im Dritten Reich, in: Rüthener Hefte Nr. 19 (1986/87), S. 65

thener Hefte". Insbesondere wurde auf einige ungenaue Darstellungen und kleinere Falschaussagen verwiesen, die teils auf Interpretationsfehlern beruhten, teils auf Zeitzeugenaussagen. Gegenstand des Anstoßes war besonders die Formulierung: „Lehrer in braunen Uniformen prägten das alltägliche Schulbild"[12]. So verglich ein Ehemaliger (Schüler in Rüthen von 1936 bis 1942) den Artikel mit einem Beitrag in dem antisemitischen Hetzblatt „Der Stürmer", die HJ-Hemden mit „Levis"-Mode und drückte seine Gefühle nach dem Lesen des Artikels aus mit einer Aussage Max Liebermanns vom 30.1.1933 angesichts des Gegröles und eines Fackelzuges auf den Straßen: „Ich kann gar nicht so viel fressen, wie ich kotzen möchte!" Der ehemalige Schüler empfahl den Artikel „als Vorlage für das Libretto einer Oper im Stil von Boris Blachers 'Ein preußisches Märchen'" und drohte mit einer Untersuchung durch die Schulbehörde sowie der „Anstrengung eines ordentlichen Strafverfahrens wegen Verunglimpfung Toter"[13].

Differenzierter reagierte ein vom Verfasser obiger Polemik angeschriebener ehemaliger Mitschüler (Schüler in Rüthen von 1937 bis 1942), der eine Aufarbeitung der nationalsozialistischen Vergangenheit als wichtig erachtete, da „die betroffene Generation der Hitlerzeit z(um) T(eil) nur sehr widerwillig und zögernd zu dieser schmachvollen Epoche unserer Geschichte Stellung nimmt"[14]. Er konstatierte für seine ehemaligen Lehrer echtes Berufsethos, Unerschrockenheit, Menschenwürde und geistige Freiheit und fühlte sich zur geistigen Selbständigkeit erzogen.[15] Mut und Kraft seien vermittelt worden, „dem Gift des Nationalsozialismus zu widerstehen und trotz aller modischen Zeitströme die Liebe zu Heimat und Vaterland zu wahren"[16]. Den Lehrern sei „Profilierungssucht und opportu-

---

[12] ebd.

[13] Schularchiv, Korrespondenz, Schreiben vom 15.8.1988 und 25.9.1988. Diesen auch an Mitschüler versandten Briefen schloß sich ein weiterer Schüler mit der Forderung einer Podiumsdiskussion und der Drohung einer Klagegemeinschaft an (vgl. ebd. Schreiben vom 27.9.1988). Einen ähnlichen Hintergrund zeigt für ein Recklinghäuser Gymnasium ein Leserbrief, in dem ein Abiturient des Jahrgangs 1936 einen Lehrer gegen belegte Vorwürfe in Schutz nimmt, ohne sich mit diesen auseinanderzusetzen. Der Ehemalige offenbart seinen Standpunkt durch den Hinweis, daß „wir heute in einer Zeit großer Freiheiten einen Verfall der moralischen Ordnung erleben" (Köppen, Aloys, Experto credite! Eine Leserkritik, in: Petrinum 21/1989, Recklinghausen 1989, S. 72). Vgl. auch den kritisierten Artikel Seifert, Heribert, „Schwierigkeiten mit dem jüdischen Schüler Feuerstein". Wie 1938 der letzte jüdische Schüler vom Gymnasium Petrinum getrieben wurde, in: Petrinum 20/1988, Recklinghausen 1988, S. 75-79

[14] Schularchiv, Korrespondenz, Schreiben vom 10.10.1988

[15] vgl. ebd.

[16] ebd.

nistisches Anpassen - ein Brandmal geistiger Dekadenz in vielen heutigen Kollegien - fremd"[17] gewesen.

Während der frühere Rüthener Schüler die Erziehung im Nationalsozialismus gegenüber der heutigen Erziehungs- und Unterrichtspraxis der Lehrerschaft lobt, offenbaren die Anmerkungen kaum Kenntnis der heutigen Schulwirklichkeit und zugleich, daß der Verfasser seine Erziehung und deren Ziele verinnerlicht hat und nicht mehr kritisch reflektieren kann. Festzuhalten bleibt die Auffälligkeit, daß die Kritik nicht von Schülern gekommen ist, die in den ersten Jahren des Nationalsozialismus ihr Abitur erhielten.

In einer abgewogenen Stellungnahme antwortete Schulleiter Pilters auf die Kritik, indem er zahlreiche aufgeworfene Einzelfragen klarstellte und auf Grundlage des Schularchivs nachwies, „daß der Nationalsozialismus auch an der Aufbauschule Rüthen nicht spurlos vorübergegangen ist und nicht vorübergehen konnte"[18].

Die verantwortliche Kollegin Gödde und die Schüler(innen) veröffentlichten - bei Beibehaltung der Grundaussage ihres ersten Artikels - eine klarstellende Replik, in der sie ihre Fehlinterpretationen korrigierten.[19] Eine darüber hinausgehende Aufforderung an alle Ehemaligen, Berichte „So habe ich die Schule erlebt" einzureichen[20], fand keine Resonanz.

Diese Kontroverse über den konkreten Schulalltag und besonders die polemischen Ausfälle hätten teilweise vermieden werden können, wenn Ehemalige sich früher dieser Zeit gestellt hätten.[21] Denn zu Recht behauptet Giordano, daß

„niemand den Erfolg des Nationalsozialismus und seiner Wahnideen im Körper eines großen Volkes bis in die allerfeinsten Verästelungen genauer, umfassender und tiefgründiger (hätte) enttarnen können als eben das riesige Kollektiv der ehemaligen Hitleranhänger selbst - wenn es geständig gewesen wäre. Aber es war nicht geständig, und es verpaßte so die einmalige Chance, zum eigenen, aber auch zum Wohl der Nachkommen, Herkunft und Beschaffenheit der deutschen Anfälligkeit für den Nationalsozialismus zu ergründen."[22]

---

17 ebd.
18 Schularchiv, Korrespondenz, Schreiben vom 13.10.1988
19 vgl. Stellungnahme. Anmerkungen zum Artikel „Schule im Dritten Reich" in der letzten Ausgabe der Rüthener Hefte, in: Rüthener Hefte Nr. 20 (1987/88), S. 75-77
20 Steinwachs, Hans Georg, Sehr geehrte ..., in: Rüthener Hefte Nr. 20 (1987/88), S. 80
21 Andererseits wird über diese Kontroversen erst die Langzeitwirkung auch der Erziehung im Nationalsozialismus deutlich, die Kontinuitäten eines demokratiekritischen Gesellschaftsverständnisses offenbart.
22 Giordano, Ralph, Die zweite Schuld oder Von der Last Deutscher zu sein, Hamburg u.a. 1987, S. 14. Eine der frühesten Ausnahmen war Maschmann, Melita, Fazit. Kein Rechtfertigungsversuch, Stuttgart 1963. Von den neueren autobiographischen Zeugnissen ist besonders herauszustellen die thematisch gegliederte Erinnerung an das katholische Pa-

Über 50 Jahre später stellt sich die Realisierung eines derartigen Zieles als wesentlich arbeitsaufwendiger und in seinen Ergebnissen mit mehr Unsicherheiten behaftet dar.

Der allgemeine oben beschriebene Widerstandsmythos, der den katholischen Bevölkerungsteil umfängt und auch für die katholisch geprägten höheren Schulen gilt und heute noch einen Teil des Selbstverständnisses und des Images bestimmt, war schon früher durch die Studie über das Kölner Apostelgymnasium „Ich bin katholisch getauft und Arier" in Frage gestellt worden.[23] Die ursprüngliche Intention der Verfasser(innen), Lehrer(innen) am Apostelgymnasium, war gewesen, für eine der üblichen Jubiläumsfestschriften zu präzisieren und zu würdigen, was als allgemeingültig angesehen wurde, daß die Schule im Nationalsozialismus „ihre christliche Substanz bewahrte" und „ein Hort des Widerstandes" gewesen sei.[24] Mit behutsamer Interpretation der verspäteten Aufarbeitung Rechnung tragend mußten sie nach Auswertung zahlreicher Archivalien und Zeitzeugenaussagen aber doch feststellen, daß ein den Nationalsozialisten nicht genehmer Schulleiter durch Intrigen aus dem Kollegium verdrängt worden war, daß der schillernde Charakter des neuen Schulleiters ihn für eine „Kollaboration mit den Nationalsozialisten geradezu prädestinierte" und daß sich „die Schule der nationalsozialistischen Ideologie geöffnet und mehr und mehr angepaßt" hatte, was

---

derborn von Sternheim-Peters, Eva, Die Zeit der großen Täuschungen. Eine Jugend im Nationalsozialismus, überarbeitete Neuaufl. Köln 1992. Erwähnenswert ist, daß die Verfasserin sich für die Erstauflage acht Jahre (bis 1987) um einen Verlag bemühen mußte. Die Zeugnisgebung über Erfahrungen der Betroffenen scheint mir langfristig notwendiger als das „kommunikative Beschweigen" (Hermann Lübbe) der NS-Vergangenheit, das eine Integration aller Menschen in den neuen Staat nach 1945 erleichtert hat. Vgl. auch Hoffmann, Walter, Kindheit und Jugend im Nationalsozialismus. Emanzipation - Identität - Kontinuität, in: Neue Sammlung 32 (1992), S. 53-64. Andererseits sind unkritische und unhistorische Autobiographien wenig aufklärerisch wie z.B. Scholz, Lothar, Der verratene Idealismus. Kindheit und Jugend im Dritten Reich, Frankfurt 1990

[23]   vgl. Geudtner, Otto / Hengsbach, Hans / Westerkamp, Sybille, „Ich bin katholisch getauft und Arier". Aus der Geschichte eines Kölner Gymnasiums, Köln 1985. Meine Rezeption dieser Studie erfolgte im Rahmen des Fortbildungsseminars für Lehrer(innen) „Erziehung nach Auschwitz" (Dr. Klaus Himmelstein / Prof. Dr. Wolfgang Keim) im SoSe 1989 an der Universität-Gesamthochschule Paderborn, in dem neben der Diskussion von (Dis-) Kontinuitäten der wissenschaftlichen Pädagogik von der Weimarer Republik über den Nationalsozialismus bis zur Nachkriegszeit eine Reflexion konkreter Aufarbeitungsbemühungen erfolgte, u. a. in der Essener Alten Synagoge und anderen Gedenkstätten sowie in einem Gespräch mit dem Auschwitz-Überlebenden Schmallenberger Juden Hans Frankenthal.

[24]   vgl. Geudtner, Otto u.a., „Ich bin katholisch ...", a.a.O., S. 11

sich besonders in der Behandlung des letzten jüdischen Schülers manifestierte.[25] Trotz christlich-humanistischer Prägung erwiesen sich viele Lehrer als „willfährige Beamte" und „opportunistische Mitläufer."[26] Während die Publikation fachwissenschaftliche Anerkennung fand, war die schulinterne Resonanz von Lehrer(inne)n, Eltern und Schüler(inne)n überwiegend negativ[27], da der Widerstandsmythos entlegitimiert worden war. Daß die Publikation daher nicht Teil der offiziellen Festschrift wurde, ist aus tagespolitischer Perspektive, die derartige Veröffentlichungen als „Nestbeschmutzung" diffamiert, zu erklären, genauso wie das Verbot der Präsentation auf der Jubiläumsveranstaltung. Doch offenbart sich so auch für die Pädagogenschaft ein beschämend geringes Interesse an der nationalsozialistischen Vergangenheit, der man durch Verdrängung meint entfliehen zu können. Daß die Verfasser(innen) an ihrer Schule weitgehend isoliert wurden und sich überwiegend versetzen ließen, ist nicht frei von Tragik, bestätigt aber die immer noch verbreitete fehlende Bereitschaft zur Aufarbeitung der Vergangenheit - besonders wenn der eigene Arbeitsplatz oder Wohnort betroffen ist.[28]

Gespräche mit NS-Verfolgten und die Rezeption ihrer Veröffentlichungen einerseits[29] und die Forschungen über örtliche Zusammenhänge andererseits[30] hatten

---

[25] vgl. ebd., S. 197

[26] ebd., S. 205, 208

[27] vgl. Zens, Maria, „Ich bin katholisch getauft und Arier." - Genese und Rezeption einer unbequemen Dokumentation, unveröffentlichte Seminararbeit im SoSe 1987 im Seminar für Politische Wissenschaft der Rheinischen Friedrich-Wilhelms-Universität Bonn

[28] Als neuestes Beispiel kann gelten Ortmeyer, Benjamin, Schulzeit unterm Hitlerbild. Analysen, Berichte, Dokumente, Frankfurt 1996, der nicht nur seine Forschungsergebnisse, sondern auch seine Erfahrungen an der von ihm untersuchten Schule darstellt, die ihn bewogen haben, einen Versetzungsantrag zu stellen.. Als positive Ausnahme sind demgegenüber z. B. die Veröffentlichungen im „Petrinum" anzusehen, dessen Redaktion sich der Aufarbeitung des Nationalsozialismus verpflichtet fühlt. Vgl. u.a. die Reflexionen des promovierten Priesters Hans Werners, Erinnerungen an die Jahre 1933/34 auf dem Petrinum, Petrinum 20/1988, Recklinghausen 1988, S. 69-72, der sich nur 1949 an einem Klassentreffen beteiligte, weil seine Mitschüler „keinen Ansatz von Aufarbeiten der Situation von 1933/34" zeigten, die charakterisiert war durch „das schnelle Umkippen der Schüler und einiger Lehrer und ihr Eintreten für die Ideologie und die Praxis der nationalsozialistischen Bewegung" (S. 72). Vgl. auch Möllers, Georg, Vom Petrinum ins Konzentrationslager. Das Schicksal des Oberprimaners Ludwig Grindel, in: Petrinum 21 (1989), Recklinghausen 1989, S. 79-88, den die HJ-Führung als „fanatische(n) Katholik(en)" einstufte, und Peters, Jan Henning, Jüdische Schüler am Gymnasium Petrinum. Zwischen Assimilation und Vertreibung, in: Petrinum 23/1991, Recklinghausen 1991, S, 79-87, sowie Schewe, Dieter, Pädagogik am Gymnasium 1935-1942?, in: Petrinum 24/1992, Recklinghausen 1992, S. 71-75

[29] vgl. u.a. Levi, Primo, Ist das ein Mensch? Die Atempause, 2. Aufl. München 1989; der-

23

mir die von Dan Diner vorgetragene „These vom partikularen Charakter historiographischer Methoden" besonders für den Nationalsozialismus bestätigt.[31] Denn je stärker man das örtliche Geschehen und den Alltag in den Blick nimmt, desto eher drängt sich der Eindruck von Normalität und Kontinuität auf, während eine Auseinandersetzung mit dem gesamtgesellschaftlichen Geschehen und im besonderen mit den Opfern die Einschnitte und Brüche betont. So ist vielleicht auch zu erklären, daß gesellschaftliche Brisanz von lokalen Forschungsergebnissen häufig dann anzutreffen ist, wenn diese Perspektiven verbunden werden können.[32]

Vor diesem Hintergrund entstand das Interesse - gefördert durch Prof. Dr. Wolfgang Keim (Universität-Gesamthochschule Paderborn) -, sich der Geschichte des eigenen Arbeitsplatzes zu stellen und dessen Spezifika in einen umfassenderen Zusammenhang einzuordnen. Und da die Rüthener Aufbauschule Teil des Gründungszusammenhangs der preußischen Aufbauschulen zu Beginn der Weimarer Republik war, drängte sich die Aufgabe auf, die Entwicklung dieses Teils des höheren Schulsystems und exemplarisch die konkrete Entwicklung einer Einzelschule zu untersuchen. Das erschien um so lohnender, als einschlägige Abhandlungen hierzu nicht bekannt sind. Zugleich konnte mit der Ausweitung der Unter-

selbe, Das periodische System, München 1991; Antelme, Robert, Das Menschengeschlecht. Als Deportierter in Deutschland, München 1990; Das Tagebuch der Hertha Nathorff. Berlin - New York. Aufzeichnungen 1933 - 1945, hrsg. und eingeleitet von Wolfgang Benz, Frankfurt 1988; Kofmann, Sarah, Erstickte Worte, Wien 1988; Edvardson, Cordelia, Die Welt zusammenfügen, München u.a. 1988; Delbo, Charlotte, Trilogie. Auschwitz und danach, Frankfurt 1993. Es handelt sich hierbei um Publikationen, die teilweise erst nach Jahrzehnten auf deutsch zugänglich gemacht worden sind.

30 vgl. u.a. Pohlmann, Hanne und Klaus, Kontinuität und Bruch. Nationalsozialismus und die Kleinstadt Lemgo (= Forum Lemgo. Schriften zur Stadtgeschichte Heft 5), Bielefeld 1990; Sahrhage, Norbert, Bünde zwischen „Machtergreifung" und Entnazifizierung. Geschichte einer westfälischen Kleinstadt von 1929 bis 1953, Bielefeld 1990; Steiner, Günter, Waldecks Weg ins Dritte Reich. Gesellschaftliche und politische Strukturen eines ländlichen Raumes während der Weimarer Republik und zu Beginn des Dritten Reiches (= Nationalsozialismus in Nordhessen. Schriften zur regionalen Geschichte, Heft 11), Kassel 1990; Paul, Johann, Vom Volksrat zum Volkssturm: Bergisch Gladbach und Bensberg 1918 - 1945, Bergisch-Gladbach 1988; Goebel, Klaus (Hrsg.), Wuppertal in der Zeit des Nationalsozialismus, 2. korrigierte Aufl. Wuppertal 1984

31 vgl. Diner, Dan, Perspektivenwahl und Geschichtserfahrung. Bedarf es einer besonderen Historik des Nationalsozialismus?, in: Pehle, Walter (Hrsg.), Der historische Ort des Nationalsozialismus. Annäherungen, Frankfurt 1990, S. 94-113

32 Dies gilt m.E. z. B. für die Studie über das Apostelgymnasium durch die umfangreiche Einbeziehung der jüdischen Schüler und z. B. auch für die Publikation Blömeke, Sigrid / Bracht, Hans-Günther / Kemper, Gisela, Juden in Brilon zur Zeit des Nationalsozialismus. Dokumente. Familienschicksale. Zeitzeugenaussagen, Brilon 1988, die beide „anecken", da sie den Alltag auch aus der Opferperspektive sahen.

suchung über die Gründungsphase hinaus auf die Anfangsphase des Nationalsozialismus ermittelt werden, inwieweit für die Aufbauschule allgemein und für die Rüthener Schule im besonderen sich das Jahr 1933 als Bruch darstellte bzw. inwieweit Kontinuitäten zu verzeichnen sind. Damit war für einen weiteren Teil des Bildungssystems eine umfassende Klärung in der sog. Kontinuitätsdebatte[33] zu erwarten, d.h. darüber, inwieweit Affinitäten und Schnittmengen im strukturellen und ideologischen Bereich von der Weimarer Republik zum Nationalsozialismus vorhanden waren, die sich auch personell und unterrichtlich festmachen lassen. Die nach dem 1. Weltkrieg eingerichteten Aufbauschulen führten im Anschluß an die 7. Klasse der Volksschule als nur sechsjährige höhere Schulen zum Abitur und nahmen damit eine Sonderrolle im Rahmen des höheren Schulwesens ein. Diese überdauerte auch die Weimarer Republik und wurde im Nationalsozialismus aufgegriffen. Nach der militärischen Niederlage des Nationalsozialismus konnten die Aufbauschulen, die häufig mit Internaten verbunden waren, die Aufgabe übernehmen, zusätzlich Kinder von Vertriebenen zu beschulen und zu fördern.

Aufgrund der Bildungsexpansion seit den 60er Jahren, wie die deutlich erhöhten Übergangsquoten von der Grundschule zum Gymnasium zeigen, ist das Schüler(innen)potential aus den Haupt- und Realschulen nach Klasse 7 für die Aufbauschulen rückläufig. Als Konsequenz ist dann landesweit die Zahl der Aufbauschulen und Aufbauzüge extrem minimiert worden.[34]

In Rüthen erfolgte zum Schuljahr 1966/67 die Erweiterung der 1926 gegründeten Aufbauschule durch die parallele Einrichtung eines neusprachlichen Gymnasiums, das in der Folgezeit die Schülerpopulation bestimmte. Die eher traditionswahrende Aufbauschule wurde randständig zum Aufbauzweig, dessen Schüler(innen) nach Klasse 10 in die reformierte Oberstufe des grundständigen Gymnasiums integriert wurden. Mangels ausreichender Nachfrage konnte ab 1990/91 keine neue

---

[33] Für einen knappen Überblick siehe: Die Bearbeitung des Nationalsozialismus in der bundesdeutschen Erziehungswissenschaft. Entwicklung und Erneuerung eines unbequemen Traditionszusammenhanges. Von der ersten zur dritten Generation. Hans Jochen Gamm, Darmstadt antwortet Johanna Pütz, Berlin, in: Pädagogik und Schulalltag 50 (1995), S. 183-188. Gamm beharrt gegenüber punktuellen Hinweisen auf Diskontinuitäten darauf, daß der „Faschismus als ganzer zum Reflexionsgegenstand" der deutschen Pädagogik werden müßte, was dann Kontinuitäten offenbare.

[34] Ihnen wird (auch) für diesen Zeitraum auf Basis einer regionalen Untersuchung nur eine „korrektive" Wirkung bei Beibehaltung der Selektion nach sozialer Herkunft zugeschrieben, die ihnen eine „schulpolitische Alibifunktion" zukommen läßt (vgl. Petermann, Franz, Soziale Herkunft der Schüler an Fach- und Aufbaugymnasien, in: Die deutsche Schule 67 (1975), S. 703-708)

Aufbauklasse mehr eingerichtet werden, die letzten Schüler(innen) dieses Schulzweiges bestanden 1995/96 ihr Abitur.

II. Grundsätzliches zum Komplex Nationalsozialismus - Faschismus angesichts des gewählten Themas

Besonders für den Zeitraum des Nationalsozialismus unterliegen Vor-Ort-Untersuchungen der Gefahr, aufgrund der Kleinschrittigkeit und Alltagsverhaftetheit von vielen Ereignissen und Tatbeständen eine Anbindung an das ganze Geschehen von Diktatur, Holocaust und Krieg nicht durchgängig leisten zu können, was die Gefahr einer Relativierung beinhaltet. Rassismus und Krieg können als zentrale Kategorien für die Analyse des nationalsozialistischen Deutschland gelten, wobei „die in Gesellschaftsnischen scheinbar vorfindliche Normalität" nur als eine „imaginäre Größe" anzusehen ist.[1] Daher halte ich es für unumgänglich, für diese Untersuchung eine Positionsbestimmung als Hintergrundfolie zu leisten.

1. Zur Begrifflichkeit

Da die politische Wirklichkeit in der Weimarer Republik auch auf der Rechten ein breiteres Spektrum einschloß als nur die NSDAP, ermöglicht der Faschismusbegriff eine genaue Erfassung von Macht- und Bündnisstrukturen, denen in einer Krise eine neue Qualität zukommt. In diesem Sinne sprach Dirks schon früh von deren Einheitsform als Faschismus.[2] Zudem war die NSDAP in Einschätzung der Gegner, nach Ideologie und Organisation, aber auch im Selbstverständnis eine faschistische Partei, wie Wolfgang Schieder überzeugend nachweist.[3] Neben den historischen Gründen macht es auch aus klassifikatorisch-strukturellen Überlegungen Sinn, bei der NSDAP von Faschismus zu sprechen. Denn bei allen Faschismen zeigen sich Merkmale, die sich zu einem Kristallisationspunkt entwickeln können, die zusammen - auch in ihrer Widersprüchlichkeit - einen 'Urfaschismus' bilden, ohne sich auf diesen begrenzen zu lassen: u.a. Traditionskult, Ablehnung der Moderne, Irrationalismus, Rassismus, Nationalismus, soziale Frustration, Prinzip des ständigen Krieges, Elitebewußtsein, Heroismus, qualitati-

---

[1] vgl. Herbst, Ludolf, Das nationalsozialistische Deutschland. 1933 - 1945. Die Entfesselung der Gewalt: Rassismus und Krieg, Frankfurt 1996, S. 9ff.

[2] vgl. Dirks, Walter, Was ist „Faschismus"?, in: Werkhefte Junger Katholiken 2 (1932), S. 2-6. Schon früher hatte Dirks in diesem Sinne analysiert, daß antihitlerisch nicht automatisch auch antifaschistisch bedeute (vgl. Dirks, Walter, Die fünf Gesichter des Faschismus und die antifaschistische Front, in: Deutsche Volkschaft 4 (1931), Heft 4, S. 59-61).

[3] vgl. Schieder, Wolfgang, Die NSDAP vor 1933. Profil einer faschistischen Partei, in: GuG 19 (1993), S. 141-154

ver Populismus.[4] Zudem läßt sich eine definitorische Einengung denken, die mit Kocka angesichts der „Krisenerscheinungen kapitalistisch-bürgerlicher Systeme" stärker die sozialgeschichtlichen Bedingungen und die soziale Basis betont.[5] Daß dennoch in dieser Untersuchung nicht vom „deutschen Faschismus" gesprochen wird, sondern in Anpassung an eine - auch in den Schulbüchern - vorherrschende Terminologie von „Nationalsozialismus"[6], trägt nicht nur dem ausufernden Faschisierungsvorwurf der bundesrepublikanischen (Neuen) Linken Anfang der siebziger Jahre[7], der engen auf die Ökonomie fixierten Faschismusforschung in diesem Zeitraum[8], den offenbar gewordenen Grenzen des „Antifaschismus" als Erziehungskonzept[9] sowie dem „verordneten Antifaschismus"[10] in der DDR

---

[4] vgl. Ecco, Umberto, Urfaschismus, in: Die Zeit vom 7.7.1995, S. 47f.

[5] vgl. Kocka, Jürgen, Ursachen des Nationalsozialismus, in: Aus Politik und Zeitgeschichte B 25/80 vom 21. Juni 1980, bes. S. 15, sowie Kocka, Jürgen, „Totalitarismus" und „Faschismus". Gegen einen falschen Begriffskrieg (zuerst 1980), in: derselbe, Geschichte und Aufklärung, Göttingen 1989, S. 114-120

[6] vgl. stellvertretend Schmädeke, Jürgen / Steinbach, Peter (Hrsg.), Der Widerstand gegen den Nationalsozialismus. Die deutsche Gesellschaft und der Widerstand gegen Hitler, München u.a. 1986; Gedenkstätten für die Opfer des Nationalsozialismus. Eine Dokumentation. Text und Zusammenstellung: Ulrike Puvogel (= Bundeszentrale für politische Bildung, Schriftenreihe Bd. 245), Bonn 1987; Kershaw, Ian, Der NS-Staat. Geschichtsinterpretationen und Kontroversen im Überblick (1985), Hamburg 1988; Bracher, Karl Dietrich / Funke, Manfred / Jacobsen, Hans-Adolf (Hrsg.), Deutschland 1933 - 1945. Neue Studien zur nationalsozialistischen Herrschaft (= Bundeszentrale für politische Bildung, Schriftenreihe Bd. 314), 2. erweiterte Aufl. Bonn 1993; Steinbach, Peter u.a. (Hrsg.), Widerstand gegen den Nationalsozialismus. a.a.O.; Thamer, Ulrich, Nationalsozialismus I. Von den Anfängen bis zur Festigung der Macht (= Bundeszentrale für politische Bildung, Informationen zur politischen Bildung 251, 2. Quartal 1996), Bonn 1996, sowie Herbst, Ludolf, Das nationalsozialistische Deutschland ..., a.a.O.

[7] vgl. Adam, Uwe Dietrich, „Anmerkungen zu methodischen Fragen in den Sozialwissenschaften: Das Beispiel Faschismus und Totalitarismus", PVS 16 (1975), S. 55-88

[8] vgl. stellvertretend Kühnl, Reinhard (Hrsg.), Texte zur Faschismusdiskussion I. Positionen und Kontroversen, Hamburg 1974, und schon differenzierter Radkau, Joachim, Die Zweideutigkeit des Kapitals gegenüber dem Faschismus. Einige Gedanken zum Verhältnis von Geschichtsforschung und Faschismustheorie und zum Vergleich Deutschland und Italien, in: Das Argument Nr. 146, 26. Jg. Juli/August 1984, S. 527-538

[9] vgl. Dudek, Peter, Antifaschismus: Von einer politischen Kampfformel zum erziehungstheoretischen Grundbegriff?, in: Z. f. Päd. 36 (1990), S. 353-370. Demgegenüber plädiert Himmelstein, Klaus, Neofaschismus in der Bundesrepublik als Problem der Erziehungswissenschaft, in: Keim, Wolfgang (Hrsg.), Pädagogen und Pädagogik im Nationalsozialismus - Ein unerledigtes Problem der Erziehungswissenschaft (= Studien zur Bildungsreform hrsg. von Wolfgang Keim, Bd. 16), Frankfurt u.a. 1988, S. 207-225, weiter für eine „letztlich antifaschistisch orientierte Erziehungswissenschaft" (S. 224). Vgl. auch Peukert, Helmut, „Erziehung nach Auschwitz" - eine überholte Situationsdefinition? Zum Verhältnis von Kritischer Theorie und Erziehungswissenschaft, in: Neue Sammlung 30 (1990), S.

Rechnung, sondern erfolgt auch, um ein Spezifikum des Nationalsozialismus zu betonen - seine integrativ wirkende Rasseideologie[11] und deren Umsetzung[12]: ein Aspekt, der dadurch aufgegriffen wird, daß Wippermann im Gegensatz zum „Normal"-Faschismus den Nationalsozialismus als „Radikal"-Faschismus herausstellt[13], Kattmann den Nationalsozialismus als „rassistischen Faschismus"[14] begreift und Keim besonders in Hinblick auf den Gleichschaltungsprozeß von „Faschisierung"[15] spricht. Ein totalitarismustheoretischer Ansatz, der besonders auf Herrschaftssystem und -techniken abhebt, wird einem derartigen Verständnis von Nationalsozialismus kaum gerecht.[16]

345-354. Als eine der eher seltenen neueren Arbeiten, die noch den Faschismusbegriff verwenden, ist zu nennen Chroust, Peter, Gießener Universität und Faschismus. Studenten und Hochschullehrer 1918-1945. Bd. I, Münster 1994

[10] Schubarth, Wilfried u.a., Verordneter Antifaschismus und die Folgen. Das Dilemma antifaschistischer Erziehung am Ende der DDR, in: Aus Politik und Zeitgeschichte B 9/91 vom 22. Februar 1991, S. 3-16. Vgl. Thamer, Hans-Ulrich, Nationalsozialismus und Faschismus in der DDR-Historiographie, in: Aus Politik und Zeitgeschichte B 13/87 vom 28. März 1987, S. 27-37, und besonders, da mit anderer Akzentsetzung Uhlig, Christa, Verordneter Antifaschismus oder antifaschistischer Konsens? Bildungsgeschichtliche Überlegungen zum 8. Mai, in: Pädagogik und Schulalltag 50 (1995), S. 164-174

[11] vgl. Herbst, Ludolf, Das nationalsozialistische ..., a.a.O., S. 54ff.

[12] Winkler verbindet mit dem Begriff „deutscher Faschismus" sogar eine Verharmlosung des Nationalsozialismus (vgl. Winkler, Heinrich August, Der Herrenreiter als Steigbügelhalter, Rezension zu Joachim Petzold, Franz von Papen. Ein deutsches Verhängnis, in: Die Zeit vom 29.3.1996). Dennoch bleibt zu fragen, ob der Begriff „Nationalsozialismus" nicht unbeabsichtigt dem deutschen Faschismus eine gewisse Seriosität verleiht, denn im Ausland spricht man eher von Nazismus bzw. Nazis. So auch schon der Emigrant Haffner in seinem jetzt erst auf deutsch zugänglichen Werk Haffner, Sebastian, Germany: Jekyll & Hyde. 1939 - Deutschland von innen betrachtet (1940), Berlin 1996.

[13] Wippermann, Wolfgang, Zur Analyse des Faschismus. Die sozialistischen und kommunistischen Faschismustheorien 1921-1945, Frankfurt 1981, S. 146. Damit finden kritische Hinweise von Martin, Bernd, Zur Tauglichkeit eines übergreifenden Faschismus-Begriffs. Ein Vergleich zwischen Japan, Italien und Deutschland, in: VfZ 29 (1981), S. 48-73, Beachtung.

[14] Kattmann, Ulrich, Biologie und Rassismus, in: Unterricht Biologie Heft 36/37 3 (1979), S. 92-95

[15] Keim, Wolfgang, Schule und deutscher Faschismus - Perspektiven für die historische Schulforschung, in: Zubke, Friedhelm (Hrsg.), Politische Pädagogik. Beiträge zur Humanisierung der Gesellschaft, Weinheim 1990, S. 209-232

[16] Zu der hier diskutierten historisch-politischen Begriffsbildung vgl. grundsätzlich aus eher totalitarismustheoretischer Perspektive Bracher, Karl Dietrich, Nationalsozialismus, Faschismus, Totalitarismus - Die deutsche Diktatur im Macht- und Ideologiefeld des 20. Jahrhunderts, in: Bracher, Karl Dietrich u.a. (Hrsg.), Deutschland ..., a.a.O., S. 566-590, und mit vermittelnder Position Kershaw, Ian, Der NS - Staat ..., a.a.O., S. 43ff.

2. Modernisierung und Nationalsozialismus

Der potentiell ambivalente Charakter der (deutschen) Moderne ist an den zwölf Jahren Nationalsozialismus überdeutlich geworden.[17] Diese Feststellung schließt aber weder eine Zwangslogik von Bismarck zu Hitler im Sinne eines „deutschen Sonderweges"[18] noch eine notwendige Kausalität der barbarischen Vernichtungspolitik ein und verwahrt sich somit sowohl gegen einen historischen Determinismus[19], der die Deutschen im nachhinein von einer Verantwortung entlastet, als auch gegen ein rein rationales, bloß ökonomischem Kalkül verhaftetem Erklärungsmuster.[20] Genauso ist - unabhängig von seiner Personalisierung - der aus

---

[17]   vgl. Peukert, Detlev J. K., Rassismus und „Endlösungs"-Utopie. Thesen zur Entwicklung und Struktur der nationalsozialistischen Vernichtungspolitik, in: Kleßmann, Christoph (Hrsg.), Nicht nur Hitlers Krieg. Der Zweite Weltkrieg und die Deutschen, Düsseldorf 1989, S. 71-81; Schneider, M., Nationalsozialismus und Modernisierung? Probleme einer Neubewertung des „Dritten Reiches", in: AfS 32 (1992), S. 541-545; grundsätzlich auch Horkheimer, Max / Adorno, Theodor W., Dialektik der Aufklärung. Philosophische Fragmente (1944/1947), Taschenbuchausgabe Frankfurt 1971, und die diversen Aufsätze in Diner, Dan (Hrsg.), Zivilisationsbruch. Denken nach Auschwitz, Frankfurt 1988. Die von Ernst Nolte seit dem Historikerstreit vielfach öffentlich vertretene extremistisch-revisionistische Position, die aufgrund seiner Erkenntnisziele als Relativierung des Holocausts anzusehen ist, findet im folgenden keine Beachtung (vgl. dazu grundsätzlich Kocka, Jürgen, Deutsche Identität und historischer Vergleich. Nach dem „Historikerstreit", in: Aus Politik und Zeitgeschichte B 40-41/88 vom 30. September 1988, bes. S. 21ff.). In diesem Sinne äußerte sich auch Bundespräsident Richard von Weizsäcker auf dem 37. Historikertag 1988 (vgl. Weizsäcker, Richard von, Nachdenken über Geschichte, in: Presse- und Informationsamt der Bundesregierung, Bulletin Nr. 131/S.1185-1188 vom 14. Oktober 1988).

[18]   Besser sollte von einer „deutschen Eigenproblematik" gesprochen werden, um die Offenheit von historischen Situationen zu betonen, denn nur retrospektiv läßt sich ein „gerader Weg" in den Nationalsozialismus erkennen (vgl. Grebing, Helga, Der „deutsche Sonderweg" in Europa 1806 - 1945. Eine Kritik. Unter Mitarbeit von Doris von der Brelie-Lewien und Hans-Joachim Franzen, Stuttgart u.a. 1986). Andererseits wirkt ein Terminus wie „Betriebsunfall" entlastend und verharmlosend (vgl. Steinle, Jürgen, Hitler als „Betriebsunfall in der Geschichte". Eine historiographische Metapher und ihre Hintergründe, in: GWU 45 (1994), S. 288-302).

[19]   vgl. aktuell Nolte, Ernst, Die Deutschen und ihre Vergangenheiten. Erinnerung und Vergessen von der Reichsgründung Bismarcks bis heute, Berlin u.a. 1995. Schon im Historikerstreit hatte Nolte relativierend und revisionistisch den NS-Staat als Art kausaler Reaktion auf den Bolschewismus und den Völkermord an den Juden unter präventiven Gesichtspunkten gedeutet. Vgl. für einen knappen Überblick Steinbach, Peter, Der Historikerstreit, in: Lichtenstein, Heiner / Romberg, Otto R.(Hrsg.), Täter - Opfer - Folgen. Der Holocaust in Geschichte und Gegenwart (= Bundeszentrale für politische Bildung, Schriftenreihe Bd. 335), Bonn 1995, S. 101-113

[20]   Letzteres wurde in den letzten 10 Jahren besonders von Aly u.a. entwickelt (vgl. z.B. Aly,

jungkonservativer Perspektive entwickelte Versuch abzulehnen, der Hitler zu einem modernen Revolutionär stilisiert, indem faktische und nur propagierte Entwicklungen im Sozialbereich aus Hitlers Verlautbarungen als Intentionen abgeleitet werden und der nationalsozialistischen Gesellschaftspolitik eine „gewollt modernisierende Funktion" zugeschrieben wird.[21] Bleibt doch immer zu fragen, in welchem Gesamtzusammenhang von Rassismus, Antisemitismus und Unterdrückung und Ausbeutung anderer Völker punktuelle Verbesserungen im Sozialbereich ihren Platz haben. Zu Recht spricht Mommsen angesichts nur weniger - und teils auch unbeabsichtigter - Modernisierungseffekte, aber eines gegenteiligen subjektiven Empfindens in der Bevölkerung, das geprägt war durch „affektive Integration" (Kershaw)[22], von einer „vorgetäuschte(n) Modernisierung", an deren Ende eben nicht der „völkische Sozialstaat" gestanden habe, sondern „Zerstörung

---

Götz / Heim, Susanne, Vordenker der Vernichtung. Auschwitz und die deutschen Pläne für eine neue europäische Ordnung, Hamburg 1991; Heim, Susanne / Aly, Götz, Sozialplanung und Völkermord. Thesen zur Herrschaftsrationalität der nationalsozialistischen Vernichtungspolitik, in: Schneider, Wolfgang (Hrsg.), Vernichtungspolitik. Eine Debatte über den Zusammenhang von Sozialpolitik und Genozid im nationalsozialistischen Deutschland (Hamburger Institut für Sozialforschung), Hamburg 1991, S. 11-23). Kritisch zu dieser Position Köhler, Ernst, Wissenschaft und Massenvernichtung. Oder: Die Hamburger Schule, in: Kommune 7 (1989), Heft 9, S. 58-63, derselbe, Die Problematik des großen Bogens. Auschwitz und die deutschen Pläne, in: Kommune 9 (1991) Heft 8, S. 52-54, und Diner, Dan, Perspektivenwahl ..., a.a.O., S. 106ff. Neuerdings hat Aly umfassend den Holocaust in den Zusammenhang der „Umvolkungspolitik" des NS-Regimes gestellt und ihn im Rahmen der „Neuordnung Europas" funktional bestimmt (vgl. Aly, Götz, „Endlösung". Völkerverschiebung und der Mord an den europäischen Juden, Frankfurt 1995).

[21] vgl. u.a. Zitelmann, Rainer, Adolf Hitler. Eine politische Biographie (1989), 3. durchgesehene Aufl. Göttingen 1990, S. 122, die auch von Zentralen für politische Bildung verschenkt wurde. Die isolierte Wahrnehmung Hitlers durch weitgehenden Verzicht auf die Beachtung des Gesamtzusammenhanges führt im Gegensatz zu früheren Biographien nicht zu einer Dämonisierung, sondern zu einer Verharmlosung als „normale" Person, da dessen Wirkung vernachlässigt wurde. Eine auch nur hitlerzentrierte Interpretation des Erziehungsprozesses im Nationalsozialismus - in sehr emotionaler Terminologie - bietet Steinhaus, Hubert, Hitlers Pädagogische Maximen. „Mein Kampf" und die Destruktion der Erziehung im Nationalsozialismus, Frankfurt 1981. Auf die besondere - und bisher unterschätzte - Rolle der NS- und SS-Intellektuellen macht dagegen erneut aufmerksam Herbert, Ulrich, Best. Biographische Studien über Radikalismus, Weltanschauung und Vernunft, 1903-1989, Bonn 1996

[22] Immerhin war der Nationalsozialismus auch eine Volksbewegung: „Letztlich war es ja ein massenhaftes und überaus impulsives Streben nach einem besseren, ansehnlicheren Leben, das da in mörderisch-zerstörerische Gewalt umgeschlagen ist." So Fleischer, Helmut, Zur Kritik des Historikerstreits, in: Aus Politik und Zeitgeschichte B 40-41/88 vom 30. September 1988, S. 3

nach innen und außen".[23] Im Rahmen der von Zitelmann Hitler unterstellten - so Frei - „intentionale(n) Modernisierung"[24] sind dessen Verlautbarungen in Richtung Chancengleichheit, die an keiner Stelle individuelle Selbstverwirklichung präferierten, sondern nur eine völkische Ausrichtung hatten, zu analysieren und mit der komplexen Realität zu konfrontieren, deren inhumaner Charakter auch im Bildungsbereich offensichtlich ist.[25]

Auch wenn z.b. das humanistische Gymnasium durch die Neuordnung 1937 soziologisch gesehen „zur Eliteanstalt des städtischen Bürgertums"[26] aufgewertet wurde und die meisten Fächer und Unterrichtsinhalte die Machtübergabe 1933 für viele Jahre überdauerten und man einen „Verzögerungseffekt bildungspolitischer Übersetzung gesellschaftlicher Trends"[27] konstatieren könnte, würde eine derartige isolierte Betrachtung, wenn sie die grundsätzliche Einordnung in das nationalsozialistische System vernachlässigt, - und da folge ich Gamm - eine Verharmlosung darstellen. So ist es auch nicht unproblematisch, wie Tenorth die NS-Pädagogik bzw. ihre Exponenten auf „richtige" Aspekte zu untersuchen[28] oder

---

[23] Mommsen, Hans, Nationalsozialismus als vorgetäuschte Modernisierung (1990), in: Mommsen, Hans, Der Nationalsozialismus und die deutsche Gesellschaft. Ausgewählte Aufsätze, Hamburg 1991, S. 405-427, und neuerdings derselbe, Noch einmal: Nationalsozialismus und Modernisierung, in: GuG 21 (1995), S. 391-402. Vgl. zur Modernisierungsdiskussion auch überblickshaft Schnabl, Arthur, Uneingelöste Versprechen. Die Debatte über Nationalsozialismus und Modernisierung. Kontinuität oder Erwartung, in: FAZ vom 23.8.1995, sowie Schildt, Asal, NS-Regime. Modernisierung und Moderne. Anmerkungen zur Hochkonjunktur einer andauernden Diskussion, in: Tel Aviver Jahrbuch für deutsche Geschichte. Band XXIII 1994, Nationalsozialismus aus heutiger Perspektive, Gertingen 1994, S. 3-22

[24] Frei, Norbert, Wie modern war der Nationalsozialismus, in: GuG 19 (1993), S. 374, und grundsätzlich vgl. Prinz, Michael / Zitelmann, Rainer (Hrsg.), Nationalsozialismus und Modernisierung, Darmstadt 1991

[25] Siehe stellvertretend z.B. die Beiträge zur Hilfsschule, zum oppositionellen Verhalten von Lehrer(inne)n, zur Exil-Pädagogik und zur Pädagogik im besetzten Polen in: Keim, Wolfgang (Hrsg.), Pädagogen und Pädagogik ..., a.a.O. Zu denken ist darüber hinaus an die Vertreibung der jüdischen Schüler(innen), Student(inn)en, Lehrer(innen) und Wissenschaftler(innen), an die allgemeine Einschränkung des Hochschulzugangs, an die an einer Mutterideologie ausgerichteten Mädchenbildung.

[26] Zymek, Bernd, Die pragmatische Seite der nationalsozialistischen Schulpolitik, in: Herrmann, Ulrich (Hrsg.), „Die Formung des Volksgenossen". Der „Erziehungsstaat" des Dritten Reiches (= Geschichte des Erziehungs- und Bildungswesens in Deutschland, Bd. 6), Weinheim u.a. 1985, S. 273

[27] Gamm, Hans-Jochen, I. Problemstellung. Einleitung zur Neuausgabe von 1984, in: derselbe, Führung und Verführung. Pädagogik des Nationalsozialismus (1964), Neuaufl. 1984, 3. Aufl. München 1990, S. 23

[28] vgl. Tenorth, Heinz-Elmar, Zur deutschen Bildungsgeschichte 1918 - 1945. Probleme, Analysen und politisch-pädagogische Perspektiven (= Studien und Dokumentationen zur

wie der Revisionist Weißmannn für das Schulwesen eine - auch besonders über die Nationalpolitischen Erziehungsanstalten - intendierte „Aufstiegsmobilität" zu behaupten[29], da die Gefahr besteht, zwar die allgemeine Akzeptanz eher zu verstehen, doch zugleich den menschenverachtenden Gesamtcharakter der Erziehung zu relativieren. Korrespondierten doch die Ziele der Schulpolitik miteinander: auf der einen Seite der „rassebewußte" deutsche Kämpfer und auf der anderen Seite die „Fremdvölkischen im Osten", die Liquidierung ihrer Intelligenz und die Begrenzung ihrer Bildung, die mit der vierten Klasse der Volksschule abgeschlossen sein sollte. Himmler sah als Ziel der Volksschule neben dem Verzicht auf das Lesen:

> „einfaches Rechnen bis höchstens 500, Schreiben des Namens, eine Lehre, daß es ein göttliches Gebot sei, den Deutschen gehorsam zu sein und ehrlich, fleißig und brav zu sein. "[30]

Ebensowenig wie induktiv über Einzelbefunde der Charakter des Nationalsozialismus ermittelt werden kann, führt eine Ableitung dessen aus programmatischen weltanschaulichen Stellungnahmen des nationalsozialistischen Führungspersonals zwar zu Zielperspektiven, doch nicht zur Erkenntnis über reale Vorgänge und deren oft improvisierte Vorgaben, u.a. aufgrund des fehlenden generellen Umgestaltungs- und Ordnungskonzeptes[31] und des polykratischen Charakters des Herrschaftssystems[32]. Notwendig ist die Verschränkung beider Wege, um der Kom-

---

deutschen Bildungsgeschichte, Bd. 28), Köln u.a. 1985. Denn nur so werden Formulierungen möglich wie bei Bäumer, Änne, NS-Biologie, Stuttgart 1990: „Sieht man von bestimmten allzu ideologisch gefärbten Themen ab, hatte die nationalsozialistische Schulreform sehr positive Auswirkungen auf den Biologieunterricht." (S.135) und „Die nationalsozialistische Bildungsreform hatte also nicht ausschließlich negative Folgen." (S. 120)

[29] vgl. Weißmann, Karlheinz, Der Weg in den Abgrund - Deutschland unter Hitler 1933 bis 1945 (= Propyläen Geschichte Deutschlands, Bd. 9), Berlin 1995. Berechtigte vielseitige und deutliche Kritik formulierten u.a. der Faschismusforscher Wippermann, Wolfgang, Ein Abgrund. Deutsche Geschichtsrevision im „Propyläen"-Verlag, in: FR vom 9. Januar 1996, der an der Gesamtreihe im Verlag mitwirkende und sich nun distanzierende Historiker Keller, Hagen, Etikettenschwindel bei der Geschichte Deutschlands. Leserbrief, in: FAZ vom 7. Dezember 1995, sowie Michalka, Wolfgang, Nationalsozialismus in fragwürdiger Historisierung. Die Verantwortung des Chronisten im Umgang mit einer sperrigen Vergangenheit., in: Das Parlament Nr. 12 vom 15.3.1996, der einen „an eine apologetische Verharmlosung grenzende(n) Relativierungsversuch" konstatierte.

[30] zit. nach Lingelbach, Karl-Christoph, Erziehung und Schule unter brauner Herrschaft, in: Pädagogische Rundschau 38 (1984), S. 41. Vgl. grundsätzlich Dlugoborski, Waclaw, Die deutsche Besatzungspolitik gegenüber Polen, in: Bracher, Karl Dietrich u.a. (Hrsg.), Nationalsozialistische Diktatur ..., a.a.O., S. 572-590

[31] vgl. Herbst, Ludolf, Das nationalsozialistische ..., a.a.O., S. 23

[32] vgl. Ruck, Michael, Führerabsolutismus und polykratisches Herrschaftsgefüge - Verfas-

plexität von Alltag, Herrschaftsstrukturen und Faschismustheorien und ihrem Zusammenhang gerecht zu werden. Peukert ortet das „Dritte Reich" „in der materiellen und personellen Kontinuität der industriellen Klassengesellschaft in Deutschland", die in der Auseinandersetzung mit den Traditionslinien der deutschen Geschichte deren „autoritäre, militaristische und geistig reaktionäre" Elemente aufnahm und deren Potentialitäten offenlegte[33] - auch im Erziehungssystem. Auch Herrmann argumentiert in diese Richtung, wenn er „innere Affinität" nationalsozialistischer Vorstellungen zu „völkisch-konservativen und politisch-nationalistischen" erkennt und in diesen Zusammenhang die Bedeutung der Kulturkritik von Langbehn und Lagarde einordnet, er weist aber das Vorhandensein personeller und weltanschaulicher Kontinuitäten zurück.[34] So ist es für ihn nicht hinreichend, eine „antidemokratisch(e), antisemitisch(e), nationalistisch(e) oder völkisch(e)"[35] Gesinnung z.B. bei Repräsentanten der Reformbewegung nachzuweisen und darauf die Qualifizierung 'Wegbereiter' der NS-Diktatur zu stützen, da der Nationalsozialismus „unanstößigen, konventionellen Formulierungen und Begriffen" einen anderen Sinn unterschoben habe[36].

So richtig diese Einschätzung für den sich bewußt demokratisch verstehenden Teil der Reformpädagogik wie z.B. den Bund Entschiedene Schulreformer ist, hat sie aber bei jenem Teil der Reformbewegung keine Relevanz, der nicht nur die wilhelminische Kulturkritik teilte, sondern sie expansiv und aggressiv zu „einer Kritik der Demokratie und des Liberalismus, der Freiheit und des Rechts" verlängerte und antiaufklärerisch gegen die Weimarer Republik wendete[37] sowie sich selbst den neuen Machthabern andiente.[38]

---

sungsstrukturen des NS-Staates, in: Bracher, Karl Dietrich u.a. (Hrsg.), Deutschland ..., a.a.O., S. 32-56; Mommsen, Hans, Hitlers Stellung im nationalsozialistischen Herrschaftssystem (1981), in: derselbe, Nationalsozialismus und die deutsche Gesellschaft ..., S. 67 - 101; Kershaw, Ian, Hitlers Popularität. Mythos und Realität im Dritten Reich, in: Mommsen, Hans / Willems, Susanne (Hrsg.), Herrschaftsalltag im Dritten Reich. Studien und Texte, Düsseldorf 1988, S. 24-48; Wendt, Bernd Jürgen, Deutschland 1933-1945. Das „Dritte Reich". Handbuch zur Geschichte, Hannover 1995, S. 127ff und Rohlfes, Joachim, Der Nationalsozialismus - ein Hitlerismus?, in: GWU 48 (1997), S. 135-150

[33] Peukert, Detlev, Alltag unterm Nationalsozialismus, in: Herrmann, Ulrich, „Die Formung ..., a.a.O., S. 50

[34] Herrmann, Ulrich, „Völkische Erziehung ist wesentlich nichts anderes denn Bindung." Zum Modell nationalsozialistischer Formierung, in: derselbe (Hrsg.), „Die Formung ..., a.a.O., S. S. 69

[35] ebd.

[36] vgl. ebd.

[37] Assheuer, Thomas, „Platt-human, trivial-verderbt, feminin-elegant". Wieder einmal:

Es bleibt zusammenfassend mit Dan Diner zu warnen vor einer Entkontextualisierung des Nationalsozialismus, was sowohl für auf ökonomische Rationalität reduzierte als auch für auf Modernisierungskontinuität abzielende Analyseschemata gilt, und den Anspruch einer kritischen Geschichtswissenschaft, die sich um Aufklärungsarbeit bemüht[39] und sich dem Zivilisationsbruch stellt[40], zu wahren. Und da ist es auch notwendig, nicht nur zu fragen, wie es war und wie es dazu kommen konnte, sondern auch Entwicklungen, Zusammenhänge und Traditionen zu bewerten, wobei es nur eine vorgeschobene Neutralität ist, wenn „Bewerten" als weniger angemessen gilt als „Verstehen" wie z.B. bei Zitelmann und Tenorth.[41] Die Inhumanität von Weltanschauung und Praxis im Nationalsozialismus lassen eine wertneutrale historische Darstellung nicht zu[42], wie sie Tenorth präferiert, der die Historiker der Pädagogik „ausdrücklich" daran erinnert, daß „zuerst Historisierung ihr Geschäft ist"[43]. Insofern folge ich, wenn es um geistesgeschichtliche Kontinuitäten geht, nicht Tenorths Maxime, sondern eher den kritischen Einwänden von Kurt Sontheimer, einem Exponenten der liberalen Freibur-

---

„Kultur" gegen „Zivilisation" - Das Raunen über „tragische Politik", in: FR vom 4.2.1995, Seite ZB 3. Immerhin hat z.B. Thomas Mann seine konservative Kulturkritik in „Betrachtungen eines Unpolitischen" später als Irrtum erkennen können.

[38] vgl. auch Keim, Wolfgang, Erziehung unter der Nazi-Diktatur. Band 1. Antidemokratische Potentiale, Machtantritt und Machtdurchsetzung, Darmstadt 1995, S. 117ff

[39] vgl. Mommsen, Hans, Zeitgeschichte als „kritische Aufklärungsarbeit". Zur Erinnerung an Martin Broszat (1926 - 1989), in: GuG 17 (1991), S. 141-157

[40] vgl. Diner, Dan, Rationalisierung und Methode. Zu einem neuen Erklärungsversuch der „Endlösung", in: VfZ 40 (1992), S. 382; Frei, Norbert, a.a. O., S. 386f., und grundsätzlich Diner, Dan (Hrsg.), Zivilisationsbruch ..., a.a.O.

[41] vgl. Zitelmann, Rainer, Vorwort, in: ders., Adolf Hitler ..., a.a.O., S.11. Eine kritische Würdigung der „wertneutralen" Vorgehensweise des Erziehungswissenschaftlers Heinz-Elmar Tenorth bei der Analyse des nationalsozialistischen Erziehungssystems findet sich bei Keim, Wolfgang, Einführung, in: Keim, Wolfgang (Hrsg.), Pädagogen und Pädagogik ..., a.a.O., S. 7-14, und derselbe, Bundesdeutsche Erziehungswissenschaft und Nationalsozialismus. Eine kritische Bestandsaufnahme, in: ebd., S. 15-34

[42] vgl. Broszat, Martin, Eine Insel in der Geschichte? Der Historiker in der Spannung zwischen Verstehen und Bewerten der Hitler-Zeit (1983), in: derselbe, Nach Hitler. Der schwierige Umgang mit unserer Geschichte, revidierte Taschenbuchausgabe München 1988, S. 208-215, und derselbe, Grenzen der Wertneutralität in der Zeitgeschichtsforschung: Der Historiker und der Nationalsozialismus (1981), in: ebd., S. 162-184 sowie Friedländer, Saul, Überlegungen zur Historisierung des Nationalsozialismus, in : Freibeuter. Vierteljahreszeitschrift für Kultur und Politik, Heft 36 1988, S. 33-52

[43] Tenorth, H.-Elmar, Wahrheitsansprüche und Fiktionalität. Einige systematische Überlegungen und exemplarische Hinweise an die pädagogische Historiographie zum Nationalsozialismus, in: Lenzen, Dieter (Hrsg.), Pädagogik und Geschichte. Pädagogische Historiographie zwischen Wirklichkeit, Fiktion und Konstruktion, Weinheim 1993, S. 99

ger Schule, gegen die viel gelobte distanzierte Biographie von Friedrich Lenger über den Nationalökonomen und Soziologen Werner Sombart.[44] Sontheimer vermißt u.a. ein „klare(s) kritische(s) Urteil über die Verantwortung" Sombarts - „ein schlimmer Chauvinist, ein entschiedener Antisemit und Rassentheoretiker" - „für Deutschlands Weg in die Barbarei des 'Dritten Reiches'"[45]. Sontheimer sperrt sich gegen von ihm als „typisch" angesehene Tendenzen der gegenwärtigen Geschichtsschreibung: „des heute gängigen historischen Revisionismus" („alles Problematische wird entsorgt"), „die Abdankung des Moralischen" und damit auch die „Flucht aus der politischen Verantwortung des Historikers", da er die Gefahr sieht, daß man dadurch „dem historischen Bewußtsein der Gegenwart Wesentliches schuldig" bleibe.[46]

Es darf und sollte nicht Ergebnis dieser Arbeit sein, daß sie einer „moralischen Verharmlosung bei der historischen Aufarbeitung der deutschen Vergangenheit Vorschub leistet"[47]. Mit Broszat ist als „historische Einsicht" zu fordern einerseits die „distanzierende, analytisch zu gewinnende Erklärung und Objektivierung, andererseits aber auch (die) begreifende subjektive Aneignung und (der) Nachvollzug vergangener Handlungen, Betroffenheiten und Verfehlungen"[48].

---

[44] vgl. Lenger, Friedrich, Werner Sombart - 1863-1941. Eine Biographie, München 1994

[45] vgl. Sontheimer, Kurt, Wider die Leisetreterei der Historiker, in: Die Zeit Nr. 45 vom 4. November 1994, S. 15

[46] vgl. ebd., S. 15f. Siehe auch die Replik von Lenger, Friedrich, Wider die falschen Eindeutigkeiten, in: Die Zeit Nr. 48 vom 25.11.1994, S. 65

[47] Sontheimer, Kurt, Wider die Leisetreterei ..., a.a.O, S. 16. Das Beharren auf einem moralischen Urteil als Ausdruck meines Wissenschaftsverständnisses ergibt sich auch aus meinem sozialwissenschaftlichen Studium bei den NS-verfolgten Professoren Alfons Silbermann und Karl J. Newman an der Universität Köln.

[48] Broszat, Martin, Was heißt Historisierung des Nationalsozialismus?, in: HZ Bd. 247 (1988), S. 2

III. Diskussion der spezifischen Literatur und Quellen und Entwicklung von Fragestellungen

1. Die Aufbauschule in Preußen

a) Diskussion der Literatur und Entwicklung von Forschungsfragen

Die Aufbauschule ist „kein Kind der Revolution von 1918", formulierte Oberschulrat Hellwig 1930 anläßlich der Einführung des neuen Leiters, Dr. Hans Fluck, der 1926 in Rüthen (Westfalen) gegründeten Aufbauschule[1] - wohl mit Blick auf die gesellschaftliche Akzeptanz dieser Einrichtung im spezifisch ländlich-katholischen Rüthener Milieu. Diese abgrenzende apodiktische Aussage bezog sich aber sowohl auf die Aufbauschule am Ort als auch auf die preußische Aufbauschulbewegung insgesamt und läßt eine politische Positionierung erkennen, deren Grundsätzlichkeit und Reichweite einschließlich sozialer und politischer Implikationen zu ermitteln sein wird.

Eine detaillierte Überprüfung und Bearbeitung der Gründungsgeschichte der Aufbauschule in der Weimarer Republik und ihrer Entwicklung bis in den Nationalsozialismus muß m.E. beachten, daß

• aufgrund der geringen Reichweite funktionalistischer Schichtmodelle für die Weimarer Republik z.B. unter Aufnahme der Geigerschen Gesellschaftsanalyse[2] und deren Beachtung von Mentalitäten und Bewußtseinsstrukturen eine eher klassenspezifische Gesellschaftsanalyse notwendig ist, die den Stand der Entwicklung des ökonomischen Systems in seiner Komplexität und in seinem Verhältnis zum politischen System erfaßt. Die geringe Stringenz des ökonomischen Systems erfordert eine Fraktionierung der Klassen auch unter Beachtung des „ökonomischen Eigentums" (Poulantzas) und der Einbeziehung ideologischer Faktoren.[3]

---

[1] Vom Wesen und Ziel der Aufbauschule. Aus der Rede des Herrn Oberschulrats Hellwig, in: Fluck, Hans (Hrsg.), Mitteilungen der Staatlichen Deutschen Oberschule. Aufbauschule, Rüthen i. Westfalen, Heft 1, Ostern 1931, S. 10-13

[2] Geiger, Theodor, Die soziale Schichtung des deutschen Volkes, Stuttgart 1932

[3] vgl. Poulantzas, Nicos, Klassen im Kapitalismus - heute. Studien zur Klassenanalyse 5, Berlin 1975. Damit könnte die von Wehler als „methodisch überaus schwierige Binnendifferenzierung der verschiedenen bürgerlichen Formationen" versucht werden, besonders um den „breite(n) Bereich des Kleinbürgertums" und den Stellenwert des Bildungsbürgertums bzw. dessen Traditionen zu erfassen (vgl. Wehler, Hans Ulrich, Aus der Geschichte lernen? Essays, München 1988, S. 196ff., 245ff.).

- die einzelnen gesellschaftlichen Fraktionen sich in einzelnen - bzw. auch ver-schiedenen - Parteien und gesellschaftlichen Interessengruppen sowie Büro-kratien und Kirchen manifestieren zwecks Wahrung/Ausbau der politisch-ideologischen und ökonomischen Interessen. Die Programmatik der Parteien und Verbände zur Bildungspolitik und deren Entwicklung in ihrer Ausrichtung auf die Aufbauschule sowie das tagespolitische Verhalten ist vor diesem Hin-tergrund zu untersuchen.

- zum Verständnis der Positionen, Machtfaktoren und Mentalitäten sowohl ein Rückgriff auf das Kaiserreich als auch ein Ausblick über die revolutionäre Pha-se hinaus in die Weimarer Republik zur Ermittlung von Kontinuitäten und Brü-chen erforderlich ist.

- eine reine Ableitung bildungspolitischer Entscheidungen aus der Gesellschafts-analyse ihre möglichen Grenzen in der relativen Autonomie auch des Bil-dungssektors hat, wobei innerhalb des Bildungssektors dies wiederum für Ein-zelsegmente wie z.B. die Aufbauschule gelten kann.

Auf Basis der empirisch ermittelten Fakten und ihrer strukturellen Auswertung sollten sich dann folgende grundsätzlicheren Fragestellungen beantworten lassen:

- Entsprach die erste unter einer republikanischen Verfassung eingerichtete neue Form einer höheren Schule dem Demokratisierungspostulat?

- Konnte bzw. sollte die Aufbauschule den „sozialen Immobilismus der Klas-sengesellschaft" (Herrlitz) aufheben? Oder nahm sie weiterhin sozialselektive Funktion war?

- Hatte die Aufbauschule durch ihren vorherrschenden Typ der Deutschen Ober-schule ein demokratieorientiertes Potential oder eher Präferenzen zu Nationa-lismus und später Nationalsozialismus?

- Inwieweit lassen sich derartige Ausrichtungen in den spezifischen Lehrer- und Fachverbänden bzw. Fachzeitschriften nachweisen bzw. sogar personalisieren?

- Erwies sich die Machtübergabe an den Nationalsozialismus subjektiv und ob-jektiv eher als Zäsur oder als Kontinuum?

- Welchen Stellenwert hatte die Aufbauschule im Rahmen der Umorganisation des Schulwesens im Nationalsozialismus?

Die beabsichtigte Überprüfung der Hellwigschen Feststellung auf ihre historische Tragfähigkeit muß besonders die Gründungsdiskussion aufnehmen und die weite-re Entwicklung des Aufbauschulwesens analysieren, was bisher umfassend noch nicht geleistet worden ist, wenn man von einer einzelnen, allerdings nicht typischen, weil städtischen Schule absieht.[4] Das geringe Forschungsinteresse muß erstaunen, da diese Schulform eine Sonderrolle einnahm. Denn als eine in den Anfangsjahren der Weimarer Republik neugeschaffene höhere Schule wurde sie von einer heterogenen Interessengemeinschaft gestützt und war Projektionsobjekt unterschiedlicher kulturpolitischer Erwartungen unter Maßgabe divergierender Gesellschaftkritik. Über sie sollten sowohl kulturkritische als auch klassenkämpferische Ziele verwirklicht werden. Spezifische Interessenlagen und Koalitionen sowie Begründungszusammenhänge müßten bei einer differenzierten Aufarbeitung der Entwicklungsgeschichte ermittelt und der Grad der Durchsetzung überprüft werden.

Die Sekundärliteratur setzt sich eher spärlich mit dieser Thematik auseinander. So ordnet Müller[5] die Aufbauschule nur in die Neuordnung des preußischen höheren Schulwesens ein, ohne die Eigenspezifika aufzuzeigen, und Weber[6] beschränkt sich weitgehend auf die Implikationen des Gründungszusammenhanges der Aufbauschulen zur Reorganisation der Volksschullehrer(innen)-Ausbildung. Diesen Aspekt hatte sich schon Glomp - aber über die Aufbauphase hinaus - zu eigen gemacht, indem er ohne jegliche empirische Belegung aus seiner Erinnerung an seine fast dreißigjährige Tätigkeit an einer Aufbauschule heraus der Schulform zuschrieb, daß „sie im weiten Umfange den Nachwuchs des Volksschullehrerstandes lieferte" und ihre Besucher „zu einem erheblichen Teil die Absicht (hatten), Lehrer zu werden"[7]. Auf ähnlich vager Basis sah Glomb einen pädagogischen Vorteil in den ländlichen Aufbauschulen gegenüber den städtischen höheren Schulen, die von Landkindern besucht wurden:

„Das leidige Stadium des Pensions- oder Fahrschülers blieb dem Aufbauschüler erspart, da seine Schule mit einem Schülerheim verbunden war."[8]

---

[4] vgl. Radde, Gerd, Fritz Karsen. Ein Berliner Schulreformer der Weimarer Zeit (= Historische und pädagogische Studien, Bd. 4), Berlin 1973, S. 72ff. und Anhang

[5] Müller, Sebastian F., Die Höhere Schule Preußens in der Weimarer Republik. Zum Einfluß von Parteien, Verbänden und Verwaltung auf die Schul- und Lehrplanreform 1919 - 1925, Weinheim u.a. 1977, S. 71ff., 168ff.

[6] Weber, Rita, Die Neuordnung der preußischen Volksschullehrerbildung in der Weimarer Republik. Zur Entstehung und gesellschaftlichen Bedeutung der Pädagogischen Akademien, Köln u.a. 1984, S. 268ff.

[7] Glomp, Hans, Vom Werden und Wesen der Aufbauschule, in: Schola. Lebendige Schule 6 (1951) Nr. 3, S. 180. Auch Blankertz behauptet, daß „die Deutsche Oberschule in Aufbauform die Funktion einer Zubringeranstalt für die Akademien wahrnehmen (konnte)" (vgl. Blankertz, Herwig, Die Geschichte der Pädagogik. Von der Aufklärung bis zur Gegenwart (1982), Wetzlar 1992, S. 242).

[8] Glomp, Hans, Vom Werden ..., a.a.O., S. 182

Und genauso apodiktisch versicherte Glomb zur Sozialstruktur der Schülerschaft:

> „So ergab sich fast naturgemäß, daß die Aufbauschule die Schule des kleinen Mannes, der Bauern und Arbeiter wurde."[9]

Demgegenüber behauptet Tenorth in seiner „Geschichte der Erziehung" für die Deutschen Oberschulen, deren überwiegenden Charakter als Aufbauschulen er vernachlässigt und die nur für die Zeit ab 1938 als „Aufbaugymnasien" plötzlich erwähnt werden, daß sie „speziell für soziale Aufsteiger und Frauen sowie für die Lehrerbildung eingerichtet" worden seien.[10] Empirischer geht Zymek vor, wenn er nachweist, daß in ca. 40% der Kleinstädte ländlicher Regionen die Aufbauschule den Fortfall der Lehrerbildungsinstitutionen und deren „Bildungs- und Karriereangebot für Absolventen des niederen Schulwesens" ersetzte, doch bleibt sein Nachweis der hohen Selektionskraft dieses Schultyps in zweifacher Hinsicht fragwürdig, wenn er für 1931 den Anteil der Aufbauschulen an höheren Schulen von 8,6% mit der Anzahl von 5% Abiturienten vergleicht.[11] So läßt er unberücksichtigt, daß 1931 noch nicht alle Aufbauschulen voll entwickelt waren und viele andere höhere Schulen darüber hinaus mehrzügig geführt wurden. Zwar können die Entwicklungsprozesse im höheren Knabenschulwesen grundsätzlich zutreffend mit den Begriffen „Expansion und Differenzierung" charakterisiert und ein „realitätsferne(s) Pathos" der amtlichen Programmatik im Zusammenhang mit der Neuordnung 1923/24 konstatiert werden[12], doch wäre zu belegen, ob dies angesichts der neuen Deutschen Oberschule und der Aufbauschulen „ohne praktische Wirkung für die Schulentwicklung" (Zymek) geblieben ist. Denn Frank betont dagegen den Zusammenhang zwischen Aufbauschule und Deutscher Oberschule bei deren Gründung und spricht von „Institutionalisierung völkischer Bildung"[13]. Ebenso erkennt Kanz für die Deutsche Oberschule eine nationalistische Ausrichtung, doch vernachlässigt er die Aufbauschulen völlig.[14] Auch wenn Becker die Richertsche Schulreform als Teil

---

[9]   ebd., S. 183

[10] Tenorth, Heinz-Elmar, Geschichte der Erziehung. Einführung in die Grundzüge ihrer neuzeitlichen Entwicklung, Weinheim u.a. 1988, S. 245, 252

[11] vgl. Zymek, Bernd, Schule, Hochschule, Lehrer, in: Langewiesche, Dieter / Tenorth, Heinz-Elmar (Hrsg.), Die Weimarer Republik und die nationalsozialistische Diktatur (= Handbuch der deutschen Bildungsgeschichte, Band V 1918 - 1945, hrsg. von Christa Berg), München 1989, S. 171f. Auch Zymek behauptet wie Glomp, daß an Aufbauschulen „traditionell meist Internate angeschlossen sind" (ebd., S. 182).

[12] ebd., S. 157, 175

[13] Frank, Horst Joachim, Geschichte des Deutschunterrichts. Von den Anfängen bis 1945, München 1973, bes. S. 628-638

[14] vgl. Kanz, Lothar, Höhere Schule und Philologenverband. Untersuchungen zur Geschich-

eines „nationalistischen Strom(es)" sieht, spricht er dem Gedanken der Aufbauschule „von der herkömmlichen höheren Schule her gesehen etwas Revolutionä-
res" zu und sieht diese Schulform in der Traditionslinie der heutigen Gesamtschule.[15] Die Hinweise von Poste zur Aufbauschule in Sachsen ergeben keine speziel-
len vergleichbaren Erkenntnisse für Preußen und beschränken sich auch nur auf
die Gründungsphase.[16]

Meine Untersuchung soll zur Beantwortung obiger Fragen und der Überprüfung
der spärlichen und teils widersprüchlichen Literatur einen ersten grundlegenden
Beitrag leisten[17] und so am Beispiel der preußischen Aufbauschule das Spannungsfeld von Demokratie und Nationalsozialismus ausloten, dem das höhere
Schulwesen ausgesetzt war.

b)   Quellen und ihre Auswertung, methodische Überlegungen

Quellenmäßige Grundlage dieses Untersuchungsteils sind besonders die Archivalien des Ministeriums für Wissenschaft, Kunst und Volksbildung im Geheimen
Staatsarchiv Preußischer Kulturbesitz Abt. Merseburg (GStA Merseburg) und die
Archivalien des Provinzialschulkollegiums (PSK) Münster im Staatsarchiv Münster (StA MS). Neben den einschlägigen Erlassen und Verfügungen sind besonders der Schriftverkehr mit den Schulen, diverse Eingaben und Statistiken zu
nennen. Da die Entwicklung des Schulwesens auch parteipolitisch und zwischen
den schulischen bzw. universitären und Standesverbänden umstritten war und
dies über die Medien ausgetragen wurde, stehen diverse Zeitungsaufsätze zur
Verfügung. Besondere Bedeutung kommt neben pädagogischen und fachbezoge-

te der Höheren Schule und ihrer Standesorganisation im 19. Jahrhundert und zur Zeit der
Weimarer Republik, Frankfurt 1984

[15]   Becker, Hellmut, Reform von Schule und Lehrerbildung im Preußen der Weimarer Zeit,
in: Becker, Hellmut / Kluchert, Gerhard, Die Bildung der Nation. Schule, Gesellschaft und
Politik vom Kaiserreich zur Weimarer Republik, Stuttgart 1993, S. 376, 391f.

[16]   vgl. Poste, Burkhard, Schulreform in Sachsen 1918 - 1923. Eine vergessene Tradition
deutscher Schulgeschichte (= Studien zur Bildungsreform Bd. 20, hrsg. von Wolfgang
Keim), Frankfurt u.a. 1993, S. 408-425

[17]   Dies scheint um so notwendiger zu sein, da in einer neueren schulgeschichtlichen Doku-
mentensammlung irrtümlicherweise die Aufbauschule in Preußen zum einen während der
Weimarer Republik nur als Fortsetzung des Lyzeums erscheint (und dann auch nur als
Deutsche Oberschule) und zum anderen für die NS-Schulreform 1937 der Eindruck
vermittelt wird, daß die Aufbauschulen neu gegründet wurden: „Auf dem Lande wurden
sechsklassige Aufbauschulen eingerichtet." Berthold, Michael / Schepp, Heinz-Hermann,
Die Schule in Staat und Gesellschaft: Dokumente zur deutschen Schulgeschichte im 19.
und 20. Jahrhundert (= Quellensammlung zur Kulturgeschichte, Bd. 22), Göttingen 1993,
S. 259 und 315

nen Zeitschriften - hervorzuheben sind die Zeitschrift für Deutsche Bildung (ZfDB) und die Zeitschrift für Deutschkunde (ZfDK) - der interessebezogenen Publikation der Reichsvereinigung der deutschen Oberschulen und Aufbauschulen „Deutsche Oberschule und Aufbauschule" (DOA)[18] zu. Zeitgenössische Sekundärschriften können ergänzend herangezogen werden.

Grundsätzlich werden den diversen Quellen nicht nur die spezifischen Fakten entnommen und systematisch geordnet, sondern sie werden auch einer erkenntnistheoretischen bzw. ideologiekritischen Überprüfung unterzogen, die eine Aufklärung über die zugrunde liegenden Interessen impliziert. Ein Zurückgreifen auf ideengeschichtliche Zusammenhänge ist daher gerade für die zu untersuchenden Zeiträume der Weimarer Republik und des Nationalsozialismus notwendig. Dies macht eine Bewertung der dominanten kulturkritischen Topoi wie tiefe Wissenschaftsfeindlichkeit, Haß gegen die Technik, Vernunftfeindlichkeit, Antiliberalismus, Antisemitismus, völkische und rassische Vorurteile sowie Sucht nach Mythizismus erforderlich[19] und bedingt eine intensive Auseinandersetzung mit der unterrichtsrelevanten Deutschkunde.

Vor dem Hintergrund der oben dargelegten Interessen, gesellschaftspolitischen Positionen und dem damit einhergehenden Geschichtsbild sollte deutlich geworden sein, daß nicht einem 'illusionären Objektivitätsideal' nachgegangen wird, sondern das Bemühen um ein historisch-soziales Erkennen erfolgt, dessen Maßstab offengelegt wurde und damit nachvollziehbar - und leichter kritisierbar - ist. Zugleich wird dadurch der grundsätzlichen Tatsache Rechnung getragen, daß Geschichte „Wachs in den Händen des Historikers" bleibt trotz der Anbindung an

---

[18] Die 1933 erstmalig erschienene Zeitschrift „Der Aufbauschüler", siehe Verweis in der ZfDB 9 (1933), S. 412f., ist über Bibliotheken nicht mehr nachweisbar.

[19] So auch Kunert, Hubertus, Deutsche Reformpädagogik und Faschismus, Hannover 1973, S. 8f., der aber zu schnell Entwicklungen und Personen als „präfaschistisch" qualifiziert - auch aufgrund mangelnder Differenzierung der Strömungen innerhalb der Reformpädagogik. Vgl. grundsätzlich auch Stern, Fritz, Kulturpessimismus als politische Gefahr, Bern u.a. 1963, und Sieferle, Rolf Peter, Fortschrittsfeinde? Opposition gegen Technik und Industrie von der Romantik bis zur Gegenwart, München 1984, der besonders die (neo)romantische-völkisch-agrarische Ideologie herausarbeitet. Auch Tenorth, Heinz-Elmar, Zur deutschen Bildungsgeschichte ..., a.a.O., S. 30ff., betont den Rückgriff auf die Kulturkritik zur Strukturierung von Grundzügen seines bildungshistorischen Konzepts. Für Oelkers, Jürgen, Erziehung und Gemeinschaft: Eine historische Analyse reformpädagogischer Optionen, in: Berg, Christa / Ellger-Rüttgardt, Sieglind (Hrsg.), „Du bist nichts, Dein Volk ist alles". Forschungen zum Verhältnis von Pädagogik und Nationalsozialismus, Weinheim 1991, S. 22-45, gründet der Gemeinschaftsbegriff als Kategorie einer national-idealistischen Erziehungstheorie schon in der politischen Romantik.

Quellen und so auch diese Arbeit durch einen „phantasiegeleitete(n), gegenwarts-
bedingte(n), diskursverpflichtete(n) Konstruktivismus"[20] geprägt ist.
Insgesamt wird mit dieser Arbeit der (noch nicht abgeschlossene) Schritt der Historischen Pädagogik hin zu einer kritischen Gesellschaftswissenschaft mitgegan-
gen, die überindividuelle Entwicklungen, Strukturen und Prozesse stärker beachtet[21], was Schule und Schulreform als Teil gesellschaftlicher Machtverhältnisse
mehr als nur konturiert und ihnen einen Platz im Spannungsfeld zwischen Demokratie und Nationalsozialismus zuweist. Darüber hinaus wird aber berücksichtigt
werden müssen, daß menschliches Handeln nicht nur aus Interessen ableitbar ist,
sondern auch durch Werthaltungen und Mentalitäten bestimmt wird[22], die auch
eine individuell-konkrete Ausformung haben können. Mit diesem Verständnis von
Geschichtsschreibung wird zugleich die klassische Frage des Historikers „Wie
(ist) es eigentlich gewesen?" (Leopold von Ranke) im Hinblick auf die Weimarer
Republik und dem folgenden Nationalsozialismus erweitert durch das Erkenntnis-
interesse „Mußte es so kommen?", das gesellschaftspolitische Alternativen einbezieht.[23] Ein bloß traditionelles Interesse an Geschichte, das weitgehend als
überwunden angesehen werden kann[24], findet so einen Bezug zur Gegenwart, der
die Adornosche Forderung an die Erziehung, „daß Auschwitz nicht noch einmal
sei", ein Absolutum ist.[25] Insofern ist der Nationalsozialismus nach Gamm als
„Lektion für die Pädagogik"[26] zu begreifen und das Programm der Aufklärung
durchaus als „normatives Referenzkonstrukt" zu sehen.[27]

---

[20] vgl. Fried, Johannes, Wissenschaft und Phantasie. Das Beispiel Geschichte, in: HZ Bd.
      263 H. 2 (1996), S. 291-316, in stark gekürzter Form auch veröffentlicht unter Fried, Jo-
      hannes, Die Garde stirbt und ergibt sich nicht. Wissenschaft schafft die Welten, die sie
      erforscht: Das Beispiel Geschichte, in: FAZ vom 3. April 1996
[21] vgl. Kocka, Jürgen, Einleitung, in: derselbe (Hrsg.), Sozialgeschichte im internationalen
      Überblick. Ergebnisse und Tendenzen der Forschung, Darmstadt 1989, S. 1-17, sowie
      Kocka, Jürgen, Geschichte und Aufklärung, in: derselbe, Geschichte und ..., a.a.O., S.
      140-159
[22] Letzteres wird von Wehler als nicht unbegründeter Anspruch einer Kulturhistorie gesehen,
      mit dem er sich konstruktiv auseinandersetzt (vgl. Wehler, Hans-Ulrich, Von der Herr-
      schaft zum Habitus, in: Die Zeit Nr. 44 vom 25. Oktober 1996).
[23] vgl. Diner, Dan, Perspektivenwahl ..., a.a.O.
[24] Vgl. die prägnanten Gesichtspunkte bei Mommsen, Wolfgang J., Geschichte als Histori-
      sche Sozialwissenschaft, in: Rossi, Pietro (Hrsg.), Theorie der modernen Geschichts-
      schreibung, Frankfurt 1987, S. 107-146, die „der Geschichtswissenschaft den Status einer
      Sozialwissenschaft" zuweisen (S. 112).
[25] vgl. auch Paffrath, F. Hartmut (Hrsg.), Kritische Theorie und Pädagogik der Gegenwart.
      Aspekte und Perspektiven der Auseinandersetzung, Weinheim 1987
[26] Gamm, Hans-Jochen, Faschismus als Herausforderung an die Pädagogik, in: Otto, Hans-
      Uwe / Sünker, Heinz (Hrsg.), Soziale Arbeit und Faschismus. Volkspflege und Pädagogik

2. Die Staatliche Deutsche Oberschule in Aufbauform in Rüthen

a) Die Bedeutung von lokalen Untersuchungen für den Nationalsozialismus

Wenn „die historische Wahrheit über das Dritte Reich vor Ort zu finden (ist)"[28] und eben nicht nur in Faschismusanalysen sowie über Kontroversen um Staats- und Gesellschaftsstruktur[29], dann sind auch lokale Untersuchungen von Institutionen notwendig, um zu erfassen, was zu Loyalität und Resistenz geführt und letztendlich die Etablierung des Nationalsozialismus ermöglicht hat. Insbesondere gilt dies für das katholische Milieu,[30] das noch während der Weimarer Republik intern um die Anerkennung der Volkssouveränität stritt.[31]

Auch wenn das Mitglieder- und Wählerpotential der Nationalsozialisten sich bis 1933 zunehmend der Bevölkerungsstruktur annäherte und die NSDAP als eine Volks- und Massenintegrationspartei anzusehen ist,[32] lassen sich doch Präferen-

---

im Nationalsozialismus, Bielefeld 1986, S.3-17. In diesem Sinne auch Keim, Wolfgang, Schule ..., a.a.O.

[27] Kritisch zu diesem Standpunkt Rustemeyer, Dirk, Identität als faktische Fiktion? Zum Selbstverständnis der Erziehungswissenschaft, in: Lenzen, Dieter (Hrsg.), Pädagogik ..., a.a.O., S. 103-119

[28] Klönne, Arno, Einleitung, in: Blömeke, Sigrid u.a., Juden ..., a.a.O., S. 9

[29] Für einen knappen Überblick siehe Thamer, Hans-Ulrich, Das Dritte Reich. Interpretationen, Kontroversen und Probleme des aktuellen Forschungsstandes, in: Bracher, Karl Dietrich u.a. (Hrsg.), Deutschland ..., a.a.O. S. 507 - 531, sowie Kershaw, Ian, Der NS-Staat ..., a.a.O. Zur Bedeutung der Alltagsgeschichte siehe auch Peukert, Detlev, Alltag unterm Nationalsozialismus ..., a.a.O.; Gerstenberger, Heide, Alltagsforschung und Faschismustheorie, in: Normalität oder Normalisierung. Geschichtswerkstätten und Faschismusanalyse, Münster 1987, S. 35-49, und Marßolek, Inge, Antifaschistische Aufklärung und Alltag im Dritten Reich, in: Hans-Böckler-Stiftung u.a. (Hrsg.), Deutsch/Deutsche Vergangenheiten. Geschichtsrundbrief Neue Folge 4, Düsseldorf u.a. 1993, S. 6-14

[30] vgl. Klönne, Arno, Vor Ort nach den Gründen fragen ..., in: Blömeke, Sigrid / Bracht, Hans-Günther / Günster, Barbara / Günster, Rolf, „Jungens, der Krieg ist zu Ende!" Nationalsozialismus und Zweiter Weltkrieg in Brilon, Brilon 1995, S. 46-47. Vgl. für eine katholische Kleinstadt auch Henke, Josef, Verführung durch Normalität - Verfolgung durch Terror. Gedanken zur Vielfalt nationalsozialistischer Herrschaftsmittel, in: Aus Politik und Zeitgeschichte B 7/84 vom 18. Februar 1984, S. 21-31. Vgl. auch auf den 'alten' Mittelstand bezogen Freitag, Werner, Ein „Handwerkerfest" 1933. Dörfliche Horizonte und NS-Politik, in: 79. Jahresbericht des Historischen Vereins für die Grafschaft Ravensberg, Jahrgang 1991, Bielefeld 1991, S. 257-279

[31] vgl. den Überblick bei Stangl, Bernhard, Staat und Demokratie in der Katholischen Kirche, in: Aus Politik und Zeitgeschichte B 46-47/87 vom 14. November 1987, S. 32-45

[32] vgl. die Forschungsüberblicke von Falter, Jürgen W., Hitlers Wähler, München 1991 und Falter, Jürgen W. / Kater, Michael H., Wähler und Mitglieder der NSDAP. Neue Forschungsergebnisse zur Soziographie des Nationalsozialismus 1925 - 1933, in: GuG 19 (1993), S. 155-177

zen erkennen, die einzelnen Sozialmilieus zugeordnet werden können. So kann bis zu den Märzwahlen 1933 insgesamt ein Agrarisierungs- und Verländlichungseffekt in der soziologischen Struktur der Wählerschaft der NSDAP festgestellt werden, der aber im katholischen Milieu die - im Vergleich zum protestantischen Milieu - geringere Affinität zum Nationalsozialismus nur teilweise kompensierte. Die Rüthener Wahlergebnisse scheinen hier repräsentativ zu sein, doch lassen aber Wahlergebnisse über die Durchsetzungsfähigkeit bzw. Hinnahme der NSDAP am Ort z.b. bezüglich einer konflikthaltigen Gleichschaltung keine Voraussagen zu. Falls sich auch in Rüthen „viele Katholiken erstaunlich rasch mit dem Verschwinden der Partei (des Zentrums, H.-G. B.) abfanden"[33], wäre dies ein Indiz für die reichsweit festzustellenden Auflösungserscheinungen des Milieus und für die Desintegration des politischen Katholizismus. Entsprechend wäre dann eine Beschränkung oppositionellen Verhaltens - wie zu Zeiten des Kulturkampfes - nur auf direkt als gegen kirchliche Symbole gerichtete und „als antikatholisch empfundene staatliche Maßnahmen" zu konstatieren, das den alltäglichen Terror - auch gegen Sozialdemokraten, Juden und Kommunisten - vernachlässigte.[34] So erinnern die katholischen Bischöfe heute daran, daß es „unter Katholiken vielfach Versagen und Schuld" gegeben habe und die Kirche sich „von der Bedrohung ihrer eigenen Institutionen fixieren ließ"[35]. Besonders der

---

33   Morsey, Rudolf, Der Untergang des politischen Katholizismus. Die Zentrumspartei zwischen christlichem Selbstverständnis und „Nationaler Erhebung" 1932/33, Stuttgart 1977, S. 215, zit. nach Loth, Wilfried, Soziale Bewegungen im Katholizismus des Kaiserreichs, in: GuG 17 (1991), S. 309

34   vgl. Leugers-Scherzberg, August H., Der deutsche Katholizismus und sein Ende, in: Horstmann, Johannes (Hrsg.), Ende des Katholizismus oder Gestaltwandel der Kirche? (= Veröffentlichungen der Katholischen Akademie Schwerte hrsg. von Gerhard Krems, Akademie-Vorträge 41), Schwerte 1993, S. 31

35   „Wort der deutschen Bischöfe aus Anlaß des 50. Jahrestages der Befreiung des Vernichtungslagers Auschwitz am 27. Januar 1995" abgedruckt in: FAZ vom 25.1.1995, und es heißt dort weiter: „Nicht wenige haben sich von der Ideologie des Nationalsozialismus einnehmen lassen und sind bei den Verbrechen gegen jüdisches Eigentum und Leben gleichgültig geblieben. Andere haben den Verbrechen Vorschub geleistet oder sind sogar selber Verbrecher geworden. Unbekannt ist die Zahl derer, die beim Verschwinden ihrer jüdischen Nachbarn entsetzt waren und doch nicht die Kraft zum sichtbaren Protest fanden. Jene, die bis zum Einsatz ihres Lebens halfen, blieben oft allein." Damit wird der vom Katholizismus in der Nachkriegszeit weitgehend in Anspruch genommene und ihm auch zugeschriebene pauschale Widerstandsmythos eine Illusion (vgl. Schmidt, Ute, Linkskatholische Positionen nach 1945 zu Katholizismus und Kirche im NS-Staat, in: Ludwig, Heiner / Schroeder, Wolfgang (Hrsg.), Sozial- und Linkskatholizismus. Erinnerung - Orientierung - Befreiung, Frankfurt 1990, S. 130-147). Nicht zuletzt dem Episkopat wird inzwischen eine „zwiespältige Rolle" zugewiesen, da er trotz des staatlichen Terrors zu sol-

romantizistische Teil der NS-Ideologie und die am „alten Mittelstand" orientierte Propaganda sorgten für eine schichtenübergreifende Gefolgschaft der NSDAP. Sowohl die katholische Lehrerschaft als auch die katholische Bevölkerung hat sich - im Sinne einer Milieutheorie - gegen die NS-Ideologie besonders wegen ihres antikirchlichen Charakters lange gesperrt. Der „nationale Aufbruch" im Frühjahr 1933 - vor dem Hintergrund des Handelns der Amtskirche - ließ aber die nichtreligiösen Vorbehalte weitgehend verschwinden und die religiösen Vorbehalte randständig werden, da die ideologischen Überschneidungen zwischen Konservatismus und Nationalsozialismus nicht unerheblich waren.[36] So konnte sich der Nationalsozialismus ohne großen Widerstand der Masse der Bevölkerung, die der „nationalen Pflicht" folgen wollte, auch in Rüthen etablieren - nicht ohne Auswirkung auf die Aufbauschule.

Eine offizielle städtische Festschrift beschränkt sich unter der Rubrik „Wissenswertes aus den letzten 50 Jahren"[37]: 1933 Bau einer Badeanstalt, 1934 175jähriges Bestehen der St. Sebastianus-Schützenbruderschaft, 1936 Schneebruchschäden, Kreisfeuerwehrtag, neue Orgeln für die Kirchen, 1937 Pfarrer Schulte richtet in einem umgebauten Haus einen Kindergarten ein und Vereinigung der Stadt Rüthen mit dem Amt Rüthen, 1940 - 1944 Bombenangriffe, 1943 - 1945 Aufbauschule wird teilweise als Ausweichkrankenhaus genutzt, 1945 Einnahme Rüthens durch amerikanische Truppen, „einsichtige und beherzte Männer retten die Stadt vor sinnloser Zerstörung"[38]. Es findet sich kein Wort zum Nationalsozialismus und zur Verfolgung der Rüthener Juden durch den Verfasser, einem Zeitzeugen und Studienrat an der Aufbauschule. Demgegenüber deuten sich nach anderen Quellen durchaus Probleme an. So stand z.B. die Arbeit der Kolpingsfamilie unter starkem politischem Druck. Nur

---

36   datischem Gehorsam aufrief (vgl. Claussen, Johann Hinrich, Kaum mehr als nichts? Die katholischen Bischöfe im Dritten Reich, in: FAZ vom 3.1.1996, und vorsichtiger Repgen, Konrad, „Die deutschen Bischöfe und der Zweite Weltkrieg", in: Historisches Jahrbuch 115. Jg. 2. Halbband 1995, S. 411-452).
     vgl. Sontheimer, Kurt, Antidemokratisches Denken in der Weimarer Republik. Die politischen Ideen des deutschen Nationalismus zwischen 1918 und 1933, Taschenbuchausgabe München 1978; Breuer, Stefan, Anatomie der Konservativen Revolution, 2. durchgesehene und korrigierte Aufl. Darmstadt 1995, und eher unkritisch, da ohne Distanzierung, Sieferle, Rolf-Peter, Die Konservative Revolution. Fünf biographische Skizzen, Frankfurt 1995

37   vgl. Hoischen, Franz, Wissenswertes aus den letzten 50 Jahren, in: Festschrift 1200 - 1950. Heimatgeschichte der Stadt Rüthen. Herausgegeben zur 750 Jahrfeier der alten Bergfeste an der Möhne, Rüthen 1950, S. 53f.

38   ebd.

wenige wirkten noch mit, heißt es.[39] Auch hier gibt es noch umfangreichen Klärungsbedarf.[40]

Doch die örtlichen Vorgänge sind im Einzelnen unbekannt. Besonders die Jugend will aber endlich konkret wissen, wie der Nationalsozialismus in die eigene Schule eindringen konnte. Für Hamburg liegen z.b. bereits vielfältige Belege vor, die zeigen, wie Schüler und Lehrer sich gegen das Eindringen mit Zivilcourage gewehrt haben.[41]

b)   Literatur zur Rüthener Aufbauschule

Die Gründung und Entwicklung der Rüthener Aufbauschule ist bislang wenig systematisch - nur anläßlich von Schuljubiläen - aufgearbeitet worden, und dies auch erst ab 1951:

Die Autoren waren als Schulleiter ihrer Reputation und damit auch der Akzeptanz der Schule im Rüthener Milieu verpflichtet, so daß in diesen Artikeln zugleich eine Adressatenorientierung deutlich wurde. Sie nutzten die im Schularchiv vorhandenen Jahresberichte der früheren Schulleiter und griffen nur teilweise auch auf Archivalien im Stadtarchiv Rüthen zurück.

Für den Gründungszeitraum wurde besonders von Schulleiter OStD Dr. Hans Cramer auf die Denkschrift des Ministerialrats im preußischen Ministerium für Wissenschaft, Kunst und Volksbildung Hans Richert, mit der die Aufbauschule in Preußen etabliert wurde, und ihren kulturpolitischen, genauer: kulturkritischen Hintergrund abgehoben. Er zeigte sich überrascht durch das „noch weiterwirken-

---

39   Siehe die Ausführungen der Vikare Widekind und Grewe, in: 100 Jahre Kolpingsfamilie Rüthen, in: Festschrift aus Anlaß des 100jährigen Bestehens der Kolpingsfamilie e.V. Rüthen. 30. April - 8. Mai 1977, o. O. (Rüthen), o. J. (1977), o. P. Genaueres wüßte man gerne auch zu der vagen und wenig analytischen Aussage über einen anderen bedeutsamen Verein: „Nach 1933 hatte der Kriegerverein in der sog. 'Neuen Zeit' einige schwierige Jahre zu überstehen." (Krämer, Hermann jun., Die Entstehung des Kriegervereins Rüthen, in: Lippstädter Heimatblätter 75 (1995), S. 35)

40   Dieser „weiße Fleck" in der örtlichen Geschichtsschreibung wird von mir umfassend im Rahmen der vom Rat der Stadt Rüthen für das Stadtjubiläum im Jahr 2000 vorgesehenen Publikation zur Stadtgeschichte aufgearbeitet werden.

41   vgl. Hochmuth, Ursel / Lorent, Hans-Peter de (Hrsg.), Hamburg: Schule unterm Hakenkreuz. Beiträge der „Hamburger Lehrerzeitung" (Organ der GEW) und der Landesgeschichtskommission der VVN/Bund der Antifaschisten, Hamburg 1985, und Lehberger, Reiner / Lorent, Hans-Peter de (Hrsg.), „Die Fahne hoch". Schulpolitik und Schulalltag in Hamburg unterm Hakenkreuz, Hamburg 1986. Als wichtig hat sich für diesen Zusammenhang auch die Rezeption der reformpädagogischen Diskussion an den Schulen erwiesen (vgl. Lorent, Hans-Peter de / Ullrich, Volker (Hrsg.), „Der Traum von der freien Schule". Schule und Schulpolitik in der Weimarer Republik, Hamburg 1988).

de Pathos des 19. Jahrhunderts" und konstatierte: „Fatal wirken Vorklänge an das Vokabular des Dritten Reiches."[42] Unabhängig von dieser kritischen Einschätzung sah er in der Gründung von Aufbauschulen eine „wohlüberlegte kulturpolitische Tat hohen Ranges" und stellte sie in den Zusammenhang zur Volksschullehrerausbildung:

> „Die Aufbauschulen sollen als Nachfolgeanstalten der aufzulösenden Seminare deren Nachwuchs auffangen und in ihre leerstehenden Gebäude einziehen."[43]

Diese für Cramer „geniale Antwort" Richerts findet aber keine direkte Bestätigung durch die Denkschrift.

Der kulturkritische Ansatz der Denkschrift wird stärker von Schulleiter OStD Dr. Felix Taubitz betont, wenn er aufgrund der demographischen Verschiebungen durch Evakuierungen und Flüchtlingsbewegungen im Gefolge des Zweiten Weltkrieges Grundsätzliches aus der Denkschrift aufgreift und fragt:

> „Hat diese scharfe Scheidung zwischen Großstadt und Land heute noch ihre Berechtigung? Ist nicht vielmehr der Atem der Großstadt überall auf dem Lande zu spüren, während die Kreise der Großstädte in ständigem Wachsen begriffen sind, die unsere zersetzende Kultur mit aller Entschiedenheit ablehnen, sie bekämpfen und durch die Besinnung auf die wahren Werte unseres Seins zu überwinden versuchen? Und doch, glaube ich, gibt es genug Enklaven auf dem Lande und Lebensbereiche, aus denen auch heute noch ursprüngliche Kräfte der Aufbauschule zuströmen."[44]

Taubitz war also auch 1951 noch befangen von der in der Weimarer Republik der ländlichen Bevölkerung zugeschriebenen 'Jungbrunnen'-Funktion.

Die spezifisch Rüthener Situation, die erst 1925 zu einem städtischen Antrag zur Errichtung einer Aufbauschule führte, wird weder politisch noch soziologisch erhellt, sondern nur vage „als ein gegen mancherlei Widerstände errungener Erfolg Rüthener Bürgersinns" beschrieben und insgesamt für die Rüthener Bevölkerung nur ein geringes „Interesse an Bildungseinrichtungen" angedeutet.[45] So beklagte

---

[42]   Cramer, Hans, 40 Jahre Staatliches Aufbaugymnasium Rüthen, in: Rüthener Hefte Nr. 13 (1967), S. 6. Gegen diesen naheliegenden Eindruck wendet sich Busch generell und apodiktisch, da „... die Sprache eines Reformpädagogen vom Beginn unseres Jahrhunderts vorliegt, die nicht mit den Ideen und Gedankengängen des Nationalsozialismus verwechselt werden darf." (Busch, Helmut, Aus der Geschichte des Lehrerseminars und des Jung-Stilling-Gymnasiums in Hilchenbach. Schrift anläßlich des Stadtjubiläums 300 Jahre Stadtrechte Hilchenbach 1687 - 1987, 2. erweiterte Aufl. Hilchenbach 1987, S. 17)

[43]   vgl. Cramer, Hans, 40 Jahre ..., a.a.O., S. 6 und 4

[44]   Taubitz, Felix, 25 Jahre staatliche Aufbauschule Rüthen, in: Rüthener Hefte 1951, S. 5

[45]   Cramer, Hans, 40 Jahre ..., a.a.O., S. 7. In diesem Zusammenhang gehört auch der durch Quellen nicht belegte aber wiederholt auftauchende Hinweis, daß als Nutzung des leerstehenden Seminargebäudes auch eine Wäschefabrik im Gespräch gewesen sein soll (vgl.

z.B. noch 1925 der Leiter des Lehrerseminars, StD Theodor Altrogge, zwar die vorgesehene Schließung des Seminars ausführlich, indem er u.a. die besonderen Verdienste seminaristischer Ausbildung herausstrich, doch erwähnte er aber mit keinem Wort städtische Bemühungen um einen Ersatz in Form der Errichtung einer Aufbauschule.[46]

Auch die Entwicklung der Schule in den ersten Jahren bleibt für Interpretationen offen. Zwar wird von den „inneren und äußeren Schwierigkeiten"[47] der Aufbauschule gesprochen, ohne diese zu präzisieren, und auf die „sehr rege und fruchtbare Tätigkeit" des Schulleiters Dr. Hans Fluck hingewiesen, der den „nötigen Geist und Schwung (mit)brachte" und die sich „aufdrängenden erzieherischen Probleme mutig (an)packte"[48], doch erfolgte - abgesehen vom Hinweis auf die Lehrerfluktuation - keine strukturelle oder gesellschaftspolitische Bestimmung. Dies erstaunt für Cramer um so mehr, da er das Gründungsjahr 1926 „in die Zeit nach einem verlorenen Weltkrieg, nach innenpolitischen Stürmen, nach einer verheerenden Inflation"[49] einordnet, ohne diese allgemeinen gesellschaftlichen Entwicklungen in den Zusammenhang der Gründungsphase zu stellen.

Neben diesen Aufsätzen, die in Folge immer wieder als Grundlage für kleinere Artikel genommen wurden, bieten die Rüthener Hefte als Schulzeitung - redigiert von Schulleitern, Schüler(inne)n oder Lehrer(inne)n - durch zahlreiche aktuelle aber auch erinnernde Hinweise auf das Schulleben Ansatzpunkte für eine eher rein beschreibende Darstellung, der zudem aufgrund ihrer Zufälligkeit und Selektivität nur ergänzender Charakter zukommen kann.

Auffällig ist, daß die Zeit des Nationalsozialismus in allen Veröffentlichungen ausgeklammert bleibt oder nur eher beiläufig und pauschal angesprochen wird. Dies ist vielleicht auch Ausdruck des „sehr lückenhaft(en)"[50] schulischen Akten-

---

stellvertretend: Vom Schulwesen in Rüthen, in: Stadt Rüthen (Hrsg.), 775 Jahre Stadt Rüthen, Rüthen 1975, S. 57).

[46]   vgl. Altrogge, Theodor, Rüthen als Lehrerbildungsstätte, in: Heimatbuch des Kreises Lippstadt. Im Auftrage des Kreisausschusses herausgegeben von Joseph Preising, 1. Band 1925, Paderborn 1925, S. 141-148

[47]   Cramer, Hans, 40 Jahre ..., a.a.O., S. 7

[48]   Taubitz, Felix, 25 Jahre ..., a.a.O., S. 8

[49]   Cramer, Hans, Festansprache anläßlich des 50jährigen Bestehens des Gymnasiums Rüthen, abgedruckt in: Rüthener Hefte 1973/74 - 1980/81, S. 16; teilweise identisch mit Cramer, Hans, 50 Jahre Gymnasium Rüthen. Experiment von 1926 gelungen, in: Heimatblätter Folge 6 des 56. Jahrgangs März 1976, als Beilage zum „Patriot"

[50]   StA MS, PSK 9884, Schreiben an den zuständigen Oberschulrat vom 17.1.1948. In diesem Zusammenhang wurde auch bekanntgegeben, daß durch einen Einbruch „sämtliche Nazibücher in die Hände der Schüler gekommen" seien (ebd.). Mit Schreiben vom 21.2.1948 wurde ergänzt, daß einige Bücher auch durch einen Lehrer weitergegeben bzw.

bestandes, wie Schulleiter Dr. Adolf Poschmann 1948 feststellt. So wird die Zeit des Nationalsozialismus bei Cramer reduziert auf ein Statement zum damaligen Schulleiter Dr. Heinrich Steinrücke:

> „Er hat von 1932 bis zu ihrer vorläufigen Stillegung bei Kriegsende 1945 die Schule mit fester Hand geführt."[51]

Auch Taubitz hatte in seiner Darstellung von wesentlichen konkreten Entwicklungen im Nationalsozialismus abstrahiert und den Schulleiter allgemein charakterisiert:

> „Er hätte gewiß der Schule ein eigenes Gesicht geben können, wenn nicht die Zeit mächtiger gewesen wäre als jede noch so starke Erzieherpersönlichkeit."[52]

Dieses diffuse Bild wird zwar ergänzt durch den Hinweis, daß „auch in Rüthen der neue Geist einzog", doch was das bedeutete, wird nicht expliziert. Eher wird durch einen Verweis auf die Lehrkräfte der Aufbauschulen insgesamt, die „sich ihm (dem neuen Geist, H.-G. B.) zumeist nur widerwillig erschlossen", eine entsprechende Entwicklung auch in Rüthen angedeutet, aber nicht belegt.[53] Anläßlich des 75jährigen Geburtstages Steinrückes, Schulleiter von 1932-1945, wird in einer Laudatio zwar positiv auf steigende Schülerzahlen während seiner Amtszeit hingewiesen, ohne mit einem Wort zu erwähnen, daß sie fast vollständig im Nationalsozialismus lag; demgegenüber wird auf die ihm von Schülern entgegengebrachte „unbegrenzte Zuneigung und Liebe" verwiesen und daß er ihnen auch später ein „väterlicher Freund, Berater und Helfer" geblieben sei.[54] In einem Nachruf wird vom „hochverdienten, bewährten Leiter" gesprochen, „der über das Berufsmäßige hinaus auch als Mensch für die heranreifende Jugend Vorbild und Leitstern gewesen sei"[55].

In diesem Tenor hatte sich auch ein Schüler 50 Jahre später erinnert[56], während aber zur Neueröffnung der Schule der vorgesehene Leiter, der dienstälteste Lehrer StR Verhoeven, am 30.3.1946 feststellte, „daß die Schule nach einer Zeit der

---

von Handwerkern mitgenommen worden seien (vgl. ebd.).

[51] Cramer, Hans, 50 Jahre ..., a.a.O. Schon früher hatte es geheißen: „Vor allem dem energischen Wirken von Oberstudiendirektor Dr. Steinrücke ... war es zuzuschreiben, daß die Schule an Ansehen am Ort, in der nahen und weiteren Umgebung gewann." (Vom Schulwesen in Rüthen, in: Stadt Rüthen (Hrsg.), 775 Jahre ..., a.a.O., S. 57). Gern hätte man gewußt, was zur Zeit des Nationalsozialismus „energisches Wirken" bedeutet hat.

[52] Taubitz, Felix, 25 Jahre ..., a.a.O., S. 8

[53] vgl. ebd.

[54] vgl. Hoischen, A., Das Porträt, in: Rüthener Hefte 1960/61, S. 12f

[55] Da., W., Abschied von Dr. Heinrich Steinrücke. Er prägte das Gesicht des Rüthener Aufbaugymnasiums, in: Rüthener Hefte Nr. 13 (1967), S. 46f

[56] vgl. Kapitel C IV.b)

planmäßigen Irreführung der Jugend nunmehr altbewährte Erziehungsmethoden zur Anwendung bringen wird."[57] Aber auch diese unreflektierte Anknüpfung an die Weimarer Republik sperrte sich gegen die Frage, was denn den Nationalsozialismus ermöglicht hat.

Daß sich hier zeigende lückenhafte und teils schwammige Bild bedarf der Präzisierung durch Auswertung der Quellen und durch Einbindung in den historischen Kontext - örtlich und gesamtgesellschaftlich. Denn nur so lassen sich die mit der Gründung der Aufbauschule verbundenen Erwartungen der Bevölkerung und der Schulbürokratie sowie die schulischen Reaktionen ermitteln. Die fast vollständige Ausklammerung der Zeit des Nationalsozialismus bzw. dessen floskelhafte Behandlung in den zahlreichen historischen Rückblicken läßt mindestens Unsicherheiten über die reale Schulentwicklung erkennen, die als Teil der städtischen Auseinandersetzung mit den Zumutungen durch den Nationalsozialismus zu interpretieren ist.

c)   Untersuchungen zu Einzelschulen im Nationalsozialismus

Die weitgehende Ausklammerung der Zeit der Weimarer Republik, aber besonders des Nationalsozialismus bzw. deren nichtssagende Darstellung ist bis heute in vielen schulischen Festschriften ungebrochen[58], wie im folgenden vorrangig an neueren, besonders an regionalen und katholischen Veröffentlichungen gezeigt wird. Diese Tendenz gilt verschärft für die Jahre vor dem 2. Weltkrieg. Da wird z.B. über die fünfklassige Oberschule als Zubringerschule in Winterberg vom ehemaligen Schulleiter rückblickend festgestellt:

„Dank der ziemlich einheitlichen Weltanschauung des Lehrkörpers kam die Schule ohne wesentlichen Schaden durch das Dritte Reich: Das Kruzifix behielt sein Hausrecht, der Religionsunterricht wurde bis Ostern 1945 erteilt."[59]

---

57   Stadtarchiv R, B 738 Bd. 2
58   Eine Ausnahme stellen z.B. die zahlreichen Schüler(innen)beiträge auf Grundlage des Schularchivs für das Briloner Gymnasium dar: Festschrift 125 Jahre Gymnasium Petrinum. Anno 1858 - 1983, o. O. (Brilon), o. J. (1983). Hierzu kann auch die Darstellung von Sievers zu einer Kaufmännischen Schule in Herford gezählt werden, die deutlich macht, daß „die Zeit des Nationalsozialismus für die Schule kein Ruhmesblatt dar(stellt)" und dies besonders am denunziatorischen Schulleiter, der „alles daran(setzte), die nationalsozialistische Revolution in den Schulalltag umzusetzen", belegt (Sievers, Gerd, Zur Geschichte der Friedrich-List-Schule, in: Friedrich-List-Schule. Kaufmännische Schule des Kreises Herford in Herford 100 Jahre. 1890 - 1990, Herford 1990, bes. S. 25ff.).
59   Schroeder, Friedrich, Von der Rektoratsschule zum Gymnasium. 75 Jahre Schulgeschichte, in: Becker, K. u.a. (Hrsg.), 75 Jahre Höhere Schule in Winterberg - von der Rektoratsschule zum Geschwister-Scholl-Gymnasium, Winterberg 1994, S. 35

Es handelt sich hier um eine reine Reduktion auf religiöse Zusammenhänge. In anderen Festschriften wird nur lapidar auf den Organisationsgrad in der HJ und die Verhaftung von Lehrern hingewiesen, ohne irgendwelche weitergehenden Erörterungen, oder es wird stellvertretend für die Zeit des Nationalsozialismus nur ein Bild mit Schülern, die eine Hakenkreuzfahne tragen, gezeigt, zum Beispiel versehen mit der Bildzeile „Festzug zum 1. Mai"[60]. Wenig ergiebig sind auch Schilderungen, die für die Kriegszeit nur Altmetall-Sammlungen, Buchverleihungen, Reichsjugendwettkämpfe und Fliegeralarm herausstellen und für die Nachkriegszeit auf die ärmlichere Kleidung und schlechtere Lebensmittelversorgung verweisen sowie zum Lehrerkollegium feststellen: „Die 'Entnazifizierung' hatten nicht alle überstanden, was wir in einigen Fällen bedauerten."[61]

Mit unangemessenen Worten heißt es z. B. in der Festschrift eines Siegener Gymnasiums lapidar:

> „Erst die Abiturientenjahrgänge nach 1933 haben, wie bei allen Gymnasien in Deutschland, die Veränderungen der Zeit zu spüren bekommen."[62]

Und weiter: Zwar hätten „die Jahre der Hitlerherrschaft bekanntlich von Anfang an viele Beunruhigungen in das Schulleben hineingetragen", doch wird nichts Konkretes erwähnt - mit Ausnahme der Amtsenthebung des Schulleiters 1937 wegen „mancher amtlicher Konflikte". Nichtssagend wird dann von dem vormaligen Kollegiumsmitglied und neuen Schulleiter erzählt, daß er „die Schule durch seine behutsame und ausgeglichene Leitung durch die Jahre der inneren und äußeren Belastungen möglichst ungestört hindurchführte, bis zum Zusammenbruch am Kriegsende."[63]

---

[60] vgl. Biedert, Hans, Von der Lateinschule des Mittelalters zum Schubart-Gymnasium - 600 Jahre Schulgeschichte, in: 75 Jahre Abitur am Schubart-Gymnasium Aalen, Aalen 1989, S. 23; Junger, Gerhard, Von der Lateinschule zum Friedrich-Schiller-Gymnasium, in: Festschrift des Friedrich-Schiller-Gymnasiums Pfullingen 1988. Lateinschule - Gymnasium 1763 - 1988, Pfullingen 1988, S. 13-29

[61] Jakobi, O., Schülererinnerungen aus Kriegs- und Nachkriegszeit, in: Ostendörfler. Schriftenreihe des Vereins der Ehemaligen des Ostendorf-Gymnasiums (Lippstadt), Nr. 2 Dezember 1996, S. 21-27. Auch von Esleben, Leo, Erinnerungen an unsere Ostendorfschule in der Zeit von 1938-44, in: Ostendörfler. Nr. 1 September 1995, S. 13-24 werden zwar allgemeine atmosphärische Schilderungen besonders zur Kriegszeit geleistet, doch wird über den Unterricht nichts ausgesagt, wenn man die Hinweise vernachlässigt, daß der Brand der Synagoge in den Fächern Geschichte, Deutsch und Religion nicht behandelt wurde. Im gesamten Bericht taucht das Wort „nationalsozialistisch" nicht einmal auf.

[62] Thiemann, Walter, Historischer Rückblick 1536 - 1961, in: Eine alte Schule im Wandel der Zeit. Festschrift zur 450-Jahr-Feier des Gymnasiums am Löhrtor Siegen, Siegen 1986, S. 37-39

[63] ebd.

„Veränderungen der Zeit", „Beunruhigungen", „innere und äußere Belastungen":
kann dies nur annähernd eine hinreichende Darstellung des Nationalsozialismus
genannt werden? Umfassender, doch im gleichen Tenor, beschreibt Tamm den
Machtwechsel an einem Nürnberger Gymnasium:

> „Am Ende seiner dienstlichen Laufbahn blieb es Dr. Keller nicht erspart, das NGN in
> das Dritte Reich hinüberzuleiten."

Veränderungen werden zwar formal aufgelistet, doch Konflikte nicht erläutert:

> „Bald mußte das NGN erfahren, daß nicht alle bewährten Lehrer im Amt bleiben
> durften: Zwei Altphilologen wurden aus politischen Gründen vorzeitig pensioniert."[64]

Derlei Brisantes nichtssagend formuliert, findet sich an mehreren Stellen. Immer-
hin wird erwähnt, daß der neue Schulleiter „dem neuen Regime wie viele seiner
Kollegen mit loyaler Distanz gegenüber(stand)", andererseits findet sich kein
Hinweis auf die 13 jüdischen Schüler.[65]

Auch lokale Publikationen beachten häufig nur am Rande diesen zentralen Zeitraum der Schulgeschichte.[66] Für das Geseker Antonianum heißt es zum Nationalsozialismus:

---

[64] Tamm, Ernst, 100 Jahre Neues Gymnasium Nürnberg. Ein Beitrag zur Geschichte des
bayerischen Gymnasiums im mittelfränkischen Raum, in: 100 Jahre Neues Gymnasium
Nürnberg. 1889 - 1989. Festschrift hrsg. im Auftrag der Freunde des humanistischen
Gymnasiums Nürnberg e.V. von Richard Klein, Donauwörth 1989, S. 52ff.

[65] vgl. ebd. Uneinheitlich auch die Hinweise in Hemmen, Wilhelm (Hrsg.), Festschrift zum
100jährigen Bestehen der Reismann-Schule Paderborn 1888 - 1988, Paderborn 1988, in
der von „dunklen Jahren" gesprochen wird und daß sich „der Inhalt der Fächer zum großen Teil gewandelt" hätte, ohne daß dies aber konkretisiert wird - mit Ausnahme eines
Schülers, der bis 1937 „keine Schulungsmannschaft in Linientreue" erlebt hatte, sondern
„parteiunabhängige Unterrichtsgestaltung" vom Religions- und Geschichtslehrer sowie
Vorträge über Karl den Großen und „Mein Kampf" im Mathematikunterricht. Vgl. Mikus,
Hermann, Erinnerungen an „Reismann", Oberrealschule in Paderborn, bei Gelegenheit des
50. Jahrestages unseres Abiturs 1937, in: ebd., S. 156-166
Interessant sind die Hinweise in diesem Band auf politische Einflußnahme bei Nichtbeste-
hen des Abiturs und die unterschiedliche Reaktion der Behörde (vgl. Hackethal, Norbert,
Epoche der Neuanfänge. Die Jahre 1921 bis 1965 (1965), in: ebd., S. S. 39).

[66] Umfangreicher, aber wenig aussagekräftig, da zu eklektisch ist der Beitrag von Rittermeier, Erika, Schulalltag in Hattingen, in: VHS Hattingen (Hrsg.), Alltag in Hattingen 1933-
1945. Eine Kleinstadt im Nationalsozialismus, Essen 1985, S. 122-161. Stärker analysierend demgegenüber die knappe Darstellung von Kautz, Wilhelm, Tradition als Verpflichtung? Skizzen zur Geschichte des Gymnasiums Arnoldinum, in: 400 Jahre Arnoldinum
1588-1988. Festschrift. (Hrsg.: Kreisheimatbund Steinfurt in Verbindung mit der Stadt
Steinfurt, Greven o. J. (1988)), bes. S. 170-178. Nur sehr wenige Aufsätze, der von Lemke für NW nachgewiesenen 805 regionalen Aufsätze zur Geschichte des mittleren und höheren Schulwesens, beziehen die Zeit des Nationalsozialismus überhaupt ein. Vgl. Lemke,
Ulrich, Schulgeschichte in regionalen Zeitschriften. Kommentierte Bibliographie der Auf-

„Am 13.3.1933 wehte erstmalig die Hakenkreuzfahne auf dem Schulgebäude. Die Machenschaften der Nationalsozialisten ließen auch die Höhere Stadtschule nicht ungeschoren. Die ersten Auswirkungen waren bereits im Jahr der Machtübernahme sichtbar: '...Am Dienstagabend, den 25. Juli, ereignete sich ein tiefbetrüblicher Fall: Kollege Gerke wurde nach schlimmsten Bedrohungen und Beleidigungen in Schutzhaft genommen und nach Lippstadt gebracht... Durch Verfügung des Regierungspräsidenten soll Gerke den Unterricht zunächst nicht wieder aufnehmen...'. Lehrer Gerke wurde schließlich versetzt. Doch es sollte noch schlimmer kommen."[67]

Bedauerlich ist, daß man keine Details über den Lehrer Gerke und die Reaktionen des Kollegiums erfährt. Was aber als „noch schlimmer" bezeichnet wird als die Verfolgung des Lehrers, ist die Diskussion 1933/34 über eine eventuelle Auflösung der Schule, um die Stadt finanziell zu entlasten. Als „hoher Preis" für die Weiterführung der Schule wird dann die Streichung einer Lehrerstelle bezeichnet. In diesem Sinn wird als „schulpolitische Wende" für den Nationalsozialismus dann die Zusammenlegung mit einer Mädchenschule 1940 herausgestellt.[68]

Auch die Darstellung zum nahen Erwitte, das 1940 eine Umwandlung der Rektoratsschule in eine Städtische Oberschule, Klasse 1-4, erlebte, bleibt wenig informativ, wenn es heißt:

„Die Machtübernahme 1933 brachte zunächst keine Veränderungen im Schulbereich. ... Der Unterricht mußte dem Zuge der Zeit entsprechend schon seit der Schulreform von 1937 ... in die neue, weithin vom Politischen her bestimmte Ausrichtung gebracht werden. Der Krieg brachte später noch zusätzliche Schwierigkeiten. Die Schüler wurden in den NS-Jugendorganisationen eingesetzt, mußten kriegsbedingte Hilfsdienste bei Sammlungen aller Art leisten."[69]

Inhaltliche Einflußnahmen werden in dieser Darstellung den organisatorischen gleichgewichtig abgehandelt.

Ebenso bleiben die Erinnerungen einer Abiturientin des Jahrgangs 1942 an die Bürener Aufbauschule eher deklamatorisch, wenn es heißt, daß in der Hitlerzeit „der Unterricht zunächst ungestört fortgeführt werden (konnte)", es zwar auch eine „Beeinflussung durch den Geist der Zeit" gab, doch die Aufbauschule „nicht grundlegend vom Nazigeist geprägt wurde" und der „christlich geprägte Geist erhalten bleiben (konnte)", da der Schulleiter, wenn auch „förmliches Parteimit-

sätze zur Schulgeschichte in Nordrhein-Westfalen 1784-1982. Teil 1 (= Dortmunder Arbeiten zur Schulgeschichte und zur historischen Didaktik, Bd. 21/1), Bochum 1993, S. 401-539

[67] Ortmanns, Monika, 300 Jahre „Antonianum" in Geseke, in: Kreis Soest (Hrsg.), Heimatkalender des Kreises Soest 1988, S. 81

[68] vgl. ebd.

[69] Mues, Willi, Seit 125 Jahren: Höhere Schule in Erwitte, in: Kreis Soest (Hrsg.), 1990. Heimatkalender des Kreises Soest, S. 78f

glied", „mit beharrlichem Mut und so unauffällig wie möglich, Lehrer und Schüler gegen politische Schikanen und Bespitzelungen abzuschirmen (verstand)."[70] Konkrete inhaltliche Hinweise bieten Formulierungen wie „Geist der Zeit", „nicht grundlegend" und „so unauffällig wie möglich" nicht.

Ein Lehrer einer Aufbauschule in einer schlesischen Stadt an der tschechischen Grenze beschreibt in einem Gedenkheft die Zeit bis 1943 kaum umfassend:

> „Der Schulbetrieb wurde von der Jugendbewegung stark beherrscht. Wir hatten hier Gruppen des Quickborn, von Neudeutschland, vom Pfadfinder- und vom Jungnationalen Bund. So war es durchaus natürlich, daß ich bei der Rede zur Hitlergeburtstagsfeier 1937 betonte, daß sie alle die Forderungen des Nationalsozialismus, wie die Pflege der Volkskunde und der Volkslieder, des Jugendwanderns, Auslandsdeutschtums, der Vorgeschichte, der Geopolitik, der Gemeinschaft, in diesen Bünden wie in der Schule immer gepflegt hätten (vergl. auch die Jahresarbeiten), was mir dann ein Strafverfahren zuzog, da ja alles erst der 'Führer' erfunden hatte. ... Leider mußte sich die Schule seit 1933 natürlicherweise in den Lehrbetrieb des Nationalsozialismus einfügen, was bedeutete, daß der Gedanke der Schülerauslese stark zurückgedrängt wurde, obschon immer wieder tüchtige Lehrer gewonnen werden konnten. Allmählich mußten auch alle Jungen in Jungvolk und Hitlerjugend, alle Mädchen in den BDM eintreten; auch SA und SS waren vertreten."[71]

Zwar werden hier Spezifika der Gründungsintentionen deutlich, doch bleibt der Nationalsozialismus unreflektiert. Letzteres gilt auch für die Erinnerungen eines Abiturienten des Jahrgangs 1939 an der Helmholtz-Oberrealschule. Während er das „politische Geschehen" bis 1939 in keiner Weise beschreibt oder analysiert, werden die von ihm persönlich nicht mehr erlebten Auswirkungen des Krieges ausführlich dargelegt und die Gesamtzeit resümiert:

> „Nach den Jahrzehnten(!) der Irrungen und Wirrungen hat die Schule in stiller Arbeit die Gebote der Menschlichkeit wieder(!) zur Grundlage ihrer Erziehungsarbeit gemacht."[72]

Insgesamt durchzieht diese Festschriften und Lokalpublikationen eine Analyseunfähigkeit, die - wenn man eine bewußte Verharmlosung der Zusammenhänge ausschließt - nur erklärt werden kann durch die mit klareren Worten verbundenen persönlichen Restriktionen für die Verfasser, wie sie sich in der angesprochenen Rezeption von „Ich bin katholisch getauft und Arier" gezeigt haben, oder durch

---

[70] Pohlmeier, Ferdinande, Die Aufbauschule in Büren (1922-1952), in: Festkomitee der ehemaligen Schüler der Aufbauschule Büren (Hrsg.), Mauritiusschule (1922-1952). Staatliche Deutsche Oberschule in Aufbauform, Büren o. J. (1988), S. 6-33

[71] Mahner, Franz, Aus der Geschichte unserer Schule, in: Taubitz, Felix, Hermann-Stehr-Schule. Staatliche Oberschule in Aufbauform in Habelschwerdt, o.O. (Lippstadt), o.J., 15-17

[72] Bücher, Helmut, Die Schuljahre 1935-51 des Helmholtz-Gymnasiums Hilden, in: Hildener Heimatblätter 2 (1951), Sp. 113-128

weitgehendes historisches Unverständnis. In den Schulen scheint der Nationalsozialismus kaum Wesentliches - von der vage beschriebenen Verfolgung einzelner
Lehrer abgesehen - verändert zu haben. Weder das kirchliche Milieu der Schulen,
noch der Unterricht wurden durch die spezifischen nationalsozialistischen Erlasse
nach Meinung der Verfasser deutlich beeinflußt.

Eine Ausnahme bildet ein Begleitband zur Geschichte eines Dortmunder Gymnasiums, eines der ältesten Gymnasien in Westfalen. So fragt man explizit nach den
Nutznießern der Weimarer Schulreform[73] und arbeitet besonders umfangreich und
deutlich die Verfolgung der jüdischen Schüler heraus.[74]

Insgesamt ergiebiger, da differenzierter analysierend und stärker quellenmäßig
abgesichert als die aufgezeigten Schriften, die oft von einzelnen Schulen verbundenen Personen verfaßt worden sind, zeigen sich Monographien, wissenschaftliche Aufsätze, Schüler(innen)- und Examensarbeiten. Ein Interesse der Verfas-
ser(innen), die Schule kompromittierende Untersuchungsergebnisse zu negieren
bzw. sprachlich einzuebnen, kann in der Regel nicht konstatiert werden. Doch
eine Schwäche der meisten auch neueren und quellenmäßig abgesicherten Regio-
nal- und Fallstudien[75] ist ihre weitgehende Beschränkung auf teils genaue Darlegung des oft begrenzten Quellenmaterials, ohne auch z.B. über biographischen
Skizzen oder Schülerarbeiten zu einem Erklärungsansatz zu gelangen.[76] Dieses
versucht Moraw bei seiner Darstellung eines humanistischen Elitegymnasiums in
Heidelberg, doch fehlen weitgehend unterrichtliche Bezüge.[77] Auch Schmitt kann

---

[73]   vgl. Schulte, Martina, Die Weimarer Schulreform - Demokratische Ansätze für wen?, in:
       Dobbelmann, Hanswalter u.a. (Hrsg.), Eine gemeine Schule für die Jugend. 450 Jahre
       Stadtgymnasium Dortmund, (= Schriftenreihe des Westfälischen Schulmuseums Dort-
       mund Bd. 2) Essen 1993, S. 135-148

[74]   vgl. Kansteiner, Heinrich, Der kurze Weg vom Städtischen Gymnasium zum Hitler-
       Gymnasium - Das Gymnasium in der Zeit des Nationalsozialismus, in: Dobbelmann,
       Hanswalter u.a. (Hrsg.) Eine gemeine Schule ..., a.a.O., S. 149-168

[75]   Zum Diskussionsstand in diesem Bereich bis zum Ende der 80er Jahre siehe Keim, Wolf-
       gang, Erziehung im Nationalsozialismus. Ein Forschungsbericht. Beiheft 1990 zur
       „Erwachsenenbildung in Österreich", Wien 1990, besonders S. 29-32

[76]   Eine Ausnahme bildet z.B. das knappe und vorsichtige Lebensbild, das Klaus Zacharias
       über den Schulleiter Dr. Greff des Paderborner Theodorianums (1939 - 1945) erstellt hat,
       in dem er das Persönlichkeitsbild eines überzeugten Nationalsozialisten entwirft, der re-
       gelmäßig am sonntäglichen Schulgottesdienst teilnahm (vgl. Zacharias, Klaus, Oberstudi-
       endirektor DR. phil. Karl Greff (1890-1949), in: Vereinigung ehemaliger Schüler des
       Gymnasiums Theodorianum in Paderborn (Hrsg.), Jahresbericht 1995. Vereinigung ehe-
       maliger Theodorianer, S. 74-76).

[77]   vgl. Moraw, Frank, Das Gymnasium zwischen Anpassung und Selbstbehauptung. Zur
       Geschichte des Heidelberger Kurfürst-Friederich-Gymnasiums 1932 - 1946, Heidelberg
       1987, der u.a. behutsam herausarbeitet, daß auch die „ewigen Werte" der humanistischen

nur Einzelaspekte ermitteln (nur punktuell an die NS-Ideologie angepaßte Aufsätze, Verprügeln von jüdischen Schülern, Organisationsgrad der Schülerschaft in NS-Jugendorganisationen am 9.12.1935 90%), da z.b. alle Abiturarbeiten aus den Jahren 1933-1945 verschollen sind.[78]

Schon die ersten Veröffentlichungen über die Frankfurter Holbein-Realschule hatten detaillierte Forschungsergebnisse erwarten lassen[79], die nun in einer Studie vorliegen, die die Perspektive der Opfer betont. Sie enthält u.a. eindringliche Berichte jüdischer Schüler(innen) über ihre Demütigung und Vertreibung und stellt sich auch dem Problem der „Aufarbeitung"[80], doch bleiben Hinweise auf Lehrer und Unterricht punktuell. Als sehr facettenreich erweisen sich die sehr knappe Studie zur Paderborner Reismann-Schule[81], die materialreiche Darstellung zu einer Volksschule[82] und die Bearbeitung zu einem Düsseldorfer Jungengymnasium, wobei letztere trotz der Dokumentenfülle interpretativ aber wenig ergiebig ist und den allzuweit gehenden Anspruch nicht belegen kann, „letztlich symptomatisch für alle Schulen in jener Zeit"[83] zu sein.

Van Eickels deutet für eine höhere katholische Privatschule in Kleve an, daß die Erziehung in der Weimarer Republik als undemokratisch gekennzeichnet werden

---

Bildung keine „unmißverständliche Orientierung" gegenüber den totalitären Ansprüchen gegeben haben.

[78] vgl. Schmitt, Hanno, Am Ende stand das Wort „Umsonst". Nationalsozialismus an Marburger Schulen, in: Kirche und Schule im nationalsozialistischen Marburg hrsg. vom Magistrat der Universitätsstadt Marburg, Marburg 1985, S. 165-306

[79] vgl. AG gegen den Antisemitismus, Holbeinschule (Hrsg.), „Die NS-Zeit an den Schulen erforschen!" Materialien I, II und IV, Frankfurt 1992. Vgl. zu Schwierigkeiten eines derartigen Projektes Gewerkschaft Erziehung und Wissenschaft (GEW), Landesverband Hessen (Hrsg.), Dokumentation Die Auseinandersetzung um das Konzept „Die Nazi-Zeit an den Schulen erforschen!", Frankfurt 1990

[80] vgl. Ortmeyer, Benjamin, Schulzeit ..., a.a.O.

[81] vgl. Heller, Editha / Hülsbeck-Mills, Ralf, Schule im Nationalsozialismus am Beispiel der Reismann-Schule in Paderborn, unveröff. Diplomarbeit, Paderborn 1991. Ein lokaler Charakter für die höheren Schulen Paderborns deutet sich an durch Hinzuziehung von Heller, Editha, Schule im Nationalsozialismus am Beispiel der Pelizaeus-Schule in Paderborn, in: Boskamp, Dorothee u.a., Schule und Nationalsozialismus. Seminararbeiten aus dem WS 1989/90. Universität-Gesamthochschule Paderborn, S. 137-167 (vgl. auch Anm. 65 und 76 zu weiteren Arbeiten über Paderborner Schulen)

[82] vgl. Engelsing, Tobias, „Wir sind in Deutschland und nicht in Rußland". Eine Alltagsgeschichte der Volksschule in den Jahren 1933-1949 am Beispiel der Stadt Radolfzell am Bodensee, o.O. (Radolfzell), 1987

[83] vgl. Pädagogisches Institut der Landeshauptstadt Düsseldorf (Hrsg.), Projekt: Beiträge zur Geschichte der Schule in Düsseldorf, 4: Schule im „Dritten Reich" dokumentiert am Beispiel des Benrather Jungengymnasiums von Hans-Peter Görgen und Heinz Hemming, Düsseldorf 1988, S. 1

muß. Dennoch war es durchaus noch einigen jungen Geistlichen möglich - konfrontiert mit den Totalitätsansprüchen der NS-Diktatur -, einen gewissen Freiraum für den teilweisen „Aufbau von Resistenzstrukturen gegen den Zugriff des NS-Systems"[84] zu wahren.

Gegen die umfassende Studie von Geudtner u.a. fällt auch die Arbeit von Tjarks über ein zweites katholisches Kölner Gymnasium ab, da zwar umfangreich Quellen ausgewertet, doch Zeitzeugen und Unterrichtsergebnisse kaum einbezogen werden. Dadurch kann der Verfasser zwar nachweisen, daß die Schule nicht - wie kolportiert - ein „Hort der Reaktion" war, doch stützt er sich weitgehend nur auf Verlautbarungen des Leiters des Kollegiums, das nur zum geringeren Teil Parteimitglied war.[85] Auf zu viele unterschiedliche Aspekte geht die ältere Studie von Popplow ein, die unter wenig belegten und vorschnellen sowie teils pauschalen Wertungen leidet.[86]

Trotz der unbestreitbaren wissenschaftlichen Seriosität der hier wiedergegebenen Arbeiten lassen sich punktuelle Vorbehalte aufgrund der Vernachlässigung einzelner für das Schulleben wesentlicher Elemente - im Kontrast zum eher umfassend formulierten Anspruch, die Schulwirklichkeit zu rekonstruieren - nicht verhehlen.

Ein zentrales Problem zahlreicher Studien ist auch das honorige Bemühen um eine Gesamtdarstellung, obwohl die Quellenlage das nicht hergibt. So müssen allgemeine Erlasse oder Tatbestände an anderen Schulen oder sogar Schulformen herhalten, um den angestrebten Anspruch zu erfüllen. Es ist zweifelhaft, ob damit eine sachgerechte Wiedergabe des Schulmosaiks gelingen kann. Gerade an diesen Nahtstellen schafft man sich Angriffspunkte von Zeitzeug(inn)en, die häufig genutzt werden, die Gesamtanalyse zu diskreditieren. Insgesamt kommt diesen Untersuchungen aber eine Ausfächerung im Sinne einer aspektenreicheren und

---

[84] Eickels, Klaus van, Das Collegium Augustinianum Gaesdonk in der NS-Zeit 1933 - 1942. Anpassung und Widerstand im Schulalltag des Dritten Reiches, Kleve 1982, S. 141

[85] vgl. Tjarks, Walter, Das Kölner Dreikönigsgymnasium in der Zeit des Nationalsozialismus, unveröff. Magisterarbeit, Köln 1989

[86] vgl. Popplow, Ulrich, Schulalltag im Dritten Reich. Fallstudie über ein Göttinger Gymnasium, in: Aus Politik und Zeitgeschichte B 18/80 vom 3 Mai 1980, S. 33-69. Immerhin sind heute Popplows Bewertungen zum Wechsel eines Lehrbuches im Jahre 1940: „Siebeneinhalb Jahre Unterricht mit den aus demokratischem Geist geschriebenen Unterrichtswerken gegenüber noch verbleibenden viereinhalb Jahren mit den aus nationalsozialistischem Ungeist erwachsenen: war das eine Form des passiven Widerstandes?" (S. 39f.) nicht mehr denkbar.

vielfältigeren Ausdifferenzierung der grundlegenden Studie von Eilers zu, die Unterschiede zwischen Schul(form)en erkennen lassen.[87] Häufig ist eine Einbindung der Analyse der Schulentwicklung in die Entwicklung des entsprechenden Stadt(viertel)-Milieus, die sich als hilfreich erweisen könnte, nicht möglich, wenn Darstellungen der Zeit des örtlichen Nationalsozialismus insgesamt fehlen.[88] Dies gilt auch für Rüthen.

d) Untersuchungen zum Unterricht während der Weimarer Republik und des Nationalsozialismus

Die Realität des Unterrichts während der Weimarer Republik und der Zeit des Nationalsozialismus wird häufig ausschnitthaft und unsystematisch in Darstellungen zu Einzelschulen thematisiert, während erstaunlicherweise umfassende Abhandlungen, die sich auf ein Fach einer Schulform beschränken und auch Entwicklungslinien aufzeigen, noch selten sind. Sie können häufig zudem ihrem hohen Anspruch auf Rekonstruktion der Unterrichtsrealität nicht gerecht werden. So hält z.b. Scholtz nicht ein, was der Titel seiner Untersuchung „Erziehung und Unterricht unterm Hakenkreuz" verspricht, da er - wie die meisten Veröffentlichungen - nur die Ansprüche an den Unterricht thematisiert.[89] Demgegenüber wird Rossmeissl zwar konkreter, doch fehlt jegliche Strukturierung seiner Beispiele aus dem Unterricht nach Schulform, Jahrgang und Zeitpunkt.[90] Zudem sind die Auswahlkriterien, denen bei der Versammlung von Einzelaspekten von zahlreichen Schulen besondere methodische Relevanz zukommen müßte, unklar, so daß der Stellenwert der Ergebnisse nur verhalten interpretiert werden kann.[91] Hit-

---

[87] vgl. Eilers, Rolf, Die nationalsozialistische Schulpolitik. Eine Studie zur Funktion der Erziehung im totalitären Staat, Köln u.a. 1963

[88] Daß sich in der örtlichen Geschichtsschreibung diese „weißen Stellen" aber immer häufiger reduzieren, zeigen die von Bernd Hey seit 1984 verantworteten Sammelrezensionen für Westfalen, zuletzt Hey, Bernd, „Was alles ist doch zerstört!". 5. Sammelrezension über neue regionale und lokale Studien zur NS-Zeit, in: Westfälische Forschungen 43 (1993), S. 724-746. Aber nur selten erreichen diese häufig von historischen Laien erstellten Veröffentlichungen den wissenschaftlichen Standard der Studien von Rauh-Kühne, Cornelia, Katholisches Milieu ..., a.a.O. und Kraus, Uwe, Von der Zentrums-Hochburg zur NS-Gemeinde. Aufstieg und Machtergreifung der Nationalsozialisten in Ravensburg zwischen 1928 und 1935, 2 Bd., Tübingen 1985

[89] vgl. Scholtz, Harald, Erziehung und Unterricht unterm Hakenkreuz, Göttingen 1985

[90] vgl. Rossmeissl, Dieter „Ganz Deutschland wird zum Führer halten ...". Zur politischen Erziehung in den Schulen des Dritten Reiches, Frankfurt 1985

[91] Dies gilt auch für Willenborg, Rudolf, Die Schule muß bedingungslos nationalsozialistisch sein. Erziehung und Unterricht im Dritten Reich (= Dokumente und Materialien zur Geschichte und Kultur des Oldenburger Münsterlandes, Bd. 2), Vechta 1986, S. 97-123, der

zer bringt - entgegen dem Titel der Veröffentlichung - für die Zeit des National-sozialismus nur Auszüge aus Schulbüchern der Volksschule.[92] Schüler(innen) der Gerhart-Hauptmann-Schule in Kassel haben in einer begrü-ßenswerten Auseinandersetzung mit der Vergangenheit Erinnerungen von promi-nenten Politikern, Schriftstellern und Künstlern an ihre Schulzeit im Nationalso-zialismus gesammelt und mit eindringlichen Berichten von verfolgten jüdischen Schüler(inne)n ergänzt.[93] Die veröffentlichten Stellungnahmen der Zeitzeu-g(inn)en auf die allgemeine Fragestellung „Schule im Dritten Reich - Erziehung zum Tod?" lassen sich aufgrund der teils divergierenden Erfahrungen der Befrag-ten, der selektiven Auswahl des befragten Personenkreises (mit teils geringer Re-sonanz) und der nur auf vorgegebene Themen beschränkten Fragestellung nicht auf den Unterricht einer Schule oder eines Faches insgesamt übertragen.[94] Die Berichte lassen eher erkennen, welche Bedeutung der Persönlichkeit eines Leh-rers gerade angesichts der antidemokratischen und rassistischen Ansprüche des Nationalsozialismus bei der Ausgestaltung des Unterrichts zukam.[95]

Die von Anneliese Mannzmann verantworteten Sammelbände thematisieren den Zeitraum 1918-1945 nicht schwerpunktmäßig und orientieren sich nur an „offiziellen Einwirkungen" durch Richtlinien, Erlasse etc., die selten von Lehrer-und Schülererfahrungen gebrochen werden.[96] Die neueren von Reinhard Dithmar herausgegebenen Sammelbände vereinigen diverse Artikel zu zahlreichen Unter-richtsfächern, die aber vorrangig die fachwissenschaftliche und fachdidaktische Diskussion ausbreiten und diese pointiert darstellen. Die Unterrichtswirklichkeit

---

aber am Beispiel des Freistaates Oldenburg schon für die Zeit nach der Wahl vom 29.5.1932, bei der die NSDAP 48,4% der Stimmen erhielt, aufzeigen kann, was national-sozialistische Bildungspolitik bedeutet. (S. 9-29)

[92] vgl. Hitzer, Friedrich, Aus alten Schulheften 1941 bis 1951 mit einer Auslegung des Ober-schulrats Johann Balthasar Schopf, Frankfurt 1985

[93] Platner, Geert / Schüler der Gerhart-Hauptmann-Schule in Kassel (Hrsg.), Schule im Dritten Reich. Erziehung zum Tod. Eine Dokumentation, Köln 1988

[94] Da - obwohl ausdrücklich aufgefordert - „nur wenige Autoren allerdings auf das Problem der Rassenlehre eingegangen" sind, haben die Herausgeber(innen) eine „ausführliche Do-kumentation über den Rassismus in Schulbüchern" ihrer Veröffentlichung angehängt (ebd., S. 33), was aber die Unterrichtsrealität nicht präzisiert.

[95] Vor dem Hintergrund dieser Hinweise wäre daher auch der für den Zeitraum 1933 - 1945 Geltung beanspruchende Buchtitel nur mit einem Fragezeichen gerechtfertigt.

[96] vgl. Mannzmann, Anneliese (Hrsg.), Geschichte der Unterrichtsfächer I. Deutsch, Eng-lisch, Französisch, Russisch, Latein, Griechisch, Musik, Kunst, München 1983, Mannz-mann, Anneliese (Hrsg.), Geschichte der Unterrichtsfächer II. Geschichte, Politische Bil-dung, Geographie, Religion, Philosophie, Pädagogik, München 1983, und Mannzmann, Anneliese (Hrsg.), Geschichte der Unterrichtsfächer III. Biologie, Physik, Mathematik, Chemie, Haushaltslehre, Handarbeit, München 1984.

wird in diesen Beiträgen eher vernachlässigt und sie orientieren sich zudem auch nur selten an einer durchgängigen Fragestellung.[97] Auch in den immer noch als grundlegend anzusehenden Arbeiten von Lehberger[98] zum Englischunterricht und von Peiffer[99] zum Sportunterricht fehlt die Perspektive „von unten" aus Schülersicht und eine Analyse des konkreten Unterrichts. Noch eingeschränkter ist die Studie von Lauf-Immesberger, die für den Deutschunterricht sich nur auf den vorgeschriebenen Lektürekanon stützt, der erst 1938 von den Nationalsozialisten aufgestellt wurde.[100] So bleiben sowohl die Anfangsjahre des Nationalsozialismus als auch die unterrichtliche Relevanz weitgehend unreflektiert. Ein Anspruch, der z.B. von Lind für den Physikunterricht erst gar nicht erhoben wird[101] und den Schausberger für den Geschichtsunterricht in Hinblick auf konkreten Unterricht kaum verfolgt[102] und dem auch Bäumer für das Fach Biologie nur sehr begrenzt Rechnung trägt[103].

---

[97] vgl. Dithmar, Reinhard (Hrsg.), Schule und Unterricht im Dritten Reich, Neuwied 1989, und derselbe (Hrsg.), Schule und Unterricht in der Endphase der Weimarer Republik, Neuwied 1993. In diesem Tenor auch die Rezension von Knoll, Joachim H., Reinhard Dithmar (Hrsg.), Schule und Unterricht ... (Rezension), in: Bildung und Erziehung 47 (1994), S. 122-124, der dennoch aber die Physiognomie der nationalsozialistischen Erziehungspraxis in den Beiträgen erkannt haben will.

[98] vgl. Lehberger, Reiner, Englischunterricht im Nationalsozialismus, Tübingen 1986; vgl. auch Karrer, Wolfgang, Englischunterricht im Nationalsozialismus, in: Englisch Amerikanische Studien. Zeitschrift für Unterricht, Wissenschaft & Politik 2/1986, S. 328-332

[99] vgl. Peiffer, Lorenz, Turnunterricht im Dritten Reich - Erziehung für den Krieg? Der schulische Alltag des Turnunterrichts an den höheren Jungenschulen der Provinz Westfalen vor dem Hintergrund seiner politisch-ideologischen und administrativen Funktionalisierung, Köln 1987

[100] vgl. Lauf-Immesberger, Karin, Literatur, Schule und Nationalsozialismus. Zum Lektürekanon der höheren Schule im Dritten Reich (= Saarbrücker Beiträge zur Literaturwissenschaft Bd. 16), Köln 1987. Auch Frank, Horst Joachim, Geschichte des Deutschunterrichts ..., a.a.O., S. 571-899 thematisiert nur die Didaktikdiskussion in der Weimarer Republik und im Nationalsozialismus.

[101] vgl. Lind, Gunter, Physikdidaktik zur Zeit des Nationalsozialismus, in: Die deutsche Schule 85 (1993), S. 496-513

[102] vgl. Schausberger, Norbert, Intentionen des Geschichtsunterrichts im Rahmen der nationalsozialistischen Erziehung, in: Heinemann, Manfred (Hrsg.), Erziehung und Schulung im Dritten Reich. Teil 1: Kindergarten, Schule, Jugend, Berufserziehung (Veröffentlichungen der Historischen Kommission der Deutschen Gesellschaft für Erziehungswissenschaft, Bd. 4.1) Stuttgart 1980, S. 251-263

[103] Bäumer, Änne, NS-Biologie, a.a.O., bes. S. 187-194. Wenig auf den Unterricht bezogen bleibt auch Kattmann, Ulrich, Rasse als Lebensgesetz. Rassenbiologie im Unterricht während des Nationalsozialismus, in: Mitteilungen des Verbandes Deutscher Biologen. Beilage Nr. 359 zu: Naturwissenschaftliche Rundschau Heft 11 (1988), S. 1662-1664

Demgegenüber beachtet Gies für das Fach Geschichte unterrichtliche Zusammenhänge, indem er Abituraufsätze einbezieht, konstatiert aber für die Zeit nach 1939
nur: „Elaborate dümmlicher Schablonenhaftigkeit und niveauloser Phrasendre-
scherei"[104], ohne die vereinzelten Schülerarbeiten in einen Zusammenhang zur
Haltung der gesamten Klasse oder Schule zu stellen und so etwas zur Repräsentativität auszusagen.

Doch leisten diese Untersuchungen immerhin schon eine Korrektur von frühen
Berichten über den nationalsozialistischen Unterricht[105] und der Erkenntnisse der
pädagogischen Forschung der fünfziger und sechziger Jahre, die sich eher einem
totalitarismustheoretischen Ansatz verpflichtet wußte und so stärker auf
„bestimmte formale Erscheinungsformen der nationalsozialistischen Erziehung"
abhob.[106]

e)   Quellen und ihre Auswertung, methodische Überlegungen und Entwicklung
        von Forschungsfragen

Grundlage der Untersuchung ist besonders der Aktenbestand der Schule im
Schularchiv. Vorrangig zu erwähnen ist, daß noch alle Abiturunterlagen, d.h. die
Gesuche der Schüler(innen) um Zulassung zum Abitur, die Gutachten des Klas-
senlehrers, die schriftlichen Aufgabenstellungen, die Abiturarbeiten der Schü-
ler(innen), die Konferenzprotokolle und die Protokolle der mündlichen Prüfungen
für alle Abiturprüfungen seit 1932 vorhanden sind. Dieser seltene und daher kost-
bare Bestand ist weder durch Kriegsereignisse beschädigt noch durch Eingriffe
seitens der Schulleitungen - und das kann als bedeutsam herausgestellt werden -
verändert worden. Daneben sind noch die meisten offiziellen Jahresberichte der

---

[104]   Gies, Horst, Geschichtsunterricht unter der Diktatur Hitlers, Köln u.a. 1992, S. 127
[105]   Die Einschätzung von Erika Mann 1938, daß der Charakter der Schule sich „völlig änder-
        te" und es sich unterrichtlich um eine „konsequente Realisierung des Hitlerschen Erzie-
        hungsprogrammes" handelte, wird von ihr im wesentlichen aus dem Schrifttum - beson-
        ders für Volksschulen - abgeleitet und ist daher so kaum noch haltbar (vgl. Mann, Erika,
        Zehn Millionen Kinder. Die Erziehung der Jugend im Dritten Reich. Mit einer Einführung
        von Thomas Mann, (1938), München 1986, bes. S. 48-128). Auch von „außen" wird in
        der „Neuen Erziehung" 1937 - allein aufgrund der Beschneidung des Lehrstoffes und der
        Verkürzung der Schulzeit - behauptet, daß der Nationalsozialismus das höhere Schulwe-
        sen „in die tiefste Barbarei (stürzt)", „ein in Grund und Boden gewirtschaftetes Schulwe-
        sen (hinterläßt)" und daß das „schon bedenklich niedere Niveau des Studiums noch weiter
        sinken (wird)", was von Betroffenen nicht immer bestätigt werden kann. Abgedruckt un-
        ter „Der Verfall des höheren Schulwesens im Dritten Reich", in: Schnorbach, Hermann
        (Hrsg.), Lehrer und Schule unterm Hakenkreuz. Dokumente des Widerstands von 1930
        bis 1945, Königstein 1983, S. 132
[106]   Keim, Wolfgang, Erziehung im Nationalsozialismus ..., a.a.O., S. 3f

Schulleiter, Konferenzbücher, Inventarverzeichnisse der angeschafften Bücher und Korrespondenzunterlagen auswertbar. Die umfangreiche und sorgfältig betreute Bibliothek, deren Grundstock auf das Lehrerseminar zurückgeht und die fortlaufend erweitert wurde und bis heute erhalten ist, wenn auch nach 1945 rassistische Teilbestände ausgesondert wurden, vermittelt einen Eindruck des geistigen Horizontes der Lehrerschaft.

Darüber hinaus standen der Aktenbestand des Schulträgers im Stadtarchiv Rüthen, der Schriftverkehr der Schule mit dem zuständigen Provinzialschulkollegium im Staatsarchiv Münster sowie die Bestände auf Landesebene für Preußen im Staatsarchiv Merseburg und auf Reichsebene im Bundesarchiv Potsdam zur Auswertung zur Verfügung. Für die meisten Lehrer liegt vom Kultusminister des Landes Nordrhein-Westfalen die Genehmigung vor, Personal- und Entnazifizierungsakten im Staatsarchiv Münster und im Hauptstaatsarchiv Düsseldorf einzusehen, wobei diese Bestände allerdings nicht mehr vollständig sind. Für einen geistlichen Studienrat bestand Zugang zu Akten im Erzbischöflichen Archiv Paderborn.

Die empirische Analyse historischen Unterrichtsgeschehens als „steinigste(m) Arbeitsfeld der Fachdidaktik"[107] sieht sich mit der entscheidenden Frage konfrontiert, was aus den diversen staatlich intendierten Vorgaben in der Unterrichtswirklichkeit wurde, da eine direkte Ableitung von diesen normativen Setzungen auf konkrete Abläufe durch zahlreiche Faktoren versperrt ist.[108] Richtlinien für die Schulen haben zwar verbindlichen Charakter, lassen aber aufgrund ihres Allgemeinheitsgrades unterschiedliche Konkretisierungen zu, was auch für die daraus zu entwickelnden anstaltsspezifischen Lehrpläne gilt.[109]

Ohne eine detaillierte Analyse sagen diese aber noch wenig über konkretes Unterrichtsgeschehen aus, eher mehr über die Position der Verfasser(innen) und deren (bildungs)politisches Umfeld sowie über das Selbstverständnis der Schule insgesamt.[110] Die Realisierung des Anstaltslehrplans, d.h. dessen Konkretisierung

---

107   Gies, Horst, Geschichtsunterricht unter der Diktatur ..., a.a.O., S. 1

108   vgl. Mütter, Bernd, Die Geschichte des Geschichtsunterrichts als Forschungsproblem. Überlegungen zu Hilke Günther-Arndt: Geschichtsunterricht in Oldenburg 1900-1930, in: GWU 36(1985), S. 642f.

109   Der Anstaltslehrplan für die 1926 neu eingerichtete Aufbauschule in Rüthen wurde sukzessive mit jeder Versetzung der ersten Klasse ausgearbeitet. So wurde am 11.2.1931 beschlossen, daß der Lehrplan für Oberprima (O I) vom Schulleiter und zwei weiteren Kollegen ausgearbeitet werden sollte (vgl. Schularchiv, Konferenz-Niederschriften).

110   Dies gilt auch noch für die eingeführten Schulbücher und deren teils „unheilvolle Kontinuität" vom Kaiserreich bis nach 1945 (vgl. für diverse Fächer Pöggeler, Franz (Hrsg.), Politik im Schulbuch, Bonn 1985).

bzw. Ausfüllung oder auch (Teil-)Ignorierung, ist zum einen von der Lehrerpersönlichkeit und dessen Flexibilität und Anpassungsbereitschaft abhängig - auch unter Beachtung der Kontrolle durch den Schulleiter und das Provinzialschulkollegium -, und zum anderen von der sozialen Herkunft der Schüler(innen) bzw. auch vom sozio-kulturellen Milieu der Schulumgebung. Die Wirkung auf den einzelnen Schüler ist vor diesem Hintergrund dann wiederum gebrochen von medialen Beeinflussungen, Gruppenprozessen und biographischen Besonderheiten.[111]

Es hat immer wieder zu Divergenzen mit ehemaligen Schüler(inne)n und Lehrer(inne)n bei konkreten Vor-Ort-Untersuchungen von einzelnen Schulen geführt, wenn aus Richtlinien konkretes Verhalten bzw. Wissen von Lehrern bzw. Schülern abgeleitet wurde - ohne Beachtung und Problematisierung der aufgezeigten Zusammenhänge. Dies gilt besonders für die NS-Zeit aufgrund der einfließenden Bewertungen.[112] Auch in diesem Bereich muß die nationalsozialistische Erfolgsrhetorik überprüft werden.

Grundsätzlich stellt sich die Frage, warum so häufig weitgehend ungeprüft nationalsozialistische Richtlinienvorgaben bzw. Erlasse und die fachdidaktische Diskussion als Unterrichtsrealität angesehen werden. Es drängt sich die Vermutung auf, daß aus einem stark totalitarismustheoretisch geprägten Gesellschaftsverständnis auf eine geradlinige und direkte Umsetzung parteilicher/staatlicher Vorgaben geschlossen wird, was aber weder den besonderen Charakter des Erziehungssystems noch den Stand der geschichtswissenschaftlichen Diskussion zum nationalsozialistischen Herrschaftssystem berücksichtigt.[113]

Die im Schularchiv zugänglichen Abiturunterlagen ermöglichen dagegen über die Themenstellungen im schriftlichen Abitur, die Auswahlmöglichkeiten und besonders durch die Bearbeitung durch die Schüler(innen) sowie die Kommentierung durch den Fachlehrer einen Einblick in Diskussionsbereiche des Unterrichts, was durch die Protokolle der mündlichen Prüfungen ergänzt werden kann. Auf diesem

---

[111] Dieses Alltagswissen von Lehrer(inne)n hat die Pädagogik explizit zur Kenntnis nehmen müssen. So mußten die geistesgeschichtlichen Interpretationen nationalsozialistischer Bildungspolitik nach einem uneinheitlichen Ideologiebild auch auf der Praxisebene Widersprüche konstatieren, die aus der Vielschichtigkeit des pädagogischen Alltags resultierten (vgl. den knappen Überblick bei Peukert, Detlev, Rassismus als Bildungs- und Sozialpolitik, in: Cogoy, Renate u.a. (Hrsg.), Erinnerung als Profession. Erziehungsberatung, Jugendhilfe und Nationalsozialismus, München 1989 S. 111ff.).

[112] Erschwerend kommt hinzu, daß das Erinnerungsvermögen von „Tätern", die ihr Verhalten als „normal" und „alltäglich" ansehen und rationalisierend auf ihren Untergebenenstatus verweisen, immer geringer zu sein scheint als das von „Opfern", die darunter zu leiden hatten.

[113] vgl. Kapitel A.II.2.

64

Wege scheint vor dem oben entwickelten Implikationszusammenhang eine weitgehende Rekonstruktion der Unterrichtsrealität gegeben - besonders dann, wenn eine soziale Koinzidenz zwischen Schule und Schülerschaft, d.h. eine einheitliche Sozialisation durch die verschiedenen Sozialisationsinstanzen gegeben war.[114]

Ziel ist zu ermitteln, was Lehrer unterrichtet und Schüler gelernt haben, wobei es sich gegenüber den expliziten Intentionen des Staates um verbesserte Annäherungswerte handelt, die im Einzelfall durchaus kritikfähig bleiben, wenn man unterstellt, daß Lehrer und Schüler sich vereinzelt nur äußerlich in ihren Forderungen und Ausführungen staatlichen Erwartungen angepaßt haben. Ein Rückbezug auf die fachdidaktische Diskussion läßt Vergleichsmöglichkeiten zu, inwieweit die Unterrichtsrealität besonders nach 1933 mit Verzögerung der gleichgeschalteten Literatur folgte oder ihr nationalsozialistische Akzente setzend voranging, was gegebenenfalls als entlastend gedachte Erklärungen zum äußerlichen Anpassungsverhalten relativiert.

Daher erfolgt die Sichtung aller Abiturarbeiten bis 1937 und deren analysierende Bearbeitung teilweise auch in einer fachspezifischen Längsschnittauswertung, indem die Abiturunterlagen chronologisch gesichtet werden. Das eröffnet auch die Möglichkeit einer Anbindung fach- und jahrgangsspezifischer Erkenntnisse an Lehrerpersönlichkeiten. Unter fachdidaktischer Diskussion werden die einschlägigen Veröffentlichungen von Theoretikern und Praktikern in den führenden Fachzeitschriften verstanden. Diese beriefen sich nach 1933 besonders auf (erhoffte) staatliche Verlautbarungen bzw. interpretierten deren vage Formulierungen. Einschneidende Veränderungen in den Vorbereitungsmaterialien für den Unterricht waren ausweislich der noch im Juli 1933 in Rüthen gehaltenen Zeitschriften in der Lehrerhandbücherei nicht erkennbar: Hochland, Deutschkunde, Vergangenheit und Gegenwart, Neuere Sprachen, Geographischer Anzeiger, Deutsche Ober- und Aufbauschule, Der Schulfunk, Die neue Literatur, 1 Englische Zeitung, Volk im Werden, Deutsches Volkstum, obwohl Schülerzeitschriften schon abbestellt worden waren.[115]

In diesem Zusammenhang wird versucht, die von mir als Sekundärquellen ausgewertete fachwissenschaftliche und fachdidaktische Literatur zeitlich der Unterrichtsrealität möglichst zuzuordnen, da ich davon ausgehe - was in zahlreichen Publikationen nicht reflektiert wird - , daß man z.B. mit Veröffentlichungen von

---

[114]   vgl. Mütter, Bernd, Die Geschichte ..., a.a.O., S. 646
[115]   Vgl. Schularchiv, Konferenz-Niederschriften vom 28. Juli 1933. Mit Ausnahme der Zeitschrift „Volk im Werden", die erstmalig 1933 erschien und von Ernst Krieck herausgegeben wurde, hatten alle anderen Zeitschriften eine längere Tradition - auch in der Schule.

1938 nur begrenzt Intentionen von 1933 und schon gar nicht den Unterricht zu diesem Zeitpunkt belegen kann. Insgesamt geht es bei der Auswertung um das Erkennen von Brüchen und Kontinuitäten - nicht nur im Spannungsfeld von Demokratie und Nationalsozialismus, sondern auch innerhalb der ersten NS-Jahre, denn auch die „Unpädagogik" (Blankertz) des Nationalsozialismus ließ in der Realität Möglichkeiten für übereilte Anpassung und/oder resistente Verhaltensformen (unterhalb der Schwelle zu Protest oder Widerstand) aufgrund prinzipieller und/oder interessenbedingter Motive, die auch nicht auf Dauer Bestand haben mußten.[116]

Für das Fach Geschichte läßt sich die fachdidaktische Diskussion auch personalisieren. Heinrich Schnee findet als katholischer und völkischer Didaktiker besondere Beachtung, weil an ihm auch ablesbar ist, wie der Nationalsozialismus falsch eingeschätzt werden konnte, aber auch wie Personen und Positionen zeitweise instrumentalisiert wurden und werden konnten. Damit soll aber keineswegs eine Relativierung völkischen Gedankenguts verbunden sein, was auch an den Schnittmengen zur nationalsozialistischen Weltanschauung deutlich wird.

Repräsentative Schüler(innen)beiträge kommen in größeren wörtlichen Passagen zum Abdruck, um einerseits eine eigenständige Zweitbeurteilung zu ermöglichen und andererseits auch einen Gesamteindruck zu vermitteln, der durch Paraphrasierung nur bedingt zu gewährleisten ist. Denn allein durch Auswertung des Lektürekanons und der Aufsatzthemen ist es m.E. nicht möglich, dem wiederholt erhobenen weitgehenden Anspruch, „wesentliche Momente unterrichtlicher Realität aus der historischen Distanz zu lösen"[117], gerecht zu werden.

Entsprechend dem Typus Deutsche Oberschule beschränkt sich die Analyse vorrangig auf die deutschkundlichen Fächer, die um das Fach Biologie erweitert wird wegen der dominanten Stellung des Faches nach 1933 aufgrund seines verbindlichen und fächerübergreifenden Charakters. Den Abiturarbeiten im Fach Ge-

---

[116] Es bleibt eine Frage, ob Tenorth es sich deswegen nicht zu einfach macht, wenn er zwar eine „unheilige Nähe der pädagogischen Professionen zum Nationalsozialismus und ihre Neigung zu Selbstgleichschaltung und Anbiederung" konstatiert - dem schon angesichts der Verfolgung zahlreicher Lehrer(innen) zu widersprechen wäre - und dies wenig analytisch „offenkundig" auf ein „allgemeines, professionstypisches Phänomen" reduziert (vgl. Tenorth, Heinz-Elmar, Wissenschaftliche Pädagogik im nationalsozialistischen Deutschland. Zum Stand ihrer Forschung, in: Herrmann, Ulrich u.a. (Hrsg.), Pädagogik und Nationalsozialismus. (= Z.f.P.: 22. Beiheft), Weinheim u.a. 1988, S. 65f.). Ursachen der Anfälligkeit für nationalsozialistische Beeinflussung bleiben so eher verborgen.

[117] Scholz, Barbara-Christina, Die Jahresberichte der Höheren Lehranstalten in Preußen, in: Dithmar, Reinhard (Hrsg.), Schule und Unterricht im Dritten Reich, a.a.O., S. 277

schichte kommt insofern besondere Bedeutung zu, da erst ab 1939 an allen höheren Schulen entsprechende Arbeiten angefertigt werden konnten.[118]

Insgesamt wird zu prüfen sein, ob auch in Rüthen der Geschichtsunterricht „vom Denkfach zur völkischen Weihestunde"[119] umfunktioniert wurde oder nur „den Glauben an die 'Deutsche Größe'"[120] vermittelte und ob der Deutschunterricht vom Ideologem „Volk als Schicksals- und Kampfgemeinschaft"[121] geprägt wurde oder nur „Deutschbewußtsein"[122] einforderte. Konkret stellt sich auch die Frage der jeweiligen Interpretation, wenn einerseits z.b. die Lektüre der Judenbuche von A. von Droste-Hülshoff als rassehygienische Fragestellung qualifiziert wird[123], andererseits sich heute eine ehemalige Schülerin einer anderen Schule aufgrund dieser Lektüre fragt: „1. Stand diese Lektüre im Lehrplan? Falls nicht, war es dann nicht ein Wagnis, diese Lektüre zu der Zeit im Unterricht zu behandeln?"[124]

Für den Biologieunterricht wird zu ermitteln sein, ob sich der Vorwurf, „den Greueln gezielter Menschenvernichtung rassisch und erblich als minderwertig verunglimpfter Bevölkerungsgruppen, vor allem von Juden, Zigeunern und Erbkranken, ideologisch mit Vorschub geleistet zu haben"[125], belegen läßt, und für den Erdkundeunterricht ist zu fragen, was „Erziehung zum ganzen Deutschen"[126] grundsätzlich meint. Insgesamt kann so auch die Aussage: „Die praktische Verwirklichung des Erdkundeunterrichts während des Nationalsozialismus ...

---

[118] vgl. Gies, Horst, Geschichtsunterricht unter der Diktatur ..., a.a.O., S. 126. Bedauerlich ist an dieser „repräsentativen Stichprobe", die den Anspruch erhebt, neben konfessionellen und geschlechtlichen Unterschieden „auch die Vielzahl der Schultypen" zu berücksichtigen, sowohl das Fehlen von Deutschen Oberschulen als auch von Aufbauschulen (vgl. ebd., S. 4).

[119] ebd., S. 19

[120] Flessau, Kurt-Ingo, Schule der Diktatur - Lehrpläne und Schulbücher des Nationalsozialismus, München 1977, S. 76

[121] Dithmar, Reinhard, Richtlinien und Realität. Deutschunterricht im Gymnasium nach der „Machtergreifung", in: Dithmar, Reinhard (Hrsg.), Schule und Unterricht im Dritten Reich, a.a.O., S. 34

[122] Flessau, Kurt-Ingo, Schule ..., a.a.O., S. 73

[123] vgl. Popplow, Ulrich, Schulalltag ..., a.a.O., Dokument Nr. 22 S. 60

[124] „Aber leider war im Jahre 45 nichts normal". Erinnerungen der Ehemaligen des Abiturjahrganges 1945 anläßlich einer Schulbesichtigung, in: Ursulaschule Osnabrück. Gymnasium für Jungen und Mädchen in Trägerschaft des Bistums Osnabrück. 1. Halbjahresbericht 1994/95, Osnabrück 1995, S. 47

[125] Bei diesem Vorwurf belassen es Reichart, G. u.a., Zur Geschichte des Unterrichtsfaches Biologie, in: Manzmann, Anneliese (Hrsg.), Geschichte der Unterrichtsfächer III ..., S. 45, ohne ihn an der Unterrichtsrealität zu überprüfen.

[126] Flessau, Kurt-Ingo, Schule ..., a.a.O., S. 82

(entzieht sich weitgehend) einer wissenschaftlichen Untersuchung und (bietet) eher Raum für Vermutungen"[127], nicht nur für das angesprochene Fach eingeschränkt, sondern weiterhin konstruktiv auch eine schulform- bzw. schultypspezifische Ausprägung gefunden werden. Diese Vorgehensweise impliziert eine Korrektur des Diktums: „Bei dieser Quellenlage (ist) eine grundsätzliche Aufteilung nach Schularten nicht möglich"[128] insofern, als sich dies nur auf eine vom Verfasser selbstgewählte Eingrenzung beziehen kann, die auf zugängliche Quellen verzichtet.

Befragungen von Zeitzeug(inn)en zur Absicherung von Daten und Ereignissen und zur Ermittlung der subjektiven Wahrnehmung bei Schüler(inne)n, die während der Weimarer Republik und des Nationalsozialismus die Schule besuchten, ergänzen die Untersuchung[129] - auch wenn dies mit dem „Verlust von Eindeutigkeiten" bezahlt werden muß.[130] Die Interviewwünsche stießen insgesamt auf große Akzeptanz, obwohl sich einige Schüler(innen) aus der NS-Zeit erst einmal untereinander vergewissern wollten, was man sagen könne, um den heutigen Ruf der Schule vermeintlich nicht zu schädigen.

Derartige bewußte Filterungen, aber auch eher unbewußte Verdrängungen und schlichtes Vergessen oder durch spätere Ereignisse/Erzählungen/Medien bewirkte Überlagerungen und Uminterpretationen lassen Erinnern als „Konstruktion von Vergangenheit"[131] erscheinen mit „retrospektiv-interpretativem Charakter"[132] und können nur zu vorsichtigen Generalisierungen führen und in den Gesamtzusam-

---

[127] Heske, Henning, „... und morgen die ganze Welt...". Erdkundeunterricht im Nationalsozialismus, Gießen 1988, S. 18f. In einer Rezension dieser Publikation macht sich Schultz, Hans-Dietrich, Henning Heske: „... und morgen die ganze Welt...", in: Westfälische Forschungen 41 (1991), S. 680-682 Heskes eher pragmatischen und noch zu belegenden Standpunkt, daß die Unterrichtsforschung gezeigt habe, daß die Differenz zwischen theoretischer Konzeption und Unterrichtsrealität eher gering sei, zu eigen.

[128] Rossmeissl, Dieter, „Ganz Deutschland ...", a.a.O., S. 38

[129] vgl. Breyvogel, Wilfried u.a., Schulalltag im Nationalsozialismus, in: Herrmann, Ulrich (Hrsg.), „Die Formung ..., a.a.O., S. 253f.

[130] vgl. Dudek, Peter, „Der Rückblick ..., a.a.O., S. 20

[131] Schmidt, Siegfried J., Von der Memoria zur Gedächtnispolitik. Zwischen Hypertext und Cyberspace: Was heißt individuelle und soziale Erinnerung?, in: FR vom 20.2.1996

[132] Klafki, Wolfgang, Einleitung, in: derselbe (Hrsg.), Verführung, Distanzierung, Ernüchterung: Kindheit und Jugend im Nationalsozialismus. Autobiographisches aus erziehungswissenschaftlicher Sicht, Weinheim u.a. 1988, der auf „die Gefahren der Selbststilisierung, der Harmonisierung, der rückwirkenden 'Konstruktion' eines vielleicht nur vermeintlich konsistenten Entwicklungszusammenhanges" hinweist (S.9), sowie derselbe, Politische Identitätsbildung und frühe pädagogische Berufsorientierung in Kindheit und Jugend unter dem Nationalsozialismus. Autobiografische Rekonstruktionen, in: derselbe (Hrsg.), Verführung ..., a.a.O., S. 131-183

menhang eingebracht werden.[133] Ich halte mich an das von Peter Steinbach formulierte Diktum, daß zwar „nicht alles in den Akten steht, daß sich aber auch Zeitzeugenerinnerungen an den Akten zu bewähren haben"[134] - m. E. auch in der konkreten Befragung. Insofern fühle ich mich einer „reflektierte(n) Distanzierung gegenüber Geltungsansprüchen biographischer Geschichtsbilder"[135] verpflichtet, indem schon vorhandene Forschungsergebnisse den Erinnerungen gegenübergestellt werden mit dem Ziel einer um Aufklärung bemühten Reflexion und nicht einer Denunziation des vermeintlich als „falsch" Erinnerten. Daher soll auch auf

---

[133] Befragungen dieser Art können nicht das hohe und offene Reflexionsniveau erreichen wie z.B. Sternheim-Peters, Eva, Die Zeit ..., a.a.O. Vgl. auch Dörr, Margerete, Lebensgeschichten als Beitrag zur Aufarbeitung der nationalsozialistischen Vergangenheit. Einige Gedanken zu Nutzen und Grenzen am Beispiel des Buches von Eva Sternheim-Peters: „Die Zeit der großen Täuschungen", in: GWU 44 (1993), S. 810-814. Eher ist von „Grauzonen der Retrospektive" auszugehen, wie sie Klewitz analysiert. Klewitz, Marion, Lehrersein im Dritten Reich. Analysen lebensgeschichtlicher Erzählungen zum beruflichen Selbstverständnis, Weinheim u.a. 1987, S. 11ff. Demgegenüber erscheint mir andererseits Heskes Verzicht auf Interviews zu weitgehend, auch wenn seiner Meinung nach seine Gespräche mit Erdkundelehrern „keine nennenswerten Erkenntnisse" erbrachten, da „ihren Retrospektiven weitgehend die kritische Distanz (fehlte), Zusammenhänge nicht erkannt (wurden), ihre Angaben ungenau, oft fehlerhaft und apologetisch (waren)." (Heske, Henning, „... und morgen ...", a.a.O., S. 22) Daß Erinnerungen auch noch heute ein Erkenntniswert zukommen kann, zeigt z.B. eindringlich für das benachbarte Lippstadt Heck, Irmgard, Meine Schulzeit im Dritten Reich, in: Lippstädter Heimatblätter 75 (1995), S. 37-40.
Flessau, Kurt-Ingo, Schulen der Partei(lichkeit)? Notizen zum allgemeinbildenden Schulwesen des Dritten Reiches, in: Flessau, Kurt-Ingo u.a. (Hrsg.), Erziehung im Nationalsozialismus. „„...und sie werden nicht mehr frei ihr ganzes Leben!", Köln u.a. 1987, begründet seine Skepsis gegenüber Erinnerungen, die sich in Schönfärberei bzw. Schwarzmalerei ausdrücken können, mit der politischen Interessenlage der Befragten (vgl. S. 66).
[134] Steinbach, Peter, Einsam - in Deutschland und der Welt. Ein Meilenstein der Forschung über den deutschen Widerstand gegen Hitler. Rezension von Müller, Klaus-Jürgen u.a. (Hrsg.), Großbritannien und der deutsche Widerstand 1933 - 1944, Paderborn 1994, in: FAZ 16.1.1995
[135] Lingelbach, Karl-Christoph, Bericht über die Diskussion der Arbeitsgruppe „Erziehungsgeschichte und oral history" auf der Arbeitstagung der Historischen Kommission der Deutschen Gesellschaft für Erziehungswissenschaften vom 25.9. - 27.9. 1983 in der Tagungsstätte der Evangelischen Akademie Loccum, in: derselbe, Erziehung und Erziehungstheorien im nationalsozialistischen Deutschland. Ursprünge und Wandlungen der 1933 - 1945 in Deutschland vorherrschenden erziehungstheoretischen Strömungen; ihre politischen Funktionen und ihr Verhältnis zur außerschulischen Erziehungspraxis des „Dritten Reiches". Überarbeitete Zweitausgabe mit drei neueren Studien und einem Diskussionsbericht (= Sozialhistorische Untersuchungen zur Reformpädagogik und Erwachsenenbildung, Bd. 6), Frankfurt 1987, S. 304

eine „nachträglich moralisch argumentierende Kritik", die einem Vertrauensmißbrauch der Interviewten gleichkäme, verzichtet werden.[136]

Angelegt wurden die Interviews weniger auf eine lebensgeschichtliche Erzählung im Sinne von Tiefeninterviews als auf eine Expertenbefragung, d.h. nach allgemeinen Impulsfragen zur Provozierung von Erinnerungen erfolgten konkrete und gezielte Informationsfragen.[137] Die Auswahl der Befragten, die zwischen 1932 und 1937 ihr Abitur abgelegt haben, kann nicht statistischer Repräsentativität entsprechen, weil sie aus dem kleinen Kreis der noch lebenden, erreichbaren und ansprechbaren Schüler(innen) erfolgen mußte.[138] Es konnten befragt werden vom Abiturjahrgang 1932: 2 Schüler(innen), 1934: 2, 1935: alle 4 noch lebenden Schüler, 1937: 1; darüber hinaus stellte sich Herr Prof. Dr. Dr. Pöggeler, der von 1939-1943 die Aufbauschule besuchte, zu einem Interview zur Verfügung.[139] Zusätzlich liegen Briefe von Schülerinnen aus den Abiturjahrgängen 1932, 1938 und 1944 vor.

Eine Kontrolle der Validität ergibt sich durch Vergleich der Aussagen untereinander als auch durch Vergleich mit gesicherten Tatbeständen.[140] Darüber hinaus erfolgte eine Auswertung schon vorhandener Berichte von Absolvent(inn)en.[141] Im Rahmen einer „vertikalen Verallgemeinerung" ist es dann möglich, Schlüsse von der Schülerschaft auf die Schule zu ziehen.[142] Insgesamt kann so eine noch stärkere Annäherung an die authentische Schul- und Unterrichtswirklichkeit erfolgen, die zugleich deren langfristige Wirksamkeit etwas erfassen könnte.[143]

---

[136] vgl. ebd., S. 307

[137] vgl. Geppert, Alexander C.T., Forschungstechnik oder historische Disziplin? Methodische Probleme der Oral History, in: GWU 45 (1994), 310f.

[138] vgl. Clauß, Günter / Ebner, Heinz, Grundlagen der Statistik für Psychologen, Pädagogen und Soziologen, Frankfurt u.a. 1970, S. 150ff.

[139] An dieser Stelle sei noch einmal herzlich dankend auf die sehr freundschaftliche Aufnahme durch die ehemaligen Schüler(innen) hingewiesen. Das Interview mit Prof. Dr. Dr. Pöggeler erfolgte, da er nicht nur für den Bereich „Pädagogik und Nationalsozialismus" ausgewiesen ist, was spezifische reflektierte Erkenntnisse erwarten läßt, sondern auch, da er über seine Biographie - sein Vater war ab 1934 Bürgermeister in Rüthen - mit Rüthen verbunden ist.

[140] vgl. Geppert, Alexander C.T., Forschungstechnik ..., a.a.O., S. 315ff.

[141] Zum begrenzten Aussagewert von Selbstinterpretationen vgl. Hausmann, Christopher, Heranwachsen im „Dritten Reich". Möglichkeiten und Besonderheiten jugendlicher Sozialisation im Spiegel autobiographischer Zeugnisse, in: GWU 41 (1990), S. 609ff.

[142] vgl. Maser u.a., Aufgaben und Verfahren interpretativer Theoriebildung, in: Z.f.P., 18. Beiheft (hrsg. von Benner, D. u.a.), Weinheim u.a. 1983, S. 321-349

[143] vgl. zum Selbst- und Weltbild von Abiturienten 1946-1950 Schörken, Rolf, Jugend 1945. Politisches Denken und Lebensgeschichte, Opladen 1990, S. 124ff., und zum Aufstieg der

Interpretativ ergiebiger und zuverlässiger als die Befragung sehr alter Menschen sind oft Akten produzierende „Vorfälle", wenn ihr Entstehungszusammenhang beachtet wird.[144] Für Schule in der Weimarer Republik und im Nationalsozialismus sind Akten über Schülerorganisationen, Flaggenstreit, Klagen von Lehrern, Angriffe gegen Lehrer, Antisemitismus, Tragen von Abzeichen, Denunziationen usw. relevant. Im Gegensatz zu vielen Nachbarschulen liegen für die Rüthener Aufbauschule aber kaum diesbezügliche Informationen vor.[145]

So ist es verstärkt erforderlich, den „Geist" eines Kollegiums bzw. die Einstellung einzelner Lehrer(innen), der sich im Schulleben zeigt[146], über die Jahresberichte, Ansprachen, Veranstaltungen, Presseberichte usw. zu ermitteln, wenn neben einer Ereignisgeschichte auch Bewertungen vor dem Hintergrund der gesamtgesellschaftlichen bzw. örtlichen Entwicklung vorgenommen werden sollen. Besondere Bedeutung kommt Pressemitteilungen zu, die im Fall der Schule in Rüthen zum Nachlaß des örtlichen Chronisten Dr. rer. pol. Franz Viegener gehören, der im Stadtarchiv Rüthen mit Ausnahme der Jahre 1936 und 1937 vollständig vorhanden ist. Die Mitteilungen waren als bezahltes Angebot an den Verleger

---

„letzten Helden des Führers" Bude, Heinz, Deutsche Karrieren. Lebenskonstruktionen sozialer Aufsteiger aus der Flakhelfer-Generation, Frankfurt 1987

[144] Die Probleme einer derartigen Aktenanalyse - besonders von Nazi-Dokumenten - spiegelt ein Beitrag zu den Edelweißpiraten: Rusinek, Bernd-A., Gesellschaft in der Katastrophe - Terror, Illegalität, Widerstand - Köln 1944/45 (= Düsseldorfer Schriften zur Neueren Landesgeschichte und zur Geschichte Nordrhein-Westfalens Band 24), Essen 1989, der von einer grundsätzlichen Richtigkeit der sich in den Quellen - Vernehmungsprotokolle! - darstellenden Gestapo-Sichtweise ausgeht, so daß als vages Ergebnis eine kriminelle Jugendbande erscheint.

[145] vgl. die u.a. durch die Republikanische Beschwerdestelle e.V. (Berlin) angesprochenen Vorfälle im Jahr 1931 beim Archigymnasium in Soest, Ostendorf-Gymnasium in Lippstadt und Reismann-Gymnasium Paderborn - gesammelt beim StA MS, PSK 6861 und 6862. Vgl. auch Heller, Editha, Schule im Nationalsozialismus am Beispiel Pelizaeus-Schule, a.a.O., S. 144, 152 und für Brilon die Angriffe gegen Josef Rüther in: Blömeke, Sigrid, Nur Feiglinge weichen zurück. Josef Rüther (1881 - 1972). Eine biographische Studie zur Geschichte des Linkskatholizismus, Brilon 1992, S. 84ff.

[146] So Seeligmann, Chaim, Die Philologen zu Beginn der Weimarer Republik, in: derselbe, Zur politischen Rolle der Philologen in der Weimarer Republik. Gesammelte Aufsätze über Lehrerverbände, Jugendbewegung und zur Antisemitismus-Diskussion (= Studien und Dokumentationen zur deutschen Bildungsgeschichte, Bd. 41), Köln u.a. 1990, S. 23, was sich teilweise auch auf die NS-Zeit übertragen läßt. Bedauerlich ist, daß die zahlreichen unterrichtlichen Belege bei Rossmeissl, Dieter, „Ganz Deutschland ..., a.a.O. zwar einen atmosphärischen Eindruck vermitteln, aber durch ihre nicht repräsentative regionale und schulformspezifische Streuung den „Geist" einer konkreten Schule nicht erkennen lassen.

der regionalen Tageszeitung „Patriot" in Lippstadt zur Veröffentlichung bestimmt und wurden zum großen Teil dann auch gedruckt.[147]

Über biographische Skizzen nicht nur der das Kollegium prägenden Lehrer[148] soll auch versucht werden, Lebensläufe und Konflikte zu analysieren sowie Gründe für ihr Verhalten zu ermitteln und zu zeigen, inwieweit ihr Verhalten im Übergang zum Nationalsozialismus und den ersten Jahren der Diktatur einen Persönlichkeitsbruch darstellt, wobei besonders der katholische Hintergrund der Lehrer Beachtung finden muß.[149] Auf eine Anonymisierung wurde bei den die Schule prägenden und nach außen dominierenden Lehrern verzichtet,[150] da eine behutsame Bewertung der Aktenlage - nicht nur der Entnazifizierungsunterlagen[151] -

---

[147]   Die in Viegeners Artikeln zum Ausdruck kommende überzeugt katholische und nationalistische Einstellung entsprach dem Denken der bürgerlichen Kreise in Rüthen. So beschreibt er anläßlich eines neuen Heimatbuches u.a. als drohendes Ergebnis des Zusammenbruchs im Ersten Weltkrieg und als weitere Folgen: „völlige Entfremdung der alten angestammten völkischen Eigenart, Aufgehen des Zusammengehörigkeitsgefühls und der Achtung der Mitmenschen in krassen Egoismus; ein Kampf aller gegen alle; nicht um hohe, edle Güter, nichts von dem, sondern nur allein um die Freuden eines irdischen Materialismus." (Stadtarchiv R, Viegener o. J. (1925))

[148]   vgl. Milberg, Hildegard, Oberlehrer und höhere Schule, in: de Lorent, Hans-Peter u.a. (Hrsg.), „Der Traum ..., a.a.O., S. 208: „Es waren der Geist der jeweiligen Schule und die Einstellung des einzelnen Lehrers, nicht Lehrpläne und Richtlinien, die die Tendenzen der Staatserziehung bestimmten." Alle Lehrer, die bis 1937 an der Rüthener Aufbauschule unterrichtet haben, sind verstorben, so daß es nicht möglich war, entsprechende autobiographische Stellungnahmen einzuholen wie bei Günther, Elke u.a., Lebensgeschichten verstehen lernen. Ein Bericht über die Arbeit der „Berliner Projektgruppe Lehrerlebensläufe", in: Baacke, Dieter u.a. (Hrsg.), Pädagogische Biographieforschung. Orientierungen, Probleme, Beispiele, Weinheim u.a. 1985, S. 107-123

[149]   Es scheint mir kaum möglich, mangels empirischer Kenntnisse über den Unterricht eines Lehrers dessen Mitgliedschaft im NSLB spekulativ heranzuziehen wie Scherf, Gertrud, Vom deutschen Wald zum deutschen Volk. Biologieunterricht in der Volksschule im Dienste nationalsozialistischer Weltanschauung und Politik, in: Dithmar, Reinhard (Hrsg.), Schule und Unterricht im Dritten Reich, a.a.O., S. 220

[150]   Im teilweisen Gegensatz zu der Publikation Eggert, Heinz-Ulrich (Hrsg.) Der Krieg frißt eine Schule. Die Geschichte der Oberschule für Jungen am Wasserturm in Münster 1938 - 1945. Verfaßt vom Grundkurs 11e Geschichte des Wilhelm-Hittorf-Gymnasiums Münster im Schuljahr 1982/83, (Münster) 1984, in der wegen der unterschiedlichen Einschätzung der Lehrer eine Anonymisierung erfolgte (vgl. S. 33ff.). Vgl. auch die kritischen Anmerkungen zu dieser Studie bei Keim, Wolfgang, Erziehung im Nationalsozialismus ..., a.a.O., S. 7

[151]   Daß dies notwendig ist, belegt Tjarks z.B. bei der Bewertung der Stellungnahmen und Gutachten, die Lehrer im Rahmen der Entnazifizierung eingebracht haben, und resümiert: „Als aussagekräftige Dokumente über die Schulgeschichte des Gymnasiums zwischen 1933 und 1945 sind sie weitgehend unbrauchbar." (Tjarks, Walter, Das Kölner ..., a.a.O., S. 103). Pakschies, Günter, Umerziehung ..., a.a.O., S. 135, weist auf die grundsätzliche

und der Zeitzeugenaussagen erfolgte und um zu ermöglichen, die teilweise umfangreichen einschlägigen veröffentlichten und allgemein zugänglichen Publikationen dieser Lehrer einer literatursoziologischen Interpretation mit zeitgeschichtlichem Hintergrund zugänglich zu machen. Ziel war weniger eine Polarisierung nach „Tätern" und „Opfern", sondern der Versuch einer Erfassung der Verschränkung zwischen Berufsalltag, Inhumanität, Konformismus, Idealismus, Passivität und Machtfaszination, wie sie sich in den „Mitläufern" spiegelt[152], was aber resistente oder kollaborative Tendenzen nicht ausschließen muß.

So könnte das Alltagsverhalten der Menschen in den Blick kommen, das aber nicht losgelöst vom Holocaust gesehen werden sollte.[153] Das kann aber nicht bedeuten, daß der hier zu behandelnde Lebensausschnitt durchgängig kohärent und zielorientiert „das Leben" stellvertretend präsentiert. Dann würde man der „biographischen Illusion" (Bourdieu) verfallen. Insgesamt wird man so dem Verständnis der Pädagogik als einer „biographisch orientierten Wissenschaft" und konkret Herbarts Diktum „das Individuum ist höckerig" gerecht.[154]

Problematik hin, daß im Rahmen der Entnazifizierung man auf die Hinweise von Ortsbewohnern und besonders der Bürgermeister angewiesen war, was eine konservative Tendenz gefördert habe. Dieser als erschwerend für die Entnazifizierung anzusehende lokale Charakter verschärfte sich für die Schulen in der Vorgabe, daß Kollegen sich gegenseitig be- bzw. entlasten sollten. Grundsätzlich ist auch zu bedenken, daß die Entnazifizierung auch „zu weiten Teilen Vorbereitung zukünftiger Kräfteverhältnisse" war. So Klönne, Arno, „Vergangenheitsbewältigung", „Säuberung", „Umerziehung". Historische Erfahrungen und aktuelle Eindrücke, in: Lehmann, Monika / Schnorbach, Hermann, Aufklärung als Lernprozeß. Festschrift für Hildegard Feidel-Mertz, Frankfurt 1992, S. 293-304

[152] vgl. Hauer, Nadine, Die Mitläufer - Oder die Unfähigkeit zu fragen: Auswirkungen des Nationalsozialismus auf die Demokratie von heute, Opladen 1994 sowie Naumann, Klaus, Die Sehnsucht des Mitläufers nach dem Schlußstrich, in: Die Zeit Nr. 6 vom 3.2.1995, S. 46. Demgegenüber verweist Dick, Lutz van (Hrsg.), Lehreropposition im NS-Staat. Biographische Berichte über den „aufrechten Gang". Mit einem Vorwort von Hans-Jochen Gamm, Frankfurt 1990, nur auf oppositionelle Lebensgeschichten, die aber einen Einblick in den spezifischen Alltag vermitteln.

[153] Richard von Weizsäcker zählt hierzu: „den latente(n) und den manifeste(n) Antisemitismus, die Bereitschaft, sich nicht beunruhigen zu lassen durch die eskalierenden Ankündigungen und Maßnahmen der Machthaber, ihre Hinnahme, ihre Duldung und - bei aller Unkenntnis der allermeisten Deutschen über das unvorstellbare Ausmaß der mörderischen Judenverfolgung - das Wegsehen, und bei mehr als einem die Mitverantwortung durch Stillsein und Geschehenlassen." (Weizsäcker, Richard von, Wozu Menschen fähig sind. Das schwierige Erinnern an den Nationalsozialismus, in: FAZ vom 29.11.1994, S. 37)

[154] vgl. Baacke, Dieter, Biographie: soziale Handlung, Textstruktur und Geschichten über Identität. Zur Diskussion in der sozialwissenschaftlichen und pädagogischen Biographieforschung sowie ein Beitrag zu ihrer Weiterführung, in: Baacke, Dieter u.a. (Hrsg.), Pädagogische Biographieforschung ..., a.a.O., bes. S. 4, 14

3. Aufbau der Arbeit und Untersuchungszeitraum

In dieser Arbeit wird besonders auf den kulturpolitischen Hintergrund der Aufbauschulen abgehoben, wobei einerseits versucht wird, typische Positionen und das relevante gesellschaftliche/bildungspolitische Spektrum abzudecken und andererseits im Hinblick auf die Gründung und Entwicklung der Aufbauschule in Rüthen, deren Spezifika, nämlich die ländliche Lage und die Dominanz des katholischen Milieus[155], entsprechend zu berücksichtigen. Auf diesem Wege soll der gesellschaftliche Kontext der Gründung einer Aufbauschule erschlossen werden, auf den zurückgegriffen werden kann, um gegebenenfalls den exemplarischen Charakter der Gründungs- und Entwicklungsvorgänge der Rüthener Aufbauschule belegen zu können.

In den ersten Untersuchungsteilen zur Aufbauschule in Preußen werden nach der Darlegung der gesellschaftlichen und bildungspolitischen Ausgangslage die konkrete Umsetzung des Aufbauschulgedankens im Rahmen der Neuordnung des Schulwesens untersucht und die spezifischen Reaktionen vorgestellt, bevor nach der Darstellung der zahlenmäßigen Entwicklung geprüft wird, inwieweit die Aufbauschulen auch den Gründungsintentionen entsprachen.

Der Zeitrahmen erstreckt sich von den Vorläufern der Aufbauschule während des 1. Weltkriegs über die Errichtung der Aufbauschulen im Preußen der Weimarer Republik bis in das Jahr 1932, das als inhaltliche Zäsur anzusehen ist:

- In diesem Jahr verließen die ersten Abiturient(inn)en der letzten Neugründungen die Schule, so daß umfassende Erfahrungen vorlagen.

---

[155] Sozialmilieu definiere ich in Anschluß an Loth, Wilfried, Katholiken im Kaiserreich. Der politische Katholizismus in der Krise des wilhelminischen Deutschlands, Düsseldorf 1984, S. 35, als eine soziale Einheit, die „durch eine relativ gleichartige Form materieller Subsistenzbegründung und zugleich durch ein Bündel gemeinsamer Werthaltungen, kultureller Deutungsangebote, politischer Regeln, historischer Traditionen und lebenspraktischer Erfahrungen" geprägt ist. Diese Definition läßt für den deutschen Katholizismus unterhalb einer Weltdeutungsebene regionale und soziale Differenzierungen zu und ermöglicht zugleich das Erkennen von Fraktionen im (politischen) Katholizismus. Dieses durch Sozialisation angeeignete Milieu ist zu trennen von einer heute eher frei gewählten Zughörigkeit zu Gruppen - auch wenn diese als Milieu charakterisiert werden (vgl. Schulze, Gerhard, Die Erlebnisgesellschaft. Kultursoziologie der Gegenwart, 2. Aufl., Frankfurt u.a. 1992). Den derzeitigen Diskussionsstand um den Milieubegriff und seine empirischen Anwendungsmöglichkeiten für den Katholizismus zeigt umfassend auf: Arbeitskreis für kirchliche Zeitgeschichte (AKKZG), Münster, Katholiken zwischen Tradition und Moderne. Das katholische Milieu als Forschungsaufgabe, in: Westfälische Forschungen 43 (1993), S. 588-654

- Es wird erkennbar, wie die Aufbauschule nach einer ersten Konsolidierung die Restriktionen aufgrund der Wirtschaftskrise übersteht.
- Trotz des Überganges zu autoritären Präsidialkabinetten auf Reichsebene und des „Preußenschlages" - Absetzung der kommissarischen Regierung und Einsetzung eines Reichskommissars per Notverordnung am 20.7.1932 - waren direkte nationalsozialistisch dominierte Eingriffe in die Organisation des Aufbauschulwesens noch nicht sichtbar.

Im letzten Teil dieser allgemeinen Untersuchung zur ländlichen Aufbauschule, die den Übergang zum Nationalsozialismus und die ersten Jahre im Nationalsozialismus abhandelt, werden Hoffnungen und Erwartungen bezüglich der Aufbauschule, die in der Lehrerschaft und deren Verbänden, in der Unterrichtsverwaltung und den NSDAP-Organisationen mit der Machtübergabe an die Nationalsozialisten verbunden waren, analysiert[156] und mit der realen Entwicklung konfrontiert. Ziel ist u.a. zu überprüfen, ob die nach 1933 deutlich werdenden Veränderungen im deutschen Schulwesen auch im Hinblick auf die Aufbauschule zum einen eine „Weiterentwicklung von schulstrukturellen Entwicklungstrends und Plänen"[157] aus der Zeit der Weimarer Republik waren und zum anderen „weniger aus einer zielgerichteten Politik der Umstrukturierung und inhaltlichen Umorientierung der Schulen selbst, sondern aus pragmatisch-taktischen Anlässen"[158] erfolgten, was die Annahme eines reduzierten Stellenwertes der Aufbauschule innerhalb des Schulsystems, aber auch des Schulsystems insgesamt im Verhältnis zu den neuen Erziehungsformationen erhärten würde. Grundsätzlich ist zu prüfen, inwieweit das Jahr 1933 eine Zäsur bildete, d.h. inwieweit es Anknüpfungspunkte bzw. von den Nationalsozialisten verwertbare Traditionslinien gab, die mehr als nur den Eindruck einer Kontinuität offenbaren. Konkret muß untersucht werden, ob auch für diesen Teil des Bildungssystems davon auszugehen ist, daß die Nazifizierung „im wesentlichen reibungslos" (Keim) erfolgte.

Hintergrund dieses Untersuchungsteils ist die auch für die Schulorganisation anzunehmende Vielfalt, die sich aus den Divergenzen in der nationalsozialistischen Erziehungstheorie sowie bildungspolitisch aus den bestandserweiternden Bestrebungen der nationalsozialistischen Organisationen und ihrer Vertreter sowie dem bestandssichernden Handeln der staatlichen Bürokratie, die sich oftmals im provi-

---

[156] Daß die von Gamm zusammengestellten fast 100 Dokumente zur Erziehung im Nationalsozialismus kaum einen Hinweis auf die von vielen ersehnte organisatorische Neuordnung der Schule enthalten, könnte schon ihren Stellenwert andeuten (vgl. Gamm, Hans-Jochen, Führung .... a.a.O.)
[157] Zymek, Bernd, Die pragmatische Seite ..., a.a.O., S. 277
[158] Zymek, Bernd, Schulen ..., a.a.O., S. 193

sorischen Charakter der Erlasse spiegelt, ergibt. Doch es bleibt zu prüfen, ob man auch für diesen Teil des Erziehungssektor von einer „autoritären Anarchie" sprechen kann,[159] wie der komplexe und sich zunehmend verzahnende Zusammenhang zwischen Partei und Staat grundsätzlich qualifiziert wird.

Die vorliegende Untersuchung der Aufbauschulen schließt mit der organisatorischen Neuordnung 1937/38 ab, da dann - nach der frühen personellen Selektion durch die Nationalsozialisten im Bildungswesen nach dem 30. Januar 1933 - auch die inhaltliche Gleichschaltung mit neuen Schulbüchern und Richtlinien auch für die höheren Schulen weitgehend zum Abschluß gebracht wurde, was mindestens als intendierte Zäsur anzusehen ist. Doch bleiben auch bis zu diesem Einschnitt Fragen der Akzeptanz, wie sie sich aus einer nationalsozialistischen Schulprogrammatik oder auch aus einer Verknüpfung mit Veränderungsvorstellungen, die noch in der Weimarer Republik diskutiert wurden, ableiten lassen könnten, zu klären. Die Funktion der Deutschkundebewegung, in deren Kontext die Aufbauschule gehört, bedarf auch an dieser Stelle einer eingehenden Erörterung.

Im zweiten Schwerpunkt dieser Arbeit, der der Staatlichen Deutschen Oberschule in Aufbauform in Rüthen gewidmet ist, kann durch Verbindung der vielfältig eruierten Erkenntnisse eine struktur- und sozialgeschichtliche Darstellung der Gründungszusammenhänge und der Entwicklung der Schule - auch in Abhängigkeit von gesamtgesellschaftlichen Einflüssen - vorgenommen werden, die politische und ideologische Bewertungen/Einordnungen zuläßt.

Die Darstellung des aufbereiteten Materials orientiert sich im folgenden nicht durchgängig an einer chronologischen Entwicklung, um gesellschaftliche und schulpolitische Strukturen und Verwerfungen besser erfassen zu können.

Bedingt durch den Abbau der Lehrerseminare stellte sich auch für Rüthen die Frage nach einer Ersatzinstitution, um die damit verbundene kulturelle und wirtschaftliche Bedeutung zu wahren. Mit der Analyse dieser Ausgangssituation der späteren Aufbauschule zu Beginn der 20er Jahre muß eine schulspezifische Darstellung einsetzen, um den gesellschaftspolitischen Hintergrund auch vor Ort erfassen zu können. Nach der Gründungsphase wird die Entwicklung der ersten sechs Jahre bis zum ersten Abitur 1932 nachgezeichnet. Zu diesem Zeitpunkt war die Schule voll ausgebaut, ein Lehrerzuwachs aufgrund neuer Klassen nicht mehr

---

[159] Dudek skizziert den erziehungshistorischen Forschungsstand: „Auch der Bereich des Erziehungs- und Bildungssystems (wurde) maßgeblich durch die arbeitsteilige polykratische Kompetenzanarchie des NS-Staates bestimmt." Dudek, Peter, „Der Rückblick auf die Vergangenheit wird sich nicht vermeiden lassen." Zur pädagogischen Verarbeitung des Nationalsozialismus in Deutschland (1945-1990), Opladen 1995, S. 20

erforderlich und der neue Schulleiter konnte eine inhaltlich profilierte Schule übernehmen. Direkte örtliche Einflüsse einer sich entwickelnden nationalsozialistischen Bewegung waren bis zum Frühjahr 1932 nicht nachweisbar.

Im Rahmen der von mir u.a. verfolgten Fragestellung nach dem Demokratiepotential der Schule kommt der Entwicklung der Aufbauschule in den Krisenjahren zum Ende der Weimarer Republik besondere Bedeutung zu. Zugleich fällt in diese Zeit die inhaltliche Ausrichtung der Schule. Beides macht es erforderlich, diese Phase umfangreicher und auch differenzierter darzustellen, um die schulspezifischen Voraussetzungen beim Übergang zum Nationalsozialismus - auch was das Widerstandspotential angeht - erkennbar zu machen.

Der Übergang zum Nationalsozialismus, die schulischen Reaktionen auf die Machtübergabe an Hitler, die Durchsetzungsbemühungen um die nationalsozialistische Ideologie - sowohl personell als auch an schulische Inhalte wie besonders Abiturprüfungen, Arbeitsgemeinschaften und Veranstaltungen gebunden - können letztendlich Entwicklungen aufzeigen, die das Bild einer Schule rückblickend als zwiespältig erscheinen lassen.[160] Etwaige Berührungspunkte oder gar Affinitäten zum Nationalsozialismus werden daher sorgfältig, umfassend und interpretativ vorsichtig abwägend - auch im Vergleich zur fachdidaktischen Literatur - herausgearbeitet werden müssen. Für die Rüthener Schule wäre vielleicht zu erkennen, inwieweit eine Schule aufgrund einer nur kurzen Tradition sich den Ansprüchen des Nationalsozialismus anders stellen muß.

Analog zu der schulorganisatorischen Neuordnung 1937 und den Richtlinienänderungen in diesem Zeitraum ergab sich für die Aufbauschule eine verstärkte Lehrerfluktuation, so daß es legitim erscheint, auch für diesen Bearbeitungsteil mit dem Jahr 1937 eine abschließende Zäsur vorzunehmen. Dieser Einschnitt entspricht auch der Scholtzschen Periodisierung der nationalsozialistischen Erziehungspolitik, die - umfangreich belegbar - nach der Phase der Machtergreifung und Machtsicherung bis 1936 mit dem Jahr 1937 verstärkt zur Machtdarstellung und Kriegsvorbereitung überging.[161] Die Übernahme dieser Zäsur erscheint inner-

---

[160] So war z.B. für Moraw „kaum verständlich", wie „anerkannte gelehrte Männer bürgerlicher Prägung ... gewissermaßen in vorauseilendem Gehorsam den Autoritäts- und Gemeinschaftsgedanken 'entdeckten', plötzlich die Bereitschaft zu politischer Integration und Überintegration entwickelten und von alten Idealen Humboldts abrückten, von der Erziehung zur Autonomie und zum Selbstdenken, von der Entfaltung des Individuums, von der Rationalität und der Kritik am Gegebenen." (Moraw, Frank, Das Gymnasium ..., a.a.O., S. 74)

[161] vgl. Scholtz, Harald, Erziehung ..., a.a.O., S. 44ff. Es bleibt zu prüfen, ob man mit Nyssen, E., Schule im Nationalsozialismus, Heidelberg 1979, für 1937 auch eine Abkehr von der Forderung nach Dequalifizierung annehmen kann.

schulisch um so mehr berechtigt, da durch die Zuweisung eines engagierten Nationalsozialisten sich das schulische Klima schon vor Kriegsbeginn verändert haben soll.[162]

Die beschriebene Vorgehensweise und der erläuterte Bezugsrahmen stellen eine Annäherung an einen „erziehungsgeschichtlich tragfähige(n) Ansatz" dar, weil biographische Dimensionen mit dem institutionellen und politischen Bedingungsgefüge verknüpft werden.[163]

Insgesamt wird dieser lokale Arbeitsteil an zahlreichen Stellen deutlich machen, daß die Entwicklung der Rüthener Aufbauschule in wesentlichen Aspekten mit der Entwicklung der ländlichen Aufbauschule in Preußen korrespondiert und ihr so ein exemplarischer Charakter zukommt, ohne daß dies durch Querverweise immer wieder herausgestellt wird, da es sich gleichsam aufdrängt.

---

[162] Mündliche Auskunft gegenüber dem Verfasser durch StD a.D. Hermann Paul, der 1937 an die Aufbauschule versetzt wurde.
[163] vgl. Klewitz, Marion, Lehrersein ..., a.a.O., S. 35

B. Gründung und Entwicklung der preußischen Aufbauschule in der Weimarer Republik und im Nationalsozialismus

I. Die Aufbauschulbewegung

1. Gesellschaftliche Rahmenbedingungen

Das kaiserliche Deutschland war zu Beginn des 20. Jahrhunderts geprägt durch eine nur begrenzt gesellschaftliche Wirkung der industriellen Revolution. Das Reich konsolidierte sich „als industrielle Feudalgesellschaft mit autoritärem Wohlfahrtsstaat"[1]: Die gesellschaftlichen Widersprüche, die sich u.a. in der Vorherrschaft vorindustrieller Eliten (Junkertum, Militär, Bürokratie) und einem rückständigen vorparlamentarischen System gegenüber wirtschaftlicher und teilweise kultureller Modernität manifestierten, blieben verdeckt.[2] „Das Dynamisierungszentrum im Modernisierungsprozeß der reichsdeutschen Gesellschaft (lag) beim Bürgertum"[3], das sich in seinen Lebensformen und Wertorientierungen an vorbürgerlichen, aristokratischen Traditionen orientierte,[4] was nach Elias einen Vorschub für Entzivilisierungstendenzen der deutschen Gesellschaft brachte.[5]

---

[1]   Dahrendorf, Ralf, Gesellschaft und Demokratie in Deutschland, 4. Aufl. München 1975, S. 68-70. Demgegenüber bemüht sich Eley um die Revision dieses Bildes vom illiberalen deutschen Sonderweg und weist dem Kaiserreich einen ausgeprägt modernen Charakter zu. Vgl. Eley, Geoff, Deutscher Sonderweg und englisches Vorbild, in: Blackbourn, David / Eley, Geoff, Mythen deutscher Geschichtsschreibung, Frankfurt/M. u.a. 1980, S. 7-70, und derselbe, Wilhelminismus, Nationalismus, Faschismus. Zur historischen Kontinuität in Deutschland, Münster 1991

[2]   vgl. Wehler, Hans-Ulrich, Das Deutsche Kaiserreich 1871-1918, 3. Aufl. Göttingen 1977

[3]   Wehler, Hans-Ulrich, Wie „bürgerlich" war das Deutsche Kaiserreich?, in: Kocka, Jürgen (Hrsg.), Bürger und Bürgerlichkeit im 19. Jahrhundert, Göttingen 1987, S. 274

[4]   Grebing modifiziert dies, da „parallel [...] ein Prozeß der Verbürgerlichung der gesellschaftlichen Beziehungen stattgefunden" habe (Grebing, Helga, Preußen-Deutschland - die verspätete Nation?, in: Grebing, Helga, Der „deutsche Sonderweg" ..., a.a.O., S. 128). Auch Evans moniert an Wehler, daß dieser in seiner „Deutschen Gesellschaftsgeschichte von 1849 bis 1914" auf einem „sozialnormativen Vorbild" des Adels für die Mittelschichten beharre (vgl. Evans, Richard J., Bürgerliche Gesellschaft und charismatische Herrschaft. Gab es einen deutschen Sonderweg in die Moderne?, in: Die Zeit Nr. 42 vom 13. 10. 1995). Frevet weist für den Bereich der Duellkonvention nach, daß nicht nur von einer Kopie adeliger Verhaltensmodelle gesprochen werden kann, sondern eine neue eigene Bedeutung entstand, die den „Distinktionsbedürfnissen" der adelig-bürgerlichen Oberschichten entsprach (vgl. Frevet, Ute, Ehrenmänner. Das Duell in der bürgerlichen Gesellschaft,

Zu Recht verwies Eulenburg noch 1916 auf die aristokratische Auslese im Offizierskorps und in der Beamtenlaufbahn im Vergleich zu den westeuropäischen Ländern und konstatierte, daß „die Feudalisierung der höheren Stellen durch die Industrialisierung der Gesellschaft zurückgedrängt wird, daß sich aber zum Teil eine neue Feudalität bildet"[6]. Wehler sieht die „Basis der Reichspolitik bis 1918" in diversen Spielarten einer antiliberal-konservativen Sammlungspolitik, „deren Pfeiler die großen Produktionsinteressen in Industrie und Landwirtschaft bildeten"[7].

Weltpolitische Aktivitäten um einen „Platz an der Sonne" (Wilhelm II.) waren der gemeinsame Nenner von alten Machteliten, Bürgertum, aufsteigenden Mittelschichten und Intelligenz - vorangetrieben u.a. vom militanten Alldeutschen Verband und dem Flottenverein - gegen die Sozialdemokratie, die schon früh stärkste Partei, bedingt durch das Mehrheitswahlsystem und die Wahlkreiseinteilung aber erst 1912 stärkste Reichstagsfraktion geworden war. Der Imperialismus hatte so auch eine innenpolitische Stoßrichtung: Sicherung des sozialen Status und Abwehr des sich verstärkenden inneren Demokratisierungsdruckes.[8]

Das sich mit Kriegsbeginn 1914 im Deutschen Reich verstärkt ausbreitende Pathos nationaler Ideologie, das auch Grundlage des „Burgfriedens" zwischen den sozialen Klassen und politischen Parteien wurde,[9] brachte eine „fast fatalistische

---

[5]   München 1991).
  vgl. Elias, Norbert, Studien über die Deutschen. Machtkämpfe und Habitusentwicklung im 19. und 20. Jahrhundert, Frankfurt 1989

[6]   Eulenburg, Franz, Die herrschende soziale Bewertung der verschiedenen Berufsgruppen. Ein Entwurf, in: Petersen, Peter (Hrsg.), Der Aufstieg der Begabten. Vorfragen, Leipzig u.a. 1916, S. 132

[7]   Wehler, Hans-Ulrich, Das Deutsche Kaiserreich ..., a.a.O., S. 68

[8]   So im Tenor neben Wehler auch Mommsen, Wolfgang J., Der autoritäre Nationalstaat. Verfassung, Gesellschaft und Kultur im deutschen Kaiserreich, Frankfurt/M. 1990, und derselbe, Der Erste Weltkrieg und die Krise Europas, in: Hirschfeld, Gerhard u.a. (Hrsg.), „Keiner fühlt sich hier als Mensch ...". Erlebnis und Wirkung des Ersten Weltkriegs, Frankfurt 1996, S. 30-52. Demgegenüber sieht Nipperdey weniger eine Polarisierung der Gesellschaft als eher eine deutliche „reformerische Mitte": „Das Reformpotential der bürgerlichen Gesellschaft war größer als es das Klischee von der Untertanengesellschaft haben will." (Nipperdey, Thomas, Organisierter Kapitalismus. Verbände und die Krise des Kaiserreichs, in: GuG 5 (1979), S. 431f.)

[9]   Die Zustimmung zu den Kriegskrediten führte innerhalb der SPD zur Opposition und später zur Abspaltung der USPD. Für die katholische Kirche erinnert sich Conrad Gröber, Erzbischof von Freiburg, an Predigt- und Buchliteratur und die Hirtenschreiben der deutschen Bischöfe, „die im Weltkrieg das Volk zum Durchhalten bis zum Weißbluten aufriefen" (Gröber, Conrad, Kirche, Vaterland und Vaterlandsliebe. Zeitgemäße Erinnerungen und Erwiderungen, Freiburg 1935, S. 39).

Hinnahme des Krieges"[10], eines Krieges, der als Krieg nationaler Kulturen verstanden wurde, zwischen den sog. englischen 'Krämeridealen' und den 'heldischen' Qualitäten der deutschen Gemeinschaft.[11] Aber die gesellschaftlichen Gegensätze blieben nur vorübergehend überdeckt. So beschleunigte der Erste Weltkrieg zwar die gesellschaftlichen Veränderungsprozesse, dennoch war die Revolution von 1918 wohl noch eher Produkt der militärischen Niederlage als schon Ausdruck der Stärke der auf Veränderung drängenden Massen, was sich auch in der quasi-legalen Überleitung der Regierungsgewalt manifestierte, der eine Machtbildung „von unten" durch die Arbeiter- und Soldatenräte gegenüberstand.[12] Auch wenn die revolutionären Veränderungen Ende des Jahres 1918 teilweise nur begrenzt von der SPD(-Führung) mitgetragen wurden, war es doch mehrheitlicher Anspruch der Bevölkerung, nach Ablösung des vom Bürgertum gestützten Obrigkeitsstaates nicht nur den Staat, sondern auch die Gesellschaft zu demokratisieren - und anfangs auch, allerdings weniger vordringlich, deren ökonomische Grundlagen. Die Übertragung (und damit Vertagung) einschneidender Reformmaßnahmen auf die Nationalversammlung war der Beginn der „unvollständigen Revolution"[13], da die gesellschaftlichen Machtverhältnisse teilweise ungebrochen blieben und „nur" das politische System liberalisiert wurde.[14] Der der M(SPD) zuschreibbare „revolutionäre Attentismus" ließ sie aus reformerischer Sicht zum „Statthalter der Revolution" werden, die Chance für eine soziale Republik wurde unzureichend genutzt.[15] Die Entscheidungen der (M)SPD und

[10] vgl. Mommsen, Wolfgang J., Der Erste Weltkrieg ..., a.a.O., S. 37
[11] Besonders deutlich und kraß in Sombart, Werner, Händler und Helden. Patriotische Besinnungen, München u.a. 1915. Auch der Soziologe Scheler stellte dem angelsächsischen Utilitarismus und seinen materialistischen Zivilisationsidealen die durch den Krieg notwendige Wiederfindung des Begriffs eines „objektiven Geistes" entgegen (vgl. Scheler, Max, Der Genius des Krieges und der Deutsche Krieg, Leipzig 1915).
[12] vgl. Kolb, Eberhard, 1918/19. Die steckengebliebene Revolution, in: Stern, Carola / Winkler, Heinrich (Hrsg.), Wendepunkte deutscher Geschichte 1848-1945, überarbeitete und erweiterte Neuausgabe Frankfurt/M. 1994, S. 102f., und Böckenförde, Ernst-Wolfgang, Der Zusammenbruch der Monarchie und die Entstehung der Weimarer Republik, in: Bracher, Karl Dietrich u.a. (Hrsg.), Die Weimarer Republik 1918-1933. Politik, Wirtschaft, Gesellschaft (= Bundeszentrale für politische Bildung, Schriftenreihe Bd. 314), 2. durchgesehene Aufl. Bonn 1988, S. 26ff.
[13] Kolb, Eberhard, 1918/19 ..., a.a.O., S. 112ff.
[14] Grundlegend für einen Überblick: Rürup, R., Demokratische Revolution und „dritter Weg". Die deutsche Revolution von 1918/19 in der neueren wissenschaftlichen Diskussion, in: GuG 9 (1983), S. 278-301
[15] vgl. Wehler, Hans-Ulrich, Das Deutsche Kaiserreich ..., a.a.O., S. 218ff. Demgegenüber ordnet Löwenthal die Ursache für das Steckenbleiben der Revolution grundsätzlich einem „'Anti-Chaos-Reflex' von industriellen Bevölkerungen in Krisenzeiten" zu, der weiterge-

der Gewerkschaften kanalisierten die Revolution in eine bürgerlich-demokratische Reformbewegung. Entsprechend wies die Weimarer Reichsverfassung dann auch einen „legalisierte[n] Überhang autoritärer Ordnungsvorstellungen"[16] auf und formulierte demokratische Ansprüche, die in der Realität noch durchgesetzt werden mußten.

So gerieten die demokratischen Strömungen auch im Bildungswesen schnell unter den Druck der Kräfte, die noch die Monarchie gestützt und getragen hatten.[17] Die „revolutionäre Phase" in der Schulpolitik war deshalb in Preußen schon im Februar 1919 beendet.[18] Diese Entwicklung fand ihren bildungspolitischen Niederschlag auch in der Festsetzung der Weimarer Verfassung; in Art. 146 hieß es u.a.:

> „Das öffentliche Schulwesen ist organisch auszugestalten. Auf einer für alle gemeinsamen Grundschule baut sich das mittlere und höhere Schulwesen auf. Für diesen Aufbau ist die Mannigfaltigkeit der Lebensberufe, für die Aufnahme eines Kindes in eine bestimmte Schule sind seine Anlage und Neigung, nicht die wirtschaftliche und gesellschaftliche Stellung oder das Religionsbekenntnis seiner Eltern maßgebend. Innerhalb der Gemeinden sind indes auf Antrag von Erziehungsberechtigten Volksschulen ihres Bekenntnisses oder ihrer Weltanschauung einzurichten."[19]

Die allgemeinen Formulierungen spiegeln exemplarisch den Kompromiß der Regierungskoalition aus SPD, Zentrum und DDP und die Interessen der Parteien wider:[20] Sowohl konträre als auch unterschiedlich weit gehende Konkretisierun-

---

hendere Veränderungen erschwere, wenn nicht gar verhindere (vgl. Löwenthal, R., Bonn und Weimar. Zwei deutsche Demokratien, in: Winkler, H. A. (Hrsg.), Politische Weichenstellungen im Nachkriegsdeutschland, Göttingen 1979, S. 11). Zu den konkret individuellen sozialen Forderungen aus der Arbeiterschaft vgl. Abelshauser, Werner, Umsturz, Terror, Bürgerkrieg. Das rheinisch-westfälische Industriegebiet in der revolutionären Nachkriegsperiode, in: Abelshauser, Werner / Himmelmann, Rolf (Hrsg.), Revolutionen in Rheinland und Westfalen. Quellen zu Wirtschaft, Gesellschaft und Politik 1918-1923, Essen 1988, S. XI-LI.

[16] Bracher, Karl Dietrich, Deutschland zwischen Demokratie und Diktatur, Bern u.a. 1964, S. 47

[17] vgl. zu dieser Entwicklung überblickshaft Krause-Vilmar, Dietfried, Schulgeschichte als Sozialgeschichte. Kurseinheit 2: Zur schulpolitischen Entwicklung in der Zeit der Weimarer Republik (1918-1933), Hagen 1983, S. 7-17

[18] vgl. Führ, Christoph, Zur Schulpolitik der Weimarer Republik. Die Zusammenarbeit von Reich und Ländern im Reichsschulausschuß (1919-1923) und im Ausschuß für Unterrichtswesen (1924-1933). Darstellung und Quellen, 2. Aufl. Weinheim 1972, S. 31f.

[19] zit. nach Reble, Albert (Hrsg.), Geschichte der Erziehung. Dokumentarband II, Stuttgart 1971, S. 568

[20] Von links kam der Vorwurf des „Schacher", da die SPD für die Zustimmung des Zentrums zum Versailler Vertrag die grundlegende Forderung der Nicht-Konfessionalität des Schulwesens opferte - bzw. opfern mußte, wenn sie nicht staatspolitische Risiken eingehen wollte. Das Zentrum, politisches Sprachrohr der Katholiken, hatte mit dem Mittel des

gen waren denkbar.[21] Die Durchsetzung der Intentionen der Verfassung bzw. der Koalitionäre war damit verschoben auf spätere Reichs- bzw. Landesgesetze, was zugleich - in einem sich pluralistisch verstehenden Staat - Beeinflussungsmöglichkeiten durch gesellschaftliche Gruppen auf die konkrete Ausgestaltung und Umsetzung der Verfassungsartikel eröffnete und nicht zuletzt erst einmal den Status quo sicherte.

„Die Stabilisierung der Weimarer Republik vollzog sich in restaurativen Bahnen", resümiert Weber, was „zur Radikalisierung der Arbeiterschaft [führte]"[22]. Diese Radikalisierung schlug sich auch im Wahlverhalten zum 1. Reichstag am 6.6.1920 nieder und schwächte die Position der SPD weiter: Der Stimmenanteil der SPD fiel gegenüber der Nationalversammlung vom 19.1.1919 von 37,9% auf 21,7%, der USPD-Anteil stieg von 7,6% auf 17,9%, die KPD erhielt 2,1%.[23] Das Ergebnis der revolutionären Massenbewegung war für die größten Bevölkerungsgruppen unbefriedigend geblieben: Den bürgerlichen Klassen gingen die Reformen zu weit, für die Arbeiterklasse blieben sie hinter den Erwartungen zurück. Dies spiegelt für den Sozialdemokraten Ernst Fraenkel „die Logik eines Umsturzes wider, der eine politische Umwälzung herbeiführte, aber eine soziale

---

Junktims die Interessen seiner Klientel und der Kirche durchgesetzt. Hinzu kam die Drohung mit dem rheinischen Separatismus, der von „bürgerlichen Kräften bis hinein in die katholische Zentrumspartei" getragen worden war aus „Angst vor (...) einem sozialistischen Deutschen Reich" (Gräber, Gerhard / Spindler, Matthias, Friedensrepublik Hein & Kunz. Das kurze Leben der „Autonomen Pfalz" und die lange Verdrängung, in: Die Zeit v. 29.3.1991, S. 37/38). Vor diesem Hintergrund scheint der Vorwurf des Sekretariats des Zentralkomitees der KPD von 1925 überzogen:
„Die Sozialdemokratie hat die Erkämpfung eines proletarischen Staates mit proletarischer Schule abgelehnt, um die kapitalistische Klassenherrschaft zu retten und ihr die Schule als Werkzeug gegen das Proletariat zu überlassen. Die Weltlichkeit und die Einheitlichkeit des Schulwesens hat die Sozialdemokratie für ein paar weltliche Schulen verkauft, um damit den Schulkampf des Proletariats in eine Sackgasse zu führen." (Günther, Karl-Heinz u.a., Quellen zur Geschichte der Erziehung, 5. Aufl. Berlin (DDR) 1968, S. 452)
Allerdings war der Kompromiß für die SPD ein eher bescheidenes Ergebnis, wenn man als Maßstab die Leitsätze des Mannheimer Parteitags von 1906 zugrunde legt, in denen u.a. „Weltlichkeit und Einheitlichkeit des gesamten Schulwesens" gefordert worden war (vgl. Wittwer, Wolfgang W., Die sozialdemokratische Schulpolitik in der Weimarer Republik. Ein Beitrag zur politischen Schulgeschichte im Reich und in Preußen, Berlin 1980, S. 16).

21   vgl. Müller, Sebastian F., Die Höhere Schule Preußens ..., a.a.O., S. 41-46
22   Weber, Hermann, Einleitung, in: Flechtheim, Ossip K., Die KPD in der Weimarer Republik (Nachdruck der Erstauflage von 1948), 3. Aufl. Frankfurt/M. 1973 , S. 35; vgl. auch Flechtheim, Ossip K., Die KPD ..., a.a.O., S. 152ff.
23   Anhang. Ergebnisse der Wahlen im Reich 1919-1933, in: Bracher, Karl Dietrich u.a. (Hrsg.), Die Weimarer Republik ..., a.a.O., S. 630

Revolution vermied"; die SPD, „in vom monarchisch-autoritären Staat geprägten Ordnungsvorstellungen befangen", hatte die Chance für eine „neue volkstümliche Republik" (Rosenberg) verpaßt.[24]

2. Bildungspolitische Reformbestrebungen

a)   Allgemeine Ansätze

Schon Anfang des 20. Jahrhunderts konstatierte Friedrich Paulsen rückblickend zwei „durchgehende Grundzüge" der Entwicklung des Bildungswesens: die „fortschreitende Verweltlichung und Verstaatlichung des Bildungswesens" (im Original gesperrt, H.-G. B.) sowie die „Demokratisierung der Bildung" (im Original gesperrt, H.-G. B.), wobei „das Nationale gegenüber dem Konfessionellen in Gesinnung und Leben mehr und mehr an Gewicht" gewinnen würde.[25] Diese bildungspolitische Entwicklung korrespondierte mit der sozio-ökonomischen Entwicklung im Deutschen Reich. Nicht erst während des Ersten Weltkriegs wurde der Militär- und Verwaltungsbürokratie als auch den Wirtschaftskreisen klar, daß eine stärkere Ausschöpfung der „Begabungsreserven" für eine Vormachtstellung in Europa unabdingbar war. Schon die Anfang des 20. Jahrhunderts erfolgte Ausdehnung der Bildungsbereiche auf Oberrealschule und Realgymnasium hatte den wirtschaftlichen und militärischen Interessen gegenüber elitärer Bildung Vorrang eingeräumt, aber keine soziale Öffnung der höheren Schule bewirken sollen.[26] Weitergehende Veränderungen schienen der Schulbürokratie aufgrund des siegreichen Kriegsverlaufes nicht (mehr) erforderlich. „Erzieherische Werte von unschätzbarer Geltung verdanken wir den kriegerischen Erlebnissen", wollte der Geh. Oberregierungsrat im preußischen Kultusministerium Norrenberg erkannt haben und versicherte zugleich, daß ihm auch

---

24   Zitiert bei Grebing, Helga, Geschichte der deutschen Arbeiterbewegung, 4. Aufl. München 1966, S. 152f. Gegen den Vorwurf, daß die SPD und Ebert sich als „Konkursverwalter des alten Regimes" (Winkler) verstanden haben, wendet sich Böckenförde, Ernst-Wolfgang, Der Zusammenbruch ..., a.a.O., S. 30ff., mit „realpolitischen Überlegungen", die die Notwendigkeit der Loyalität des Feldheeres und der Beamtenschaft betonen.

25   Paulsen, F., Das deutsche Bildungswesen in seiner geschichtlichen Entwicklung, 3. Aufl. Leipzig 1912, S. 171 und 179

26   Besonders Militärs machten sich bei Schulreformfragen für eine stärkere naturwissenschaftliche Orientierung, für moderne Sprachen und Turnen stark (vgl. Stübing, Heinz, Der Einfluß des Militärs auf Schule und Lehrerschaft, in: Handbuch der Bildungsgeschichte Bd. IV 1870-1918. Von der Reichsgründung bis zum Ende des Ersten Weltkrieges (hrsg. von Christa Berg), München 1991, S. 515-527).

„die Leistungen unserer Kriegsprimaner Mut und Vertrauen, an den geschichtlich gewachsenen Grundlagen unserer heutigen Schulorganisation [...] in Treue festzuhalten"[27], gegeben hatten.

So begeisterte sich auch der Schulreformer Petersen für den „wahre[n] Sozialismus, der im August 1914 da war", und sah eine „Vermengung der Staatsbürger aller Stände" durch den Krieg. Zwar wußte er, daß „Tausende unserer Besten und Edelsten [...] mit ihrem Blute [...] bezahlen mußten", doch sprach er noch 1916 trotz des Massensterbens an der Front von „dem ungeheuren täglich neuen Erlebnis, daß der Einzelne wenig, die Gesamtheit alles ist", und erhoffte für Deutschland „ein seiner völkischen Eigenart und seiner neuen Weltstellung angepaßtes Schulwesen".[28] Die positive Bestimmung des Krieges findet sich auch bei Edmund Neuendorff, der eine Hebung des „völkische(n) Selbstbewußtsein" verspürte und exemplarisch in sozialdarwinistischer Konsequenz erkannte, daß „nur durch Kampf die Welt vorwärtsschreitet und die Menschheit sich reinigt und erhöht."[29]

Die in der Anfangsphase des Krieges nur scheinbar nivellierten Klassengegensätze brachen, nachdem die euphorischen Herrschaftsträume mit der militärischen Niederlage erst einmal verflogen waren, in aller Deutlichkeit auf. Damit wurde auch wieder das Schulsystem problematisiert, dessen Funktion vom Geh. Regierungsrat Prof. Lehmann rückblickend wie folgt dargestellt wurde:

> „In den Zeiten des absoluten Regiments sollte das Gymnasium die regierenden Klassen heranbilden, die Volksschule Untertanen erziehen; jenen ersten sollte eine umfassende Allgemeinbildung überliefert, diesen letzten eine auf religiöser Grundlage gesicherte Folgsamkeit eingeprägt werden."[30]

Obwohl als Aufgabe erkannt wurde, „eine weit angelegte Volkserziehung zu schaffen, die alle Teile des Volksganzen, alle Glieder des Volkskörpers" erfassen sollte, blieb häufig in der bildungspolitischen Diskussion die „Einheitsschule" auf

---

27 Norrenberg, J., Vorwort, in: Norrenberg, J. (Hrsg.), Die deutsche höhere Schule nach dem Weltkriege. Beiträge zur Frage der Weiterentwicklung des höheren Schulwesens, Leipzig u.a. 1916, S. IV. Auch nach J. G. Sprengel hatte sich das höhere Schulwesen „in der Feuerprobe des Weltkrieges in einem entscheidenden Punkt bewährt: es hat eine begeisterungsfähige, opferfreudige, todesmutige Jugend herangezogen" (Sprengel, J. G., Deutsch, in: Norrenberg, J. (Hrsg.), Die deutsche höhere Schule ..., a.a.O., S. 83).

28 Petersen, Peter, Einleitung, in: Petersen, Peter (Hrsg.), Der Aufstieg ..., a.a.O., S. 2ff.

29 Neuendorff, Edmund, Kriegserfahrungen und Neugestaltung des höheren Schulwesens, Leipzig u.a. 1917, S. 5. 1921 war Neuendorff Direktor der Oberrealschule in Mülheim und zählte sich zur Jugendbewegung.

30 Lehmann, Rudolf, Die pädagogische Bewegung im Beginn des zwanzigsten Jahrhunderts, in: Jahrbuch des Zentralinstitutes für Erziehung und Unterricht. 2. Jg., Berlin 1920, S. 83f.

die Grundschule reduziert.[31] Da die „beschränkte Auslese ins Verderben" geführt habe, sollten nun auch „Talente aus den unteren Volksschichten zu höheren Studien und Berufen" im „Interesse [...] der Gesamtheit" herangezogen werden.[32] Dieses reduzierte Verständnis von Demokratisierung drückt sich in der Begründung für die Unterstützung Einzelner aus:

> „Es ist besser, daß wenige, sorgfältig Auserlesene wirksam gefördert, als daß viele [...] aus gegebenen Verhältnissen herausgebracht und nachher sich selbst überlassen werden."[33]

Insofern war es nur konsequent, die Forderung abzulehnen, die Schulorganisation so zu gestalten, daß den „weniger Höchstbegabten der unbemittelten Stände ein bequemer Übergang zu den höheren Schulen möglich werde" (im Original gesperrt, H.-G. B.)[34].

Demgegenüber forderten SPD, USPD und KPD für die Arbeiterschaft und die Landbevölkerung im demokratischen Staat den Zugang zum höheren Bildungssystem über die „Einheitsschule"[35]. Neben dieser zentralen Organisationsfrage, die besonders von der Volksschullehrerschaft mitgetragen bzw. initiiert worden war, gab es auch eher unterrichtsbezogene Veränderungsaspekte durch die Reformpädagogik, die sich teilweise z.B. beim Bund Entschiedene Schulreformer bündelten und an Vorstellungen aus der Vorkriegszeit anknüpften.[36]

Erfahrungen mit städtischen Begabtenschulen, die ein vernachlässigtes intellektuelles Potential der Volksschulen nachträglich erfassen sollten, bildeten konkrete Bezugspunkte. Denn schon Anfang des Jahrhunderts hatte es in mehreren Städten verschiedene Ansätze gegeben, um „übersehenen" begabten Schüler(inne)n eine bessere Bildung zu vermitteln. Das sogenannte „Mannheimer System" des Stadt-

---

[31] vgl. Reinhardt, Karl, Die Neugestaltung des deutschen Schulwesens, Leipzig 1919, S. 4. Weitere Literaturangaben zur Einheitsschule ebd., S. 16, Anm. 1.

[32] Cauer, Paul, Aufbau oder Zerstörung. Eine Kritik der Einheitsschule, Münster 1919, S. 6f.

[33] ebd., S. 36

[34] Kerrl, Th., Bildungsideal und Einheitsschule, Gütersloh 1919, S. 44

[35] Einheitsschule wird hier verstanden als „organische Verbindung der höheren Schule mit der Volksschule", weniger als lehrplanmäßige Vereinheitlichung zwischen Gymnasium und Realgymnasium, die die Diskussion Ende des 19. Jahrhunderts prägte (vgl. Matthias, Adolf, Das höhere Knabenschulwesen, seine Entwicklung und sein Verhältnis zur deutschen Kultur, in: Lexis u.a., Die Allgemeinen Grundlagen der Kultur der Gegenwart, Berlin u.a. 1906, S. 151ff.). Zum Diskussionsstand in der Nachkriegszeit vgl. überblickshaft Lehmann, Rudolf, Die pädagogische Bewegung ..., a.a.O., S. 100-107.

[36] vgl. überblickshaft Hierl, Ernst, Die Entstehung der neuen Schule. Geschichtliche Grundlagen der Pädagogik der Gegenwart, Leipzig u.a. 1914, und Neuendorff, Edmund (Hrsg.), Die Schulgemeinde. Gedanken über ihr Wesen und Anregungen zu ihrem Aufbau, Leipzig u.a. 1921

schulrats Anton Sickinger sollte Begabten der unteren Schichten einen stufenwei-
sen - mehrere Generationen dauernden - Aufstieg ermöglichen, indem Übergänge
nicht zu eigenständigen Schulen, sondern in die vorhandenen höheren Schulen
geschaffen wurden.[37]
Teil dieses sehr differenzierten Schulsystems, das durch zusätzliche Maßnahmen
und Einrichtungen gestützt wurde, war in der Volksschule die Übergangsklasse
als „Krönung" der fremdsprachlichen Klassen, die den Eintritt in die Obertertia
der Oberrealschule ermöglichte. In 139 höheren Schulen war 1913/14 in Preußen
zur Ermöglichung eines Übergangs nach Klasse 6 der Volksschule auf die verschiedenen Gymnasialtypen ein gemeinsamer lateinloser Unterbau dieser Gymnasien gegeben, z.B. nach dem „Frankfurter Lehrplan", ansonsten blieb nur der
Übergang zur Oberrealschule als lateinloser höheren Schule nach Klasse 8 der
Volksschule bzw. auch nach Klasse 9 der Mittelschule.[38]
Auch während der Kriegsjahre gab es in mehreren Städten Versuche, durch Begabtenklassen parallel zum herkömmlichen Schulsystem Volksschüler zu fördern.
Beispielhaft sei hier auf die Berliner Versuche hingewiesen. „Hochbefähigte"
sollten nach Klasse 7 der Volksschule in einem sechsjährigen Lehrgang, der sich
nach zwei Jahren in „Gymnasium" und „Realgymnasium" gabelte, zur Reifeprüfung geführt werden.[39] Mittels Schulgeldbefreiung und durch Unterhaltsbeihilfen
wurde der sozialen Herkunft der Schüler und Schülerinnen Rechnung getragen,
was von Teilen der Bevölkerung als „sozialistische Auffassung"[40] diskreditiert
wurde. Breiten Raum in der Diskussion innerhalb der Bürgerschaft nahm auch
schon die durch die Begabtenschule vorgenommene „Pflege einiger Hochbegabter" vor dem Hintergrund des nicht von allen für notwendig erachteten „Aufstiegs
der Gesamtheit"[41] der Arbeiterschaft ein. Insgesamt hielten die Förderer der Berliner Begabtenschule diese für „auf die Berliner Verhältnisse zugeschnitten"[42]
und als nicht geeignet für Mittel- oder Kleinstädte.

---

[37]   vgl. Sickinger, Das Mannheimer Schulsystem und der Aufbau des Gesamtschulwesens der
      Stadt Mannheim, in: Petersen, Peter (Hrsg.), Der Aufstieg ..., a.a.O., S. 148-165
[38]   vgl. Petersen, Peter, Die Probleme der Begabung und der Berufswahl auf der höheren
      Schule, in: Petersen, Peter (Hrsg.), Der Aufstieg ..., a.a.O., S. 85, und Ziehen, Julius, Der
      Aufstieg der Begabten und die Organisation des höheren Schulwesens, in: Petersen, Peter
      (Hrsg.), Der Aufstieg ..., a.a.O., S. 166-173
[39]   vgl. Moede, W. / Piorkowski, C. / Wolff, G., Die Berliner Begabtenschulen, ihre Organi-
      sation und die experimentellen Methoden der Schülerauswahl, Langensalza 1918, S. 9ff.
[40]   ebd., S. 13
[41]   ebd., S. 26
[42]   ebd., S. 32

Obwohl die Schülerinnen und Schüler unter der schlechten materiellen Lage zwischen 1917 und 1919 und unter den schwierigen häuslichen Verhältnissen litten - „Fälle von drückendem Pauperismus" waren aber „nicht vorgekommen" -, vermittelte eine erste Bilanz von fünf Schulleiter(inne)n einen eher positiven Eindruck der Leistungsfähigkeit und Notwendigkeit der Begabtenschulen.[43]

b)   Konzepte zur Aufbauschule

Die allgemeine Reformdiskussion im Schulbereich und für die Lehrerbildung sowie die konkreten Erfahrungen an Versuchsschulen fanden ihren Niederschlag - wenn auch nicht immer explizit - in diversen Entwürfen für sogenannte Aufbauschulen. Die Auswahl der folgenden Positionen deckt das inhaltliche Spektrum ab und bezieht bedeutende Vertreter auf behördlichen Fachkonferenzen ein:

Der Pädagoge Alfred M. Schmidt wollte die Aufbauschule direkt an die Grundschule anschließen und begründete ihre Einführung mit der „Lebensnotwendigkeit für unser Volk". Inhaltlich forderte er eine „ausgesprochen deutsch-völkische Geistesrichtung"[44]. Diesem „Idealbild" habe das bisherige Lehrerseminar schon entsprochen und damit den „Boden für die neue 'deutsche' Oberschule, besonders in ihrer Form als Aufbauschule, bereits vorbereitet".[45] Die neue Schule biete allen Lehrern - besonders den Volksschullehrern - „in ganz besonderem Maße Gelegenheit zur tendenzlosen Vertiefung in das Deutschtum mit all seinen Kulturkräften"[46]. Zwar sah Schmidt „die deutsche Aufbauschule" im Vergleich mit den bestehenden Formen der höheren Schule „nach ihrer wissenschaftlichen Leistungsfähigkeit als gleichwertig" an, doch verstand er seine Überlegungen eher als einen „Beitrag zur Reform der Lehrerbildung",[47] wodurch die Aufbauschule zum Ersatz der Lehrerseminare degradiert wurde. Inhaltlich entsprach sein Konzept der späteren grundständigen Deutschen Oberschule bzw. der entsprechenden Aufbauschule.

Stärker organisatorisch und pädagogisch orientiert definierte Ministerialrat Otto Karstädt, der im preußischen Ministerium der Abteilung Volksschulwesen vor-

---

[43]   vgl. Moede, W. / Piorkowski, C. (Hrsg.), Zwei Jahre Berliner Begabtenschulen. Erfahrungen ihrer Schulleiter, Leipzig 1920. Zu diesen Begabtenschulen zählten ein Gymnasium, eine Realschule und drei Mädchenmittelschulen.

[44]   Schmidt, Alfred M., Die deutsche Aufbauschule. Das auf der Grundschule errichtete deutsche Gymnasium. Eine Reformschrift über Lehrerbildung nebst Lehrplanentwürfen, Langensalza 1920, S. 16-18

[45]   ebd., S. 9 und S. 30

[46]   ebd., S. 15

[47]   ebd., S. 3

stand, die neue Schulform: Vom Grundgedanken her sei „die Aufbauschule eine höhere Schule beliebiger Inhaltsrichtung, die sich auf die Volksschule aufsetzt"[48] und sie fortführe mit dem Ziel der Reifeprüfung. Daher sah er in ihr auch einen „Grundstein der deutschen Einheitsschule". Die Begründung für die Form läßt aber erkennen, daß es Karstädt weniger um die Überwindung der durch das gegliederte Schulsystem tradierten Klassengegensätze ging: „die höhere Schule ist also nicht so sehr eine Standesschule als vielmehr eine Standortschule", sondern darum, „das platte Land" nicht mehr „von der Höherbildung" auszuschließen.[49] Sein Argument einer Verlagerung der Entscheidung für die Bildungslaufbahn ins höhere Alter durch die Aufbauschule[50] hätte eine Reduzierung dieser Schulform auf die Landbevölkerung jedenfalls nicht erzwungen. So erschien bei ihm die Aufbauschule - wenig konsequent - als gute Notlösung „als Ersatz für Präparandenanstalten", da sie in Großstädten - neben den traditionellen höheren Schulen eingerichtet - nur als Auffangbecken für Spätentwickler fungieren sollte.[51] Gegen die bildungspolitischen Bedenken einer Vermehrung der Absolventenzahlen höherer Schulen setzte Karstädt eine Verschiebung ihrer sozialen Herkunft, da der höheren Schule die „wesensfremde Aufgabe aufgebürdet" worden sei, „selbst minder Befähigte aus den höheren Gesellschaftsschichten wenigstens bis zur Reife für die Obersekunda zu führen". Karstädt weiter:

> „Es gibt keinen Sohn begüterter Eltern, in ganz Deutschland, in Mittel- oder städt. Volksschulen. Wer schon den Sohn eines Generals, eines Kommerzienrats, eines Landrates oder eines Superintendenten in der Oberstufe einer großstädtischen Gemeindeschule gesehen haben sollte, der sage es!"[52]

Karstädts Forderungen liegt ein - nicht nur gesellschaftsspezifisch - begrenztes und formales Verständnis der „Einheitsschule" zugrunde: „Arbeitersohn und Landjunge sollen keine Ausnahmeerscheinung auf der höheren Schule mehr sein."[53] Ob damit schon die Aufbauschule als „Grundlage der Volksversöhnung" aufgefaßt werden konnte, ohne daß sie als alleinige Schulform für alle firmierte,

---

[48] Karstädt, Otto, Aufbauschule und Deutsche Oberschule. Schriftenreihe des Preußischen Lehrervereins. Schulpolitik und Volksbildung, H. 2, Osterwieck-Harz 1920, S. 2. SPD-Mitglied Karstädt wechselte 1929 als Professor an die Pädagogische Akademie Hannover. Vgl. Hesse, Alexander, Die Professoren und Dozenten der preußischen Pädagogischen Akademien (1926-1933) und Hochschulen für Lehrerbildung (1933-1941), Weinheim 1995, S. 408f

[49] Karstädt, Otto, Aufbauschule ..., a.a.O.

[50] vgl. ebd., S. 3

[51] vgl. ebd., S. 4

[52] ebd,. S. 8

[53] ebd., S. 24

bleibt fraglich. Seiner weitgehenden Vision: „Die gesamte Volksschule wird so Grundlage der höheren Bildung: eine G r u n d s c h u l e !"[54], entsprachen nicht seine bildungspolitischen Forderungen und Begründungen. Karstädt hatte durchaus weitreichende Erkenntnisse:

> „Die Begabungs-Trennlinien folgen aber nicht der gesellschaftlichen Gliederung, sondern sie ziehen sich ohne Rücksicht auf menschliche Einrichtungen quer durch die sozialen Schichtungen hindurch. [...] Und finden sich in den ärmsten Kreisen mehr Schwache, so hängt das mit Armut und körperlichem Rückstand zusammen, ist also eine allgemeine Gesellschaftsschuld."[55]

Die klare Trennung zwischen Inhalt und Form der Aufbauschule, von Karstädt wieder herausgearbeitet, konnte sich nicht durchsetzen. So akzeptierte Karl Muthesius, Seminardirektor in Weimar, den Beschluß auf der Reichsschulkonferenz, daß die Aufbauschule über verschiedene Schultypen (Gymnasium, Oberrealschule, Realgymnasium, Deutsche Oberschule) die Hochschulreife vermitteln könne, nur formal:

> „Tatsächlich wird aber für sie kaum eine andere Form in Frage kommen als die deutsche. Das entspricht auch ihrem eigentlichen Wesen: sie soll geradlinig die in der Volksschule gepflegte Bildungsrichtung fortführen. [...] Als deutsche Aufbauschule ist sie die Schwester der Deutschen Oberschule, mit ihr innerlich verbunden durch die Verfolgung des gleichen Bildungsideals."[56]

Damit bezog die Aufbauschule ihre Legitimation - vorerst - allein aus der den neuen Bildungsbegriff vertretenden Deutschen Oberschule, der es obliegen sollte, „eine Versöhnung [...] zwischen höherer Bildung und deutschem Volkstum [herbeizuführen]"[57].

Das Verwerfen der fremdsprachlichen Bildung - gegen den „Philologismus" - war das Ergebnis des Versuches einer Herausarbeitung der Bildungsbedeutung des deutschen Schrifttums: humanistische Bildung mit der deutschen klassischen Literatur. Ergänzend und nur funktional war von Muthesius „als Gegenbeispiel zur deutschen Sprache und Kultur" vorgesehen, nur eine lebende Fremdsprache als wesentliches Merkmal Lehrplanbestandteil werden zu lassen.[58] Das Deutsche

---

[54] ebd., S. 31
[55] ebd., S. 43
[56] Muthesius, Karl, Deutsche Oberschule und deutsche Aufbauschule, in: Muthesius / Ortmann / Rolle, Deutsche Oberschule und Aufbauschule. (Deutsche Erziehung. Schriften zur Förderung des Bildungswesen im neuen Deutschland, H. 18), Berlin 1921, S. 4
[57] ebd., S. 6
[58] vgl. ebd., S. 9f.

aber, verstanden als Deutschkunde, sollte Niederschlag finden auch in der Kunst-erziehung und Musik, Philosophie und Staatsbürgerkunde.[59]

Auch Dr. Otto Freitag, Oberlehrer in Charlottenburg, versuchte eine Bündelung der verschiedenen - teils voneinander unabhängigen - Strömungen in einer „nationalen Erziehungsschule", als „Kernschule der künftigen deutschen höheren Bildung".[60] Nicht mehr neuhumanistische Bildung, auch nicht Latein oder eine lebende Fremdsprache sollten die Bildungswerte bereitstellen, sondern Religion, Deutsch und Geschichte als „die eigentlich ethischen Fächer"[61], was bedeutete, Fremdsprache und Mathematik auf Hilfswissenschaften zu degradieren.

Dies resultierte aus der Einschätzung, daß das Überwiegen der Fremdsprachen sowohl zu mangelndem Verständnis des 19. Jahrhundert und der Gegenwart ge-führt habe und so auch kein Nationalgefühl entwickelt worden und letztlich auch keine „Annäherung von Glauben und Wissen"[62] erfolgt sei. Daher sollte das „Weltbild der Gegenwart ... Basis und Ausgangspunkt des Unterrichts" werden, indem Volkswirtschaftslehre, Bürgerkunde und Erdkunde in den Status zentraler Unterrichtsfächer erhoben wurden, um die „Weltfremdheit der gebildeten Schich-ten" zu korrigieren.[63]

Deutschkundlich orientiert sollten Deutsch- und Geschichtsunterricht Verständnis für das „eigentümliche deutsche Wesen" wecken auf der Basis des deutschen Idealismus. Mit diesen fächerspezifischen Vorstellungen hob Freitag auf eine deutsche Oberschule ab, der als Aufbauschule im ländlichen Bereich ein „starkes versöhnendes Element nach der sozialen Seite hin"[64] zugesprochen wurde. Mit Freitags Konzeption wurde zwar eine für Gegenwartsfragen aufgeschlossenere Form der Deutschkunde erarbeitet, die auch die Kritik an Fremdsprachen und In-tellektualismus beachtete, aber den Einheitsschulgedanken kaum grundsätzlich aufnahm, wenn man von einer eher beiläufigen Forderung einer sechsjährigen Grundschule absieht.

Die Position der Mehrheit der Bildungstheoretiker und der großen Standesorgani-sationen der Lehrerschaft - mit Ausnahme der Volksschullehrer - faßte StR Her-mann Rolle pauschalisierend, aber von der Tendenz her angemessen zusammen, wenn er als „wesenhaftes Teilziel der Einheitsschulforderung" die Herausführung

---

59 vgl. ebd., S. 11ff.
60 Freitag, Otto, Deutsches Gymnasium, Oberschule, Aufbauschule als nationale Erziehungs-schule der Zukunft, Berlin 1919, S. 9
61 ebd., S. 22
62 ebd., S. 41ff.
63 ebd., S. 56ff.
64 ebd., S. 69

des Oberbaus der Volksschule aus der „Bildungssackgasse" für Spätberufene [!]
durch Errichtung von sich anschließenden Aufbauschulen „allein" in Form von
deutschen Oberschulen sah.[65] Die Einheitsschule wird so reduziert auf eine weitere Variante im Nebeneinander der höheren Schulformen als inhaltliche und organisatorische Sondereinrichtung für spätbegabte Volksschüler - besonders auf dem
Lande, wobei Affinitäten zu „Deutschtum" und „Lehrerbildung" weit verbreitet
waren.

Insgesamt waren die diversen Konzepte zu wenig mit Kategorien wie Macht, Interessen oder Klassen aus einer Gesellschaftsanalyse unterlegt, um die gesellschaftliche Relevanz des Schulsystems klarer erfassen zu können, was weitergehendere Forderungen zur Ausgestaltung einer Schulreform impliziert hätte.

c)   Diskussion über die Aufbauschule auf der Reichsschulkonferenz 1920

Schon 1916 hatte der SPD-Reichstagsabgeordnete Heinrich Schulz - u.a. als Antwort auf den Versuch, reichsweit eine obligatorische militärische Ausbildung in
den Schulen einzuführen - eine Reichsschulkonferenz (RSK) angeregt, die aber
im Reichstag 1917 abgelehnt und dann erst nach Kriegsende Anfang 1919 vom
Reichsinnenministerium wieder aufgegriffen wurde.[66]
Vorarbeiten des Reichsschulausschusses (RSA) führten zur Festlegung der Dauer
der Grundschule auf vier Jahre durch Reichsgesetz im April 1920 und zu der
langgeplanten RSK im Juni 1920, deren Termin aufgrund des Kapp-Putsches und
der Reichstagswahlen um drei Monate verschoben worden war.[67] Die RSK sollte
Ordnung „in das wild gärende Chaos der Reformpläne" (Haenisch) im Schulwesen bringen, obwohl sie politisch aufgrund der Reichstagswahlen, die den Partei-
en des „Verfassungsbogens" erhebliche Stimmenverluste gebracht hatten, zu spät
kam. Ihre personelle Zusammensetzung - mehr als 700 Teilnehmer(innen) - entsprach nur bedingt demokratischen Grundsätzen, da sie neben der Schulbürokra-

---

[65]   vgl. Rolle, Hermann, Zum Kampf um die deutsche Oberschule, in: Muthesius / Ortmann /
Rolle, Deutsche Oberschule ..., a.a.O., S. 23f.

[66]   vgl. Schulz, Heinrich, Ein Wort zum Geleit, in: Die deutsche Schulreform. Ein Handbuch
für die Reichsschulkonferenz, herausgegeben vom Zentralinstitut für Erziehung und Unterricht, (Leipzig 1920) unveränderter Neudruck Vaduz 1987, S. VIIIf., und Lamla,
Ernst, Die preußische Reform im Überblick, in: Grimme, Adolf zus. mit Heinrich Deiters
und Lina Mayer-Kulenkampff (Hrsg.), Wesen und Wege der Schulreform, Berlin 1930, S.
64

[67]   vgl. Führ, Christoph, Zur Schulpolitik ..., a.a.O., S. 42-44

tie vorrangig Berufs- und Standesinteressen - und diese noch ungleich - repräsentierte.[68]

Nicht einheitliche gesetzliche Regelungen wurden auf dieser „achttägige[n] Massenschlacht" (Spranger) angebahnt, sondern es erfolgten nur unverbindliche Abstimmungen in einzelnen Ausschüssen, die ohne Plenumsentscheid keine die Schulbürokratie bzw. die Länder bindenden Charakter hatten. Insgesamt entsprachen die politisch-ideologischen Gegensätze der Mitglieder der RSK den parteipolitischen Gegensätzen in der Nationalversammlung, wobei die diversen Reformer(innen) aufgrund des Auswahlverfahrens zahlenmäßig zwar stark vertreten, aber dennoch in der Minderheit waren. So war es den tradierten Gruppen möglich, durch „kontrollierte Aneignung reformpädagogischer Inhalte"[69] die Grundstruktur des bestehenden Bildungssystems zu erhalten.

Dies gelang vor allem, weil die gesellschaftliche Bedingtheit einzelner Reformelemente und deren Transformation zu einem gesellschaftsverändernden Gesamtkonzept nur vereinzelt deutlich gemacht wurde.[70] Die Reformer trugen - ganz defensiv orientiert - in zahlreichen ihrer Überlegungen schon etwaigen Bedenken Rechnung. So wurde weder ein klares Reformkonzept entwickelt, noch wurde ein durchgreifender Reformprozeß initiiert. Eine „konservative Grundstimmung" dominierte.[71]

Diese ist auch an der deutlichen Ablehnung einer sechsjährigen oder sogar achtjährigen gemeinsamen Volksschule für alle Schüler und Schülerinnen abzulesen sowie an der Ablehnung einer Universitätsausbildung für die Volksschullehrer(innen) zugunsten von Pädagogischen Akademien. Entsprechend wurde aber aufgrund des allgemeinen Harmoniebedürfnisses - vor dem Hintergrund einer weit verbreiteten Haltung gegen die Großstadtkultur bei gleichzeitiger Mythologisie-

---

[68]   vgl. Müller, Sebastian F., Die Höhere Schule Preußens ..., a.a.O., S. 52-69

[69]   vgl. Heydorn, Heinz-Joachim / Koneffke, Gernot, Zur Bildungsgeschichte des deutschen Imperialismus. Einleitungen zur Neuherausgabe der Preußischen Schulkonferenz 1890/1900 und der Reichsschulkonferenz von 1920, Glashütten im Taunus 1973, S. 41

[70]   Siehe beispielhaft die Wortbeiträge des „religiösen Kommunisten" Hierl, in: Die Reichsschulkonferenz 1920. Ihre Vorgeschichte und Vorbereitung und ihre Verhandlungen (Deutsche Schulkonferenzen Bd. 3), (Leipzig 1921) unveränderter Neudruck Glashütten 1972, S. 499f. und S. 1032f. Dies gilt teilweise auch für Fritz Karsen, vgl. ebd., S. 462-464.

[71]   vgl. Führ, Christoph, Zur Schulpolitik ..., a.a.O., S. 46ff. Obwohl fast alle entschieden reformpädagogischen Vorstellungen abgeblockt worden waren, sah es Paul Oestreich doch schon als Erfolg an, daß man diese überhaupt öffentlich vortragen konnte (vgl. Oppermann, Detlef, Gesellschaftsreform und Einheitsschulgedanke. Zu den Wechselwirkungen politischer Motivation und pädagogischer Zielsetzungen in der Geschichte des Einheitsschulgedankens, Frankfurt 1982, S. 337f.).

rung der Natur - eine große Übereinstimmung beim nationalen Charakter der Schule, der Erziehung „im Geist des deutschen Volkstums" (Art. 148,1 Weimarer Verfassung) erzielt, von der auch mehrere Vertreter des Deutschen Lehrervereins nicht frei waren.[72]

Dies fand seinen Ausdruck auch in der weitgehenden Zustimmung zur vierten Form einer höheren Schule, der Deutschen Oberschule. Bedenken artikulierten überwiegend nur die Universitätsvertreter und die meisten Philologen - nicht wegen der nationalen Ausrichtung, sondern wegen der damit verbundenen Zurückdrängung der Sprachen. Häufig wurde inhaltlich und sprachlich von den fünf Berichterstattern die „Aufbauschule" als Anschluß an die Volksschule mit diesem „deutschen Gymnasium" verquickt.[73] Zwar gingen nicht alle Diskutanten in ihren Verlautbarungen so weit wie Berichterstatter Lyzealdirektor Voß, der formulierte: „Daher erblicke ich in der Hebung der Volksschule und ihren unmittelbaren Aufbauschulen den eigentlichen Wesenszug der Reform, die wir anstreben müssen"[74], doch fand die Antragsformulierung von Tews, Generalsekretär des Deutschen Lehrervereins, der sich als „Vertrauensmann von 120.000 Lehrern"[75] sah:

> „eine Aufbauschule zu schaffen, die an den abgeschlossenen Lehrgang der Volksschule anknüpft und ebenso wie die übrigen Oberschulformen auf die verschiedenen Zweige der Hochschulbildung vorbereitet",[76]

eine deutliche Mehrheit.[77]

Diese Entscheidung ging damit über die im „Vorfeld" formulierte Position der Reduzierung der Aufbauschule auf den Typ der „Deutschen Oberschule" hinaus.[78]

Insgesamt war das Votum für die Aufbauschule eher Abfallprodukt anderer „Reformbestrebungen" bzw. es kam ihm eine Alibifunktion (gegen die Einheits-

---

[72] Schon 1890 hatte Wilhelm II. bezüglich des Gymnasiums gefordert: „Es fehlt vor Allem an der nationalen Basis. Wir müssen als Grundlage für das Gymnasium das Deutsch nehmen; wir wollen nationale junge Deutsche erziehen und nicht junge Griechen und Römer." (zit. nach Müller, Sebastian F., Die Höhere Schule ..., a.a.O., S. 117)

[73] vgl. Die Reichsschulkonferenz ..., a.a.O., S 81-158

[74] ebd., S. 528. Voß sah Schule als Ersatz für „die großartige körperliche Erziehungsanstalt, die wir in unserem Heer besaßen" (ebd., S.132).

[75] ebd., S. 479. Zu Tews siehe grundsätzlich Johannes Tews. Sein Leben und Wirken. Dargestellt von Fritz Stach im Auftrage des Berliner Verbands der Lehrer und Erzieher, Berlin 1950

[76] Die Reichsschulkonferenz ..., a.a.O., S. 711

[77] Pro-Stimmen 44, dagegen ca. 17 Stimmen (eigene überschlägige Berechnung), vgl. ebd., S. 709.

[78] vgl. Lenschau, Thomas, Die deutsche Oberschule, in: Die deutsche Schulreform ..., a.a.O., S. 23-32

schule) zwecks Verhinderung weitergehender Forderungen zu. Die Schulorganisation blieb so unangetastet.

Besonders die Gegner schulpädagogischer und schulorganisatorischer Reformen
hatten auf der RSK die Diskussion geprägt und auch Plenumsabstimmungen verhindert, die politische Entscheidungen präjudiziert hätten.[79] Die Nicht-Abstim-
mung bedeutete erst einmal die Beibehaltung des Status quo und muß als ein Erfolg der Reformgegner gewertet werden, da eine offene, später auszugestaltende
Schulorganisation nur vorgetäuscht wurde. War doch damit die weitere Entwicklung und die Umsetzung der Reformforderungen bewußt in die Zuständigkeit der
Länderpolitiker und besonders in die der überwiegend konservativen Schulbüro-
kratien gelegt worden - auch in den Bereichen, in denen sich die Reformer durchgesetzt hatten. Die Handlungsinitiative hatte gewechselt. Dies ermöglichte bzw.
forderte eine Fakten setzende Festschreibung durch die Schulbürokratie geradezu
heraus.

---

[79]   Aber auch der Reformer Karsen hatte sich gegen eine Plenumsentscheidung ausgesprochen, da er bei einem negativen Ausgang „seine" Schulversuche als gefährdet ansah.

II. Umsetzung des Aufbauschulgedankens in Preußen

1. Diskussionen in Politik und Schulverwaltung im Vorfeld und der Beschluß zur Einrichtung von Aufbauschulen

Mit der Einrichtung von Übergangsklassen 1920 in Lippe, den Lehrplandiskussionen 1920/21 in Hamburg, Anhalt und Thüringen sowie der Eröffnung von vier Aufbauschulen 1921 in Hessen durch Kultusminister Bach wurde die preußische Unterrichtsverwaltung Schritt für Schritt in Zugzwang gesetzt, da diesen Vorstellungen präjudizierende Bedeutung zukam.[1]

Schon im Herbst 1920 gab es erste vorbehaltliche Etatanmeldungen an den preußischen Finanzminister zur Einrichtung staatlicher Deutscher Oberschulen - explizit wurden Aufbauschulen nicht angesprochen -, die weniger auf bildungspolitische Absichten abzielten, sondern argumentativ unter dem Diktat von Sparmaßnahmen standen. So sollte durch eine etwaige Einrichtung von insgesamt 181 Klassen bei Schließung zahlreicher Präparandenanstalten eine Kostenersparnis von ca. 1 Mio. Mark eintreten.[2] Diese Umschichtung der Finanzmittel implizierte inhaltlich, daß die neuen Oberschulen die Aufgabe der Präparandien übernehmen sollten.

Doch eine Einführung war zu diesem Zeitpunkt nicht durchsetzbar, da die konzeptionellen Überlegungen noch zu vorläufig waren. Konkreter war das Ersuchen der Verfassunggebenden Preußischen Landesversammlung an die Staatsregierung vom 14. Januar 1921, bei Einrichtung der Deutschen Oberschulen „die kleinen Seminarorte zu berücksichtigen" im Interesse der Bewohner des „platten Landes" und „die bestehenden Volksschullehrerinnenseminare durch Umwandlung in Aufbauschulen im Sinne von Sammelschulen dem Zwecke weiblicher Bildung und Erziehung zu erhalten"[3].

---

[1] vgl. zum Überblick Eid, Ludwig, Neuere Höhere Lehranstalten auch in Bayern?, in: Bayerisches Bildungswesen 1 (1927), Nr. 8 vom 15.8.1927, S. 493-509, und derselbe, Die Aufbauschulen Deutschlands nach ihren Jahresberichten, in: Bayerisches Bildungswesen 1 (1927), Nr. 9 vom 15.9.1927, S. 555-566, sowie Reicke, Eckart, Die Entstehung der deutschen Oberschule (Aufbauschule) aus dem Lippischen Lehrer-Seminar, in: Heimatland Lippe 74 (1981), S. 399-402

[2] vgl. GStA Merseburg ,Nr. 1, I, Sig. 2 und 3, Schreiben vom 30.9.1920

[3] ebd., Sig. 86 und 87. In diesem Sinne hatten schon Vertreterinnen des Vereins katholischer deutscher Lehrerinnen beim Minister am 4.11.1920 interveniert und gefordert, die wenigen „Lehrerinnenbildungsstätten als deutsche Oberschulen nutzbar zu machen" (ebd., Sig. 12).

Die von Minister Haenisch (SPD) aufgrund der allgemeinen Finanzlage schon für Dezember 1920 vorgesehene Konferenz mit Vertretern der Provinzialschulkollegien über „die Planwirtschaft auf dem Gebiet des höheren Schulwesens" mußte mehrmals vertagt werden und fand dann erst am 27. Juni 1921 statt unter Kultusminister Dr. Carl Heinrich Becker (parteilos) - ohne den Tagesordnungspunkt der Einladung vom Januar 1921 „Gründung von Aufbauschulen" explizit aufzugreifen.[4] Abstimmungsbedarf schien im Ministerium nicht mehr vorhanden zu sein.

Ein Bericht über eine Sachverständigenkonferenz im Februar 1921 macht deutlich, wie kontrovers zu diesem Zeitpunkt die Aufbauschulen diskutiert wurden.[5] Während Martin Luserke (Leiter der Freien Schulgemeinde Wickersdorf)[6] und die Beigeordnete Siemsen (Düsseldorf) durch die Einführung eine Tendenz weg von der Einheitsschule erkannt haben wollten, da es Aufgabe der Aufbauschule sei, den „verschiedenartigen Bildungsinteressen der Volksschüler zu entsprechen" und „die Überleitung in praktische Berufe" zu gewährleisten, betrachtete Ministerialrat Karstädt in den nur auf dem Lande notwendigen Aufbauschulen „direkt einen Teil des Einheitsschulsystems". Für die Philologenschaft sah StR Behrend Aufbauschulen in großer Zahl als „nicht erwünscht" an, und aus Sicht der Universitäten forderte Professor Brandi an etwaigen Deutschen Oberschulen die Vermittlung von drei Fremdsprachen.

Zu einer Kampfabstimmung kam es um die „versuchsweise" Einführung, wobei Siemens und Luserke sowie Seminardirektor Muthesius, Reg.- und Schulrat Pretzel und Kultusminister a.D. Seyfert (Sachsen) sich für eine Streichung des Wortes „versuchsweise" aussprachen und 5:10 unterlagen.[7] Dem Tenor dieses Ergebnisses entsprach auch eine Stellungnahme des Verbandes deutscher Hochschulen, in der empfohlen wurde, nur eine „begrenzte Zahl" von Deutschen Oberschulen versuchsweise einzuführen: „eine in der Provinz", und grundsätzlich am neunjährigen Lehrgang festzuhalten sowie Latein als 1. Fremdsprache einzufordern.[8]

---

[4]   vgl. die Dokumente Nr. 31-33b bei Margies, Dieter, Das höhere Schulwesen zwischen Reform und Restauration. Die Biographie Hans Richerts als Beitrag zur Bildungspolitik in der Weimarer Republik, Rheinstetten-Neu 1972, S. 257-264

[5]   vgl. im folgenden GStA Merseburg Nr. 1, I, Sig. 135-145

[6]   zu Luserke siehe grundsätzlich Schwerdt, Ulrich, Martin Luserke (1880-1968). Reformpädagogik im Spannungsfeld von pädagogischer Innovation und kulturkritischer Ideologie (Studien zur Bildungsreform hrsg. von W. Keim Bd. 23), Frankfurt u.a. 1993

[7]   vgl. GStA Merseburg Nr. 1, I, Sig. 135-145. Schon in einer früheren Besprechung hatten sich Vertreter Württembergs und Bayerns grundsätzlich gegen die Errichtung von Aufbauschulen ausgesprochen (vgl. ebd., Sig. 152).

[8]   vgl.. GStA Merseburg Nr. 1, I, Sig. 106, Schreiben vom 17.4.1921

Die fehlende klare Perspektive und eine gewisse Unentschlossenheit in der Unterrichtsverwaltung unter Minister Becker ließen es auch im Herbst 1921 wieder zu einer nachträglichen Etatanmeldung beim Finanzminister für das Haushaltsjahr 1922 kommen. Dieser Antrag ging inhaltlich von einer Halbierung der Zahl der 1922 einzurichtenden Oberschulen (50, und 50 weitere 1923) aus. Die Kostenersparnis durch Verzicht auf 180 unterste Klassen der Lehrerbildungsanstalten wurde auf drei Mio. Mark hochgerechnet.[9] Diesen Versuchen setzte das preußische Finanzministerium schnell ein Ende, in dem es apodiktisch am 12.10.1921 feststellte: „Nicht in der Lage, ... den Kosten zuzustimmen." Neben rein formalen Argumenten machte sich der Finanzminister auch inhaltliche Bedenken zu eigen, um die Aufbauschulen endgültig ablehnen zu können:

• Er wünschte keinen Vorgriff auf eine Reichsregelung, um eine Kostenweitergabe nicht zu erschweren.

• Er fragte, ob eine derartige Vorbildung „notwendig oder auch nur geeignet" sei.

• Er befürchtete Besoldungssteigerungen der Lehrer und zusätzliche Kosten für neu einzurichtende Akademien als Ersatz für die Lehrerseminare.

• Und er sah Unterbringungsprobleme der seminaristisch gebildeten Lehrer und auch eine Vermehrung des akademischen Proletariats voraus.

Der Finanzminister faßte in seiner ablehnenden Stellungnahme zusammen, daß eine „Verwirklichung ... ohne durchgreifende Hilfe des Reiches einfach unmöglich ist"[10]. Diese brüske Zurückweisung war auch Ergebnis der erneut verspäteten und somit wenig professionellen Etatanmeldung, die aber auch Unsicherheiten im Ministerium dokumentiert.

Obwohl die Ablehnung des Finanzministers nicht deutlicher hätte ausfallen können, ließ sich der neue Minister Otto Boelitz (DVP)[11] nicht entmutigen und erklärte am 14.11.1921 - nur neun Tage nach seiner Ernennung - im Hauptausschuß des Preußischen Landtages, daß er zu Ostern 1922 beabsichtige, 50 Aufbauklassen nach dem Typ der Deutschen Oberschule einzuführen.[12] Diese konkrete Aussage wurde auf politischer Ebene weiter diskutiert - zustimmend, doch mit unterschiedlichen bzw. gegensätzlichen Intentionen.

---

[9]   vgl. ebd., Sig. 173 und 174. Schreiben vom 21.9.1921

[10]   ebd., Sig. 175 und 179

[11]   Boelitz war von 1915-1919 Direktor des Archigymnasiums in Soest, ab 1919 Mitglied der Verfassunggebenden Preußischen Landesversammlung und des preußischen Landtages und nach 1945 Mitbegründer der CDU in Westfalen. Vgl. DBA 146, 400-402

[12]   vgl. Müller, Sebastian F., Die Höhere Schule ..., a.a.O., S. 188

Das Protokoll einer Sitzung des preußischen Hauptausschusses vom 18.11.1921 macht dies durch die Stellungnahmen einzelner Politiker deutlich.[13] Für Zentrumssprecher Wildermann waren die Aufbauschulen historisch nicht neu, denn sie seien „längst in den katholischen Klöstern vorhanden gewesen". Und so maß er dem Christentum auch besondere Bedeutung für die seines Erachtens anstehende „Erziehung zur Volksgemeinschaft" zu. Eine Koedukation von Jungen und Mädchen lehnte der Zentrumsmann ab.

In diesem Punkt folgte ihm der deutschnationale Abgeordnete Pflug, der als grundsätzliches Erziehungsziel der höheren Schulen nicht den europäischen, sondern den deutschen Menschen ansah und der den „Geist der Schüler", als „nicht chauvinistisch, wohl aber stark national" charakterisierte. Pflug zeigte sich auch stolz auf den „Geist seines Standes", der geprägt sei durch den Alldeutschen Verband und den Flottenverein. Der Abgeordnete Holtz machte für die USPD klar, daß tatsächlich „der alldeutsche Geist auf den höheren Schulen noch lebendig sei", und sah als Ursache „den Klassencharakter der höheren Schule", die eine „Schule der herrschenden Schichten" sei. Dem Ziel seiner Partei, „das Proletariat geistig höher (zu) führen", glaubte er „vielleicht" über die Aufbauschulen erreichen zu können. Allgemein gab Steffens (DVP) zu bedenken, wie „verhängnisvoll der ausgesprochene Rationalismus unserer Zeit" sei.

Diese wenig auf die geplanten schulorganisatorischen Maßnahmen eingehende, sondern eher politisch-ideologische Diskussion zeigt deutlich, daß die Parteien die Aufbauschulen für ihre Interessen instrumentalisieren wollten. Die Schulverwaltung nahm hierzu nicht dezidiert Stellung und ließ die Politiker im Glauben einer noch offenen Entscheidung. Der zuständige Ministerialdirektor Jahnke erklärte nur, daß „die Unterrichtsverwaltung nie daran gedacht (habe), die Koedukation einzuführen"[14].

Als erstaunlich bleibt insgesamt festzuhalten, daß die politische Diskussion die finanzpolitischen Auswirkungen kaum beachtete und insgesamt immer noch recht diffus geführt wurde, ohne deutlich zwischen Aufbauschule und Deutscher Oberschule zu trennen und konkret auf den Vorschlag Boelitz' einzugehen bzw. ihn zu problematisieren. So war er auch nicht gezwungen, über die organisatorischen Vorstellungen hinaus seine angekündigte Maßnahme in einen bildungspolitischen

---

13   vgl. GStA Merseburg Nr. 1, I, Sig. 188, 189, 190
14   vgl. ebd., Sig. 188, 189, 190. Die Stellung der DNVP zur Weimarer Republik kennzeichnet eine Anmerkung des Abgeordneten Pflug, der erklärte, deren Staatsform sei „dem deutschen Volkstum von westlerisch-demokratischen Ideengängen ... aufgepfropft worden" (ebd., Sig. 290).

Gesamtrahmen zu stellen und z.B. die Deutsche Oberschule inhaltlich zu konkretisieren bzw. die Aufbauschule funktional zu bestimmen.

Das allgemeine Ziel der Abschöpfung der Bildungsreserven der Landbevölkerung war nur ein Teilaspekt der durch die Unterrichtsverwaltung beabsichtigten Neuordnung. In engem Zusammenhang mit den Aufbauschulen - und nicht nur ergänzend - stand für den preußischen Minister für Wissenschaft, Kunst und Volksbildung auch die Veränderung der Volksschullehrerausbildung. Dies belegt ein Schreiben an den Ministerpräsidenten, dessen Inhalt durch Staatsministerialbeschluß vom 10.2.1922 offiziell akzeptiert wurde und als Einrichtungsbeschluß für die Aufbauschulen gelten kann. Hier heißt es u.a.:

> „Um aber den Zugang zur Lehrerbildung wenigstens für das Jahr 1922 in beschränktem Umfang wieder zu eröffnen, sollen für Ostern 1922 folgende vorläufige Notmaßnahmen ergriffen werden: Mit Beginn des Schuljahres 1922/23 soll an 50 Lehrerseminaren (Lehrerinnenseminaren) je eine Aufbauklasse errichtet werden. Die Auswahl der Seminare erfolgt im Einvernehmen mit der Finanzverwaltung; es sollen vorzugsweise Orte berücksichtigt werden, an denen sich noch keine höhere Lehranstalt befindet."[15]

Der deutliche bildungspolitische Wille von Otto Boelitz als zuständigem Minister, die allgemeine politische Zustimmung aus dem Parlament, die Massenarbeitslosigkeit der Volksschullehrer und die allgemeine Finanznot waren dann ursächlich, daß das Finanzministerium sich dem Druck der Kosteneinsparung, der aus der Schließung der Lehrerseminare und der ihnen vorgeschalteten Präparandien resultierte, kaum noch verweigern konnte.

Obwohl es sich um einen für eine gezielte und inhaltlich angemessene Umsetzung extrem kurzfristigen Beschluß handelte, wurden 1922 47 Aufbauklassen eingerichtet, denen 1923 dann aber nur 23 weitere folgten. Die Einrichtung zu Ostern 1922, schon zwei Monate nach dem Beschluß, war organisatorisch nur möglich gewesen, wenn vorbereitende Absprachen mit den diversen Lehrerbildungsstätten und den neuen städtischen Schulträgern mindestens teilweise schon zeitlich früher eingesetzt hatten. Es bleibt zu fragen, ob die Planungen für die Aufbauschulen nicht doch mehr waren als „vorläufige Notmaßnahmen" und ob dieser Terminus nicht eher als Beitrag zur Erhöhung der Akzeptanz anzusehen ist, der den Politiker(inne)n real nicht mehr existierenden Entscheidungsspielraum suggerierte.

---

[15] zit. nach Weber, Rita, Die Neuordnung ..., a.a.O., Anmerkung 1 zu Teil B, II,1, S. 398

2. Die Denkschrift zur Aufbauschule von Ministerialrat Hans Richert 1922

Parallel zur Vorbereitung des Einrichtungsbeschlusses, der auf schulorganisatorische Maßnahmen abzielte, war die bildungspolitische Ausrichtung der Aufbauschulen unter Federführung von Ministerialrat Hans Richert konzeptionell entwickelt, festgelegt und schließlich veröffentlicht worden.

Der preußische Minister für Wissenschaft, Kunst und Volksbildung, Otto Boelitz, hatte 1921 das neue DVP-Mitglied Hans Richert (geb. 1869), der sich als Schulpraktiker mit pädagogisch-philosophischen Ambitionen einen Namen gemacht hatte, im Dezember 1921 als kulturpolitischen Berater gewonnen[16] und ihn als Hilfsreferent im Ministerium zuerst befristet - 1923 wurde Richert schon Ministerialrat und Generalreferent - mit der Neuordnung des höheren Schulwesens betraut. Die Erweiterung des ministeriellen Mitarbeiterstabes durch Richert als Vertrauensperson des Ministers ermöglichte eine neue zielgerichtete organisatorische und inhaltliche Inangriffnahme von Reformvorhaben, die durch die politischen Veränderungen - am 26.3.1921 ging das Ministeramt von Haenisch an Becker und dieser wurde schon am 5.11.1921 von Boelitz wieder abgelöst - erschwert worden waren.

Richerts Überzeugungen gründeten nach seiner eigenen Einschätzung auf der Tradition eines konservativen, christlichen und monarchistischen Elternhauses.[17] Nach Studien in den Fächern Theologie, Philosophie und Germanistik wurde er 1902 in Posen zum Königlichen Oberlehrer ernannt und 1911 als Oberrealschuldirektor mit der Leitung der Berger-Oberrealschule betraut. Seine antipolnische Haltung - geprägt durch seine Mitgliedschaften im antisemitischen und monarchistischen „Verein Deutscher Studenten" und im offensiven „Deutschen Ostmarkenverein" - führten 1919 zur Versetzung an die kleine König-Wilhelm-Schule in Reichenbach/Schlesien.

Als Schulreformer hatte Richert sich besonders um die Einordnung des religiösen Bildungsideals in die höhere Schule über das von ihm geprägte „Handbuch für

---

16   Die DVP gilt besonders für die Anfangsphase der Weimarer Republik als konsequente Vetreterin des rechtsliberalen Bürgertums mit Distanz zur Republik, als eine von der Wirtschaft unterstützte Partei, die „opportunistisch" agierte (vgl. Vogt, Martin, Parteien in der Weimarer Republik, in: Bracher, Karl Dietrich u.a. (Hrsg.), Die Weimarer ..., a.a.O., S. 134-157).

17   Wenn nicht anders vermerkt, stütze ich mich bei der Biographie Richerts auf Margies, Dieter / Bargiel, Anja, Der Preußische Schulreformer Hans Richert, in: Schmoldt, Benno (Hrsg.), Pädagogen in Berlin. Auswahl von Biographien zwischen Aufklärung und Gegenwart, Hohengehren 1991, S. 215-236, sowie auf Margies, Dieter, Das höhere Schulwesen ..., a.a.O.

den evangelischen Religionsunterricht erwachsener Schüler" (1911) bemüht. Er schrieb diese Überlegungen aufgrund der Kriegsereignisse fort zu einer nationalen Aufgabe des Religionsunterrichts, was in der Reduzierung des Religionsunterrichts auf ein kulturkundliches Fach gipfelte. Im Einklang damit stand Richerts pädagogisch-philosophisches - kulturkritisch geprägtes - Anliegen der Einordnung der höheren Schule in ein gesamtdeutsches Bildungssystem unter dem Primat des deutschen Bildungsideals, des deutschen Idealismus.[18]

Damit strebte er eine Verbindung des Christentums mit dem sog. deutschen Wesen an. Die Berechtigung dieses Ziels sah Richert einerseits durch die Gegensätze in der Bevölkerung zum Ende des Krieges bzw. in der Nachkriegszeit besonders bestätigt, andererseits leitete er aus dem Kriegserlebnis, das er auf ein metaphysisches Ereignis reduzierte, eine neue Zentralidee ab: Deutschland. Typisch für weite Kreise des Bildungsbürgertums war seine - über die Rezeption von Nietzsche, Simmel und besonders Tönnies[19] gewonnene - kulturkritische und kulturpessimistische Gesellschaftsanalyse, die auf dem von der Soziologie erkannten Gegensatz zwischen familialen, durch Tradition und Vertrautheit bestimmten Gemeinschaften und der Zweckrationalität anonymisierter Gesellschaften beruhte:

> „Die Entartungserscheinungen der letzten Kriegsjahre, der Zusammenbruch und die gegenseitige Schuldanklage, das Chaos der Revolution, ganz offenbar Niedergangssymptome auf allen Lebensgebieten haben den Kulturpessimismus zur vorherrschenden Volksstimmung gemacht; die Dekadenz erschien schicksalhaft aus der Tiefe unseres Lebens aufzusteigen als Symptom wurzelhafter, unheilbarer Krankheit."[20]

Doch grenzte er sich von Positionen ab, die Nationalität nicht als Kulturgemeinschaft, sondern als Blutsgemeinschaft definierten, da sie letztendlich die „Humanität" bedrohten.[21]

Einheitsschule hatte so für ihn weniger organisatorische Elemente als eine bildungstheoretische Perspektive: Über „deutsche Bildung" als Kulturkunde sollte eine einheitlich nationale Ausrichtung der Jugend erzielt werden - gedacht als „Synthese zwischen den persönlichen Anlagen der Lernenden und dem objektiven Geist, wie er sich insbesondere in der klassischen Epoche des deutschen

---

[18] vgl Richert, Hans, Die deutsche Bildungseinheit und die höhere Schule - Ein Buch von deutscher Nationalerziehung, Tübingen 1920

[19] Die Lektüre von Tönnies „Gemeinschaft und Gesellschaft", in der ein zersetzender Charakter des Großstadtgeistes beschrieben wird, war für Richert ein „erschütternd(es) Erlebnis", eine „schmerzliche Erfahrung" (Richert, Hans, Die Ober- und Aufbauschule, Leipzig 1923, S. 95).

[20] ebd., S. 19

[21] vgl. ebd., S. 20f.

Idealismus repräsentiert"[22]. Dieser „Quellbezirk deutschen Lebens" sollte nicht erkannt oder gelernt, sondern mit dem Ziel „vertiefter Deutschheit" „durchlebt" werden. Bei Subsumierung von Glauben, Staat, Wirtschaft und Politik zeigt diese kulturkundlich ausgerichtete Zielsetzung nur ein sehr eingegrenztes Bildungsverständnis; andererseits war sie aber hoch politisch, da es für Richert galt, auf diesem Wege die Sozialdemokratie zu gewinnen.

Am 18. Februar 1922 - acht Tage nach dem Einrichtungsbeschluß - veröffentlichte das Ministerium zwei von Richert maßgeblich verfaßte Denkschriften über die Deutsche Oberschule und die Aufbauschule. Beide spiegelten die aufgezeigten konservativen kulturpolitischen Tendenzen Richerts (und der Ministerialbürokratie unter Minister Otto Boelitz) wider. Sie fanden die politische Unterstützung der Großen Koalition aus SPD, Zentrum, DDP sowie DVP.

Im folgenden soll vor allem die Denkschrift zur Aufbauschule Berücksichtigung finden.[23] Im Sinne des sich ausbreitenden Zeitgeistes und der ihn bedingenden Interessen fiel die Begründung der Aufbauschule aus, die sich in der räumlichen Verteilung begrenzen sollte:

> „Der Aufstieg der begabten Dorf- und Kleinstadtkinder [...] ist für das Volksganze in unserer Gegenwart von zwingender kulturpolitischer Notwendigkeit."[24]

Das soziale Umfeld der Kinder wurde biologistisch charakterisiert als „Jungbrunnen, aus dem es (unser Volk; H.-G. B.) immer wieder das reine Quellwasser seiner völkischen Ursprünglichkeit schöpfen kann"[25]. Mit dem „Voluntarismus" und der „Romantik" der Landbevölkerung und ihren „Kräfte[n] der Gesundheit, der Instinktsicherheit und des 'volkheitlichen Lebens'" sollte dem Großstadtgeist, der für Richert durch „Intellektualismus" und „Aufklärung" geprägt war, entgegengetreten werden:

> „Der Intellektualismus vernichtet die Ehrfurcht, die doch dem Leben erst Tiefe und Bedeutung gibt."[26]

---

[22] Schmoldt, Benno, Zur Theorie und Praxis des Gymnasialunterrichts (1900-1930). Eine Studie zum Verhältnis von Bildungstheorie und Unterrichtspraxis zwischen Paulsen und Richert, Weinheim u.a. 1980, S. 107

[23] vgl. Aufbauschule. Sammlung der Sonderbestimmungen für diese Schulart. Zusammengestellt von Walter Landé, 2. Aufl. Berlin 1929. Schmoldt berücksichtigt weder diese Denkschrift noch die Aufbauschule insgesamt. Vgl. Schmoldt, Benno, Die Bedeutung der 'Richertschen' Schulreform für die Entwicklung des 'Höheren Schulwesens' im Deutschen Reich und nach 1945, in: Dithmar, Reinhard u.a. (Hrsg.), Schule zwischen Kaiserreich ..., a.a.O., S 155-175

[24] vgl. Aufbauschule ..., a.a.O., S. 6

[25] ebd., S. 7

[26] Richert, Hans, Die Ober- und Aufbauschule, a.a.O., S. 97

Gegen „die Kulturzersetzung des Großstadtgeistes", wie sie in kulturpessimisti-schen Analysen von Sombart, Tönnies und Simmel beschrieben wurde und die sich in einem „wurzellosen abstrakten Allerweltsmensch"[27] äußere, war es erklär-te Zweckbestimmung der Aufbauschule als „Gegengewicht" die „Kräfte nationa-ler Wiedergeburt", wie sie die in ungestörter Kindheitsentwicklung und in natürli-chen Lebensverhältnissen aufwachsende Landjugend darstelle, zu mobilisieren und den höheren Berufen „Kräfte der Gesundheit und Gesundung" zuzuführen.[28] Dieser nationalistisch-völkische, antirationalistische und idyllisierende Begrün-dungszusammenhang[29] für die Aufbauschule beinhaltete auch eine Vorentschei-dung für die möglichen Schultypen. So sah Richert die „größte innerste Ver-wandtschaft mit der deutschen Oberschule", der die Entwicklung eines „Wertbewußtseins [...] in nationaler Prägung" zukommen sollte, in dem die deut-sche Kultur zugleich Bildungsinhalt und Bildungsmittel darstelle.[30] Der „kultur-kundliche Gesamtunterricht" sollte die „in der Tiefe des Völkischen" verborge-nen „Lebensquellen der Gesundung" entfalten.[31]

Diese kulturpolitische Begründung findet ihre inhaltliche Bestimmung auch in der Abgrenzung zur

> „Herabwürdigung der deutschen Kultur durch unsere Feinde während des Krieges, in Abwehr gegen die Kulturpropaganda fremder Völker in unseren Grenzgebieten, im Gefühl der Kulturgemeinschaft mit den Deutschen in den verlorenen Ländern und im Auslande, schließlich in bewußter Ablehnung der Ansicht, unsere Kultur sei bereits zur Zivilisation erstarrt und habe ihre innere Beseelung verloren"[32].

So formulierte explizit die Denkschrift zur deutschen Oberschule.

Obwohl die Bildungsaufgabe der Aufbauschule als „aufs innigste" mit der Bil-dungstendenz der neugeschaffenen deutschen Oberschule verbunden galt, räumte die Denkschrift auch der Oberrealschule die Aufbauform ein. Als ausschlagge-bend für diese Erweiterung wurde u.a. die „Beschränkung auf zwei fremde Spra-chen" und die „Betonung des Deutschen" angesehen, wohingegen der humanisti-sche Schultyp aus sprachlichen und bildungsgehaltlichen Gründen und der real-

---

[27] ebd., S. 96f.

[28] ebd., S. 95f.

[29] Zur irrationalen Komponente in der von Richert vertretenen deutschkundlichen Bildungs-theorie vgl. auch: Peters, Elke, Nationalistisch-völkische Bildungspolitik in der Weimarer Republik. Deutschkunde und höhere Schule in Preußen, Weinheim u.a. 1972, bes. S. 20-24

[30] Richert, Hans, Die Ober- und Aufbauschule, a.a.O., S. 108f. und S. 30f.

[31] vgl. zu einzelnen Fächern ebd., S. 40-63

[32] Denkschrift über die grundständige deutsche Oberschule. GStA Merseburg, Nr. 1, I, Sig. 1930.

gymnasiale Typ aufgrund seiner Stoffvielfalt für eine sechsjährige Form keine Berücksichtigung fanden.[33]

Den Stellenwert der neuen Schulform im Bildungssystem beschrieb die Denkschrift mit:

„Die Aufbauschule baut auf dem Lehrgang des siebenten Volksschuljahres eine sechsjährige höhere Schule auf, die zur Reifeprüfung führt und die gleichen Berechtigungen erteilt wie die Deutsche Oberschule und die Oberrealschule."[34]

Die vorgesehene Dauer von sechs Schuljahren der Aufbauschule wird aber nicht aus dem zu vermittelnden Bildungsumfang abgeleitet, sondern mit der Notwendigkeit eines siebenjährigen Gemeinschaftslebens in der Volksschule begründet:

„Die Kinder müssen tief einwurzeln in den Naturformen und Gemeinschaftsformen ihrer Umwelt, damit sie zu instinktsicherer Triebkraft und zu reflektionsloser Sicherheit erstarken."[35]

Die Kraft des Landkindes mußte für Richert „in stillem, ungestörtem, organischem Wachstum erstarken, ..., sie muß sich gewissermaßen gesund schlafen"[36].

Die Denkschrift ging nur indirekt und knapp auf die Frage der Koedukation ein, indem sie besondere Hinweise für die Errichtung von Aufbauschulen für Mädchen gab:

„Nur wirklich begabte und körperlich widerstandsfähige Mädchen, die auch in den Entwicklungsjahren keiner besonderen Entlastung bedürfen, (können) für die Aufbauschule in Frage kommen."

Die Frage der Konfessionalität wurde als eher selbstverständlich für höhere Schulen ausgeklammert.

Wie ein Vergleich mit Muthesius und Karstädt ergibt, blieb die Denkschrift hinter weitergehenderen Reformansätzen zurück. Der Einfluß von Interessengruppen machte sich bemerkbar: So war zum ersten von Richert eine obligatorische zweite Fremdsprache nur vorgesehen, um den Abschluß als Anerkennung der Hochschulreife nicht zu gefährden; zum zweiten wollte Richert die Aufbauschule aus Gerechtigkeitsgründen und aus einer sozialen Fürsorgepflicht heraus zwar für die Großstadt nicht ausschließen, doch machte er sich die Position des Philologenverbandes zu eigen, der Angst vor einer Ausweitung der Aufbauschule zur Normalform hatte, und sprach ihr nur einen Ausnahmecharakter zu.[37] Damit war insgesamt auch eher gewährleistet, daß die dominierende Stellung Preußens im

---

[33] vgl. Aufbauschule ..., a.a.O., S. 11f.
[34] ebd., S.5f.
[35] ebd., S. 8
[36] Richert, Hans, Die Ober- und Aufbauschule, a.a.O., S. 99
[37] vgl. ebd., S. 76-90 und S. 113-117

Reich[38] sich auch bildungspolitisch durchsetzte. Hartmann urteilt, daß Preußen mit der Schulreform „wieder die pädagogische Führung in Deutschland (übernahm)"[39]. Eine Voraussetzung dafür war, daß Richert die Diskussion um die Aufbauschule auf Reichsebene in der Denkschrift berücksichtigt hatte.[40]

So wurde die Aufbauschule erst einmal aus der bildungspolitischen Diskussion genommen, da Reformansätze aufgegriffen worden waren. Die bildungspolitische Initiative war aber an die konservative Schulverwaltung übergegangen,[41] was die weitere Neuordnung des höheren Schulwesens - ohne Änderungen zu einer Einheitsschule - ermöglichte und diese auch durch den neuen Bildungsbegriff, der der Deutschen Oberschule zugrunde lag, prägte. So war die Neuordnung in Angriff genommen, zugleich aber auch schon teilweise durch die Deutsche Oberschule und deren bildungstheoretische Begründung beendet.[42]

Die Denkschrift zur Aufbauschule macht insgesamt deutlich, daß die Einrichtung der Aufbauschule 1922 mehr war als nur die vorgebliche „vorläufige Notmaßnahme", sondern daß ihr als Sonderform eine spezifische bildungspolitische Tragweite zukam.

3.   Stellungnahmen zur Einrichtung der Aufbauschulen

a)   Positive Stellungnahmen

Die Richertsche Denkschrift hatte mit den zwei Pflichtsprachen und der Betonung des ländlichen Charakters der Aufbauschulen die standespolitischen Interessen der Philologenschaft gesichert und mit der deutschkundlichen Ausrichtung dem politischen Bewußtsein der Mehrheit der Philologen entsprochen. Aus diesem

---

[38] Festzumachen ist dies auch am Bevölkerungs- und Flächenanteil am deutschen Reich (1930): 61,2% der Einwohner und 62,5% der Fläche waren preußisch (vgl. Tormin, Walter (Hrsg.), Die Weimarer Republik, 20. Aufl. Hannover 1981, Statistischer Anhang S. 263).

[39] Hartmann, Karl, Hans Richert und die preußische Schulreform, in: Monatsschrift für höhere Schulen, 29 (1930), S. 15

[40] vgl. Reichsministerium des Innern. Die Umgestaltung des höheren Schulwesens insbesondere der deutschen Oberschule und der Aufbauschule. Denkschrift, Leipzig 1923.

[41] Zur Kontinuität der Personalstruktur der Provinzialschulkollegien und der Kultusverwaltung vgl. Herrlitz, Hans-Georg u.a., Deutsche Schulgeschichte von 1800 bis zur Gegenwart. Eine Einführung, Königstein 1981, S. 106f.

[42] Ähnlich in der Einschätzung Müller, Sebastian F., Die Höhere Schule ..., a.a.O., S. 189. In der rein kulturphilosophischen Würdigung Richerts durch Blättner findet dies keine Beachtung (vgl. Blättner, Fritz, Das Gymnasium. Aufgaben der höheren Schule in Geschichte und Gegenwart, Heidelberg 1960, S. 259-293).

Grund kam der 1. Vorsitzende des Preußischen Philologenverbandes, OStD W. Bolle, auf dem Preußischen Philologentag am 8.6.1922 zu einer insgesamt positiven Bewertung der Aufbauschule, wenn diese darauf beschränkt bleibe, „die deutsche Bildung in neue Kreise auf dem Lande hineinzutragen"[43]. Für die Stadt solle es aber bei dem „normalen Entwicklungsgang unserer Schuljugend" bleiben, für die wenigen Spätbegabten sollten dort Förderklassen eingerichtet werden. Diese Forderungen verbargen sich auch hinter dem Wunsch gegenüber dem Minister - in Beharrung auf dem Einrichtungsbeschluß -, Aufbauschulen nur in Orten einzurichten, wo keine höhere Lehranstalt vorhanden sei.[44]

Was die Ausweitung der „deutschen Volkskunde" betreffe - so Bolle -, dürfe diese nicht auf den Aufbauschultypus Deutsche Oberschule beschränkt bleiben, sondern müsse „für j e d e höhere Schule gefordert werden"[45]. Diese Haltung entsprach der Einschätzung vieler Philologen schon 1916, daß die „verwirrende Fülle" von Organisationsvorschlägen zur höheren Schule in einem Punkt „bis zur Ununterscheidbarkeit" übereinstimme: „in dem Verlangen nach nationalen Grundlagen, nationalem Charakter unserer höheren Bildung" (im Original gesperrt, H.-G. B.). „Deutsche Kultur" wurde so zum Hauptbildungsmittel auch außerhalb des Deutschunterrichts stilisiert. Kritik übte Bolle 1922 nur an der überhasteten Einführung der neuen Schulform, die zu geringen Schülerfrequenzen in den Aufbauklassen geführt und so Koedukation notwendig gemacht hätte.[46]

Auch den Mittelschullehrern kam die Intention der Denkschrift entgegen, doch sahen sie ihre standespolitischen Interessen gefährdet. Um dies zu verbrämen, versammelte K. Wehrhan in einem Aufsatz der Zeitschrift für das mittlere Schulwesen „Mittelschule" viele kritische Einwände und Probleme der Aufbauschule (u. a. Form der Begabungsprüfung, unklarer Lehrplan, Standort der Aufbauschu-

[43]   Bolle, W., Die Aufbauschule, in: Deutsches Philologen-Blatt 30 (1922) v. 23.8.1922, S. 371. Noch 1921 hatte der Deutsche Philologenverband beschlossen, daß „Aufbauschulen weder ausschließlich noch vorwiegend den Typus der d(eutschen) O(berschule) vertreten (dürfen)" (zit. nach Freitag, Otto, Die Deutsche Oberschule, in: ZfDK 35 (1921), S. 539).

[44]   vgl. Eingabe des Preußischen Philologenverbandes vom 6.11.1924. GStA Merseburg, Nr. 1, II, Sig. 359. Diese Positionen machte sich auch der Deutsche Philologenverband zu eigen in einer Eingabe an das Reichsministerium des Innern vom 13.11.1924: „Neben den grundständigen höheren Schulen werden in beschränktem Umfange Aufbauschulen als ländliche und kleinstädtische Sammelschulen für besonders begabte Schüler zugelassen." (Deutscher Philologenverband. I. Eingabe betr. Reichsschulausschuß, in: Deutsches Philologen-Blatt 32 (1924) vom 24.12.1924, S. 523f)

[45]   Bolle, W., Die Aufbauschule, a.a.O., S. 370

[46]   vgl. ebd.

len, nur sechsjährige Dauer, Qualifikation der Lehrer), um sie dann doch letztendlich in die offen standespolitische Überlegung münden zu lassen:

„Wenn die Aufbauschule auf die Mittelschule aufbauen könnte? Das wäre ein erstrebenswertes Ziel für uns und würde der Mittelschule nur zum Vorteil und weiten Kreisen zum Segen gereichen."[47]

Eine positive Gesamteinschätzung gab auch der „Deutsche Seminarlehrer-
Verein" zu der deutschen Oberschule und der Aufbauschule ab, in denen er die
„beste Art für die Vorbereitung der Berufsbildung des Lehrernachwuchses"[48] sah.
Der Verein verengte damit allerdings die Perspektive für diese Schulen.
Eher verhaltene Zustimmung fand sich in der SPD. Im Gegensatz zu Verlautbarungen aus dem Preußischen Ministerium für Wissenschaft, Kunst und Volksbildung sah sie durch die neue Schulform und den neuen Schultyp die Einheitsschule
eben nicht verwirklicht, sondern - so der Abg. Holtz im Hauptausschuß des Preußischen Landtags - eher eine Aufrechterhaltung des „alten Klassencharakters des
Schulwesens"[49]. Entsprechend sprach sich Holtz auch nur für die Aufbauschulen
aus, weil sie eine 7jährige Grundschule ermöglichten, und mit der Maßgabe, daß
sie Schulen für alle und nicht nur für besonders Begabte würden.[50] Eine derartige
Vorstellung im Sinne einer Einheitsschule war aber schon auf der RSK zugunsten
einer vierjährigen Grundschule aufgegeben worden und besaß zu dieser Zeit keine Realisierungschance. Auch eine Öffnung der Aufbauschulen „für alle" entsprach in keiner Weise der Denkschrift. Bei Beachtung dieser Tatsachen wäre
aus Sicht der SPD eine Ablehnung der Aufbauschulen wohl konsequenter gewesen.

b)   Ablehnende Stellungnahmen

Grundsätzliche (bildungs-)politische Kritik an der Reform und der Errichtung der
Aufbauklassen kam vom „Bund Entschiedene Schulreformer". Wilhelm Herring
qualifizierte die neue Schulform als „Flick- und Stückwerk" ab, die nur „dem
vorsichtigen Realpolitiker" genüge:

„Aber es befriedigt nimmermehr den Menschen, der sein geistiges Auge auf höhere
Kultur- und Menschheitsbedürfnisse einstellt."[51]

---

47   Wehrhan, K., Ketzerische Gedanken zur Aufbauschule, in: Die Mittelschule 36 (1922),
      Nr. 37 v. 13.9.1922, S. 582
48   GStA Merseburg, Nr. 1, I, Sig. 360, Schreiben vom 24.7.1922
49   vgl. ebd., Sig. 472, Sitzung vom 9.4.1923
50   ebd. Sig. 473
51   Herring, Wilhelm, Lehrerberuf und Lehrerbildung, in: Oestreich, Paul (Hrsg.), Men-
      schenbildung. Ziele und Wege der entschiedenen Schulreform (Entschiedene Schulreform

Deutlich verwahrte sich auch Paul Oestreich gegen den individuellen Aufstieg einzelner über Aufbauschulen und warf auch den „'regierenden' sozialistischen Bildungsprogrammatikern" vor, weiter nichts als „Vollendung, Lückenlosmachung des kapitalistisch-bürgerlichen Bildungssystems" (im Original gesperrt, H.-G. B.) zu vertreten.[52] Konkret:

> „Die 'Aufbauschule', wie man sie plant, sammelt die Kinder der Wohlhabenden, verweist die Proletarier auf die Freischulstellen und siebt die Proletarierkinder mit gutem Gedächtnis und formalen Anlagen aus."

Oestreich hielt das für nicht mehr als eine Vervollständigung des „liberale[n] Bildungsgebäude[s]"[53]. Fast resignierend resümierte er, da die von den entschiedenen Schulreformern angestrebte „elastische Einheitsschule" und „produktive Erziehung" auch von sozialistischen Parteipolitikern als „utopistisch" verworfen wurde:

> „Nun rührt sie [die Pädagogik; H.-G. B.] nicht mehr an die großen Fragen der Erziehung, die innig verknüpft sind mit den Fragen der Gesellschaftsordnung, [...] und vergnügt sich, Lehrpläne zu verändern, Schultypen zu erfinden."[54]

In einer Eingabe an das Ministerium für Wissenschaft, Kunst und Volksbildung im Namen des Vorstands des Bundes entschiedener Schulreformer, Bezirksverband Groß-Berlin, ging dessen Vorsitzender Oestreich auch auf den kulturpolitischen Hintergrund der neuen Denkschriften ein und warf ihnen vor:

> „Sie atmen nationalistischen Geist, sie fassen das Deutschtum als Gegensatz zu anderer Volksart statt als Eigengestaltung im Menschheitlichen."

Und in geharnischter Sprache erweiterte er die Vorwürfe gegen die Aufbauschulen als „intellektualistische Wissensmastanstalt,, als „wahrhafte Entmenschungsschulen", die „gänzlich abzulehnen" seien, da sie „nur eine Lücke im Netze der Erziehungsanstalten der Schichten von Bildung und Besitz ausfüllen und damit deren Herrschaft noch fester verankern" würden.[55]

Daß neben der Organisationsform des Schulwesens auch die Unterrichtsinhalte entscheidend für die Beurteilung der Reform waren, zeigte die Stellungnahme von Scholem (KPD) im Landtag. So charakterisierte er das vom Minister aufgestellte

---

VII). Vorträge entschiedener Schulreformer gehalten im Zentralinstitut für Erziehung und Unterricht zu Berlin, Januar bis März 1922, Berlin 1922, S. 180

[52]   Oestreich, Paul, Nachwort, in: Oestreich, Paul (Hrsg.), Menschenbildung ..., a.a.O., S. 191f. Zu Oestreich siehe grundsätzlich Ellerbrock, Wolfgang, Paul Oestreich. Porträt eines politischen Pädagogen (Veröffentlichungen der Max-Traeger-Stiftung Bd. 14), Weinheim u.a. 1992

[53]   Oestreich, Paul, Nachwort, a.a.O., S. 192

[54]   ebd., S. 194

[55]   GStA Merseburg, Nr. 1, I, Sig. 271 und 272, Schreiben vom 17. März 1922

Ideal der Bildungseinheit am Beispiel der Lehrpläne über den Geschichts- und den Religionsunterricht „als das Ideal, in dem heranwachsenden Geschlecht das Gefühl der Autorität vor den überkommenen Gewalten, mögen sie göttlicher oder irdischer Natur sein, zu wecken und zu festigen"[56].

Auch der weniger politisch exponierte OStR Dr. Heinrich Deiters, ab 1927 Oberschulrat in Kassel, nahm zwar hin, daß die Neuordnung das Werk einer großen Koalition sei, doch beklagte er, daß in den Richtlinien nicht von „Republik" und „Völkerverständigung" die Rede sei und man „vergebens" „nach einem Wort der Zustimmung für den sozialen und politischen Befreiungskampf des Proletariats" suche.[57] Und auf die Aufbauschulen gewendet, die der Landbevölkerung vorbehalten werden sollen, bezeichnete er es als „ausgesprochene Klassenpolitik", wenn der Staat der Industriebevölkerung in den großen Siedlungen diese Hilfe dauernd vorenthielte[58], denn Aufbauschulen würden wirtschaftlich eine „große Erleichterung für die Kommunen und Eltern darstellen". Grundsätzlich lehnte Deiters den konservativen Hintergrund der proklamierten Nationalerziehung als rückwärts gewandt ab, da sie den „wichtigsten Aufgaben der Epoche nicht gerecht werde"[59].

c)   Gespaltenheit im Katholizismus

Von katholischen Kreisen wurde die Aufbauschule als Organisationsmodell durchaus begrüßt, doch gab es nicht unerhebliche - und teils unterschiedliche - Vorbehalte aufgrund religiöser Spezifika gegenüber dem Konzept der Deutschen Oberschule und der durch sie geprägten Unterrichtsstrukturen und -inhalte.

Seminarprorektor Kortemeier (Arnsberg) sah als „Idee" der Schule „die Zentralisierung des Deutschen zur Fruchtbarmachung und vollen Ausnutzung des Deutschen auf allen Kulturgebieten" und leitete daraus für dieses eine „den ganzen Unterricht beherrschende Stellung" ab, dessen „notwendige geistige und seelische Durchdringung" aber dem höchsten Kulturgut, der Religion, obliegen sollte.[60] Seinen Ausdruck fand dies auch in der als „unbedingte Notwendigkeit" an-

---

[56]   GStA Merseburg, Nr. 1, I, Sig. 452. Sitzung vom 5.4.1923. Entsprechend begrüßte daraufhin der preußische DNVP-Abgeordnete Oelze „das Eintreten des Ministers für die konfessionelle Schule und das Christentum" (ebd., Sig. 453).

[57]   Deiters, Heinrich, Die Neuordnung des höheren Schulwesens, in: Die Gesellschaft, Band 2, (1926), unveränderter Nachdruck 1968, S. 143-158, Zitat S. 150

[58]   ebd., S. 154

[59]   ebd., S. 158

[60]   Kortemeier, Wie läßt sich die Idee der deutschen Oberschule und Aufbauschule verwirklichen?, in: Zeitschrift für christliche Erziehungswissenschaft 15 (1922), S. 255ff.

gesehenen Forderung nach einer Erweiterung des Religionsunterrichts von zwei auf drei bis vier Stunden pro Woche besonders für die Aufbauschule, da Kortemeier in ihr die „Hauptvorbereitungsanstalt für die Lehrer der Zukunft" sah. Aus der bedeutenden bzw. beherrschenden Stellung der Religion für den Gesamt- bzw. den Deutschunterricht wurde die „Konfessionalität" der Aufbauschule abgeleitet, die - so Kortemeier - „das Zentrum mit den anderen positiven Parteien" anstrebe.[61]

Um den katholischen Charakter zu betonen, sollte im Lehrplan - im Gegensatz zur Denkschrift - Latein obligatorisch als Hauptsprache, schlechtestenfalls als Nebensprache festgelegt werden, und zwar aufgrund des „vorzügliche[n] Wertes für den katholischen Lehrer" - und nicht zuletzt wohl auch für den Priesternachwuchs. Unter diesen Voraussetzungen erschien Kortemeier die Deutsche Oberschule als „die Kulturstätte des deutschen Humanismus auf christlicher Grundlage" (im Original gesperrt, H.-G. B.)[62].

Grundsätzlicher sah Maria Schmitz, die erste Vorsitzende des Vereins katholischer deutscher Lehrerinnen, die mit den paritätisch geplanten Aufbauschulen verbundenen Probleme. Sie erkannte in der Schließung der konfessionellen Lehrerseminare und der an ihrer Stelle einzurichtenden Aufbauschulen einen „ungeheuren Verlust für das katholische Bildungswesen" und forderte daher, sich „mit allen zu Gebote stehenden Kräften" zu wehren.[63] Ihr Ziel war die Einrichtung von so viel Aufbauschulen mit ausgesprochen katholischem Charakter, daß sie dem Bevölkerungsanteil der Katholiken in Preußen entsprachen, da auch paritätische Anstalten zum „Verwaschen und Verwässern" der katholischen Auffassung beitragen würden.[64]

Demgegenüber warnte Schulleiter Müller (Büren) vor einer Verengung und Reduzierung der schulpolitischen Aussagen auf den konfessionellen Charakter der Aufbauschule, da sie die Möglichkeit einräume, daß sich „viele geweckte Jungen zu gesunden, hellsichtigen Führern der Stände unseres Volkes entwickeln könnten"[65]. Aus Sicht der Landbevölkerung Westfalens wurden die Aufbauschulen begrüßt, doch zugleich für eine Beibehaltung der „bewährten" und „echt d e m o - k r a t i s c h e n" Rektoratsschulen plädiert, damit „zahlreiche katholische Land-

---

[61]   ebd., S. 258
[62]   ebd., S. 260
[63]   Schmitz, Maria, Der konfessionelle Charakter der höheren Schule, in: Kölnische Volkszeitung Nr. 265 vom 4. April 1922 (Abendausgabe)
[64]   ebd.
[65]   Müller, Otto, Die deutsche Oberschule in Aufbauform, in: Westdeutsche Arbeiter-Zeitung Nr. 46 vom 13.11.1926

kinder auch eine neunstufige höhere Lehranstalt absolvieren" könnten.[66] Hintergrund dieses Wunsches, der im Einklang stand mit dem Votum des Katholikentages der Diözese Paderborn im Jahre 1921, war die Sorge, daß „gerade die Katholiken ja so leicht in den Ruf geistiger Inferiorität (geraten)"[67]. Diese Einschätzung muß man als Ausdruck einer gewissen Skepsis gegenüber der Leistungsfähigkeit und gesellschaftlichen Akzeptanz der Aufbauschulen ansehen.

Auch auf höchster Ebene des Klerus nahm man zu den geplanten Veränderungen, die in der Denkschrift deutlich wurden, Stellung. So wandte sich Fürstbischof Bertram von Breslau im Namen des preußischen Episkopats und in seiner Funktion als Vorsitzender der Fuldaer Bischofskonferenz an den zuständigen Minister und ersuchte „ergebenst und dringend" um Berücksichtigung seiner Wünsche.[68] Drei Bereiche waren für ihn von Bedeutung:

- Zum einen die „Konfessionalität der Aufbauschulen", da nur sie „den Zusammenhang mit dem religiösen Leben in der Familie und der Heimat wahren" könne. Zugleich sei durch die Erhaltung des konfessionellen Charakters „die Möglichkeit gegeben, die zukünftigen Lehrer an den Bekenntnisschulen im Geiste ihrer Weltanschauung zu befestigen und zu vertiefen"[69].

- Als zweites sprach Bertram den Religionsunterricht an und forderte für die Oberstufe eine Erhöhung auf drei Wochenstunden. Bezug nahm er auf die Denkschrift, die die sogenannten „Gesinnungsfächer" betonte, unter denen die Religion die erste Stelle einnehmen würde. Zwei Stunden seien zu wenig, um „neben der Durchnahme des übrigen Stoffes die Abhängigkeit der deutschen Kultur von dem Einflusse des Christentums eingehend zu behandeln". Darüber hinaus könne „nur eine gründliche religiöse Unterweisung und Erziehung die Schüler zu [...] charakterfeste[r] Sittlichkeit heranbilden". Gegebenenfalls könne in der Prima auf die dritte Stunde verzichtet werden, wenn dem Religionslehrer die vorgesehene eine Stunde „philosophische Lektüre" übertragen würde.

- Und drittens machte Bertram vorsorglich darauf aufmerksam, daß man von einem Lehrplan der deutschen Oberschule für Mädchen erwarte, daß diese Forderungen „ganz besonders" beachtet würden, da die Religion im Leben der

---

[66] Fischer, F., Aufbauschule und Rektoratsschule, in: Germania Nr. 183 vom 5.7.1923
[67] ebd.
[68] vgl. GStA Merseburg, Nr. 1, I, Sig. 358-3590
[69] ebd.

112

Frau eine besonders hervorragende Stellung einnehme und „erst alle Kräfte des Willens und des Gemütes zu vollen Entfaltung" bringe.[70] Erzbischof Eugenio Pacelli sah katholische Interessen bedroht und unterstützte in einem Schreiben der Apostolischen Nuntiatur Bayern an die Deutsche Botschaft beim Päpstlichen Stuhl besagte Forderungen, die von „entscheidender Bedeutung für die katholische Elementarschule" seien. So betonte er, daß sowohl die vorgesehene paritätische Ausrichtung der Aufbauschulen als auch der geplante nur zweistündige Religionsunterricht „dem Gange der Konkordatsverhandlungen die größten Hindernisse in den Weg legen"[71] könnten. Zugleich verwies Pacelli darauf, daß er sofort „einen einflußreichen Zentrumsabgeordneten für die Angelegenheit lebhaft interessiert" habe.

Die Eingabe des Episkopats war nachweislich eines Protokolls Gegenstand eines Gespräches zwischen Kardinal Dr. Schulte und dem Geheimen Oberregierungsrat Heuscher,[72] nachdem Beamte der Ministerialbürokratie das Schreiben Bertrams ablehnend zur Kenntnis genommen hatten.[73] Der Vertreter des Ministeriums machte gegenüber Kardinal Schulte deutlich, daß die Aufbauschulen nichts mit der Lehrerbildung zu tun hätten, sie zwar paritätisch eingerichtet werden müßten, aber in ihrer großen Mehrheit konfessionell gebunden seien. Bezüglich des Umfangs des Religionsunterrichts verwies Heuscher auf die Voraussetzungen der Aufbauschüler: 7-8 Jahre Religionsunterricht mit wöchentlich 4-5 Stunden an den Volksschulen. Daneben offerierte Heuscher die vorgesehene Möglichkeit, die wahlfreien Arbeitsgemeinschaften in der Oberstufe auf religiöse Fragen auszuweiten. Letzteres habe die Bedenken des Kardinals wesentlich gemildert. Kardinal Schulte sicherte zu, Kardinal Bertram und Nuntius Pacelli entsprechend zu informieren.

Aus Sicht des preußischen Episkopats waren die Probleme aber nicht gelöst, so daß Kardinal Bertram am 2. Oktober 1922 dem preußischen Ministerium ein Promemoria unterbreitete, das durch eine Note des Vatikans am 15. Dezember 1923 an die Deutsche Botschaft beim Päpstlichen Stuhl unterstützt wurde, da - so Kardinalstaatssekretär Gasparri - „die berechtigten Forderungen des Episkopats nicht in gebührende Erwägung gezogen worden sind"[74].

---

[70] ebd.
[71] GStA Merseburg, Nr. 1, I Sig. 351, 352. Schreiben vom 18.4.1922
[72] vgl. GStA Merseburg, Nr. 1, I, Sig. 344 und 3440
[73] ausweislich handschriftlicher kurzer Stellungnahmen am Rand des Originalschreibens
[74] GStA Merseburg, Nr. 1, II, Sig. 174-175

Die Befürchtung des preußischen Episkopats und des Vatikans, daß eine Entkon-
fessionalisierung der Volksschullehrerausbildung durch die Einführung der Aufbauschulen erfolgen könnte, war die Begründung für diese massive Einflußnahme
auf die preußische Regierung. Glaubte man doch, daß auf dem Wege einer nicht-
konfessionellen Lehrerausbildung auch zugleich die konfessionelle Volksschule
gefährdet sei, die das Zentrum in der Weimarer Verfassung gegen den Widerstand der SPD gesichert hatte. Vor dem Hintergrund der Schaffung einer christlicher Weltanschauung bei den Schülern und Schülerinnen der Aufbauschulen, die
- so die Annahme - die Volksschullehrerlaufbahn anstreben würden, ist auch die
Forderung einer Ausweitung des Religionsunterrichts gegenüber den anderen höheren Schulen zu sehen. Dem konnte die Schulverwaltung aber aus Gründen der
formalen Einheitlichkeit nicht folgen; sie sah aber „durch die Verstärkung des
Deutschunterrichtes die Möglichkeit gegeben [...], die religiösen Werte der deutschen Kultur auch in diesen Stunden zur Geltung zu bringen"[75].
Wenn auch das Hauptaugenmerk dieser Arbeit auf der Position des Katholizismus
liegt, muß doch kurz auf die Sichtweise des Protestantismus eingegangen werden,
da er die Mehrheit der Bevölkerung in Preußen repräsentierte und entsprechenden
Rückhalt auch in der Ministerialbürokratie hatte. Gegenüber der deutlichen Kritik
aus dem Katholizismus kamen von evangelischer Seite keine grundsätzlichen Bedenken gegen die Bildungsausrichtung der Deutschen Oberschule und somit der
meisten Aufbauschulen, sondern nur vereinzelt gegen den Religionslehrplan. Die
Kritik richtete sich gegen eine gleichrangige Behandlung des Christentums „neben anderen Kulturerscheinungen und Religionsbildungen", was das „Allerwich-
tigste" versäume: „eine bewußte Einführung der Schüler in das alle Kulturerscheinungen in einzigartiger Weise überragende Wesen des christlichen Glaubens"[76].
Mit der „unendliche(n) Größe, unerschöpfliche(n) Tiefe und herzandringenden(n)
Kraft der Bibel" wollte z.B. das Oberkirchenkollegium Breslau „eine Ursache für

---

[75] Handschriftlicher Vermerk an der Eingabe des preußischen Episkopats (GStA Merseburg,
      Nr. 1, I, Sig. 3580). Zahlreiche Eingaben des Episkopates zur Neuordnung des höheren
      Schulwesens in den Jahren 1923/24 zeigen, daß den vorgetragenen Bedenken grundsätzli-
      cher Charakter zukam und unabhängig von der Einführung der Aufbauschule zu sehen
      waren (vgl. Material zur Schulreform. Die Stellung des Episkopates, in: Schule und Erzie-
      hung 12 (1924), S. 91-96, und Material zur Reform des höheren Schulwesens in Preußen.
      Dritte Eingabe des Episkopats, in: ebd., S. 256f., sowie Schröteler, J., Zur Neuordnung
      des preußischen höheren Schulwesens, in: Schule und Erziehung 12 (1924), der resümie-
      rend in der Denkschrift „keinen Fortschritt" sah, „sondern einen bedauerlichen Kompro-
      miß mit gewissen Zeitströmungen" (S. 49-69, Zitat S. 69)).
[76] Eingabe des Oberkichenkollegiums Breslau an den preußischen Minister z. Hd. Ministe-
      rialrat Richert vom 25.8.1924. GStA Merseburg, Nr. 2, III, Sig. 65

die erschütternde innere Haltlosigkeit so vieler und für den traurigen sittlichen Niedergang unseres Volkslebens" beheben.[77] Die Antwort der Unterrichtsverwaltung konnte recht formal ausfallen, da die Herausgabe der Lehrpläne „in vollem Einvernehmen mit den kirchlichen Instanzen" erfolgt war, deren „besonderen Wünsche" dabei erfüllt worden seien.[78] Der Verweis auf die Möglichkeit, Lehrplanentwürfe einzureichen im Rahmen der Neuordnung des preußischen höheren Schulwesens, war eine verklausulierte Ablehnung. Das kann nicht überraschen, denn die Lehrpläne für evangelische Religion spiegelten Richerts Vorstellung über die reduzierte Funktion dieses Unterrichts im Rahmen der kulturkundlichen Ausrichtung der Schule insgesamt wider. Und daß diese Ausrichtung von der Regierungskoalition getragen wurde, zeigte nicht zuletzt seine Beförderung zum Ministerialrat.

d) Antrag auf eine Arbeiteraufbauschule in Essen

Konstruktiv griffen in Essen die KPD, die VSPD und für die freien Gewerkschaften der Allgemeine Deutsche Gewerkschaftsbund (Ortsausschuß Essen) die Möglichkeit der Einrichtung von Aufbauschulen auf. Sie ließen durch den Oberbürgermeister dem Provinzial-Schulkollegium Koblenz einen Antrag auf Eröffnung einer „Arbeiter-Aufbauschule" zu Ostern 1923 zukommen.[79] Unter Ignorierung der vorgesehenen Begrenzung auf den ländlichen Raum sah man aufgrund der „Bildungsbedürfnisse" und der „Bildungsnot" der Großstadtarbeiter die „Schaffung von Aufbauschulen für die handarbeitende Großstadtbevölkerung" als „dringlich" an. Aufgrund der „sozialen Vorzüge der Aufbauschule" sei sie „der erste, wenn auch noch schwache u[nd] keineswegs ausreichende Versuch, die wirtschaftlichen u[nd] kulturellen Privilegien der höheren Schule zu durchbrechen". Ökonomisch sei diese Schule doppelt vorteilhaft: zum einen könnten die Eltern „ihre Kinder 3 - 4 Jahre länger auf der unentgeltlichen, gemeinsamen Grundschule lassen", und daneben ergebe sich für den Staat eine „bedeutende Ersparnis an Lehrkräften, Schulräumen u[nd] Material aller Art". Das ersparte Geld sollte nach diesem Vorschlag dann konsequenterweise in die „unentgeltliche Lieferung von Lernmittel" gesteckt werden. Diese allgemeinen Forderungen fanden eine Konkretisierung in den 16seitigen „Richtlinien für die innere und äußere Gestaltung einer Arbeiter-Aufbauschule im Industriebezirk". Kulturpolitisch sollte sie „ein starkes Gegengewicht bilden ge-

---

77   ebd., Sig. 650
78   Schreiben vom 12.9.1924, ebd., Sig. 66
79   vgl. im folgenden GStA Merseburg, Nr. 1, 1, Sig. 406-4140

gen die mechanisierende und entseelende Wirkung der heutigen Arbeit und gegen den gemeinschaftszerstörenden und kulturwidrigen Ungeist des Großstadtlebens". Als allgemeines Erziehungsziel war für das Arbeiterkind nicht der Zugang zu „angeblich" höherer geistiger Arbeit festgelegt, sondern „ein neues, tieferes u[nd] lebendiges Verhältnis zu seiner praktischen Arbeit und damit zu seiner proletarischen Umgebung und zur Kultur". Die angestrebte „Erziehung im Gemeinschaftsgeist u[nd] zur Gemeinschaft" sollte besonders über eine „soziale Unterrichtsgestaltung", in deren Mittelpunkt der „Heimat- u[nd] Kulturunterricht" als neue Art von „Gesamtunterricht" stehe, erfolgen.

Als „Lebensschule" sollte diese Aufbauschule auch „Lebensfürsorge des proletarischen Kindes" sein, indem die Schule nicht nur „Sorge für leibliches und seelisches Gedeihen des Kindes" tragen, sondern auch „die Unzulänglichkeit der häuslichen Erziehung" ausgleichen und „den Gefahren des proletarischen Milieus" vorbeugen sollte. Für den Schulaufbau wurde ein bestimmter Schultyp abgelehnt, um sich durch Vielseitigkeit „allen Begabungs- u[nd] Bildungsmöglichkeiten anpassen" zu können. Als wissenschaftliche Kernfächer wurden nur Mathematik, Naturwissenschaft und Geschichte genannt, deren Vermittlung einem Gesamtunterricht oblag. Für den Kern war also weder eine Fremdsprache noch das Fach Deutsch vorgesehen. Einen besonderen Stellenwert nahm die täglich vorgesehene rhythmisch-musikalische Bewegung ein, deren „befreiende u[nd] kraftsteigernde Wirkung den gesamten Unterricht" durchdringen sollte. Zahlreichen Ergänzungsfächern mit bedingter Wahlfreiheit und Neigungsfächern kam die Aufgabe zu, „weitesten Spielraum zur persönlichen Entfaltung" zu geben.

Auch die weiteren Hinweise auf Schulleben, Tagesablauf, Schulgeld, Lehrer- und Schulleiterauswahl, Schulgemeinde, Arbeitsgemeinschaften, Kameradschaften, Zeugnisse usw. zeigen die Nähe zu Positionen, die auch vom „Bund Entschiedene Schulreformer" vertreten wurden und die an frühe Überlegungen zu städtischen Aufbauschulen anknüpften, ohne jedoch die Besonderheiten des proletarischen Milieus und dessen Organisationen außer acht zu lassen.

Obwohl die Umwandlung einer höheren Schule in eine Aufbauschule als Verwirklichungsmöglichkeit denkbar schien und die „naheliegendste Lösung" die Einrichtung in dem im Abbau befindlichen evangelischen Lehrerseminar gewesen wäre, kam diese örtliche Initiative einer arbeitermilieuspezifischen Aufbauschule - wie angesichts der Festlegungen der Denkschrift zu erwarten war - nicht zum Tragen. Denn schon das Provinzialschul-Kollegium hatte den Antrag an den Minister mit dem handschriftlichen Zusatz weitergeleitet:

„Die Einrichtung einer derartigen Aufbauschule kann unsererseits aus grundsätzlichen Erwägungen nicht befürwortet werden."[80]

Diese Ablehnung macht deutlich, daß an einem bildungsmäßigen Aufstieg der Arbeiterklasse kein Interesse bestand.

---

[80] ebd., Sig. 405

III. Die Entwicklung der preußischen Aufbauschule in der Weimarer Republik

1. Die allgemeine Entwicklung der Aufbauschule

Mit der Veröffentlichung der Denkschrift und den im monatlichen Abstand erscheinenden Stundentafeln (15. März 1922) und vorläufigen Lehrplänen (15. April 1922) sowie den unten aufgeführten Erlassen war die inhaltliche Bestimmung der Aufbauschule abgeschlossen. Es handelte sich dabei im einzelnen um Erlasse zur inneren und organisatorischen Gestaltung (Lehrerzuweisung, Berechtigungen, Aufnahmeprüfungen, Übergang von anderen Schulen, Klassengrößen und Schulaufsicht) sowie um Erlasse:

- zur Konfessionalität: "Die ... öffentlichen höheren Schulen in Aufbauform (werden) paritätisch sein." (MErl. v. 18.12.1922)[1]
- zur Koedukation an Aufbauschulen für Mädchen: "Ich bin jedoch für eine Übergangszeit damit einverstanden, daß nach Bedürfnis auch Knaben in größerer Zahl aufgenommen werden." (MErl. vom 17.2.1925) und "Gegen eine bis zur Hälfte der Gesamtzahl gehende Aufnahme von Knaben will ich in diesem Jahre Einwendungen nicht erheben." (MErl. vom 19.5.1925)
- zum Lehrplan: Stundenverteilung an der Aufbauschule entweder nach dem Typus der Deutschen Oberschule oder nach dem Typus der Oberrealschule, differenziert nach Pflicht- und Wahlfächern[2], was in bezug auf die Deutsche Oberschule folgende Stundentafel bedeutete: Religion 12 Stunden, Deutsch 28, Philosophische Lektüre 2, Geschichte 18, Staatsbürgerkunde 3, Erdkunde 12, Mathematik 26, Naturwissenschaft 27, 1. Fremdsprache 30, 2. Fremdsprache ab U II 13, Zeichnen 12, Musik 12, Turnen 18 Stunden, daneben wahlfreie Fächer wie Instrumentalunterricht 6 Stunden, Werkunterricht 12, gärtnerische Arbeiten 6, schließlich Arbeitsgemeinschaften in der Oberstufe im deutschkundlichen Bereich 6 sowie für die Naturwissenschaften 6 Stunden. Damit dominierten die kulturkundlichen Fächer als Kernfächer.

---

[1]   Alle Erlasse in Auszügen abgedruckt in: Aufbauschule ..., a.a.O., S. 13-83
[2]   vgl. Anlagen 2 und 3 zur Denkschrift über die grundständige deutsche Oberschule vom 18. Februar 1922. GStA Merseburg, Nr. 1, I, Sig. 196. Ab 1924 war nur noch die Teilnahme an einer Arbeitsgemeinschaft verpflichtend. Zur Fächerverteilung in den anderen Ländern des Reiches vgl. Günther, Alfred, Die Stundentafeln der deutschen Aufbauschulen, in: DOA 1 (1928), H. 2, S. 24-26

Den weiteren organisatorischen Ausbau und die förmliche Anerkennung der Aufbauschulen als „in Entwicklung" begründete Minister Boelitz „im Einverständnis
mit dem Finanzminister" u.a. damit, daß „der ländliche Lehrerersatz in ausrei-
chendem Maße nur mit Hilfe höherer Lehranstalten in Aufbauform gewonnen
werden (kann)"[3]. So waren schon sehr früh die Voraussetzungen für die Anerkennung der Aufbauschulen nach Abschluß eines nur kurzen Versuchsstadiums
als „öffentliche Lehranstalten in Aufbauform (Aufbauschulen) in Entwicklung"
1925 gegeben.[4] Die inhaltliche Bewährung war zu diesem frühen Zeitpunkt aber
kaum zu überprüfen, so daß die Kampagne von Elternbeiräten an staatlichen Aufbauschulen gegen den Status einer „vorläufigen Notmaßnahme" wohl eine Rolle
für diese Entscheidung mitgespielt hat.[5]
Durch die insgesamt geplanten 100 Aufbauschulen sollte (und konnte rechne-
risch) der Lehrernachwuchs aus dem ländlichen Bereich für den ländlichen Bereich gesichert werden, wenn die Mehrzahl der Abiturienten den Volksschullehrerberuf zu ergreifen beabsichtigte. Und auch wenn Richert sich dagegen verwahrt hatte, die Aufbauschulen als „verkappte Lehrerseminare"[6] zu sehen, hatte
er mit seiner Denkschrift doch schon wesentliche Affinitäten hergestellt:

> „Die Freunde der Aufbauschule hoffen [...], daß die besonderen Werte dieser Schule
> auf viele künftige Volksschullehrer eine starke Anziehungskraft ausüben werden, be-
> sonders auf die, welche aus ländlichen Schichten stammen."[7]

Die grundsätzliche Entscheidung des preußischen Staatsministeriums vom
30.6.1925, zum Schuljahresbeginn 1926 drei Pädagogische Akademien versuchsweise einzurichten,[8] ließ aber die allgemeine wissenschaftliche Vorbildung
der Volksschullehrer bis zum Abitur bei allen höheren Schulen - und nicht nur bei
den Aufbauschulen.
Die Etablierung des Aufbauschulwesens in Preußen entsprechend den konzeptionellen Vorgaben aus der Unterrichtsverwaltung fand mit Schuljahresbeginn 1926
mit 18 Neugründungen einen vorläufigen Abschluß[9], denn 1927 gab es nur eine,

---

3   GStA Merseburg, Nr. 1, II, Sig. 285, Schreiben an den Ministerpräsidenten vom
     24.10.1924
4   vgl. Weber, Rita, Die Neuordnung ..., a.a.O., S. 245
5   vgl. die 29 Eingaben an die Unterrichtsverwaltung im Herbst 1924. GStA Merseburg, Nr.
     1, II, Sig. 293-343
6   Richert, Hans, Die Ober- und Aufbauschule, a.a.O., S. 107
7   zit. nach Aufbauschule ..., a.a.O., S. 12
8   vgl. Weber, Rita, Die Neuordnung ..., a.a.O., S. 259
9   vgl. Günther, Alfred, Die deutsche Aufbauschulbewegung, in: Deutsches Philologen-Blatt
     37 (1929), S. 20

1928 zwei und 1929 die vorerst letzte Neugründung einer Aufbauschule.[10] 71 Aufbauschulen waren zu diesem Zeitpunkt voll ausgebaut und an 45 Schulen weitere Aufbauschulklassen eingerichtet bzw. genehmigt worden: insgesamt 98 staatliche, 15 kommunale und drei private.[11] Entgegen den Denkschriftvorgaben und den Vorstellungen des Deutschen Philologenverbandes[12] waren darunter auch Schulen in Mittelstädten und elf sogar in Großstädten (z.b. in Berlin bzw. Berlin-Neukölln fünf und in Köln und Düsseldorf je zwei[13]), wobei aber die Zielgruppe der Denkschrift auch dort gewahrt schien. Da, so die Erkenntnis eines Aufbauklassenleiters in Stadtnähe:

> „auch in den Städten noch viel kerngesundes, wertvolles Menschengut vorhanden ist (man denke nur an die vielen, die vom Land zuwanderten), werden diese Schulen der Führerschicht nicht nur intellektuelle Begabungen, sondern auch urwüchsige Volkskraft zuführen"[14].

In der räumlichen Verteilung zeigte sich, daß ca. 36% der Aufbauschulen in Kleinstädten unter 5.000 Einwohnern und 30% in Städten zwischen 5.000 und 10.000 Einwohnern eingerichtet wurden, wohingegen 24% in Mittelstädten und sogar 10% in Großstädten über 100.000 Einwohnern lagen.[15] Ein Ausnahmecharakter konnte somit städtischen Aufbauschulen nicht mehr zugesprochen werden. Obwohl Aufbauschulen vorrangig an Orten ohne höhere Schulen eingerichtet werden sollten, um Bildungsmöglichkeiten zu eröffnen, waren 1929 allein 33 Aufbauschulen mit anderen höheren Schulen verbunden.[16] Daneben gab es in mehreren Städten noch Aufbauschulen, die getrennt von anderen höheren Schulen

---

[10]   vgl. Aufbauschule ..., a.a.O., S. 84-96. Doch 1930 wurde außerplanmäßig noch eine weitere Aufbauschule als Oberrealschule in Alsdorf (Aachen) gegründet (vgl. Schmitz, Die Staatliche Oberrealschule in Aufbauform zu Alsdorf, in: Heimatblätter des Kreises Aachen 5 (1935), H. 2, S. 13f.).

[11]   Reichsweit gab es 1928 nur 155 Aufbauschulen (vgl. Günther, Alfred, Bestand der deutschen Aufbauschulen, in: DOA 1 (1928), Heft 3/4, S. 53-59).

[12]   vgl. Behrendt, Felix, Die Zukunft des deutschen höheren Schulwesens, Breslau 1925, S. 73f. Daher wurde von den gegenüber den Aufbauschulen skeptischen Philologen auch die Schließung von Aufbauklassen wegen „Unterwertigkeit der Aufbauschüler" in dem mit 120.000 Einwohnern als zu klein geltenden Lübeck groß herausgestellt, da gegenüber dem Lande ein entsprechendes begabtes Schüler(innen)potential für die Aufbauschulen fehle. (vgl. Schwarz, Sebald, Vom Aufstieg der Begabten, in: Deutsches Philologen-Blatt Nr. 11 vom 14.3.1928, S. 165-167).

[13]   vgl. Aufbauschule ..., a.a.O., S. 84-96.

[14]   Klemmer, Die preußische Aufbauschule und die Katholiken, in: Schule und Erziehung 15 (1927), S. 97f.

[15]   vgl. Günther, Alfred, Die deutsche ..., a.a.O., S. 20, und derselbe, Bestand ..., a.a.O., S. 55

[16]   vgl. Aufbauschule. ..., a.a.O., S. 84-96

geführt wurden. Insofern war in ca. einem Drittel der Städte durch die Aufbau-schule eine weitere Möglichkeit höherer Schulbildung zusätzlich geschaffen wor-den. Dies war Ergebnis der Einrichtung von Aufbauschulen außerhalb des ländli-chen Raumes - entgegen den ersten politischen Absichtserklärungen und den Vorstellungen des Philologenverbands.

Von den Schultypen hatten sich entsprechend der Denkschrift die Deutsche Oberschule (88 Schulen) und die Oberrealschule (25 Schulen) an den staatlichen und städtischen Einrichtungen durchgesetzt. Sonderregelungen im Sinne eines besonderen Lehrplans mit Versuchscharakter gab es nur für zwei Schulen im Berliner Raum.[17] Diese Entwicklung war impliziert durch die kulturpolitische Bildungsaufgabe der Aufbauschule, die eine Beschränkung auf zwei Fremdspra-chen und die Betonung des Deutschen herausforderte.

Bezüglich der Sprachenfolge dominierte als erste Fremdsprache an 75 Schulen Englisch - Latein war nur an einer privaten Versuchsschule über eine Ausnahme-genehmigung zugelassen[18] -, wobei dann 47 Schulen als zweite Pflichtsprache Latein festgelegt hatten - darunter z.B. fast alle Aufbauschulen in Westfalen.[19] Für Französisch als erste Fremdsprache hatten sich nur 39 Schulen entschieden, die dann überwiegend (31) Englisch als zweite Sprache folgen ließen.[20] Damit lernten 93% aller Schüler(innen) der Aufbauschulen Englisch, 57% Französisch und 49% Latein.

---

[17] vgl. ebd. Mit Beschluß des Preußischen Landtags vom 20.3.1928 sollten gymnasiale Ty-pen versuchsweise zugelassen werden (vgl. ebd., S. 12, Anmerkung 1). Die Forderung nach „Aufbauschulen mit humanistischem Charakter" war auf katholische Kreise be-schränkt (vgl. Humanistische Aufbauschulen, in: Germania Nr. 596 vom 22. 12. 1925).

[18] Dies war ganz im Sinne des Vorstandsmitglieds des Reichsverbands der Deutschen Ober-schulen und Aufbauschulen, der es als „inkonsequent" ansah, wenn an Aufbauschulen La-tein als 1. Fremdsprache gefordert und zugelassen würde: „Nichts hat das Leben dieser Schicht (der breiten Masse des Volkes, H.-G. B.) zu schaffen mit einer Kultur, die für sie nie lebendig war, noch werden kann: mit der römischen Kultur." (Kleeberg, Arthur, Die Fremdsprachenfrage an der Deutschen Oberschule, in: Monatsschrift für höhere Schulen Bd. 30 (1931), S. 148)

[19] Schmidt, Ernst, Die Aufbauschule nach Wesen, Aufgaben und Bildungszielen, in: Der Reichsbote, Tageszeitung für das evangelische Deutschland, Beilage Volkserziehung und Jugendbildung, 55. Jg. Nr. 56 vom 8.3.1927, behauptet dies für alle westfälischen Aufbau-schulen. Für 1928 werden aber von den 15 westfälischen Schulen zwei mit Französisch bzw. Englisch als 2. Fremdsprache ausgewiesen (vgl. Aufbauschule ..., a.a.O., S. 90f.). Auch wenn Wechsel in der Sprachenfolge manchmal vorgenommen wurden, bleiben die Angaben Schmidts fraglich.

[20] vgl. Aufbauschule ..., a.a.O., S. 84-96. Die Friedrich-Paulsen-Schule in Niebüll ermöglich-te Dänisch als 2. Fremdsprache. Für eine erst 1929 gegründete Schule ließ sich die Spra-chenfolge nicht ermitteln (vgl. auch Günther, Alfred, Die deutsche ..., a.a.O., S. 21).

97 Aufbauschulen waren als Knabenschulen und 19 als Mädchenschulen errichtet worden. 1929 bedeutete dies aber aufgrund des hohen Mädchenanteils auf den Knabenschulen einen Anteil von 26,3% Mädchen, 1931 28% und 1932 27% an der Gesamtschülerschaft. Neue Aufbauschulen für Mädchen scheiterten teilweise an den fehlenden zu schließenden Lehrerinnenseminaren, die häufig als sog. Vorläufereinrichtungen gelten konnten.[21] Erst Interventionen u.a. durch den Verein deutscher Evangelischer Lehrerinnen[22], durch die Vereinigung Evangelischer Frauenverbände im Rheinland[23] und durch die Zentrumsabgeordnete Frau Wronka[24], die vehement auf die geringe Zahl (1925: 5) der Mädchenaufbauschulen verwiesen, waren erfolgreich und führten zu einer Steigerung ihrer Zahl.

Nur 15 Knabenschulen nahmen keine Mädchen und nur fünf Mädchenschulen keine Knaben auf, so daß besonders im ländlichen Raum koinstruktive Schulen vorhanden waren - allerdings nur aus Kapazitätsgründen, um die Berechtigung der Schule zu sichern.[25] Das jeweilige andere Geschlecht war aber fast immer[26] nur in deutlicher Minderheit vertreten: als Notlösung. Gemeinschaftliche Erziehung als Normalform wurde zwar von SPD, KPD und dem Bund Entschiedener Schulreformer gefordert, war aber gegen Katholizismus und Preußischen Philologenverband nicht durchzusetzen. So sollte eine 1925 eingerichtete Mädchenaufbauschule nach dem Willen des Bischofs von Paderborn, Dr. Klein, keine Knaben aufnehmen, was erst die Zustimmung des PSK Münster und dann auch des Ministeriums durch Ministerialdirektor Dr. Jahnke fand.[27] 1929 besuchten dann aber doch neun Jungen (bei 89 Mädchen) diese Mädchenschule.[28] Die Sachzwänge, die sich aus einer angemessenen Größe der Klassen ergaben, waren wohl zwingender gewesen als die ideologischen Vorbehalte. Insgesamt war an den Knabenaufbauschulen der Mädchenanteil sogar wesentlich größer als an den grundständigen höheren Schulen, wo er sich 1928 erst auf 6% der überhaupt eine höhere

---

[21] vgl. Hadlich, H., Die Mädchenaufbauschule, in: Deutsches Philologen-Blatt Nr. 41 vom 10.10.1928, S. 619f.

[22] vgl.. GStA Merseburg, Nr. 1, III, Sig. 26, Eingabe an den Minister vom 4.5.1925

[23] vgl. Schreiben an den Minister vom 17.7.1925, ebd. Sig. 235

[24] So z.B. im Landtag am 4.11.1925 und 14.4.1926 (vgl. ebd., Sig. 2810 und 3250).

[25] vgl. Aufbauschule ..., a.a.O., S. 84 -96

[26] Als Ausnahme kann die Aufbauschule für Mädchen in Neuzelle angesehen werden, die 1927 neben 46 Knaben nur 29 Mädchen aufwies (vgl. Simon, Eduard, Die selbständigen (bzw. alleinstehenden) staatlichen Aufbauschulen in Preußen, in: Deutsches Philologen-Blatt Nr. 9 vom 2.3.1927, S. 133-135).

[27] vgl. GStA Merseburg, Nr. 1, III, Sig. 185, Eingabe des Bischofs. Stellungnahmen des PSK und des Ministeriums ebd. Sig. 184 und 186

[28] vgl. Aufbauschule ..., a.a.O., S. 90f.

Schule besuchenden Mädchen erhöht hatte.[29] Von einem koedukativen Charakter der Schulen könnte aber wohl erst gesprochen werden, wenn auch weibliche Lehrkräfte an Knabenanstalten unterrichten würden, was erst ab 1926 langsam in Preußen umgesetzt wurde.[30]

Entgegen der Vorgabe der Denkschrift, daß die Aufbauschule „auf dem Lehrgang des siebenten Volksschuljahres" [31] aufbauen sollte, erfolgte der Übergang der Hälfte der Schüler und Schülerinnen erst nach dem 8. Schuljahr.[32] Aus Elternsicht war dies eine sinnvolle Entscheidung, da bei einem Scheitern des Kindes an der Aufbauschule so wenigstens der Abschluß der Volksschule vorhanden war. Reichsweit hatten 1931 die neuaufgenommenen Knaben nur zu 43% und die Mädchen zu 56% eine siebenjährige Schulbesuchsdauer. 1932 waren die Neuaufgenommenen durchschnittlich jünger: 53% der Knaben und 65% der Mädchen hatten eine siebenjährige Schulbesuchsdauer.[33] In beiden Jahren entsprach die Altersstruktur der Mädchen eher den Denkschriftvorgaben.

Die Aufnahme in die unterste Klasse der Aufbauschule setzte eine Aufnahmeprüfung voraus, wobei in zweifelhaften Fällen auch eine versuchsweise Aufnahme möglich war. Da die Aufnahmeprüfung verstärkt nicht nur wie in der Denkschrift vorgesehen von Volksschüler(inne)n, sondern auch von Mittelschul-, Lyzeums- und Gymnasialschüler(inne)n genutzt wurde, war in den Eingangsklassen der Aufbauschulen häufig eine Schülerschaft mit sehr unterschiedlichen Voraussetzungen - besonders in den Fremdsprachen - anzutreffen. Im Schuljahr 1924 kamen von den 2.249 Schüler(inne)n der Eingangsklasse U III 80% von Volksschulen, 13% von mittleren Schulen und 7% von höheren Schulen.[34]

Diese Bestandsaufnahme der Unterrichtsverwaltung war Anlaß für eine Stellungnahme gegenüber dem Landtag, daß es „völlig unberechtigt und unzutreffend" sei

---

[29] vgl. Thyen, Hermann, Zur Theorie und Praxis der Koedukation, in: Die Erziehung 4 (1928/29), S. 561

[30] vgl. ebd., S. 563. Dort auch Hinweise zu Grundpositionen einiger Verbände zur Koedukation.

[31] Aufbauschule ..., a.a.O., S. 5

[32] vgl. Klemmer, Die preußische ..., a.a.O., S. 99. Diese Entwicklung bestätigt eine Auswertung der Schüler(innen)jahrgänge 1923-1930 der Aufbauschule Homberg/Kassel: Nur 51% der Schüler(innen) wurden mit sieben Volksschuljahren aufgenommen (vgl. Dehmer, Heinz, Die Leistungsentwicklung des Aufbauschülers, in: DOA 5 (1931), H. 1, S. 10).

[33] vgl. Reichsinnenministerium (Hrsg.), Jahrbuch für das höhere Schulwesen. Statistischer Bericht über den Gesamtstand des höheren Schulwesens im Deutschen Reich. 1. Jahrgang 1931/32, Leipzig 1933, S. 165

[34] vgl.. GStA Merseburg, Nr. 1, II, Sig. 239, Stellungnahme der Unterrichtsverwaltung für den Preußischen Landtag vom 5.9.1924

zu behaupten, „daß die Aufbauklassen in der Hauptsache mit ‘gescheiterten’ Schülern der höheren Lehranstalten gefüllt würden"[35]. Die Formulierung war politisch geschickt gewählt, denn „in der Hauptsache" war eine derartige Behauptung nicht richtig, da sie eben doch nur eine - zwar große - Minderheit darstellten und über deren „Scheitern" direkte Hinweise nicht vorlagen. Doch vernebelte diese Stellungnahme, daß als Klientel der Aufbauschule im Grundsatz nur an die Schüler(innen) von der Volksschule gedacht war. Daß dies auch der Unterrichtsverwaltung klar war, zeigt der Erlaß vom 19.5.1925, der die Aufnahme in U III mit einem Genehmigungsvorbehalt des jeweiligen PSK versehen wissen wollte[36], was allerdings immer noch ein Ausweichen in O III ermöglichte.

Dies wurde auch genutzt. So kamen 1932 reichsweit 10,5% der Knaben von höheren Schulen und 8% aus mittleren Schulen, von den Mädchen kamen 10,8% von höheren Schulen und 9,9% von mittleren Schulen.[37] Damit hatte fast jede(r) 5. Schüler(in) nicht die Oberstufe der Volksschule besucht. So mußte mit Erlaß vom 31.3.1927 noch einmal bekräftigt werden, was schon mit Erlaß vom 5.5.1923 geregelt war: daß auch Zugänge von anderen Lehranstalten sowohl nach Zeugnissen als auch „hinsichtlich ihrer geistigen Befähigung für die genannten Klassen geeignet sind"[38]. Damit war eine kleine Schranke gegen Abbrecher(innen) von anderen Lehranstalten, die nur zwecks Erhöhung der Schüler(innen)-zahlen zur Sicherung der Existenzberechtigung der Schule aufgenommen wurden, errichtet, um das Anforderungsprofil der Aufbauschulen zu wahren.

Für das Schuljahr 1931/32 ist zum ersten Mal eine statistische Auswertung der Schülerentwicklung nachweisbar, die nach Schulformen und Schultypen differenziert. So besuchten in diesem Jahr 11.858 Schüler und Schülerinnen Aufbauschulen für Knaben.[39] Dies entspricht einem Anteil von 4% an der Schülerschaft der höheren Schulen und weist Preußen im Vergleich zu anderen Ländern einen Mittelplatz zu: Württemberg und Bayern sowie einige kleinere Länder kannten noch keine Aufbauschulen; Thüringen, Anhalt und Lippe hatten dagegen einen

[35] ebd., Sig. 240

[36] vgl. Aufbauschule ..., a.a.O., S. 34f.

[37] Reichsinnenministerium (Hrsg.), Jahrbuch ..., a.a.O., S. 166. Diese Angaben sind auch für Preußen aussagekräftig, da es zu diesem Zeitpunkt 77,1% aller Aufbauschüler(innen) stellte.

[38] Aufbauschule ..., a.a.O., S. 36 und 31 (Zitat), und grundsätzlich Fräger, Paul, Probleme der Schüleraufnahme in der Aufbauschule, in: Allgemeine Deutsche Lehrerzeitung 55. Jg. Nr. 6 vom 11.2.1926,S. 101-103

[39] vgl. Reichsinnenministerium (Hrsg.), Jahrbuch ..., S. 48. Für das Deutsche Reich werden 17.002 Schüler (einschl. 3.283 Mädchen) genannt (vgl. ebd., S. 37).

Anteil an Aufbauschülern von über 10%.[40] Aufgrund der nur sechsjährigen Dauer der Aufbauschulen ist der Bezug zur Gesamtschülerschaft der übrigen neunjährigen höheren Schulen in der Aussagekraft erweiterbar und vergleichbarer, wenn die anteilige Zahl der Abiturienten berücksichtigt wird. Im Schuljahr 1930/31 erhielten 860 Schüler und 150 Schülerinnen an Knabenschulen das Abitur zuerkannt, was einem Anteil von 5,3% entspricht. Für das Schuljahr 1931/32 stellt sich dies für die Aufbauschulen noch günstiger dar, da nun fast alle Schulen voll entwickelt waren und Abiturjahrgänge besaßen: 1331 Schüler und Schülerinnen an Knabenschulen bestanden die Prüfung, das sind 6,7% des Jahrgangs, in der Provinz Westfalen sogar 7,4%.[41]

Abgesehen von der allgemeinen bildungsmäßigen konfessionellen Disproportionalität, d.h. des geringeren Besuchs des römisch-katholischen Bevölkerungsanteils von höheren Schulen gegenüber dem evangelischen, ist eine besondere Präferenz für einen Schultyp aus den ermittelten Daten nicht ableitbar, auch wenn reichsweit in den Aufbauschulen der Anteil der Katholiken nur 24,1 % betrug (gegenüber 72,1% der Evangelischen)[42] und 1931 für Preußen ausgewiesen wurde: 65,5% ev., 30,4% kath., 1,3% jüd. und 2,8% bekenntnisfrei.[43] Der Verzicht auf Aufbauschulen in einigen eher katholisch geprägten Ländern und die konkrete geographische Streuung der Schulen unter Beachtung der jeweils dominierenden Konfession läßt aber weitergehende Schlüsse nicht zu. Unberührt davon bleibt die Tatsache, daß z.B. in Preußen Katholiken eine deutliche Präferenz für gymnasiale Anstalten gegenüber den anderen Formen höherer Bildung hatten.[44]

Der Charakter der Aufbauschulen als Sammelschulen einer großen Region und die besondere Bedeutung der sozialen Lage der Schüler(innen) des ländlichen Raumes hatte dazu geführt, daß ein Erlaß vom 2.2.1925 „die Bereitstellung von Schülerheimen auf gemeinnütziger Grundlage"[45] forderte. Eine Statistik über die Herkunft der Aufbauschüler(innen) vom 15.5.1931 zeigt denn auch, daß 4.204 Ortsansässigen schon 7.654 Auswärtige gegenüberstanden. Doch war die Mehr-

---

[40] vgl. ebd., S. 48
[41] vgl. ebd., S. 253f. (eigene Berechnung) Eine Qualifizierung der Aufbauschulen als „hochselektiver Schultyp" durch Vergleich der Abiturientenzahlen und der Anzahl der Schulen mit den grundständigen höheren Schulen vernachlässigt, daß letztere überwiegend mehrzügig geführt worden sind und darüber hinaus auch die Klassenstärken deutlich größer waren (so bei Zymek, Bernd, Schule ..., S. 172).
[42] vgl. Reichsministerium (Hrsg.), Jahrbuch ..., S. 119
[43] vgl. GStA Merseburg, Nr. 5, Sig. 199 und 200, Stand: 1. Mai 1931
[44] vgl. Reichsministerium (Hrsg.), Jahrbuch ..., ebd., S. 126
[45] Aufbauschule ..., a.a.O., S. 23

heit der Auswärtigen (4.739) Fahrschüler(in), und nur 2.915 lebten am Schulort.[46] Die Unterbringung dieser in Familien/Pensionen (1.356) war fast so groß wie die Unterbringung in Schülerheimen (schuleigene Heime 437, nichtschuleigene Heime 1.122). Damit war jede(r) 4. Aufbauschüler(in) zwar nicht unbedingt in einem Schülerheim, doch außerhalb seiner(ihrer) Familie untergebracht.

Mit der Gründung der ersten Aufbauklassen erfolgte begleitend die Errichtung von Schülerheimen an zahlreichen Schulorten, die aber rechtlich mit der Aufbauschule nicht verbunden waren, damit - so die Intention des Erlasses vom 6.2.1925 - „der Staatskasse aus der Errichtung und Betrieb des Schülerheimes Kosten nicht entstehen"[47]. Diese finanzrechtliche Restriktion widersprach der vorgebrachten „Zweckbestimmung der staatlichen Aufbauschule als einer Sammelschule", aus der derselbe Erlaß „die Bereitstellung von Schülerheimen auf gemeinnütziger Grundlage in der Regel" als „erforderlich" ableitete.[48]

Der katholische Geistliche Dr. Otto Müller, Leiter der Aufbauschule in Büren, veröffentlichte 1929 eine vorläufige Einschätzung zu den Schülerheimen, die überraschte:

> „Weder aus geldlichen noch aus örtlichen, weltanschaulichen, erzielichen oder unterrichtlichen Gründen läßt sich solch eine Notwendigkeit [Schülerheime für ländliche Aufbauschulen; H.-G. B.] zwingend beweisen."[49]

Diese Verlautbarung erstaunt, da immer wieder die langen Schulwege der Schüler(innen), deren mangelnde Beaufsichtigung in Privatunterkünften und die schlechten häuslichen Bedingungen für die Schularbeiten beklagt wurden. In seinem offiziellen Referat auf der dritten Hauptversammlung des Reichsverbands der Deutschen Oberschulen und Aufbauschulen korrigierte er seine Position laut Tagungsbericht:

> „Der Wert von Heimen an preußischen Aufbauschulen wird für Landstädte aus wirtschaftlichen, unterrichtlichen und erziehlichen Gründen [...] kaum bestritten, für Großstädte leider zu wenig verwirklicht."[50]

---

[46] Reichsinnenministerium (Hrsg.), Jahrbuch ..., a.a.O., S. 131
[47] MErl v. 6. Febr. 1925 - B 212 U III, U II N, U II, abgedruckt in: Aufbauschule ..., a.a.O., S. 23
[48] ebd.
[49] Müller, Otto, Wo wohnen unsere Aufbauschüler? Vorläufiges, in: DOA 2 (1929), H. 5, S. 69-71
[50] Dreyer, Johannes, Dresden 1929. Bericht über die 3. Hauptversammlung des Verbandes Deutscher Oberschulen und Aufbauschulen vom 3. bis 5. Oktober in Dresden, in: DOA 3 (1930), H. 1, S. 6

Staatliche Gründungen von Heimen lehnte Müller ab, aber staatliche Beihilfen für Unterhaltsträger wie Kreise, Städte oder konfessionelle Gemeinschaften wurden für notwendig erachtet. Die inhaltliche Struktur charakterisierte er deutlich:

> „Der Familiencharakter des Heimes erfordert sorgsame Auslese der Erzieher und irgendwie mütterlich-fraulichen Einfluß. Konfessionelle Heime versagen seltener bei tiefen, letzten Entscheidungen. Koedukation ist undurchführbar."[51]

Als Grundlage der Heimerziehung benannte der Mitberichterstatter Vogel (Sachsen) „Ordnung, Pünktlichkeit, Sauberkeit, Gehorsam, Pflichttreue in der Erledigung aller Arbeiten"[52]. Mittels der „Selbstverwaltung der Schüler" sollte - in den überwiegend staatlichen Heimen - die „Heranbildung der Jugend zur Gemeinschaft" gefördert werden. Mit anderer Akzentsetzung betonte eine umfassende Stellungnahme von StR L. Koenig (Usingen) Schülerheime als „Stätten des Lebens, der Freiheit und der Freude", die er in Tradition des Lietzschen Ideals „Zurück zur Natur und zum Deutschen Idealismus" und des Wynekenschen „Gemeinschaftserlebnis" ansiedelte.[53] Zu erkennen ist hier ein Versuch der Verbindung von Landerziehungsheim und freier Schulgemeinde.

Fernab indoktrinärer Ausrichtung wies Sigfrid Krampe den Schülerheimen auch die Aufgabe zu, die aus ärmlichen Verhältnissen stammenden Schüler zu erfassen und sie großzügig und psychologisch zu unterstützen, damit den Schülern durch das Empfangen von Almosen nicht „frühzeitig das Rückgrat gebrochen" werde, sondern sie im Heim zu „freien Menschen" erzogen würden.[54]

In Preußen bestand Einvernehmen zwischen den Parteien über die - wegen der Schülerarmut - wachsende Notwendigkeit, neben den Aufbauschulen Internate anzubieten. Diverse zustimmende Redebeiträge der Landtagsabgeordneten von KPD, SPD, DNVP, DVP, DP und Zentrum[55] gipfelten in Anträgen, verstärkt staatliche Mittel zum Ausbau der Schülerheime bereitzustellen, die im Hauptausschuß im April 1929[56] und Februar 1930[57] angenommen, vom Staatsministerium aber „aus fiskalischen Rücksichten"[58] abgelehnt wurden.

---

51 ebd., S. 6
52 ebd., S. 6f.
53 Undatierte (evtl. 1929) vierseitige Eingabe an die preußische Unterrichtsverwaltung „Das Schülerheim der Aufbauschule als Erbe der Landerziehungsheime" (GStA Merseburg, Nr. 8, Sig. 1, II, III, IV)
54 Krampe, Sigfrid, Die Deutsche Oberschule und die Aufbauschule, in: Grimme, Adolf u.a. (Hrsg.), Wesen ..., a.a.O., S. 124
55 vgl. Mr., Aufbauschulfragen im Hauptausschuß des Preußischen Landtages (54. Sitzung), 11. März 1929), in: DOA 2 (1929), H. 5, S. 75-77
56 vgl. G., Die Aufbauschule im Hauptausschuß des Preußischen Landtages (April 1929), in: DOA 2 (1929), H. 5, S. 75

Diese gemeinsame Zustimmung zur Notwendigkeit von Schülerheimen darf aber nicht darüber hinwegtäuschen, daß die Funktionsbestimmung der Heime in Abhängigkeit von der jeweiligen Trägerschaft und der sozialen Herkunft der Schüler(innen) die jeweiligen Interessen widerspiegelte: Das Spektrum reichte vom Ersatz für die miserablen häuslichen Arbeitsbedingungen (KPD) bis zur konfessionellen Erziehung (Zentrum).

So lehnte der Abgeordnete Prälat Dr. Lauscher Schülerheime, die den Zöglingen „das Elternhaus ersetzen und dieses in seiner erzieherischen Mission vertreten" sollen, in staatlicher Trägerschaft für Katholiken als „unannehmbar" ab:

> „Würden sie geschaffen, so erhielten wir das zweifelhafte Geschenk s i m u l t a n e r E r z i e h u n g s a n s t a l t e n , die sich mit der widersinnigen und unmöglichen Aufgabe einer simultanen, also k o n f e s s i o n s l o s e n E r z i e h u n g abmühen würden. Das Ergebnis könnte natürlich nichts anderes sein als religiöse Verwirrung, Verwahrlosung, Gleichgültigkeit."[59]

Abhilfe verspricht sich Lauscher durch „private Initiativen", besonders durch die „religiösen Genossenschaften", unterstützt von Zuschüssen des Staates und der Gemeinden.

Da eine Konfessionalität der Aufbauschulen in der preußischen Schulbürokratie - im Gegensatz zu Bayern - nie ernsthaft diskutiert worden war, sollte über die Heimerziehung die Konfessionalität der Erziehung gesichert werden, der nicht nur von konservativen Katholiken Vorrang vor familialer Erziehung zugewiesen wurde. Diese Position fand erneut Rückhalt durch die Enzyklika „Die christliche Erziehung der Jugend", in der Papst Pius XI. 1929 weltliche Erziehung - wohl mit Blick auf Rußland - inhaltlich bestimmte:

> „Fürwahr ein neuer und noch viel entsetzlicherer Mord unschuldiger Kinder."[60]

Den instrumentellen Charakter der Schülerheime betonte auch Otto Müller, wenn er darauf verwies, daß „die gläubige Landbevölkerung der Kirche namentlich in früheren Zeiten stets eine wertvolle Stütze und eine segensreiche Quelle gewesen" sei und ableitend die ländlichen Schülerheime den „besten bischöflichen Konvikte[n]" gleichstellte, die „etwas beitragen zur Bildung eines tiefinnerlich

---

[57] vgl. G., Die Aufbauschulen im Preußischen Landtag (Februar 1930), in: DOA 3 (1930), H. 3/4, S. 73

[58] Das Preußische Staatsministerium zu Landtagsbeschlüssen über Aufbauschulen, in: DOA 3 (1930), H. 5, S. 92

[59] Lauscher, Katholiken und Aufbauschule, in: Germania. Zeitung für das deutsche Volk 56. Jg., Nr. 284 v. 23. Juni 1926

[60] Pius XI., Die christliche Erziehung der Jugend. Enzyklika „Divini illius magistri" (1929). Eingeleitet und mit textkritischen Anmerkungen versehen von Rudolf Peil, Freiburg 1959, S. 67

religiösen Klerus".[61] Neben der Rekrutierung des Priesternachwuchses ging es der katholischen Kirche auch um eine Qualifizierung ihrer Mitglieder, um die besonders in Preußen zu beklagende Benachteiligung von Katholiken auf den höheren Ebenen des Staatsdienstes auszugleichen.
Doch die Konfessionalisierung der Schülerheime gelang nur zum Teil: 1928 besaßen erst 30 von den 98 staatlichen Aufbauschulen in Preußen Schülerheime, von denen nur 13 in erkennbarer konfessioneller Trägerschaft (katholisch 9, evangelisch 3, christlich 1) geführt wurden.[62] Denn der Landtag hatte schon 1926 den Antrag, „das Staatsministerium wird ersucht, die Einrichtung von konfessionellen Schülerheimen bei den Aufbauschulen zu fördern und finanziell zu unterstützen" in seiner handlungsweisenden Pauschalität abgelehnt.[63]

2. Sozialstruktur der Schülerschaft

Bezüglich der Sozialstruktur der Schülerschaft der Aufbauschulen läßt sich auch bei statistischer Berücksichtigung der Unterschiede zwischen ländlichen und städtischen Aufbauschulen keine deutliche Überrepräsentanz - wie politisch erhofft - der „weniger bemittelten Volkskreise"[64] erkennen, aber eine geringere Benachteiligung im Vergleich zu den grundständigen höheren Schulen, wie die folgenden Beispiele zeigen, auch wenn dem auszuwertenden Datenmaterial unterschiedliche und nicht immer eindeutige soziale Schichtungskriterien zugrunde liegen[65]:
Für den großstädtischen Bereich kann nur eine Untersuchung aus Hamburg (nicht in Preußen) herangezogen werden. In dieser wurden - strukturiert nach der sozialen Herkunft der Schüler und nach dem Bildungswillen der Eltern - fünf soziale Schichten im Sinne von „Wirtschaftsgruppen" gebildet.[66] Die Auswertung von

---

[61] Müller, Otto, Aufbauschule und Vorbildung der katholischen Theologen, in: Theologie und Glaube 22 (1930), 1. Hälfte, S. 217f.

[62] Aufstellung in: Aufbauschule ..., a.a.O., S. 98f. Daß an die Aufbauschulen „traditionell meist Internate angeschlossen sind" (Zymek, Bernd, Schule ..., a.a.O., S. 182), läßt sich von daher nicht halten.

[63] GStA Merseburg, Nr. 8, Sitzung vom 7.7.1926

[64] Die häufig gebrauchten Termini „weniger bemittelte Volkskreise" oder auch „untere Volksschichten" hoben weniger auf Arbeitslose, (Hilfs-)Arbeiter, Landarbeiter usw. ab, sondern meinten eher arme kleinbürgerliche Schichten.

[65] Zur Problematik der Erfassung von Klassen-, Schicht- oder Milieustrukturen und deren Abgrenzung vgl. den knappen Überblick bei Geißler, Rainer, Die Sozialstruktur Deutschlands. Ein Studienbuch zur gesellschaftlichen Entwicklung im geteilten und vereinten Deutschland, Opladen 1992, S. 61ff.

[66] I: „selbständige Kaufleute, Fabrikbesitzer, Akademiker und Oberbeamte, denen der Besuch der höheren Schule traditionelle Selbstverständlichkeit ist und die keine wirt-

acht Jahrgängen (1925-1932) ergab für die einzelnen Wirtschaftsgruppen (in %):[67]

	I	II	III	IV	V
von 100 Aufbauschülern	3,2	50,5	26,5	11,1	8,7
von 100 Altonaer Grundschülern	9,9	39,5	23,6	22,4	4,6
von 100 Sextanern einer ORS	7,1	63,1	20,0	4,9	4,9

Die angegebene Sozialstruktur der Elternschaft der Altonaer Grundschulen weicht etwas von der Berufsstatistik dieses Stadtteils, der zwischen 1907 und 1925 um 20.000 Erwerbstätige - überwiegend Arbeitnehmer(innen) - expandierte, ab: 49,6% Arbeiter, 28,7% Angestellte und Beamte und 12,3% Selbständige.[68] Trotzdem kann diese Berufsstatistik als grober Vergleichsmaßstab herangezogen werden und damit die Verteilung an der Grundschule. Es bleibt aber daran zu erinnern ist, daß die Aufbauschule Sammelcharakter hatte, was für Hamburgs einzige Aufbauschule bedeutete, daß in ihrem Einzugsbereich fast 1,2 Mio. Men-

---

schaftlichen Rücksichten zu nehmen brauchen"
II:„Geschäftsinhaber, selbständige Gewerbetreibende, Beamte und Angestellte, die starken Bildungswillen besitzen und meist auch die Mittel zum Schulbesuch ihrer Kinder, eventuell unter persönlichen Entbehrungen beschaffen"
III: „gelernte Arbeiter, deren Bildungswille noch stark, deren Lage aber unsicher ist"
IV: „ungelernte Arbeiter, deren Bildungswille gehemmt und deren Lage schlecht ist"
V:„Haushaltungen, denen der Vater fehlt, sowie einige wenige, nicht ins Gewicht fallende unermittelte Fälle"
(Muchow, Hans, Aus der Bewährungsstatistik einer großstädtischen Aufbauschule (Schluß), in: DOA 5 (1932), H. 6, S. 97-100)

[67] Die folgende punktuelle Auswertung der Berufsschichtung der Eltern der Schülerschaft dieser Aufbauschule für 1929 ergab bestätigend: Arbeiter 21,2%, Angestellte (Gewerbe, Handwerk, Staat) 21,2%, selbständige Gewerbetreibende 16,5%, untere und mittlere Beamte 18,5%, Volksschullehrer 6,5%, akademische und freie Berufe je 0,5%, Landwirte 1,5%, Pensionäre 1,4% und Witwen 10,7%, Waisen 1,5% (vgl. G., Lebensfragen der Großstadtaufbauschule, in: DOA 3 (1930), H. 2, S. 45f.).

[68] vgl. Kaufmann, Heinz, Die soziale Gliederung der Altonaer Bevölkerung und ihre Auswirkung auf das Wohlfahrtsamt. H. 2 der Veröffentlichungen der Schleswig-Holsteinischen Universitätsgesellschaft, 2. Aufl. Altona 1928, S. 48, und Statistisches Amt Altona (Hrsg.), Statistisches Jahrbuch der Stadt Altona 1925-1927, Altona 1928, S. 103ff. Ca. 10% der Bevölkerung werden rubriziert unter „ohne Beruf und Berufsangabe". Ein genauerer Vergleich hätte Schuleinzugsbereiche, Durchsetzung der Schulpflicht, Kinderzahl der jeweiligen Sozialgruppe und auch die unterschiedliche Frauenerwerbstätigkeit zu beachten.

schen lebten. Konkret: Die jeweilige Aufnahmezahl lag für die Jahre von 1920-
1928 pro Jahrgang zwischen 61 und 97 Schüler(inne)n bei einer um 40% höheren
Anmeldezahl von ca. 260 Volksschulen.[69]
Die Aufbauschule wurde präferiert von nach Bildung strebenden Bevölkerungsgruppen (Wirtschaftsgruppe II: Beamte, Angestellte, Selbständige), für die eine
höhere Schulbildung ihrer Kinder keine Selbstverständlichkeit darstellte, die aber
in der Aufbauschule die letzte - und vergleichsweise preiswerte - Chance sahen,
ihren Kindern Zugang zu höherer Bildung zu ermöglichen. Daneben gab diese
städtische Aufbauschule begabten Kindern, die sich in einer schwierigen persönlichen und sozialen Lage befanden, Chancen für einen höheren Bildungsabschluß,
wie die Zahlen zu Gruppe V (Waisen) ausweisen. Ein „Bedarf" war aus Sicht der
Wirtschaftsgruppe I (Kaufleute, Fabrikbesitzer, Akademiker) kaum gegeben, da
deren Kinder schon die grundständige höhere Schule besuchten, wenn dies auch
aus historischen Gründen für die zum Vergleich angegebene Oberrealschule nur
begrenzt Geltung hatte. Pauschal bestätigt Oberstudiendirektor Freitag für die ersten vier Jahrgänge der Aufbauschule am Lessing-Gymnasium in Berlin die soziale Herkunft städtischer Schüler(innen):

> „Unser Schülermaterial stammt fast durchweg aus den Schichten der Handwerker,
> Arbeiter, kleinen Gewerbetreibenden, unteren Beamten.[70]

Aufstellungen für die drei Provinzen Sachsen, Hannover und Westfalen weisen
aufgrund der Einbeziehung ländlicher Gebiete eine differierende Sozialstruktur
der Schülerschaft der Aufbauschulen aus, die aber in der Tendenz ähnlich ist[71],

---

[69] vgl. Kleeberg, A., Die Daseinsberechtigung der Großstadt-Aufbauschule, in: DOA 1
(1928), H. 2, S. 17-19.

[70] Freitag, Aus der Praxis der Aufbauschule, in: Allgemeine Deutsche Lehrerzeitung 55. Jg.
Nr. 6 vom 11.2.1926, S. 103-105, Zitat S. 103

[71] zur Provinz Westfalen vgl. StA MS, PSK 7109 (eigene Berechnungen und teilweise eigene Zusammenfassung); zu den Provinzen Sachsen und Hannover vgl. G., Statistisches zu
den Aufbauschulen Preußens, in: DOA 3 (1930), H. 3/4, S. 74
Daten für den Freistaat Braunschweig (2 Schulen):

Beamte, Lehrer, Ärzte, Künstler	17,9%
Handwerker, Arbeiter	52,1%
Kaufleute	8,6%
Landwirte	21,4%

(vgl. Falke, Braunschweig. Die Aufbauschulen (DOS.) im Freistaat Braunschweig, in:
DOA 3 (1930), H. 2, S. 44/45)
Daten für den Freistaat Hessen (4 Schulen):

Lehrer, Beamte	23,7%
Gewerbetreibende, Kaufleute, Handwerker	28,2%
Angestellte, Arbeiter	28,0%

wenn man die Wirtschaftsgruppen I und II, d.h. Selbständige, Akademiker, Beamte und Angestellte zusammenfaßt:

| Provinz | Sachsen | Hannover | Westfalen | |
| Jahr | 1929 | 1929 | 1927 | 1929 |
Berufsständische Gruppen				
	in %	in %	in %	in %
akademisch				
gebildete Beamte	2,96	2,1	1,4	1,4
nicht akademisch				
gebildete Beamte	24,40	18,6	21,2	23,0
akademisch				
gebildete Lehrer	0,11	0,4	0,8	0,6
nicht akademisch				
gebildete Lehrer	10,83	10,9	6,1	5,7
Freie akademische Berufe	1,48	1,4	1,1	1,5
selbständige Landwirte	13,79	27,1	19,3	19,1
angestellte Landwirte	1,36	0,5	0,8	0,7
selbständige Kaufleute	10,49	8,1	9,5	7,9
angestellte Kaufleute	4,44	2,3	2,2	2,3
selbständige Handwerker	11,29	11,2	13,7	12,8
Arbeiter und Handwerker				
gegen Lohn	13,68	12,4	18,4	20,3
Sonstige Berufe	5,17	5,0	5,7	4,8

kleine Landwirte   20,0%
(vgl. Como, J., Entwicklung und Stand der Aufbauschulen im Freistaat Hessen, in: DOA 4 (1930/31), H. 4, S. 78)

Für die Provinz Westfalen und ihre 15 staatlichen Aufbauschulen[72], fast alle in konfessionell geprägten Kleinstädten mit ländlichem Umfeld gelegen[73], aber auch für die Provinz Sachsen (sieben Aufbauschulen) und Hannover (neun Aufbauschulen) ist bezüglich der Sozialstruktur der Elternschaft der Aufbauschüler(innen) der überproportionale Anteil der Gruppe „nicht akademisch gebildete Beamte" auffällig. Zusammen mit den selbständigen Handwerkern und selbständigen und unselbständigen Kaufleuten sowie der Gruppe der nicht akademisch gebildeten Lehrer stellen sie ca. 75% der Elternschaft.[74] Damit dominieren diese Fraktionen des Kleinbürgertums und prägen das Sozialprofil der Aufbauschulen. Dies findet auch seinen Ausdruck in einer Statistik Gesamtpreußens, die aber die geographisch und sozial bedingten Unterschiede zwischen den Provinzen nivelliert:

Soziale Zusammensetzung der Schülerschaft in Preußen

(Stand vom 15. Mai 1931)

Beruf des Vater	Aufbauschulen (in %)		höhere Schulen (in %)
	a	b	c
Höhere Beamte	2,7	3,0	6,7
Mittlere Beamte	19,4	21,9	24,5
Untere Beamte	8,9	8,7	7,2
Freie Berufe mit akad. Bildung	1,4	1,5	4,4

---

[72] Arnsberg, Büren, Coesfeld, Fredeburg, Herdecke, Hilchenbach, Laasphe, Lübbecke, Olpe, Petershagen, Recklinghausen, Rüthen, Fredeburg, Unna, Warendorf

[73] Eine Ausnahme bildet nur Recklinghausen (ca. 60.000 Einwohner). Die Sozialstruktur der Schülerschaft zeigte hier 1929 besonders wenig selbständige Landwirte (3,6%) und an deren Stelle zahlreiche Arbeiter und Handwerker gegen Lohn (39,5%) auf (vgl. StA MS, PSK 6600 und 7109, eigene Berechnung). Als Vergleichsmaßstab bleibt aber zu beachten, daß die berufliche Gliederung der Stadt für 1936 60,37% Arbeiter ausweist (vgl. Dorider, Adolf, Geschichte der Stadt Recklinghausen in den neueren Jahrhunderten (1577 - 1933), Recklinghausen 1955, S. 269).

[74] Pauschal wird dies auch für die kleinstädtische Aufbauschule in Egeln (Provinz Sachsen) bestätigt: „75% der Schüler waren Kinder von Geschäftsleuten, Beamten, Ärzten, Rechtsanwälten und größeren Bauern." (Kreuzberg, Friedhelm, Gründung und Aufbaujahre (1925 - 1931), in: Gymnasium Egeln in Verbindung mit dem „Förderverein Gymnasium Egeln e.V." (Hrsg.), 70 Jahre Schule 1925 - 1995. Festschrift zum 70jährigen Jubiläum des Gymnasiums Egeln, Egeln 1995, S. 28)

Freie Berufe ohne akad. Bildung	1,4	1,3	3,4
Offiziere und höhere Militärbeamte	0,2	0,2	1,1
Sonstige Militärpersonen	0,2	0,2	0,2
Großlandwirte	0,5	0,6	0,9
Mittlere und Kleinlandwirte	15,7	16,1	4,8
Handel- und Gewerbetreibende	20,9	19,5	23,6
hierunter sind:			
a) Fabrikbesitzer und Direktoren			
von Fabriken, Banken, A.-G.,			
G.m.b.H. usw.	0,1	1,0	3,5
b) selbständige Handwerksmeister			
und Kleingewerbetreibende	16,9	15,5	13,9
Privatangest. in leitender Stellung	2,1	1,9	4,3
Sonstige Privatangestellte	6,6	5,7	10,4
Arbeiter und Gehilfen	16,1	15,5	5,8
hierunter: Industriearbeiter	7,8	7,8	2,8
Sonstige Berufsklassen	2,3	2,5	1,5
Berufslose	1,6	1,4	1,2

a = alle Schülerinnen und Schüler[75]

b = nur öffentl. Knabenanstalten[76]

c = nur öffentl. Knabenanstalten[77]

Ohne in eine methodische Diskussion der Probleme der Zuordnung einzelner Schüler zu den Gruppen bzw. Schichten und deren Abgrenzung sowie der Vergleichbarkeit der verschiedenen Sozialstrukturen eintreten zu müssen, kann ein Gesamteindruck formuliert werden: Die Aufbauschulen können die sozialselektive Funktion des Bildungswesens nicht aufheben, aber punktuell etwas mildern. So haben die Gruppen „untere Beamte" und „selbständige Handwerksmeister und Kleingewerbetreibende" einen höheren, „Arbeiter und Gehilfen" sowie „mittlere

---

[75] Reichsinnenministerium (Hrsg.), Jahrbuch ..., a.a.O., S. 102

[76] ebd., S. 108

77 ebd., S. 104

und Kleinlandwirte" einen deutlich höheren Anteil in der Sozialstruktur der Knabenaufbauschulen als in der Sozialstruktur der höheren Knabenschulen insgesamt. Erwähnenswert bleiben aber auch die geschlechtsspezifischen Unterschiede an den Aufbauschulen, da die geringen prozentualen Unterschiede zwischen der Gesamtschülerschaft und den Knabenanstalten aufgrund der geringen Anzahl der einfließenden Schülerinnen bei diesen nur durch große prozentuale Abweichungen erreicht wurden. Das bedeutete zum Beispiel, daß aus den Rubriken „Sonstige Privatangestellte" und „selbständige Handwerksmeister und Kleingewerbetreibende" überproportional viele Mädchen zur Aufbauschule gelangten, wohingegen die Jungen besonders aus der Gruppe der „Fabrikdirektoren" und „mittlere Beamte" deutlicher als bei den Mädchen vertreten waren.

Die Sozialstruktur der Schülerschaft der Aufbauschulen weicht nicht so stark wie die der grundständigen höheren Schulen von der Sozialstruktur der Gesamtgesellschaft ab, was Lundgreen für das Deutsche Reich mit einem Sozialprofil aller Aufbauschulen im Jahr 1931 bestätigt: 16% Arbeiter, 21% Kleingewerbetreibende, 16% Mittel- und Kleinlandwirte, 19% mittlere und 9% höhere Beamte, 7% Angestellte, 3% höhere Beamte.[78]

Diese leichte Annäherung an die Sozialstruktur der Gesamtgesellschaft wird überproportional durch die wenigen städtischen Aufbauschulen erreicht, und zwar in zweifacher Hinsicht: erstens qualitativ, da sie stärker als grundständige höhere Schulen von Kindern aus der Arbeiterschicht besucht wurden, und zweitens quantitativ, da die städtischen Schulen gegenüber den meisten ländlichen häufig mehrzügig geführt wurden. Ursächlich für die Sozialstruktur aller Aufbauschulen aber ist ihr Sammelcharakter - teilweise auch über die Schülerheime. Da aber die Aufbauschulen nicht flächendeckend eingerichtet wurden, können ihre wenigen Schüler(innen) die Gesamtfunktion des Bildungssystems nur wenig korrigieren: Besonders Kinder von (ungelernten) Arbeitern bleiben weiterhin überproportional von höherer Bildung ausgeschlossen.

Andererseits ermöglichte die Aufbauschule verstärkt den unteren Mittelschichten, deren „familiale Ressourcen" ihren Nachkommen kein materielles Kapital mitgeben, aber über Sozialisations- und Erziehungsleistungen entsprechend disponieren und motivieren konnten, Aufstiegschancen über höhere Schulbildung.[79]

---

[78]   vgl. Lundgreen, Peter, Sozialgeschichte der deutschen Schule im Überblick. Teil II: 1918-1980, Göttingen, S. 134f.

[79]   zur Verschiebung von der „Besitz- zur Leistungsklasse" vgl. Kocka, Jürgen, Stand - Klasse - Organisation. Strukturen sozialer Ungleichheit in Deutschland vom späten 18. bis zum frühen 20. Jahrhundert im Aufriß, in: Wehler, Hans Ulrich (Hrsg.), Klassen in der europäischen Sozialgeschichte, Göttingen 1979, S. 152

Zwar wird von Lehrern und Politikern die fehlende bzw. nicht ausreichende Unterstützung der ärmeren Schüler bzw. deren Eltern beklagt - die Kinder kamen „meist aus engsten und ärmsten Verhältnissen"[80] - und die Höhe des Schulgeldes in seiner Auslesefunktion immer wieder problematisiert, doch zahlten die Schüler(innen) der städtischen Aufbauschulen Preußens 1929 nur zu einem Viertel volles Schulgeld und 57,9% erhielten sogar eine ganze Schulgeldfreistelle.[81] Dieser scheinbare Widerspruch zur Sozialstruktur spiegelt die Unterschiede zwischen Schichtungsstatistik und konkreter Lage, wie sie sich in der Weimarer Republik durch Inflation, Arbeitslosigkeit und Lohnabbau ergaben, was in weiten Bevölkerungskreisen bis in die Mittelschichten hinein zu drastischen Verarmungsprozessen führte[82] mit entsprechenden Auswirkungen auf die Bewußtseinslage[83] - besonders bei der städtischen Bevölkerung.

Diese Situation war den Politikern ausweislich der Haushaltsreden im Hauptausschuß durchaus bekannt und Abgeordnete versuchten immer wieder, beim Finanzminister zusätzliche Mittel für Erziehungsbeihilfen für Aufbauschüler freizumachen.[84] Auch die Unterrichtsverwaltung agierte in dieser Hinsicht. So hält z.B. ein Positionspapier aus dem Jahre 1925 die Unterstützung der Schüler durch 10% Schulgeldfreistellen und Erziehungsbeihilfen aus 7,5% des Schulgeldaufkommens für völlig unzureichend, da aus Reichsmitteln im Jahre 1924 nur 17 (!) Schüler in Preußen gefördert werden konnten.[85] Ein Teil der Mittel für Erziehungsbeihilfen sollte auch noch dem Aufbau von Hilfsbüchereien dienen, so blieben kaum Beihilfen für Schüler übrig. Angesichts dieses Tatbestandes stellte die Unterrichtsverwaltung 1925 im Rahmen des Haushaltes eine Forderung von 50.000 M für Beihilfen an Erziehungsberechtigte auf, um auch der „einmütige(n) Klage der Direktoren von Aufbauschulen"[86] zu entsprechen. Einen Kompromiß für die Be-

---

[80] Günther, Alfred, Kann die Aufbauschule die künftige Normalschule werden?, in: Deutsches Philologen-Blatt 38 (1930), S. 51

[81] vgl. Günther, Schulgeldfreiheit, Erziehungsbeihilfe u.ä. an den Aufbauschulen der Provinz Hannover im Schuljahr 1929, in: DOA 4 (1930/31), H.1/2, S. 36

[82] vgl. Kolb, Eberhard, Die Weimarer Republik, München u.a 1984, S. 173ff sowie derselbe, Literaturbericht Weimarer Republik. Teil 3. Wirtschaft und Gesellschaft in der Weimarer Zeit, in: GWU 43 (1992), S. 699-721 mit differenzierenden Hinweisen auf schichtspezifische Untersuchungsergebnisse.

[83] vgl. Geiger, Theodor, Die soziale Schichtung ..., a.a.O.

[84] vgl. GStA Merseburg, Nr. 1, I,II und VIII

[85] vgl. GStA Merseburg, Nr. 1, III, Sig. 270, Thesenpapier „zur Chefbesprechung am 27. Oktober 1925".

[86] ebd. Sig. 271

sprechung wies das Positionspapier nicht auf. Als „Rückzugslinie" wurde genannt:

„Keine, da die geforderten Mittel schon sehr gering sind (50.000 M jährlich), und Aufbauschule, wenn sie nicht irgendwie positiv gefördert wird, nicht durchzuhalten ist."[87]

In der Besprechung wurde dann die Beihilfe - wie schon bei den Haushaltsberatungen kurz vorher - abgelehnt.[88] Noch 1929 erhielten nur 9,4% der Schüler Erziehungsbeihilfen aus dem Schulgeld, 0,4% aus Reichsmittel und 3,6% durch sonstige Unterstützer.[89]

Aufgrund der geringen Erziehungsbeihilfen vor dem Hintergrund einer allgemein katastrophalen Wirtschaftslage konnte die Akzeptanz der Aufbauschulen durch die ärmeren Bevölkerungsgruppen besonders auf dem Lande, der eigentlichen Adressatengruppe, nur begrenzt bleiben. So wurden die 116 Aufbauschulen 1930 in Preußen von nur 15.533 Schüler(inne)n besucht.[90] Alle Aufbauschulen in Preußen stellten 1931 - bei Vernachlässigung der wenigen grundständigen Deutschen Oberschulen - knapp 4% der Schüler an höheren Schulen für Knaben und hatten einen Anteil an den entsprechenden Oberstufenschülern von 7%, was Lundgreen kaum legitimiert, von einer „ins Gewicht fallende[n] Minderheitenposition"[91] im Schulwesen Preußens zu sprechen.

Angesichts der Sozialstruktur der Schülerschaft der Aufbauschulen kommt ihr durchaus Standescharakter zu - auch wenn Oberschichtsangehörige ihre Kinder eher selten einer Aufbauschule anvertrauten -, und angesichts der geringen staatlichen finanziellen Förderung ist eine starke soziale Komponente nicht nachweisbar.[92]

---

[87] ebd., und Sig. 257
[88] vgl. handschriftlicher Zusatz an Sig. 270
[89] vgl. GStA Merseburg, Nr. 5, Sig. 122 und 123
[90] vgl. Simon, Eduard, Schülerzahlen und Klassenfrequenzen der höheren Lehranstalten Preußens im Jahre 1930, in: Deutsches Philologen-Blatt 38 (1930), S. 20
[91] Lundgreen, Peter, Sozialgeschichte ..., a.a.O., S. 100.
      1928 wurden von den 1396 preußischen höheren Knabenanstalten 87 in Aufbauform geführt, von den 566 Mädchenanstalten 15 (vgl. ebd.).
[92] Im Gegensatz dazu Greff, Die Deutsche Oberschule in Aufbauform, in: Pädagogische Post Nr. 19 1928, S. 210f.

3. Gründung und Politik des Reichsverbandes Deutscher Oberschulen und Aufbauschulen

Schon für Mitte der 20er Jahre ist nachweisbar, daß sich Lehrer und Lehrerinnen von Aufbauschulen bzw. Aufbauklassen in regional organisierten informellen Arbeitskreisen trafen, um Probleme der neuen Schulform zu diskutieren. So richtete z. B. eine „Versammlung der Lehrkräfte der staatlichen Aufbauschulen Westfalens" eine Eingabe an den Minister, die Freistellenzahl an den Schulen auf bis zu 20% des Schulgeldsolls zu verdoppeln.[93]

1926 hatten sich zum ersten Male 30 Direktoren der Deutschen Oberschulen und Aufbauschulen in Preußen unter Leitung von Oberstudiendirektor Dr. Le Mang (Halberstadt) getroffen, um über die spezifische Lage dieser Schulen zu beraten.[94] 1927 wurde die Einladung auf die anderen Länder des Reiches ausgeweitet. 60 Vertreter aus Preußen, Sachsen, Thüringen, Oldenburg, Braun-schweig, Bremen, Hamburg, Anhalt und Lippe - alles Länder nördlich der Mainlinie - gründeten den „Verband der Deutschen Oberschulen und Aufbau-schulen" als Interessenvertretung dieser Schulform bzw. dieses Schultyps und ihrer Lehrer,[95] der dann 1930 in „Reichsverband der Deutschen Oberschulen und Aufbauschulen" umbenannt wurde.

Zum Vorsitzenden wurde Oberstudiendirektor Le Mang, zu weiteren Vorstandsmitgliedern Oberstudiendirektor Geh.-Reg. Dr. Fischer (Berlin), Studiendirektor Dr. Dreyer (Barby), Oberstudiendirektor Dr. Gehmlich (Zwickau), Schulleiter Dr. Kleeberg (Hamburg) gewählt.[96] Damit waren im Verband sowohl mehrere Länder als auch ländliche und städtische Regionen vertreten. Zu dieser Gründungsversammlung war auch Ministerialrat Richert erschienen, dem als „tatkräftigsten Wegbereiter der Deutschen Oberschule" in „dankbarer Verehrung die Ehrenmitgliedschaft" angetragen wurde.[97] Er prägte neben anderen Vertretern der

---

[93]   Aus dem Schreiben von StD Reusch (Arnsberg) vom 1.2.1926 (vgl. GStA Merseburg, Nr. 1, III, Sig. 288)

[94]   vgl. Le Mang, R. , Der Verband Deutscher Oberschulen und Aufbauschulen, in: Deutsches Philologen-Blatt Nr. 37 vom 12.10.1928, S. 558f.

[95]   vgl. Kleeberg, A., Halberstädter Tagung des „Verbandes der Deutschen Oberschulen und Aufbauschulen", in: ZfDB 3 (1927), S. 643

[96]   ebd. Bis 1932 hatte sich die Zusammensetzung des erweiterten Vorstandes weitgehend geändert, wie sich aus diversen Veröffentlichungen ermitteln läßt: Vorsitzender war nun Fischer, stellv. Vors. und Kassenführer Kleeberg, Schriftführer Dreyer, Schriftleiter des Verbandsorgans StR Dr. Seidel und StD Dr. Preusler, weitere Vorstandsmitglieder StD Dr. Kösters, StR Falke, StD Sievers, StD` Waldhausen und StD` Lampe.

[97]   Kleeberg, A., Halberstädter ..., a.a.O., S. 644

Unterrichtsverwaltungen der Länder auch die zweite Hauptversammlung des Verbandes 1928 und betonte aufgrund seiner Erfahrungen die Gleichwertigkeit der Aufbauschulen.[98] Zu diesem Zeitpunkt gehörten dem Verband 150 Schulen und 200 Einzelmitglieder an.[99]

Innerhalb des Verbandes gab es neben Landesorganisationen auch Arbeitsgemeinschaften und regionale Zusammenschlüsse, so z.B. für Preußen, Sachsen, Thüringen, aber auch eine eher informelle „nordwestdeutsche Gruppe", die die drei Hansestädte, Oldenburg, Braunschweig, Mecklenburg, Lippe und die Provinz Hannover vereinigte.[100] Im April 1928 wurde vom Verband ein offizielles Verlautbarungsorgan im Verlag M. Diesterweg (Frankfurt) gegründet, das sechsmal pro Jahr erscheinen sollte: die Zeitschrift „Deutsche Oberschule und Aufbauschule", herausgegeben im Auftrag des Verbandes von StD. Dr. A. Günther (Wunstorf), OStD Dr. O. Modick (Oldenburg) und StD. Dr. O. Müller (Büren i.W.).[101] Zur Einleitung und Ortsbestimmung der Zeitung griff man auf Passagen aus Richerts Buch „Die Ober- und Aufbauschule" aus dem Jahr 1923 zurück, in dem Richert - kulturkundlich orientiert - als Ziel der Oberschule die Entwicklung eines „Wertbewußtsein(s) ... in nationaler Prägung", „die Erhebung unserer Nationalität zur Idee" gefordert hatte[102].

---

[98] vgl. Dreyer, J., Die 2. Hauptversammlung des Verbandes der Deutschen Oberschulen und Aufbauschulen in Weimar, in: Deutsches Philologen-Blatt Nr. 44 vom 31.10. 1928, S. 669-671

[99] vgl. Le Mang, R., Der Verband ..., a.a.O., S. 559

[100] vgl. Kleeberg, A., Bremer Tagung der nordwestdeutschen Gruppe des Verbandes Deutscher Oberschulen und Aufbauschulen, in: ZfDB 4 (1928), S. 444f. „Begeisterte Zustimmung" fand auf dieser Tagung Prof. Ulrich Peters, Direktor der Pädagogischen Akademie Kiel seit 1926 und Gründer und Mitherausgeber der Zeitschrift für Deutsche Bildung, der die Deutsche Oberschule dem Höhepunkt der deutschen Bewegung mit den „drei großen Kulturkritikern Nietzsche, Lagarde und Langbehn" zuordnete. So sah Kleeberg die „geschichtliche Sendung" der Deutschen Oberschule als „Pfadfinderin" zu einer Schulform, „die einmal für alle höheren Schulen d i e deutsche höhere Schule werden sollte." (ebd., S. 445). Vgl. auch G., Tagung der Deutschen Oberschulen und der Aufbauschulen Nordwestdeutschlands in Bremen am 16. und 17. Juni 1928, in: DOA 1 (1928) Heft 3/4, S. 60f. So wurde am 22.1.1933 noch auf Provinzbasis eine Arbeitsgemeinschaft der Brandenburger Aufbauschulen gegründet (vgl. Fischer, Aus dem Verbande. II. Arbeitsgemeinschaften, in: DOA 6 (1933), H. 3, S. 46).

[101] Bis 1932 war die Herausgabe zu StD Dr. Walther Preusler (Schriftleiter) und Dr. Joseph Kösters gewechselt.

[102] Richert, Hans, Das Bildungsideal der deutschen Oberschule, in: DOA 1 (1928), Heft 1, S. 1f.

Nach der Gründung des Verbandes ergriff der Preußische Philologenverband die Initiative, um den bildungspolitischen Zusammenhalt der Lehrer(innen) an höheren Schulen zu wahren, den er durch die Verbandsgründung gefährdet sah.[103] Auf einer Sitzung des Vorstands des Preußischen Philologenverbands mit Vertretern der Aufbauschulen aus allen Provinzen kam man 1928 zu einer einmütigen Positionsbestimmung in der Frage der Aufbauschule:

• Die Aufbauschule sei als Sammelschule für Begabte auf dem Lande und in Kleinstädten eine Ausnahmeform,

• weitere Gründungen von Aufbauschulen seien nicht erwünscht,

• die Übernahme von Schülern grundständiger höherer Schulen in die Aufbauschulen solle nur in Ausnahmefällen möglich sein,

• die Obersekunda-Reife der Aufbauschulen werde als gleichberechtigt anerkannt,

• Schülerheime seien zur Durchführung der Aufgaben unbedingt notwendig,

• die Anerkennung einer völligen Gleichwertigkeit und Ebenbürtigkeit der Aufbauschulen neben anderen höheren Lehranstalten.[104]

Diese breite Übereinkunft schloß aber nicht die Berechtigung bzw. Notwendigkeit der städtischen Aufbauschulen ein.

Das Verhältnis zwischen dem Preußischen Philologenverband und dem „Verband Deutscher Oberschulen und Aufbauschulen" wurde in Form einer Aufgabenteilung fixiert: Während der Philologenverband für die allgemein schulpolitischen Fragen, finanziellen Forderungen und Standesbelange zuständig war, sollte sich der Verband Deutscher Oberschulen und Aufbauschulen auf die eigenen inneren Angelegenheiten beschränken.[105] Man räumte den Vertretern der Aufbauschulen aber ein, verstärkt im Deutschen Philologen-Blatt zu Worte zu kommen. Aus den „übereinstimmenden Meinungen" läßt sich schließen, daß den Vertretern der Aufbauschulen die Sicherung des Status quo wichtiger war als die Schaffung einer weitergehenden Perspektive für die Aufbauschulbewegung. Diese bildungspolitisch eher resignative Einstellung, die bei den Verhandlungen zum Ausdruck kam, war zu erwarten gewesen, da die Aufbauschulvertreter zugleich auch - und in der Regel schon viel länger - Mitglied im Philologenverband waren.

Der Reichsverband Deutscher Oberschulen und Aufbauschulen konnte sich insgesamt mit der Entwicklung der Aufbauschulen zufrieden zeigen, da wesentliche

---

[103]   vgl. G., Zur Stellung der preußischen Aufbauschulen im Preußischen Philologenverband, in: DOA 1 (1928), S. 26f.

[104]   vgl. ebd.

[105]   vgl. ebd.

in der Denkschrift formulierte bildungspolitische Intentionen erreicht wurden.[106]
So resümierte der 2. Vorsitzende, daß die zahlreichen Aufbauschulen im ländlichen Bereich „eine kulturpolitische Notwendigkeit" erfüllten, indem sie die lang-
samere innere Entwicklung des Landkindes beachteten und die Jugend länger der
„erziehliche[n] Macht der Familie" überließen, so daß „der Eigenwert und der Ei-
gencharakter der Landjugend [...] sich um so gesunder entfalten" könnten, damit
die so erzogene „Führerschicht" als „Gegenkraft" zur Großstadtkultur, die „der
Gefahr der Entseelung" verfalle, fungieren könnte.[107]
Die Ausrichtung des Reichsverbands wird auch an der sich unterscheidenden Begründung für die Aufbauschulen in Städten über 100.000 Einwohner (= ca. 10%)
ersichtlich, die auf „jugendpsychologische und soziale Gesichtspunkte" abhob.
Ihnen wird die Funktion zugewiesen, „Spätlinge" besonders aus „milieugehemm-
ten Schichten" aufzunehmen.[108] Zugleich verwahrte sich Kleeberg gegen jene
Anhänger, die die Aufbauschule als „Proletarierschule auffassen und demgemäß
ihre Schülerschaft einseitig in die marxistische Weltanschauung hineinspannen
wollen"[109]. Demgegenüber sah Kleeberg es als den „vornehmste[n] Ehrentitel der
höheren Schulen" an, „daß sie [...] voraussetzungslos auf den Weg zur Wahrheit
führen wollten"[110].
In einer offiziellen Eingabe des Ober- und Aufbauschulverbands an die Provinzialschulkollegien dagegen wurde - die Vorbehalte im Sinne von Lobby-Politik ver-
schweigend - auf die breite und besondere Ausrichtung der Aufbauschule, dieser
„Sonderschule" hingewiesen:

> „Sie hat im besonderen den Begabungen minderbemittelter Kreise kleinstädtischer
> und ländlicher Bezirke und des großstädtischen Proletariats den Aufstieg zu ermögli-
> chen."[111]

---

[106] Für die Akzeptanz durch alle Bevölkerungskreise gilt dies weniger. So beklagte die Arbeitsgemeinschaft der an den westfälischen Aufbauschulen beschäftigten Lehrkräfte gegenüber dem Provinzialschulkollegium ein Schreiben des Chefs der Marineleitung, das als
Erlaß herausgegeben worden war, wegen „unsere Anstalten schädigender Irrtümer".
Grund war das Fehlen der Aufbauschulen in einer Auflistung der höheren Lehranstalten
und daß als Eintrittsbedingung grundsätzlich das Abgangszeugnis einer neunklassigen höheren Lehranstalt gefordert worden war (vgl. StA MS, PSK 7109, Schreiben der Arbeitsgemeinschaft vom 25.6.1930)

[107] Kleeberg, A., Grundsätzliches zur Aufbauschulfrage, in: Neue Jahrbücher für Wissenschaft und Jugendbildung 6 (1930), S. 742ff.

[108] vgl. ebd., S. 745

[109] ebd., S. 746

[110] ebd.

[111] StA MS PSK 7109, Schreiben v. 15.1.1930

Im Interesse der Leistungsfähigkeit sollten die Klassenfrequenzen weiterhin niedrig gehalten und zur Erfüllung der sozialen Aufgaben die augenblickliche finanzielle Ausstattung überdacht werden.

Auch Richert zeigte sich mit der von ihm initiierten und geförderten Entwicklung zufrieden und begrüßte die 3. Hauptversammlung des Reichsverbands „als eine Tagung der Tat in einer Zeit der Bildungsnot und -krisis, des Relativismus, der Problematik"[112]. Der Tagungsbericht skizziert seinen Vortrag:

> „Der Gedanke der DOS. sei geboren aus dem Glauben an die Ewigkeitswerte, die in der deutschen Kultur zum Durchbruch gekommen seien, einer Kultur, von der die Jugend sich abzuwenden scheine, der die Seele entwichen sei, die der Zivilisation, der Amerikanisierung zu verfallen drohe. [...] Nur in Berührung mit einer bodenständigen Jugend, die noch verwachsen sei mit dem Glauben an ewige Werte, könne die große Mission der DOS. erfüllt werden, könne die AS. den Jungbrunnen und die Kraftquelle unseres geistigen Seins öffnen, könne sie ihre nationale Mission erfüllen, der Lehrerbildung die Kräfte zuführen, die dem flachen Lande in bodenständigen Lehrern wiedergegeben werden müßten."[113]

Auch wenn diese euphorischen Erwartungen und Bekundungen nationalistischer Provenienz rein zahlenmäßig von den Abiturient(inn)en bezüglich der Lehrerbildung nicht erfüllt werden konnten, spiegeln sie aber doch den Geist der Aufbauschulbewegung.

Der Reichsverband der Deutschen Oberschulen und Aufbauschulen schloß sich den Initiativen zur Ausweitung der Aufbauschulen zur „Regelschule", wie sie von dem Preußischen Lehrerverein und auch der KPD - besonders erfolgreich in Berlin - thematisiert wurden, nicht an[114], obwohl er wie z.B. auch die Berliner Lehrerzeitung, der Hamburger Lehrerverein, Abg. und Oberschulrat Dr. Bohner (DDP) oder auch die „Gesellschaft der Freunde des vaterländischen Schul- und Erziehungswesens" in der Aufbauschule die „Schule der Zukunft" sah, die in Großstädten aber nur „notwendige Ergänzung" sein sollte, womit der Verband auf der Linie des Philologenverbands verblieb.

Im Sinne der Denkschrift sah Kleeberg für alle Aufbauschulen als „unerläßliche Vorbedingung" bei der Schülerschaft „eine mehr als durchschnittliche Veranlagung für theoretische Arbeit" an:

---

[112] Dreyer, Johannes, Dresden 1929 ..., a.a.O., S. 2
[113] ebd.
[114] vgl. Dreyer, Aus dem Verbande. Sitzung des erweiterten Vorstandes am 4. Oktober 1932, in: DOA 6 (1932), H. 1, S. 8-11

„Denn was für das Kind des Landbewohners die außerschulische Inanspruchnahme bedeutet, das ist bei den meisten Großstadtaufbauschülern der Ausfall aller die geistige Bildung fördernden Elemente der häuslichen Umgebung."[115]

Neben der proletarischen Ausrichtung einiger städtischer Aufbauschulen, die Vorbehalte gegen sie als „höhere Normalschule der Zukunft" begründete, forderte Kleeberg grundsätzlich die Voraussetzung, daß die Volksschule die Arbeit der Unterstufe der höheren Schule leiste, was seines Erachtens erst mit der Entwicklung eines „Kern- und Kurssystems"[116] an der Volksschule gegeben sei. Aber nicht nur diese inhaltlichen Gründe bedingten das defensive Vorgehen des Verbandes zur Aufbauschulfrage, auch der Zeitpunkt war für realpolitisches Vorgehen in Bildungsfragen ab 1930 ungünstig:

- Die grundständige DOS war vom preußischen Philologentag im Oktober 1930 abgelehnt worden. Obwohl der Reichsverband glaubte, man brauche sich „nicht sonderlich zu beunruhigen":

    „Wir haben nicht nur das preußische Ministerium, sondern auch die Sehnsucht weiter Volkskreise hinter uns",

    war man bildungspolitisch bedrängt.[117]

- Die rückläufigen Schülerzahlen an den Aufbauschulen (wie an den grundständigen höheren Schulen) aufgrund der wirtschaftlichen Not in vielen Elternhäusern und der geburtenschwächeren Kriegsjahrgänge führten zu schulorganisatorischen Problemen.

- Daneben hatte sich der Reichsverband mit den unterrichtlichen Kürzungen der Stundentafeln als Auswirkung der Sparmaßnahmen zu beschäftigen.

- Die rückläufige Begabtenförderung 1931 von 25% auf 20% des Schulgeldaufkommens erschwerte den Zugang zur Aufbauschule, während der Reichsverband schon 1930 in einer umfassenden Dokumentation nachgewiesen hatte, daß eine Erhöhung auf 40% angesichts der „besonderen sozialen Aufgaben der Aufbauschulen und zur Beseitigung einer offenkundigen Ungerechtigkeit"[118] notwendig sei.

- Die beabsichtigte Einführung des Französisch als Anfangssprache in allen höheren Schulen hätte besonders in den DOS zu starken Veränderungen führen

---

[115] Kleeberg, A., Grundsätzliches ..., a.a.O., S. 745
[116] ebd., S. 746f.
[117] Erklärung des Gesamtvorstandes zur grundständigen Deutschen Oberschule, in: DOA 4 (1930/31), H. 3, S. 63
[118] StA MS, PSK 7109, 258 - 262, Eingabe des Schriftführers Dr. Dreyer vom 15.1.1930 an das Provinzialschulkollegium Münster.

müssen, denn von den 115 DOS[119] (davon 25 grundständig) in Preußen hatten 66,07% Englisch als erste Fremdsprache,[120] was ab Ostern 1932 dann auch aufgrund von Initiativen des Reichsverbandes dann nur für alle grundständigen höheren Schulen - soweit Erste Fremdsprache nicht Latein war - Geltung erlangte[121] und so die Besonderheit der Aufbauschulen betonte.

Unbestritten in der verbandlichen Diskussion war die Ausrichtung der meisten Aufbauschulen an den kulturkundlichen Fächern, d.h. der sog. „Bildung am deutschen Kulturgut". Institutionalisiert war dies durch die Kooperation des Reichsverbands mit der „Gesellschaft für deutsche Bildung", deren Ziel die Pflege der Deutschkunde und der Ausbau der Deutschen Oberschulen war: Ein Vorstandsmitglied des Reichsverbands war kooptiertes Mitglied (einschließlich Stimmrecht) im Verwaltungsrat und im Schulausschuß der „Gesellschaft für deutsche Bildung".[122] Die inhaltliche Verbindung wird auch dokumentiert durch das Vorstandsmitglied der Gesellschaft, Prof. Sprengel, der an mehreren Hauptversammlungen des Reichsverbands teilnahm und sich schon 1920 auf der RSK für den Ausbau der Deutschen Oberschule ausgesprochen hatte, um „zu einer bewußten Deutsch g e s i n n u n g [zu] gelangen, die mehr bedeutet als bloßes Deutsch g e f ü h l ". Sein Ziel war, „für die nationalen Unterrichtsfächer die Möglichkeit freier Auswirkung" zu erhalten.[123]

4.   Katholiken und Aufbauschule

Gegenüber der Richertschen Denkschrift waren die Stellungnahmen aus dem Katholizismus besonders wegen Fragen der Konfessionalität eher zwiespältig gewesen. Doch unter weitgehender Akzeptanz der kulturkritischen Intention der Denkschrift sprachen die allgemein vorgebrachten sozialpolitischen und wirtschaftlichen Gründe aus Sicht des katholischen Bevölkerungsteils bzw. der katholischen Kirche auch aufgrund der Erfahrungen mit den ersten Aufbauschulen und -klassen eher für die Einrichtung weiterer Aufbauschulen - unter spezifischen

---

[119] vgl. Amtliche Einführung von Französisch als Anfangssprache?, in: DOA 4 (1930/31), H. 5, S. 94f.

[120] vgl. Die Deutschen Oberschulen in Preußen nach der Sprachenfolge, in: DOA 4 (1930/31), H. 4, S. 79

[121] vgl. Kleeberg, A., Nach dem 10. November, in: DOA 5 (1932), H. 3, S. 43f.

[122] vgl. Dreyer, 4. Hauptversammlung des Reichsverbandes in Koblenz (3.-5. Oktober 1930), in: DOA 4 (1930/31), H. 1, S. 21

[123] Die Reichsschulkonferenz ..., a.a.O., S. 706

Modifizierungen.[124] Als besonderer Vorteil für Katholiken wurde beispielsweise von StR Dr. Klemmer aufgrund der „religiösen Gefahren" der paritätischen höheren Schule gesehen, daß die Kinder nach der 7. Klasse „aus Elternhaus und Volksschule eine in sich geschlossene religiöse Vorbildung" mitbringen.[125] Erhebliche Vorbehalte wurden aber gegen das Bildungsideal der sich überwiegend durchgesetzten Form der Deutschen Oberschule gerichtet, und zwar gegen „den Weltanschauungsgehalt des deutschen Idealismus"[126]. So sah Klemmer die Gefahr der Relativierung des verbindlichen Wahrheitsgehalts der katholischen Religionsform zugunsten einer protestantischen Weltanschauung. Die Aufbauschulen wären daher nur die Fortsetzung der protestantischen Volksschulen.[127]

Ansatz für eine verstärkte Einbringung katholischen Kulturguts sollten die Unterrichtsfächer und Lehrstoffe sein, vorrangig der Einsatz gegen das durch die Denkschrift verfügte „Zurückdrängen des Lateinischen und der Antike"[128]. Aus prinzipiellen Gründen wurde von Klemmer daher „die Aufbauschule mit Französisch und Englisch als Regelform" abgelehnt und für Aufbauschulen in katholischen Gegenden „Latein als grundständige Fremdsprache" angestrebt sowie eine stärkere Betonung der Antike im Deutsch- und Geschichtsunterricht gefordert.[129]

Diese Position verstärkend erfolgten aus dem politischen Raum immer wieder Initiativen, „auch Latein als erste Fremdsprache zuzulassen". Abgeordnete der DNVP, der DVP und auch der DDP machten sich für Latein stark,[130] was bei Ministerialdirektor Dr. Jahnke auf positive Resonanz stieß, so daß Versuche mit Latein als erster Fremdsprache 1930 zugelassen wurden.[131] Doch auch Kritik an den „einflußreichen katholischen Kreisen" wurde in diesem Zusammenhang von einem Studienrat geübt, der es als „Unglück" bezeichnete, „daß wir gerade auf katholischer Seite einen solchen Überfluß an Altphilologen, Germanisten, Histo-

---

[124] vgl. Klemmer, Die preußische ..., a.a.O., S. 90ff.
Ganz pragmatisch bei Akzeptanz der vorhandenen Schulen vgl. Wir Katholiken und die Aufbauschule. Von einem schlesischen Schulmanne, in: Mitteilungsblatt für katholische Elternausschüsse und Elternbeiräte an mittleren und höheren Schulen. Zentralstelle der katholischen Schulorganisation Deutschlands 1 (1925), Nr.1, S. 5-7

[125] Klemmer, Die preußische ..., a.a.O., S. 106

[126] ebd., S. 101

[127] vgl. ebd., S. 101ff.

[128] ebd., S. 104

[129] ebd., S. 105

[130] zu den Redebeiträgen und Anträgen in den Hauptausschußsitzungen des Preußischen Landtags vgl. u.a. G., Die Aufbauschule im Hauptausschuß ..., a.a.O., S. 75, und Mr., Aufbauschulfragen ..., a.a.O., S. 75-77

[131] vgl. Das Preußische Staatsministerium ..., a.a.O., S. 115

rikern und dergleichen aussichtslosen Berufen haben."[132] Insofern begrüßte er den eher realen Charakter der Aufbauschulen und versprach sich von ihnen für den katholischen Bevölkerungsteil „in Zukunft mehr Einfluß in wirtschaftlichen Dingen und Anteil an den Gütern dieser Welt zu erringen als bisher"[133].

Zur Realisierung der als notwendig erkannten Begabungsauslese aus Kindern von „Unterbeamten und Arbeiter[n]" aufgrund deren extremer Unterrepräsentierung sollten mittels Schulgeldstaffelung „die Vorbedingungen zum Besuch der höheren Schule für alle Volksklassen gleichmäßiger" gestaltet werden,

> „ohne deshalb die von manchen befürchtete Gefahr einer zu starken Demokratisierung der Bildung, einer 'Gleichmacherei', heraufzubeschwören. Dafür sorgt die ihrem Wesen nach aristokratische Auslese der echten Kräfte. Keiner hat das so früh erkannt und die Aristokratie der Begabung und des Geistes so früh und so bewußt gefördert wie unsere Kirche",[134]

wußte Klemmer beruhigend zu versichern.

Aufgrund der günstigen Beobachtungen und Erfahrungen, die mit der Aufbauschule gemacht wurden, sah es der Zentrumsabgeordnete und Prälat Dr. Lauscher als erforderlich an, „daß insbesondere w i r K a t h o l i k e n uns diesen neuen [...] und [...] erheblich verbilligten Bildungsweg zunutze machen" - auch um das Bildungsdefizit der deutschen Katholiken abzubauen.[135] Da die Katholiken ein „sehr starkes Kontingent [...] der ländlichen Bevölkerung" und auch der „breiten Schicht der Minderbemittelten einnahmen, hielt es Lauscher für

> „im höchsten Grade kurzsichtig und töricht, wenn wir ihr [der Aufbauschule; H.-G. B.] unser Vertrauen deswegen versagen wollten, weil die Aufbauschule nicht den humanistischen, sondern den r e a l i s t i s c h e n B i l d u n g s w e g verfolgt. Das hieße, den Mißgriff wiederholen, den die deutschen Katholiken durch ihr allzu starres Festhalten   an   der   humanistischen   Bildung   und   ihre   übertriebene Z u r ü c k h a l t u n g g e g e n ü b e r d e m R e a l g y m n a s i u m u n d d e r O b e r r e a l s c h u l e seit Jahrzehnten begangen haben. [...] Ihm ist es ja größtenteils zuzuschreiben, daß eine Unzahl katholischer Akademiker sich im althergebrachten Geleise der 'heiligen vier Fakultäten' festgefahren hat."

Zwar wollte Lauscher die humanistische Bildung „nicht preisgeben", doch sprach er ihr eine „Monopolstellung" ab:

> „Sie kann im Zeitalter der Technik und des wirtschaftlichen Wiederaufbaus auch für uns Katholiken nicht mehr die privilegierte Stellung behaupten, die man ihr früher zugestanden hat."

---

[132] W.,K., Die Aufbauschule, ihre Freunde und Gegner, in: Pädagogische Post Nr. 38 1926, S. 540f.
[133] ebd.
[134] Klemmer, Die preußische ..., a.a.O., S. 106
[135] vgl. auch im folgenden Lauscher, Katholiken ..., a.a.O.

Zwecks Sicherung der Rekrutierung des geistlichen Nachwuchses auch aus dem ländlichen Raum forderte er, in den Lehrplan der Aufbauschulen Latein als Pflicht- oder Wahlfach aufzunehmen. Lauscher bezeichnete es als „eine schmerzliche Enttäuschung" für weite katholische Kreise, daß die Aufbauschule nicht den konfessionellen Charakter der Lehrerseminare geerbt habe, obwohl die Aufbauschulen auf dem Lande de facto aufgrund der „weithin bestehenden konfessionellen Einheitlichkeit der Bevölkerung" als konfessionelle gelten könnten. Als „außerordentlich unerwünscht" sah Lauscher darüber hinaus die zur Sicherung der Schülerzahlen häufig praktizierte Koedukation an. „Die gemischte Klasse" bedeutete gerade für die Altersstufe der Aufbauschüler(innen) „eine mehr als bedenkliche Einrichtung". Über örtliche Schülerheime hoffte Lauscher den Zugang zu der Aufbauschule erleichtern zu können, um die Koedukation unnötig zu machen.

Die katastrophale staatliche Finanzlage Anfang der 30er Jahre führte auch zu Einsparungen im Schulwesen und differenzierte die Position der Katholiken zur Aufbauschule. Lauscher, 1926 noch ein engagierter Befürworter der Aufbauschule, war 1932 bereit, den Abbau von Aufbauschulen hinzunehmen. Hintergrund war die geplante drastische Kürzung der Unterstützung nichtstaatlicher öffentlicher höherer Schulen in Preußen. Da diese Schulen „zumeist" in Landesteilen lägen, „denen wir uns besonders verpflichtet fühlen müssen, weil sie alte Zentrumsdomänen sind",[136] sollten staatliche Gelder für sie durch die Aufgabe von Aufbauschulen freigemacht werden: Er strebte also eine Umschichtung von den staatlichen Aufbauschulen zu nichtstaatlichen Gymnasien an.

Diese Position wurde durch einen Leserbrief aus dem Sauerland in der Kölnischen Volkszeitung gestützt, in dem der Verfasser das Experiment Aufbauschule „auf bessere Zeiten" verschoben wissen wollte „und dafür gesunde Realpolitik" einforderte: Aufbauschulen seien mit ihren geringen Schülerzahlen im Vergleich zu den Gymnasien wesentlich teurer.[137]

Gegen diese Präferenz für das Gymnasium verwahrte sich StR Wenz in einer umfassenden Stellungnahme. Er erachtete es für verfehlt, zum Erhalt der Gymnasien in katholischen Regionen die Aufbauschule aufzugeben, da diese überwiegend konfessionell geprägt seien und sogar 19 Schulen (u. a. Rüthen) ausschließlich katholische Lehrkräfte und 12 weitere einen katholischen Direktor mit überwiegend katholischem Lehrkörper besäßen und bestritt daher entschieden, „daß

---

[136] Lauscher, A., Die höhere Schule in Gefahr? T. I und II, in: Kölnische Volkszeitung v. 17. und 18.2.1932, hier Teil II
[137] H., Schulabbau und Aufbauschule, in: Im Schritt der Zeit. Sonntagsbeilage der Kölnischen Volkszeitung v. 13.3.1932, S. 4

das Gymnasium die höhere Schule des katholischen Volkes ist"[138]. Wenz betonte die Geistesrichtung der Aufbauschulen vom Typ der Deutschen Oberschule, die er als „durchaus 'idealistisch' und [...] darum dem kulturellen Leben des Katholiken und seiner Geistesrichtung am nächsten" ansah und die „auch den Forderungen der Gegenwart nach schulgemäßer Erfassung der Zeitströmungen und Gegenwartsfragen gerecht" werden würde.[139] Resümierend fragte er, ob „diese Vorbildung nicht ein vollwertiger Ersatz für das Griechische" sei und empfahl angesichts der Tatsache, daß „bereits Millionen Deutscher in der Gottlosenbewegung organisiert sind oder mit ihr sympathisieren", eine Beurteilung „auch einmal unter dem Gesichtspunkt der praktische Seelsorge" zu erwägen.[140]

Die Stellungnahmen zur Aufbauschule spiegeln die Grundhaltungen der Katholiken wider, von denen ein Teil in der Reform sogar abwertend „ein Symptom liberalistischer Weltanschauung mit demokratischem Einschlag" sah und von daher einen „wesenhaften Zwiespalt zwischen der preußischen Schulreform und der katholischen Weltanschauung" feststellte.[141] Dies geschah nicht zu Unrecht, denn schon 1920 hatte Richert das Versagen einer Weltanschauungsbildung konstatiert, die weitgehend dem Religionsunterricht überlassen worden war, in dem „eine handfeste Orthodoxie die Scholastik des 17. Jahrhunderts und mit ihr das alttestamentliche Weltbild der Jugend als Lehrgesetz auferlegen wollte" und demgegenüber mit Kant eine Trennung von „Glauben und Wissen" zu Bedenken gegeben hatte.[142]

Der mit der Schulreform erfolgende starke Rückbezug auf den deutschen Idealismus mit dem Ziel, „die Sozialdemokratie für die deutsche Kultur zu gewinnen"[143], ließ bei Katholiken die Befürchtung aufkommen, daß die „letzte zusammenfassende Systematik, die letzte anschauungsmäßige Deutung der im gesamten

---

[138] Wenz, Zentrum und Aufbauschulen, in: Kölnische Volkszeitung v. 22.4.1932, S. 4
       Auf diese konfessionelle Prägung wollte man sich in Bayern nicht verlassen. So setzten sich Bayerische Volkspartei, Bayerischer Bauernbund und Deutschnationale noch 1929 für konfessionelle Aufbauschulen ein, während die oppositionelle SPD paritätische forderte (vgl Bericht über den Verlauf der bayerischen Aufbauschulbewegung 1928-1930, in: DOA 3 (1930), H. 6, S. 118f.).
[139] ebd.
[140] ebd.
[141] Kurfeß, Hans, Religiöse Erziehung (Die katholische Auffassung), in: Grimme, Adolf u.a. (Hrsg.), Wesen ..., a.a.O., S. 198
[142] Richert, Hans, Die Bildung zur Einheit in der Weltanschauung (1920), in: Müller, Karl (Hrsg.), Gymnasiale Bildung. Texte zur Geschichte und Theorie seit Wilhelm von Humboldt, Heidelberg 1968, S. 219 und 223
[143] ebd., S. 227

Unterricht vorgebrachten Tatsachen"[144] nicht der Religion bzw. dem Religionsunterricht verbleiben könnte. Hans Kurfeß reklamierte deshalb für die Katholiken „mindestens" die Anerkennung der These, „daß auch unsere Weltanschauung ein wissenschaftlich fundiertes Weltbild ist, eine wissenschaftlich mögliche Endformel im Prozeß des universal-kritisch-intuitiven Durchdenkens der Welt des Seins, der Tatsachen und der Normen", und hob darauf ab, daß sich auch der katholische Mensch „in den Dienst des Volksganzen stellt".[145]

Der „Neuaufstieg des scholastischen Denkens", genauer: des (Neu-)Thomismus hatte seinen ersten offiziellen Höhepunkt in der Enzyklika „Aeterni patris" (1879) unter dem Pontifikat von Leo XIII. gefunden[146] und beanspruchte, das Selbstverständnis katholischer Wissenschaftler bis in die Weimarer Zeit hinein zu prägen mit der Festlegung des „Vorrang(es) der Offenbarung vor der Wissenschaft" - auch die Naturwissenschaften sollten sich „nach der amtlichen Auslegung des Glaubensgutes richten"[147]. Der „kuriale Integralismus" versuchte, „mit wahrem Sendungsbewußtsein (den) Kampf gegen dem Modernismus auf(zu)nehmen", dessen Wurzeln auch im Protestantismus gesehen wurden.[148] Zwar konnte man der Wiederanknüpfung an den deutschen Idealismus in der Weimarer Republik - wie er sich in der Neuordnung des Schulwesens in Preußen niederschlug - insoweit folgen, als sich

> „die Bemühungen um Erhebung des nationalen Geistesniveaus auf eine idealistische Kulturhöhe zunächst gegen die materialistische Verrohung und Abstumpfung weiter Kreise des Volkes durch seine allzu einseitige Einstellung auf Erwerb von Unterhalt und Gewinn, sowie gegen alle naturalistischen Fanatismen und gegen okkultistische Schwärmereien"

---

144 Kurfeß, Hans, Religiöse ..., a.a.O., S. 201. Vor diesem Hintergrund hatten „konfessionelle Kreise" auch die Aufnahme von Philosophie als Pflichtfach in die Richtlinien für die Primaner(innen) verhindert (vgl. Schlemmer, Hans, Die Philosophie in der höheren Schule, in: Grimme, Adolf u.a. (Hrsg.), Wesen ..., a.a.O., S. 187).

145 Kurfeß, Hans, Religiöse ..., a.a.O., S. 201

146 vgl. Krenn, Kurt, Katholizismus und die Philosophie des deutschen Idealismus, in: Langner, Albrecht (Hrsg.), Katholizismus und philosophische Strömungen in Deutschland, Paderborn 1982, S. 25

147 Meurers, Joseph, Katholizismus und Naturwissenschaftliche Strömungen im 19. und 20. Jahrhundert, in: Langner, Albrecht (Hrsg.), Katholizismus und philosophische Strömungen ..., a.a.O, S. 28

148 Trippen, Norbert, Gesellschaftliche und politische Auswirkungen der Modernisierungskrise in Deutschland, in: Langner, Albrecht (Hrsg.), Katholizismus und philosophische Strömungen ..., a.a.O., S. 62ff.

richteten[149], doch befürchtete Switalski aus Sicht katholischer Akademiker als logische Auswirkung die Ausbildung „einer Art offizieller National- und Staatsreligion" (im Original gesperrt, H.-G. B.)[150] - aber ohne christliche Transzendenz. Um die Glaubensgefährdungen der Katholiken zu vermeiden, galten konsequenterweise „ ...rein katholische Bildungsanstalten als unabweisliche Forderung auch für das höhere Schulwesen" - „als bewußt zu erstrebendes Ideal".[151] Aber nicht nur in der Vermeidung individueller Verunsicherungen lag der Grund, ein „Absehen vom Glauben" zu verhindern, sondern Rosenmöller befürchtete ansonsten „eine Zersetzung der Kraft unseres Volkstums".[152] Wenn „Sündenfall und Erlösung" als „weltgeschichtliche Tatsachen von entscheidender Bedeutung" und als wesentlich für den Bildungsprozeß angesehen wurden,[153] mußte dies nicht nur in der Forderung der Konfessionalität der Schulen, sondern auch in der Ausprägung der Unterrichtsinhalte seinen Niederschlag finden.

Auf das Fach Geschichte angewendet, formulierte der Leiter der Aufbauschule in Büren, Otto Müller, der zeitweilig Mitglied des erweiterten Vorstands des Reichsverbands der Oberschulen und Aufbauschulen war, das - in sich widersprüchliche - Ziel, den Schülern einen „festen Standpunkt" zu geben, „um Geschichte als Gottes Weisheit zu deuten und sich gegen Versuche von 'offizieller preußischer Schulgeschichtsklitterei' durch das eigene kritische Denken zu immunisieren".[154]

So wurde die Aufbauschule - besonders im Typus der Deutschen Oberschule - von den und für die verschiedenen - teils divergierenden, aber sich auch überschneidenden - Strömungen innerhalb des Katholizismus instrumentalisiert. Einerseits stand dieser Richerts (protestantischer) Weltanschauung aufgrund deren deutschnationaler - im Extrem chauvinistischer - Ausrichtung wohlwollend ge-

---

149 ebd., S. 63
150 Switalski, Wladislaus, Der neudeutsche Idealismus und die deutsche Bildung, in: Rosenmöller, Bernhard (Hrsg.), Das katholische Bildungsideal und die Bildungskrise. Vorträge der Sondertagung des Verbandes der Vereine Katholischer Akademiker in Recklinghausen, München o.J. (Imprimatur 1926), S.69. Vgl. auch Schröteler, Joseph SJ, Moderner Staat und Bildung, in: Rosenmöller, Bernhard (Hrsg.), ebd., S. 134ff.
151 vgl. Switalski, Wladislaus, Der neudeutsche Idealismus ..., a.a.O.
152 Rosenmöller, Bernhard, Einleitung, in: derselbe (Hrsg.), Das katholische ..., a.a.O., S. 3. Er befürchtete auch ein Hinabgleiten „infolge der allgemeinen Nivellierung in die naturalistischen Anschauungen einer noch nicht überwundenen Aufklärung" (ebd., S.4). Rosenmöller war derzeit Leiter des deutschen Instituts für wissenschaftliche Pädagogik in Münster, während der NS-Zeit Professor für Philosophie in Breslau, 1946 Gründungsrektor der Pädagogischen Akademie Paderborn.
153 ebd., S. 2
154 Müller, Otto, Aufbauschule und Vorbildung ..., a.a.O., S. 221

genüber, zugleich gab es in Anpassung an die industrialisierte Arbeitswelt auf Modernisierung abzielende Tendenzen, wohingegen andererseits weiterhin wesentliche Teile sich auf den Integralismus bezogen - bzw. aufgrund der Orientierungsverluste durch den Industriekapitalismus rückbezogen - und sich dem Pluralismus der Werte versperrten.

Die katholischen Bischöfe hatten zwar am 1.11.1917 in einem Hirtenbrief ihre Hinwendung zum Staat bekundet und ihre patriotische Gesinnung zum Ausdruck gebracht:

> „Mit unerschütterlicher Treue und opferfreudiger Hingabe stehen wir daher zu unseren Herrschern von Gottes Gnaden, dem Kaiser und den Landesfürsten. [...] Seiner ganzen Vergangenheit treu, wird das katholische Volk alles zurückweisen, was auf einen Angriff gegen unsere Herrschaftshäuser und unsere monarchische Staatsverfassung hinausläuft."[155]

Dennoch überstand die katholische Kirche die politische Neuordnung 1918/19 ohne Schaden und fand zu neuem Selbstbewußtsein, so daß der Philosoph Peter Wust, ein Scheler-Schüler, schon 1924 - zwar nicht unwidersprochen - die „Wiedergeburt der Metaphysik" preisen und eine „geistige Offensive" des Katholizismus diagnostizieren konnte.[156]

Rückhalt bot die Enzyklika „Die christliche Erziehung der Jugend", die 1929 aus einer Fürsorgepflicht auch für Nichtchristen heraus sendungshaft den erzieherischen Auftrag der Kirche betonte, „in allen Fächern [...], die zu Religion und Moral in Beziehung stehen"[157], Einfluß zu nehmen. Da dies über die Richtlinien nur begrenzt gelang, oblag die Verbreitung der integralistischen Lehrmeinung den katholischen Lehrern. Mit dieser Position hatte die katholische Kirche ihre „Machtstellung" - so resümierte Otto Tumlirz 1932 - „in Deutschland in der Zeit der Krise, der geistigen Verworrenheit, des Suchens nach einem festen metaphysischen Halt noch verstärkt".[158]

---

[155] zit. nach Gauly, Thomas M., Konfessionalismus und politische Kultur in Deutschland, in: Aus Politik und Zeitgeschichte B 20/91 v. 10. Mai 1991, S. 48
[156] zit. nach Hürten, Heinz, Kurze Geschichte des deutschen Katholizismus 1800-1960, Mainz 1986, S. 198
[157] Pius XI., Die christliche Erziehung ..., a.a.O. S. 27
[158] Tumlirz, Otto, Die Kultur der Gegenwart und das deutsche Bildungsideal, Leipzig 1932, S. 110

5.   Leistungsfähigkeit der Aufbauschule

Gegenüber der Vorgabe, daß die von der Unterrichtsverwaltung als notwendig errechneten jährlich 2500 ländlichen Lehramtsbewerber(innen)[159] von den geplanten 100 Aufbauschulen kommen sollten, erfüllte sich die zahlenmäßige und soziale Rekrutierung der ländlichen Volksschullehrer nicht. Die Berufswunschentscheidungen des zahlenmäßig kleinen ersten Jahrgangs der 48 voll ausgebauten Aufbauschulen zeigten schon andere Präferenzen auf: Von den 385 männlichen Abiturienten Ostern 1928 wollten nur 17,2% zur Pädagogischen Akademie, von den 68 Abiturientinnen nur 25%. Demgegenüber hatte die Universität bei 55,4% der Abiturienten Priorität, wobei rund die Hälfte davon die Studienratslaufbahn einschlagen wollte. Und von 61,9% der Abiturientinnen mit Priorität für die Universität gaben rund 40% den Berufswunsch Studienrätin an.[160] Von den fünf Deutschen Oberschulen in Aufbauform in Westfalen kamen z.B. 36 Abiturienten, von denen nur drei „Volksschulpädagogik" als Studienfach angaben.[161]

Ursächlich für das Wahlverhalten ist sicherlich, daß das Abitur Entscheidungsspielräume eröffnete, die dem Aufstiegswillen der Absolvent(inn)en bzw. deren Eltern entgegenkamen. Darüber hinaus war der Besoldungsrückstand der Volksschullehrer gegenüber den Studienräten in Höhe von ca. 40% sicher kein Anreiz.

Rein quantitativ reichten allerdings die wenigen Aufbauschulen und deren geringe Zahl von Abiturient(inn)en „angesichts des vorhandenen Volksschullehrer-Überflusses und angesichts des Überangebots an Bewerbern für die 1928 bestehenden vier Pädagogischen Akademien"[162]. Der durch die Schulbürokratie errechnete Bedarf hatte sich schließlich drastisch reduziert, wie u.a. an der schleppenden Einrichtung der Pädagogischen Akademien und deren Größe ablesbar ist: 1926 die ersten drei Akademien, 1927 eine, 1928 keine [!]; Kapazität anfangs 50, später bis maximal 260.[163]

---

[159]   vgl. Weber, Rita, Die Neuordnung ..., a.a.O., S. 250

[160]   vgl. Günther, Alfred, Zur Berufswahl der ersten Abiturienten und Abiturientinnen der preußischen Aufbauschulen (Ostern 1928), in: Deutsches Philologen-Blatt 37 (1929), S. 126f. So hatten auch schon 1927 von den 1851 Schüler(inne)n der drei Oberklassen nur 13,7% als Berufswunsch Volksschullehrer(in) angegeben (vgl. Simon, Eduard, Die selbständigen ..., a.a.O., S. 133-135).

[161]   vgl. Jahresberichte der höheren Lehranstalten in Preußen Schuljahr 1927/28 bearbeitet von der Staatlichen Auskunftsstelle für Schulwesen, Berlin 1930, S. 366f.

[162]   Weber, Rita, Die Neuordnung ..., a.a.O., S. 410, Anm. 13 zu Teil B.II

[163]   vgl. ebd., S. 259. 1930 bestanden dann 15 nicht voll ausgebaute Akademien, erst Ostern 1931 haben drei von ihnen die volle Zahl von Studierenden aufgenommen (vgl. Zierold,

Obwohl sich schon nur relativ wenige Abiturient(inn)en an den Aufbauschulen für den Ausbildungsbereich Pädagogische Akademie ausgesprochen hatten, realisierte nur der kleinere Teil von ihnen dieses Berufsziel auch. Der Anteil von 17,2% bei den Berufswünschen der Abiturienten schrumpfte auf 7,5% (= 29), die ein Studium auch aufnahmen, was nur 6,6% aller Akademiestudenten entsprach.[164] Im Sommerhalbjahr 1929 stieg die Anzahl der Aufbauschulabsolventen, die die Pädagogische Akademie besuchten, auf 81, was 16,7% aller Akademiestudenten entsprach, wobei der Anteil an den einzelnen Akademien zwischen 10,8% (in Dortmund und Frankfurt) und 22,1% (in Elbing) schwankte; der Anteil der Aufbauschulabsolventinnen lag bei 13 (= 6,5%).[165] Es bleibt einer genaueren Prüfung vorbehalten, inwieweit dieses Ergebnis von der geringen Zahl der Akademien, ihrer konfessionellen und auch geschlechtsspezifischen Ausrichtung, ihrer geographischen Lage und der sich aus diesen Fakten ergebenden notwendigen räumlichen Mobilität geprägt wurde. Darüber hinaus kam der Art der Aufnahmeprüfungen an den Pädagogischen Akademien - mindestens in der Anfangsphase - „auslesender" Charakter zum Nachteil der Aufbauschulabsolvent(inn)en zu.[166] Auf Intervention des Reichsverbandes Deutscher Oberschulen und Aufbauschulen beim preußischen Kultusminister wird behördlicherseits versichert, daß

> „Vorsorge getroffen [ist], daß die Abiturienten und Abiturientinnen der Aufbauschulen bei der Aufnahme in die Pädagogischen Akademien in besonderem Maße berücksichtigt werden"[167].

Kurt u.a., Die Pädagogischen Akademien. Amtliche Bestimmungen, 2. erweiterte Aufl. Berlin 1931, S. 12).

[164] vgl. Franke, G. H., Fesseln der Überlieferung (Aufbauschule und Deutsche Oberschule), in: DOA 2 (1929), H. 3, S. 33, Anm. 1, Hinweise der Redaktion

[165] vgl. Abiturienten von AS. und DOS. auf Pädagogischen Akademien, in: DOA 3 (1930), H. 1, S. 30.
Zum Vergleich: In Gießen hatten 4,27% der Studentenschaft ein Reifezeugnis einer Aufbauschule, an den Pädagogischen Akademien in Hessen, Mainz und Darmstadt 16,2% und am bischöflichen Priesterseminar in Mainz 2,5% (vgl. Como, Hochschulstudium und Aufbauschulabiturienten in Hessen (nach der Hochschulstatistik für d. SS 1931), in: DOA 5 (1931) Heft 3, S. 44f

[166] „Vorfälle", die auf Unregelmäßigkeiten bei den Aufnahmeprüfungen hinwiesen, führten im Landtag zur Forderung der Abgeordneten Frau Thöne (DVP), Grundsätze der Aufnahmeprüfung öffentlich bekanntzugeben (vgl. Weber, Rita, Die Neuordnung ..., a.a.O., Anmerkung 39 zu Teil B, II, 2, S.413).

[167] Aufnahme von Aufbauschülern in preußischen Akademien, in: DOA 3 (1930), Heft 3/4, S. 79

Eine unerwartete verstärkte Anziehungskraft der Pädagogischen Akademien „auf begabte Schüler der grundständigen Schulen" führte für Heinze zu einem Zurückdrängen der Landkinder über das Auswahlkriterium „musikalische Vorbildung" und damit über die soziale Herkunft.[168] Insgesamt stellt Weber eine Verschiebung der sozialen Rekrutierung der Volksschullehrer(innen) innerhalb der Mittelklassen zu Kindern von „beamteten Staatsbeschäftigten" fest[169], zugleich weist Breyvogel den geringen Anteil von Landwirtssöhnen für 1929/30 als „auffällig" aus: 5,1% Kinder von mittleren und kleinen Landwirten.[170]

Vor diesem Hintergrund ist die Feststellung von Herrlitz u.a., die Vorbildung der Volksschullehrerstudent(inn)en „geschah vorrangig in Aufbauschulen bzw. -klassen"[171], nicht mehr haltbar. Ebenso kann man Günther u.a. nicht folgen, daß die Wirksamkeit der deutschen Oberschulen „potenziert" wurde, weil sie [...] den Nachwuchs für den Volksschullehrerberuf ausbildeten"[172]. Die falsche Sicht über die Berufswahl der Aufbauschulabiturient(inn)en unterlag auch standespolitischen Blickwinkeln, wenn ein Mittelschullehrer aus Sorge um deren Bestand im ländlichen Bereich den Aufbauschulen den Status von Zubringerschulen für die Pädagogischen Akademien zuschrieb und sich eine organisatorische Verbindung der Aufbauschulen mit den Mittelschulen wünschte.[173]

Daß überhaupt der Eindruck einer großen Anziehungskraft des Volksschullehrer(innen)berufs auf die Absolvent(inn)en der Aufbauschulen entstehen konnte, lag einerseits an den die Realität nicht berücksichtigenden offiziösen Verlautba-

---

[168] Heinze, Karl, Haben sich die Aufbauschulen bewährt? in: Philologen-Blatt 39 (1931), S. 115. Im Jahresbericht der Staatlichen Oberschule in Aufbauform in Rüthen für 1929 wird darauf verwiesen, daß die Akademien u.a. auch musikalische Fertigkeiten überprüfen: „Im Spiel eines der drei Instrumente Geige, Klavier oder Orgel müssen die Grundlagen vorhanden sein." (Stadtarchiv R, B 1063) Damit können die Aufnahmeprüfungen als „Instrument der Steuerung der sozialen Rekrutierung" - wenigstens teilweise - angesehen werden (vgl. die diesbezüglichen Andeutungen bei Weber, Rita, Die Neuordnung ..., a.a.O., S. 273). Noch 1932 wird in einem Leserbrief die Bevorzugung von Gymnasialabsolvent(inn)en konstatiert (vgl. Aufbauschule, in: Im Schritt der Zeit. Sonntagsbeilage der Kölnischen Volkszeitung vom 24.4.1932, S. 4)

[169] vgl. Weber, Rita, Die Neuordnung ..., a.a.O., S. 268ff.

[170] vgl. Breyvogel, Wilfried, Lehrer zwischen Weimarer Republik und Faschismus. Die Lehrerschaft des Hessischen Volsschullehrervereins in den Jahren 1930 - 1933, in: Sozialistischer Lehrerbund (Hrsg.), Zur Geschichte der Lehrerbewegung, Teil II: Die Situation der Lehrer in der letzten Phase der Weimarer Republik und den Anfängen der NS-Zeit, Reihe Roter Pauker, Heft 12, Offenbach 1974, S. 26f.

[171] Herrlitz, Hans-Georg u.a., Deutsche Schulgeschichte ..., a.a.O., S. 112

[172] Günther, Karl-Heinz u.a., Geschichte ..., a.a.O., S. 587

[173] vgl. Backheuer,W., Die kritische Lage der Mittelschule, in: Die Mittelschule vom 30.7.1928, vorabgedruckt in: Deutsches Philologen-Blatt Nr. 30 vom 25.7.1928

154

rungen und andererseits auch an der einzigen Hamburger Aufbauschule: 27,7%
der Abiturient(inn)en der Jahre 1925-1928 gaben als Berufswunsch „Volksschul-
lehrer(in)" an.[174] Doch war dies nicht auf Preußen - und andere Länder - über-
tragbar, da die Ausbildung in Hamburg an der Hochschule erfolgte und damit
größeres Sozialprestige und Einkommen versprach.

Insgesamt blieb die Bedeutung der Pädagogischen Akademien überhaupt gering,
da sie bis 1930 nur 500 Absolventen hervorbrachten.[175]

Über die schulischen Leistungen der Abiturient(inn)en sprach sich die preußische
Unterrichtsverwaltung - auch im Vergleich zu den grundständigen Schulen - nur
positiv aus.[176] So beschrieb Kultusminister Becker das Aufbauschulabitur des
Jahrgangs 1928 als „etwas vollkommen Gleichwertiges"[177]. Diese Einschätzung
wird durch die Auswertung der - soweit zugänglich - konkreten Ergebnisse von
21 Schulen bestätigt: Von den 199 zugelassenen Schüler(inne)n bestanden 188,
davon drei mit „Auszeichnung" und 40 mit „gut".[178] Die Prüfungen hatten in Anwesenheit eines Vertreters des Ministeriums oder unter Vorsitz des zuständigen
Oberschulrats stattgefunden, zusätzlich mußten sämtliche Prüfungsarbeiten einschließlich ausführlichem Prüfungsprotokoll dem Ministerium eingereicht werden,
das sich letztendlich die Entscheidung vorbehielt.[179]

Die Verkündung eines anderen als positiven Gesamtergebnisses aus der Unterrichtsverwaltung hätte auch Erstaunen hervorrufen müssen, denn die Initiatoren
bzw. Organisatoren der Aufbauschule waren auch die Kontrolleure. Eine diffe-
renziertere Betrachtung der Abschlußergebnisse, die das Besondere der meisten
Aufbauschulen als neue Schulform und zugleich als neuer Schultyp beachtete,
schloß einen direkten Vergleich mit den grundständigen höheren Schulen teilweise aus. Hinsichtlich der Einzelfächer wurden die fremdsprachlichen Leistungen
durch die Unterrichtsverwaltung als besonders schwach beurteilt. Im fremdsprachlichen Unterricht würden sich „in gesteigertem Maße die formalen
Schwierigkeiten des Deutschunterrichts" wiederholen:

---

[174] vgl. Kleeberg, A., Die Daseinsberechtigung ..., a.a.O., S. 17f.
[175] vgl. Herrlitz, Hans-Georg u.a., Deutsche Schulgeschichte ..., a.a.O., S. 136
[176] vgl. Günther, Alfred, Die deutsche ..., a.a.O., S. 21
[177] Der preußische Kultusminister über die Aufbauschulen, in: DOA 2 (1929), H. 3, S. 43f.
[178] vgl. Danzfuß, Wird die Aufbauschule sich durchsetzen?, in: Preußische Lehrerzeitung Nr.
       111 v. 15. September 1928, S. 1 (teilweise eigene Umrechnung)
       Von den insgesamt 406 männlichen Angemeldeten zur Abiturprüfung haben 404 die Prü-
       fung vollendet und 389 bestanden (vgl. Jahresberichte der höheren Lehranstalten ...,
       a.a.O., S. 366f.).
[179] vgl. Danzfuß, Wird die Aufbauschule ..., a.a.O.

„Drei Wochenstunden in den Oberklassen genügen [nicht]."[180]

Einzelhinweise belegen demgegenüber gute Ergebnisse in den mathematisch-naturwissenschaftlichen Fächern. So faßte der Schulleiter eines Gymnasiums, dem eine Aufbauschule angegliedert war zusammen:

„Der Vergleich mit dem Gymnasium fällt zugunsten der Aufbauschule aus."[181]

Wohlwollend gab Bruchmann zu bedenken, daß „die echten Aufbauschüler aus einer gänzlich anderen Umwelt in einen völlig neuen Kulturkreis" kämen und aufgrund des Alters „schon in einer gewissen Bauerlichkeit erstarrt" seien und empfahl insofern, nicht das gleiche Wissen, sondern die erworbene „Leistungsmasse", den Lernfortschritt als Beurteilungsmaßstab heranzuziehen.[182] Zudem hatte er erkannt, daß der Aufbauschüler, der sich „tapfer aus kümmerlichen Verhältnissen [...] zu einer höheren Kulturstufe [...] durchgerungen hat", eher seine „Reife fürs Leben" bewiesen habe als das „Söhnchen der Großstadt".[183] Bei Anerkennung aller Besonderheiten der Aufbauschulen wurden aber auch - im Vergleich zu den grundständigen Formen - überlegene Leistungen im kulturkundlichen Bereich einschließlich der Geschichtsphilosophie eingefordert, die als Maßstab für eine dann später auszusprechende Bewährung zu dienen hätten.[184] Demgegenüber folgerte Göcking 1933 gerade unter Bezugnahme auf die soziale Herkunft der Schüler, die Aufbauschulen als Typ des Gymnasiums oder der Oberrealschule zu führen, da die deutschkundlichen Fächer eine „gewisse geistige Kultur des Elternhauses" voraussetzen würden, die „aber bei den Aufbauschülern zu fehlen" pflege.[185]

Das Klagen der Lehrer über die mangelnde „Kultur" vieler Aufbauschüler(innen) und der daraus folgenden Leistungsschwäche, die sich auch in der hohen Abbruchquote spiegele, weist aber nur auf die fehlende Identität zwischen dem „kulturellen Kapital" der Schüler(innen) aus kleinbürgerlichen Schichten und dem Schulsystem hin, mittels dessen die „Erfolgreichen" als die „Begabten" qualifi-

---

[180] Drees, Paul, Über die Ergebnisse der ersten Reifeprüfungen an den preußischen Aufbauschulen, in: DOA 2 (1929), H. 3, S. 39f. Als „Lösung" empfahl Drees die Abschaffung der zweiten Fremdsprache, um die DOS stärker zu profilieren.

[181] Freitag, Aus der Praxis ..., a.a.O., S. 103

[182] Bruchmann, Gerhard, Der Aufbauschulabiturient - ein „Treibhausprodukt"?, in: Deutsches Philologen-Blatt 38 (1930), S. 200f.

[183] ebd.

[184] vgl. Heinze, Karl, Haben sich die Aufbauschulen ..., a.a.O., S. 116

[185] Göcking, W., Die Ansprüche des Lebens an die Typisierung, in: Schule und Erziehung 21 (1933), S. 23-29

ziert wurden und die Reproduktion der Gesellschaftsstruktur mit „individueller Leistung" und „gerechter Auslese" gerechtfertigt werden konnte.[186]

Die Probleme der Aufbauschulen lassen sich u.a. an der geringen Zulassungszahl zum Abitur festmachen: im Durchschnitt nur neun Abiturient(inn)en pro Jahrgang, die Streuung lag zwischen zwei und 28 (Berlin-Neukölln).[187] Ursächlich wurde neben der hohen Abgangsrate, der aber keine prinzipielle Bedeutung zuerkannt wurde, auf die geringe Aufnahmezahl 1922 verwiesen, deren Hintergrund in der unklaren Zielbestimmung der Aufbauklassen und besonders in der mangelnden materiellen Unterstützung der wirtschaftlich schwachen Schüler(innen) gesehen wurde.[188]

Die überschwengliche Hoffnung und Erwartung der Denkschrift bezüglich der Leistungsfähigkeit der Schüler(innen) auf dem Lande - ausgesprochene Begabungen - erfüllte sich nur zum Teil - trotz der obligatorischen Aufnahmeprüfung. Zwar galten die Schüler(innen) durchaus im Sinne der Denkschrift - unbeeinflußt von proletarischen und liberalen Entwicklungen in den Städten - als „moralisch und seelisch ungebrochene Kräfte":

> „Sie gehorchen und glauben, wo es möglich ist, an das Wort des Lehrers, an die Autorität der Schule, sie nehmen gern und dankbar jedes Bildungsgut entgegen",[189]

doch wurde teilweise der fehlende Gemeinschaftsgedanke beklagt[190] und besonders auf sprachliche Probleme verwiesen sowie das Fehlen von „'Familienkultur' und Bildungstradition"[191] bemängelt. Zusammenfassend konstatierte Göcking:

> „Wir [haben] uns in bezug auf die Zahl hoher Begabungen gründlich getäuscht."[192]

Trotz dieser Einschätzung der Schüler(innen) sah man ihre „große und kulturelle Aufgabe zum Wohl unseres Volkes"[193] nicht in Frage gestellt.

Als kennzeichnend für die Probleme kann einerseits die hohe Abbrecherquote (fast 50% bis zum Abitur) und andererseits auch die hohe Fluktuation in der Aufbauschullehrerschaft angesehen werden. So war für Heinze

---

[186] vgl. grundsätzlich Fend, Helmut, Gesellschaftliche Bedingungen schulischer Sozialisation, Weinheim u.a. 1974

[187] vgl. Danzfuß, Wird die Aufbauschule ..., a.a.O., S. 1f.

[188] vgl. ebd.

[189] Günther, Alfred, Kann die Aufbauschule ..., a.a.O., S. 50

[190] vgl. Müller, Otto, Hat die Aufbauschule die bei ihrer Gründung an sie geknüpften sozialen Hoffnungen bisher erfüllt?, in: Lehrer und Volk Jg. 1928, H. 3, S. 106

[191] Günther, Alfred, Kann die Aufbauschule ..., a.a.O., S. 51. Franke betont die „oftmals" überlegene „geistige Aufgeschlossenheit" der Großstadtschüler (Franke, G. H., Fesseln ..., a.a.O., S. 35).

[192] Göcking, W., Die Ansprüche ..., a.a.O., S. 26.

[193] Günther, Alfred, Kann die Aufbauschule ..., a.a.O., S. 51, Anm. 3.

„die Notwendigkeit besonders qualifizierter und engagierter Lehrer für diese Schulform [unbestritten], doch konnten Lage und Wesensart der oft engen Landstädte mit ungünstigen Eisenbahnverbindungen, ohne Theater und Konzert, Bibliotheken und anderen Sammlungen, mit ihrem Mangel an geistig anregenden Gesellschaftsleben [...] gerade die besten Kräfte nicht besonders anziehen"[194]

und halten. Die Erwartung, daß die Lehrer „der Monotonie des Kleinstadtlebens gegenüber ein gewisses Bildungs- und Kulturzentrum darstellen" würden, erfüllte sich nur zum Teil[195] - auch wenn das Bemühen erkennbar war, durch intensive Bearbeitung der Heimatkunde, durch kleine volkstümliche Museen, durch Veranstaltungen und Aufführungen „das Bildungsgut an weitere Kreise weiterzugeben, Schule und Volksbildung miteinander zu verbinden"[196].

Die - Ende der 20er Jahre insgesamt geringe Zahl an - Abiturient(inn)en von Aufbauschulen waren Anlaß für eine Polemik des Universitätslehrers Dibelius gegen die Aufbauschulen und ihre Klientel, der das Philologen-Blatt breiten Raum gab - wenn sich auch die Schriftleitung rückversicherte, daß „manchen Behauptungen in ihrer uneingeschränkten Formulierung nicht beigepflichtet werden kann"[197]. Dibelius konstatierte in seiner Analyse, daß sich die Universität zur „große[n] Wartehalle der Unentschiedenen"[198] entwickelt habe mit einer zum Teil „u n g e - n ü g e n d   v o r g e b i l d e t e [n] Masse", da „alle Schulreform zunächst einmal in bedenklicher Weise auf Kosten des positiven Wissens gegangen" sei.[199]

Als „Ergebnis all der neuen Aufbauschulen" sah er „eine ungeheure Menge leichtesten Mittelgutes aus der Unterschicht in die Universität" - „hauptsächlich durch Stipendien" - hineinkommen; Abiturienten, die „durch ihre Masse alles erdrücken und von denen ein erheblicher Teil schließlich doch nur das gebildete Proletariat verstärken hilft".[200] Dibelius befürchtete die „Vernichtung der Oberschicht [...] nach russischer Art" und bei einer „großen revolutionären Krise [...] die vielen stellenlosen Akademiker: Der hungrige Akademiker ist immer der gefährlichste Revolutionär gewesen".[201]

---

[194] Heinze, Karl, Haben sich die Aufbauschulen ..., a.a.O., S. 115
[195] vgl. Schmidt, Ernst, Über das pädagogische Grundproblem der Aufbauschule, in: Deutsche Lehrer-Zeitung 41 (1928), Nr. 12 v. 23.3.1928, S. 123
[196] So eine Auswertung von Jahresberichten (Schönbrunn, Walter, Wie steht es mit der Schulreform?, in: Monatsschrift für höhere Schulen Bd. 30 (1931), S. 40).
[197] Dibelius, Wilhelm, Die Überfüllung der Universität, in: Deutsches Philologen-Blatt 38 (1930), S. 263
[198] ebd.
[199] ebd., S. 267
[200] ebd., S. 270. Neben den Aufbauschulen nennt er nur noch die zahlenmäßig zu vernachlässigenden Reifeprüfungen für Hochbegabte.
[201] ebd., S. 271f.

Zur „Abhilfe" schlug Dibelius u.a. vor, die Reifeprüfung durch ein zentrales Examen zu ersetzen, da sie „als Mittel der Siebung [...] versagt"[202] habe. Er billigte den Universitäten zu, „Spezialanforderungen" zu stellen - u.a. numerus clausus -, „um sich selbst gegen die Überflutung zu schützen"[203].

Demgegenüber gab es auch positive Rückmeldungen über die Leistungsfähigkeit der Aufbauschulabiturient(inn)en. Die ersten neun, die an der Pädagogischen Akademie in Bonn aufgenommen worden waren, bestanden alle ihre Abschlußprüfung, davon fünf mit der Note „gut"[204], was mindestens auf eine Gleichwertigkeit mit den Absolventen grundständiger Schulen verweist. Einen noch besseren Eindruck vermittelte eine Lateinprüfung der 1930 Neueingetretenen im Priesterseminar zu Fulda:

> „Die beiden besten Arbeiten waren von zwei Aufbauschul-Abiturienten."[205]

Aussagen von einigen Aufbauschulstudenten bestätigen diese Eindruck:

- die Aufbauschule habe die notwendige Allgemeinbildung als auch Vorbildung für ein erfolgreiches Studium vermittelt,
- besonders im naturwissenschaftlichen Bereich hätten sich „nicht die geringsten Schwierigkeiten" ergeben,
- eine Geringschätzung seitens der humanistisch vorgebildeten Kommilitonen sei nicht gegeben gewesen.[206]

Aufgrund dieser Gegensätzlichkeit und Punktualität sowie auch der Ideologiebehaftet-heit von Dibelius lassen sich endgültige Urteile mit umfassendem Charakter für Schultypen und -formen kaum aufstellen.

Insofern hatte Dibelius mit seinen Aussagen zur Aufbauschule zwar teilweise universitären, aber - wie noch zu zeigen sein wird - kaum politischen Rückhalt.

6.   Diskussion um die Aufbauschule am Ende der Weimarer Republik

Der kulturkritische Hintergrund der ländlichen Aufbauschulen hatte auch Ende der 20er Jahre noch Bestand. In zahlreichen Stellungnahmen besonders von Lehrern an Aufbauschulen spiegelt sich die Vorstellung, daß der „gesamten Kultur aus den gesunden ländlichen Volksschichten frisches Blut zugeführt werden

---

[202]   ebd., S. 267f.
[203]   ebd., S. 269
[204]   vgl. Wenz, Zentrum und Aufbauschulen ..., a.a.O., S. 4
[205]   ebd.
[206]   So auf der Weihnachtstagung 1932 der Arbeitsgemeinschaft der schlesischen Aufbauschulphilologen (vgl. Hoffmann, Erich, Aus dem Verbande. Allgemeine Tagung, in: DOA 6 (1933), S. 42f.).

muß"[207]. Nach diesem Verständnis sollte „aus der Landbevölkerung gewissermaßen kapillar im Volkstum auf(steigen), was an besten Kräften in der deutschen Volksseele ruht", die derzeit noch charakterisiert wurde mit „Schiebertum" und „Zug zur Raffgier und sein ganzes Gefolge seelischer Unkultur"[208]. So kann es auch nicht erstaunen, daß der Aufbauschule eine „weit mehr kolonisatorische als technische Bedeutung"[209] zugesprochen wurde.

Die sich verschärfende finanzielle Situation und die niedrigeren Besuchsziffern der höheren Schulen aufgrund der schwachen Kriegsjahrgänge am Ende der Weimarer Republik hatten auch Auswirkungen auf den Status der Aufbauschulen. Ostern 1932 war die durchschnittliche Schülerzahl an den Aufbauschulen 119, in den neuen Untertertien nur 15. Die Gesamtzahl der Schüler(innen) hatte sich in diesem Schuljahr von 14.108 auf 12.219, das sind 13,4% reduziert: einmal wegen der geringen Zahl der Neuaufnahmen, andererseits wegen der sich vergrößernden Abgangszahl an Abiturient(inn)en, die sich von 1268 auf 1635 erhöhte.[210] Im Schuljahr 1931/32 waren daher zwei Anstalten aufgelöst worden. Demgegenüber hatte sich die Zahl der Schüler(innen) an allen höheren Schulen weniger stark reduziert - insgesamt nur um 6,6%. Damit zeigten sich die Aufbauschulen als anfälliger gegenüber den genannten gesellschaftlichen Entwicklungen (Wirtschaftskrise und geburtenschwache Kriegsjahrgänge[211]), was bei der Sozialstruktur ihrer Schüler(innen) kaum überraschen kann.

Ebensowenig ist erstaunlich, daß sich der Rückgang in Provinzen mit großem Anteil landwirtschaftlich geprägter Gebiete als höher herausstellt: 17,9% gegen-

---

[207] Haenicke, A., Aus dem Arbeitskreis der ländlichen Aufbauschule, in: ADLV. Deutsche Lehrerinnenzeitung 44 (1927), S. 291 -294, Zitat S. 292

[208] ebd.

[209] ebd.

[210] vgl. Unterhorst, M., Die Schülerzahlen der preußischen Aufbauschulen, in: DOA 7 (1933), Heft 1, S. 9f. Der Abbau von Aufbauschulen in Preußen war gegenüber dem Abbau in anderen Ländern eher gering (vgl. Reichsinnenministerium (Hrsg.), Jahrbuch ..., a.a.O., S. 10f.) Der Dresdener Stadtschulrat Hartnacke ermittelte eine Übergangsquote von nur 0,8% der Knaben zur Aufbauschule am Ende der 7. Volksschulklasse in größeren Städten (vgl. Hartnacke, Grundständige höhere Schule oder Aufbauform?, in: DOA 4 (1930/31), S. 36-38).

[211] Rein statistisch wäre aber zu beachten, daß die fünf Kriegsjahrgänge an einer Aufbauschule bis zu 5/6, an einer grundständigen höheren Schule aber höchstens 5/9 der Schüler stellten, was sich um 1930 besonders auswirkte (vgl. den exemplarischen Beleg durch Werner, E., Untersuchung über den Einfluß des Geburtenausfalls während der Kriegsjahre 1915-1919 auf die Schülerzahl der Bugenhagenschule Pölitz i. Po., in: DOA 6 (1932/33), Heft 3, S. 33 - 35).

über 12,5% in eher industriell geprägten Gebieten.[212] Wirtschaftskrise und die damit verbundene Einkommensminderung erzwangen einen Schulverzicht, der bei der im ländlichen Raum verbreiteten Distanz zur Bildung noch eher hingenommen wurde. So beklagte man seitens der Aufbauschulen auch, daß durch den Erlaß des Ministers vom 28.4.1931, der eine Reduzierung des Prozentsatzes des Schulgeldaufkommens, der für Begabtenförderung zur Verfügung gestellt werden konnte, von 25% auf 20% vorsah, die Begabtenförderung „außerordentlich erschwert bzw. gänzlich in Frage gestellt"[213] würde.

Nicht unwichtig ist in diesem Zusammenhang die Erkenntnis, daß - im Gegensatz zu den Erwartungen - die Einrichtung von Schülerheimen die Aufbauschulen nicht krisenunempfindlicher gemacht hat. Der Rückgang der Besucherzahl ist mit 13,3% vergleichbar groß.[214]

Vor dem Hintergrund der 1931 erlassenen drastischen Notverordnungsmaßnahmen auch im Schulbereich, die u.a. eine Verminderung der Stundenzahl beinhalteten - für die Aufbauschulen: Verlust der 5. Deutschstunde in Obersekunda, Verkürzung des Musik- und Zeichenunterrichts in Untersekunda, starke Verkürzung der Biologie in der Oberstufe und die Herabsetzung des Lateins in Untersekunda auf 4 Std.[215] -, sahen die politischen Parteien eine Gelegenheit, die Diskussion um die Schulreform wieder aufzugreifen - zentrale Elemente wie z.B. die Arbeitsgemeinschaften waren besonders berührt - und in Abbaumaßnahmen einzuflechten. So war beispielsweise im Unterrichtsausschuß des Preußischen Landtages am 3. Oktober 1932 der Urantrag der Zentrumsfraktion - vorgetragen von Dr. Lauscher - zentral, der das Staatsministerium ersuchte, reichsweit eine Reduzierung der Schultypen auf zwei oder drei anzustreben und bei Mißlingen dies wenigstens zu Ostern 1933 für Preußen durchzuführen.[216]

Konkret dachte die Zentrumsfraktion an die Erhaltung des humanistischen Gymnasiums und die Oberrealschule. Argumentativ ging Lauscher auf Probleme beim Wohnortwechsel von Schüler(inne)n ein und bezog sich auf eine Denkschrift des Verbandes der Deutschen Hochschulen, in der - so Lauscher - „die allzu un-

---

212 vgl. Reichsinnenministerium (Hrsg.), Jahrbuch ..., a.a.O., S. 11
213 Kürzung der Mittel für Begabtenförderung und deren Auswirkung an den Aufbauschulen, in: DOA 4 (1930/31), S. 105. Aus diesen Mitteln mußten Geschwisterermäßigungen, Freistellen, Erziehungsbeihilfen, Ergänzungen der Hilfsbücherei (Lehrbücher, Material für Arbeitsunterricht) und Schulgeldstundung bzw. -befreiung bei Kindern erwerbsloser Väter geleistet werden.
214 vgl. Unterhorst, M., Die Schülerzahlen ..., a.a.O., S. 9-11
215 vgl. Pr., Auswirkungen der Sparmaßnahmen, in: DOA 5 (1932), H. 4, S. 73
216 vgl. Pr., Aus dem Parlament, in: DOA 6 (1932), Heft 1, S. 12f.

gleichartige und vielfach unzulängliche Vorbildung der Studierenden"[217] beklagt worden sei. Auch die Vertreter der DNVP von Winterfeld und Dr. Oelze sahen die „Leistungsgrundlagen" gefährdet und beklagten einen Rückgang der Leistungen im Lesen, Rechnen und Schreiben. Daneben sah besonders Oelze eine „Überspannung des Prinzips der Arbeitsschule" und verdeutlichte dies exemplarisch an der Neuköllner Karsen-Schule.[218]

Demgegenüber hielt die Abgeordnete Frau Dr. Wegscheider (SPD) ein vehementes Plädoyer für eine stärkere Förderung der Aufbauschulen sowie für den Typus der Deutschen Oberschule, der noch stärker erprobt werden sollte, und sprach sich grundsätzlich für „einen gemeinsamen Aufbau aller Typen und ein Einsetzen der Differenzierungen erst für die letzten vier Jahre"[219] aus. Frau Wegscheider begründete ihr Votum für Aufbauschule und Deutsche Oberschule mit dem dort möglichen „Aufstieg geeigneter Söhne und Töchter unabhängig vom Geldbeutel"[220]. Pauschal qualifizierte der Abgeordnete Kerff (KPD) die Anträge von Zentrum und DNVP als „Bewegung in der Richtung einer reaktionären Entwicklung des Schulwesens"[221].

Dem schloß sich auch Dr. Haupt für die NSDAP an, der die schulreformerische Tendenz der Aufbauschule und der Deutschen Oberschule für „entwicklungswürdig" hielt und den Antrag der DNVP gegen den Arbeitsunterricht als „krasseste und finsterste Schulreaktion und die alte Form der Lernschule"[222] bezeichnete. Alle Anträge fanden keine Mehrheit, so daß sich direkte Konsequenzen für die Schulverwaltung nicht ergaben. Hintergrund dieser Initiative des Zentrums war auch die Absicht des Staatsministeriums, die Zuschüsse an nichtstaatliche öffentliche Lehranstalten zu kürzen, was sich besonders auf kleinstädtische und ländliche Schulen ausgewirkt hätte, die häufig alte Zentrumsdomänen waren.[223]

---

[217] ebd., S. 12

[218] vgl. ebd., S. 13f.

[219] ebd., S. 14

[220] ebd. Schon 1930 hatte sich die Oberschulrätin im Preußischen Landtag für die städtischen Aufbauschulen und ihre Klientel, die „begabte Industriearbeiterschaft" engagiert (vgl. Die Aufbauschulen im Preußischen Landtag, in: DOA 3 (1930), Heft 5, S. 92f.). Das war auch ein Schwerpunkt ihrer politischen Arbeit im Provinzialschulkollegium (vgl. Schmoldt, Benno, Hildegard Wegscheider, in: derselbe (Hrsg.), Pädagogen in Berlin ..., a.a.O., S. 237-247, bes. 243).

[221] Pr., Aus dem Parlament, a.a.O., S. 14

[222] ebd.

[223] vgl. Lauscher, A., Die höhere Schule ..., a.a.O.

Unter Aufnahme der Kritik aus den Universitäten hatte die Zentrumsfraktion im Landtag in einer Großen Anfrage schon früher angeregt, jene Aufbauschulen abzubauen,

> „die sich entweder als nicht lebensfähig erwiesen haben oder zu einer scheinbaren Lebensfähigkeit nur dadurch gelangt sind, daß sie auf den für diesen Typ unerläßlichen Charakter von Begabtenschulen verzichteten."[224]

Eine Verschärfung dieser Tendenz spiegelt die Forderung, Aufbauschulen nur noch für „wirklich Hochbegabte"[225] zu erhalten. Wenn sich diese Vorstellungen politisch durchgesetzt hätten, wäre die Aufbauschule „auf den begrenzten Zweck der individuellen Aufstiegsmöglichkeit"[226] reduziert worden. Das wäre allerdings ganz im Sinne der preußischen Philologenschaft gewesen, die explizit die Aufbauschule auf eine „Sonderform" für besonders Begabte, noch dazu nur im ländlichen Bereich eingeschränkt wissen wollte.[227] Die Grundposition der Philologen war somit seit der Gründungsdiskussion weitgehend bestehen geblieben, obwohl sich eine Grundannahme der damaligen Ablehnung städtischer Aufbauschulen, daß sie sich nicht bewähren würden, „weil die Arbeiterbevölkerung wünscht, daß ihre Kinder vom 14. bis 15. Jahre ab wirtschaftlich selbständig werden"[228], kaum erfüllt hatte.

Der Beschränkung der Aufbauschulen für Hochbegabte standen aber neben den oben angesprochenen aktuellen bildungspolitischen Aussagen der Parteien SPD, KPD und NSDAP auch verbandliche Vorstellungen teils konträr entgegen. Besonders die Volksschullehrerschaft machte über ihren agilen Vorsitzenden Tews immer wieder auch politischen Druck, um eine Umwandlung der bestehenden Mittelschulen und grundständigen höheren Schulen in Aufbauschulen zu erreichen.[229] Hierbei handelte es sich um eine naheliegende Forderung angesichts der Situation der Volksschulen, die sich nach Schließung der örtlichen Lehrerseminare „vollständig in der Sackgasse" befanden und Gefahr liefen, „immer mehr zu materiellen und geistigen Armenschulen ab(zu)sinken" (im Original gesperrt, H.-G. B.).[230]

---

[224] Große Anfrage der Zentrumsfraktion im Preußischen Landtag, abgedruckt in: Schule und Erziehung 20 (1932), S. 138f.

[225] Göcking, W., Die Ansprüche ..., a.a.O., S. 29

[226] Wittwer, Wolfgang W., Die sozialdemokratische Schulpolitik ..., a.a.O., S. 271

[227] vgl. G., Stellung des 5. Preußischen Philologentages zur grundständigen Deutschen Oberschule und Aufbauschule, in: DOA 4 (1930/31) Heft 2, S. 39

[228] Behrend, Felix, Die Zukunft ..., a.a.O., S. 20

[229] vgl. die zahlreichen - durchgängig abgelehnten - Anträge im Hauptausschuß des Preußischen Landtages (vgl. G., Die Aufbauschulen im Preußischen Landtag ..., a.a.O., S. 73)

[230] Petri, Die Entwicklung der Aufbauschule (AS), in: Preußische Lehrer-Zeitung, Ausgabe

Tews hielt eine durchgreifende Reform zugunsten der Aufbauschulen für eine „staatliche und völkische Notwendigkeit"[231]. Gegen die Denkschrift des Verbandes der Deutschen Hochschulen konnte er argumentativ auf die Denkschrift der Gesellschaft für Deutsche Bildung zurückgreifen, die sich im März 1932 vehement für die Deutschen Oberschulen eingesetzt hatte. Mit dieser Stellungnahme von Deutschwissenschaftlern aus dem Hochschulbereich und von Deutschlehrern konnte die Position des Verbandes der Deutschen Hochschulen relativiert werden, nicht zuletzt auch dadurch, daß die Deutschkundler die jetzt kaum noch umstrittene „Neugestaltung einer einheitlich deutsch begründeten höheren Schulbildung", wie sie sich in den preußischen Reformen bis 1925 niederschlug, schon im Jahre 1916 eingefordert hatten.[232]

Die politischen Mehrheitsverhältnisse ließen 1932 eine erneute grundsätzliche Schulreform nicht zu. Die Aufbauschulen blieben in ihrem Bestand gesichert - weitgehend unbestritten für die Land-/Kleinstadtbevölkerung auch wegen der kulturkritischen Intentionen. Für den städtischen Bereich war der Widerstand größer, doch fand sich ein breites Koalitionsspektrum, das - aus unterschiedlichen Motiven - die Aufbauschulen nicht gefährdete.[233] Dies ermöglichte es sogar, fernab starrer Unterrichtsstrukturen und nationalistischer Formgebung durch die „Deutsche Oberschule" Aufbauschulen mit Versuchscharakter weiterzuführen.[234]

Provinz Sachsen, vom 24. April 1930, Nr. 49

[231] Tews, J., Die Lebensfrage der Volksschule, Preußische Lehrer-Zeitung v. 11. Januar 1930, Nr. 5

[232] Zur argumentativen Verwertung dieser Denkschrift vgl. Fischer, Zur Denkschrift des Verbandes der Deutschen Hochschulen über Fragen der höheren Schule, in: DOA 6 (1932), H. 1, S. 1

[233] Begünstigend für städtische Aufbauschulen war auch, daß die ursprüngliche „Vereinbarung der Länder über die Aufbauschule", die eine versuchsweise Errichtung von Aufbauschulen zuließ, keine Beschränkung auf den ländlichen Bereich vorgesehen hatte (Reichsministerium des Innern, Die Umgestaltung ..., a.a.O.). Dagegen wurde zum Ende der Weimarer Republik das Ziel der Aufbauschulen in der Erfassung der „ausgesprochenen Begabungen der sozial schwachen Schichten auf dem Lande" gesehen (Reichsinnenministerium (Hrsg.), Jahrbuch ..., a a O., S. 8).

[234] So z.B. eine Berliner Aufbauschule, deren Schüler „durchweg dem Proletariat" entstammten und deren Lehrer „durchweg bewußte Republikaner" waren, die sich dem Prinzip der Selbstorganisierung verpflichtet fühlten (Karsen, Fritz, Die Aufbauschule am Kaiser-Friedrich-Realgymnasium in Neukölln, Berliner Tageblatt Nr. 417 vom 4.9. 1926, 1. Beiblatt). Später wurde der Reformschulen-Komplex unter dem Namen Karl-Marx-Schule bekannt. Zu Karsens Lebensweg und Werk vgl. überblickshaft Radde, Gerd, Der Reformpädagoge Fritz Karsen. Verfolgt und verdrängt, doch nicht vergessen, in: Schmoldt, Benno (Hrsg.), Pädagogen in Berlin ..., a.a.O., S. 249-271, sowie derselbe, Fritz Karsen ..., a.a.O., und die dortigen umfangreichen Literaturhinweise. Karsen nutzte mit Billigung und

Andererseits hatte auch die von Tews gewünschte weitgehende Reform des höheren Schulwesens mit Aufbauschulen als deren Normalform[235] oder auch die Konzeption der KPD, die die Aufbauschule als Regelschule vorsah[236], keine Realisierungschancen. Besonders wegen der Sprachen des humanistischen Gymnasiums und des Realgymnasiums hob man mehrheitlich auf eine neunjährige Dauer der höheren Schulen ab.[237]

Angesichts der dargestellten Situation hielt man im Vorstand des Reichsverbandes Deutscher Oberschulen und Aufbauschulen „die Aussichten für eine ersprießliche Entwicklung der DO. und der AS." als durchaus für günstig, weil man „treue Mitkämpfer" in der Gesellschaft für Deutsche Bildung und dem Preußischen Lehrerverein sowie der SPD und der NSDAP habe.[238]

Angesichts des von Flitner beklagten „Versagen(s) der kulturpolitischen, inhaltlichen, ideenbestimmten Führung durch den Staat"[239] wurden die wirtschaftlichen Zwänge von allen Seiten genutzt für den Versuch, bildungspolitische Interessen durchzusetzen. Damit war die Handlungsinitiative nicht allein mehr bei der unter dem Druck der Finanzkrise stehenden Unterrichtsverwaltung, sondern auch wieder im Bildungsbereich angesiedelt[240], doch blieb die Neuordnung von 1924/25 bei Wahrung der Schultypen nicht unangetastet. Neben einem eher mechanischen Abbau erfolgten auch Einschränkungen bei Fächern wie Kunsterziehung oder Arbeitsgemeinschaften, die für die Neuordnung prägend waren.[241]

---

unter Schutz des Stadtrates Kurt Löwenstein den institutionellen Rahmen der völkisch konzipierten Aufbauschule, um „eine Art proletarisches Gymnasium für den sozialistisch geprägten Neubau der Gesellschaft zu schaffen" (ebd., S. 75).

[235] In diese Richtung zielte auch ein früherer Vorschlag, die Aufbauschulen in eine allgemeine Mittel- und Oberstufe der Volksschule umzubauen, um das Gesamtniveau der Volksschulen zu heben nach dem Motto: „Nicht Begabtenklassen für einzelne, sondern B e g a b u n g s klassen für alle!" (Paulsen, Wilhelm, Der Aufstieg der Volksschule, in: Vorwärts vom 3. 7. 1928, abgedruckt in: Deutsches Philologen-Blatt Nr. 29 vom 18.7.1928, S. 450)

[236] Das Schulprogramm der KPD (1930) sah eine „Umgestaltung der höheren Schulen zu Aufbauschulen durch Abbau der drei untersten Klassen" vor (Gegenwartsforderungen der KPD für das Schulwesen (1930), in: Günther, Karl-Heinz u.a., Quellen ..., a.a.O., S. 428).

[237] vgl. Günter, Alfred, Kann die Aufbauschule ..., a.a.O., S. 52

[238] Dreyer, Aus dem Verbande, a.a.O., S. 10. Fischer, Aus dem Verbande, in: DOA 6 (1932), Heft 2, S. 26 sah „keine akute Gefahr mehr" und keinen Grund, „sich unnötige Sorgen zu machen".

[239] Flitner, Wilhelm, Zur Kulturpolitik der Notzeit, in: Die Erziehung 7(1931/32), S. 156

[240] So versuchte man, sich über die Grenzen der Staatstätigkeit zu verständigen - mit dem zu erwartenden konträren Ausgang (vgl. den Kongeßbericht von Geissler, Georg, Die Diskussion der Schulfrage in der Gegenwart, in: Die Erziehung 6 (1931), S. 302 - 312).

[241] vgl. Merck, Walther, Zum Abbau im höheren Schulwesen, in: Die Erziehung 7 (1931/32), S. 183ff.

IV.   Zusammenfassung und Bewertung

Die revolutionären Bewegungen nach dem 1. Weltkrieg konfrontierten auch das Bildungssystem mit den Forderungen nach Gleichheit und Gerechtigkeit; doch fanden auch restaurative Kräfte Einfluß, was sich schon in den Beratungen der RSK und ab 1921 verstärkt in den Beratungen des Reichsschulausschusses niederschlug.[242] Die nur pragmatische Anerkennung der Republik in Verbindung mit völkisch-nationalistischen Bildungsidealen unter Bezug auf den deutschen Idealismus[243] und in kulturkritischer Tradition von Nietzsche, Lagarde und Langbehn personifizierte sich im Bildungsbereich für Preußen in Ministerialrat Hans Richert und manifestierte sich auch in seiner Denkschrift zur Aufbauschule.

Mit der deutschkundlichen Ausrichtung der Schulreform im Sinne Richerts wurde die „reaktionäre und teilweise chauvinistische Interpretation des Begriffs 'nationale Bildung' zu einem pädagogischen Leitgedanken"[244], dessen Hintergrund die Vorstellung einer „bildungsmächtigen Wert- und Schicksalsgemeinschaft"[245] war. An Stelle der notwendigen Umgestaltung des Bildungswesens erfolgte eine Ausrichtung auf „Deutschtum" und „Heimat" als Mittelpunkt der Schularbeit in allen Schulformen. Dem lag ein reduziertes Verständnis von „Bildungseinheit" zugrunde, das nur auf der „Konsolidierung aller Unterrichtsstoffe und Probleme auf die Verwurzelung im eigenen Volkstum" basierte, die Grabert als „Vorarbeit zu der Fundierung einer Volksgemeinschaft"[246] pries. Damit war die von Grabert in einer Festschrift für Richert dargelegte Kriegserfahrung für das Deutsche Reich - in einer die Klassengegensätze überlagernden Form - in die Reform aufgenommen worden:

---

[242] vgl. Milberg, Hildegard, Schulpolitik in der pluralistischen Gesellschaft. Die politischen und sozialen Aspekte der Schulreform in Hamburg 1890-1935, Hamburg 1970, S. 187f. Zur Tätigkeit des RSA siehe knapp Behrendt, Felix, Die Zukunft ..., a.a.O., S. 67ff.

[243] vgl. Weinstock, Heinrich, Typen der Bildung und Typen der Schule, in: Grimme, Adolf u.a. (Hrsg.),Wesen ..., a.a.O., S. 87ff., der den Willen der Reform einem „objektive(n) Geist" folgend in der Auseinandersetzung mit dem deutschen Idealismus sah.

[244] Oppermann, Detlef, Gesellschaftsreform ..., a.a.O., S. 406. Auch Margies sieht mit der Berufung Richerts eine „offen restaurative Phase" anbrechen (Margies, Dieter, Das höhere Schulwesen ..., a.a.O., S. 85). Demgegenüber hält Schmoldt es für „unangebracht", Richerts Reform mit „fortschrittlich, restaurativ oder konservativ" zu bewerten (Schmoldt, Benno, Zur Geschichte des Gymnasiums: Ein Überblick: Grundwissen und Probleme zur Geschichte und Systematik des deutschen Gymnasiums in Vergangenheit und Gegenwart, Boltmannsweiler 1989, S. 123), obwohl gesellschaftlicher Hintergrund und Funktion dies zulassen.

[245] Herrlitz, Hans-Georg u.a., Deutsche Schulgeschichte ..., a.a.O., S. 139

[246] Grabert, Willy, Die preußische Schulreform und die Bildungsreformen der Hauptkulturländer nach dem Kriege, in: Grimme, Adolf u.a. (Hrsg.), Wesen ..., a.a.O., S. 32, 39

166

„Auf den Schlachtfeldern des Weltkrieges ist den Völkern jene Einsicht zu Bewußtsein gekommen, daß vor allem die Schule sie in Klassen, Standes- und Völkergegensätzen großgezogen hat, die jenseits der Formen menschlichen Verstandes liegen."[247]

Die Volkstumsmetaphorik erwies sich als parteipolitisches Bindeglied der Regierungskoalitionen. Es spiegelt Graberts formales Verständnis wider, wenn er unter Bezug auf die Aufbauschule konstatiert:

„Hiermit ist grundsätzlich für j e d e n Deutschen der Übergang von der Volksschule zur höheren Schule gegeben. (Sperrung durch H.-G. B.)"[248]

Doch diese „innerliche Annäherung"[249] der Schulen war kein Ersatz für die vielfach geforderte „Einheitsschule", wenn sie mehr sein sollte als eine gemeinsame vierjährige Grundschule für alle Schüler(innen). Als Ergebnis der Änderungen, die mit den Denkschriften und Richtlinien 1925 einen formalen Abschluß fanden, bleibt summarisch festzuhalten: Die Neuordnung des Schulwesens in Preußen war keine Reform, sondern nur eine Revision des Begründungszusammenhanges, da sie wesentliche Elemente des überkommenen Schulsystem bewahrte,[250] die „elastische Einheitsschule" ablehnte und nur durch Zulassung der Aufbauschule für den ländlichen Raum den breiten Forderungen nach einer Einheitsschule - wenn man von der frühen Einführung der gemeinsamen Grundschule absieht - entgegenkam. Damit hatte die Unterrichtsverwaltung den ihr durch die RSK eingeräumten Handlungsspielraum nicht neutral vermittelnd genutzt, sondern restaurative (und damit auch schicht- bzw. klassenspezifische) Interessen gefördert und gefährdete Machtansprüche und den sozialen Status gesellschaftlicher Gruppen gesichert[251] - nicht ohne parteipolitische Akzeptanz aus den Regierungskoalitionen.[252]

---

[247] ebd., S. 27

[248] ebd., S. 29

[249] Für den Deutschen Philologen-Verband galt schon 1925: Die deutschkundlichen Fächer „gewährleisten die Einheitlichkeit der höheren Bildung" (Behrendt, Felix, Die Zukunft ..., a.a.O., S. 75). Und der preußische Philologen-Verband postulierte die deutschkundliche Bildung zur Grundlage aller Schulformen (vgl. G., Stellung ..., a.a.O., S. 39).

[250] vgl. Müller, Sebastian F., Zur Sozialisationsfunktion der höheren Schule. Die Neuordnung des preußischen höheren Schulwesens im Jahre 1924/25, in: Heinemann, Manfred (Hrsg.), Sozialisation und Bildungswesen in der Weimarer Republik. Veröffentlichungen der Historischen Kommission der Deutschen Gesellschaft für Erziehungswissenschaft, Bd. 1, Stuttgart 1976, S. 108f. Auch die von Paulsen schon 1906 erhoffte und prognostizierte „relative Autonomie des Bildungswesens" von Kirche und Staat wurde nur partiell verwirklicht (Paulsen, Friedrich, Das moderne Bildungswesen, in: Die Kultur der Gegenwart, herausgegeben von Paul Hinneberg (= Lexis, W. u.a., Die allgemeinen Grundlagen der Kultur der Gegenwart 1.1), Berlin u.a. 1906, S. 80ff.).

[251] Zur Integration der Verbandsinteressen vgl. Müller, Sebastian, Zur Sozialisationsfunktion

Die 1922 erfolgte überstürzte Einrichtung von Aufbauklassen und später von Aufbauschulen kann als gezielte Konzession an Reformer angesehen werden. Sie mußte als Beleg für Reformgeist herhalten, obwohl sich ihre gesellschaftspolitische Begründung und Funktion, wie sie sich in der Denkschrift spiegelt, auf eine 'urwüchsige' Bauernschaft in romantisierender Form abhebt, deren Leben und Ideologie zum 'Jungbrunnen' der Nation stilisiert wurde. So hatte schon Minister Boelitz 1924 durch „die Kulturkritik von Simmel bis Lagarde" den Nachweis erbracht gesehen, „daß durch Großstadtgeist die nationale und sozial-ethische Grundlage unserer gesamten Volksbildung zersetzt würde" und demgegenüber die Aufbauschule in der Tradition der „Kulturmission" der Lehrerseminare angesiedelt.[253] Ihre Intention war nicht ursächlich demokratisch.

Begabte Bauernkinder sollten nach dem liberalen Motto: Freie Bahn dem Tüchtigen, und nach langer gemeinsamer gemeinschaftlicher Volksschulbildung vereinzelt Zugang zu höheren Berufen erhalten. Damit war die Aufbauschule „Projektionsobjekt für widerstrebende kulturpolitische Erwartungen"[254], denn ihr kam auch die politische Funktion zu, begabte Arbeiterkinder zu erfassen, die sonst „sehr oft die Führer ihrer Kameraden in erbittertem, rücksichtslosem Klassenkampf und damit für Aufbauarbeit zum Wohle des Volksganzen verloren (sind)"[255].

Genau aus diesem Grunde gab es auch erhebliche Vorbehalte gegen das „System der Aufbauschulen" als „Abrechnungsmaschine der proletarischen Massen":

> „Die intelligenten Köpfe würden für das herrschende System 'abgeschöpft', und zurückbliebe die 'Magermilch' der Mittelmäßigkeit, der man die zu Führern geeigneten Klassengenossen weggenommen hat",[256]

war die Analyse der KPD. Käthe Duncker befürchtete, daß die Absolventen der Aufbauschulen zu „den sichersten und zuverlässigsten Stützen der bestehenden

---

..., a.a.O., S. 112f. Zur Umsetzung in der Praxis aus Sicht des westfälischen Philologenvereins vgl. Bohlen, A., Auswirkungen der preußischen Schulreform, Leipzig 1925.

252 Diese Entwicklung stützt die These, daß die Schulen und - so kann man ergänzen - die Schulbürokratie „in der Weimarer Zeit weitgehend in ihrer ideologischen Orientierung mehr den gesellschaftlich Herrschenden als den wechselnden parteipolitischen Machtverhältnissen verpflichtet geblieben waren." Vgl. Scholtz, Harald, Erziehung und Unterricht ..., a.a.O., S. 57

253 Boelitz, Otto, Der Aufbau des preußischen Bildungswesens nach der Staatsumwälzung, 2. durchgesehene Aufl. Leipzig 1925, S. 98f.

254 Petrat, Gerhardt, Die gezielte Öffnung der Hochschulreife für alle Volksschichten in der Weimarer Republik, in: Heinemann, Manfred (Hrsg.), Sozialisation ..., a.a.O., S. 85

255 Klemmer, Die preußische ..., a.a.O., S. 92

256 Duncker, Käthe, Aufbauschule und Proletariat, in: Beilage Feuilleton der Roten Fahne Nr. 212 vom 8.9.1928

Ordnung" würden und sah es daher als Aufgabe, nicht die Aufbauschulen abzuschaffen, sondern sie inhaltlich „in eine proletarische Weltanschauungsschule umzuformen",[257] was sich dann 1930 im Schulprogramm der KPD niederschlug. Diese Sicht bestätigend wies Otto Koch auf die Einschätzung eines „Schulmannes" hin:

„Aufbauschulen müßten aus 'den' (im Original kursiv, H.-G. B.) Gründen in den großen Städten verhindert werden, weil sie dort geschlossene Schulen des Proletariats mit proletarischem Klassenbewußtsein würden, während die grundständigen höheren Schulen die vereinzelten Proletarierkinder verdauen könnten."[258]

Entsprechend konnte die Aufbauschule für Koch auch als die Schulform der höheren Schule gelten, die besonders stark „auf die Kinder der sogenannten niederen Schichten als Assimilationsprozeß der bürgerlichen Gesellschaft"[259] wirke. Daher war die Forderung nach einer Änderung des Bildungsangebotes der Aufbauschulen durch sozialistische Parteien nur konsequent. Denn die „breite Interessengemeinschaft", die die Existenz der Aufbauschulen sicherte, war in sich heterogen: Im ländlichen Bereich wurden sie von den konservativen und bürgerlichen Parteien unterstützt, im städtischen Bereich von KPD, SPD und NSDAP.[260] Neben der Wahrung dieser divergierenden Interessen kam den Aufbauschulen auch die Aufgabe zu, die aufgrund der Neuordnung der Lehrer(innen)ausbildung abgebauten Präparandenanstalten und Seminare zu ersetzen. Sie dienten so zugleich der Beibehaltung von geringen Bildungsmöglichkeiten auf dem Lande unter Vorgabe des Versuches der Beibehaltung der sozialen Rekrutierung der Volksschullehrerschaft.[261] So beschrieb Ministerialrat Richert noch 1930 Aufgaben und Funktion von Deutscher Oberschule und Aufbauschule:

„Der Gedanke der DOS. sei ... geboren aus dem Glauben an die Ewigkeitswerte, die in der deutschen Kultur zum Durchbruch gekommen seien, einer Kultur, von der die Jugend sich abzuwenden scheine, der die Seele entwichen sei, die der Zivilisation, der Amerikanisierung zu verfallen drohe. ... Nur in Berührung mit einer bodenständigen Jugend, die noch verwachsen sei mit dem Glauben an ewige Werte, könne die große Mission der DOS. erfüllt werden, könne die AS. den Jungbrunnen und die Kraftquelle unseres geistigen Seins eröffnen, könne sie ihre nationale Mission erfüllen, der Lehrerbildung die Kräfte zuzuführen, die dem flachen Land in bodenständigen Lehrern wiedergegeben werden müßten."[262]

---

257 ebd.
258 Koch, Otto, Die soziale Umerziehung, in: Grimme, Adolf u.a. (Hrsg.), Wesen ..., a.a.O., S. 56 Anm. 1
259 ebd., S. 55
260 vgl. Wittwer, Wolfgang, Die sozialdemokratische ..., a.a.O., S. 273
261 vgl. Weber, Rita, Die Neuordnung ..., a.a.O., S. 268ff.
262 So in einem Bericht des Schriftführers Dreyer über die Dresdener Hauptversammlung des

Zwar eröffneten die Aufbauschulen Schüler(inne)n vom Lande und aus Kleinstädten den bisher weitgehend versagten Zugang zu höherer Bildung, doch wurden dafür auch 191 Lehrer(innen)seminare und 217 Präparand(inn)enanstalten geschlossen,[263] was in der Bewertung der neuen Bildungsmöglichkeiten fast durchweg vernachlässigt wurde. Nur Petri wies auf den schmaleren „neue(n) Aufstiegskanal von der Volksschule aus" hin:

> „In der Vorkriegszeit konnten jährlich etwa 7000 begabte Knaben vom Lande und aus der Kleinstadt in die Präparandenanstalten aufgenommen werden; heute nehmen die 80 an die Stelle der Präparandenanstalten getretenen Aufbauschulen 2000 Schüler jährlich auf."[264] (im Original gesperrt, H.-G. B.)

Zu Recht qualifiziert er folgerichtig die Aufbauschulen als „magere(n) Ersatz". Besonders aus finanziellen Erwägungen bremste Preußen auch die Schulversuche mit der grundständigen „Deutschen Oberschule" und führte diesen Typ in Form der Aufbauschule ein.[265] Insofern kann grundsätzlich auch keine Auflockerung des hierarchisch gegliederten Schulwesens konstatiert werden. Die punktuelle Einführung der Aufbauschule und deren instrumenteller Charakter lassen die Bestimmung der Aufbauschule als „einen wesentlichen Beitrag zur Erfüllung der Forderungen" nach „Einheitsschule" - im Gegensatz zu Löffler[266] - nicht zu. Das Zugeständnis Aufbauschule unterlief eher den Gedanken der Einheitsschule und dessen demokratische und emanzipatorische Elemente.

Die Schulreform war damit im wenig auf Demokratisierung ausgerichteten Geflecht der Parteien, Verbände und Schulbürokratie steckengeblieben und Ausdruck der gesamtgesellschaftlichen, besonders der parteipolitischen Entwicklung, wie sie sich in den (wechselnden) Regierungsmehrheiten in Preußen manifestierte - besonders in der Regierungsbeteiligung der DVP von 1921 - 1924.[267] Bedeut-

---

Reichsverbandes der deutschen Oberschulen und Aufbauschulen (vgl. Dreyer, Johannes, Dresden 1929 ..., a.a.O, S. 2)

[263] vgl. Zierold, Kurt u.a., Die Pädagogischen ..., a.a.O., S. 10

[264] Petri, Die Entwicklung ..., a.a.O.

[265] vgl. Müller, Sebastian F., Die Höhere Schule Preußens ..., a.a.O., S. 183ff.

[266] vgl. Löffler, Eugen, Das öffentliche Bildungswesen in Deutschland, Berlin 1931, S. 58

[267] vgl. Müller, Sebastian F., Zur Sozialisationsfunktion ..., a.a.O., S. 112f. Treffend die Stellungnahme von Behrend für den deutschen Philologen-Verband: „Ich denke, die politische Umwälzung allein gab keinen hinreichenden Grund zu einer vollständigen Neugestaltung des Schulwesens. Anders liegt es in Sowjetrußland, wo gleichzeitig mit der politischen auch eine kulturelle und wirtschaftliche Umwälzung erfolgte. Dort war eine Revolution auf dem Gebiet des Schulwesens die notwendige Konsequenz." Und: „Zu einer solchen Entwicklung waren in Deutschland doch nur ganz schwache Ansätze in den mehr sozialpolitischen als bildungspolitischen Schulprogrammen der Sozialdemokratie und der radikalen Schulreformer vorhanden." (Behrend, Felix, Die Zukunft ..., a.a.O., S.)

sam war aber auch hier die „Scharnier- und Schlüsselstellung"[268] des Zentrums, das seine Fähigkeit zur Koalition mit (rechts-)bürgerlichen Parteien gegenüber der SPD besonders in kulturpolitischen Fragen ausspielte. Eine Öffnung der Hochschulreife für alle Volksschichten erfolgte nur formal, wobei die Auslese der Land-/Arbeiterjugend und ihr individueller Aufstieg allein der volkswirtschaftlichen und ideologischen Verwertung diente[269] und so die Klassenstruktur nicht überwinden konnte und sollte. Besonders für Arbeiterkinder gilt, daß die Forderung von Artikel 146 der Verfassung, ein Kind unabhängig von den wirtschaftlichen Verhältnissen in die Schule aufzunehmen, auch für Aufbauschulen im städtischen Bereich nur geringe Bedeutung hatte. Am Beispiel der Karl-Marx-Schule in Neukölln, die auch im Vergleich zu den anderen fünf Berliner Aufbauschulen die größte Akzeptanz in der Arbeiterschaft hatte - 44% der Väter waren (un-)gelernte Arbeiter - kann dies gezeigt werden.[270] Zwar wurden in den ersten Jahrgang 78 Volksschüler - „meist gegen den Willen der Eltern auf Initiative der Lehrer" - aufgenommen, doch nur 28 konnten 1928 die Schule als Abiturienten verlassen, da den anderen „die sozialen Verhältnisse die weitere Existenz auf der Schule" unmöglich gemacht hatten.[271] Das Resümee der Schüler lautete dementsprechend:

„Die Arbeit unter proletarischen Lebensbedingungen bedeutet einen erheblichen Zeit- und Energieverlust."[272]

Die miserablen materiellen Verhältnisse führten nicht nur zu einer hohen Abbrecherquote von der Aufbauschule - allein mit der Obersekundareife verließen 42% der Schüler(innen) die Schule - , sondern auch zu einer steigenden geringeren Studierwilligkeit und -möglichkeit der Abiturienten der Karl-Marx-Schule, für die auch die geringe öffentliche Förderung ursächlich war. Die Verfassungsforderung war Deklamation geblieben. Aber dies galt zunehmend für das höhere Schulwesen insgesamt, dem OStD Walter Schönbrunn bescheinigte,

---

[268] Hehl, Ulrich von, Staatsverständnis und Strategie des politischen Katholizismus in der Weimarer Republik, in: Bracher, Karl Dietrich u.a. (Hrsg.), Die Weimarer Republik ..., a.a.O., S. 242

[269] „Der Aufstieg aus diesen wertvollen Volksschichten aber ist nicht in erster Linie für die Zukunft dieser Kinder selbst notwendig; er ist für das Volksganze gerade in unserer Gegenwart von zwingender kulturpolitischer Notwendigkeit", so die Denkschrift mit Bezug auf die Kinder vom Lande (Aufbauschule. ..., a.a.O., S. 6).

[270] vgl. Radde, Gerd, Fritz Karsen ..., a.a.O., S. 72ff.

[271] Weymar, P., Gescheitertes Studium. Die Begabten-Auslese der Aufbauschulen, in: Vossische Zeitung Nr. 100 vom 28.2.1932, Erste Beilage

[272] ebd.

„eine konsequente Entwicklung zur Schule der Besitzenden (zu machen)..., die in einem schreienden Gegensatz zu den Grundsätzen und Grundverpflichtungen unseres Staates steht"[273].

Sowohl die Emanzipationsforderungen der Arbeiterklasse als auch die individuelle Emanzipation (Auflösung der starren Schulform, weniger Fremdsprachenunterricht und teilweise andere Fremdsprachen, Differenzierung und wahlfreier Unterricht) wurden durch die 'Neuordnung' 1924/25 gebremst und verdrängt. Dies ist zu verstehen als Maßnahme des Bürgertums gegen die Gefahr der (Sozial-) Demokratisierung. Wobei durchaus der Lebensweg des Sozialdemokraten Ebert als vorbildhaft für die Jugend im Rahmen der staatsbürgerlichen Erziehung auf Grundlage der Reformintentionen bei entsprechender Wertung herausgestellt werden konnte, da Ebert - so OStD Fritz Wuessing, Fachleiter und Richtlinienberater für Geschichte und Philosophie -,

„obwohl als staatsbürgerlicher Paria behandelt..., als 'vaterlandsloser Geselle' verfemt, groß geworden in der geistigen Welt des Marxismus, trotzdem im August 1914 für das Lebensrecht seiner Nation eintritt und, im November 1918 zur Macht gerufen, sie nicht mißbraucht, sondern die Bindung seiner Klassenzugehörigkeit sprengt und ... gegen die proletarische Diktatur für die Demokratie, gegen die Vergesellschaftung der Produktionsmittel für die Beibehaltung des hoch-kapitalistischen Systems votiert ..."[274].

Sogar SPD-Minister Grimme sah unkritisch als „Wunschbild der Erziehung" der preußischen Schulreform den

„Menschentypus, dessen Fehlen in Deutschland ein Lagarde, ein Nietzsche, ja ein Bismarck, wenn er Menschen mit Zivilcourage vermißte, im Bangen um die Zukunft unseres Volkes mahnend beklagte"[275].

Die innere Ausrichtung der Aufbauschulen auf bürgerlich-nationalistische und weniger proletarisch-demokratische Bildungsziele, um den nationalen Wiederaufstieg zu sichern, korrespondierte mit der weitgehend national-konservativen Einstellung der Oberlehrerschaft. Der Demokratieanspruch der Weimarer Reichsverfassung war so gescheitert.

---

[273] Schönbrunn, Walter, Wie steht es mit der Schulreform?, in: Monatsschrift für höhere Schulen Bd. 30 (1931), S. 50

[274] Wuessing, Fritz, Staatsbürgerliche Erziehung, in: Grimme, Adolf u.a. (Hrsg.),Wesen ..., a.a.O., S. 217. Wuessing war 1923-1930 Schulleiter an einem Berliner Reform-Realgymnasium, 1930/31 Professor für Pädagogik an der Pädagogischen Akademie Kiel und kehrte dann auf eigenen Wunsch in den höheren Schuldienst zurück. Gemäß § 5.1 GWBB wurde das Mitglied im „Bund Entschiedene Schulreformer" zum 1.10.1933 in das Amt eines Studienrates versetzt. Vgl. Hesse, Alexander, Die Professoren ..., a.a.O., S.801f

[275] Grimme, Adolf, Nachwort, in: derselbe u.a. (Hrsg.), Wesen ..., a.a.O., S. 299

Ob man in der Entwicklung der Aufbauschulen noch 1930 „eine groß angelegte, in die Zukunft weisende Tat"[276] sehen und ihnen - mit zeitlichem Abstand - 1964 noch „eine echte Ergänzungsfunktion innerhalb des Schulsystems"[277] (im Original kursiv, H.-G. B.) zuschreiben kann und ob sie einen Beitrag zur weiteren Demokratisierung des Bildungswesen leisteten[278], erscheint doch mehr als fraglich, da die Aufbauschule - eingerichtet aus volkswirtschaftlichen/ideologischen Motiven der Begabungsabschöpfung - weniger Abfallprodukt der geänderten Lehrer(innen)ausbildung[279], sondern Ausdruck kulturpolitischer Ideen und - besonders im Typ der Deutschen Oberschule - deutsch-nationalen Gedankengutes war.

Zudem zeigt sich auch hier, daß allein mit organisatorisch-bürokratischen Maßnahmen ohne sozio-strukturelle Implikationen wie z.B. umfassende finanzielle Unterstützung der Schüler(innen) eine Demokratisierung nicht erreichbar sein würde.

Die Aufbauschulen waren formal durch die Revolution 1918 gefördert worden und sicher mehr als ein „Wirrniszeitenüberbleibsel" (Haenicke), doch inhaltlich spiegeln sie überwiegend eher den Geist einer überholten Epoche, wenn man von einzelnen städtischen (Versuchs-)Schulen absieht. Doch sogar Karsen als entschiedener Schulreformer und Leiter der späteren Karl-Marx-Schule ordnet in einer pädagogisch-historischen Linie die Aufbauschulen nur als Station zwischen den Berliner Begabtenschulen und den von ihm anvisierten Lebensgemeinschaftsschulen ein.[280] Man kann den Schulleitern in ihrer Wesensbestimmung der Aufbauschulen folgen: Sie waren „kein Kind der Revolution von 1918" (Hellwig) und lassen sich „nicht als Revolutionsgebilde brandmarken"[281], wie Otto Müller dem katholischen Klerus versicherte, wobei durch das implizite Revolutionsverständnis auch der politische Standort der Verfasser deutlich wird. Die Aufbau-

---

[276] Krampe, Sigfrid, Die Oberschule .... a.a.O., S. 125

[277] Wolf, Hans-Friederich u.a., Die Aufbauschule. Strukturwandel einer Schulform, in: Die Deutsche Schule 56 (1964). S. 44

[278] vgl. ebd.

[279] vgl. Müller, Georg, Die Aufbauschule als ländliche Sammelschule, in: Pädagogische Rundschau 3 (1949), S. 315f.

[280] vgl. Schonig, Bruno, Berliner Reformpädagogik in der Weimarer Republik. Personen - Konzeptionen - Unterrichtsansätze, in: Schmoldt, Benno (Hrsg.), Schule in Berlin - gestern und heute, Berlin 1989, S. 31 - 53, bes. S. 36, und Radde, Gerd, Fritz Karsen ..., a.a.O., S. 72ff.

[281] Müller, Otto, Aufbauschule ..., a.a.O., S. 216. So betont auch ein Kollege Müllers an der Aufbauschule in Büren, daß sie „kein ‘Revolutionsprodukt',, sei (Greff, Die Deutsche Oberschule ..., a.a.O., S. 210f.).

schulen als Ausnahmeform waren eher eine konservative Reaktion auf die Revolution.

Eine Förderung und Sicherung demokratischer Strukturen in Staat und Gesellschaft war nicht erklärtes Erziehungsziel der Aufbauschulen. Die Forderung nach „Gleichheit" und „Freiheit" - vorgetragen besonders von der städtischen Arbeiterschaft - wurde konfrontiert mit ideologischen Integrationsstrategien, deren Träger auch katholische Bevölkerungskreise waren.

Das Bildungssystem weckte durch die Aufbauschulen die Illusion einer allgemeinen Aufstiegsmöglichkeit und gab ihm damit den Schein von Objektivität und Neutralität, obwohl die überholten Gesellschaftstrukturen weitgehend mittels des Bildungssystems perpetuiert wurden.[282] Nicht zuletzt auch, weil insgesamt die Grundständigkeit der höheren Schulen gewahrt blieb und die Gymnasien - zwar in reduzierter Zahl - ihren Elitecharakter behielten, wenn nicht gar ausbauten.[283] 1930 stellten die Absolvent(inn)en der Gymnasien nur noch 40% der Student(inn)en (1910 70%).[284] Vor dem Hintergrund dieser Entwicklung und der zunehmenden Abiturient(inn)enzahl insgesamt und deren unterschiedlichen Voraussetzungen festigte sich die bürgerliche Kritik an „Bildungsinflation" und „Bildungspluralismus" aufgrund wachsender sozialer Verteilungskämpfe, was in der erneuten Propagierung des Elitegedankens mündete und im Gerede vom „Bildungswahn" der Unter- und Mittelschichten seinen Ausdruck fand. Damit waren auch die Aufbauschulen als neue Einrichtungen und auch aufgrund ihrer Sozialstruktur der Schülerschaft Ziel stärkerer Ausleseforderungen.

Die Bewährung dieser Schulform - besonders des Typs der Deutschen Oberschule - gegenüber den nationalsozialistischen Ansprüchen und Eingriffen kann in der Folge als Maßstab für eine Korrektur der Einschätzung dienen, inwieweit die überwiegend restaurativen Intentionen der Förderer der Aufbauschulen Geltung behielten.

---

[282] Zu den sozialen und ideologischen Funktionen des Bildungssystems vgl. Bourdieu, P. u.a.., Die Illusion der Chancengleichheit. Untersuchungen zur Soziologie des Bildungswesens am Beispiel Frankreich, Stuttgart 1971, S. 215ff.

[283] vgl. Zymek, Bernd, Der verdeckte Strukturwandel im höheren Knabenschulwesen Preußens zwischen 1920 und 1940, in: Z.f.Päd. 27(1981), S. 271-280

[284] vgl. Herrlitz, Hans-Georg u.a., Deutsche Schulgeschichte ..., a.a.O., S. 139

V. Die preußische Aufbauschule im Übergang zum Nationalsozialismus und in den ersten Jahren des Nationalsozialismus bis 1937

1. Nationalsozialistische Erziehungspolitik

Der nationalsozialistischen Bildungs- und Erziehungspolitik lag kein in sich schlüssiges, dezidiert ausgearbeitetes (Veränderungs-)Programm zugrunde,[1] sondern sie rekurrierte explizit - wie auch alle (halb-)amtlichen oder unbeauftragten Verlautbarungen und Stellungnahmen - auf Grundzügen und Leitlinien in Hitlers „Mein Kampf", was aber Interpretationsspielräume in Abhängigkeit von divergierenden Interessen eröffnete.[2] Dies wurde durch die erziehungspolitischen Passagen in Art. 20 und 21 des Parteiprogramms der NSDAP vom 25.2.1920 begünstigt, die wenig umfangreich und NS-spezifisch sich auf allgemeine vage Ziele beschränkten, die zudem auch für andere - sich als konservativ verstehende - Parteien konsensfähig waren.

Auch der eher offiziöse „Vorschlag für das Schulprogramm der Nationalsozialistischen Deutschen Arbeiterpartei" von 1930 beschränkte sich darauf - teils sogar terminologisch widersprüchlich -, eine „Einheitsschule" und „positiv christliche Gemeinschaftsschule" zu fordern, in der organisatorisch auf die Grundschule eine berufsbezogene Fortbildungsschule und eine Oberschule als Mittelschulersatz folgen sollten.[3] Letztere sollte die Voraussetzung für eine Hochschule, also

---

[1] vgl. Zymek, Bernd, Schulen, a.a.O., S. 190. So muß Krudewig noch 1932 zahlreiche verstreute Aufsätze auswerten, um die Gestaltung des nationalsozialistischen Bildungsideals vage zu umreißen (vgl. Krudewig, Maria, Das Bildungsideal des Nationalsozialismus, abgeleitet aus den Zielen der Partei und den Ideen der sie tragenden Bewegung, in: Pharus 23 (1932), 1. Halbband, S. 267-275). Denn auch die erste Reichstagung des NSLB April 1932 brachte kaum konkrete programmatische Hinweise (vgl. Vom Bildungsprogramm des Nationalsozialismus, in: Deutsches Philologen-Blatt 40 (1932), S. 216f.). Gegenüber der eher referierenden Darstellung von Krudewig kommt Güsgens zur Feststellung gewichtiger unüberbrückbarer Gegensätze zum Katholizismus auf der Basis diverser Veröffentlichungen von Hitler, Krieck, Rosenberg, Feder u.a. (vgl. Güsgens, Joseph, Das nationalsozialistische Schul- und Erziehungsprogramm, in: Pharus 24 (1933), 1. Halbband, S. 28-42). Bedenken u.a. hinsichtlich einer Gefährdung der Bekenntnisschule durch den Nationalsozialismus teilt aufgrund der Krieckschen Publikationen Schröteler, Joseph, „Nationalpolitische Erziehung", in: Stimmen der Zeit Bd. 124 (1933), S. 103-115.

[2] vgl. Keim, Wolfgang, Erziehung unter der Nazi-Diktatur ..., a.a.O., S. 9ff.; Giesecke, Hermann, Hitlers Pädagogen. Theorie und Praxis nationalsozialistischer Erziehung, Weinheim u.a. 1993, S. 7ff.

[3] vgl. Vorschlag für das Schulprogramm der Nationalsozialistischen Deutschen Arbeiterpar-

gleichsam die Oberstufe einer höheren Schule bilden. Als „einziges Erziehungs-ziel" wird der „Deutsche Mensch" genannt, dessen Charakter vor einer als nach-rangig angesehenen wissenschaftlichen Schulung „entwickelt" werde aus seiner Festlegung „durch die Vererbung und durch die blutsmäßige, rassische Zusam-mensetzung von Geburt an"[4]. Eine derartige „Deutsche Schule" sollten „Nicht-deutsche (Juden, soweit sie noch als Gäste in Deutschland geduldet werden)" nur „als Gäste" besuchen dürfen.[5] Mit diesem Programmvorschlag folgte man nicht nur konservativen deutschtümelnden Veränderungswünschen, sondern auch völ-kischem Rassismus.[6] Denn Hitler hatte in „Mein Kampf" auch die Schulpolitik sozialdarwinistisch unter den Primat der Rasse gestellt, was sich in der vorrangi-gen Aufgabe des „Heranzüchtens kerngesunder Körper" niederschlagen sollte sowie in dem ideologischen Ziel, den Kindern „Rassesinn" und „Rassegefühl" „instinkt- und verstandesmäßig in Herz und Gehirn" einzubrennen.[7] Die wissen-schaftliche Ausbildung hatte demgegenüber nur einen - den Ansprüchen von Wirtschaft und Militär gerade noch Rechnung tragenden - begrenzten Stellenwert und war als Erziehungsziel noch hinter der „Charaktererziehung" angesiedelt.

Unter Rezeption zahlreicher kulturkritischer-antidemokratischer Vorgaben hatte Hitler mit einem menschenverachtenden Vokabular klischeehaft-polarisierende Vorstellungen entwickelt, die einerseits einer deterministischen Anthropologie und Geschichtsphilosophie verhaftet und einem Schicksalsmythos verbunden wa-ren,[8] die aber zugleich auch national-konservative Forderungen nicht zuletzt aus

---

[4] tei, in: Nationalsozialistische Lehrer-Zeitung 4 (1930/31), S. 8-9. Der diffus verwendete Begriff „Aufbauschule" meint den auf die Grundschule folgenden Aufbau durch die Ober-schule.

[4] ebd.

[5] ebd.

[6] Immerhin war die spätere Maßnahme der NSDAP, bestimmte Lehrer(innen) aus den Schulen zu vertreiben, schon Bestandteil der schulpolitischen Forderungen der DNVP 1932 gewesen, in denen es u. a. heißt:
„Lehrer, die internationale, pazifistische Bestrebungen im Sinne der deutschen Friedensge-sellschaft förderten und fördern, sind von der Arbeit an den deutschen Schulen auszu-schließen." und: „Deutsche Kinder können nur von deutschblütigen Lehrern erzogen wer-den." (Die schulpolitischen Forderungen der Deutschnationalen an den Preußischen Land-tag, abgedruckt in: Schule und Erziehung 20 (1932), S. 351)

[7] Die wichtigsten Auszüge zu Hitlers Vorstellungen von Erziehung aus „Mein Kampf" bie-tet Gamm, Hans-Jochen, Führung und Verführung ..., a.a.O., S. 48-61

[8] vgl. Steinhaus, Hubert, Die nihilistische Utopie - der nationalsozialistische Mensch, in: Herrmann, Ulrich (Hrsg.), „Die Formung des Volksgenossen." Der „Erziehungsstaat" des Dritten Reiches (= Geschichte des Erziehungs- und Bildungswesens in Deutschland Bd. 6), Weinheim u.a. 1985, S. 105-116, und Giesecke, Hermann, Hitlers Pädagogen ..., a.a.O., S. 17-29

der deutschen Pädagogik übernahmen,[9] was punktuell Schnittmengen zum Katholizismus eröffnete,[10] und die schließlich mit ihrem ausgeprägtem Biologismus/Rassismus in der Rezeption von Joseph Arthur Gobineau und Houston Stewart Chamberlain auch die diversen völkischen Ansprüche aufgriffen.

Trotz aufklärerischer und humanistischer Traditionstatbestände in der deutschen Pädagogik und in Kenntnis nationalsozialistischer Positionen hat sich die Erziehungwissenschaft im Frühjahr 1933 „nahezu reibungslos selbstgleichgeschaltet"[11] und die Machtübergabe überwiegend begeistert bzw. opportunistisch begrüßt:

> „Mit einem gewissen Recht kann man auch führende Erziehungswissenschaftler der Weimarer Zeit wie Spranger, Nohl, Flitner, Petersen als NS-Pädagogen bezeichnen"[12],

resümiert Giesecke aufgrund deren Nähe zu völkischen Implikationen der NS-Ideologie die kontroverse Diskussion in der Erziehungswissenschaft um Kontinuitäten über das Jahr 1933 hinaus.[13] Und so konstatiert auch Keim erstens, „daß die deutsche Pädagogik vor 1933 mit ihren ausgeprägt antiliberalen und antidemokratischen Potentialen wie Strukturen dem NS-System in ihrem Bereich vorgearbeitet hat", und zweitens, daß es aufgrund des zumindest in Teilen der deutschen Pädagogik verbreiteten Menschenbildes „Affinitäten und Schnittmengen zu spe-

---

[9]   vgl. zusammenfassend Keim, Wolfgang, Erziehung unter der Nazi-Diktatur ..., a.a.O., S. 20ff.

[10] vgl. u.a. Schuwerack, W. G., Nationalpolitische Erziehung, in: Pharus 23 (1932), 2. Halbband, S. 352-360, und besonders Hengstenberg, Hans Eduard, Die vier Ganzheiten der nationalpolitischen Erziehung, in: Pharus 24 (1933), 2. Halbband, S. 120-134, der sich auch rassistischen Vorgaben öffnet. Stonner akzeptiert zwar Volkstum und Deutschheit als konkrete Erziehungsziele im Gegensatz zu Renaissance, Humanismus und Aufklärung, doch warnt er vor einer „Vergötzung deutschen Wesens" und vor Antisemitismus (vgl. Stonner, Anton, Zur Frage der nationalen Erziehung in der Gegenwart, in: Schule und Erziehung 20 (1932), S. 297-306). 1935 werden dann von ihm die Kontroverspunkte nicht mehr explizit, sondern lapidar und vorsichtig als „Spannungen" bezeichnet (vgl. Stonner, Anton, Nationales Bildungsgut und katholische Pädagogik, in: Bildung und Erziehung 2 (1935), S. 297-309).

[11] Keim, Wolfgang, Erziehung unter der Nazi-Diktatur ..., a.a.O., S. 158

[12] Giesecke, Hermann, Hitlers ...,a.a.O., S. 10. Zur Diskussion siehe u.a. Keim, Wolfgang, Bundesdeutsche Erziehungswissenschaft ..., a.a.O.; Rang, Adalbert, Spranger und Flitner 1933, in: Keim, Wolfgang (Hrsg.), Pädagogen und Pädagogik ..., a.a.O., S. 65-78

[13] Auch Dudek sieht für 1933 „keine antinazistische Haltung der überwiegenden Mehrheit der Universitätsprofessoren der Pädagogik", sondern eher eine ambivalente Einschätzung, eine „‚Ja-aber'-Option", die sich nach 1945 häufig in einer „larmoyante(n) Opfermentalität" ausgedrückt habe (vgl. Dudek, Peter, Kontinuität und Wandel. Wissenschaftliche Pädagogik im Nachkriegsdeutschland, in: Pehle, Walter / Sillem, Peter (Hrsg.), Wissenschaft im geteilten Deutschland. Restauration oder Neubeginn nach 1945?, Frankfurt 1992, S. S. 61, 70).

zifischen Elementen faschistischer Erziehungspolitik bis hin zu Auslese und Ausmerze" gegeben hat.[14] Letzteres garantierte aber noch lange nicht eine fortdauernde Karriere der Repräsentanten im Nationalsozialismus.

Als Exponenten einer dezidiert und später auch explizit nationalsozialistischen Pädagogik erwiesen sich besonders Ernst Krieck, Alfred Baeumler und teilweise auch Philipp Hördt,[15] die fasziniert vom revolutionären Pathos der nationalsozialistischen Bewegung ihre durchaus divergierenden konservativen Vorstellungen auch durch Integration völkischer/rassistischer Elemente weiterentwickelten und sich vom nationalsozialistischen Staat bzw. von der völkischen Revolution eine Umgestaltung der Erziehung durch Förderung außerschulischer Institutionen versprachen.[16] Im folgenden einige kurze Hinweise zu den organisatorischen Neuerungsvorstellungen:

Der Anspruch des Lehrers an der Lehrerbildungsanstalt Heidelberg, Philipp Hördt, war, mittels einer realistischen Theorie der Schule den „Durchbruch der Volkheit" auch für die Schule grundzulegen. Aus der Idee einer „volkhaften Gemeinbildung" leitete er ab, daß der Lehrplan der Volksschule „Kernunterricht jeder anderen ... Schule bleiben" müsse, was durch die „Deutschkunde" als „einheitliche(r) Zielrichtung" gegeben sei.[17] Den höheren Schulen sollten „zwei Wege der Vertiefung der volkhaften Bildung" offenstehen: einmal in Form einer Erweiterung durch neue und alte Sprachen und Naturwissenschaft, zum anderen in direkter Vertiefung des volkhaften Lehrplans selbst. Beides sei Aufgabe jeder höheren Bildung, doch eröffne sich hier die Möglichkeit einer besonderen Art der höheren Schule: die Deutsche Oberschule.[18]

Dadurch war für Hördt das Wachsen einer Nationalschule gegeben, die sich stark auf das „Eigene und Einigende" der geistigen Überlieferung besinnen sollte, um

---

[14] Keim, Wolfgang, Erziehung unter der Nazi-Diktatur ..., a.a.O., S. 47

[15] Die Reduzierung auf diese drei Repräsentanten spiegelt nur das Dilemma der wenig aufgearbeiteten personellen Seite der Pädagogik im Nationalsozialismus (vgl. Hesse, Alexander, „Glücklich ist, wer vergißt...". 50 Jahre Arbeit am Mythos. Polemische Notizen zur pädagogischen Historiographie, in: 1999. Zeitschrift für die Sozialgeschichte des 20. und 21. Jahrhunderts 10 (1995), Heft 2, S, 74-87). Eine wesentliche Erweiterung des Kenntnisstandes für den Bereich der Lehrerausbildung leistet Hesse, Alexander, Die Professoren ..., a.a.O.

[16] vgl. zu Krieck und Baeumler immer noch grundlegend die zuerst 1970 erschienene Arbeit von Lingelbach, Karl-Christoph, Erziehung und Erziehungstheorien ..., a.a.O., S. 65-94, 162-202, und Giesecke, Hermann, Hitlers ..., a.a.O., S. 31-122

[17] Hördt, Philipp, Theorie der Schule, 2. Aufl. Frankfurt 1933, S. 170. Daher auch die positive Besprechung von Peters, Ulrich, Ph. Hördt, Theorie der Schule, in: ZfDB 9 (1933), S. 282

[18] vgl. Hördt, Philipp, Theorie ..., a.a.O.

178

der Bildungszerklüftung zu entgehen, wobei die Wirklichkeit des Schulaufbaus geprägt werden solle durch die „Sorge um die geistige Fortpflanzung der Volkheit"[19]. Für Hördt war somit der schulorganisatorische Aufbau eher nachrangig, da im Vordergrund mit der Deutschkunde, die nicht nur den Hauptinhalt der Volksschule, sondern auch die „Seele des Bildungsgehaltes jeder Fach- und jeder höheren Schule" ausmachen sollte, ein „organische(s) Grundgesetz" gegeben war, dem alle weiteren spezifischen Schulinhalte ein- und unterzuordnen waren.[20] Der Aufbau der Schulen war für Hördt organisch bedingt durch die Entwicklung des „volkhaften Gemeinschaftslebens", dessen Wandlungen sie nachvollziehen müssen, dem sie aber zugleich in einem Doppelverhältnis Impulse geben.[21]

Für Alfred Baeumler, seit 1933 Professor für Politische Pädagogik in Berlin, waren die Veränderungen im Bildungssystem zu Recht gekennzeichnet durch die Ablösung der formalen Bildung durch den „Primat der unmittelbaren Erziehung" (im Original gesperrt, H.-G. B.), der prägend für die Formationserziehung in HJ, SA, SS und Arbeitsdienst sei:

> „Das System der indirekten Erziehung durch Unterricht wurde durch das System der direkten Erfassung durch Persönlichkeiten verdrängt."[22]

Damit war für ihn die bisherige zentrale Stellung der Schule im Erziehungssystem richtungsweisend beschnitten worden zu einem Nebeneinander verschiedener Erziehungsinstanzen. Da diesen Veränderungen für Baeumler die „Umwertung aller Werte zugunsten der Werte des Charakters und der personalen Bindungen"[23] zugrunde lag, die im Ideal eines männerbündisch lebenden heroischen „politischen" Soldaten münden sollten, waren sie viel gründlicher und weitreichender als eine bloße Schulreform, die damit für Baeumler nachrangig wurde. Die höhere Schule sollte sich auf die formale Bildung beschränken, wobei es aber nicht ihre Aufgabe sei, „eine völkische Führerschicht, eine politische Elite" heranzubilden, da diese „ganz allein unter Initiative der Partei gewonnen" werde und nur so die erforder-

---

[19]   ebd., S. 170f.

[20]   ebd., S. 171f.

[21]   vgl. ebd., S. 222f.

[22]   Baeumler, Alfred, Die Grenzen der formalen Bildung (1936) in: derselbe, Politik und Erziehung. Reden und Aufsätze, Berlin 1937, S. 85. Im Februar 1933 stellte Baeumler sich noch als designierter preußischer Kultusminister heraus. Vgl. Klemperer, Victor, Ich will Zeugnis ablegen bis zum letzten. Tagebücher 1933-1941, hrsg. von Walter Nowojski unter Mitarbeit von Hadwig Klemperer, 7. Aufl. Berlin 1996, S. 8. Als eher typisch für die nationalsozialistische Herrschaftstechnik ist anzusehen, daß nicht ein Theoretiker - wie z.B. auch Krieck -, sondern der farblose Pragmatiker Rust Minister wurde.

[23]   ebd.

liche „politische Fundamentalhaltung" hervorgebracht werden könne.[24] Konsequent kam für Baeumler auch keine Politisierung der höheren Schule infrage, sondern nur eine klare Begrenzung ihrer Aufgaben und besonders ihres Stellenwertes im Gesamterziehungssystem. So erwies sich Baeumler als dominierender Repräsentant einer NS-Pädagogik, die mit den humanistischen Traditionen gebrochen hatte.

Der Volksschullehrer Ernst Krieck, seit 1928 an verschiedenen Pädagogischen Akademien tätig[25], postulierte schon 1932:

> „Die revolutionäre Jugend findet ihr Gesetz und Ziel nicht mehr - nach der liberalistischen Theorie - in sich selbst, sondern in der dem Volkstum ... schicksalhaft auferlegten Gesamtaufgabe, in der nationalrevolutionären Bewegung."[26]

Dementsprechend beklagte er das Fehlen einer völkischen Gemeinschaft. Somit ergebe sich für die völkische Schulreform das Prinzip „Einordnen, Eingliedern nach allen Seiten hin, damit aus der organischen Bindung die Bildung wachsen kann"[27]. Bildung bedeute keine Orientierung am Kind und keinen „extensiven und enzyklopädischen Bildungsbetrieb", sondern „Durchformung des völkischen Weltbildes":

> „Der werdende Mensch wird dem Volkscharakter und der Aufgabe gemäß typisch geprägt, ausgerichtet nach den völkischen und rassischen Werten, reif gemacht für sein gliedhaftes Vollbringen."[28]

Dieses Bildungsverständnis korrespondierte mit der Forderung, im organisatorischen Bereich „eine durchgreifende Vereinfachung, ... den Abbau der Verschulung"[29] vorzunehmen.

---

[24] ebd., S. 86

[25] Krieck wurde 1928 als Professor an die Pädagogische Akademie Frankfurt a. Main berufen und 1931 an die Pädagogische Akademie Dortmund strafversetzt wegen seines Eintretens für die NS-Bewegung. Seine Mitgliedschaften in der NSDAP und im NSLB datieren auf den 1.1.1932. Er wurde 1933 Professor für Philosophie und Rektor der Universität Frankfurt, 1934 Lehrstuhlinhaber für Philosophie und Pädagogik und später Rektor der Universität Heidelberg. Seit September 1933 war Krieck Mitglied des Führerrates der Gesellschaft für Deutsche Bildung. Vgl. Hesse, Alexander, Die Professoren ..., a.a.O., S. 453-457

[26] Krieck, Ernst, Nationalpolitische Erziehung (1932), 21. Aufl. Leipzig 1937, S. 114f. Wesentliche Gedanken waren schon früher formuliert worden (vgl. Krieck, Ernst, Völkischer Gesamtstaat und nationale Erziehung (1930/31), 4. Aufl. Heidelberg 1934. So lobt Hördt auch dieses Werk überschwenglich „als zur Zeit stärksten geistigen Ausdruck" der nationalsozialistischen Bewegung (Hördt, Philipp, Ernst Krieck: Nationalpolitische Erziehung, in: ZfDB 8 (1932), S. 410).

[27] Krieck, Ernst, Nationalpolitische Erziehung, a.a.O., S. 115

[28] ebd., S. 116f., 150f.

Hintergrund war für Krieck, die Bedeutung der Schule als „letztes und künstliches Erzeugnis der Kultur" einzugrenzen und nicht etwa mit Aufgaben der Gesamterziehung aufzuwerten, wie es in den nach seiner Meinung erziehenden Lebensgemeinschaften der Landerziehungsheime und freien Schulgemeinden geschehe, die er als „zu künstlich und zu wirklichkeitsfern", „bürgerlich-romantische(n)" Gedanken folgend qualifizierte.[30] Jede einzelne Schule habe sich organisch zu verknüpfen „mit ihrem natürlichen und geschichtlichen Ort" und sich der nationalrevolutionären Bewegung „weit" zu öffnen, was bedeutete, daß die Schule die „unmittelbare Formung des Leiblichen und Seelischen" - aufgefaßt als „gymnastisch-musische Erziehung" - an den Jugendbund abzutreten habe. Das könne dann auch zu einer erheblichen Reduzierung der wöchentlichen Schulzeit führen.[31]

Die völkische Einheitsschule konkretisierte sich für Krieck in einer vierjährigen Grundschule, der entweder eine vierjährige Volksschule oder ein vierjähriger Unterbau der höheren Schule mit einem abschließenden dreijährigen Oberkurs folgen konnte.[32] Gegen die Typenvielfalt der höheren Schulen setzte Krieck eine Einheitsform, die aber schon in der Unterstufe eine Gabelung nach Fremdsprachen ermöglichte. Diese sollte mit einer dreigliedrigen Gabelung in der Oberstufe vertieft werden: ein sprachlich-geschichtlich-kulturwissenschaftlicher, ein mathematisch-naturwissenschaftlicher und ein technisch-künstlerischer Zweig.[33] Diese Struktur war für Krieck aber nur eine Zielperspektive „auf lange Sicht", da Vorrang „die Gestaltung lebendiger Einheiten der Bildung und des organischen Gesamtunterrichts mit Überwindung der gegenwärtig vorliegenden Systematik der Wissenschaft" habe.[34] In Kriecks Vorstellungen zur Neuorganisation des Schulwesens fand die Aufbauschule keine Beachtung, obwohl für ihn kulturkritisch die „nationale Revolution" das Land und das Bauerntum in den Blickpunkt rückte

---

[29]   ebd., S. 119. So auch in derselbe, Völkische Bildung, in: Volk im Werden 1 (1933), S. 2-12

[30]   Krieck, Ernst, Nationalpolitische Erziehung, a.a.O., S. 120f.

[31]   vgl. ebd., S. 122, 124, 152. 1935 spricht er vager von der notwendigen „organische(n) Zusammenordnung der Schule mit den anderen völkisch-politischen Erziehungsorganisationen" (Krieck, Ernst, Die deutsche Aufgabe und die Erziehung. Vortrag, gehalten auf der 58. Versammlung deutscher Philologen und Schulmänner in Trier, in: DDHS 2 (1935), S. 69).

[32]   vgl. Krieck, Ernst, Nationalpolitische Erziehung, a.a.O., S. 152

[33]   vgl. ebd., S. 153f. 1930/31 hatte Krieck noch neben dem Einheitstypus der höheren Schule „eine gewisse Anzahl hochwertiger und leistungsfähiger Gymnasien ... als reine Gelehrtenschulen" vorgesehen (Krieck, Ernst, Völkischer Gesamtstaat ..., a.a.O., S. 39).

[34]   Krieck, Ernst, Nationalpolitische Erziehung, a.a.O., S. 154

und eine „Bewegung zum Lande hin und von den Städten fort" bedeutete, „die darum die Wiedergeburt des deutschen Volkes aus Blut und Boden bringen" würde.[35]

Unwidersprochen in allen Konzepten war die beabsichtigte und durchgeführte Drosselung höherer Bildung, die bis auf 5% eines Jahrgangs reduziert werden sollte[36] und die mit dem „Gesetz gegen die Überfüllung der deutschen Schulen und Hochschulen" vom 25.4.1933 durch die Sonderbestimmungen gegen „Nichtarier" zusätzlich eine rassistische Verankerung erhielt.[37] Eine teilweise Kehrtwendung für „Arier" erfolgte dann 1936 durch den Nachwuchsbedarf der Wehrmacht und der akademischen Berufe im Hinblick auf Vierjahresplan und Krieg.

2. Nationalsozialistische Vorstellungen zur Schulorganisation

Die NS-Pädagogen bemühten sich stark um eine theoretische Grundlegung notwendiger völkischer Veränderungen durch den nationalsozialistischen Staat im Bildungsbereich, die sich aber nur bei Krieck zu einem Organisationsmodell konkretisierten. Demgegenüber standen sowohl die Anregungen der konservativen Philologenschaft und der Partei/Staatsbürokratie als auch die des NSLB. Während erstere ihre schon lange angestrebten, eher allgemeinen organisatorischen Veränderungen in den Mittelpunkt stellten, versuchten letztere mit konkreten Vorschlägen, das herkömmliche Schulsystem zu überwinden.

a) Grundsätzliche Konzepte aus Partei/Staat

Im Überschwang der Machtübergabe und der Durchsetzung des Nationalsozialismus erfolgten zahllose Veröffentlichungen von Einzelpersonen zur inneren und

---

[35] ebd., S. 185. Daß Kriecks völkisches Verständnis sich vom nationalsozialistischen Rassismus letztendlich doch unterschied, zeigt seine „Kaltstellung" 1938 (vgl. Feidel-Mertz, Hildegard / Lingelbach, Karl-Christoph, Gewaltsame Verdrängung und prekäre Kontinuität. Zur Entwicklung der wissenschaftlichen Pädagogik in Frankfurt am Main vor und nach 1933, in: Z.f.P. 40 (1994), S. 719f.).

[36] So noch in einem Vortrag gehalten in Genf in der Sommerschule der Ligen des Völkerbundes im August 1934. Vgl. Kulturströmungen im neuen Deutschland, in: DDHS 1 (1934), S. 16f.

[37] vgl. Keim, Wolfgang, Erziehung unter der Nazi-Diktatur ..., a.a.O., S. 77f. Vgl. auch Zymek, Bernd, Das „Gesetz gegen die Überfüllung der deutschen Schulen und Hochschulen" und seine Umsetzung in Westfalen, 1933-1935, in: Drewek, Peter u.a. (Hrsg.), Ambivalenzen der Pädagogik. Zur Bildungsgeschichte der Aufklärung und des 20. Jahrhunderts, Weinheim 1995, S. 205-225

äußeren Umgestaltung der höheren Schule. Allen Vorschlägen war gemeinsam, daß sie sich im Einklang sahen mit nationalsozialistischen Erziehungsvorstellungen bzw. mit den Ideen Adolf Hitlers. Da wurde angeregt:

- ein „nordisches nationalsozialistisches Gymnasium", dessen Vorgänger „die Nacktschule der Griechen, die Rittererziehung des 13. Jahrhunderts, die deutsche Wandervogelbewegung, die Hitlerjugend und die SA" gewesen sein sollten und dessen Erziehung „nicht durch Bücher, sondern in kleinen persönlich lebenden Gemeinschaften durch Vorbilder" erfolgen sollte.[38]
- in Ergänzung der Normalform Deutsche Oberschule ein Zweig der Oberstufe mit berufspraktischer Orientierung, der zwar ein Reifezeugnis, aber keine Studienberechtigung verleihen sollte.[39] In diesem Sinne versprach sich auch Schwarzlose bei einer Differenzierung der Schultypen nach beruflichen Gesichtspunkten eine „völkische Neuordnung nach dem Leistungsprinzip"[40], die die Klassenschichtung überwinden sollte. Auch der Dozent für neuere Geschichte in Bonn, Ernst Anrich, favorisierte einen zweigeteilten Gymnasialabschluß, der nur wenigen den Universitätsbesuch ermöglichte.[41]
- die Aufgabe des bisherigen Altersklassensystems zugunsten einheitlicher Leistungsklassen.[42]
- „alle (im Original gesperrt, H.-G. B.) Großstadtjugend auf dem flachen Land" zu erziehen, damit sie die „Bindung an Blut und Boden" wiederfinde.[43]
- das nationalsozialistische Bildungsziel an Aufbauschulen vorrangig über die Religionslehre zu erreichen.[44]

---

[38] Winfrid, Das nationalsozialistische Gymnasium, in: Volk im Werden 1 (1933), Heft 4, S. 52-54. Winfrid war das Pseudonym für Dr. Joachim Haupt, Ministerialrat im Preußischen Kultusministerium (vgl. Scholtz, Harald, Erziehung und Unterricht ..., a.a.O., S. 57). Die Verwendung des Pseudonyms läßt erkennen, daß Haupt sich mit seinem extremen Vorschlag öffentlich nicht exponieren wollte.

[39] vgl. Grüneberg, Horst, Das Schicksal der Höheren Schule, in: Volk im Werden 2 (1934), S. 468-478

[40] Schwarzlose, Adolf, Der Berufsgedanke als Einteilungsgrundsatz der Schulorganisation, in: DDHS 3 (1936), S. 687-693

[41] vgl. Anrich, Ernst, Der Schulaufbau im nationalsozialistischen Staat, in: Die Deutsche Schule 37 (1933), S. 603-610. Anrich war 1930 NSDAP-Mitglied geworden, doch wurde er von Hitler 1931 aus der Partei und 1943 von Baldur von Schirach aus seiner Professur entlassen. So Schulze, Winfried, Deutsche Geschichtswissenschaft nach 1945 (= HZ, N.F., Beiheft 10), München 1989, S. 313. Für Schönwälder, Karen, Historiker und Politik. Geschichtswissenschaft im Nationalsozialismus (= Historische Studien Bd. 9), S. 287, Anm. 57, blieb Anrich über das Jahr 1945 hinaus „überzeugter Nationalsozialist".

[42] vgl. Langenmaier, Theodor, Vorschläge zu einheitlicher Gestaltung der höheren Schule, in: DDHS 3 (1936), S. 420-422

[43] Steinfatt, Gustav, Vom Lande aus!, in: DDHS 3 (1936), S. 178-183

Doch sind diese „privaten" Anregungen wohl eher bedeutungslos im Vergleich zu den - allerdings nicht weniger divergierenden - Veröffentlichungen aus der Partei/Staatsbürokratie:[45]

Der Plan einer deutschen Nationalerziehung von StR Dr. Georg Usadel[46], seit 1930 Mitglied des Reichstags für die NSDAP, konkretisierte und verband als erster im Jahre 1930 offiziöse Vorgaben aus „Mein Kampf" zu einer ausdifferenzierteren inhaltlichen und organisatorischen Ausrichtung des Schulwesens. Bei Wahrung einer angemessenen Wissensvermittlung nicht zuletzt für den Kriegsfall sollte besondere Bedeutung der Willensbildung zukommen, was sich als „deutsche Bildung, die den Charakter zum Nationalbewußtsein entwickelt" erweisen sollte - mit dem Ziel, „ein Volk mit Instinkt (zu) werden, dessen Führer Seher, Priester, Dichter sind"[47]. In einer achtjährigen Grundschule sollte ein Lehrer eine nichtkoedukative Klasse ununterbrochen führen, am Ende der Schulzeit war dann durch eine Schulbesichtigungsbehörde die Führerauslese vorzunehmen.[48]

Der sich nur für wenige Schüler anschließenden Mittelschule kam im Sinne der höheren Schule als Hauptaufgabe die Vorbereitung auf die Hochschule zu. Der Plan sah vor, die Vielfalt auf einen Typ zu reduzieren, in deren Mittelpunkt weiterhin deutsche Bildung stehen sollte, aber ergänzt durch Unterweisung in 'fremdländischen' Kulturen alternativ in einem griechisch-lateinischen oder englisch-russischen Kurs.[49] Angesichts der verschiedenen Weltanschauungen der Erzieher wollte Usadel die Einheit der Erziehung gewährleisten durch eine verpflichtende Internatserziehung aller Mittelschüler - unabhängig von irgendwel-

---

[44] vgl. Schlemmer, Adalbert, Die Deutschen Aufbauschulen, in: Zeitschrift für den Katholischen Religionsunterricht 13 (1936), S. 185

[45] Im Gegensatz zu Poschenrieder, Hermann, Pläne zur Reform der höheren Schule, in: Bayerische Blätter für das Gymnasialschulwesen 71 (1935), S. 1-16, werden Stellungnahmen von Amtsträgern aufgrund des Charakters des NS-Systems nicht unter „private Meinungsäußerungen" subsumiert.

[46] Usadel, 1900 geboren, Kriegsteilnehmer und 1919 in einem Freikorps aktiv, war 1924/25 Hauptschriftführer der völkischen Wochenzeitung „Tannenberg" und seit 1924 Mitglied in der Nationalsozialistischen Freiheitspartei. 1929 wurde Usadel zum StR ernannt. 1933 kam für den SA-Standartenführer der Ruf ins preußische Kultusministerium, noch im selben Jahr wurde er als Regierungsrat Jugendreferent im Reichsministerium des Innern und zugleich Leiter der Reichsjugendführerschule der HJ in Potsdam, 1934 - inzwischen SA-Oberführer - avancierte Usadel zum Ministerialrat im Reichs- und preußischen Ministerium für Wissenschaft, Erziehung und Volksbildung (vgl. DBA 1332, 20-24).

[47] Usadel, G., Plan einer deutschen Nationalerziehung, in: Nationalsozialistische Monatshefte 1 (1930), S. 348, 359

[48] vgl. ebd., S. 349-353

[49] vgl. ebd., S. 353

chen Kostenfragen.[50] In vier Jahren „scharfer Zucht" sollte sich die Eignung einiger Schüler für die Hochschule erweisen, wobei bei der Abschlußprüfung den Urteilen des Internatsleiters, „der zu den Besten des Volkes gehören muß", und des militärischen Ausbilders der Ausschlag zukam.[51] Die Internatserziehung war Usadel so wichtig, daß sie für die Mittelschulen als sofortige Übergangsmaßnahme vorgesehen war.[52]

Dieser organisatorische Teil des Plans einer Einheitsschule knüpfte an reformpädagogische Konzepte an, die in der Weimarer Republik gegen das Bildungsbürgertum nicht mehrheitsfähig waren, und verband sie mit einer einheitlichen, inhaltlich an der Deutschkunde orientierten Bestimmung, die nur von der Fremdsprachengabelung eingeschränkt wurde. Der von Hitler propagierte Primat der Charakterbildung sollte verstärkt über die Heimerziehung erfolgen, wie sie schon an vielen besonders ländlichen Versuchsschulen geprüft wurde - mit dem erweiterten Ziel einer ‚Führerauslese'. Mit dieser schulorganisatorischen Anregung Usadels ohne fachspezifische Konkretisierungen war eine erste offiziellere Grundlage gegeben, nationalsozialistische Erziehungskonzepte kennenzulernen und zu entwickeln, was sich auch aufgrund der unterschiedlichen Versprechungen von Parteimitgliedern in den zahlreichen Wahlkämpfen als notwendig erwiesen hatte.

Erst nach der Machtübergabe kam es zu erneuten und differenzierteren erziehungspolitischen Festlegungen und Richtungsangaben aus der nun unter NSDAP-Einfluß stehenden staatlichen Bürokratie. Neben den offiziellen staatlichen Repräsentanten trat besonders früh und prononciert Regierungsrat Dr. Friedrich Hiller (Dessau) mit zahlreichen Vorträgen und Veröffentlichungen in Erscheinung und prägte so die Diskussion.

In einem Vortrag auf der Tagung des pädagogisch-psychologischen Instituts in München sah dieser im August 1933 den Baugrund für eine „Gemeinschaftsschule"

> „in der deutschen Volksgemeinschaft, in unserem deutschen Volkstum, in unserem Blut und in unserer Religiosität",

wobei alles auszuschalten sei, was der Volksgemeinschaft hinderlich, hemmend oder „was geeignet sei, sie zu zersetzen, all die vielen fremden Einflüsse südländischer, asiatischer Art, jüdischer Art"[53].

---

[50] vgl. ebd., S. 355
[51] vgl. ebd., S. 355f.
[52] vgl. ebd., S. 359
[53] Hiller, Friedrich, Der organisatorische Aufbau der deutschen Schule, in: Die Erziehung im

Unter lebhaftem Beifall des Auditoriums forderte Hiller eine staatliche zwölfjährige Einheitsschule, die auf eine Segregation nach Volksschule, Mittelschule, höhere Schule oder Berufsschule verzichtete.[54] Auf eine vierjährige Unterstufe sollte eine Mittelstufe aufbauen, die die bisherige Volksschule, die Mittelschule und die höhere Schule umfaßte und die aus diesem Grund „eine gewisse Differenzierung in den Unterrichtsfächern und den Unterrichtszielen" erforderte: Ein „Normalzug" sollte das Gros der bisherigen Volks- und Mittelschüler, ein wissenschaftlicher Zug die Besucher der höheren Schule und ein Förderzug die Hilfsschüler aufnehmen.[55]

Hillers Konzept sah vor, daß an diese Mittelschule sich eine vierjährige Oberschule mit zwei „scharf getrennte(n)" Abteilungen anschloß: eine Lehrschule, die Wissenschaft in den Vordergrund stellte mit Perspektive für eine Universitätsausbildung, und eine Abteilung, eine Art Berufsschule, die zu „praktischen Berufen des Lebens" ausbildete, für „Handwerker oder Ingenieur, Landwirt oder sonst etwas"[56]. Mit dieser organisatorischen Umstellung wollte Hiller eine öffentliche „Überschätzung des Abstrakten" und eine „Unterschätzung der praktischen Berufe" abbauen, um gleiches Prestige für beide zu erreichen, was den fundamentalen Grundsätzen der nationalsozialistischen Bewegung entspreche, und zugleich dem Erfolgreichen der Berufsschule den Weg zur Hochschule eröffne.[57] Um das sich durch eine achtjährige Schulpflicht ergebende frühe Entlaßalter zu erhöhen, schlug Hiller eine Verschiebung der Einschulung auf das siebte Lebensjahr vor.[58]

Dieser auf eine Einheitsschule mit Begabungsdifferenzierungen abzielende weitreichende organisatorische Umbau hatte für Hiller einherzugehen mit einer drastischen Ausrichtung des Stundenplans auf nationalsozialistische Bedürfnisse. Durch Eindämmung des wissenschaftlichen Unterrichts sollten als ein „radikales Gegenmittel" zwei Tage in der Woche für Leibeserziehung frei gemacht werden

„mit Rücksicht auf die Zerstörungen, die an Seele und Körper unseres deutschen Volkes durch die Verseuchung unseres Blutes systematisch herbeigeführt worden sind"[59].

---

nationalsozialistischen Staat. Vorträge gehalten auf der Tagung des Pädagogisch-psychologischen Instituts in München (1.-5. August 1933), Leipzig (o.J.). S. 65
[54] vgl. ebd., S. 66
[55] vgl. ebd., S.70f.
[56] ebd., S. 71f.
[57] vgl. ebd., S. 72f.
[58] vgl. ebd., S. 80
[59] ebd., S. 76f.

Dies bedeutete für ihn „hinaus ins Gelände", Wehrsport treiben, schießen: Die Schüler „sollen sich wehrhaft machen mit allen Mitteln"[60].

Hillers Beförderung zum Oberregierungs- und Schulrat tat seinem verbalem Extremismus keinen Abbruch:

> „Die Verunreinigung des deutschen Blutes durch Vermischung mit jüdischem und anderem minderwertigem Blut, die geistig-seelische Verseuchung mit jüdisch-marxistischem Geist, das Vorherrschen des Ichgeistes, die Entmannung durch pazifistische Gesinnung, die Verflachung und Entseelung unserer Lebenshaltung durch Überwuchern des Materialismus, die Losreißung unseres Volkes vom Boden, die zukunftgefährdende Zusammenballung in den Großstädten, die wirtschaftliche Sklaverei im Dienst des internationalen Großkapitals, die Aufreibung im Klassenkampf, die körperliche Entartung und Minderung, die kirchlich-religiösen Gegensätze, die volkliche und völkische Zerrissenheit, sie sind greifbare und eindringliche warnende Erscheinungen und Merkmale der Auflösung und des Unterganges. Ihre volle Auswirkung ist der Tod der Nation."[61]

Mit diesem Schicksalsszenario beschrieb Hiller die Notwendigkeit der nationalsozialistischen Machtübernahme und leitete daraus die Einheitlichkeit des Schulwesens ab. Doch seine schulorganisatorischen Vorschläge waren im Vergleich zu den angeführten nationalsozialistischen Untergangsanalysen wesentlich konventioneller geworden, denn eine Einheitsschule war inzwischen von Minister Bernhard Rust offiziell als „öde" und „marxistisch-demokratisch" denunziert worden.[62] Auf eine vierjährige Grundschule, die mit dem siebten Lebensjahr einsetzen sollte, baute nun eine höhere Schule auf, deren Tätigkeit „vorwiegend geistig-theoretischer Art" sein sollte.[63]

Aus der Bedeutung der antiken Kultur folgerte Hiller die „begrenzte Erhaltung des humanistischen Gymnasiums", was dann eine Zweigliederung im Schulaufbau ergeben würde: ein altsprachlicher Zweig und ein neusprachlicher Zweig. Für beide Zweige waren gemeinsame Fächer im deutschkundlichen Bereich und in Leibesübungen ausgewiesen. Für den neusprachlichen Zweig sollte auf der Oberstufe eine Dreiteilung stattfinden können: eine Art „Deutsche Oberschule", ein Zweig mit einer zweiten Pflichtsprache und drittens eine stärkere Betonung der mathematisch-naturwissenschaftlichen Fächer.[64]

---

[60]   ebd., S. 77
[61]   Hiller, Friedrich, Aufbau der deutschen Schule, in: derselbe (Hrsg.), Deutsche Erziehung im neuen Staat (1934), 2. Aufl. Langensalza 1936, S. 152. In diesem Standardwerk gelang es Hiller, sowohl renommierte national-konservative als auch nationalsozialistische Schulexperten mit Beiträgen zu versammeln.
[62]   vgl. Zitate bei Poschenrieder, Hermann, Pläne ..., a.a.O., S. 4
[63]   vgl. Hiller, Friedrich, Aufbau ..., a.a.O., S. 161
[64]   vgl. ebd., S. 161f.

Damit war gegenüber seinen früheren Vorstellungen eine Einheitsschule nicht mehr erkennbar und die bisherige beklagte Typenvielfalt - unter Beibehaltung des humanistischen Gymnasiums - in die Oberstufe des neusprachlichen Zweiges verlagert worden. Die Integration der beruflichen Bildung wurde von Hiller nicht mehr angesprochen, auch in diesen umfangreichen Darlegungen widmete er der Aufbauschule kein Wort. Mit diesen „Anregungen und Fingerzeigen" wollte Hiller festgestellt wissen, „daß die Erneuerung unseres Erziehungswesens nach den Grundsätzen des Führers rücksichtslos durchgeführt werden muß"[65]. Doch im organisatorischen Teil seiner Veränderungsvorstellungen war diese Rücksichtslosigkeit nicht zu erkennen.

In der ersten offiziellen Grundsatzrede zur nationalsozialistischen Schulpolitik hatte Reichsinnenminister Frick auf einer Konferenz der Länderminister am 9. Mai 1933 zwar „den Ausschluß aller Strömungen aus dem Schulbereich, die die nationalpolitische Erziehungsaufgabe der Schule gefährden," gefordert, sich aber bezüglich weiterer Ziele noch recht konservativ geäußert, indem er „die übergroße Mannigfaltigkeit unserer Schultypen auf ein Mindestmaß" zurückführen wollte.[66] Und auch StR Bernhard Rust hatte - als preußischer Kultusminister - noch Ende 1933 nur verkündet, daß „der Grundriß einer Reform der höheren Schulen ... fertiggestellt"[67] sei. Auf die Grundschule sollte „ein gemeinsamer Unterbau der gesamten höheren Schulen bis zur Quarta gesetzt" werden mit Englisch als Fremdsprache. In der Untertertia - so Rust:

> „zweigt sich einzig das Gymnasium als selbständiger Schultyp ab, während der Normaltyp der höheren Schulen sich von der Untertertia ab durch freiere Gestaltung in einen deutschkundlichen, einen fremdsprachlichen und einen mathematisch-naturwissenschaftlichen Kern spaltet."[68]

Die Aufbauschule fand keine Erwähnung.[69] Mit der geplanten Einführung eines gemeinsamen Unterbaus aller höheren Schulen hätte Rust Reformvorstellungen

---

[65] ebd., S. 169
[66] Frick, Kampfziel der deutschen Schule, in: Die nationalsozialistische Revolution 1933, bearbeitet von Axel Friedrichs (= Dokumente der Deutschen Politik, Reihe: Das Reich Adolf Hitlers, hg. von F. A. Six, Bd. 1) (1935), 7. Aufl. Berlin 1942, S. 327-338
[67] Rust, Bernhard, Das Preußische Kultusministerium seit der nationalen Erhebung, in: Hiller, Friedrich (Hrsg.), Deutsche Erziehung ..., a.a.O. S. 40. Zu Rust vgl. Pedersen, Ulf, Bernhard Rust: Ein nationalsozialistischer Bildungspolitiker vor dem Hintergrund seiner Zeit (= Steinhörster Schriften und Materialien zur regionalen Schulgeschichte und Schulentwicklung, hrsg. von Heinz Semel, Bd. 6), Braunschweig 1994
[68] ebd.
[69] Löwenstein behauptet ohne Beleg, daß Reichskommissar Rust die Aufbauschulen als „marxistische Einrichtung" wieder abschaffen wollte (Löwenstein, Curt, Was hat der „Marxismus" in den 14 Jahren auf dem Gebiete der Schule und Erziehung geschaffen?, in:

zur Vereinheitlichung entsprochen, die bei der Neuordnung 1924/25 nicht durchsetzbar gewesen waren. Doch wären weiterhin vier Typen - wenn auch teilweise in einer Schule - vorhanden gewesen.

Am 15. Dezember 1934 gab Rust, seit 1.5.1934 Reichs- und preußischer Minister für Wissenschaft, Erziehung und Volksbildung, vor Vertretern des Auslands einen „Aufriß der deutschen nationalsozialistischen Bildungsgrundsätze", bei deren zeitlicher Verwirklichung der Schulreform Nachrangigkeit gegenüber neuen Erziehern und neuen erzieherischen Methoden eingeräumt wurde. Der Neuaufbau der höheren Schule 1935 sollte unter zwei leitenden Gesichtspunkten stehen:

> „1. Die Aufbauschule bleibt erhalten (im Original gesperrt, H.-G. B.), möglichst auf dem Lande, um den Bauernsohn möglichst lange dem Familienkreise zu erhalten. Sie wird sich über sechs Grundschuljahre in sechs weiteren Jahren erheben (im Original gesperrt, H.-G. B.).
>
> 2. Die höhere Schule (im Original gesperrt, H.-G. B.) soll in noch vollkommenerem Maße als bisher lediglich durch Leistungen zugänglich werden. Neuere und klassische Sprachen werden, wenn auch in anderem Grade als bisher, erhalten bleiben. Lateinische Syntax soll auch in Zukunft als 'ausgezeichnetes Reck des Geistes' erhalten bleiben, aber das Gymnasium der Zukunft wird nicht auf Philologie, sondern auf dem echt klassischen Ideal der 'Athletes' aufbauen."[70]

Anfang 1935 wandte sich daraufhin die Fachschaftsleitung für Höhere Schulen im NSLB mittels Rundschreiben an die Funktionäre:

> „Der Reichserziehungsminister Rust hat öffentlich auf die volkswichtige Bedeutung der Aufbauschulen hingewiesen. Es ist daher notwendig, daß die männlichen und weiblichen Amtswalter der Fachschaft der Frage der Knaben- und Mädchenaufbauschule erhöhte Aufmerksamkeit zuwenden. Dabei ist besonders zu beachten, daß die Aufbauschulen in erster Linie als Sammelstätten für die landgebundene, großstadtferne begabte Jugend gedacht sind und daher vor allem in Landstädten oder auch in ganz ländlicher Umgebung ihren Platz finden müssen. Wo nicht die Möglichkeit besteht, die Jugend durch günstige Bahn- oder Autoverbindungen täglich der Schule zuzuführen, ist die Einrichtung von Schüler(innen)heimen zu bedenken, die zudem eine zuverlässig nationalpolitische Ausrichtung gewährleisten könnten.
>
> In Verbindung mit dem Leiter der Arbeitsgruppe 'Deutsche Ober- und Aufbauschule' im NSLB., Pg. Oberstudiendirektor i.R. Dr. Fischer, ersuche ich daher die Gaufachschaftsleiter, bis zum 15. Februar über die Ihnen in einem besonderen Rundschreiben zugehenden Fragen zu berichten. Damit die Frage der Aufbauschulen gründlich bearbeitet werden kann, soll in den Gauen je ein Berufsgenosse zum Fachberater für Aufbauschulen ernannt werden. Die Vorschläge des Arbeitsgruppenleiters, Pg. Dr. Fischer, sind beigefügt. Ich bitte, sie nach der weltanschaulichen Seite nachzuprüfen und darüber gegebenenfalls unter Benennung eines anderen, fachlich und weltan-

---

Die Gemeinde 10 (1933), S. 203).

[70] Die nationale Schulgesetzgebung als Verwirklichung der Volks-Bildungseinheit, in: Hiller, Friedrich (Hrsg.), Deutsche Erziehung ..., a.a.O., S. 65

schaulich besser geeigneten und die Aufbauschule voll bejahenden Amtsgenossen gleichfalls zum 15. Februar zu berichten."[71]

Diese erste (und letzte) umfassende Stellungnahme zur Aufbauschule schränkt diese auf die Landbevölkerung ein, ohne auf den ansonsten formulierten Ausnahmestatus für Spätbegabte in den Städten hinzuweisen. Die Einrichtung von Schülerheimen als Spezifikum nationalsozialistischer Gemeinschaftserziehung hat noch den nachrangigen Charakter einer Notlösung. Zugleich wird zum ersten (und letzten) Male die Arbeitsgruppe „Deutsche Ober- und Aufbauschule" und ihr Leiter, der ehemalige Vorsitzende des Reichsverbands der Ober- und Aufbauschulen Fischer, erwähnt, dem es oblag, weltanschaulich geeignete Fachberater zu benennen, ohne daß deren Aufgabengebiet spezifiziert worden wäre. Dies weist eher auf Geschäftigkeit hin, als daß Einflußmöglichkeiten eröffnet worden wären.

Für das Jahr 1935 versprach Reichserziehungsminister Rust, daß „nach zwei Jahren allgemeiner Umstellung und vorbereitender Arbeit ... nunmehr im dritten auch der neue Weg im staatlichen Erziehungs-, Bildungs- und Forschungswesen fest beschritten" werde und „nach neuen Grundrissen in diesem Jahre der Grundstein zu einem neuen Schul- und Hochschulwesen gelegt werden (soll)",[72] was sich aber organisatorisch erneut verzögerte.

b)   Konzepte aus dem NSLB

Im Gegensatz zu den offiziellen Konzepten aus Partei bzw. Schulbehörden waren die Vorschläge aus dem NSLB ideologisch weitergehender und teilweise auch praxisnäher. Unbelastet von formal-rechtlichen Zusammenhängen und personellen Kontinuitäten in der Schulbürokratie und ohne politische Rücksichtnahme auf etwaige - auch konservative - Gegner konnte man sich bemühen, nationalsozialistische Grundpositionen umzusetzen. Dies läßt sich exemplarisch zeigen in den Vorstellungen des späteren Ministerialrats und Reichsfachschaftsleiters im NSLB der Fachschaft II (Lehrer und Lehrerinnen an höheren Schulen) Dr. Rudolf Benze[73], dem nicht nur aufgrund seiner Positionen eine Mittlerrolle zukam, und seinem Nachfolger OStD Karl Frank sowie an einem regionalen NSLB-Konzept.

---

[71]   Aus dem NSLB. Rundschreiben 1935/1. An alle Gaufachschaftsleiter, abgedruckt in: DDHS 1935, S. 55

[72]   Reichsminister Rust zum Jahrestag der nationalsozialistischen Revolution an die deutschen Erzieher, in: DDHS 2 (1935), S. 97

[73]   Benze, geb. 1888, studierte Geschichte und Alte Sprachen und später zusätzlich Erdkunde und Geologie für das Lehramt. 1928 promovierte er und war bis 1929 kommissarischer Leiter einer Oberrealschule. Nach dreijähriger herabgestufter Tätigkeit als OStR wurde er Ostern 1932 von der NS-Landesregierung zum OStD eines Reform-Realgymnasiums er-

Grundsätzliche Vorschläge aus der NSLB-Führung

Schon im Juni 1932 entwickelte Benze noch als Oberstudiendirektor in sehr systematischer Form Grundlagen zu einer deutschen Erziehung einschließlich entsprechender Unterrichtsspezifika sowie eines passenden organisatorischen Schulmodells. Sinn und Ziel dieser Erziehung nur für Deutsche waren:

> „1. die Bildung des deutschen Menschen zu dem Wesen, das sich aus rassenbiologischer Geschichts- und Gegenwartsbetrachtung als ihm artgemäß erweist; 2. die völlige Einfügung dieses Menschen in die deutsche Volksgemeinschaft."[74]

Seine Beschreibung der Lage bezog umfassend und differenziert nationalsozialistische Ideologieaspekte ein. Für den biologischen Bereich bedeutete dies Feststellungen wie:

> „Allgemeiner Geburtenrückgang in Verbindung mit Familienzersetzung, willkürliche, gedankenlose Rassenmischung zum Schaden des Wertvolleren, Rassenverderbnis in den überhandnehmenden Großstädten in Verbindung mit Landflucht, Pflege und Züchtung vor allem der Schwachen und Kranken."[75]

Von den Nachbarn im „Osten (mongolisiertes Osteuropa) und Westen (vernegerndes Frankreich)"[76] drohe die größte Gefahr. Außenpolitisch sah Benze den deutschen Osten als „Raum ohne Volk", und innenpolitisch charakterisiert er die Lage durch das Eindringen fremder Grundsätze wie „Individualismus, Liberalismus, Materialismus, Zahlendemokratie, Pazifismus, Kosmopolitismus, Mechanismus"[77]. Im Kulturbereich erkannte Benze „humanistische und individualistische Ideen im Kampfe mit völkischen" und sah es als Aufgabe, den „Einfluß des Judentums in unserem öffentlichen Leben wegen seines artfremden, zersetzenden Wesens überall zu beseitigen"[78].

Für die Unterrichtsfächer zeigte Benze konkret auf, daß die „biologisch-rassekundliche Blickrichtung ... maßgebend bei der Auswahl, Wertung und Behandlung der Stoffe in der Schule"[79] sein könne. Im schulorganisatorischen Bereich wollte er mit dem Grundsatz „deutsche Einheitsschule" die „volkzerreißende

---

nannt und arbeitete dann von Michaelis 1932 bis Juli 1933 als besoldeter Stadtrat in Braunschweig, bevor er ins preußische Kultusministerium berufen und schon zum 1.1.1934 zum Ministerialrat befördert wurde. Seine Mitgliedschaften in diversen Organisationen weisen eine frühe völkische Ausrichtung aus. Mitglied der NSDAP wurde Benze schon 1931 (vgl. DBA 100, 308f.).

[74] Benze, Rudolf, Der Aufbau der deutschen Schule, in: Volk im Werden 1 (1933), S. 29
[75] ebd., S. 30
[76] ebd.
[77] ebd., S. 30f.
[78] ebd., S. 31
[79] ebd., S. 32-36

Schulzersplitterung" überwinden, indem er auf die vierjährige Grundschule die neunjährige höhere Schule setzte, die aber nur in zwei Arten geführt werden sollte: 1. die Deutsche Oberschule und 2. die Deutsche Lateinschule.[80] Erstere sollte die Hauptart sein und an allen Orten der Vorrang eingeräumt werden. An einzelnen Deutschen Oberschulen waren als Nebenzüge Deutsche Aufbauschulen vorgesehen, die aber in der Oberstufe zusammengefaßt werden könnten.[81] Damit hätte die Aufbauschule weitgehend ihren Charakter als eigenständige Form aufgeben müssen und wäre reduziert worden auf ein Anhängsel an einigen städtischen Deutschen Oberschulen, da eine auch den ländlichen Raum flächendeckende Ausweitung der Deutschen Oberschule nicht erkennbar war.

Im Gegensatz zur Terminologie können diese Neuordnungsmaßnahmen nicht als Beitrag zur Einheitsschule verstanden werden, wenn man darunter nicht die einheitliche ideologische Ausrichtung verstehen will. Die von Benze früh und deutlich formulierte rassistische Grundlegung der Schule fand später ihren Niederschlag in zahlreichen Erlassen und konzeptionellen Vorstellungen der Unterrichtsverwaltung - ermöglicht durch seine Karriere vom Schulleiter und Stadtrat in Braunschweig zum Reichsfachschaftsleiter und schließlich Ministerialrat in Berlin.

Zentraler Aspekt der Schulreform war auch 1935 noch für Benze weniger die äußere Form als die innere Umstellung. Diese meinte er besonders richtungsweisend zu prägen durch den Rasseerlaß vom September 1933, der Rassekunde, Rassehygiene usw. als Unterrichtsgegenstände und als Beurteilungsmaßstäbe in allen Fächern verbindlich machte, und durch den Ausleseerlaß vom März 1935, der „an Stelle einseitig intellektualistischer Wertung fortan de(n) Dreiklang von Körper, Seele (Charakter) und Geist" setzte.[82] Ohne sich auf die neuen Arten der höheren Schule in ihren Einzelheiten festzulegen, betonte Benze die bekannte Absicht des Reichserziehungsministers, eine starke Vereinheitlichung vorzunehmen, in deren Zentrum eine Hauptform stehen sollte, „die von dem deutschkundlichen Gut beherrscht wird", und die als Nebenform das humanistische Gymnasium erhalten sollte.[83]

Da der Minister „besonderen Wert ... auf die Erhaltung und den Ausbau der landgebundenen Aufbauschulen (im Original gesperrt, H.-G. B.)" lege, erwartete

---

[80]   vgl. ebd., S. 38
[81]   vgl. ebd.
[82]   vgl. Schulreform und Fachschaftsarbeit. Nach dem Vortrage des Reichsfachschaftsleiters
       Pg. Dr. Benze auf Burg Lauenstein am 30. Mai 1935, in: DDHS 2 (1935), S. 395f.
[83]   vgl. ebd., S. 397

Benze von den Lehrkräften an höheren Schulen, „in dieser Richtung vorzuarbeiten und vor allem der Frage der Aufbauschule und ihrer Ausgestaltung die Aufmerksamkeit zuzuwenden"[84]. Dies war ein eher vages Anliegen, da Diskussion und Aussprache und letztendlich auch Mitwirkung an den nach dem Führerprinzip organisierten Tagungen und auch an Entscheidungen der Unterrichtsverwaltung nicht vorgesehen waren. Doch wurde von Benze hier schon eine Grundstruktur der äußeren Reform angekündigt, die Chancen auf Realisierung besaß und mit der sich die Lehrer nun vertraut machen konnten.

Gauamtsleiter OStD Karl Frank, kommissarischer Reichsfachschaftsleiter als Nachfolger Benzes, der von sich behauptete, „ich bin in erster Linie Nationalsozialist und dann erst Philologe"[85], stellte auf einer Reichstagung des NSLB 1936 Notwendigkeit und Stand der Schulreform dar, denn die nationalsozialistische Revolution könne „nicht vor den Toren der entarteten und volksfremd gewordenen höheren Schule Halt machen". Zwar stand für ihn die „Forderung einer umfassenden nationalen, arteigenen und rassegebundenen Erziehung" auf Grundlage einer entsprechenden Haltung der Erzieher im Vordergrund der notwendigen nationalsozialistischen Veränderungen, doch müsse

> „die Leistungsfähigkeit unserer höheren Schulen, ihr geistiges Niveau, unter allen Umständen aufrechterhalten bleiben, ja ... gegenüber dem Stand der Jetztzeit wieder gehoben werden."[86]

Dem lag die Überzeugung zugrunde, daß das deutsche Volk „auf jedem Gebiet konkurrenzfähig bleiben muß"[87]. Aus diesem Wettbewerbsargument, das Wehrtüchtigkeit einschloß, und dem Hinweis auf die „Vielgestaltigkeit des geistigen Lebens und der wirtschaftlichen wie kulturellen Entwicklung" leitete Frank für die Schulorganisation ab, daß man sich nicht „nur mit einer einzigen Form der höheren Schule in Deutschland begnügen"[88] könne. Die Bedeutung des humanistischen Gymnasiums sah Frank in der eingehenden Beschäftigung „mit dem Wesen der uns rasseverwandten alten Völker in Hellas und Rom" mit dem Ziel, „die

---

[84] ebd.
[85] Rede des komm. Reichsfachschaftsleiters Karl Frank, in: Bericht über die Sondertagung der Fachschaft 2 anläßlich der Reichstagung des NSLB. im Juli 1936, in: DDHS 3 (1936), S. 567f. Frank war nach Selbstaussage seit 1920 in der völkischen Bewegung und seit 1922 in der NSDAP aktiv (vgl. ebd.). Er hatte im März 1936 Benze zuerst nur kommissarisch in der Fachschaftsleitung abgelöst.
[86] ebd., S. 570f.
[87] ebd., S. 571
[88] ebd.

Gedanken der nationalsozialistischen Weltanschauung im jungen deutschen Menschen vertiefen zu helfen"[89].

Mit diesem Plädoyer für das humanistische Gymnasium und seine Einbindung in den Charakter nationalsozialistischer Erziehung durch „Pflege des Rassebegriffes, des Führergedankens und des heldischen Gedankens", das mit einer deutschkundlich orientierten Einheitsschule aufgelöst worden wäre, machte Frank deutlich, daß der Weiterbestand in den Orten gesichert schien, in denen mehrere höhere Schulen vorhanden waren.[90] Mit dieser Bestandsversicherung für das Gymnasium war das entscheidende Merkmal der Schulneuordnung benannt, demgegenüber die ergänzenden Verweise auf den ansonsten einzuführenden Einheitstyp der Deutschen Oberschule und auch den dritten Zug zur Erlangung der Hochschulreife, die Deutsche Aufbauschule, den bisherigen Diskussionsverlauf bestätigten.

Konkret ausgearbeiteter Vorschlag des NSLB Westfalen-Süd

Der nationalsozialistische Lehrerbund Westfalen-Süd hatte das Modell einer „Deutschen Jugendschule" als Quintessenz aus der völkischen und nationalsozialistischen Literatur und den spezifischen Verlautbarungen entwickelt und aufgrund kritischer Stellungnahmen dann auf der Tagung der Fachschaft II am 17. und 18. November 1934 in Dortmund für den organisatorischen Bereich präzisiert und für die Unterrichtsinhalte erste Entwürfe vorgelegt.[91]

Organisatorisch war die deutsche Jugendschule als sechsjährige höhere Schule ausgewiesen, die auf den siebenjährigen Besuch der Jungvolkschule, der nationalsozialistischen Volksschule, aufbauen sollte, da eine vorzeitige Trennung von der Familie wie bisher nach dem zehnten Lebensjahr als verfrüht galt.[92] Die Auslese nach dem 13. Lebensjahr sollte Kategorien wie „Erbmasse, rassische Veran-

---

[89] vgl. ebd.

[90] vgl. ebd., S. 572

[91] vgl. Nationalsozialistischer Lehrerbund Westfalen-Süd (Hrsg.), Auf dem Wege zur Nationalsozialistischen Deutschen Jugendschule (Sechsjährige höhere Schule), Dortmund 1935

[92] vgl. Die deutsche Jugendschule. Sechsjährige höhere Schule. Ein Erziehungs- und Unterrichtsplan des Nationalsozialistischen Lehrerbundes Gau Westfalen-Süd, Bielefeld u.a. 1935, S. 7. In einem Geleitwort wurde die Dauer insofern durch den zuständigen Parteiführer Knoop vorsichtig etwas abgeschwächt, als es „zunächst gleichgültig" sei, ob die Jugendschule sechs-, acht- oder neunjährig sein sollte, wobei das Schwergewicht auf jeden Fall von Untertertia bis Oberprima liege und von daher die ersten drei Jahre entweder an der bisherigen höheren Schule verbleiben bzw. an die vierjährige Grundschule angegliedert werden könnten (vgl. Nationalsozialistischer Lehrerbund Westfalen-Süd (Hrsg.), Auf dem Wege ..., a.a.O., S. 3).

lagung, Charakterwerte und Denkfähigkeiten" berücksichtigen und erreichen, daß der Großteil der Schüler nach einem weiteren Jahr an der Jungvolkschule und dem obligatorischen Landjahr eine Berufsausbildung in einer Lehre erhalte.[93] Entsprechend der nationalsozialistischen Erziehungsdoktrin und unter Anlehnung an die Landheimaufenthalte sollte die Jugendschule die Form einer Lagerschule erhalten als „Kameradschaftslager unter straffer Führung"[94]. Sie war zweizügig konzipiert und hierarchisch geführt. Die Leitung lag bei einem Jugendgruppenführer und zwei Zugführern. Jede Klasse (= Gemeinschaft von 24 bis 32 Jugendlichen) wurde von einem Jugendgemeinschaftsführer und einem Stellvertreter gelenkt, denen wiederum drei Kameradschaftsführer unterstanden.[95] Jugendlichkeit galt als Besetzungskriterium. So durfte der Jugendgemeinschaftsführer (eine Art Klassenlehrer) nicht älter als vierzig Jahre und sein Stellvertreter nicht älter als dreißig Jahre sein.[96]

Im Aufbau war nach der nur zweijährigen Mittelstufe die vierjährige Oberstufe mit der Gabelung in einen sprachlichen Zweig und einen mathematisch-naturwissenschaftlichen Zweig vorgesehen, wobei deren Dauer aus der Forderung resultierte, die ganze Oberprima dem Nationalsozialismus zu widmen.[97] Entscheidend für die Verfechter dieser Schule war der Nachweis, daß sie in völliger Übereinstimmung mit „Erziehungsgrundsätzen des völkischen Staates" stehe, was OStR Eilers mit umfangreichen und zahlreichen Verweisen auf „Mein Kampf" belegte.[98] Eilers machte deutlich, daß derjenige, der das nationalsozialistische Erziehungsziel,

„nach dem deutsche Jugend durch die Erziehung nach ihrer blutsmäßigen Anlage in die übergeordnete Volksgemeinschaft einzuordnen sei zum Dienst und Kampf für die gottgegebene Eigenart dieser Gemeinschaft",

ablehne, als „volksschädlich" abqualifiziert werde.[99] Zwar war den Verfassern des Entwurfs klar, daß ihr Modell nur eine der Formen der im Rahmen der Neu-

---

[93] vgl. Die deutsche Jugendschule ..., a.a.O., S. 8

[94] ebd.

[95] vgl. ebd., S. 10

[96] vgl. ebd., S. 12

[97] vgl. ebd., S. 8

[98] vgl. Eilers, Den Kritikern der deutschen Jugendschule ins Stammbuch, in: Nationalsozialistischer Lehrerbund Westfalen-Süd (Hrsg.), Auf dem Wege ..., a.a.O., S. 10-12. Eilers war durch die Wahlen am 12.3.1933 für die NSDAP im Wahlbezirk Hagen ausweislich der amtlichen Ergebnislisten in den Provinziallandtag gekommen (vgl. Stadtarchiv R, B 44).

[99] ebd., S. 7

ordnung zu erwartenden höheren Schulen sein werde, doch waren sie sich sicher, daß die Deutsche Jugendschule „d i e höhere Schule" sei,

> „die nach dem Zeitpunkt ihrer Auslese, nach der zielbewußten Einstellung ihres Lehrplanes, nach der Eigenart als Lagerschule außerhalb der Großstädte, nach der notwendigen Auslese und Zusammensetzung ihres Lehrkörpers am meisten dem nationalsozialistischen Erziehungsideal"

entspreche und nur für eine Übergangszeit auch eine neunjährige höhere Stadtschule bestehen bleiben würde.[100] Entsprechend dem Primat der „körperlich-wehrhafte(n) Erziehung" sah der Wochenstundenplan zwölf Stunden „wehrhafte Erziehung" vor, dem zahlenmäßig ein deutschkundlicher Teil mit Geschichte, Deutsch und Glaubenskunde mit neun Stunden sowie die Fächer Biologie, Erdkunde, Singen und Zeichnen mit zehn Stunden folgen sollten.[101] Daneben waren in der zweijährigen Mittelstufe vier Stunden für Englisch, 3 Std. für Mathematik und 3 Std. für Physik und Chemie vorgesehen, was sich in der Oberstufe im sprachlichen Zweig auf 4 Std. Englisch, 2 Std. Mathematik und 2 Std. Physik/Chemie und im mathematischen Zweig auf 2 Std. Englisch, 3 Std. Mathematik und 3 Std. Physik/Chemie reduzieren sollte.[102] Obwohl nicht daran gedacht war, den Leistungsmaßstab höherer Schulen durch die Jugendschule zu senken, sollten durch das Ausleseprinzip, die Vermehrung des Unterrichts, die veränderten Lehrpläne und die Lagerform „die saft- und kraftlosen, seelen- und instinktlosen, blutleeren 'Nur-Vielwisser' und Kritikaster ... zum Aussterben" gebracht werden.[103] Ziel der Lagerschule außerhalb der Großstadt, was die „Verbindung mit Boden und Landschaft, mit den Offenbarungen des Jahresablaufes" ermögliche, war eine „nationalsozialistische Kampfgemeinschaft"[104]. Die weltanschauliche Ausrichtung beschrieb Eilers mit „Zurückfinden zu blutsmäßig bedingter rassischer Eigenart":

> „Blut und Rasse sind ihm (dem Nationalsozialismus, H.-G. B.) nicht ein Götze, sondern etwas Heiliges, rein zu Haltendes, der Quell und Jungbrunnen sich immer wieder erneuernden völkischen Lebens. Der Tod ist nichts Furchtbares, sondern Notwendiges, ein Tor, das ohne Jammern durchschritten werden will."[105]

---

[100] Eilers, Grundlinien für den Aufbau der nationalsozialistischen Jugendschule, in: Nationalsozialistischer Lehrerbund Westfalen-Süd (Hrsg.), Auf dem Wege ..., a.a.O., S. 16

[101] vgl. Eilers, Den Kritikern ..., a.a.O., S. 9

[102] vgl. Die deutsche Jugendschule ..., a.a.O., S. 9

[103] Eilers, Den Kritikern ..., a.a.O., S. 8

[104] Eilers, Grundlinien ..., a.a.O., S. 18f.

[105] ebd., S. 13

Diese rassistische Komponente - teilweise explizit verbunden mit Antisemitismus - mit ihren Erneuerungsfloskeln und der eingeforderten Opferhaltung durchzog alle Lehrpläne - einschließlich des Plans für Evangelische Glaubenskunde.[106] In dem hier untersuchten Vorschlag des Nationalsozialistischen Lehrerbundes Westfalen-Süd bündelten sich mehrere typische Elemente: Gemeinschaftserziehung, Stadtflucht, Einheitsschule, die an Bestrebungen aus der Weimarer Republik anknüpften. Vorbild könnte die von der Kulturkritik inspirierte ländliche - auch sechsjährige - Aufbauschule gewesen sein, die von einem Ausnahmestatus zur Regelform expandieren und der gesamten Jugend die völkische Erneuerung bringen sollte. In Verbindung mit dem Rassismus stellte das Modell für den ehemaligen Geschäftsführer der Reichsfachschaftsleitung Dr. Schulze einen „ernste(n) Versuch" dar, „die erzieherischen Erkenntnisse und Forderungen des Führers in die Wirklichkeit umzusetzen"[107]. Es fördere von daher die nationalsozialistische Neugestaltung des höheren Schulwesens.

Doch hegte Schulze Zweifel am vorgeschlagenen Charakter als alleinige höhere Schulform, da sie bedinge, „sämtliche Schüler der höheren Schule für sechs Jahre mehr oder weniger vollständig außerhalb der Familie (zu) erziehen"[108]. Neben den organisatorischen Voraussetzungen in Form von Schulen und Internaten auf dem Lande war sicher auch die zu erwartende Kritik aus Elternkreisen ursächlich für diese Einstellung. Ergänzend wurde von den Verfassern aus dem NSLB daher auch angeregt, wohl auch um Kritik aus dem Katholizismus aufzufangen, in jeder Provinz ein oder zwei Gymnasien als Sonderform zuzulassen, die zwar auch sechsjährig sein, aber als Theologenschulen gelten sollten.[109] Obwohl dieses Modell durchaus konsequent entwickelt war, kritisierte OStD Moritz Edelmann, ab 1934 Reichssachbearbeiter für Geschichte und Mitherausgeber von VuG sowie ab 1935 Leiter einer Mädchenoberschule in Berlin, im Sinne der nationalsozialistischen Führerdoktrin den Entwurf nicht aufgrund seiner Inhalte und Strukturen, sondern wegen seiner Herkunft als „problematisch",

„da das letzte Wort in diesen Dingen bei der Reichsführung liegt und dem Lehrer mehr die Aufgabe gestellt ist, im Rahmen einer vom großen Gesichtspunkt gehand-

---

[106] vgl. Rödding, Hans, Evangelische Glaubenskunde, in: Nationalsozialistischer Lehrerbund Westfalen-Süd (Hrsg.), Auf dem Wege ..., a.a.O., S. 20-28. Interessant ist, daß für den katholischen Unterricht keine Lehrpläne vorgestellt wurden.

[107] Schulze, Bücherschau. Schule und Schulaufbau, in: DDHS 3 (1936), S. 515

[108] ebd.

[109] vgl. Die deutsche Jugendschule ..., a.a.O., S. 14

habten Schulreform die innere Ausgestaltung seiner Erziehung und die Durcharbeitung seiner Spezialaufgabe zu durchdenken."[110]

Demgegenüber kann nicht erstaunen, daß für das Philologen-Blatt der Plan eine „Vernichtung der höheren Schule, ihrer Form und ihres Geistes" (im Original gesperrt, H.-G. B.) bedeutet.[111]

Weder die Konzepte aus Partei und Schulverwaltung noch der Vorschlag des NSLB gingen in irgendeiner Form auf die Mädchenbildung ein. Ihr kam ein so deutlich nachrangiger Stellenwert gegenüber der Jungenbildung zu, daß man fast von Ausgrenzung sprechen kann.

3.   Die Einführung der Aufbauschule in Bayern

Obwohl sich diese Untersuchung schwerpunktmäßig mit Preußen beschäftigt, ist die Beachtung der Entwicklung in Bayern bedeutsam, da sich dieses Land lange gegen die Einführung der Aufbauschule sperrte und erst unter dem Nationalsozialismus (Bayer. Staatsminister für Unterricht und Kultus war der Reichsleiter des NSLB Hans Schemm) und mit Billigung des seit Mai 1934 amtierenden Reichserziehungsministers 1935 spezifische Richtlinien dafür erließ.

Nachdem bis 1927 fast alle Länder des Deutschen Reichs Aufbauschulen eingeführt und sich auf die Anerkennung der Abschlüsse geeinigt sowie auch die Volksschullehrer(innen)ausbildung reformiert hatten, stand Bayern als zweitgrößtes Land noch abwartend abseits.[112] Man sperrte sich mit selektivem Blick auf die divergierenden Erfahrungen in einzelnen Ländern gegen die die herkömmlichen Bildungsstrukturen teilweise aufbrechenden Neuerungen. Mit der Denkschrift des Bayerischen Staatsministeriums für Unterricht und Kultus vom 27. Januar 1928 zur Neuregelung der Lehrerbildung, die dem Landtag vorgelegt wurde, war dann aber doch die Absicht kundgetan, eine sechsklassige Aufbauschule einzuführen

---

[110]   Edelmann, M(oritz), Neue Bücher zur deutschen Geschichte, zu Erziehung und Geschichtsunterricht, in: VuG 25 (1935), S.709. Edelmann trat am 1.5.1932 der NSDAP und am 1.4.1933 der SS bei und arbeitete in diversen SS-Dienststellen. 1939 wurde er Professor und Direktor der Hochschule für Lehrerbildung in Dortmund (vgl. Hesse, Alexander, Die Professoren ..., a.a.O., S. 249f.).

[111]   Vanselow, Max, Sechsjährige höhere Schule?, in: Deutsches Philologen-Blatt Nr. 45 42 (1934), S. 491

[112]   Doch gab auch die Zeitschrift „Bayerisches Bildungswesen" als „Nichtamtliches Beiblatt zum Amtsblatt des bayerischen Staatsministeriums für Unterricht und Kultur" Befürwortern der Aufbauschule Raum. So die Überblicksartikel zur Entwicklung in anderen Ländern von Eid, Ludwig, Neuere Höhere ..., a.a.O., S. 493-509, und derselbe, Die Aufbauschulen Deutschlands nach ihren Jahresberichten, in: ebd., S. 555-566, sowie derselbe, Die deutschen Aufbauschulen 1927/28, in: Bayerisches Bildungswesen 2 (1928), S. 607-617

mit dem Ziel, die notwendige Allgemeinbildung den künftigen Volksschullehrern zu vermitteln, den Absolvent(inn)en aber nur über Ergänzungsprüfungen den Zugang zur Universität zu ermöglichen.[113]

Der „Verein der Bayerischen Philologen" und die „Freie Vereinigung der Direktoren und Oberstudienräte an den gymnasialen Anstalten" begrüßten ausdrücklich sowohl diese Einschränkung, die zu Recht aus der nur sechsjährigen Ausbildung an einer höheren Schule folge, als auch die fremdsprachliche Vorgabe, als erste Sprache Latein anzusetzen.[114] Ganz konträr war die gemeinsame Stellungnahme des „Verbandes Bayerischer Philologen", des „Bayerischen Deutschphilologenverbandes" und der „Direktorenvereinigung an den bayerischen Oberrealschulen und Realschulen". Sie leiteten aus dem „ausschlaggebende(n) Wesenszug" der Aufbauschule, der „bewußt gepflegte(n) Verwurzelung im deutschen Volkstum und im deutschen Kulturgeist", sowie aus der notwendigen „Gegenwartsnähe" und „Weltweite" des „künftigen Volkserziehers" die Forderung ab, als erste Fremdsprache Englisch und als zweite Fremdsprache Französisch vorzusehen, und qualifizierten Latein als erste Fremdsprache als „ganz unmöglich"[115] ab. Darüber hinaus verwahrten sie sich gegen eine Ungleichbehandlung der Aufbauschulabsolventen und sprachen sich gegen Erschwerungen beim Zugang zur Universität aus.[116]

Diesen Stellungnahmen gegenüber nahm der „Bayerische Seminarlehrerverein" eine vermittelnde Position ein, da er seine wesentliche Forderung zur Reform der Lehrerbildung: eine verstärkte allgemeine Bildung des Volksschullehrers, durch Aufbauschulen erfüllt sah, und regte zurückhaltend an, um das mit der Denkschrift Erreichte nicht zu gefährden und den Zugang zu einigen weiteren Studien über den Lehrerberuf hinaus zu ermöglichen, Latein als zweite Fremdsprache vorzusehen.[117] Deutlicher wurde der „Bayerische Lehrerverein", der sich dagegen wehrte, der Aufbauschule „ganz den Charakter einer Sondervorbereitungsstätte für den Lehrerberuf" zuzuweisen:

---

[113] vgl. Zum Plane einer Aufbauschule in Bayern, in: Bayerisches Bildungswesen 2 (1928), S. 519-523

[114] vgl. ebd. Unterstützt wurde diese Position in der Sprachenfolge auch mit dem Argument, daß Latein für den Volksschullehrer „zweckfrei" sei und dieser dadurch als „sozialethischer Mensch" gebildet werde, was die „wesensgemäße Erfüllung" der Aufbauschule darstelle (Linhardt, Hans, Zum Wesens- und Sprachenproblem der Aufbauschule, in: Bayerisches Bildungswesen 3 (1929), S. 366-370).

[115] Gestaltungsplan der Aufbauschule, in: Bayerisches Bildungswesen 2 (1928), S. 524-527

[116] vgl. ebd.

[117] vgl. Junkert, Max, Von der Lehrerbildungsanstalt zur Aufbauschule, in: Bayerisches Bildungswesen 2 (1928), S. 528-538

„Die bodenständigen Kräfte des Landes sollen nicht bloß für einen Stand gewonnen werden, sondern für die Gesamtkultur, die ihrer dringend bedarf."[118]

Daraus leitete er auch die volle Gleichberechtigung mit anderen allgemeinbildenden höheren Schulen ab und forderte darüber hinaus eine paritätische Ausrichtung sowie Englisch als erste Fremdsprache.

Aus standespolitischer Sicht deklarierte der „Bayerische Neuphilologenverband" die geplante Aufbauschule als „Notbehelf" und forderte die Einführung einer neunstufigen Deutschen Oberschule mit zwei modernen Fremdsprachen, da diese Schule den Bedürfnissen der Lehrerbildung in besonderem Maße entgegenkomme.[119]

Diese polarisierte Auseinandersetzung machte die divergierenden und teilweise unvereinbaren Positionen öffentlich deutlich und spiegelte mit zeitlicher Verzögerung die Diskussion seit 1920 in vielen Ländern des Reichs wider. Die Reaktionen auf ihre Denkschrift ließen das Staatsministerium die Einführung der Aufbauschule hinhaltend verfolgen: Keine Position wurde aufgegriffen, eine Auseinandersetzung erfolgte nicht. Daraus läßt sich schließen, daß es sich lediglich um einen versuchsweisen Vorschlag handelte, dem keine ernste Einführungsabsicht zugrunde lag.

Das öffentliche und fachliche Interesse an der Einführung der Aufbauschule erlahmte: In einem grundsätzlichen Artikel von Studienprofessor Mehling zur Organisation der höheren Schulen wurde die Aufbauschule 1929 gar nicht mehr erwähnt.[120] Und in den Folgejahrgängen der Zeitschrift „Bayerisches Bildungswesen" wurde die Aufbauschule explizit nicht mehr aufgegriffen. Konservative Bildungsvorstellungen hatten sich gegen die Entwicklung im Deutschen Reich durchgesetzt. Die Versuche Ende der 20er Jahre in vielen Ländern, die Neuordnung des Bildungswesens durch Auflösung der Deutschen Oberschulen und Reduzierung der Anzahl der Aufbauschulen zurückzuschrauben, mußten in Bayern erst gar nicht vorgenommen werden.

Bis 1935 gab es in Bayern weder Aufbauschulen noch Deutsche Oberschulen, so daß die seit der Machtübergabe verstärkte Diskussion um eine Reformierung der höheren Schulen für Bayern die weitreichendsten Änderungen bringen konnte,

---

[118] Strehler, Adolf, Die Aufbauschule in der Denkschrift des Bayerischen Lehrervereins zur Lehrerbildungsfrage, in: Bayerisches Bildungswesen 2 (1928), S. 655-658

[119] vgl. Deutsche Oberschule bzw. Aufbauschule und Lehrerbildung, in: Bayerisches Bildungswesen 2 (1928), S. 651-654

[120] vgl. Mehling, Jonas, Zur Organisation unserer höheren Schulen, in: Bayerisches Bildungswesen 3 (1929), S. 483-490

wenn der Deutschen Oberschule oder sogar der Aufbauschule Vorbildcharakter zukommen würde.

Am 30.4.1935 versuchte das Bayerische Staatsministerium für Unterricht und Kultus mit der Bekanntgabe einer Schulordnung und einer Lehrordnung für Deutsche Aufbauschulen[121] mit der Entwicklung in zweifacher Sicht Schritt zu halten: einmal nachholend, indem nun auch in Bayern eine verbreitete Schulform eingeführt wurde, und andererseits vorgreifend, indem Teile aus der gegenwärtigen Reformdiskussion vor einer reichsweit verbindlichen Regelung fixiert wurden. Es kann unterstellt werden, daß aus diesem Vorgang ableitbar ist, daß in der zu erwartenden reichseinheitlichen Neuordnung die Aufbauschule einen festen Platz erhalten würde. Insofern können Elemente der bayerischen Schul- und Lehrordnung Hinweise auf deren künftige Ausgestaltung enthalten.

Die Schulordnung legte die inhaltlichen und organisatorischen Grundlagen der Deutschen Aufbauschule fest:[122]

- Im Vordergrund stand „das deutsche Kulturgut".
- Bildungsziel war „die Erziehung des nationalsozialistischen deutschen Menschen".
- Im Rahmen der Lehrerausbildung sollte die deutsche Aufbauschule „die beste Vorschule für das pädagogische Fachstudium sein".
- Als sechsklassige höhere Lehranstalt baute sie auf der siebenten Volksschulklasse auf.
- Über Aufnahmebestimmungen wurden das Alter der Schüler(innen), der Übergang von anderen höheren Schulen, Prüfungen, Probezeit usw. geregelt, wobei grundsätzlich „nichtarische Schüler und Schülerinnen nicht aufgenommen (werden)".
- Die bestandene Reifeprüfung führte zur Hochschulreife.
- Im übrigen galten „sinngemäß die Bestimmungen der Schulordnung für die höheren Lehranstalten der männlichen Jugend".

Die „Deutsche Aufbauschule" rechtfertigte ihre Bezeichnung in zweifacher Hinsicht: Durch die Vorrangstellung des deutschen Kulturgutes wurde sie eingeschränkt auf den alleinigen Typ der allgemein bekannten Deutschen Oberschule und schloß andere Typen aus. Ihr rassistisches Bildungsziel wurde konkretisiert durch das Verbot der Aufnahme von „Nichtariern".[123] Ansonsten hatte sie Präfe-

---

[121] Schulordnung für die Deutschen Aufbauschulen, abgedruckt im: Amtsblatt des bayerischen Staatsministeriums für Unterricht und Kultus, Nr. 8 München 1935, S. 77-123
[122] ebd., S. 77-79
[123] Schon der für das Aufnahmegesuch vorzulegende Taufschein verhinderte die Antragstel-

renzen zur Lehrerausbildung, ohne aber die Hochschulzugangsberechtigung der Absolventen in irgendeiner Form zu erschweren.

Der allgemeine Teil der Lehrordnung konkretisierte die oben aufgeführten Grundgedanken. Mit der verkürzten Form als Aufbauschule - „aus den Bedürfnissen unserer Zeit heraus geformt" - und der „bewußt nationalsozialistische(n) Prägung" wollte man Hitlers Diktum aus „Mein Kampf" verwirklichen:

> „Der völkische Staat wird den allgemeinen wissenschaftlichen Unterricht auf eine gekürzte, das Wesentliche umschließende Form zu bringen haben."[124]

Damit wurde die Deutsche Aufbauschule als naheliegende Umsetzung dieser Forderung angesehen. Sie war damit eine der ersten grundsätzlichen organisatorischen Neuerungen im höheren Schulwesen, die unter dem Einfluß nationalsozialistischer Ideologie nicht nur konzipiert, sondern auch realisiert wurde.

Doch konnten in ihr wesentliche Elemente der Deutschen Oberschule beibehalten werden. Inhaltlich vom deutschen Bildungsideal strukturiert, sollte die Deutsche Aufbauschule „Persönlichkeiten von deutscher Gesinnung und deutschem Gemüt"[125] erziehen. Ihre deutschkundliche Ausrichtung erfolgte durch den Vorrang des Deutschunterrichts in Verbindung mit Geschichte, Erdkunde, Biologie und Kunstpflege und der damit verbundenen Einschränkung des fremdsprachlichen Unterrichts sowie dessen Bestimmung mit Englisch als grundständiger Fremdsprache und Latein als zweiter Pflichtsprache.[126]

Unter Anknüpfung an die Hitlersche Maxime der Nachrangigkeit von Fachwissen gegenüber Charakterentwicklung in der schulischen Bildungsarbeit - „in erster Linie" wollte die Aufbauschule „eine Stätte der Erziehung, der Herzens-, Gemüts- und Charakterbildung" sein - wurde der Religionsunterricht begründet:

> „Da aber Erziehung ohne Gott bei höchster Verantwortung nicht möglich ist, Nationalsozialismus und positives Christentum, Religion und menschliche Kultur unmittelbar zusammengehören, bildet die P f l e g e d e r R e l i g i o s i t ä t eine wichtige Aufgabe dieser neuen Schulart."[127]

Zwar war diese Formulierung auf den ersten Blick auch Ausdruck der Anpassung an die katholische Bevölkerung Bayerns, doch ging es den Verfassern offensichtlich weniger um Religion als um Religiosität, die menschliches Verhalten weniger

---

lung von jüdischen Kindern, aber auch von anderen Nichtchristen. Unklar ist, wie bei letzteren verfahren wurde.

[124] Schulordnung ..., a.a.O., S. 80
[125] ebd.
[126] vgl. ebd., S. 80f.
[127] ebd., S. 81

normativ bestimmt und diffuser und profaner auf sogenanntes 'Tatchristentum' abhebt.

Um einheitliche Bildung bemüht, forderte der Lehrplan, Querverbindungen zwischen den Unterrichtsgebieten zu ziehen und zusammengehörige Fächer bei einem Lehrer zu konzentrieren sowie den Unterricht lebensnah und gegenwartsbetont zu gestalten.[128] Damit knüpfte man problemlos an die methodischen und didaktischen Forderungen und Umsetzungen besonders an den Deutschen Oberschulen - im übrigen Reich seit der preußischen Neuordnung 1924/25 verfolgt - an. Doch die Stundentafel weist gravierende Unterschiede in der Fächerverteilung auf:[129]

| | Klasse | | | | | |
	1	2	3	4	5	6
Pflichtfächer						
Religion	2	2	2	2	2	2
Deutsch	5	5	5	4	4	4
Geschichte	3	3	3	3	3	4
Erdkunde	2	2	2	2	2	2
Englisch	4	4	3	3	3	3
Latein	-	-	4	3	3	3
Mathematik	4	4	3	3	3	3
Naturwissenschaften						
Biologie	2	2	2	1	1	2
Physik	-	-	-	2	2	2
Chemie	-	-	-	2	2	-
Zeichnen und Kunstbetrachtung	3	3	2	2	2	2
Musik	4	3	3	3	3	3
Leibesübungen	3	3	3	3	3	3

Obwohl man auf die körperliche Erziehung gemäß dem nationalsozialistischen Grundsatz besonderes Gewicht legen wollte, reduzierte sich dies auf eine zusätz-

---

[128] vgl. ebd., S. 82
[129] vgl. ebd., S. 84. Darüber hinaus waren für den Wahlbereich Kurzschrift und Musik vorgesehen. Die Leibesübungen wurden noch ergänzt durch einen Spielnachmittag. Im Unterschied zur hier vorgestellten Stundentafel der Knaben war für die Mädchen der Musikunterricht insgesamt um vier Stunden gekürzt, dafür waren acht Stunden „weibliche Handarbeit" verpflichtend.

liche Stunde pro Woche.[130] Deutlicher waren die Unterschiede - im Vergleich zum Ende der Weimarer Republik in Preußen - in den Bereichen Sprachen, Naturwissenschaft und besonders Musik. Mit der drastischen Reduzierung des Englisch-Anfangsunterrichts um drei Wochenstunden in der ersten Klasse und in den folgenden beiden Klassen um zwei bzw. um eine Stunde, die dann für Latein in der Oberstufe mit der Reduzierung um je eine Stunde ihre Fortsetzung fand, gingen weitere leichte Kürzungen in Geschichte, Mathematik und deutlicher in Chemie einher, die neben der Ausweitung der Leibesübungen im wesentlichen nur durch eine drastische Erhöhung des Musikunterrichts auf durchschnittlich drei Wochenstunden (von 1 Std.) ausgeglichen wurden. Damit rückten Leibesübungen und Musik in ihrer jeweiligen Gesamtstundenzahl von 18 ganz nahe an Englisch (20) und Mathematik (20) heran. Dadurch wurde insgesamt das sogenannte deutsche Kulturgut in der Stundentafel deutlich aufgewertet, was zugleich eine Annäherung an die ursprünglichen Intentionen der Verfechter der Deutschen Oberschule zu Beginn der Weimarer Republik bedeutete, aber durchaus nationalsozialistischen Vorgaben entsprach.

Der Lehrplan für die einzelnen Fächer war hinsichtlich Auswahl und Auswertung des Stoffes „ausführlich gestaltet" und setzte „für die einzelnen Klassen verbindliche Jahresziele", damit von den Lehrern den „Forderungen des nationalsozialistischen neuen Deutschlands" entsprochen werden konnte.[131]

Neben einer allgemeinen fachspezifischen Themenvorgabe - in unterschiedlicher Ausdifferenzierung - erfolgten teils umfangreiche jahrgangsstufenbezogene Konkretisierungen sowie Hinweise auf Schulbücher, Lesestoffe usw. So wurde zum Beispiel für das Fach Deutsch, das im Mittelpunkt der Bildungsarbeit stehen sollte, differenziert u. a. nach der „Geschichte des Schrifttums und Lesestoffe", wobei inhaltlich für die ersten Schuljahre die deutsche Mythologie und Heldensagen im Vordergrund stehen, die dann zunehmend von völkischer und Kriegs- aber auch klassischer Literatur abgelöst werden sollten.[132] Begleitend war vorgegeben, in allen Jahren „nationalpolitische Prosa zur nationalsozialistischen Freiheitsbewegung" behandeln zu lassen. Daneben - aber weniger umfangreich - wurden die eher formalen Bereiche des Deutschunterrichts „Sprachliches Gestalten" (mundlicher Gedankenausdruck, Aufsatz und Darstellungskunde) und „Sprachlehre und Sprachkunde" festgelegt.

---

[130] vgl. ebd., S. 81
[131] ebd., S. 83
[132] ebd., S. 91ff.

Stärker als für den Deutschunterricht strukturierten - wie zu erwarten - von Nationalsozialisten bevorzugte Begriffe wie Schicksalsgemeinschaft, Führergedanke, Heldentum, völkischer Staat, Volkstum, Rassesinn und -gefühl, Germanentum, deutscher Blutstrom, Wehrkunde, Überfremdung usw. in unterschiedlichen Kombinationen in Fächern wie Geschichte, Erdkunde und Biologie die Texte zu einem teilweise diffusen Konglomerat.[133]

Im Sinne des Arbeitsunterrichts wurde für viele Fächer explizit gefordert, als Unterrichtsmittel Zeitungen und Zeitschriften planmäßig heranzuziehen, um den Unterricht lebendig, aber auch lebensnah zu gestalten. Auf diesem Wege konnten stärker als durch die teilweise kaum geänderten Schulbücher die vorgesehenen Inhalte in den Unterricht eingeführt werden.

Den hier vorgestellten Strukturen und Inhalten, erlassen vom Staatsministerium als Erweiterung der Bildungsmöglichkeiten, kam aufgrund der frühen Verabschiedung präjudizierende Bedeutung zu. Sowohl der Bestand der Aufbauschulen als auch die Ausrichtung als Deutsche Oberschule sowie die Weiterentwicklung der Stundentafeln als auch die nationalsozialistisch geprägten Unterrichtsinhalte setzten Marksteine, die von einer reichsweiten Regelung auf absehbare Zeit nur begrenzt korrigiert werden konnten, ohne das Ministerium öffentlich bloßzustellen. Insofern kann auch davon ausgegangen werden, daß die unter Kultusminister Schemm eingeführte Deutsche Aufbauschule vom Reichsminister mindestens toleriert wurde.

Die Akzeptanz der neuen Schulform in der Bevölkerung war - trotz oder wegen der nationalsozialistischen Ausrichtung der Unterrichtsstrukturen - beachtlich, denn schon im Schuljahr 1935/36 besuchten 2.382 Schüler(innen) die Deutschen Aufbauschulen, was den allgemeinen Rückgang beim Besuch der höheren Lehranstalten in Bayern nicht nur auffing, sondern zu einer deutlichen Zunahme der Gesamtzahl der Schüler(innen) führte.[134] Ursächlich mag auch gewesen sein, daß die Aufbauschulen an die Stelle der bisherigen Lehrer- und Lehrerinnen-Bildungsanstalten traten.[135]

---

[133] vgl. ebd., S. 108-122
[134] vgl. Die höheren Lehranstalten in Bayern, in: DDHS 2 (1935), S. 783
[135] vgl. Nachrichten, in: ZfDB 11 (1935), S. 176

4. Stellungnahmen der der Aufbauschule verbundenen Verbände und Zeitschriften zur nationalsozialistischen Erziehungs- und Schulpolitik

Die Machtübergabe an die Nationalsozialisten wurde von den traditionellen Eliten bzw. im konservativen Lager - und nicht nur im parteipolitischen, wie schon für die Universitätspädagogik belegt - mehrheitlich begrüßt.[136] Dies bezog sich auch auf wesentliche Teile der allgemeinen bildungspolitischen Ziele der NSDAP. Im folgenden werden die spezifischen Positionen zu diesen Zielen und zu deren Konkretisierung für die Struktur des höheren Schulwesens von den Verbänden und deutschkundlichen Zeitschriften genauer untersucht, die dem Aufbauschulgedanken bzw. den an den Aufbauschulen unterrichtenden Lehrern verbunden waren, so daß für den Untersuchungszeitraum eine differenzierte Einschätzung ihrer Stellung zur nationalsozialistischen Bildungspolitik erfolgen kann. Bei den untersuchten Verbänden handelt es sich um den „Reichsverband der Deutschen Oberschule und Aufbauschule" (mit seinem Organ „Deutsche Oberschule und Aufbauschule"), den Philologenverband (mit seinem Organ „Deutsches Philologen-Blatt") und die „Gesellschaft für deutsche Bildung". Besonders letztere wird in den größeren Kontext der „Deutschkundebewegung" gestellt, da wesentliche Ziele der Gesellschaft auch von weiteren Gesellschaftsgruppen - besonders dokumentiert durch die hier ausgewerteten Fachzeitschriften „Zeitschrift für Deutschkunde" und „Pharus" - vertreten wurden.

a)   Reichsverband Deutscher Oberschulen und Aufbauschulen

Im folgenden werden Stellungnahmen führender Vertreter des Reichsverbands, die überwiegend auf zentralen Versammlungen erfolgten, und sein Verbandsorgan „Deutsche Oberschule und Aufbauschule" analysiert.
Die Auseinandersetzung um eine Neuordnung des Schulwesens angesichts der beschriebenen schwierigen schulpolitischen und ökonomischen Situation Anfang der 30er Jahre in Preußen führte 1932 zu einer Rückbesinnung und Neuartikulation der Grundlagen der Deutschen Oberschule und der Aufbauschule im Verbandsorgan ihrer Lehrer(innen). Schultyp und Schulform sollten „kämpferisch in Abwehr und Gegenangriff"[137] ausgestaltet werden.

---

[136]   vgl. Mommsen, Hans, Zur Verschränkung traditioneller und faschistischer Führungsgruppen in Deutschland beim Übergang von der Bewegungs- zur Systemphase, (1976) in: derselbe, Der Nationalsozialismus ..., a.a.O., S. 39-66
[137]   Dreyer, Aus dem Verbande ..., a.a.O., S. 11

Aufgrund des Aufbaus der Aufbauschule auf sieben Volksschuljahre betonte Aufbauschulleiter Oberstudiendirektor Dr. Franke bezüglich der Lehrer an den Aufbauschulen, daß sie „nicht so sehr der Gefahr einer Entfremdung vom Mutterboden, einer Intellektualisierung, einer Überschätzung denkerischer Begabung (verfallen)"[138] und daß die Aufbauschule „eine Zuflucht der kostbaren Ursprungseigenschaften bis in die Führerausbildung hinein" bedeute:

> „Hier können wir am günstigsten Kultur statt Zivilisation, Führer statt Gelehrte, gesammelte Nationalkraft statt individualistischer Zersplitterung emporziehen."[139]

Dies war eine kulturkritische Argumentation, die schon Ende 1932 verstärkt auf Widerhall stoßen konnte. Das galt auch für den populärer werdenden „Siedlungsgedanken"[140], der auf Basis einer Rückbesinnung auf vergangene ländliche Werte Großstädter zur Flucht vor der Zivilisation aufs Land animieren sollte. Dem konnte die inhaltliche Ausrichtung der ländlichen Aufbauschule als Deutsche Oberschule nur allzu gut entsprechen. Unter Aufgreifen von Sprangers Diktum „Heimat ist geistiges Wurzelgefühl" stellte das Verbandsorgan beispielhaft die Franzburger Aufbauschule heraus, die zum Ziel erklärte:

> „Wir wollen unsere Landschaft zum Sprechen bringen: der vorpommersche Mensch war lange genug stumm."(im Original gesperrt, H.-G. B.)[141]

Das nationalistische Selbstverständnis dieser Aufbauschule als Heimatschule zeigte die Struktur des Geschichtsunterrichts auf:

> „Das erste Thema (ist) der Kampf um die pommersche Heimaterde, das Ringen zwischen Germanen und Slawen. Und es ist auch das letzte in Oberprima: Deutschland und Polen."[142]

Vor dem Hintergrund der aufgezeigten Tendenzen und der erfolgten Machtübergabe lud im Mai-Heft (1933) des Verbandsorgans Vorsitzender Fischer unter dem Motto „zum Appell antreten" zur Hauptversammlung nach Braunschweig[143] ein,

---

[138] Franke, G.H., Die pädagogische Ergänzung, in: DOA 6 (1932), H. 2, S. 19f.
[139] ebd.
[140] Fischer, Aus dem Verbande, in: DOA 6 (1932), H. 2, S. 26
[141] Radcke, Fritz, Die Franzburger Aufbauschule als Heimatschule, in: DOA 6 (1933), H. 3, S. 38
[142] ebd.
[143] Der Ort Braunschweig wurde nicht nur aus verkehrstechnischen Gründen gewählt, sondern weil man wußte, daß man „in Braunschweig den Widerhall und die Unterstützung finden würde, die das Bekenntnis zu den Bildungskräften und -werten unseres Volks- und Kulturgutes und damit zur 'deutschen Schule' in allen deutschen Landen eigentlich finden sollte" (Dreyer, Johann, Braunschweig 1933. 5. Hauptversammlung des Reichsverbandes Deutscher Oberschulen und Aufbauschulen, in: DOA 6 (1933), H. 5/6, S. 85f.). Fischer charakterisierte Braunschweig freudig als „Bannerträger der nationalen Bewegung", das

und zwar für Juni, „eine Zeit starker nationaler Bewegung und Erneuerung". Er erinnerte daran, daß man „in der ganzen Zeit unseres Bestehens Vorkämpfer des deutschen Gedankens" gewesen sei - aber „von allen Seiten, leider auch von den großen Berufsorganisationen unseres Standes, befehdet (worden war)"[144]. Während in diesem Aufruf nur erste öffentliche Abgrenzungen zum Philologenverband zu erkennen sind, die von neuem Selbstbewußtsein zeugen, ging eine offizielle Erklärung des Verbands an den Kultusminister deutlich über die positiv formulierten allgemeinen politischen Hinweise hinaus, indem man sich der neuen Regierung initiativ werdend andiente:

> „Der Reichsverband Deutscher Oberschulen und Aufbauschulen steht hinter der Regierung der nationalen Erhebung und erhofft von ihr, daß sie der Deutschen Oberschule - auch in Form der Aufbauschule - die Stellung zuweist, die ihr auf Grund ihrer Bildungsziele zukommt, und sie dadurch in den Stand setzt, im völkischen Geiste an der Erziehung des deutschen Menschen tatkräftig mitzuarbeiten.
>
> In der Pflege des deutschen Kulturgutes - mit Religion, Deutsch, Geschichte und Erdkunde im Mittelpunkt - sah die Deutsche Oberschule von Anfang an ihre vornehmste Aufgabe. Sie erfüllt damit Kerngedanken des nationalsozialistischen Erziehungsprogrammes der deutschen Freiheitsbewegung. Daher ist sie als eine besonders geeignete Schulform des neuen Deutschlands zu betrachten, zumal sie in der Form der Aufbauschule neben dem nationalen auch das große soziale Ziel des Aufstiegs befähigter Kinder des flachen Landes erstrebt."[145]

Die allgemein bekannten völkischen Kerngedanken des nationalsozialistischen Erziehungsprogramms wurden hier verbandsoffiziell als Traditionslinie der Deutschen Oberschule gesehen. Daraus wurde konsequent und folgerichtig abgeleitet, daß dieser Schultyp im Rahmen einer Umstrukturierung des Schulwesens nicht nur Bestand haben müsse, sondern sogar als vorbildlich angesehen werden könne. Der Deutschkunde war mit dieser Erklärung des Verbands eine Brückenfunktion zu völkischem Gedankengut zugesprochen worden. Insofern wurde der an den Aufbauschulen seltenere Typ der Oberrealschule - immerhin aber 21 Schulen gegenüber 91 Deutschen Oberschulen im Mai 1933 - auch erst gar nicht in der Erklärung beachtet.

Die zahlreichen Mitglieder des Verbands ermunterte ihr Vorsitzender Fischer vor der Veröffentlichung der Erklärung an den Kultusminister fast schon euphorisch:

„unserem Volkskanzler Adolf Hitler das Reichsbürgerrecht verschafft habe" (ebd., S. 86). Darüber hinaus hatte es in Braunschweig am 18. Oktober 1931 mit 100.000 Teilnehmern den bis dahin größten NS-Aufmarsch gegeben, der „eine massive Provokation der Regierung Brüning dar(stellte)." Vgl. Longerich, Peter, Deutschland 1918-1933. Die Weimarer Republik. Handbuch zur Geschichte, Hannover 1995, S. 312

[144] Fischer, Auf zur Braunschweiger Tagung!, in: DOA 6 (1933), H. 4, S. 49

[145] Fischer, Aus dem Verbande, in: DOA 6 (1933), H. 4, S. 60

„Sehen wir also nicht nur mutig, sondern freudig und hoffnungsvoll in die Zukunft."[146]

Er begründete diese erwartungsvolle Einschätzung mit Gesprächen im Ministerium, die in vollem Umfang bestätigt hätten, daß dessen Interesse an Deutscher Oberschule und Aufbauschule sich wesentlich verstärkt habe. Und Fischer versicherte seinen Mitgliedern:

> „Wir haben nichts zu befürchten, sondern nur zu hoffen. Das bezieht sich auch auf die persönlichen Angelegenheiten. Nur ausgesprochene Marxisten sind gefährdet."[147]

Mit dem letzten Satz wurde nicht nur allgemein die Verfolgung und Entlassung sogenannter „Marxisten", präzise: von Regimegegnern und Juden, gerechtfertigt, sondern es wird auch deutlich, daß diejenigen, die umgehend nach der Machtübergabe aus dem Dienst entfernt worden waren - vor allem viele städtische Aufbauschullehrer (an der Berliner Karl-Marx-Schule neben dem Schulleiter allein 15 Assessoren im Februar 1933) - bzw. deren Entlassung bevorstand[148], von ihm keinerlei Zuspruch erwarten durften. Die Art dieser Verlautbarung macht auch deutlich, daß Fischer glaubte, daß diese Ansicht im Verband mehrheitsfähig war. Sonst hätte er wohl auch „die nationale Revolution" nicht verharmlosend positiv mit „durchgreifende Umstellung auf allen Gebieten" umschrieben und sich persönlich derart exponiert. Fischers umfangreiches Grundsatzreferat auf der Hauptversammlung des Verbands wird zeigen können, ob die Vorstellung einer Brückenfunktion der Deutschkunde, vermittelt über die Deutschen Oberschulen, und sein Vertrauen in das Regime aufgrund eines „Überschwanges" und „Mitgerissensein" erfolgte oder seinen Überzeugungen entsprach.

Die Notwendigkeit einer „nationale(n) Erneuerung" ergab sich für Fischer aus dem „Grundübel unseres höheren Schulwesens", dem „Fehlen enger Fühlung mit

---

[146] ebd.
[147] ebd.
[148] In mehreren Wellen wurden bis Anfang 1934 von 74 Lehrkräften an der Karl-Marx-Schule 43 entlassen. Zur Zerschlagung des Kollegiums vgl. Radde, Gerd, Fritz Karsen ..., a.a.O., S. 199ff. Bis 1935 waren von den ca. 80 Lehrkräften aufgrund des „Abbaues" durch das Gesetz zur Wiederherstellung des Berufsbeamtentums und durch Versetzungen nur 16 Lehrer übriggeblieben, die überwiegend schon vor Karsens Leitungszeit, also vor 1922, an der Schule unterrichteten. Von 1933 bis Anfang 1935 war die Zahl der jüdischen Schüler von 130 auf fünf gesenkt worden. Vgl. zu diesen Aspekten der Gleichschaltung einer „bolschewisierten Schule" Gehrig, R., Von der Karl-Marx-Schule zum Kaiser-Friedrich-Realgymnasium, in: Deutsches Philologen-Blatt 43 (1935), S. 28-30, und Mischon-Vosselmann, Doris, Das Ende der Karl-Marx-Schule, in: Radde, G. u.a. (Hrsg.), Schulreform ..., a.a.O., S. 346-357

der deutschen Volksseele"[149]. Zwar sei „kriegerischer Geist" und „Opferfreudigkeit" sowie Patriotismus für Deutsche typisch und selbstverständlich, aber es habe lange Zeit die „nationale Bildung" gefehlt, um die „geistige Heimatlosigkeit"
zu überwinden.[150] Doch mit der Deutschen Oberschule als „von der Tradition un-
belastete Schulform", die sich als „kulturpolitische Notwendigkeit" aus den anfänglichen Siegeshoffnungen und dem Zusammenbruch ergeben habe, sei der
Weg zur Selbsterneuerung begonnen worden.

Den Lehrer(inne)n der Deutschen Oberschulen räumte Fischer den Stellenwert als
„Pioniere des neuen Deutschland", als „Vorkämpfer" der „deutschen Wiedergeburt [ein], wie sie in der Geschichte unseres Volkes einzig dasteht"[151]. Naturphä-
nomenhaft beschrieb Fischer das Wirken der Nationalsozialisten auch für den Bereich der höheren Schulen:

> „Gewaltig bläst der Wind in die bisher widerstandsfähigsten Gebilde, Veraltetes stür-
> zend, neues Leben weckend."[152]

Als erstrebenswertes nationalsozialistisches Erziehungsziel glaubte er erkannt zu
haben, „Hinwendung zu den reinen Quellen deutschen und christlichen Volkstums", „um dadurch zu einer völkischen Kultur zu gelangen", die vom „verstan-
desmäßigen, kosmopolitischen Humanitätsbegriff" abgewendet sei.[153]

Fischer bemühte sich mehrfach, Übereinstimmungen von Standpunkten Hitlers
und Unterrichtsinhalten an der Deutschen Oberschule (u.a. bezüglich des reduzierten Fremdsprachenanteils) herauszustellen.[154] In Abgrenzung von Forderungen des Philologenverbands entwickelte er die Deutsche Oberschule als Trägerin
nationaler Bildung mit der Deutschkunde im Mittelpunkt, da die „Muttersprache
ein Heiligtum" sei. Nach dem Muster der Deutschkunde müsse sich „die deutsche
Schule" durchsetzen: „Jetzt oder nie!"[155] Zahlreiche inhaltliche Verweise auf die
deutschkundlichen Unterrichtsfächer faßte Fischer wie folgt zusammen:

---

[149] Fischer, Albert, Zur Vereinheitlichung des deutschen höheren Schulwesens, in: DOA 6
       (1933), H. 5/6, S. 65. Diese Hauptversammlung fand sogar in der Provinz Widerhall. So
       berichtete der Lippstädter „Patriot" in seiner Ausgabe vom 14.6.1933 im Artikel „Reichs-
       verband deutscher Oberschulen und Aufbauschulen" über die Tagung.
[150] Fischer, Albert, Zur Vereinheitlichung ..., a.a.O., S. 66-68
[151] ebd., S. 71, 85
[152] ebd., S. 71
[153] ebd.
[154] ebd., S. 75
[155] ebd., S. 76

„Die Deutsche Oberschule ist nicht nur eine nationale, sondern auch eine gesunde Schule, weil sie den Menschen nicht als Konstruktion, sondern in seiner völkischen und rassenmäßigen Naturgegebenheit zu erfassen sucht."[156]

Als Essenz aus seinen Überlegungen leitete Fischer für die Zukunft ab, daß sich die Deutsche Oberschule „nun unaufhaltsam Bahn brechen wird"[157].

Der einzig gangbare Weg zwischen grundlegender Umgestaltung des Schulsystems, die ihm als „zu tumultuarisch" erschien, und Reformen, die für ihn die „Gefahr des Versandens" beinhalteten, erschien ihm - unter Verweis auf die „sichere Intuition" Adolf Hitlers, daß kein realistischer, sondern ein humanistischer Geist in die Schule gehöre - die Umwandlung von Oberrealschulen und auch Realgymnasien in Deutsche Oberschulen zu sein, da erstere „nicht in vollem Maße geeignet zur Formung des neuen deutschen Menschentums" seien.[158] Die Umwandlung müsse nur „vielleicht mit einigen organisatorischen Änderungen und Gabelungen" erfolgen.

Den Aufbauschulen wies Fischer im „neuen deutschen Bildungswesen" den Status von Sonderschulen zu, die im städtischen Bereich nur Spätbegabte sammeln und „in erster Linie ... Schulen für das flache Land"[159] sein sollten. Diese Notwendigkeit ergab sich für Fischer nicht von einem individuellen, sondern vom „rassen- und bevölkerungspolitischen Standpunkt":

„Hier soll ein bodenständiger, noch nicht von der städtischen Problematik heimgesuchter und dem Relativismus verfallener Nachwuchs herangezogen werden."[160]

Die „besondere Mission" ihrer Abiturient(inn)en erkannte Fischer in der Aufgabe, „Kulturträger zu sein für das flache Land, hier eine Volksgemeinschaft festzuhalten zwischen hoch und niedrig, zwischen arm und reich"[161]. Damit sah Fischer weiterhin das Bauerntum als „biologische Grundlage des Volkstums", das der „völkische(n) Gesunderhaltung" diene.[162]

Diese umfangreiche Stellungnahme kann nicht nur als standespolitische Interessenvertretung gesehen werden. Mit der angeregten Veränderung des Bildungswesens machte sich Fischer nationalsozialistische Positionen über die bildungspoliti-

---

[156] ebd., S. 81. Als Beispiel nannte er: „In der Biologie muß von der Familiengeschichte aus zur Rassenkunde vorgeschritten werden. So werden auch diese Fächer der staatsbürgerlichen Erziehung dienstbar gemacht. Natürlich darf die Naturwissenschaft nicht im materialistischen Sinne gelehrt werden." (ebd.)
[157] ebd.
[158] ebd., S. 81-83
[159] ebd., S. 83
[160] ebd., S. 84
[161] ebd.
[162] ebd., S. 85

sche Umsetzung zu eigen und suggerierte die Kontinuität einer völkischen Deutschen Oberschule, wie sie in dieser extremen Ausformung eher selten war.[163] Konservativ-nationalistische und kulturkritische Positionen wurden auf Teilelemente reduziert, die unter den geänderten politischen Bedingungen insgesamt zu einem eher völkisches Selbstverständnis verdichtet wurden. In seinen Begrüßungsworten hatte Fischer schon diese Richtung gezeigt, als er bekannte:

> „Der Verband stehe in bewußtem Einklang mit der von Hitler getragenen Bewegung (und) habe in dieser Richtung seit seinem Bestehen gearbeitet."[164]

Es handelte sich hier um ein andienendes Gebaren, vor dessen inhaltlichen Implikationen schon zu Beginn der Diskussion um die Deutsche Oberschule mit ihrer deutschkundlichen Ausrichtung im Zusammenhang mit der Richertschen Denkschrift als Möglichkeit z. B. vom Bund entschiedener Schulreformer gewarnt worden war. Vorstandsmitglied Dreyer zeigte die Ursachen dieser Entwicklung auf, indem er als Grundlage der „nationalen Revolution" dieselben Quellen annimmt, aus denen auch die Idee der deutschen Oberschule erwachsen sei.[165]

Wesentliche Argumente Fischers waren nicht neu, doch als Teil der nationalsozialistischen Ideologie kam ihnen nun ein gewichtigerer Stellenwert zu. Über die mythenhafte Verklärung des Bauerntums blieb die Aufbauschule - fernab einer Einheitsschule als Regelschule - auf die Landbevölkerung reduziert, womit die Gründungsintentionen verlängert wurden.

Wesentliche Elemente aus Fischers Überlegungen waren bereits in den Grußworten, die auf der Tagung gesprochen wurden, aufgetaucht:[166]

- Ministerialrat Dr. Witte: Die Aufbauschule habe sich „bewährt in der Förderung des organischen Aufstiegs gesunder Kräfte des flachen Landes und damit der biologischen Entwicklung unseres Volkes".

---

[163] So lud die Arbeitsgemeinschaft der westfälischen Aufbauschulen einen Vertreter des Oberpräsidenten zu einer Tagung ein, auf der u.a. der Frage „nach dem Verhältnis der Bildungsidee der Deutschen Oberschule zur nationalsozialistischen Bildungsidee" nachgegangen werden sollte (StA MS, PSK 6600, Schreiben vom 11.6.1933).

[164] Dreyer, Johann, Braunschweig 1933 ..., a.a.O., S. 86

[165] ebd., S. 85. Drei Jahre später war es für Dreyer selbstverständlich, daß „nur der Lehrer nationalpolitischen Unterricht erteilen darf ..., der das Braunhemd trägt und irgendwo in den Reihen der Bewegung mitarbeitet und mitmarschiert". Die Beobachtung von Juden - „diese bärtigen, verschlagen blickenden, fremdrassigen Menschen" - beim Verlassen von Versammlungsräumen ließ ihn bei Schülern den Eindruck aufkommen: „Der Junge ... spürte hier etwas von den Hintermännern, von unserem Todfeind Jude, der Rotmord Waffen lieferte und heute noch in aller Welt liefert." (Dreyer, Johannes, „Nationalpolitische Stunden". Ein Gang zu Horst Wessels Kampfstätten, in: DDHS 3 (1936), S. 283-285)

[166] Dreyer, Johann, Braunschweig 1933 ..., a.a.O., S. 86f.

- Oberstudienrat Schmidt-Voigt im Auftrage der Gesellschaft für Deutsche Bildung: „Jetzt komme es darauf an, die Gunst des Schicksals zu nutzen, in der Zeit des nationalen Umbruchs und der nationalen Erneuerung die lange gehegten Forderungen durchzusetzen."
- Stadtrat Dr. Benze (Braunschweig) : „Die neue Zeit werde sich ihre Schule schaffen, und diese Schule des neuen Deutschland könne nur die Deutsche Oberschule sein. ... Die DOS (könne) ein starkes Mittel zum Wiederaufbau der völkischen Einheit werden."

In der an Fischers Referat anschließenden Aussprache kam kein Widerspruch gegen diese Interpretation, sondern Schmidt-Voigt hob nur die Hemmungen hervor, „die dem Gedanken der Deutschen Oberschule in der Vergangenheit, vor allem in Marxismus, Positivismus und Relativismus, in Traditionsgebundenheit, in Überschätzung der Fremdsprachen, in Betonung schulischer Nutzziele, entgegengestanden"[167] hätten. Auf Antrag des zweiten Vorsitzenden Prof. Kleeberg wurden die Ergebnisse in einer Entschließung zusammengefaßt, die sich an die Reichs- und Länderregierungen richtete:

„Der Reichsverband Deutscher Oberschulen und Aufbauschulen, im Innersten verbunden mit den Ideen und Zielen der nationalen Bewegung, erwartet, daß für das ganze Reich die einheitlich gestaltete Deutsche Oberschule in grundständiger und Aufbauform zur Regelform der deutschen höheren Schule gemacht wird."[168]

Widerstand gegen diese sich hier ausdrückende Verbandspolitik hätte sich bei den anstehenden Neuwahlen zeigen können, doch wurde der Vorstand „in der alten Zusammensetzung wiedergewählt".[169] Warum aber Schriftleiter Dr. Preußler ohne Danksagung für seine Tätigkeit oder eine andere Kommentierung durch das Verbandsorgan ausschied und Dr. Kösters in den engeren Vorstand aufrückte bleibt unklar.[170] Daß auf der anderen Seite Schmidt-Voigt in den erweiterten Vorstand gewählt wurde, konnte aufgrund seiner Äußerungen in Grußwort und Aussprache kaum erstaunen. Um so weniger, als er als Vertreter des Lehrerkollegiums der Adolf-Hitler-Schule in Frankfurt, der ersten und größten dieses Namens, und im Auftrage der Gesellschaft für Deutsche Bildung auftrat.[171] Demgegenüber war für seinen Status im Verband offensichtlich weniger bedeutsam, daß er „neues Mitglied" war.[172] Ähnlich lapidar wie diesen Wechsel erwähnte die

---

167   ebd., S. 87
168   ebd., S. 88
169   ebd., S. 89
170   vgl. ebd., S. 87. Sein Nachfolger wurde der 2. Vors. Prof. Dr. Alfred Kleeberg.
171   vgl. ebd., S. 86
172   Als Vertreter der Gesellschaft für Deutsche Bildung war es naheliegend, daß er auch für

„Deutsche Oberschule und Aufbauschule" später einen weiteren Personalvorgang:

> „An Stelle des ausgeschiedenen Studienrats Falke (Weimar) trat Studienrat Dr. Paulmann (Weimar) in den erweiterten Vorstand ein."[173]

Weder Motiv des Ausscheidens noch Wahlmodus werden genannt. Inhalt und Ablauf der Tagung fanden eine Abrundung durch den Vorsitzenden in Form eines „freudig aufgenommenen 'Sieg Heil' für Hitler", dem man noch abschließend ein Telegramm widmete:

> „Der in Braunschweig zu einer Tagung versammelte Reichsverband Deutscher Oberschulen und Aufbauschulen entbietet dem Erwecker des deutschen Menschen ehrerbietig Gruß. Sieg Heil!"[174]

Damit war die inhaltliche und personelle Gleichschaltung abgeschlossen, die sich aber nicht als eine von außen erzwungene darstellt, sondern von den meisten Mitgliedern des Vorstands offensiv betrieben wurde und daher eher als Selbstgleichschaltung bezeichnet werden muß. Neben dem Vorsitzenden Fischer ist hier auch sein Stellvertreter Kleeberg erwähnenswert, der in Arbeitsteilung mit dem

---

den Bericht in deren Zeitung zuständig war. So resümierte er eine „erfreuliche Einheit im Denken und Wollen" für eine volkshafte Bildung, zu der „der nationale Umbruch endlich die Kräfte frei macht und die Macht bereitstellt" (Schmidt-Voigt, H. H., Die fünfte Hauptversammlung des Reichsverbandes Deutscher Oberschulen und Aufbauschulen, in: ZfDB 9 (1933), S. 407-409). Für Schmidt-Voigt erwarteten Ende 1933 die Programmatiker und Schulleute „jetzt die erlösende Tat von dem im völkischen Geiste verantwortungsbewußt handelnden Kulturpolitiker um so entschiedener, als nun hinter ihm die starke Macht des totalen Staates steht" (Schmidt-Voigt, H.H., Otto Tumlirz, Das deutsche Bildungsideal als Sonderbericht (Rezension), in: ZfDK 47 (1933), S. 672). Und die HJ galt ihm als notwendige Wehrvorschule, in deren Dienst auch Turnunterricht und Landheimaufenthalte stehen sollten; den zeitnotwendigen Jugendführer sah er im „heroischen Gemeinschaftsmenschen, ...den Mann des soldatischen Typus" und eine völkische Literaturgeschichte empfahl er als „geistigen Wegweiser" (Schmidt-Voigt, H. H., Vorschläge zur Beseitigung der Unstimmigkeiten zwischen Schule und HJ, in: Deutsches Philologen-Blatt 42 (1934), S. 41, derselbe, „Bündische Romantiker", in: ebd., S. 117, und derselbe, Hellmuth Langenbucher, Volkhafte Dichtung der Zeit (Rezension), in: ebd., S. 240). 1937 war Schmidt-Voigt Vorsitzender der Arbeitsgemeinschaft für Deutsch innerhalb der Fachschaft 2 in Frankfurt (vgl. Schmidt-Voigt, H.H., Entwurf eines Stoffplans für den Deutschunterricht auf der Oberstufe, in: ZfDB 13 (1937), S. 408-413). 1938 schrieb er als grundlegenden Artikel Schmidt-Voigt, H. H., Deutschkunde, in: Handbuch für den Deutschunterricht hrsg. von R. Murtfeld, Bd. 1, Langensalza u.a. 1938, S. 120f.

[173] F., Verbandsnachrichten, in: DOA 7 (1933), H. 1, S. 11

[174] Dreyer, Johann, Braunschweig 1933 ..., a.a.O., S. 93. Und in der nächsten Ausgabe der Verbandszeitung konnte dann stolz gemeldet werden: „Der Herr Reichskanzler Adolf Hitler hat für die ihm aus Braunschweig gesandten Grüße freundlichen Dank ausgesprochen." (F., Verbandsnachrichten, a.a.O., S. 12)

Vorsitzenden die Entschließung eingebracht hatte. Bei ihm befand sich schon die Kassenführung, und infolge des Rücktritts von Preusler zog er auch noch die Schriftleitung der Verbandszeitung an sich, so daß sich bei ihm drei Funktionen bündelten. Da die zweite Position in der Herausgeberschaft weiterhin bei dem nun im Vorstand aufgerückten Dr. Kösters verblieb, war die Zeitung enger an die Vorstandsführung gebunden, was eine einheitlichere inhaltliche Struktur garantierte.

In den Folgeausgaben der Zeitschrift fanden sich dann entsprechende Themen und auch Verfasser, die nationalsozialistischer Ideologie verpflichtet waren.[175] So schrieb Ministerialrat Dr. Haupt (Berlin)[176] einen richtungsweisenden Artikel zur Deutschen Oberschule, in dem er deutlich machte, daß die Deutsche Oberschule nicht in Form eines germanistischen Gymnasiums und auch nicht wie eher in der Weimarer Republik in Form einer literarisch-historischen Bildungsstätte zu verwirklichen sei, sondern in Form einer nationalpolitischen Erziehungsanstalt, in der „die magisch seelengestaltende Macht der Sinnbilder und der Vorbilder an die Stelle wissenschaftlicher Begriffe (tritt)"[177]. Die politischen Erziehungsvorstellungen von Haupt gingen damit deutlich über die konservative am deutschen Idealismus orientierte Erziehung hinaus, wie dies auch konkret für die von der Obersten SA-Führung getragene „Nationalsozialistische Deutsche Oberschule

---

[175] Warum das Verbandsorgan nicht über die auf der Tagung des Reichsverbands auf Antrag von Oberstudiendirektor Falke (Braunschweig) beschlossene Kundgebung zur Förderung des Gedankens der deutschen Oberschule und Aufbauschule, die drei Monate später wieder in Braunschweig stattfand, berichtet und nur auf eine spätere Buchveröffentlichung verweist, ist nicht ersichtlich, wenn man inhaltliche Überschneidungen mit der Verbandstagung vernachlässigt. An der zweitägigen Veranstaltung nahmen teilweise bis zu 1.000 Personen teil. Neben Fachreferaten zu Elementen nationalsozialistischer Bildung sprachen der Verbandsvorsitzende Fischer über die „Eigenständigkeit der deutschen Kultur" (in Vertretung des erkrankten Geheimrat Panzer), Prof. Neumann über die „Grundzüge der künftigen Deutschen Oberschule" und Prof. Sprengel über den Stellenwert der deutschkundlichen Fächer (vgl. Schmidt-Voigt, Hans Heinrich, Bericht über eine Kundgebung für die Deutsche Oberschule, in: ZfDB 9 (1933), S. 584-587; vgl. auch Dolch, Josef, Kundgebung für Deutsche Bildung und Deutsche Schule in Braunschweig, in: Deutsches Bildungswesen 1 (1933), S. 378).

[176] Haupt wurde noch 1934 zum Inspekteur der Landesverwaltung der Nationalpolitischen Erziehungsanstalten ernannt.

[177] Haupt, Die Verwirklichung der Deutschen Oberschule, in: DOA 7 (1934), H. 2, S. 18. In den Mittelpunkt dieser Jugenderziehung sollten „Werte des Charakters, der körperlichen und geistigen Bewegung, die Eigenschaften der Mannschaftserziehung, Abhärtung, Unterordnung, Selbstbeherrschung, Zucht, Ausdauer, Treue, Kameradschaftlichkeit usw. ... gestellt werden." (ebd., S. 17f).

Starnberger See"[178] galt und auch von Regierungsrat Dr. Hiller (Dessau) unter Verweis auf „Mein Kampf" aufgezeigt wurde.[179]

Nach der Selbstgleichschaltung erhielt auch Studiendirektor Dr. Radcke das Wort, der sich durch völkische Publikationen „allgemeine Beachtung" (Vorstandsmitglied Kösters) verdient hatte.[180] In Anlehnung an Hördt und Krieck glaubte Radcke, daß die notwendige nationalpolitische Erziehung nur auf Grundlage der „Bodenständigkeit und der Einheit des Blutes" möglich sei und die Aufbauschule „im Dritten Reich ihre Erfüllung" finde.[181]

Professoren erhielten Gelegenheit, neue schulrelevante wissenschaftliche Standards kundzutun. So forderte der „führende Repräsentant der NS-Biologie-Didaktik", Paul Brohmer, durch Rassekunde und Rassehygiene „eine völkische Erziehung vom Biologieunterricht"[182] aus oder bemühte sich Hochschulprofessor Pauls um das Aufzeigen einer Geschichtsentwicklung nach dem Führerwort:

„Ein Staat, der im Zeitalter der Rassenvergiftung sich der Pflege seiner besten rassischen Elemente widmet, muß eines Tages zum Herrn der Erde werden."[183]

---

[178]   vgl. S., Verbandsnachrichten, 2. Bayern, in: DOA 7 (1934), H. 3, S. 42

[179]   vgl. Hiller, Friedrich, Die nationalpolitischen Bildungsanstalten, in: DOA 7 (1934), H. 4, S. 56-59

[180]   Dies geschah besonders durch seine Publikation aus Sicht eines Schulleiters einer Aufbauschule (vgl. Radcke, Fritz, Wir wollen deutscher werden. Der Deutschunterricht als Fürsprecher des Dritten Reiches, Potsdam 1933). Radcke bemühte sich um den stolz vorgetragenen Nachweis, daß die Aufbauschule dem völkischen Bildungsgedanken des Nationalsozialismus gerecht werde und auch schon während dem Weimarer Republik gerecht geworden sei. Peters behauptete in seiner Rezension: „Wer noch daran zweifelt, ob die Aufbauschule dem völkischen Bildungsgedanken des Nationalsozialismus gerecht zu werden vermag, der greife zu Radckes kleiner Schrift. Wer nicht willensmäßig widerstrebt, wird von dem Büchlein gefangen sein." (Peters, Ulrich, Radcke, Wir wollen deutscher werden, in: ZfDB 11 (1935), S. 57) Schon 1923 hatte Radcke aus der „germanischen Göttergeschichte" „das Geheimnis unseres Blutes" abgeleitet (Radcke, Fritz, Ein Jahr Aufbauschule. Ein Blick in die Werkstatt. in: Preußische Lehrerzeitung Nr. 38/39 vom 29.3.1923).

[181]   Radcke, Fritz, Der Weg der Aufbauschule - der Weg ins Dritte Reich, in: DOA 7 (1934), H. 3, S. 40f.

[182]   Brohmer, Paul, Biologieunterricht und völkische Erziehung, in: DOA 7 (1934), H. 3, S. 33-39. Vgl. auch Brohmer, Paul, Der Biologieunterricht im Sinne der völkischen Erziehung, in: Hiller, Friedrich (Hrsg.), Deutsche Erziehung ..., a.a.O., S. 294-300. Brohmer, der am 1.5.1933 der NSDAP beitrat, war zwischen 1933 und 1940 Professor für Vererbungslehre, Rassenkunde, Biologie und Methodik des Naturkundeunterrichts an der Hochschule für Lehrerbildung Kiel. Vgl. Hesse, Alexander, Die Professoren ..., a.a.O., S. 204f

[183]   Pauls, Eilhard Erich, Der Einbau der nationalsozialistischen Weltanschauung in den Geschichtsunterricht, in: DOA 7 (1934), H. 5, S. 65-75. Ein Vorstandsmitglied sah die „erste

Und die Studiendirektorin Dr. Schwarz durfte in der letzten Ausgabe des Jahrgangs 1934 Literatur zum „völkischen Lebensraum" unter dessen Grundlage „Blut und Boden" vorstellen.[184] Deutlich wird nicht nur an der zeitlichen Reihenfolge der Fächer, daß den rassistischen Elementen aus der Biologie ein entscheidender Bewertungs- und auch Stoffauswahlmaßstab zukam.

Diese Artikel zeigen insgesamt, daß auch in dieser Zeitschrift die Diskussion um schulische Inhalte Priorität vor Organisationsfragen im Schulwesen erhielt und damit ein zentrales Anliegen des Verbands, nämlich die Durchsetzung ihrer Oberschule und auch der Aufbauschule nachrangig wurde.

Eine Kundgebung des Reichsverbands zusammen mit der Gesellschaft für deutsche Bildung im September 1933 in Braunschweig machte die Position dieser beiden Teile der Deutschkundebewegung noch einmal öffentlich deutlich. Schulischer Ausdruck, daß die nationalsozialistische Freiheitsbewegung „die Kräfte der deutschen Seele freigelegt und sie vor einer Vergreisung in stoffgebundener Zivilisation und wurzelloser Verstandeskultur gerettet" habe, war für den Berichterstatter StR Dr. Bock in Tradition von Nietzsche, Lagarde und Langbehn die Deutsche Oberschule, die „langsam Gestalt als Trägerin der völkischen Erziehung" gewinne.[185] Mit dem Braunschweigischen Ministerpräsidenten Klagges sah Bock in der Deutschen Oberschule „die Vorläuferin" dessen, was sie für das deutsche Bildungswesen als notwendig erachteten, und der preußische Kultusminister Rust hatte telegraphisch den Wunsch geäußert, „daß die völkischen Grundlagen der deutschen Oberschule als richtunggebend für Inhalt und Aufbau eines nationalsozialistischen höheren Schulwesens erkannt werden möchten"[186].

Ministerialrat Dr. Haupt stellte klar, daß die auch für die Deutsche Oberschule noch zu erfolgende Erneuerung sich nicht mit dem Ziel begnügen dürfe, „ein germanistisches Gymnasium zu sein oder eine deutschkundliche Bildungsatmosphäre für Stubenhocker schaffen zu wollen", sondern die Jugend müsse durch Vorbilder zu „deutschbewußten und zielsicheren Soldaten des Dritten Reiches" erzogen werden; mit der Überwindung der Aufklärung durch die nationalsozialistische

---

und wichtigste Aufgabe" des Geschichtslehrers in der „Erziehung zum Glauben an die Weltmission des eigenen Volkes" und leistete unter rassekundlichen Gesichtspunkten einen aktuellen Literaturüberblick (Kösters, Joseph, Zum Geschichtsunterricht (Grundsätzliches, Literarisches und Methodisches), in: ebd. H. 5 S. 75-80 und H. 6, S. 81-87).

[184] vgl. Schwarz, Mia, Die Erdkunde in der neuen Schule. Ein Überblick über die Lage, die Aufgaben und das neu erschienene Schrifttum, in: DOA 7 (1934), H. 6, S. 87-94

[185] Bock, Bernhard, Die Deutsche Oberschule als Trägerin der völkischen Erziehung, in: ZfDK 47 (1933), 642f.

[186] ebd., S. 643, 646

Weltanschauung müßten auch „die Gelehrtenschulen, die einseitig Verstandesbildung betrieben, verschwinden"[187]. Auch diese Tagung hatte die Beachtung nationalsozialistischer Prominenz gefunden, die damit die Arbeit und Position der Verbände würdigte, aber zugleich auch richtungsweisende Entwicklungsakzente setzte.

Durch die Veröffentlichung von „Leitsätzen zur Neugestaltung des höheren Schulwesens" versuchte man seitens des Vorstands noch einmal, Einfluß auf die Entwicklung zu nehmen. Wegen der „deutsch-völkischen" Orientierung der Deutschen Oberschule erklärte man sie zum „Ausgangspunkt und (zur) Grundlage" der „kommenden organischen Schulgestaltung": zur Regelform der deutschen höheren Schule, in der die deutschkundliche Fächergruppe mit Biologie und Leibesübungen die Erziehung „beherrschend bestimmen" sollten.[188] Unter Aufgreifen der Diskussion wurde eine Gabelung ab UII in einen mathematisch-naturwissenschaftlichen und einen sprachlichen Zug vorgeschlagen.[189] „Für später Reifende und besonders für die auf dem Lande wohnenden begabten Jugendlichen"[190] waren Aufbauschulen vorgesehen - also nicht als Normalform.

Diese Leitsätze wurden durch Grundsatzartikel untermauert, für die neben dem Direktor der Hochschule für Lehrerbildung Kiel, Prof. Dr. Peters, auch der zweite Vorsitzende des Verbands, Kleeberg, zeichneten. Die Aufsätze stellten ein Bemühen dar, die sich fachlich verschärfende ideologische, aber in schulorganisatorischer Hinsicht stagnierende Diskussion, was die Umbildung des bestehenden Schulsystems betraf, vorantreibend zu beeinflussen.

Historisch ausholend und in andienender Form versuchte Peters für sich, einige Kollegen und die Deutschkunde insgesamt nachzuweisen, „Wegbereiterin der neuen deutschen Erziehung gewesen zu sein, die jetzt im Werk Adolf Hitlers Wirklichkeit geworden ist"[191]. Da die nationalsozialistische Revolution „mehr gebracht" habe, „als wir in unseren kühnsten Träumen jemals zu hoffen gewagt haben", gestand er Mängel ein und zeigte zugleich Besserungswillen.[192] Obwohl die Deutschkundebewegung zwar „im Gedanken einer völkischen Erziehung mit den pädagogischen Forderungen des Nationalsozialismus übereinstimmt", werde man aber umlernen müssen - „keine Kehrtwendung, ... nur eine Richtungsänderung" -,

---

[187] ebd., S. 647
[188] S., Verbandsnachrichten, a.a.O., S. 41f.
[189] vgl. ebd., S. 40
[190] ebd.
[191] Peters, Ulrich, Deutschkunde und Deutsche Oberschule, in: DOA 7 (1934), H. 4, S. 52
[192] ebd.

um „der nationalpolitischen und rassischen Schulung der Jugend Gleichberechtigung ein(zu)räumen".[193]

Ziel der Peterschen Ausführungen war zu entwickeln, daß über die Deutschkundebewegung die Deutsche Oberschule schon „Trägerin des völkischen Erziehungsgedankens" gewesen sei und alle anderen Formen der höheren Schule „Kompromißlösungen" seien, „die vor der nationalen und sozialen Unbedingtheit des nationalsozialistischen Kulturprogramms nicht standhalten können"[194]. Für vorbildlich und „wegweisend für das deutsche Schulwesen überhaupt" hielt Peters den Lehrplan der Potsdamer Nationalpolitischen Erziehungsanstalt, die als Deutsche Oberschule begann und ab Untersekunda neben dem Kernunterricht vier Wahlsonderzüge eröffnete.[195] In der Aufbauschule als höherer Sammelschule der ländlichen Bezirke sah Peters die Erfüllung eines Teils des NSDAP-Proramms, das einen „gründlichen Ausbau unseres gesamten Volksbildungswesens" forderte.

Die eher nebensächliche Behandlung der Aufbauschule durch Peters wollte Kleeberg als Interessenvertreter dieser Schulform ausgleichen. Ihm war deutlich geworden, daß die allgemeine bildungspolitische Diskussion nicht mehr um die Einheitsschule und im besonderen die Aufbauschule als Regelschule geführt, sondern eher gefragt wurde, ob überhaupt noch ein Bedürfnis nach der Aufbauschule bestehe. Seine Literatursichtung fand nur einige kulturpessimistische Stimmen, die sich, abgesehen von Nebenzügen als angelehnte Aufbauschulen[196], für ländliche Aufbauschulen aussprachen - überwiegend unter dem Aspekt „Stadtflucht".[197] Ohne breite Grundlage leitete Kleeberg Optimismus verbreitend daraus ab, daß die Aufbauschule nicht gefährdet sei und resümierte:

> „Je klarer das nationalsozialistische Gedankengut zutage tritt, je schärfer man die rassebiologische Grundlage dieser Weltanschauung herausarbeitet ..., um so zwangsläufiger muß man sich dann auch zur Beibehaltung der Aufbauschule bekennen."[198]

Gemeint waren trotz der umfassenderen Aussage aber nur die ländlichen Aufbauschulen. Die extremen Formulierungen spiegeln nur die fehlenden Argumente, da man sich verbandsseitig auf die ländliche Aufbauschule und ihren Begründungs-

---

[193] ebd.
[194] ebd., S. 53
[195] vgl. ebd., S. 53f.
[196] Zu Vor- und Nachteilen der an eine grundständige höhere Schule angelehnten Aufbauschule vgl. Franke, G.H., Die angelehnte Aufbauschule, in: DOA 7 (1933), H. 1, S. 1-6
[197] Kleeberg, A., Die Aufbauschule in den Erörterungen zur Schulreform, in: DOA 7 (1934), H. 4, S. 60ff.
[198] ebd., S. 63

zusammenhang - Erneuerung vom Lande aus - fixiert hatte, weil man der Einheitsschule überwiegend reserviert gegenüberstand.

Der Vorstand war krampfhaft bemüht, so zeigt die inhaltliche Struktur des Verbandsorgans, die Deutsche Oberschule und ihre Lehrer als völkische Vorkämpfer des Nationalsozialismus darzustellen. Die daraus abgeleitete Hoffnung, die Deutsche Oberschule als Regelschule zu etablieren[199], reflektierte weder hinreichend die ideologischen Ziele der Nationalsozialisten noch den nachrangigen Stellenwert der Organisation des bestehenden Bildungssystems. Im Vordergrund standen für den Verband interne personelle Fragen und ideologische Inhalte. So hatte man die Entlassung von Lehrern an städtischen Aufbauschulen hingenommen und sich um verbale Anpassung an einen nationalsozialistischen Sprachkanon bemüht. Beides wurde durch die unterschiedlich starke konservative Grundhaltung erleichtert: Traf es doch zum einen nur politische Gegner, und war andererseits das Völkische eine Schnittstelle zwischen Konservatismus und Nationalsozialismus. Zudem verzichteten die Nationalsozialisten erst einmal auf eine Auseinandersetzung um die Schulorganisation, indem sie neue Strukturen parallel aufbauten und neue Inhalte den bestehenden Schultypen und -formen vorschrieben. Dieser Entwicklung wurde der Vorstand trotz (oder wegen) seiner Anpassungsbemühungen nicht gerecht. Er hatte sich überflüssig gemacht.

Das fand seinen inhaltlichen und organisatorischen Ausdruck in der ersten Ausgabe der Zeitschrift „Die Deutsche Höhere Schule". Unter der Überschrift „Abkommen zwischen dem NSLB, Reichsfachschaft II (Lehrer an höheren Schulen) und dem Reichsverband der Deutschen Ober- und Aufbauschulen" wurde folgendes ohne jedwede weitere Information oder Kommentierung veröffentlicht:

„1. Der Reichsverband bildet eine Arbeitsgruppe in der Fachschaft II. Nach Erfüllung seiner Sonderaufgaben löst sich der Verband auf. Den Zeitpunkt der Auflösung bestimmt auf Vorschlag des Reichsfachschaftsleiters die Reichsleitung des NSLB.

2. Der Vorsitzende muß Parteigenosse sein. Er ernennt im Einvernehmen mit dem Reichsfachschaftsleiter einen Stellvertreter, der Parteigenosse sein muß, und für jeden Gau einen Obmann.

3. Alle Verbandsmitglieder müssen Mitglieder des NSLB sein. Eine Nachprüfung in Einzelfällen bleibt dem NSLB unbenommen.

---

[199] So betonte Fischer auf einer Kundgebung des Verbandes am 15.9.1934 in Stuttgart, daß mit Ausnahme der deutschen Oberschule „alle übrigen höheren Schulen mit ihrem Humanitätsideal den deutschen Menschen seinem Wesen entfremdeten" (im Original gesperrt, H.-G. B.). So wiedergegeben durch Schulpolitische Umschau, in: Deutsches Philologen-Blatt 42 (1934), S. 480

4. Die Zeitschrift 'Die Deutsche Ober- und Aufbauschule' geht in der Fachschaftszeitung 'Die Deutsche Höhere Schule' auf. Der Arbeitsgruppe wird Gelegenheit gegeben, ihre Sondermitteilungen in der Fachschaftszeitschrift zu veröffentlichen."[200]

Dieses Abkommen unterzeichneten der erste Vorsitzende des Reichsverbands, Fischer, und für die Reichsleitung des NSLB der Reichsfachschaftsleiter Benze. Über die Zeitschrift „Deutsche Oberschule und Aufbauschule" konnten die Mitglieder des Verbands nicht mehr informiert werden. Sie war umgehend eingestellt worden. Hinweise auf diese Entwicklung hatte es vorher an keiner Stelle der Zeitschrift gegeben.[201] Die (Selbst-)Gleichschaltung war beendet. Wesentliche Ergebnisse der Arbeitsgruppe bzw. Sondermitteilungen wurden in der Folgezeit nicht veröffentlicht.

Nur Fischer erhielt noch einmal Gelegenheit, ohne Verweis auf die Arbeitsgruppe seine persönliche Grundposition zur Aufbauschule darzulegen. Auf dem Land erfülle die Aufbauschule, da das Bauerntum „die biologische Grundlage des Volkstums" sei, eine „volkspolitisch geradezu unentbehrliche Aufgabe":

„Mit den Landkindern wird ihnen wertvolles rassisches Erbgut zugeführt. ... Frisches Quellwasser wird von hier aus in die Kanäle des deutschen Geisteslebens geleitet, was für die geistige Gesunderhaltung des Volkes ebenso notwendig ist wie die Fernhaltung vom trüben Wasser der Fremdrassigkeit. ... Hier soll ein bodenständiger, noch nicht von der städtischen Problematik heimgesuchter und dem Relativismus verfallener Nachwuchs herangezogen werden."[202]

Bei Aufrechterhaltung seiner kulturpessimistischen Einstellung sah Fischer den Nationalsozialismus als Bündnisgenossen - „heute haben wir gottlob eine zielbewußte und lebensnahe Staatsführung"[203] - im Kampf gegen fortschreitende Ver-

---

[200] Abkommen zwischen dem NSLB., Reichsfachschaft II (Lehrer an höheren Schulen) und dem Reichsverband der Deutschen Ober- und Aufbauschulen, abgedruckt in: DDHS 1 (1934), S. 28. Demgegenüber wurde z. B. der Philologinnenverband im Saarland am 12.2.1935, der Deutsche Altphilologenverband zum 20.3.1935 und der Bayerische Philologenbund erst mit Wirkung vom 1.11.1935 aufgelöst und eingegliedert, obwohl dessen Vorsitzender, NSDAP-Mitglied Haderer, schon am 17.1.1935 die „baldmöglichste völlige Eingliederung" bekundete (vgl. Aus dem NSLB, in: DDHS 2 (1935), S. 118, 154, 306f., 823). Der Deutsche und der Preußische Philologenverband e.V. wurde am 14.6.1936 aufgelöst, nachdem bekannt geworden war, daß eine korporative Übernahme in den NSLB grundsätzlich ausgeschlossen und „eine Anzahl von Lehrern an höheren Schulen dem NS-Lehrerbund noch nicht beigetreten" war (vgl. Aus dem NSLB, in: DDHS 3 (1936), S. 553).
[201] In einem sachfremden Zusammenhang war einige Monate vorher durch den zweiten Vorsitzenden beiläufig erwähnt worden, daß der Reichsverband dem NSLB angeschlossen sei (vgl. Kleeberg, A., Die Aufbauschule ..., a.a.O., S. 60).
[202] Fischer, Albert, Die Aufbauschule, in: DDHS 2 (1935), S. 40
[203] ebd., S. 43

städterung und Entwurzelung und stellte nicht nur deren Vokabular in seinen Dienst.[204] So war für ihn sicher, daß die Aufbauschüler „mit dem gesunden Körper ... auch ein instinktives Rassegefühl mit(bringen), das in der Schule nur ins Licht des Bewußtseins gestellt zu werden braucht"[205].

Seine Darstellung war im Rahmen der Neuordnungsdiskussion eher auf Bestandssicherung der ländlichen Aufbauschule in der bestehenden Form ausgelegt, als daß „aus dem unersetzlichen Wert der Aufbauschule" weitergehende Ansprüche abgeleitet wurden.

b) Philologenverband

In die allgemeine Diskussion um die Schulentwicklung, die eine „Reform an Haupt und Gliedern" der höheren Schule forderte, schaltete sich der Deutsche Philologenverband, in dem die meisten Aufbauschullehrer auch organisiert waren, angesichts diverser vermeintlich unzulänglicher Vorschläge mit einer grundsätzlichen Denkschrift ein, für die der kommissarische Magistratsoberschulrat Rudolf Bohm[206] verantwortlich zeichnete. Der Verband beabsichtigte, vor Gefährdungen

---

[204] So forderte er später u.a., „daß der Lehrer tief in die Rassenkunde eingedrungen und selbst von rassischem Geist erfüllt ist", sowie den „Glauben an die Weltmission des eigenen Volkes" und sah in Biologie und Rassenkunde „den Schlüssel zum Weltgeschehen" (Fischer, Albert, Die Charaktererziehung in der Schule, in: DDHS 4 (1937), S. 342-345).

[205] Fischer, Albert, Die Aufbauschule, a.a.O., S. 41

[206] Rudolf Bohm, Frontkämpfer und überzeugter Nationalsozialist, hatte am 1. Mai 1933 die Leitung des Deutschen Philologenverbands übernommen, trat am 6.12.1934 im Zusammenhang mit der vom NSLB forcierten Eingliederung des Verbands auf Wunsch „von maßgebender Stelle" zurück und ernannte den Vorsitzenden des Preußischen Philologenverbandes, Oberstudiendirektor Schwedtke, zu seinem Nachfolger, der ihm „in der vergangenen Zeit treu zur Seite gestanden" habe (vgl. Bohm, Mitteilung, in, Deutsches Philologen-Blatt 42 (1934), S. 549, und Schwedtke, Dank an Oberschulrat Bohm, in: ebd., S. 550). Hintergrund der Kontroverse war nicht die horizontale Eingliederung in den NSLB, sondern die Befürchtung, daß bei Verzicht auf vertikal strukturierte und auch wirtschaftlich eigenständige Fachschaften für höhere Schulen „platter Dilettantismus" Platz greife und „längst überwundene liberalistisch-demokratische Gedankengänge einer Einheitsschule, eines Einheitslehrers, einer sieben- oder achtjährigen Grundschule, einer Verkürzung der höheren Schule auf sechs oder gar fünf Jahre auftauchten" (Der Stand der organisatorischen Verhandlungen zwischen dem deutschen Philologenverband und dem NSLB, in: ebd., S. 182, und diverse Artikel „Zur organisatorischen Lage", in: ebd., S. 299f., 386f., 421f.). Bohm hatte nach einem Jahr Nationalsozialismus bejubelt, daß Marxismus und Kommunismus zerschmettert, Parteien und Parlament beseitigt und ein ständischer Aufbau des Volkes eingeleitet wurden; er gelobte für die Lehrerschaft der höheren Schulen dem Führer erneut „unverbrüchliche Treue" (Bohm, Rudolf, Erstes Jahr im nationalsozialistischen Reich, ebd., S. 49).

der Bildungsmöglichkeiten als auch grundsätzlicher vor einer Abschaffung des höheren Schulwesens zu warnen.[207]

Bohm bemühte sich, beispielhaft typische Fehlerquellen von Reformvorschlägen aus dem nationalsozialistischen Lager zu belegen: Er analysierte aus Sicht seines Verbands die Anregungen von NSLB-Reichsfachschaftsleiter Benze stellvertretend für die Gruppe derjenigen Reformvorschläge, denen es an Überblick mangele. Den Vorschlag von Oberregierungsrat Friedrich Hiller untersuchte er stellvertretend für die Gruppe derjenigen, die durch Einzelfragen geprägt völlig einseitig seien. Ziel war jeweils aufzuzeigen, „wie unfruchtbar die öffentliche Debatte" sei und diese „in das positive Aufbauwerk hineinzuführen", nämlich der „Schaffung einer neuen leistungsfähigen nationalsozialistischen höheren Schule"[208].

Damit hatte der Philologenverband eine Auseinandersetzung mit bekannten Nationalsozialisten eröffnet, was bis dato selten war, da auch die Verfasser von Reformvorschlägen angesichts der diffusen Parteiprogrammatik ihren Entwürfen immer nur einen vorläufigen Charakter zusprachen und keine Diskussion erfolgte, sondern nur eine Aneinanderreihung, um sich nicht frühzeitig zu exponieren. Daß sprachliche Vorsicht gegenüber Exponenten des Regimes angebracht war, hatte ein Erlaß deutlich gezeigt, der in einem Artikel des Deutschen Philologen-Blattes „unerhörte Angriffe auf hohe Regierungsbeamte und alte Nationalsozialisten" erkannt haben wollte und daher unteren Behörden ein Bezugsverbot der Zeitung aussprach und den Lehrpersonen Preußens riet, die Zeitschrift nicht weiterzubeziehen, was für diese eine erhebliche wirtschaftliche Gefährdung bedeutet hätte.[209] Das Verbot wurde dann später nach einer bedauernden Erklärung des Vorstandes aufgehoben.[210]

Zwar stimmte Bohm in der Denkschrift der von Benze vorgesehenen Typenvereinheitlichung zu, da sie auch von der Philologenschaft „seit Jahren dringend" gefordert werde, doch verwahrte er sich gegen die starke Einschränkung jener Fächer, die nicht zu der weit gefaßten Deutschkunde gehörten wie Fremdsprachen, Mathematik, Physik und Chemie. Unter ausführlicher Hervorhebung des Bil-

---

[207] Bohm, Rudolf u.a. (Hrsg.), Höhere Schule - wozu? Sinn und Aufgabe, Leipzig 1935
[208] vgl. Bohm, Rudolf, Von dieses Buches Absicht, in: derselbe u.a. (Hrsg.), ebd., S. 2, 13. Das Deutsche Philologen-Blatt warb für die Denkschrift mit dem Hinweis, daß „bewußt eine Wertung und Wägung der unvergänglichen Bildungs i n h a l t e der höheren Schule" erfolge und sie „eine unentbehrliche Grundlage für die ideenmäßige Durchdringung der Schularbeit" darstelle (Schulpolitik im neuen Jahr, in: Deutsches Philologen-Blatt 43 (1935), S. 27).
[209] vgl. Betreffend Deutsches Philologen-Blatt, in: Deutsches Philologen-Blatt 42 (1934), S. 459
[210] vgl. Deutsches Philologen-Blatt 42 (1934), S. 503, 550

dungswertes der Mathematik und der Fremdsprachen warnte er davor, „den Geist in Ketten (zu) schlagen" und den „deutschen Seelenreichtum" verkümmern zu lassen - auch aufgrund der von Hitler geforderten „unveräußerliche(n) Verantwortung zur politischen Erziehung"[211].

Bohm kritisierte an Hillers Reformgedanken, daß sie „kaum noch bildungsmäßig ausgerichtet" seien. Damit meinte er konkret „die Errichtung einer kompromißlosen Einheitsschule" und das Zurückdrängen des wissenschaftlichen Unterrichts besonders der Sprachen zu Gunsten der Leibeserziehung, für die wöchentlich zwei Tage vorgesehen waren.[212] Hiller habe den Schulaufbau einem „schematischen Einheitsgedanken" unterworfen, dessen Verwirklichung schon in anderen Ländern gescheitert sei. Den Stellenwert der Fremdsprachen sah er auf eine „Beschränkung auf Selbstbespiegelung" begrenzt und die Art der Durchführung der Leibesübungen nach einem „rassekundlichen Idol festgelegt"[213].

Diese starren Bindungen sowohl im Schulaufbau als auch für die Unterrichtsfächer, die keinem einheitlichen Bildungsgedanken unterliegen würden, stellten für Bohm ein unerträgliches „Zwangskorsett" dar, das zwangsläufig dazu führe, den „breite(n) Strom nationalsozialistischen Lebens und nationalsozialistischer Erlebenskraft vorzeitig"[214] zu kanalisieren. Da man im Philologenverband grundsätzlich der Meinung war, zuerst Sinn und Aufgaben der höheren Schule festzulegen, bevor man sich Fragen der Organisationsstruktur, die an die „historische Entwicklung anknüpfen" müsse, zuwende, behandelte die Denkschrift vor allem Bildungsaufgaben der Unterrichtsfächer, die unter ein einheitliches Ziel gestellt werden müßten, die sich aus den „weltanschaulich-völkischen Grundsätzen des Nationalsozialismus" ergeben würden:

„Dem liberalistischen Individualismus stellt er den Gedanken der Volksgemeinschaft gegenüber, dem haltlosen Demokratismus in der Form willkürlicher Parlaments- und Parteienherrschaft die zielbewußte einheitliche Reichsführung, dem Buhlen um die feile Gunst der Masse die Straffung und verantwortungsbewußte Beteiligung des Volkes an den politischen Schicksalsfragen, der müden Resignation heroischen Kämpferwillen, pazifistischer Weichheit die Wehrhaftigkeit und nationale Würde, einem engen Staatsbürgersinn eines imaginären Staates die deutsche Volkwerdung in der Einheit von Staat und Volk, einer seelenlosen Parteizugehörigkeit und Interessengruppierung das Verhältnis von Führer und Gefolgschaft, materialistischer Eigen-

---

[211] Bohm, Rudolf, Von dieses Buches ..., a.a.O., S. 3 - 7
[212] vgl. ebd., S. 7. Schon früher war von Philologen kritisiert worden, daß „solche Einheitsschulpläne zwangsläufig zu einer Entnervung, inneren Aushöhlung und Nivellierung der höheren Schule führen" (Vorschläge zur Schulreform, in: Deutsches Philologen-Blatt 42 (1934), S. 308).
[213] Bohm, Rudolf, Von dieses Buches ..., a.a.O., S. 8f.
[214] ebd., S. 9

sucht opferbereiten Gemeinschaftsgeist, traditionsferner Wurzellosigkeit die ge-
schichts- und volksverbundene Achtung vor der großen deutschen Vergangenheit,
öder Gleichmacherei den organischen, aus der Verschiedenheit der Menschen er-
wachsenden Leistungsgrundsatz, instinktloser Verwischung deutschen Wesens die
Besinnung auf rassische und völkische Eigenart, einseitigem Rationalismus die
Gleichberechtigung von Körper, Geist und Charakter."[215]

Diese Erfordernisse habe die höhere Schule, die „von den übelsten Auswüchsen
der Nachkriegszeit verschont geblieben" sei und „in gesundem Konservatismus
hartnäckig das Wesentlichste ihrer nationalen und kulturellen Werte durch die
Zeit hindurchgerettet" habe, „sinnvoll und organisch" zu verbinden mit dem
„Wertvolle(n) ihrer Vergangenheit" „unter Wahrung ihrer bisherigen anerkannten
Leistungshöhe"[216]. Leitstern der Gesamtarbeit der höheren Schule war für Bohm
die „Bildung des neuen nationalsozialistischen Menschen, des leidenschaftlichen
Soldaten Adolf Hitlers und des leistungsfähigen Kämpfers für das Dritte Reich",
was konkret für ihn bedeutete, „neben der nach wie vor wichtigen intellektuellen
Erziehung ... Körper- und Charakterbildung an dominierender Stelle zu ihren we-
sentlichsten Aufgaben zu machen"[217]. Daher wurden von ihm auch „Lager und
Kolonne" als neue Erziehungsmittel und -inhalte anerkannt, die „in beglückender
Weise den bisher vielfach fehlenden Kontakt der Schule mit Leben und Volk"[218]
hergestellt hätten.

Diese breite Aufnahme allgemeiner nationalsozialistischer Programmatik verdrängte aber für den Verband nicht die zentrale Aufgabe der höheren Schule, die
in der Begabtenauslese des deutschen Volkes gesehen wurde, was für Bohm die
Notwendigkeit einer Steigerung der Leistungsfähigkeit beinhaltete, die mit einer
zu starken Beschneidung der Sprachen oder der Mathematik infolge zu starker
Betonung der körperlichen Ausbildung nicht vereinbar sei.[219]

Dieser Grundsatz durchzog auch die Darstellung der Unterrichtsinhalte der
„Kernfächer deutscher Bildung" in der Denkschrift, zu denen Deutsch, Geschichte, Musik, Biologie und Leibesübungen gezählt wurden. So sollte sich im
Deutschunterricht für Oberstudiendirektor Monjé der „Inbegriff der Frontkämpfergeneration" als „der Inbegriff der Erziehung und Bildung" deutlich niederschlagen mit dem Ziel, „den geschichtlichen Arttypus zu übertragen"[220]. Das

---

[215] ebd., S. 10f.
[216] ebd., S. 11
[217] ebd., S. 12
[218] ebd.
[219] vgl. ebd., S. 12f.
[220] Vgl. Monjé, Robert, Deutsch, in: Bohm, Rudolf u.a. (Hrsg.), Höhere Schule ..., a.a.O., S.
       19, 22

„heroische Moment" im Menschen war für ihn aus der deutschen Literatur vorbildhaft, aber nicht idealisiert, zu entwickeln, in deren Mittelpunkt die „unerbitt-
liche Darstellung des Kampfes" stehen müsse, wobei aber „leidende Helden" nur
als Gegenbeispiele erwähnt werden sollten.[221]
Die von Monjé in seiner Darstellung eingestreuten Hinweise auf die „schmähli-
chen Tage von 1918 und 1919", auf Volkstum und die Bestätigung Hitlers am
12.11.1933 verweisen eher auf eine konservative Grundhaltung, genauso wie seine Betonung der genauen Erfassung „der besonderen Bedingungen des Kampfes
innerhalb der historischen Welt, innerhalb einer Kultur" (im Original gesperrt, H.-
G. B.), was ein „eigentümliches theoretisches Vermögen" (im Original gesperrt,
H.-G. B.) erfordere, das „den deutschen Unterricht zu einem Auslesefach der Begabten und Unbegabten" mache.[222]
Auch für den Geschichtsunterricht ist eine Distanz zum Nationalsozialismus - abseits notwendiger Rhetorik - erkennbar, wenn Geschichte im Rahmen der
Deutschkunde als Kulturgeschichte der Deutschen verstanden wurde, die die
„Volksseele" der Deutschen aus der Romantik herleite.[223] So betont Monjé, daß
die Geschichte weder einem „geheimnisvolle(n) Spruch des Schicksals" noch
Gesetzen unterliege. Diese seien zwar konstruierbar, würden dadurch aber nicht
wahrer, „daß sie den Geschichtsunterricht zum Teilgebiet der Biologie"[224] machten. Im Mittelpunkt habe zwar wie im Deutschunterricht der heroische Mensch in
der einen breiten Raum einnehmenden deutschen Geschichte zu stehen, doch sah
Monjé es für an „führenden Stellen tätige Deutsche" als notwendig an, über eine
gewisse „Weltläufigkeit" zu verfügen, die durch eine „genaue Kenntnis der wesentlichen Epochen der Geschichte der großen Mächte der Gegenwart"[225] vermittelt werde.
Die Vorschläge des Philologenverbands zum Biologie-Unterricht unterwarfen
sich zwar deutlich den allgemeinen Vorgaben der Charaktererziehung und der
Ausrichtung der Unterrichtsinhalte am Gedankengut des Nationalsozialismus,
doch wurde auch ein „Für und Wider" angedeutet sowie der Zwiespalt problematisiert, der durch Auffassungen der Rassekunde im Gegensatz zum „wissenschaftlichen Gewissen" des Lehrers auftreten könnte.[226] Zwar stellte für Studien-

---

[221] vgl. ebd., S. 27, 36f.
[222] ebd., S. 37f.
[223] vgl. Monjé, Robert, Geschichte, in: Bohm, Rudolf u.a. (Hrsg.), Höhere Schule ..., a.a.O.,
       S. 59ff.
[224] ebd., S. 51, 68
[225] ebd., S.70ff.
[226] vgl. Siedentop, Werner. Biologie, in: Bohm, Rudolf u.a. (Hrsg.), Höhere Schule ...,

rat Dr. Siedentop die Rassenkunde nur „eine Teilfrage" (im Original gesperrt, H.-G. B.) dar, doch diente sie der Einordnung in die Volksgemeinschaft auch durch die Erfassung des „Symbol(s) vom Mythos des Blutes."[227] Religionsethische Gründe gegen die zwangsweise Unfruchtbarmachung „Minderwertiger" relativierte Siedentop mit dem Verweis auf „das politisch Notwendige" sowie fehlende wissenschaftliche Bedenken und sah sich insgesamt in inhaltlicher Übereinstimmung mit dem „Gesetz zur Verhinderung erbkranken Nachwuchses".[228] Insofern kann es dann doch kaum erstaunen, daß Siedentop resümierte, daß das neue Kernfach Biologie „in hervorragendem Maße" geeignet sei, die Haltung der Schüler im Sinne des Nationalsozialismus „auszurichten und seinen Willen zu bilden" durch Schulung der Verstandesfunktionen und „das Erlebnis der Schau"[229].

Auch die Leibesübungen wurden von Studiendirektor Max Roethig aus Sicht des völkischen Staates gesehen: Mehrung der Volkskraft und Erziehung zur Wehrfähig- und Wehrwilligkeit, was dem Unterricht „vaterländische Bedeutung und Weihe" gebe.[230] Aufgrund des „nationalen Sinn(s)" forderte Roethig auch unter Verweis auf Hitler eine Ausweitung der Zahl der Unterrichtsstunden, ohne aber Hillers Vorschlag zu erwähnen und sich selbst zahlenmäßig festzulegen.[231]

Die vorgestellten Fächer bildeten den Kern völkischer Bildung und sollten zusammen mit Mathematik und den Fremdsprachen ein „einheitliche(s), von einem Geiste durchwehte(s) Ganze"[232] (im Original gesperrt, H.-G. B.) ergeben. Für Studiendirektor Louis ergab sich die notwendige formalgeistige Schulung durch den Mathematikunterricht aus den Anforderungen der Wirtschaft und des Wehrwesens, was für ihn aber „erhebliche Abstriche" vom bisherigen Lehrstoff nicht ausschloß.[233] Ziel könne für Mathematik und Naturwissenschaften zwar die Herausarbeitung der „Grundzüge eines Weltbildes" (im Original gesperrt, H.-G. B.) und die Beleuchtung von „Fragen über die Stellung des Menschen und der menschlichen Erkenntnis" (im Original gesperrt, H.-G. B.) und auch der

a.a.O., S. 78f.

[227] vgl. ebd., S. 82, 88f

[228] vgl. ebd., S. 92ff.

[229] ebd., S. 96

[230] vgl. Roethig, Max, Leibesübungen, in: Bohm, Rudolf u.a. (Hrsg.), Höhere Schule ..., a.a.O., S. 100f.

[231] vgl. ebd, S. 111

[232] Louis, Gustav, Vorbemerkung, in: Bohm, Rudolf u.a. (Hrsg.), Höhere Schule ..., a.a.O., S. 115-119

[233] vgl. Louis, Gustav, Mathematik, Naturwissenschaft, Erdkunde, in: Bohm, Rudolf u.a. (Hrsg.), Höhere Schule ..., a.a.O., S. 120-126

„heroische Zug" (im Original gesperrt, H.-G. B.) im Wesen der großen Forscher sein, aber nicht „völkische Bildung", sondern nur „allgemein-menschliche Bildung"[234].

Dem Rechtfertigungszwang unterlagen besonders auch die neuen Sprachen, die schon in der Weimarer Republik als Hindernis für eine stärkere deutschkundliche Orientierung angesehen worden waren. Prof. Dr. Schön rechtfertigte ihre Berechtigung durch ihre Nützlichkeit für das praktische Leben und aufgrund ihrer „national werbende(n) Kraft" (im Original gesperrt, H.-G. B.), da sie Einblick in die fremdvölkischen Kulturen der Hauptnachbarländer vom Bezugspunkt „Deutschland" ermöglichten.[235] Grundsätzlich sollte der Gesamtunterricht einer Gegenwartsorientierung unterliegen, die „nicht in Kunde, sondern in Gewöhnung zu denken, in Gesinnung, in Haltung"[236] ende. Zwar galt der fremdsprachliche Unterricht als eine Stätte der Heldenverehrung, doch zur Vermittlung des Rassegedankens könne er - so Schön - „wenig Nützliches beisteuern", die Gefahr des „gut gemeinten Dilettantismus", einer mechanistischen Auslegung sei gegeben.[237]

Insgesamt zeigten sich in der Denkschrift teilweise umständliche Bemühungen, bei Verwertung nationalsozialistischen Vokabulars in unterschiedlich starker Form und der Aufnahme von Grundgedanken nationalsozialistischer Vorstellungen zur Erziehung fachliche Leistungsgesichtspunkte im Sinne der zahlreichen Anforderungen des überkommenen Bildungssystems zu bewahren und gegen eine zu starke Inanspruchnahme durch die Rassekunde wissenschaftliche Standards zu setzen. Durchgängig kam das konservative Bildungsverständnis prägende Ausleseprinzip zum Tragen, das dem den Nationalsozialisten unterstellten Leistungsprinzip entspreche und wesentlich sei für den ökonomischen und militärischen Kampf um die deutsche Weltgeltung.[238] Gestützt u.a. auf die rassehygienischen Vorstellungen Hartnackes[239] stellte sich Studienrat Dr. Müller eine „Hochleistungsschule" vor, die einem „nordischen Leistungsprinzip" verpflichtet sei sowie

---

[234] ebd., S. 136-142

[235] vgl. Schön, Eduard, Französisch und Englisch, in: Bohm, Rudolf u.a. (Hrsg.), Höhere Schule ..., a.a.O., S. 156-160

[236] ebd., S. 178

[237] ebd., S. 166-170

[238] Besonders explizit formuliert im abschließenden Beitrag der Denkschrift von Müller, Franz, Der nationalbiologische Sinn der höheren Schule, in: Bohm, Rudolf u.a. (Hrsg.), Höhere Schule ..., a.a.O., S. 216-230.

[239] Schon 1932 hatte der Dresdener Stadtschulrat und spätere sächsische Kultusminister seine rassistischen Vorstellungen im Auditorium Maximum der Universität München in einem Vortrag für die Deutsche Gesellschaft für Rassehygiene umfangreich entwickelt (vgl. Hartnacke, Wilhelm, Bildungswahn - Volkstod!, München 1932).

scharf und frühzeitig „Auslese" und „Ausmerze" betreibe mit dem Ziel, eine „nationalbiologische Leistungssteigerung der schöpferischen Kräfte" zu erreichen, „die die Vorsehung in der völkischen Substanz angelegt" habe.[240] Der hier deutlich werdende dominante Charakter der höheren Schule für die Elitebildung und die weitgehende Wahrung wesentlicher Elemente traditioneller gymnasialer Bildung wie Fächerstruktur und Unterrichtsinhalte forderten grundsätzliche Kritik heraus. So wies Ernst Krieck gegenüber dem hier erhobenen Anspruch darauf hin, daß „die eigentlichen Träger" der nationalsozialistischen Bewegung die nationalsozialistischen Jugendorganisationen seien - „auch der Schule gegenüber!"[241]. Im Bereich der höheren Schule sah Krieck „die willentliche und die ungewollte Reaktion" am stärksten am Werk, die sich gegen den „Durchstoß der Revolution" versteife, und belegte dies im wesentlichen nicht mit den einzelnen Fachbeiträgen, sondern besonders mit der „höchst bedenklich(en)" Gesamthaltung der Denkschrift. Sie sei ein Musterbeispiel, „die Welt auf den Kopf zu stellen", und für den „typischen Philologenhochmut":

> „Die höhere Schule - das ist der Mittelpunkt der neuwerdenden deutschen Welt. Und jedes ihrer Fächer ist selbstverständlich wiederum der Mittelpunkt der höheren Schule! So war es schon immer, so ist es jetzt und so wird es in alle Ewigkeit sein. Halleluja Amen!"[242]

In der Tat spiegelte diese Denkschrift wachsendes Selbstbewußtsein der organisierten Philologenschaft wider, was sich u.a. mit der zwar viel diskutierten, aber nicht umgesetzten Schulreform vor dem Hintergrund der organisatorischen Probleme bei der Bildung des Reichsministeriums für Erziehung einerseits und den durchaus festzustellenden Zumutungen im Schulalltag andererseits erklären läßt. Die von Krieck postulierten Grundsätze der Schulreform wie „organische Zusammenordnung der Schule mit den anderen völkisch-politischen Erziehungsorganisationen" oder „Ausbau des nationalsozialistischen Weltbildes im Schüler" und „Einsenken dieser Bildung in Blut und Boden" in Verbindung mit einer „Neugestaltung der Bildungsgüter und Bildungspläne ... gemäß der Idee der völkischen Ganzheit"[243] waren in der Denkschrift strukturell kaum verankert. Denn ihr ging

---

[240] ebd., S. 220, 226f.
[241] K., E., Von der Schule, in: Volk im Werden 3 (1935), S. 250
[242] ebd., S. 252. Schon 1933 hatte Krieck die Lehrkörper als Problem: „Überbleibsel des Liberalismus", „steckengebliebenes und überaltertes Geschlecht" gesehen und auf die Junglehrerschaft gehofft (vgl. Krieck, Ernst, Die Lehrerschaft und die politische Entscheidung, in: Volk im Werden 1 (1933), S. 32-35).
[243] Krieck, Ernst, Die deutsche Aufgabe ..., a.a.O., S. 69f.

es ganz bewußt und traditionell um eine „Wertung und Wägung der unvergänglichen Bildungs i n h a l t e der höheren Schule"[244].
Aus deutschkundlicher Sicht war die Beurteilung kontrovers. Sprengel beklagte neben der fehlenden Erörterung des Zeichen- und Kunstunterrichts und den nur sehr knappen Hinweisen auf Erdkunde besonders die fehlende eingehende Behandlung mit dem Wesen des deutschen Volkstums, so daß er „beinahe alles" vermißte, was grundlegende Aufgabe des Deutschunterrichts bei der „Erziehung zum deutschen Menschen" sein sollte.[245] Demgegenüber wurde von der Zeitschrift für Deutschkunde die Denkschrift sehr wohlwollend, aber weitgehend nichtssagend rezensiert, indem ihr eine „erfreuliche Aufgeschlossenheit für die neuen Aufgaben" und eine „philosophische Durchdringung des neuen Gedankengutes" bescheinigt wurde.[246]

Während sich Sprengel auf die von der Denkschrift präferierte Auseinandersetzung um Fächerumfang und Inhalte einließ, hatte Krieck stärker erkannt und hervorgehoben, daß die Stellung von Schule bzw. höherer Schule im Erziehungssystem nur randständig in der Auseinandersetzung um Hillers Modell und dann noch ablehnend behandelt worden war. Schon das Verbandsorgan Deutsches Philologen-Blatt hatte 1934 im Tenor der Denkschrift die Diskussion um eine Schulreform zu lenken versucht, indem unter Betonung der wertvollen Anregungen die Ablehnung jeglicher Form einer Einheitsschule oder einer deutlichen Verkürzung der Dauer der höheren Schule - häufig durch Verweis auf Entstehungszusammenhänge im Umkreis von Sozialdemokratie, Kommunismus, Bildungsbolschewismus oder marxistisch-demokratischem Geist - vertreten wurde.

Dies geschah jedoch weniger durch eigene Beiträge als argumentativ geschickt durch das Verbreiten ausgesuchter schon veröffentlichter Gegenstimmen, deren Sachkompetenz herausgestellt wurde.[247] Den jeweiligen Statements - meistens ohne Verfasserangabe - kam „keinerlei verbandsoffizieller Charakter"[248] zu, was als Absicherung des Verbandes angesehen werden muß. Denn das inhaltliche Ziel war eindeutig: die unbedingte Beibehaltung des neunjährigen Aufbaus der höhe-

---

[244] Schulpolitik ..., a.a.O., S. 27

[245] vgl. Sprengel, Johann Georg, „Höhere Schule - wozu? Sinn und Aufgabe" (Rezension), in: ZfDB 11 (1935), S. 105f.

[246] vgl. „Höhere Schule - wozu? Denkschrift des Deutschen Philologenverbandes über Sinn und Aufgabe der höheren Schule (Rezension), in: ZfDK 49 (1935), S. 570

[247] vgl. Vorschläge zur Schulreform, in: Deutsches Philologen-Blatt 42 (1934), S. 272f., 307f., S. 313f.; Schaefer, Hans, Zur Reform der höheren Schule, ebd., S. 391f.; Schulpolitische Umschau, ebd., S. 477-481; Vorurteile und Urteile!, ebd., S. 561-564

[248] Monjé, Robert, Zur schulpolitischen Aussprache, in: Deutsches Philologen-Blatt 42 (1934), S. 358f.

ren Schule, wobei Spielraum für den Umfang der Reduzierung der Typenvielfalt - aber nicht auf nur einen Normaltyp[249] - sowie der Sprachenfolge und der -intensität eingeräumt wurde.[250] Die Form Aufbauschule in den Typen Deutsche Oberschule und Oberrealschule, wie sie sich in der Weimarer Republik etabliert hatte, spielte in der Diskussion - auch wenn sie sogar explizit auf die ländliche Situation abhob[251] - keine Rolle. Diese Ignorierung bedeutete eine Fortsetzung der ablehnenden Haltung gegenüber der Aufbauschule, wie sie vom Philologenverband mit nachlassender Tendenz nur gegen die ländliche Aufbauschule vertreten worden war.

Aktualisiert wurde dies durch kurze Polemiken gegen vage Anregungen und Pläne mit Einheitsschulcharakter, die eine sieben- oder achtjährige Grund- bzw. Volksschule vorsahen und teilweise eine Auflösung der höheren Schule bedeutet hätten.[252] Ernster nahm der Philologenverband die vom NSLB Westfalen-Süd vorgeschlagene sechsjährige staatliche Jugendschule, da sie in einem Gesamtkonzept auf eine siebenjährige Jungvolkschule aufbaute und dieser organisatorische Vorschlag schon in konkrete Unterrichtsverteilungen mündete. So konzidierte man zwar mit nichtssagenden Formulierungen den „außerordentlich schöne(n) Gedanke(n) ..., alle höhere Schularbeit ... in naturgebundene Umgebung zu verlegen", doch reklamierte man gegen eine Realisierung die harten finanziellen Engpässe und die eingegrenzte Leistungsfähigkeit im „Geisteswettkampf"[253]. Aufgrund der Bedeutung der Verfasser sah man sich seitens der Zeitschrift genötigt, diesen Plan erneut für eine „fruchtbringende Auseinandersetzung" zu nutzen. Jetzt argumentierte man härter mit „rührender Schlichtheit" des Schulaufbaus und mit konstruiertem Intellektuellengegensatz, was man zum Vorwurf verdichtete, daß dieser Plan „eine Vernichtung der höheren Schule, ihrer Form und ihres Geistes" (im Original gesperrt, H.-G. B.) bedeute - einer höheren Schule, die „manchen alten Kämpfer der Bewegung gestellt (hat)" und „deren Zöglinge singend zu stürmen und zu sterben wußten"[254].

---

249 vgl. Vorschläge zur Schulreform, in: Deutsches Philologen-Blatt 42 (1934), S. 332f.
250 vgl. Wilmsen Friedrich, Zur Schulreform, in: Deutsches Philologen-Blatt 42 (1934), S. 258-260; Vorschläge zur Schulreform, ebd., S. 285f.; Friedrich, Fritz, Vereinheitlichung oder Vereinerleiung?, ebd., S. 343-347; Monjé, Robert, Grundsätzliches zur Schulreform, ebd., S. 389-391
251 vgl. Knust, Hermann, Höhere oder mittlere Schule als geeignete Schulform fürs Land?, in: Deutsches Philologen-Blatt 42 (1934), S. 383f.
252 vgl. Vorschläge zur Schulreform, in: Deutsches Philologen-Blatt 42 (1934), S. 272f.
253 Vorschläge zur Schulreform, in: Deutsches Philologen-Blatt 42 (1934), S. 294-296, und Gedanken zur Schulreform, ebd., S. 437-439
254 Vanselow, Max, Sechsjährige ..., a.a.O., S. 491

Diese hier deutlich werdende konservative Grundhaltung drückte sich auch in einem Artikel des Vorsitzenden Schwedtke im Philologen-Blatt aus. Zwar lobte er die von Hitler angeordneten Liquidierungen im Zusammenhang mit dem sog. Röhm-Putsch als Überwindung einer Krise „dank dem festen und energischen Eingreifen des Führers", doch warnte er vor „Abenteurernaturen" und „Konjunkturrittern", „verantwortungslosen Schmeichlern" und „Leisetretern", die auch in der Bewegung vorhanden seien.[255] Das nahm die Leitung des NSLB zum Anlaß, Schwedtke als „Wortführer" des „Geist(es) der Reaktionäre" und seinen Aufsatz als „Pamphlet gegen den nationalsozialistischen Staat"[256] zu bezeichnen. Dies war jedoch eine vollkommen überzogene Bewertung, die über die Person des Vorsitzenden, immerhin seit Mai 1932 Parteimitglied und rigoroser Aktivist, eher den Philologenverband treffen sollte, um dessen Integration in den NSLB zu erreichen. Zu diesem Zeitpunkt war die im Zusammenhang mit der späteren Kriegsvorbereitung bzw. -führung immer stärker geforderte Notwendigkeit eines „soliden Wissens und Könnens" im Konkurrenzkampf der Völker eine oft formulierte[257], aber eher konservativ anmutende beruhigende Anmerkung, die in offiziellen Statements die propagierte Körper- und Charakterbildung nur ergänzte. Doch kam ihr in dieser Betonung eine auf Kontinuität drängende Forderung des nationalkonservativen Bürgertums zu.

c)   Gesellschaft für Deutsche Bildung und deutschkundlich orientierte
      Zeitschriften

Die Gesellschaft für Deutsche Bildung[258] war eine der frühen Protagonisten der Deutschen Oberschule und auch der Aufbauschule gewesen. Anfang Februar

---

[255] Schwedtke, Kurt, Besinnung, Deutsches Philologen-Blatt 43 (1935), S. 1-6
[256] So der Hauptstellenleiter der Abteilung Organisation im NSLB (Friedmann, H., Auf dem Wege zur Ganzheit. NSLB und Philologenverband, in: DDHS 2 (1935), S. 117-119). Zugleich war das Philologen-Blatt beschlagnahmt, Schwedtke aus dem NSLB, aber nicht aus der Partei ausgeschlossen und seines Amtes als Oberstudiendirektor enthoben worden, allerdings nur vorübergehend bis 1937. Zur Karriere von Schwedtke vgl. Meier, Ekkehard, Wer immer strebend sich bemüht... . Kurt Schwedtke - eine deutsche Beamtenkarriere, in: Radde, Gerd u.a. (Hrsg.), Schulreform ..., a.a.O., S. 330-345
[257] So z.B. der Komm. Reichsfachschaftsleiter Frank auf der Sondertagung der Fachschaft 2 (Höhere Schulen): „Ihre Leistungsfähigkeit, ihr geistiges Niveau muß unter allen Umständen erhalten, ja gegenüber dem augenblicklichen Stand wieder gehoben werden." (Nachrichten, in: ZfDB 12 (1936), S. 463) Und Winter, Friedrich, Der Philologe im Dritten Reich, in: DDHS 2 (1935), S. 312-317: „Notwendiger als je ist die gründliche wissenschaftliche Durchbildung." (S. 316f.)
[258] Die Gesellschaft nahm für sich in Anspruch, „einige tausend Deutschlehrer, besonders die

1933 wurden die Ziele der Gesellschaft in Form einer „Magna charta des Bildungsprogramms" (Sprengel) als Ergebnis umfangreicher Verhandlungen ihres Hochschul- und ihres Schulausschusses neu fixiert. Der Wunsch nach Vereinheitlichung des höheren Schulwesens stand weniger unter organisatorischen als unter inhaltlichen Prämissen, indem für alle Schultypen in stärkerer Aufnahme der Intentionen der Richertschen Neuordnung als Voraussetzung „eine nationale Erziehungs- und Bildungsidee" festgelegt und die Deutsche Oberschule präferiert wurde:

> „Wir sehen in dieser Schule die gewiesene Pflegestätte eines neuen deutschen Humanismus und die Bahnbrecherin für die deutsche Schule der Zukunft."[259]

Diese Erklärung war weniger geprägt durch die gesellschaftlichen Veränderungen als durch die schon lange andauernde Diskussion um eine Reduzierung der Vielfalt des Schulwesens. Schon im April 1933 versuchte die Gesellschaft nachholend, sich den „neuen Aufgaben im nationalen Staat" zu stellen, indem sie sich mit einer kulturpolitischen Aussprache an Persönlichkeiten außerhalb der Gesellschaft wandte.[260] Bemerkenswert sind aus der Berichterstattung die verstreuten Hinweise auf eine kontroverse Diskussion, die stark biologistisch geprägten Einlassungen von Stadtrat Benze („deutsches Wesen als Sache des Blutes", „Überfremdung durch das Mittelmeerisch-Orientalische") und die Vorschläge zur Neuorganisation des höheren Schulwesens: zum einen das Gymnasium mit grundständigem Latein und die Oberschule - vertreten durch den Schulausschußvorsitzenden der Gesellschaft Schmidt-Voigt, zum anderen die Forderung nach nur einer Normalform - vertreten durch Akademiedirektor Peters und Dr. Giese[261]. Geheimrat Prof. Dr. Panzer konstatierte demgegenüber im Schlußwort der Aussprache als Grundtenor der Tagung „eine Einmütigkeit der volkshaften, geistigen

---

an den höheren Schulen und „den weitaus größten Teil der Hochschulgermanisten" an ihre Bestrebungen gebunden zu haben (S., J. G., Die Gesellschaft für Deutsche Bildung, in: ZfDB 11 (1935), S. 478).

[259] Stellungnahme des Hochschulausschusses der Gesellschaft für Deutsche Bildung zur Denkschrift des Verbandes der Deutschen Hochschulen über Fragen der höheren Schule, abgedruckt in: ZfDB 1933, S. 220. Vgl. auch Hofstaetter, Walther, Gesellschaft für deutsche Bildung, in: ZfDK 47 (1933), S. 233-238

[260] vgl. Sprengel, Johann Georg, Eine kulturpolitische Aussprache in Frankfurt a. M., in: ZfDB 9 (1933), S. 271-276. Sprengel galt dem langjährigen Vorsitzenden Panzer als „Seele" der Gesellschaft für Deutsche Bildung (vgl. Panzer, Friedrich, Ein Vorkämpfer für deutsche Bildung. Johann Georg Sprengel zum 70. Geburtstag, in: ZfDB 9 (1933), S. 549).

[261] vgl. Sprengel, Johann Georg, Eine kulturpolitische ..., a.a.O.

und politischen Lebensgesinnung aller Beteiligten"[262]. Für ihn brachte die Veranstaltung „das reibungslose und freudige Eingehen der Arbeit der Gesellschaft für Deutsche Bildung in die nationale Bewegung, der sie mit ihrer ganzen Gesinnung und bisherigen Arbeit wertvolle Dienste bereits geleistet hat," zum Ausdruck. Er versprach:

> „Sie (die Gesellschaft, H.-G. B.) wird diese Bemühung in der von der nationalen Regierung vorgezeichneten Richtung fortsetzen und ihr zur Verfügung stehen."[263]

Es handelte sich hier um einen Versuch, sich Entwicklungen anzupassen, der aber die weitgehende Selbstaufgabe beinhaltete, mit dem die Gesellschaft auf eigenständige Initiativen verzichtete und sich in den Dienst der neuen Machthaber stellte.

Wie schwer sich die Gesellschaft tat, mit der Entwicklung Schritt zu halten, zeigt die Ansprache ihres neuen „Führers" Prof. Dr. Friedrich Neumann, Rektor der Universität Göttingen[264], bei einer öffentlichen Kundgebung für die Deutsche Oberschule in Verbindung mit dem Reichsverband Deutscher Oberschulen und Aufbauschulen.[265] Neumann bekannte, daß die Aufgabe der Gesellschaft „erst durch den deutschen Aufbruch ... ihre Deutlichkeit erhalten konnte". So lehnte er Bildung ab, „die auf einen gelehrten Zustand hinzielt", forderte von der Deutschen Oberschule, daß sie sich „zu der betont deutschen Musterschule hingestalte", die dem deutschen Volksgenossen seine „volksmäßige Art bewußt mache", die „durch triebhaft sichere Erkenntnis erobert werden" wolle, setzte die deutsche Bildung „von allem Humanismus ab", der „das Einzelindividuum losgelöst von allen naturhaften Bindungen zu dem künstlichen Verband der Gesellschaft zusammentreten läßt", forderte eine staatliche Ordnung, deren „gewachsene Grundform ... der kameradschaftlich geeinte Gefolgschaftsverband (ist), der aus sich heraus seinen Führer erhebt", und sah in der nationalsozialistischen Bewegung letztend-

---

[262] ebd., S. 276

[263] ebd.

[264] Der Altgermanist Neumann, Mitherausgeber der Zeitschrift für deutsche Bildung, war 1933 als Rektor eingesetzt worden. Zur Kontinuität der „Germanistik als Volkstumsbewegung und identitäts- und sinnstiftender Nationalwissenschaft im Dritten Reich" am Beispiel der Göttinger Universität und ihres Rektors vgl. Hunger, Ulrich, Germanistik zwischen Geistesgeschichte und „völkischer Wissenschaft": Das Seminar für deutsche Philologie im Dritten Reich, in: Becker, Heinrich u.a. (Hrsg.), Die Universität Göttingen unter dem Nationalsozialismus. Das verdrängte Kapitel ihrer 250jährigen Geschichte, München u.a. 1987, S. 272-297.

[265] vgl. Neumann, Friedrich, Die Deutsche Oberschule als Trägerin des völkischen Erziehungsgedankens, in: ZfDB 9 (1933), S. 601-609

lich die Kraft, „die uns vorwärts treibt, unsere eigene deutsche Art in einer uns gemäßen Lebensform zu erfüllen" (im Original gesperrt, H.-G. B.).[266]

Auch Germanistik-Professor Karl Vietor, Mitherausgeber der Verbandszeitschrift „Zeitschrift für Deutsche Bildung", sah - sich noch stärker exponierend - „allen völkischen Kräften ... ein ungeheures Feld" durch den Sieg der nationalsozialistischen Bewegung eröffnet:

> „Eine neue Epoche der deutschen Geschichte beginnt."[267]

Für die Deutschwissenschaft, der eine „politische Sendung" zukomme und die „Organ des nationalen Selbstverständnisses" sei, forderte er, sich „in das Ganze der nationalen Revolution ein(zu)ordnen" als „Vermittlerin aller wurzelechten, zeugungsstarken Mächte der völkischen Vergangenheit" und als „Helferin am großen Werk des zukünftigen, des Neuen Reiches"[268].

Ulrich Peters als weiterer Mitherausgeber der Zeitschrift bemühte sich - über das Aufzeigen von Kontinuitäten hinaus - darum, deutlich zu machen, daß die Deutschkundebewegung und ihre Zeitschrift für Deutsche Bildung „Wegbereiter des Neuen gewesen" seien, das bei der Gründung „Verheißung war und jetzt Erfüllung geworden ist"[269]. Doch müßten die Gedanken zur völkischen Erziehung ergänzt werden durch „Gedanken der nationalpolitischen und der rassischen Erziehung" (im Original gesperrt, H.-G. B.), denn Ziel der Erziehung könne nur der „nationalsozialistische Führerstaat" (im Original gesperrt, H.-G. B.) sein.[270] Schulorganisatorisch sah Peters - ein Verfechter nur einer Normalform der höheren Schule - in der

> „geistigen Linie der nationalsozialistischen Revolution, wenn neben den grundständigen Deutschen Oberschulen in den Städten auf dem flachen Lande die Aufbauschule die Regel wäre. Gerade die letzte ist wie keine andere Form der höheren Schule geeignet, im Verein mit den Hochschulen für Lehrerbildung und den Bauernhochschulen den Gedanken einer an Boden und Blut gebundenen Volksbildung Wirklichkeit werden zu lassen."[271]

Nicht zuletzt diese Position sorgte dafür, daß Peters auch in der Zeitschrift des Aufbauschulverbandes publizieren konnte.

---

[266] ebd.
[267] Vietor, Karl, Die Wissenschaft vom deutschen Menschen in dieser Zeit, in: ZfDB 9 (1933), 342. Vietor, seit 1925 Professor in Gießen, ausgewiesen durch Gastprofessuren in Amsterdam (1930) und an der Columbia-Universität (1932), emigrierte 1936 in die USA und lehrte ab 1937 in Harvard.
[268] ebd., S. 345ff.
[269] Peters, Ulrich, Deutsche Bildung gestern und heute, in: ZfDB 9 (1933), S. 339
[270] ebd., S. 339f.
[271] ebd., S. 341

StR Dr. Ludwig Kiehn, Lehrbeauftragter am Seminar für Erziehungswissenschaft an der Universität Hamburg und Mitarbeiter der Zeitschrift für Deutsche Bildung und dort regelmäßig verantwortlich für die Zeitschriftenschau, sah inhaltlich alle höheren Schulen „vor einer neuen Sinnerfüllung ihrer Aufgaben", da die Richert-schen Reformen nicht mehr ausreichen würden, „um formende Kräfte für einen Führertypus zu entfalten, dessen Idealbild aus dem transtheoretischen Wirklich-keitsbereich der innenpolitischen Kämpfe nach 1918 hervorgegangen ist in Fort-führung des Frontsoldatentums des Weltkrieges"[272]. Konkret sollte es für die Schule nicht mehr um „literarisches Dichtungsgut" gehen, „sondern um die welt-anschauliche Substanz unserer klassischen Dichtung"[273]. Insgesamt wies Kiehn der Deutschkunde in der höheren Schule eine erweiterte „kulturpolitische Missi-on" (im Original gesperrt, H.-G. B.) zu:

> „So unendlich bewundernswert auch immer die Schärfe männlicher Zucht - zumal in unseren Tagen - sich äußert in Gehorsam, Hingabe und jener herrlichen, grenzenlosen Gefolgschaftstreue bis zum Tod: - es darf der Liebe zum deutschen Vaterland niemals das Bewußtsein unauflöslicher Verwurzelung in der deutschen Kultur fehlen, als dem durch die Jahrhunderte hindurchgreifenden Objektivationsbereich deutschen Seelen-tums."[274]

Und einer der exponiertesten und frühesten Vertreter der Deutschkunde, der Mit-begründer und ständige Geschäftsführer der Gesellschaft für deutsche Bildung, Prof. Dr. Johann Georg Sprengel, gründete das zu vermittelnde deutsche Volks-tum mit seinen „bluthaft-seelisch-geistigen Uranlage(n)" „als konkrete Lebenstat-sache in Blut und Boden, in Rasse und Lebensraum" und sah es „biologisch und geopolitisch in der nordischen Heimat und im germanischen Bluterbe verwur-zelt"[275]. Konsequenterweise sollten aus dem Volksorganismus „schädliche Wir-kungen beseitigt, aus dem Blut ausgeschieden werden - Blut im biologischen wie geistigen Sinne verstanden; den gesunden Richtkräften muß die Bahn frei ge-macht werden"[276]. Blut wird so bei Sprengel schon zu einer mythischen Größe.[277]

---

[272] Kiehn, Ludwig, Deutsche Bildung - und was nun? Eine Besinnung nach dem 21. März 1933, in: ZfDB 9 (1933), S. 311, 314. Kiehn trag am 1.5.1933 der NSDAP bei und wurde 1935 Professor für Erziehungswissenschaft an der Hochschule für Lehrerbildung Kiel. Vgl. Hesse, Alexander, Die Professoren ..., a.a.O., S417-419

[273] ebd., S. 315

[274] ebd., S. 320

[275] Sprengel, Johann Georg, Deutsches Volkstum und deutscher Geist, in: ZfDB 10 (1934), S. 146

[276] ebd., S. 145

[277] So wendet sich die neue biologistische Geschichtsauffassung auch gegen eine Reduzie-rung auf den „Materialismus des Blutes", da „Blut" nicht nur einen „stofflichen Wert", sondern „vor allem den dem Blute innewohnenden Geist" bedeute (Aus der Arbeit der

Die schulische Umsetzung der vereinzelt rassisch geprägten Deutschkunde zeigt sich beispielhaft an dem Versuch, „Unterricht in völkischen Lebenseinheiten" zu erteilen, d.h. die deutschkundlichen Fächer aufzulösen zu einem acht- bis neunstündigen Deutschkundeunterricht, dessen Gesamtaufgabe auf drei Monate ausgelegt war und mit einem zweiwöchigen Lehrgang abschloß.[278] Besonders mit der Integration des Rassismus wurde auf die Ideale der Aufklärung verzichtet. „Der mit dem Jahre 1789 anhebenden Epoche des Bürgertums" wurde - so Peters schon 1933 zustimmend - „das Grablied gesungen"[279]. Gegen Humanismus und Liberalismus wurde eine an Gemeinschaft gebundene „Idee der Deutschheit" gesetzt, wobei sich die Gemeinschaft reduzierte auf eine organisch gewachsene Volks- und Wehrgemeinschaft. Nicht mehr der Einzelmensch stand im Vordergrund einer staatsbürgerlichen Erziehung, sondern die politische Erziehung der Jugend für eine Indienstnahme durch den nationalsozialistischen Staat. So wollte Sprengel die Jugend „in freudigem Lebenswillen" aufnehmen lassen, daß „Persönlichkeit sich nur erfüllt in Gliedschaft und Dienst am Volksganzen ... bis zur Lebenshingabe"[280].

Das Verhältnis der Jugend zur Welt und zum Leben sollte in ominöse „völkische Seelengründe fest verankert werden"[281]. So begründete Brohmer auf der Basis, daß der Nationalsozialismus eine „lebensgesetzlich begründete Weltanschauung" sei sowie unter Bezugnahme auf Günthers durch „intuitive Schau" gewonnenes Rassenbild, eine „Erziehung zu erbbiologischem, rassischem und rassenhygienischem Verantwortungsgefühl" (im Original gesperrt, H.-G. B.).[282] Dies fand seinen Niederschlag in einem geisteswissenschaftlich orientierten Rassebegriff, der „Spielregeln des Blutes" und Unterschiede im „rassischen Habitus" kannte, was aber „nur verstanden (im Original gesperrt, H.-G. B.), nicht erklärt werden" könne.[283]

Fachschaft 2. Tagung der Gauarbeitsgemeinschaft für Geschichte im Gau Thüringen, in: DDHS 3 (1936), S. 434

[278] Zu einem in Württemberg genehmigten Versuch in der Oberstufe siehe Ehrecke, Fritz, Deutschkundeunterricht in Verbindung mit nationalpolitischen Lehrgängen. Ausgeführt 1935/36 von der Ursspringschule, in: DDHS 3 (1936), S. 639-646

[279] Peters, Ulrich, Deutsche Bildung ..., a.a.O., S. 339

[280] Sprengel, Johann Georg, Vorschläge für die Neugestaltung des deutschen Unterrichts an höheren Schulen im nationalen Staat, in: ZfDB 9 (1933), S. 575

[281] ebd.

[282] vgl. Brohmer, Biologieunterricht ..., a.a.O.

[283] Hengstenberg, Eduard, Über den Wesenszusammenhang von rassischer Grundlage und völkischer Kultur, in: ZfDB 11 (1935), S. 9-17

Für dieses Ziel seien die völkischen Elemente der Deutschkunde nur inhaltlich auszuweiten und ohne kritische Rationalität intuitiv zu erfassen.[284] Zu den wichtigen Aufgaben des deutschen Unterrichts gehörte demnach auch die „fruchtbare Rückbesinnung auf germanisches Bluterbe und germanisches Weltfühlen" sowie die Schärfung des Blicks für das „Undeutsche (im Original gesperrt, H.-G. B.), wo immer es noch in unserm Volksgefüge und -leben nistet"[285]. Die Unterschiede der Deutschkunde zur nationalsozialistischen Ideologie waren durch diese Verlautbarungen im Verbandsorgan der Gesellschaft mehr und mehr eingeebnet worden.

So konnte - kaum überraschend - im Frühjahr 1935 die Gesellschaft dem NSLB eingegliedert werden.[286] Sie stellte sich nur noch die allgemeine Aufgabe, „ein lebendiges Wissen vom germanischen und deutschen Gesamtleben aus der nationalsozialistischen Weltanschauung heraus für den Aufbau deutscher Bildung fruchtbar werden zu lassen", was konkret bedeutete, „deutschkundliche Erkenntnisse für die Gestaltung eines deutschen Lebensstils aus einem nationalsozialistischen Wollen zielstrebig einzusetzen" (im Original gesperrt, H.-G. B.)"[287].

Daß diese Aufgabe von Sprengel als „organische Entwicklung und Fortbildung"[288] angesehen wurde, kann aufgrund der zahlreichen einschlägigen Artikeln in der Verbandszeitschrift kaum verwundern.

Überraschender ist da schon eher, daß die Verhandlungen mit der Reichsleitung des NSLB, die zu der kooperativen Eingliederung geführt hatten, als „erwünschte(s) Ergebnis" (Sprengel) qualifiziert wurden, obwohl der Verband damit

---

[284] vgl. Wetzel, Paul, Der Bildungsgedanke der „Deutschen Oberschule", in: ZfDB 8 (1932), S. 149-156. „So steht hinter dem Begriff der 'Deutschkunde' die Idee oder, wenn man so will, der Mythos des deutschen Volkes als einer natürlich gewachsenen lebendigen Einheit mit dem Bewußtsein geistig-seelischer Gemeinschaft. Der Einzelne ist nichts ohne den Mutterboden seines Volkstums: das Volk ist die geistig-seelische Heimat des Menschen, das Volkstum das Ursprüngliche, das Treibende und letztlich Entscheidende." (ebd., S. 151)

[285] Sprengel, Johann Georg, Vorschläge ..., a.a.O., S. 575, 582

[286] Lapidar unter „Nachrichten" meldete die Verbandszeitung eine „Vereinbarung", nach der es sich um einen „korporativen Anschluß" an den NSLB handeln sollte, der die „Selbständigkeit in finanztechnischer Hinsicht, in der wissenschaftlichen Haltung ihrer Veröffentlichungen sowie bezüglich der Mitgliedschaft von Nichtlehrern und von allen auch außerhalb der Reichsgrenze Wohnenden" bewahren würde (Nachrichten, in: ZfDB 11 (1935), S. 335). Zugleich versicherte die Gesellschaft, „auf ihre dem Erzieherberuf angehörigen Mitglieder (einzuwirken), Einzelmitglieder des NSLB. zu werden" (ebd.).

[287] S., J. G., Die Gesellschaft ..., a.a.O., S. 478

[288] ebd.

seine Unabhängigkeit aufgab. Zum Ende des Jahres 1935 entwickelte die Gesellschaft ihren Mitgliedern noch einmal als eher allgemeine Arbeitsperspektive:

> „die Neubearbeitung des deutschkundlichen Bildungsstoffes: eine Nachprüfung der Quellen des deutschen Geisteslebens im Blickfeld nationalsozialistischer Weltanschauung und im Hinblick auf Auslese, Wertung und Behandlung. Ein Fachschaftslager, in dem die Aufgabe durch Vorträge und Aussprachen geklärt werden soll, steht in Vorbereitung."[289]

Mit diesem Hinweis deutete die Verbandsführung an, daß nicht die ursprüngliche Deutschkunde gefragt war, sondern eine Neubesinnung und Neuausrichtung auf Grundlage des Nationalsozialismus. Die nur noch eingeschränkte Bedeutung der Gesellschaft dokumentiert ein Hinweis auf „Deutschkundliche Fachschaftsarbeit" der Gesellschaft in Verbindung mit der Fachschaft 2 des NSLB. Das Verbandsorgan erwähnte äußerst knapp und beiläufig nur, daß Gaufachberater OStR Schmidt-Voigt auf erfolgte Einzelvorträge mit Aussprachen hingewiesen habe.[290] Mit dem Jahr 1936 änderte sich auch die Herausgeberschaft des Verbandsorgans, der Zeitschrift für Deutsche Bildung. Ohne jedwede Kommentierung waren nun nicht mehr Ulrich Peters, Wilhelm Poethen und Karl Vietor verantwortlich, sondern es hieß: begründet von Ulrich Peters, hrsg. von Friedrich Neumann, Karl Justus Obenauer, Wilhelm Poethen unter Mitwirkung von Clemens Lugowski.[291] Stärker nationalsozialistisch orientierte Professoren waren nun für die Herausgabe verantwortlich.[292] Dem Rückzug Vietors folgte im Laufe dieses Jahres seine Emigration in die USA. Die Ära der Gesellschaft für Deutsche Bildung - zuletzt als Wegbereiterin der Akzeptanz des Nationalsozialismus - war mit der Eingliederung in den NSLB beendet.

Die Anpassung an den Nationalsozialismus war aber kein Spezifikum allein der Gesellschaft für Deutsche Bildung und ihres Verbandsorgans. Inhaltlich und personell stellte die Deutschkundebewegung, als deren organisatorischer Ausdruck vorrangig die Gesellschaft für Deutsche Bildung gelten kann, einen noch größeren Fundus dar, dessen sich der Nationalsozialismus bedienen konnte, um letztlich auch seine rassistischen Positionen verstärkt durchsetzen zu können.

Der Deutschkundebewegung[293] fühlte sich auch der Reichsverband der Deutschen Oberschulen und Aufbauschulen zugehörig. Sie ging aber weit darüber hin-

---

[289] Nachrichten, in: ZfDB 11 (1935), S. 592
[290] vgl. Nachrichten, in: ZfDB 12 (1936), S. 176
[291] vgl. ZfDB 12 (1936), S. I
[292] 1938 zog sich auch Wilhelm Poethen zurück, der von Bernhard Schwarz abgelöst wurde.
[293] Der Begriff der Bewegung scheint angemessen, da es sich nur zum Teil um einen organisatorischen Zusammenschluß handelte, der auf den Germanistenverband vor dem Ersten

aus und fand bei vielen Philologen, Lehrern, Lehrerbildnern und Germanistikpro-
fessoren Rückhalt und reichte auch in den Katholizismus hinein. Die Bewegung
hatte die Machtübergabe an Hitler in ihren einschlägigen Zeitschriften bekenntnishaft begrüßt, da man sich nun eine Durchsetzung ihrer überwiegend deutschtümelnden Vorstellungen erhoffte.

So war mit Walther Linden für einen - neben den Protagonisten der Gesellschaft
für Deutsche Bildung - weiteren Exponenten der Deutschkundebewegung durch
die NS-Bewegung, die „aus den unerschöpflichen Tiefen ewigen Deutschtums
ihre siegesgewisse Kraft" empfange, ein „neues Zeitalter" angebrochen und die
„liberale Aufklärungszeit" zu Ende. Die Machtübergabe verstand er als „neuen
Durchbruch deutschen organischen Geistes" (im Original gesperrt, H.-G. B.), als
„endgültige Überwindung jener von westeuropäischem und jüdischem Geiste getragenen liberal-rationalistischen Aufklärung des 19. Jahrhunderts"[294]. Linden,
verantwortlicher Leiter der wissenschaftlichen Abteilung der „Zeitschrift für
Deutschkunde", sah nun die Möglichkeit für die Deutschkunde, „die Restbestände ästhetisch-individualistischer Anschauung" zu überwinden und „aus einer ide-
enhaften Geisteswissenschaft zu einer politisch durchbluteten Lebenswissenschaft" zu werden, die mit ihrer „politisch-heroische(n) Zielsetzung" zum „Kerngebiet" schulischer Erziehung werde, „als Erziehung zu einem kampfentschlosse-
nen und opferbereiten Gemeinschaftswillen"[295].

Der Germanistik-Professor Korff glaubte darüber hinaus, einen „Aufbruch des
deutschen Geistes aus langer Fremdherrschaft" erkannt zu haben: „Uns ist die

---

Weltkrieg zurückging. Im wesentlich war die Deutschkundebewegung eine herkömmliche
Organisationsstrukturen übergreifende personell breit gestreute Bestrebung, die auf Herder, Romantik und Kulturkritik zurückgriff, um dem Deutschunterricht eine schulische
Vorherrschaft einzuräumen. Nationalethisch aufgeladen durch die Erfahrungen des Ersten
Weltkrieges wurde der Deutschunterricht erweitert zur Deutschkunde, die dann das gesamte Bildungswesen prägen sollte, was seinen teilweisen Niederschlag in der Schulreform 1924/25 fand. Als Aufgabe wurde anknüpfend am „deutschen Wesen" die Gestaltung des „deutschen Menschen" gesehen (vgl. Panzer, Fr., Deutschkunde als Mittelpunkt
deutscher Erziehung, Frankfurt 1922 und Schmidt-Voigt, H. H., Deutschkunde, a.a.O.

[294] Linden, Walther, Deutschkunde als politische Lebenswissenschaft - das Kerngebiet der
Bildung!, in: ZfDK 47 (1933), S. 337. Im Tenor ähnlich Linden, Walther, Das neue Antlitz der Deutschkunde, in: Deutsches Bildungswesen 1 (1933), S. 401 - 414, wo er „zur
ersten Grundlage der neuen Deutschkunde als organisch-heroischer Lebenswissenschaft"
„die Erkenntnis der Blutzusammenhänge, der rassischen Bedingtheiten (im Original gesperrt, H.-G.B.) als Unterlage der geschichtlichen Entwicklung und geistesgeschichtlichen
Leistungen" erklärt (ebd., S. 412).

[295] Linden, Walther, Deutschkunde ..., a.a.O., S. 339, 341

Gnade zuteil geworden, dabei zu sein"[296], und verstieg sich zu dem Vergleich, daß die Deutschkunde sich „von dem gewaltigen Geiste neu befruchtet fühlte, der aufbauend und niederreißend wie ein Frühlingswind über die deutschen Lande geht"[297].

Alle Erklärungen dieser führenden Deutschkundler grenzten sich in ihrem Aufbruchpathos ab von „liberalistischen Ideen", „voraussetzungsloser liberalistischen Wissenschaft" und „historischem Relativismus", betonten „aktivistischen Geist" und „völkische Gebundenheit der Bildungsgüter", bemühten sich um das Aufzeigen von Kontinuitäten, was durchweg gelang, und entwickelten für Germanistik und Schule Perspektiven.[298]

Dies machte auch nicht vor der Rassekunde halt, die Eichenauer nicht nur als „Gegenstand des Unterrichts" (im Original gesperrt, H.-G. B.) vorsah, sondern die alle Unterrichtsstoffe „mit einer bestimmten rasseseelischen Grundhaltung" (im Original gesperrt, H.-G. B.) durchdringen sollte.[299] Derartige mythische Begriffsfindungen waren nicht nur in die deutsche Kulturkunde eingliederbar oder von ihr abgedeckt, sondern „durch die Betonung der Rasse und des Volkstums als Ausgangspunkt aller Erziehung und Bildung überhaupt kam ihr (der Kulturkunde, H.-G. B.) endlich die Bedeutung zu, um die sie seit langem gekämpft hatte"[300]. Damit hatte „Rasse als Lebensgebot und Erziehungsgrundsatz"[301] unter Aufnahme der spezifischen Erlasse nicht nur Eingang in die Schulen gefunden, sondern war - kulturkundlich integriert - akzeptiert worden als wesentlichster Erziehungsfaktor.

Gegenüber dieser immer noch teils deutschkundlichen Orientierung, von Ministerialrat Dr. Friedrich Alfred Beck zu einer diffusen „deutschheitlichen Lebens-

[296] Korff, H. A., Die Forderung des Tages, in: ZfDK 47 (1933), S. S. 341

[297] ebd., S. 342

[298] Zu Recht qualifiziert Lindner von daher derartige „bekenntnishafte Aufsätze zur nationalen Wiedergeburt" als „weit über die beamtenmäßige Treubekundung hinaus"gehend (Lindner, Burkhardt, Der Mythos „Deutsch", in: Diskussion Deutsch 17 (1986), S. 312).

[299] Eichenauer, Richard, Deutschunterricht und Rassenkunde, in: ZfDK 47 (1933), S. 523. Vgl. auch die zahlreichen Hinweise und Interpretationen für den Unterricht ebd., S. 523ff., sowie Höltermann, Rassenkunde im Deutschunterricht, in: ZfDB 11 (1935), S. 512-522.

[300] Herrle, Theo, Grundlegung des kulturkundlichen Unterrichts, Langensalza 1935, S. 22. In einer Besprechung heißt es: „Der Verfasser (weiß) auch die Aufgabe der Kulturkunde in der nationalsozialistischen Erziehung in glücklicher Form zu umreißen." (Peters, Ulrich, Theo Herrle, Grundlegung ... (Rezension), in: ZfDB 11 (1935), S. 647).

[301] Benze, Rudolf, Rasse als Lebensgebot und Erziehungsgrundsatz, in: Benze, Rudolf / Pudelko, Alfred (Hrsg.), Rassische Erziehung als Unterrichtsgrundsatz der Fachgebiete, Frankfurt 1937, S. 1-11

idee"[302] als Grundlage der nationalsozialistischen Erziehung stilisiert, hatte nicht nur Ministerialrat Dr. Haupt, sondern hatten auch andere Bedenken vorge-bracht, die weitergehend darauf verwiesen, daß nicht der Deutschkundler, sondern „der politische Deutsche" das Bildungsziel sein müsse.[303]

Vor dem Hintergrund der nationalsozialistischen Präferierung von Lagerschulung für Schüler und Lehrer und Heimerziehung insgesamt, die auch die Aufbauschulen einschloß, gab es beim - oft zwanghaften - Versuch des Aufzeigens von Kontinuitäten auch den nicht immer zwingenden Bezug auf Landschulheime und deren ganzheitliche Bildungsbemühungen sowie die Vorbildfunktion des Erziehers[304] - nicht zuletzt auch von sich als reformpädagogisch Verstehenden wie Peter Petersen. So behauptete dieser empfehlend - auch unter Bezug auf den NS-Pädagogen Hördt - noch 1935, daß der Jena-Plan „eine grundsätzliche Neuordnung der Schule im Geiste des Volkstums" beinhalte und den „Anforderungen neuer Erziehungswissenschaft" entspreche.[305]

Auch nach außen machte Petersen auf einem Kongreßvortrag in Krakau unter Bezug auf Stapel, Tiling, aber auch Hördt und Krieck klar, daß sich die Erziehungswissenschaft seit 1920 einig sei im Kampf gegen „die deutsche Form des Rationalismus und Intellektualismus". Seit 1930/31 sei der „Durchbruch des neuen Geistes ... unverkennbar", als deren Schöpfer fast ausschließlich „'nordisch' bestimmte Menschen" galten. Von daher forderte Petersen „volk- und bodengebundenes Denken und Werten", was in „gebundene Freiheit" münde.[306] Ange-

---

[302]   Beck, F.A. Die nationalsozialistische Erziehungsidee, in: Gamm, Hans-Jochen, Führung ..., a.a.O., S. 107. Beck trat 1933 in die Schriftleitung der Zeitschrift „Die Neue Deutsche Schule" ein.

[303]   Böckmann, Paul, Walther Linden, Aufgaben einer nationalen Literaturwissenschaft (Rezension), in: ZfDB 10 (1934), S. 105-107

[304]   vgl. u.a. Walther, Heinrich, Hermann Lietz als Vorkämpfer neuer deutscher Erziehung in seiner Erstlingsschrift „Emlohstobba", in: DDHS 2 (1935), S. 361-364

[305]   vgl. Petersen, Peter, Der Jena-Plan, eine Ausgangsform für die neue deutsche Schule, in: Die Erziehung 10 (1935), S. 1-8

[306]   Petersen, Peter, Nationalpolitische Bildung der menschlichen Sittlichkeit, in: Die Erziehung 10 (1935), S. 208-218. Ähnlich leitete Petersen in Anlehnung an Darré aus der „nordisch-germanischen Überlieferung" sein Verständnis eines „beauftragten Führers", eines „Lehrer-Offiziers" in der Führerschule ab (vgl. Petersen, Peter, Bedeutung und Wert des Politisch-Soldatischen für den deutschen Lehrer und unsere Schule. Eine erziehungswissenschaftliche Betrachtung, in: Deutsches Bildungswesen 2 (1934), S. 11ff.). Vgl. grundsätzlich die kritischen Hinweise durch Eierdanz, Jürgen, Wir wollen gehorchen lernen! Peter Petersen und der „Jena-Plan", in: Demokratische Erziehung 3 (1987), S. 16-21, und Keim, Wolfgang, Peter Petersen Rolle im Nationalsozialismus und die bundesdeutsche Erziehungswissenschaft, in: Die Deutsche Schule 81 (1989), S. 133-145, der sich auseinandersetzt mit Kaßner, Peter, Peter Petersen - die Negierung der Vernunft?, in:

sichts des Alltags im Erziehungssystem kann letzteres nur als Worthülse gewertet werden, die aber auch Teile des Selbstverständnisses offenbart und erkennen läßt, daß der Verfasser des Jena-Planes die undemokratischen gesellschaftlichen Entwicklungen mit seinen Erziehungsvorstellungen in Einklang bringen konnte. Die verstärkte Wendung zum Völkischen über die Deutschkunde mit dem Deutschunterricht in „Königsstellung" - und damit in Richtung Deutsche Oberschule - vollzog 1933 auch die „Katholische Monatsschrift für Orientierung in der gesamten Pädagogik" „Pharus".[307] Nach Auswertung einschlägiger Veröffentlichungen (Hitler, Krieck, Feder, Usadel usw.) zu den Schul- und Erziehungsvorstellungen der Nationalsozialisten resümierte Güsgens, daß „manches ... vom katholischen Standpunkte aus im Interesse einer wahren Jugend- und Volkserziehung"[308] Zustimmung finden könne. Begrüßt wurde u.a. die Betonung der Familie, die Bildung des Charakters, die Bedeutung von Gesundheit und Körperkraft, Pflege nationaler Eigenart und:

> „Mit dem Nationalsozialismus bekämpfen wir die religionslose Erziehung, die weltliche Schule, die Kinderfreunde und die Koedukation, weil sie unseren religiössittlichen Anschauungen zuwiderlaufen. Wer die Gefahren, welche namentlich die Jugend in Theater und Kino, Presse und Literatur heute bedrohen, kennt, wird gern Bundesgenossen im Kampfe gegen diese Zeitschäden begrüßen."[309]

Unüberbrückbare Differenzen in entscheidenden Punkten der völkischen Weltanschauung sah Güsgens nur in der Staatsvergötterung und - besonders - in der Einschränkung der „Erziehungsmission" der Kirche, der Verwerfung der Dogmen und der Gefahr für die konfessionelle Schule sowie den bekenntnismäßigen Religionsunterricht.[310] Es handelte sich also um eine deutlich kulturkritische Position, die aber noch Distanz zu völkischen Auffassungen offenbart, da diese Grundlagen der Kirche infragestellten. Die nach der Machtübergabe abgegebenen nationalsozialistischen Verlautbarungen zur Bestandssicherung christlichen Kulturgutes, die Rücknahme der Warnungen der Bischöfe und der Konkordatsabschluß sollten die von Güsgens vorgetragenen Bedenken bei vielen Christen auflösen.

---

ebd., S. 117-132

[307] Erste grundsätzliche Hinweise zum Pharus neuerdings bei Horn, Klaus-Peter, Pädagogische Zeitschriften im Nationalsozialismus. Selbstbehauptung, Anpassung, Funktionalisierung (= Bibliothek für Bildungsforschung hrsg. von Benner, Dietrich u.a., Bd. 3), Weinheim 1996, S. 171ff, der aber auf die deutschkundliche Grundhaltung der Zeitschrift nicht eingeht.

[308] Güsgens, Joseph, Das nationalsozialistische ..., a.a.O., S. 36

[309] ebd.

[310] vgl. S. 36-42

Dadurch konnte die Zeit Anfang 1933 verstärkt als „Wende", als „Schicksals-stunde" empfunden werden, als Ergebnis des „Aufbruch(s) zu Volk und völkischer Selbstbesinnung" - mit der Konsequenz für Bernhard Bergmann, Referent an der Zentralstelle der katholischen Schulorganisation Düsseldorf und seit 1931 Schulrat, daß die „im Volk und Volkstum wurzelnden Werte planmäßiger und bewußter als bisher pädagogisch fruchtbar"[311] gemacht werden sollten. Volk, als „Organisch-Gewachsenes", sei den Katholiken und der Kirche, die sich historisch als „ungebrochene Hüterin des deutschen Volkstums" erwiesen habe, „im Tiefsten eine Idee Gottes, ein Stück Schöpfungsordnung", in deren Sinne keine „allgemeine Vermischung" liege, sondern eine „Pflicht zur Sondererhaltung" der Menschen- und Völkerrassen.[312]

Angesichts des „Volks- und Volkstumszerfalls" - der „atomisierte(n) Masse", der „'Interessentenhaufen'", der „Zersetzung der Gemeinschaft durch die große Massenmörderin 'Zivilisation'", der „Vermassung und Nivellierung des Kulturlebens" - drohe „Ausrottung und Untergang" des Volkes.[313] Doch implizierte dieses Verständnis nicht die Unterordnung der Religion unter Rasse und Volk, da dadurch die „eigentliche Grundlage christlicher Jugenderziehung" zerstört würde.[314] Ansatzpunkte für „echte Erziehung zum Volkstum" sollten „am Born der drei vornehmsten Symbole und Heiligtümer eines Volkes" liegen: „Muttersprache, Heimatscholle und Volksschicksal."[315] Besonders ging es Bergmann darum, Heimat wieder „als tiefsten Lebenssinn, als geistiges Wurzelgefühl, als 'Heilige Scholle'" zu begreifen und auch auf diesem Wege letztendlich „in harter Zeit ein hartes Geschlecht zu bilden".[316]

Der letzte Beitrag im 1. Halbjahresband des Pharus 1933 machte deutlich, in welche Richtung die ausufernde Volkstuminterpretation und das bemühte Distanzie-

---

[311] Bergmann, Bernhard, Schule, Volk und Volkstum, in: Pharus 24 (1933), 1. Halbband, S. 117f. In diesem Sinne war schon auf einer Tagung der Katholischen Schulorganisation vom 12. bis 14. Oktober 1932 diskutiert worden, daß das Positive beim Nationalsozialismus, „die starke Betonung volkhafter Bildung", „vom Katholischen her umzuformen und in unsere Gesamtbildungsarbeit einzubauen" sei, doch zu diesem Zeitpunkt noch mit dem Ziel, um ihm „von innen her wirksam zu begegnen" (Schulpolitische Führertagung. Ein Bericht, in: Pharus 24 (1933), 1. Halbband, S. 55) Zu Bergmann siehe auch bei Himmelstein, Klaus, „Ehrfurcht vor Gott" als Erziehungsziel - Zur Diskussion über die pädagogische Nachkriegsentwicklung im Spannungsfeld von Demokratisierung und Restauration, in: Pädagogik und Schulalltag 49 (1994) H. 4, S. 483-493

[312] Bergmann, Bernhard, Schule ..., a.a.O., S. 120-123
[313] ebd., S. 124
[314] ebd., S. 123
[315] ebd., S. 126
[316] ebd., S. 128, 133

ren von einigen nationalsozialistischen Positionen gehen sollte. Der Hauptschrift-leiter Dr. Heinrich Kautz und die Herausgeberin des Pharus, die Pädagogische Stiftung Cassianeum, betonten in einer Grundsatzerklärung „An die Pharusge-meinde" angesichts der „Weihestunden von Potsdam" und des Endes der „liberalistischen, individualistischen, rationalistischen Pädagogik" die Notwendigkeit der katholischen Pädagogik, sich in „ehrlicher, opferbereiter und tatkräftiger Weise frei und ganz in die neue pädagogische Front ein(zu)reihen."[317]
In der „Stunde der Entscheidung" sei gerade für die Katholische Pädagogik eine „Mission" zu erfüllen.[318] Und der inhaltlichen Ausfüllung dieser Mission widmet Kautz selber den Eröffnungsartikel im 2. Halbjahrsband 1933. Der „totale kulturelle Umbruch" erfolgte für Kautz nach „langen Jahren der Verirrung und Ohnmacht", deren Kennzeichen „demokratische(s) Denken mit seinen verhängnisvollen Lehren" war.[319] Da das „Vernunftideal in der Aufklärung eine uferlose Vermassung und damit eine wesensentstellende Verflachung" erfahren habe, gebärde sich nun das „autonome Individuum" gemeinschaftszerstörend bürgerlich „überheblich als Kosmopolitentum" bzw. proletarisch als „komplette Entwurzelung und als Internationalismus."[320] Typisch sei der „antimetaphysisch-antireligiöse, einseitig ökonomisierte, technisch-großstädtische Mensch", der als „rasende(s) Atom" das deutsche Volk zersprenge.[321] Der Sinn der „preiswürdige(n) Tat der Märzrevolution" sei in der „kraftvollen Fesselung des in seiner verderblichen Grundtendenz voll ausgereiften, augenblicklich zum Todesschlag ausholenden Aufklärungsmenschen" (im Original kursiv, H.-G. B.) gewesen.[322] Mit dieser Liquidierung der „Irrtümer der aufklärerisch-westlichen Vergangenheit" durch den Nationalsozialismus erfolge ein „tiefschneidender Umschwung zu einer antirationalistischen, antiliberalistischen und antiindividualistischen Pädagogik, die in einer allseitige(n) Verwurzelungspädagogik" münde.[323] Zugleich mit diesem Kulturumbruch wider den Westen sieht Kautz einen Kulturumbruch wider den Osten, gegen eine Erziehung zum „unentwegten, unversöhnlichen Klassenkampfmen-

---

[317] Kautz, Heinrich, An die Pharus-Gemeinde, in: Pharus 24 (1933) 1. Halbband, S. 479f. Dr. Kautz war seit 1929 Dozent am Deutschen Institut für wissenschaftliche Pädagogik und seit 1932 Chefredakteur beim Pharus. Seine Mitgliedschaft im NSLB datiert auf 1933 und in der NSDAP auf 1937, so Horn, Klaus-Peter, Pädagogische ..., a.a.O., S. 175.
[318] ebd., S. 480
[319] Kautz, Heinrich, Die Pädagogik im neuen Deutschland, in: Pharus 24 (1933), 2. Halbband, S. 1f.
[320] ebd., S. 3
[321] ebd., S. 4
[322] ebd., S. 4
[323] ebd., S. 4f.

schen", der sich „grundsätzlich von Vaterland, Heimat, Volkstum" lossage und „die ganze Menschheit in einen einzigen rassen-, art-, volks- und stammeslosen Brei" verwandele und so die „kosmoproletarische (im Original kursiv, H.-G. B.) Grundeigenheit des östlich-marxistischen Massenmenschentypus" verkörpere.[324] Pädagogisch bedeutet dies für Kautz, daß die „erstickende Überwucherung des Gesinnungsunterrichtes" beendet sei und durch die Verlagerung auf die „Urganzheiten Volk und Gott" die Fächer Religion, Geschichte und Deutsch eine „Königsstellung" im Lehrplan erhielten.[325] Der Sinn der notwendigen germanistischen, auf das Germanentum abzielenden Pädagogik lag für Kautz „in einer erzieherischen Erweckung der Blutsverbundenheit, der Artgemäßheit sowie der völkisch-rassenbestimmten Abstammung im ganzen", wobei er nicht an eine „einseitig erbbiologisch(e)" Auslegung dachte, sondern das Schwergewicht vielmehr in der „seelisch-moralische(n) Tendenz der Artgemäßheit und Rassenbestimmtheit" sah.[326] Umfangreich belegte Kautz, daß das Christentum keine totale Leidensreligion sei und auch nicht als totale Weltverneinung gekennzeichnet werden könne, um so den Zusammenhang zwischen „Christengeist und angriffsfrischer Wehrhaftigkeit" zu verdeutlichen, der seine „edelste Vermählung" in den Kreuzzügen gefunden habe:

> „die germanistische Wehrerziehung (muß) sich erst vollenden in den höheren und weiteren christlichen Wehrgedanken."[327]

Diese antidemokratische Ausrichtung findet ihre weitere Bestätigung und auch Konkretisierung bei Broich, der aus dem „Unterirdischen des Volkslebens hervorbrechende Kräfte" erkannt haben will, die „im denkbar schärfsten Gegensatz zu ... aus den natürlichen Bindungen entwurzelten Richtungen des internationalen Liberalismus, dem internationalen Finanzkapital, dem internationalen Marxismus und dem internationalen Judentum, das vielfach Träger dieser volksfremden Bewegung in den verschiedensten Fronten war", stehen.[328] Der Protest gegen rationalistische Kultur münde nun in eine Rückkehr zu den „irrationalen Quellen des Lebens: Boden, Heimat, Volk und Rasse ..., die Besinnung des Volkes auf sich selbst."[329] Broichs Gesellschaftsanalyse vom „christlich-konservativem Standpunkt" beschreibt die Weimarer Republik als „unfruchtbaren Parlamentarismus

---

[324] ebd., S. 10f.
[325] ebd., S. 11
[326] ebd., S. 16
[327] ebd., S. 19f.
[328] Broich, Karl, Politik und Pädagogik. Zum Problem der politischen Erziehung, in: Pharus 24 (1933), 2. Halbband, S. 22f.
[329] ebd., S. 23

mit seinem mechanischen, rein quantitativen Ausleseverfahren" und den Staat als „Opfer der Parteien und politisierenden Verbände", der die Frontgeneration „bewußt" unterdrückte.[330] Dem Katholizismus schrieb er „die besten Voraussetzungen" zu, „das neue deutsche Reich mitzugestalten" aufgrund der „tiefe(n) Verwurzelung mit Boden, Landschaft, Heimat und Volk" und der „überzeitliche(n) und überräumliche(n) religiöse(n) Idee."[331] Um „die atomistischen Tendenzen" des „technisch-materialistischen Zeitalters" zu überwinden und um die Klassengegensätze durch eine organisch-ständische Gliederung zu beseitigen, war für Broich das „Primat der Politik", konkret „ein autoritärer Staat notwendig", der, um die Kultur von den „Zersetzungserscheinungen des modernen Geistes" zu reinigen, „Presse, Parteien, Theater, Kino und Literatur in den Dienst der nationalen Volkserziehung" stellen sollte[332] Vor diesem Hintergrund entwickelt Broich Vorstellungen zu Zielen der politischen Erziehung: „Naives Schwärmen für Völkerfreundschaft" verurteilt er „aufs schärfste als würdelos"; Körper- und Wehrerziehung sei „ausschließliche(s) Recht des Staates"; „im erwachenden Rassegefühl" komme „ein durchaus nationales, ethisches und religiöses Ziel zum Ausdruck, nämlich die innere Auflösung und Zersetzung des Volkslebens durch soziale und weltanschauliche Spannungen sowie eine volksfremde Geistigkeit durch Reinigung und Veredlung der Rasse zu überwinden, ein Ziel, das auch vom christlichen Standpunkt anerkannt werden" müsse, wobei Rasse mit Krieck nicht nur naturhafte Gegebenheit, sondern auch „Gegenstand des Bewußtseins, des Wollens und Handelns" sei.[333] Die „Höherführung der Rasse" obliege der „nationalen Erziehung", wobei der nationalen Bewegung - unter Verweis auf „Mein Kampf" - das „große Verdienst" zukomme, die christliche Auffassung vom Primat der Erziehung vor dem Unterricht ... wieder herausgestellt" zu haben.[334] Mit dieser politischen Erziehung sah Broich keine Einschränkung der religiösen Erziehung ver-

---

[330] ebd., S. 24f.
[331] ebd., S. 25
[332] ebd., S. 25-28. Demgegenüber warnt Schröteler in der Auseinandersetzung mit Krieck trotz einiger zu akzeptierender Vorstellungen des Nationalsozialismus vor dem absoluten Staat, von dem er eine „omnipotente Monopolstellung namentlich auf dem Gebiet der Erziehung" befürchtet und plädiert für die Beachtung der „Eigenständigkeit des Individuums", die katholische Erziehung beachten müsse. Vgl. Schröteler, Joseph S.J., „Nationalpolitische Erziehung, a.a.O., S. 114. Dr. Schröteler war Professor für Pädagogik an der philosophisch-theologischen Lehranstalt in Frankfurt, Leiter des Instituts für wissenschaftliche Pädagogik, Zweigstelle Düsseldorf, und seit 1923 Schriftleiter der Zeitschrift „Schule und Erziehung".
[333] Broich, Karl, Politik ..., a.a.O., S. 32f.
[334] ebd., S. 34

bunden, sondern postulierte „ein großes Interesse" des nationalen Staates daran, „daß die Bindung des jungen Deutschen von Boden und Volk bis zu Gott reicht."[335] Als Ideal der politischen Erziehung charakterisierte Broich einen „politischen Deutschen", der „infolge seiner blutsmäßigen Bindung einen sicheren Instinkt und klare Erkenntnis" besitze, um unterscheiden zu können, was das Volk in seiner Existenz bedrohe, der „als dienendes Glied" Lebensglück vielfach entbehren müsse, „für den der Kampf zur Lebensform geworden" sei.[336] Am Beispiel der Rassekunde zeigte Broich auf, daß nicht bloßes Wissen über die Lebenszusammenhänge des deutschen Volkes vermittelt werden dürfe, sondern daß die Jugend zur Einsicht kommen müsse, „daß die Reinhaltung der Rasse und damit der Kultur des Volkes eine notwendige Voraussetzung für die Sicherung und Leistungsfähigkeit des Volkes ist."[337]

Das im Laufe des Jahres 1933 und Anfang 1934 verstärkt feststellbare Einschwenken dieser nationalkonservativ-christlichen Richtung in der Pädagogik auf nationalsozialistische weltanschauliche Elemente wurde erleichtert bzw. begünstigt durch ideologische Schnittmengen, die in diesem Teil des Katholizismus besonders ausgeprägt waren: die deutliche Distanz zu Ideen der Aufklärung und die innige Verhaftung an der Kulturkritik. Dieses Agglomerat, das mit Spranger die gesellschaftliche Entwicklung auf eine allgemeine religiöse Krise reduzierte, hatte Affinitäten zum autoritären Staat und zu völkischen Erneuerungsvorstellungen, wobei die Unterschiede zum Nationalsozialismus auch in diesen Bereichen durch Verwendung dessen Vokabulars nicht unbewußt eingeebnet wurden. Die gesellschaftlichen Zielvorstellungen dieser katholischen Christen reflektierten kaum individuelles Freiheitsstreben als Teil von Mündigkeit, sondern sahen dies als „das gärende Gift in der Seele unseres Zeitgeistes", und fanden so auch zurück zu einer als organisch verstandenen „zufriedene(n) statische(n) Ruhe der mittelalterlichen Menschheit"[338], indem ein ständischer Gesellschaftsaufbau proklamiert wurde. Erleichtert wurde dies durch Anknüpfung an die ältere Kulturkritik von Lagarde und Langbehn[339] und durch Rezeption neuer völkischer Literatur.[340] Für

---

[335] Broich, Karl, Die Schule im neuen Staat, in: Pharus 25 (1934), 1. Halbband, S. 251
[336] ebd., S. 252f.
[337] ebd., S. 254
[338] Schmitz, Fritz, Christliche Persönlichkeits- u. völkisch-deutsche Wiederaufbaupädagogik, in: Pharus 25 (1934), 2. Halbband, S. 1f
[339] so auch Brunnengräber, Hans, Die Zeit in ihrem Zerwürfnis. Zur pädagogischen Situation dieser Zeitschrift, in: Bildung und Erziehung 1 (1934), S. 1-14 und besonders Przywara, Erich S.J., Deutscher Aufbruch, in: Stimmen der Zeit Bd. 124 (1933), S. 82-93. Dr. Brunnengräber war mit Prof. Dr. Joseph Schröteler S.J. ab 1934 Herausgeber von „Bildung und Erziehung" im Auftrag des „Deutschen Instituts für wissenschaftliche Pädago-

viele sich als „volkskonservative Nationalisten" verstehende katholische Pädagogen war die Situation 1933/34 eine Herausforderung. Man wurde zur Pflichterfüllung aufgefordert und fühlte sich aber auch aufgefordert. Während man die Weimarer Republik als „Demokratismus" abqualifiziert hatte, wurde jetzt die Obrigkeit als „Gottes Dienerin" herausgestellt, der „um des Gewissens willen" zu folgen sei.[341] Nicht zuletzt auch deswegen, weil das Programm der neuen Regierung nach Meinung des Professors für Ethik Max Pribilla, SJ, vieles enthalte, „dem die Katholiken ohne Bedenken, ja freudig beipflichten können", wenn man von der „Gefahr einer nationalistischen Verengung" und bei aller Berechtigung „von allen Einseitigkeiten und Überspitzungen" des Rassegedankens absehe.[342] Dem Nationalsozialismus war der Einbruch in das katholische Milieu auch über die Deutschkunde gelungen. Sie hatte sich insgesamt für viele Lehrer und Wissenschaftler als Vermittlungsinstanz erwiesen.[343]

5. Entwicklung der preußischen Aufbauschule

Während die bildungspolitische Diskussion die Aufbauschulen weitgehend vernachlässigte und so ihr traditioneller randständiger Charakter erkennbar blieb, wurde einerseits durch die forcierte Einführung in Bayern[344] als letztem größeren

---

gik, Münster i. Westf." und der „Katholischen Arbeitsgemeinschaft für Bildung und Erziehung, Düsseldorf". Nach Horn, Klaus-Peter, Pädagogische ..., a.a.O., S. 180 war Brunnengräber hauptamtlicher Dozent am Deutschen Institut für wissenschaftliche Pädagogik in Münster und dessen wissenschaftlicher Leiter von 1934 bis 1938.

[340] siehe u.a. auch die Rezensionen Hommes, Jakob, Lebens- und Bildungsphilosophie als völkische und katholische Aufgabe, in: Pharus 25 (1934) 1. Halbband, S. 475-477, sowie dessen positive Würdigungen Kriecks in: derselbe, Ernst Krieck: Nationalsozialistische Erziehung, in: Pharus 25 (1934) 1. Halbband, S. 301-303 und derselbe, Ernst Krieck: Musische Erziehung - Die soziale Funktion der Erziehung, in: Pharus 25 (1934), 2. Halbband, S. 88-90

[341] Brunnengräber, Hans, Die deutsche Schule und die pädagogische Situation der Gegenwart, in: Vierteljahrsschrift für Wissenschaftliche Pädagogik 9 (1933), S. 259-276, hier S. 265. Brunnengräber erwartete durch die neue soziale und organische Volksgemeinschaft eine Verwirklichung der Ziele Leo XIII, Kettelers und Pius XI. ebd., S. 271

[342] Pribilla, Max S.J., Nationale Revolution, in: Stimmen der Zeit Bd. 125 (1933), S. 161, 164. Pribilla war seit 1921 Hauptmitarbeiter der „Stimmen der Zeit". Vgl. DBA 1027, 88-93

[343] Genschel spricht für ein ähnliches Phänomen im Fach Geschichte von „Überbrückungsliteratur." Vgl. Genschel, Helmut, Politische Erziehung durch Geschichtsunterricht. Der Beitrag der Geschichtsdidaktik und des Geschichtsunterrichts zur politischen Erziehung im Nationalsozialismus, Frankfurt 1980, S. 31

[344] Schon für das Schuljahr 1935/36 werden 20 Deutsche Aufbauschulen ausgewiesen. Vgl. Wegweiser durch das höhere Schulwesen des Deutschen Reiches, Schuljahr 1935. Bear-

Land ohne Aufbauschule diese Schulform fast flächendeckend im Reich etabliert[345] und erhöhte sich andererseits in Preußen langfristig die Akzeptanz in der Bevölkerung deutlich. Dennoch ist eine kontinuierliche Reduzierung der Anzahl der Aufbauschulen für Preußen festzustellen, die sich erst 1937 stabilisierte:

Zahlenmäßige Entwicklung der öffentlichen Aufbauschulen in Preußen[346]

	Knabenanstalten		Mädchenanstalten		Gesamt
	O.R.	D.O.	O.R.	D.O.	
1934/35[347]	19	71	1	14	105
1935/36[348]	18	70	1	12	101
1936/37[349]	17	70	1	11	99
1937[350]		87		12	99

1936 waren von den 88 öffentlichen Aufbauschulen für Knaben 13 anderen Schultypen angeschlossen (davon 9 einem Gymnasien), so daß 75 Aufbauschulen als Haupttyp gelten konnten, wobei an fünf von ihnen aber eine weitere Schule angeschlossen war.[351] 18 Aufbauschulen wurden demnach als Doppelanstalten geführt und lagen somit außerhalb des rein ländlichen Raumes. Aussagekräftiger bezüglich der Stadt-Land-Verteilung ist, daß nur 51 Aufbauschulen in den jeweiligen Schulorten die einzige öffentliche höhere Lehranstalt waren.[352] Nur diese Schulen sind eindeutig der Land- bzw. Kleinstadtbevölkerung zuzuordnen - gegenüber den Intentionen der Gründer und den nationalsozialistischen Verlautbarungen gerade einmal etwas über 50%.

---

[345] beitet von der Reichsstelle für Schulwesen, 1. Jg. Berlin 1936, S. 23*
Nur in Lübeck und Schaumburg-Lippe gab es keine der insgesamt 159 Aufbauschulen. Vgl. ebd.

[346] O.R. = Oberrealschule, D.O. = Deutsche Oberschule

[347] vgl. Philologen-Jahrbuch 41. Jg. Schuljahr 1934/35, Stand 1. Mai, Breslau 1934

[348] vgl. Philologen-Jahrbuch 42. Jg. Schuljahr 1935/36, Stand 1. Mai, Nachträge Mitte Oktober, Breslau 1935. Für das Deutsche Reich werden insgesamt 159 Aufbauschulen genannt (vgl. Wegweiser ... 1935, a.a.O., S. 20*f.

[349] vgl. Philologen-Jahrbuch 43. Jg. Schuljahr 1936/37 Stand 1. Mai, Nachträge Ende Oktober, Breslau 1936

[350] vgl. Wegweiser durch das höhere Schulwesen des Deutschen Reiches. Schuljahr 1937. Bearbeitet von der Reichsstelle für Schulwesen, 3. Jg. Berlin 1938, S. 158f.

[351] Müller, Detlef K./ Zymek, Bernd, Sozialgeschichte und Statistik des Schulsystems in den Staaten des deutschen Reiches 1800-1945. Datenhandbuch zur deutschen Bildungsgeschichte; Bd. 2 Höhere und mittlere Schulen, Teil 1, Göttingen 1987, S. 130

[352] Wegweiser ... 1935, a.a.O., S. 162

Ein Vergleich mit der Entwicklung des höheren Schulwesens insgesamt zeigt, daß vom Schuljahr 1934/35 bis zum Schuljahr 1936/37 die Zahl der höheren Schulen nur um ca. 2,8% zurückging[353], während der Rückgang bei den Aufbauschulen demgegenüber ca. 5,7% betrug. Dieser größere Rückgang muß vor dem Hintergrund der Verringerung der Schülerzahlen insgesamt gesehen werden: allein von 1933 auf 1934 um 6,6% im höheren Schulwesen[354], was bei den überwiegend einzügigen Aufbauschulen deren Existenz eher gefährdete.[355] Doch machte der Anteil der Aufbauschulen damit immer noch ca. 6,4% aller höheren Schulen aus. 1937 lag der Anteil der Aufbauschulen bei 7,6%, da sich bei ihnen der Abbau nicht fortsetzte.

Die Stabilisierung hatte sich schon für das Schuljahr 1935/36 abgezeichnet, da ein „nicht unwesentliche(r) Auftrieb" bei den Schülerzahlen festzustellen war, denn von den 65 selbständigen Knabenaufbauschulen hatten 59 ihren Schülerbestand vermehrt, von den entsprechenden elf Mädchenaufbauschulen acht.[356] Letzteres ist aber nicht auf einen extrem starken Zustrom von Mädchen zurückzuführen. Denn an den Mädchenaufbauschulen machten im Schuljahr 1934/35 „die Knaben fast die Hälfte aller Untertertianer aus"[357].

Eine deutliche Steigerung bei den Neuaufnahmen 1936 um 17,4% und 1937 um weitere 64,3% macht deutlich, daß die Aufbauschule besonders an Attraktivität gewann, auch wenn diese Zahlen erst nach längerer Stabilisierung zu einer deutlichen Verschiebung im Gesamtgefüge des höheren Schulwesens beitragen würden:[358]

---

[353] Berechnet nach Daten aus Anm. 344, 350
[354] vgl. Simon, Eduard, Das höhere Schulwesen Preußens 1934, in: Deutsches Philologen-Blatt 42 (1934), S. 301-303
[355] Im Einzelfall war auch die Entwicklung der Zahl der Schüler(innen) für eine Auflösung nicht entscheidend, sondern ein allgemeiner kommunalpolitischer Beschluß. 1934 wurde z.B. aufgrund der Eingemeindung Odenkirchens nach Rheydt die Odenkirchener Aufbauschule aufgelöst und die Schüler(innen) wurden der benachbarten Rheydter Aufbauschule zugewiesen. Vgl. Rixen, Franz, Die Odenkirchener Aufbauschule, in: Laurentiusbote Nr. 80, August 1956, S. 384 und Stadtarchiv M, Bestand 14 Nr. 2700, Schiller, Arnold, Die staatliche Aufbauschule zu Rheydt. Erinnerungen an eine vergessene Schule.
[356] vgl. Simon, Eduard, Das höhere Schulwesen Preußens 1935, in: DDHS 2 (1935), S. 479
[357] vgl. Pröbsting, G., Das Philologen-Jahrbuch 1934, in: Deutsches Philologen-Blatt 43 (1935), S. 14
[358] vgl. Wegweiser ... 1935, a.a.O., S. 204f.; Wegweiser durch das höhere Schulwesen des deutschen Reiches. Schuljahr 1936. Bearbeitet von der Reichsstelle für Schulwesen, 2. Jg. Berlin 1937, S. 200; Wegweiser ... 1937, a.a.O., S. 194. Die Aufnahmeprüfung in UIII zu Ostern 1935 bestanden ca. 90% der Angemeldeten. Die geringe Rate für „nichtbestanden" erklärt den zahlenmäßigen Zuwachs kaum. Vgl. Wegweiser ... 1935, a.a.O., S. 204f

Aufnahmen in Untertertia

	Knabenanstalten		Mädchenanstalten		Gesamt
	Knaben	Mädchen	Mädchen	Knaben	
Ostern 1935	2162	377	218	135	2892
Ostern 1936	2571	447	225	153	3396
Ostern 1937	4071	893	301	313	5578

Demgegenüber spiegeln die Zahlen der Abiturient(inn)en die Geburtenzahlen um das Kriegsende und die Veränderungen der Bildungsbereitschaft am Ende der Weimarer Republik:

Reifeprüfung in Preußen[359]

	Zahl der Aufbauschulabiturienten	Anteil an der Gesamtzahl
Ostern 1935	1168	5,9%
Ostern 1936	933	6,7%
Ostern 1937	1500	5,7%

Die deutliche Steigerung der absoluten Zahl zu Ostern 1937 ist durch die vorgezogene Abiturprüfung der Unterprimaner bedingt. Mit ca. 6% stellen die Aufbauschulen auch in diesem Zeitraum einen nicht geringen Teil der Abiturient(inn)en in Preußen, der 1935 mehr als dreimal so groß ist wie der Anteil der Abiturient(inn)en der grundständigen Deutschen Oberschule.[360]
Die Entwicklung des Schüler(innen)bestands an den Aufbauschulen insgesamt bestätigte den Attraktivitätsgewinn:

Schüler(innen)bestand[361]

	Knaben	Mädchen	Gesamt
1935	8723	2242	10965
1936	10342	2379	12721

Wobei die Zunahme noch an Gewicht gewinnt, wenn man berücksichtigt, daß sie sich gegenüber dem Abgang der Abiturient(inn)en und dem Ausscheiden von

---

[359] vgl. Wegweiser ... 1935, a.a.O., S. 224; Wegweiser ... 1936, a.a.O., S. 214f. und 220f.; Wegweiser ... 1937, a.a.O., 214f.
[360] vgl. Wegweiser ... 1935, a.a.O., S. 224
[361] vgl. Wegweiser ... 1936, a.a.O., S. 24*f.

Schüler(inne)n nach der UII nicht allein durch die vermehrte Aufnahme in der Untertertia ergibt. Denn die Zahl der Zugänge von Seiteneinsteiger(inne)n war nicht unerheblich, auch wenn behördlicherseits dieser Übergang von einer häufig grundständigen höheren Schule bzw. auch Mittelschule nicht gefördert wurde. Dieser Attraktivitätsgewinn wird bestätigt durch einen Vergleich der Gesamtentwicklung im höheren Schulwesen. So wurden im Deutschen Reich im Schuljahr 1937 97.730 Sextaner(innen) aufgenommen, aber schon 9.921 Schüler(innen) in die UIII der Aufbauschulen. Angesichts des bisherigen Anteils der preußischen Aufbauschulabiturient(inn)en an der Gesamtzahl der Abiturient(inn)en in Preußen von rund sechs Prozent dokumentiert der 10%-Anteil an den Neuaufnahmen die wachsende Bedeutung der Aufbauschulen.[362]

Für die Sozialstruktur lassen sich, da spezifische Statistiken von den Schulen vom Reichsministerium nicht mehr flächendeckend erwartet wurden, nur noch Einzelbelege nachweisen:

Sozialstruktur der Schülerschaft 1934 (in %)[363]

	Westfalen	Recklinghausen
Beamte		
- akademisch	3,7	0
- nicht akademisch	27,3	24,3
Lehrer		
- akademisch	1,3	1,0
- nicht akademisch	8,0	2,9
Freie akademische Berufe	2,2	2,9
Landwirte		
- selbständig	13,7	4,9
- angestellt	0,5	0
Kaufleute		
- selbständig	9,5	5,8
- angestellt	4,3	2,9
selbständiges Handwerk	8,1	8,7
Handwerk gegen Lohn, Arbeiter	15,1	36,9
Sonstige Berufe	5,8	9,7

---

[362] vgl. Wegweiser ... 1937, a.a.O., S. 32*
[363] Eigene Berechnung nach Zahlen aus dem Schuljahr 1934/35 (vgl. StA MS, PSK 6600 und 7109).

Im Vergleich zu 1929[364] hat damit in Westfalen der prozentuale Anteil der Kinder der Handwerker gegen Lohn und der Arbeiter sowie der selbständigen Handwerker und der angestellten und (mit 5,7%-Punkten am stärksten) der selbständigen Landwirte deutlich abgenommen, während alle anderen Berufsgruppen ihren Anteil leicht verbessern konnten. Diese Entwicklung hatte ihre Ursache vermutlich in finanziellen Gründen.

Noch drastischer stellte sich die Entwicklung in der Industriestadt Recklinghausen dar. Der Anteil der ökonomisch schwachen Gruppe der Handwerker gegen Lohn und Arbeiter war um 22,4 Prozentpunkte gesunken, während der Anteil der selbständigen Kaufleute um 4,8 und der Anteil der nicht akademischen Beamte um 6,6 Prozentpunkte gestiegen war. Die soziale Lage bzw. die soziale Herkunft erwies sich unter den ökonomischen Bedingungen als Selektierungsvariable - auch in den untersuchten ersten Jahren des Nationalsozialismus. Denn die Richtsätze für das einzuziehende Schulgeld waren - trotz aller nationalsozialistischen Propaganda und der alten Parteiprogrammatik - nicht gesenkt worden.[365]

Zur Sprachenfolge und zur Unterrichtsverteilung lassen sich einschlägige Datensammlungen für ganz Preußen nachweisen. Bezüglich der Sprachenfolge dominierte bei 52% der Schulen die Kombination Englisch (ab Untertertia) und Latein (ab Untersekunda), der mit 19% bzw. 18% die Kombinationen Französisch-Englisch und Englisch-Französisch folgten.[366] Die Kombination Englisch-Latein hatte sich damit um 11%-Punkte stärker durchgesetzt im Vergleich zur Weimarer Republik. Doch kann man fast von einem Standardmodell bei der Sprachenfolge sprechen, da in den restlichen 14 Ländern diese Kombination an 62,5% der Schulen eingeführt war.[367] Englisch als Erste Fremdsprache war den Aufbauschulen vorbehalten, während in Preußen an den übrigen höheren Schulen Latein oder Französisch als Anfangssprache vorgesehen war.

Als stundenplanmäßige Verteilung des wissenschaftlichen Unterrichts für das Schuljahr 1936/37 waren folgende Wochenstundenzahlen an der Deutschen Oberschule in Aufbauform festgelegt:[368]

---

[364] vgl. Kapitel B III.2.

[365] vgl. Wegweiser ... 1935, a.a.O., S. 9*. Ein geringeres Schulgeld als jährlich 240 RM erhoben nur ganz wenige Gemeinden. Vgl. ebd., S. 10*

[366] vgl. Wegweiser ... 1935, a.a.O., S. 23*. Alle bayerischen Aufbauschulen hatten demgegenüber die Kombination Englisch-Latein (vgl. ebd.).

[367] vgl. ebd. Eigene Berechnung.

[368] vgl. ebd., S. 26*f.

	UIII	OIII	UII	OII	UI	OI
Deutsch	5	5	5	5	4	4
Englisch	7	7	4	3	3	3
Französisch/						
Latein	-	-	5	4	4	4
Geschichte/						
Erdkunde	5	5	5	6	6	6
Mathematik	5	5	4	4	4	4
Naturwiss.	4	4	4	5	5	5
Technische Fächer von U III bis O I			44			
Religion insgesamt von UIII bis OI			12			

Die sich hier zeigende Unterrichtsverteilung der wissenschaftlichen Fächer stellt keinen Einschnitt gegenüber der Zeit vor dem Nationalsozialismus dar, da sich die Veränderungen im Grundsatz auf eine Stundenverschiebung zwischen den Sprachen beschränkten, die zu einer Aufwertung der 2. Fremdsprache führte. Daß die Unterrichtsverteilung an den neu eingerichteten bayerischen Deutschen Aufbauschulen insgesamt 6 Std. weniger Mathematik, 7 Std. weniger Naturwissenschaften, 2 Std. weniger Geschichte/Erdkunde, 7 Std. weniger Englisch, 4 Std. weniger Latein und 1 Std. weniger Deutsch vorsah, wird durch den um 18 Std. erhöhten Anteil der Technischen Fächer wesentlich kompensiert.[369]
Neueinrichtungen von Schulen lassen - so macht die Entwicklung in Bayern im Vergleich zu Preußen deutlich - eher grundsätzliche konzeptionelle Änderungen, in diesem Fall im nationalsozialistischen Sinne, akzeptabel werden, als die entsprechende Veränderung bestehender Organisationsformen.
Insgesamt zeigt sich an der dargestellten konkreten Entwicklung, daß sich schulorganisatorisch in den ersten Jahren des Nationalsozialismus an den Aufbauschulen Preußens kaum Veränderungen ergeben haben. Spezifische Erlasse, die die Besonderheit dieser Schulform und dieses Schultyps beachteten, sind nicht zu erkennen. Die zahlreichen Diskussionsbeiträge aus dem Erziehungssektor bzw. aus dem Ministerium blieben ohne direkten Belang. Alle personellen und unterrichtlichen Eingriffe durch den Nationalsozialismus ergaben sich aus dessen grundsätzlichen allgemeinen Positionen zum höheren Schulwesen und der spezifischen Ausgestaltung der Unterrichtsfächer.
Beachtenswert erscheint demgegenüber aber die Zugehörigkeit der Schüler(innen) von Aufbauschulen zu nationalsozialistischen Jugendbünden.

---

[369] vgl. ebd.

Provinz Westfalen Schuljahr 1935/36[370]

Schule	Jungvolk/ Jungmädel	HJ/ BDM	Gesamtzahl der Schülerschaft	Organisations- grad in %
Arnsberg	27	94	127	95
Bethel*	34	108	155	92
Bielefeld*	23	25	73	66
Büren	34	64	117	84
Herdecke*	36	70	119	89
Hilchenbach*	30	67	110	88
Laasphe*	28	92	135	89
Lübbecke*	40	61	108	94
Olpe	15	46	78	78
Petershagen*	18	78	98	98
Recklinghausen	34	68	112	91
Rüthen	38	89	132	96
Tecklenburg*	54	71	130	96
Unna*	34	54	90	98
Warendorf**	115	111	280	81
Coesfeld***	16	46	88	70
Fredeburg***	18	47	74	88

* = überwiegend evangelisch, sonst überwiegend römisch-katholisch
** = Zahlen einer Doppelanstalt, Anteil der Aufbauschule ca. 1/3
*** = Lehranstalt für die weibliche Jugend

Aus dem Organisationsgrad der Schülerschaft an den 17 westfälischen Aufbauschulen läßt sich kein Vorrang konfessioneller, geschlechtsspezifischer und/oder räumlicher Variablen erkennen. Ausschlaggebend erscheinen daher eher örtliche Spezifika der Schule. Die häufige fast totale Erfassung der Schüler(innen) kann im Einzelfall durch die Mitgliedschaft von den manchmal älteren Aufbauschülern in SA oder SS sogar grundsätzlich noch höher ausfallen. Im Vergleich zu der durchschnittlichen Organisierung der 256.962 Schüler(innen) an Knabenanstalten in Preußen von 73% und der 140.559 Schüler(innen) an Mädchenanstalten von 50% sind die Zahlen der Aufbauschulen auffällig höher, das den Verdacht einer spezifischen Nähe dieser Schulen und ihrer Lehrer(innen) zum Nationalsozialis-

---

[370] vgl. ebd., S. 28-32, 102f. Eigene Berechnung

mus entstehen läßt.[371] Auch wenn die Vergleichszahlen für Westfalen eine Organisierung an den Knabenschulen von 78% und an den Mädchenanstalten von 70% ergeben,[372] relativieren sich die Aufbauschulzahlen etwas, doch nicht grundsätzlich, sondern nur im Hinblick auf das westfälische Umfeld.

Für die Provinz Westfalen hatte der Oberpräsident dem Minister schon 1934 einen wachsenden Organisationsgrad der Schülerschaft in der Hitlerjugend melden können: 1. Januar 46%, 1. April 64%.[373] Während bereits 12 Knabenschulen, darunter 6 Aufbauschulen, und das private evangelische Lyzeum in Arnsberg eine Mitgliedschaft von über 90% aufwiesen, beklagte der Minister, daß unter dem Durchschnitt „besonders die ganz oder vorwiegend von katholischen Schülern besuchten Anstalten" blieben: Knaben 60%, Lyzeen 40%.[374] Der Oberpräsident äußerte den Verdacht, „daß Schüler aus ehemals zentrümlich oder reaktionär eingestellten Elternhaus lieber in den V.D.A. als in der HJ sich betätigten, und daß der V.D.A. an den höheren Schulen ein Hort der dem Nationalsozialismus gleichgültig oder feindlich gegenüberstehenden Kreise wird."[375] Diese konfessionellen Vorbehalte sind für 1935/36 - ausweislich der Aufbauschulen, für die sie früher auch nur begrenzt galten - nicht mehr festzustellen.

1937/38 ist der Organisationsgrad auf 91% gestiegen, die Mädchen haben mit 87% deutlich aufgeholt.[376]

Die geringe offizielle Beachtung der Aufbauschulen wurde erst 1936 mit einer Vereinbarung zwischen Reichserziehungsminister Rust und dem Reichsorganisationsleiter der NSDAP und Reichsleiter der Deutschen Arbeitsfront Dr. Ley beendet, die die Aufbauschulen direkt thematisierte und ihre besondere Bedeutung herausstrich,[377] indem neben den bisherigen Trägern auch die NSDAP als Schul-

---

[371] Systematische Hinweise auf die Parteimitgliedschaft der Aufbauschullehrer(innen) sind nicht vorhanden. Schiller spricht z.B. für die einzügige Rheydter Aufbauschule von vier Parteimitgliedern: „blutvolle, charakteristische Persönlichkeiten." Stadtarchiv M, Bestand 14 Nr. 2700, Schiller, Arnold, Die staatliche ..., a.a.O.

[372] vgl. ebd., S. 33 und 105

[373] StA MS, PSK 6448, Schreiben vom 12.6.34

[374] Vgl. ebd.

[375] Vgl. ebd.

[376] Wegweiser ... 1937, a.a.O., Eigene Berechnung nach Anmerk. 1, S. 184-187 und Anmerk. 3, S. 162-165, S. 174f

[377] Im Gegensatz zu dieser Heraushebung war die Aufbauschule aber noch nicht einmal allgemein etabliert. So beklagte sich die Aufbauschule in Tecklenburg beim PSK Münster, daß in Bestimmungen des Reichskriegsministers als Voraussetzung zur Einstellung als Fahnenjunker der „Besitz eines Reifezeugnisses einer neunstufigen höheren Lehranstalt" gefordert wurde. Der Minister versprach Korrektur beim Neudruck (vgl. StA MS, PSK 6502, Schreiben vom 14.10.1936 und 21.11.1936).

träger zugelassen wurde. Aber auch diese Ausweitung in der Trägerschaft, der eine grundsätzliche Bedeutung zukam, berührte die vorhandenen Aufbauschulen nicht. Doch wurde zugleich der Charakter der Aufbauschule genauer festgeschrieben als Einrichtung, „die vorwiegend den Nachwuchs aus der ländlichen Bevölkerung nach einem sechsjährigen Besuch der Volksschule in weiteren sechs Jahren durch eine intensive Internatserziehung zum Abitur führen soll"[378]. Diese Abmachung wurde von Rust mit kulturkritischem Vokabular begründet, indem er „die frische Blutzufuhr vom Lande in die Großstadt" als „Lebensfrage" ansah[379]. Um die Aufbauschule schon an einen sechsjährigen Landschulbesuch anschließen zu können, schrieb Rust die Verbindung von Aufbauschulen mit einem Internat, die bisher für ihn zu selten bestand,[380] zwingend vor, und orientierte sich damit an Bayern, das die neu eingeführten Aufbauschulen fast durchgängig mit Internaten verbunden hatte.[381] Da diese Einheit aber nicht nur organisatorischen Charakter tragen sollten, wurde der Erlaß von 1925 aufgehoben, der die Schülerheime nicht als Einrichtung der Aufbauschule festlegte, und grundsätzlich die enge Beziehung betont, die sich in der Regel in der Unterstellung des Heimes unter den Schulleiter auch nach außen zeigen sollte.[382] Die Internatserziehung sollte für den Minister aber mehr sein als nur Ersatz für das Elternhaus oder nur eine Ersparung von Schulwegen, sondern „einem weltanschaulichen und politischen Zweck"[383] dienen.

Durch die Gemeinschaftserziehung sollten „Führerpersönlichkeiten auf allen Gebieten des völkischen Lebens" herangebildet werden, was es erforderlich machte, die Zöglinge unter ständiger Beobachtung und erzieherischem Einfluß mit „nationalsozialistischen Auslesegrundsätzen"[384] zu konfrontieren. Auch Rusts Ministerialrat Benze sah bei Ablehnung der städtischen Lebensformen und der „gemeinschaftsfremden Form der Stadtschule" in den ländlichen Schülerheimen Erziehungsstätten zu nationalpolitischer Haltung, da „wahre Gemeinschaftsbildung nur

---

378 Vereinbarung zwischen Reichsminister Rust und Reichsleiter Dr. Ley, abgedruckt in: Weltanschauung und Schule 1 (1936/37), S. 64

379 Rust, Bernhard, Völkische Auslese und Aufbauschule, in: Weltanschauung und Schule 1 (1936/37), S. 4f.

380 Nur ungefähr 15% der Aufbauschulen waren direkt mit einem Internat verbunden und Schüler(innen) von weiteren 15% der Aufbauschulen konnte nicht verbundene Internate nutzen (vgl. Wegweiser ... 1935, a.a.O., S. 11*-16*).

381 vgl. ebd., S. 13*

382 vgl. StA MS, PSK 7377, A 18, Festlegung des Ministers vom 2.9.1937

383 ebd., S. 7

384 ebd., S. 8

abseits der Unrast und Ungesundheit der Großstadt erfolgen"[385] könne. Gegenüber diesen Wunschvorstellungen lagen aber nur 54 der 99 Aufbauschulen auf dem Lande oder in Kleinstädten. Nur dort waren sie auch einzige höhere Lehranstalt am Schulort.[386]

Die Bestimmung der Aufbauschulen in Verbindung mit Schülerheimen als nationalpolitische Erziehungsstätten war Folge der Notwendigkeit, neben den wenigen Parteischulen auch staatliche Schulen als Bildungs- und Auslesebasis für die Ordensburgen vorzusehen, die dem nationalsozialistischen Führernachwuchs dienten. Und für Rust waren die Aufbauschulen die „natürlichen Anknüpfungspunkte", die wie die Nationalpolitischen Erziehungsanstalten arbeiten und wirken sollten:

> „Hier werden die Schüler von e i n e r Hand der doppelten Aufgabe entgegengeführt, den besonderen Anforderungen des Berufes gegenüber sich lebenstüchtig zu erweisen und gleichzeitig Verantwortung zu tragen in der Nationalsozialistischen Partei als der Hüterin des völkischen Bewußtseins und der Trägerin deutschen Willens."[387]

Zu Recht qualifizierte Rust die Vereinbarung mit Ley und die inhaltliche Bestimmung dahingehend, daß die Partei in den Bildungsbereich eingedrungen sei:

> „Die NSDAP hat den Fuß in die deutsche Schule gesetzt."[388]

Gegenüber den wenigen Nationalpolitischen Anstalten und Adolf-Hitler-Schulen kam rein quantitativ der vorgesehenen Umstrukturierung der Aufbauschulen größte Bedeutung zu. Voraussetzung war aber an vielen Orten die Lösung der organisatorischen Probleme, die mit der obligatorischen Einrichtung von Schülerheimen verbunden waren.

Eine Maßnahme, die wohl weiter zur Aufwertung der Aufbauschulen beitrug, war die im Rahmen der allgemeinen Schulzeitverkürzung vorgesehene - und schon 1935 von Rust angesprochene - Dauer der Aufbauschule. Am 22.2.1937 hatte Rust verfügt, daß in die Aufbauschule auch Schüler und Schülerinnen aufgenommen werden sollten, die die sechste Volksschulklasse mit Erfolg durchlaufen hatten.[389] Damit war die Verkürzung der Schulzeit von der Aufbauschule in die

---

[385] Benze, Rudolf, Nationalpolitische Erziehung im Dritten Reich, in: Grundlagen der deutschen Politik, herausgegeben von Paul Meier-Benneckenstein (= Das Dritte Reich im Aufbau. Übersichten und Leistungsberichte, Bd. 1), Berlin 1939, S. 335, 336, 339. Nationalpolitische Erziehung erfolgte für Benze auf Grundlage der Erblehre und der Rassenkunde und war somit für ihn kein Unterrichtsfach sondern Erziehungsgrundsatz (vgl. ebd., S. 336).

[386] vgl. Wegweiser ... 1937, a.a.O., S. 155

[387] Rust, Bernhard, Völkische ..., a.a.O., S. 8

[388] ebd.

[389] Übergang hochbegabter Kinder von der Grundschule auf die höhere Schule, abgedruckt

Volksschule verlagert worden. Dadurch wurde die Diskrepanz zum grundständigen gymnasialen Bildungsgang verkürzt. Eine Maßnahme, die die Akzeptanz dieser Schulform in der Philologenschaft sicher erhöht haben dürfte. Bei Lehrer(inne)n der Volksschulen und Eltern hatte sich die neue Regelung des Übergangs nach Klasse 6 allerdings 1937 noch nicht durchgesetzt. Die meisten Schüler(innen) wurde nach Klasse 7 in die Aufbauschule aufgenommen.[390]
Bereits vor dieser nationalsozialistischen organisatorischen Einflußnahme auf das höhere Schulwesen und die Aufbauschule im besonderen hatte Rust schon als Preußischer Kultusminister zur Entwicklung neuer Erziehungsformen am 20.4.1933 drei „Staatliche Bildungsanstalten" in „Nationalpolitische Erziehungsanstalten" (NPEA) umgewandelt.[391] Zwei Jahre nach den ersten Gründungen bestanden 1935 in Preußen zwölf Nationalpolitische Erziehungsanstalten, die als „Musterstätten" bzw. „Vortrupps" nationalsozialistischer (Gemeinschafts-)Erziehung galten[392] und „die Ideen des nationalsozialistischen Staates zur Vollendung"[393] bringen sollten. Insofern war es nur zwingend, daß davon ausgegangen wurde, daß von ihnen „das gesamte höhere Schulwesen nicht nur befruchtet", sondern sich nach ihnen „der neue Typ der deutschen Schule bilden wird", da es ihre Aufgabe war, „aus Allerweltbildungsschulen wegweisende Stätten charakterlicher Bildung zu machen"[394]. Es sollten nur Schüler aufgenommen werden, „deren erbbiologische Anlagen und erste Entwicklung etwas Verheißungsvolles versprechen", wobei man über die charakterlichen Anlagen „ein Bild durch das Studium der Vorfahren (gewinnen)" wollte[395].

---

[390] in: DDHS 4 (1937), S. 250
So zeigen die Zahlen für das Deutsche Reich, die auch aussagekräftig für Preußen sind, daß nach sechs Jahren Schulbesuch 2.467 Schüler(innen) aufgenommen wurden, nach sieben Jahren 4.512 und nach acht Jahren sogar noch 2.806 (vgl. Wegweiser ... 1937, a.a.O., S. 32*).

[391] vgl. Scholtz, Harald, Erziehung und Unterricht ..., a.a.O., S. 59

[392] vgl. Trepte, Rubrik „Erziehungswichtige Tatsachen", in: Weltanschauung und Schule 1 (1936/37), S. 109 und Benze, Rudolf, Nationalpolitische ..., a.a.O., S.339. Zur geplanten Unterrichtsstruktur und Erziehung vgl. Kloppe, Fritz, Nationalpolitische Erziehungsanstalten, in: Hiller, Friedrich (Hrsg.), Deutsche Erziehung ..., a.a.O., S. 215-222. Vgl. grundsätzlich Überhorst, Horst (Hrsg.), Elite für die Diktatur. Die nationalpolitischen Erziehungsanstalten 1933-1945. Ein Dokumentarbericht, Düsseldorf 1969 und Scholtz, Harald, NS-Ausleseschulen. Internatsschulen als Herrschaftsmittel des Führerstaates, Göttingen 1973

[393] Schumann, Joachim von, Die nationalsozialistische Erziehung im Rahmen amtlicher Bestimmungen, Leipzig 1934, S. 35f.

[394] Kloppe, Fritz, Nationalpolitische ..., a.a.O., S. 215

[395] ebd., S. 216

Überwiegend hervorgegangen aus staatlichen Bildungsanstalten mit Internatsbetrieb wie den preußischen Kadettenanstalten waren die Nationalpolitischen Anstalten bis auf zwei nach dem Lehrplan der Deutschen Oberschule ausgerichtet. Um Volksschulabgängern den Übergang zu ermöglichen, waren an drei Anstalten (Stuhm, Naumburg, Potsdam-Neuzelle) Aufbauzüge angegliedert worden, die aber in den Oberklassen in den Normalzug einmündeten; die Anstalt in Neuzelle wurde in Aufbauform geführt.[396] Bildungsziel war die „nationalsozialistische Haltung", die über Erziehungsmittel wie wissenschaftlicher Unterricht, Internatsleben und praktischen Dienst erreicht werden sollte.[397] So galt die NPEA Stuhm als „eine Erziehungsburg und ein ns Kulturbollwerk im Osten gegen den Bolschewismus."[398] Im Schuljahr 1935/36 wurden die Nationalpolitischen Erziehungsanstalten von 2.815 Schülern besucht.[399] Ihr Inspekteur war der SS-Gruppenführer A. Heißmeyer.

Mit Verfügung vom 15. Januar 1937 erließ Adolf Hitler die Neueinrichtung von nationalsozialistischen Schulen, die „als Vorschulen für die nationalsozialistischen Ordensburgen gelten sollen"[400]: die Adolf-Hitler-Schulen (AHS). Den Absolventen sollte vorrangig eine politische Führerlaufbahn offenstehen. Der Reichsorganisationsleiter der NSDAP Dr. Ley und der Jugendführer des Deutschen Reiches, Baldur von Schirach, legten zugleich Grundsätze dieser „Einhei-

---

[396] Für 1939 sind im Restreich vier weitere und in der Ostmark vier Anstalten nachgewiesen (vgl. Rantzau, Otto Graf zu, Das Reichsministerium für Wissenschaft, Erziehung und Volksbildung, in: Staat und Verwaltung. Der organisatorische Aufbau, Teil III, herausgegeben von Paul Meier-Benneckenstein (= Das Dritte Reich im Aufbau. Übersichten und Leistungsberichte Bd. 4), Berlin 1939, S. 275f.). Die Hinweise auf Aufbauschulen divergieren. So wird nur einmal erwähnt, daß auch die NPEA in Klotzsche bei Dresden neben einem Reformrealgymnasium einen Aufbauzug des Oberrealschultyps habe (vgl. Nationalpolitische Bildungsanstalten, in: Deutsches Philologen-Blatt 42 (1934), S. 348-350). Zur lokalen schulorganisatorischen Entwicklung in Potsdam vgl. Gentsch, Dirk, Potsdam - ein Standort nationalsozialistischer Eliteschulen. „Die Politik macht die Schule - nicht die Pädagogik!" Rousseau „Emile" (1762), in: Pädagogik und Schulalltag 49 (1994), S. 478-482

[397] vgl. Ziel und Einrichtung der Nationalpolitischen Erziehungsanstalten (nach dem amtlichen Pressedienst), in: ZfDB 11 (1935), S. 591f. Zu den totalitären Erziehungsstrukturen und ihren Auswirkungen auf die Jugendlichen siehe neuerdings Schneider, Christian u.a., Das Erbe der Napola. Versuch einer Generationsgeschichte des Nationalsozialismus, Hamburg 1996

[398] So der ostpreußische Gauleiter Koch zitiert bei Scholtz, Harald, NS-Ausleseschulen ..., a.a.O., S. 121

[399] vgl. Simon, Eduard, Das höhere Schulwesen Preußens 1935, a.a.O., S. 479

[400] zit. nach Kleine Mitteilungen. Adolf-Hitler-Schulen, in: DDHS 4 (1937), S. 104

ten der Hitler-Jugend" vor.[401] Organisatorisch sollten die Schulen wie Aufbau-schulen geführt werden, denn es waren sechs Klassen vorgesehen, in die nach dem vollendeten 12. Lebensjahr aufgenommen wurde und die mit einer Reifeprü-fung abschlossen.[402] Die Schulaufsicht über diese der völkischen Auslese ver-pflichteten Schule mit Internatsbetrieb gehörte aber zu den Hoheitsrechten des Gauleiters der NSDAP und war so der staatlichen Unterrichtsverwaltung, dem zuständigen „Amt für Erziehung" bzw. der Abteilung „Inspektion der National-politischen Erziehungsanstalten", entzogen.[403] Sowohl den Nationalpolitischen Erziehungsanstalten als auch den Adolf-Hitler-Schulen kann nicht nur wegen ih-rer ideologischen Ausrichtung, sondern auch wegen des Internatsbetriebes und auch wegen der überwiegend sechsjährigen Dauer Modellfunktion für weitere Umgestaltungen des höheren Schulwesens zugesprochen werden.[404] Die vorwie-gend nur propagierte Einrichtung von Aufbauschulen hatte durch die AHS einen neuen Impuls bekommen.

6. **Änderungen durch die Neuordnung von 1937**

Mit Erlaß vom 30.11.1936 wurde im Vorgriff auf die für Ostern 1937 geplante Neuordnung des höheren Schulwesens die Schuldauer mit Ausnahme der Mäd-chenbildung auf zwölf Jahre, d.h. um die Oberprima verkürzt. Dies geschah vor allem aus bevölkerungspolitischen Überlegungen sowie aufgrund des Vierjahres-plans und brachte für die Unterprimaner ein Abitur ohne schriftliche Prüfungen mit sich. Mit den „Übergangsbestimmungen zur Vereinheitlichung des höheren Schulwesens" vom 20.3.1937 wurde die grundständige Oberschule mit ihrer sechsjährigen Abart der Aufbauschule zur Hauptform und das altsprachliche Gymnasium zur Nebenform, später zur Sonderform erklärt. Ein Mädchen-Gymnasium war nicht vorgesehen. In Städten mit mehreren höheren Schulen hat-ten die Bestimmungen zur Folge, daß die Hauptform mit einer größeren Zahl an Schulen vertreten sein mußte.

---

[401] vgl. Erklärung im Reichsjugendpressedienst, abgedruckt unter Kleine Mitteilungen. Adolf-Hitler-Schulen, in DDHS 4 (1937), S. 104f.

[402] Vgl. ebd.

[403] Zur strukturellen Gliederung des Ministeriums vgl. Rantzau, Otto Graf zu, Das Reichsmi-nisteriums ..., a.a.O.,, S. 232-277

[404] vgl. Scholtz, Harald, Erziehung und Unterricht ..., a.a.O., S. 73. Nur so ist auch zu erklä-ren, daß die Ausgaben für Schüler an NPEA viermal so hoch waren wie für Schüler an den übrigen höheren Schulen. ebd., S. 75

Der Erlaß sah in der Oberstufe der grundständigen Oberschule für Jungen eine Gabelung in einen sprachlichen und einen naturwissenschaftlich-mathematischen Zweig vor.[405] Für die Oberschulen für Mädchen in Aufbauform wurde für die Oberstufe die hauswirtschaftliche Form vorgeschrieben - entsprechend der nationalsozialistischen Zweckbestimmung der Frau als Hausfrau, Mutter und Mitglied der Volksgemeinschaft. Zentraler Gesichtspunkt für alle Aufbauschulen war die gemeinsame Unterbringung der Schüler, als deren Grundlage die „nationalsozialistische Gemeinschaftserziehung" vorgesehen war, die „in hohem Maße Lebensform, Arbeitsweise und Unterricht" bestimmen sollte.[406]

Insofern wurden hier stärker als an den grundständigen höheren Schulen Elemente der Lagerausbildung, die die Nachrangigkeit von wissenschaftlicher Ausbildung zu Gunsten von Charakterformung und Führungsqualitäten implizierten, Bestandteil der Schulform. Insgesamt sollte die Aufbauschule nach Auffassung des zuständigen Ministerialrates „als Abart der Hauptform" und wegen der „Gemeinschaftserziehung im Schülerheim" in Zukunft „besonders gefördert werden"[407].

Adressaten der Aufbauschulen waren aber nur „Kinder der an das Land gebundenen Volksgenossen", städtische Aufbauschulen - eigentlich auch gedacht als Möglichkeit für Spätentwickler - wurden noch nicht einmal erwähnt.[408]

Relevante Unterschiede zum gymnasialen Stundenplan der Klassen 3 - 8, der ja auch in der Oberstufe keine Gabelung kannte, ergaben sich, wenn man von der weiteren Fremdsprache absieht, nicht, wie die folgende Aufstellung zeigt:

---

[405] Mit Erlaß vom 29.1.1938 wurde dies dahingehend präzisiert, daß in den übrigen Fächern der Unterricht weiterhin gemeinsam erfolge, „um die einheitliche Grundlegung des Unterrichts durch die Fächer der deutschkundlichen Gruppe, die Biologie und die Leibeserziehung zu gewährleisten" (zit. nach Amtlicher Erlaß. Neuordnung des höheren Schulwesens, in: DDHS 5 (1938), S. 161). Zugleich wurde fixiert, daß Jungen zu Mädchenschulen nicht mehr zugelassen würden (vgl. ebd.).

[406] Anlage. Erziehung und Unterricht in der höheren Schule, abgedruckt in: DDHS 5 (1938), S. 169 zum Erlaß vom 29.1.1938, siehe vorherige Anm.

[407] Benze, Rudolf, Die Neuordnung des höheren Schulwesens, in: Jahrbuch. Kunzes Kalender der Lehrer der höheren Schulen 44. Jg. Schuljahr 1937/38, Stand vom 1. Mai (mit Nachträgen bis Anfang Dezember 1937), Zweiter Teil, Breslau 1937, S. 4

[408] vgl. Anlage. Erziehung ..., a.a.O., S. 169. In diesem Sinne forderte der Minister am 7.5.1938 die zweizügige Aufbauschule in Fürstenwalde auf, diese auf eine einzügige Form zurückzuführen, da es nicht Aufgabe der Schule sei, „auch für die Schüler aus der Stadt zu sorgen. Vielmehr soll die Aufbauschule begabte Landjugend in verkürzter Schulzeit zur Reife führen" (StA MS, PSK 7377, A 10).

Stundentafel der Aufbauschule für Jungen[409]

Fächergruppen und Fächer	K l a s s e n						Gesamt
	3	4	5	6	7	8	
I. Leibeserziehung	5	5	5	5	5	5	30
II. Deutschkunde							
Deutsch	5	5	4	4	4	4	26
Geschichte	4	3	3	3	3	3	19
Erdkunde	2	2	2	2	2	2	12
Kunsterziehung	2	2	2	2	2	2	12
Musik	2	2	2	2	2	2	12
III. Naturwiss. u. Mathematik							
Biologie	2	2	2	2	2	2	12
Chemie/Physik							17
Rechnen/Mathematik	5	5	4	3	3	3	23
IV. Fremdsprachen							
Englisch	6	6	4	4	4	4	28
Latein			4	4	4	4	16
V. Religionslehre	2	2	1	1	1	1	8
Zusammen	35	36	36	36	36	36	215

Diese Oberschulform wies zahlreiche formale Parallelen mit dem Gymnasium auf. Demgegenüber sind deutliche Änderungen gegenüber der Stundentafel der Aufbauschule für Mädchen, die nur die hauswirtschaftlicher Oberstufe vorsah, erkennbar. Während der deutschkundliche Bereich, Religionslehre, Biologie und Chemie nahezu identisch waren, waren die Leibeserziehung in den letzten drei Jahren auf je zwei Stunden und die Mathematik insgesamt um sieben Stunden, der Englischunterricht um sechs Stunden gekürzt worden, und auf die zweite Fremdsprache wurde in der Mädchenbildung ganz verzichtet.

Dafür wurden „Fächer des Frauenschaffens" eingefügt. Neben drei Stunden Handarbeit pro Woche in allen Klassen mußten in der Oberstufe sechs Stunden „Kochen, Haus- und Gartenarbeit" sowie je eine Stunde Gesundheitslehre und -

---

[409] vgl. Anlage. Erziehung ..., a.a.O., S. 172. Die neue fortlaufende Numerierung der Klassen der höheren Schulen ersetzte alle anderen Bezeichnungen. Mit Klasse 3, nach den Klassen 5 und 6 der Volksschule, setzte die Aufbauschule ein.

pflege sowie Beschäftigungslehre unterrichtet werden.[410] Damit war eine geschlechtsspezifische Ausrichtung gegeben, die noch durch einen vierwöchigen Dienst in einem Säuglingsheim, Kindergarten oder in einer Familie in den drei Oberstufenjahren, währenddessen der Unterricht ausfiel, weiter ausgeprägt wurde. Diese „gleichwertige" Ausbildung sollte „in ganz besonderem Maße im Dienst der Forderungen" stehen, „die das Leben an die deutsche Frau und Mutter in Familie, Beruf und Volksgemeinschaft"[411] stelle. Konsequenterweise waren dann Jungen an Mädchenschulen nicht mehr zugelassen und galten Mädchen an Jungenschulen als Sonderfall, da auch hier die Mädchen nach dem Plan der Mädchenschulen unterrichtet werden sollten.

Diese äußere Neuordnung galt als der „erste große Schritt zu dem nationalsozialistischen Schulumbruch"[412]. Diktierender Gesichtspunkt war für Reichserziehungsminister Rust: „Aufspaltung der Jugend heißt Wiederkehr der völkischen Kraftlosigkeit."[413]

Doch wenn man die Spezifika der Geschlechtertrennung und -bildung vernachlässigt, gibt die Einschätzung von Ministerialrat Otto Graf zu Rantzau die Entwicklung des höheren Schulwesens sachlich richtiger wieder:

„An dem bisherigen Aufbau des Schulwesens wurde im wesentlichen festgehalten. Die nationalsozialistische Schulverwaltung hat die früheren Tendenzen zur Zusammenfassung der Schultypen in eine Einheitsschule nicht gefördert, sondern im Gegenteil die einzelnen Schularten straffer als bisher auf ein eigenständiges Ziel bei besonderer Stoffauswahl und Arbeitsweise ausgerichtet."[414]

Die Neuordnung des höheren Schulwesens „auf wenige klare Grundformen" beruhte für ihn auf „persönlichen Beschluß des Reichsministers Rust"[415], wobei sie aber konzeptionell eher auf Ministerialrat Benze zurückzuführen ist, wenn man seine Verlautbarungen seit 1933 verfolgt. Die Beibehaltung des Gymnasiums, die Gabelung der Oberstufe der Oberschule, die Verkürzung der Schulzeit und der Verweis der Aufbauschule auf das Land konnten auch von den meisten Konservativen mitgetragen werden, spiegelten doch diese organisatorischen Änderungen weniger den verbalradikal behaupteten Umbruch, als Kontinuitäten aus der Schulverwaltung wider. Doch dürfen vor diesem Hintergrund die Änderungen in

---

[410] vgl. ebd., S. 173
[411] Amtlicher Erlaß. Neuordnung ..., a.a.O., S. 161
[412] Benze, Die Neuordnung des höheren Schulwesens, in: Weltanschauung und Schule 1 (1936/37), S. 382
[413] Rede von Rust in Trier anläßlich der Eröffnung von acht neuen Hochschulen für Lehrerbildung, abgedruckt in: Weltanschauung und Schule 1 (1936/37), S. 66-75, hier: S. 70
[414] Rantzau, Otto Graf zu, Das Reichsministerium ..., a.a.O., S. 241f.
[415] ebd., S. 243

den Unterrichtsinhalten und die geschlechtsspezifische Bildung sowie das Vorgehen gegen jüdische und behinderte Schüler(innen) nicht unbeachtet bleiben. Insofern ist die Qualifizierung der Veränderungen in der Schulpolitik zwischen 1937 und 1940 durch Scholtz als „technokratische Reformen" nicht unproblematisch.[416]

Die Notwendigkeit und Bedeutung von Aufbauschulen wurde in der Folgezeit auch aus schulfachlicher Sicht immer wieder diskutiert. In einer Grundsatzstellungnahme berichtete der Oberpräsident in Münster 1938 über die Entwicklung der Aufbauschulen Westfalens. Basis seiner Vorschläge für die 16 Jungen- und die eine Mädchenaufbauschule waren folgende Erkenntnisse:[417]

- Die Aufbauschulen hätten nicht den Charakter von Begabtenschulen.
- Die Leistungshöhe der Aufbauschulen wurde als „nicht besonders hoch eingeschätzt".
- Auch in den Kernfächern würden sie manchmal nicht die Leistungen der grundständigen Schulen erreichen.
- Es sei „nicht besonders glücklich" gewesen, Aufbauschulen in ausgesprochenen Industriestädten zu gründen.
- „Das Nebeneinander von Aufbauschule und grundständiger Schule unter demselben Dach erscheint künftig als untragbar."
- Ihren Sinn würden die Aufbauschulen nur in Verbindung mit einem Internat erfüllen, es genügten daher sechs Aufbauschulen für Jungen und eine für Mädchen.
- Für die Städte sah er anstelle von Aufbauschulen dreijährige Förderkurse vor.

Entsprechend dieser Grundhaltung empfahl der Oberpräsident, Aufbauschulen zu schließen bzw. umzuwandeln. Doch verhinderte der Krieg spezifische schulorganisatorische Entscheidungen, die das Bildungsangebot über die Aufbauschulen - wenn man die Heranziehung der Schüler(innen) zu kriegerischen Diensten vernachlässigt - eingeschränkt hätten.

7. Zusammenfassung und Bewertung

Die organisatorische Entwicklung des Schulwesens in den ersten Jahren der nationalsozialistischen Herrschaft läßt nicht erkennen, daß die herkömmliche Struktur der Dreigliedrigkeit des Schulwesens gefährdet war. Gegen vielerlei

---

[416] vgl. Scholtz, Harald, Erziehung und Unterricht ..., a.a.O., S. 47
[417] vgl. Entwurf eines Schreibens an den Reichs- und preußischen Minister für WEuV vom April 1938 (StA MS, PSK 6600, 80-85)

„revolutionäre" Ansprüche aus der NSDAP und ihren Untergliederungen hatte
sich die von Sozialdemokraten, Kommunisten und Schulreformern mittels des
Gesetzes zur Wiederherstellung des Berufsbeamtentums „gereinigte" konservative Schulverwaltung[418] - ein Ersatz durch Nationalsozialisten erfolgte nur zum Teil
- unter Duldung der NSDAP-Führung durchgesetzt mit dem Ziel, die bestehende
traditionelle Sozialstruktur der Gesellschaft zu erhalten und Bildungsprivilegien
zu wahren. Die Drosselung des Hochschulzugangs, das Beibehalten des Schulgelds und auch der fehlende Ausbau der Aufbauschulen für die ländliche Bevölkerung lassen nicht erkennen, daß die soziale Herkunft - im Gegensatz zum Parteiprogramm der NSDAP und verbalen Verlautbarungen - als Zugangskriterium
für die höheren Schulen grundsätzlich problematisiert wurde, wenn man von den
wenigen Nationalpolitischen Erziehungsanstalten und später den Adolf-Hitler-
Schulen absieht.
Fast alle organisatorischen Vorschläge zu einer Reform der höheren Schule re-
kurrierten anfangs auf Ansätze zur Einheitsschule, die auch mit anderer Akzentsetzung in der Reformpädagogik diskutiert worden waren, bzw. auf jahrelang
vorgetragene konservative Vereinheitlichungswünsche bezüglich der Schulviel-
falt. Daß letztere sich 1937 durchsetzten, war durch das Reichserziehungsministerium präjudiziert, da es sich auf den erfahrenen Beamtenapparat des preußischen Kultusministeriums stützen konnte. Doch darf dieses „Bündnis der NS-
Bewegung mit den 'konservativen Mächten'"[419] nicht über deren Gegenleistung
hinwegtäuschen, nämlich die weitgehende Akzeptanz der Veränderung der Unterrichtsinhalte und des Schullebens sowie der Reduzierung der Bedeutung schulischer Bildung zugunsten der Formationserziehung. In diesem Zusammenhang ist
auch die leichte Aufwertung der Aufbauschule zu sehen, die aber kein grundsätzliches organisatorisches Modell für die höhere Schule darstellte, sondern eher
aufgrund der nicht seltenen Internatserziehung Beachtung fand. Sie sollte auf den
ländlichen Raum beschränkt bleiben, wodurch zugleich der verstärkte soziale
Aufstieg von Proletarierkindern über städtische Aufbauschulen eingeschränkt
wurde.
Für die der Aufbauschule verbundenen Lehrerverbände konnten völkische Traditionslinien zum Nationalsozialismus aufgezeigt werden, deren sachliche Substanz

---

[418] 22% der Schulräte und 45% der Oberschulräte in Preußen mußten ihre Stellen aufgeben
(vgl. Nixdorf, Delia und Gerd, Politisierung und Neutralisierung der Schule in der NS-
Zeit, in: Mommsen, Hans u.a. (Hrsg.), Herrschaftsalltag ..., a.a.O., S. 227f.).
[419] Lingelbach, Karl-Christoph, Erziehung und Schule unter brauner Herrschaft (1984), in:
derselbe, Erziehung und Erziehungstheorien ..., a.a.O., S. 289

teilweise nicht zu bezweifeln war, die aber andererseits teilweise auch nur opportunistisch vorgeschoben wurden. Ideologische Schnittmengen erklären beide Sachverhalte, doch nutzte die Anpassungsbereitschaft der Deutschkundler und ihrer Organisationen und Fachzeitschriften nur der Durchsetzung des Nationalsozialismus.

Letztendlich schlug nicht die deutschkundliche Orientierung auf die lehrplanmäßigen Unterrichtsinhalte und das Schulleben durch, sondern die nationalsozialistische rassistische Programmatik. Daher konnte das Reichsministerium für Wissenschaft, Erziehung und Volksbildung sich im organisatorischen Bereich pragmatische Zurückhaltung erlauben und die aus dem NSLB gewünschte Auflösung des hergebrachten Schulsystems erst einmal verschieben. Der so vermittelte konservative Eindruck einer auf Kontinuität ausgerichteten Reform, „die nur wenig an den tatsächlichen Zuständen änderte"[420], erhöhte nicht zuletzt auch wieder die Akzeptanz der neuen rassistischen Unterrichtsinhalte in Form einer Wechselwirkung. Die Verringerung der Koedukation auch an den Aufbauschulen, d. h. die Wiedereinführung einer stärker geschlechtsspezifischen Ausbildung, was zugleich eine weniger intellektuelle Ausbildung für die Mädchen bedeutete, kam ebenfalls konservativen Vorstellungen besonders im ländlichen Raum entgegen und fand die Zustimmung der katholischen Kirche.

---

[420] Zymek, Bernd, Der verdeckte Strukturwandel ..., a.a.O., S. 278

C Die Staatliche Deutsche Oberschule in Aufbauform in Rüthen

I. Zur Wirtschafts-, Sozial- und Gesellschaftsstruktur und deren Entwicklung in der Stadt Rüthen in der Weimarer Republik und zu Beginn des Nationalsozialismus

Die Stadt Rüthen, geographisch auf dem Haarstrang im Süden des Kreises Lippstadt (Westfalen) gelegen, hatte in der Weimarer Republik rund 2.400 Einwohner(innen)[1], die sich 1931 auf insgesamt 444 Haushaltungen verteilten. Sie war geprägt durch eine kleinbäuerliche Struktur: Von den 304 landwirtschaftlichen Betrieben hatten 79 Prozent eine Nutzfläche von unter zwanzig Morgen, wohingegen nur vier Prozent der Landwirte über sechzig Morgen bewirtschafteten.[2] Fraglich ist aufgrund dieser Struktur, ob die für die Mehrzahl der westfälischen Landwirte konstatierbaren deutlichen Einkommensvorteile gegenüber Angestellten- und Arbeiterhaushalten während der Weimarer Republik auch für Rüthen Geltung hatten.[3] Denn die allgemein schwache sozial-ökonomische Lage der Landwirte spiegelte auch der geringe Viehbestand wider: Bei 351 viehhaltenden Haushaltungen - auch ca. fünfzig nicht-landwirtschaftliche Haushalte hielten Vieh - wurden 1926 nur 1.124 (1927: 1193) Schweine, 652 (638) Stück Rind-vieh, von denen noch 33 (27) zur Arbeit verwandt wurden, 296 (184) Schafe, 238 (222) Ziegen, 162 (165) Pferde sowie 3.226 (3.429) Stück Federvieh gezählt.[4]
Nimmt man die Viehhaltung als Indikator, waren fast achtzig Prozent der Bevölkerung der Landwirtschaft verbunden. Neben diesem dominierenden primären Bereich gab es nur drei größere Betriebe: ein Sägewerk, eine Kettenfabrikation - teilweise in Heimarbeit - und ein Grünsandsteinwerk, die in den ersten Jahren der Weimarer Republik noch ca. 100 Personen beschäftigten, doch besonders zum Ende der 20er Jahre hin die Produktion stark einschränkten und zeitweise sogar stillegten.[5] Diese Arbeiterschaft zeigte in den Nachkriegsjahren Selbstbewußtsein

1   vgl. Stadtarchiv R, Viegener, 19.11.1931. Viegener publizierte als örtlicher Chronist auch amtliche Daten. Zu Viegener s. A III.2.e)
2   Stadtarchiv R, B 1063
3   vgl. Theine, Burkhard, Westfälische Landwirtschaft in der Weimarer Republik. Ökonomische Lage, Produktionsformen und Interessenpolitik (= Veröffentlichungen des Provinzialinstituts für westfälische Landes- und Volksforschung, Bd. 28), Paderborn 1991
4   vgl. Stadtarchiv R, Viegener, 13.12.1927
5   vgl. Stadtarchiv R, Viegener diverse Presseberichte. Vgl. grundsätzlich zur Sandsteinin-

bei mehreren Streiks um Lohnforderungen und gewerkschaftliche Organisations-fragen.[6] Daneben gab es eine größere Zahl von kleinen Gewerbetreibenden und Handwerkern sowie die Lehrerschaft von Volksschule und Lehrerseminar. Die wirtschaftliche Entwicklung der Stadt in der Weimarer Republik bestätigte einen langanhaltenden Trend: Rüthen mußte aufgrund seiner topographischen Lage und abseits der modernen Verkehrs- und Handelsströme, d. h. auch abseits vom direkten Schienenweg, einen wirtschaftlichen Bedeutungsverlust als Umschlagplatz für Waren hinnehmen.[7] Die Finanzkraft der Stadt basierte überwiegend auf den Einnahmen aus dem großen Stadtwald (1.741 ha), unterstützt von dem Steueraufkommen der kleinen Industriebetriebe und dem teilweise angegliederten, fast vorindustriellen verlagssystemmäßigen Hausgewerbe. Der Ertrag aus den zahlreichen kleinen landwirtschaftlichen Anwesen war sehr begrenzt. So erreichte das projektierte Aufkommen aus Einkommens-, Gewerbekapital- und Gewerbeertragssteuer Ende der 20er Jahre nur einmal 14.000 RM,[8] dem allein ein Ausnahmeausfall von 50.000 RM aus dem Holzmarkt gegenüberstand.

Die Sozialstruktur der Rüthener Bevölkerung mit ihren divergierenden Interessen und den mit der Republik sich eröffnenden Artikulationschancen drückte sich auch im politischen Bereich aus. Während 1919 zu den Stadtverordnetenwahlen nur eine Einheitsliste aufgestellt worden war, die personelle Zusammensetzung der Stadtverordnetenversammlung also schon vorab feststand, kam es 1921 aufgrund von nicht überbrückbaren Gegensätzen zu vorgezogenen Neuwahlen. Dieses Mal stand zwei, an Personen gebundenen Listen als dritte Liste eine „Wirtschaftliche Vereinigung" gegenüber, die neun von zwölf Sitzen erreichte.[9] 1924 machten sich die gesellschaftlichen Gegensätze in einer Arbeiterliste, die zwei Sitze erhielt, und einer Einheitsliste mit zehn Sitzen deutlich.

Auch wenn der Bürgermeister nach dieser Wahl den „Klassen- und Kastengeist" beklagte, der „leider sich auch in Rüthen nach dem Kriege zum Schaden der All-

---

dustrie und zur Kettenfabrikation Preising, Joseph, Zwei wichtige Industriezweige Rüthens, in: derselbe (Hrsg.), Rüthen in geschichtlichen Einzelbildern, Lippstadt 1924, S. 137-142

[6] vgl. Stadtarchiv R, B 1085

[7] Diesem Trend wird Preising kaum gerecht, wenn er von einem „wirtschaftliche(n) Aufblühen" spricht, da er sich ohne Vergleich zu anderen Städten nur auf den Warenumschlag der verschiedenen Strecken der Westfälischen Landeseisenbahn-Gesellschaft stützt (vgl. Preising, Joseph, Rüthens Verkehrsverhältnisse einst und jetzt, in: derselbe (Hrsg.), Rüthen ..., a.a.O., S. 105-112).

[8] vgl. Stadtarchiv R, B 1063

[9] vgl. Stadtarchiv R, B 126

gemeinheit eingenistet habe" und „ausgemerzt" werden müsse,[10] differenzierten sich die Wahlergebnisse weiter nach soziologischen Merkmalen aus. 1929 erhielt eine Arbeiterliste schon fünf Sitze, die Liste der Beamten und Gewerbetreibenden zwei und eine Mittelstandsliste fünf Sitze.[11] Erst mit der Wahl vom 12.3.1933 erweiterte sich diese entweder berufgsgruppen- oder personenbezogene (Neu-) Gliederung um eine politische Partei: Neben den Listen von Mittelstand (fünf Sitze), Arbeiterschaft (drei) und Landwirte (drei) erhielt die NSDAP einen Sitz. Die Gesamtentwicklung zeigt, daß sich zwar die unterschiedlichen Interessen artikulierten, aber noch nicht parteipolitisch zuspitzten - wenigstens nicht für die Kommunalpolitik.

Ursächlich war wohl das homogene konfessionelle Milieu[12], denn 96,3% der Bevölkerung waren katholischen Glaubens (neben 2,4% evangelischen Christen und 1,3% Juden).[13] Dementsprechend erhielt das Zentrum bei den Wahlen zur Nationalversammlung 1919 auch 89,4% der Stimmen. Die Reichstagswahlen in den Folgejahren brachten aber kontinuierlich und fast gleichmäßig eine Schrumpfung dieses Zentrumsanteils auf 53,9% im Jahr 1933 .[14] Erst ab 1930 zeigte die gesamtgesellschaftliche Radikalisierung auch Auswirkungen im Wahlverhalten: NSDAP und Kommunisten kamen jeweils auf über fünf Prozent der Stimmen. Die November-Wahl 1932 ergab für die NSDAP, die 1931 eine selbständige Rüthener Ortsgruppe gegründet haben soll,[15] dann schon 18,1% der gültigen Stimmen, die KPD erhielt 16%. Die NSDAP kam am 5.3.1933 bei den kaum noch frei zu nennenden Wahlen auf 30,2% der Stimmen. Die „nationale Erhe-

---

[10] vgl. Stadtarchiv R, Viegener, Ansprache beim Bürgerschützenfest, 29.7.1924

[11] vgl. Stadtarchiv R, B 128

[12] Anläßlich der Einführung eines Volksschulrektors erkannte Schulrat Steinhauer als besonderes Kulturgut den „tiefreligiöse(n) Untergrund, der in Rüthen Gott sei es gedankt, noch tief und sicher ist" (Stadtarchiv R, Viegener, 2.7.1928). So erinnert sich ein Pensionsschüler, daß sie im Oktober 1933 von der Wirtin einmal pro Woche in das Wohnzimmer geholt wurden, um mit ihr den Rosenkranz zu beten (vgl. PAB, Interview Potthast). Ebenso erinnert er sich auch an das Verhalten seiner Wirtin, wenn sie die Schüler beim Waschen mit nackten Beinen oder in kurzem Hemd und in Sporthose sah: „Sie (hob) die Finger vors Gesicht, so als ob es unanständig sei, sich dies anzusehen." (ebd.)

[13] vgl. Stadtarchiv R, B 677

[14] vgl. auch zu den folgenden Wahlergebnissen Stadtarchiv R, B 15, 16 und 20; alle folgenden Prozentangaben eigene Berechnungen

[15] Im Laufe des Jahres 1931 soll in Rüthen auf Initiative aus Lippstadt eine selbständige Ortsgruppe der NSDAP entstanden sein (vgl. die Propagandaschrift Beck, Friedrich Alfred, Kampf und Sieg. Geschichte der Nationalsozialistischen Deutschen Arbeiterpartei im Gau Westfalen-Süd von den Anfängen bis zur Machtübernahme, Dortmund 1938, S. 365).

bung" wurde mehrheitlich und öffentlich u.a. mit Umzügen begrüßt[16]; während die folgende (Selbst-)Gleichschaltung in Verwaltung und Vereinen eher ruhig ablief, wenn man die Verhaftung von widerständigen Potentialen aus der Arbeiterschaft vernachlässigt.[17] Auch wenn schon für 1932 antisemitische Ausfälle gegen Rüthener Geschäftsleute nachweisbar sind[18], war die stärkere Durchsetzung von Boykottmaßnahmen gegen jüdische Geschäftsinhaber - auch im Amt Altenrüthen - nicht konfliktfrei.[19]

Kulturell war Rüthen in der Weimarer Republik Mittelpunkt des südlichen Kreisgebiets. Entscheidend für diesen Status war das 1876 gegründete Lehrerseminar einschließlich der Übungsschule, für das noch während der Kriegszeit ein großvolumiges repräsentatives Gebäude mit Park errichtet worden war. Ca. 1.000 katholische Volksschullehrer waren bis 1926 hier ausgebildet worden. Der Volksschulrektor Franz Hötte charakterisierte rückblickend die Erziehung am Seminar:

> „Der Umgang mit einfach und natürlich denkenden Menschen tat dem Gemüt wohl und machte uns fähig, in den einfachsten Dorfverhältnissen glücklich zu sein. Moderne Überkultur wie Kabaretts, Variete-Theater und Kinos haben die Stadt nicht verseucht. Die Einfachheit aber ist ein Quell der Zufriedenheit. ... Haben wir es auch manchmal nicht verstanden, daß mit einer gewissen spartanischen Strenge die Pflichterfüllung gefördert wurde, so müssen doch alle Mann sagen, daß die Methode richtig war. ... Tiefe Wurzeln schlug in uns die Vaterlandsliebe, in deren Betätigung eine große Zahl von Lehrern den Heldentod gefunden hat. Mit allen Fasern unseres Herzens aber müssen wir danken für die Übermittlung echt katholischer Weltanschauung."[20]

---

[16] Die Eröffnung des neuen Reichstags am 21.3.1933, der „Tag von Potsdam", wurde - so berichtet der Chronist - „hier als Nationalfeiertag festlich begangen. Die öffentlichen Gebäude hatten die alte schwarz-weiß-rote Reichsfahne, die preußische Landesfahne und die Hakenkreuzfahne gehißt. Im übrigen sah man in den Straßen neben der Hakenkreuzfahne überwiegend die alte Reichsfahne, die nun endlich wieder zu Ehren gelangt ist. Ein farbenfrohes und -freudiges Bild überall. Vormittags fanden die Feiern in der Aufbau- und Volksschule statt. Abends um ½ 8 Uhr bewegte sich von der Schützenhalle aus ein imposanter Fackelzug durch die Straßen der Stadt, an dem sich die Schulen, die Vereine, die Ortsgruppe des Stahlhelm, die Mitglieder der NSDAP usw. beteiligten, und zum Schluß eine SS-Abteilung. Vor dem neuen Rathaus fand der eigentliche Festakt statt. Die nationalen Fahnen des Zuges nahmen auf der Rathaustreppe Aufstellung, in kurzen markanten Worten wies SS. Klemens Hagenbruch auf die Bedeutung des Tages hin und schloß mit einem dreifachen Heil auf das Deutsche Vaterland, unseren ehrwürdigen Reichspräsidenten von Hindenburg und unseren Reichskanzler Adolf Hitler. Dann wurde das Deutschlandlied und darauf das Horst-Wessel-Lied gesungen. Auf den Befehl: Abrücken in die Quartiere löste sich der Zug sektionsweise auf." (Stadtarchiv R, Viegener, 22.3.1933)
[17] Stadtarchiv R, B 1120
[18] Stadtarchiv R, B 1112
[19] StA MS, Politische Polizei, III. Reich, Nr. 353
[20] Stadtarchiv R, Viegener, 26.5.1926

Nur eine Minderheit der Seminaristen kam aus Rüthen oder reiste täglich aus der Umgebung an, mehrheitlich wohnten die angehenden Volksschullehrer in Privatpensionen der Stadt. Diese Unterbringung verschaffte Teilen der Bevölkerung einen wichtigen Zuverdienst. Die Lehrer des Seminars waren in die Bevölkerung integriert und wirkten intensiv am vielfältigen - überwiegend katholischen - Vereinsleben mit: Sie besetzten Ämter, organisierten Veranstaltungen, hielten Referate.[21] Zum Ansehen der Stadt trug ansonsten nur das Amtsgericht bei, dessen Erhalt aber gefährdet war.

Vor diesem Hintergrund kam der bildungspolitischen Diskussion in den ersten Nachkriegsjahren, wie sie oben für die Lehrerbildung und besonders für die Aufbauschulen entfaltet worden ist, für Rüthen elementare Bedeutung zu. Mit der sich abzeichnenden Auflösung des Lehrerseminares war die Stellung Rüthens als kultureller Mittelpunkt im Süden des Kreises Lippstadt in großer Gefahr. Nach dem langsamen Verlust der wirtschaftlichen Vormachtstellung drohte nun das Abgleiten in eine allgemeine Bedeutungslosigkeit. Den kulturellen Veränderungen, vorangetrieben vom preußischen Ministerium und unter dessen Anweisung vom zuständigen Provinzialschulkollegium in Münster, hatten sich die politischen Vertretungen im Raum Rüthen und im Kreis Lippstadt, aber auch die Bevölkerung zu stellen.

---

[21] vgl. Stadtarchiv R, Viegener, diverse Presseberichte

II. Gründung der Aufbauschule in Rüthen

Die Hoffnung ländlicher Gemeinden auf eine Aufbauschule anstelle des zu schließenden Lehrerseminars war insofern berechtigt, als der Minister für Wissenschaft, Kunst und Volksbildung Boelitz in einer Stellungnahme am 6.12.1921 erklärt hatte, „bei einer Umgestaltung des Lehrerbildungswesens ... eine Benachteiligung der kleineren Gemeinden ... zu vermeiden", mit dem Ziel, „daß die ländlichen und kleinstädtischen Bereiche für den Lehrerersatz tunlichst erhalten bleiben"[1]. Der bereits ausführlich behandelte Erlaß zur Errichtung der Aufbauklassen vom 15.2.1922[2] korrigierte diese Zielbestimmung im Sinne einer Öffnung der Klassen auch für Schüler, die den Lehrerberuf nicht ergreifen wollten.
Im folgenden wird nach der Darstellung der Gründung der Rüthener Aufbauschule und der Position und den Aktivitäten der ortsnahen politischen Gremien auf den Einfluß des örtlichen Katholizismus und der überörtlichen Schulbehörden eingegangen werden.

1. Vorgehensweise der politischen Vertretungen der Stadt Rüthen, des Amtes Altenrüthen und des Kreises Lippstadt

Während das Provinzialschulkollegium (PSK) der Stadt Rüthen noch am 27.2.1922 mitteilte, daß „die Frage der Einrichtung von Aufbauklassen bisher von dem Herrn Minister noch nicht grundsätzlich geregelt"[3] sei, erfuhr die Stadt aus einer Pressemitteilung vom 23.3.1922 aus Warendorf, daß Rüthen nicht zu den sechs ausgewählten Standorten für Aufbauschulen in Westfalen gehören würde - dagegen aber das benachbarte Büren.[4] Offizielle Kenntnis über die Nichtberücksichtigung erreichte den Bürgermeister erst am 14.4.1922 durch eine PSK-Mitteilung.[5] Diese Entwicklung konnte nicht überraschen, da für das PSK seitens der Stadt bis dahin weder ein Bemühen um Sachkenntnis noch ein irgendwie geartetes Engagement zu erkennen gewesen war.
Erst die Entschließung zur Förderung einer Rüthener Aufbauschule einer von Prorektor Eisenhut einberufenen und von Landrat Dr. Freiherr Raitz von Frentz (Zentrum) unterstützten Versammlung im Rüthener Kolpinghaus am 22.7.1922

---

[1] Stadtarchiv R, B 1058
[2] vgl. Kapitel B.II
[3] Stadtarchiv R, B 1058
[4] vgl. ebd.
[5] vgl. ebd.

274

führte endlich zu Aktivitäten der Stadtverwaltung, nachdem auf Initiative des Landrats, der gleichzeitig Vorsitzender des Kreisausschusses war, sich schon der Kreistag am 9.6.1922 für eine höhere Schule in Rüthen ausgesprochen hatte.[6] Durch diverse Schreiben an die Städte, in denen Aufbauklassen eingerichtet worden waren, machte sich die Verwaltung sachkundig bezüglich Schülerzahlen, Finanzierung, Internatsbetrieb usw. Daneben ermittelte sie nun auch die Einwohnerzahlen in der Region Belecke, Warstein, Sichtigvor, Allagen, Niederbergheim und Waldhausen, also auch außerhalb des Kreisgebiets, um einen gut begründeten Antrag vorlegen und in den dann folgenden notwendigen Gesprächen mit dem PSK argumentativ bestehen zu können.[7]

Bei einer Grundsatzverhandlung mit dem PSK, an der für das PSK Direktor Dr. Peters und Oberschulrat Hellwig, für den Kreis Lippstadt Landrat Freiherr Raitz von Frentz, zwei Vertreter des Lehrerseminars, vier Vertreter der Stadt Rüthen einschließlich Pastor Berens und zwei Vertreter des Amtes Altenrüthen einschließlich Dechant Braukmann teilnahmen, stellten sich schnell zwei Problemfelder heraus: der vermeintlich zu geringe Bedarf für eine Aufbauschule und die geringe Finanzkraft der Stadt.[8] Die vorgelegten Zahlen über die Bevölkerung in einem etwaigen Einzugsbereich konnten den Bedarf nicht sichern, so daß noch eine „nähere Prüfung" erwogen wurde. Der von einem Rüthener angesprochenen Sogwirkung der Aufbauschule auf die ländliche Bevölkerung hielt ein PSK-Vertreter unter Anspielung auf den Charakter der Aufbauschulen als Begabtenschule entgegen, „daß die Aufbauschule nicht den Zweck habe, angehenden Landwirten eine halbe Bildung zu verschaffen"[9], sondern sie zur Reifeprüfung führen solle.

Das zweite Problemfeld, die geringe Finanzkraft der Stadt, war eine Schwierigkeit, die sich durch die vom Staat geforderte Übernahme der sächlichen Kosten der Schulen in fast allen Städten stellte. Ein vertrauliches Besprechungsprotokoll des Reichsstädtebundes mit dem Minister hatte die Verwaltung darüber informiert, daß nur begrenzte Konzessionen vom Staat erreichbar waren, die zudem durch die Konkurrenz der Städte untereinander um Aufbauschulen hinfällig werden könnten, wenn es dem Staat gelänge, die Städte gegeneinander auszuspielen.[10] So konnte Bürgermeister Thiele nur deutlich machen, daß die Stadt Rüthen

---

6   vgl. Stadtarchiv R, B 738,1
7   vgl. Stadtarchiv R, B 1058
8   vgl. Stadtarchiv R, B 1058, Protokoll der Verhandlung vom 18.12.1922
9   ebd.
10 vgl. Stadtarchiv R, B 1058, Schreiben vom 25.11.1922

die sächlichen Ausgaben einer Aufbauschule nicht übernehmen könne. Daher wurde aus der Verhandlungsrunde angeregt, eine Verteilung der Lasten zwischen den anwesenden politischen Vertretern herbeizuführen: Stadt Rüthen, Amt Altenrüthen und Kreis Lippstadt.[11]

Viele Kleinstädte, die sich um eine Aufbauschule bemühten, hatten die gleichen finanziellen Sorgen und versuchten daher, ihre Position gegenüber dem preußischen Minister durch einen Informationsaustausch bzw. durch Absprachen zu stärken. So forderte der Bürgermeister von Arnsberg eine Abstimmung zwischen den Städten, um der Unterrichtsverwaltung „mit dem nötigen Nachdruck entgegentreten zu können"[12], und der Bürgermeister von Hilchenbach lud zu einer Besprechung des Vertragsentwurfs ein.[13] Der Oberbürgermeister von Merseburg kam in einer umfassenden Auswertung der Vertragsbedingungen zu der Einschätzung:

> „Wegen der dauernd von der Stadt zu übernehmenden Lasten muß eine glatte Ablehnung von allen Städten erfolgen."[14]

Bei allen gemeinsamen Problemen waren die Unterschiede in den Städten und auch die Konkurrenz so groß, daß individuelle Vertragsverhandlungen geführt und abgeschlossen wurden - wenn auch mit Verzögerungen. So wurde in Warendorf 1922 eine Aufbauklasse gegründet, eine zweite Eingangsklasse jedoch erst 1924 eingerichtet.[15] Hilchenbach erhielt 1922 auf Initiative der Stadt eine Aufbauklasse, die 1923 aber wegen nur 50%iger Übernahme der sächlichen Kosten durch die Stadt zunächst nicht weitergeführt werden durfte. Durch Beteiligung des Amtes und des Kreises an den Kosten bekam Hilchenbach die ministerielle Zustimmung zur Entwicklung der Schule dann aber doch noch.[16] Auch die Nachbarstadt von Rüthen, Büren, die den Normalvertrag, d. h. die Übernahme aller sächlichen Kosten von der Stadt, abgelehnt hatte, kam zu einer Aufbauschule, da

---

[11] vgl. Stadtarchiv R, B 1058, Protokoll der Verhandlung vom 18.12.1922

[12] Stadtarchiv R, B 1058, Schreiben vom 10.1.1923

[13] vgl. Stadtarchiv R, B 1058, Schreiben vom 12.1.1923

[14] Hertzog, Lastenverteilung zwischen Staat und Städten bei Errichtung von Aufbauschulen, in: Kommunale Rundschau Nr. 3 1923, S. 33

[15] vgl. Becker, P., Jahresringe einer Schule. Zur Geschichte des Aufbaugymnasiums, in: Augustin-Wibbelt-Gymnasium ..., a.a.O., S.69-74, und Greshake, Karl, Das Ringen um die Gründung des Aufbaugymnasiums Warendorf (1922 - 1925), in: Augustin-Wibbelt-Gymnasium ..., a.a.O., S.75-82

[16] vgl. Busch, Helmut, Aus der Geschichte des Lehrerseminars und des Jung-Stilling-Gymnasiums in Hilchenbach. Schrift anläßlich des Stadtjubiläums 300 Jahre Stadtrechte Hilchenbach 1687 - 1987, 2. erweiterte Aufl. Hilchenbach 1987, S. 18-21

sie sich aufgrund örtlicher Besonderheiten auf zusätzliche finanzielle Leistungen für die Unterhaltung der Schule stützen konnte.[17] Die Verhandlungen der Stadt Rüthen mit dem PSK waren Ende 1922 zwar negativ verlaufen, hatten aber einen Lösungsansatz in der Frage der Finanzierung angedeutet: die Beteiligung weiterer Gemeinden und des Kreises an den sächlichen Kosten. Dieser wurde aber nicht konsequent verfolgt, obwohl er auch in Hilchenbach Erfolg gehabt hatte. Dieses kann man nur dahingehend interpretieren, daß Verwaltung und Stadtverordnetenversammlung das Bemühen um eine Aufbauschule vorerst eingestellt hatten. So sprach der Landrat gegenüber dem Provinzial der deutschen Provinz der Kongregation vom Heiligen Geist, der im Lehrerseminar ein Missionskonvikt einrichten wollte, verharmlosend davon, daß die Verhandlungen über die Aufbauschule aus wirtschaftlichen Gründen „z. Zt. etwas ins Stocken geraten"[18] seien. Der Landrat gab jedoch die Hoffnung nicht auf und zog nur die Errichtung eines Internats gegenüber dem Provinzial in Erwägung.

Erst zwei Jahre später 1924 wurde man seitens der Stadt Rüthen wieder aktiv - nicht zuletzt unter dem Druck, daß 1926 das Lehrerseminar geschlossen werden würde. Die Verwaltung kalkulierte erneut die Kosten einer Aufbauschule durch - ca. 8.000 M für die Aufbauschule und 3.000 M Mietausfall für das Seminargebäude[19] - und versuchte gleichzeitig nach einem Gutachten bei einem Paderborner Rechtsanwalt auch über ein Gutachten bei einem Justizrat in Hamm ihre Rechtsposition besonders bezüglich der Vermietung des Seminargebäudes zu stärken.[20] Zwar wurde immer noch keine inhaltliche Entscheidung getroffen, doch schon ein viergliedriger Ausschuß vom Magistrat eingesetzt, der Vorschläge ausarbeiten sollte.[21] Strittig war nicht die Beteiligung der einzelnen politischen Vertretungen, sondern der jeweilige Anteil von Stadt Rüthen, Amt Altenrüthen und Kreis Lippstadt.

Einer Besprechungsnotiz ist zu entnehmen, daß das Amt einen Vorschlag auf der Basis der Kostenkalkulation von 7.000 M pro Jahr und einer Aufteilung der Kosten im Verhältnis von zwei Fünfteln für das Amt, weiteren zwei Fünfteln für die Stadt und einem Fünftel für den Kreis ablehnte und sich nur mit einem Fünftel beteiligen wollte. Der Vorschlag des Landrats: Amt 3/10, Stadt 5/10 und Kreis 2/10, fand auch keine positive Resonanz, wohingegen Amt und Stadt dem Vor-

---

17   vgl. Stadtarchiv R, B 1058, Schreiben vom 5.2.1923
18   Stadtarchiv R, B 1058, Schreiben vom 26.11.1923
19   vgl. Stadtarchiv R, B 1058, Kostenüberschlag vom 3.9.1924
20   vgl. Stadtarchiv R, B 1058, Gutachten vom 7.11.1924
21   StA MS, PSK 5567

schlag des Stadtverordneten Eisenhut: Kreis 2/7, Stadt 3/7 und Amt 2/7, „gegebenenfalls" zustimmen wollten.[22] Während die Stadt sich mit dieser Regelung notgedrungen anfreunden konnte[23] und sich auch durch den geplanten Rahmen von ca. 100 Aufbauschulen und der letztmaligen Einrichtung von Aufbauschulen zu Ostern 1926[24] unter (Zeit-)Druck gesetzt sah, war das Amt Altenrüthen zwar aufgefordert, die Kostenbeteiligung auch angesichts des großen Wettbewerbs unter den Städten schnellstens zu klären,[25] doch ergaben sich neue Probleme durch die 16 Gemeinden des Amtes.

Diese hielten aufgrund des § 5 der Landgemeindeordnung vom 19.3.1856 eine Mitwirkung bei der Entscheidung über eine Kostenbeteiligung für notwendig. In dem Verfahren sprachen sich daraufhin zehn Gemeinden überwiegend sehr deutlich gegen einen Finanzierungsbeitrag aus; in nur sechs Gemeinden gab es teils knappe Zustimmung, die z. B. die Gemeindevertretung Callenhardt an die Bedingung knüpfte, „daß die Anstalt einen rein humanistischen Charakter"[26] tragen solle. Insgesamt hatten die zahlreichen Gemeindevertreter ein nur geringes Interesse an höherer Schulbildung für ihre Kinder. Von dem Abstimmungsergebnis in den Gemeinden recht unberührt entschieden die delegierten Vertreter der Gemeinden in der Amtsversammlung am 23.3.1925 aber mit 19:13 Stimmen, „bis 3/10 der sächlichen Kosten auf vorläufig sechs Jahre"[27] zu übernehmen.

Das grundsätzliche Interesse an einer Aufbauschule bei der Mehrheit der Delegierten setzte sich also gegenüber der Mehrheit der Gemeinderatsmitglieder durch. Die Festlegung „bis 3/10" eröffnete zudem einen kleinen Verhandlungsspielraum angesichts der verschiedenen Vorschläge zur Kostenbeteiligung. Unterstützung fand dieses die Gemeindevetretungen düpierende Verfahren durch den Vorsitzenden des Kreisausschusses, der die Position der Amtsversammlung aufnahm und eine Beschlußfassung durch jede einzelne Gemeinde als „nicht nötig"[28] erachtete. Um hier Rechtssicherheit zu erlangen, richtete der Amtmann des Amtes Altenrüthen an den Landgemeindeverband West (Berlin) am 1.5.1925 eine

---

[22] vgl. Stadtarchiv R, B 1058, Notiz vom 11.2.1925. Bei dieser Gelegenheit brachten die Vertreter des Amtes den Wunsch nach einem humanistischen Charakter (zweite Fremdsprache Latein) der Aufbauschule vor (vgl. ebd.).

[23] Die offizielle Beschlußfassung erfolgte in einer gemeinschaftlichen Sitzung von Magistrat und Stadtverordneten (vgl. Stadtarchiv R, B 1058, Protokoll vom 15.4.1925).

[24] vgl. Stadtarchiv R, B 1058, Schreiben des PSK vom 13.2.1925

[25] vgl. Stadtarchiv R, B 738,1, Aufforderung der Stadt an das Amt Altenrüthen

[26] ebd.

[27] Stadtarchiv R, B 1058, Protokoll der Amtsversammlung

[28] Stadtarchiv R, B 738,1, Schreiben vom 21.4.1925

diesbezügliche Anfrage, in der er auch die Ablehnung durch die Mehrzahl der Gemeindevertretungen begründete:

1. Die Fahrverbindungen würden fehlen oder seien äußerst schlecht.
2. Rüthen erhebe keine Kommunalsteuer, dagegen würden die Gemeinden mit 200% belastet.

Keine Erwähnung durch den Amtmann bei seiner Argumentation fand die Tatsache, daß die Einwohnerzahl des Amtes - und damit auch der Rekrutierungsbereich der Aufbauschule - mit 8.361 Einwohnern fast viermal so groß war wie die der Stadt Rüthen. Auf eine inhaltliche Auseinandersetzung ließ sich der Gemeindeverband in seiner Antwort nicht ein, sondern erklärte die Zustimmung der Gemeinden aus formalen Gründen für nicht erforderlich.[29]

Nicht zuletzt auch durch die Unentschlossenheit und die Verzögerungen bedingt konnte die Entscheidung des Ministers vom 13.10.1925, daß dem Antrag auf eine Aufbauschule „für dieses Jahr nicht entsprochen werden"[30] könne, kaum erstaunen. Dieses war für die Stadt Rüthen eine schlechte Nachricht, da mit der Vergabe zu Ostern 1926 das gesamte geplante Kontingent an Aufbauschulstandorten in Preußen ausgeschöpft sein sollte. Auch eine Intervention beim Bischöflichen Generalvikariat in Paderborn war erfolglos, denn man konnte dem Magistrat lediglich bestätigend am 20.10.1925 mitteilen, daß „die Aussichten nur gering"[31] seien, und gab den Rat, später den Antrag zu erneuern. Das griff der Magistrat umgehend auf, obwohl kaum noch Chancen gegeben waren, indem er sich an das PSK wandte mit der Bitte, den Antrag auf Errichtung einer Aufbauschule zu „Ostern 1927 befürwortend beim Kultusministerium erneuern zu wollen"[32].

Doch der Zufall kam der Stadt Rüthen entgegen. In der Provinz Sachsen waren die Verhandlungen mit einer Stadt über die Gründung einer Aufbauklasse gescheitert, so daß der Minister dem PSK am 24.11.1925 anheimstellte, in Westfalen - gegebenenfalls in Rüthen oder Warstein - eine weitere Aufbauklasse einzurichten, um das geplante Kontingent auszuschöpfen.[33] Gegenüber der Stadt Rüthen kündigte Oberschulrat Hellwig entsprechend vorsichtig an, daß sich eine Aufbauschule eventuell „doch noch ermöglichen lasse"[34].

Schon am 7.12.1925 erschien in Rüthen eine hochkarätige Verhandlungsdelegation aus Vertretern des Finanzministeriums und des Kultusministeriums unter Lei-

[29] vgl. Stadtarchiv R, B 738,1, Schreiben vom 6.6.1925
[30] Stadtarchiv R, B 1058
[31] Stadtarchiv R, B 1058, Schreiben vom 20.10.1925
[32] StA MS, PSK 5567, Schreiben vom 1.11.1925
[33] vgl. StA MS, PSK 5567, Schreiben vom 24.11.1925
[34] Stadtarchiv R, B 1058, Schreiben vom 2.12.1925

tung des Ministerialrats Landé sowie des stellvertretenden Leiters des PSK, Dr. Peters, um Fragen der Finanzierung, der baulichen Gegebenheiten und der Bedürftigkeit zu erörtern.[35] Daß dies die allerletzte Chance sein könnte, eine Aufbauschule als Ersatz für das Lehrerseminar zu erhalten, wurde in Rüthen klar erkannt und entsprechend wahrgenommen. So nahmen an der Besprechung neben dem Landrat des Kreises Lippstadt, dem Bürgermeister Thiele, dem Direktor und dem Prorektor des Lehrerseminars auch alle Mitglieder der Stadtverordnetenversammlung teil. Gerade letzteres war dem nun vehementen Einsatz des Bürgermeisters Thiele zu verdanken. Der vom Ministerialrat für den Minister ausgefertigte Ergebnisbericht empfahl dann auch, noch zu Ostern 1926 in Rüthen eine Aufbauklasse einzurichten. Ausschlaggebend waren folgende Aspekte:[36]

- Das Gebäude des Lehrerseminars sei „hervorragend geeignet".
- Nur die Einrichtung eines Raumes für physikalische und chemische Schülerübungen sei erforderlich.
- Im nicht benötigten Untergeschoß des Gebäudes könne die in Zukunft erweiterte Volksschule untergebracht werden.
- Analog zum Lehrerseminar sei der zu erwartende Einzugsbereich einer Aufbauschule groß.
- Eine Bereitschaft der Stadtvertreter und des Landrates sei vorhanden, „ein Schülerheim auf gemeinnütziger Grundlage zu errichten", falls die Schüler(innen) nicht in billigen städtischen Pensionen untergebracht werden könnten.

Neben diesen sachlichen Gründen war entscheidend die argumentative Geschlossenheit der Vertreter von Stadt und Kreis. Ganz anders verlief demgegenüber die Besprechung in der Stadt Warstein, die vom Minister auch in Erwägung für einen Standort gezogen worden war. Laut Ergebnisbericht hinterließ sie bei Ministerialrat Landé eher einen diffusen Eindruck. Hatten sich die „Vertreter der Arbeiterschaft um des Aufstiegs der Volksschüler willen" für eine Aufbauschule ausgesprochen, so argumentierten die meisten anderen Warsteiner Stadtverordneten eher ablehnend unter Hinweis auf die entstehenden Kosten.[37] Da sowieso die vorhandene Rektoratsschule zu einem Progymnasium ausgebaut werden sollte, würde man zwar mit einer in der Unterhaltung gleich teuren Aufbauschule zusätzlich die Möglichkeit der Reifeprüfung erhalten, doch standen diesem Vorteil die notwendigen Baukosten für eine Aufbauschule von ca. 150.000 bis 200.000

[35] vgl. StA MS, PSK 5567, Bericht vom 10.12.1925
[36] vgl. ebd.
[37] vgl. ebd.

Mark entgegen. Da aus bildungspolitischer Sicht des Ministeriums eine Aufbau-schule ein Progymnasium nicht ersetzen sollte, sondern nur parallel denkbar war, wurde aus Kostengründen eine Aufbauschule von den städtischen Vertretern in Warstein mehrheitlich nicht mehr angestrebt.[38] Damit war Warstein aus dem Wettbewerb um eine Aufbauschule ausgeschieden.

Zwar hatte sich der Landrat des Kreises Lippstadt in den Besprechungen für den Standort Rüthen exponiert, doch war die avisierte Kostenbeteiligung noch nicht parlamentarisch bewilligt. Erst mit Beschluß des Kreistags vom 18.12.1925, sich an den sächlichen Kosten mit zwei Siebteln bis zu einer Summe von 10.000 RM zu beteiligen, war nachträglich die letzte Hürde genommen.[39] Das PSK teilte dann offiziell mit, daß der Minister Rüthen als Standort für eine Aufbauschule in Aussicht genommen habe.[40]

Der endgültige Vertrag zwischen der Stadt Rüthen und dem PSK vom 24.2.1926 wurde vom Preußischen Minister für Wissenschaft, Kunst und Volksbildung erst am 17.3.1926 genehmigt, nachdem auf seinen Wunsch mehrmals Fassungen kor-rigiert werden mußten. Der Vertrag sah in § 1 vor, ab 1. April 1926 „eine staatli-che Aufbauklasse für die männliche Jugend einzurichten und diese zu einer Deut-schen Oberschule in Aufbauform auszugestalten, sobald die Lebensfähigkeit einer solchen Anstalt sich erwiesen habe".[41] Mit dem Vertragsabschluß war aber über die inhaltliche Ausgestaltung der Aufbauschule noch nicht entschieden. Noch am 17.3.1926 fragte der Rüthener Magistrat unter Aufnahme früherer Argumentatio-nen schriftlich beim PSK an, „ob Latein von Untertertia ab" unterrichtet werden

---

[38]   vgl. ebd. Schon am 30.4.1925 hatten sich die Warsteiner Stadtverordneten auf einer Sit-
       zung, zu der der vorgesehene Referent von der Aufbauschule in Büren, Dr. Steinrücke,
       nicht erschienen war, mit 7:5 Stimmen gegen eine Aufbauschule ausgesprochen (vgl.
       Stadtarchiv R, B 1058). Im August protestierten 135 Eltern der Rektoratsschule gegen
       den Umbau zu einer Aufbauschule. Sie waren wie auch Rektor Dr. Becker eher an einem
       Progymnasium interessiert (vgl. Lange, Dietmar, 125 Jahre Höhere Schule in Warstein -
       Beiträge zu einer Chronik, in: Gymnasium der Stadt Warstein (Hrsg.), 125 Jahre Höhere
       Schule in Warstein. Festschrift des Gymnasiums der Stadt Warstein zum Jubiläum 1994,
       Warstein 1994, S. 40). Derartige von grundsätzlichen Prämissen geprägte Entscheidungs-
       abläufe waren nicht selten. So meldete die örtliche Presse in Unna im Dezember 1924 un-
       ter der Schlagzeile „Sozialistische Obstruktion im Unnaer Stadtparlament" das Verlassen
       des Saales durch die SPD, was zur Beschlußunfähigkeit führte, womit eine Abstimmung
       verhindert wurde, bei der die „Linksparteien pro Aufbauschule" und die „Rechtsparteien
       einschließlich Zentrum grundsätzlich dagegen" waren. Am 19.3.1925 wurde der Aufbau-
       schulvertrag genehmigt mit 13:13 Stimmen; der Vorsitzende gab den Ausschlag (vgl.
       Stadtarchiv R, B 1058, entsprechende diverse Zeitungsartikelausrisse).
[39]   vgl. Stadtarchiv R, B 738,1
[40]   vgl. Stadtarchiv R, B 738,1, Schreiben vom 31.12.1925
[41]   Stadtarchiv R, B 1058

könne, da dies „für den Besuch der Schule unbedingt fördernd sein würde"[42]. Ein handschriftlicher Vermerk an dieser Eingabe - datiert auf den 19.3.1926 - legte als offizielle Stellungnahme fest: „Als erste Fremdsprache kommt Latein grundsätzlich nicht in Betracht", und empfahl zur Sprachenfolge:

> „Von den westfälischen Anstalten wird Form IV (Englisch - Latein, H.-G. B.) bevorzugt."[43]

Damit hatten Magistrat und Stadtverordnetenversammlung in Rüthen nach anfänglicher Unsicherheit und zögerlicher Wahrnehmung der Chance, für das Lehrerseminar ersatzweise eine Aufbauschule zu erhalten, eine durch Zufall entstandene letzte Möglichkeit eingeräumt bekommen und diese nutzen können. Denn 1927 und 1928 gab es in Westfalen keine Neugründungen.[44] Die Einrichtungsphase war in Preußen im wesentlichen abgeschlossen.[45]

2. Vorstellungen und Aktivitäten im Katholizismus

Angesichts der bildungspolitischen Diskussion in Preußen, die sich in der Nachkriegszeit verstärkt und konkretisiert hatte, engagierte sich der geistliche Prorektor des Lehrerseminars, Eisenhut, schon 1922 öffentlich in der örtlichen Tageszeitung „Patriot", indem er „grundlegende Gedanken der Schulreform"[46] publizierte und so die ländliche Bevölkerung mit der bildungspolitischen Diskussion vertraut machte. Eisenhut hob besonders auf die Aufbauschule und die Deutsche Oberschule ab, die „vor allem das Deutschtum pflegen (sollen), d. h. deutsche Sprache, deutsche Kultur, deutsches Wesen, deutsche Kunst, daneben aber Mathematik, Naturwissenschaft und eine bzw. zwei fremde Sprachen"[47].

Da Eisenhut die ministerielle Absicht bekannt war, daß zahlreiche Standorte von Lehrerseminaren - aber eben nicht alle - ersatzweise eine Aufbauschule bekommen sollten, stimmte er durch eine weitere Publikation, die auch grundlegend auf die neue „Planwirtschaft im höheren Schulwesen" einging, die Bevölkerung auf die Bedeutung einer höheren Schule in Form der Aufbauschule ein.[48] Eine höhere

---

[42] StA MS, PSK 5566

[43] ebd.

[44] vgl. Aufbauschule ..., a.a.O., S. 84. Schon für die 1925 gegründete Oberrealschule in Aufbauform in Egeln heißt es: „Egeln hatte den letzten günstigen Augenblick erfaßt, um überhaupt diese Schule zu bekommen." (Kreuzburg, Friedhelm, Gründung ..., a.a.O., S. 24)

[45] vgl. Kapitel B III.1

[46] Stadtarchiv R, B 738,2, Patriot vom 25.3.1922, S. 1

[47] ebd.

[48] vgl. Stadtarchiv R, B 738,1, Patriot vom 23.4.1922

Schule, so legte Eisenhut dar, die schon „in der Vergangenheit keine Standesschule" gewesen sei - eine empirisch kaum haltbare Behauptung -, sei auf dem Land notwendig, um große Härten gegenüber Landkindern zu vermeiden:

> „So ist manches Talent auf dem Lande durch die Ungunst der Verhältnisse nie zur Entfaltung gekommen",

denn „die Neigung und Befähigung zu höheren Studien" habe „die Vorsehung armen wie reichen Kindern in die Wiege gelegt". Mit dieser Begründung forderte Eisenhut die Bevölkerung zu einer „energische(n) Anstrengung" im Wettbewerb um die Errichtung einer Aufbauschule auf.

Eisenhuts publizistischer Einsatz stieß auf große Resonanz, die auch in seiner Person begründet lag. Neben seiner Tätigkeit am Seminar als Prorektor war er auch politisch und gesellschaftlich engagiert, und zwar als Vorsitzender der Zentrumspartei in Rüthen und im Kreis Lippstadt sowie als Mitglied der Rüthener Stadtverordnetenversammlung, dazu als Vorsitzender des katholischen Arbeitervereins, den er auch gegründet hatte. Ein öffentlicher Vortrag von ihm im Gesellenhaus in Rüthen am 30.7.1922 führte zu einer „einstimmig angenommenen Entschließung", in der die Errichtung einer Aufbauschule einerseits als „Akt ausgleichender sozialer Gerechtigkeit gegenüber den Groß- und mittleren Städten" angesehen wurde, andererseits rekurrierte man auf die durch die Reichsverfassung „allen Staatsbürgern ... gewährleisteten gleichen Rechte":

> „Beim Wegfallen einer höheren Bildungsanstalt in Rüthen würde es dem größten Teil der Elternschaft ..., insbesondere aus dem Stande der Arbeiter, Handwerker, Beamten, Kleinbauern und Kleinkaufleuten bei den ungeheuer gestiegenen Ausbildungskosten völlig unmöglich sein, ihre Kinder einen mittleren oder höheren Berufe zuzuführen, was letzten Endes zu einem teilweisen Ausschluß von den verfassungsmäßigen Volksrechten auslaufen würde."[49]

Mit dieser sehr sozial argumentierenden - wohl vorbereiteten - Entschließung, die durch die von Vikar Dr. Rüsche aus Altenrüthen erhobene Forderung nach Griechisch oder Latein „wenigstens fakultativ" nicht belastet wurde - setzte Eisenhut die Stadtverordnetenvertretung unter verstärkten Druck, sich für eine Aufbauschule einzusetzen. Immerhin hatten über 100 Rüthener der Entschließung zugestimmt.[50] Die Frage der Typenbildung war für Eisenhut eher nachrangig, obwohl er sich mit Dechant Braukmann und Pfarrer Berens einig war, „als zweite Sprache Latein" einzuführen, „da erfahrungsgemäß bei den namentlich von der Landbevölkerung vertretenen Anschauungen die Aufbauschule an Zugkraft gewinnen"

---

49 Stadtarchiv R, B 1058
50 So in einem Schreiben des Landrates an das PSK vom 27.9.1922 (StA MS, PSK 5567).

würde.[51] Dieses argumentative Verstecken hinter der Landbevölkerung verdeckte nur oberflächlich die ureigensten katholischen Interessen am Lateinunterricht im Hinblick auf die Priesterausbildung.

Aus seiner eher zukunftsorientierten bildungspolitischen und sozial engagierten Grundhaltung heraus brachte Eisenhut kein Verständnis auf für den aus Kostengründen zurückhaltenden Einsatz von Magistrat und Stadtverordneten für die Errichtung einer Aufbauschule. Deshalb beklagte Eisenhut das „heutige materialistische Zeitalter"[52] und setzte dem eine höhere Schule als „Lebensfrage" für Rüthens Zukunft entgegen. Öffentlich brandmarkte Eisenhut die Kurzsichtigkeit und Unentschlossenheit der politischen Vertretungen und kämpfte damit auch gegen seine Parteifreunde im Zentrum. Für die Bevölkerung in Orten, die an Stelle des geschlossenen Lehrerseminars keine Aufbauschule erhalten würden, befürchtete er eine „schwere geistige Schädigung".

Um dem späteren Vorwurf „schwerer Pflichtverletzung" zu entgehen, sollten die „bestellten Hüter und Förderer des Volkslebens" Stadt, Amt und Kreis, die Aufbauschule als Angelegenheit „weitergehendere(r) kulturelle(r) Bedeutung" finanziell ermöglichen - bevor es „zu spät" sei.[53] Um politischen Druck auszuüben, informierte Eisenhut mittels Lokalzeitung über die Fristsetzungen des PSK, die der „interessierte(n) Bevölkerung des Südens unseres Kreises" eingeräumt worden seien, und fragte rhetorisch:

> „Will sie die Möglichkeit, eine höhere Schule für das Opfer von einigen tausend Mark zu bekommen, unbenutzt vorübergehen lassen?"[54]

Die Reserviertheit in der Stadtvertretung und der Bevölkerung läßt sich aber nicht hinreichend nur durch finanzielle Engpässe und Kostenfragen erklären.[55] Als problematisch mußte auch erscheinen, daß das „Sauerländer System", die Geschlechtertrennung in den Schulen bzw. der Schulen, für eine Knaben-Aufbauschule nicht in Betracht kommen konnte, da ohne Mädchen eine angemessene Einschulungszahl nicht erreichbar sein würde. Bestärkt in einer hieraus entwickelten Skepsis konnte sich die Bevölkerung durch ein Rundschreiben des

---

[51] So bei einem Gespräch mit PSK-Vertretern am 18.12.1922 (Stadtarchiv R, B 1058).

[52] Stadtarchiv R, Viegener, Ratssitzung vom 30.9.1924

[53] Eisenhut, Rückschritt oder Fortschritt. Zur Bildungsfrage im Süden unseres Kreises, in: Patriot vom 17.12.1924

[54] Stadtarchiv R, B 1058, Patriot vom 9.3.1925

[55] Gravierender waren zum Beispiel in Egeln die Bedenken wegen der hohen finanziellen Kosten für einen notwendigen Schulneubau, da Egeln als eine der wenigen Städte ohne Lehrerseminar eine Aufbauschule erhalten sollte (vgl. Kreuzburg, Friedhelm, Gründung ..., a.a.O., S. 27).

Bischöflichen Generalvikariats Paderborn vom 1.3.1925 an die Pfarrämter fühlen, in dem kategorisch erklärt wurde:

„Wir (verwerfen) die Koedukation = gemeinschaftliche Erziehung von Knaben und Mädchen grundsätzlich."[56]

Damit entsprach der Bischof nur der Forderung nach „materialer Katholizität", wie sie in den katholischen Erziehungsgrundsätzen zum Ausdruck kam, die auch von der Enzyklika „Divine Illius Magistri" betont wurden: Elternrecht, Bekenntnismäßigkeit familialer und schulischer Bildung, Ablehnung der Koedukation, Sorge für eine geschlechtsspezifische Unterweisung.[57]

Insgesamt kann man die Vorbehalte und die fehlende Begeisterung für die diskutierte neuartige höhere Bildungseinrichtung auch als Ausdruck von Angst und Verunsicherung sehen, daß die Geschlossenheit der ländlichen Lebenswelt durch eine als modern erachtete Bildungseinrichtung aufzubrechen drohte. Die katholische Bevölkerung empfand

„die Schule mehrheitlich als ein Instrument des auf Leistung, Intelligenz und Rationalität angewiesenen modernen Staates, dem sie aufgrund ihres Mißtrauens gegen aufklärerische Weltinterpretationen, in ihrer sozialen Existenzangst und in ihrem Festhalten an vorindustriellen Gesellschaftsidealen vorerst noch skeptisch begegnete"[58].

Dem stand in Rüthen auf der anderen Seite Prorektor Eisenhut als Vertreter eines sozial engagierten Katholizismus gegenüber, der die Relevanz der gesellschaftlichen und wirtschaftlichen Entwicklung erkannt hatte und bildungsbürgerliche Vorstellungen entwickelte, während in der bäuerlich-kleinstädtischen Bevölkerung Mentalitäten der Vormoderne „nachwirkend und umgangsbestimmend"[59] waren. Mit seinem Engagement öffnete sich Eisenhut säkularen Tendenzen, die mit dem sozialen Wandel verbunden waren, um so einen Beitrag zum Abbau des Bildungsdefizits besonders der ländlich-katholischen Bevölkerung zu leisten. In diesem Sinne ist auch ein lancierter Artikel (ohne Namen) im Patriot zu verste-

---

[56] Stadtarchiv R, B 738,1
[57] vgl. Weinacht, Paul Ludwig, Bildungswesen, Erziehung, Unterricht, in: Adrianyi, Gabriel u.a., Die Weltkirche im 20. Jahrhundert (= Handbuch der Kirchengeschichte, Bd. 7, hrsg. von Hubert Jedin und Konrad Repgen), Freiburg u.a. 1979, S. 384
[58] Küppers, Heinrich, Schulpolitik, in: Rauscher, Anton (Hrsg.), Der soziale und politische Katholizismus. Entwicklungslinien in Deutschland 1803 - 1963, München 1982, S.372
[59] Roeßler, Wilhelm, Schichtenspezifische Sozialisation in der Weimarer Republik, in: Heinemann, Manfred (Hrsg.), Sozialisation ..., a.a.O., bes. S. 19ff. So waren es auch in Warendorf neben den Seminarlehrern die katholischen Stadtpfarrer und der katholische Kaufmannsverein, die sich für die Aufbauschule engagierten (vgl. Greshake, Karl, Das Ringen ..., a.a.O., S. 80

hen, der auf typische Vorbehalte einging. Darin wurde für die Aufbauschule geworben, indem auf die „Möglichkeit eines schnellen Aufstieges" zwar verwiesen wurde, aber zugleich verbreitete Bedenken zerstreut wurden:

> „Ohne sie (die Schüler(innen), H.-G. B.) aus dem Heimatboden zu verpflanzen und den Gefahren der Großstadt preiszugeben, sollen sie im Rahmen ihrer Bodenständigkeitskultur auf eine Bildungsstufe gehoben werden, von der aus sie ihren Volksgenossen später Führer sein können."[60]

In diesem Sinne hatte schon die Denkschrift zur Aufbauschule argumentiert.

3.   Vorgehensweise des Provinzialschulkollegiums Münster und des Ministeriums für Wissenschaft, Kunst und Volksbildung

Daß Rüthen noch eine Aufbauschule erhielt, lag einmal sicher an dem Verzicht einer anderen Stadt, was im Rahmen der planwirtschaftlichen Vorstellungen des Ministeriums neue Verhandlungen in einer fast beliebigen Region ermöglichte. Bedeutsam war darüber hinaus sicher auch, daß ein vom PSK Münster gestellter, abschlägig beschiedener Antrag vorlag. Entscheidender war aber wohl der Einsatz des PSK und dessen ausschlaggebender Wille für eine Aufbauschule im ländlichen Rüthen, der sich in Oberschulrat Hellwig personalisierte. Er wurde zwar erst am 1.4.1929 mit dem neu geschaffenen Amt des Generaldezernenten für das Aufbauschulwesen im PSK betraut,[61] doch schon ab 1922 engagierte er sich immer wieder für den Standort Rüthen. Fast alle Schreiben wurden von ihm verfaßt bzw. abgezeichnet. An allen Verhandlungen nahm er teil.
Oberschulrat Hellwig gelang es immer wieder als Position zwischen Ministerium und Rüthen, die Forderungen des Ministers abzufedern und Rüthen Zeit einzuräumen, denn er konnte sich gut in Lage und Mentalität von Magistrat und Stadtverordnetenversammlung hineinversetzen. So erwartete er nur selten kurzfristige Entscheidungen. Andererseits versuchte er durch zahlreiche Schreiben, die Stadt anzuregen, sich mit der Angelegenheit zu beschäftigen und sich zu Seminarabbau und Aufbauschule zu erklären. Und wenn die Entwicklung - wie bis Ende 1924 - schon lange stagnierte, wurde Oberschulrat Hellwig selbst aktiv. So forderte er in einem persönlichen Schreiben an den Landrat des Kreises Lippstadt diesen auf, die Bemühungen um eine Aufbauschule wieder aufzugreifen.[62]

---

[60]   Stadtarchiv R, B 1058, Patriot vom 11.4.1925
[61]   Sein Vorgänger war Oberschulrat Geh. Reg. Rat Winter, der als Gründer der meisten Aufbauschulen Westfalens gelten kann.
[62]   vgl. Stadtarchiv R, B 1058, Schreiben vom 3.12.1924

Nur selten kam es aufgrund der Unentschlossenheit und der Verzögerungen zu derart pointierten - und dann auch erfolgreichen - Anfragen wie Anfang 1925. Da rüttelte er vor dem Hintergrund des kommenden Endes der Einrichtungsphase für Aufbauschulen in Preußen die Stadtvertreter auf mit der Frage, ob die Stadt „auf die Errichtung einer höheren Schule in Aufbauform noch Wert legt"[63]. Zugleich setzte er Fristen: Falls bis spätestens Anfang März keine Mitteilung erfolge, gehe man davon aus, daß eine Aufbauschule „ansonsten nicht den dortigen Wünschen entspricht". Aufgrund der langwierigen Verwicklungen um die Aufteilung der Kosten wurde letztendlich auch Hellwig resignativ. So teilte er mit, daß der Minister Anträge „auf ausnahmsweise Günstigstellung stets abgelehnt hat", und charakterisierte Ende März 1925 die Perspektive:

„Ob die Stadt Rüthen bei der geringen Zahl von Aufbauklassen, die als letzte für 1926 noch vorgesehen sind, jetzt noch Aussicht hat, eine Aufbauschule zu erhalten, erscheint uns recht zweifelhaft."[64]

Trotzdem räumte er immer wieder neue Fristen ein,[65] die nie von der Stadt eingehalten wurden. Trotz zahlreicher - auch substantieller - Unklarheiten teilte das PSK am 10. Juli 1925 mit, daß es Rüthen dem Minister als Standort für eine Aufbauschule vorgeschlagen habe.[66] Diese wohlwollende, der Entwicklung vorgreifende, Entscheidung des PSK basierte auf der Vorstellung Hellwigs, daß das ihm bekannte ländliche Rüthen den Grundgedanken der Denkschrift zur Aufbauschule auf Erneuerung im Sinne eines Jungbrunnens ideal umsetzen könne. Zusammenfassend gibt die Bedeutung und Position Hellwigs eine Schülererinnerung an ein späteres Gespräch mit ihm wieder:

„Diese Schule war meine Idee, ich mußte für sie beim Schulkollegium kämpfen, ich wollte beweisen, daß sich diese Schule lohnt, da es ein Reservoir von begabten Kindern gibt."[67]

Im Unterschied zu dem bürokratischen Langmut und Verständnis aus dem PSK setzte der Minister die finanzschwachen Städte unter Druck. Obwohl der Hauptausschuß des Preußischen Landtags sich der wirtschaftlichen Probleme der Städte annahm und beim Staatsministerium beantragte, die ökonomische Lage der einzelnen Orte zu berücksichtigen und die sachlichen Kosten mindestens zur Hälfte

---

[63] Stadtarchiv R, B 1058, Schreiben vom 13.2.1925
[64] Stadtarchiv R, B 1058, Schreiben vom 26.3.1925
[65] vgl. Stadtarchiv R, B 1058, Schreiben vom 17.4.1925, das eine Frist auf den 25.4.1925 setzte.
[66] vgl. Stadtarchiv R, B 1058, Schreiben vom 10. Juli 1925
[67] PAB, Interview Knülle

zu tragen,[68] nutzte Minister Boelitz die Konkurrenzsituation der Städte und erklärte schon am 20.9.1923 lapidar, daß mit „einer großen Zahl von Städten bereits rechtsgültig abgeschlossene Verträge"[69] vorlägen und die Finanzierung der Aufbauschulen von den Städten wohl leistbar sei.

Den späteren Antrag des PSK, Rüthen als Standort vorzusehen, lehnte der Minister hoffnungsweckend mit der Formulierung ab, ihm könne „für dieses Jahr nicht entsprochen werden"[70]. Es kann sich hierbei jedoch nur um politisches Taktieren gehandelt haben, da weitere Aufbauschulen gar nicht vorgesehen waren. Dem Minister ging es um eine auf dem Lande möglichst flächendeckende, die Standorte von Lehrerseminaren berücksichtigende und das zahlenmäßige Soll sowie den Zeitrahmen einhaltende Errichtung von Aufbauschulen. Besondere ortsspezifische Probleme und Gegebenheiten waren nachrangig; selbst Aspekte wie Rekrutierungsbereich, verkehrliche Anbindung, Schülerheim usw. spielten keine zentrale Rolle. Ausschlaggebend war nur der formale Vertrag mit der Stadt zur Übernahme der Sachkosten.

---

[68]   vgl. Stadtarchiv R, B 1058, Antrag vom 25.5.1923
[69]   Stadtarchiv R, B 1058, Erklärung vom 20.9.1923
[70]   Stadtarchiv R, B 1058, Schreiben vom 13.10.1925.

III. Die Entwicklung der Aufbauschule bis zum ersten Abitur 1932

1. Aufbauphase von 1926 bis 1930

Die Gründung und der Aufbau einer Schule werfen immer grundsätzliche personelle Probleme auf, die sich konkret für Rüthen mit der Kurzfristigkeit des Einrichtungsbeschlusses noch verschärften. Im Vordergrund steht die Auswahl des Schulleiters, dem es obliegt, die verschiedenen, jährlich neu zugewiesenen Lehrer zu einem Kollegium zu entwickeln. Denn ihnen gemeinsam - unter Richtungsweisung durch den Schulleiter - kommt die Aufgabe zu, die Schule inhaltlich zu gestalten und so auch hohe Anmeldezahlen von Schüler(inne)n und damit den Bestand der Schule zu sichern und nachträglich zu legitimieren. PSK und Ministerium vetrauten den Aufbau der Schule Philipp Schniedertüns an.

a) Schulentwicklung

Schulleitung durch den Geistlichen Studienrat Philipp Schniedertüns

Der katholische Geistliche Seminarprorektor Schniedertüns, geb. 1885, war seit Januar 1925 mit der vertretungsweisen Leitung des Lehrerseminars und der Aufbauschule in Olpe betraut. In einem Brief an den Bischof von Paderborn monierte er Anfang 1926, daß Oberschulrat Hellwig ihm zwar zugesagt habe, daß er seine „endgültige Anstellung als Studiendirektor der Aufbauschule in Olpe beim Herrn Minister beantragen und befürworten werde"[1], doch befürchtete er nun, daß vor ihm andere freie Direktoren untergebracht werden müßten. Um für Olpe freie Hand zu haben, entwickelte Hellwig in Korrespondenz mit Ministerialrat Metzner aus der Unterrichtsverwaltung den Plan, Schniedertüns mit der Leitung der Aufbauschule in Rüthen zu betrauen und zugleich den Prorektor des Rüthener Seminars, Eisenhut, als Kreisschulrat nach Brilon zu schicken, was dem Bischof „ebenfalls angenehm sein könne"[2].

---

[1] BA, 49.01, Schreiben vom 5.1.1926

[2] BA Potsdam, 49.01, Schreiben vom 15.2. und 23.2.1926. Eisenhut wurde aber am 20.10.1926 zum Rektor der Rektoratsschule in Warstein gewählt. Nach der Machtübergabe wurde er „aufgrund der hohen Zuschüsse und des geringer werdenden Zuspruchs in Verbindung mit dem Gesetz zur Wiederherstellung des Berufsbeamtentums vom 7.4.1933" mit anderen Kollegen 1934 „zwangspensioniert" und die Schule zum 1.4.1934 geschlossen (vgl. Lange, Dietmar, 125 Jahre ..., a.a.O., S. 41, 49f.).

Aus einer Anmerkung der Unterrichtsverwaltung geht hervor, daß eine Beförderung von Schniedertüns zum Studiendirektor einer Aufbauschule „unmöglich" sei, da Ministerialrat Richert als Voraussetzung „besondere Eignung" fordere, aber Schniedertüns „nur theologisch vorgebildet" sei; schon seine Anstellung als Studienrat müsse als „ein starkes Entgegenkommen" angesehen werden.[3] Die offizielle Genehmigung für das PSK, Schniedertüns nach Rüthen zu schicken, war dann auch mit der Einschränkung versehen:

„Die Entscheidung über die dauernde Leitung bleibt vorbehalten."[4]

14 Tage zuvor hatte das PSK schon die Überweisung nach Rüthen ausgesprochen, um den Schulbetrieb aufnehmen zu können.[5]

Auf dem ersten Elternabend informierte der Schulleiter die Anwesenden über das Wesen und die Ziele der Aufbauschule. Seine Ansprache wurde von Soldatenliedern sowie Deklamationen von Liliencron und heiteren Stücken zum Abschluß umrahmt.[6] Auch auf dem großen Elternabend Anfang 1928 wollte Schniedertüns den Eltern, Stadtvertretern und vielen Interessierten - „Saal bis zum allerletzten Platz gefüllt" - den Charakter der Aufbauschule erläutern:

„Wie das humanistische Gymnasium aus dem Latein und aus dem Griechischen geistige Gewandtheit zu erzielen, den Geist zu bereichern bestrebt ist, wollen wir aus unserer deutschen Sprache, aus unserem deutschen Kulturschatz, aus der Beschäftigung mit unserer eigenen Muttersprache Gleichwertiges schaffen, den Geist der Jugend in gleicher Weise bereichern und stählen, so daß sie auf der Universität anderen in keiner Weise unterlegen ist."[7]

Ob es Schniedertüns gelungen war, mit diesen eher allgemeinen Ausführungen die Anwesenden von der Leistungsfähigkeit der Schule und Gleichwertigkeit der Bildung zu überzeugen, darf man bezweifeln. Zudem ging er nicht auf die besondere Form der Aufbauschule ein, sondern beschränkte sich auf den Typ Deutsche Oberschule.

Eine zweite Seite des Charakters der Schule stellten für Schniedertüns die musikalischen Darbietungen und die künstlerischen Ausstellungen dar:

„Die geistige Bildung darf aber nicht nur eine Seite des Menschen erfassen und das Denkvermögen vermitteln. Auch die Gemütswerte der Seele müssen gepflegt werden."[8]

---

[3]   BA Potsdam, 49.01
[4]   BA Potsdam, 49.01, Schreiben vom 29.4.1926
[5]   vgl. StA MS, PSK 5568
[6]   Stadtarchiv R, B 1063, Veranstaltungsankündigung
[7]   zit. nach Stadtarchiv R, Viegener, 13.2.1928
[8]   zit. nach ebd.

Und er versprach den Anwesenden:

„In diesem Bestreben der Aufbauschule von den Geistesgrößen unseres Volkes nicht nur die sehen zu lassen, die wir mit dem Verstand fassen können, sondern auch die, welche sich an das Gemüt des Volkes gewandt haben, in diesem Bestreben wird auch unsere Aufbauschule fortfahren."[9]

Damit war ein Verständnis von Deutschkunde angesprochen, das nicht nur analysieren, sondern erleben, erfahren und intuitiv erfassen wollte.

Die vorgestellten Leistungen der Schüler(innen) (Gesang, Bilderausstellung) sollten - so Schniedertüns - „zum gegenseitigen Verständnis beitragen, zur Zusammenarbeit von Elternhaus und Schule, damit aus unserer Jugend vollkommene Männer und Frauen werden"[10]. Der Chronist Viegener verzeichnete an dieser Stelle: „Reicher Beifall." Das war zu erwarten, denn Befürchtungen der Eltern, daß ihre Kinder sich durch die schulische Bildung ihnen entfremden würden, waren so erst einmal zerstreut. Der Elternabend wurde beendet mit dem Schlußchor „Der Krähwinkler Landsturm", der erneut zu großem Beifall Anlaß gab, so daß Wiederholungen erfolgten.[11]

Die Rahmenprogramme der Elternabende deuten an, daß eine Besinnung auf Traditionen und Werte des 19. Jahrhunderts erfolgen würde und weniger eine Ausrichtung auf die gesellschaftliche Realität, wie sie sich besonders außerhalb Rüthens darstellte.

Ein Schüler beschreibt heute Schniedertüns als kleinen, rundlichen netten Herrn, der ein „interessanter Mensch"[12] gewesen sei. Seine konservative-kulturpessimistische Grundhaltung, wie sie sich in seinen Reden und dem Rahmenprogramm andeutete, hielt ihn aber nicht davon ab, den zehnten Jahrestag der Verfassung von Weimar zugleich mit dem „Erfolg deutscher Technik durch den Weltflug des Zeppelin"[13], der deutsche Größe anklingen ließ, feiern zu lassen. Seine konservative Haltung wird untermauert durch den Hinweis, daß er das eher zügellose Fußballspielen der Schüler auch in der Freizeit grundsätzlich ablehnte und negativ sanktionierte.[14]

---

[9]   ebd.
[10] zit. nach ebd.
[11] vgl. ebd.
[12] PAB, Interview Knülle
[13] vgl. Schularchiv, Jahresberichte, Schuljahr 1929/30
[14] Herr Knülle berichtet, daß Schniedertüns einmal alle Jungen einer Klasse mit zwei Stunden Nachsitzen bestrafte, weil sie gegen Schwarz-Weiß Suttrop gespielt hatten (vgl. PAB, Interview Knülle).

Nur wenige Hinweise auf den Unterricht und das Schulleben, das von Schnieder-tüns geprägt werden sollte, sind darüber hinaus bekannt.

Auch wenn die Schule offiziell nicht konfessionell gebunden war, so war sie doch durch den geistlichen Leiter, das Lehrerkollegium und die Schülerschaft katholisch ausgerichtet, wenn man von einem einzelnen evangelischen Schüler absieht.[15] Ein Unterricht im Geist des Katholizismus war so gewährleistet. Der Schulgottesdienst einmal in der Woche vor Unterrichtsbeginn war „ein Angebot, aber es wurde Teilnahme erwartet"[16].

Der koinstruktive Charakter der Schule mit einem Mädchenanteil von 24% wurde zwar nicht problematisiert - er sicherte den Bestand der Schule -, doch wurden die neuen Freiheiten der Mädchen nicht immer begrüßt. Eine Schülerin erinnert sich an die erste Turnstunde:

> „Die Hosen hatten wir uns selbst genäht, erst kurze, später lange. Der Pastor monierte, daß wir Hosen trugen. Das war ein Aufsehen in der Stadt, obwohl die Hosen ganz manierlich aussahen."[17]

Aufsehen erregte aber genauso, daß die ersten Schwimmübungen in der Möhne abgehalten wurden oder daß sich Mädchen einen Bubikopf schneiden ließen.[18]

Andererseits ist nicht von Eltern, sondern nur von Schülern bekannt, daß diese monierten, daß auf dem Schulhof Exerzieren geübt werden mußte während des Absingens des englischen Soldatenliedes „John Brown's body".[19] Den Schülern war nicht bekannt bzw. von ihnen wurde nicht akzeptiert, daß als Erziehungsziel der Leibesübungen ein Mensch angesehen wurde, der u. a. „den Willen zur Einordnung in die Gemeinschaft besitzt und dadurch zur Unterordnung erzogen, aber auch zum Führertum gereift ist"[20]. Das militärische Gehabe dieses Lehrers äußerte sich auf einer Schulfeier anläßlich des Jahrestags der Weimarer Verfassung auch in seiner Sprache, als er unter Bezug auf die „Schulgemeinde und die Volksgemeinschaft" aufforderte:

---

[15] So der Nachweis über die Schülerstruktur vom 15.6.1928 (BA Potsdam, 49.01)

[16] PAB, Interview Knülle

[17] PAB, Interview Hölzl

[18] ebd.

[19] vgl. PAB, Interview Knülle. Herr Knülle: „Wir marschierten zu viert nebeneinander, dann das Kommando 'links schwenkt'." Der unterrichtende Lehrer, StR Flören, der nach Aussagen von Oberschulrat Hellwig in Rüthen „gern bleiben" wollte, war schwerkriegsbeschädigt durch einen 1915 erlittenen Lungen- und Handschuß (vgl. BA Potsdam, 49.01, Schreiben des PSK an den Minister vom 15.6.1928).

[20] Bernett, Nikolaus, Leibesübungen in der Aufbauschule, in: DOA 2 (1929), S. 19

„Stell Dich in Reih und Glied, das Ganze zu verstärken! Das Ganze lebt, und Du bist drin mit Deinen Werken."[21]

Hinweise auf Unverständnis über unterrichtliche Inhalte gibt es für den Bereich Sexualerziehung, die in den Händen des Geistlichen Stud.-Ass. Dr. Kahle lag. Nach der Aushändigung einer Broschüre über Sexualmißbrauch an die Schüler, sagte eine Mutter zu ihrem Sohn: „Wenn Du das liest, nehmen wir Dich von der Schule." Auf die rechtfertigende Entgegnung, daß er diese von einem Geistlichen erhalten habe, kam die spontane Reaktion: „Dann war es 'n Lutherschen."[22] Diese sporadischen Hinweise zeigen, daß nicht nur der Schulleiter, sondern auch die Lehrer ihre Vorstellungen über Unterricht und Schulleben einbringen konnten. Nach vierjähriger Tätigkeit gab Schniedertüns die Leitung der Rüthener Aufbauschule ab. Die örtliche Presse meldete den Weggang des Schulleiters in einer verbindlichen Darstellung: Schulleiter Schniedertüns sei „auf seinen besonderen Wunsch hin versetzt und einer anderen Stelle in Paderborn überwiesen worden"[23]. Demgegenüber sprach der zuständige Oberschulrat Hellwig von einem unter Schniedertüns „sich verzettelnden Lehrkörper" und davon, daß sich Schniedertüns „den Aufgaben nicht gewachsen fühlte"[24]. Ob die Gründe für den Wechsel in der Person Schniedertüns, in örtlichen bzw. kollegialen Vorgängen und/oder in den formalen Bedenken des Ministers bezüglich der Qualifikation lagen, die schon anläßlich der Amtseinführung thematisiert worden waren, läßt sich nicht mehr rekonstruieren. Auffällig ist nur, daß Oberschulrat Hellwig einen von ihm schon lange protegierten Aspiranten zum neuen Schulleiter befördern wollte.

In einem späteren undatierten Bericht von NSDAP-Aktivisten an den zuständigen Gau wurde Schniedertüns, der mittlerweile an der Staatlichen Pelizäusschule, Oberschule für Mädchen, in Paderborn unterrichtete, als „ausgesprochene(r) Gegner der NS-Weltanschauung" und „kirchlich gebunden" eingestuft:

> „Der Fall Schniedertüns ist bekannt, er gibt immer noch Deutschunterricht in UII und Erdkunde in der V."[25]

---

21 Stadtarchiv R, B 1063, Bericht des Schulleiters 1929. Dies war die Aktualisierung einer Mahnung, die er aus der Bedeutung der Gilden im frühen Mittelalter abgeleitet hatte (vgl. Flören, Die gewerblichen Gilden der Stadt Rüthen, in: Festschrift. 50 Jahre katholischer Gesellenverein in Rüthen, Rüthen 1927, bes. S. 39).
22 PAB, Interview Knülle
23 Stadtarchiv R, Viegener, 25.4.1930
24 StA MS, PA, F 122
25 Stadtarchiv Pb, A III 4330. Hehl, Ulrich von (Bearb.), Priester unter Hitlers Terror. Eine biographische und statistische Erhebung. Im Auftrag der deutschen Bischofskonferenz unter Mitwirkung der Diözesanarchive (= Veröffentlichungen der Kommission für Zeitge-

Lehrerschaft

Da Neueinstellungen von Lehrern restriktiv gehandhabt wurden, hatte das PSK eine dem Ministerium vorzuschlagende Umverteilung in seinem Geschäftsbereich zu organisieren, um den Aufbauschulbetrieb in Rüthen aufnehmen und in den Folgejahren auch ausweiten zu können.

Von den Beschäftigten des Lehrerseminars verblieb zum Unterricht in der Eingangsklasse nur StR Dr. Harren an der Aufbauschule,[26] da allen übrigen Lehrern die formale Qualifikation zum Unterricht an einer höheren Schule fehlte. Das PSK wurde vom Minister darüber hinaus ermächtigt, neben dem neuen Schulleiter Schniedertüns, der von der Aufbauschule Olpe wechselte, auch den Seminaroberlehrer Dr. Gerning „der Aufbauklasse in Rüthen zur dienstlichen Beschäftigung zuzuweisen"[27]. Aushilfsweise unterrichtete Hauptlehrer Rosemann Musik und Zeichnen.[28]

Schon nach einem halben Jahr wurde Dr. Gerning versetzt und für ihn der formal qualifiziertere Stud.-Ass. Flören zugewiesen[29], und zum Schuljahreswechsel 1927 wurde dann analog auch Dr. Harren durch Stud.-Ass. Beckermann ersetzt.[30] Damit war der Übergang vom Lehrerseminar zur höheren Schule personell abgeschlossen, aber die Lehrerfluktuation noch nicht zu Ende.

Für den Lehrerbedarf durch den dritten Jahrgang wurde der Schule zu Ostern 1928 Stud.-Ass. Pott zugewiesen.[31] Schon ein halbes Jahr später gab es einen erneuten Lehrerwechsel: Für Beckermann und den erst einige Monate zuvor gekommenen Pott wurden die Studienräte Verhoeven und Tesch nach Rüthen versetzt.[32] Damit waren jetzt neben Schniedertüns und Flören nicht mehr nur Assessoren, sondern erfahrenere Studienräte an der Aufbauschule beschäftigt, die aushilfsweise von Volksschulrektor Wings und den Volksschullehrern Henneböle und Kauke unterstützt wurden.[33]

---

26 schichte Reihe A: Quellen. Band 37), 2. Aufl. Mainz 1985, S. 1047, weist für 1942 auf eine Strafversetzung hin, die aber auf Einspruch zurückgenommen wurde.
26 vgl. Stadtarchiv R, Viegener, 19.4.1926
27 StA MS, PSK 5568
28 Ihn beschreibt ein Schüler als „hervorragenden Musikanten": „Während wir Zeichnen hatten, spielte er; es war mucksmäuschenstill." (PAB, Interview Knülle)
29 vgl. Stadtarchiv R, Viegener, 6.10.1926
30 vgl. Stadtarchiv R, Viegener ,7.4. und 30.4.1926
31 vgl Stadtarchiv R, B 1063, Bericht des Schulleiters
32 vgl. Stadtarchiv R, Viegener, 3.11.1928
33 vgl. Stadtarchiv R, B 1063, Bericht des Schulleiters

Die Fluktuation im Lehrkörper veranlaßte den Schulleiter in seinem Jahresbericht zu der Bemerkung:

„Die Verschiebungen im Lehrkörper sind so groß, daß von November (1928, H.-G. B.) ab nur zwei Lehrer an der Schule wirkten, die schon vor Ostern 1928 daran arbeiteten."[34]

Mit dem Schuljahr 1929/30, dem vierten Einschulungsjahrgang, wurden zwei weitere hauptamtliche Lehrkräfte, die Stud.-Ass. Dr. Kahle und Kohorst zugewiesen.[35] Dadurch standen den 68 Schüler(inne)n sechs akademische Lehrkräfte und drei aushelfende Lehrer(innen) der örtlichen Volksschule für den Unterricht zur Verfügung. Zum Ende dieses Schuljahres, Ostern 1930, verließen Kohorst nach einem Jahr und der Schulleiter Schniedertüns nach vierjähriger Amtszeit die Schule.

Die starke Fluktuation der Lehrer - teilweise sogar mitten im Schuljahr - sprach nicht für planvolles Handeln des PSK und der Unterrichtsverwaltung, auch wenn damit erfahrenere und qualifiziertere Lehrer zugewiesen wurden, denn sie erschwerte neben einem kontinuierlichen sachgerechten Unterricht, auf den sich die Schüler(innen) einstellen konnten, auch die Selbstdarstellung der Schule nach außen und damit die Akzeptanz in der Öffentlichkeit und schuf erhebliche Organisationsprobleme für den Schulleiter. Auch war so eine Einbindung der Lehrer in die kleinstädtische Gesellschaft in Anknüpfung an die Tradition des Lehrerseminars nicht möglich.

Schülerschaft

Eine Bestands- und Situationsanlayse der Aufbauschule darf die Schülerschaft und deren Sozialstruktur und geographische Herkunft nicht vernachlässigen, da der Gründung der Aufbauschule gerade ein diesbezüglicher Anspruch zugrunde lag. Daneben ist auf die besondere Ausformung der Koedukation einzugehen.

In der örtlichen Presse wurde auf den Start der Aufbauschule umgehend werbend hingewiesen: Der Abschluß enthalte die Berechtigung zum Universitätsstudium (18.3.1926), die Schüler(innen) würden gut und preiswert in Bürgerhäusern untergebracht, und es handele sich um die einzige höhere Schule im Süden des Kreises Lippstadt (24.3.1926).[36] Darüber hinaus wurde der gleichwertige Charakter gegenüber anderen, grundständigen höheren Schulen betont (14.4.1926). Trotz dieser Werbung, die aufgrund der Verbreitung der Zeitung auch entfernter woh-

---

[34] ebd.
[35] vgl. Stadtarchiv R, Viegener, 21.2.1930
[36] vgl. Stadtarchiv R, Viegener

nende Bevölkerungsgruppen ansprechen konnte, war die Resonanz - aufgrund der Kurzfristigkeit wohl auch zu erwarten - eher verhalten, so daß Bürgermeister Thiele als nun engagierter Befürworter dieser Einrichtung den Leiter der Volksschule am 5.4.1926 bitten mußte, „die Eltern zur Anmeldung von Schülern und Schülerinnen noch anzuregen"[37]. Immerhin stellten sich der Aufnahmeprüfung 30 Bewerber(innen), von denen aber nur 16 Jungen und vier Mädchen (= 67 %) bestanden.[38]

Vier Jungen traten dann allerdings entweder nicht an oder verließen die Schule bereits nach einigen Wochen wieder, ein Mädchen wurde nachträglich aufgenommen, so daß die amtliche Schulstatistik vom 2.6.1926 für das erste Schuljahr 1926/27 nur zwölf Jungen und fünf Mädchen ausweist.[39]

Zahlenmäßige Entwicklung der Schülerschaft

	Aufnahme	Gesamtzahl
Schuljahr 1926/27	20	20
Schuljahr 1927/28	23	40
Schuljahr 1928/29	19	55
Schuljahr 1929/30	17	68
Schuljahr 1930/31	23	91

Der Zuspruch zur Aufbauschule blieb ausweislich der jährlichen Aufnahmezahlen sehr begrenzt. Obwohl die Schule als einzige in der ländlichen Region das Abitur ermöglichte und nach der Startphase auch in der Bevölkerung bekannt war, sanken zum Ende der 20er Jahre sogar die Anmeldezahlen, die erst mit dem Schuljahr 1930/31 wieder stiegen.

Der örtliche Chronist Viegener sah die Ursache für die geringe Inanspruchnahme der Schule in wirtschaftlichen Motiven:

„Die finanzielle Not in der Landwirtschaft engt die Eltern sehr ein."[40]

Denn es war nicht nur vierteljährlich ein Schulgeld von 50 RM zu zahlen, sondern die Schüler(innen) fielen teilweise auch als Arbeitskräfte im Elternhaus bzw. in der Landwirtschaft aus. Darüber hinaus entstanden für Schüler(innen) aus Nachbarkreisen bzw. aus dem Amt Altenrüthen - besonders im Winter - auch

---

[37] Stadtarchiv R, B 1063
[38] vgl. Stadtarchiv R, Viegener, 27.4.1926
[39] vgl. BA Potsdam, 49.01
[40] Stadtarchiv R, Viegener, 23.4.1928

Kosten für die Fahrten zur Schule bzw. für die Unterbringung in Rüthener Gast-familien.

Die verschiedenen Möglichkeiten zur Ermäßigung des Schulgelds und Unterstüt-zung durften einige Schüler(innen) in Anspruch nehmen: So waren im Sommer 1929 von den 68 Schüler(inne)n fünf zur Hälfte und im Winterhalbjahr vier Schüler(innen) zur Hälfte und drei vollständig von Schulgeldzahlungen befreit, die Geschwisterermäßigung (25% bzw. 50%) galt für 12 bzw. 13 Schüler(innen), und eine Erziehungsbeihilfe wurde an sieben Schüler(innen) gezahlt.[41] Es profi-tierten also nicht wenige Familien von den Nachlässen und Zuschüssen, doch wa-ren sie angesichts der häuslichen Armut vieler Schüler(innen) nur eine Hilfe zur Gewährleistung des Schulbesuchs und nicht für Fahrt- oder Unterbringungskosten - besonders wenn Schulgeld für mehrere Kinder zu zahlen war.

Neben den Aufnahmezahlen war für die geringe Schüler(innen)zahl auch die Ab-bruchquote verantwortlich. Jedes Jahr verließen einige Schüler(innen) die Schu-le,[42] wobei die Gründe sowohl im Wohnortwechsel, in der sozialen Lage oder in der ungünstigen verkehrlichen Anbindung gelegen haben können. Mit mangelnder schulischer Leistung können die relativ vielen Abgänger(innen), die doch die stark selektierende[43] Aufnahmeprüfung bestanden hatten, nicht allein erklärt wer-den. Es erscheint auch für die Abbruchquote durchaus plausibel, einen wesentli-chen Anteil der geringen Finanzkraft der Familien zuzuschreiben.

Schon früh sprach die örtliche Presse bei einer Bestandsaufnahme von einer be-friedigenden Entwicklung der Aufbauschule.[44] Auch Bürgermeister Thiele ver-breitete am Ende der Wahlperiode 1929 in einem Rückblick seiner Amtszeit eher Zweckoptimismus, wenn er die Aufbauschule so positiv einordnete:

„Damit ist der südliche Kreis Kulturzentrum geblieben, was er 50 Jahre lang war."[45]

Aus den Schüler(innen)zahlen insgesamt läßt sich diese Aussage kaum ableiten, eher vom Zustrom durch auswärtige Schüler(innen) und der punktuellen Einbin-dung der Lehrer in das örtliche Vereinsleben.

Die soziale Herkunft der Schülerinnen und Schüler wurde jährlich zahlenmäßig erfaßt:

[41]   vgl. Stadtarchiv R, B 1063, Bericht des Schulleiters 1929,
[42]   vgl. BA Potsdam, 49.01, Nachweisung vom 6.5.1929
[43]   1930 bestanden 74 % der angemeldeten Schüler(innen) (vgl. Stadtarchiv R, Viegener, 27.3.1930).
[44]   vgl. Stadtarchiv R, Viegener, 25.6.1928
[45]   Stadtarchiv R, Viegener, Bericht über die Ratssitzung vom 15.11.1929

Sozialstruktur der Schülerschaft nach den Väterberufen
für die Jahre 1927 und 1929[46]

Berufe	1927		1929	
	Anzahl	%	Anzahl	%
akademische Beamte	0	0	0	0
nicht akademische Beamte	9 (7+2)	22,5	15 (11+4)	22
akademische Lehrer	0	0	0	0
nicht akademische Lehrer	2 (1+1)	5	5 (3+2)	7,4
freie akademische Berufe	0	0	2 (0+2)	2,9
selbständige Landwirte	10 (5+5)	25	16 (12+4)	23,5
selbständige Kaufleute	0	0	3 (3+0)	4,4
angestellte Kaufleute	2 (0+2)	5	3 (1+2)	4,4
selbständiges Handwerk	9 (8+1)	22,5	7 (7+0)	10,3
Handwerk gegen Lohn/				
Arbeiter	6 (5+1)	15	13 (12+1)	19,1
Sonstige Berufe	2 (2+0)	5	4 (4+0)	5,9
Gesamt	40 (28+12)	100	68 (53+15)	99,9

Zwar dominierte die Gruppe der selbständigen Landwirte, aber im Verhältnis zur
Bevölkerung war sie etwas unterrepräsentiert - ganz im Gegensatz zu den „nicht
akademischen Beamten" und „nicht akademischen Lehrern", deren Anteil sehr
deutlich überrepräsentiert war. Auch in Rüthen war damit die Aufbauschule eine
Einrichtung des Kleinbürgertums, denn auch die Schicht der „Handwerker gegen
Lohn / Arbeiter" war deutlich unterrepräsentiert.

Besonders hoch ist bei Lehrern, Beamten und selbständigen Landwirten auch der
Anteil der Mädchen, was in einer stärkeren Akzeptanz von Mädchenbildung und
größeren Offenheit zur koedukativen Erziehung begründet sein kann. Der Zugang
für Mädchen war insgesamt noch erschwert, da sie als Zugangsvoraussetzung die
Bescheinigung des Amtsarztes benötigten, „daß sie gesund und kräftig genug sind
für den Besuch einer höheren Knabenschule"[47]. Daneben bedurfte die Aufnahme

---

[46] Diesen Daten liegen die Angaben der Schulleitung im Rahmen eines vom Minister vorgegebenen Rasters zugrunde (StA MS, PSK 6600 und 7109). Umrechnung in Prozente von
mir. Die Zahlen in den Klammern geben die geschlechtsspezifische Verteilung an: 1. Zahl
Jungen, 2. Zahl Mädchen.

[47] Stadtarchiv R, B 1063, Bericht des Schulleiters

von Mädchen noch einer eigenen Bestätigung des PSK. Dennoch betrug ihr Anteil 1927 30% und 1929 noch 22%.

Das elterliche Milieu läßt sich indirekt auch der örtlichen Presse entnehmen, wenn man die Werbung für die Aufbauschule auswertet. Mit einem langen Grundsatzartikel „Wozu befähigt die Aufbauschule?" wandte sich der Chronist Viegener an die Eltern von potentiellen Aufbauschüler(inne)n. In einer die Berufsperspektive der Abiturient(inn)en - entgegen den realen Möglichkeiten und auch gegen die Denkschriftintention - verengenden Ausrichtung auf den Beruf Volksschullehrer(in) schrieb Viegener:

> „Zwar sind die Junglehrer noch nicht alle versorgt. Wer aber jetzt auf der Aufbauschule beginnt, der wird im Jahre 1936 die Bahn wieder frei finden. Denn 1936 wird die Lehrerlaufbahn bestimmt auch für Katholiken wieder offen sein."[48]

Die Äußerung zeigt eine berufsspezifische Tendenz noch in der Tradition des geschlossenen Lehrerseminars, die auf das Bewußtsein der Eltern abhob und für die Landjugend bisher unübliche akademische Berufe ausschloß. Neben dem wirtschaftlichen Vorteil der geringeren Kosten eines nur sechsjährigen Besuchs der Aufbauschule für die Eltern wies der Verfasser auch auf die mit dem Gymnasium gleichwertigen Leistungen und auf die Möglichkeit hin, daß z. B. in Paderborn Studierende der Theologie unentgeltlich Griechisch nachholen könnten.[49] Die Reduzierung auf den Vergleichsmaßstab Gymnasium, der andere Typen höherer Schule vernachlässigte, und der gezielte Verweis auf ein Theologiestudium in der Nachbarschaft, machte erneut deutlich, welche begrenzten bildungspolitischen Erwartungen in der katholischen Landbevölkerung mit der Aufbauschule verbunden waren. Zu prüfen bleibt, ob die späteren Abiturient(inn)en sich an dieser Erwartungshaltung auch orientierten.

Wenn die Stadt Rüthen und das Amt Altenrüthen, die lange um die Verteilung der sächlichen Kosten der Schule gestritten hatten, mit den geringen Schülerzahlen nicht zufrieden sein konnten, so ergibt dagegen eine Untersuchung der räumlichen Herkunft der Schüler(innen) der ersten beiden Jahrgänge, daß 32,5 % aus der

---

[48] Stadtarchiv R, Viegener, ohne Datum (vermutlich Ende März 1930). Die Anzahl der katholischen Pädagogischen Akademien - 1930: von 15 nur eine für Lehrer(innen) und eine weitere für Lehrer, zudem beide nicht voll ausgebaut - war deutlich unterproportional dem katholischen Bevölkerungsanteil in Preußen (vgl. Zierold, Kurt u.a., Die Pädagogischen ..., a.a.O., S. 12, 14). Zudem wurde die Zahl der jährlich aufzunehmenden Studenten an katholischen, noch nicht ausgebauten Akademien von 75 auf 50 reduziert „mit Rücksicht auf die große Zahl noch nicht untergebrachter, seminarisch gebildeter, katholischer Schulamtsbewerber" (ebd., S. 33).

[49] vgl. Stadtarchiv R, Viegener, ohne Datum

Stadt Rüthen kamen, weitere 32,5 % aus dem Amt Altenrüthen und 15 % aus dem restlichen Kreis Lippstadt sowie 20 % aus anderen Kreisen.[50] Dies war eine geographische Verteilung, die weitgehend der Aufteilung der Lasten entsprach und die parlamentarischen Gremien zufriedenstellen konnte, wobei das Amt Altenrüthen in Relation zur Kostenbeteiligung am günstigsten abschnitt.

b)   Erwartungen an die Schule durch das Provinzialschulkollegium Münster und das Ministerium für Wissenschaft, Kunst und Volksbildung

Schon nach nur fast zwei Jahrgängen wurden die Aufbauklassen mit Erlaß vom 20.2.1928 offiziell vom Minister für Wissenschaft, Kunst und Volksbildung als „Deutsche Oberschule in Aufbauform i(n) E(ntwicklung)" anerkannt, da „die Lebensfähigkeit der Schule erwiesen"[51] sei und über die der Stadtgemeinde Rüthen „obliegenden Pflichten Klarheit besteht"[52]. Diese frühe Anerkennung macht aber nur deutlich, daß die Schulform unabhängig von konkreten örtlichen Entwicklungen erhalten werden sollte. Insofern handelte es sich eher um einen (bildungs-) politischen als um einen schulaufsichtlichen Bescheid des Ministers. Denn die Entwicklung der Schüler(innen)zahl und die zahlreichen Zugänge von außerhalb des Kreises Lippstadt (20 %) ließen zu diesem Zeitpunkt eben nicht den Schluß zu, daß die „Lebensfähigkeit der Schule erwiesen" sei. Positiv mußte aber erscheinen, daß trotz der geringen Schüler(innen)zahlen der Status der Begabtenschule beibehalten wurde. So lagen die Durchfallquoten bei den Aufnahmeprüfungen in den ersten vier Jahren immer über 25 % Prozent.[53] Ihnen kam also stark auslesender Charakter zu.

Das ministerielle Interesse an der Schule dokumentiert auch ein Bericht von Ministerialrat Landé, der mit Gerichtsass. Richter vom PSK die Schule besichtigte. Zweierlei war ihm erwähnenswert: 1. Die „sehr schlechte Luft in sämtlichen großen und schönen Klassenräumen, die obwohl an dem Tag Wandertag war, nicht gelüftet wurden"[54]. Und 2. Eine Belassung der Volksschule in dem Aufbauschulgebäude würde sich langfristig als schwierig herausstellen.[55] Für Landé war nur wesentlich, inwieweit die Stadt ihren vertraglichen Verpflichtungen bezüglich der

---

[50]   vgl. Stadtarchiv R, Viegener, 12.5.1927
[51]   Stadtarchiv R, B 1063, Mitteilung des PSK
[52]   BA Potsdam, 49.01, Erlaß des Ministers an das PSK
[53]   Eigene Berechnung nach den Schülernachweisen 1926-1929 (BA Potsdam, 49.01)
[54]   BA Potsdam, 49.01, Bericht vom 27.7.1929
[55]   vgl. ebd.

Gebäudeunterhaltung nachgekommen war, und da war nicht viel zu kritisieren. Der juristische Beistand für Vertragsinterpretationen mußte nicht bemüht werden. Hatte schon die Lehrerversorgung nicht den Eindruck planvollen Handelns der Unterrichtsverwaltung vermittelt, wie es gerade bei einer neuen Schulform, die zugleich auch einen neuen Schultyp darstellte, sowohl pädagogisch als auch für die Akzeptanz der neuen Einrichtung erforderlich gewesen wäre, so blieb auch das ministerielle Interesse ausweislich der örtlichen Revision weniger im bildungspolitischen als eher im formal-organisatorischen Bereich. Diese reduzierte Beachtung, die einen begrenzten Stellenwert der Aufbauschule dokumentieren könnte, wurde durch das PSK ansatzweise kompensiert, indem Oberschulrat Hellwig häufig die Schule besuchte und am Unterricht teilnahm.[56]

Seine anläßlich dieser Revisionsbesuche gewonnenen Erfahrungen über Unterricht, Lehrer und Schulleiter schienen sich bei ihm nicht zum Eindruck eines geschlossenen, das heißt einheitlich ausgerichteten Kollegiums verdichtet zu haben. Mit einer solchen Zielsetzung als Aufgabe eines Gründungsschulleiters war Schniedertüns angesichts der unvertretbaren Lehrerfluktuation wohl eher überfordert gewesen.

2. Konsolidierungsphase von 1930 bis 1932

Schulleiter Schniedertüns hatte die Schule aufgebaut und den ersten Jahrgang bis zur Versetzung nach Unterprima geführt. Doch war es ihm offensichtlich nicht gelungen, die Erwartungen des Oberschulrats, die sich schulfachlich zwei Jahre später im Abitur niederschlagen sollten, zu erfüllen. So war es naheliegend, eine Persönlichkeit mit dem weiteren Ausbau zu betrauen, die sowohl Organisationsfähigkeit, Durchsetzungsvermögen und besonders fachliche Kompetenz nachgewiesen hatte. Oberschulrat Hellwig schlug dem Ministerium als Nachfolger für Schniedertüns erfolgreich StR Dr. Fluck vor, den er schon lange beobachtet hatte.

a) Schulleiter Dr. Hans Fluck

Zur Biographie

Dr. Hans Fluck, geboren 1890 als Sohn eines katholischen Hauptlehrers in Hessen-Nassau, bestand 1910 in Wiesbaden sein Abitur, studierte in Freiburg und Münster und wurde 1914 zum Dr. phil. im Fach Deutsch „magna cum laude"

---

[56] vgl. die diversen Jahresberichte (Schularchiv), die teilweise einen Besuch pro Monat nachweisen. Ein Schüler erinnert sich: „Alle naselang war er da." (PAB, Interview Knülle)

promoviert.[57] Er nahm von Beginn an am Ersten Weltkrieg teil und wurde nach Auszeichnung mit dem EK II als Leutnant der Reserve 1918 entlassen. Noch im selben Jahr bestand Fluck das Erste Staatsexamen in den Fächern Deutsch, Latein und Griechisch I mit der Note „gut" und absolvierte anschließend eine verkürzte Referendarzeit am Königlichen Gymnasium Theodorianum in Paderborn, die er am 6.12.1919 mit der Pädagogischen Prüfung (Note: gut) abschloß. Im November 1920 absolvierte er Erweiterungsprüfungen in philosophischer Propädeutik und Geschichte I.

Nach Tätigkeit im privaten Schuldienst - u. a. am Oberlyzeum St. Michael in Paderborn und aushilfsweise als Repetent am dortigen Bischöflichen Konvikt - bemühte Fluck sich mit Schreiben vom 21.1.1926 an das PSK Münster um eine Rückkehr in den öffentlichen Schuldienst. In seiner Bewerbung hielt er sich „insbesondere auch geeignet für den Dienst an einer Aufbauschule mit Latein als erster Fremdsprache wie z. B. Büren" und verwies auf seine fünfeinhalbjährige Erfahrung in der Chorleitung.

Zum 1.4 1926 wurde Fluck an die Aufbauschule in Arnsberg versetzt, wo er sich - nach Meinung von Oberschulrat Hellwig - besonders im Lateinunterricht bewährte. Politisch seit 1911 dem Zentrum zugehörig, beteiligte er sich am öffentlichen Leben in Arnsberg und wurde in den Magistrat gewählt, „obwohl" - so formulierte Hellwig in seinem Bericht an den Minister - „zahlreiche ältere Vertreter seines Standes am Platze waren". Auch dies qualifizierte Fluck, 1930 als vorläufiger Schulleiter und Nachfolger Schniedertüns nach Rüthen versetzt zu werden, wobei das PSK ihn für die ein Jahr später dort zu besetzende Direktorenstelle für geeignet hielt.

Schon Ende 1930 - nach nur dreivierteljähriger Tätigkeit - wurde Fluck eine besondere Leistung bescheinigt. Ihm war es nach Hellwig gelungen, das Kollegium „zu einer einheitlichen Arbeitsgemeinschaft zusammenzufügen" und die Bewohner von Rüthen durch Veranstaltungen in der Schule zu gewinnen. Der Erfolg führte jedoch dazu, daß Fluck 1932 überraschend abgelöst und als Schulleiter dem Gymnasium Laurentianum in Arnsberg zugewiesen wurde.

Seit seiner Lehrertätigkeit in Paderborn war Fluck auch umfangreich und kontinuierlich für den Schöningh Verlag tätig, indem er zahlreiche Schülerhefte herausgab, die seine anerkannte umfassende fachliche Qualifikation dokumentierten.[58]

---

[57] vgl. StA MS, PA, F 122. Dort auch alle folgenden biographischen Angaben.

[58] vgl. Schöninghs Dombücherei. Schülerhefte von deutscher Art, die Bände 1 Neue deutsche Lyrik, 6 Hebbels Jugendjahre. Die Kuh. Pauls merkwürdige Nacht, 22 Wernher der gartenaere: Meier Helbrecht (mittelhochdeutsch), 23 W. H. Riehl: Im Jahre des Herrn.

Unterrichtlich drückte sich dies in seinen hohen Ansprüchen im Deutschunterricht aus, wie sich ein Schüler erinnert.[59] Flucks Mitgliedschaft im Zentrum seit 1911 endete mit dessen Selbstauflösung am 30.6.1933.[60] Vom 1. Juli 1933 datiert seine Mitgliedschaft im NSLB.[61] Am 1.3.1934 trat Fluck auch der NSV bei und in diesem Zeitraum noch dem Reichsluftschutzbund. Doch diese Mitgliedschaften in NS-Organisationen, aber eben nicht in der NSDAP, sicherten seine Stellung als Schulleiter nicht, da Fluck seine regimekritische Haltung auch öffentlich dokumentierte. Ein Kollege seiner Schule denunzierte ihn:

„Bei der Feier des Tages von Potsdam erschien Dr. Fluck verspätet auf der Aula; er entschuldigte sich mit einem Telefongespräch betreffs des Fackelzuges. Er trug hellgrauen Anzug, während das Kollegium in Dunkel erschienen war. Der Empfangsapparat wurde abgestellt, als der Herr Reichspräsident und der Führer die Garnisonskirche verlassen hatten; die Übertragung der Feier vor der Kirche fiel aus. Statt dessen ergriff Dr. Fluck das Wort: Es habe wohl jeder gemerkt, daß eine neue Zeit angebrochen sei, daran schloß sich die Bemerkung, daß es jetzt Prädikate in Fleiß und Betragen gäbe. ... Als beim Fest der Jugend das Horst-Wessel-Lied gesungen wurde, hat Dr. Fluck nicht den Arm gehoben. ... Am Tage von Versailles bestand die Gedenkstunde aus einer Rede des StR X in der Aufzählung der Paragraphen ... Kein aufrüttelndes Wort wurde gesprochen, kein Lied gesungen (‘es sollte schweigend auseinandergegangen werden’). Das Portal war nur mit Grün geschmückt.“

Auch der Führer der Bezirksgruppe Sauerland des Bundes der Saarvereine beschwerte sich mit Schreiben vom 10.5.1934 beim Gauinspektor der NSDAP, Landrat Teipel (Arnsberg), über Fluck. Grund war, daß er bei der Verteilung von Eintragungslisten bei Fluck - im Gegensatz zu allen anderen Schulleitern - nicht auf Interesse gestoßen war:

Der stumme Ratsherr, 44 Peter Dörfler, 50 Ludwig van Beethoven, 58 Deutsche Poetik, 62 Greif: Buch der Lyrik, 64 Kulturbilder aus dem 18. Jahrhundert, 68 Sturm und Drang, 73 Impressionismus, 74 Expressionismus, 89/90/91 Deutsches Schrifttum als Ausdruck seiner Zeit 1. Urzeit bis 1150, 2. Die Ritterzeit, 3. 1300-1748, 113 Das Spiel von den zehn Jungfrauen. Vgl. auch in der Reihe Schöninghs Lateinische Klassiker die Bände 1 Tacitus: Germania, 5 Caesar: De bello Gallico und in der Sammlung altsprachlicher Lesestoffe die Bände 1 Einhards Vita Karoli Magni, 14 Petronius, Cena Trimalchionis, 16 Catull und Tibull. Vgl. darüber hinaus in Schöninghs Textausgaben alter und neuer Schriftsteller die Bände 104 W. H. Riehl, Der verrückte Holländer und andere Novellen, 112 Achim von Arnim, Isabella von Ägypten, 115 Moderne Prosa 1. Teil. Daneben gab er heraus „Aus Heimat und Fremde. Ein deutsches Lesebuch für die Untertertia der Aufbauschulen“ in der Reihe „Deutsches Lesebuch für höhere Lehranstalten“.

59 vgl. PAB, Interview Knülle
60 vgl. StA MS, PA, F 122 und HStAD, NW 1039 F 492. Dort auch die folgenden Hinweise.
61 Nicht zu ermitteln war, ob damit auch sein Austritt aus dem Philologverband verbunden war.

„Herr Fluck, der wie er sagte, nichts mehr opfern und spenden könne. Als ich ihn darauf auf die unerhörten Opfer der Deutschen Brüder an der Saar aufmerksam machte und auf deren heldenhaften Kampf für das Deutschtum hinwies, ließ Fluck mich stehen, ging ans Fenster und zeigte mir - wie man so sagt - die kalte Schulter. Herr Dr. Fluck hat sich nicht in die Mitgliederliste des Gymnasiums, die mir heute zurückgereicht wurde, eingetragen."

Der Landrat griff umgehend diese Beschwerde auf und forderte - mit Kopie an die Gauleitung -, „den Studiendirektor Dr. Fluck baldigst von seinem Posten zu entfernen und ihn durch einen Mann mit nationaler Gesinnung zu ersetzen". Am 20.6.1934 schaltete sich Gauleiter Wagner in diese Angelegenheit durch ein Schreiben an den Oberpräsidenten verschärfend ein und wies auf einen weiteren Vorfall hin, der ihm zugetragen worden war:

„Am 20.4.1934 war den Schulen eine schlichte Gedenkstunde vorgeschrieben, in der des Führers Werk und Deutschlands Wiedergeburt gewürdigt werden sollte. Herr Dr. Fluck hielt diese Stunde nicht. Als Entschädigung bekamen die Schüler aber am folgenden Tag zwei Stunden frei."

Für den Gauleiter war „entscheidend", daß die Schule eine „undisziplinierte Haltung" abgebe. Er hielt im Anschluß an den Landrat „unter allen Umständen" eine Entfernung Flucks für notwendig.

Daraufhin ließ das Oberpräsidium am 21.6.1934 Fluck sofort den Erlaß des Ministers vom 7.6.1934 zugehen, mit dem Fluck „auf Grund des § 5 des Gesetzes zur Wiederherstellung des Berufsbeamtentums in die Stelle eines Studienrates zurückversetzt" wurde. Darüber hinaus sprach der Oberpräsident Fluck mit sofortiger Wirkung die Beurlaubung von seinen Dienstgeschäften aus. Dem Gauleiter meldete der Oberpräsident am 25.6.1934, daß dem Minister schon „vor einigen Monaten" berichtet worden war, daß Fluck „keine Eignung zum Leiter dieser Schule" habe und daß der Minister ihn am 15. März(!) „in das Amt eines Studienrates zurückversetzt" habe.

Ob die von Fluck mit Schreiben vom 28.6.1934 gewünschte Beratung im Oberpräsidium wegen seiner „Beurlaubung" stattgefunden hat, ist nicht nachweisbar. Mit der Rücksetzung zum Studienrat war Fluck angeboten worden, nach § 5 Abs. 2 Berufsbeamtengesetz „in den endgültigen Ruhestand versetzt zu werden". Darauf verzichtete Fluck und bat um die Versetzung in eine größere Stadt Westfalens.

Am 29.8.1934 leistete er den Diensteid auf Adolf Hitler und erhielt zum 1.10.1934 eine Stelle am Realgymnasium Gelsenkirchen - mit Rückstufung zum StR, aber „bei Beibehaltung des Diensteinkommens". Ostern 1936 wurde er zum dortigen Adolf-Hitler-Gymnasium versetzt. Aufgrund eines Runderlasses des Reichsministers durfte Fluck ab 19.5.1941 wieder die Amtsbezeichnung „Ober-

studiendirektor" führen. Gegen Ende des Krieges wurde Fluck im Kinderlandver-
schickungslager Schliersee eingesetzt. Das Angebot der erneuten Übernahme der
Schulleitung in Rüthen lehnte er 1949 aus persönlichen Gründen ab.
Fluck gab im Rahmen der Entnazifizierung neben seiner Degradierung als Be-
nachteiligungen an, daß

- er wegen Kritik an Goebbels vor die Gestapo gebracht worden sei,
- 1938 Band 5 der Literaturgeschichte verboten worden sei, da fast jede Seite
  zum Widerspruch herausgefordert habe,
- ihm 1940/43 für die Lateinschule in vier Bänden, die schon gesetzt worden
  war, Papier zum Druck verweigert worden sei.

Der mittels Aktenlage rekonstruierte Weg von Fluck macht deutlich, daß er sich
spätestens Ende 1933/Anfang 1934 in seinen noch zu zeigenden konservativen
Auffassungen durch die NS-Politik nicht bestätigt fühlte und dies auch couragiert
nach außen zeigte. Die eher auf „Abwarten" zielende Haltung des Oberpräsidi-
ums in seiner Sache dokumentiert das ihm schon früher entgegengebrachte
Wohlwollen. Erst der Einsatz von Gauleiter Wagner führte zu ernsthaften Konsequenzen, die sich dann aber in der Degradierung zur Wahrnehmung einer Studi-
enratsstelle an einem anderen Ort erschöpften. Flucks Hinwendung zu größeren
Publikationen dokumentiert seinen Rückzug aus dem tagespolitischen Geschehen
und seine Zurückhaltung im politisierten Schulalltag.

Flucks Gesellschaftsverständnis

George-Rezeption

Flucks gesellschaftspolitischer Standort, der auch richtungsgebend für Schule und
Kollegium in Rüthen wurde, soll durch Heranziehung seiner Reden und Publikationen im Sinne einer Einzelfallstudie entwickelt und den politisch-ideologischen
Strömungen in der Weimarer Republik zugeordnet werden. Dabei wird davon
ausgegangen, daß es nur selten möglich und noch seltener sinnvoll ist, einzelne
Personen typisierend bestimmten Richtungen zuzuordnen, da sich häufig in Einzelpersonen eher diverse pädagogisch-politisch-ideologische Elemente bündeln,
die sich einer engen Typenbildung verweigern.[62] Trotzdem kann den nachgewiesenen Denkmustern und Anschauungen - unabhängig von subjektiven Intentionen,
die nicht vernachlässigt werden sollen - eine objektive historische Funktion zugeschrieben werden. Dies macht es aber erforderlich, identifizierbare Einzelaspekte

---

[62]   vgl. die Fallstudien in Klewitz, Marion, Lehrersein ..., a.a.O., S. 113ff.

der Fluckschen Position in das politisch-ideologische Umfeld und dessen objektiver Wirkungsgeschichte einzubeziehen.

Die folgende Darstellung greift aus mehreren Gründen Flucks George-Interpretation besonders ausführlich auf:

- Sie ist seine einzige mir bekannte direkt auf die Weimarer Republik bezogene umfassende und wörtlich publizierte Äußerung.

- Sie war zentraler Teil einer Rede, die nicht beiläufig erfolgte, sondern der als Antrittsrede bei seiner Ernennung zum Studiendirektor und Leiter der Aufbauschule Rüthen programmatischer Charakter zukam.

- In ihr manifestierte sich Flucks gesellschaftspolitische Grundhaltung, die den Nationalsozialismus überdauerte.

Am 24.1.1931 überreichte Oberschulrat Hellwig nach einjähriger Amtszeit Fluck seine ministerielle Bestallung in einer großen Feierstunde in der Aula der Aufbauschule. Zu diesem Anlaß waren die Vertreter der örtlichen Geistlichkeit, die Leiter der Nachbarschulen, die Bürgermeister der Stadt Rüthen und des Amtes Altenrüthen sowie weitere Persönlichkeiten des öffentlichen Lebens erschienen.

Mit Hilfe des „ungekrönten Kaiser(s) des geistigen Deutschlands", Stefan George, wollte Fluck in seinem umfangreichen Festvortrag Rechenschaft darüber ablegen, „was wir leisten wollen", und zeigen, „daß auch seine (Georges, H.-G. B.) ragende Größe undenkbar ist ohne den nährenden Mutterboden der Heimat".[63]

An einem „Beispiel aus der Praxis", „der neuesten deutschen Dichtung", wollte er belegen, wie die „bestimmende(n) Grundsätze" des Unterrichts - Gegenwartsnähe, staatsbürgerliche Erziehung und „zeitsparende Verbindung der einzelnen Lehrstoffe untereinander" - angewendet würden.

Fluck hielt George für einen „wegweisenden Deuter und Propheten", der sich „nüchtern (los)sagt von der entarteten Welt um ihn, die im blinden Drange zuchtlos dem Abgrunde zutaumelt". Neben der neuen „Schau" der „großen Führergestalten der Vergangenheit", wie sie George in den „Blättern für die Kunst" seit 1890 leiste, sah Fluck einen „Jungborn eigener Dichtung" sprudeln, „neben denen die gefeierten Gedichtsammlungen von Horaz und Goethe als Einheit schier verblassen" würden. Mit der Darstellung der Entwicklungsphasen Georges verband Fluck die Vorstellung einzelner Werke: „Pilgerfahrten", „Algabal", „Bücher der Hirten- und Preisgedichte, der Sagen und Sänge und der hängenden Gärten", „Das Jahr der Seele" sowie „Der Teppich des Lebens".

---

[63] Fluck, Hans, Über Stefan George. Auszug aus der Rede des Studiendirektors Dr. Fluck, in: derselbe (Hrsg.), Mitteilungen ..., a.a.O., S. 13-21. Nur auf den Abdruck eines Teils der vorgetragenen Gedichte wurde verzichtet.

Letzteres Werk brachte nach Fluck auch die „Lösung" der - von ihm nicht explizierten und seiner Zuhörerschaft als bekannt unterstellten - Frage des ausgehenden Jahrhunderts: „Heimat, Rheinland, Deutschland". Diese „Lösung" durch George war für Fluck keine „Überraschung":

> „Wer in ihm den 'Führer' sieht, - Dichter, Seher, Staatsmann, - dem bleibt nicht verborgen ein hellgesichtiges Erblühen zur deutschen Heimat: Im deutschen Lothringen taucht das Geschlecht auf."

Den Raum Bingen, in dem die Familie George mehrere Generationen lebte, geprägt von Industrie und Landwirtschaft, sah Fluck als „die Welt, aus der George hervorging":

> „Dort lebt im Volk der rheinische Karneval, nicht als Vergnügungsindustrie der menschenmordenden Großstadt, sondern als erdgebundene Sitte des schollebauenden Dörflers, der tagsdarauf das Aschenkreuz nimmt und gedenkt, daß er Staub ist, zu dem er zurückkehrt."

Nach dem Werk „Der siebente Ring" (1907), in dem „die Heimat ohne jede Verhüllung erklingt", veröffentlichte George im Jahr 1914, „in dem" - so Fluck - „das lange grollende Weltgewitter endlich sich entlud", den „Stern des Bundes". George war für Fluck „wohl der einzige Deutsche, der von dem vor 1918 Gesagtem auch nicht 'eine' (im Original gesperrt, H.-G. B.) Silbe hat zurücknehmen müssen". Die 1917 von George gedichtete Zeile „Schmuckloser Greis ... Der fand den Rat der Stunde" aktualisierte Fluck:

> „Wie scheint mehr für 1931 als 1914 geschaut die Gestalt Hindenburgs, der aus dem flauen Hannover zur Errettung des Vaterlandes schreitet."

Und die Anwesenden einbeziehend fragte Fluck:

> „Die deutsche Zwietracht sollte heute noch das mühsam durch den Opfertod von zwei Millionen Helden gewahrte Deutsche Reich vernichten?"

Als Antwort hoffte Fluck mit dem „Seher" auf eine glückliche Zukunft und zitierte dessen „eherne Verse":

> „Der Sänger aber sorgt in Trauer-Läuften,
> Daß nicht das Mark verfault, der Keim erstickt.
> Er schürt die heilige Glut, die überspringt
> Und sich die Leiber formt; er holt aus Büchern
> Der Ahnen die Verheißung, die nicht trügt,
> Daß, - die erkoren sind zum höchsten Ziel, -
> Zuerst durch tiefste Öden ziehen, daß einst
> Des Erdteils Herz die Welt erretten soll...
> Und wenn im schlimmsten Jammer letzte Hoffnung
> Zu löschen droht: So sichtet schon sein Aug

Die lichtere Zukunft. Ihm wuchs schon heran -
Unangetastet vom geilen Markt,
Von dünnem Hirngeweb und giftigem Flitter,
Gestählt im Banne der verruchten Jahre -
Ein jung Geschlecht, das wieder Mensch und Ding
Mit echten Maßen mißt, das schön und ernst,
Froh seiner Einzigartigkeit, vor Fremden stolz,
Sich gleich entfernt von Klippen dreisten Dünkels
Wie seichtem Sumpf erlogener Brüderei,
Das von sich spie, was mürb und feig und lau,
Das aus geweihten Träumen, Tun und Dulden
Den einzigen, der hilft, den M a n n, gebiert...
Der sprengt die Ketten, fegt auf Trümmerstätten
Die Ordnung, geißelt die Verlaufnen heim
Ins ewige Recht, wo Großes wiederum groß ist,
Herr wiederum Herr, Zucht wieder Zucht ...
Er führt durch Sturm und grausige Signale
Des Frührots seiner treuen Schar zum Werk
Des wachen Tags und pflanzt das Neue Reich."

Diesem Dichter-Seher („Das Neue Reich", 1928) „als dem größten Führer unserer Zeit" wollte Fluck „gern folgen", doch distanzierte er sich aus christlicher Sicht vom „Götzendienste der 'Jünger'" und der „Vergottung des Leibes" als „Rückfall ins Heidentum":

> „Selbst Georges adeligste Hymne ersetzt nicht die Werte, die der Jünger des größten Menschenführers ewig schöpft aus fruchtbringender Teilnahme an dessen Fleisch und Blut, Leib und Seele, Menschheit und Gottheit in dem göttlichsten aller Geheimnisse."[64]

Fluck sah abschließend seine Aufgabe, die er sich mit dem Vortrag gestellt hatte, als „gelöst" an, wenn er „einen kleinen Einblick geben konnte, in die Arbeit, die wir hier zum Besten des Vaterlandes tun wollen", und zeigte sich „beglückt", wenn es ihm u.a. gelungen sei, den Anwesenden „in schwerster Zeit die Hoffnung wachzuhalten auf eine Auferstehung unseres Volkes".

Eine Analyse der Werksübersicht, die Fluck hier zu George lieferte, zeigt, daß er inhaltlich weniger auf die frühen Gedichte Georges einging, die stärker kultisch gebunden sind und einen Zug zur Verinnerlichung aufweisen, sondern daß er vor

---

[64] Kritisch zum „Gottschöpfer" George und dessen pantheistischen Gottesbegriff aus katholischer Sicht auch Mumbauer, Johannes, Die deutsche Dichtung der neuesten Zeit, Bd. 1, Freiburg 1931, S. 399f.

dem Rüthener Publikum Georges ideologisch-engagierte Lyrik ausbreitete, in der George die moderne Welt ausklammerte, einen religiös-mythischen Kontext entwickelte und einen fast apodiktischen Anspruch auf eine Seherrolle und gehorsame Jünger erhob.[65] Auch in den von Fluck vorgetragenen Zeilen aus „Das Neue Reich" bemühte sich George um Gegen-Kritik zur Zeit, postulierte er ein aristokratisches Heldenethos, griff er mythisch Volk und Heimat auf und prophezeite die zeitbedingte Notwendigkeit einer führerorientierten Inhumanität.

Sowohl bei George als auch in der Fluckschen Wiedergabe bleibt unklar, ob es sich um dichterische Fiktion handelte oder Anspruch auf reale Verwirklichung erhoben wurde. Interpretationshilfen geben Georges frühe Biographen. So überblickte George für Friedrich Gundolf in „Das Neue Reich" den „aktuellen Weltzustand" „als der mit dem ganzen Elend und der Schmach im Taumel der Parteien von innen her Beladene":

> „Was die Mitgetriebenen oder -treibenden aufdröseln in Ursachen und Folgen, Gründe und Zwecke, Taten und Leiden, Wege und Ziele, greift er zusammen in Wesen oder Larventum, Schauder und Wahn, Schuld und Not eines geschehenen Alls" und „kündet die Wiederkunft der unsterblichen Kräfte" und den „Aufbruch unverbrauchten Lebens aus dem gehegten Herzen des Volkes."[66]

Georges zweiter Biograph Friedrich Wolters charakterisierte 1930 das Verhältnis zwischen George und den „durch sein Werk gebildeten Menschen":

> „Denn, der Mensch, wo er bedeutend auftritt, sagt Goethe, verhält sich gesetzgebend, und ob er das höchste Amt im Volke besitzt oder erwirbt oder auf jedes verzichtet: immer hat er die höchste Würde im Volke und es kennzeichnet ein Volk, wie weit es diese Würde begreift und dem göttlichen Führer folgt: wie weit es vernichtet, was er für vernichtenswert hält, wandelt, was er für wandelnswert erklärt und aufbaut, was er für den nötigsten Bau erklärt."[67]

Georges Jünger und Biographen sahen in ihren (autorisierten!) Interpretationen keine unpolitische Lyrik Georges, da sie Bezug nahm auf die Realität des Alltags. Die Lyrik erschöpfte sich allerdings in Visionen und prophetischen Mahnreden, ohne daß klare Handlungsanweisungen ableitbar wären - und dies angesichts eines Alltags, der ab 1919 gekennzeichnet war durch Angriffe konservativer/reaktionärer und schließlich auch faschistischer Kreise auf die republikanische Ver-

---

[65]   vgl. diverse Beiträge von Joachim W. Storck und Michael Titzmann zu Stefan George, in: Jens, Walter (Hrsg.), Kindlers Neues Literatur Lexikon, Bd. 6, München 1989, S. 223-234

[66]   Gundolf, Friedrich, George (1920), 3. erweiterte Aufl. Berlin 1930, S. 276f., 279

[67]   Wolters, Friedrich, Stefan George und die Blätter für die Kunst. Deutsche Geistesgeschichte seit 1890, Berlin 1930, S.547. Dieses Buch wurde ein halbes Jahr vor Flucks Rede, am 21.6.1930, im „Verzeichnis der neubeschafften Vermögensstücke" der Aufbauschule katalogisiert (vgl. Schularchiv, Verzeichnis).

fassung und Gesellschaft. So fand Georges elitäres Denken, seine Hoffnung auf Wiedergeburt und „Neues Reich" Zuspruch in bürgerlichen Bevölkerungskreisen und war Teil der „Konservativen Revolution"[68] bzw. eines „ästhetischen Fundamentalismus"[69].

Ihnen gemeinsam war die auch von George formulierte Zeitkritik, die Leni Asbeck-Stausberg 1951 noch zustimmend charakterisierte:

> „Der Verfall und die Zersetzung aller Bindungen hatte ja eine Vermassung gebracht, in der das Amorphe herrschte, in der es nur noch Summen, aber keine Potenzen gab."[70]

Und von Georges Ausstrahlung sah sie „alles ... angerührt und angeregt, was im Wirrwarr und Chaos einer Zeit der Atomisierung und Vereinzelung, der Proletarisierung und Kapitalisierung Sinn hatte für menschlich-geistige Wertigkeit, für Potenz und Adel jenseits des Zweck- und Fortschrittsgerichteten Kulturbetriebes der Zeit"[71]. Diese hilflose kulturkritische Sicht, die Fluck teilte, drückte auch die Hilflosigkeit von Teilen des Bürgertums gegenüber den Modernisierungsprozessen in der industriellen Arbeitswelt und dem stärkeren Bewußtwerden einer eigenen Identität der Arbeiterschaft aus vor dem Hintergrund eines politischen und kulturellen Pluralismus, was in der Hoffnung auf „Auferstehung des deutschen

---

[68] vgl. Sontheimer, Kurt, Die politische Kultur der Weimarer Republik, in: Bracher, Hans Dietrich u.a. (Hrsg.), Die Weimarer ..., a.a.O., S. 454-464, und Hartung, Günter, Literatur und Ästhetik des deutschen Faschismus. Drei Studien, Köln 1984, S. 87. Armin Mohlers Bemühen, der den Terminus „Konservative Revolution" popularisierte, indem er diverse Strömungen des Bürgertums unter deren gemeinsamen Band „geistige(r) Aufstand gegen die Ideen von 1789" vereinigte zwecks Ehrenrettung des Bürgertums, galt dem Nachweis, die „geistige Elitebewegung der Konservativen Revolution" modellartig von der Massenbewegung des Nationalsozialismus abzuheben und als zwei Komplexe darzustellen, „die sich zwar streckenweise überschneiden, jedoch nicht decken" (Mohler, Armin, Die Konservative Revolution in Deutschland 1918 - 1932: ein Handbuch. Ergänzungsband. Mit Korrigenda zum Hauptband, 3. Aufl. Darmstadt 1989, Ergänzungsband S. 8ff. (Der Hauptband ist identisch mit der veränderten 2. Auflage von 1972. Erstauflage 1951)). Breuer hat inzwischen überzeugend die Grenzen des Syntagma „Konservative Revolution" aufgezeigt, indem er die Unterschiede im konservativen Denken der Weimarer Republik analysierte, das sich letztlich um dessen Leitvorstellung eines „neuen Nationalismus" zentrierte (Breuer, Stefan, Anatomie ..., a.a.O.).

[69] So charakterisiert Breuer das Selbstverständnis Stefan Georges und seines Kreises und sieht als Unterschied dieser Geistesaristokratie zum Nationalsozialismus die fehlende Zeitbejahung und den Verzicht auf Massenwirksamkeit (vgl. Breuer, Stefan, „Ästhetischer Fundamentalismus". Stefan George und der deutsche Antimodernismus, Darmstadt 1995).

[70] Asbeck-Stausberg, Leni, Stefan George. Werk und Gestalt, Warendorf 1951, S. 74

[71] ebd., S. 82

Volkes" gipfelte. Diese Hoffnung war Teil des einigenden Bandes des Bürgertums.[72] Während Fluck Georges Werk aufgrund dessen Disponibilität für seine gesellschaftliche Sicht nutzte und diese Rezeption auch beispielhaft für den Unterricht verstand, wurden von ihm kritische Hinweise[73] auf „Barbarei", Vergottung der modernen Diktatur, schrankenlose Heldenverehrung, „Manifest des Klassenkampfes", „offen konterrevolutionär" usw. vollständig ignoriert. Mit der Verkürzung Georges auf seine Dichtung lag Fluck in Linie eines Teils der katholischen Kirche, wie sie von Karl Muth und dem Hochland[74] repräsentiert wurde. George wurde nur als „Exponent reiner Diesseitigkeit"[75] abgelehnt und sein christomorphes Auftreten kritisiert, aber bestätigt, daß der Nationalsozialismus „n i c h t i n j e d e r R i c h t u n g seinem Empfinden entsprochen hatte" (Sperrung H.-G. B.) und positive Aspekte seines Werkes zu erkennen waren:

„Immerhin ist seine Kampfstellung gegen die Erziehungsweisen der Schule, gegen das pädagogische Experimentieren der einzelnen und der Bildungsanstalten und gegen den Wahn der jugendlichen Selbsterziehung 'in einer sinnlosen Freizügigkeit, in einer spannungslosen Kameradschaft von Knaben und Mädchen' ein wertvoller Teil seiner Kritik an unserer Zeit."[76]

---

[72] Schon 1920 sah Richert weniger „gemeinsame Ideale des Bürgertums", sondern eher „nur die gemeinsame Furcht vor Verlust an Eigentum und Einfluß" und leitete daraus den Weltanschauungsunterricht in deutscher idealistischer Philosophie ab (Richert, Hans, Die Bildung ..., a.a.O., S. 221).

[73] vgl. Rudolf Borchardt (1930), Karl Kraus (1929) in: Wuthenow, Ralph-Rainer (Hrsg.), Stefan George in seiner Zeit. Dokumente zur Wirkungsgeschichte Bd. 1, Stuttgart 1980, und Brecht, Bertolt, Über Lyrik, 8. Aufl Frankfurt 1987, S. 12 und 91, sowie Benda, Oskar, Die Bildung des dritten Reiches, Wien u.a. 1931, S. 29, zitiert bei Siemoneit, Martin Alfred, Politische Interpretationen von Stefan Georges Dichtung: Eine Untersuchung verschiedener Interpretationen der politischen Aspekte von Georges Dichtung im Zusammenhang mit den Ereignissen von 1933, Connecticut 1973 (Diss), S. 4

[74] vgl. stellvertretend Dahmen, Hans, Das Bild Stefan Georges / Zum 60. Geburtstag des Dichters, in: Hochland 25 (1927/28), 2. Band, S. 378-390. 1933 paßte sich StR Dr. Dahmen wie viele andere Literaturkritiker an. Er sah in George den „Dichter einer neuen Ordnung", zog Parallelen zwischen George und den Führern der Hitlerbewegung und sprach von der „erzieherische(n) Sendung" Georges: „Was aber grundsätzlich ihn für die Gegenwart und für die Jugend ins Licht rückt, ist, um es zusammenzufassen, sein Führertum, seine gemeinschaftsbildende Kraft, seine staatliche Sendung, seine Darstellung eines neuen, glühend opferfähigen, zugleich blutmäßig gebundenen und geistig hellen deutschen Menschen." (Dahmen, Hans, Stefan George und die nationale Erziehung, in: ZfDB 9 (1933), S. 375-382)

[75] Muth, Karl, Schöpfer und Magier, Leipzig 1935, S. 140

[76] ebd., S. 176

Diese wenigen Hinweise zeigen, daß die politische Dimension der Georgeschen Zeitkritik, seine Prophetien und seine Führer-Gefolgschaft-Ideologie und die darin zum Ausdruck kommende mangelnde Akzeptanz politischer und gesellschaftlicher Demokratie mindestens nicht erkannt, wenn nicht sogar akzeptiert wurden.

Diese selektive Verwertung war im Bürgertum verbreitet und fand dann zu Beginn des Nationalsozialismus ihren Höhepunkt, wenn z. B. Johann Georg Sprengel, Mitinitiator der Aufbauschulbewegung und Vorstandsmitglied des „Vereins für Deutsche Bildung" meinte:

> „Georges Voraussagen der 'nationalen Revolution und des kommenden Führers' (im Original gesperrt, H.-G. B.) hat sich im vollsten Sinn erfüllt. Der Name Adolf Hitlers leuchtet ungenannt geahnt zwischen diesen Versen! ... Und wieder einmal mußte der vom Schicksal berufene Führer erscheinen, der im Dritten Reich nun auch von der Erbsünde des deutschen Liberalismus, dem geistigen und politischen Erbe der französischen Revolution, Deutschland erlöste."[77]

Auch die Flucksche euphorische Georgeinterpretation, die sich zwar der Indienstnahme für den Nationalsozialismus verweigerte, leistete aber keinen Beitrag zur Stabilisierung der Weimarer Republik, sondern bereitete bzw. verfestigte den Boden für Staatskrise und letztendlich für den Untergang.

Flucks Kritik an den Erscheinungen der kapitalistischen Industriegesellschaft korrespondierte nicht mit einem daraus konstruktiv entwickelten Gesellschaftsbild, das dem Stand der ökonomischen Entwicklung gerecht wurde, sondern beharrte eher auf einer diffusen Sehnsucht nach einer vergangenen, romantisierend verklärten, heilen agrarischen Welt, wenn er sich mit George auf Heimat, Scholle und Religion sowie menschenmordende Großstadt[78] und Vergnügungsindustrie bezog.

---

[77] Sprengel, Johann Georg, Der Staatsgedanke in der deutschen Dichtung vom Mittelalter bis zur Gegenwart, Berlin 1933, S. 150. Das Deutsche Philologen-Blatt gab folgender Darstellung Raum: „Nirgends in Kunst und Dichtung wird dem jungen Menschen der Nationalsozialismus als Idee an sich so nahe gebracht als in den gewaltigen Strophen Georges. Er, der dem Geschehen in Deutschland gegenüber ein eisernes Schweigen zu bewahren schien, hat in seiner überzwecklichen Dichtung Worte geprägt, die eine geistig-sittliche Führung unserer Jugend bedeuten." (Zillmer, Ernst, Der nationalsozialistische Geist in Stefan Georges Dichtungen, Deutsches Philologen-Blatt 1934, S. 105, zitiert nach Siemoneit, Martin Alfred, Politische ..., a.a.O., S. 84)

[78] Dies war eine typische Metapher auch für George und andere Kulturkritiker. Sie empfanden eine „fast wahnhafte Welt voller Feinde: die entmenschlichte Maschine, der kapitalistische Materialismus, der gottlose Rationalismus, die wurzellose Gesellschaft und ihrer aller Steinbild: das Ungeheuer der Großstadt." (vgl. Landfried, Klaus, Politik der Utopie - Stefan George und sein Kreis in der Weimarer Republik, in: Link, Werner (Hrsg.), Schriftsteller und Politik in Deutschland, Düsseldorf 1979, S. 71). Zu Georges Zivilisationskritik vgl. Strodthoff, Werner, Stefan George. Zivilisationskritik und Eskapismus (=

Diese romantisch-utopistischen Wertvorstellungen waren zugleich auch antisozialistisch und erinnern teilweise an die „Fortschrittliche Reaktion" um die Jahrhundertwende, deren Hauptschlagworte „Idealismus statt Materialismus", „Kultur statt Zivilisation", „Religio statt Liberatio", „Volk statt Masse" lauteten[79], doch war Fluck von deren ario-germanischen Blutsmystik weit entfernt.

Insgesamt stand Flucks mangelndes Verständnis für „das System" des Pluralismus und Liberalismus und die Hoffnung auf Erneuerung durch die bodenständige Landbevölkerung im Einklang mit der ländlichen Aufbauschulbewegung und ihrer Verklärung einer heilen vorindustriellen Welt - analog den Erwartungen von Oberschulrat Hellwig - und im Einklang mit der katholischen Landbevölkerung und spiegelte eine „diffuse Angst vor der Modernität" (Sontheimer) ohne Hoffnung auf eine Zukunft für die Republik.

Auch wenn Fluck keinerlei Nähe zum Nationalsozialismus nachgesagt werden kann, stand ihm sein konservatives Bewußtsein, das einem bürgerlich-elitären Individualismus verhaftet blieb, für eine Reflexion der George-Rezeption grundsätzlich im Wege, wie sein Umgang damit in der Nachkriegszeit verdeutlicht. In dem von ihm 1929 herausgegebenen Sammelband „Moderne Prosa" hatte Fluck George vorgestellt als den Begründer des „literarisch wertvollsten Dichterkreis(es) im Deutschland der Gegenwart", der sich „von symbolistischen Anfängen über einen neuen Klassizismus aufgearbeitet (hat) zu einer großartigen Lebens- und Kunstform, als deren Bekenner er hohepriesterhaft Deutschlands Schicksal kündet"[80]. Zwar sah sich Fluck nach der Zeit des Nationalsozialismus genötigt, die zweite Auflage dieses Sammelbandes fast vollständig zu ändern, doch wurde George erneut aufgenommen. Ohne auf die 'Inanspruchnahmemöglichkeit' durch den Nationalsozialismus und ohne auf den George-Kreis und dessen Affinitäten zum Nationalsozialismus einzugehen,[81] veränderte Fluck nur punktuell die oben angeführte Beschreibung Georges.[82] Als zusätzliche Information nimmt er auf:

Studien zur Literatur der Moderne hrsg. von Helmut Koopmann, Bd. 1), Bonn 1976, bes. S. 42 - 62, 288

[79] vgl. Hermand, Jost, Der alte Traum vom neuen Reich. Völkische Utopien und Nationalsozialismus, Frankfurt 1988, S. 65ff.

[80] Fluck, Hans (Hrsg.), Moderne Prosa I ..., a.a.O., S. 5f.

[81] vgl. Müller, Joachim, Stefan George als Staatsdichter, in: ZfDB 11 (1935), S. 202-210, und Koch-Hennecke, Hans, Verfallszeitalter und völkische Wiedergeburt in der Dichtung Stefan Georges, in: ZfDB 13 (1937), S. 147-153

[82] vgl. Fluck, Hans (Hrsg.), Moderne Prosa I. Ein Lesebuch deutschen Schrifttums, 2. Aufl. Paderborn 1946. Fluck ersetzte „wertvollsten" durch „wertvollen" und „hohepriesterhaft" durch „seherisch" und strich „im Deutschland der Gegenwart" (S. 137).

„Im Dezember 1933 starb er in Italien; die Leiche durfte nicht nach der Heimat gebracht werden, da George sich Anbiederungen völlig versagt hatte."[83]

Ein Erkenntnisprozeß, der individuelles Erleben und gesellschaftliche Erfahrungen aus dem Nationalsozialismus verbindet, ist an dieser Stelle bei Fluck nicht zu finden. Die breit gefächerten Ideologieelemente des Nationalsozialismus und seiner Wegbereiter zu einer „Atmosphäre einer totalen Revolution" von oben[84] blieben bei ihm auch nach 1945 (noch) unreflektiert. Sowohl die früheren kritischen Hinweise zu George als auch neuere Analysen blieben in diesem Schülerband unbeachtet.[85]

Verarbeitung der Erfahrungen aus dem Ersten Weltkrieg

Als zweiter zentraler Aspekt des Fluckschen Gesellschaftsverständnisses zeigte sich seine Verarbeitung der Erfahrungen des Ersten Weltkriegs: Fluck hatte von 1914 bis 1918 am Ersten Weltkrieg teilgenommen und zahlreiche Gefechte miterlebt. Während für einige Kriegsteilnehmer aus vergleichbarem sozialen Milieu die Schrecken des Krieges zu einem Bruch in der Biographie führten, indem sie sich nach Beendigung des Krieges pazifistisch betätigten,[86] verharrte Fluck - wie die große Mehrheit seiner Berufskollegen - in einer undifferenzierten Kriegsverherrlichung, der ein traditioneller Mythos von Heldentum und Opferbereitschaft zugrunde lag, der auf eine heroische Langemarck-Jugend abhob.[87] Angesichts der allgemeinen gesellschaftlichen Militarisierungstendenzen Ende der 20er Jahre erstaunt es nicht, daß Fluck seine Vorstellungen auch über seine Position als Schulleiter öffentlich machte. So forderte er die Schüler selbst bei einer eher unbedeutenden Feier wie der Ehrung der Sieger der Reichsjugendwettkämpfe auf, „(sich) nicht mit dem Erreichten zu begnügen, sondern rastlos weiterzustreben im erhabenen Geiste von fast zwei Millionen toter Helden, die Gut und

---

[83] ebd.

[84] vgl. Neurohr. Jean F., Der Mythos vom Dritten Reich. Zur Geistesgeschichte des Nationalsozialismus, Stuttgart 1957, S. 93

[85] So z.B. Adorno, Theodor W., George und Hofmannsthal. Zum Briefwechsel: 1891 - 1906 (1942), in: Wuthenow, Ralph-Rainer (Hrsg.), Stefan George und die Nachwelt. Dokumente zur Wirkungsgeschichte Bd. 2, Stuttgart 1981, S. 144-171, sowie Lukács, Georg, Repräsentative Lyrik der Wilhelminischen Zeit (1945), in: ebd., S. 172-177

[86] Wie es z. B. der Sauerländer Gymnasiallehrer Josef Rüther tat (vgl. Blömeke, Sigrid, „Nur Feiglinge ...", a.a.O.).

[87] Zum Unterschied zwischen dem eher konservativ-romantisierenden Langemarck-Mythos und dem als offen faschistisch interpretierten Verdun-Mythos vgl. Hüppauf, Bernd, Schlachtenmythen und die Konstruktion des „Neuen Menschen", in: Hirschfeld, Gerhard u.a. (Hrsg.), „Keiner fühlt ...", a.a.O., S. 53-103

314

Blut und selbst das Leben ihrem Fahneneide getreu für das höchste irdische Gut, Volk und Vaterland, geopfert hätten"[88]. Entstehungsbedingungen des Krieges oder gar Friedensbemühungen wurden nicht angesprochen.

Diese Verherrlichung der toten deutschen Soldaten und die Romantisierung des Krieges - von Heldentum dürfte angesichts der Stellungskriege und Material-schlachten eigentlich kaum gesprochen werden - vermittelte den Schüler(inne)n den Anschein, als wenn es nichts Schöneres und Höheres gäbe, als sein Leben zu opfern - nicht nur für das gegenwärtige Vaterland, sondern für ein zukünftiges „besseres". Der Krieg wurde von Fluck als nationales Geschehen positiv gedeutet. Er hatte seine individuellen Kriegserlebnisse nicht distanzierend, sondern eher affirmativ verarbeitet, denn er zeigte den jungen Menschen die Kriegsgeneration als vorbildhaft auf, so daß die Schüler aus seiner Sprache und seinen Informationen eine Glorifizierung des Krieges und des Soldatentums - im Kontrast zum „Zivilisten" - ableiten konnten.

Die Toten instrumentalisierte Fluck zu einem Motivationsschub. Sie sollten Ausgangspunkt für die weiteren Anstrengungen der Schüler werden. Dieser Hinweis machte nur Sinn, wenn man ihn nicht nur auf den Anlaß Siegerehrung im Sport bezog, sondern den Krieg mit seinen idealisierten Fronterlebnissen insgesamt als Bezugspunkt für die zukünftige Entwicklung auffaßte. Damit wurde die Interpretation des Krieges als Selbstbefreiungs- und Selbstfindungsprozeß der Nation popularisiert und gefördert und erwies sich so als „das tragende Leitmotiv des deutschen Nationalismus der Nachkriegszeit"[89], das angesichts der Erschütterung kultureller Orientierungen und der Gefährdungen sozialer Identität „zu einer rückwärts gewandten Stabilisierung bei(trug)"[90].

Diese Einstellung war unter Kriegsteilnehmern weit verbreitet und wurde verbreitet - besonders von völkisch inspirierten Gruppierungen. Nicht zuletzt auch ge-

---

[88] Kleine Schulchronik, in: Fluck, Hans (Hrsg.), Mitteilungen ..., a.a.O., S. 7. Zur Absolutsetzung des Opfers vgl. die Äußerungen von studentischen Kriegsteilnehmern bei Hettling, Manfred / Jeismann, Michael, Der Weltkrieg als Epos. Philipp Witkops „Kriegsbriefe gefallener Studenten", in: Hirschfeld, Gerhard u.a. (Hrsg.), „Keiner fühlt ...", a.a.O., S. 205-234

[89] So wurde zuspitzend formuliert auf dem deutsch-norwegischen Historikertreffen 1993 von Mommsen, Hans, Das deutsche Amalgam aus Macht und Geist. Über den Mythos der Nation: die uneingestandene Niederlage und die Irrwege des Nationalismus zwischen den beiden Weltkriegen, in: FR 17.1.1994, S. 10.

[90] So Hüppauf, Bernd, Schlachtenmythen ..., a.a.O., S. 54

festigt durch eine entsprechende verklärende Literatur[91] hatte sie in den letzten Jahren der Weimarer Republik dann einen großen Teil der jungen Generation erreicht und war so zu einem „politisch-ideologischen Faktor ersten Ranges"[92] geworden, der Wehrertüchtigung geradezu herausforderte und an dem sich die völkische Bewegung orientierte.

b) Lehrerschaft

Der Bedarf an Lehrkräften und damit zugleich die Berufschancen im öffentlichen Schuldienst für Absolvent(inn)en der Referendarzeit werden grundsätzlich mittels (bildungs-)politischer Vorgaben festgelegt. Zur Kennzeichnung dieser spezifischen Arbeitsmarktsituation sind daher Begriffe wie „Mangel" oder „Überfüllung" zu relativieren.

Auch die Arbeitsmarktkrise für Studienassessoren, d.h. fehlende Beschäftigungsmöglichkeiten für ausgebildete Lehrer in der Endphase der Weimarer Republik, ist hier einzuordnen.[93] Als Hauptbedingungsfaktoren für die Krise nennt Nath einerseits den Zustrom von Studienreferendaren aufgrund des Sogeffekts der vorhergehenden Mangelphase und andererseits die ungünstige Altersstruktur der festangestellten Philologen (= wenig Pensionierungen). Diese die Arbeitsmarktsituation verschärfenden Bedingungen wurden Ende der 20er Jahre durch den Ausbau der Aufbauschulen zunächst noch aufgefangen.

Der dann Anfang der 30er Jahre einsetzende drastische Abfall der Erstanstellungen von Assessoren war zwar Ausdruck der schrumpfenden Schüler- und somit

---

[91] Stellvertretend seien nur die Werke mit biographischem Anspruch von Walter Flex, Werner Beumelburg und Ernst Jünger genannt oder auch die verklärenden Gedichte von Maria Kahle.

[92] Sontheimer, Kurt, Antidemokratisches Denken ..., a.a.O., S. 110. Vgl. auch Greiffenhagen, Martin, Das Dilemma des Konservatismus in Deutschland. Mit einem neuen Text: „Post-histoire?". Bemerkungen zur Situation des „Neokonservatismus" aus Anlaß der Taschenbuchausgabe 1986, Frankfurt 1986, S. 263ff. Auf Verbindungen des Soldatischen Nationalismus zur Konservativen Revolution weist besonders hin: Mizinski, Jan, Freund-Feind-Stereotyp in der Literatur des Soldatischen Nationalismus nach 1918, in: Text und Kontext 13 (1985), H. 2, S. 335-354.

[93] Die folgende Darstellung orientiert sich an Nath, Axel, Der Studienassessor im Dritten Reich. Eine sozialhistorische Studie zur „Überfüllungskrise" des höheren Lehramtes in Preußen 1932 - 1942, in: Z.f.P. 27 (1981), besonders S. 281-299, und Nath, Axel, Die Studienratskarriere im Dritten Reich. Systematische Entwicklung und politische Steuerung einer zyklischen „Überfüllungskrise" - 1930 - 1944 (= Sozialhistorische Untersuchungen zur Reformpädagogik und Erwachsenenbildung, Bd. 8), Frankfurt 1988, S. 35-57. Ob der von Nath angenommenen Zyklustheorie zum Lehrer(innen)-Bedarf ein Gesetzescharakter zukommt, muß allerdings in Frage gestellt werden.

Klassenzahlen aufgrund sinkender Geburtenrate und Sextanerquote, aber besonders auch Folge der aufgrund der deflatorischen Finanzpolitik (Ära Brüning) ausgesprochenen Sparmaßnahmen wie Erhöhung der Klassengröße sowie Kürzung der Schüler-Wochenstunden. Konkret bedeutete dies: Ein Teil der Studienassessoren wurde mittels Eignungskriterien in eine Anwärterliste aufgenommen, denen Vollbeschäftigung bzw. 80%-Bezahlung vorübergehend versprochen wurde; der andere Teil („Nicht-Anwärter") konnte seine Eignung durch stundenweise Beschäftigung (bis zu elf Wochenstunden) oder unentgeltliche Beschäftigung (bis zu sechs Wochenstunden) im öffentlichen Dienst nachweisen.

Diese Entwicklung war auch für die Beschäftigungsverhältnisse an der Aufbauschule in Rüthen von Bedeutung. Mit der Aufnahme des fünften Jahrgangs Ostern 1930 hatte sich durch Zuweisung der Stud.-Ass. Rath und Dr. Zöllner die Lehrersituation verbessert: Neben dem Schulleiter Fluck unterrichteten noch die Studienräte Flören, Verhoeven und Tesch, Stud.-Ass. Dr. Kahle sowie Rektor Wings (12 Wo.-Std. Zeichnen), Lehrer Kauke (6 Wo.-Std. Musik) und Junglehrerin Ferdinande Helle (4 Wo.-Std. Mädchenturnen).[94]

Im neuen Schuljahr 1931/32 waren Flören und Verhoeven wegen Krankheit beurlaubt, und aufgrund der Einrichtung einer weiteren Klasse waren drei neue Lehrer zugewiesen worden: StR Hesse sowie die Stud.-Ass. Hagemann und Dr. Lüke. Am 25.9.1931 mußte der Schulleiter dem PSK melden, daß für den aus dem Krankenurlaub zurückkehrenden Flören Rath wieder „frei" werde und darüber hinaus aufgrund der Sparmaßnahmen Hagemann, Zöllner und Kahle nicht mehr gebraucht würden. Alle vier - so Fluck - „wünschen gegebenenfalls bei der Aufbauschule unentgeltlich beschäftigt zu werden"[95]. Und den festangestellten Lehrern mußte der Schulleiter am 24. Juli 1931 avisieren, daß das Gehalt für August 1931 in zwei Raten gezahlt werde.[96]

Zwar kehrte Flören dann doch nicht zurück und mußte Verhoeven sich nach nur drei Monaten Dienstzeit wieder für sechs Monate beurlauben lassen, doch wurde nur Lüke „frei" und das Stundendeputat von Rath auf 19 Wo.-Std. reduziert; darüber hinaus ist für alle anderen Lehrer eine Senkung der Unterrichtsverpflichtung um ein bis drei Wochenstunden gegenüber dem ersten Halbjahr feststellbar.[97] Ur-

---

94   vgl. StA MS, PSK 5568
95   ebd.
96   vgl. Schularchiv, Konferenz-Niederschriften
97   vgl. Schularchiv, Jahresberichte, Schuljahr 1931/32

sächlich waren die staatlichen Sparmaßnahmen, die u.a. auch eine Kürzung der Wochenstunden der Schüler vorgesehen hatten.[98]

Mit dem Wechsel in der Schulleitung zum 1.4.1932 wurde Zöllner nach Münster versetzt und für ihn kam Stud.-Ass. Dr. Steinwachs nach Rüthen. Die für diesen Termin geplante Versetzung von Kahle hatte der Bürgermeister i. R. Müller, Vorsitzender des Elternbeirats der Aufbauschule, zum Anlaß genommen, beim PSK zu intervenieren. Die Versetzung von Fluck und Zöllner habe eine „wohl nicht unberechtigte Beunruhigung" in der Elternschaft ausgelöst, und er beklagte auch rückblickend:

„Das ewig Beständige ist der Wechsel."

Müller bat das PSK von der Versetzung Kahles abzusehen, der in der Oberprima Religion, Deutsch und Latein unterrichte, und verwies auf die Erzbischöfliche Behörde, die das Verbleiben billige.[99] Der Eingabe wurde wohl aufgrund der vielseitigen Argumente stattgegeben.

Nicht nur durch den Ersatz für den Krankenstand bedingt war die Relation der Studienassessoren zu den festangestellten Philologen 1931 in Rüthen ungünstiger als im Vergleichsmaßstab zu den öffentlichen Schulen in Preußen, der dort 1 : 8,5 (1932 1 : 6,5) betrug.[100] Das stand im Gegensatz zu den Vorgaben der einschlägigen Erlasse. Der Erlaß vom 11.3.1922 hatte für die Aufbauschulen gefordert, „auf die Auswahl der Lehrer die größte Sorgfalt zu verwenden"[101], was mit Erlaß vom 6.2.1925 dahingehend präzisiert worden war, daß „die besten, erfahrensten und erprobtesten Lehrer der grundständigen höheren Schulen"[102] ausgewählt werden sollten, wobei die Planstellen für Studienräte nur „ausnahmsweise" mit Studienassessoren besetzt werden konnten.

Aufgrund des Verstoßes gegen den Erlaß stauten sich in Rüthen mit den Assessoren anstellungsfähige Kandidaten besonders stark. Als Folgeproblem ergab sich ihre Freisetzung bei den Sparmaßnahmen, was wiederum einen häufigen Lehrerwechsel für die Schüler(innen) bedeutete.

Auswahlkriterien für die Zuweisung von Assessoren in Ausnahmefällen sollten nur der Anwärterstatus und die hervorragende Bewährung „für die besonderen

---

[98] Diese Maßnahmen führten u.a. „zur Entlassung von 887 Assessoren aus 'voller Beschäftigung'" (Nath, Axel, Der Studienassessor ..., a.a.O., S. 287). Ob auch Lüke zu dieser Gruppe gehörte, war nicht feststellbar.

[99] vgl. StA MS, PSK 5568, Schreiben vom 13.4.1932

[100] vgl. Nath, Axel, Der Studienassessor ..., a.a.O., Tab. 1, S. 283, wo aufgeführt sind: männliche Studienassessoren 1571, männliche Festangestellte 13.639.

[101] zit. nach Aufbauschule ..., a.a.O., S. 25

[102] zit. nach ebd., S. 26, 28

Aufgaben der Aufbauschule" sein. Sogar die planmäßigen Hilfslehrerstellen waren mit Studienassessoren zu besetzen, die sich „bereits an Aufbauklassen" bewährt hatten. Demgegenüber kamen die fünf Neuzugänge 1931 in Rüthen - drei Studienassessoren und zwei Studienräte - vom Realgymnasium (3), Lyzeum (1) und Gymnasium (1).[103]

Die Lehrerzuweisung spiegelte die Nachrangigkeit von Fächern wie Musik, Zeichnen und Sport und verfestigte sie zugleich - entgegen den Intentionen des deutschkundlichen Bereichs, aber im Sinne des Erlasses vom 6.2.1925, der für diese Fächer „besondere Planstellen ... zunächst"[104] nicht vorsah. Noch 1928 wurde dieser Unterricht - soweit er von Lehrern der Schule bzw. Hilfslehrern nicht erteilt werden konnte - an Orten, an denen die Aufbauschule die einzige höhere Schule war, „Lehrern einer mittleren oder Volksschule des Ortes"[105] übertragen. So mußte in Rüthen sogar noch im Schuljahr 1931 verfahren werden. Erst zum 1.1.1932 wurde der Zeichenunterricht von einem akademisch ausgebildeten Lehrer, Stud.-Ass. Franz Hoischen[106], erteilt, dessen Status „als nicht festangestellter Lehrer mit stundenweiser Beschäftigung gegen Entgelt"[107] angegeben wurde.

Die ungleichwertige Versorgung der einzelnen Fächer mit Lehrern hatte konkrete Auswirkungen auf den Unterricht. So erinnert sich eine Ehemalige an den Turnunterricht für Mädchen:

> „Eine Junglehrerin der Volksschule 'leitete' zwar den Turnunterricht, aber darin erschöpfte sich auch ihre Tätigkeit. Das Groteske bestand m.E. auch darin, daß die Kleinsten der Untertertia mit den größten Mädeln der Prima zusammen dieselben Übungen machen mußten."[108]

c) Schülerschaft

Mit der Einschulung der sechsten Klasse zu Ostern 1931 war die Rüthener Schule voll entwickelt, so daß eine angemessene Beurteilungsbasis über die Schülerschaft vorhanden ist, deren Größe etwaige Einseitigkeiten der Gründungsjahre nivelliert.

---

[103] vgl. Schularchiv, Jahresberichte, Schuljahr 1931, und StA MS, PA, H 28
[104] zit. nach Aufbauschule ..., a.a.O., S. 28
[105] Erlaß vom 13.3.1928, zit. nach ebd., S. 29/30
[106] Schularchiv, Jahresberichte, Schuljahr 1931
[107] StA MS, PSK 5568, Bericht vom 9.2.1932
[108] Schott-Fahle, Hanna, Die ersten Lebensjahre der Staatlichen Aufbauschule Rüthen, in: Rüthener Hefte 1960/61, S. 94

Die rein zahlenmäßige Akzeptanz der Schule durch die Bevölkerung war begrenzt. Nur 70 Jungen und 24 Mädchen - verteilt auf sechs Jahrgänge - besuchten 1931 die Aufbauschule: 26% aus der Stadt Rüthen, 28% aus dem Amt Altenrüthen, 14% aus dem übrigen Kreis Lippstadt, 28% aus Nachbarkreisen und 5% aus entfernteren Kreisen.[109] Damit kam jede(r) dritte Schüler(in) aus Regionen, die an der Finanzierung der Schule nicht beteiligt waren. Insofern hatte die Schule eine weite Ausstrahlung - besonders in das Möhnetal hinein. Dies bestätigt den von der Denkschrift intendierten Sammelcharakter. Aus der Stadt Rüthen und dem Amt Altenrüthen stammten nur 50 Schüler(innen), d.h. durchschnittlich acht pro Jahrgang. Das Amt Altenrüthen, das sich mit vielfältigen Argumenten am stärksten gegen eine Aufbauschule und dann für einen geringen Finanzierungsanteil ausgesprochen hatte, profitierte am stärksten von den drei Unterhaltungsträgern.

Die Sozialstruktur der Schülerschaft auf der Basis der Väterberufe stellte sich 1932 bzw. 1930 (in Klammern) wie folgt dar[110]:

Beruf	Jungen	Mädchen	insges.	in %
akademische Beamte	0	0	0	0
nicht akademische Beamte	12(14)	9(6)	21(20)	22(22)
nicht akademische Lehrer	5(4)	3(4)	8(8)	8(9)
freie akademische Beruf	0(0)	0(2)	0(2)	0(2)
selbständige Landwirte	23(17)	4(4)	27(21)	28(23)
selbständige Kaufleute	8(4)	1(0)	9(4)	9(4)
angestellte Kaufleute	0(0)	1(2)	1(2)	1(2)
selbständige Handwerker	8(14)	1(0)	9(14)	9(15)
Handw. gegen Lohn/Arbeiter	10(7)	3(2)	13(9)	13(10)
Sonstige[111]	7(9)	2(2)	9(11)	9(12)
insgesamt	73(69)	24(22)	97(91)	99(99)

Die Sozialstruktur der Elternhäuser der Schüler(innen) zeigt für 1932, daß eine Förderung der Landbevölkerung nur insofern erreicht wurde, als daß der Anteil der selbständigen Landwirte die 30%-Marke fast erreichte. Der niedrige Anteil

[109] vgl. Stadtarchiv R, B 738,1
[110] vgl. BA Potsdam, 49.01, Nachweisung vom 27.5.1930 und StA MS, PSK 6600 und 7109. Eigene Prozentberechnung.
[111] Neben Berufen, die aufgrund unklarer Informationen in die vorgegebene Struktur nicht paßten, ergibt sich die hohe Zahl aus Waisen bzw. Halbwaisen, die bei der Mutter lebten.

von „Handwerkern gegen Lohn" und Arbeitern von 13% weist nach, daß es kaum gelang, die unteren (Einkommens-)Schichten in der Bevölkerung durch diese Schule anzusprechen. So kam nur ein Schüler der Abiturientia 1932 aus einem Arbeiterhaushalt.[112] 1929 war noch fast jeder fünfte Aufbauschüler dieser Gruppierung zurechenbar gewesen. Demgegenüber ist immer noch eine deutliche Akzeptanz der Schule bei nicht-akademischen Beamter und Lehrern - zusammen 30% - feststellbar. Insgesamt dominierten damit weiterhin Kinder aus dem Kleinbürgertum in der Schule. Der Mädchenanteil blieb bei knapp einem Viertel.

Die schon bei der Einschulung für damalige Verhältnisse im Vergleich zu anderen höheren Schulen geringen Klassengrößen reduzierten sich während der Schullaufbahn drastisch weiter ab. Die Abbruchquote bis zum Abitur lag. z.B. für die ersten drei Jahrgänge jeweils um 50%.[113] Diese drastische Ausdünnung der Klassen - Wiederholer(innen) sind hier auszuklammern, da sie die jeweils nächste Klasse verstärken - wurde nur begrenzt durch die Aufnahme von Quereinsteiger(inne)n, was aber nicht der Intention der Denkschrift und der Erlaßlage entsprach. Immerhin stellten diese an den Abiturient(inn)en der ersten drei Jahrgänge 30%, 20% bzw. sogar 40%.[114]

Vor dem Hintergrund starker Verarmungsprozesse aufgrund der allgemeinen Wirtschaftslage, wie sie sich auch in der Rüthener Region niederschlugen und die auch die Mittelschichten erfaßten, sowie teilweiser Akademikerarbeitslosigkeit und in Anbetracht eines jährlichen Schulgeldes von 240 Mark ab 1930 (vorher 200 M) schien höhere Bildung für viele Familien weder attraktiv noch finanziell leistbar - ganz abgesehen von etwaigen kulturell-religiösen Vorbehalten. Dies wirkte sich besonders auf die selbständigen Handwerker aus, deren Anteil an der Elternschaft sich von 1927 auf 1932 halbierte.

Immer wieder wurden von Eltern Anträge auf Schulgeldstundung gestellt, die meistens bewilligt wurden. Bei endgültiger Nichtzahlung wurden jedoch Verwaltungszwangsverfahren eingeleitet, die in einem dokumentierten Fall wegen Unpfändbarkeit nicht durchgesetzt werden konnten, da schon alle Möbel verpfändet waren.[115] Schüler(innen) wurden vom Unterricht ausgeschlossen bzw. mußten sogar die Schule verlassen, wenn Schulgeldzahlungen nicht vorgenommen wurden.

---

[112] vgl. Schularchiv, Abiturunterlagen 1932
[113] So ein Vergleich der Einschulungsdaten mit den Abiturient(inn)en (vgl. Schularchiv, Abiturunterlagen).
[114] vgl. ebd.
[115] vgl. StA MS, PSK 8064

Für Schulgeldbefreiungen, -ermäßigungen, Geschwisterermäßigung, Erziehungs-beihilfe und für Anschaffungen für die Hilfsbücherei, aus der Bedürftige kostenlos Bücher ausleihen durften, wurden im 1. Quartal 1930 20% und im 2. bis 4. Quartal jeweils 25% des Schulgeldaufkommens zur Verfügung gestellt: immerhin 5056 Mark im Jahr.[116] Doch wegen der geringen Einkommen in den meisten Familien war dies keine hinreichende Entlastung. Und für das Schuljahr 1931/32 mußten 2 1/2 Freistellen eingespart werden „trotz gesteigerter Bedürftigkeit"[117]. Die Ver-schärfung der wirtschaftlichen Lage erhöhte die soziale Ungleichheit der Bildung-schancen. Nur wohlhabendere Familien standen nicht vor der Entscheidung, ihre Kinder eventuell aus finanziellen Gründen von der Aufbauschule abmelden zu müssen. In diesem Zusammenhang „fungierte das Schulgeld zugleich als strategi-scher Auslese- und Restriktionsmechanismus wider die 'Bildungsinflation'"[118]. Beispielhaft läßt sich dies verdeutlichen an der Erinnerung eines Schülers. Der Vater verdiente als Dreher in einem Achsenwerk 100 M pro Monat. Dieses Ein-kommen reduzierte sich, als er 1931 arbeitslos wurde, auf 40 M Unterstützung. Er wandte sich deshalb an das Amt Rüthen und beklagte, daß er davon unmöglich 20 M Schulgeld zahlen könne. Da habe man ihn „hämisch ausgelacht":

> „Wer hat Ihnen denn gesagt, daß Sie Ihren Sohn zur Schule schicken sollen, der konnte auch in die Fabrik gehen."[119]

Dies kommentiert der Schüler heute wie folgt:

---

[116] vgl. Schularchiv, Jahresberichte, Schuljahr 1930 und 1931. Der Jahresbericht 1931 weist nur 20% des Schulgeldaufkommens für Hilfen nach. Eine konkrete Aufteilung der Gelder ist für 1927 belegbar. Bei einem Schulgeldaufkommen von 6.400 RM (32 Schüler x 200 RM) standen bei 20% somit 1280 RM zur Verfügung. Geschwisterermäßigungen von 50 RM kamen dreimal zum Tragen (= 150 RM) und für sechs sogenannte Freistellen(!) wur-den jeweils 100 RM Ermäßigung gewährt (= 600 RM): insgesamt 750 RM. Für Erzie-hungsbeihilfen und die Ausstattung der Hilfsbücherei blieben 530 RM (vgl. StA MS, PSK 8065).

[117] Schularchiv, Konferenz-Niederschriften, 27.4.1931

[118] Hesse, Alexander, „Bildungsinflation" und „Nachwuchsmangel". Zur deutschen Bildungs-politik zwischen Weltwirtschaftskrise und dem Zweiten Weltkrieg (= Erziehungswissen-schaftliche Dissertationen, Bd. 2), Hamburg 1986, S. 123. Auch das Gerede vom „akademisch gebildeten Proletariat" oder vom „Bildungswahn = Volkstod" (Hartnacke) sowie die überhöhten Abiturientenprognosen verfehlten ihre Wirkung nicht. So blieben die Abiturientenzahlen in Preußen ab 1931 deutlich hinter den „Erwartungen" zurück: 1931: 23.967 (Prognose 35.876), 1932: 25.350 (40.493), 1933: 25.388 (49.430) (vgl. ebd., S. 179). Die Funktion des Schulgeldes setzte sich an den Universitäten fort. So wollte Flitner das „Stipendien- und Wohlfahrtswesen ... in den Dienst der Auslese gestellt" wissen (Flitner, Wilhelm, Zur Kulturpolitik ..., a.a.O., S. 148ff.).

[119] PAB, Interview Knülle

„Das entsprach damals nicht der göttlichen Ordnung, daß ein einfacher Arbeitersohn die höhere Schule besuchte, die war begüterten Kreisen vorbehalten."[120]

Da eine Ermäßigung des Schulgeldes nicht gewährt wurde, mußte der Schüler in den Sommerferien ab morgens 4 Uhr im Straßenbau Steine klopfen, um mit diesem Geld dann seinen Schulbesuch zu finanzieren.

„Trotz der Ungunst der Zeit" prognostizierte der Rüthener Schulleiter für die Zukunft eine Aufnahme von 20 bis 25 Schüler(inne)n pro Jahrgang. Wohl aufgrund der zahlreichen Abgänge konstatierte er aber:

„Über 110 dürfte die Anstalt in absehbarer Zeit nicht steigen."[121]

Gegenüber diesen optimistischen Prognosen entsprach die Aufnahme von nur 18 Schüler(inne)n im Jahre 1932 eher dem Rückgang der Geburten während der Kriegszeit, der sozialen Lage der Bevölkerung und dem Abschreckungsgerede von der „Abiturienteninflation".

Die sozialen Unterschiede zwischen den Schüler(inne)n waren weder für das Verhältnis zueinander bestimmend, noch an der Behandlung durch die Lehrer direkt für die Schüler(innen) wahrnehmbar.[122] Dies wird gestützt durch die Gutachten, die der Klassenlehrer über die ersten Oberprimaner(innen) anfertigen mußte. In fast allen Gutachten wurden Intelligenz, Fleiß, Sozialverhalten, Interesse, Charakter, Betragen, Elternhaus und Einschätzung des Berufswunsches thematisiert, wobei überwiegend versucht wurde, die Leistungsfähigkeit und andere Merkmale mit der sozialen Herkunft/Lage in ein Bedingungsgefüge zu stellen und letzteres angemessen, d.h. bei ungünstigen Gegebenheiten als erschwerend zu würdigen.[123] Dem stand aber entgegen, daß im Einzelfall besondere Erschwerungen, die aus der sozialen Lage ableitbar waren, manchmal unberücksichtigt blieben. Während z.B. nach einem kräftigen Schneefall eine Schülerin mit Pferd und Schlitten pünktlich zur Schule gebracht werden konnte, mußte ein Schüler von Suttrop aus zu Fuß sich 2 1/2 Stunden durch die Schneewehen kämpfen und kam mit einstündiger Verspätung an, was ihm zwei Stunden Nachsitzen einbrachte.[124] Die politischen Vorstellungen radikalisierten sich zum Ende der Weimarer Republik hin „in Richtung NSDAP und Kommunismus"[125], was aber im Abiturjahr-

---

[120] ebd.
[121] Stadtarchiv R, B 738,1, Bericht vom 2.4.1932
[122] vgl. PAB, Interview Knülle
[123] vgl. Schularchiv, Abiturunterlagen 1932
[124] vgl. PAB, Interview Knülle
[125] ebd.

gang 1932 kaum zu Spannungen führte. Dies erstaunt insofern, da ein Schüler als „überzeugter Kommunist" galt. Eine Klassenkameradin erinnert sich:

> „Eines Tages 1931/32 kam die Polizei in den Unterricht, hat ihn mitgenommen und verhört. Es ging das Gerücht, daß Kommunisten die Möhnetalsperre sprengen wollten. Am Tag darauf war er wieder da."[126]

Das die politischen Anschauungen überdeckende gute Verhältnis zueinander wird heute der gemeinsamen christlichen Erziehung zugeschrieben: „Brav und ordentlich und nicht so kraß."[127]

Auch aus der koinstruktiven Erziehung resultierende Probleme innerhalb der Schülerschaft sind nicht bekannt.[128] Das Verhältnis der Jungen zu den Mädchen wird von letzteren als „sehr nett"[129] beschrieben, und die Jungen werden als Kavaliere bezeichnet. Zwar fanden die Mädchen z.B. im Physikunterricht wenig Beachtung und wurden mit einem „ausreichend" kaum ernst genommen, doch wurde dies weder vom Lehrer noch von den Schülerinnen als Beleidigung aufgefaßt und belastete auch nicht das gute persönliche Verhältnis zum Lehrer.[130] Insgesamt wurde nur der Sportunterricht geschlechtsspezifisch erteilt, wenn man vom weiter unten behandelten geschlechtsspezifischen Nadelarbeitsangebot absieht.

Grundsätzlich blieb aber aus katholischer Sicht die gemeinsame Unterrichtung ein Notbehelf. Schon nach einer nur 1/2jährigen Tätigkeit in Rüthen wandte sich der Geistliche Dr. Kahle an den Paderborner Generalvikar und beklagte:

---

[126] PAB, Interview Hölzl. Ein Mitschüler beschreibt ihn als „prächtigen Menschen", „sehr freundlich und sehr gewissenhaft", der später als Diplom-Volkswirt bei einer Hamburger Zigarettenfirma arbeitete. „Er war und blieb Kommunist. Ich habe ihn einmal wiedergesehen, da war er bei der Küstenartillerie in Norwegen als Unteroffizier. Er sagte mir, ich werde nicht mehr, Du kennst ja meine Einstellung, ich bin noch heute Kommunist. In Rußland kam er dann in Kriegsgefangenschaft. Er hat sich sofort zur Antifa gemeldet, aber auch das hat ihn nicht geschützt. Was er verbrochen hat, weiß ich nicht, er kam in ein Straflager nach Sibirien. Obwohl er sich zur kommunistischen Ideologie dort bekannt hat, ist er dort umgekommen. Nach Informationen seines Bruders." (PAB, Interview Knülle)

[127] PAB, Interview Hölzl

[128] Einige Lehrer mußten sich dagegen mit dem Vorwurf auseinandersetzen, daß sie die gebotene Zurückhaltung gegenüber Schülerinnen privat nicht eingehalten hätten, wie diverse Personalakten dokumentieren und auch das Interview Knülle bestätigte. Demgegenüber konstatiert Drees für die Aufbauschule in Petershagen parteiliches Gegeneinander von Jungen und Mädchen, „die sich in einem anscheinend naturnotwendigen Zustande gegnerischer Spannungen befinden" (Drees, Paul, Die Koedukation im Lichte von Aufbauschüleraussagen, in: DOA 3 (1930), S. 86).

[129] PAB, Interview Hölzl

[130] vgl. ebd.

„Eine Aufbauschule mit Knaben und Mädchen, wie wir sie haben, ist ein Unding. Ich kann nicht mehr mitmachen, wenn ich sehe, wie alle weibliche Feinheit der Mädchen verloren geht."[131]

Somit deutete sich an, daß die Schule keine vollständige Verlängerung der geschlechtsspezifischen häuslichen Erziehung und der Volksschule aufgrund der Koedukation leisten konnte. Das war für die Eltern aber eindeutig nachrangig gegenüber neuen Bildungsmöglichkeiten für die Mädchen.

d)   Erwartungen an die Schule durch das Provinzialschulkollegium Münster

Aus Berichten und Reden läßt sich entnehmen, welchen Stellenwert der Aufbauschule in der Rüthener Region, aber auch grundsätzlich seitens der Behörden beigemessen wurde. So sahen Oberschulrat Hellwig und der Vizepräsident des PSK, Dr. Peters, es als Aufgabe der Aufbauschule in Rüthen, „die geistigen Kräfte in den von den umliegenden Dörfern und Höfen kommenden, zwar kerngesunden aber doch stark gebundenen Schülern beweglich zu machen, dazu den Mittel- und Ausstrahlungspunkt für das gesamte geistige Leben des Ortes zu bilden"[132]. Der Schule kam so eine Mobilisierungsfunktion im doppelten Sinne zu: einmal zur Rekrutierung ländlicher Begabungsreserven und zum anderen zur kulturellen Festigung und Ausrichtung der Bevölkerung. Um dies zu gewährleisten und zur Sicherung ihres Bestandes, empfahlen daher die beiden Berichterstatter, daß die Aufbauschule „lebendige Fühlung halten" müsse „mit der Lehrerschaft und den katholischen Geistlichen der Umgebung"[133]. Dies mußte in diesem ländlich-konfessionell geprägten Gebiet als grundsätzliche Voraussetzung einer Akzeptanz der Aufbauschule gesehen werden.

Daß die Rüthener Aufbauschule nicht nur Begabungsreserven abschöpfen, sondern als Deutsche Oberschule mit einer entsprechenden Zielprojektion bestimmte unterrichtliche Inhalte vermitteln sollte, machte die erste große Revision der Schule deutlich. Ministerialrat Prof. Dr. Metzner (preußische Unterrichtsverwaltung) und Oberschulrat Hellwig (PSK) nahmen an einem Tag 15 je zwanzigminütige Unterrichtsbesuche in verschiedenen Fächern und Jahrgangsstufen vor, die dann Gegenstand einer allgemeinen Besprechung mit dem Kollegium waren. Das Protokoll von Schulleiter Dr. Fluck gibt Bewertungen der beiden Revisoren wieder.[134] Oberschulrat Hellwig führte danach aus:

---

131   EbA Pb, XV.27, Schreiben vom 9.10.1929
132   StA MS, PA, F 122, Bericht vom 13.12.1930 an den Minister.
133   ebd.
134   Vollständiges Protokoll der Revision vom 25. Juli 1930 einschließlich der Würdigung ein-

„Der allgemeine Eindruck ... sei recht erfreulich. Zunächst erkenne er gemeinsames Streben des Lehrkörpers, die einzelnen Lehrfächer nach Möglichkeit mit dem Leben des deutschen Volkes in der Gegenwart zu verbinden. ... Verständnis für die Seele der Schüler sei offenbar vorhanden. Auch könne man einen einheitlichen Zug in der Arbeitsweise des Lehrkörpers erkennen. Eine solche Arbeits- und Gesinnungsgemeinschaft sei unbedingt erforderlich."

Als Vorteil der Kleinstadt stellte Hellwig heraus, „daß hier echt deutsches Volkstum noch nicht restlos gleichmachender Zivilisation zum Opfer gefallen sei". Prof. Metzner ging ergänzend auf die Wirtschaftsgeographie ein, „die den Schüler und den heute nach der Niederlage von 1918 räumlich stark beengten deutschen Menschen lehre, in Kontinenten zu denken"[135]. Damit deutete sich an, daß eine wesentliche Forderung der Denkschrift und der Richtlinien, das Kulturkundliche über die kulturkundlichen Fächer hinaus zum Prinzip aller Fächer zu machen, realisiert worden war.

Die hier deutlich werdende kulturkritische Grundposition, als deren Ausfluß auch die ländliche Aufbauschule zu sehen ist, entsprach auch den Vorstellungen der Meinungsträger in Rüthen. Insofern trafen die grundsätzlichen bildungspolitischen Aufgaben und Funktionen der Aufbauschule auf Zustimmung. Denn nur zu offensichtlich war die Aufbauschule - nicht nur nach Hellwigs Vorstellung - „ein Kind der jüngsten Zeit, des Umsturzes, einer großen Verwirrung und zugleich auch der Zeit der Not", dem die Erziehung an allen Schulen gerecht zu werden habe, indem sie der Jugend „festen Boden in sittlicher und vaterländischer Hinsicht" gebe.[136] Die pluralistischen gesellschaftlichen Entwicklungen konnte Hellwig nur als „Wirbel des Geschehens in der aufgeregten Welt" analysieren und befürchten:

„Mancher könnte wirr werden, wenn er von diesem Wirbel ergriffen wird."[137]

Entsprechend sprach er den Lehrern die Aufgabe zu, „Menschen heranzubilden, die aus einfacher Umwelt auch da draußen die Besinnung bewahren und nicht im

---

[135] zelner Unterrichtsstunden (StA MS, PSK 8066,2)
ebd. Metzner nahm für sich ein unpolitisches Wissenschaftsverständnis in Anspruch, da er seine Position zum Bildungswesen unabhängig von politischen, religiösen und wirtschaftlichen Anschauungen sah. In Anschluß an Langbehn versprach er sich eine Wiedergeburt der deutschen Jugend, die sich entwickeln sollte „aus den Gefühlen, welche die 'Masse', und aus den Gedanken, welche die 'Männer' des deutschen Volkes von jeher beseelt haben" (Metzner, Karl, Zum deutschen Bildungswesen der Gegenwart im Lichte schulpolitischer Entwicklung, Leipzig 1930, S. 49, 13).

[136] Ansprache von Oberschulrat Hellwig anläßlich der Ernennung von Schulleiter Dr. Fluck zum Studiendirektor am 24.1.1931 (Stadtarchiv R, Viegener, Artikel „Aufbauschule und Landvolk" vom 25.1.1931)

[137] ebd.

Strudel untergehen"[138]. Methodisch konnte das für Hellwig weniger gelingen durch das Aufzeigen der „Gefahren der Großstadt", die für ihn wohl in der Dynamik der industriellen Arbeitswelt, der kulturellen Vielfalt und der Säkularisierung zu sehen waren, sondern durch den „Nachweis der Schätze der Heimat"[139]. Für diese Bindungsaufgabe an die Heimat sprach er dem Deutschlehrer eine besondere Verantwortung zu. Ihm sollte es obliegen nachzuweisen, daß „die plattdeutsche Sprache der Urquell und der ständig orientierende Quell für die Hochdeutsche Sprache ist"[140].

Die undifferenzierte und apodiktische Ablehnung großstädtischer Kultur wird auch in der weiteren Empfehlung Hellwigs an die Deutschlehrer deutlich, nämlich aufzuzeigen, „daß die wahre Poesie nicht in der Großstadt zu suchen ist, sondern daß die wahre Poesie immer wieder vom Lande kommt, und daß diese geeignet ist, die Menschen immer wieder zu erheben"[141]. Das Unverständnis für großstädtische Entwicklungen und Probleme ging einher mit der Hoffnung auf Erneuerung in Form eines Jungbrunnens durch die Landbevölkerung. Der umfassende Charakter dieses kontrastierenden und polarisierenden, durch Kulturkritik geprägten Verständnisses wurde auch in Hellwigs Vorgaben für den Musikunterricht deutlich:

> „Da draußen herrscht der Schlager. Hier aber kann man zeigen, daß wahre echte Musik neuen Mut zu neuen Taten gibt; imstande ist, dem modernen Menschen einen Rhythmus zu verleihen, der es ihm ermöglicht, der verwirrenden Masse Herr zu werden."[142]

Auch Hellwigs Geschichtsverständnis war auf Bindung an die Heimat ausgerichtet:

> „Hier an dieser Stätte fließt sie zusammen: die Zeit vor 7.000 Jahren, die Römerzeit, die Hermannsschlacht, der 30-jährige Krieg usw. Alles das Schule und Landvolk zum Bewußtsein zu bringen, auch das ist eine schöne Aufgabe."

Dieser allseitigen einseitigen Aufgabenbeschreibung lag eine eher biologistische Gesellschaftsanalyse zugrunde, die die Weimarer Republik als „krank", da vielfältig und fremd, definierte. Dem wurde irrational-romantisierend die Notwendigkeit und Möglichkeit der Gesundung gegenübergestellt:

---

[138] ebd.
[139] ebd.
[140] ebd.
[141] ebd.
[142] ebd.

„Das Leben und Verweilen in einer solchen Gegend wie hier, das ist es, was uns wieder gesund machen kann."[143]

Ein Gesundbrunnen fernab von Materialismus, Kapitalismus und Kosmopolitismus, fernab von Intellektualismus und Rationalismus sollte die Erziehung sein, also Teil einer Antimoderne. Diese antiaufklärerischen Strukturelemente der Erziehung gingen in wesentlichen Aspekten durchaus konform mit den Vorstellungen eines großen Teils des Katholizismus. Dem widersprach eine kulturelle Erneuerung im Geiste des Christentums, wie sie auch von Katholiken im Rüthener Raum über die Forderung nach der Aufbauschule betrieben wurde, nicht.

Die Aufbauschule in Rüthen sollte diese Aufgaben - vom Geist der Denkschrift geprägt, von Kulturpessimismus durchtränkt und behaftet mit einer diffusen Sehnsucht nach vorindustriellen überschaubaren und geordneten Zeiten und nach Erneuerung vom Lande her - nach Vorgaben durch das PSK verwirklichen, indem das Lehrerkollegium und der Schulleiter sie umsetzten. Dr. Fluck hatte diesen Erwartungen schon sehr früh in jeder Beziehung entsprochen.

Wie gering Schule und Bevölkerung den gesellschaftlichen Wandel in der Weimarer Republik erachteten, zeigt sich - eher nebensächlich, aber durchaus symptomatisch - an der Beschriftung des Schulgebäudes: Kaiser Wilhelm Lehrerseminar. 1930 - erst vier Jahre nach Gründung der Aufbauschule - wurde anläßlich einer Besichtigung die Entfernung des in großen Metallbuchstaben angemalten Namens gefordert, was aber erst nach erneuter Anweisung durch das PSK 1931 erfolgte.[144]

e)   Unterrichtsinhalte

Schule in der Weimarer Republik wurde, wenn man von einzelnen Versuchsschulen absieht, besonders für die höheren Schulen durch im Stundenraster wechselnden Fachunterricht bestimmt. Der quantitative Anteil der einzelnen Fächer ist aus der Gesamtübersicht der Stundenverteilung für das Schuljahr 1931/32, mit dem die Schule zum ersten Mal alle Jahrgänge führte, erkennbar:[145]

---

[143]   ebd.
[144]   vgl. StA MS, PSK 8068, Schreiben vom 24.3.1931
[145]   vgl. Schularchiv, Jahresberichte, Schuljahr 1931/32. Die Zahlen in Klammern zeigen die Veränderungen ab 1.10. 1931 auf. Ab diesem Zeitpunkt wurden in der Prima Biologie und Chemie in wechselnden halbjährigen Epochen unterrichtet. Zusätzlich zum Unterricht in Singen (Musik) war eine Stunde Chor und eine Stunde Instrumental vorgesehen.

	UIII	OIII	UII	OII	UI	OI
Kathol. Religion	2	2	2	2	2	2
Deutsch und Geschichts-erzählungen	5	5	5	5(4)	4	4
Lateinisch	-	-	5(4)	4	4	4
Englisch	7	7(6)	4	3	3	3
Geschichte (Staatsbürgerkunde)	3	3	3	4	4	4
Erdkunde	2	2	2	2	2	2
Rechnen und Mathematik	5	5(4)	4	4	4	4
Biologie	2	2	2	1(0)	1(2)	1(2)
Physik		2	2	2	2	2
Chemie	-	-	2	2	2	
Zeichnen	2	2	2(1)	2	2	2
Nadelarbeit		2				
Singen (Musik)	1	1	1	1	1	1
Leibesübungen f. Jungen	4		4		4	
Leibesübungen f. Mädchen			4			
Arbeitsgemeinschaften	-	-	-	2(1)	2(1)	2(1)

Die aufgrund der Misere im Staatshaushalt durch das Ministerium vorgeschriebenen Kürzungen des Unterrichts erfolgten nicht in der Eingangsklasse und trafen besonders die Oberstufe, fachspezifisch eher die Naturwissenschaften und die Arbeitsgemeinschaften. Der spezifische Charakter einer Deutschen Oberschule wurde durch die Verteilung der Kürzungen auf die einzelnen Fächer aber eher noch deutlicher. Insgesamt wurden aufgrund der ministeriell verfügten Maßnahmen elf Wochenstunden eingespart, was fast eine halbe Lehrerstelle ausmachte.

Die folgende Analyse des Unterrichts der verschiedenen Fächer und Jahrgangsstufen im Schuljahr 1931/32 stützt sich auf die verfügbaren Quellen, die über die Richtlinienvorgaben hinaus ermittelbar waren.

Deutsch

Über die Auswertung diverser Quellen werden Unterrichtsinhalte erkennbar, die nicht nur durch einen Anstaltslehrplan, sondern auch durch Lehrerpräferenzen geprägt waren, wenn der Lektürekanon, die Aufsatzthemen sowie die Abiturarbeiten der Schüler(innen) analysiert werden.

Im Zentrum der deutschkundlichen Fächer stand der Deutschunterricht. Während der Unterprima die „besondere Aufgabe" zukam, „den Wiederaufstieg der deutschen Geisteskultur im Zusammenhange mit der Entstehung des modernen Geistes zum Verständnis zu bringen" durch Behandlung des „Zusammenbruch(es) im Dreißigjährigen Kriege", des „Zeitalter(s) der Aufklärung und seine Gegenströmungen" sowie „Sturm und Drang", war das Ziel der Oberprima, „den deutschen Idealismus als die Vollendung und Zusammenfassung dieser Geistesbewegungen deutlich zu machen" - vor allem durch Goethe und Schiller. Weitere Hinweise auf Romantik, Nationalstaat, Staatsbürger sowie das junge Deutschland und den künstlerischen Realismus bis zur Gegenwart zeigen die Breite des zu behandelnden Stoffes auf, der aber den deutschen Idealismus nicht aus seiner „Mittelpunktstellung" aufgrund seiner „grundlegende(n) Bedeutung für alle Lebensgebiete" verdrängen durfte.[146] Die Forderungen dieser Richtlinien waren insofern verbindlich, da sie als „ideale Zielpunkte" zur Aufstellung der jeweiligen Anstaltslehrpläne betrachtet wurden.[147]

Vor dem Hintergrund dieses Spielraums kommt Behr in seiner grundlegenden Untersuchung zum literarisch orientierten Anteil des Deutschunterrichts in der Weimarer Republik zu dem Ergebnis, daß der Versuch deutlich wird, zunehmend Literatur auszuwählen - auch klassische -, die kulturpessimistische, völkische und/oder deutsch-nationale und militante Interpretationen ermöglichte.[148] Daneben zeigte sich für katholisch geprägte Schulen eine gewisse Präferenz für den Katholizismus nicht ablehnende bzw. ihm indifferent gegenüberstehende Verfas-

---

[146] vgl. Richtlinien für einen Lehrplan der Deutschen Oberschule und der Aufbauschulen hrsg. von Hans Richert, dritte verbesserte Aufl. Berlin 1925, S. 75-77. Zum kulturkundlichen Kursus des gymnasialen Deutschunterrichts nach den Richertschen Richtlinien vgl. ausführlicher Frank, Horst Joachim, Geschichte ..., a.a.O., S. 655-672

[147] Richtlinien für einen Lehrplan ..., a.a.O., S. 5

[148] vgl. Behr, Klaus, Gymnasialer Deutschunterricht in der Weimarer Republik und im Dritten Reich. Eine empirische Untersuchung unter ideologiekritischem Aspekt, Weinheim u.a. 1980. Zu Recht wird allerdings an dieser quantitativen Auswertung des Literaturkanons für die Zeit des Nationalsozialismus kritisiert, daß die Ergebnisse für 1939 den behördlichen Vorgaben entsprechen mußten und so andere gesellschaftliche/persönliche Wirkungsfaktoren auf den Literaturkanon ausklammerten (vgl. Scholz, Barbara-Christiane, Die Jahresberichte ..., a.a.O., S. 278). Eine Übertragung dieser Kritik auch auf die Weimarer Republik unterschlägt aber, daß eine individuelle (schul- und/oder lehrerspezifische) Zusammenstellung des Lektürekanons noch eher möglich war, dessen konkrete Ausgestaltung durchaus berechtigt, von Trends zu sprechen. Ganz abgesehen davon, daß es ein schon sehr aussagekräftiger Vergleich zu ermitteln ist, inwieweit ein Lehrer, eine Schule oder ein Schultyp den Literaturkanon aufgrund nationalsozialistischer Vorgaben später überhaupt ändern mußte - bei aller methodisch berechtigten Detailkritik an Behr.

ser und Werke und eine Unterrepräsentanz von Werken mit bürgerlich-demokratischem, aufklärerischem oder sozialkritischem Hintergrund, wie überhaupt das 20. Jahrhundert nur einseitig vertreten war.
An der Deutschen Oberschule waren im Gegensatz zu anderen höheren Schulen diese Trends stärker ausgeprägt:

> „Sie zeigen, daß die sozial- und bildungsgeschichtlich bedingten Unterschiede zwischen den klassischen historischen Schultypen sowie auch die ideologische Sonderstellung der in ns. (nationalsozialistischem, H.-G. B.) Geiste entworfenen D O (Deutschen Oberschule, H.-G. B.) in der Weimarer Republik sich trotz einer geforderten 'Bildungseinheit' im Lektürekanon als Lektüre-Differenz abbilden."[149]

Auch wenn man Behrs drastischen Bewertung des Gründungszusammenhangs der deutschen Oberschule nicht folgt, bleibt die festgestellte „Lektürediferenz" bestehen. Doch spiegelt das Ergebnis dieser unter der Variable „Schultyp" erfolgten Auswertung des Literaturkanons das Dilemma aller quantitativen Durchschnittsberechnungen: Läßt doch der Trend durchaus abweichende und sogar konträre Einzelergebnisse an Einzelschulen zu. Dies zeigt sich zum Teil auch am Lektüreplan der Klasse O I (Dr. Fluck) im Schuljahr 1931/32 in Form einer deutlich anderen Akzentsetzung, soweit dies an Lektüretitelangaben überprüfbar ist.[150]
Im Unterricht wurden behandelt: Goethe, Faust I, Durchblick durch II; Heine, Politische Dichtung und Prosa; Schmidtbonn, Hinter den 7 Bergen; Moderne deutsche Prosa; Impressionismus; Symbolismus; Ziegler, Landwehrmann Krille; R. Wagner, Der fliegende Holländer, Tannhäuser (UI), Lohengrin, Ring der Nibelungen, Meistersinger; Expressionismus; Krieg.
Als Privatlektüre galt: Goethe, Reineke Fuchs; G. Keller, Martin Salander; Grillparzer, Weh dem, der lügt; Immermann, Oberhof; Kortum, Jobsiade; G. Hauptmann, Weber nach Wahl, Hanneles Himmelfahrt, Biberpelz nach Wahl, Fuhrmann Henschel nach Wahl, Rose Bernd nach Wahl.[151]
Im privaten Bereich dominierte mit den Dramen und (Lust-)Spielen - teils zur Wahl gestellt - Hauptmann. Neben anderen bekannten und akzeptierten Autoren (Goethe, G. Keller, Grillparzer) waren mit Immermanns Erzählung „Oberhof"

---

[149] Behr, Klaus, Gymnasialer ..., a.a.O., S. 206
[150] Schon in der Konferenz am 26.9.1930 hatte Fluck „billige, leicht erreichbare Werke des 19. und 20. Jahrhunderts" unter den Themenkreisen Selbstmord Jugendlicher, Kausalgesetz, staatsbürgerliche Erziehung, soziale Verhältnisse und russisches Schrifttum vorgestellt und Klassen zugeordnet (vgl. Schularchiv, Konferenz-Niederschriften). An seinen Vorgaben hat sich Fluck bei seinem Unterricht dann auch orientiert. Erstaunen muß der aus der Systematik herausfallende Verweis auf die russische Literatur. Siehe dazu auch die erste Theateraufführung (Kap. C III.2.h)
[151] vgl. Schularchiv, Jahresberichte, Schuljahr 1931/32, Schularchiv

über ein westfälisches Dorf und mit Kortums Ulk-Stück „Jobsiade"[152] auch eher unbekannte und randständige vertreten. Im Bereich der Unterrichtslektüre war neben den wenig aussagekräftigen Epochenverweisen die besondere Herausstellung Wagners und dessen historische Themen mit teilweise germanisch-archaisch-heldischen Strukturen auffallend. Erstaunlich ist die Behandlung Heinrich Heines. Demgegenüber wurde mit Schmidtbonns[153] Erzählung „Hinter den 7 Bergen" eine Geschichte aus einem niederrheinischen Dorf behandelt, was seine Fortsetzung in dem Sammelband „Moderne deutsche Prosa I" fand, in dem Fluck als Herausgeber die 20 Textproben u.a. so ausgewählt hat, „daß die wichtigsten deutschen Landschaften mit ihrem Stammescharakter ziemlich zur Geltung kommen"[154].

Der Versuch einer Bewertung dieses Lektürekanons muß auch beachten, daß Exponenten einer eher völkischen Richtung wie z.B. Flex, Grimm, Johst u.a., aber auch Kleist mit Hermannsschlacht, wie an anderen Schulen üblich, explizit nicht behandelt wurden. Gleichzeitig fehlt aber auch jeglicher Hinweis auf Literatur, die sich dem Arbeitermilieu verpflichtet wußte. Mit der Herausstellung der „Deutschheit der Stoffe" (Prestel) bei Wagner[155] und dem übermäßigen Anteil von (ländlicher) Heimatliteratur sowie der nur historischen Behandlung politi-

---

[152] Ein Kollege Flucks schreibt zur „niedere(n) Komik des komischen Heldengedichts von Karl Arnold Kortum" (1745 - 1824): „Die Jobsiade ist in ihrer burlesken Art unsterblich wie die Halbbildung und die Freude, die Leser jeden Alters an gereimten Plattheiten und billigem Ulk haben." (Kahle, Wilhelm, Geschichte der Deutschen Dichtung, Münster 1949, S. 200f.)

[153] Langenbucher subsumiert Schmidtbonns Werke unter „Landschaft und Stammestum als völkischer Lebensgrund" und sieht ihn als Dichter, der „inmitten des allgemeinen Verfalls um die Würde des deutschen Lebens und der deutschen Kunst gerungen" habe. Langenbucher, Hellmuth, Volkhafte Dichtung der Zeit, 5. ergänzte und erweiterte Aufl. Berlin 1940, S. 381

[154] Fluck, Hans (Hrsg.), Moderne ...1929, a.a.O., S. 3

[155] Behr, Klaus, Gymnasialer ..., a.a.O., S. 242 weist auf die „rezeptions-soziologisch ... eminent politische Bedeutung" Wagners hin: „Wagner realisierte in einer äußerst suggestiven Verbindung von schopenhauerisch-pessimistischer Fin-de-siècle-Stimmung mit einer restaurativen Ideologie eine ästhetische Gesamtstruktur, die als Medium genau jener pseudo-religiösen, nationalistisch-pangermanischen Weltanschauung des wilhelminischen Staates die sinnliche Prägnanz verlieh. Der in der wirtschaftlichen Sicherheit der Gründerjahre wurzelnden national-romantischen Sehnsucht nach dem Imperium (von Gottes Gnaden) - das man im Mittelalter in gewisser Hinsicht verwirklicht zu sehen glaubte - entsprach ziemlich genau Wagnersche Thematik, Wagnersche Pathos, Wagnersche national-konservative Polit-Idylle. Die in der gescheiterten Revolution der Jahrhundertmitte nicht eingelöste Sehnsucht nach einem Reich der Freiheit wurde als Erlösungssehnsucht ins christliche Mittelalter projiziert und gebar mystisch-pseudoreligiöse Heilswelten, deren Erlösungsmuster allerdings nur scheinbar nicht auf d i e s e Welt abzielten."

scher oder sozialkritischer Themen (Heine, Hauptmanns Weber) eröffnete sich das national-konservative Selbstverständnis des Großbürgertums gekoppelt mit dem Mythos ländlicher Idylle.

Nur drei Werke des Lektürekanons gehörten zu den 80 häufigsten gelesenen Werken an Deutschen Oberschulen für Jungen: Ring der Nibelungen (1925: an 23,5% der Schulen, 1933: an 21,7% der Schulen, Faust (1925: 5,9%, 1933: 52,2%), Meistersinger (1925: 29,4%, 1933: 30,4%).[156] 126 weitere an den Schulen seltener gelesene Werke beinhalteten nicht eines der Werke ländlicher Literatur, die von Fluck für die Oberprima ausgewählt worden waren.[157]

Zur Absicherung der aufgezeigten inhaltlichen Trends und der Bewertung ihrer Rüthener Konkretisierung sollen die Aufsatzthemen herangezogen werden, da an ihnen stärker der Verwendungszusammenhang einzelner Werke abgelesen werden kann, als dies auf Grundlage des Literaturkanons möglich ist.

Hausarbeits- und Klassenarbeitsthemen der Oberprima:[158]

1. Arbeit: Klassenarbeit (Themen zur Wahl)
    a) Gedanken zum neuen Schuljahr.
    b) Was sagt mir der Osterspaziergang in Goethes „Faust"?
    c) Ich bin aufgefordert, eine Rede zum Mozart-Jubiläum 1931 zu halten.
    d) Die Antike im europäischen Bewußtsein um 1770 nach der Mozart-Geschichte „Am Grabe Vergils" von Arthur Schurig
    (5 Kurzstunden)

2. Arbeit: Hausarbeit (Themen zur Wahl, mit Genehmigung des Lehrers)
    a) Die Versorgung Deutschlands mit Brotgetreide.
    b) Aus dem Alltag.
    c) Bodenarten der Rüthener Feldmark.
    d) Die Lage der Landwirtschaft in der Gegenwart.
    e) Gedanken zur Steinfeier.
    f) Gang durch ein Eisenwerk.
    g) Kohlenwasserstoffverbindungen und ihre Bedeutung.
    h) Die Bedeutung des Flugzeuges.
    i) Die Zukunft der Eisenbahn.
    j) Die Lieder in Goethes „Faust" I.

3. Arbeit: Klassenarbeit (Themen zur Wahl)
    a) Welche Erscheinungen im Leben unserer Zeit fallen mir besonders auf?
    b) Wie kann man Mut zeigen im Alltag?
    c) Was verdanke ich meinen Freunden?
    d) Möchten Sie Fausts Freund sein? (Faust I)
    (5 Kurzstunden.)

---

[156]   vgl. ebd., S. 395. Einschränkend gilt, daß Behr die gesamte Oberstufe erfaßt hat.
[157]   vgl. ebd., S. 371-373
[158]   vgl. Schularchiv, Jahresberichte, Schuljahr 1931/32

4. Arbeit: Klassenarbeit
   Ein selbstgewähltes Stück moderner deutscher Prosa ist stilistisch zu untersuchen.
   (5 Kurzstunden)

5. Arbeit: Klassenarbeit
   Mein Leben. Mein Bildungsgang.   (6 Kurzstunden)

6. Arbeit: Hausarbeit
   Der Gedankengang in Ernst Machs Ausführungen über Positivismus. Ist Detlev von
   Liliencron ein Positivist?

7. Arbeit: Reifeprüfungsarbeit
   (5 1/2 Stunden je 60 Minuten)

Die Themen machen deutlich, daß eine Präzisierung der Einschätzungen auch
mittels der Aufsatzthemen nur bedingt leistbar ist. Eine direkte Anknüpfung an
literarische Unterrichtsinhalte, die behandelt worden sind, war bei mehreren Aufgabenstellungen in das Wahlrecht der Schüler gestellt (zu Goethes „Faust" 1b),
2j), 3d) und wurde nur in Aufgabe 4) „Moderne deutsche Prosa" sowie in Aufgabe 6) „Liliencron" erzwungen. Doch lassen diese wenigen Formulierungen - abgesehen von Liliencron, der im Sinne Machs, der die Mechanik auf die Denköko-
nomie anwandte, sich um realistische Darstellungen bemühte - keine Festlegung
auf Tendenzen zu. Auffällig ist insgesamt, daß wesentliche Unterrichtsinhalte
nicht Gegenstand von Klassenarbeiten waren. Dies gilt insbesondere für die fünf
Werke Wagners. Die Stilrichtungen und Epochen Symbolismus, Expressionismus
und „Krieg" werden sehr begrenzt durch den Sammelband „Moderne deutsche
Prosa" aufgegriffen und können nur in der 4. Klassenarbeit eingebracht werden.
Besonders die Klassenarbeiten 1, 2 und 3 bevorzugen quantitativ allgemeine Be-
sinnungsaufsätze, die auch ohne Beachtung des stark literarisch orientierten Unterrichts - ausweislich der großen Zahl behandelter Schriften - bewältigt werden
konnten. Darüber hinaus lassen die wenig pointierten Aufgabenstellungen kaum
eine gesellschaftspolitische Auseinandersetzung erwarten - und sie auch in keiner
Weise fördern. Die 5. Klassenarbeit scheint eine vorbereitende Aufgabe für den
obligatorischen Lebenslauf als Teil des Antrages auf Zulassung zum Abitur gewesen zu sein.
Inwieweit die konkrete Ausfüllung der Richtlinien durch Fluck in ihren sich
„unpolitisch" gebenden Unterrichtsinhalten und Aufsatzthemen eine persönliche
Entscheidung war oder eher dem Anstaltslehrplan entsprach, läßt ein Vergleich
mit dem Deutschunterricht der Unterprima (Dr. Kahle) desselben Jahres erkennen.

Nach dem Jahresbericht wurden hier die Schwerpunkte auf die deutsche Renais-sance- und Barockdichtung sowie die Dichtung der Aufklärung und des Rokokos gelegt und Klopstocks Oden, Wieland (Abderiten und Oberon, von einzelnen Schülern in Arbeitsgruppen gelesen, die darüber referierten), Lessing (Minna von Barnhelm, Emilia Galotti, Nathan der Weise), Herder (Auswahl), Goethe (Lyrik, Goetz von Berlichingen, Werthers Leiden, Urfaust) und Schiller (Räuber, Kabale und Liebe) herangezogen.[159]

Neben dieser Unterrichtslektüre sah die Privatlektüre für die Schüler(innen) u.a. vor: Müller-Raststatt, Grimmelshausen, Löns, Huch, Schmitthenner, Mörike, Schäfer, Keller, Ludwig, von Droste-Hülshoff, von Hofmannsthal, Carossa, Th. Mann, die den vorgelegten Zeitrahmen bis in das 20. Jahrhundert ausweiteten. Diese Auflistungen zeigen, daß eine klare Aufgabenteilung vorlag. Während die Unterrichtslektüre die übliche klassische Standardliteratur beinhaltete, wurde über die teilweise stärker gegenwartsbezogene Privatlektüre wohl eher an den Interes-sen der Schüler(innen) angeknüpft und zugleich eine Vorbereitung auf die O I erreicht. Auch hier soll im folgenden über die Aufsatzthemen geprüft werden, ob eine klarere Aussage über die Besonderheiten des Literaturkanons und eventuell auch über den Deutschunterricht insgesamt erfolgen kann. Unberücksichtigt blei-ben Aufsatzthemen, die sich überwiegend auf Unterrichtsinhalte auf Grundlage des Literaturkanons bezogen und die es den Schüler(inne)n ermöglichten, in fast jeder Arbeit Unterrichtsgegenstände wiederzugeben. Sie machten keinen Unter-schiede zu den Aufgabenstellungen bei Fluck aus.

Klassenarbeitsthemen und Hausarbeitsthemen der Unterprima, u.a.:[160]

1. Arbeit: Klassenarbeit (Themen zur Wahl, u.a.)
    c) Hat uns die moderne Technik glücklich gemacht?
    d) Tiere sehen dich an.
    e) Wie mag Europa in 50 Jahren aussehen?

2. Arbeit: Klassenarbeit (Themen zur Wahl, u.a.)
    a) Gottes Spuren in Welt und Seele.
    b) Haben die Leibesübungen Bedeutung für die Charakterbildung?

3. Arbeit: Hausarbeit (Themen zur Wahl, u.a.)
    a) Unsere Volksfeste: was sie sind, was sie sein sollen.
    e) Wie werde ich Redner?

---

[159] vgl. ebd.
[160] vgl. ebd.

4. Arbeit: Klassenarbeit (Themen zur Wahl, u.a.)
   a) Die deutsche Landschaft ein Bild deutscher Geschichte.
   b) Entwicklung und Lösung eines tragischen Konfliktes an Beispielen eigener Erfindung.
   c) Schicksal eines jungen Menschen in unserer Zeit.
   d) Wie denke ich mir einen Ausweg aus der Krise der Gegenwart?

5. Arbeit: Klassenarbeit (Themen zur Wahl, u.a.)
   a) Wie schön ist das Leben! Wie jämmerlich ist doch das Dasein! Was meinst Du?
   b) Zeichne die Gestalt eines Helden, den du bewunderst und dem du ähnlich werden möchtest.

6. Arbeit: Klassenarbeit (Themen zur Wahl, u.a.)
   a) Freiheit? ja aber ...
   b) Die Heiligung der Welt durch die Kirche.
   d) Die Gemeinschaft und ich.

7. Arbeit: Klassenarbeit (Themen zur Wahl, u.a.)
   b) Ein Schüler, ein Backfisch, ein Landwirt, ein Arbeitsloser, ein Pressevertreter besuchen ein Konzert und sprechen ihre Meinung aus.
   d) Meine Stellung zu den Kultureinrichtungen und Lebensfragen (Rahmenthema, etwa: Kirche, Staat, Schule, Rasse).

8. Arbeit: Klassenarbeit (Themen zur Wahl, u.a.)
   c) Menschentypen des 18. Jahrhunderts und der Gegenwart.
   d) Fühle ich mich dem jungen Goethe verwandt?

Fast alle genannten nicht-literarischen Aufgabenstellungen bei Kahle basierten auf einer Problemstellung bzw. Konfliktlage mit starkem Gesellschaftsbezug, die eine entsprechende Auseinandersetzung der Schüler(innen) mit der Zeitgeschichte erforderten. Insofern knüpften sie an konkreten Erfahrungen oder der Vorstellungswelt der Schüler(innen) an und ermöglichten eine bewußte Entscheidung, die auch handlungsorientierend für den Alltag sein konnte. Der Tenor vieler Aufgabenstellungen spiegelte einen christlichen und kulturkritischen Hintergrund und drückte in seiner Vielfalt auch einen Erwartungshorizont aus, der zwar dem Schüler(innen)-Milieu entsprach, aber wenig auf „Demokratie" ausgerichtet war. Im Gegensatz zu Fluck, der den Schüler(inne)n über die Themenstellung keine Möglichkeit bot, ihre bzw. die gesellschaftliche Lage zu reflektieren, und sich so unpolitisch gebend einer Hilfestellung verweigerte, zeigte sich Kahle als katholischer Priester engagiert und weltoffen auf konservativerer Grundanschauung.
Als das Besondere der deutschkundlichen Fächer ist u.a. der fachübergreifende Charakter der Deutschkunde anzusehen, was inhaltlich in der Verzahnung der Unterrichtsfächer und personell in der Konzentrierung der Fächer bei wenigen

Lehrern deutlich wurde. Das Durchsetzen dieses Prinzips gelang auch im Schuljahr 1931/32, als Fluck die Oberprima nicht nur in Deutsch, sondern auch in Geschichte und Musik unterrichtete. Dies erleichterte es ihm, wie im Vorjahr[161] die Musikgeschichte vor dem Hintergrund der geistesgeschichtlichen Entwicklung zu verdeutlichen.

Der Jahresbericht wies aus:

> „Die O I beschäftigte sich mit Beethoven (Klaviersonaten und Eroica), der Romantik (Weber, Schubert, Schumann), Wagner (Holländer, Lohengrin, Ring, Meistersinger), R. Strauß, dem Impressionismus und der Musik der Zeitgenossen."[162]

Damit wird auch die herausragende Stellung Wagners im Deutschunterricht verständlicher, war er doch ein Künstler, der Drama, Musik und Bild zu einem „Gesamtkunstwerk" verband, zu einem „deutschen Kunstwerk".[163] Eine Schülerin erinnert sich an den diesbezüglichen Unterricht durch Fluck:

> „Seine meisterhaft vorgetragenen Partien aus dem Nibelungenring haben wir nicht so ganz würdigen können. Wir klebten an den dramatischen Texten und dem Inhalt mehr als an dem, was Wagner zum Ausdruck bringen wollte. Aber es ist mir unvergessen und ich bin froh, daß es uns vermittelt wurde."[164]

Dieser fächerübergreifende Unterricht erklärt auch die Fluckschen Aufgabenstellungen im Deutschunterricht zu Mozart.

Über die Abiturarbeiten und die mündlichen Prüfungen der Schüler(innen) kann eine weitere Konkretisierung des Unterrichtes deutlich über die Richtlinienvorgaben und Aufsatzthemen hinaus erreicht werden, da so stärker Erwartungen des Lehrers aufgrund seines Unterrichtes erkennbar werden.

Die für die zehn Oberprimaner(innen) verpflichtende Deutscharbeit im Abitur bot vier Themen zur Auswahl (Häufigkeit der Wahl jeweils in Klammern):[165]

Thema 1: Eichendorffs Wanderlied „Durch Feld und Buchenhallen" und Schwinds Gemälde „Wanderschaft" seien als Kunstwerke der Romantik gewürdigt.
Hilfsmittel: Text des Gedichtes, farbige Wiedergabe des Gemäldes. (4x)

---

[161] vgl. Schularchiv, Jahresberichte, Schuljahr 1930/31
[162] Schularchiv, Jahresberichte, Schuljahr 1931/32
[163] Der hier angedeuteten kritischen Sicht steht gegenüber Bermbach, Udo, „Der Wahn des Gesamtkunstwerks". Richard Wagners politisch-ästhetische Utopie, Frankfurt 1994, der Wagners Chauvinismus ausklammert. Neuerdings arbeitete Hein aber sehr faktenreich die Bestätigung eines Thomas-Mann-Zitats über Wagner heraus, das auch den Titel ihrer Publikation bildet. Vgl. Hein, Annette, „Es ist viel 'Hitler' in Wagner". Rassismus und antisemitische Deutschtumsideologie in den Bayreuther Blättern (1878 bis 1938), Tübingen 1996
[164] Schreiben von Dr. Hanna Engelhardt, Abiturjahrgang 1932, vom 25.10.1996
[165] vgl. Schularchiv, Abiturunterlagen 1932

Thema 2: Wie beurteilen Sie die wirtschaftlichen Verhältnisse Ihres Heimatkreises in der Gegenwart und in der nächsten Zukunft? (1x)

Thema 3: Zwei Sommergedichte ungenannter Verfasser sind als Ausdruck verschiedener Kunstauffassung zu deuten.
Hilfsmittel: Die Gedichttexte ohne Verfassernamen. (2x)
(Es handelte sich um die Gedichte: Liliencron, Die Mittagssonne brütet auf der Heide; George, Juli-Schwermut).

Thema 4: Mit welchen Erwartungen ergreife ich nach der Reifeprüfung meinen erwählten Beruf? (3x)

In den mündlichen Abiturprüfungen im Fach Deutsch mußten sich die Schüler(innen) mit folgenden Aufgaben auseinandersetzen[166] :

a) Textprobe von F. W. Grimme: Die Eigenart seiner Mundart entwickeln.
Zaubersprüche aus Sauerländer Kalendern sind auszuwerten.
b) Vergleiche Bürger: Des Pfarrers Tochter von Taubenhaim mit Goethes Gretchen-Tragödie.
Gedicht ohne Verfasserangabe
(Es handelte sich um Goethes „Vermächtnis")

Weder im schriftlichen noch im mündlichen Prüfungsbereich ermöglichte ein Thema allgemeine oder konkrete politische oder gesellschaftliche Problematisierungen mit aktuellem Bezug. Die Erwartungen von Fluck entsprachen damit auch den unterrichtlichen Zusammenhängen, wie sie sich in der Oberprima dargestellt haben: eine Dominanz von klassischer und Heimatliteratur. Der „Klassikertod" (Hohmann), den Schönbrunn für den Literaturunterricht in der Großstadt meinte konstatieren zu können, da wegen des „romantischen Beigeschmacks"[167] „die geistig fortgeschrittenen Kreise der Jugend über ein Gedicht von Eichendorff lachten" (siehe Abiturthema 1) oder „es wagten, Wagner herunterzureißen" (siehe Wagner als Unterrichtsschwerpunkt in Oberprima), hatte den Unterricht dieses Lehrers noch nicht erreicht.
Ob ein derartiger Literaturunterricht, der an die „Ewigkeitswerte der Vergangenheit"[168] anknüpfte und der bewußt nicht der „Zeit des Radios und des Kinos, der

---

[166] vgl. ebd.
[167] Schönbrunn, Walter, Die Not des Literaturunterrichts ..., a.a.O., S. 252-259. Konkretisierend und differenzierend dazu Haacke, Ulrich, Die Not des Literaturunterrichts: Einbildung oder Wirklichkeit?, in: Die Erziehung 5 (1930), S. 117-124
[168] Korff, H. A., Zivilisations-Pädagogik, in: Die Erziehung 4 (1929), S. 302. Denjenigen, die wegen der Forderung nach Reduzierbarkeit des Literaturunterrichts sogleich von „Zivilisationsbarbarei der modernen Jugend" und vom „kläglichen(m) Rückfall in die schlimmsten Aufklärungswahn des 18. Jahrhunderts" sprachen und „die Ausbildung zum bloßen

kniefreien Röcke, der Sensationspresse, der dachlosen Häuser, der Sportrekord-
leistungen"[169] entsprechen wollte, die Schüler(innen) auf die Bewältigung des
derzeitigen Gesellschaftskonfliktes vorbereitete und ihnen Lebenshilfe gab, erscheint fraglich. Eher vermittelte er in Verbindung mit der Romantisierung von
Landschaft und Heimat - wie an vielen Aufbauschulen[170] - falsche Sicherheiten.
Sozialistische, proletarische, aber auch teilweise demokratische Zusammenhänge
waren ausgeblendet. Dies entsprach dem ländlichen kulturellen Milieu, wie es
sich in den Lebensläufen der Schüler(innen) spiegelte. Eine Verbindung zu den
Entwicklungslinien im eher großstädtischen Bereich wurde auch im Abitur nicht
geschaffen, so daß der gedanklichen Reichweite der Bildung milieubedingte
Grenzen gesetzt wurden, die man als Separierung ansehen kann, da den Schü-
ler(inne)n Kenntnisse und Verständnis anderer Lebens- und Arbeitszusammen-
hänge vorenthalten wurden. Es darf bezweifelt werden, ob dadurch die selbständige Urteilsfindung als Voraussetzung für das Vertreten eigener Interessen hinreichend gefördert wurde. Ganz abgesehen davon, daß so auch keine Rezeption der
(produktiven) Gespaltenheit der Kultur in der Weimarer Republik ermöglicht war.
Oberschulrat Hellwig qualifizierte die „z.T. recht umfangreich(en)" Abituraufsätze als

> „ein Zeichen, daß der Geist gelockert ist. Das ist in Westfalen besonders notwendig.
> Dazu dient auch der gesunde Sport, in dem hier an der Schule sich gute Ergebnisse
> zeigten. Stark ist der Westfale zwar im Denken, doch notwendig ist ihm Ausdrucks-
> schulung."[171]

Ohne auf den behaupteten Zusammenhang zwischen Sporttätigkeit und Logik,
Rationalität, Kreativität usw. einzugehen, hatte der dominierende Literaturunterricht mit seinem umfassenden schulischen und privaten Lektürekanon aber eher
der notwendigen Ausdrucksschulung im Wege gestanden, wie zahlreiche Lehrer-
kommentare zu den schriftlichen Arbeiten zeigen. Der auch im Abitur sichtbar
gewordene eingeschränkte Literaturkanon sowie die eher „unpolitische" Ausrichtung waren für Hellwig kein Gegenstand der Kritik. Sein positiver Gesamteindruck deutet eher auf eine Zustimmung hin.

Amerikanismus" und „pädagogischen Nihilismus" befürchteten wie Korff, bescheinigt
Frank „den restaurativen, anmaßenden, ja inhumanen Charakter eines traditionell ständischen Bildungsdenkens" (Frank, Horst Joachim, Geschichte ..., a.a.O., S. 734).
[169] Schönnbrunn, Walter, Die Not ..., a.a.O., S. 255
[170] vgl. Hoffmann, Erich, Die deutsche Dichtung und unsere Aufbauschuljugend, in: DOA 5
(1932), S. 17-23, der eine Umfrage an den Aufbauschulen auswertete, die von 25 fast nur
ländlichen Schulen beantwortet worden war.
[171] Schularchiv, Abiturunterlagen 1932, Protokoll

Religion

Eine der ersten Veränderungen des neuen Schulleiters war die Erweiterung des Gottesdienstangebotes. Seit dem 13.5.1930 wurde jeden Dienstag und Donnerstag Gottesdienst in der Aula der Schule gefeiert.[172] Der Religionsunterricht - allein in der Hand des Geistlichen Stud.-Ass. Dr. Kahle - orientierte sich an den Zeiten des Kirchenjahres, und jede Unterrichtsstunde begann mit der Oration der Tagesmesse. Insgesamt war der Unterricht „bestrebt, eine Ahnung von Glück und Pflicht des Gliedes am mystischen Leibe Christi zu wecken, Ehrfurcht vor dem Mysterium zu verbinden mit Verständnis sakraler Formen, kurz, die jungen Menschen anzuleiten, in der erhabenen Einfachheit und würdevollen Größe ihren religiösen Lebensstil zu bilden, wie es die großen saecula Benedictina taten, und - wie es eine neue Welt, die Form werden will, heute von uns erwartet"[173].

Dieses „Liturgische Bemühen" spiegelte Tendenzen in der katholischen Kirche, die verstärkt „vorgegebenen Wahrheiten der Offenbarung" Raum gaben, die die Gemeinschaft der Kirche betonten und so Ausdruck der „zu neuem Selbstbewußtsein erwachten religiösen Kräfte"[174] waren. „Die Rückkehr des deutschen Katholizismus aus dem Exil" - so der prägnante Titel eines Buchs des katholischen Philosophen Peter Wust, der den Zeitgeist aufgriff - äußerte sich auch in der von Akademikern, der kirchlichen Jugend (Quickborn und später auch Neudeutschland) und einem Großteil des jungen Klerus getragenen „Liturgischen Bewegung". Die schon 1903 von Papst Pius X. geforderte „aktive Teilnahme der Gläubigen an dem heiligen Mysterium und an den öffentlichen und feierlichen Gebete(n) der Kirche"[175] wurde ermöglicht u.a. durch die muttersprachliche Übersetzung der Meßtexte[176], den „innere(n) und äußere(n) Anschluß an das Kirchenjahr"[177] und die „Deutsche Singmesse"[178]. Der vorherrschende religiöse In-

---

[172] vgl. Kleine Schulchronik, in: Fluck, Hans (Hrsg.), Mitteilungen ..., S. 5
[173] Kahle, Wilhelm, Bemühungen um liturgische Bildung, in: Fluck, Hans (Hrsg.), Mitteilungen ..., a.a.O., S. 33f
[174] Iserloh, Erwin, Innerkirchliche Bewegungen und ihre Spiritualität, in: Adriányi, Gabriel u.a., Die Weltkirche ..., a.a.O., S. 302f.
[175] ebd., S. 304
[176] Der von Kahle verteilte Text der Sonntagsliturgie, herausgegeben vom „Volksliturgischen Apostolat" von Klosterneuburg (Österreich), fand bis 1930 eine Auflage von 25 Mio. Exemplaren (vgl. ebd., S. 305)
[177] Munser, A., Liturgische Bewegung, in: Lexikon für Theologie und Kirche, herausgegeben von Michael Buchberger, Bd. 6, 2. neubearbeitete Aufl. Freiburg 1934, Spalten 615-617
[178] vgl. Dienst, K., Geschichte des christlichen Gottesdienstes, V B. Der Westen, in: Die Religion in Geschichte und Gegenwart, Handwörterbuch für Theologie und Religionswissenschaft, 3. völlig neu bearbeitete Aufl. Tübingen 1958, Spalten 1773f.

dividualismus wurde kontrastiert mit einer Liturgie der Kirche, in der „weite Kreise der Jugend einen lebendigen Ausdruck und eine Bestätigung ihrer Sehnsucht nach Gemeinschaft (fanden)"[179]. Die Jugend sollte einen religiösen Lebensstil in benediktinischer Tradition einer sittlichen Askese entwickeln.[180] Für die Umsetzung der spezifischen religiösen Haltung Kahles im unterrichtlichen Zusammenhang gibt es nur Hinweise durch zwei mündliche Abiturprüfungen aufgrund der Themenangaben:

a) Die soziale Frage im Lichte des Glaubens (Kommunismus, Sklaverei, Frauenfrage).
b) Muttergottesverehrung: ihre Formen und geschichtliche Entwicklung.[181]

Neben der Behandlung der innerkirchlichen katholischen Muttergottesverehrung - Kahle sah Maria nicht von Christus getrennt, sondern als Dienerin Gottes[182] - war der Religionslehrer ausweislich der Prüfungsmitschrift auch offen für sozialkritische Fragen mit aktuellem Bezug, wie sich dies schon an seinen Aufsatzthemen im Fach Deutsch für die Unterprima gezeigt hatte. Von der geprüften Schülerin wurden die Fragen mit gutem Erfolg unter dem Aspekt der Gleichheit abgehandelt.

Erdkunde und Geschichte

Im Abitur 1932 war neben den obligatorischen Arbeiten in Mathematik, Englisch und Deutsch aus dem deutschkundlichen Bereich eine weitere schriftliche Arbeit in Erdkunde oder Geschichte anzufertigen.

Die Hälfte der Schüler(innen) entschied sich für Erdkunde aufgrund folgender Themenauswahlmöglichkeit (Wahlhäufigkeit in Klammern):[183]

Thema 1: Warum hat der Atlantische Ozean für den Verkehr eine größere Bedeutung als der Große Ozean? (0 x)

---

[179] Iserloh, Erwin, Innerkirchliche ..., a.a.O., S. 309. Zu den Impulsen der Liturgischen Bewegung auf das Verständnis der Kirche „weniger als abstrakte denn als konkrete Größe, als Gemeinschaft der Gläubigen" vgl. Zadra, Dario / Schilson, Arno, Symbol und Sakrament, in: Christlicher Glaube in moderner Gesellschaft. Teilband 28 der Enzyklopädischen Bibliothek, Freiburg 1982, S. 129

[180] Zum reservierten Verhältnis dieses „tatabgewandten Liturgismus" (Gundlach) zum Verbandskatholizismus und dessen Auswirkungen vgl. Maier, Hans, Katholizismus, nationale Bewegung und Demokratie in Deutschland (1965), in: derselbe, Katholizismus und Demokratie (Schriften zu Kirche und Gesellschaft 1), Freiburg 1983, S. 55ff.

[181] vgl. Schularchiv, Abiturunterlagen 1932

[182] vgl. Kahle, Wilhelm, Rosenkranz und Rosenkranzfest im Lichte der Liturgie, in: Bibel und Liturgie. Blätter für volksliturgisches Apostolat, Klosterneuburg 1937, S. 9-11

[183] vgl. Schularchiv, Abiturunterlagen 1932

Thema 2: Nord- und Südamerika sind nach ihrer geographischen Eigenart zu vergleichen. (2 x)

Thema 3: Wie beeinflussen die Meeresströmungen das Klima der ihnen benachbarten Festländer? (3 x)

Hilfsmittel zu 1 - 3: Diercke Schulatlas

Diese, von Oberschulrat Hellwig als „sehr leicht" angesehenen Arbeiten, die er nur genehmigt hatte „mit Rücksicht auf den erkrankten Fachlehrer"[184], fragten vorwiegend reproduzierbares Wissen ab, ohne von den Schüler(innen)n selbständigen Umgang mit neuen Materialien einzufordern. Inhaltlich ist erwähnenswert, daß allen Themen ein direkter Bezug zu Deutschland oder zur Heimatkunde fehlte. Dies wurde teilweise in einer mündlichen Prüfung nachgeholt, in der der Prüfer folgende Bereiche ansprechen ließ:

a) Profil des Arnsberger Waldes bis Menzel und das Profil Westfalens zeichnen und erklären

b) Ursachen der Gebirgsfaltung

c) Deutschtum auf dem Balkan.[185]

Die Prüfungsaufgaben erstreckten sich neben der Heimatkunde auch auf das Deutschtum im Ausland. Beide Bereiche sind als besonders deutschkundliche Themen anzusehen.

Die anderen fünf Schüler(innen) entschieden sich für eine schriftliche Arbeit im Fach Geschichte. Ihnen standen ebenfalls drei Themen zur Auswahl (Wahlhäufigkeit in Klammern):[186]

Thema 1: Das persönliche Testament Friedrichs des Großen vom 8.1.1769 ist auszuwerten als Denkmal seiner Zeit.
Hilfsmittel: Abdruck des Testaments im Auszuge: Ferdinand Schöninghs Dombücherei, Heft 64, Seite 25 bis 28. (2 x)

Thema 2: War mit Friedrich Lists Ausführungen von 1846 ein deutsch-englisches Bündnis um 1900 zu begründen? Kann es heute geschehen?
Hilfsmittel: Friederich List, Allianz zwischen Großbritannien und Deutschland. Ferdinand Schöninghs Dombücherei, Heft 28, Seite 36 bis 39. (2 x)

Thema 3: Der Zweck des Staates nach Lassalle: 1. Darstellung. 2. Urteil.
Hilfsmittel: Lassalle, Arbeiterprogramm: Ferdinand Schöninghs Dombücherei, Heft 27, Seite 41 bis 44. (1 x)

Die Aufgaben erwarteten alle ein selbständiges Urteil der Schüler(innen). Die Aufgaben 2 und 3 forderten darüber hinaus dazu auf, aktuelle gesellschaftliche und politische Entwicklungen bzw. Analysen einzubeziehen.

---

[184] ebd.
[185] vgl. ebd.
[186] vgl. ebd.

In den mündlichen Geschichtsprüfungen wurde dann den Schüler(inne)n eine noch stärkere Auseinandersetzung mit der Zeitgeschichte abverlangt:

a) Eigenart des Versailler Friedens entwickeln (Putzger Historischer Atlas, Oberschlesien)
   Warum schloß Deutschland den Waffenstillstand?
   Dreiklassenwahlrecht
b) Art. 151 - 165 der Reichsverfassung parteipolitischen Strömungen zuordnen.
   Zu welchen Zwecken können Enteignungen vorgenommen werden?
   Wesen der Fideikommisse.[187]

Gerade im konservativen Milieu wurde der Waffenstillstand eher als Niederlage an der „Heimatfront" interpretiert und galt der Versailler Vertrag als „Schandfriede". Beide Themen waren eine politische und agitatorische Klammer der Gegner der Weimarer Republik. Doch läßt die Themenformulierung einen diesbezüglichen Trend nicht erkennen. Auch die interessegeladenen Grundlagen und die Entstehungsgeschichte der Weimarer Reichsverfassung sowie speziell die Enteignungsmöglichkeiten griffen als Thema öffentlich diskutierte Problemstellungen auf, was zeigt, daß staatsbürgerlicher Unterricht den vorgesehenen breiten Raum einnahm. Mit der Frage nach dem Dreiklassen-Wahlrecht in Preußen ließ sich ein Bezug zur Demokratisierung in der Weimarer Republik herstellen.

Die Auswertung der vorhandenen Unterlagen zum Deutsch-, Religions-, Erdkunde- und auch Geschichtsunterricht läßt allerdings nicht erkennen, in welcher Form sich die aktuellen gesellschaftlichen Entwicklungen, die geprägt waren

• vom Anstieg der NSDAP auf fast 20% bei den Wahlen 1930,
• von gewalttätigen politischen Auseinandersetzungen,
• von wachsender Arbeitslosigkeit, 1931: 5 Mio.,
• vom rigorosen Einsatz der Notverordnungen mit drastischen Auswirkungen auch auf Familieneinkommen,

im Unterricht niedergeschlagen haben.

f)   Arbeitsgemeinschaften

Die von der Reformpädagogik geforderte vollständige bzw. teilweise Auflösung des Klassenverbands zu Gunsten jahrgangsübergreifender, aber auch themenorientierter Unterrichtsprojekte wurde von der Neuordnung der höheren Schule in Preußen 1925 nur insoweit sehr begrenzt aufgegriffen, als für die Oberstufe Arbeitsgemeinschaften vorgesehen waren, die „der Vertiefung und Ergänzung der von der betreffenden Schulart zu leistenden Bildungsarbeit"[188] dienen sollten. Das

---

187   vgl. ebd.
188   Lamla, Ernst, Die preußische ..., a.a.O., S. 72

reformpädagogische Ziel der Förderung der Selbsttätigkeit der Schüler(innen) konnte aber in den Arbeitsgemeinschaften durchaus verfolgt werden.[189] In dieses, für Schüler(innen) nicht obligatorische Angebot wurde auch auf Druck aus katholischen Kreise der ursprünglich von der Unterrichtsverwaltung vorgesehene Philosophieunterricht abgedrängt, um ihn - als in Konkurrenz zur religiösen Durchdringung des Unterrichts sehend - abzuwerten. Eine Aufwertung erfolgte aber insofern wenigstens zum Teil, als ein Angebot der Schule mindestens aus dem Bereich der Philosophie erfolgen mußte.[190]

Im folgenden soll versucht werden, den Stellenwert der Arbeitsgemeinschaften in Rüthen zu ermitteln, wobei aufgrund der Quellenlage Philosophie/Deutschkunde und Naturwissenschaften umfangreicher abgehandelt werden können.

Gegenüber der stundenplanmäßigen Randstellung wies Schönbrunn den philosophischen Unterrichtsstunden aber die Bedeutung von „Entscheidungskämpfe(n) um Lebensfragen" zu, die im Rahmen „der wichtigen Aufgabe der heutigen höheren Schule" zu sehen seien, nämlich „dem allgemeinen Kulturverfall machtvoll entgegenzuwirken"[191]. Es ist zu prüfen, inwieweit dieser Intention entsprochen wurde.

Zum zweiten Mal[192] wurde im Schuljahr 1930/31 den obersten Klassen die Möglichkeit der Teilnahme an halbjährlich thematisch wechselnden Arbeitsgemeinschaften eingeräumt. Für den deutschkundlich-philosophischen Bereich bot Kahle das Thema „Oswald Spengler, Antike und abendländische Tragik" an, für das sich sieben Schüler meldeten.[193] Dieses Kapitel aus Spenglers „Untergang des Abendlandes" wurde gemeinsam gelesen und besprochen. Aufgrund der „gründlichen Einführung in die Geschichtsphilosophie im allgemeinen und in die Spenglers im besonderen" kam man - so Kahle - „nicht weit über die Einleitung hinaus". Obwohl die Textauswahl die Vermutung nahegelegt hätte, habe man nicht - so versicherte Kahle weiter - in „'Untergangsstimmung' gemacht". Er gab damit einen klärenden Hinweis zu diesem, dem deutsch-nationalen Denken ver-

[189] Suchel sprach daher von den Arbeitsgemeinschaften als „Arbeitsunterrichtsersatz" (Suchel, Adolf, Die Arbeitsgemeinschaft in der höheren Schule, in: Die Erziehung, 7 (1932), S. 59-63).
[190] vgl. Zylmann, Peter, Die freien Arbeitsgemeinschaften, in: Grimme, Adolf (Hrsg.), Wesen ..., a.a.O., S. 157
[191] Schönbrunn, Walter, Philosophische Arbeitsgemeinschaften, in: ZfDK 42 (1928), S. 141
[192] Ohne nähere inhaltliche Spezifizierung hieß es im Jahresbericht 1929: „An der Deutschen Arbeitsgemeinschaft nahmen alle Schüler der O 2 teil." (Schularchiv, Jahresberichte, Schuljahr 1929)
[193] vgl. auch zu den folgenden Ausführungen Kahle, Wilhelm, Arbeitsgemeinschaften des Jahres 1930, in Fluck, Hans (Hrsg.), Mitteilungen ..., a.a.O., S. 31-33

hafteten Werk, in dem Spengler „einerseits ein kulturgeschichtlich-düsteres Panorama eines unübersehbaren Verfalls der abendländischen Zivilisation entwirft, jedoch andererseits seine Hoffnung auf eine Wiedererstarkung des deutsch-faustischen Wesens nicht ganz aufgibt"[194], wobei letzteres stärker die Spenglersche Philosophie zum Ende der Weimarer Republik bestimmte.[195] Kahle war sich sicher, daß diese Arbeitsgemeinschaft „allen Teilnehmern Anregungen zu vertieftem Denken gegeben (habe), ja, vielleicht noch mehr: die große Ehrfurcht und das sich wundernde Staunen vor den Rätseln des Geistes und der Welt"[196]. Diese Formulierung offenbart ein religiös-mythisches Geschichtsverständnis.[197]

Schon in der mit den Schülern besprochenen Einleitung skizzierte Spengler seine methodische Grundposition und das Ergebnis seiner Weltgeschichtsschreibung. Der Bearbeitung des historischen Materials unter Ursache-Wirkung-Beziehungen setzte er im Anschluß an Goethe „die Mittel der Geschichtsforschung überhaupt" entgegen: „Nachfühlen, Anschauen, Vergleichen, die unmittelbare innere Gewißheit, die exakt sinnliche Phantasie"[198]. Spengler entwickelte sein biologisch-deterministisches Geschichtsverständnis u.a. am Beispiel des Abendlandes. Westeuropa sei „ein in Hinsicht auf Form und Dauer streng begrenztes und unausweichlich bestimmtes Einzelereignis der Historie vom Umfange weniger Jahrhunderte"[199]. Den Untergang dieser Kultur datierte der Philosoph auf den Anfang des 19. Jahrhunderts, den er zum Beginn der Zivilisation erklärte, wobei er als typische Krisenerscheinung den Weltstadtbewohner beschrieb:

> „Statt eines formvollen, mit der Erde verwachsenen Volkes ein neuer Nomade, ein Parasit, der Großstadtbewohner, der eine, traditionslose, in formlos fluktuierender Masse auftretende Tatsachenmensch, irreligiös, intelligent, unfruchtbar, mit einer tiefen Abneigung gegen das Bauerntum (und dessen höchste Form, den Landadel), also ein ungeheurer Schritt zum Anorganischen, zum Ende."[200]

Gegenüber Spenglers schicksalhaft-organischem Weltbild korrespondierte das hier auch deutlich werdende durch und durch kulturpessimistische Krisenver-

---

[194] Hermand, Jost, Der alte Traum ..., a.a.O., S. 110f.
[195] vgl. ebd., S. 159ff.
[196] Kahle, Wilhelm, Arbeitsgemeinschaften ..., a.a.O., S. 32
[197] Prononcierter sprach Schröder, Karl, Geschichtsmetaphysik. Ein Nachwort zu Oswald Spenglers „Untergang des Abendlandes", in: Die Gesellschaft, 2. Band 1926, S. 535-546, von einer „nachträglich metaphysisch aufgemachte(n) Rechtfertigung seiner reaktionär politischen Anschauungen" (S. 542).
[198] Spengler, Oswald, Der Untergang des Abendlandes. Umrisse einer Morphologie der Weltgeschichte. Sonderausgabe der Auflage von 1923 in einem Band, Berlin u.a.. o.J., S. 35
[199] ebd., S. 54
[200] ebd., S. 45

ständnis eher mit Kahles liturgischem Aufbruch, da es eine „Wende" nicht ausschloß. Insgesamt ist für diese Philosophie-Arbeitsgemeinschaft Schönbrunns
Diktum im Hinblick auf die gesellschaftliche Relevanz, wenn auch aus konservativer Sicht, zuzustimmen.

Auch die im 2. Halbjahr 1930/31 von Kahle angebotene Arbeitsgemeinschaft im
deutschkundlichen Bereich, lateinische Texte zu lesen, der neun Obersekunda-
ner(innen) folgten, eröffnet Einblicke in Grundhaltungen Kahles und Ziele seines
Unterrichtes. Im ersten Teil des Halbjahres vertiefte man sich „in Wort, Rhythmus und Weise der großen Dichter der alten und mittelalterlichen Kirche",
machte „den Versuch eigener, rhythmischer Übertragung" und überprüfte dies
„an einem Meister" wie dem George-Schüler Wolters.[201] Auch wenn Kahle dies
im Vergleich zum ersten Halbjahr als „bescheidenes Ziel" ausgab, so kann es
nicht erstaunen, daß die Schüler(innen) nach 1 1/2 Jahren Schulunterricht in Latein, sich „im Kirchenlatein und erst recht im Schatze der kirchlichen Hymnen
und Sequenzen recht wenig auskannten"[202].

Im zweiten Teil dieser Arbeitsgemeinschaft stand die Lesung mittelalterlicher
Dichter im Mittelpunkt, genauer die „deutsche Dichtung im lateinischen Gewan-
de"[203]: Gedichte aus Karolinger- und Ottonenzeit, Schwänke Notkers, Lieder der
Vaganten. Seinem Kapitel „Christlicher Morgen" in seiner Literaturgeschichte ist
zu entnehmen, wie Kahle diese Themen wohl inhaltlich gefüllt hat.[204]

Mit der Christianisierung wurde Latein als Sprache in Schule und Wissenschaft -
fast ausschließlich von Mönchen betrieben - durchgesetzt. Als kirchliche Dichter
schrieben sie lateinische Hymnen zu germanischen Themen[205], wobei Kahle besonders den „schalkhaften Humor" der Schwänke des Mönchs Notkers I.
(Balbalus) erwähnt, der „den kunstvollen und langgedehnten Modulationen des
Allelujah lateinische Texte (unterlegt)":

---

[201] Kahle, Wilhelm, Arbeitsgemeinschaften ..., a.a.O., S. 32

[202] ebd. Kahles Hinweis in diesem Zusammenhang, daß die Aufbauschule Latein doch als
zweite Fremdsprache von der Unterrichtsbehörde zugestanden bekommen habe, weil
„gerade in katholischen Gegenden die lateinische Kirchensprache durch die Liturgie noch
starke Beziehungen zur Volkskultur" (ebd.) habe, muß aber als randständiges Argument
gegenüber dem Druck der Kirche gesehen werden im Hinblick auf die Sicherung eines
Theologiestudiums für die Absolventen. Kahle wollte an dieser Stelle wohl eher die
Überforderung der Schüler(innen) relativieren.

[203] ebd., S. 32f. Vgl. hierzu auch Schaffroth, Harriet, Die Vagantendichtung als Ausdruck der
Verweltlichung im staufischen Zeitalter, in: ZfDB 12 (1936), bes. S. 348ff.

[204] vgl. Kahle, Wilhelm, Geschichte ...,a.a.a.O., S. 35ff.

[205] vgl. ebd., S. 41-43

„Sich jeder Seelenregung anschmiegend war die Sequenz für heitere Schwänke und fromme Betrachtungen bald beliebte Form."[206]

Zusammenfassend bewertend schloß sich Kahle dem Votum Schneiders aus dem Jahr 1936 an, der sich dagegen verwahrte, die „Mönch(e) als (die) Verderber germanischer Art" zu sehen:

„Sie zeigen, daß auch und gerade im geistlichen Gewand zwei grundgermanische Eigenschaften das Bild des deutschen Menschen bestimmen: die helläugige Weltaufgeschlossenheit und der wahrhafte Kampfesmut."[207]

Insgesamt verwies Kahle auf Baetge[208], der den „national gefärbten Kirchenbegriff" der Germanen und deren „politische Auffassung des Christentums" betonte und aktualisierend mit Blick auf eine „echte Volkskirche" feststellte:

„Das (in einigen germanischen Ländern fast verwirklichte) Ideal ist: die politische Gemeinschaft zugleich Glaubens- und Kultgemeinschaft."[209]

Der von einigen völkischen Gruppen betriebene Germanenkult wurde durch die hier aufgezeigten Verknüpfungen gesellschaftsfähig und damit diskutierbar, ohne jedoch direkt ins Rassistische abgleiten zu müssen.

Neben diesen deutschkundlich-philosophischen Arbeitsgemeinschaften gab es in jedem Halbjahr eine naturwissenschaftlich orientierte Arbeitsgemeinschaft. Im ersten Halbjahr wurde Geologie angeboten, die mit 14 Jungen und 7 Mädchen die größte Resonanz fand. Die Schüler(innen) unternahmen Gesteins- und Lagerungsstudien besonders in den Steinbrüchen der Umgebung mit dem Ziel, den geologischen Aufbau der Heimat kennenzulernen.[210]

Die thematisch geteilte Arbeitsgemeinschaft im zweiten Halbjahr vermittelte den Teilnehmer(innen) zuerst „einen eingehenden Überblick über die Geschichte und den heutigen Stand der Entwicklungsgeschichte des Menschen, der Vererbungslehre und der Rassenhygiene"[211]. Hierbei handelte es sich um einen populären

---

[206] ebd., S. 44. Im wesentlichen wurde dies von Kahle formuliert auf Grundlage des umfassenden Standardwerkes Winterfeld, Paul von, Deutsche Dichter des Lateinischen Mittelalters in Deutschen Versen, herausgegeben und eingeleitet von Hermann Reich, 2. Aufl. München 1917 (dort zahlreiche Beispiele und Übersetzungen).

[207] ebd., S. 45. Bei Schneider, Hermann, Germanische Dichtung und Christentum, in: ZfDK 50 (1936) heißt es statt „Gewand" „Stand" und statt „wahrhafte" „wehrhafte". S. 599-613

[208] Kahle klassifizierte Baetge als „hervorragenden Kenner", der auf „die neuesten Fragestellungen ein(geht)" (Kahle, Wilhelm, Geschichte ..., a.a.O., S. 516).

[209] Baetge, Walter, Die Aufnahme des Christentums durch die Germanen, in: derselbe, Vom Geist und Erbe Thules. Aufsätze zur nordischen und deutschen Geistes- und Glaubensgeschichte, Göttingen 1944, S. 116

[210] vgl. Zöllner, Paul, Überblick über die Geologie der Umgebung Rüthens, in: Fluck, Hans (Hrsg.), Mitteilungen ..., a.a.O., S. 35f.

[211] Zöllner, Paul, Die naturwissenschaftliche Arbeitsgemeinschaft, in: Fluck, Hans (Hrsg.),

Themenkomplex, der auch ohne direkte rassistische Implikationen nicht nur in der Wissenschaft breit diskutiert wurde. Im zweiten Teil des Halbjahres standen Schülervorträge im Vordergrund „aus den verschiedensten Gebieten der Biologie": „Mendel, Pasteur, Koch, aus Frisch, das Leben der Bienen, Dacqué, das fossile Lebewesen, Hentschel, das Leben des Weltmeeres und Gottstein, die Lehre von den Epidemien"[212], wobei nicht zufällig die neuere Evolutionstheorie noch ausgeklammert blieb.

Die hier dargestellten Arbeitsgemeinschaften im deutschkundlich-philosophischen bzw. naturwissenschaftlichen Bereich bestätigten aufgrund ihrer inhaltlichen Ausrichtung in keiner Weise die von Katholiken besonders durch die philosophische Unterweisung befürchteten „weltanschauliche(n) Konflikte und Störungen der harmonischen religiösen Erziehung"[213]. Eher kann die Mehrheit der Angebote sowie ihre inhaltliche Konkretisierung als Ausweitung und Festigung religiös orientierter Erziehung verstanden werden.

Neben den für die Oberstufe angebotenen Arbeitsgemeinschaften sprengte die „Holzwerkstatt" den altersbezogenen Klassenunterricht am stärksten. Sie kam daher reformpädagogischen Vorstellungen am weitesten entgegen. Zehn Schüler aller Klassen übten sich einmal pro Woche in der Holzverarbeitung und fertigten „kleine Gegenstände für Schule und Haus"[214] an.

Mitteilungen ..., a.a.O., S. 36

[212]   ebd. Der antidarwinistische Paläontologe Edgar Dacqué stellte in der Zeitschrift „Corona" (gegr. 1930), dem „bedeutendste(n) Denkmal einer Erneuerung aus konservativem Qualitätsgefühl" - so Soergel, Albert / Hohoff, Curt, Dichtung und Dichter der Zeit. Vom Naturalismus bis zur Gegenwart, 2. Band, Düsseldorf 1963, S. 564 - den „rational entarteten" Wissenschaften „mythische Erkenntnis" (S. 189f.) entgegen und vermißte in der „zivilisierte(n) Barbarei, wie wir sie jetzt bei uns haben," das „Schauen" und „Gebundensein an die innere kosmische Lebendigkeit" (S. 342) und erwartete nach dem „Totlaufen" des „rationalistisch-mechanistisch verfahrende(n) Geist(es) - der „kapitalistisch-proletarischen Erkenntnis" - einen „eschatologische(n) Durchbruch der jenseitigen Welt": „eine ungeheure innerliche Wiedergeburt" (Dacqué, Edgar, Vom Sinn des Naturerkennens, in: Corona 3 (1932/33), S. 350). Die weitgehende Akzeptierung der Evolutionstheorie erfolgte erst mit Pius XII., indem die biologische Herkunft des Menschen aus dem Tierreich vom kirchlichen Lehramt nicht mehr bestritten und die „zeitbedingte Aussageform der biblischen Dokumente" anerkannt wurde (Rawer, Karl / Rahner, Karl, Weltall - Erde - Mensch, in: Christlicher Glaube in moderner Gesellschaft. Teilband 3 der Enzyklopädischen Bibliothek, Freiburg u.a. 1981, S. 9 - 85; vgl. Bosshard, Stefan Niklaus, Evolution und Schöpfung, in: ebd., S. 119). Erst jetzt billigte Papst Johannes Paul II. Darwins Abstammungslehre zu, daß sie „mehr als eine Hypothese" sei. Vgl. Schlitter, Horst, Papst schließt Frieden mit der Evolutionstheorie Darwins, in: FR vom 25.10.1996

[213]   Zylmann, Peter, Die freien ..., a.a.O., S. 156

[214]   Zöllner, Paul, Die Arbeit in der Werkstatt, in: Fluck, Hans (Hrsg.), Mitteilungen ...,

Im Angebot des Schuljahres 1930/31 waren darüber hinaus noch eine Arbeitsgemeinschaft in Erdkunde mit 14 Teilnehmer(inne)n und eine Instrumentalmusik-Gruppe.[215] Insgesamt läßt sich eine große Akzeptanz dieses ersten Angebots von Arbeitsgemeinschaften durch die Schülerschaft feststellen.

Dieser Erfolg des „freiwillige(n) Unterricht(s)" wurde daher im folgenden Schuljahr auf eine noch breitere personelle und inhaltliche Basis gestellt. Angebote erfolgten für Deutsch, Volkswirtschaft, Erdkunde, Biologie und Englisch, was den Zuspruch durch die Schülerschaft noch erhöhte: 48 Schüler und 24 Schülerinnen nahmen - einige an zwei Arbeitsgemeinschaften - teil.[216] Damit erwies sich die Attraktivität einer interessegeleiteten Wahlmöglichkeit. Die Arbeitsgemeinschaften entsprachen dem von Kahle formulierten Ziel, eine „Gemeinschaft des Suchens, Findens, Wachsens und der damit verbundenen Freude" zu sein.[217]

Der Schulgarten, zu Zeiten des Lehrerseminars entstanden, lag zwischendurch brach und wurde erst ab 1930 unter Leitung des Biologielehrers Zöllner neu bepflanzt. Wirtschaftliche Motive, die die Einrichtung der Schulgärten in der Mitte des 19. Jahrhunderts gefördert hatten, traten in der Weimarer Republik zurück zugunsten der Nutzung der Gärten als unterrichtliche Hilfsmittel.

Obwohl ursprünglich für die Stadtschule konzipiert[218] hatte die Arbeitsschulbewegung zu einer Wiederbelebung der Schulgärten auch auf dem Land geführt. Die gemeinsame Bearbeitung der Beete sollte zur Gemeinschaft erziehen und stand im „Dienst echter Heimatpflege", gedacht als „Abwehrarbeit gegen die unerwünschten Folgen der Verstädterung"[219]. In diesem Sinne war auch die Denkschrift der Aufbauschulen auf den Schulgarten explizit eingegangen:

> „Die Aufbauschule der Deutschen Oberschule (wird) ihren Schülern durch landwirtschaftliche und gärtnerische Arbeiten die Möglichkeit geben müssen, liebgewordene heimatliche Beschäftigungen in der Schule weiterzubetreiben und so den gefühlsmäßigen Zusammenhang mit ihrer Schicht zu bewahren, aber auch, unterstützt von dem für diese Schule besonders bedeutungsvollen biologischen Unterricht, befähigt zu

---

a.a.O., S. 37

[215] vgl. Schularchiv, Jahresberichte, Schuljahr 1930/31 Schularchiv. Unklar ist, warum diese beiden Arbeitsgemeinschaften in den ausführlichen von Fluck herausgegebenen „Mitteilungen" keine Erwähnung fanden.

[216] vgl. Schularchiv, Jahresberichte, Schuljahr 1931/32

[217] Kahle, Wilhelm, Arbeitsgemeinschaften ..., a.a.O., 31

[218] vgl. die Schilderung von Lenz, Albert, Entschiedene Schulreform. Der Schulgarten als Stätte der Produktionsschule (1928), in: Hoff, Dieter, Die Schulpraxis der Pädagogischen Bewegung des 20. Jahrhunderts. Berichte und Unterrichtsbilder, Bad Heilbrunn 1969, S. 156-160

[219] Brinkmann, M., Schulgarten, in: Lexikon der Pädagogik Bd. 4, 4. Aufl. Freiburg u.a. 1965, Spalten 110f.

werden, einmal mit Sachkunde und Verständnis die großen Fragen der Landbevölkerung und Landwirtschaft zu verfolgen. So gebildete Männer und Frauen werden die traurige Entfremdung von Stadt und Land, in welchem Beruf auch immer sie tätig sind, bekämpfen und überwinden."[220]

Fünf Beete wurden im Aufbauschulgarten - „jeweils gepflegt von einigen Schülern bzw. Schülerinnen"[221] - neu angelegt. Die Beete waren jeweils Pflanzen bestimmter biologischer Gruppen vorbehalten: besondere Bestäubungseinrichtungen, Vermehrungsarten, Giftpflanzen, Arzneipflanzen usw. Langfristig war auch geplant, einige Beete von den Schüler(inne)n „nach Belieben bepflanzen"[222] zu lassen. Eine Schülerin erinnert sich, daß sie manchen Nachmittag im Schulgarten verbracht hatte.[223]

Ob die Intentionen der Denkschrift, die für die Schüler(innen) oft leidige landwirtschaftliche Arbeitswelt, die ihre Freizeit einengte und auch Unterrichtsvorbereitung blockierte, in die Schule zu verlängern, erfolgreich waren, läßt sich z.B. aus dem Berufswunsch nur zum Teil ableiten, wenn die zehn Abiturient(inn)en 1932 angaben: dreimal Diplom-Landwirt, je einmal Gewerbelehrer, Gewerbeoberlehrerin), Apothekerin, Architekt, ev. Theologe, Elektrotechnik, Medizin.[224]

g) Nadelarbeit

Müller / Zymek haben für die Geschichte der Mädchenbildung festgestellt:

„Die sukzessive Anpassung des höheren Mädchenschulwesens an die Strukturmerkmale des höheren Knabenschulwesens seit 1908 war begleitet von dem strukturellen und quantitativen Bedeutungszuwachs eines spezifischen Bildungsangebotes des Mädchenschulwesens, das allen bisher gültigen Struktur- und Funktionsmerkmalen höherer Schulen in Preußen widersprach - den Frauenschulen."[225]

Diese Tendenz fand in der Weimarer Republik seine Fortsetzung einerseits in den Oberlyzeen - auch gefördert durch die in der Weimarer Verfassung festgelegte Gleichstellung von Mann und Frau - und andererseits in der besonderen geschlechtsspezifischen Ausrichtung der Mädchenbildung an den Frauen(ober)-schulen. Dies drückte das Fortdauern einer aus dem 18. Jahrhundert stammenden

---

[220] Aufbauschule ..., a.a.O., S. 10
[221] Zöllner, Paul, Unterrichtseinrichtungen und Sammlungen für Chemie und Biologie, in: Fluck, Hans (Hrsg.), Mitteilungen ..., a.a.O., S. 37
[222] ebd. Im Frühjahr 1932 wurden laut Konferenzbeschluß vom 17.3.1932 für Sämereien 20-30 M bewilligt (vgl. Schularchiv, Konferenz-Niederschriften).
[223] vgl. PAB, Interview Söding
[224] vgl. Schularchiv, Abiturunterlagen 1932
[225] Müller, Detlef K. / Zymek, Bernd, Sozialgeschichte ...,a.a.O., S. 123

„dualistischen Geschlechterideologie"[226] bis in die Weimarer Zeit aus, die für die Frau an Mutterschaft und Hausarbeit gebunden war und sich später teilweise in dem Konzept einer „geistigen Mütterlichkeit" fortsetzte. Das Postulat, „daß Mädchenbildung weniger Verstandes- als Gemütsbildung sei"[227] - Barth sprach von einer „auf entschiedene Halbbildung eingestellten Schule"[228]-, wurde punktuell aufgegeben, doch oblag den Frauenoberschulen „die Pflege der spezifisch weiblichen Begabung und Aufgaben", genauer: „der mütterlichen und schöpferischen Kräfte der Frau"[229].

Koedukation war angesichts dieser weit verbreiteten Grundhaltung nur teilweise hingenommener Sachzwang, um Klassenstärken und damit Schulen zu sichern. Die „Koinstruktion als Notbehelf"[230] kam vor allem im ländlichen Bereich zum Tragen, wo andererseits der Widerstand gegen die Koedukation aufgrund der religiösen Einbindung - besonders im katholischen Milieu - am stärksten war.

Die geschlechtsspezifische Ausrichtung der Bewußtseinsstrukturen galt wohl auch für die Bevölkerung im Raum Rüthen. Hinzu kam bei den Eltern der Schülerinnen konkret das Wissen, daß Bewerberinnen bei einer Aufnahmeprüfung der Pädagogischen Akademien „Kenntnis und Fertigkeit in der Nadelarbeit im Umfange einer abgeschlossenen Lyzeumsausbildung ausweisen"[231] mußten. So regte der erstmalig am 1.6.1930 gewählte Elternrat[232] in seiner ersten Sitzung sofort an, „für die Schülerinnen auch Nadelarbeits- und Hauswirtschaftsunterricht in den Lehrplan aufzunehmen"[233].

Schulleiter Dr. Fluck gab den Wunsch der Eltern, der über etwaige Anforderungen der Pädagogischen Akademien durch die Einbeziehung einer Hauswirtschaftsausbildung hinausging, präzisierend an das PSK Münster weiter, indem er

---

[226] Brehmer, Ilse, Einleitung. Mütterlichkeit als Profession?, in: dieselbe (Hrsg.), Mütterlichkeit als Profession. Lebensläufe deutscher Pädagoginnen in der ersten Hälfte dieses Jahrhunderts, Pfaffenweiler 1990, S. 1-11

[227] Mayer-Kulenkampff, Lina, Die Frauenoberschule, in: Grimme, Adolf u.a. (Hrsg.), Wesen ..., a.a.O., S. 127. Zwar vergaben die Frauenoberschulen ein Reifezeugnis, doch enthielt dies bis 1930 noch keine Berechtigung für den Besuch einer Pädagogischen Akademie (vgl. ebd., S. 132).

[228] Barth, Carola, Gegenwartsaufgaben der Mädchenbildung, in: Grimme, Adolf u.a. (Hrsg.), Wesen ..., a.a.O., S. 76

[229] Mayer-Kulenkampff, Lina, Die Frauenoberschule, a.a.O.,

[230] Lamla, Die preußische Reform ..., a.a.O., S. 66

[231] Erlaß vom 25.11.1929, zit. nach: Zierold, Kurt u.a., Die Pädagogischen ..., a.a.O., S. 37. Dies war vom Schulleiter Schniedertüns in seinem Jahresbericht 1929 explizit herausgestellt worden (vgl. Schularchiv, Jahresberichte, Schuljahr 1929).

[232] vgl. Kleine Schulchronik, a.a.O., S. 6.

[233] ebd., Sitzung vom 13.7.1930

Handarbeitsunterricht von U III bis U II und Hauswirtschaftsunterricht von U II bis O I, jeweils halbjährlich 1 Wo-Std., anregte, aber relativierend die „Gefahr einer Überanstrengung"[234] zu bedenken gab. Das PSK wies auf die Möglichkeit des Nadelarbeitsunterrichts hin - wohl auch vor dem Hintergrund des Erlasses vom 23.11.1928, der vorsah, daß die Kosten für gesonderten Nadelarbeitsunterricht für Mädchen an staatlichen Aufbauschulen für Jungen vom Staat übernommen würden, wenn wenigstens zwölf Schülerinnen teilnähmen.[235] Weitere geschlechtsspezifische Sonderwünsche für Mädchen an der Aufbauschule verwarf die Behörde aber grundsätzlich:

„Hauswirtschaftlicher Unterricht kommt bei der Art der Schule nicht in Betracht."[236]

Aufgrund dieser Hinweise formulierte Fluck erneut einen - diesmal reduzierten - Antrag an das PSK auf „Nadelarbeitsunterricht für 21 Mädchen"[237] und Übernahme der entstehenden jährlichen Kosten von 200 RM. Da er sich sicher war, daß dieser Antrag genehmigt werden würde, hatte Fluck schon am 11.2.1931 der Konferenz mitgeteilt, daß nach Ostern Frl. Helle auf Wunsch der Eltern Nadelarbeitsunterricht erteilen werde.[238] Doch in der Zwischenzeit hatte sich die Erlaßlage aufgrund der Finanzkrise entscheidend geändert, so daß Oberschulrat Hellwig nur bescheiden konnte:

„Nach ihm (Erlaß vom 26.2.1931, H.-G. B.) fällt bei den Aufbauschulen jeder wahlfreie Unterricht fort. Es muß daher den Eltern überlassen werden, auf eigene Kosten für die Weiterbildung der Mädchen in besagter Richtung zu sorgen."[239]

Dies war kein Entscheid gegen eine geschlechtsspezifische Teilausbildung, denn Hellwig zeigte in seinem Schreiben die Möglichkeit auf, den Schülerinnen schulische Räumlichkeiten kostenlos für eine derartige Unterweisung zur Verfügung zu stellen. Doch war damit erst einmal - sieht man von den Leibesübungen ab - der gesamte Unterricht koinstruktiv ausgerichtet.

h)   Schulleben

Wie schon teilweise deutlich wurde, wird Schule und damit der in ihr ablaufende Erziehungsprozeß nicht nur vom Unterricht, sondern auch von außerunterrichtlichen Aktivitäten bzw. fachübergreifenden Veranstaltungen bestimmt, die erst in

---

[234] StA MS, PSK 5566, Schreiben vom 26.12.1930
[235] vgl. Erlaß vom 23.11.1928, abgedruckt in: Aufbauschule ..., a.a.O., S. 57f.
[236] StA MS, PSK 5566, Schreiben vom 30.12.1930
[237] StA MS, PSK 5566, Schreiben vom 13.3.1931
[238] vgl. Schularchiv, Konferenz-Niederschriften
[239] ebd., Schreiben vom 24.4.1931

Ergänzung und teilweiser Verzahnung mit dem Unterricht den Bildungsauftrag erfüllen und bestimmen. Im folgenden sollen verschiedene Aspekte des Schullebens skizziert werden, wie sie auch behörderlicherseits erwartet wurden. Deren konkrete Ausgestaltung lag aber in Verantwortung des Schulleiters und des Kollegiums unter Beachtung der Elternvorstellungen.[240]

Wem der Besuch einer höheren Schule trotz der Wirtschaftsmisere finanziert werden konnte, durfte bzw. mußte dies traditionsgemäß auch öffentlich nach außen kundtun. Die Schüler(innen)mütze war sichtbares und stolz getragenes Statussymbol eines(r) höheren Schülers(in) und ließ durch die Farbe die Jahrgangsstufenzugehörigkeit des(r) Trägers(in) erkennen.[241] Die Mützen mußten auch außerhalb der Unterrichtszeit getragen werden und standen so im Dienst einer sozialen Kontrolle, die in einer überschaubaren Kleinstadt umfassend möglich war. Ihre Effektivität war von einem mehrheitlich akzeptierten Wertkonsens abhängig. So war der Aufenthalt in einer Gaststätte ohne Begleitung Erwachsener verboten, was zu der Einrichtung eines offiziellen Bierabends in einer örtlichen Gaststätte durch die Schule führte. Da wurde dann geraucht und getrunken, Geige und Kla-

---

[240] Mitglieder des ersten Elternrates 1930 waren Bürgermeister Thiele, Frau Niemann, Steinbruchbesitzer Sauerborn, Frau Hoeynck, Former Bültmann. Vgl. Kleine Schulchronik, a.a.O., S. 6. Der Stellenwert dieses Mitwirkungsgremiums war in den „Satzungen für Elternbeiräte an Schulen" per Erlaß schon 1919 geregelt worden: „Die Tätigkeit des Elternbeirates ist beratender Natur. Sie erstreckt sich auf Wünsche und Anregungen des Elternkreises, die sich auf den Schulbetrieb, die Schulzucht und die körperliche, geistige und sittliche Ausbildung der Kinder beziehen und über den Einzelfall hinaus von allgemeiner Bedeutung sind." (zit. nach Scheibe, Wolfgang, Die Reformpädagogische Bewegung 1900 - 1932. Eine einführende Darstellung, 6. erweiterte Aufl. Weinheim u.a. 1978, S. 288). Daß ein Elternrat erst 1930 zustande kam, lag wohl am (Des-)Interesse des Schulleiter. So wurde das Fehlen im Jahresbericht 1929 damit begründet, daß „von 68 Schülern 52 auswärts beheimatet" seien (Schularchiv, Jahresberichte, Schuljahr 1929). Demgegenüber waren ein Jahr später von den fünf Mitgliedern und deren fünf Stellvertretern im Elternbeirat drei aus dem Amt Alternrüthen, fünf aus der Stadt Rüthen, zwei aus Belecke und einer aus Scharfenberg/Brilon (Fluck, Hans (Hrsg.), Mitteilungen ..., a.a.O.).

[241] Eine Ehemalige erinnert sich: „Die Untertertia trug bei uns dunkelrote und die Obertertia hellrote Mützen. Als Farben für die Sekunden wurden von uns grün und blau gewählt. (Wir waren als erste Klasse ja ton- bzw. farbangebend.) Für die Prima hatten wir natürlich weiß als Farbe ausgesucht, wobei sich nur die festen Ränder der Mützen unterschieden. Grüner Rand mit silberner Litze war für die Unterprima vorgesehen, während leuchtendes Rot mit goldener Litze den Oberprimanern vorbehalten war. Nach jeder Versetzung führte uns der erste Gang in das Fachgeschäft für Schülermützen." Schott-Fahle, Hanna, Die ersten Lebensjahre ..., a.a.O., S. 95. Zymek sieht in dem Kauf einer neuen Mütze, ein „Objekt des Stolzes und des Dünkels der ganzen Familie." Zymek, Bernd, Schule ..., a.a.O., S. 179.

vier gespielt - teils gemeinsam mit Lehrern.[242] Als Einschränkung ihrer Freiheit
sahen die Schüler(innen) verständlicherweise das Verbot an, sich nach Einbruch
der Dunkelheit nicht mehr auf der Straße zeigen zu dürfen. Im Konferenzprotokoll vom 14.9.1931 heißt es dazu apodiktisch:

„Das Betreten der Straße nach 8.00 Uhr abends (ist) nicht mehr gestattet."[243]

Um dies zu überprüfen, wurden z.b. von den Lehrern Anwesenheitskontrollen bei
den Schülern durchgeführt, die in Pensionen wohnten.[244]

Obwohl sich die Schüler(innen) insgesamt an ein angenehmes Schulklima erinnern,[245] hatte das Kollegium unter Initiative des Schulleiters Festlegungen zu
Disziplin und Ordnung getroffen: Alle Schüler mußten beim Antworten aufstehen,
ebenso beim Lesen; mit der Pausenaufsicht auf den Fluren sollten die Schüler der
UI betraut werden.[246]

Stärker auch auf Außenwirkung bedacht waren Elemente des Schullebens wie
Theateraufführungen, Vorträge und staatspolitische sowie musikalische Veranstaltungen.[247]

Als erste Umsetzung der Forderung nach Öffnung der Schule zur Bevölkerung
hin, wie sie von Hellwig als Aufgabe der Aufbauschule eingefordert worden war,
kann die Umbenennung des „Elternabends" in „Unterhaltungsstunde" angesehen
werden. Der Ort für die erste Unterhaltungsstunde im Februar 1931 war dementsprechend auch nicht die Aula, sondern das Kolpinghaus. Umrahmt vom Schulor-
chester standen im Mittelpunkt dieser ersten[248] Veranstaltung zwei Stücke von
Anton Tschechow: die Groteske „Der Bär" und die Posse „Der Heiratsantrag".

---

[242] vgl. PAB, Interview Hölzl sowie Interview Knülle. Im Konferenzprotokoll vom 4.12.1930
heißt es: „Dem Wunsch der Oberstufe, den Bierabend, Donnerstag 6-8 Uhr, von Brauerei
Helle nach Gasthof Grafe zu verlegen, wird entsprochen." (Schularchiv, Konferenz-Niederschriften)

[243] vgl. Schularchiv, Konferenz-Niederschriften

[244] vgl. Schott-Fahle, Hanna, Die ersten Lebensjahre ..., a.a.O. Die anderen einheimischen
Schüler(innen) standen sich besser, erinnert sich Schott-Fahle, sie konnten sich mit Ein-
käufen für die Eltern herausreden (vgl. ebd.). Am günstigsten war es aber für die Schü-
ler(innen), die außerhalb Rüthens wohnten, da dort keine Kontrolle vorgenommen wurde
(vgl. PAB, Interview Knülle).

[245] Dies gilt besonders im Vergleich zu anderen höheren Schulen wie z.B. dem Briloner
Petrinum (vgl. PAB, Interview Bittern).

[246] vgl. Schularchiv, Konferenz-Niederschriften, 24. Juli und 14. September 1931

[247] Die Hinweise auf das Schulleben in den von Fluck herausgegebenen „Mitteilungen" lassen
aufgrund ihres divergierenden Umfanges auch Prioritäten und Bewertungen erkennen, die
Fluck bzw. das Kollegium ihnen beimaß. Entsprechend spiegeln sich die diversen Veranstaltungen auch in der örtlichen Presse.

[248] Die Konferenz vom 26.9.1930 hatte noch für den November 1930 eine Theateraufführung

Zur Einführung charakterisierte der Schulleiter Fluck die Russen als „oft kindlich primitiv", schränkte allerdings ein: „Wenigstens kommt es uns Deutschen von 1930 so vor." Er zog Parallelen zur deutschen Literatur des 16. Jahrhunderts und verglich die revolutionäre Entwicklung in Rußland mit der Wiedertäuferbewegung vor 400 Jahren: „Es war dies eine soziale, eine kommunistische Bewegung", die die Deutschen „damals abzudrosseln vermochten", und: „Eine ähnliche Bewegung (ist) heute in Rußland ... zum Siege gelangt."[249] Gegenüber dieser Darstellung in der Presse war die Besprechung von Fluck in der Schulchronik akzentuierter:

> „Die sorgfältig einstudierten Einakter kamen gut zur Geltung und ließen die Hörer einblicken in die vom russischen Osten drohende Gefahr; sie droht umsomehr, als nach Ausweis dieser echt russischen Kunstwerke, die des russischen Volkes Seele deuten, der größten Nation Europas bei aller kindlichen Leidenschaft, wie sie unsern Vorfahren vor 400 Jahren gemäß war, eine geistige Selbstbesinnung, ja seelische Tiefe eignet, welche die greisen Völker Mittel- und Westeuropas bedenklich machen muß."[250]

Die beiden komödiantischen Einakter „Der Bär" und „Der Heiratsantrag" (1888/89), in denen Tschechow lokale Milieustudien mit komischen Charakterrollen verband und die kaum eine offene politisch-ideologische Ausrichtung erken-

---

[249] „evtl. im Gesellenhaus" vorgesehen, und zwar mit Szenen aus „Die andere Seite" (Sheriff) und ergänzend „vielleicht noch ein Dialektstück", und am 4.12.1930 ging die Konferenz noch davon aus, daß „voraussichtlich" das Lustspiel „Robert und Bertram" (Nestroy) aufgeführt werde (Schularchiv, Konferenz-Niederschriften).
Stadtarchiv R, Viegener, 9.2.1931. Die Einschätzung der Täufer als „kommunistisch" aufgrund ihrer urchristlichen bzw. sozial-egalitären Gesellschaftsvorstellung kann nur für einige Erscheinungs- bzw. Entwicklungsformen gelten (vgl. Dülmen, Richard van, Das Täufertum als sozialreligiöse Bewegung. Ein Versuch, in: Zeitschrift für Historische Forschung, 6. Band 1979, S. 185-197). Schubert bemühte sich schon 1919, die Grenzen einer religiösen Begründung einer Gütergemeinschaft aufzuzeigen (vgl. Schubert, Hans von, Der Kommunismus der Wiedertäufer in Münster und seine Quellen. Sitzungsberichte der Heidelberger Akademie der Wissenschaften. Philosophisch-historische Klasse, Jahrgang 1919, 11. Abhandlung, Heidelberg 1919). Zum Modellfall eines „Tausendjährigen Reich Gottes auf Erden" in Münster vgl. Detthlefs, Gerd, Die Wiedertäufer in Münster 1534/35, S. 19-36, und Stupperich, Robert, Das Münsterische Täufertum, sein Wesen und seine Verwirklichung, S. 37-54, beide in: Stadtmuseum Münster, Die Wiedertäufer in Münster. Katalog der Eröffnungsausstellung vom 1. Oktober 1982 bis 27. Februar 1983, 4. Aufl. Münster 1983. Konträr, da eher „kommunistisch-utopisch" einordnend: Karasek, Horst, Die Kommune der Wiedertäufer, Berlin 1977. Überzeugend ist die Erklärung der Polygynie und Gütergemeinschaft aus religiösen Motiven und besonders der sozialen und ökonomischen Lage der Stadt (vgl. Laubach, Ernst, Die Täuferherrschaft in Münster. Zur Korrektur eines Fernsehfilms, in: GWU 45 (1994), S. 500-517).
[250] Fluck, Hans (Hrsg.), Mitteilungen ..., a.a.O., S. 8

nen lassen, wenn man von ihrer „Zeitlosigkeit" absieht,[251] nahm Fluck zum Anlaß, russische Leidenschaft und Revolution bedrohend den „greisen Völker(n)
Mittel- und Westeuropas" gegenüberzustellen. Die reinen Unterhaltungsstücke
wurden von Fluck genutzt, um mittels eines Kontrastes zwischen den oberflächli-
chen Westvölkern und den tiefschürfenderen Ostvölkern eine Bedrohungsgefahr
konstatieren zu können, der auch die Angst vor dem proletarischen Sozialismus
zugrunde lag.[252]

Der zweite Auftritt der Theatergruppe der Aufbauschule in der Öffentlichkeit -
eine „musikalisch-dramatische Aufführung" des „Apostelspiels" von Max Mell -
war vom Inhalt des Stückes stärker adressatenorientiert.[253] Zu diesem Zweck
hatten StR Dr. Zöllner und Stud.-Ass. Hoischen diesmal in der Aula für den
6.3.1932 eine „Stilbühne" geschaffen.[254] Dieses religiöse Mysterienspiel zeigte,
wie durch einfache bäuerliche Frömmigkeit der Weg zum wahren Leben gefunden, wie nihilistisches Kalkül durch religiöse Innigkeit geläutert werden könne:
„Ein Wunder der Gnade wandelt die Menschen, erlöst sie von Gier, Hochmut und
Härte"[255], so Kahle, oder eher politisch-ideologisch gewendet: Das Apostelspiel
„(projiziert) den Sieg des bodenständigen katholischen Glaubens über den dro-
henden Bolschewismus"[256]. Die gesellschaftliche Funktion dieses Stückes wurde
auch von einem Zeitgenossen betont:

„Nach Krieg und Umsturz (bedurften) wir gerade dieser Glaubensbotschaft am
dringlichsten."[257]

---

[251] vgl. Wolfheim, Elsbeth, Anton Cechow - Selbstzeugnisse und Bilddokumente, Hamburg
1982 und Hielscher, Karla, Tschechow. Eine Einführung, Zürich u.a. 1987

[252] Die Gefährdung der „greisen Völker" durch die „jungen und unverbrauchten Völker des
Ostens" und die daher geforderte Erneuerung wurde in Fraktionen des Konservatismus
aufgefangen durch den „Mythos von der preußischen Sendung unter den Slawen"
(Neurohr) und teilweise umgepolt (z.B. von Moeller van den Bruck) zu einer Koalition
der Völker des Ostens (einschließlich des Deutschen Reichs) gegen den Liberalismus des
Westens (vgl. Neurohr, Jean F., Der Mythos ..., a.a.O., S. 202ff., und Mohler, Armin, Die
Konservative ..., a.a.O., S. 168ff.). Andere Fraktionen förderten einen deutschen nationalen Sozialismus (vgl. Sontheimer, Kurt, Antidemokratisches Denken ..., a.a.O., S. 270ff.).

[253] Eine ausführliche Inhaltsangabe bietet Piper, Wulf, Das Apostelspiel, in: Jens, Walter
(Hrsg.), Kindlers Neues Literatur Lexikon, Bd. 11, München 1990, S. 476f.

[254] vgl. Schularchiv, Jahresberichte, Schuljahr 1931, Chronik der Anstalt

[255] Kahle, Wilhelm, Geschichte ..., a.a.O., S. 490

[256] Achberger, Friedrich, Österreichische Literatur, in: Bormann, Alexander und Glaser,
Horst (Hrsg.), Weimarer ..., a.a.O., S. 334

[257] Sprengler, Joseph, Richard Billinger und Max Mell in ihren Stilelementen, in: Hochland 27
(1929/30) Bd. 1, S. 79, der im Vergleich zu anderen Mell-Stücken das „Apostelspiel" als
„in der Sprache das rührendste, in der Psychologie das schlichteste, in der Führung der
Herzen überwältigend" sah (ebd.). Dieser Rechristianisierungsgedanke lag wohl auch der

Auch noch während der NS-Zeit wurde dieser konservativ-katholischen Literatur „eine außerordentliche gemeinschaftsbildende Kraft"[258] zugeschrieben, die „unserer Sehnsucht nach Besinnung und Verinnerlichung entgegenkommt"[259]. So sollte die bäuerliche (teilweise mythisch gebundene) Welt - dominiert vom katholischen Bekenntnis - Identifikationsmöglichkeiten gegen den auflösenden Einfluß stadtgeprägter Kultur auch im religiösen Bereich leisten. Nicht Hilfestellung bei rationaler Welterkenntnis für Schüler(innen) und Bevölkerung stand im Vordergrund dieses Stückes, sondern religiöse Unterweisung. So prägte sich auch dem Chronisten die subjektbezogene Einsicht ein, „daß nicht unter äußerer Machtentfaltung, sondern nur durch heiligmäßige Menschen der Gedanke des Christentums fortgepflanzt werden kann"[260].

Die Schulaula wurde nicht nur für Theaterveranstaltungen genutzt, sondern auch für Vorträge. Für den 15.12.1931 kündigte der Patriot eine Veranstaltung der Aufbauschule mit Maria Kahle an und charakterisierte diese als eine „deutsche Dichterin in schwerer Zeit", „die anerkannte Bannerträgerin des deutschen Gedankens in Brasilien"[261], die Nachfolgerin der Droste werden könne. Damit spielte der Redakteur auf Kahles Aufenthalt in Brasilien während des Ersten Weltkriegs und ihre zahlreichen sich trivial-frömmelnd und/oder nationalistisch gebenden Gedichtbände an, die in völkischen und katholisch-konservativen Kreisen auf große Resonanz gestoßen waren.[262]

Der Vortrag fand in der Aula der Aufbauschule statt, wo die Schriftstellerin beklagte, daß viele Millionen Auslandsdeutsche „im fremden Volkstum aufgingen und Soldaten fremder Staaten wurden; daß sie ihre schöpferische Kraft dem Herbergsstaate zuwandten, dort Wohlstand und Kultur schufen, aber schließlich in fremden Blut versanken," und konstatierte:

Aufführung des Apostelspiels in der ersten Adventsfeier nach Wiedereröffnung der Schule nach der Befreiung vom Nationalsozialismus zugrunde (vgl. Schularchiv, Jahresberichte, Schuljahr 1946, Schulchronik 10.12.1946).

[258] Langenbucher, Hellmuth, Volkshafte Dichtung ..., a.a.O., S. 340. Zur Nähe Mells zum NS vgl. bruchstückhafte Hinweise bei Wulf, Joseph, Literatur und Dichtung im Dritten Reich. Eine Dokumentation (= Kultur im Dritten Reich, Bd. 2), Frankfurt u.a. 1989, S. 221f.

[259] Langer, Norbert, Die deutsche Dichtung seit dem Weltkrieg. Von Paul Ernst bis Hans Baumann, 2. ergänzte Aufl. Karlsbad u.a.. o.J., S. 322

[260] Stadtarchiv R, Viegener, 7.3.1932

[261] Stadtarchiv R, Viegener, 9.2.1931

[262] vgl. zum literarischen Werk stellvertretend die hervorragende Analyse von Schroeder, Friedrich, Liebe und Heimat. Maria Kahles Erstlingsbuch heute gelesen und kritisch betrachtet, in: Sauerland Nr. 1 März 1993, S. 4-7. Frühe Kritik an Kahle formulierte in der Zentrumszeitung „Germania" 1923 der Briloner Gymnasiallehrer Josef Rüther (vgl. Blömeke, Sigrid, „Nur Feiglinge ...,a.a.O., S. 42ff.).

„Jene Staatstreue bei allen Gruppen der Auslandsdeutschen wird auch von unseren Gegnern anerkannt. Sie nennen die Deutschen das ruhige, ordnungsliebende staatstreue Element. Und daß dem so ist, das kommt von unserer uns angeborenen Hochschätzung der Obrigkeit und von unserem Gerechtigkeitssinn, der immer das eigene Ich zurückstellt."[263]

Ohne die Motive der Auswanderer zu reflektieren, wurden Assimilierung und Integration von ihr als Außenstehender beklagt und Ehen mit Einheimischen als „in fremden Blut versanken" diskriminiert. Daß Kahle am Ende der Weimarer Republik noch keinerlei Bezug zur Demokratie gefunden hatte und biologistisch den Deutschen Obrigkeitsdenken zuwies, kann aufgrund ihrer Einbindung in den völkischen Jungdeutschen Orden, ihrer Führerorientierung und frühen Hitlerverehrung kaum erstaunen.[264]

Als „Geburtsstunde Großdeutschlands, der Gemeinschaft der 100 Millionen Deutschen in aller Welt", sah Maria Kahle den Ersten Weltkrieg: „Als der Welthaß sich erhob."[265] Ohne die Ursachen des Kriegsausbruchs differenziert zu analysieren, entlastete sie die Deutschen von jeglicher Schuld, und feierte den Krieg mit seinem sinnlosen Massensterben als „Geburtsstunde Großdeutschlands". Sie folgte damit dem Mythos einer „Gemeinschaft des Schützengrabens".

Ohne Verständnis für Parteien und deren Auseinandersetzungen in Demokratien stellte Maria Kahle das Zusammenstehen der Deutschen in Tirol, Siebenbürgen etc. als vorbildlich heraus: „Das Tiefere, das Heilige, was sie zusammenhält", sei „ihr Volkstum, das ihre Seelen zusammenbindet. Für sie ist deutsche Kultur, deutsche Kunst Lebensgut, und nicht wie bei uns heute, lediglich Bildungsgut ... Der Gemeinschaftsgeist, der da draußen weht, muß auch bei uns wieder lebendig werden"[266]. Nicht zuletzt mit diesen kulturkritischen - Nichtdeutsches ausgrenzenden - Tönen sprach sie gegen eine pluralistische Gesellschaftsstruktur und für eine deutsche Volksgemeinschaft als gesellschaftliche Zielperspektive.

Maria Kahle gelang es mit ihrer einstündigen Rede - wie bei fast allen ihren Vorträgen -, „die Hörer in ihren Bann zu zwingen" („eine atemlos lauschende Hörerschaft")[267] und die Resonanz war „nicht enden wollender Beifall"[268].

---

[263] Stadtarchiv R, Viegener, 16.2.1931

[264] vgl. grundlegend Bracht, Hans-Günther, Maria Kahles Wirken in der völkischen Bewegung. Ein Beitrag zum Gesellschaftsverständnis der sauerländischen Dichterin, in: Sauerland Nr. 1 März 1994 (Teil I), S. 8-11, und Nr. 2 Juni 1994 (Teil II), S. 68-69

[265] Stadtarchiv R, Viegener, 16.2.1931

[266] ebd.

[267] Schulchronik ..., a.a.O., S. 9: „Deutsche Stunde bei Maria Kahle."

[268] Stadtarchiv R, Viegener, 16.2.1931

Im zweiten Teil des Vortragsabends trug Maria Kahle „aus eigenen Werken vor, mit Lyrik beginnend, mit der Ballade von Kaiser Karl und Wittekind schließend"[269] - einem Ausweichen in die als glorreich gesehene germanisch-heldische Zeit, deren Opferbereitschaft Kahle als vorbildlich propagierte. Es handelte sich hier um eine rückwärtsgewandte politische Perspektive, die den Gegebenheiten in der Weimarer Republik nicht gerecht werden konnte.

Die Schule hatte sich in Erwartung eines derartigen Tenors mit ihrem Rahmenprogramm darauf eingestellt. Drei „vaterländische" Chöre bildeten den Rahmen der Feier: „Alles schweigen", „Ich hab mich ergeben", „Drunten im Unterland".[270] Daneben waren zwei Klavierstücke zu hören: Abendlied von Ed. Grieg und Heldischer Marsch von Franz Schubert.[271]

Die von Maria Kahle vertretenen Inhalte waren eine gewollte Unterweisung der Schüler(innen), der Eltern sowie der anwesenden Stadtvertreter. Denn Maria Kahle war die Schwester des Lehrers Kahle und über ihn besonders den Schüler(inne)n[272] als Verbreiterin heimatlicher Dichtung mit nationalem Pathos bekannt. Daß Maria Kahle kulturpessimistisch und gegen den Liberalismus der Großstadtwelt Schutz suchte vor Entwurzelung in dem als Schicksal aufgefaßten (westfälischen) Volkstum, machte sie im Sauerland und im Rüthener Kollegium populär, da sie auch vom Westfälischen Heimatbund (WHB) gestützt wurde.[273]

Maria Kahles Ruf nach einem Großdeutschland und nach einem Zusammenstehen aller Deutschen fand - vor dem Hintergrund des verbreiteten Antiparteienaffekts in der Gesellschaft und der Verunsicherung des bodenständigen Bauerntums durch Modernisierungstendenzen - starke positive Resonanz bei den Teilnehmer(inne)n an der Vortragsveranstaltung, zu der auch das von der Schule durch-

---

269 Schulchronik ..., a.a.O., S. 9: „Deutsche Stunde ... In der Ballade „Widukinds Weihnacht" legt Widukind das Schwert nieder angesichts eines Kindleins „auf kargem Stroh", vor dem Kaiser Karl kniet. Vgl. Kahle, Maria, Gegrüsset seist Du, Königin, Mönchen-Gladbach 1921, S. 39f.

270 Stadtarchiv R, B 1063, ausweislich des Programmblattes.

271 vgl. Schulchronik ..., a.a.O., S. 9: „Deutsche Stunde ...

272 vgl. PAB, Interview Knülle

273 Karl Wagenfeld, der den WHB in der Weimarer Republik mitprägte, formulierte schon 1913 Entwicklungen vorwegnehmend: „Die Heimatfrage ist eine Rassenfrage, eine Stammesfrage. Das Sklaventum und die Fremdlinge des Industriebezirkes bedeuten (den) Anfang einer neuen Völkerwanderung, die uns überrennen, unsere ganze völkische Art zugrunde richten wird, wenn nicht in jeden Volksgenossen das Heimat- und Stammesgefühl hineingehämmert und lebendig gehalten wird." (zit. nach Ditt, Karl, Raum und Volkstum. Die Kulturpolitik des Provinzialverbandes Westfalen 1923 - 1945 (= Veröffentlichungen des Provinzialinstitutes für Westfälische Landes- und Volksforschung des Landschaftsverbandes Westfalen-Lippe Band 26, Münster 1988, S. 63)

geführte Rahmenprogramm beigetragen haben mag. Kahles Vorstellungen entsprachen dem Wunsch nach Harmonie, innerer Geschlossenheit und völkischer Gemeinschaft; Vorstellungen, die sich nicht nur auf die durch den Versailler Vertrag festgelegten Grenzen des Deutschen Reiches bezogen, sondern darüber hinaus die Staatsgrenzen auf die Volksgrenzen verschoben wissen wollten: ein altes alldeutsches Anliegen, das schon zu den annektionistischen Zielen im Ersten Weltkrieg gehört hatte. Dieses „Primat des Volkes" hatte aber nicht nur eine Ausrichtung auf das Deutschtum im Ausland, sondern implizierte nach innen die „Reinerhaltung der völkischen Substanz"[274]. Insofern war mit diesem auch von Kahle verbreiteten Mythos von Volk und Gemeinschaft ein möglicher und naheliegender Weg in den Nationalsozialismus eröffnet.[275]

Im Rahmen der Vorgabe „Öffnung der Schule", der zugleich Werbecharakter zukam, wurden auch naturwissenschaftliche Vorträge von Lehrern in den Schulräumlichkeiten während der Wintermonate 1930/31 angeboten. Schwerpunkt waren Grundkenntnisse und Versuche aus der Physik - besonders Elektrizitätslehre -, die StR Verhoeven präsentierte. Teilweise wurden bis zu 40 Gäste gezählt - „darunter eine Dame"[276].

Zur Festigung des staatsbürgerlichen Bewußtseins in der jungen Weimarer Demokratie wurden seitens des Ministeriums die Schulen immer wieder zu entsprechenden Veranstaltungen anläßlich von Jahrestagen angehalten.

Die Annahme des Young-Planes durch den Reichstag am 12.3.1930 führte zur Räumung des Rheinlands durch die französischen Truppen bis zum 30.6.1930. Einen Tag später fand in der Aula der Aufbauschule wegen der „Befreiung auch der 3. Zone des besetzten Rheinlandes von fremden Besatzungstruppen" an einem schulfreien Tag „eine schlichte Gedenkfeier" statt. Fluck, der in seiner An-

---

[274] Sontheimer, Kurt, Antidemokratisches Denken ..., a.a.O., S. 249

[275] Folgerichtig stellte sich Maria Kahle 1933 „ohne Zögern" (Rehermann/Schnadt) in den Dienst des Nationalsozialismus und wurde zu dessen Propagandistin, erhielt 1937 den politisch begründeten Westfälischen Literaturpreis und schrieb noch 1943 journalistische Durchhalteartikel. Grundsätzlich bedenkenswert bleibt der Hinweis von Renate von Heydebrand auf eine „typisch westfälische Konstellation", die sie am Dichter und Geschäftsführer des WHB (bis 1934), Karl Wagenfeld, entwickelt und die Parallelen zu Kahle aufweist. Es gelingt ihr eine Stelle namhaft zu machen, „wo ernster katholischer Konservatismus ... der Assimilation des biologisch-rassisch begründeten Heimat- und Volkstumsgedanken entgegenkam: in der Ungeschichtlichkeit des Denkens, die einer romantischen Idealisierung ausgewählter älterer Geschichtszustände Raum gibt" (Heydebrand, Renate von, Literatur in der Provinz Westfalen 1815 - 1945. Ein literatur-historischer Modell-Entwurf (= Geschichtliche Arbeiten zur Westfälischen Landesforschung. Geistesgeschichtliche Gruppe Bd. 2), Münster 1983, S. 131).

[276] Stadtarchiv R, Viegener, 7.10.1930

sprache nur „kurz die Bedeutung des Tages würdigte ..., (berichtete) ausführlicher Selbsterlebtes und Selbstgeschautes aus den Zeiten der Not 1918-23 in seiner Heimat"[277].

Der in die Sommerferien fallende Verfassungstag wurde nicht übersehen, sondern auf den 29.7.1930 vorgezogen. In seiner Festrede verglich der Schulleiter „die vielgeschmähte Gegenwart Deutschlands mit anderen, oft viel trüberen Zeiten der deutschen Vergangenheit seit dem Untergange der Stauferherrlichkeit und zog - fußend auf 'Fichtes Reden an die deutsche Nation' - die sofort zu ergreifenden praktischen Folgerungen für jeden Hörer"[278], die - wenn man von Fichtes nationalistischen Tönen absieht - wohl eher Fichtes republikanisches Denken aufgegriffen haben. Erstaunlich war auch hier, daß in der Republik Anknüpfungen an die mittelalterliche dynastische Zeit der Staufer genommen wurde, wobei man sich aus katholischer Sicht häufig in einer christlich-abendländischen Tradition, wenn nicht gar Mission sah.[279]

Nur unterrichtsimmanent und nicht im Rahmen einer allgemeinen Veranstaltung wurde am 29.11.1930 von den Geschichtslehrern das zehnjährige Bestehen der Preußischen Verfassung „staatsbürgerlich gebührend"[280] ausgewertet.

Auch auf die Klassen beschränkt gedachte man gemäß Verfügung des PSK „kurz der Toten des Weltkrieges"[281]. Wie dies Gedenken vom Kollegium verstanden wurde, vermitteln die Hinweise des Chronisten:

> „Der Heldengeist der Jahre 1914-18 erwachte neu in der künstlerischen Gestaltung, die ihm der frühvollendete Walter Flex gab, der auf Oesel 1917 den Heldentod starb."[282]

Gemeint ist Flex' „Wanderer zwischen zwei Welten", in dem „in frommer Vision er dem Christ an der Heerstraße (huldigt). Für ihn war ... das Kämpfen ein freudiger Opfergang, und sein letztes Lied ist Hoffnung und Vermächtnis für die Nachwachsenden: 'Wir sanken hin für Deutschlands Glanz, B l ü h, Deutschland, uns als Totenkranz!'",[283] Diese Kriegsverklärung fand eine Ergänzung durch Kahle, der noch 1947 mystifizierend Walter Flex „aus christlicher Haltung kämpfen,

---

[277] Kleine Schulchronik ..., a.a.O., S. 6
[278] ebd.
[279] Zur Funktion diverser Reichsideen als Gegenbild zur Wirklichkeit der Weimarer Republik vgl. Sontheimer, Kurt, Antidemokratisches Denken ...,a.a.O., S. 222-243
[280] Kleine Schulchronik ..., a.a.O., S. 7
[281] ebd., S. 9, 28.2.1931
[282] ebd.
[283] Prestel, Josef, Deutsche Literaturkunde. Erbgut und Erfüllung, Freiburg 1935, S. 177

dichten und sterben"[284] sah. Für den Religionslehrer nahm Walter Flex „Krieg und Tod als geheimnisvolle Gabe aus Gottes Hand". Bar jeglichen Wirklichkeitsbezugs mit Neigung zur Ästhetisierung des Krieges war nicht nur der eher kindliche Idealismus Flex', sondern so zeigen sich auch seine Interpreten, wenn man an die Materialschlachten, den Stellungskrieg und den Gaseinsatz im Ersten Weltkrieg denkt. So wurde kein friedliebendes Engagement gefördert, sondern die Idee des starken wehrhaften Staates, besonders wenn der Kriegstod fast religiös verklärt wurde.

Am 27.6.1931 hielt StR Hesse in der Aula zum Gedächtnis des 100. Todestags des Freiherrn vom Stein die Festrede „über Leben und Bedeutung des großen Staatsmannes"[285], der wie andere preußische Reformer Anfang des 19. Jahrhunderts einen deutschen Einheitsstaat mit allen bürgerlichen Freiheiten gefordert hatte. Da auf Wunsch des Staatsministeriums die für den 29.7.1931 vorgesehene Verfassungsfeier erneut „Freiherr vom Stein" thematisieren sollte, mußte StR Tesch in seiner Festrede einen anderen Aspekt abhandeln. Er hob „besonders den vorbildlichen Menschen in Anschluß an E. M. Arndts 'Wanderungen und Wandlungen'"[286] hervor, in denen sich Arndt an seine Kontakte zum Reichsfreiherrn vom Stein erinnerte.[287]

Insgesamt vermitteln die staatspolitischen Veranstaltungen einen zwiespältigen Eindruck. Die Anknüpfung an Steins Gesellschaftsreformen betonte die bürgerliche Verfassung der Weimarer Republik, andererseits beinhaltete die Rückschau auf Stauferherrlichkeit großdeutsche Gedanken, und die Kriegsverklärung schloß Krieg als Teil politischen Handelns nicht aus.

Gegenüber diesen schulinternen Feiern bemühte sich der ambitionierte Klavierspieler Fluck[288], mit musikalischen Veranstaltungen die Bedeutung der Aufbau-

---

[284] Kahle, Wilhelm, Geschichte ..., a.a.O., S. 320f. Flex, der an die „welterlösende Sendung des Deutschtums" glaubte, wurde in der NS-Zeit entsprechend herausgestellt: „Wehrwille, Idealismus, Pflichterfüllung, Opfermut haben in Flex ihr schönstes Denkmal" (Langer, Norbert, Die deutsche Dichtung ..., a.a.O., S. 25f.).

[285] Schularchiv, Jahresberichte, Schuljahr 1931, Chronik der Anstalt

[286] ebd. Gemeint war hier Steins überzeugte christliche Grundhaltung. Vgl. Kranz, Gisbert, Von Aschoka bis Schumann. Zehn exemplarische Staatsmänner, Würzburg 1996, S. 217-243

[287] vgl. Kahle, Wilhelm, Geschichte ..., a.a.O., S. 320f. Auf der Verfassungsfeier der Stadt Rüthen am 9.8.1931 hielt Schulleiter Fluck die Festrede, in der er „vornehmlich Stein als Vorbild für die bedrängte Gegenwart" würdigte (Schularchiv, Jahresberichte, Schuljahr 1931, Chronik der Anstalt).

[288] Ein Schüler beschreibt ihn als „hervorragende(n) Pianisten", der sich so ins Spielen vertiefte, daß „die Augen herauskamen" und er „nachher naß geschwitzt war" (PAB, Interview Knülle).

schule auch für die Kulturarbeit im südlichen Kreis Lippstadt herauszustellen. Mit entsprechenden Veranstaltungen besonders zur klassischen Musik versuchte er, das kulturelle Niveau zu heben, indem er spezielle Einladungen an die Rüthener Bevölkerung richtete. Die besondere Attraktivität lag in dem städtischen Flair, den die auftretenden Künstler(innen) verbreiteten. Eine große Kammermusik-Aufführung in der Aula am 26.10.1930 stellte der Bevölkerung Werke für Klavier (Fluck) und Violine (Herbert Beisenberg, Dortmund) von Mozart und Beethoven vor. Für eine Mozart-Gedenkfeier gelang es Fluck, die Gesangschule der Frau Marussi (Paderborn), Obermusiklehrer Franz Viefhus (Paderborn) und wiederum Herbert Beisenberg zu gewinnen. Im Winterhalbjahr fanden drei Konzerte statt: einmal mit Konzertmeister Karl Auner aus Dortmund (Violincello), zur Weih-nachtsveranstaltung kamen Käthe und Liesel Oebicke (Sopran) aus Berlin, die Lieder von Chopin und Schumann vortrugen, und das abschließende Instrumen-talkonzert am 24.1.1931 gestaltete der Gesangverein Caecilia, dessen Kapelle durch zehn Musiker vom Reiterregiment 15 in Paderborn verstärkt wurde.[289]

Insgesamt war das für eine ländliche Kleinstadt ein beeindruckendes Angebot, das vom Schulleiter und seinen bildungsbürgerlichen Vorstellungen geprägt war, das aber auch von der Bevölkerung angenommen wurde und so das Renommee der Aufbauschule vergrößerte.

Die konfessionelle Dominanz des Katholizismus kam an der Rüthener Aufbau-schule ab 1930 stärker zum Tragen.[290] Die katholische Kirche und das Zentrum hatten das Ziel einer konfessionellen höheren Schule[291] in der Weimarer Republik verfassungsmäßig und politisch nicht erreichen können. Ersatzweise versuchten sie, die Schulen konfessionell zu prägen. Begünstigt wurde dies in geschlossenen konfessionellen Regionen durch eine entsprechende Schüler(innen)majorität und die daraus abgeleitete Lehrer(innen)zuweisungspraxis der Schulkollegien.[292]

Die Schulgottesdienste wurden ab Mai 1930 in die Aula verlegt und vom Religi-onslehrer Kahle dienstags und donnerstags zelebriert[293] - unter Einbeziehung der Schüler(innen). Während ein katholischer Schüler die Orgel spielte, durfte der

---

[289] vgl. Kleine Schulchronik ..., a.a.O., S. 7, und Schularchiv, Jahresberichte, Schuljahr 1931, Chronik der Anstalt

[290] Dem stand grundsätzlich nicht entgegen, daß mit Konferenzbeschluß vom 28.4.1930 die katholische Zeitschrift „Stimmen der Zeit" abbestellt wurde (vgl. Schularchiv, Konferenz-Niederschriften).

[291] vgl. Switalski, Wladislaus, Der neudeutsche Idealismus ..., a.a.O., S. 69, und Schröteler, Joseph SJ, Moderner Staat ..., a.a.O., S. 134ff.

[292] Zur Bedeutung der Lehrerkollegien vgl. ebd., S. 139.

[293] vgl. Kleine Schulchronik ..., a.a.O., S. 5

einzige evangelische Schüler „wegen der Klassengemeinschaft und seiner guten Lateinkenntnisse" auf dem Speicher den Blasebalg treten.[294] Mit Konferenzbeschluß vom 26.9.1930 wurde der Beginn des Gottesdienstes auf 7.40 Uhr und der Unterrichtsanfang auf 8.00 Uhr gelegt, „um auch den Fahrschülern den Besuch des Gottesdienstes zu ermöglichen"[295]. Ein auswärtiger Schüler erinnert sich, daß es sich hierbei um ein „Angebot" handelte, „aber es wurde Teilnahme erwartet"[296]. Neben diesen regelmäßigen Messen - einmal pro Woche als Singmesse - wurden alle Gedenktage und Schulferien sowie Anfang und Ende des Schuljahres durch eine Messe eingeleitet.[297] Selbstverständlich war die „Beteiligung der ortsanwesenden Lehrer und Schüler an der Fronleichnamsprozession mit Schulfahne"[298]. Außerhalb des Gottesdienstes sollte „liturgische Bildung" mittels eines Wechselrahmens für Bilder der Sammlung „Das katholische Kirchenjahr in Bildern" und durch Aushang des Klosterneuburger Liturgiekalenders vermittelt werden.[299]

3.   Zusammenfassung und Bewertung

Nach der durch die Stadtvertretung anfänglich zögerlichen Wahrnehmung der Chance auf Einrichtung einer Aufbauschule, die aber einerseits aus dem örtlichen Katholizismus und andererseits aus dem Provinzialschulkollegium gefördert worden war, zeigte sich nach der Gründung 1926 ein kontinuierlicher Ausbau bei hinreichender Akzeptanz in der Bevölkerung. Erst mit Dr. Fluck, der den Gründungsschulleiter Schniedertüns 1930 ablöste, gewann die Schule auch inhaltlich, d.h. auf Unterricht und Außendarstellung bezogen, stärker Kontur.

Das kulturpolitische Ziel der Denkschrift, mit den Aufbauschulen der „vorherrschenden Großstadtkultur" entgegenzuwirken, „damit die intellektuelle Ober-

---

[294] PAB, Interview Knülle und Schott-Fahle, Hanna, Die ersten Lebensjahre ..., a.a.O., S. 95
[295] Schularchiv, Konferenz-Niederschriften
[296] PAB, Interview Knülle
[297] vgl. Kahle, Wilhelm, Bemühungen um liturgische Bildung, in: Fluck, Hans (Hrsg.), Mitteilungen ..., a.a.O., S. 33
[298] Schularchiv, Jahresberichte, Schuljahr 1931, Chronik der Anstalt. Die Fahne mit dem Bild des heiligen Albertus Magnus hat für einige Ehemalige hohen Symbolwert, denn noch heute werden von ihnen Mittel zur Restaurierung aufgebracht (vgl. Steinwachs, Hans Georg, Aufruf! Unsere Fahne, in: Rüthener Hefte Nr. 25 (1992/93), S. 111 und derselbe, Aufruf! Spende für die Renovierung unserer Fahne!, in: Rüthener Hefte 26 (1993/94)), S. 126
[299] vgl. Kahle, Wilhelm, Bemühungen ..., a.a.O., S. 34

schicht nicht völlig dem Großstadtgeist verfalle",[300] kann mit der Rüthener Aufbauschule als erreicht angesehen werden. Die soziale Herkunft der Schüler(innen)
und ihre religiöse Eingebundenheit wurden als Basis genommen, damit sie sich
ihrer Schicht nicht entfremdeten. Soweit dies an den Unterrichtsinhalten und
Schulaktivitäten ablesbar ist, gelang es entsprechend der Denkschriftvorgabe, die
Schüler(innen) „in einer möglichst wenig verwirrenden und verworrenen Umgebung" zu lassen. Zwar war die „unzerstreute Einstellung auf die Schularbeit"
durch die geforderte häusliche Hilfe und die teilweise weiten Schulwege zeitlich
begrenzt, doch wurden die Schüler(innen) nur selten mit Milieugrenzen sprengen-
den Vorstellungen konfrontiert. Damit kam die Aufbauschule dem Bild der Denkschrift nahe, das in Dorf und Kleinstadt „den Jungbrunnen" sah, „aus dem es (unser Volk, H.-G. B.) immer wieder das reine Quellwasser seiner völkischen Ursprünglichkeit schöpfen kann".

Die unterrichtliche Betonung von „Heimat" und „Scholle" und die entsprechende
Ausrichtung des Schullebens blieben im Kontext der Ideenwelt der Denkschrift
und ließen auch die Rüthener Schule als Funktion einer bildungspolitischen Reaktion erscheinen, die dem Modernisierungsprozeß und dessen gesellschaftlichen
Implikationen weitgehend verständnislos und ablehnend gegenüberstand. In diesem Sinne schrieb ein Schüler, der während seiner Schulzeit fast ein Jahr in den
USA verbracht hatte, in seinem „Gesuch um Zulassung zur Reifeprüfung":

> „Heute bin ich meinem Geschicke dankbar, daß es mich aus dem Schmelztiegel der
> Nationen zurückgeführt hat zur Pflegestätte deutscher Art und echter Heimatlie-
> be."[301]

Zugleich konnte die Schule kaum eine konstruktive Sichtweise aus den ländlichen
Verhältnissen zukunftsorientiert und die Weimarer Republik stabilisierend ableiten, da die Schülerschaft auf eine wirtschaftlich und ideologisch teilweise überholte Weltsicht fixiert war. Ein Schutz vor demokratiefeindlichen Ideen und Verhaltensweisen ließ sich so nur schwer bewußtseinsmäßig festigen bzw. entwik-
keln.

Betrachtet man die fachliche Seite der schulischen Bildung, die von Universitätsprofessoren oft pauschal hinterfragt wurde, wird diese heute von vielen Schü-
ler(inne)n positiv hervorgehoben. Eine Abiturientin des ersten Jahrgangs:

> „Neben den vielen Kenntnissen, die uns der Schulunterricht im Laufe der Jahre ver-
> mittelte, ... habe ich im Laufe meines Studiums und auch später feststellen können,

---

[300] Aufbauschule ..., a.a.O., S. 7
[301] Schularchiv, Abiturunterlagen 1932. Die Gesuche der Oberprimaner(innen) blieben in der
Regel unkommentiert von Lehrer und Schulaufsicht, doch diese Schüleräußerung wurde
mit einem großen roten Ausrufezeichen versehen.

daß wir vor allen Dingen logisches Denken gelernt haben. ... Ohne überheblich sein zu wollen, stieg aber mein Selbstbewußtsein, als wir uns dem ersten Examen näherten bzw. es zu bestehen hatten. Ich gewann immer mehr den Eindruck, daß an unserer Schule ein strengerer Maßstab angelegt worden war, als an mancher anderen Anstalt."[302]

Durch den Typ der Deutschen Oberschule stand die Rüthener Aufbauschule eher in antiaufklärerischer Traditionslinie. Das Lehrerkollegium förderte religiös-nationalistische Bildung mit kulturkritischem Hintergrund und gab der Aufbauschule die Aufgabe einer „Kulturmission" (Boelitz). Die Deutschkunde nahm eine zentrale Stellung ein. Sie war einerseits dem deutschkundlichen Historismus erlegen und versuchte so fernab von Alltagsfragen und gesellschaftlichen Problemen, sich auf den Literaturunterricht reduzierend - mit unterschiedlicher Ausprägung bei den einzelnen Lehrern - epochenhaft „zeitlose" Literatur zu vermitteln.[303] Damit war eine Notwendigkeit der Änderung der Unterrichtsinhalte aufgrund der Demokratisierung in der Weimarer Republik, d. h. eine Bezugnahme auf andere - bisher unterdrückte bzw. vernachlässigte - Ereignisse/Literatur nicht gegeben. Anderseits bemühte sich die Deutschkunde - durch Spranger geprägt - nach dem Prinzip des kulturkundlichen Strukturalismus überindividuelle Strukturen und Wertdispositionen des eigenen Volkes mit fast gesetzmäßigem Charakter zu typisieren. Der erkannte schablonisierte deutsche Typus konnte so auch als wertmäßige Entwicklungsrichtung aufgefaßt und dargestellt werden mit der negativen Sanktionierung fremder Abweichungen.[304] Diese auch lehrplanmäßig weitgehend vorgegebenen Strukturen der Deutschkunde konnten und sollten - wie der umfassende Literaturkanon und die Abituraufgaben zeigen - nicht durchbrochen werden.

Der Einzugsbereich zahlreicher Schüler(innen) ging weit über den Kreis Lippstadt hinaus, wobei einige auch aus dem näheren Möhnetal kamen. Eine wesentliche quantitative Bildungserweiterung für den Rüthener Raum bot die Schule in Anbetracht des Wegfalls des Lehrerseminars jedoch nur bedingt. Qualitativ zeichnete sich aber eine Erweiterung ab, da z. B. vom Abiturjahrgang 1932 niemand die Volksschullehrer(innen)laufbahn anvisierte. Ob dies eine eher strukturell bedingte Entscheidung im Sinne einer Aufstiegsorientierung war oder eher am abschrek-

---

[302] Schott-Fahle, Hanna, Die ersten Lebensjahre ..., a.a.O., S. 96. So auch Mitschüler Knülle, der dies auf die „tüchtigen Lehrer" und die durchgängig „kleine Klasse" zurückführte (PAB, Interview Knülle).

303 vgl. Frank, Horst Joachim, Geschichte ...,a.a.O., S. 693ff.

[304] ebd., S. 712-729

kenden Volksschullehrer(innen)"überfluß" und dem Aufnahmestop für katholische Lehrer(innen) lag, kann nicht entschieden werden.[305]
Das soziale Ziel der Förderung unterer Schichten gelang nur begrenzt. Die extreme Abbrecherquote besonders aus wirtschaftlichen Gründen - die Denkschrift sprach noch von einem „zu hohen Preis für dieses Lebensexperiment" - ging einher mit der Aufnahme von Schüler(inne)n anderer Schulen, die von Einzelgenehmigungen abhängig war.[306] Doch nur so war der Erhalt der Schule zu sichern, denn von den Schülerhöchstzahlen in UIII-UII: 44 Schüler(innen) und in OII-OI: 33 Schüler(innen)[307] war man mit durchschnittlich 16 Schüler(inne)n weit entfernt.

Die Sozialstruktur der Schülerschaft wurde vom Kleinbürgertum dominiert, wobei der Anteil der Landwirtskinder beachtenswert ist - letzterer aber immer noch unterrepräsentativ gegenüber dem Anteil an der Bevölkerung. Man kann daher nur von einem punktuellen Aufbrechen der sozialen Benachteiligung sprechen, was bei Beachtung des Sammelcharakters der Schule noch weiter relativiert werden muß. Eine allgemeine soziale Aufstiegsmöglichkeit wurde nicht eröffnet. Aber als bemerkenswert bleibt festzuhalten, daß die koinstruktive Ausbildung den Mädchen keinen offensichtlichen Nachteil brachte. Ihre Abbrecherquote war geringer, und von den drei Abiturientinnen promovierten zwei.

Die Rüthener Schule kann - so hat die bisherige Analyse ergeben - bei einem Vergleich mit den Erkenntnissen über die ländliche Aufbauschulbewegung in Preußen durchaus als Fallbeispiel aufgefaßt werden. An den zukünftigen Entwicklungstendenzen, d. h. die Bewährung im Übergang zum Nationalsozialismus, kann sich zeigen, ob dieser exemplarische Charakter weiter Bestand hat.

Bei der ministeriellen Suche nach Einsparmöglichkeiten durch Abbau und Verkleinerung von Aufbauschulen aufgrund der Finanzkrise war auch der Standort Rüthen in Betracht gezogen worden, doch teilte Minister Grimme Ende 1931 dem PSK Münster mit:

„Der Abbau der AS in Rüthen ... ist vorläufig nicht beabsichtigt."[308]

---

[305] Der Sprecher der Abiturientia 1932 wurde so wiedergegeben: „Die beste Versorgungsmöglichkeit sei heute noch der praktische Beruf. Wenn über dieses vom Universitätsstudium abgeraten werde, so bliebe es dennoch dabei: Freie Bahn dem Tüchtigen. Wer etwas Hervorragendes leiste, finde auch schon sein Fortkommen. Wer endlich Lehrer werden wolle, müsse bei der Berufssperre geduldig warten. In zwei Jahren würden auch für die Pädagogen wieder bessere Zeiten kommen." (Stadtarchiv R, Viegener, 14.2.1932)
[306] vgl. Aufbauschule ..., a.a.O., S. 34-36. Erlasse vom 19.5.1925 und 31.3.1927
[307] vgl. Aufbauschule ..., a.a.O., S. 30f.
[308] BA Potsdam, 49.01, Schreiben vom 15.12.1931

Doch muß mit der zu Ostern 1932 verfügten Versetzung des Schulleiters Fluck, der die Schule profilierte, eine Bedeutungsabnahme konstatiert werden. Eine weitere Gefährdung der Aufbauschule in Rüthen hatte sich schon 1927 abgezeichnet, als das Amt Altenrüthen aufgrund der wirtschaftlichen Restriktionen und wohl auch in Verbindung mit den Vorbehalten gegen die Aufbauschule, den vertraglichen Verpflichtungen, sich an den Finanzierungskosten der Aufbauschule zu beteiligen, nur zögerlich nachkam. Als verschärfend erwies sich der Erlaß der Unterrichtsverwaltung vom 24.4.1928, der von den Städten „höhere Beiträge für den naturwissenschaftlichen Unterricht aufgrund erhöhter Bedeutung" einforderte mit der Begründung, daß „die Städte und Kreise auf eine verhältnismäßige billige Art zu einer vollwertigen, zur Hochschulreife führenden höheren Schule gekommen sind"[309].

Da sich in der Folgezeit eine Erhöhung der Zuschüsse vom Kreis nicht realisieren ließ,[310] waren die weiteren allgemeinen Klagen der Stadt Rüthen über „Ausstände" und „Verzögerungen" erklärlich.[311] Konsequenterweise kündigte das Amt Altenrüthen unter Verweis auf die wirtschaftlichen Schwierigkeiten den Vertrag am 21.3.1931 in Verbindung mit dem ablenkenden Hinweis, daß der Leiter der Aufbauschule „sparsamer zu wirtschaften"[312] habe. Doch diese Kündigung hatte nur ein Jahr Bestand. Zugleich wurde unter dem „Vorbehalt jederzeitigen Widerrufes" aber festgelegt, daß die Kostenbeteiligung in Zukunft zwar noch 2/7 betrage werde, doch nur bis zum Höchstbetrag von 1.200 RM. Dieser Entscheid war verbunden mit der Bitte an die Stadt Rüthen, bei der Vergebung der Arbeiten und Lieferungen „Gewerbetreibende des Amtes Altenrüthen im freien Wettbewerb mit zu berücksichtigen"[313].

Erst nach einem Jahr kam die Stadtverwaltung auf die Reduzierung des Höchstbetrags zurück mit dem Hinweis, daß „infolge der Ereignisse der letzten Monate die Angelegenheit nicht gefördert werden konnte"[314]. Zugleich verwies sie auf den Jahresabschluß 1932, der 6.488,13 RM betrug, was eine Beteiligung des Amtes von 1853,75 RM bedeutete, und erklärte kategorisch, daß diese Summe zukünftig „nicht haltbar" sei. Darüber hinaus wies sie wirtschaftliche Vorteile für die Stadt insofern zurück, daß die 13 in Rüthen wohnenden Schüler nur „geringfügiges

---

309 Stadtarchiv R, B 738,1
310 vgl. Stadtarchiv R, Patriot (Rüthener Volksblatt) vom 30./31. März 1929
311 vgl. Stadtarchiv R, B 738,1, Schreiben vom 12.8.1930
312 Stadtarchiv R, B 738,1
313 Stadtarchiv R, B 738,1, Schreiben vom 3.6.1932
314 Stadtarchiv R, B 738,1, Schreiben vom 22.6.1933

Kostgeld" zahlten, was keine „wirtschaftliche Hebung" für Rüthen bedeute.[315] Aufgrund der geänderten politischen Verhältnisse akzeptierte die Amtsvertretung umgehend die Vorgaben und beschloß eine Vertragsverlängerung „vorläufig für 6 Jahre"[316] unter Wahrung des Beteiligungssatzes von 2/7 und unter Heraufsetzung des jährlichen Höchstbetrages auf 2.200 RM.

Die Bewältigung der Finanzierungskrise der Aufbauschule durch die Stadt Rüthen macht die vergrößerte Akzeptanz dieser Bildungseinrichtung deutlich. Während die Gründung der Aufbauschule fast an ökonomischen Vorbehalten gescheitert wäre, war nach Profilierung der Schule am Ende der Weimarer Republik die noch wesentlich schlechtere Finanzlage und der Versuch eines Beteiligungsausstiegs durch das Amt Altenrüthen kein Anlaß mehr, die Existenz der Schule in Frage zu stellen.

---

[315] ebd.
[316] Stadtarchiv R, B 738,1, Beschluß vom 28.6.1933

IV. Der Übergang zum Nationalsozialismus und die ersten Jahre im Nationalsozialismus bis 1937

Die Anforderungen des neuen Regimes ließen nicht lange auf sich warten, wie beispielsweise folgende Verfügungen zeigten, die auf Konferenzen thematisiert wurden:

- „In der Schule ist eine einheitliche Befehlssprache nach dem Muster der SA. einzuführen."[1] (23.11.1933)
- Den Schülern sollte die Bedeutung der Wahl vom 12.11.1933 „in allen Fächern bei passender Gelegenheit"[2] nahegebracht werden (13.12.1933).
- „Meldungen sind erwünscht"[3] zu einem Lehrgang über Vererbungslehre und Rassenkunde in Hagen (17.3.1934).

Nicht immer ließ sich in jedem Einzelfall feststellen, wie in der Schule auf solche Anforderungen „von oben" reagiert wurde. Insgesamt kann aber aufgrund der guten Quellenlage über biographische Skizzen der Lehrer, die Auswertung der Schülergesuche um Zulassung zum Abitur und der Analyse ihrer Abiturarbeiten in den Fächern Deutsch, Geschichte, Erdkunde und Biologie sowie der Analyse der Arbeitsgemeinschaften und diverser weiterer Aspekte des Schullebens ein angemessenes und abgesichertes Bild der Schule bis 1937 entwickelt werden, das auch Bewertungen von Lehrern und Schüler(inne)n zuläßt.

1. Lehrerkollegium

a)   Vorüberlegungen

Im folgenden werden umfangreichere biographische Skizzen von den vier Lehrern erstellt werden können, die - über die Informationen in ihren Personalakten hinaus - durch zahlreiche Publikationen hervorgetreten bzw. durch das Amt des Schulleiters und/oder durch ihr öffentlichkeitswirksames Auftreten in weiteren Quellen erfaßt und daher auch heute noch im Bewußtsein der Bevölkerung und der Schülerschaft präsent sind.[4] Von weiteren sechs Lehrern lassen sich vorwiegend nur durch die Personalakten Erkenntnisse gewinnen.[5] Die daraus ableitbare eher randständige Bedeutung dieser Lehrer bestätigten die zahlreichen Interviews mit

---

1   Schularchiv, Konferenz-Niederschriften
2   ebd.
3   Schularchiv, Konferenz-Niederschriften, 17.3.1934
4   Vor diesem Hintergrund halte ich es für legitim, auf eine Anonymisierung zu verzichten.
5   Aufgrund deren selektiven Charakters wurde eine Anonymisierung vorgenommen.

ehemaligen Schüler(inne)n, die diese Lehrer trotz Nachfrage nur selten erwähnten. Insgesamt kann für neun dieser zehn Lehrer eine weitgehende politische und gesellschaftliche Geschlossenheit konstatiert werden, die sich letztendlich in dem gemeinsamen Beitritt in die NSDAP und in den NSLB ausdrückte. In Teilen galt dies auch für den Lehrer, der am Eintrittstag des Kollegiums krank war und erst später Partei- und NSLB-Mitglied wurde. Über weitere zwei Lehrer liegen keine bzw. nur Einzelinformationen vor, so daß eine Nachzeichnung ihrer Grundhaltung nicht möglich war. Doch ist nicht erkennbar, daß sie der des Kollegiums grundsätzlich widersprach, da auch sie zum 1.5.1933 der NSDAP beitraten. Es bleibt die Schülererinnerung zu prüfen:

> „Es gab bis zu meinem Fortgang keinen Lehrer an der Schule, der sich dem (Nationalsozialismus, H.-G. B.) widersetzte. Echten Widerstand habe ich weder in der Schülerschaft noch in der Lehrerschaft feststellen können, im Gegenteil, es war Enthusiasmus da. Sie zogen 100%ig mit, das gilt auf jeden Fall bis zu meinem Abitur 1934."[6]

Soweit für die Persönlichkeitsstruktur erklärende Ereignisse und Stellungnahmen aus der Zeit nach 1937 - wo die eigentliche Untersuchung endet - eruierbar waren, wurden sie hilfsweise hinzugezogen, da Grundhaltungen wohl eine relative Stabilität zukommt, aber auch, um etwaige Verhaltensänderungen zu erfassen. Eine grundsätzliche und einordnende Bewertung erfolgt erst nach der zusätzlichen Auswertung der Abiturunterlagen.[7]

b)   Schulleiter Dr. Heinrich Steinrücke

Heinrich Steinrücke, 1884 in Warstein geboren, absolvierte nach Volksschule und Höherer Stadtschule in Warstein von 1899 bis 1904 das Lehrerseminar in Rüthen.[8] Vier Jahre war er als Volksschullehrer tätig und elf Jahre als Lehrerbildner (u. a. am Lehrerseminar in Rüthen). Nachdem er zwischenzeitlich 1913 die Mittelschullehrerprüfung absolviert hatte, begann Steinrücke 1919 das Studium für das höhere Lehramt an der Universität Münster, das er 1923 für die Fächer Deutsch, philosophische Propädeutik und Religion abschloß. 1926 promovierte er an der Universität Münster. In seiner Dissertation arbeitete er die antikatholischen

---

6   PAB, Interview Potthast
7   vgl. Kapitel C.IV.6.
8   Alle folgenden biographischen Daten und Stellungnahmen von Steinrücke, wenn nicht anders vermerkt, in: HStA D, Entnazifizierung NW 1105/G 33/370. Leider ist die Personalakte, die auch seinen Schriftverkehr mit dem Provinzialschulkollegium sowie gutachterliche Stellungnahmen enthält, im Staatsarchiv Münster nicht mehr nachweisbar.

und antiklerikalen Auffassungen des Dichters Friedrich Steinmann heraus und dessen partielle Übereinstimmung mit der Regierung.[9]

Für Leitungsaufgaben hatte sich Steinrücke nicht nur durch seinen zielstrebigen beruflichen Werdegang als Lehrer empfohlen, sondern auch durch Verwaltungserfahrung 1926/27 im Provinzialschulkollegium in Münster als „Hilfsarbeiter" in einem Dezernat. Das Schulkollegium bescheinigte ihm für seine dortige Tätigkeit eine Einarbeitung „in musterhafter Weise" und für seine Lehrerzeit einen „vorzüglichen Unterricht" sowie ein „umfassendes Wissen und Können". Darüber hinaus war für das PSK bei der 1932 vorgesehenen Besetzung der Schulleitung in Rüthen entscheidend, daß Steinrücke „Land und Leute gut kennt"[10], da er als Schüler und Lehrer in Rüthen am Lehrerseminar tätig gewesen sei.

Als dritter Direktor seit der Gründung der Schule 1926 übernahm Steinrücke, der vorher an der Aufbauschule in Büren gearbeitet hatte und dort erst 1931 zum Studienrat ernannt worden war, seine Aufgabe der Leitung einer nun voll entwikkelten Schule. Anläßlich seiner Einführung stellte Oberschulrat Hellwig erneut die besondere Aufgabe der Aufbauschule und seine spezifischen Erwartungen an Steinrücke heraus. Ihm sollte es obliegen, „tief in das Volkstum hineinzusteigen"[11]. Dieses könne in Rüthen als „Mittelpunkt einer Stammeseigentümlichkeit" besonders gut gelingen, da die Gegend nicht nur landschaftlich, sondern auch völkisch „besonders geartet" sei. Der mit dem Boden stärkstens verwurzelte Bauer wisse, daß er nicht nur seinen Hof als „göttliches Lehen" zu verteidigen habe, sondern auch das angestammte Bauerntum gegen eine „ausländische Flut". Und Steinrücke gebe die Gewähr dafür, diese Hoffnungen als „Ringer, und das gehört zur germanischen Seele: ringen und streben bis zum letzten Augenblick" zu erfüllen.

Im Sinne dieser deutschtümelnden Erwartungen, die nicht frei von rassistischen Anklängen waren, versprach Steinrücke dann auch, an der Aufbauschule zu wirken, die der „Heimatgedanke im inneren Sein" bestimme und der die Landschaft das Gepräge gebe. Da die Aufbauschule im Metaphysischen wurzele, werde Gott ihr seinen Segen nicht versagen. Steinrücke war das besonders wichtig, da die Jugend von wirtschaftlicher Not, politischer Hetze und sittlichen Gefahren bedroht sei. Damit stand die Erziehung der Jugend auch unter einer religiös-sittlich

---

[9]   vgl. Steinrücke, Heinrich, Die literarische Tätigkeit Friedrich Steinmanns mit besonderer Berücksichtigung seiner Beziehungen zu Heinrich Heine, Diss. Münster 1926
[10] BA Potsdam, 49.01, Schreiben des PSK vom 15.2. und 16.2.1932 an den Minister
[11] Stadtarchiv R, Viegener, 11.4.1932. Die folgenden Hinweise stammen aus diesem Bericht über die Einführungsfeier.

geprägten Ausrichtung, die die Jugend fernhalten wollte von einer wenig asketischen Welt, die gekennzeichnet sei durch „falsche Freuden, Vergnügen und Genüsse"[12]. Das Wirken der Lehrer war für Steinrücke vergleichbar mit der Tätigkeit von Ärzten oder Priestern - verstanden als „eine Weiterführung des göttlichen Schaffungsaktes an der Menschenseele"[13].

Hier zeigt sich eine weltfremde oder anmaßende Überhöhung, die eine Dominanz des Religiösen in Steinrückes kulturkritischem Denken kennzeichnet. Es wird zu prüfen sein, ob ein so eingestimmtes und geleitetes Kollegium sich den Ansprüchen des Nationalsozialismus widersetzen konnte.

Steinrücke war passives Mitglied im Zentrum, sein Verhältnis zur NSDAP muß noch für den Januar 1933 als eher distanziert angesehen werden. In einem Schreiben an den Oberpräsidenten bezüglich der Besetzung einer Hausmeisterstelle charakterisierte er einen schwerkriegsbeschädigten Bewerber als „gerissene(n), selbstsüchtige(n), rücksichtslose(n), rachsüchtige(n) Mensch(en)"[14] und erwähnte in diesem diffamierenden Kontext auch dessen Mitgliedschaft in der NSDAP.

Nichtsdestotrotz trat auch Steinrücke zum 1. Mai 1933 der NSDAP bei. Seinen Parteieintritt erläuterte er in einem Fragebogen zur Entnazifizierung vom 19.8.1946: Mitte April 1933 habe der Ortsgruppenleiter versucht, ihn zum Eintritt zu veranlassen. Er habe sich aber Bedenkzeit ausgebeten in der Absicht, „damit den damaligen letzten Meldetermin (1. Mai 1933) zu überschreiten"[15]. Doch Ende Mai 1933 habe ihn der Ortsgruppenleiter mit der Drohung, das Amt des Schulleiters zu verlieren, und dem Angebot einer Rückdatierung des Eintrittstermins konfrontiert. Neben dienstlichen Problemen um die Abiturprüfung einer Schülerin, der der Oberpräsident nachträglich auf Einspruch des Ortsgruppenleiters die Reife zuerkannt habe, sei für seinen Beitritt dann die Auskunft des Ortspfarrers entscheidend gewesen, „daß die katholische Kirche gegen den Eintritt keine Bedenken habe", und daß zwei ihm „bekannte geistliche Studienräte, auch der Religionslehrer der eigenen Anstalt, der Partei beitraten". Entlastend wirken sollte auch der Hinweis, daß ihm „Wesen und Ziel der NSDAP" damals „fast unbekannt" gewesen seien. Er habe in ihr „eine völkische Bewegung" gesehen „mit

---

12   So formulierte Steinrücke auf einem Elternabend (vgl. Stadtarchiv R, Viegener, 4.12.1932).
13   ebd.
14   StA MS, PSK 5570, Schreiben an den Oberschulrat vom 31.1.1933
15   HStA D, Entnazifizierung NW 1105/G 33/370

dem Ziel, Ordnung im Innern und friedliche Beziehungen zu den Nachbarvölkern zu schaffen".

Auch für seine weiteren Aktivitäten brachte Steinrücke erklärende Argumente vor. Anfang 1934 habe ihn der Ortsgruppenleiter „zur Hilfe für einen Blockleiter" herangezogen, doch habe er sich „ausschließlich auf das Einsammeln von Beiträgen und Spenden begrenzt". Da er den Arier-Ausweis „vorsätzlich" nicht vorgelegt habe, sei er „nie zum 'Politischen Leiter' ernannt worden, habe auch keine Uniform, keinen Rang und keinen Ausweis erhalten".

Im Juli 1938 übernahm er auf Ersuchen des Kreisamtswalters des NLSB das Amt eines Kreisabschnittswalters. Er habe nur Rundschreiben weitergegeben und sich geweigert, die Arbeit des NSLB durch Vorträge und Aufsätze zu unterstützen. Aufgrund einer Auseinandersetzung Ende 1938 mit einem neu in das Kollegium eingetretenen Studienassessor - Steinrücke hatte sich geweigert, einer Schülerin die Bemerkung „Sie muß sich williger und eingehender mit dem nationalsozialistischen Gedankengut befassen" auf das Zeugnis zu setzen - habe in der HJ ein Kesseltreiben gegen ihn begonnen. Steinrücke unterstellte dem Assessor in diesem Zusammenhang Spitzeldienste.

Im Sommer 1939 sei ihm von der Kreisleitung der NSDAP vorgeworfen worden, daß die Anstalt geschlossen an der Fronleichnamsprozession teilnehme, daß er eine tägliche Schulmesse fördere, daß er nichts gegen den „schwarzen Geist" der Schule unternehme. Noch im selben Jahr habe er sich vor dem Kreisleiter und dem Vorsitzenden des Kreisparteigerichts aufgrund der Beschwerde eines Vaters verantworten müssen, der Einspruch wegen seiner passiven Haltung gegenüber dem Nationalsozialismus eingelegt habe. Trotzdem wurde ihm Ende 1941 das Amt des Ortsgruppenleiters und Kreisschulungssprechers des NSLB übertragen.[16] Seinen „Widerstand gegen die NSDAP" belegte Steinrücke darüber hinaus mit der Ablehnung sowohl jeglicher Beförderung in der Partei als auch der Teilnahme an politischen Schulungen.[17] Zahlreiche Bürger bescheinigten ihm im Rahmen der Entnazifizierung, daß er „kein überzeugter Nazi", sondern „Gegner des Nationalsozialismus" gewesen sei. Er habe Größenwahnsinn, Verantwortungslosigkeit und Brutalität der Nationalsozialisten kritisiert, eine erbitterte Feindschaft gegen die HJ und tiefe Abscheu über die Judenverfolgung gezeigt. Mit seinem umsichtigen Verhalten habe er größeres Unheil verhindert. 24 Eltern bescheinigten ihm, daß er seine christlich-religiöse Einstellung „stets offen" bekundet habe.

---

[16] vgl. StA MS PSK 9872,1
[17] Steinrücke war mindestens für einen „Ausleselehrgang des NSLB" vom 30.6.-5.7.1940 gemeldet (vgl. Schularchiv, Korrespondenz).

Dechant Schulte sah in ihm einen „treuen Katholiken", der Religionslehrer Kahle (bis 1936 an der Schule) hatte eine „ideale Lebensauffassung" erkannt. Fünf Studienräte, die ab 1933 an der Schule tätig waren, bescheinigten ihm, daß er „niemals versuchte, sie nationalsozialistisch zu beeinflussen" - „weder in weltanschaulicher Beziehung noch bei der Ausgestaltung des Unterrichts". Dadurch sei es möglich geworden, daß sie „eine Erziehungstätigkeit ausüben konnten, die auch nach 1933 in ihrer Substanz unverändert blieb". Auch der Amtsbürgermeister Rüthens betrachtete ihn nicht als aktiven oder überzeugten Nazianhänger, sondern versicherte dem Oberpräsidenten, daß „bekannt" sei, daß Steinrücke „seitens der Partei ständig Mißtrauen entgegengebracht wurde und häufig Schwierigkeiten bereitet worden sind"[18].

Der abschließende Entnazifizierungsausschuß entschied im August 1948 einstimmig auf Einordnung in Kategorie V „Entlastete", weil Steinrücke - so im Schlußresümee - „durch sein Gesamtverhalten ein über die innere Auflehnung hinausgehendes Aufbegehren gegen die Ziele der NSDAP gezeigt habe".

Kann diesem Resümee für die letzten Jahre des Nationalsozialismus eventuell Berechtigung zukommen, läßt sich diese Einschätzung für die ersten Jahre aufgrund der Quellenlage allerdings so nicht bestätigen. So bleibt die Relevanz des Abiturzwischenfalls als angegebener ursächlicher Beitrittsgrund zur NSDAP - wie unten noch nachgewiesen wird - legitimatorisch. Eher offenbart Steinrückes Charakterisierung der Partei als friedfertig, die mit einer notwendigen Ordnungsfunktion ausgestattet sei und von der ihm katholische Geistliche nicht abrieten, kaum inhaltliche Bedenken gegenüber der bekannten nationalsozialistischen Programmatik und dem radikalen öffentlichen Auftreten der Partei, die sich als Beitrittshürden hätten ergeben können. Zudem hatte er dafür Sorge getragen, daß Schüler- und Lehrerschaft schon im März 1933, zu einem Zeitpunkt, für den noch keine Unterdrucksetzung der Lehrerschaft behauptet wurde, geschlossen an den örtlichen propagandistischen NS-Veranstaltungen teilnahmen.[19] Auch hatte er sich engagiert und erfolgreich darum bemüht, daß alle Schüler und Schülerinnen möglichst schnell von NS-Organisationen erfaßt wurden, um auch nach außen mit dem Hissen der HJ-Flagge dokumentieren zu können, daß die Aufbauschule sich selbst eingegliedert hatte. Gegenüber Schüler(inne)n und Lehrern hat Steinrücke seine dominante Stellung als Schulleiter zu Gunsten des Nationalsozialismus aktiv eingebracht und nicht - wie z.B. an seinem Vorgänger Fluck aufgezeigt wer-

---

18 Stadtarchiv R, B 738, Schreiben an den Oberpräsidenten vom 22.11.1945
19 vgl. zur Teilnahme an örtlichen Veranstaltungen und zum Hissen der HJ-Flagge Kapitel C.IV.5

den konnte - bremsend gegenüber der nationalen Euphorie und den nationalsozialistischen Zumutungen gewirkt.

Läßt sich eine abwartende Haltung oder sogar eine Distanz zur Partei an diesen Stellen nicht erkennen, sondern eine schnelle Anpassungsbereitschaft, da Steinrücke umgehend dafür sorgte, daß die Schule den nationalsozialistischen Anforderungen nachkam, verwahrte er sich andererseits gegen das Gesuch eines Vaters beim Oberpräsidenten auf Versetzung seines Sohnes trotz Leistungsschwächen aufgrund dessen „Führerbewährung"[20]. Steinrücke sprach dem Schüler „äußerst mangelhaften Fleiß" und „Gleichgültigkeit" im Unterricht zu, prognostizierte, daß der „ethische und intellektuelle Stand des Schülers"[21] keine erfolgreiche Mitarbeit erwarten ließ, und resümierte, daß daher trotz der in der HJ geleisteten Dienste eine Versetzung nicht möglich gewesen sei. Diese Sachargumentation und Wahrung der Qualifikationsanforderungen der Schule fand Bestätigung durch den Oberpräsidenten, der dem Vater lapidar mitteilte, daß der Sohn, falls er glaube, daß ihm Unrecht geschehen sei, dies „durch vermehrte Leistung im kommenden Schuljahr"[22] beweisen könne. Der HJ-Dienst war keine grundsätzlich akzeptierte hinreichende Begründung zum Ausgleich für Minderleistungen, was aber keine substantielle Aussage über Steinrücke bezüglich einer Distanz zum Nationalsozialismus rechtfertigt.

Die im Schulbereich deutlich gewordenen Affinitäten zur nationalsozialistischen Partei erhalten eine Bestärkung dadurch, daß Steinrücke auch nach außen in Erscheinung trat und in nationalsozialistischen bzw. NS-nahen Organisationen mitarbeitete. So regte er im örtlichen NS-Kulturausschuß an, das Bühnenstück „Der 18. Oktober" von Wilhelm Schäfer aufzuführen, und übernahm auch die Leitung.[23] Mit dem Bürener Musikverein, den er weiterhin leitete, gab er in der Aula ein Konzert zu Gunsten der Rüthener Ortsgruppe der NSV.[24]

Die Steinrücke bescheinigte Kirchentreue hielt ihn auch nicht davon ab, gegenüber dem Oberpräsidenten zu monieren, daß „die klösterlichen Anstalten unserer Gegend mit dem Landklerus nach wie vor versuchen, die Landbevölkerung gegen die Aufbauschule einzunehmen"[25]. Unklar an dieser unaufgefordert abgegebenen Erklärung sind die Motive des Klerus: ob es sich um anhaltende Vorbehalte gegenüber der „modernen" Bildung handelte oder ob nur bzw. auch die politische

---

[20]   StA MS, PSK 5572, Antrag vom 29.4.1935
[21]   StA MS, PSK 5572, Schreiben an den Oberpräsidenten vom 8. Mai 1935
[22]   StA MS, PSK 5572, Schreiben des Oberpräsidenten vom 11. Mai 1935
[23]   vgl. Stadtarchiv R, Viegener 19.12.1933
[24]   vgl. Stadtarchiv R, Viegener 14.1.1934
[25]   StA MS, PSK 5571, Schreiben vom 23.2.1935

Ausrichtung der Schule ursächlich war, die 1935 noch deutlich als dem NS ange-
paßt gelten konnte, wie unten u.a. an den Unterrichtsinhalten nachgewiesen wird.
Auch in einem anderen Zusammenhang bleibt Steinrückes Verhalten undurch-
sichtig. Durch die Versetzung des Religionslehrers Dr. Weisenfeld 1939 war eine
Durchführung des üblichen Schulgottesdienstes nicht mehr möglich. In dem
Konferenzprotokoll vom 20.7.1939 hieß es lapidar:

> „Der Direktor spricht zur Entkonfessionalisierung der höheren Schule. Die Kruzifixe
> sollen während der Sommerferien entfernt werden. Wegen der Überlassung der Ge-
> genstände, die bisher dem Gottesdienst gedient haben, an die hiesige katholische Kir-
> che wird der Anstaltsleiter mit dem Oberpräsidenten verhandeln."[26]

Doch die weitere Initiative ging von Pfarrer Norbert Schulte aus, der in einem mit
„Heil Hitler" unterzeichnetem Schreiben um Überlassung der sakralen Kultge-
genstände bat.[27] Steinrücke begrüßte zwar die Überlassung gegenüber dem Oberpräsidenten, da dies von der katholischen Bevölkerung „mit Befriedigung aufgenommen werde und geeignet sei, eine gewisse Unruhe zu zerstreuen, die in der
Elternschaft unserer Schule wegen der Entkonfessionalisierungsmaßnahmen
(Aufhebung des Schulgottesdienstes und Entfernung der Kreuze aus den Klas-
senzimmern, H.-G. B.) entstanden ist", doch sprach er sich nicht nur gegen eine
kostenlose Überlassung aus, sondern monierte gegenüber der Behörde, daß ein
erstes finanzielles Angebot von Pfarrer Schulte „bei weitem nicht ihrem tatsächlichen Werte"[28] entspreche, was er dann auch noch von dem verdoppelten Angebot
des bischöflichen Generalvikariats behauptete.

Auch sein Verhalten bei der Regelung des Religionsunterrichts, der Anfang 1942
wegen Lehrermangels ausfallen mußte, ist wenig eindeutig. Denn Steinrücke ließ
den Unterricht lieber ausfallen, bevor er einen Volksschullehrer damit beauftragte. Im Gegensatz zur Behörde argumentierte er, daß dieser auch an den Volksschulen nicht unterrichten dürfe.[29] Das Angebot vom geistlichen Prorektor Eisenhut, den lehrplanmäßigen Unterricht zu erteilen, problematisierte Steinrücke mit
dessen Alter und dem Hinweis, daß dessen Angebot „wohl auf Betreiben der hiesigen Ortsgeistlichen"[30] erfolgte, so daß die Behörde fast gezwungen wäre abzu-

---

[26] Schularchiv, Konferenz-Niederschriften
[27] vgl. StA MS, PSK 9884, Schreiben vom 8.11.1939
[28] ebd., Schreiben vom 10.11.1939 und 13.2.1940 sowie 5.3.1940
[29] vgl. StA MS, PSK 9872,1, Schreiben vom 12.2.1942 und 4.3.1942. Warum er in diesem
Zusammenhang erwähnte, daß er von parteiamtlicher Seite erfahren habe, daß mehrere
Eltern ihre Kinder nur zur höheren Schule schicken würden, da dort in den Klassen 1-4 ein
geordneter Religionsunterricht gesichert sei, ist unklar.
[30] StA MS, PSK 9872,1, Schreiben vom 16.5.1942 und 21.5.1942

lehnen. Erst Mitte 1943 wird der Religionsunterricht von Theodor Rüther aus Brilon mit fünf Wochenstunden wieder aufgenommen - bis zum 31.7.1944.[31] Ebenso gegenüber einem Kollegen, der wegen der Hissung religiöser Fahnen 1939 Schwierigkeiten bekam, ist das Verhalten Steinrückes mindestens diffus, da er seine Fürsorgefunktion kaum wahrnahm, fehlendes nationalsozialistisches Engagement des Kollegen beklagte und Stellungnahmen abgab, die fast denunziatorischen Charakter hatten.[32] Schüler des Abiturjahrgangs 1935 erinnern sich daran, daß Steinrücke sie durch seinen Deutschunterricht weit über Gebühr beanspruchte („wir haben nur noch für Deutsch gearbeitet"), was sie u.a. darauf zurückführen, daß es seine erste Abiturklasse war und er sich daher profilieren mußte und wollte.[33] Daß er sehr laut sprach und die Kleinen ohrfeigte und mit dem Rohrstock bearbeitete, wird von den Schülern nachsichtig bewertet, da er sich selber für sein berufliches Fortkommen sehr gequält habe, und zum anderen wird dies seiner Volksschullehrermentalität zugeschrieben.[34]

Entsprechend den eher repressiven Gepflogenheiten am Lehrerseminar machte Steinrücke mit seinem Amtsantritt auch die Schulmesse quasi zur Pflicht, legte einen nachmittäglichen häuslichen Lernrhythmus und ein abendliches Ausgehverbot fest, was die Wirtseltern in den Pensionen mittels Eintragungen in ein Heft zwecks Kontrollmöglichkeit dokumentieren mußten.[35] Abweichungen davon waren genehmigungspflichtig. Ein Verstoß dagegen hatte sogar zu einer Konferenz geführt und die Zulassung eines Schülers zum mündlichen Abitur in Frage ge-

---

[31] vgl. ebd. Schreiben vom 3.6.1943. Interessant ist der eingeforderte Bericht der Geheimen Staatspolizei Bielefeld, der Rüther bescheinigte, „weder in staatspolizeilicher noch strafrechtlicher Hinsicht in Erscheinung getreten" zu sein (StA MS, PSK 9872,1, Schreiben an den Oberpräsidenten vom 28.5.1943). Vgl. auch Blömeke, Sigrid, „Nur Feiglinge ...", a.a.O.

[32] vgl. Kapitel zum Lehrer V. Kapitel C.IV.1.f). Bezüglich eines jungen, neu zugewiesenen Kollegen ohne Parteibuch, den Steinrücke 1937 in das Amt eines Jugendwalters gedrängt hatte, schrieb er am 1.12.1945 an den Oberpräsidenten: „... war Jugendwalter und kommt daher für die Wiedereinstellung wohl nicht in Betracht", während er sich für ältere Kollegen, die mit ihm gemeinsam in die NSDAP eingetreten waren, entlastend verwendete (Schreiben vom 17.11.1945): „... haben unter der Parteizugehörigkeit gelitten und waren niemals überzeugte oder eifrige Parteimitglieder." (StA MS, PSK 9872,2)

[33] vgl. PAB, Interview Bittern

[34] vgl. ebd. Steinrückes Aufstiegsorientierung wird belegt durch den Hinweis, daß er in der Warsteiner Schützenhalle allein Vorträge geübt habe (vgl. ebd.). Vgl. auch PAB, Interview Hage

[35] vgl. PAB, Interview Bittern

stellt.[36] Einhellig wird angegeben, daß Steinrücke auf Disziplin achtete und sich „unbedingten Respekt"[37] verschaffte. Dies äußerte sich auch dadurch, daß zu den nachmittäglichen freiwilligen Arbeitsgemeinschaften kein Schüler wagte, nicht zu erscheinen.[38]

Die befragten Schüler faßten ihre Urteile über den Schulleiter wie folgt zusammen: „hart, aber gerecht"[39], „streng bis zum geht nicht mehr"[40] bzw. „er hatte uns voll und ganz im Griff und war anerkannt."[41]

Steinrückes autoritäres Gesellschaftsbild, das für den Schulbereich durch die Schüleraussagen gestützt wird, stand 1933 nicht im offensichtlichen Kontrast zur NSDAP-Ideologie. Seine zur Entlastung vorgebrachten Erklärungsversuche zum NSDAP-Beitritt schieben die Verantwortung anderen zu und lassen auch nach 1945 keine Reflexion der eigenen Verantwortung erkennen. Auffällig ist, daß die katholischen Kreise, die ihn nach seiner Aussage 1933 zum NSDAP-Beitritt ermutigt hatten, ihn auch nach 1945 mit Hinweisen zu seiner Kirchennähe zu entlasten versuchten. Insgesamt ist für die ersten Jahren im Nationalsozialismus kein resistentes Verhalten und noch weniger oppositionelles Handeln, eher ein Bemühen um schnelle Anpassung Steinrückes belegbar. Daher kann ihm, dem durch seine Stellung als Schulleiter eine besondere Wirkung auf das Kollegium und die Schülerschaft zukam, eher ein objektiver Fördererstatus zugesprochen werden, auch wenn Steinrücke sich subjektiv in Teilbereichen in Distanz zum Regime gesehen haben sollte. Immerhin warf er in einem Schreiben an das PSK einem Kollegen vor, „nur ganz unregelmäßig" am politischen Leben der Ortsgruppe der NSDAP teilzunehmen,[42] was den Eindruck aufkommen läßt, daß er selber die entsprechenden Versammlungen und Kundgebungen regelmäßig besuchte.

c)   Studienassessor Dr. Wilhelm Kahle

Wilhelm Kahle wurde am 26. März 1893 in Wulfen (Westfalen) geboren, besuchte mehrere Gymnasien und bestand 1914 am Petrinum in Brilon sein Abitur.[43] Nach dem Studium in Münster, das er mit dem Examen in Deutsch, Latein und

---

[36]   vgl. ebd.
[37]   PAB, Interview Helle
[38]   vgl. ebd.
[39]   PAB, Interview Hage
[40]   PAB Interview Helle
[41]   PAB, Interview Potthast
[42]   siehe Kapitel C.IV.1.f)
[43]   Soweit nicht anders vermerkt, sind die Daten der Personalakte entnommen: StA MS , PA, K 47

Griechisch für die Oberstufe mit „Auszeichnung" abschloß, wurde er 1918 zum Dr. phil. in Latein mit einer Arbeit über Paulus „magna cum laude" promoviert. Es folgte ein Theologiestudium bis 1922 an der philosophisch-theologischen Akademie in Paderborn, das am 13.8.1922 zur Priesterweihe führte. In der Referendarzeit wurde er abschließend als „gewissenhaft und eifrig", „für ältere Schüler der gegebene Führer und Erzieher" und „für wissenschaftliche Arbeiten hervorragend befähigt" beurteilt. Die pädagogische Prüfung bestand Kahle 1925 mit „gut" und unterrichtete anschließend am Lyzeum der Franziskanerinnen in Dingelstädt (Eichsfeld) bis 1929. Zum neuen Schuljahr 1929/30 wurde er von dieser Privatschule an die Aufbauschule nach Rüthen versetzt. Am 5.11.1929 legte er die Erweiterungsprüfung in Katholischer Religion für die Stufe I mit der Note „gut" ab.

In Rüthen war Kahle nach seiner Versetzung sowohl als Lehrer als auch als Priester sehr unzufrieden. Zum einen nahm er am koedukativen Unterricht Anstoß,[44] der besonders zu Lasten der Mädchen ginge, und stellte das Existenzrecht der Schule in Frage; auf der anderen Seite beklagte er, daß er sich wie ein „Verbannter" fühlen müsse, da er „vor 10 alten Mütterchen und alten Jungfern zelebriere"[45]. Zwar wurden ihm Versetzungen von Oberschulrat Hellwig immer wieder in Aussicht gestellt, so 1930 zum Oberlyzeum der Franziskanerinnen in Olpe oder 1932 zum Städtischen Realgymnasium Gelsenkirchen,[46] doch ließ sich eine Versetzung ebensowenig realisieren wie die von Kahle erstrebte, von Schulleiter Fluck empfohlene[47] und vom PSK unterstützte[48] Festanstellung als Studienrat. Letztere scheiterte, weil katholische Theologen in die Anwärterliste nicht aufgenommen worden waren, um weltliche katholische Assessoren unterzubringen.[49]

Die von Kahle beklagten schulischen und kirchlichen Probleme scheinen sich als anfängliche Übergangsschwierigkeiten nach einem Jahr gemildert zu haben. So berichtete Schulleiter Fluck dem PSK bezüglich des Unterrichts von „gut begründeten, auf genauer Anschauung und sorgfältigem Studium beruhenden Überzeu-

---

[44] So schrieb er an den Generalvikar in Paderborn: „Ich kann nicht mehr mitmachen, wenn ich sehe, wie alle weibliche Feinheit der Mädchen verlorengeht." (EbA Pb, XV.27, Schreiben vom 9.10.1929 an den Generalvikar)

[45] ebd.

[46] vgl. Schreiben vom 23.12.1929 von Kahle an den Erzbischof und Schreiben des PSK an den Erzbischof vom 9.4.1932 (EbA Pb, XV.27)

[47] vgl. StA MS, PA, K 47, Bericht an das PSK vom 15.12.1930

[48] vgl. ebd., Bericht des PSK an den Preußischen Minister vom 30.5.1931

[49] vgl. EbA Pb, XV.27, Schreiben des Generalvikariats vom 2.7.1931

gungen, denen er gelegentlich mannhaft Ausdruck leiht"; bezüglich der kirchlichen Situation von „verzwickten Rüthener kirchlichen Verhältnissen", doch werde von Kahle seit dem 1.5.1930 wöchentlich zweimal in der Aula die Messe gelesen, womit ein „4-jähriger Widerstand des Rüthener Dechants überwunden" worden sei; und bezüglich der Eingliederung in die Rüthener Bevölkerung von einem „wahrhaft vornehmen Haushalt", der „dem Leben der Kleinstadt Rüthen eine kaum zu ersetzende Note" gebe.[50] Der Widerstand gegen die Schulmesse in der Aula resultierte aus Kahles Nähe zur Liturgischen Bewegung, die zu einem sachlicheren Rahmen und einem Gemeinschaftscharakter der Messe führte.

Der behördliche Status von Kahle, gekennzeichnet durch einen Lehrauftrag mit jederzeitigem Widerruf, war extrem unsicher, so daß Schulleiter Fluck die Gefahr sah, daß der von ihm so anerkannte Lehrer seine unterrichtliche Beschäftigung aufgeben und in die Seelsorge abwandern könne.[51]

Mit kritischen Einwürfen war Kahle noch März 1932 öffentlich gegen den Nationalsozialismus aufgetreten.[52] Aber auch er schloß sich mit anderen Kollegen Ende April 1933 der NSDAP über einen Aufnahmeantrag an.[53] Auf den 1.5.1933 datierte Kahle seine Mitgliedschaft im NSLB und auf den 10.3.1934 in der NSV, in der er das Amt eines Wohlfahrtswalters für ein Jahr einnahm.[54] Kahle sprach nicht nur vor der Ortsgruppe der NSDAP „einige Male", sondern hielt auch als Gauredner im Sommer 1933 in Dortmund und Wanne-Eickel Vorträge über das Thema: „Was ist deutsch?"[55]

Am 8.7.1934 bat Kahle das erzbischöfliche Generalvikariat um Entscheidung einiger sich ihm stellender Fragen angesichts der genannten Mitgliedschaften, wobei ihm bis zu diesem Tag noch nicht die rote Mitgliedskarte der NSDAP vorlag:

---

[50] StA MS, PA, K 47, Bericht vom 15.12.1930
[51] vgl. StA MS, PA, K 47, Bericht vom 3.1.1932
[52] Der Polizeibericht über eine von Kahle besuchte NSDAP-Versammlung am 1.3.1932 zum Thema „Der Führer des erwachenden Deutschlands Adolf Hitler wird Reichspräsident" weist nach, daß Kahle sich bemühte, „einzelne Ausführungen der Rede zu widerlegen" (vgl. Stadtarchiv R, B 1365).
[53] vgl. zu diesem Vorgang Kapitel C IV.1.g). Staatliche Entnazifizierungsunterlagen, in denen nachträglich die in der Regel subjektiven Entscheidungshintergründe für Mitgliedschaften in NS-Organisationen festgehalten wurden, fehlen für Kahle, da die Entnazifizierung kirchenintern erfolgte. Nach mündlicher Auskunft der Leitung des Erzbischöflichen Archivs Paderborn vom 5.12.1990 durch den Bistumsarchivar Herrn Sander war Kahle kein NSDAP-Mitglied, habe sich nationalsozialistisch nicht in Schrift und Wort geäußert und 1938 keinen Eid auf Hitler abgelegt; die Personalakten seien verbrannt.
[54] vgl. StA MS, PA, K 47
[55] So ist es einem von ihm verfaßten Bericht über seine „Betätigung in der ns Bewegung" vom 27.2.1936 zu entnehmen (vgl. StA MS, PA, K 47).

1. „Kann ich nach Art. 32 des Konkordats Pg. sein? Sind die dort angedeuteten Bestimmungen von Rom schon ergangen oder in welcher Richtung sind sie zu erwarten?"

2. „Mir scheint das Amt in der NSV, das auch Amtswalterpflichten mit sich bringt, unpassend. Wie steht die Behörde im allgemeinen zur Übertragung solcher Posten an Kleriker?"

3. „Darf ich mich bei ... Abmahnungen auf das Konkordat oder Paderborn berufen?"

4. „Halten Sie einen Verbleib in der NSDAP für tragbar? Ich komme aus (unleserlich, evtl. persönlichen, H:-G. B.) Gründen (Weltanschauung, Kulturpolitik, Ärgernis) in immer größere Gewissensnot, die ich auf Dauer nicht ertragen kann."

Nach Darlegung der Gründe, aus denen er glaubte, „1933 eintreten zu müssen", konstatierte Kahle: „Heute sehe ich die Dinge anders!", bat um einen „offenen Bescheid" und versprach „Diskretion und Gehorsam"[56].

Die Antwort des Generalvikariats auf diese Anfrage, die die grundsätzliche Entscheidung sehr stark dem Generalvikariat zuschob, kam umgehend und in klarer Form:

„In dem Artikel 32 des Konkordats werden Bestimmungen des hl. Stuhls angekündigt, die für die Geistlichen und Ordensleute die Mitgliedschaft in politischen Parteien und die Tätigkeit für solche Parteien ausschließen. Leider sind die Bestimmungen nicht erlassen, trotzdem widerspricht die Zugehörigkeit eines Geistlichen zu einer Partei und vor allem parteiamtliche Tätigkeit dem Sinne nach Artikel 32 des Konkordats. Der NSLB wird als berufsständische Ordnung bezeichnet und kann daher nicht unter Art. 32 fallend betrachtet werden. Den Ordensschwestern ist indes die Zugehörigkeit zum NSLB nicht gestattet. Solange dürfen sie Rosenbergs Mythos zur Grundlage der Schulung ... (nehmen) und in katholischen Gewissen größte Verwirrung anrichten."[57]

Zwar war nach der NSV und nicht nach dem NSLB gefragt worden, doch zeigte die Auslegung des Konkordates eine eindeutige Tendenz, ohne daß jedoch diese in Form eines persönliches Rates formuliert worden wäre.

Kurze Zeit später wandte sich Kahle erneut hilfesuchend an das Generalvikariat, da er ein Schreiben des Kreisamtsleiters des NSLB erhalten hatte. Dieser hatte ihm im Namen des Kreisleiters mitgeteilt, daß er von den in „Lippstadt versammelten Kreisamtsleitern für den Kreisamtsleiterposten des VDA in Vorschlag gebracht worden"[58] sei und der Kreisleiter von ihm erwarte, daß er auf Grund seiner

---

56   EbA Pb, XV.27, Schreiben vom 8.7.1934
57   ebd., Handschriftliches Schreiben des Generalvikariats datiert auf den 12.7.1934
58   ebd., Schreiben vom 7.8.1934 an das Generalvikariat

Verbindungen durch seine Schwester, der Dichterin Maria Kahle, die Einverständniserklärung abgebe. Unter Verweis auf eine im kirchlichen Amtsblatt veröffentlichte Anordnung bat Kahle um Stellungnahme mit dem Hinweis, daß er „am liebsten" aus allen Verbindungen zur Partei gelöst wäre, und behauptete, daß er keine Möglichkeit der Ablehnung des angetragenen Postens habe, wenn er in der Partei und im NSLB verbleibe.[59] Doch das Generalvikariat antwortete auf dieses Hilfeersuchen erneut nur lapidar:

> „Die Annahme oder Ablehnung eines Kreisamtsleiterpostens des VDA müssen wir ihrer eigenen Entscheidung anheimgeben."[60]

Obwohl man diese nüchterne Antwort kaum als eine persönliche Beratung angesichts der individuellen Konfliktlage ansehen kann, nahm Kahle am 31. August 1934 seine Anmeldung zur NSDAP zurück.

Dies begründete er später einerseits mit der vom Generalvikariat erteilten Auskunft über die Unvereinbarkeit aufgrund des Konkordats und andererseits mit dem Hinweis von sachkundigen Parteigenossen, daß die Partei „Tätigkeit von Geistlichen in der politischen Organisation nicht wünsche"[61]. Daß diese äußere Lösung keine „innere Trennung" von der Partei bedeutete, belegte Kahle mit dem Verweis auf die Rüthener Ortsgruppenleitung, die seine „unveränderte Gesinnung" anerkenne und die ihn „zum 1. Mai 1935 einen Prolog (habe) dichten lassen", und damit, daß er vor der NS-Frauenschaft im Sommer 1935 einen Vortrag gehalten habe.[62] Seine unveränderte Haltung als Lehrer und Erzieher dokumentierten für Kahle auch seine Aufsatzthemen und die geschlossene Mitgliedschaft seiner Oberprima in HJ und SA seit 1933.[63]

Hintergrund dieser persönlichen Erklärung, die sich bemühte, eine gewisse Nähe zur NSDAP herauszuarbeiten, und die mit dem „ernsten Willen" schloß, sich „für die Belange des neuen Staates einzusetzen", war wohl die lang ersehnte Chance, nun mit 43 Jahren den unsicheren Status eines Assessors zu beenden und eine feste Anstellung als Studienrat zu erhalten. Schulleiter Steinrücke verbaute Kahle diese Perspektive in einem angeforderten Gutachten nicht. Er charakterisierte ihn als einen katholischen Theologen „mit gegenwartsnaher Prägung", „aber nicht aus dem Geiste des Dunkelmännertums"[64]. Der Beitritt zur NSDAP war für

---

[59] vgl. ebd.
[60] ebd., Handschriftliche Antwort vom 15.8.1934
[61] So formulierte Kahle in seinem Bericht vom 27.2.1936 zur „Betätigung in der ns Bewegung" (vgl. StA MS, PA, K 47).
[62] vgl. ebd.
[63] vgl. ebd.
[64] StA MS, PA, K 47, Gutachten vom 26.2.1936

Steinrücke „in ehrlicher, überzeugter Würdigung der Aufgaben und Ziele der nationalsozialistischen Bewegung" erfolgt - „durchaus geistesverwandt" seiner Schwester, der Dichterin Maria Kahle -, wohingegen er die Rücknahme seiner Meldung auf das Generalvikariat und den „ständigen und stärksten Einflüssen einzelner ihm nahestehender Vertreter des reaktionären Landklerus" zurückführte.[65]

Der Rücknahmeschritt war für Steinrücke „um so bedauerlicher", da „Kahle dem Geist und den Bestrebungen der Partei durchaus bejahend" gegenüberstehe und „diese Haltung im Unterricht, in seinen gottesdienstlichen Ansprachen wie auch in seinem Privatleben durchaus" bewahre.[66] Und Steinrücke behauptete weiter:

> „Dr. Kahle bedauert die Loslösung von der Partei als Folge der Unbesonnenheit eines Augenblicks außerordentlich und hat in richtiger Erkenntnis der Ursache dieses verhängnisvollen Schrittes sein Verhältnis zu dem Seelsorgeklerus des hiesigen Bezirkes völlig gelöst."[67]

Das Gutachten mündete in der Versicherung, daß „die ganze Schulgemeinde: Elternschaft, Schüler und Lehrer es außerordentlich begrüßen (würde), wenn diese wertvolle Lehrkraft der Schule erhalten bliebe"[68]. Auch wenn es sich um ein Gefälligkeitsgutachten handeln sollte, erstaunen zumindest die Wortwahl des Verfassers bei der Beschreibung des örtlichen Klerus und des als punktuelle Unbesonnenheit deklarierten Austritts aus der NSDAP, aber auch die umfassend formulierte erkennbare Distanz Kahles zum örtlichen Klerus.

Da auch Parteistellen gegen Kahle „in politischer Hinsicht keine Bedenken" hatten bzw. ihn als „in politischer wie auch charakterlicher Hinsicht als zuverlässig" ansahen,[69] erfolgte nach seiner Versetzung zum 1.4.1936 an das Gymnasium in Arnsberg drei Monate später seine Bestallung zum Studienrat und zum 23.8.1936 seine so lange angestrebte Festanstellung.[70] 1937 wurde Kahle Mitglied im VDA und im Reichskolonialbund.

Im Mai 1940 wandte sich Kahle an das Oberpräsidium, da ihm sein derzeitiger Schulleiter Dr. Thoma im Namen der Behörde verboten hatte, weiter Deutschunterricht zu erteilen. Kahle sah in der „unbegründeten Untauglichkeitserklärung" eine Spitze"[71] gegen seine Person als katholischer Geistlicher und erklärte dazu,

---

[65]   ebd.
[66]   ebd.
[67]   ebd.
[68]   ebd.
[69]   StA MS, PA, K 47, Stellungnahmen vom 15.4.1936
[70]   vgl. StA MS. PA, K 47
[71]   StA MS, PA, K 47, Schreiben vom 9.5.1940

daß er „nie ... einen inneren Konflikt gespürt (habe)" zwischen seiner priesterlichen Pflicht und den Aufgaben des Deutschlehrers. Doch falls ein achristlicher oder sogar antichristlicher Deutschunterricht gewünscht würde, dann sei er dazu nicht in der Lage, stellte Kahle klar und verwies darauf, daß dann unter solchen Vorgaben konsequenterweise die Mehrzahl der Deutschlehrer vom Unterricht zu entbinden wäre.[72] Die von Kahle eingeforderte offene Erklärung wurde mit dem handschriftlichen Vermerk abgezeichnet, daß ihm mitgeteilt werden solle:

„Aus grundsätzl(ichen) Erw(ägungen) kann ihm keine Auskunft erteilt werden."[73]

Obwohl dies auf eine Beibehaltung des Verbots hindeutet, ist bei von Hehl festgehalten, daß erst ab 1944 ein „Verbot, weltliche Fächer zu lehren,"[74] erteilt wurde, was dann auch den Geschichtsunterricht umfaßt hätte.

Kahles erste wissenschaftliche Arbeit, die nachweisbar ist und die sich auch Zeitfragen stellte, war die sogenannte schriftliche Referendararbeit im Rahmen des Zweiten Staatsexamens 1925. Das ihm vorgegebene Thema „Zur Psychologie der Jugendbewegung" erarbeitete er im Anschluß an Eduard Sprangers „Psychologie des Jugendalters". Unklar ist, ob diese Eingrenzung Teil der Themenstellung war oder von Kahle selbst vorgenommen wurde. Kahle stellte sich in dieser Arbeit der durch das Thema einzubeziehenden aktuellen gesellschaftlichen Situation, indem er durchaus zu Zeitgeist und Zeitkritik Position bezog, so daß seine persönliche Grundhaltung wenigstens teilweise identifizierbar ist - auch aufgrund Kahles differenzierender Einschätzung der realiter heterogenen Jugendbewegung und seiner Nähe zur katholischen Jugendbewegung.[75]

Kahle sah die „Kultur"gesellschaft der Weimarer Republik als „stark mechanisiert", das politische Verfahren im ersten demokratischen Regierungssystem qualifizierte er entsprechend als „Gesetzgebungsmaschinerie" ab und kontrastierte diese mit einem „Führer" - auch als Ausdruck des Strebens der Jugend nach persönlicher Bindung.[76] Den Kern der Jugendbewegung sah er in einem „neuen Lebensgefühl" der Jugend, das er für einen Teil aufgrund der starken Ichbetonung als „letzte Welle der großen individualistischen Emanzipationsbewegung der Neuzeit des Abendlandes" annahm und für den anderen Teil der Jugend „als polares Kontrasterlebnis das Erlebnis der Gemeinschaft" begriff.[77]

---

[72] vgl. ebd.
[73] ebd.
[74] Hehl, Ulrich von (Bearb.), Priester unter ..., a.a.O., S. 987
[75] Die folgenden Seitenangaben beziehen sich auf die Seiten in der Examensarbeit, einzusehen im StA MS, PA, K 47 (im folgenden zitiert als „Examensarbeit").
[76] vgl. ebd., Examensarbeit, S. 4f.
[77] ebd., S. 8f.

Die Differenzierung der Jugendbewegung setzt Kahle mit einer geschlechtsspezifisch diskriminierenden rhetorischen Frage fort: „Ist denn nicht vielfach heute der
Typ des Jugendbewegten weibisch und schlapp?", die er für sich eindeutig beantwortete: „Man merkt das Feminine und Unschöpferische manchen Jugendbewegten sofort an"; und als konsequente Gegenposition, mit der er sich identifizierte, formulierte Kahle:

> „Daher rufen die Führer auf zum Kulte von Stefan George, der in seiner formstrengen
> Kühle so ganz unjugendlich als Gegengift wirken soll, daher in der Katholischen Ju-
> gendbewegung das Bemühen um die Wiedererweckung der feierlich, objektiven rö-
> mischen Liturgie."[78]

Nicht nur die frauenferne/-feindliche Haltung Georges und seiner Jünger kam
Kahle entgegen, sondern besonders die elitäre Ästhetik seiner Dichtung.[79] Eine
Entsprechung konnte Kahle in dem Bemühen katholischer Kreise finden, eine
Renaissance der lateinischen Messe zu erreichen. Aus seiner kulturkritischen Per-
spektive erkannte Kahle eine „Nacktseuche" und eine „sexuelle Vergiftung des
Tanzes"[80] und sah Probleme der Jugend im Bereich Erotik und Sexualität als
„künstlich" an - „durch unverantwortliche 'Führer' wie Blüher und Wyneken auf-
gebauscht und verfälscht"[81]. Kahle bescheinigte der Jugend einen idealistischen
Charakter, da sie sich „für alle sittlichen und pseudo-sittlichen Fragen von der
Abstinenz bis zum Pazifismus (erwärmen)" könne, stufte sie demnach als „taten-
arm und gedankenvoll" ein und charakterisierte sie zusammenfassend als „aber in
tiefstem Wesen unpolitisch"[82].

Kahles Geringschätzung des Pazifismus war Ausdruck seines politischen Stand-
orts, der ihm zugleich einen angemessenen Blick auf die sozialistischen Teile der
Jugend und deren politisches Engagement versperrte. Ein einzelner Hinweis auf
die weite Verbreitung nationalistischen Gedankenguts ging einher mit einem unkritischen und mit viel Pathos behafteten Rückblick auch auf den Ersten Welt-

---

[78] ebd., S. 8, 14
[79] vgl. die umfangreiche Einordnung Georges in Kapitel C.III.2.a).
[80] StA MS, PA, K 47, Examensarbeit, S. 17, 15
[81] ebd. Hans Blüher hatte die Wandervogelbewegung auch als ein erotisches, aber nicht so
      sehr als sinnlich-sexuelles Phänomen gedeutet. Für einen Überblick vgl. Schoeps. Julius
      H., Sexualität, Erotik und Männerbund. Hans Blüher und die deutsche Jugendbewegung
      (1986), in: derselbe, Leiden an Deutschland. Vom antisemitischen Wahn und der Last der
      Erinnerung, München 1990, S. 139-158. Für eine freiere Sexualität plädierte Wyneken,
      Gustav, Schule und Jugendkultur, 3. Aufl. Jena 1914, in mehreren Aufsätzen. Vgl. grund-
      sätzlich auch die sehr analytisch angelegte Arbeit von Kupffer, Heinrich, Gustav Wyneken
      (= Texte zur Schriftenreihe „Aus den deutschen Landerziehungsheimen" hrsg. von Hell-
      muth Becker u.a.), Stuttgart 1970.
[82] StA MS, PA, K 47, Examensarbeit, S. 18

krieg, der die realen Erfahrungen des Krieges vernachlässigte - nicht unbedingt auch deren Verklärung in der apologetischen Literatur, indem er formulierte:

> „Ewige Ideen: Vaterland und Freiheit finden Widerhall im Herzen der Jugendbewegung, und wenn auch der Staat als objektive Organisation der subjektivistischen Jugend ein Greuel ist, wenn das Vaterland ruft zum Kampfe und Tod für Freiheit und Ehre: die Jugend und auch die Jugendbewegung hat immer ihren Mann gestanden!"[83]

Entscheidend war für ihn neben dem idealistischen Charakter der Jugend auch ein hierarchisches Verhältnis:

> „Sie muß eben einen Führer haben und große Gedanken."[84]

Unkritisch wurde von Kahle die Staatsferne, die geringe Identifikation von Teilen der Jugend mit der Weimarer Republik festgestellt, wobei er in einer Anmerkung zum Text seine persönliche politische Grundhaltung offenbarte:

> „Echt jugendbewegt ist in diesem Betracht der Jungdeutsche Orden in Ablehnung des Parteiismus. Wieviel jugendliche Freunde verloren nicht die Nationalsozialisten, als sie in den Reichstag wollten!"

1924/25 müssen diese Detailkenntnisse aus dem nationalistisch-völkischen Spektrum zumindest überraschen. Zwar konstatierte Kahle bedauernd, daß die Jugend kulturpessimistischen und weltanschaulich „stark rationalistischen" Tendenzen folge und „dem Zauber stark vereinfachender Weltbilder" von Schopenhauer, Nietzsche und Spengler unterliege, doch glaubte er „bei aller Kritik der Jugendbewegung, an ein neues Werden der geistigen und körperlichen Grundlagen des Volkstums, das sich trostvoll in düsterer Gegenwart ankündigt, im tiefsten Kern unserer deutschen Jugendbewegung!"[85] Auch in dieser abschließenden Aussage seiner Examensarbeit blieb Kahles persönliche Meinung inhaltlich eher vage. Was sollte denn konkret unter „ein neues Werden der geistigen und körperlichen Grundlagen des Volkstums" zu verstehen sein? Welche politischen, wirtschaftlichen und sozialen Entwicklungen ließen denn die Gegenwart „düster" erscheinen? Daß Kahle, ausgewiesen als Intellektueller durch seine erstklassigen Examina, nicht in der Lage gewesen wäre, konkretere gesellschaftliche Festlegungen zu treffen, ist unwahrscheinlich. Eher ist anzunehmen, daß er in der Lage war, den Status seiner Ausführungen als „Prüfungsarbeit" zu reflektieren und weitergehendere Aussagen über einen nationalistischen Grundtenor hinaus zu vermeiden.

---

[83] ebd., S. 18f.

[84] ebd. Verklärend formulierte er noch 1955 zu seinen Mitschülern am Petrinum: „Ein heiliger Frühling - so gingen viele der Besten in den ersten Weltkrieg in den Tod." (Kahle, Wilhelm, Briloner Bilderbogen aus der Zeit vor 1914, in: 300 Jahre Gymnasium Petrinum. Brilon 1655 - 1955, Brilon 1955, S. 88)

[85] StA MS, PA, K 47, Examensarbeit, S. 20, 22

Zur Sichtbarmachung Kahles damaliger gesellschaftlicher Grundhaltung lassen sich weitere auswertbare Belege heranziehen. In einem Artikel im „Jungdeutschen", der Tageszeitung des Jungdeutschen Ordens, stellte Kahle 1925 Sauerländer Dichter vor. Als „bedeutendste(n) lebende(n) Dichter" sah er Rektor Dr. Heinrich Luhmann an, dessen „katholische Seele" fabuliere und den er für „eine starke Hoffnung" hielt.[86] Den Abschluß des zweispaltigen Artikels bildete eine Würdigung seiner Schwester Maria Kahle, bis dahin Schriftleiterin des „Jungdeutschen", die ihm Luhmann gegenüber schon als „ein gut Teil Erfüllung" galt:

> „Eine klingende und singende Frauenseele, die der Welt und des Geistes Schönheit und Ferne gesehen, erlebt doch in der Heimat wieder den tiefsten Einklang zwischen Innenwelt und Außenwelt. Ihre Werke zu würdigen, erübrigt sich; sie sind ja allen unseren Lesern vertraut!"[87]

Vertraut war den Lesern nicht nur die nationalistische, militaristische, antisemitische und teilweise revanchistische Grundhaltung der Zeitung, die für eine völkische Erneuerung aus dem Geist des imaginären Frontsoldatentums gegen die Parteiendemokratie kämpfte zu Gunsten einer führerzentrierten Regierungsform; bekannt war den Lesern auch die Schriftleiterin der Zeitung Maria Kahle durch ihre zahlreichen Artikel, und bekannt waren auch die vielen Berichte über Maria Kahles Reden auf vaterländischen Kundgebungen sowie ihre Gedichte, die sie als renommierte und bejubelte völkische Propagandistin auswiesen.[88]

Daß Wilhelm Kahle mit dieser Kampfbewegung nicht unreflektiert sympathisierte, zeigte ein Leserbrief schon 1923. Der Briloner Pazifist Josef Rüther hatte anonym auf die religiös verbrämten Haßgesänge Maria Kahles aufmerksam gemacht und gegen das von Maria Kahle vertretene völkische Christentum in einer Artikelserie in der „Germania" das Wort ergriffen, in der er auch im Jungdeutschen Orden, der von Katholiken und Teilen des Klerus gestützt wurde, eine Gefährdung des Friedens und der Republik sah.[89] Wilhelm Kahle antwortete engagiert und relativierte verharmlosend „Entgleisungen" einer „glühend patriotischen, temperamentvollen Dame", die „nur zum Jungdeutschen Orden Beziehungen" habe und nicht zu deutschvölkischen, religionsreformerischen Bewegungen, ohne

---

[86] vgl. Kahle, W., Das Sauerland und seine Dichter, in: Der Jungdeutsche vom 1.3.1925
[87] ebd.
[88] vgl. Bracht, Hans-Günther, Maria Kahles Wirken ..., a.a.O. So versprach Maria Kahle Adolf Hitler anläßlich des Scheiterns des Putschversuches der Nationalsozialisten 1923: „So schweißt das Feuer, das dein Werk entflammte, Jetzt unser Wollen zum Befreiungsschwerte! Einst sollst du stolz uns deine Jünger heißen ..." (Kahle, Maria, Gekreuzigt Volk, Kassel 1924, S. 59)
[89] vgl. Rüther, Josef, Die völkische Bewegung als Abfall vom Christentum I, II und III in: Germania vom 28.11., 3.12. und 8.12.1923

sich inhaltlich mit den Reden Maria Kahles oder den Zielen des Jungdeutschen Ordens auseinanderzusetzen.[90] Von einer Akzeptanz oder gar einer Unterstützung der jungen Demokratie konnte bei Wilhelm Kahle zu diesem Zeitpunkt nicht die Rede sein. Die Distanz zu den Parteien schloß für die nächsten Jahren auch eine Mitgliedschaft im Zentrum aus.

Kahles in der Referendarsarbeit angedeutete ablehnende Unsicherheit zu Fragen der Sexualität/Erotik war eingebunden in den umfassenden Erziehungsauftrag der katholischen Kirche. So kam Kahle bei der Rezension eines lateinischen Lesebuchs, dem er fachmethodisch seine „Anerkennung nicht versagen"[91] wollte, unter Maßgabe der Eignung an katholischen Anstalten, besonders höheren Mädchenschulen, zur Forderung, Texte von Ovid und Catull zu streichen: „(Wir) lehnen für katholische Knaben, erst recht für Mädchen im Jugendalter diese leidenschaftlichen, rein natürlichen Poesien auf Bacchus und Venus ab", und sie durch „ethisch wertvolle Stücke" zu ersetzen, z. B.: „Capitel des Tridentiner Konzils"[92].

Kahles Neigung bzw. Verständnis, mittels weltanschaulicher Selektion dem kirchlichen Erziehungsanspruch zu genügen, ergab sich auch aus zwei weiteren Veröffentlichungen. In der Kölnischen Volkszeitung beklagte er die Einstellung des „Literarischen Ratgebers", der „nach streng ästhetischen, d. h. künstlerischen und weltanschaulichen Gesichtspunkten"[93] rezensiert habe und nicht wie sein Nachfolger kataloghaft nur Inhalte skizziere. Und in den Franziskus-Stimmen schrieb er über das Buch „Harald Baum, Dichterglaube"[94]. Hier wurde zugleich seine persönliche Religionsauffassung als auch sein Kunstverständnis stärker erkennbar. 90 Dichter(innen) waren in diesem Sammelband „über Religion, Christentum - Konfession und Kirche" aufgenommen worden. Ein breites Spektrum, in dem „nur die Gottlosen und Gottesfeinde, die fanatischen und engstirnigen 'Freidenker' fehlen. Wie könnte auch ein wahrer Dichter gottlos sein!", konstatierte Kahle. Als „Krankheit unserer Tage" beklagte er die „Unklarheit und Verworrenheit" der auftretenden religiösen Begriffe, die Kahle auf „soziale, technische und wirtschaftliche Umwälzungen" vor 1914 und den Weltkrieg zurückführ-

---

90 vgl. Kahle, Wilhelm, Leserbrief, in: Germania Nr. 353 vom 27.12.1923

91 Kahle, W., Gündel, Friedr. Dr.: Roma aeterna, Rezension, in: Vierteljahrsschrift für wissenschaftliche Pädagogik 4 (1928), S. 121f.

92 ebd.

93 Kahle, Wilhelm, Ein Nachruf für den Literarischen Ratgeber für die Katholiken Deutschlands, in: Kölnische Volkszeitung vom 24.12.1932, S. 10

94 Kahle, Wilhelm, Der Dichter der Gegenwart und die Religion, in: Franziskus-Stimmen 16 (1932), S. 342

te.[95] Sein Verständnis der Aufklärung und deren Folgen zeigte insbesondere seine Ablehnung der Franzosen Barbusse und Rolland und des „ironische(n) Deutsche(n)" Thomas Mann und die allgemeine Qualifizierung:

> „Mehr oder weniger aufklärerisch verseucht sind viele, die sich und ihren Glauben, der ihr ganz persönliches Erlebnis ist, vor dem zersetzenden Verstand ins dunkle Gefühl retten."[96]

Kahle vermißte bei diesen Dichtern ein Gebet oder auch nur einen Gedanken, der „zum fortlebenden Christus, zum mystischen Haupte einer Gnadengemeinschaft" gehe, einen „demütige(n) Glaube(n)", denn so blieben sie dem Menschlich-Irdischen verhaftet und hätten Religion nicht als „Offenbarung des Vollkommenen und Unbedingten"[97] erkennen können. Kahles Resümee fiel dann auch eindeutig aus:

> „Im großen und ganzen steht die Front der Dichter noch im Lager der Aufklärung."[98]

Und ihrem „Stammeln menschlicher Weisheit vor dem großen Geheimnis" stellte er entgegen: „Veni, sancte Spiritus!"[99] Seine Erwartung war weniger theologische Reflexion als Hingabe an Glaube und Kirche, an das Mysterium Christi.

Eine so verstandene Frömmigkeit durchzog Kahles Leben und wurde von ihm als Maßstab angesehen, der auch für Politik und Wissenschaft gelten sollte. So betrachtete er Wilhelm Killing, auch Schüler des Briloner Petrinums und späterer Mathematikprofessor, als vorbildlich: „ein heiligmäßiger Gelehrter", da er Wissenschaft und Frömmigkeit „in edler Harmonie zur Entfaltung" gebracht habe als „Erbgut der Heimat"[100]. Für Kahle wurzelte damit Frömmigkeit im Heimatboden, der so zugleich als etwas Religiöses zu begreifen war und auch bei Katholiken als Grundelement des Volkstums gelten konnte.

Dieses besondere Verständnis von Frömmigkeit griff Kahle auch in Veröffentlichungen während des Nationalsozialismus - aber erst ab 1937, d. h. nach dem Wechsel der Schule - immer wieder auf. So forderte er von den Katholiken eine „neue Frömmigkeit", die „ein ausgeprägtes Gefühl für die Notwendigkeit des kirchlichen Lehr- und Hirtenamtes"[101] habe müsse. Da er der katholischen Lehre

---

[95] ebd., S. 343
[96] ebd.
[97] ebd.
[98] ebd., S. 344
[99] ebd.
[100] Kahle, Wilhelm, Wilhelm Killing 1847 - 1923, in: Festschrift zur Feier des 75jährigen Bestehens des Gymnasiums Petrinum zu Brilon am 1. und 2. und 3. August 1933. 1858 - 1933, o.O. (Brilon) o.J. (1933), S. 25f.
[101] Kahle, Wilhelm, Das Ende der Gegenreformation, in: Eine heilige Kirche. Zeitschrift für

von der Kirche Irrwege kategorisch bestritt, wandte er sich der Praxis der Gläubigen zu und konstatierte einen „Zug zur Vereinzelung" und nur noch pflichtgemäßes Verhalten:

> „Die betende Kirche wird eine Versammlung von Einzelchristen, ihr Gebet kennt nicht das 'Wir', sondern nur das liebe 'Ich'. Der Opfergedanke verkümmert vor der demonstrativen Anbetung, die Liturgie tritt an Wertschätzung hinter der Predigt zurück. Das Kirchenjahr wird moralisierend mißverstanden, man läßt sich seelisch nicht mehr von einem Rhythmus führen."[102]

Demgegenüber hielt Kahle mit einem Anknüpfen an die „katholische Frühzeit" „Enthusiasmus, Hineinwachsen in Christus, Leben in Christus mit allen Kräften des Seeles und des Leibes" für erforderlich, das sich gegen „eine von außen aufgezwungene Überbewertung" von „Ablaß, Rosenkranz, Reliquien- und Heiligenverehrung, Gnadenbilder und Wallfahrten" richtete.[103] An die Stelle von Moral sollten Dogma, Gottesverehrung und Offenbarung treten, der Katholik sollte sich vom Individualisten zum Gemeinschaftsmenschen wandeln und die Kirche „als pneumatische Gemeinschaft mit und in Christus"[104] sehen.

Dieses Zurück zu Bibel und Liturgie, zur Opferfeier als Mittelpunkt der Frömmigkeit, war mehr als nur ein innerkirchlicher Beitrag Kahles zur Reform. Denn für ihn war dies eine mögliche Antwort auf die „Auswirkungen der 'Freiheit' des Menschen in der Dämonie des entfesselten Wirtschafts- und Genußlebens, im Donner eines unmenschlichen Krieges und in der kindischen Hilflosigkeit des Menschengeistes in der Nachkriegszeit", als man „machtlos in den wütenden Wogen der Menschheitskatastrophe" gestanden habe.[105] Mit dieser gesellschaftlich-politischen Einbindung zeigte Kahle, daß er die Weimarer Republik immer noch nicht in ihrem wirtschaftlichen, gesellschaftlichen und politischen Fortschritt würdigen und so auch keinen Kontrast zur nationalsozialistischen Realität sichtbar machen bzw. auch nur andeuten konnte.

Kahles christozentrische Grundhaltung prägte alle Teile seines Religionsverständnisses. So kritisierte er eine „(Marien-)Verehrung zum Selbstzweck", da Maria nur der Status einer Dienerin Gottes zukomme:

> „Wo Maria ist, da ist auch Christus, aber er ist die Quelle, die ihre heiligenden und beseeligenden Wasser in sie ergießt."[106]

Kirchenkunde und Religionswissenschaft Jg. 1937/38, S. 9
[102] ebd., S. 11
[103] ebd., S. 11-13
[104] ebd., S. 14
[105] ebd.
[106] vgl. Kahle, Wilhelm, Rosenkranz ..., a.a.O., S. 9-11

Den Christozentrismus wollte Kahle auch auf eine religiöse Bewertung des Alten Testaments (AT) angewandt wissen. Als Vorarbeit forderte er von der Wissenschaft des AT, daß sie „lebendig den religiösen Ewigkeitswert der Frömmigkeit der großen Gestalten des AT"[107] aufzeige und weniger Zeitgeschichte und Dynastien thematisiere, u. a. um eine pneumatische Exegese des AT zu ermöglichen. Kahle beklagte die Probleme bei der Behandlung des AT, indem er angesichts des offenen gesellschaftlichen Antisemitismus vorsichtig „die oft vertretene Meinung" kritisierte, „daß die Religion einer fremden und in unserem Falle schlechten Rasse unserer Eigenart nicht nur nicht förderlich sondern sogar schädlich sei". Er wies auch auf die der Jugend zugeschriebene „hemmungslose Kritik" und auch auf ihre fehlende Ehrfurcht hin - „auch schon der Mittelklassen" in der Schule:

„Wie furchtbar aber ist die Lage, wenn die Jugend spöttelt, ja haßt, wo wir die Quelle des Ewigen trotz allem rauschen hören!"[108]

Kahle sprach hier wohl aus seiner häufigen Erfahrung als Religionslehrer, die ihm täglich die 'Infizierung' der Jugend mit religionskritischen Vorstellungen aufzeigte.

Mit seinem Bemühen um innerkirchliche Erneuerung[109], Christozentrismus und Neubewertung des AT versuchte Kahle den kirchenfeindlichen Entwicklungen in der NS-Zeit entgegenzutreten. Die bei ihm schon in der Weimarer Republik ausgeprägte Haltung des Rückzugs auf die Kirche wird durch die gesellschaftlichen Verhältnisse im Nationalsozialismus noch gefördert, da für Gesellschaftskritik in den (selbst)gleichgeschalteten Zeitschriften kaum Raum vorhanden war.

Dies läßt sich auch am neuen Bistumsblatt für die Erzdiözese Paderborn „St. Liborius", an dem Kahle Mitarbeiter war, zeigen. Auf Anordnung der Reichsschrifttumskammer war auch der Erzbischof von Paderborn gehalten, die zahlreichen verschiedenen Kirchenblätter einzustellen und nur ein einheitliches Blatt als kirchenamtliches Organ für den Kirchensprengel zu bestimmen. Erzbischof Caspar

---

[107] Kahle, Wilhelm, Das Alte Testament im Religionsunterricht der höheren Schule. Feststellungen und Forderungen, in: Zeitschrift für den katholischen Religionsunterricht an höheren Lehranstalten 14 (1937), S. 64. Die Zeitschrift wurde mit dem Jahrgang 1937 eingestellt, so daß die Veröffentlichungsmöglichkeiten für Religionslehrer weiter eingeschränkt waren.

[108] vgl. ebd., S. 62

[109] Für vorbildlich hält Kahle den Grundtenor des positiv besprochenen Buches zur Kirchengeschichte von Gustav Schnürer (vgl. Kahle, Wilhelm, Katholische Kirche und Kultur in der Barockzeit. Bemerkungen aus Anlaß eines Buches, in: Zeitschrift für den katholischen Religionsunterricht an höheren Lehranstalten 14 (1937), S. 228-230), da Schnürer die Barockzeit „als Reue der Renaissance über ihre Weltläufigkeit, als primär i n n e r kirchliche Erneuerung ... , als Enthusiasmus und Kreuzrittergeist" charakterisiere (S. 228).

entschied sich für die Neugründung des St. Liborius zum 1.4.1937.[110] Die angesichts der Spannungen und Kontroversen zwischen Kirche und Partei notwendig erscheinende „Belehrung" auch der breiten Masse der Katholiken war Aufgabe des neuen Blattes:

> „In unseren Tagen wird es auch dem Mindergebildeten immer mehr eine dringende Notwendigkeit, von seinem Glauben Rechenschaft zu geben, die Haltlosigkeit und Bosheit aller Schmähungen desselben zu erkennen und sie gebührend zurückzuweisen zu können."[111]

Diese Selbstbegrenzung auf kirchlich-religiöse Fragen wurde durch die Beschlagnahmung der dritten Ausgabe sicher gestärkt, dennoch war ein Bemühen um Festigung der kirchlichen Position auch gegen Einflüsse von außen weiterhin erkennbar. Besonders Kahle gelang es, Angriffe und Tendenzen gegen die Kirche indirekt aufzugreifen und zu korrigieren, ohne sich explizit gegen die Nationalsozialisten zu wenden.

Eins von Kahles innerkirchlichen Zielen war es, das Osterfest gegenüber dem Weihnachtsfest aufzuwerten:

> „Das Osterlob, die Weihe der großen Osterkerze, des unvergleichlichen Sinnbildes des auferstandenen Christus, der lichtstrahlend in Herrlichkeit das Grab verließ. Das Wachs bedeutet seinen reinsten, heiligsten Leib, der Docht seine Seele, die Flamme seine Gottheit."[112]

Auch hier offenbarte sich Kahles christozentrische Position, die er auch gegen die sich ausbreitenden Feiern der Frühlingssonnenwende anstelle der christlichen Osterfeier einsetzte, indem er den Brauch der Vorfahren durch die Kirche „aus seiner tragischen Nur-Naturverbundenheit"[113] gelöst und zugleich erhöht sah, da die Kirche einen altgermanischen Brauch heimgeholt und so geheiligt habe. In diesem Sinne wandte er sich gegen Tendenzen, „die im Christentum nur eine Überfremdung des Germanentums sehen"[114]. Zwar könne das Christentum als Offenbarungsreligion im Kernbereich „nicht von den Elementen einer Naturreligion durchdrungen worden sein", doch könne die „Religiosität, d.h. die äußeren Formen der lebendigen Frömmigkeit und der Gottesverehrung"[115] von den Ger-

---

[110] vgl. Caspar, Geleitwort zur Einführung des Bistumsblattes, in: St. Liborius. Bistumsblatt für die Erzdiözese Paderborn 1 (1937), S. 2

[111] vgl. ebd.

[112] Kahle, Wilhelm, Im Osterlicht, in: St. Liborius 1(1937), S. 5

[113] ebd., S. 6

[114] Kahle, Wilhelm, Germanische Frömmigkeit in der kirchlichen Liturgie. Zur Feier der Bittage, in: St. Liborius 1 (1937), S. 62

[115] ebd.

manen beeinflußt worden sein. In diesem Bereich sah Kahle „Raum für die besondere Artung der germanischen Seele" und pointierte:

> „Das Christentum ist die Erfüllung der tiefen Ahnungen und symbolreichen Bräuche (im Original gesperrt, H.-G. B.) unserer Vorfahren geworden."[116]

Auch einen anderen Angriffspunkt gegen die katholische Kirche - das zölibatäre Leben von Priestern und Ordensleuten bedeute „Verlust wertvollen Erbgutes" - versuchte Kahle anläßlich einer allgemeinen Abhandlung zur „Jungfräulichkeit" durch Hinweis auf den Menschen als „große(n) Triebbeherrscher" zu Gunsten einer Idee zu entkräften. Kahle sah den Gedanken der christlichen Jungfräulichkeit sogar bei manchen Christen „einem ablehnenden Unverständnis ausgesetzt"[117], was für ihn einen „Einbruch einer rein diesseitigen Weltanschauung" (im Original gesperrt, H.-G. B.) in die Bezirke des Glaubens und der erlösten Schöpfung darstellte. Den bevölkerungspolitischen Vorwurf seitens der Nationalsozialisten, daß wertvolles Erbgut verlorengehe, „weil hochwertige Menschen in falschem Idealismus sich zur steten Keuschheit verpflichtet hätten", parierte er mit der Feststellung, daß „Ehe und Jungfräulichkeit in einem fördernden Verhältnis zueinander(stehen)", wie viele katholische Länder belegen würden. Im Sinne der Kirche fügte er verschärfend auf die Bevölkerung gerichtet hinzu:

> „An der Ehelosigkeit des Klerus ist noch kein Land zugrunde gegangen, wohl aber an der Opferscheu in der Ehe."[118]

Konnte man diesen Beiträgen noch eine ansatzweise Auseinandersetzung und kritischen Umgang mit gesellschaftlichen Tatbeständen - auch wenn sie die Kirche betrafen - entnehmen, war für die Mehrheit der Artikel im St. Liborius eher eine Erläuterung christlicher Positionen ohne Zeitbezug typisch. Dies barg die Gefahren einer weiteren Entpolitisierung durch Begrenzung auf Glaubensfragen, wie die resignative Aussage des geistlichen Lehrers und späteren Schulleiters am Briloner Petrinum Karl Brocke zeigt:

> „Nur als Strafe für die Sünde der ersten Menschen, nur als Folge der Erbsünde läßt sich das vielfache Leid in der Welt erklären." (im Original gesperrt, H.-G. B.)[119]

Auch kulturkritischen oder nationalistischen Artikeln wurde noch Raum gegeben, in denen z. B. Julius Langbehn als „einer der großen Künder der deutschen Wie-

---

[116] ebd. Hierzu zählte Kahle u. a. Prozessionen und das Fasten an Bittagen. „Echt germanisch ist ferner die Sitte, trotz der Osterzeit zu knien und die Farbe der Buße zu tragen." (S. 63)

[117] Kahle, Wilhelm, Von der Jungfräulichkeit. Gedanken zu einer christlichen Haltung, in: St. Liborius 1 (1937), S. 20

[118] vgl. ebd.

[119] Brocke, Karl, Erbsünde - eine abstruse Lehre?, in: St. Liborius 1 (1937), S. 18

dergeburt im Namen Christi"[120] gewürdigt und sein Lebensweg - vom Protestantismus zum Katholizismus - als symbolhaft für das Schicksal des deutschen Volkes angeführt wurde.

Nachdem die religiösen Zeitschriften, in denen Kahle publiziert hatte, eingestellt worden waren, sind erst wieder für die Zeit nach Kriegsbeginn Veröffentlichungen nachweisbar. So veröffentlichte Kahle z. B. drei Buchbesprechungen in der Zeitschrift „Heimat und Reich":

- Er schrieb einen Lobgesang auf den katholischen völkischen Dichter Max Mell, der sich verklärend mit Volk und Land der Steiermark beschäftigt: „Solche Heimatkunst kann vor den höchsten literarischen Ansprüchen bestehen."[121]

- Gegen den Trend zur Geopolitik beharrte Kahle auf wissenschaftliche Standards und zitierte die Position des Verfassers eines Geschichtsbuchs, daß Geschichte keine „Funktion der Erdoberfläche" sei: „Diese elementare Tatsache wird durch den geopolitischen Materialismus beiseite gelassen, der die unendlich verwickelten Vorgänge der Geschichte mit Hilfe eines geographischen Determinismus auf simplifizistische Weise erklären zu können glaubt."[122]

- „Weiten Kreisen" empfahl Kahle eine Geschichte des südamerikanischen Kontinents, in der die Bedeutung der kolonisatorischen Leistung der Spanier anerkannt würde, und fragte sich: „Ob nicht mehr Zukunft steckt in Lateinamerika als im Yankeeland."[123] Für eine zweite Auflage wünschte sich Kahle u.a. eine stärkere Herausstellung des Deutschtums, „zumal des Siedlerdeutschtums für die Erschließung Brasiliens"[124]. Letzteres war in zahlreichen Artikeln schon von seiner Schwester geleistet worden.[125]

Im folgenden wird zu prüfen sein, wie Kahles skizzierte gesellschaftliche und religiöse Grundhaltung sich bei örtlichen und schulischen Veranstaltungen sowie im Unterrichtszusammenhang besonders in der Auseinandersetzung mit dem Nationalsozialismus zeigte.

---

[120] Sonnenschein, Alb., Julius Langbehn, in: St. Liborius 1 (1937), S. 75
[121] Kahle, Wilhelm, Steirischer Lobgesang. Von Max Mell (Rezension), in: Heimat und Reich 7 (1940), S. 277
[122] Kahle, Wilhelm, Der Kampf ums Mittelmeer. Von Philipp Hiltebrandt (Rezension), in: Heimat und Reich 7 (1940), S. 247
[123] vgl. Kahle, Wilhelm, Südamerika. Gesicht, Geist, Geschichte. Von Ernst Samhaber (Rezension), in: Heimat und Reich 7 (1940), S. 223
[124] vgl. ebd.
[125] stellvertretend Kahle, Maria, Umweg über Brasilien, 3. und 4. Aufl. Berlin-Lichterfelde o.J. (1944)

Durch Ansprachen und Vorträge beteiligte sich Kahle am katholischen öffentlichen Leben[126], u.a. im Akademikerverein, wo er seine christozentrierte Auffassung zur Diskussion stellte, indem er die Pflicht einforderte, mit Christus zu leben und so durch Sakramente, das hl. Meßopfer und Gebete an einer „mystische(n) Gnadengemeinschaft" teilzunehmen. Gegen den Trend zur Privatfrömmigkeit setzte er ein „Zurück" zur „Frömmigkeit der Quellen: der kirchlichen Bücher und der Bibel" - auch zur Erbauung, und stellte deutlich heraus: „Ein Zurück zum Germanentum gibt es nicht."[127] 1932 förderte Kahle engagiert die erste Bildung einer Schülervereinigung an der Schule: eine St. Georg-Pfadfindergruppe.[128]

Als Geistlicher nahm er an der Weihe eines Segelflugzeugs der Flieger-SA teil.[129] Doch nicht sein religiöser Status, sondern seine Hinwendung zur NSDAP bescherte ihm die Rolle des Festredners auf der ersten Sonnenwendfeier, an der im Juni 1933 Schulen, Jugendvereine und Nationale Verbände teilnahmen. Umrahmt von Beiträgen der Stahlhelm-Kapelle, Versen eines Schülers der Volksschule und einem „formvollendeten Sprechchor" sowie einem Flammenspruch der Aufbauschule wandte sich Kahle besonders an die anwesende Jugend mit „vortreffliche(n) Worte(n)":

> „Das Sonnenwendfeuer ... leuchte in unserer Jugend, ein Feuer, ein Licht, das Finsternis und Dunkel durchbreche. Deutsche Art. Eine Flamme, eine Glut zum Leben, im Dienst der Volksgemeinschaft, ... bereit, das Höchste für das Vaterland hinzugeben; bereit im ganzen Schwunge der Jugend sich hinzugeben für das Land unserer Liebe, für das neue Deutschland."[130]

Und Kahle erwartete, „nachdem unser Reichskanzler Adolf Hitler unserer Jugend jetzt neuen Lebensraum gegeben" habe, daß diese die in sie gesetzten Hoffnungen nicht enttäusche, da dies „eine Pflicht der Jugend gegenüber unsern lieben Toten des Weltkrieges" sei, deren „Werk zu vollenden".[131]

Deutlich wird das Bemühen, das nationale Pathos im Geist der Frontkämpfergeneration mit der Aufbruchstimmung zu verknüpfen und so einen Motivations-

---

[126] vgl. Stadtarchiv R, Viegener, 14.10.1930, Festansprache zum Stiftungsfest des Gesellenvereins, und drei Vorträge „zeitgemäßen Inhalts" 1932 im katholischen Arbeiterverein (Stadtarchiv R, Viegener, 27.2.1933)

[127] Vortrag im Verein katholischer Akademiker, Ortsgruppe Rüthen „Wie lebe ich mit der Kirche?" (Stadtarchiv R, Viegener, 4.12.1931)

[128] vgl. Stadtarchiv R, Viegener, 20.9.1932, und PAB, Interview Potthast. Der Leiter diese Gruppe erinnert sich: „An Stelle eines Wimpels erhielten wir sogar eine PX-Fahne als Sturmbanner. Diese Fahne habe ich bei einer Prozession durchs Jammertal getragen." (ebd.)

[129] vgl. Stadtarchiv R, Viegener, 11.6.1933

[130] Stadtarchiv R, Viegener, 24.6.1933, Ansprache zum „Tag der Jugend"

[131] ebd.

schub bei den Jugendlichen im Sinne der neuen Volksgemeinschaft zu erzeugen. So konnte dann auch „gemeinsam ... das Deutschlandlied und das Horst-Wessel-Lied" gesungen werden.[132] Es bleibt aber darüber hinaus erstaunlich, daß sich Kahle als katholischer Geistlicher mit der typischen Verknüpfung von Sonne und Feuer in den Dienst nationalsozialistischer Mythenbildung um das Germanentum stellte. Wie seine Publikationen ausweisen, erkannte er später, daß derartige Veranstaltungen nicht als zusätzliche Brauchtumspflege zu verstehen waren, sondern in Konkurrenz zu christlichen Riten standen und diese langfristig ersetzen sollten. Daß Kahle 1933 dem Nationalsozialismus nicht nur organisatorisch verbunden war, sondern daß es auch inhaltliche Schnittstellen gab, gefördert durch Kahles Konservatismus, deutete schon seine Rede zur Sonnenwendfeier an und zeigte sein Referat auf der Gründungsversammlung der Ortsgruppe Rüthen des NSLB unter dem Thema „Deutscher Geist in Gefahr":

„Der deutsche Geist ist äußerlich bedroht durch geistfeindliche Strömungen der modernen Zivilisation. Solche Strömungen sind: Überschätzung des Leibes und des Lebens als Rausch und Selbstzweck; der alles verflachende Amerikanismus mit seiner ewigen Gleichmacherei, die zum Ausdruck kommt in Geistlosigkeit des Sportlebens, im Studium ein und desselben Buches, im Lesen derselben Zeitung und in vielen anderen Dingen; ferner der Bolschewismus; der Pansexualismus des großstädtischen Judentums. Wenn man bedenkt, daß 50% der deutschen Schriftsteller Juden waren, dann darf der Ruf nicht ungehört verhallen: 'Kauft wirklich deutsche Bücher und unterstützt dadurch die deutsche Kultur.' Großstädtischer Intellekt und Verstandesschärfe galten mehr als der ruhige und bescheidene Geist des Ländlers. Darum müssen wir gleichsam vom Lande ausgehen und ein neues Deutschland schaffen. Eine in diesem Sinne geschaffene Neuerung auf wirtschaftlichem und geistigem Gebiet wird allen wieder Freude am Leben geben, und der Unsittlichkeit wird dadurch am besten entgegengearbeitet. ...
Dem Individualismus steht als Heilmittel gegenüber der Gemeinschaftsgeist, wie er zum Ausdruck kommt in der Gefolgschaft, der Sippe, dem Stamm, der Gilde, der Zunft, dem Standessinn und dem Staatsgeist. Der Gemeinschaftsgeist wird allerdings nur fruchtbringend auf den deutschen Geist einwirken, wenn nicht allein die Not, sondern der Führergedanke und das organische Weltbild im Mittelpunkt der Gemeinschaft stehen.
Betrachten wir beim Deutschen das Verhältnis zu seiner Frau bezüglich der Treue, so ist dieselbe mehr sittlich als sinnlich. Darin erkennt man einen wesentlichen germanischen Zug, der zum Teil religiös begründet ist. ... Im Verhältnis des Deutschen zu Gott war schon die Religion der Germanen hoch und rein und gipfelte in edler Sittlichkeit. Das Christentum bringt nicht völlige Zerstörung, sondern Erfüllung, Vervollkommnung der germanischen religiösen Phantasie. ... In der Einstellung des Deutschen zur Kunst zielt deutscher Geist auf Innerlichkeit und Charakteristik. Die Antike als Hilfsmittel kann da die Gefahr der Formlosigkeit verhüten. ... Als würdiger

---

[132] vgl. ebd.

Vertreter des deutschen Geistes, der sich durch alle Gefährdungen hindurchkämpfte, ist Stefan George anzusehen, der gleichzeitige Seher des dritten Reiches.“[133]

Kahles kulturkritische Ausführungen gegen Zivilisation, Amerikanismus und Bolschewismus und Erneuerung vom Lande her entsprachen seiner schon in den Publikationen offenbarten Grundhaltung, was sich in einer als erstrebenswert angesehenen ständestaatlich organisch aufgebauten Gesellschaftsstruktur niederschlagen sollte. Sein elitäres Verständnis zeigt auch die einseitige Interpretation von Stefan George.[134] Erstaunen muß sein Bemühen, eine aufsteigende Verbindungslinie im religiös sittlichen Bereich zwischen Germanentum und Christentum zu konstruieren, was als Anbiederung an nationalsozialistische Propaganda interpretiert werden kann. Insofern war seine engagierte Teilhabe an der Sonnenwendfeier auch keine seiner derzeitigen Grundhaltung widersprechende Handlung. Kahles antisemitischen Ausfälle, die nationalsozialistisches Vokabular nutzen, und sein spezifiziertes Aufgreifen der Boykottaufrufe gegen jüdische Geschäfte, greifen weit über konservatives Gedankengut hinaus und lassen kaum Unterschiede zur nationalsozialistischen Propaganda wie auch zum Terror gegen jüdische Geschäfte oder den Bücherverbrennungen zu, bei denen Bücher des „undeutschen Geistes“ ins Feuer geworfen wurden. Nicht latenten Antijudaismus offenbarte Kahle, sondern eine Form des modernen Antisemitismus[135], der (nicht nur) von den Nationalsozialisten früh propagiert wurde und nun gesellschaftlich mehrheitlich akzeptabel erschien. Damit hatte sich der geistliche Stud.-Ass. Kahle in Rüthen öffentlich für ein Ende der christlich-jüdischen Weggemeinschaft ausgesprochen. Und es ist nicht davon auszugehen, daß er in seinen Ansprachen, die er zur gleichen Zeit als Gauredner im Ruhrgebiet hielt, wesentlich andere Aussagen gemacht hat.

Kahles kirchlich-religiöse Vorstellungen wurden 1933 durch die aktuellen politischen Ereignisse, die seinem eher deutschtümelnden und antidemokratischen Gesellschaftsverständnis entsprachen, zurückgedrängt und erst nach seiner Versetzung aus Rüthen 1936 wieder stärker nach außen vertreten.

Denn weder seine Abiturprüfungen im Fach Deutsch, wie unten abgehandelt wird, noch die von ihm durchgeführten Arbeitsgemeinschaften lassen erkennen, daß eine Distanz zum Nationalsozialismus bis zum Schulwechsel vorhanden war. Ein Abiturient des Jahrgangs 1938 hebt heute seine Kompetenz im Fach Latein

---

[133] Stadtarchiv R, Viegener, 31.7.1933
[134] vgl. grundsätzlich auch Kapitel C.III.2.a)
[135] vgl. Braun, Christa von u.a. (Hrsg.), Der Ewige Judenhass: Christlicher Antijudaismus, Deutschnationale Judenfeindlichkeit, Rassistischer Antisemitismus (= Studien zur Geistesgeschichte hrsg. von Julius H. Schoeps, Bd. 12), Stuttgart 1990

hervor und formuliert zum Religionsunterricht:

„Außerhalb der Klassengemeinschaft zeigte sich eine Unklarheit, welchen Weg die geistige und religiöse Entwicklung, die vor uns lag, nehmen würde. Wir verdrängten Gedanken in Diesseitigkeiten, weil wir nach dem sogenannten 'letzten Dingen' nicht mehr fragen mußten. Die Frage vom Religionslehrer an die Klasse nach den Anzeichen des religiös-kirchlichen Lebens - Gottesglaube, Gebetspraxis und Gottesdienstbesuch - wurde einstimmig positiv beantwortet zur 'Mittleren Reife' 1936. Wir hatten unseren 'Stern' noch nicht verloren.“[136]

Demgegenüber erinnern sich Schüler(innen) aus dem Abiturjahrgang 1932 anders. Ein Schüler hält die Lehrerschaft insgesamt für „eher konservativ eingestellt, übernational“ und Kahle für „erzkonservativ“:

„Als die NSDAP 1933 in Rüthen marschierte, war er dabei. ... Er hat auf seinem schwarzen Rock das Parteiabzeichen getragen.“[137]

Und eine Schülerin sagt aus:

„Er hat uns als erster von 'Mein Kampf' erzählt und uns darin eingeführt.“[138]

Doch bleiben die Erinnerungen eher wohlwollend:

„Anläßlich eines Klassentreffens 1938 habe ich festgestellt, daß er das Abzeichen nicht mehr trug, und ihn danach gefragt. Es war ihm sichtlich peinlich, als er sagte, daß er wieder ausgetreten sei. Ich wußte, was für eine gute Seele er war. Er war einfach in die falsche Richtung gelaufen. Aus Überzeugung eingetreten, aber auch wieder ausgetreten.“[139]

Auch Schüler des Abiturjahrgangs 1935 bestätigen Kahles frühes nationalsozialistisches Engagement, das offensive Tragen des Parteiabzeichens und das Wertlegen auf nationalsozialistische Belange im Unterricht,[140] betonen aber seine große Bereitschaft, sich den Problemen der Schüler zu stellen:

„Er war der Lehrer, mit dem man über alle Ereignisse sprechen konnte, er wußte über alles Bescheid, er lieh uns auch Bücher für Vorträge in anderen Fächern aus.“[141]

Die Erinnerung an Kahle wird insgesamt geprägt durch seine schülerorientierte Haltung und seine freundliche ruhige Art.[142]

Kahle galt als „Patriot“, und die Schüler(innen) verspürten „wie bei seiner

---

[136] Sögtrop, Ludwig, Erinnerungen an die Schulzeit 1933-1938 (redigiert von Hans-Günther Bracht), in: Rüthener Hefte 27 (1994/95), S. 122
[137] PAB, Interview Knülle
[138] PAB, Interview Hölzl
[139] PAB, Interview Knülle
[140] Kahle und auch Hammerschmidt waren für sie „führend beim Parteibeitritt“ und galten als „begeisterte, echt überzeugte Anhänger“, die „die Ersten“ waren, „die sich umgestellt hatten“ (PAB, Interview Helle)
[141] PAB, Interview Bittern, vgl. auch PAB, Interview Potthast
[142] vgl. auch PAB, Interview Hage

Schwester (Maria Kahle, H.-G. B.) einen nationalen Unterton"[143], was sie ihm aber nachsahen. Für die Schüler ist heute deutlich, daß Kahle „Katholizismus und Nationalsozialismus verbinden" wollte, und sie erklären seinen NSDAP-Beitritt damit, daß „im Anfang zwischen Kirche und Partei kein Dissens"[144] war. Bestätigung für diese Einschätzung sehen sie u. a. in folgenden Erlebnissen:

„Wir (die SA, H.-G. B.) sind sonntags morgens in Sichtigvor in die Kirche gezogen, mit Uniform; die HJ stellte ihre Fahne hinter den Pfeiler und nahm an der Messe teil, anschließend Dienst. Der Pastor freute sich, daß die HJ in der Kirche war und die Hakenkreuzfahne hinter dem Pfeiler - auch in Rüthen."

„Ich erinnere mich an einen großen SA-Aufmarsch 1933/34 in Meschede. Da sind wir nachts von Sichtigvor/Allagen hinmarschiert. Da war großer Feldgottesdienst. Der Sturmbann war im Karree aufmarschiert. In der Mitte ein Altar, ein Pater las die Messe, da wurde Kommunion ausgeteilt."[145]

d) Studienrat Dr. Ferdinand Hammerschmidt

Ferdinand Hammerschmidt wurde 1893 als Sohn eines Landwirts in Fürstenberg (Büren) geboren, legte 1913 in Dorsten seine Reifeprüfung ab und begann mit dem Studium der Theologie und Philosophie an den Ordensschulen der Franziskaner in Paderborn und Dorsten.[146] Ab November 1914 nahm er am Ersten Weltkrieg teil, wurde durch Knieschüsse in Rußland verwundet, erhielt im Januar 1916 das EK II und wurde am 15.7.1916 als „kriegsunbrauchbar" entlassen (Erwerbsbeschränkung 50%, ab 1923 auf 40% gesenkt). 1920 wurde Hammerschmidt in Paderborn zum Priester geweiht und arbeitete als Seelsorger im Hauptamt in Paderborn und Münster bis 1922. In seiner seelsorglichen Tätigkeit war er durch seine Knieverletzungen nach Einschätzung seines Guardian „wesentlich ... behindert". Daher bekam er den Auftrag, sich auf das Staatsexamen vorzubereiten.

1924 wurde Hammerschmidt in Münster zum Dr. phil. promoviert mit der Arbeit „Martin Greif als Lyriker. Eine psychologisch-ästhetische Analyse". 1925 bestand er das Erste Staatsexamen in den Fächern Deutsch, Geschichte und Kunstgeschichte mit der Note „gut". Nach der Vorbereitungszeit, in der ihm durchgängig gute Fachkenntnisse, persönliche Bescheidenheit und Liebenswürdigkeit bestätigt wurden, und der pädagogischen Prüfungsarbeit „Die philosophische Vertiefung des Literaturunterrichtes auf der Oberstufe des Gymnasiums" bestand

---

[143] PAB, Interview Helle
[144] ebd.
[145] ebd.
[146] Alle folgenden Daten soweit nicht anders vermerkt aus StA MS, PA, H 44.

Hammerschmidt das Zweite Staatsexamen schon 1926 „mit Auszeichnung".
Nach zweijähriger Beschäftigung an der deutschen Auslandsschule St. Ludwig in
Vlodrop (Niederlande) erhielt er auf eigenen Wunsch („falls nicht in Westfalen,
dann in den östlichen Provinzen möglichst in Oberschlesien") und auf Empfehlung des PSK Münster eine Anstellung am staatlichen Oberlyzeum in Hindenburg. Zuvor hatte ihm der Orden am 27.3.1928 Dispens erteilt. Die Motive für
den Austritt sind nicht erfahrbar.[147]
Hammerschmidt wurde auf eigenen Wunsch im Tauschverfahren zum Schuljahr
1933/34 nach Rüthen versetzt. Als Lehrbefähigungen werden für diese Zeit zusätzlich Philosophische Propädeutik I und Latein II ausgewiesen, was auf nachträgliche Prüfungen hinweist. Der vorher parteilose Hammerschmidt trat kurz
nach seiner Zuweisung am 29.4.1933 mit allen anderen Kollegen gemeinsam der
NSDAP bei.[148] Am 1.5.1933 wurde er Mitglied im NSLB und 1936 zum Schrift-
tumsbegutachter bestellt. In die NSV trat Hammerschmidt am 1.4.1934 ein und
wurde 1935/36 dort Stellvertreter des Ortsgruppenamtsleiters. 1935 fungierte er
als stellvertretender Ortsgruppenbeauftragter des Winterhilfswerks, wurde am
1.9.1936 Mitglied in der NS-Kriegsopferversorgung und 1938 Mitglied des Roten
Kreuzes.
Eine Analyse seiner zahlreichen Publikationen kann zeigen, welche gesellschaftlichen Positionen Hammerschmidt vertreten hat.
1929 veröffentlichte Hammerschmidt einen sozialkritischen gegenwartsbezoge-
nen Roman über die Kirche, der „Stadt über der Erde", in dessen Mittelpunkt die
Tochter eines katholischen Großindustriellen von einer Nietzsche-Anhängerin in
die Gemeinschaft der katholischen Kirche konvertiert.[149] Überladen mit Problemen von Kapitalismus, sozialer Frage und Revolution bis zur Versuchung eines
Franziskaners und elementaren Gegensätzen im Klerus wurde diese Veröffentlichung in der katholisch orientierten Publizistik durchgängig mit Einschränkungen
positiv rezensiert, ohne daß irgendwo vermerkt wurde, daß sich biographische
Bezüge aufdrängen.[150] Es ist durchaus begründet anzunehmen, daß in den darge-

---

[147]   vgl. PAB, Schriftliche Mitteilung vom 10.5.1991 des Provinzialats der sächsischen Fran-
       ziskanerprovinz, Werl, durch Provinzsekretär P. Engelhard Kutzner. Unterlagen zu Ham-
       merschmidt seien „im Krieg trotz Auslagerung zerstört" worden.
[148]   vgl. hierzu Kapitel C.IV.1.g)
[149]   vgl. Hammerschmidt, Ferdinand, Die Stadt über der Erde, Paderborn 1929
[150]   vgl. die Rezensionen Für die Schülerbibliothek. Hammerschmidt, F., Die Stadt über der
       Erde, in: Zeitschrift für den katholischen Religionsunterricht 7 (1930), S. 122; Eisen,
       Hammerschmidt, F.: Die Stadt über der Erde, in: Bücherwelt 27 (1930), S. 233; Olefs,
       Wilh., Hammerschmidt, F.: Die Stadt über der Erde, in: Caritas. Zeitschrift für Caritas und
       Caritasarbeit 36. Jg. (10. Neue Folge) 1931, Beiheft, S. 64; Br., F. Hammerschmidt: Die

stellten Problemfeldern auch die Motive für Hammerschmidts Laisierung liegen. Schon mit seiner Dissertation stellte Hammerschmidt mit dem realistischen Lyriker Martin Greif einen für ihn vorbildlichen Katholiken unter Beachtung auch „ideeller Tatsachen" vor:

> „In katholischer Umgebung aufwachsend, verkettete sich der Urgrund seines Gemütes so sehr mit den objektiven Wahrheiten des Katholizismus, verwurzelte sich mit all seinem Fühlen und Denken so tief in katholischer Kultur und Tradition, daß er sich auch in späteren Jahren vorübergehenden Zweifelns nie völlig vom Heimatboden seiner Seele trennen konnte."[151]

Auch in seinen weiteren eher literaturkundlichen Veröffentlichungen stand der moderne Mensch im Mittelpunkt, der den Gedanken der Gnade vernachlässige.[152] Fast vorbildhaft skizzierte Hammerschmidt demgegenüber das mittelalterliche Persönlichkeitsideal, das „wesentlich aus dem geschlossenen und im ganzen unerschütterlich feststehenden katholischen Weltbilde hervorgegangen"[153] sei. Dieser Vorstellung lag zugrunde, daß die katholische Weltanschauung in ihrer „Substanz Änderungen nicht unterworfen" sei. Die Person des Mittelalters sei zwar „frei in sich und vor sich selber", doch im Gegensatz zur Auffassung der Moderne „nicht aber unabhängig gegenüber ihrer metaphysischen Wurzel"[154] gewesen: nicht allein Entwicklung der Individualität sei Charakteristikum des Reifeprozesses, sondern in ihm sei „ein aus der Tiefe aufsteigendes, von Gott durch seine Gnade angeregtes und geleitetes Verlangen nach der ganzen (im Ori-

---

Stadt über der Erde, in: Deutsche Arbeit. Monatsschrift für die Bestrebungen der christlich-nationalen Arbeiterschaft 16 (1931), S. 223, der annahm, daß der Roman „für den katholischen Leser ... zweifellos ein Stück seiner geistigen Heimat" sei. Schon der 1921 veröffentlichte umfangreiche Roman „Der Mönch", der Hammerschmidt aufgrund zahlreicher biographischer Parallelen zugeschrieben werden kann, zeigte zeitlich seinen Lebensweg bis zur Profeß auf und behandelte in expressionistischer Sprache jugendpsychologische und vor allem religiöse Konflikte im Überfluß (vgl. Hammerschmidt, Markus, Der Mönch, Paderborn 1921). Kosch, Wilhelm, Das katholische Deutschland, 1. Band Aal-John, Augsburg 1933, Spalte 1319, schrieb den Roman einem Franziskaner zu, dessen Geburtsdatum mit dem Hammerschmidts identisch ist.

[151] Hammerschmidt, Adam gen. Ferdinand, Martin Greif als Lyriker. Eine psychologisch-ästhetische Analyse, Diss., Münster 1924, S. 10, 64

[152] Zahlreiche der im folgenden dargestellten Aspekte sind ansatzweise schon in einer von Hammerschmidt mitverantworteten kleinen Literaturgeschichte, die sich Eduard Spranger verpflichtet fühlte, nachweisbar (vgl. Hammerschmidt/Rohfleisch, Deutsches Denken und Dichten seit Herder, Paderborn 1927).

[153] Hammerschmidt, F., Die Persönlichkeitsbildung der heutigen höheren Schule im Lichte des kathol(ischen) Persönlichkeitsideals, in: Zeitschrift für den katholischen Religionsunterricht an höheren Lehranstalten 8 (1931), S. 350f.

[154] ebd., S. 350

ginal gesperrt, H.-G. B.) Fülle des Seienden und der demutsvollen Einordnung des Ichs in die ihr sich offenbarende gottgewollte Ordnung".[155]

Im Sinne dieser scholastischen Philosophie kehre Eschenbachs „Parzival" zum Glauben seiner Kindheit zurück, während Goethes „Faust" Ausdruck des deutschen Idealismus sei mit dem Bild einer autonomen Persönlichkeit.[156] Die pantheistische Weltsicht des deutschen Idealismus lasse sich schlagworthaft kennzeichnen durch Worte wie Natur(wissenschaft), im Diesseits sich vollendendes Erdenleben, Geniekult, Subjekt, immanenter Gottesbegriff, Säkularisierung, „Leugnung eines persönlichen Schöpfer- und Offenbarungsgottes überhaupt"[157]. Demgegenüber wollte Hammerschmidt Fausts Seele und Leben „im Lichte des objektiven Offenbarungsglaubens" erforschen und weniger philologisch textkritisch, literarhistorisch oder gar ästhetisch.[158]

So wies Hammerschmidt an zahlreichen Szenen nach, daß das Maß aller Dinge nicht „Gott und sein geoffenbartes Sittengesetz" sei, sondern eine „im Menschentum ausschließlich begründete und im Menschentum allein das Ziel sehende sittliche Souveränität": Faust als „vollkommenste, machtvollste Gestaltung" eines auf die Renaissance zurückgehenden Humanitätsmonismus.[159] Insofern lehnte Hammerschmidt „diese pantheistische Haltung Faustens und deren ethische Folgerungen ... als mit dem Christentum unvereinbar ab"[160]. Diese Überlegungen breitete er dann in seinem Buch „Goethe und der Katholizismus" umfassend an zahlreichen Werken Goethes und in Auseinandersetzung mit anderen katholischen Autoren aus mit dem Ziel, deutlicher zu zeigen, „was den Katholiken von Goethe trennt"[161]. Und Hammerschmidts Resümee bestätigt, was er schon zu Goethes Faust erklärte:

> „Glocken der Urheimat unserer gottgeschaffenen Seele läuten in seinen Werken nicht."[162]

Menschliches Handeln oblag für Hammerschmidt letztendlich darin, „Gottes Bild in uns zu gestalten":

> „Goethe besaß und beherrschte dichterisch das Pan der Natur und Menschlichkeit in

---

[155] vgl. ebd., S. 351
[156] vgl. ebd., S. 353
[157] Hammerschmidt, F., Das religiös-sittliche Weltbild in Goethes „Faust", in: Zeitschrift für den katholischen Religionsunterricht an höheren Lehranstalten 9 (1932), S. 105
[158] vgl. ebd., S. 104-106
[159] vgl. ebd., S. 112f.
[160] ebd., S. 118
[161] Hammerschmidt, Ferd., Goethe und der Katholizismus (= Kulturkundliche Sammlung Pantheon Band 15/16), Breslau o.J. (1932), S. 17
[162] vgl. ebd., S. 110

einem Maße, in solcher Kraft und Schönheit wie niemand vor ihm und nach ihm. Aufgabe eines jeden katholischen Menschen wird es sein und bleiben müssen, dieses goethesche Pan zu dem Holon des katholischen Weltbildes unermüdlich strebend in seiner Seele auszubauen."[163]

Diese Sichtweise, die sich gegen eine katholisierende apologetische Deutung wandte und in Goethe nicht einen Kronzeugen oder gesinnungsverwandten Kämpfer für die katholische Weltanschauung sah, wurde nicht nur in der katholischen Publizistik begrüßt, sondern auch von Walter Linden vom katholischen Standpunkt aus als vorbildlich gesehen.[164]

Was Hammerschmidt exemplarisch besonders an Goethes Faust als Beurteilungsmaßstab offenlegte, wandte er auch konsequent auf die neuere Dichtung an, so daß stärker erkennbar wird, inwieweit seine katholische Position sich gesellschaftlichen Trends zum Nationalen und Volkhaften öffnen konnte bzw. sogar verpflichtet wußte. Insofern wird auf Hammerschmidts Würdigung der entsprechenden Schriftsteller weitgehend verzichtet zu Gunsten der Erfassung seines Gesellschaftsverständnisses.

Zwar begrüßte Hammerschmidt die durch die nationale Einigung nach 1870 erreichte politische Machtfülle, aus der Deutschland „nicht nur europäische Vorherrschaft, sondern auch Weltgeltung" ableiten könne, doch beklagte er zugleich - ohne das Bedingungsgefüge zu erkennen - das dem auch zugrunde liegende Eindringen der kapitalistischen Wirtschaftsordnung in das „agrare Volksgebilde, aus B l u t u n d S c h o l l e", was den Bestand des deutschen Volkstums gefährde, da eine „unaufhaltsam anschwellende Masse", die „Enterbten" entstehe, denen „Grund und Boden, Heim und Hof, Überlieferung, Brauchtum, Religion und Sitte, menschenwürdiges Dasein"[165] versagt sei.

Diese Entwicklung schleudere die Menschen in „den Wirbelsturm des entseelenden, entpersönlichenden, entvolklichenden Weltindustrialismus" und ende in einem sich „blindlings bekämpfenden Haufen von Interessentengruppen", letztendlich im Klassenkampf, und für den Einzelnen im hilflosen Ertrinken im „Massen-

---

[163] vgl. ebd., S. 111

[164] vgl. Müller, Literatur, in: Zeitschrift für den katholischen Religionsunterricht an höheren Lehranstalten 9 (1932), S. 254f.; Stockmann, Alois, Goethe und der Katholizismus. Von Dr. Ferd. Hammerschmidt (Rezension), in: Stimmen der Zeit 1933/34, Bd. 1, S. 70f.; Linden, Walther, Ferd. Hammerschmidt, Goethe und der Katholizismus (Rezension), in: ZfDK 47 (1933), S. 263, und derselbe, Hammerschmidt, Ferd.: Goethe und der Katholizismus (Rezension), in: Neue Literatur 35 (1934), S. 519

[165] Hammerschmidt, Ferdinand, Zeitenwende, ihre Gestalt in der Dichtung der Gegenwart (= Kulturkundliche Sammlung Pantheon, Bd. 17/18, Breslau 1933, S. 11-14

meer der Verelendung" (im Original gesperrt, H.-G. B.).[166] Materialismus, verstanden als „Haben, Besitzen, Genießen, Sichausleben", führte für Hammerschmidt „höchstens zu dunklem tatenlosen Gefühl einer unglücklichen, zusammenkettenden Schicksalsabhängigkeit". Der Materialismus verhindere, daß der Mensch „Größe, Hervortun und Führergewalt über sich" dulde, „die ihn von sich befreit und jeden nach seinem Vermögen emporhebt, alle aber zur Gemeinschaft zusammenschließt"[167].

Hammerschmidt begrüßte die sich ab 1900 für ihn abzeichnende Wende in Teilen der Literatur und Philosophie „von mechanistischer Intelligenzfertigkeit hin zu den großen Rätselfragen und -tiefen des Daseins, von sattem Wissensstolz hin zu hungriger Glaubensehrfurcht, von der engen Welt des Bloß-Tatsächlichen zu einer Welt ewiger Geltungen und Werte, von einer Welt des Sinnlich-Erfahrbaren und Festgestellten zu einer Welt der Seelenwitterung und -ahndung"[168]. Er identifizierte sich mit Thomas Manns Zeit- und Sozialkritik im „Zauberberg" und sah im Weltkrieg den Untergang des individualistischen 19. Jahrhunderts, eine „Urteilsvollstreckung", die Visionen eröffne:

> „Der Weltkrieg, die Vernichtung aller gleißenden Hüllen der Zivilisation, die Aufhebung aller im Überspannt-Wirtschaftlichen begründeten volklichen Zerstörungsgewalten, die Zusammenschweißung aller Interessentengruppen zum nationalen Volk. Bei Langemarck stürmt Deutschlands Jugend in den leiblichen Tod. Das äußere Leben wird ihr genommen, damit Durchbruch und Ausbruch eines neuen Lebens innerer Geistigkeit und geistiger Gemeinschaft geschehen kann. Unter den Klängen des Deutschlandliedes, ganz hingenommen von der gewaltigen Stimme eines machtvoll erbrausenden Volkserwachens, wird diese Geistigkeit und Gemeinschaft geboren... Die bis in den Tod gemeinschaftsbereiten jungen deutschen Regimenter zu Langemarck verkünden mit der gewaltigen Stimme ihres Volksgesanges die Geburtsstunde des neuen Menschentums in völkischer Gemeinschaft."[169]

Diese Verklärung des Krieges und die Opferung der Jugend zu Gunsten einer Gemeinschaftsidee, die auch durch Hammerschmidts Kriegserfahrungen und seine schwere Verwundung in Rußland keine Korrektur fand, muß erschrecken. Dabei diente diese Verklärung wohl eher der Legitimierung seiner körperlichen Behinderung und der Selbstbestätigung. So war für ihn „Versailles" auch nicht Ausdruck einer militärischen Niederlage oder politischen Demütigung, sondern „nur Zusammenbruch prachtvoller äußerer Hüllen ..., das große Läuterungsfeuer der

---

[166] ebd., S. 16f.
[167] ebd., S. 42
[168] ebd., S. 52f.
[169] ebd., S. 63, 77. Hammerschmidt beklagte, daß die „befreiend auftauchende Gemeinschaftsidee" im Zauberberg sich bei Thomas Mann in späteren Festreden und Essays verflüchtige „zu einer demokratisch vagen Menschheitsgemeinschaft" (ebd., S. 64).

deutschen Menschheit"[170]. Und visionär sollte diesem ersten Läuterungskrieg ein zweiter, alles entscheidender folgen, der dazu führe, daß nicht mehr „äußerer Besitz, äußere Macht und Gewalt bestimmend sein (werden), sondern Seelenadel und Geistesleistung":

> „Dem Führertum, geboren aus strenger Pflichterfüllunmg, genährt und gestärkt aus den ideellen Mächten der Vergangenheit, gewachsen im Kampf mit der materialistischen Not der Gegenwart und siegreich in ihrer Bewältigung, gehört die Zukunft. Die Erneuerung und sittliche Vergemeinschaftung des durch den Industrialismus zerstörten Volksgefüges wird sein Werk sein."[171]

Nicht nur in George, sondern trotz dessen Religionsferne und Gottesleugnung überraschenderweise besonders auch in Nietzsche sah Hammerschmidt den Führer der deutschen Jugend, da dessen Übermensch „die Gestaltung des verantwortungsbewußten Führers" sei, „der die Sittlichkeit der Menschen steigern soll bis zum Heroismus, bis zu restloser Opferung an das große Ganze"[172]. Auch bei George sah Hammerschmidt einen „kraftvollen ethischen Idealismus" und „eine starke Richtungsneigung auf die Volksgemeinschaft":

> „Überwindung der blutfremden, die Instinkte selbstsüchtiger Massen- und Alltagsmenschen kitzelnden égalité, Glaube an die Kraft echter Autorität, an das Recht der Leistung, an die Befehlsgewalt der Führer, Bereitschaft zur Opferung, zur Selbsthingabe an ein Höheres um der Erneuerung des Volkes willen."[173]

Da dieser „neue Idealismus" für Hammerschmidt noch nicht im Transzendenten gipfelte, wollte er als Katholik „kein unbedingtes Ja" aussprechen, sondern ihn eher als Station sehen in einer Zeit, die starke metaphysische und transzendente Bedürfnisse entwickele, „auf dem Wege der entseelten, an Gott und allem Göttlichen irre gewordenen Menschheit zur göttlichen Idee und weiterhin zum transzendenten Gott"[174]. So begrüßte er zwar im Expressionismus dessen Wendung gegen Naturwissenschaft und Industrie sowie deren gesellschaftlichen Auswirkungen, doch beklagte er dessen humanitätsmonistische Gebundenheit, das Feh-

---

[170] ebd., S. 76
[171] ebd.
[172] ebd., S. 77. Im Übermenschen sah Hammerschmidt nicht frevelnden Stolz, sondern „Anruf an die allerhöchsten sittlichen Mächte". Auch den Willen zur Macht interpretierte er als „Macht um der andern willen", zur Führung der Massen „zu sittlich starkem Tun und Leisten am Bau der neuen Zeit" (ebd., S. 70f.). So glaubte Hammerschmidt auch, mit Ibsen trotz dessen Nihilismus den modernen Menschen zu idealistischer Gottesnähe führen zu können (vgl. Hammerschmidt, Ferd., Was kann uns Ibsen sein?, in: Zeitschrift für den katholischen Religionsunterricht an höheren Lehranstalten 9 (1932), S. 158-175).
[173] vgl. Hammerschmidt, Ferdinand, Zeitenwende ..., a.a.O., S. 78
[174] ebd., S. 79-82

len der „beiden Wurzeln alles echten Menschenseins: echtes Volkstum und echte Religion"[175].

Dies sah Hammerschmidt aber verwirklicht im Gefolge der Heimatkunst von Bartels und Lienhard bei dem als konservativ bezeichneten „junge(n) Geschlecht von Revolutionären", die den Liberalismus überwanden und dem Organischen verpflichtet gewesen seien.[176] So erkannte Hammerschmidt[177]

- bei Kolbenheyer „Weltatem und Gottesodem"
- bei Wilhelm Schäfer „Unerschütterlich-Geglaubte(s)"
- bei Lissauer „Gemeinschaft nicht aus kosmopolitischem Weltrausch, sondern ... aus dem Blut, aus ererbtem Stammestum, aus nationaler Schicksalsgemeinschaft" und „Gliedmenschen im deutschen Volkskörper"
- bei Flex Volks- und Vaterlandsliebe als „Lebensbedingung jedes einzelnen"
- bei Johst „echte Volkheit" und das Bühnenstück „Schlageter" als Vollendung dessen Dichtung sowie
- bei Grimm „überzeugend" „die Unzulänglichkeit aller volklosen demokratischen Ideologien und die Lebensnotwendigkeit eines starken blut- und schollenverbundenen Volkstums".

Hammerschmidt

- stimmte der Ablehnung Remarques zu, da „alles starke Menschentum in einer heimatlosen Atmosphäre sentimentalisiert" werde,
- und begrüßte statt dessen die verherrlichende Kriegsliteratur von Wehner und Beumelburg
- lobte Ina Seidels Roman „Das Wunschkind", da es nicht von „geschlechtslose(n) Kämpferinnen für die allgemeinen Menschenrechte" handele und nicht von „demokratische(r) Gleichmacherei", sondern „vom Blut und von der Akkerscholle" und dem „Erwachen zur Mütterlichkeit", der ein „Erwachen zur Kirchlichkeit" folge,
- und vermißte bei Stehr trotz Ehrfurcht und Naturverbundenheit „Hingabe an das Keimen aus Scholle, Brauchtum und Blut".

Ohne auf einzelne Schriftsteller(innen) einzugehen, ist an dieser Zusammenstellung deutlich geworden, daß Hammerschmidt sich völkischen Vorstellungen öffnete, da er in ihnen die ersehnte Überwindung des Materialismus und des Renaissance-Menschentypus durch Aufnahme traditioneller Blut-und-Boden-Mythen er-

---

[175]   ebd., S. 106
[176]   vgl. ebd., S. 111
[177]   ebd., S. 111-124

kannt haben wollte.[178] Demokratische Strukturen standen der Umsetzung dieser Vorstellungen eher im Wege als ein autoritäres ständisches Herrschaftsgefüge, das mit Gemeinschaftsfloskeln verbrämt wurde. Dies konkretisierte sich kirchlich-religiös auch in Dichter(inne)n wie Handel-Manzetti, Dörfler, Federer und Wagenfeld[179], in denen Hammerschmidt „Erwecker uralt katholischen Lebens und seiner Bräuche in der Bluthaftigkeit echten Menschentums" sah.

Dabei sollte für katholische deutsche Dichtung „neben, besser über dem Gesetz des Blutes das Gesetz der Gnade" gelten, das sich in katholischer Erlebnisgemeinschaft besonders im und aus dem Bauerntum entwickele, dessen dichterische Krönung „kosmisch gläubige Spiele der kirchlichen Mysterien" seien.[180] Die Gemeinsamkeit der neuen Dichtungen sah Hammerschmidt im „Drang zum Überindividuellen, der überall die Kräfte der Familie, des Stammes, des Volkstums entbindet"[181]. Dieser Gegenwartsentwicklung - für Hammerschmidt „tiefverwandt mit den Grundkräften des Mittelalters" - sollten sich die deutschen Katholiken stellen, da diese Kräfte „im corpus christi mysticum der Kirche in ihrer ganzen Reinheit und Vollendung"[182] leben würden.

---

[178] Teilweise ähnlich wie Hammerschmidt argumentierte der katholische Schulrat Bergmann, Bernhard, Schule ..., a.a.O., S. 116-133

[179] Mit Wagenfelds „De Antichrist" sah Hammerschmidt den „große(n) Durchbruch durch alle Vereinzelung, durch die Enge moderner psychologisierender Kunst in die Räumigkeit kosmisch metaphysisch aufbauender Dichtung ... vollbracht" und zugleich eine Anlehnung an „jene Gewalt ..., die in den Liedern großer völkischer Bewegungen der deutschen Vergangenheit wirksam ist". Wagenfelds „Luzifer" betrachtete Hammerschmidt als „reumütige Rückkehr aus dem Lande moderner Üppigkeit ins Reich fest geschlossener Religion und Kultur" - „wie einst im Mittelalter die Mysterienspiele" (Hammerschmidt, Ferdinand, Karl Wagenfelds dichterischer Aufstieg, in: Volkstum und Heimat. Karl Wagenfeld zum 60. Geburtstag vom Westfälischen Heimatbunde, Münster 1929, S. 22-36).

[180] Hammerschmidt, Ferdinand, Zeitenwende ..., a.a.O., S.126-135. Typische Vertreter waren Weismantel, Dietzenschmidt und Mell, im Bereich der sog. Gemeinschaftsdichtung Hasenkamp, Schaumann und le Fort. Schon 1928 lobte Hammerschmidt angesichts des „Entscheidungskampf(es)" des niederdeutschen Katholizismus um Verjüngung oder Untergang Karl Wagenfeld, der den Industrialismus als „in rücksichtloses Tattum umgesetzte hochdeutsche Kulturentwicklung" und somit als Gefahr für sein Stammestum erkannt habe, indem er die Gegenwartswirklichkeit „von den uralten christkatholischen Idealen" gedeutet und entsprechend „bereits ... schlummerndes niederdeutsches katholisches Kulturgut aus der Tiefe der Stammesseele in die sichtbare Gestaltung" seines Werkes gehoben habe (Hammerschmidt, Ferdinand, Wie drückt sich das Niederdeutsche im Katholizismus Niederdeutschlands aus?, in: Was ist niederdeutsch? Beiträge zur Stammeskunde hrsg. von der Fehrs-Gilde, Kiel 1928, S. 178-194). Dieser Band versammelte auch Beiträge von Rassisten wie A. Bartels und Hans F.K. Günther.

[181] Hammerschmidt, Ferdinand, Zeitenwende ..., a.a.O., S. 139
[182] ebd., S. 140

Diesem Zurück zu undemokratischen, als einheitlich und geordnet verklärten Verhältnissen des Mittelalters, in dem die christliche Religion den Alltag und die Berufswelt auf Basis von Bräuchen und Überlieferungen strukturierte und prägte, war eine deutliche Reaktion auf die sich säkularisierende Welt im Gefolge der Aufklärung, zeigte mangelndes Verständnis ökonomischer Strukturen und war so insgesamt eine Reaktion gegen die Moderne, die in zahlreichen Einzelaspekten von der völkischen Bewegung geteilt und nicht nur von ihr als „Zeitenwende" verstanden und propagiert wurde.

Gegenüber der optimistischen und euphorischen Einschätzung Hammerschmidts auf Verwirklichung konstatierte Müller 1934 in einer Rezension von Hammerschmidts Aufsatz eher „ein berauschendes Wunschbild" von einer „noch weit entfernte(n) Wirklichkeit"[183]. Teilweise kritisch aus dem völkischen Spektrum äußerte sich Linden, da er neben „guten Charakteristiken und tiefgedachten Urteilen" „bare Unmöglichkeiten" erkannte, weil auch Schriftstellern wie Thomas Mann und Lissauer[184] Nähe zur Volksgemeinschaft zugestanden würde, was auf Hammerschmidts fehlende „feste Verwurzelung im Volkshaften" schließen lasse, „ohne die der heutige deutsche Mensch nicht leben kann"[185]. Diese Kritik an Hammerschmidts Publikation, die „aus katholischem Lebensgefühl entstanden ist und auch wieder dorthin will", deutete auch Koch an und erkannte als grundsätzliches Problem ein „Schwanken zwischen Nation und Kirche"[186].

An diesen Reaktionen zeigte sich schon sehr früh, daß Hammerschmidt einerseits katholisches Gesellschaftsverständnis stark strapazierte, aber andererseits damit den realen Entwicklungstendenzen nach 1933 immer weniger gerecht wurde und so aufgrund seiner religiösen Grundhaltung trotz aller Aufklärungskritik der obsiegenden völkischen Richtung nicht entsprechen konnte. Dieses folgenschwere, da den Nationalsozialismus fördernde Mißverständnis, das auf inhaltlichen Überschneidungen basierte, zeigte sich explizit überdeutlich in folgender Aussage:

> „Jedem, der der Wirklichkeit der bewegenden Kräfte der Gegenwart nachspürt, drängt es sich unwiderstehlich auf, daß die nationalsozialistische Bewegung unserer

---

[183] Müller, Hammerschmidt, F., Zeitenwende, ihre Gestalt in der Dicht(un)g der Gegenwart (Rezension), in: Zeitschrift für den katholischen Religionsunterricht an höheren Lehranstalten 11 (1934), S. 251f.

[184] Lindens Kritik gründete wohl weniger in Lissauers antiurbanem und antizivilisatorischem Konservatismus, der agrarischen Lebensformen gleichsam religiösen Wert zusprach, sondern eher in Lissauers jüdischer Herkunft.

[185] L., W., Ferdinand Hammerschmidt, Zeitenwende, ihre Gestalt in der Dichtung der Gegenwart (Rezension), in: ZfDK 48 (1934), S. 356

[186] Koch, Franz, Umbruch. Ein Forschungsbericht zur Dichtung der Gegenwart, in: ZfDB 11 (1935), S. 50

Tage die geistige Wende seit 1900 mit all ihren Kräften aufgreift, allerdings in ihrem Vernichtungskampf gegen den Materialismus in all seinen Lebensformen auch bereits von der geistigen Wende unterbaut und getragen wird. Deren bedeutendste Former - auf dem Gebiete der Dichtung - zu unserer Gegenwart hin, die wir hier behandeln wollen, führen alle in ihrem Besten hin zu dem, was die große deutsche Bewegung unserer Tage will. Man prüfe und entscheide aber auch, ob sie nicht alle Urkatholisches künden oder doch auf dem Wege zu solcher Kündigung sind, Urkatholisches, das seit der Renaissance von der hohen Welt der Geistigen bei allen Völkern des Abendlandes geächtet war."[187]

So sah Hammerschmidt nicht nur einen neuen idealistischen Glauben wachsen, sondern auch eine

> „neue, moderne idealistische Lebensgestaltung, die in der nationalsozialistischen Bewegung von Millionen namentlich der Jugend mit unaufhaltsamem Schwung in Angriff genommen wird"[188].

Noch 1934 begrüßte Hammerschmidt dieses „neue Werden des deutschen Ethos", das sich entschieden von „allem naturalistischen Eudaimonismus" abwende und immer deutlicher und inbrünstiger als „tiefste deutsche Wesenheit rücksichtslosen Idealismus"[189] (im Original gesperrt, H.-G. B.) aufrichte.

Dem Religionsunterricht wies Hammerschmidt vor dem Hintergrund der uneingeschränkten Bedeutung Gottes und seines Willens die Aufgabe zu, in dem Schüler eine Haltung heranzubilden, „die von eherner Unbedingtheit, unbegrenzter Ausnahmslosigkeit, unerbittlicher Selbstentsagung und Selbstunterwerfung ist und unter Umständen von einer menschlich kalt, ja eiskalt erscheinenden Objektivität sein muß"[190]. Doch könne der Religionsunterricht auch angesichts dessen, daß man „in der Kraft einer begeisterten, alle Lebensbeziehungen ergreifenden Artbesinnung" brenne, nicht bei der subjektiv ethischen Haltung der germanischen Helden im Hildebrandslied und Nibelungenlied stehenbleiben, sondern müsse zur deutschen Dichtung des Mittelalters, zu Parzival, dem deutschen Christen vordringen.[191]

Weiterhin grenzte sich Hammerschmidt von der Ethik der klassisch-idealistischen Dichtung ab, da ihr die „alles überragende Vollendung eines Schöpfergottes"

---

[187] Hammerschmidt, Ferdinand, Die bewegenden Kräfte der Gegenwart und ihre dichterische Gestaltung, in: Zeitschrift für den katholischen Religionsunterricht an höheren Lehranstalten 10 (1933), S. 130

[188] ebd., S. 237

[189] Hammerschmidt, Ferdinand, Deutsches Ethos in deutscher Dichtung, in: Zeitschrift für den katholischen Religionsunterricht an höheren Lehranstalten 11 (1934), S. 110f.

[190] ebd., S. 101

[191] vgl. ebd., S. 102-105

fehle und da ihr zugleich „die Züge einer gemeinschafts- und volksfremden Aristokratenhaltung"[192] anhaften würden.

Mit dem Nationalsozialismus sah Hammerschmidt den Individualismus überwunden.[193] Adolf Hitler galt für Hammerschmidt nicht nur als „Stimme nationaler Entrüstung", als „Erwecker rassischer Eigenart", „als „Verkünder deutschnationaler Herrlichkeit und Größe", sondern aufgrund der „Erfolge der letzten zwei Jahre nationalsozialistischer Regierung des Dritten Reiches immer deutlicher als unendlich viel mehr": als „höchste menschliche Autorität der Deutschen" und „umfassender und starker Träger einer neuen Epoche"[194] (im Original gesperrt, H.-G. B.). Verklärend charakterisierte er Hitler in einer nationalsozialistischen Zeitschrift als

„Künder der hohen sittlichen Idee der Volksgemeinschaft, Vorkämpfer dieser Idee und ihr Diener bis zur völligen Hingabe aller persönlichen Belange, Eroberer des Herzens seines Volkes im Namen dieser Idee, weil Hitler mehr ist und mehr sein will als er selbst, weil sein individuelles Sein und sein individuelles Leben völlig aufgehen in der Idee der Volksgemeinschaft, weil darum sein Name nicht bloß eben diesen und keinen anderen, vielleicht hinreißenden Menschen bezeichnet, sondern weil sein Name den ganzen gewaltigen Organismus sittlicher Lebensideale bedeutet, den die Idee der Volksgemeinschaft umschließt"[195].

Hitlers „einmalige Persönlichkeit und seltene Menschlichkeit" sei ergriffen worden von „der großen überpersönlichen, kosmischen und ethischen Seinsfülle des Weltganzen"[196]. Der „völkischen Idee mit der überindividuellen Zielsetzung restloser ethischer Gemeinschaftsbereitschaft und Gemeinschaftsverwirklichung in der Lebenstotalität des Volkes" kam so etwas „Überpersönliches" zu, was Hammerschmidt dann „der höheren Ordnung unverrückbarer metaphysischer Lebenswerte" zuordnete, um die Verbindung zur metaphysischen Autorität Gottes herzustellen.[197]

Daß aus der von Hammerschmidt ersehnten Volksgemeinschaft teilweise auch in Rüthen nicht nur Juden, Kommunisten und Sozialdemokraten ausgegrenzt wurden, sondern auch Kirche und Gewerkschaften verfolgt sowie reichsweit Teile

---

[192] ebd., S. 106-108
[193] vgl. Hammerschmidt, Ferd., Individualismus als Schicksal. Zu Otto Millers gleichnamigem Buch in Mumbauers Werk: „Die deutsche Dichtung der neuesten Zeit." II, 1., in: Zeitschrift für den katholischen Religionsunterricht an höheren Lehranstalten 11 (1934), S. 187f.
[194] Hammerschmidt, Ferdinand, Persönlichkeit und Autorität in der nationalsozialistischen Erziehung, in: Deutsches Bildungswesen 2 (1934/35), S. 518
[195] ebd.
[196] ebd., S. 522
[197] vgl. ebd., S. 518-521

der SA- und Wehrmachtsführung sowie prominente Katholiken liquidiert wurden, verhinderte seine Einschätzung der ersten zwei Regierungsjahre als „Erfolg" nicht. Gegenüber diesen eindeutigen und freiwilligen Bekundungen in seinen Veröffentlichungen waren Hammerschmidts nachträgliche Erklärungen seiner Haltung in der NS-Zeit diffuser und eher von ihrer Entlastungsfunktion her bestimmt:

Umfangreich erläuterte Hammerschmidt im Rahmen der Entnazifizierung seine persönlichen Motive für den Eintritt in die NSDAP. Aufgrund seiner wissenschaftlichen Neigungen sei er „(kaum) mit den Tageswirklichkeiten des politischen Lebens in Berührung" und so zu einer „idealistischen Auffassung der Lage um 1933" gekommen. Seine Gewissensbedenken habe er damals zurückgestellt angesichts

- „der Versprechungen auf dem Potsdamer Tag"
- „des Ermächtigungsgesetzes durch alle bürgerlichen Parteien und der sich anschließenden Selbstauflösung dieser Parteien auch der Zentrumspartei"
- „der damals verhandlungsbereiten Haltung der katholischen Kirche"[198].

Das wohl vorbereitete Ereignis des Potsdamer Tages sollte durch die Aufnahme preußischer Traditionen als geistiger Brückenschlag zwischen Nationalsozialisten und traditionellem Konservativismus - personifiziert in der Verbeugung Hitlers vor Hindenburg und einem Handschlag - wirken.[199] Wie das Beispiel Hammerschmidt zeigt, kann dieses Datum als weiterer Bruch des Dammes gegen den Nationalsozialismus gerade in eher konservativen Kreisen nicht hoch genug eingeschätzt werden. Doch erst die religiösen Umrahmungen machten aus dem staatlichen Festakt in der Garnisonskirche eine illusionäre Weihestunde, die kirchliches Wohlwollen nicht nur suggerierte.[200]

Von konkreten glaubwürdigen „Versprechungen" der Machthaber an diesem Tag konnte nur bedingt die Rede sein. Immerhin waren noch die Führer und Mitglieder der NSDAP durch die Erklärung vom 20.2.1933 von den Sakramenten ausge-

---

[198] Gegenüber der hier zitierten handschriftlichen Erklärung als Anlage zum Entnazifizierungsformblatt liegt den Personalakten eine maschinengeschriebene inhaltlich weitgehend identische, auch unterschriebene, aber sprachlich prononciertere Version bei. Da wird dann von „der widerstandslosen Mitarbeit der anderen Parteien" und der „versöhnliche(n) Haltung der katholischen Kirche" gesprochen.

[199] vgl. Thamer, Hans-Ulrich, Verführung und Gewalt. Deutschland 1933 - 1945, Berlin 1989, S. 270-272

[200] vgl. Freitag, Werner, Nationale Mythen und kirchliches Heil: Der „Tag von Potsdam", in: Westfälische Forschungen 41 (1991), S. 379-430, der die unterschiedliche Akzeptanz und Rezeption dieses Tages von Klerus und Laien in beiden Kirchen besonders für Westfalen herausarbeitet.

schlossen.[201] Eher hatte sich wohl die Regierungserklärung Hitlers mit ihren allgemein religiösen Floskeln aufgrund der Medienwirkung und etwaiger örtlicher
Veranstaltungen bei Hammerschmidt mit diesem Tenor verfestigt. Daß das Verbot und die Verfolgung der KPD und der Widerspruch gegen das Ermächtigungsgesetz durch die SPD keine Zweifel und Verunsicherung bei Hammerschmidt
auslösten, ist Ausdruck seines Demokratie- und Staatsverständnisses. Zudem
kann die Selbstauflösung der Parteien als Motivanteil nicht vorgebracht werden,
da sie erst nach seinem Beitritt zur NSDAP erfolgte. Die Verhandlungen der Kirche über das Konkordat und die Aufhebung der Verbote und Warnungen gegenüber dem Nationalsozialismus signalisierten für viele Menschen eine Änderung in
der Grundhaltung der Kirche und konnten „kaum anders denn als 'Quasi-
Approbation' (Franziskus Stratmann) der nationalen Regierung verstanden werden"[202].

Hammerschmidt beschrieb seine Tätigkeit für die NS-Bewegung mit „gelegentlich kleine Ansprachen ... allgemeinerer Art"[203] in der Ortsgruppe wie zur Einweihung von Ehrenmalen der Gefallenen, bei der Weihnachtsbescherung, bei
Mütterehrungen und als Werbeansprachen für das Winterhilfswerk, da er wegen
des fehlenden Rednerausweises „eigentlich nationalsozialistisch politische Ansprachen nicht halten (durfte)"[204]. Wiederholte Hinweise, sich um einen Redner-
ausweis zu bewerben, habe er abgelehnt.[205] Seit 1934 sei der Kurs der NSDAP
seinen anfänglichen Erwartungen und seinem Gewissen „mehr und mehr zuwider" gelaufen, da er außenpolitisch „auf eine großzügige europäische Verständ-
nispolitik" gehofft und innenpolitisch nach Abschluß des Konkordats und
„versöhnlichen Erklärungen der katholischen Kirche" eine „Innehaltung der auf
dem Potsdamer Tage verkündeten positivchristlichen Grundsätze" erwartet habe.
Aufgrund dieser Abweichungen habe er Parteiämter abgelehnt, obwohl man ihm
mit Pensionierung und Strafversetzung gedroht habe. Trotz innerer Loslösung von
der Partei sei er aus folgenden Erwägungen nicht ausgetreten: Die damit verbundene Entlassung hätte den „Fortfall jeglicher Existenzmöglichkeit" für ihn und

---

[201] vgl. ebd., S. 396
[202] Hehl, Ulrich von, Die Kirchen in der NS-Diktatur. Zwischen Anpassung, Selbstbehauptung und Widerstand, in: Bracher, Karl Dietrich u.a. (Hrsg.), Deutschland ..., a.a.O., S.
170
[203] In der maschinengeschriebenen Version heißt es: „In der ersten Zeit hielt ich gelegentlich
kurze Ansprachen ... ohne (im Original gesperrt, H.-G.B.) politischen Charakter."
[204] Alle folgenden Daten, soweit nicht anders vermerkt, aus: StA MS, PA, H 44.
[205] In der maschinengeschriebenen Version wurde die Tragweite der Ablehnung erhöht durch
den Hinweis, daß die NSDAP ihm „ein höheres Amt versprach".

von ihm unterstützte Verwandte bedeutet. Noch entscheidender war für Hammer-schmidt die weitere Folge, daß an seine Stelle „ein anderer, sicherlich national-sozialistisch gesinnter, ja, höchstwahrscheinlich fanatischer oder gar gottgläubi-ger Lehrer getreten wäre, der in den Herzen und Hirnen unserer durchweg kath(olisch) christl(ich) erzogenen Schüler Verwirrungen und Irrungen angerich-tet hätte". Der „bittere" und „unumgängliche" Preis unter den „nun einmal gege-benen allgewaltigen Umständen", um seinen Wirkungskreis zu erhalten, sei die äußere Zugehörigkeit zur Partei gewesen, worin ihn „Aussprachen mit gleichge-sinnten Menschen, mit katholischen Geistlichen sogar" unterstützt hätten. Auf-grund seiner „kompromißlos christlichen" Grundhaltung sei seine schriftstelleri-sche Tätigkeit von den Verlegern nicht mehr akzeptiert und sein Unterricht von der Partei moniert worden. 1943 habe ihm aufgrund der Denunziation eines Schülers die Versetzung gedroht. Das von ihm angestrengte Gerichtsverfahren gegen den Schüler sei aber eingestellt worden.

Gegenüber dieser Selbstdarstellung weisen die Personalakten eine Eingabe vom 5.9.1945 von zwei Rüthener Bürgern anläßlich der beabsichtigten Einstellung von Parteimitgliedern in Schulen aus. In dieser stellen sie sich als Nazi-Verfolgte vor, einer war sogar ein Jahr in einem Konzentrationslager und bezeichnete sich als „scharfer Antifaschist". Die beiden Rüthener wiesen darauf hin, daß Hammer-schmidt „sich als eifriger Nazi und Hitleranhänger betätigt" habe, der „fast jede Gelegenheitsrede hielt" und „auch gelegentlich als Volksredner für die Partei auf(trat)" sowie der „Nazi-Presse (diente)". Neben Hammerschmidt wurden zwei weitere Lehrer genannt, denen man zusammenfassend nachsagte:

> „Alle drei waren überzeugte und fanatische Anhänger Hitlers und Vertreter dieses
> verfluchten Geistes. Wir bitten, den Genannten nie wieder unsere Jugend anzuver-
> trauen."

Diese massiven Forderungen finden ihre Stütze in Hammerschmidts publizisti-scher Tätigkeit.

Die eigene Bewertung seines Verhaltens erfolgte ohne Reflexion der konkreten gesellschaftlichen Ereignisse zum Ende der Weimarer Republik und im Übergang zur Zeit des Nationalsozialismus. Dies kann nicht hinreichend mit „idealistischer Auffassung" oder einer aus „wissenschaftlichen Neigungen" resultierenden Welt-fremdheit entschuldigt werden, wie von Hammerschmidt in seinen Auslassungen im Rahmen der Entnazifizierung, sondern sie bedürfen aufgrund der weitgehen-den Affinitäten und Überschneidungen zu nationalsozialistischen Positionen der Selbstreflexion, die aber von Hammerschmidt nicht geleistet wurde.

Zwar kann man in Hammerschmidts Veröffentlichungen nach 1935 einen weitgehenden Verzicht auf aktuelle gesellschaftliche Aussagen erkennen, doch konnte er weiterhin seine Aversionen gegen den sogenannten verflachenden Materialismus und gegen liberalistisch-individualistische Kräfte des 19. Jahrhunderts in Abgrenzung vom „mittelalterlich deutschen Erlösungsglauben" und auch „der germanischen Erlösungssehnsucht und ihres heroischen Erlösungsringens" verbreiten:

> „Nie zuvor in der germanisch-deutschen Geschichte hatten germanische oder deutsche Menschen ihrer Eigenart und ihres hohen Blutes so vergessen, wie sie es nunmehr in der Anbetung dieser platten, materialistischen, individualistisch-liberalistischen Glückslehre taten."[206]

Nur sehr indirekt wird deutlich, daß Hammerschmidt auch aktuell deutschen Erlösungsglauben vermißte. Seinen Rückzug auf die Geschichte zeigte auch die letzte große Veröffentlichung im Nationalsozialismus, die Behandlung des geistlichen Rittertums als „wesensgemäße Lebensform" des Mittelalters mit der Idee vom Gottesstaat auf Erden:

> „Das Streben nach dem Reich ist organisch gliedhaftes Sein im Schöpfergottkosmos, ist seinsgemäßes und darum unabwendbar zum Menschsein gehörendes Verhaftetsein mit Gott und seinem Schöpferkosmos und zugleich auch (im Original gesperrt, H.-G. B.) sittlich freies Verpflichtetsein dem Willen des Schöpfers."[207]

Damit war Hammerschmidt zu den Grundaussagen seiner ersten Veröffentlichungen zurückgekehrt.

Auch seine erste Publikation nach dem Nationalsozialismus zeigte keine neuen Erkenntnisse aufgrund der persönlichen und gesellschaftlichen Erfahrungen oder die notwendige direkte gesellschaftspolitische Auseinandersetzung, wenn Hammerschmidt als Wesensmerkmal der Gegenwart festlegte:

> „Unsere Gegenwart steht im Zeichen der Besitzergreifung der leben- und menschengestaltenden Triebkräfte der individualistischen Entwicklung der letzten Jahrhunderte und damit zugleich auch im Zeichen der Entartung und Ausartung dieser Kräfte, im Zeichen ihrer letzten Reife, ihrer Überreife, ihrer beginnenden Zersetzung und Selbstauflösung"[208],

---

[206] Hammerschmidt, Ferdinand, Der christliche Erlösungsgedanke. Seine Lebensform in der germanisch-deutschen Dichtung, Warendorf 1936, S. 69. Positiv besprochen von Müller, Bücherbesprechungen. Rüstzeug der Gegenwart, in: Zeitschrift für den katholischen Religionsunterricht an höheren Lehranstalten 14 (1937), S. 54f und unter dem Schlagwort Dogmatik, Dogmengeschichte von Bartmann, B., Ferdinand Hammerschmidt, Der christliche Erlösungsgedanke (Rezension), in: Theologie und Glaube 29 (1937), S. 338f

[207] vgl. Hammerschmidt, Ferdinand, Die Blüte und der Verfall der mittelalterlichen Ritterorden, in: Stimmen der Zeit 136. Band 1939, S. 388 - 398

[208] Hammerschmidt, Ferdinand, Der Christ in der Gegenwart, Warendorf 1946, S. 10, 15

was sich auch in einer von einem „allumgreifenden Materialismus geborenen Religionslosigkeit" ausdrücke.

Für Hammerschmidt war die Gegenwart nur bestimmt als Ende einer jahrhundertelangen Epoche des Kampfes gegen das Christentum - gekennzeichnet durch menschliche Gottanmaßung -, was zugleich die Bedeutung des Nationalsozialismus relativierte. Er stand in Kontinuität, war strukturell angelegt und setzte für Hammerschmidt an die Stelle von Demut, Recht, Liebe, Freiheit und Überzeugung Stolz, Macht, Rücksichtslosigkeit, Gewaltsamkeit und Terror, und machte so mit „theatralische(r) Inszenierung" „die zeitgeschichtliche Struktur der Gegenwart in primitiver Mächtigkeit lebendig" - ohne Ewigkeitswerte als „flüchtige Gegenwart"[209].

Mit der Zerschlagung des nationalsozialistischen Machtapparates war für Hammerschmidt noch nicht zugleich die „Grundhaltung aller Menschen dieser Gegenwart"[210] mitzertrümmert, das Übel mit der Wurzel noch nicht ausgerottet. Entscheidend für ihn war, daß die Herzen der Menschen erfaßt und ihnen „die Entartungen des greisenhaft gewordenen Individualismus" entrissen würden, was nur vom Christentum ausgehen könne mit der Demut als „Grundkraft des Lebens" wie im Mittelalter.[211] Bar jeglichen Gesellschaftsverständnisses und ohne Rezeption der demokratischen Entwicklung in der Weimarer Republik verlangte Hammerschmidt demütigen Autoritätsglauben, da „im Letzten Gottes Autorität hinter jeder echten, von Menschen vertretenen Autorität"[212] stehe.

So widerstünde der Christ „den rebellierenden Haß-, Neid- und Beseitigungsinstinkten der Einebnungstendenzen, der Gleichmachereibestrebungen unserer Tage"[213]. Diese autoritären ständischen, christlich legitimierten Vorstellungen erwarteten, daß der Christ „nach den uralt überlieferten und als Notwendigkeit und Recht der Gemeinschaft erwiesenen Gesetzmäßigkeiten" „durch ungewöhnliche Selbstlosigkeit" u.a.[214]

- „nicht radikal und immer lauter nach der Beseitigung aller wirtschaftlichen, gesellschaftlichen, volklichen und persönlichen Unterschiede" verlange,
- den Reichen anerkenne und achte, „weil er Selbstbescheidung genug besitzt, zu wissen, zuzugeben, daß hinter dem Erworbenen größerer Menschenfleiß, größere Menschentüchtigkeit und auch gottverfügtes Gelingen" stecke,

---

[209] vgl. ebd., S. 29f.
[210] ebd., S. 30
[211] ebd., S. 30f., 44ff.
[212] ebd., S. 54
[213] ebd.
[214] vgl. ebd., S. 53f., 56

- „sich vor der Würde des anderen" beuge, „vor dem Amt des Beamten, vor dem Beruf und der vielleicht günstigeren Erwerbsbedingung des Mitmenschen",
- „die höhere Bildung, das bessere Können der sogenannten Gebildeten und Erfolgreichen" respektiere,
- „sich in starker Demut dem Spruch der Geschichte" beuge.

Die Ehrfurcht vor Gott und der Schöpfung brachte für Hammerschmidt „den starken, gegen alle Massenpsychosen gefeiten Gliedmenschen hervor, der den Losungen der Zeit nicht verfallen kann, weil er verwachsen ist mit den unwandelbaren Mächten der Ewigkeit", während „die Ehrfurchtslosigkeit den Massenmenschen mit seinem Mangel an Zivilcourage und an persönlicher Widerstandskraft erzeugte und immer noch"[215] erzeuge.[216] Die notwendige Überprüfung auch dieser Vorstellungen an der Realität des Nationalsozialismus nahm er nicht vor. Sie war ihm wohl auch deshalb verwehrt, da er diese Epoche durch einen „jahrhundertelangen Ansturm aller Diesseitsmächte" einebnete und sowohl dessen Beginn als auch die Zeit danach als „Zeitenwende" zum Reich Gottes (miß)verstand.[217] Dabei hatte ja nicht nur aus der Nähe zum Christentum persönliche Widerstandskraft erwachsen können[218], sondern hatte die von ihm geforderte Autoritätshörigkeit zahlreichen Katholiken den Widerstand im Nationalsozialismus zumindest erschwert. An dieser Stelle fehlte immer noch jegliche kritische Würdigung der eigenen Position und deren Entwicklung im Nationalsozialismus, eine individuelle und grundsätzliche Aufarbeitung der „Verführbarkeit", vor der auch die von ihm geforderte und gelebte Frömmigkeit, Demut und Ehrfurcht nicht automatisch schützte. Die Bedeutung von Demokratie in Gesellschaft und Politik blieb Hammerschmidt auch nach der Diktatur vollkommen fremd. Insofern ging er in seinem Entnazifizierungsverfahren auf seine Veröffentlichungen auch nicht inhaltlich ein und sah keine ideologischen Affinitäten und Schnittstellen zum Nationalsozialismus, sondern verwies lediglich auf seine wissenschaftlichen Neigungen und eine

---

[215] ebd., S. 70
[216] Auch von anderen nationalkonservativen Historikern wurde „Vermassung" kritisch als Grundtendenz des 20. Jahrhunderts gesehen, was ihr mangelndes Verständnis für die sich entwickelnde Industriegesellschaft ausdrückte. Vgl. Schulze, Winfried, Deutsche Geschichtswissenschaft ..., a.a.O., S. 77ff
[217] vgl. Hammerschmidt, Ferdinand, Der Christ ..., a.a.O., S. 58, 71
[218] Wie z.B. Eric Voegelin, der zwar auch die Moderne nur als Verfallsgeschichte interpretierte und den Nationalsozialismus auf einen „Abfall von Gott" reduzierte, doch immerhin aus Opposition gegen den Nationalsozialismus emigrierte. Vgl. Gebhardt, Jürgen, Zwischen Wissenschaft und Religion. Zur intellektuellen Biographie E. Voegelins in den 30er Jahren, in: Politisches Denken. Jahrbuch 1995/96, Stuttgart u.a. 1996, S. 283-306

idealistische Grundhaltung, was aber seinen Beitrag zur Akzeptanz und Durchsetzung des Nationalsozialismus völlig verkannte.

Es ist zu prüfen, inwieweit Hammerschmidts Grundhaltung sowohl im Schulbereich als auch nach außen in das örtliche Leben hinein wirksam wurde.

1934 hielt Hammerschmidt als Festredner der Sonnenwendfeier auf der Haar eine „beredte und begeisternde Ansprache" vor Arbeitsdienst, HJ, BDM, SA I und II, SS und politischer Leitung der NSDAP, in der er sich bemühte, nicht nur symbolhaft die Zeitenwende durch den Nationalsozialismus zu würdigen:

> „Flamme empor! Die Flamme soll uns erinnern an die Zeitenwende und das nächste Jahrtausend deutschen Aufstiegs. Das Feuer war unsern Altvordern ein tiefes Symbol, um Feierliches zu erkennen, um Heiliges in sich zu wecken. Feuer vernichtet alles, was sich ihm entgegenstellt. Feuer tragen auch wir Deutschen im Herzen, von vernichtender Gewalt gegen alles, was sich uns Nationalsozialisten entgegenstemmt, gegen alle Todfeinde, die da aufstehen gegen unser Volk, gegen alle Besserwissenwollenden und Nörgler. Heilige Flamme völkischen Willens leuchte jedem einzeln empor! - Feuer ist wärmende Glut, macht Häuser behaglich und lebenswert. So will auch unser Feuer wärmende Glut hineinwerfen in diese Welt, die erkaltet war im Marxismus, im Egoismus, mit seinem rücksichtslosen Eigennutz; wärmende Glut der Bereitschaft, des Zusammenschlusses, ihnen zu dienen, sie zu lieben. - Feuer ist weltbewegende Macht, treibt die Maschinen; ist weltbewegende, verbindende Macht des nationalsozialistischen Gedankens. Diese Flamme einstmals lauter im Herzen eines unbekannten Gefreiten des Weltkrieges entfacht, hat in 14 Jahren ein ganzes Volk in Flammen gesetzt, flammt empor, um die ganze Welt zu erwärmen. - Feuer ist Licht in der Finsternis. Wir leben in einer Zeit der Finsternis, wo der Einzelne nicht mehr weiß um den Ursprung und das Ziel seines Lebens, wo das ganze Volk ringt um den Weg, den es zu gehen hat; ganze Weltteile stehen gegeneinander in der Finsternis des Marxismus, Individualismus. In dieser Völkernacht leuchtet das Licht des deutschen Wollens, des Kampfes, des Nationalsozialismus, hinein in das neue Jahrtausend. - Und alles dies ist das Feuer, weil es sich verschenken will, verflammen will, um die Welt zu erwärmen; ein Sinnbild echten völkischen Geistes, von dem Wesen unseres Führers, der nichts für sich, sondern alles für andere will. In dem Sinne geloben wir heute angesichts der Felder, der Berge und Wälder ringsum, angesichts ewiger Sterne, und angesichts dessen, der sie erhält und unsere Heimat hält und schützt, wie es unser Führer uns gesagt hat: Ich selber bin nichts, mein Volk ist alles."[219]

Deutlich identifizierte Hammerschmidt sich mit dem Nationalsozialismus und drohte allen „Besserwissenwollenden und Nörglern" mit vernichtender Gewalt. Er stellte einem abstrakten Marxismus und Individualismus völkischen Geist entgegen, der sich in der vorbildlichen und anzustrebenden Selbstlosigkeit des Führers zeige. Dies war eine Rede, die mit ihrem anschauungs- und assoziationsreichen Sprachstil nicht nur überzeugte Nationalsozialisten ansprechen konnte, sondern auch einen Werbecharakter hatte.

---

[219] vgl. Stadtarchiv R, Viegener, 25.6.1934

Vor diesem Hintergrund kann es nicht überraschen, daß Hammerschmidt auch 1935 als Redner für die Sonnenwendfeier von der örtlichen NSDAP eingeladen wurde. Erstaunlich ist eher, daß er als tiefreligiöser Mensch sich dieser Wiederbelebung germanischen Brauchtums, das den Nationalsozialisten als authentisches Zeugnis germanischer Tradition galt und doch der Verdrängung christlicher Riten diente, nicht verweigerte, sondern popularisierte.

So spricht der Chronist erneut von einer begeisternden Ansprache:

> „Sonnenwende, Sinn der Sonnenwendfeier ist nicht Sturm gegen die Nacht, sondern Sonnenhöhe; die Sonne steht auf der Höhe ihrer Leuchtkraft, ihrer Wärme und Fruchtbarkeit. Wir begehen die Sonnenwendfeier nicht als Feuer- oder Sonnenanbeter, sondern wie unsere Vorfahren vor vielen 1000 Jahren in einem sehr tiefen Sinne. Der Germane war der Kämpfer des Lichts, des Guten gegen das Böse unter den Völkern der Erde, und das, weil er nicht anders konnte als Lichtträger zu sein unter den Völkern der Erde. Und vom germanischen Norden gingen Ströme des Feuers, der Kraft aus über die ganze Erde. Dann kam ein anderer Geist, nicht geboren im deutschen Raume, sondern im Welschland, ein Geist der Klugheit, der Aufklärung. Man lachte über den kindlichen Glauben, berauschte sich an der Äußerlichkeit, baute Maschinen usw. Es gab keine Sonnenwendfeiern mehr, vielmehr versank Deutschland im Materialismus, es lief hinter dem goldenen Kalb des Reichtums her, wollte es anderen Völkern gleichtun. Dann kam die gewaltige Kraftprobe des Weltkrieges. Deutschland schien zu versinken, seine Lichtsendung vergessen zu haben. Aber die Männer des Weltkrieges brachten den Lichthunger der deutschen Seele wieder mit heim. Und unter ihnen war es ein Unbekannter, Adolf Hitler, der von neuem die Lichtflamme entzündete. Und so begehen wir heute zum 3. Male hier oben Sonnenwendfeier, weil in unserem Blute der Lichtdrang der Germanen unserer Väter, immer noch klingt und klingt, als Zeichen unserer untrüglichen Verbundenheit mit dem Blute unserer Art und Gesittung."[220]

Hammerschmidts bekannte kulturkritische und religiös fundierten Vorbehalte gegen die westliche Aufklärung werden hier verbunden mit einer elitären, missionshaften und blutverbundenen Vorstellung vom Germanentum und einer völkischen Interpretation des Weltkriegs als konstruktiver Erneuerungsbewegung, die personalisiert in Hitler mündete. Hammerschmidts Führerorientierung, aber auch seine Friedensbereitschaft offenbarte er mit seinen Schlußbemerkungen, in denen er betonte, daß „vor kurzem erst wieder unserem Führer ein Durchbruch durch die Linie der uns beschneidenden Völker (gelang). Mit dem mächtigsten Volk der Erde, England, wurde ein Freundschaftsvertrag unterzeichnet. Diesen ersten Erfolg wollen wir heute besonders feiern auf daß wir in der Zukunft mit um so stärkerer Kraft herangehen. Heil Hitler!"[221]

Eine Distanz zum Regime ist an keiner Stelle seiner Reden erkennbar, eher ein

---

[220] Stadtarchiv R, Viegener, 24.6.1935
[221] ebd.

Aufgreifen ideologischer Elemente mit entsprechender ausgeprägter propagierter Metaphorik. Diesen Reden kommt - ebenso wie Hammerschmidts Veröffentlichungen - eine besondere Bedeutung zur Charakterisierung seiner Person zu, da sie keinem inhaltlichen oder institutionellen Zwang unterlagen, wie er eher für den schulischen Zusammenhang Geltung beanspruchen konnte.

Genausowenig aber wie Hammerschmidt seine Publikationstätigkeit grundsätzlich reflektiert hat, hat er sein propagandistisches Auftreten für die örtliche NSDAP und dessen Auswirkung auf deren Anerkennung in der Bevölkerung analysiert. Gerade im eher gegenüber dem NS distanzierten katholischen Milieu der Kleinstadt Rüthen kam ihm als Lehrer aber große Bedeutung zu.

Während sich Hammerschmidt an zahlreiche kleinere Reden in seiner Entnazifizierungseingabe erinnerte, fehlte jeglicher Hinweis auf die Sonnenwendfeiern, die er im nationalsozialistischen Sinne geprägt hatte. Zugleich ist der für 1934 angegebene Bruch mit der NS-Ideologie in seiner Ansprache im Sommer 1935 in keiner Weise nachweisbar.

Noch 1938 stellte sich Hammerschmidt für eine Rede am „Heldengedenktag" zur Verfügung, an dem Formationen und Gliederungen der NSDAP, der Kameradschaft ehemaliger Soldaten und die Freiwillige Feuerwehr Kränze am Ehrenfriedhof niederlegten. Hammerschmidt sprach von seinen Kriegserlebnissen und gedachte der

> „auf den einzelnen Frontabschnitten Gefallenen. Besonders ... unseres Führers, welcher als Meldegänger einen der gefährlichsten Posten innegehabt hatte. Seine Energie war es, welche uns heute wieder frei machte. In diesem Jahre wolle man am Ehrenmal nun nicht nur trauern, sondern man dürfte damit auch die besondere Freude verbinden, daß heute Deutschland und Österreich wieder zum großen Deutschen Reiche geschmiedet worden seien."[222]

Auf der Lehrerkonferenz vom 18.3.1940 setzte man sich mit dem Vorwurf der „Judenfreundlichkeit" gegenüber Hammerschmidt auseinander, die von einem Schüler erhoben worden war. Ein Klassenverhör hatte demgegenüber ergeben, „daß im Gegenteil Dr. Hammerschmidt wiederholt im Unterricht auf den zersetzenden und negierenden Einfluß des Judentums im Deutschland der Nachkriegszeit hingewiesen habe"[223]. Verschärft wurde trotz dieser Entlastung durch die Klasse die Situation für den Lehrer, da der Schüler Beschwerde führte bei der Ortsgruppe, in der er:

1. den Verdacht der Judenfreundlichkeit aufrechterhielt,

---

[222] Stadtarchiv R, Viegener, 14.3.1938. Ein Schüler erinnert sich an Hammerschmidt bewundernd: „Der konnte reden an den Gräbern." (PAB, Interview Helle)
[223] Schularchiv, Konferenz-Niederschriften

2. die Aussage der Klasse auf moralischen Druck zurückführte und

3. den Vorwurf erweiternd und verschärfend vom Lehrer eine „lässige und unentschiedene Haltung in der Verurteilung des Abhörens ausländischer Sender"[224] behauptete.

Auch gegenüber diesem Vorwurf nahm die Klasse Stellung und versicherte, daß Hammerschmidt erklärt habe, „vom christlichen Standpunkt aus sei die Mißachtung der Gebote des Staates, in diesem Fall des Verbotes des Abhörens fremder Sender, verwerflich und sündhaft"[225]. Aufgrund der „heimtückischen Angriffe" fand die Anregung des Schulleiters Zustimmung, den Schüler, der unter dem Einfluß des Vaters stehe, von der Schule zu verweisen, was auch die Mitschüler angeregt hatten.[226]

Dieser Vorfall läßt aufgrund der Aktenlage keine sehr weitgehenden Aussagen zu. Angesichts der bisher erfolgten Analyse der Hammerschmidtschen Überzeugungen können die Ausführungen der Klasse inhaltlich jedoch nicht erstaunen. Die Möglichkeit, daß der einzelne Schüler recht hatte, muß aber zumindest in Betracht gezogen werden. Für diesen Fall deutet die Ausrede der Klasse auf eine Reflexion des Geschehens hin mit der Perspektive, den Lehrer zu schützen.

Unter Einbeziehung seines unten abgehandelten Deutsch- und Geschichtsunterrichtes auf Grundlage der Abiturarbeiten und der unten abgehandelten Themen der Arbeitsgemeinschaften läßt sich bis 1937 das Bild eines religiös gebundenen Parteigängers erkennen. Entsprechend wird er von Schülern heute als begeisterter Nazi-Anhänger beschrieben, der propagandistische Reden auf den Dörfern hielt[227] und „für das Dritte Reich begeisterte"[228]. Demgegenüber heben teilweise dieselben Schüler(innen) sein soziales Engagement und seine fachliche Qualifikation hervor[229] - „Hammerschmidt, der konnte Geschichtsunterricht geben, das war Spitze, ein echter Lehrer"[230], „er war der Beste"[231] - und betonen seine von tiefer Religiosität geprägte Persönlichkeit.[232]

---

224 ebd.
225 ebd.
226 vgl. ebd.
227 vgl. PAB, Interview Bittern u.a.
228 PAB, Interview Helle. „In phantastischer Weise hat er versucht, uns die Ideen des Nationalsozialismus auseinanderzusetzen. ... Er hatte die große Hoffnung, daß der Nationalsozialismus die Rettung war. So haben wir das auch gesehen. ... Er sprach aus innerster Überzeugung." (PAB, Interview Potthast)
229 vgl. Sögtrop, Ludwig, Erinnerungen ..., a.a.O., S. 122f. und PAB, Interview Söding
230 PAB, Interview Bittern
231 PAB, Interview Helle
232 vgl. Rips, Margret, Dr. Hammerschmidt, in: Rüthener Hefte 1961/62, S. 5. Die dortigen

421

Angesichts des mit dem Beginn der nationalsozialistischen Herrschaft verbundenen „Irrungs- und Verwirrungsmöglichkeiten" habe er den Schüler(inne)n geholfen, indem er „die großen Zusammenhänge lehrte" und „das Zeitgeschehen hin-
einstellte in die überzeitlichen und überräumlichen Beziehungen" und „hellhörig
machte für Wert und Unwert, für Beständigkeit und Unbeständigkeit"[233], analysiert eine Schülerin, die aber erst 1938 ihr Abitur ablegte. Daß in diesen Erinnerungen weniger auf konkrete Auseinandersetzungen mit dem Nationalsozialismus
eingegangen wird, sondern eher religiös-philosophische Grundsatzfragen angesprochen werden, ist aufgrund des oben dargelegten Entwicklungsweges Hammerschmidts kaum erstaunlich. So stuft ihn auch sein ehemaliger Schüler, der
heutige Pädagogikprofessor Dr. Pöggeler nicht nur wegen seiner täglichen Got-
tesdienstbesuche als „überzeugte(n) Christen" und „großartige(n) Deutsch- und
Geschichtslehrer" ein:

> „Wir haben in bezug auf religiöse und ethische Auffassungen, also rein christlich, bei
> Dr. Hammerschmidt in Deutsch und Geschichte mehr erfahren als im Religionsunter-
> richt."[234]

Ein anderer Schüler (Abiturjahrgang 1937), der sich heute als betont gläubig bezeichnet, faßt Hammerschmidts fachliche und religiöse Kompetenz zu einem Per-
sönlichkeitsbild zusammen, das in der Wirkung mündet: „Hammerschmidt habe
ich verehrt."[235]

Es wird deutlich, daß der seit 1933 überzeugte Propagandist des Nationalsozialismus sich später aus Sicht der Schülerschaft geändert hat, ohne daß ihm aber
demokratische Vorstellungen nachgesagt wurden.

e) Studienassessor Dr. Paul Casser

Stud.-Ass. Casser, geboren 1904 in Münster, wurde 1927 zum Dr. phil. promoviert, erhielt 1929/30 ein Stipendium der „Notgemeinschaft der Deutschen Wissenschaft", bestand die Pädagogische Prüfung 1932 mit „gut" und unterrichtete

---

Hinweise zu Hammerschmidts Publikationen sind sehr lückenhaft. Dort auch erwähnte
unveröffentlichte Manuskripte sind auch in der Verwandtschaft von Dr. Hammerschmidt
nicht mehr nachweisbar (vgl. PAB, Schreiben von Margret Rips vom 1.4.1996). Der
„Geschichtliche Arbeitskreis" der Stadt Rüthen überließ mir dankenswerterweise Hammerschmidts unveröffentlichten Gebetszyklus „Der Deutsche Rosenkranz", der eine euphorische Hymne an die Gottesmutter Maria darstellt. Eine Datierung war nicht möglich.
[233] vgl. Rips, Margret, Dr. Hammerschmidt, a.a.O., S. 4
[234] PAB, Interview Pöggeler
[235] vgl. PAB, Interview Hage. Auch eine Schülerin des Abiturjahrgangs 1944 schreibt: „Er
wurde wie kein anderer Lehrer ... verehrt u(nd) wir beneideten die Klassen, die ihm zu
Füßen sitzen durften." PAB, Schreiben von Dr. Maria Fisch vom 29.11.1996

Deutsch und Geschichte in Stufe I sowie Volkskunde, legte Forschungsarbeiten zur Geschichte des Raumes Westfalen vor.[236] Casser fühlte sich nach eigenen Angaben dem linken Zentrum nahestehend, war aber ohne Parteizugehörigkeit und von 1930 bis 1932 Mitglied im Philologenverband. An der Aufbauschule in Rüthen unterrichtete er vom 19.6.34 bis 1.10.35 mit elf Wochenstunden. Während einer zweijährigen Beurlaubung zu heimatwissenschaftlichen Forschungszwecken war er zum 1. Mai 1933 der NSDAP und mit Wiedereintritt in den Schuldienst zum 1.4.1934 dem NSLB beigetreten. Er wurde 1935 Pressewart der Rüthener Ortsgruppe und hielt Reden auf Versammlungen und Kundgebungen. Vom 1.4.1935 an war Casser Fürsorgereferent in der Rüthener SA, am 1.8.1935 übernahm er anstelle dieser Aufgabe das Amt eines Gefolgschaftsführers und bemühte sich um einen Neuaufbau der HJ und der Schulung ihrer ca. 200 Mitglieder im südlichen Kreis Lippstadt. Hier wurde ihm von einem Kollegen in einem Leumundszeugnis anläßlich der Entnazifizierung eine „verständnisvolle und mäßigende Führung" attestiert.[237] Casser nahm 1935 am Schulungslager „Rasse, Kultur und Geschichte" sowie am 1. Gauschulungslager des NSLB teil.

Aufgrund seiner fachwissenschaftlichen Kompetenz war Casser 1933 Mitarbeiter des Gaukulturamtes Westfalen-Nord und 1934 Mitglied der „Historischen Kommission des Provinzialinstitutes für westfälische Landes- und Volkskunde".

Im Entnazifizierungsverfahren gab Casser an, sich erst ab dem 30.1.1933, also mit der Regierungsbildung unter Hitler, mit dem Nationalsozialismus beschäftigt zu haben. Überraschend schnell schloß er sich dann der NSDAP an, obwohl er zu dieser Zeit für Forschungstätigkeiten vom Schuldienst freigestellt war. Er gab vielerlei Gründe an, seine Bedenken zurückgestellt zu haben, weil

- er sich eine „Versöhnung der sozialen Gegensätze" durch die propagierte Volksgemeinschaft erhofft habe,
- es für ihn schien, daß die „durchgreifende(n) Maßnahmen der Nationalsozialisten ... die furchtbare Arbeitslosigkeit" überwinden würden,
- er sich durch Mitgliedschaft vor Gefahren aus seiner „pazifistischen Vergangenheit" schützen wollte,
- er aufgrund seines Nicht-Anwärter-Status vor täglicher Kündigung stand und sich durch Mitgliedschaft von wirtschaftlichen Sorgen befreien wollte.

Darüber hinaus habe seine Mitgliedschaft im NSLB - so Casser - auf der Absicht beruht, „zur heimatwissenschaftlichen Fortbildung der Lehrerschaft beizutragen".

---

[236] StA MS, PA, C 18, C 23. Soweit nicht anders vermerkt, dort auch die folgenden Angaben.
[237] ebd., siehe Schreiben vom 20.9.1947

Seinen Kirchenaustritt begründete Casser mit einer privaten religiösen Entscheidung.

Cassers wissenschaftliche Ausrichtung offenbart besonders gut sein grundlegender Aufsatz zum Westfalenbewußtsein.[238] Dort lobte er die Ende des 19. Jahrhunderts einsetzende Heimatkunstbewegung als kulturelle Wandlung über die deutschen Grenzen hinaus:

> „Gegen die Zerstörung der überpersönlichen Bindungen, gegen den rationalistischen
> und mechanisierenden Zeitgeist, das rechnerische Wertempfinden und die materialistischen Anschauungen auf allen Gebieten meldete sich ein neues Denken und Empfinden an, das eine Anerkennung der organischen Bindungen brachte, ein bewußtes
> Gefühl der Abhängigkeit des einzelnen von den überindividuellen Mächten, von der
> Gemeinschaft ursprünglicher Blutsverbundenheit in Stamm und Volkstum, ein Gefühl
> der Zugehörigkeit zur Landschaft und den ursprünglichen Lebenskräften der Natur,
> ein Bewußtsein bestehender Bindungen auf religiösem, ethischem und ästhetischem
> Gebiet, insgesamt die Gegenbewegung gegen jene die Neuzeit wesentlich beherrschenden Kräfte des Individualismus, Rationalismus, Liberalismus."[239]

Als offensiven Gestalter des neuen Westfalenbewußtseins im Sinne einer völkischen Erneuerungsarbeit stellte Casser vor dem Hintergrund der Heimatkunstbewegung Karl Wagenfeld heraus, der erkannt habe, daß die Heimatfrage eine „Rassenfrage, eine Stammesfrage" sei aufgrund der Erfahrung, daß „eine fortgesetzte Zuwanderung aus den verschiedensten Gegenden Deutschlands und das Einströmen fremder, vor allem slawischer Massen ... die völlige Zersetzung ... des westfälischen Stammestum" bewirken würde, das „eine biologisch begründete, gewachsene, erbsichere menschliche Gemeinschaft" sei.[240] Die von Karl Wagenfeld, dem „Vorkämpfer einer neuen Zeit", erkannte Aufgabe, „den entwurzelten Massen heimatliche Bindungen zu erziehen", konnte für Casser erst mit der nationalsozialistischen Revolution und ihren „aus der Tiefe der neuen völkischen Weltanschauung geborenen Grundsätze(n)" einer Lösung zugeführt werden, da erst jetzt der „Bann jener lähmenden rationalistischen, individualistischen und materialistischen Anschauungen ... gebrochen"[241] worden sei. Auch organisatorisch versuchte Casser später als Gaufachberater, die NSDAP für die „Besinnung auf Blut und Boden" einzuspannen.[242] Für 1944 berichtete ein Chronist von einem

---

[238] Casser, Paul, Das Westfalenbewußtsein im Wandel der Geschichte, in: Der Raum Westfalen. Bd. II Untersuchungen zu seiner Geschichte und Kultur, zweiter Teil hrsg. von H. Aubin und E. Schule, Berlin 1934, S. 211-294
[239] ebd., S. 288f
[240] ebd., S. 289
[241] ebd., S. 290, 293f
[242] vgl. Ditt, Karl, Raum und Volkstum ..., a.a.O., S. 241ff

Vortrag Cassers zum „Westfälischen Frieden" im Rahmen „wehrgeistiger Vortragsbetreuung" noch u.a.:

„In der weiteren Geschichte erklärte Dr. Casser die Einkreisung Deutschlands von seiten Frankreichs, Österreichs, Rußlands und Englands bis in die Gegenwart. Auch heute wünschen die Feinde Großdeutschlands eine Uneinigkeit und Aufspaltung des Reiches, doch weil uns unser hervorragender Führer als Lenker des Staates beschieden ist, sind alle Pläne des Feindes vernichtet. Er erkannte rechtzeitig die Gefahr des Reiches im Jahre 1939, er wird es vor den Intrigen der Gegner bewahren und zum Siege und in eine glückliche Zukunft führen."[243]

1943 wurde Casser aufgrund seiner gefragten Fähigkeiten und der Bescheinigung, sich „rückhaltlos" für den nationalsozialistischen Staat einzusetzen, für eine Schulleiterstelle als OStD vorgesehen.[244]

Casser hatte 1933 auf den Machtwechsel schnell und entschlossen - nach seinen Worten vorwiegend aus ökonomischen Gründen - reagiert, wobei die nationalsozialistischen Taten, Ziele und Propagandaaussagen sich nicht als Hinderungsgrund herausstellten. Auch wenn der Kirchenaustritt nicht in direktem Zusammenhang mit dem Machtwechsel von ihm vorgenommen worden sein sollte, ist doch von einer Lockerung der Bindung zur Kirche auszugehen, was eine Mitgliedschaft in den NS-Organisationen sicher erleichterte. Cassers kulturkritische und völkische Positionen machten ihn anfällig für Blut- und Bodenparolen. Seine Aktivitäten in diversen Organisationen zeigten mindestens die anfängliche Bereitschaft, aktiv und umfassend an der Umgestaltung der Gesellschaft in Richtung der NS-Ideologie mitzuwirken - auch als eine direkte ökonomische Abhängigkeit nach seiner Festanstellung nicht mehr gegeben war. Noch in den letzten Kriegsjahren stabilisierte er mit Vorträgen das nationalsozialistische System.

f)   Die übrigen Lehrer

Geographielehrer H.

Studienassessor H., geboren 1886, hatte nach freiwilligem Einsatz als Krankenpfleger während des Krieges (1916: Rote Kreuz-Medaille III. Klasse, 1918: Rote Kreuz-Medaille II. Klasse) 1919 das Staatsexamen in Deutsch, Geschichte und Erdkunde abgelegt, 1921 die pädagogische Prüfung bestanden und eine Erweiterungsprüfung in Biologie absolviert. Er unterrichtete nach verschiedenen Arbeitsplätzen 1931 bis 1934 und von 1.10.1935 an in Rüthen.

---

[243]   Das Reich - Aufgabe der Jugend. Dr. Casser sprach vor der münsterischen HJ, in: Westfälische Tageszeitung vom 18.3.1944

[244]   vgl. StA MS, PA, C 18 und C 23

Die Distanz des Geographielehrers H. zur Weimarer Republik zeigte die pädagogische Prüfungsarbeit „Wie kann der Geographieunterricht zur Staatsbürgerkunde beitragen", in der er u.a. die „engherzigen Parteiinteressen", die „unersetzlichen Verluste" durch Gebietsabtretungen, „die Vergewaltigung unseres Vaterlandes" und „das Deutschtum im Ausland" thematisierte und dem Unterricht
die Aufgabe zuwies, Nationalgefühl, Nationalbewußtsein und Staatsbürgerpflicht
wachzurufen.[245] Dem Unterricht kam so auch eine politische Dimension zu, die
eine Korrektur des Kriegsausgangs implizierte und nationale Erneuerung über die
herrschende Republik hinaus förderte.

Der parteilose H. trat zum 1.5.1933 der NSDAP und dem NSLB bei und später
auch der NSV und dem RLB. Diesbezügliche Reden habe er nicht gehalten, auch
Veröffentlichungen nicht vorgenommen, behauptete er im Entnazifizierungsverfahren. Für seine Tätigkeit im Krieg wurde ihm 1935 das Ehrenkreuz für Kriegsteilnehmer verliehen. Im selben Jahr wurde er zum Studienrat ernannt.

Englischlehrer H.

Während einige Kollegiumsmitglieder kaum nach außen wirkten und nur durch
ihre Mitgliedschaft in NSDAP, NSLB, SA und NSV auffielen, arbeitete StR H.
mit den Fächern Geschichte, Englisch, Französisch und Turnen neben Kahle,
Hammerschmidt, Casser und Steinrücke besonders in den Anfangsjahren öffent-
lichkeitswirksam mit. 1889 in Paderborn geboren, erfolgten seine Lehramtsprü-
fungen 1917 bzw. 1919 und nach einer Stelle am Realgymnasium in Gladbeck
erhielt er 1931 die Versetzung nach Rüthen.[246]

H. war während der Weimarer Republik Mitglied in zahlreichen Organisationen
und hatte auch führende Ämter besetzt - so als Vorsitzender des Assessorenver-
bandes Südost-Westfalen, Sportleiter des Gaus Ostwestfalen in der Deutschen
Jugendkraft, Vorsitzender des Zirkels Möhne im Verband der Akademiker und
als Vorsitzender der Rüthener DJK-Abteilung „Siegfried"[247]. Sich seit 1930 als
zentrumsnah einschätzend, übernahm der Englischlehrer aufgrund seiner Organisationsfähigkeit schon am 1.5.1933 die Aufgabe eines kommissarischen Kultur-
warts (u.a. Leitung der Sonnenwendfeiern)[248] und am 1.6.1933 als Kreisab-

---

[245] StA MS, PA, H 81
[246] Daten nach StA MS, PA, H 95 und HStAD, Entnazifizierungsakten NW 1100 G 33/97
       und Stadtarchiv R, Viegener, 31.7.1933, 24.6.1933, 27.6.1934
[247] vgl. PAB, Interview Potthast
[248] Gedacht als organisatorischer Überbau zu den bestehenden örtlichen kulturellen Verbän-
       den wie Männergesangverein und Sturmkapelle, die so ihre Souveränität weitgehend ver-
       loren.

schnittswalter die NSLB-Ortsgruppe, nachdem auch er - nach seiner Angabe „als letzter" des Kollegiums am 29. oder 30. April - einen Antrag auf Beitritt zur NSDAP unterschrieben hatte. H. hielt „zündende Ansprachen", führte ab 31.7.1933 die Arbeitsgemeinschaft für körperliche Ertüchtigung im NSLB und firmierte ab 1936 als kommissarischer Blockleiter. H. bestritt aber im nachhinein, Aktivist gewesen zu sein, und betonte, ab 1935 versucht zu haben, seine Ämter niederzulegen, was erst mit der Versetzung 1937 gelungen sei.

Seine NSDAP-Mitgliedschaft begründete H. mit einer idealistischen Grundhaltung, weil er geglaubt habe, „meinem Volk und seiner Jugend so am besten dienen zu können". Die konkrete Eintrittsentscheidung in die NSDAP stellte sich für ihn als Kollegiumsentscheidung dar:

„Bis zum 21. März 1933 waren wir keine Freunde der NSDAP. Da sie aber nunmehr den leitenden Reichsbeamten stellte, nachdem sie 'legal' zur Regierung gekommen war, - das Ausland mochte wissen, was sich hinter den Kulissen abgespielt hatte, wir nicht - glaubten wir alle als Diener des Staates und Erzieher seiner Jugend der nunmehrigen 'Staatspartei' beitreten zu dürfen, zumal das Ausland dem Hitlerregime sein Agreement erteilt hatte."

Doch habe er „schon nach einigen Jahren erkannt", daß er „mit den Zielen, die immer deutlicher wurden, nicht übereinstimmen könnte."

Ohne einer Bewertung dieser 1946 gemachten Aussage näher zu treten - angesichts der Diktatur und Verfolgung hätte man sich eine Formulierung „erst" nach einigen Jahren als angemessener vorstellen können -, bestätigte der Leiter der Rüthener Volksschule H., daß er nie nationalsozialistisches Gedankengut propagiert habe, „stets ein überzeugungstreuer Katholik (war), regelmäßig den Gottesdienst (besuchte) und sich an öffentlichen Prozessionen (beteiligte)" und ein Landgerichtspräsident versicherte, daß H. nach seiner Versetzung 1937 keinen Dienst mehr in NSDAP, SA oder im NSLB geleistet habe und „regelmäßig den englischen Sender abhörte".

Unklar bleibt, warum H., der mit dem 21.3.1933 (Tag von Potsdam) glaubte, der NSDAP „beitreten zu dürfen", während der Weimarer Republik sich keiner Partei angeschlossen hatte. Naheliegend ist daher, von inhaltlichen Beitrittsmotiven auszugehen, die aber im Entnazifizierungsverfahren nicht angesprochen wurden.

Zeichenlehrer H.

Das Image der Schule wurde auch geprägt durch den Kunstlehrer H., der der Schule von Juni 1933 bis April 1935 mit elf Wochenstunden zugewiesen worden war. H., geboren 1906, hatte die Kunstakademien in Kassel und Berlin besucht, 1927 die Prüfung als akademischer Zeichenlehrer bestanden und war 1928 zum

Oberschulzeichenlehrer ernannt worden.[249] H. hatte im Mai 1933 die Mitglied-schaft im NSLB erworben und übernahm in Rüthen sofort die Aufgabe des Sport- und Fürsorgereferenten in der SA. Im Juli 1934 wurde ihm im Rahmen von Re-novierungsarbeiten im alten Rathaus aufgetragen, u.a. die Decke des Bürgersaales auszumalen. Die Zweckbestimmung des Raums für größere Versammlungen und Parteiveranstaltungen setzte H. malerisch um:

> „Besonders künstlerisch gelungen ist die Umrahmung des Hakenkreuzes in der Mitte der Decke mit den Symbolen: Ähren und Werkrad, die Arbeit und Brot darstellen, und mit einer Hakenkreuzbandverzierung, wie man sie auf alten germanischen Gefä-ßen findet."[250]

In seiner Motivwahl paßte sich H. dem Zeitgeist an. So stellte er dem Schieß-sportverband als Preis ein Ölgemälde mit Adolf Hitler zur Verfügung.[251] Daß H., der erst 1937 der Partei beitrat, darüber hinaus öffentlich aktiv war, bescheinigte ihm der örtliche Obersturmbannführer, der bei Vorbereitung und Durchführung von festlichen Veranstaltungen der NSDAP „Treue und Eifer" erkannt hatte. Trotz des Einsatzes von nur elf Wochenstunden zeigte sich auch Schulleiter Steinrücke überaus zufrieden und begutachtete: „von echt vaterländischem Geist immer erfüllt gewesen und dem jungen Staat unseres Führers Adolf Hitler treu ergeben". Im Gegensatz zu H.s allgemein akzeptierten öffentlichem Engagement zeigte sich Oberschulrat Hellwig im Schreiben vom 9.2.1935 an den Oberpräsi-denten wenig begeistert von H., der nur Zeichenlehrer sei, „dabei mehr Techniker als Künstler", und resümierte:

> „Paßt für die Kleinstadt nicht."

Den Schüler(inne)n ist er durch seine Organisierung und Durchführung der Fahr-ten nach Berlin in Erinnerung.[252]

Mathematiklehrer V.

Studienrat V., geboren 1889, hatte Mathematik, Erkunde und Physik studiert, 1915/16 Heeresdienst geleistet und 1917 bzw. 1919 seine Prüfungen abgelegt.[253] Zum 1.11.1928 wurde er nach Rüthen versetzt.

V. war in den ersten Jahren des Nationalsozialismus der einzige Lehrer des Kol-legiums ohne Mitgliedschaft in der NSDAP oder im NSLB. Er war am Beitritts-

[249] Soweit nicht anders verwiesen alle Angaben aus StA MS, PA H 703
[250] Stadtarchiv R, Viegener, 24.7.1934
[251] vgl. Stadtarchiv R, Viegener, 19.11.1934
[252] vgl. PAB, Interview Potthast und Interview Bittern
[253] Soweit nicht anders verwiesen StA MS, PA V 6, Bd. I, II und SB II

termin des Kollegiums aus gesundheitlichen Gründen für zwei Jahre beurlaubt gewesen und nahm erst Ostern 1934 den Dienst - bis 1936 mit herabgesetzter Unterrichtsverpflichtung - wieder auf. V. engagierte sich ab 1.1.1934 als Blockwalter im NSV und ab 1.1.1935 als Ausbildungsleiter im RLB; die Mitgliedschaft im NSLB datiert auf den 1.2.1937 und der Parteianwärterstatus auf den 1.5.1937. V. scheint ausweislich seiner umfangreichen Personalakte eine nörglerisch-kritische Person gewesen zu sein. So war er in der Weimarer Republik zwar Mitglied des Zentrums gewesen, nur von 1925 bis 1927, so verweigerte er lange Zeit nach 1933 im Schriftverkehr mit der vorgesetzten Behörde das obligatorische „Heil Hitler" und verwandte nur „mit deutschem Gruß". 1936 bezeichnete Schulleiter Dr. Steinrücke seine Wahrnehmung der Berufspflichten als „sehr lässig". 1939 resümierte Steinrücke kritisch V.s parteiliches Engagement und schwärzte ihn beim PSK an: V. sei im Kollegium „ziemlich isoliert" und erst seit einigen Monaten Mitglied in der NSDAP, wobei die Rüthener Ortsgruppe der Partei „erst nach Überwindung von Bedenken zugestimmt" habe. Zusammenfassend beklagte Steinrücke:

> „An dem politischen Leben innerhalb der Ortsgruppe nimmt er nur geringfügigen Anteil, ... insbesondere besucht er Versammlungen und Kundgebungen nur ganz unregelmäßig."

Um diesen Vorwürfen einen grundsätzlichen Charakter zu geben, denunzierte er auch V.s Frau. Sie habe wiederholt versucht, den Hitlergruß zu meiden und habe „die wiederholte Aufforderung, der Frauenschaft beizutreten, völlig unbeachtet gelassen". Im Gegensatz zu V. unterschreibt Steinrücke mit „In dankbarer Ergebenheit Heil Hitler".

Für einen größeren Eklat mit umfangreichem Schriftverkehr, der für V. mit dem vom Parteigericht ausgesprochenen Verbot, für zwei Jahre kein Amt in der NSDAP oder einer Gliederung zu verwalten, endete, sorgte V.s verbotswidriges Schmücken am Fronleichnamstag 1939. V. hatte anläßlich der Prozession am Gartenzaun mehrere drei Meter lange aus weißen und roten Wimpeln zusammengesetzte Girlanden angebracht und nach Aufforderung durch die Polizei „versehentlich" nicht alle entfernen lassen. Grundsätzlich entschuldigend machte V. geltend, daß in der Kirche verlesen worden sei, daß nur die Kirchenfarben gelb-weiß verboten seien.

Gegenüber dem Oberpräsidenten sprach Steinrücke zwar nicht wie die NSDAP von einer „bewußte(n) Provokation", doch beklagte er das Außerachtlassen des Verbotes als „unerfreulich", weil „bei der Mentalität der hiesigen Bevölkerung anzunehmen ist, daß das Verhalten ... zur Nachahmung reizt". Darüber hinaus machte er „berechtigte Zweifel" an der Darstellung V.s geltend, da das Verbot des Schmückens jedem Arbeiter und Bauern in der Stadt bekannt gewesen sei, und beklagte einen „auffallenden Grad von Gleichgültigkeit" „vermutlich aus starker Kirchenverbundenheit":

> „Man hätte erwarten müssen, daß er zumal als Mitglied der NSDAP ein Gefühl für die Bedeutung der staatlichen Vorschriften über das Schmücken aus kirchlichen Anlässen gewonnen hätte."

Letztendlich warf Steinrücke V. vor, „wenn nicht absichtlich und wissentlich (eine wichtige staatliche Anordnung) übertreten, doch aus einer unverständlichen und unentschuldbaren Unkenntnis außer acht gelassen" zu haben. Daraufhin wurde V.s Verhalten vom Oberpräsidenten „schärfstens mißbilligt". Gegenüber dem Oberpräsidenten resümierte Steinrücke am 16.12.1940 nicht nur den Tenor des Parteiverfahrens:

> „Erschwerend fiel dagegen ins Gewicht, daß StR V. während der Verhandlung äußerte, er sei katholisch, lebe in einer größtenteils katholischen Bevölkerung und unterrichte an einer Schule, die fast ausschließlich von katholischen Schülern(innen) besucht werde und habe daher geglaubt, seiner religiösen Überzeugung Ausdruck geben zu müssen",

sondern bewertete:

> „Diese Äußerung macht m.E. deutlich, daß der ... Verweis ... seine Wirkung verfehlte."

Das Vorgehen durch den Schulleiter läßt nicht erkennen, daß er sich in irgendeiner Form verpflichtet gefühlt hatte, den Lehrer V. zu unterstützen und zu schützen. Im Gegenteil, erst durch Steinrückes Anklagen und Interpretationen war eine Gefährdung der wirtschaftlichen Existenz von V. gegeben. Daß sich Steinrücke eine nationalsozialistische Position argumentativ zu eigen machte, war aufgrund der Formulierungen des Entnazifizierungsausschusses, der ein „Aufbegehren gegen die Ziele des Nationalsozialismus" bei ihm festgestellt hatte, nicht zu erwarten gewesen.

Schüler erinnern sich heute noch an V. und betonen seine ihnen gegenüber offene und nicht nachtragende Art, die in einer durchgängigen Gesprächsbereitschaft zum Ausdruck kam.[254] Wechslern von anderen Schulen gab er kostenlos Nachhilfe.[255]

---

[254] vgl. PAB, Interview Hage
[255] vgl. PAB, Interview Potthast

Deutschlehrer T.

StR T.[256], geboren 1892, nahm am Ersten Weltkrieg als Nichtdienstfähiger zuerst als Sanitäter und später als Infanterist teil. Nach der Assessorprüfung 1921 und einer sich anschließenden Tätigkeit in der Privatindustrie unterrichtete er zuerst in Plettenberg und seit 1928 in Rüthen die Fächer Deutsch, Englisch und Latein. T., Mitglied in der Casino-Gesellschaft, im Katholischen Gesellenverein und im Sauerländer Gebirgsverein, war an keine Partei gebunden und gab später an, 1932/33 Zentrum gewählt zu haben. Der NSDAP und dem NSLB trat er zum 1.5.1933 und einen Monat später auch der SA-Reserve bei. Dort wurde er am 9.11.1934 zum Oberscharführer ernannt, ohne je eine Schar geführt zu haben, wie er später behauptete. Zum 1.10.1934 wird er Mitglied der NSV. Seine NSDAP-Mitgliedschaft stützte T. bei der Entnazifizierung u.a. auf die Behauptung des Ortsgruppenleiters, „daß die Ziele der NSDAP ideal seien für jeden guten Deutschen", was von ihm damals „nicht bestritten werden (konnte)". Zudem habe er die NSDAP für eine „anständige Partei" halten müssen, da ihr auch Geistliche beitraten. Noch in der Nachkriegszeit behauptete T.:

> „Vom Programm der NSDAP war und ist mir, abgesehen von den Schlagworten, kaum etwas bekannt. Parteiliteratur habe ich grundsätzlich kaum gelesen."

Dem Vorwurf aufgrund seines schnellen Beitritts zu den NS-Organisationen, „sich mit allem Eifer dem NS" verschrieben zu haben, widersprach T. mit dem Hinweis, daß er innerlich Gegner geblieben sei, nie ein Amt bekleidet habe, keine Ansprachen vor Schülern gehalten und weiterhin aus Opposition gegen die Partei ostentativ regelmäßig den katholischen Gottesdienst besucht habe. Die Ablehnung des Nazismus sei bei ihm verschärft worden durch die 1934 erfolgte Sterilisierung seines Bruders wegen angeblicher Schizophrenie. Daneben sei für diese Entwicklung „die unfreundliche Haltung der Partei den religiösen Gemeinschaften gegenüber" entscheidend gewesen. T. resümiert:

> Da „kam mir die ungerechte Härte der ns Einstellung und Gesetzgebung zum Bewußtsein. Ich zog mich nun, soweit ich es als Staatsbeamter tun konnte, ohne meine Stellung zu gefährden, von der Partei zurück. ... Im Unterricht habe ich von der Partei nie Aufhebens gemacht, vielmehr die Schüler immer wieder darauf hingewiesen, daß manche von der Partei betonten Dinge, wie etwa die 'Volksgemeinschaft', durchaus nichts Neues, sondern im christlich-demokratischen Staate etwas schon immer Gepredigtes und Gehabtes seien."

T.s 1935 eingereichtem Versetzungsgesuch, das der Schulleiter befürwortete u.a.

---

[256] Alle Hinweise soweit nicht anders vermerkt nach StA MS, PA, T 135 und T 103 bzw. HStAD, Entnazifizierungsunterlagen NW 1000/EÜ 7920

mit dem Hinweis auf T.s Frau als Konvertitin, die „sich in den konfessionell eng-gebenden Verhältnissen Rüthens nicht zurechtfindet", wurde 1938 entsprochen. Seit dieser Zeit habe er keine Uniform mehr getragen haben, behauptete T.
Als widerständiges Verhalten bescheinigten ihm Rüthener Bürger, mit Erich Stern in einem Rüthener Lokal bis 1936 Karten gespielt zu haben und dieser jüdischen Familie durch die Erteilung von englischem Sprachunterricht geholfen zu haben, in Amerika eine neue Existenz aufzubauen.
In seiner Selbsteinschätzung schrieb T.:

> „Ich bin nach Veranlagung und Erziehung weder politisch noch militärisch irgendwie begabt oder interessiert. ... Die intolerante und militaristische Art des NS verabscheue ich, von den Verbrechen ganz zu schweigen. Daher atmete ich, so sehr mich das bit-tere Schicksal unseres Volkes erschütterte, bei Kriegsende doch erleichtert auf bei dem Gedanken, daß die Diktatur der ns Partei nun zu Ende war."

Schüler beschreiben ihn als „äußerst korrekt", aber als „typischen Einzelgän-ger"[257].

Mathematiklehrer H.

StR Dr. H., geboren 1896, Abitur 1916 in Soest, absolvierte 1920 die Erste Lehr-amtsprüfung in Mathematik, Physik und Erdkunde, promovierte 1922 zum Dr. phil. in Mathematik und bestand im selben Jahr die Pädagogische Prüfung mit „gut".[258] Als Assessor unterrichtete H. an acht Schulen, bevor er 1928 eine Fest-anstellung in Bocholt erhielt und zum 1.12.31 nach Rüthen versetzt wurde. H., der seine politische Grundhaltung charakterisierte mit: „Von Natur aus ist mir jede politische Tätigkeit zuwider", hatte in der Weimarer Republik kein Partei-buch, gab aber an, 1932 und 1933 Zentrum gewählt zu haben.
1932 hielt H., der Mitglied im Sauerländer Gebirgsverein war, die obligatorische Verfassungsrede, in der er mahnte, „stets danach zu streben, sein Volk in seinen Tiefen kennenzulernen": Wirtschaft, Literatur, Kunst - als „Vorbedingung für eine rechte Heimatliebe"[259].
Zum 1.5.1933 schloß sich auch H. der NSDAP und dem NSLB an, trat 1934 der NSV bei und wurde im März 1934 Leiter der Schulgruppe des VDA. 1941 über-nahm er für den Bereich der Ortsgruppe Rüthen der NSDAP die Leitung des Volksbildungswerkes.[260] Zum 26.11.1939 wurde H. Ortsgruppen-Propaganda-

---

257 vgl. PAB, Interview Potthast
258 StA MS, PA, H 28 und HStAD, Entnazifizierungsunterlagen NW 1105/G 33/110
259 Stadtarchiv R, Viegener, 29.7.1932
260 StA MS, PSK, 9872,1, Schreiben des Schulleiters an den Oberpräsidenten vom 11.12.1941

leiter der NSDAP und verfaßte ab 1943 Presseberichte über die Parteiversammlungen.

Im Rahmen der Entnazifizierung wurde H. bescheinigt, daß er

- 1934 auf einer NSLB-Versammlung gegen die Erhebung eines „freiwilligen" Sonderbeitrags opponierte,
- bei einer Übung 1945 den Einsatz des Volkssturms als sinnlos und unverantwortlich bezeichnet habe,
- am Tage vor der Besetzung Rüthens sich für eine kampflose Übergabe ausgesprochen und das Vorgehen der Partei als verbrecherisch bezeichnet habe,
- eine Familie mit Lebensmittelkarten unterstützte, die eine Jüdin aufgenommen hatte,
- ein Scheinverhältnis zur Partei hatte, nie ein überzeugter Nationalsozialist gewesen sei und immer versucht habe - so einige Schüler -, sie zum selbständigen, logischen Denken zu erziehen.

Während sich SPD und CDU einig waren, daß H. kein überzeugter Nationalsozialist war und der kommissarische Schulleiter am 3.10.1947 gegenüber der Behörde erklärte:

„Jetzige Schüler, die vor dem Zusammenbruch von ihm unterrichtet wurden, wollen ihn sogar in einer Prozession zur Schule zurückgeleiten",

stellte sich dies für den neuen Schulleiter Poschmann am 17.1.1948 anders dar: „Dechant, Amtsdirektor und Religionslehrer haben den dringenden Wunsch geäußert", daß H., der aus der katholischen Kirche ausgetreten war und in der Personalakte als „gottgläubig" geführt wurde, „nicht wieder an der Anstalt beschäftigt werden möchte. Dies ist auch wohl der Wunsch der meisten Eltern, denn seine antireligiöse Einstellung ist durch seine Tätigkeit als Propagandaleiter in der Nazizeit stark hervorgetreten."

Demgegenüber wollten auch Eltern mit Unterschriftenlisten den als „gute(n) Pädagogen und charakterfesten Mensch(en) bekannt(en)" an der Schule halten, was auch gelang.

Schüler erinnern sich auch an eine ihnen gegenüber strenge Haltung, da er sich auf keine Diskussionen einließ - auch nicht bezüglich seiner Beurteilung von Klassenarbeiten.[261]

---

[261] vgl. PAB, Interview Hage

g) Geschlossener Beitritt des Lehrerkollegiums zur NSDAP

Am 21. Februar 1933 fand die Besprechung der Prüfungsarbeiten der Abiturient(inn)en unter der Leitung von Oberschulrat Hellwig statt. Aufgrund der schriftlichen Arbeiten wurde über Schülerin B. geurteilt: „eine fleißige, aber geistig wenig disziplinierte Schülerin (typisch Rüthener Milieu!)"[262]. In Abänderung der Bewertung des Prüfungsaufsatzes dieser Schülerin zum Thema „Welche Werte bot mir das Leben auf dem Lande für meine Entwicklung?", die der Fachlehrer wohlwollend als noch „genügend" qualifiziert hatte, indem er die deutlichen Schwächen in Sprache und Strukturierung als „Erbe der Heimat" mildernd berücksichtigte, erkannte Oberschulrat Hellwig auf „nicht genügend", was dann auch als Beratungsergebnis des Prüfungsausschusses ausgewiesen wurde.

Da auch die mündliche Prüfung im Fach Deutsch als „nicht genügend" benotet wurde, hatte diese Schülerin das Abitur nicht bestanden - als erste an dieser neuen Schule und zur Überraschung und Enttäuschung ihres Vaters, einem wirtschaftlich gut gestellten Geschäftsführer in Rüthen. Denn die Leistungen der Schülerin waren in den Vorjahren eher in Mathematik schwach gewesen, im Fach Deutsch teilweise sogar als „gut" eingeschätzt worden. Der Unmut des Vaters soll nach allgemeiner Darstellung der Anlaß dafür gewesen sein, daß das Kollegium der Rüthener Aufbauschule geschlossen der NSDAP beitrat.

Der diesbezügliche Schriftverkehr zwischen Schule, Elternhaus, Ortsgruppe der NSDAP und Schulkollegium ist in wesentlichen Teilen vorhanden. Ergänzend lassen sich zur Rekonstruktion des Vorgangs noch die Entnazifizierungsunterlagen der beteiligten Lehrer heranziehen, wobei aufgrund der rechtfertigenden Funktion der Angaben zu beachten ist, daß sie nicht frei von entlastenden Tendenzen sind.

Grundtenor aller Stellungnahmen der Lehrer ist die Behauptung, daß sich das Kollegium auf kategorischen Druck der Ortsleitung der NSDAP genötigt sah, der Partei beizutreten. Ursächlich sei die Behauptung der Eltern der Schülerin und des Ortsgruppenleiters gewesen, „das Kollegium der Aufbauschule hätte die Schülerin durchfallen lassen, weil ihre Brüder und ihr Vater Parteimitglieder oder Parteifreunde waren"[263]. Daneben wurde durchgängig auf den kollektiven Cha-

---

262   Soweit nicht anders vermerkt alle Angaben aus der „Niederschrift über die mündliche Reifeprüfung Ostern 1933" (Schularchiv, Abiturunterlagen 1933)
263   Darstellung, soweit nicht anders vermerkt, nach StA MS, PA, H 28 sowie HStAD, Entnazifizierungsunterlagen NW 1105/G 33/110

rakter der Entscheidung abgehoben, dem sich auch der Geistliche Dr. Kahle nicht entgegengestellt habe.

Ein Studienrat charakterisierte die damalige politische Situation:

„1933 setzte in Rüthen gegen die Lehrerschaft eine starke Hetze ein."

Dieser grundlegenden Behauptung steht gegenüber, daß die Schule geschlossen an nationalsozialistischen Aufmärschen und Feiern teilgenommen hat und sich keinerlei Belege für eine Distanz zum Nationalsozialismus bei Kollegiumsmit-gliedern im Frühjahr des Jahres 1933 aufbringen lassen, die eine derartige For-mulierung rechtfertigen würden.

Aufgrund des Vorwurfs der Parteifeindschaft habe das Schulkollegium in Mün-ster - so wird in zahlreichen Erklärungsversuchen behauptet - der Schülerin nach-träglich die Reife zugesprochen mit der Begründung, daß sie „durch erregte poli-tische Gespräche im Elternhaus in der Vorbereitung für die Prüfung gestört wor-den sei". Da dies vom Lehrerkollegium „nicht als stichhaltig" angesehen werden konnte, sondern derart interpretiert wurde, daß „der Verdacht der Parteifeind-schaft sehr nachteilige Folgen haben könne", sei man geschlossen der Partei bei-getreten. Zudem habe man geglaubt, „nicht mehr ungestört dienstlich arbeiten zu können".

Tendenziell gleichlautend wurde in fast allen Entnazifizierungsakten auf die skizzierte Abfolge abgehoben: Nichtbestehen der Prüfung, Druck der Ortsleitung, Änderung des Prüfungsurteils durch das Schulkollegium, Beitritt zur NSDAP.

Dieser Darstellung konnte sich das Oberpräsidium trotz mehrfacher Aufforderung durch einen Lehrer 1946 zu Recht nicht anschließen, da „der Vorwurf der Partei-feindschaft des Kollegiums (sich) aus den Akten nicht ergibt": Schon am 4. Mai 1933 hatte die Lehrerkonferenz, nachdem die einschlägige Verfügung vom 20. April 1933 bekannt gegeben worden war,[264] umgehend beschlossen, zwei Sekun-daner nachträglich zu versetzen und ihnen die Mittlere Reife zuzuerkennen, „da die nachgewiesene Betätigung in der nationalen Bewegung einen wesentlichen Rückgang der Leistungen seit Weihnachten bewirkt hatte"[265]. Von „Parteifeind-schaft" kann man in bezug auf das Kollegium also nun wirklich nicht sprechen.

---

[264] In diesem Erlaß hatte Minister Rust auf zahlreiche Gesuche verwiesen, in denen die Nichtversetzung von Schülern mit einer Grippeepidemie bzw. mit der „Aufgabe der natio-nalen Erhebung" erklärt wurde. Eine Überprüfung der Entscheidung - auch bei Reifeprüf-lingen - legte der Minister in die Hände der Klassenkonferenzen mit der Maßgabe, „der Größe und der Not der Zeit Rechnung zu tragen und weitherzig zu urteilen". Abgedruckt in: Pädagogisches Institut des Landeshauptstadt Düsseldorf (Hrsg.), Projekt ..., a.a.O., S. 90

[265] Schularchiv, Konferenz-Niederschriften

Darüber hinaus wurde das Nichtbestehen des Abiturs durch die Schülerin erstmals am 17.5.1933 thematisiert - fast drei Wochen nach dem Parteibeitritt der Lehrer. Die Eltern hatten nämlich erst gar keinen Antrag gestellt, die Rustsche Verfügung auf die durchgefallene Abiturientin anzuwenden. Die Initiative kam denn auch von dem Ortsgruppenleiter der NSDAP, und dieser wandte sich auch nicht an die Schule, sondern an das vorgesetzte Schulkollegium in Münster:

> „Sofort nach der Prüfung verbreitete sich in Rüthen das Gerücht, es hätte eben jemand durchfallen müssen. Da nun der Vater der Schülerin Nationalsozialist war, und mit seiner Genehmigung auf seinem Grundstück die erste Hakenkreuzfahne hier in Rüthen gehißt wurde, war es leicht verständlich, daß die Herren, die eine andere Gesinnung vertraten, eine Maßregelung vornehmen wollten. Sämtliche Parteigenossen von hier sind der Ansicht, daß nur dieses der Grund sein könnte, um eine befähigte Schülerin zurückzusetzen. Auf Grund des Gesetzes, welches vorsieht, wenn Fälle dieser Art vorgekommen sind, daß diese überprüft und richtig gestellt werden, ersuchen wir Sie um Nachprüfung in dieser Angelegenheit."

Mit Datum vom selben Tag bemühte sich der Ortsgruppenleiter auch auf dem Parteiweg um eine Korrektur des Prüfungsergebnisses, indem er sich an das NSDAP-Mitglied StR Knackstedt in Dortmund wandte.[266] Mit dem Hinweis, daß die Schülerin schon als Abiturientin, obwohl sie nicht bestanden hatte, die Haushaltsschule in Soest besuche, bat er um Prüfung und hoffte, daß „die Fehlentscheidung, durch welche eine echte, deutsch gesinnte Familie schwer getroffen worden ist, aufgehoben wird"[267].

Ein Zwischenbescheid des Schulkollegiums vom 2.6.1933 - einen Monat nach dem kollektiven NSDAP-Eintritt - bestätigte die Einleitung einer Untersuchung und fragte zugleich beim Ortsgruppenleiter an, „ob die Ortsgruppe Rüthen Grund habe anzunehmen, daß der Direktor Steinrücke oder andere Herren des Kollegiums der Aufbauschule sich dem neuen Staat gegenüber ablehnend oder gar feindlich verhalten oder verhalten haben". Mit selbem Datum wandte sich Dr. Knackstedt - in der Zwischenzeit offiziell für das Provinzialschulkollegium mit der Untersuchung beauftragt, da im Kreis Lippstadt noch kein NSLB-Kreisleiter vorhanden sei - an das NSDAP-Mitglied Lange in Hamm mit der Bitte, Ermittlungen „über die politische Haltung und Einstellung des Kollegiums der Aufbauschule und namentlich des Direktors Dr. Steinrücke"[268] aufzunehmen.

Doch dieser Versuch einer zusätzlichen Absicherung schlug fehl, eine Antwort blieb aus. Am 28. Juni 1933 schrieb der Rüthener Ortsgruppenleiter erneut an Dr.

---

266 vgl. StA MS, PSK 5571
267 ebd.
268 StA MS, PSK 5571, Schreiben vom 2.6.1933

Knackstedt, aber nur noch mit der verhaltenen Bitte zu veranlassen, daß die Schülerin „auf Grund ihrer sonstigen Befähigung an dem Abiturientenkursus an der Haushaltungsschule in Soest teilnehmen kann", denn zugleich mußte er durch Beantwortung der Frage des Zwischenbescheides grundsätzliche Vorwürfe revidieren:

> „Grund zu der Annahme, daß der Studienrat Dr. Steinrücke oder die übrigen Herren des Kollegiums der Aufbauschule sich dem neuen Staat gegenüber ablehnend oder gar feindlich verhalten, besteht nicht. Durchweg sind sämtliche Lehrpersonen Mitglieder der Partei. Sie haben sich aber erst Ende April aufnehmen lassen."[269]

Sehr spät, erst am 1.7.1933, hat der Vater der Schülerin dann eine Eingabe an das Schulkollegium gerichtet. Der Vater wies darauf hin, daß der Mißerfolg seiner Tochter überraschend kam, da noch das Weihnachtszeugnis zu keinen Befürchtungen Anlaß gab:

> „Den angeblichen Rückgang in ihren Leistungen könnte ich mir nur aus den starken politischen Spannungen erklären, unter der sie während der letzten Vorbereitung für die Reifeprüfung gestanden hat. Ich und zwei meiner Kinder sind begeisterte Mitglieder der N.S.D.A.P. und zwei meiner Söhne gehören dem Stahlhelm an. Da die Ideen des Nat.Sozialismus von diesen im Kreise unserer Familie immer wieder erörtert wurden, wurde auch meine Tochter ... in die Ideenwelt des Nat.Sozialismus naturgemäß hineingezogen und schließlich im Kampfe gegen ihre bisherige politische Auffassung so davon ergriffen, daß ihre Vorbereitung für die Reifeprüfung dadurch auch vielleicht sehr gehemmt worden ist. Wenn sie (Vorname wurde ersetzt, H.-G. B.) sich auch nicht aktiv für den Nat.Sozialismus eingesetzt hat, so hat sie doch während der Monate vor der Reifeprüfung ständig mit den Ideen des Nat.Sozialismus innerlich gerungen und dieser Kampf fand in dem starken Einsatz unserer Familie für diese Partei täglich neue Nahrung. Aus der Tatsache, daß somit ihr Studium offensichtlich durch die geistige Hingabe an die Gedankenwelt des Nat.Sozialismus auch noch sehr beeinträchtigt worden ist, leite ich die Bitte ab, für meine Tochter den Erlaß des Herrn Ministers vom 20/4.33 U II G.Nr. 695.1 in Anwendung zu bringen und ihr nachträglich das Reifezeugnis auszuhändigen."[270]

Auch in diesem Schreiben war von einer parteifeindlichen Einstellung des Direktors und der Lehrkräfte mit keinem Wort die Rede, sondern der Vater hob nur auf den einschlägigen Ministererlaß vom 20. April 1933 ab.

Doch die Einleitung der Untersuchung durch das Schulkollegium hatte dazu geführt, daß sich die Konferenz auf dessen Bitte am 23. Juni 1933 mit dem „Fall" befaßte und beschloß, daß der Direktor „bei den in Frage kommenden Stellen" versuchen sollte festzustellen, „ob die Voraussetzungen für den angefügten Erlaß gegeben sind"[271].

---

[269] StA MS, PSK 5571, Schreiben vom 28.6.1933
[270] StA MS, PSK 5571
[271] vgl. Schularchiv, Konferenz-Niederschriften

Die inhaltliche Argumentation des Vaters machte sich das Schulkollegium zu eigen und sah „ausreichende Veranlassung", den Erlaß des Ministers anzuwenden und gab der Klassenkonferenz zu erwägen, „ob nicht doch die Gesamtleistungen im Deutschen unter Einbeziehung des Jahres als genügend bezeichnet werden können". Diese Empfehlung der Behörde wurde ergänzt mit einem Verfahrenshinweis:

„Gegebenenfalls ist das neue Zeugnis mit dem ursprünglichen Datum 22.2.1933 zu versehen, ohne Hinweis auf den bezeichneten Erlaß, da es sonst entwertet würde. In die dortigen Akten ist allerdings eine die Abänderung klarstellende Niederschrift aufzunehmen."

Abschließend machte das Schulkollegium deutlich, was erwartet wurde:

„Über das Geschehen wollen Sie hierher berichten und die Neuausfertigung des Zeugnisses hier zur Vollziehung vorlegen."[272]

Schon am 10. Juli 1933 meldete Schulleiter Dr. Steinrücke den erwarteten Vollzug, da in die Rubrik Schlußurteil der Prüfungsunterlagen folgende Anmerkung der Klassenkonferenz aufgenommen worden war:

„In Anwendung des Min.-Erl. vom 20.4.33 U II G Nr. 695 I ist (Name der Schülerin, H.-G. B.) auf Antrag des Vaters gemäß Verfg. vom 6. Juli 1933 III Nr. 12058 für bestanden erklärt worden. Die Gesamtleistungen im Deutschen wurden unter Einbeziehung der Jahresleistungen als genügend bezeichnet."[273]

Damit war die Angelegenheit zunächst für zwölf Jahre abgeschlossen - bis zur Entnazifizierung.

In den Entnazifizierungsakten kumulierten die zahlreichen - besonders bei Lehrern, die noch zur Schule gehörten - ähnlich lautenden Variationen dieses Gesamtvorgangs in einem „Zwang" zum Beitritt, der forciert worden sei durch eine Änderung des Ergebnisses der Reifeprüfung durch die Behörde, was einem Schuldvorwurf gleichgekommen sei.

Dieser Ablauf läßt sich aber, wie oben an Hand der Stellungnahmen des Schulkollegiums, des Schriftverkehrs der NSDAP und des Vaters sowie anhand der Schulakten aufgezeigt wurde, in keiner Weise bestätigen. Daher ist einem grundsätzlichem Resümee dieses Vorgangs zu folgen, das 1951 vom Schulkollegium gegenüber dem Sonderbeauftragten für die Entnazifizierung in Nordrhein-Westfalen bezüglich eines Lehrers der Rüthener Schule abgegeben wurde:

„Wir können daher nicht nachprüfen, ob er wirklich 'glaubwürdig' dargelegt hat, daß er und sein Kollegium wegen des auf sie ausgeübten Druckes im Mai 1933 in die

---

272 StA MS, PSK 5571, Schreiben vom 6.7.1933
273 StA MS, PSK 5571, Schreiben vom 10.7.1933. Ein entsprechender korrigierender nachträglicher Vermerk findet sich auch in den Abiturakten.

NSDAP eingetreten seien. Im allgemeinen gehören solche Versicherungen zu den üblichen fadenscheinigen Ausflüchten, die häufig von damals fest angestellten Lehrern gebraucht werden, um ihren frühzeitigen Eintritt in die Partei zu erklären. Tatsächlich ist kaum irgendwo gerade im Frühjahr 1933 ein Druck zum Eintritt in die NSDAP ausgeübt worden. In ihrer Siegesstimmung herrschte vielmehr die Neigung vor, den Eintritt der andrängenden Masse zu erschweren und schließlich zu sperren. Wenn ein Ortsgruppenleiter die unsinnige Behauptung aufgestellt hat, daß Ostern 1933 (!) die Tochter eines Nationalsozialisten wegen ihrer Gesinnung (!) durch die Reifeprüfung gefallen sei - dies dürfte nirgends auch nicht vor der Machtergreifung und auch nicht nach dem Zusammenbruch des Nationalsozialismus geschehen sein -, so hätte ein so beschuldigtes Kollegium getrost die Nachprüfung der vorgesetzten Behörde abwarten können. Ein aus bloßer Angst vor einem Ortsgruppenleiter erfolgter überstürzter Eintritt in die NSDAP eines ganzen Lehrerkollegiums wäre ja für die Charakterlosigkeit der Beteiligten ein besonders beschämender Beweis. Wäre aber ein Körnchen Wahrheit bei der Beschuldigung gewesen, so wäre der Eintritt in die NSDAP den betreffenden Studienräten gar nicht möglich gewesen."[274]

Vor dem Hintergrund der diversen Publikationen der Lehrer, ihrer aufgezeigten Verhaltensweisen und der noch darzustellenden unterrichtlichen und außerunterrichtlichen Vorstellungen und Aktivitäten reduziert sich das Geschehen um das Abitur 1933 - wenn überhaupt - auf einen bloßen und auch nur nachgeschobenen Anlaß zum Beitritt zur NSDAP, dem kein ursächlicher Charakter zukam. Gestützt wird diese Annahme durch den gleichzeitigen Beitritt zum NSLB.[275] Von keinem Lehrer wurde angemerkt, daß dies von irgendeiner Seite erwartet worden war. Ihre Mitgliedschaft im Philologenverband erwies sich nicht als Hindernis.

Die zeitliche Nähe des Beitrittsdatums zum Inkrafttreten des „Berufsbeamtengesetzes" am 7.4.1933 kann als Ursache des gemeinsamen Handelns ausscheiden, da weder ein klarer diesbezüglicher Hinweis erfolgte noch das Kollegium in irgendeiner Weise direkt davon betroffen war.[276] Ob man die Lehrer den sogenannten „Märzgefallenen" zurechnen kann, die sich allein dem Trend der Wahlergebnisse anpaßten, muß der nachfolgenden Bewertung des Gesamtverhaltens in Schule und Gesellschaft vorbehalten bleiben. Deutlich ist aber, daß der Euphorie über die „nationale Erhebung" in Verbindung mit der nachgebenden Haltung der

---

[274]   StA MS, PA, T 135 und T 105 sowie HStAD, Entnazifizierungsunterlagen NW 1000/EÜ 7920

[275]   Für den Kreis Lippstadt meldete der Patriot vom 8.5.1933 die Gründung des nationalsozialistischen Lehrerbundes mit dem Hinweis, daß 154 Erzieher aller Schularten schon beigetreten seien. Aufgrund ihrer Mitgliedschaft in konfessionellen Erzieherverbänden sind später aber sieben Lehrer(innen) und eine Studienrätin freiwillig aus dem NSLB ausgeschieden, berichtete die Kreisleitung der NSDAP dem Landrat am 28.1.1937 (vgl. Stadtarchiv R, B 671).

[276]   Anders am Dreikönigsgymnasium, wo die „Beurlaubung" eines Kollegen die Beitrittsbereitschaft mehrerer Lehrer förderte (vgl. Tjarks, Walter, Das Kölner ..., a.a.O., S. 35f.).

katholischen Kirche eine besondere Bedeutung zukam. Immerhin verstieg sich in den zur Entlastung eingereichten Dokumenten anläßlich der Entnazifizierung, die sehr häufig eine kirchlich-katholische Haltung betonten, kein Lehrer zu dem Argument, daß sein Beitritt zur NSDAP aus Tarnung erfolgte, um innerhalb der Partei Widerstand zu leisten.[277]

2. Schülerschaft

a)   Entwicklung und Sozialstruktur

Eine Stabilisierung der Schülerzahl gegenüber der Weimarer Republik, besser noch eine Steigerung, war für die Schule essentiell, um ihre Existenz zu sichern. „Rüthen war froh über jeden Schüler, den man bekam"[278], erinnern sich Schüler.

Zahl der Schüler(innen) im Schuljahr

Klasse	1934/35[279]	1935/36[280]	1936/37[281]	1937/38[282]
U III	24	38	37	23
O III	26	26	37	30
U II	29	27	25	37
O II	10	15	20	42
U I	15	11	11	16
O I	9	15	12	17
zusammen	113	132	142	165
davon Mäd.	27	35	31	46
davon kath.	106	126	136	157
ev.	7	6	6	6
gottgl.	-	-	-	2

Der sich in Preußen abzeichnende leichte Trend einer größeren Akzeptanz dieser Schulform war in Rüthen überdeutlich - nicht nur in den Eingangsklassen, sondern 1937/38 auch beim Zugang in OII. Das führte dazu, daß Schulleiter Dr.

[277]   vgl. zu derartigen Bemühungen ebd., S. 101ff.
[278]   PAB, Interview Bittern
[279]   vgl. StA MS, PSK 5566, Übersicht vom 15.6.1934
[280]   vgl. Wegweiser ... 1935, a.a.O., S. 30f.
[281]   vgl. Wegweiser ... 1936, a.a.O., S. 30f.
[282]   vgl. Wegweiser ... 1937, a.a.O., S. 28f.

Steinrücke zum ersten Male einen Antrag auf Teilung einer Klasse stellte, der auch vom PSK genehmigt wurde.[283]

Insgesamt ist zu beachten, daß die Anzahl der Seiteneinsteiger - Schüler(innen), die nicht eine sechsjährige Schulzeit absolvierten und überwiegend aus weiter entfernt liegenden Orten anreisten bzw. in Pensionen lebten - erheblich war. Häufig war der Wechsel von einem Gymnasium in die Oberstufe der Aufbauschule. Der Anteil der Seiteneinsteiger an den teils kleinen Abiturientenzahlen zeigt, daß ohne diese - den Gründungsintentionen widersprechende - Zugänge der Bestand der Schule gefährdet gewesen wäre:

Anteil der Seiteneinsteiger an den Abiturienten[284]:

1933	2 von 15	=	13%
1934	6 von 15	=	40%
1935	3 von 9	=	33%
1936	7 von 15	=	47%
1937.1	4 von 10	=	40%
1937.2	6 von 10	=	60%

Die von der Klassenstatistik abweichenden Zahlen für 1937 ergeben sich durch Fluktuation bzw. für die zweite Abiturprüfung 1937 daraus, daß sie nur für Jungen der Unterprima vorgezogen wurde aufgrund der im November 1936 verfügten Verkürzung der Dauer der höheren Schulen um die Oberprima.

Der katholisch geprägte Charakter der Schule beeinflußte auch die Zugangsentscheidungen, was durch das katholische Milieu der Rüthener Bevölkerung begünstigt wurde. Die Zahl der evangelischen Schüler(innen) blieb extrem randständig. Die Veränderungen in der Sozialstruktur festigen den Eindruck aus der Weimarer Republik, daß die Schule dominiert war von Kindern aus dem Kleinbürgertum: die Gruppen der „nicht akademischen Beamten" und der „nicht akademischen Lehrer" sowie der „selbständigen Landwirte" stellten zusammen 68% der Schülerschaft, wobei deren Anteil unter den Mädchen prozentual mit 74% noch höher lag. Nur jede(r) 11. Schüler(in) kam aus der Gruppe der „Handwerker gegen Lohn/Arbeiter"; deren deutliche Unterrepräsentation wurde durch die Aufbauschule entgegen der Intention nicht aufgehoben. In der Rüthener Bevölkerung

---

[283] vgl. Schreiben des Schulleiters vom 15.4.1937 und die Genehmigung vom 20.4.1937 (StA MS, PSK 5566).

[284] vgl. Schularchiv, Abiturunterlagen der entsprechenden Jahrgänge

galt die Schule als Einrichtung der „dicken Bauern", wobei dieser Qualifizierung angesichts der Wirtschaftsverhältnisse und des quantitativen Anteils nur relative Bedeutung zukommt.

Sozialstruktur der Schülerschaft Schuljahr 1933/34[285]

| | Anzahl | | | in % |
	Jungen	Mädchen	gesamt	
akademische Beamte	1	1	2	2
nicht akademische Beamte	18	8	26	25
akademische Lehrer	0	0	0	0
nicht akademische Lehrer	9	2	11	11
freie akademische Berufe	0	0	0	0
selbständige Landwirte	26	7	33	32
angestellte Landwirte	0	0	0	0
selbständige Kaufleute	1	0	1	1
angestellte Kaufleute	1	0	1	1
selbständige Handwerker	7	1	8	8
Handwerker gegen Lohn/ Arbeiter	8	1	9	9
Sonstige	9	3	12	12
zusammen	80	23	103	101

Schüler betonen in ihrer Erinnerung die familiäre Belastung durch das Schulgeld und die Kosten für Schulmaterialien, was als deutliche Einschränkung der häuslichen Konsummöglichkeiten angesehen und teilweise als „Opfer" bewertet wird.[286]

Das Zahlenverhältnis von Einheimischen zu Auswärtigen bzw. Fahrschüler(inne)n war nicht nur aus Sicht der Schulträger bedeutsam, sondern implizierte auch die Frage nach einem Schülerheim.

	Einheim.	Auswärt.,	davon Fahrschüler	insg.[287]
1935/36	37	95	89	132
1936/37	38	104	32	142
1937/38	54	111	28	165

---

[285]   vgl. BA Potsdam, 49.01, Nachweis vom 18.5.1933
[286]   vgl. PAB, Interview Bittern und Interview Söding
[287]   vgl. Stadtarchiv R, B 738, 2

Die steigende Akzeptanz der Schule führte erst 1937/38 zu einer deutlichen Erhöhung des Anteils der Schüler(innen) aus Rüthen; das Wachstum in den Vorjahren resultierte aus der Aufnahme von Auswärtigen. Der drastische Einbruch der Fahrschülerzahlen, der eine Aufnahme von auswärtigen 72 bzw. 83 Schüler(inne)n in Rüthener Pensionen/ Familien bedeutete, ist nur mit einer ausdrückliche Präferierung der örtlichen Unterbringung durch den Schulleiter zu erklären - möglichst in einem Schülerheim.[288]

Gemeinschaftserziehung durch Internate war eine wesentliche Forderung nationalsozialistischer Erziehungsvorstellungen, die besonders über Aufbauschulen verwirklicht werden sollte.[289] So informierte Schulleiter Steinrücke den Rüthener Bürgermeister auf eigene Initiative mit Schreiben vom 19.1.35 unter Bezugnahme auf einen Erlaß aus dem Jahre 1925 von der Absicht, ein Schülerheim im Hause des Herrn Wilhelm Wenge, das 25 Schülern Platz biete, einzurichten.[290] Einerseits griff Steinrücke in seiner Begründung auf den Erlaßtenor zurück, indem er betonte, daß „eine sorgfältige Überwachung und insbesondere eine unterrichtliche Förderung der getrennt wohnenden Schüler (sich) kaum durchführen" lasse. Darüber hinaus hob er erweiternd auf die „Forderung nationalsozialistischer Pädagogik" ab, „daß unsere Jugend aus den Körpern und Geist bedrohenden Gefahren der Asphaltkultur der Städte mehr und mehr in den geistigen Raum des Landes übernommen wird und in enger Verbindung mit dem Boden und den naturnahen Menschen ihre Ausbildung erfährt".

Zugleich wies er neben diesen kulturkritischen Argumenten darauf hin - und dies machte die Bedeutung seiner Eingabe offensichtlich -, daß der Erhalt der Aufbauschule vom Vorhandensein eines Schülerheims abhänge. Für Steinrücke stand „völlig außer Zweifel", daß sich mit einem Heim die Gesamtzahl der Schüler steigern lasse. Den Einnahmeverlusten der Pensionen - nicht unwesentlich angesichts der schwierigen Wirtschaftslage in Rüthen - stellte er die Einnahmeverbes-

---

[288]   Nicht völlig auszuschließen ist teilweise ein statistischer Fehler, da in einigen Wintermonaten sich Auswärtige auch in den früheren Jahren kurzfristig und vorübergehend verstärkt in Rüthen einquartierten.

[289]   In Abänderung der Erlaßlage von 1925, nach der ein Heim keine Einrichtung der Aufbauschule sein durfte, legte man nun Wert auf eine enge Beziehung der Einrichtungen, die sich in der Regel durch die Unterstellung unter den Schulleiter dokumentieren sollte, so der Minister (vgl. StA MS, PSK 7377 A 18, Schreiben vom 2.9.1937). Siehe auch Kapitel B.V.6.

[290]   vgl. Stadtarchiv R, B 1063. Alle weiteren Angaben aus diesem Schriftstück. In den Lehrerkonferenzen vom 5.2.1934 und 17.3.1934 war die Frage eines Schülerheimes nur kurz angesprochen und „zunächst" vertagt worden, „da die Bürgermeisterstelle in Rüthen noch nicht endgültig besetzt ist" (Schularchiv, Konferenz-Niederschriften).

serungen durch den Betrieb des Heimes gegenüber: „zweifellos eine fühlbare Stärkung des Rüthener Wirtschaftslebens". Zugleich beantragte er 120 RM bis 150 RM für Werbung und die Überlassung einer Blockhütte im Silberbachtal. Mit Schreiben vom 30.1.35 stimmte der Bürgermeister dem Vorhaben zu, bewilligte 150 RM zu Werbezwecken, stellte eine Blockhütte in der Brunecke unentgeltlich zur Verfügung und schützte sich zugleich vor weiteren finanziellen Forderungen:

> „Ich nehme an, daß nicht beabsichtigt ist, die Stadt im übrigen an dem Schülerheim weiterhin zu beteiligen."[291]

Drei Monate später mußte Steinrücke dem Bürgermeister melden, daß trotz einer verhältnismäßig großen Zahl von Anfragen die „Mindestzahl der Meldungen nicht erreicht worden ist"[292]. Zugleich drückte er aber die „berechtigte Hoffnung" aus, „daß mir die Eröffnung des Heimes zu Beginn des Winterhalbjahres möglich sein wird", da dann mehrere Fahrschüler am Ort wohnen würden.

Doch ließ sich diese Prognose trotz wachsender Schülerzahl auch in den folgenden Jahren nicht realisieren. Die Akten geben keinerlei Hinweise darauf, daß ein Schülerheim „nicht die Förderung und Genehmigung der Behörde"[293] gefunden habe, wie ein Lehrer später behauptete. Für die Stadt Rüthen war die sich ergebende Unterbringung der wachsenden Zahl von auswärtigen Schüler(inne)n in Pensionen und Privathäusern wirtschaftlich dennoch die bessere Alternative. Obwohl der übliche Tagessatz für Unterkunft und Verpflegung nur bei zwei Mark lag[294], war er eine wichtige Einnahmequelle für die Bevölkerung, aber zugleich für die Schülereltern eine deutliche Belastung der Haushaltskasse, da neben dem monatlichen Schulgeld von 20 Mark auch ca. 40 Mark für Unterbringungskosten anfielen.

b)   Gesuche der Schüler(innen) um Zulassung zum Abitur

Als Zulassungsvoraussetzung zur Teilnahme an den Abiturprüfungen waren alle Schüler(innen) verpflichtet, anstelle einer Klassenarbeit im Fach Deutsch einen Aufsatz über ihren Lebenslauf einschließlich Bildungsweg anzufertigen.[295] Diese

---

[291]   Stadtarchiv R, B 1063

[292]   Stadtarchiv R, Schreiben vom 27.4.1935

[293]   Hoischen, A., Das Porträt, a.a.O., S. 12

[294]   vgl. PAB, Interview Bittern

[295]   vgl. die Gesuche der verschiedenen Jahrgänge um Zulassung zum Abitur (Schularchiv, Abiturunterlagen). Alle Zitate - soweit nicht anders verwiesen - sind den Gesuchen entnommen.

Aufsätze geben einen Einblick in das häusliche bzw. örtliche Milieu und zeigen das Selbstverständnis der Schüler(innen) auf. Zugleich vermitteln die Aufsätze auch vereinzelt Eindrücke über die Schule und den Unterricht.

Die Aufsätze der Schüler(innen), die sich im Dezember 1933 um die Zulassung zur Reifeprüfung im Frühjahr 1934 bewarben, unterschieden sich erstmalig deutlich in einem wesentlichen Punkt von allen früheren Gesuchen in den Jahren 1931 und 1932: Häufig wurde nun - teilweise sehr ausführlich - das Verhältnis zum Nationalsozialismus dargestellt. Eine Zurückführung dieser Haltung auf einzelne Elemente der komplexen häuslichen, peer group-spezifischen, medialen und/oder schulischen Sozialisation war aufgrund der vagen Formulierungen kaum möglich. Zur Vermittlung eines Eindrucks werden im folgenden längere Passagen aus Gesuchen wörtlich wiedergegeben, die die Vielfältigkeit spiegeln:

- „Es ist nicht zuletzt der gewaltige Umbruch unserer Zeit, der mein Inneres mit frischem Lebensmut erfüllt hat. Der Aufmarsch der S.A. in Dortmund und der mitreißende Eindruck, den die Persönlichkeit des Führers auf mich machte, waren Erlebnisse, die mich anregten, der Idee des Nationalsozialismus näherzutreten. Ihre zündende Kraft hat meinen Lebenswillen unendlich gestärkt und geweitet, hat meinem Streben eine klare und eindeutige Richtung gegeben: Das Wissen, in jedem Beruf Dienst am Volke tun zu können."

- „Auch das letzte Jahr mit seinem nationalen Umsturz ist nicht ohne Eindruck auf mich geblieben. Zu den gewaltigsten Erlebnissen, die ich je hatte, gehört unbedingt der gewaltige S.A.-Aufmarsch in Dortmund. Hier habe ich eigentlich erst richtig kennengelernt, was ein für ein Ideal begeistertes Volk bedeutet, welchen Einfluß eine überragende Persönlichkeit auf die Masse besitzt. Die Gegenwart Hitlers wirkte so gewaltig auf uns, daß es uns ordentlich durch die Glieder zuckte, als wir an ihm vorbeimarschierten, und ein jeder nachher wie verzaubert aufatmete und befreit sagte: 'Ja, dieses ist der Mann, der allein Deutschland wieder zu Ehre und Ansehen bringen kann.' Ich habe mich schon wiederholt mit anderen S.A.-Kameraden, die auch diesen gewaltigen Aufmarsch mitgemacht hatten, über ihre Eindrücke unterhalten und alle hatten sie dasselbe gefühlt. Dieser Tag hat mir wahrhaftig Unbeschreibliches gegeben. Er gehört mit zu den schönsten meines Lebens."

- „Aber diese scheinbare innere Unzulänglichkeit hat sich heute etwas gelegt durch den Einfluß, den das Leben in der S.A. auf mich ausgeübt hat. Ich kam mit vielen Menschen aus allen Ständen zusammen und die stark in mir wirkende Idee Hitlers hat mich mit allen diesen Menschen verbunden. Ich kam bei Sammlungen oder Werbungen zu vielen Menschen, mit denen ich reden und mich unterhalten mußte. Ich mußte also gezwungenermaßen meine Scheu vor fremden Menschen in mir unterdrücken. ... Seit einigen Monaten ist eine neue Zeit für Deutschland angebrochen. Ein Führer ist uns geworden, den das Volk geboren hat. Eine Evolution wächst durch das Land, wie sie die Geschichte wohl nie in dieser Größe erlebt hat. Marxismus, Kommunismus und Materialismus müssen dem Idealismus weichen. Das Volk ist zu einer zweiten Religion geworden, wie sie es einem Hermann und einem Bismarck war. Der Idealismus unseres großen Führers ist uns ein leuchtendes Fanal geworden. Die mächtig emporwachsende Bewegung Hitlers machte, daß die Erfüllung eines alten, stillen Wunsches mir näher rückte. Als mir die Gründung einer S.S.-Flugstaffel bekannt wurde, habe ich mich sofort zu ihr gemeldet."

- „Mein größter Wunsch ist daher, entweder Förster zu werden, oder Landwirtschaft zu studieren. Ich werde aber auch auf jeden Posten, mag man mich hinstellen, wohin man will, dem Volksganzen dienen. Mit Freuden habe ich daher auch das Amt eines Stützpunktleiters der Volkswohlfahrt angenommen. Macht die Arbeit auch oftmals Verdruß, wenn man für das Winterhilfswerk zu sammeln hat, oder wenn die Rechnungen nie stimmen wollen, man ist doch überreich belohnt, wenn man diese gesammelten Vorräte an bedürftige Volksgenossen verteilen darf. Nicht der Dank stammelnder Leute wegen habe ich diesen Posten angenommen, sondern der Freude wegen, meinen Volksgenossen helfen zu dürfen. - Da mein Vater mit Leib und Seele Soldat gewesen ist, und er oft von seiner Dienstzeit erzählte, so bin ich auch mit Freuden der S.A. beigetreten. Durch meinen Diensteifer habe ich es hier bis zum Rottenführer gebracht. Das Amt eines Schulungswartes für die Hitlerjugend und das Jungvolk ist mir erst neuerdings übertragen worden. ... Es wird mir daher schmerzlich sein, diesen Wirkungskreis bald verlassen zu müssen, nicht mehr so viel werben zu können für unseren Führer Adolf Hitler und seine Idee."

- „Die Partei, die heute Deutschland ist, trat mir zuerst 1929 entgegen. Damals hielt ich sie für eine Partei, die den Kommunismus aufriebe, dabei aber selbst zu Grunde ging. Als die Nazis dann aber im Jahre 1930 hundert und sieben Abgeordnete bekamen, war ich entsetzt. Wie konnten soziale Menschen in Deutschland Männer wählen, die lächerlichen Utopien nachjagten und kein Programm hatten. Ich bekam Angst vor den Nazis, denn diese 'Raufbolde' waren zu stark. Um nun diese Staatsfeinde richtig kennenzulernen, kaufte ich mir nationalsozialistische Zeitschriften. Da sah ich dann, daß die Nazis doch ein Programm hatten und nicht lächerlichen Utopien nachjagten, sondern daß sie auf dem Boden der Wirklichkeit standen. Ich erkannte ihre Ziele an, aber frei und offen zu ihnen bekennen konnte ich mich nicht. - In den Herbstferien 1931 fuhr ich nach Bremerhaven und Hamburg. Ich verbrachte dort an und auf der Nordsee wundervolle Tage. Aber ich lernte auch die Not und Zerrissenheit meines Volkes immer mehr kennen. Es war die Zeit des Volksentscheides zur Auflösung des preußischen Landtages und der Hamburger Bürgerschaftswahl. Da man mich so weit vom Schulort nicht kontrollieren konnte, besuchte ich auch nationalsozialistische Versammlungen. In der ersten nationalsozialistischen Versammlung, die ich besuchte, sollte der Reichstagsabgeordnete Studienrat a.D. Rust reden. Der Mann interessierte mich, weil er seinen Beruf aufgegeben hatte und sich nun als Funktionär einer Partei durchs Leben schlug, die von allen bekämpft wurde. Heute bedaure ich sehr, daß unser Kultusminister damals verhindert war, in Bremerhaven zu reden. Für ihn sprach dann ein anderer Abgeordneter. Ich hörte auch noch den Berliner Gauleiter Dr. Goebbels und verschiedene andere Redner. Jeder Redner sprach mit einer solchen Begeisterung, daß es mich mitriß, ob ich wollte oder nicht. Die Redner schleuderten dem System Anklage auf Anklage ins Gesicht, rissen dem System die Maske ab und machten das Wollen der Nationalsozialisten klar. Daß ihre Behauptungen stimmten, dafür war mir der Polizeioffizier Garant, der die Versammlung überwachte. Denn das wußte ich, bei der ersten Lüge des Redners würde er die Versammlung auflösen. Nachdenklich verließ ich jedes Mal die Versammlungen. Ich konnte nicht verstehen, wie man immer wieder Lügen über die Nazis verbreitete. Goebbels sollte hysterisch sein, dabei habe ich selten einen so kühlen und berechnenden Mann gesehen. Ich konnte nicht verstehen, daß die Regierung diese Lügenpropaganda gegen Volksgenossen duldete, denn das war ja nicht die einzige Lüge. Ich konnte nicht verstehen, daß fremdrassige Schieber das Volk um Millionen betrogen und kaum bestraft wurden, daß Millionen für unnützige Dinge verschleudert wurden, daß Riesengehälter, Diäten und Pensionen an Minister und Abgeordnete gezahlt wurden, daß für die Irren, die dem Volke doch nichts nutzen, täglich 800000 Mark ausgegeben wurden. Ich konnte nicht verstehen, daß man das Opfer von 2000000 Soldaten mit Füßen trat, und daß ein Reichskanzler sagen konnte, wir müßten Tribut zahlen. Und das alles, trotzdem im deutschen Land die bitterste Not herrschte, trotzdem Millionen Volksgenossen ohne Brot sind. Ich begann, das System zu hassen, und ich wurde Anhänger Hitlers. Ich trat nun offen für den Nationalsozialismus ein, verteilte Zeitungen, klebte Plakate und hielt auch nicht den Mund, trotzdem es manchmal besser gewesen wäre für mich. Nur einmal habe ich noch an Hitler gezweifelt, als ich bei den Regierungsverhandlungen im November 1932 die Lügenberichte über die Zugeständnisse an Adolf Hitler las. Ich war der Ansicht, Hitler hätte in die Regierung eintreten müssen. Als ich dann aber im Völkischen Beobachter die Wahrheit las, waren Wut und Haß noch größer als vorher. Im Januar 1933 sah ich und hörte ich dann zum ersten Mal den Führer. Durch seine Rede und seinen Blick wurde ich tief erfaßt, und mein Vertrauen zu ihm wurde noch größer. Als endlich die Bewegung am 30. Januar die Macht ergriff, war meine Freude groß. Als ich aber die Leute, die uns noch nach der Machtergreifung bekämpft und lächerlich gemacht hatten, sich in die Partei und nach Posten drängen sah, konnte ich mich eines mitleidigen Lächelns nicht erwehren. Heute aber freue ich mich, daß der Parteiklüngel endlich beseitigt ist, und der Führer dem einen Willen entgegensetzt und das deutsche Volk geeinigt hat. ... Weil ich eine andere Konfession, besonders aber weil ich eine andere politische Überzeugung hatte als meine meisten Bekannten, stritt ich mich oft mit ihnen."

- „Mit Gottes Hilfe habe ich bis jetzt ausgehalten und hoffe, daß ich auch noch das Abitur bestehe. Meine Arbeitszeit war im letzten Jahr arg gekürzt, da ich 2 mal in der Woche und auch noch oft des Sonntags SA-Dienst hatte und so kam es, daß im letzten Tertial einige Arbeiten mangelhaft waren. Ich habe mich daher vom SA-Dienst beurlauben lassen."

- „Gerade in der sportlichen Betätigung liegt ja die Grundlage dessen, was unser Führer heute von der deutschen Jugend verlangt. Da nützen keine langen Reden und Umdeutungen, nein, Taten will die Jugend sehen. Und wenn es die Mittel meines Vaters erlauben, so werde ich mich nach bestandener Reifeprüfung mich ganz dafür einsetzen, um später die Jugend führen zu können nach dem alten römischen Grundsatze: Mens sana in corpore sano."

- Nach Hinweisen über den elterlichen Bauernhof: „Aber warum erzähle ich dies? Vielleicht aus Haß gegen die Entwurzelten, die ein unschuldiges Opfer der Juden, des Kapitalismus wurden? Sicherlich bin ich heute stolz darauf, ein Bauernsohn zu sein."

- „Allmählich bekam ich auch Interesse am Sport. Langsam trat meine Lektüre in den Hintergrund. Zudem bekam ich noch einen Freund, einen Juden, der lieber herumtollte als las. Erst nach einem Jahr sah ich ein, daß ich fast voll und ganz unter dem Einfluß dieses mir um ein Jahr älteren Juden gestanden hatte. So war er es, der mich bewog, Englisch zu lernen, während die ganze Klasse Griechisch als Wahlfach genommen hatte. Er sagte mir, daß Englisch die Weltsprache sei und man damit im späteren

Leben mehr anfangen könne als mit den trockenen griechischen Buchstaben. Jedoch gingen unsere Wege bald auseinander. War ich am Sonntage auf dem Sportplatz, um meinen Körper zu stählen, legte er sich in den Schatten der Bäume und mahnte nur immer, aufzubrechen. Doch allmählich machte sich in meinem Innern etwas gegen ihn bemerkbar. Zuletzt wurde aus dem Etwas Haß, und die alte Freundschaft war dahin. Oft versuchte er, die alten Beziehungen wieder aufzunehmen, jedoch ich war nicht mehr zu bewegen. So malte ich eines Tages ein Hakenkreuz, von dem ich nur wußte, daß es die Juden nicht sehen konnten, an die Tafel. Es kam darauf zwischen dem Juden und mir zu einer Keilerei, wofür wir ins Klassenbuch eingetragen wurden."

- „Ich muß sagen, daß ich mich unbedingt mit meiner Heimat so ausführlich befassen mußte, denn, wenn ich von meinen Vorfahren erzähle, erzähle ich von mir; im Grunde bin ich genauso wie meine Väter. Zuvor ist mein Leben stark durch Erlebnisse, Schule und Religion beeinflußt worden; aber das Denken und Fühlen ist noch das der Väter, und das wird es und soll es auch bleiben. Es waren Mächte, die ich von meinen Vätern ererbt habe und die ich selbst nicht kenne, die mir meinen Bildungsweg vorschrieben." Und nach ausführlicher Darstellung der „ersten Liebschaften": „Ich konnte nicht mehr die Liebe von der Leidenschaft unterscheiden. Glücklich machte mich diese Zeit nicht. Aber ich war stark genug, diese Zeit zu überwinden. Es waren Kräfte, die ich ererbt habe, die mir halfen, diese Zeit der größten Gefahren zu überstehen. Heute verkehre ich mit keinem Mädchen mehr."

- „Wenn ich auch längst nicht alles verstanden habe, was ich damals las, so habe ich doch vieles davon mir angeeignet. Besonders die vielen Kriegsbücher und Kampfgeschichten haben solch eine starke Vaterlandsliebe und solch einen Haß gegen die Franzosen in mir hervorgerufen, daß mein Vater, mit dem ich mich viel über solche Dinge unterhielt, oft verwundert den Kopf schüttelte."

- „Im Deutschunterricht wurde ich an Hand der klassischen Werke der deutschen Literatur mit den großen Problemen der Menschheit vertraut gemacht. Da war es vor allem das Nibelungenlied, das mich wegen seiner wohlgereimten Sprache und der eisernen, ungestümen Charaktere in seinen Bann zog. Gewaltiger wie hier ist nirgends der Untergang einer Heldenwelt dargestellt worden. ... Der suchende, strebende Mensch, den Goethe nur in seinem „Faust" dargestellt hat, hat mich tief ergriffen. Er findet die Vollkommenheit nicht in der Liebe, nicht in der Geisteswelt der alten Griechen, sondern in der willigen Aufopferung für die Volksgemeinschaft. Es ist dasselbe Ideal der Aufopferung und Hingabe, das wir Deutsche unter der Führung unseres Volkskanzlers erstreben. Jeder muß bereit sein, seine ganze Persönlichkeit in den Dienst des Staates zu stellen. Ich gedenke mich im Dienst des Manns für mein Vaterland dienstbar zu machen."

Zahlreiche Elemente prägten die Darstellungen der Schüler(innen) im Zusammenhang mit dem Nationalsozialismus. Deutlich wird die allgemeine Erfahrung einer Umbruchsituation 1933, der sie sich mit viel Idealismus stellen (wollten), was sich teilweise durch einen SA-Beitritt auch organisatorisch ausdrückte. Bedeutsam bleibt aber, daß nur 2/3 der Schüler(innen) in relevanter Form auf den Nationalsozialismus eingingen, die anderen ihn explizit nicht thematisierten, was aber wiederum partielle inhaltliche Parallelen wie z.B. ein völkisches Heimatverständnis nicht ausschloß.

Ein häufiges Kennzeichnen war die Personifizierung der Entwicklung auf Hitler, den Führer, wobei dessen Ausstrahlung besondere Bedeutung zukam. Ihm wurde ein charismatischer Charakter zugesprochen. Es wurde zwar auch auf Hitlers „Idee" hingewiesen, ohne daß jedoch dies inhaltlich gefüllt und von Diffusität befreit wurde. Eine Ausnahme stellte nur der Schüler dar, der sich mit den Angriffen des Nationalsozialismus auf das „System" auseinandergesetzt hat. Aber auch er entwickelte die Inhalte stärker durch negative Beschreibung des Ist-Zustandes als durch konstruktive Zukunftsentwürfe. In seiner Überzeugung kumulierten wesentliche Aspekte der NS-Ideologie, die aber auch außerhalb der „Bewegung" diskutiert und teilweise akzeptiert wurden.

Die rassistische entpersönlichende Formulierung „der Jude" war für zwei Schüler Alltagssprache geworden, von denen einer seine Erfahrungen an einer anderen Schule gemacht hatte. Denn an der Rüthener Aufbauschule wurden zu dieser Zeit keine Schüler(innen) jüdischen Glaubens unterrichtet, so daß eine direkte rassistische Diskriminierung und Ausgrenzung an der Schule nicht erfolgen konnte.

Darüber hinaus sind zwei Aspekte besonders auffällig: Zum einen die große Offenheit der Darstellung, und zwar sowohl in politischen Fragen als auch in persönlichen Angelegenheiten. So wurden von mehreren Jungen - unaufgefordert - erste Liebesbeziehungen zu Mädchen angesprochen, deren Beschreibung immer mit dem „harten", sich den Gefühlen nicht hingebenden, sondern ablehnenden Mann endete. In einem nicht zitierten Lebenslauf schilderte ein Schüler auf vier Spalten seine Auseinandersetzung mit einem Lehrer, dem er am liebsten ein „Messer in den Bauch jagen" wollte. Zum zweiten nahm der Schulunterricht - im Gegensatz zu den Gesuchen früherer Jahrgänge - nur einen geringen Raum ein, wenn man von der Nutzbarmachung Goethes für den „neuen Staat" und dem Nibelungenlied absieht. Diese neue Nachrangigkeit galt auch für Hinweise auf Kriegserinnerungen, allgemeine Erlebnisse und Erziehung im Elternhaus. Eine Auseinandersetzung über die berufliche Zukunftsperspektive erfolgte kaum - man wollte sich diffus in den Dienst des Staates stellen -, wobei den Jungen auch der Arbeitsdienst notwendig erschien. Doch nicht alle drückten dies so euphorisch aus:

> „Ein neues Leben winkt mir. Ich freue mich schon auf den Aufenthalt im Arbeitsdienstlager."

Grundsätzlich bleibt nach diesen ersten zusammenfassenden Hinweisen noch nach der Motivlage der Schüler(innen) für diese inhaltliche, am Nationalsozialismus ausgerichtete Bestimmung der Lebensläufe zu fragen. Sicher ist einmal die beeindruckende gesellschaftliche Umbruchsituation zu nennen, die aktuelleren Entwicklungen auch im Rahmen einer Lebensbeschreibung Berücksichtigung einräumte. Für die große Offenheit in den persönlichkeitsspezifischen Aspekten bietet dies aber keine hinreichende Erklärung, wenn man eine Adressatenorientierung der Schüler nicht ausschließen kann, sondern wohl eher annehmen muß.

Dies bedeutet, daß die vorgenommenen Schilderungen, Bewertungen und ideologischen Zuordnungen von der Lehrerschaft der Schule gefördert, geteilt bzw. mindestens hingenommen wurden - zumindest aus Sicht der Schüler(innen). Deren Meinungsbild basierte einmal auf mehrjährigen Schulerfahrungen und zusätzlich auf dem Verhalten der Lehrer zu den aktuellen gesellschaftlichen Entwicklungen. Für eine Positionsbestimmung der Lehrer waren neben ihren unterrichtlichen Anforderungen/Bewertungen und dem außerunterrichtlichen Engagement wohl auch ihre außerschulischen Aktivitäten für die „nationale Erhebung" entscheidend, da ein großer Teil dieser Verhaltensweisen ohne offensichtlichen Druck erfolgte und durchaus euphorischen Charakter hatte. Andererseits war diese Haltung für einige Schüler(innen) nicht so zwingend, daß sie sich in ihren Gesuchen um Zulassung entsprechend angepaßt und nationalsozialistische Zusammenhänge erwähnt hätten.

Neben dieser (Teil-)Übereinstimmung „in der Sache" ist für die angesprochene Offenheit sicher auch die schon mehrfach angesprochene schülerfreundliche verständnisvolle Haltung der Lehrer eine Voraussetzung gewesen.

1937, drei Jahre später, stellten aufgrund der Schulzeitverkürzung sowohl die Schüler der Unterprima als auch die Schüler(innen) der Oberprima für das Jahr 1937 Gesuche um Zulassung zur Reifeprüfung. Diese Altersgruppe, die letzten Abiturjahrgänge des Untersuchungszeitraumes, hatte nicht nur die Umbruchsituation 1933 erlebt, sondern konnte auf vier wichtige Lebensjahre unter dem Nationalsozialismus zurückblicken. Anhand ihrer Gesuche um Zulassung zum Abitur ist - auch im Vergleich zu 1934 - zu ermitteln, inwieweit sich diese Erfahrungen in ihrem Lebenslauf bzw. in dessen Darstellung spiegeln.

Zentral in den Ausführungen der Schüler(innen) waren Mitgliedschaften in HJ, BDM, SA und SS. Fast alle waren früh in die HJ eingetreten und inzwischen häufig mit Führungsaufgaben betraut worden. Ein Schüler nahm am Dienst des SS-Sturms teil und nannte als Berufsziel die SS-Verfügungstruppe. Nachhaltig beeindruckt zeigten sich die Teilnehmer von großen Aufmärschen, aber besonders von Reichsparteitagen. Ein erfolgreicher, erst 1936 nach Rüthen umgezogener Aktivist schrieb:

„Denn nur, wenn die Jugend für den nationalsozialistischen Staat gewonnen wird, können wir nie untergehen und werden immer erfolgreich gegen den Bolschewismus bestehen. Zweimal wurde es mir vergönnt, in dieser Zeit am Reichsparteitag in Nürnberg teilzunehmen, zweimal durfte ich den Führer sehen und ihn sprechen hören, und jedesmal habe ich mir innerlich geschworen, ihn nie zu verlassen und ihm immer zu folgen, wohin er uns auch führt. Denn wer ihm einmal aus nächster Nähe in die Augen geschaut hat, der fühlt sich ihm verpflichtet und ist bereit, alles für ihn und damit für unser Volk hinzugeben."

Als „unvergeßliches Erlebnis" charakterisierte ein anderer Schüler seine Teilnahme am „Reichsparteitag der Ehre":

„Aus nächster Nähe durfte ich dem Führer in die Augen sehen. ... Man hat das Gefühl, daß man sich vor diesem Menschen nicht verstellen kann, denn sein Blick dringt bis in die äußersten Winkel unserer Seele. Seit den Tagen von Nürnberg stehe ich jeden Abend vor dem Bild des Führers und frage mich, ob ich am Tage meine Pflicht getan habe oder nicht."

Pfadfinderhaft bzw. religiös mutet diese verhaltensrelevante Auswirkung des Parteitags bzw. die Ausstrahlung Hitlers an.

Die Bedeutung der HJ als neue Erziehungsinstitution lassen verschiedene Aussagen erkennen, u.a.:

„Wer nur noch an großen Kundgebungen und Aufmärschen teilgenommen hat, der muß beseelt sein von dem Glauben an den Führer, der erfüllt seine Pflicht für den Aufbau des deutschen Vaterlandes."

Doch fast alle Schüler(innen) beklagten auch die umfangreiche Belastung durch die jeweiligen außerunterrichtlichen Dienste, die ihre schulischen Leistungen beeinträchtigt hätten.

Drei Schüler(innen) erhielten die Zulassung zur Reifeprüfung nur aufgrund der „außerordentlich schwierigen häuslichen Verhältnisse" (Todesfälle, Hilfe in Haushalt und Landwirtschaft) bzw. ihrer Dienste in HJ/JM. Obwohl die unzureichenden Leistungen auch in der Abiturprüfung bestätigt wurden, sah sich der Prüfungsausschuß in der Lage, auch diesen Schüler(inne)n die Reife zuzuerkennen „im Hinblick auf ihre Gesamtpersönlichkeit", die eben auch durch den umfangreichen Dienst in den Formationen geprägt war.

Daß der Übergang zum Nationalsozialismus trotz der frühen Mitgliedschaften nicht immer bruchlos war, läßt ein Schülerhinweis erkennen:

„Die Eltern und Geschwister, die an das alte Regime des Staates gewohnt waren, hatten für die nationale Erneuerung, zumal sie sehr religiös sind und daher auch ich in tief religiöser Erziehung lebte, wenig Verständnis." Doch war seine religiöse Einbindung zu schwach, um nicht der HJ zum Januar 1934 doch beizutreten mit der Selbstlegitimation: „Hingabe an die Gemeinschaft, Zurückstellung des eigenen Individuums, Förderung der Kameradschaft sind die Ziele, nach denen wir streben und um die wir kämpfen."

Daß der Übergang zum Nationalsozialismus andererseits auch gefördert worden war, zeigt die Erinnerung eines Schülers, der sich 1931 einer Pfadfinderorganisation angeschlossen hatte:

> „Dieses war ein interkonfessioneller, antisemitischer Bund, in dem ich zum ersten Male 'stillgestanden' lernte."

Als dessen Ziel und zugleich „als höchste Pflicht" erkannte der Schüler, „gegen den Schandvertrag von Versailles ... die Ehre Deutschlands wiederherzustellen". Prägend kann für ihn folgende Erfahrung gelten:

> „Ich selbst habe zweimal an der Bahre toter Kameraden gestanden, die für dieselbe Idee gefallen sind."[296]

Die Auseinandersetzung mit den konfessionellen Verbänden sah er als „eine gute Vorschule, um den Nationalsozialismus 1933 besser verstehen zu können". Ende Februar 1933 sei dann der Bund geschlossen zur HJ übergetreten.

Nicht zuletzt aufgrund der hier unterschiedlich stark offenbarten Zugehörigkeit zu nationalsozialistischen Organisationen war die religiöse Überzeugung eher randständig geworden. Obwohl alle Oberprimaner(innen) katholischen Bekenntnisses waren, legten nur zwei darauf Wert, daß dies auch auf ihrem Zeugnis vermerkt wurde.

Erwähnenswert ist aber auch, daß zwei Unterprimaner mit keinem Wort in ihren Lebensbeschreibungen und Zukunftsentwürfen den Nationalsozialismus erwähnten, der doch ihr Leben mindestens in den letzten vier Jahren mitgeprägt hatte. Diese Zurückhaltung läßt sich angesichts des nationalsozialistisch ausgerichteten Unterrichts und des diesbezüglichen Engagements der Lehrer eigentlich nur auf häusliche Resistenz zurückführen.

Die unterrichtlichen Erfahrungen der Schüler(innen) wurden von ihnen personen-, inhalts- oder methodenbezogen dargestellt. So wurden die Deutsch- und Geschichtslehrer herausgehoben und mehrmals fast anbiedernd gelobt. Man dankte ihnen für „den überaus lebendigen und anschaulichen Unterricht", der sie zu „ethischem Denken und Handeln anspornte":

> „Besonders kann ich dem Deutschlehrer danken, der durch seinen lebendigen ... Unterricht wirklich das junge Herz zu erfassen und zu idealistischen Anschauungen zu bringen und mitzureißen vermag",

---

[296] Dies ist eine wenig nachvollziehbare Formulierung, die sich aufgrund des Alters des Schülers nur auf gewalttätige Auseinandersetzungen zwischen Mitgliedern verschiedener Parteien bzw. zwischen organisierten Jugendgruppen beziehen kann. Diese haben aber nur bis 1933 stattgefunden und nur seltenst zum Tod von Beteiligten aus dem NS-Spektrum führten.

der aber auch - so eine einzelne Angabe - „mir die Wesenszüge des NS nä-
her(brachte)".

Anderer Schüler setzten in ihren Ausführungen eher inhaltliche Akzente:

> „Wir wurden mit großen und bedeutenden Dichtern und deren Werken des 18. Jahr-
> hunderts bekannt gemacht. So z.B. mit Goethe, dem unsterblichen Dichter und sei-
> nem hervorragenden Werk 'Faust', das uns den Lebensweg eines heldischen nach
> Wahrheit strebenden Menschen miterleben läßt; wir entwickelten neue Ideale an an-
> deren Helden und wurden zu bewußten deutschen Menschen."

In den Aufsätzen der Unterprimaner wurde auch auf (vermeintliche) unterrichtliche Erkenntnisse eingegangen, die teilweise trivial angewendet wurden. So erklärte ein Schüler seinen „Drang ins Weite", der sich beim Segelfliegen zeige, fa-
milienkundlich, indem er auf die Auswanderung mehrerer Brüder und Schwestern
des Urgroßvaters mütterlichseits verwies. Insgesamt blieben aber Hinweise auf
den Unterricht selten. Doch wurde Walter Flex' „Der Wanderer zwischen beiden
Welten" als Lieblingslektüre erwähnt oder die auf Anregung der Schule durchgeführte Ahnenforschung als Lieblingsbeschäftigung herausgestellt und deren Notwendigkeit analysiert:

> „Der Kapitalismus wirkte zerstörend auf das Bewußtsein von Schicksalsverbunden-
> heit der Blutsverwandten."

Die propagandistisch verbreitete Relativierung schulischer Bildung legte ein
Schüler offen:

> „Es ist nicht so wichtig Wissen zu erwerben, höher schätze ich Werte, die mich mit
> deutschem, arteigenem Geist erfüllen."

Ein weiterer Schüler betonte eher die arbeitsunterrichtliche Methode:

> „Dadurch, daß wir Schüler hier an der Klärung der Probleme mehr mitherangezogen
> wurden, habe ich größeres inneres Verständnis für die Schöpfungen unserer Dicht-
> kunst aufbringen gelernt."

Erstaunlich bleibt insgesamt für die Wiedergabe unterrichtlicher Erfahrungen, daß
neuere nationalsozialistische Literatur keine Erwähnung fand. Rassistische Formulierungen waren selten. Offen antisemitisch äußerte sich nur ein in der Obersekunda aufgenommener Schüler eines Lippstädter Gymnasiums, der sich besonders für „die Vorgeschichte des Weltkrieges und die großen Leistungen unserer
Soldaten im großen Kriege" interessierte:

> „Der gemeine Verrat im November 1918 ekelte mich derart an und empörte mich so
> tief, daß ich alles was 'rot' war, für das ich vorher ein menschliches Verständnis hat-
> te, sowie alles Jüdische, aus dem innersten Grunde meiner Seele haßte. Ein Jude war
> für mich nur ein 'Itzig', der nicht nur selbst Verrat getrieben, sondern noch dazu
> deutsche Volksgenossen zum Verrat an ihrer Heimat getrieben hatte."

Die Akzeptanz autoritärer Familienstrukturen zeigte sich an der Beschreibung eines „seltsame(n) Straf- und Sühneakt(es)", den ein Vater alle paar Wochen regelmäßig vollzog, ohne daß der Schüler dessen Ursache oder Anlaß kannte:

> „Es waren stille Opfer am Altar der Nemesis, und sie wurden ohne Schelten oder Geschrei dargebracht als schuldiger Tribut an eine geheimnisvolle Macht."

Die Frage nach einer Gerechtigkeit schien sich nicht zu stellen. Im Tenor der Darstellungen zwischen 1934 und 1937 ergaben sich keine substantiellen Veränderungen. Im Detail ist aber ein weitgehender Verzicht auf Hinweise zum privaten Umfeld festzustellen, wobei die Mitgliedschaften in nationalsozialistischen Organisationen davon ausgenommen wurden. Sie wurden aufgrund der mehrjährigen Erfahrungen umfassender in ihrem Verlauf beschrieben, d.h. in der Regel wurden neben einer frühen Aufnahme erfolgreiche Führungstätigkeiten herausgestellt. Der Umbruchsituation 1933 kam keine dominante Bedeutung mehr zu. Zentral, d.h. umfangreich und stilistisch euphorisch, blieben aber die Erfahrungen mit Großveranstaltungen, mit den Selbstinszenierungen des Systems, die besonders in den Parteitagen ab 1933 immer wieder höhepunktartig zum Ausdruck kamen und Führermythos und „Volksgemeinschaft" verbanden. Zu Recht spricht Reichel von einer „Ästhetisierung der politischen Sphäre"[297], der ein mobilisierender und integrierender Charakter zukam - nicht zuletzt aufgrund der pseudo-religiösen Inszenierungen und Rituale. Und die Schüler erlagen fasziniert der Suggestion durch Kult und Mythos - nicht nur situationsspezifisch, sondern auch noch in den teilweise Jahre später verfaßten Gesuchen, und sahen sich in einem fast religiösen Propheten-Jünger-Verhältnis, das zu „heiligen" Vorsätzen führte. Diese nachhaltigen Erlebnisse überlagerten die alltäglichen Erfahrungen und Dienste in den Formationen. Eine Korrektur durch die Unterrichtsinhalte oder durch das Lehrerverhalten wird nicht formuliert.

Im folgenden werden vor dem Hintergrund der jeweiligen fachdidaktischen Diskussion die mündlichen und schriftlichen Abiturprüfungen der Jahre 1933 bis 1937 in den deutschkundlichen Fächern Deutsch, Geschichte und Erdkunde, die als Wesenselemente des Typus Deutsche Oberschule gelten können, sowie die mündlichen Prüfungen in dem von den Nationalsozialisten als zusätzlich für das Abitur vorgeschriebenen Fach Biologie ausgewertet, um auf diesem Weg Einblick in die vom schulischen Lehrplan umrissenen und vom jeweiligen Fachlehrer präzisierten Unterrichtsinhalte an der Rüthener Aufbauschule zur Zeit des Nationalsozialismus zu gewinnen.

---

[297] Reichel, Peter, Der schöne Schein des Dritten Reiches. Faszination und Gewalt des Faschismus, Frankfurt 1993, S. 114ff.

3. Unterrichtsinhalte

a) Deutsch

Fachdidaktische Diskussion

Schon in der Weimarer Republik hatte im Vordergrund des von den Richtlinien für die höheren Schulen vorgesehenen kulturkundlichen Unterrichts die Deutschkunde gestanden, die das historische Verständnis der Schüler(innen) auf eine Erkenntnis „deutschen Wesens" zurückführen sollte - nicht nur in der Deutschen Oberschule.[1] Besonders der Literaturunterricht war in Mittel- und Oberstufe ausgehend von dem Gedanken einer organisch-volkstümlichen Bildung durch historische Durchgänge bestimmt gewesen, wobei die Prima dem deutschen Idealismus als Zeitraum der Wiedergeburt deutschen Lebens gewidmet werden sollte, um von dort Brücken zum Verständnis der Gegenwart schlagen zu können.[2] So hatte eher die Vergangenheit als das 19. Jahrhundert oder sogar die Moderne Priorität gehabt. Zentrale Zielsetzung des Deutschunterrichts in der dominierenden Richtung innerhalb der Deutschdidaktik war die Vermittlung deutscher Dichtung, die als das „Deutscheste des Deutschen" angesehen worden war und die von der Jugend als wenig greifbares und eher diffuses, aber verbindliches „deutsches Sein, Denken und Fühlen" aufgenommen werden sollte. Das hatte eigenständige Bewertungen erschwert, Gesinnung eingefordert und „undeutsche" Abweichungen diskreditiert.[3] Diese Erziehung zu „bewußtem Deutschtum", vor der nur wenige Didaktiker gewarnt hatten, war auch das Programm der eher völkisch ausgerichteten „Zeitschrift für Deutsche Bildung" gewesen, des Organs der Gesellschaft für Deutsche Bildung.[4]

Mit der Machtübergabe an Hitler sahen viele Germanisten Freiräume geschaffen, um endlich die „nationalpädagogischen Aufgaben für die Deutschkunde"[5], wie

---

[1] vgl. grundsätzlich Dithmar, Reinhard, Der Deutschunterricht in der Weimarer Republik als Wegbereiter des Faschismus, in: Dithmar, Reinhard u. a. (Hrsg.), Schule zwischen Kaiserreich ..., a.a.O., S. 3-32

[2] vgl. Frank, Horst Joachim, Geschichte ..., a.a.O., S.669ff., 693ff.

[3] Zur unkritischen Aufnahme der Kriegsdichtung im Schulbereich siehe Dithmar, Reinhard, Der Kriegsmythos im Deutschunterricht, in: derselbe (Hrsg.), Schule und Unterricht in der Endphase ..., a.a.O., S. 115-135

[4] siehe Kapitel B V.4.c)

[5] Petersen, Julius, Literaturwissenschaft und Deutschkunde. Ansprache bei der Festsitzung der Gesellschaft für deutsche Bildung in der alten Aula der Universität Berlin am 30. September 1924, in: ZfDK 38 (1924), S. 403-415. Professor Petersen war seit 1921 Mitglied der Preußischen Akademie der Wissenschaften und seit 1927 Mitglied der Baye-

sie besonders von der Gesellschaft für Deutsche Bildung schon sehr früh formuliert worden waren, verstärkt und geschützt in Angriff nehmen zu können. Dies kann an Artikeln aus dem Jahre 1933 in den fachwissenschaftlich und fachdidaktisch orientierten Publikationen, Zeitschrift für Deutschkunde (ZfDK) und Zeitschrift für Deutsche Bildung (ZfDB), die unter Lehrern der höheren Schulen weit verbreitet waren und von denen erstere auch an der Rüthener Aufbauschule gehalten wurde, nachgewiesen werden.[6] So hielt der renommierte Gießener Hochschullehrer Prof. Dr. Karl Vietor das Programm der Gesellschaft für Deutsche Bildung „mit einigen Änderungen und Erweiterungen" „für die zu leistende Arbeit des nationalen Aufbaus" als Teil „der Gesamtaufgabe des totalen Nationalstaates"[7] für durchaus geeignet.

Auch wer von den Germanisten nicht so euphorisch wie Prof. Dr. Hermann August Korff, Direktor des germanistischen Instituts in Leipzig (Neudeutsche Abteilung) und Mitherausgeber der Zeitschrift für Deutschkunde, der Machtübergabe eine „wahrhaft befreiende Wirkung" zusprach und „nach einer Zeit so qualvoller Ratlosigkeit" „eine neue Epoche der deutschen Geschichte" konstatierte, und auch wer nicht wie Korff spürte, „uns ist die Gnade zuteil geworden, dabei zu sein"[8], konnte doch an historische Strömungen und Ideen anknüpfen, die nationalsozialistische Ideologieelemente beinhalteten.[9] Einvernehmlich wurde die schon lange geforderte zentrale Stellung der Deutschkunde beinahe als „Gralswissenschaft", als selbstverständliches Kerngebiet deutscher Bildung begrüßt. Korff postulierte knapp und fordernd:

„Deutschkunde ist praktische Wissenschaft, ist Politik."[10]

Und Vietor wollte die „Wissenschaft vom deutschen Volk für das deutsche Volk" „in das Ganze der nationalen Revolution" eingeordnet wissen: Die von der Deutschkunde schon in der Weimarer Republik favorisierte geistesgeschichtlich-phänomenologische Methode sollte als Instrument zur Erfüllung der national-

---

rischen Akademie der Wissenschaften und der Preußischen Akademie der Künste sowie von 1926 bis 1938 Präsident der Goethe-Gesellschaft, zudem Mitherausgeber der ältesten noch bestehenden Zeitschrift für Literaturgeschichte „Euphorion", die nach der Machtübergabe in „Dichtung und Volkstum" umbenannt wurde.

[6] vgl. zum Diskussionsstand in der Deutschkunde auch Kap. B.V.4.c)

[7] Vietor, Karl, Die Wissenschaft ..., a.a.O., S. 342-348

[8] Korff, Hermann August, Die Forderung ..., a.a.O., S. 341-345. Korff wurde 1952 emeritiert.

[9] vgl. den knappen Überblick von Schnauber, Cornelius, Einleitung, in: Gilman, Sander L., NS-Literaturtheorie ..., a.a.O., S. VII-XXII

[10] Korff, Hermann August, Die Forderung ..., a.a.O., S. 341-345

pädagogischen Aufgaben dienen, während inhaltlich die Deutschkunde „durch die Kraft der politisch-völkischen Erneuerung" sich verwandeln lassen sollte zu einem „Organ des nationalen Selbstverständnisses", und zwar als „Vermittlerin aller wurzelechten, zeugungsstarken Mächte der völkischen Vergangenheit, ... Helferin am großen Werk des zukünftigen, des Neuen Reiches"[11].

Das gegenüber der Diskussion in der Weimarer Republik teilweise weiterentwikkelte Selbstverständnis wurde bei Korff deutlich, indem es sich für ihn bei Wissenschaft nur noch um „ehrfürchtige Kritik, die sich nicht anmaßt, Leben und Gott in ihren letzten Gründen zu 'richten'"[12], handeln sollte. Diese neuen Maßstäbe, die sich dann durchsetzten, fanden besonders Anwendung auf das 19. Jahrhundert und tolerierten nur „volkhafte Dichtung", die „aus dem gesunden Lebensgefühl des Volkes" stammte und eine „Absage an das Ich um des Volkes willen" enthielt, so daß nur „Menschen unseres Blutes Künder unseres Wesens und Gestalter unseres Schicksals zu sein vermögen"[13], wie es der Volkstumsexperte Dr. Langenbucher, Hauptschriftleiter des Börsenblattes für den Deutschen Buchhandel formulierte. Dr. Heinz Kindermann, Professor an der TH Danzig und stellvertretender Vorsitzender der Gesellschaft für Deutsche Literatur sowie Mitglied des großen Rates der deutschen Akademie München, wollte literarische Wertgrundlagen anerkennen und schaffen, „die nicht bloß vom Formal-Artistischen, sondern die vom seelisch-geistigen Gehalt, von der volkhaft-weltanschaulichen Haltung, vom rassisch bedingten Menschenbild und der ihnen gemäßen, von ihnen durchbluteten Gestaltung ihren Ausgang nehmen"[14]. Nur noch das Kunstwerk sollte als wertvoll gelten, „das auf den Empfangenden (sofern er ein 'Empfänglicher' ist) seelisch wandelnd oder vertiefend, willensstärkend oder mutschenkend" wirke und „dem Wesen ... des Volkhaften" nicht widerspreche.

---

[11] Vietor, Karl, Die Wissenschaft..., a.a.O.. Eine kritische Auseinandersetzung mit den Methoden der etablierten Literaturwissenschaft leistete schon 1932 Löwenthal, Leo, Zur gesellschaftlichen Lage der Literatur, in: Zeitschrift für Sozialforschung 1 (1932), S. 85-102, teilweise wieder abgedruckt in: Reiß, Gunter (Hrsg.), Materialien zur Ideologiegeschichte der deutschen Literaturwissenschaft. Von Wilhelm Scharer bis 1945. Band 2. Vom Ersten Weltkrieg bis 1945, Tübingen 1973, S. 72-84.

[12] Korff, Hermann August, Die Forderung ..., a.a.O.

[13] Langenbucher, Hellmuth, Volk und Dichter: die deutsche Gegenwartsdichtung, Berlin 1939, S. 9-14, abgedruckt in: Gilman, Sander L. (Hrsg.), NS-Literaturtheorie ..., a.a.O., S. 15-20

[14] Kindermann, Heinz, Dichtung und Volkheit: Grundzüge einer neuen Literaturwissenschaft, 2. Aufl. Berlin 1939, S. 56-71, abgedruckt in: Gilman, Sander L. (Hrsg.), NS-Literaturtheorie ..., a.a.O., S. 21-36

Die sich bei den Deutschkundlern zeigende Euphorie über die „Schicksalswende Deutschlands ..., daß eine neue völkische Denk- und Gefühlswelt wachgerufen und heiliggesprochen worden ist"[15], manifestierte sich in einem neuen „beherrschenden Bildungsideal": „Die liberalistische Grundeinstellung mit ihrem schrankenlosen Subjektivismus und zerweichenden Individualismus" sowie „die marxistisch-antichristliche Betrachtungsweise mit ihrem gleichmachenden Kollektivismus" wollte StR Dr. Kurt Krippendorf ersetzt wissen durch „eine idealistisch gerichtete, völkisch-christliche Geisteshaltung, die heroischen Sinnes an eine schöpferische Entwicklung ... glaubt"[16]. Derartige Gedanken und Formulierungen waren in ihrer Allgemeinheit schon vor der Machtübergabe zustimmungsfähig gewesen, nun waren sie nun weitgehend konsensfähig geworden.

Kern der Erziehungsarbeit sollten die deutschkundlichen Fächer werden, besonders der Deutschunterricht. Deren „tragende Gedanken: Gott, Rasse, Blut, Totalität der Schöpfung und des Lebens, Volkstum, Volksgemeinschaft, Staat, Führerprinzip, Gefolgschaftstreue, Wehrhaftigkeit, Charakterbildung"[17] sollten zu einer Revolutionierung des Bildungswesen beitragen.[18] Wobei darauf hinzuweisen ist, daß dieser weitreichende Anspruch nur eingelöst werden konnte, wenn Gedanken wie „Rasse" und „Blut" zu überlagernden Prinzipien wurden, da alle anderen in unterschiedlicher Intensität schon in der Weimarer Republik Grundlage deutschkundlichen Unterrichts gewesen waren.[19]

Zur Sicherstellung der inhaltlichen Umgestaltung des Bildungswesens sollte - vor einer organisatorischen Maßnahme - im Deutschunterricht neben der Umdeutung klassischer Literatur unter Aufnahme der oben genannten „tragenden Gedanken" und der verstärkten Einbeziehung völkischer Literatur in einen verbindlichen Kanon auch Schrifttum des politischen Nationalsozialismus herangezogen werden:

---

[15] Krippendorf, Kurt, Grundsätzliches zur Neugestaltung des Deutschunterrichts, in: ZfDK 47 (1933), S. 514

[16] ebd, S. 515

[17] Müller, R., Der Primaneraufsatz als Mittel für nationalsozialistische Erziehung, in: ZfDK 47 (1933), S. 648

[18] Zur Abgrenzung von anderen Weltanschauungen - besonders der katholischen - wies Mayser auf die ausschließlich nationalen Wertmaßstäbe hin, mit deren Hilfe er glaubte, „fremde Wertansprüche übernationaler oder national indifferenter Herkunft" abwehren zu können (Mayser, Eugen, Der Willensgehalt nationaler Dichtung und ihre Interpretation, in: ZfDK 47 (1933), S. 680f.).

[19] vgl. Frank, Horst Joachim, Geschichte ..., a.a.O.

„Aber studieren, ich möchte fast sagen: auswendig lernen wird man nur einen Klassiker, den Klassiker des Nationalsozialismus: die Äußerungen des Führers in Buch und
Rede."[20]

Letztere Äußerung von Studienrat Dr. Karl Kindt, Pfarrer und später Dozent für
Theologie und Geistesgeschichte der neuen Zeit an der Universität Heidelberg,
entsprach 1933/34 noch nicht den Vorstellungen des überwiegenden Teils der
Deutschkundler, soweit sie sich in den einschlägigen Zeitschriftenbeiträgen wi-
derspiegelten, auch wenn Schüler(innen) Sprüche und Losungen Adolf Hitlers
auswendig vortragen konnten. Historisch konsequent und mehrheitsfähig unter
den Deutschkundlern war eher die konservativ-kulturkritische Position, die im
Nationalsozialismus „nichts Neues" sah, sondern nur „Besinnung und Rückkehr":

> „Ist er nicht abermals ein tief inbrünstiges Bekenntnis zur Hingabe an ein Ideal, also
> Idealismus ..., ein Berge versetzender Glaube an das ewige Deutschland, an das
> Glück des Opfers, eine Losreißung der deutschen Seele aus den Klauen der Ichsucht
> und des Materialismus",

fragte rhetorisch Lothar Böhme.[21]

Dem konnte von den Rüthener Lehrern auch Hammerschmidt - die fachdidaktische Diskussion vorantreibend - durchaus folgen. Er wollte in den Schülern durch
den Religionsunterricht „eine eindeutig klare Haltung" herausgebildet sehen, „die
von eherner Unbedingtheit, unbegrenzter Ausnahmelosigkeit, unerbittlicher
Selbstentsagung und Selbstunterwerfung ist und unter Umständen von einer
menschlich kalt, ja eiskalt erscheinenden Objektivität sein muß"[22]. Von der germanischen Dichtung hielt Hammerschmidt in diesem Sinne das Hildebrandslied
und das Nibelungenlied als Unterrichtsstoff für geeignet:

> „Solches Heldentum ist bewundernswert in seiner Verachtung aller behaglicher All-
> täglichkeit, alles idyllischen Genügens, alles bequemen Paktierens, in seinem Verzicht
> auf Befriedigung und Glück überhaupt, ist staunenswert in der Hochschätzung alles
> Pflichtgemäßen über alles Nutz- und Genußgemäße hinaus, ist verehrungswürdig in
> seiner großartig herben, trotz aller Schmerzerschütterungen unbedingten Haltung, die
> in unerhörtem Maße Genüge tut der Forderung erhabenster überpersönlicher Selbst-
> werdung und Selbstvollendung, wie das heidnische Germanentum sie in seinen besten
> Schlachten- und gewaltigsten Schicksalsstunden schaute."[23]

---

20   Kindt, Karl, Zur Frage des verbindlichen Lesestoffes im Deutschunterricht der Oberstufe,
      in: ZfDK 50 (1936), S. 69
21   Böhme, Lothar, Deutschunterricht und Nationalsozialismus, in: ZfDK 47 (1933), S. 389
22   Hammerschmidt, Ferdinand, Deutsches Ethos ..., a.a.O., S. 101
23   ebd., S. 102f.

Mit diesen Interpretationen von Pflicht, Askese und Verzicht wollte Hammer-schmidt durchaus aktuell das Germanentum nutzen für eine Erziehung zu einer katholischen Haltung:

> „Hagen und Hildebrand sind zwei Menschen germanischen und darum auch deut-schen Wesens. Deutsche Dichter haben sie geschaffen, konnten sie allein gestalten kraft des Blut- und Geisterbes, das aus dem germanischen Menschentum in die Men-schen des deutschen Volkes rann und noch immer rinnt. Wie kann der deutsche ka-tholische RL (Religionslehrer, H.-G. B.), zumal heute, da wir, insbesondere die Ju-gend, brennen in der Kraft einer begeisterten, alle Lebensbeziehungen ergreifenden Artbesinnung, durch den Hinweis auf diese beiden ausgeprägten Helden germanisch-deutscher sittlicher Haltung den Schülern den eigentlichen Lebensnerv und das um-fassendste Ziel jeglicher, zumal katholischer Sittlichkeit klarmachen: reines, alles Egoistische verneinendes, es von Grund aus überwindendes, immer und unbedingt vom Persönlichen zu Höherem und Größerem vordringendes Wollen."[24]

Diese für Hammerschmidt „bewundernswert ethische Haltung" von Hagen und Hildebrand benötige aber ergänzend zur „Durchgestaltung alles Menschlichen und seiner letzten Veredelung in Gott" „lebendige(n) Schöpferglaube(n) und die lebendige Erfassung der aus ihm folgerichtig sich ergebenden Offenbarungsgebo-te"[25].

An dieser Stelle zeigt sich deutlich das Dilemma eines so verstandenen Katholi-zismus und die Schnittmenge zum Nationalsozialismus. Versprach man sich doch durch die verstärkte Umdeutung bzw. Neuakzentuierung und Neuschaffung von Literatur in Richtung eines neuen Idealismus, der auf diesseitigem Glück ausge-richteten Tendenzen der realistischen Literatur entgegentrat, eine Abkehr von der das Individuum betonenden Ethik und ethischen Autonomie. Unter Nichtbeach-tung aller politischen und gesellschaftlichen Entwicklungen und Ereignisse im Nationalsozialismus - allein bis zum Jahreswechsel 1933/34 umfaßten diese z. B. Verfolgung von SPD- und KPD-Mitgliedern, Gleichschaltung der Länder, Errich-tung des KZ Dachau, Bildung des Referats Rassehygiene, „Ermächtigungsge-setz", Boykott jüdischer Geschäfte, Verordnungen gegen „nichtarische" Ärzte, Behördenangestellte, Dozenten und Notare, Verbot der SPD, Gesetz gegen erb-kranken Nachwuchs, Schriftleitergesetz, Verlassen des Völkerbundes, „Gesetz zur Sicherung der Einheit von Partei und Staat", Auflösung des Zentrums, aber auch das Konkordat zwischen Vatikan und Reich - formulierte Hammerschmidt:

> „Wir stehen heute in einem neuen Werden des deutschen Ethos. ... Die Wiedergeburt des deutschen Ethos scheint die Summe seiner Erfahrungen aus den Jahrhunderten seiner Gesamtentwicklung ziehen zu wollen. Das neue Ethos wendet sich mit aller

---

[24] ebd., S. 103f.
[25] ebd., S. 104

Entschiedenheit ab von allem naturalistischen Eudaimonismus, den es als nackten ethischen Nihilismus erkannt hat und zu brandmarken nicht müde wird; es ergreift und richtet immer deutlicher und inbrünstiger als tiefste deutsche Wesenheit rücksichtslosen Idealismus (im Original gesperrt, H.-G. B.) auf, rücksichtslose, schon als germanisches Erbe erkannte Jenseitigkeit; und - das ist für uns Katholiken vielleicht das wichtigste - das deutsche wiedererwachende Ethos unserer Tage scheint auch hinauszuverlangen aus der seit dem Beginn der Neuzeit bei uns heimisch gewordenen und kultivierten ungeheuerlich einseitigen Vermenschlichung, scheint hineinzuverlangen in eine Sittlichkeit, die sich aufs neue einbaut ins große außermenschliche und übermenschliche Ganze, die metaphysisch begründet und psychologisch verlebendigt ist, die hindrängt in den Glauben an eine geschaffene Welt und ihren Schöpfer, die sich vollendet in einem höheren Lebensstil, als bloßes und ausschließliches sittliches Streben ihn darstellen kann, aufgipfelt in echte Religion, die Glauben und Ethos in einer höheren und höchsten Lebenseinheit zusammenfaßt. Galt seit Jahrhunderten der bloße sittliche (im Original gesperrt, H.-G. B.) Mensch aller Welt als gerechtfertigt, in Zukunft wird nur mehr der religiöse (im Original gesperrt, H.-G. B.), das heißt der sittlich und gläubige Mensch als gerechtfertigt gelten."[26]

Diese in der katholischen Kirche verbreitete, jedwede Alltagsrealität vernachlässigende idealistisch-religiöse Vision war Basis für weitergehende rassistische Ausfälle anderer Deutschkundler:

„Wir können das Wachstum unserer Jugend nicht stören und zersetzen lassen durch den greisenhaften, ewig analysierenden, ehrfurchtslosen, metaphysiklosen, immer lauernden jüdischen Geist, der bei aller virtuosen und manchmal auch ehrlich gemeinten Mimikry gar nicht anders als Gift wirken kann"[27],

die 1933 (noch) selten mitgetragen wurden, auch wenn Krippendorf von der deutschen Lehrerschaft forderte:

„Vor allem muß sich die deutsche Lehrerschaft rückhaltlos in den Geist der nationalsozialistischen Weltanschauung einleben und ihn in sich zu fruchtbringender Wirksamkeit lebendig werden lassen. Sie muß von verjüngendem drängenden Pathos und geistigem Heldentum für ihre heilige Sendung erfüllt diejenige Bildungsfähigkeit und Wandlungsbereitschaft erweisen, die sie allein in den Stand setzt, Mitgestalter des Dritten Reiches zu werden. Nur wer den Rhythmus seines Ringens und Kämpfens, wie er im Seelenblute unserer Rasse pulsiert, für die Verwirklichung der völkischen Ideen fruchtbar macht, wird ein wahrhafter Bildner des neuen Ideals werden können."[28]

Schriftliche und mündliche Abiturprüfungen

Das besondere Interesse bei der Auswertung der Abiturunterlagen gilt im folgenden in allen Fächern den Aufgabenstellungen durch die Lehrer und den Leistun-

---

[26] ebd., S. 110f.
[27] Böhme, Lothar, Deutschunterricht ..., a.a.O., S. 391
[28] Krippendorf, Kurt, Grundsätzliches zur Neugestaltung ..., a.a.O., S. 521

gen der Schüler(innen). Was die Lehrer von ihren Schüler(inne)n inhaltlich erwarteten, wird vorrangig bestimmt durch ihre Publikationen. Darüber hinaus erfolgt ein Vergleich mit den einschlägigen Veröffentlichungen in den aktuellen fachwissenschaftlichen und fachdidaktischen Zeitschriften, wie er sich grundsätzlich schon in der skizzierten Diskussion um die Deutschkunde zeigte. Dieses Vorgehen ermöglicht eine Aussage über die Bereitschaft und Fähigkeit der Lehrer, sich den fachwissenschaftlichen und fachdidaktischen Interpretationstrends anzupassen bzw. diesen vorzugreifen. Insgesamt lassen auch die in den zentralen Passagen ausführlich wiedergegebenen Schüler(innen)aufsätze erkennen, was Gegenstand des Literaturunterrichts war und welche inhaltlichen Argumentationsmuster präferiert wurden - gegebenenfalls auch durch die abgrenzende Kommentierung des Lehrers. Durch Beachtung der in der Lehrerbibliothek eingestellten Literatur, aber auch durch Hinzuziehung der Veröffentlichungen der Fachlehrer ist es möglich, ihre Position abzusichern. Als besonders ergiebig kann die 1947 beendete und 1949 veröffentlichte Literaturgeschichte des Fachlehrers Kahle gelten, da sie keine NS-spezifischen Formulierungen mehr enthalten dürfte und so die Grundhaltung dieses Lehrers klar erkennbar ist.

Die umfassende Wiedergabe von zahlreichen Aufsätzen zu allen Aufgabenstellungen soll es eher ermöglichen, einen repräsentativen Eindruck über die emotionale und rationale Haltung der Schüler(innen) zum Nationalsozialismus zu erhalten, als über eine Beschränkung auf einzelne exponierte Aufsätze bzw. ihrer Paraphrasierung möglich wäre. Die Grundhaltung der Schülerschaft bzw. der Schule ist so deutlicher und aussagekräftiger zu ermitteln.

Bei der erstmaligen Behandlung eines literarischen Werks durch die Schüler(innen) im Laufe der Schuljahre erfolgt im Rahmen der Kommentierung auch eine spezifische Wiedergabe der Handlung, wenn es sich um Werke handelt, die heute eher ungeläufig sind und wenn die Kenntnis einer Grundstruktur zum Verständnis notwendig erscheint. Insgesamt wird aber kein Anspruch auf eine hinreichende werkimmanente, zeitgenössische oder literatursoziologische Interpretation erhoben, da das beabsichtigte Ziel eine nur tenorhafte Erfassung der Materialfülle zwecks Verdichtung zu einem Gesamtbild als angemessen erscheinen läßt. Schließlich handelt es sich nicht um eine literaturwissenschaftliche Untersuchung, sondern um die Herausarbeitung der gesellschaftlichen Relevanz der Schüleraufsätze - besonders im Hinblick auf die sie unterrichtenden Lehrer.

Abitur 1933 (Prüfer: Studienassessor Dr. Wilhelm Kahle)

Für die schriftliche Abiturprüfung im Frühjahr 1933 waren die Themenvorschläge schon Ende des Jahres 1932 der Provinzialschulbehörde zur Genehmigung vorzulegen, so daß die politische Entwicklung Anfang 1933 keine Berücksichtigung finden konnte.

Themen der schriftlichen Prüfung waren (Häufigkeit der Wahl in Klammern):[29]

1. Weise nach, wie Goethes Wort: „Alles Vergängliche ist nur ein Gleichnis" in der Liturgie der Kirche zum Ausdruck kommt. (2x)

2. Die Gedichte: Der Blitzzug (von Detlev von Liliencron, Anm. H.-G. B.), Lokomotive (von Gerrit Engelke, Anm. H.-G. B.), Fahrt über die Kölner Rheinbrücke bei Nacht (von Ernst Stadler, Anm. H.-G. B.) sind als Ausdruck des Zeitgeistes zu deuten und einer literarischen Bewegung einzuordnen. (5x)

3. Welche Werte bot mir das Leben auf dem Lande für meine Entwicklung? (4x)

4. In welchen Erscheinungen der Gegenwart habe ich die Wirtschaftskrisis unserer Zeit erlebt? (3x)

Hilfsmittel: Zu 2) Die Texte der drei angeführten Gedichte.

Sondervorschlag für einen einzelnen Schüler[30]:

1. Nach dem Weltkriege! Dichterischer Rückblick und Ausblick im Anschluß an die Gedichte: Friedenslitanei von Ina Seidel, Das Vermächtnis von Karl Bröger und Rückkehr aus dem Kriege von Heinrich Lersch.

2. Birgt der Sport auch sittliche Werte?

3. Was gibt mir die Einsamkeit?

4. Die Auffassung Vershofens über die Bedeutung der Technik soll im Anschluß an den Aufsatz: Industrie gekennzeichnet und beurteilt werden.

Hilfsmittel: Die Texte der in Aufgabe 1 angeführten Gedichte und des in Aufgabe 4 bezeichneten Aufsatzes werden dem Prüfling vorgelegt.

Diese von der Schulbehörde genehmigten Vorschläge gaben den Schüler(inne)n die Möglichkeit, grundsätzliche katholisch und kulturkritisch geprägte Vorstellungen zu Landleben und Industrie, aber auch heimatbezogene Erfahrungswerte in ihre Bearbeitung einzubeziehen, was teilweise deutlich genutzt wurde - auch von den fünf Schüler(inne)n, die sich bei der geforderten Gedichtinterpretation auf eine literaturhistorische Analyse hätten beschränken können:

---

[29] Alle Aufgabenstellungen im schriftlichen und mündlichen Abitur sowie die Schüler(innen)aufsätze und Protokolle sind den Abiturunterlagen der jeweiligen Jahre entnommen. Nachweis im Schularchiv, Abiturunterlagen. Die Namen der Schüler(innen) bleiben ungenannt. In den Prüfungsprotokollen erscheinen entsprechende Lücken.

[30] Die Notwendigkeit eines Sondervorschlages ist aus den Abiturunterlagen nicht ersichtlich, doch ist nur plausibel, von größeren Fehlzeiten des Schülers auszugehen.

- „Aber nicht nur die Sonne, der Mond, die Sterne, die ganze Schöpfung ist ein Gleichnis für Gott. - Der Mensch stirbt. Ganze Geschlechter sinken dahin. Die Pflanzen müssen welken. Die Tiere enden. Einst wird die ganze Schöpfung zu Grunde gehen. Alles war nur ein Gleichnis für das Ewige, für Gott."

- „Als schönstes Erbe meiner Väter ist für mich bestimmt die Religion. Jahrhunderte hindurch haben sie an dem einen Glauben festgehalten. Katholik sein und Westfalen gehört bestimmt zusammen. Das Engverbundensein mit der Natur, mit den Jahreszeiten ist unbedingt katholisch. Wie ist die herrliche Liturgie unserer Kirche überhaupt richtig zu verstehen, ohne das Landleben wirklich zu kennen! ... Finden wir eigentlich in unseren neuaufgenommenen Industriestädten noch etwas von Tradition? Nein! Alles ist weggewischt worden, das irgendwie an Altes, an „Unmodernes" erinnern konnte. Die Großstadtjugend weiß kaum noch etwas von ihren Großeltern; ja sogar die Spuren der eigenen Eltern, ihrer Wohnungen, ihrer Sitten sind in kurzer Zeit weggewischt. Ein trauriges Zeichen unserer Zeit! ... Deshalb wäre es bestimmt viel besser, wenn es bald hieße, 'zurück aufs Land', keineswegs mehr umgekehrt. Rücksiedlung ist das einzige Gute, das unser deutsches Volk und Vaterland wieder zum Zusammenhalten, zur Einigkeit und Ruhe und Frieden brächte."

- „Ich lernte den Bauern auch als freien Mann auf eigenem Grunde kennen. Frei war er und auf seinem Besitztum waltete er als König. Was er befahl, führte man aus. Doch zeigte er sich nicht nur als Herr, sondern auch als wirklicher Arbeiter, als Diener. Diener war er vor Gott. Ihn rief er an bei all seinem Beginnen. Mochte er seinen Acker bestellen, oder wollte er nur Glück mit seinen Tieren haben, so erflehte er Gottes Segen. Sein Gottesglauben lag in seinem Stande begründet und auch seine Auffassung vom Staat."

- „Die Freude, die der Wald mir gibt, ist echt. Sie läßt keine Unzufriedenheit zurück wie manche Vergnügungen in der Stadt. Echt ist auch alles, was der Wind in den Zweigen raunt und was ich dem Bächlein ablausche. Vom vollkommenen Gott und der Ewigkeit höre ich erzählen. Die Natur lehrt mich, daß alles Irdische vergänglich ist. Auch vom Sinn des Lebens sagt sie mir. Ich soll zur Vollkommenheit streben, daß ich einst würdig bin, den Allerheiligen zu schauen. Kann ich einen besseren Lehrer finden? Wohl kaum. So will ich denn der Heimat dankbar sein für all ihre Gaben."

- „In den großen Industriestädten finden wir nicht mehr eine zufriedene Arbeitermasse, wie einst in den glorreichen Tagen, nein, heute sind die Städte überfüllt mit arbeitslosen Industriearbeitern, mit einem darbenden Proletariat, das sich kärglich durchsetzen (besser: durchschlagen, Kommentar Fachlehrer) muß mit den wenigen Groschen, die es vom Staate bekommt. Arbeit gibt es dort nur noch sehr wenig, daher können auch nur Wenige verdienen. Wir können den Arbeitern heute nicht mehr danken, daß sie Pflug und Spaten im Stich ließen und zu Industriearbeitern wurden. Während sie auf ihren Besitzungen im Osten sich ernähren könnten (richtig: hätten können, Kommentar Fachlehrer), fallen sie heute dem Staate zur Last."

Daß diesen Ausführungen eine offen ersichtliche Verklärung des Landlebens zugrunde lag, zeigte sogar die Realität in Rüthen, dem Wohnumfeld der Schüler(innen), das besonders von den drei Schüler(inne)n, die das gegenwartsnahe Thema

4 gewählt hatten, charakterisiert wurde. Denn die Wirtschaftskrise wurde in ihren ökonomischen und sozialen Auswirkungen auf der Erscheinungsebene zwar rein beschreibend, aber durchaus dargestellt: „stilliegende Werke und Scharen von Arbeitslosen", „die Zahl der Wirtshausbesucher (wurde) immer geringer", „nächtliche Ruhestörungen und Lärm auf den Straßen sind zu Seltenheiten geworden", als Freizeitaktivität seien „Spaziergänge im Walde" und „Betätigung im Sport" häufiger geworden und verstärkt seien Bettler, Hausierer und Händler an den Türen erschienen, Bautätigkeit erlahmte, „die Steuerlasten werden immer drückender". „Der Gerichtsvollzieher (ist) in vielen Häusern fast täglich als Besucher. Zwangsversteigerungen sind eine notwendige Folge." Als Brennmaterial „wird von den Männern Sammelholz auf den Schultern aus dem Wald geholt", „keine Aussicht auf Besserung".

Die Bearbeitungen spiegeln Grundhaltungen, Erfahrungen aber auch unterrichtliche Lernergebnisse zahlreicher Schüler(innen) wieder, die nicht nur bei spezifischer Themenwahl eingebracht wurden, da sie offensichtlich zum allgemeinen Erwartungshorizont des Fachlehrers gehörten. Denn seine Kommentierungen und Korrekturen, die im wesentlichen auf Formales abhoben, lassen erkennen, daß zu diesen Grundhaltungen keine inhaltliche Diskrepanz vorhanden war, sondern eine Übereinstimmung im Grundsätzlichen. Kennzeichnend für die Heimatverklärung war die Konfrontation von Industrie und Großstadt mit einer ländlichen Idylle, die so noch nie bzw. nicht mehr vorhanden war.

Die oft zweigeteilten mündlichen Prüfungen weiterer Schüler(innen) riefen demgegenüber verstärkt literaturwissenschaftliches Sachwissen ab, was Bewertungen anhand der knappen Protokolle kaum zuläßt. Die Schüler(innen) mußten sich zu folgenden Aufgaben äußern:

- Was ist Aufklärung? Behandlung eines vorliegenden Textes von Lessing.

- Textanalytischer Vergleich zweier schriftlich vorliegender Charakteristiken von Otto von Bismarck und Gustav Schmoller. Fragen zu „Geschichte in der Dichtung".

- Definition von Klassik und Romantik und entsprechende Beispiele

- Fragen zu Realismus und Expressionismus

- Frauen in der deutschen Dichtung als Dichter und als Stoff zu Dichtungen. Und Fragen zu George.

- Zwei Gedichte: Mörike - Hölderlin

- Analyse eines Kleist-Textes. Fragen zum Einfluß der Landschaft auf den Dichter.

- Analyse eines Textes aus der Schäferdichtung. Fragen zum Verhältnis der deutschen Dichtung zur Antike.

Insgesamt kann für die Abiturprüfungen im Fach Deutsch 1933 - auch vor dem Hintergrund der Angaben der Schüler(innen) zu ihrer Person und Entwicklung in den Gesuchen um Zulassung - festgestellt werden, daß eine differenzierte Auseinandersetzung mit der sich entwickelnden Industriegesellschaft und den mit ihr verflochtenen Erscheinungen (Technik, Zeit, Arbeitsstrukturen, Lebensbedingungen usw.) sowie mit der politischen Situation nicht erfolgte. Die Verklärung der „Heimat", die katholische Konfession und die landschaftlichen Gegebenheiten - auch in ihrer Auswirkung auf das Sozialleben - stellten Ausgangspunkt, aber auch Rückzugspunkt fast aller Überlegungen dar. Die Bedeutung der Gemeinschaft gegenüber dem Individuellen wurde akzeptiert, ein hierarchisches Gefüge anerkannt und teilweise auch gefordert, persönliche „Schwäche" bekämpft, Gott als letzte Instanz angegeben.

Nur ansatzweise scheint das „thesaurische Prinzip des Literaturunterrichts"[31] durchbrochen worden zu sein, da in einem eher „aktivistischen" Deutschunterricht im Verständnis von Schönbrunn auch Gegenwartsfragen angesprochen und moderne Dichtung aufgegriffen worden wäre.[32] Andererseits fand sogenannte Kriegsliteratur nur im Rahmen eines Themas des Sondervorschlages Berücksichtigung.

Diese grundsätzliche weitgehende Ausklammerung der politisch-gesellschaftlichen Entwicklung in den Schüler(innen)arbeiten - auch die Begriffe „nationalsozialistisch" und „völkisch" wurden nicht genutzt - bedeutete konkret aber, daß die aktuelle Konfliktlage, wie sie sich in der Weimarer Republik verschärft 1932/33 zeigte, kaum erwähnt wurde. Schüler(innen) und Prüfer schienen sowohl abseits der großen Politik als auch der kommunalpolitischen Auseinandersetzung zu leben und den Literaturunterricht eher historisch zu verstehen.

Abitur 1934 (Prüfer: Studienrat Dr. Ferdinand Hammerschmidt)

Nach einer Auflistung der Themen der schriftlichen Abiturprüfung werden einzelne exemplarische Teile aus Schüler(innen)aufsätzen kurz erläutert, die dann abschließend zusammenfassend grundsätzlicher diskutiert werden. Im Anschluß erfolgt eine Auswertung der mündlichen Prüfungen.

Folgende vier Themen stellte der Fachlehrer den Schüler(inne)n zur Auswahl in der schriftlichen Reifeprüfung 1934:

1. Was kann Ibsens „Brand" uns jungen nationalsozialistischen Deutschen geben?

---

31 Frank, Horst Joachim, Geschichte ..., a.a.O., S. 739
32 vgl. Schönbrunn, Walter, Die Not ..., a.a.O., S. 256

2. Wie schauen und gestalten unsere Dichter deutsche Staatsmänner?

3. Die Begriffe „Volk" und „Masse" sind im Anschluß an die Deutschlektüre der Oberprima zu veranschaulichen.

4. Mag, ins Abendrot versunken,
Trüben Muts ein Träumer klagen!
Doch der Blick der Wohlbereiten
Grüßt im Ost das junge Tagen.

Eine Mehrheit von acht Schüler(inne)n wählte das Thema 3 und zog durchgängig als Beleglektüre nur Kleists „Hermannsschlacht", Schönherrs „Volk in Not" und Hauptmanns „Die Weber" heran. Allen Bearbeitungen lag die positive Bewertung von „Volk" mit Verweis auf die Werke Kleists und Schönherrs zugrunde, denen zur Kontrastierung mit negativer Einschätzung „Die Weber" als „Masse" zugeordnet wurden. Alle Schüler(innen) verstanden die Aufgabenstellung auch als Aufforderung, eine Übertragung auf die aktuelle politische Situation zu leisten. Dies entspreche auch durchaus der Kleistschen Intention, der sein germanisches Heldendrama gegen die Besatzungsmacht gewidmet wissen wollte, interpretierte Hammerschmidts Kollege, der Geistliche Stud.-Ass. Dr. Kahle:

„Mit geradezu religiöser Inbrunst wird ... der Haß gegen Napoleon gepredigt, letzter Einsatz gefordert und der Vernichtungskrieg mit allen Folgerungen verlangt."[33]

Daraus leiteten die Schüler(innen) gegen die aktuelle gesellschaftliche Zerrissenheit gewendet ab:

„'Klassenkampf', war die Parole der Arbeitermasse. Wir aber wollen keinen Klassenkampf, sondern ein gesundes, ständisch gegliedertes Volk, welches in allen Teilen sich zusammenfindet und sich fest und einig fühlt. Noch haben wir nicht ein solches Mustervolk, sondern sind erst eine Vorstufe, ein werdendes Volk. Aber es sind deshalb noch nicht alle Kräfte des Marxismus zerbrochen, sondern der Kampf geht weiter. Jedem Stande muß der Gedanke einer Volkseinheit und des fest und einig dastehenden Reiches klargemacht und nahegelegt werden."[34]

Die Illusion eines geeinten Volkes wurde also zur Verdeckung der gesellschaftlichen Widersprüche eingesetzt:

„Wir sollten bestrebt sein, alle zum Volk zu gehören, Glieder des Volkes, des Staates zu sein. Diese Aufgabe fordert aber Aufopferungssinn, Selbstlosigkeit. Ein Volk ist eine sittliche Gemeinschaft, kein Interessenhaufen. - Um ein wahres Volk zu werden,

---

[33] Kahle, Wilhelm, Geschichte ..., a.a.O., S. 334. So sah auch Kluges in dem Drama „ein klares Spiegelbild der schmachvollen Zerrissenheit Deutschlands und des nach Einigung und Befreiung vom fremdländischen Joch sich sehnenden Vaterlandes" (Kluges, Hermann, Geschichte der deutschen National-Literatur. Zum Gebrauche an höheren Unterrichtsanstalten und zum Selbststudium, 54. Aufl. Altenburg 1927, S. 196).

[34] Zitate ohne Verweis sind Zitate aus Schüler(innen)arbeiten (vgl. Schularchiv, Abiturunterlagen 1934).

müssen wir uns jeden Tag den Grundsatz unseres Führers Adolf Hitler vor Augen führen: 'Ich bin nichts, mein Volk ist alles.'"

Die fehlende Menschlichkeit Hermanns überdeckte ein Schüler mit dem Hinweis:

„Der Staat ist sein höchstes Ideal. Der Staat ist für ihn Gott und somit die Quelle des Rechts."

Noch vorbildhafter als der Kampf der Germanen war den Schüler(inne)n in „Volk in Not" der heldenhafte opferbereite Kampf der Tiroler, die als ein „sittenreines, verwurzeltes, echt 'deutsches' Volk" charakterisiert wurden, da sich auch ein Fünfzehnjähriger schon „als verantwortungsvoller Volksgenosse" fühle und „auf dem Feld der Ehre" falle:

„Mit stärkster Willensanspannung stellte er alle Gefühle zurück, und viele Feinde mußten durch ihn ihr Leben lassen. Einer aus dem Volke steht für alle, und alle stehen für einen."

Beeindruckt zeigten sich die Schüler(innen) von den Tiroler(inne)n: „Mit frohen Sinnen stellten sie ihr Leben und ihr Schicksal in die Hände des allmächtigen Vaters" und „mit wundem Herzen und stolz erhobenem Haupt, aber ohne Tränen gedenkt manch Mutter ihres Gatten, ihres Sohnes"[35], und voller Pathos hieß es:

„Mutterboden, freie Heimaterde, deckt nun ihre Gebeine."

Ein Schüler faßte zusammen:

„Wir sehen, wie über Stände, Klassenunterschiede hinaus, im 'Volke' sittliche Menschen zu einer sittlichen Volksgemeinschaft zusammengeschweißt sind."

Demgegenüber wurden von allen acht Schüler(inne)n „Die Weber" als der „Gemeinschaft" entgegengesetzt verstanden, denen der „rechte Führer" fehle: Abgegrenzt von den „Hauptträgern der Volksgemeinschaft", den Bürgern und Bauern, unterlägen sie „rein materialistischen Antrieben", ihnen sei „Gott fremd" geworden und sie hätten „keine Heimat, keine Vaterlandsliebe mehr":

„Den Weber beschützte die Scholle nicht."

„Sie haben kein Eigentum. Nicht einmal ihr Haus gehört ihnen. Sie sind entwurzelt, verkommen."

Die Schüler(innen) qualifizierten die Weber als „geistige Mündel" ohne „eigenes Urteil" ab, die „ihren Trieben freien Lauf" ließen und sich „wie wilde Tiere, vor

---

35 In der Formulierung von Langenbucher, Hellmuth, Volkhafte Dichtung ..., a.a.O., Auflage 1944, S. 327: „Der Kampf ist hart und ohne Gnade, und wenn wir am Schluß sehen, wie die Frauen sich mit dem Tode ihrer beim Kampf um die Heimat gefallenen Männer und Söhne abfinden, dann bekommen wir erst einen rechten Begriff von der über das Maß unserer Vorstellungen weit hinausreichenden Liebe des Tirolers zu seiner Heimat, zu seiner Freiheit und zu seiner völkischen Ehre."

Vergeltungsdurst lechzend, auf ihre Peiniger (stürzen)" und „mit teuflischer Freude ihr Vernichtungswerk (verrichten)". Und weiter:

> „In der Liebe aber sehen sie nichts Hohes, Geistiges, sondern nur etwas Sinnliches. Wie kann so eine Masse bestehen bleiben? Ohne Religion, ohne eine feste Grundlage muß sie zugrunde gehen."

Die sozialkritische Perspektive dieses Hauptmann-Werkes: soziale Gerechtigkeit und Mitleid, das soziale Elend und der Aufstand gegen Unterdrückung und Ausbeutung, spielte in allen Ausführungen keine Rolle, sondern nur eine mangelnde Opferbereitschaft und Unterordnung, die auf den Verlust der heimatlichen Scholle zurückgeführt wurde.[36] Der verbreitete Mythos der „Scholle" fand hier eine Ergänzung durch den Mythos einer notwendigen Opferbereitschaft.

Die Schüler(innen) kamen in ihren Resümees zu folgenden auf die nationalsozialistische Gegenwart bezogenen Feststellungen:

> - „Dieser Unterschied zwischen Volk und Masse ist erst in den letzten Jahren durch den Eintritt unserer neuen Bewegung, des Nationalsozialismus in Erscheinung getreten. Unser Führer hat dies als erster klar und deutlich erkannt. Wenn er es restlos fertigbringt, aus dem Deutschen ein Mitglied eines Volkes zu machen, dann ist schon eine sehr große Aufgabe gelöst. Dann wird sich der tiefe Sinn seines Ausspruches zeigen: „Ihr anderen habt Kanonen, ich habe Volksgenossen."

> - „Im Führer eines Volkes verkörpert sich die Sittlichkeit desselben. Er ist eins mit seinem Volk. Führertum ist Sittlichkeit und Volkstum ist Sittlichkeit. - Der Nationalsozialismus ist nur Führer zum Volkstum. Hitler ist unser Ideal, er ist das vollkommenste Glied in der sittlichen Gemeinschaft des Volkes. Er führt uns zur wahren Volksgemeinschaft und so zum echten Nationalsozialismus. Der Weg ist schwer, er fordert viele Opfer. Wir wollen sie bringen um des Volkes willen und um uns zu stärken zu größeren Opfern, damit wir dastehen: ein starkes Volk. Ich bin nichts, mein Volk ist alles."

---

[36] Diese eher negative Einschätzung der „Weber" durch die Schüler(innen) korrespondierte mit der Bestimmung der Dramen Hauptmanns durch Linden, der eine „Wolke von Willenlosigkeit" und bei den „Webern" einen Fatalismus konstatierte, „deren Aufstand alles Freie, Frohe, Unmittelbare der Leidenschaft fehlt, die sich wie leidende Tiere nur einmal in ihrer Wut Luft machen wollen, aber ganz genau wissen, daß es nichts hilft und nichts helfen kann" (Linden, Walther, Einführung, in: derselbe (Hrsg.), Naturalismus (= Band 1 der Reihe „Vom Naturalismus zur neuen Volksdichtung" hrsg. von Dr. Walther Linden), Leipzig 1936, S. 19). So wurde Hauptmann von Linden auch als „sozialer Dichter" abqualifiziert: „Er ist Betrachter, Darsteller, Deuter der zwangsmäßigen Abläufe, Träger des Mitleids für den triebgebundenen proletarischen Volksmenschen - aber er ist nicht leidenschaftlicher völkischer Rufer, glühender Miterleben, drängender Prophet." (ebd., S. 20). Dies steht im Kontrast zur Nähe Hauptmanns zum NS-Regime. Vgl. Raddatz, Fritz J., „Sein, sein, deutsch sein!!". Gerhart Hauptmanns Tagebücher aus dem Ersten Weltkrieg antizipieren den Dichter des „Dritten Reichs", in: Die Zeit vom 28. März 1997, S. 53

- „Volk sein aber heißt: Der einzelne kämpft um sein Schicksal und formt seine Zukunft mit fester Hand. Trotzdem gehört er zur Gemeinschaft. Er arbeitet für die Gemeinschaft, er achtet seinen Volksgenossen, ganz gleich, ob dieser arm oder reich ist. Er fühlt sich als Glied des Volkes. Das Volk, die Gemeinschaft ist alles, der Einzelne, das Individuum aber nichts! Ein einiges Volk wollen auch wir werden. Für uns gibt es nur noch eine Parole: Ein Volk, ein Wille und ein Führer!"

Das zweite Thema „Staatsmänner" wurde von sechs Schüler(inne)n gewählt, die alle die Dramen „Hermannsschlacht" und „Prinz von Homburg" von Kleist und Hebbels deutsches Trauerspiel „Agnes Bernauer" als Beispiele aus der Dichtung verwandten - nur ein Schüler griff auch auf Burtes Schauspiel „Katte"[37] zurück. Bei der Bezugnahme auf die „Hermannsschlacht" hoben die Schüler(innen) stärker als beim vorherigen Thema auf die Person Hermanns ab, das „Idealbild eines Mannes ... von grimmen Haß gegen die Feinde, von glühender Liebe zum deutschen Vaterland beseelt"[38]. Sie sahen in ihm das „Ideal eines Führers", den „wahren Führer eines Volkes". „Jedes Mittel ist ihm Recht" im „Kampf um Freiheit und Ehre", er „opfert Frau und Kinder": „Ein Staatsmann wie er sein soll." So wandte eine Schülerin auf Hermann „das Wort unseres Kanzlers und Führers an: 'Ich selbst bin nichts, mein Volk ist alles.'" Von Moral und Inhumanität war an keiner Stelle die Rede.

Im „Prinz von Homburg" erkannte eine Schülerin, „die Reifung eines Staatsmannes und Volksführers":

„Der Prinz ist anfangs ein Mann, der verträumt und verliebt, das Gefühl höher schätzt als die Pflicht. Er lebt ganz im Geiste Weimars, aber er muß bald einsehen, daß ein wirklicher Staatsmann stets ein Mann der äußersten Pflichterfüllung, wie ihn der Geist von Potsdam verkörpert, sein muß."

Die Unterordnung unter einen als Tugend aufgefaßten preußischen starren Pflichtbegriff wurde idealisiert und in diesem Sinne auch das Todesurteil als gerechte Strafe und Sühne akzeptiert. Die Prüfung des Prinzen - entwickelt aus einem Verstoß gegen Kriegsgesetze und von seinem Vater inszeniert - und damit seine „Reifung zum Staatsmann" würde in einer Apotheose enden, „die in allen Einzelzügen an die beseeligende Aufnahme eines Heiligen in den Himmel anklingt"[39]. Das staatspolitische Exempel, das im Namen von Kriegsrecht, Subordination und Gehorsam statuiert wurde, blieb durchgängig unreflektiert.

---

[37] Dies ähnelt dem „Prinz von Homburg". Burte „(verklärt) den Tod des Leutnants Katte, der sich für seinen Freund, den späteren Friedrich den Großen, opfert" (Langenbucher, Hellmuth, Volkhafte Dichtung ..., a.a.O., S. 194).

[38] Kluges, Hermann, Geschichte ..., a.a.O., S. 196

[39] Kahle, Wilhelm, Geschichte ..., a.a.O., S. 335

Hebbels „Agnes Bernauer" wird Opfer eines Standesvorurteils, genauer: dynastischer Machtinteressen. Als bürgerliche Gattin eines Herzogs wird sie auf Veranlassung des Kurfürsten, dem regierenden Vater des Herzogs, ertränkt, um die Erbfolge zu sichern: Dem Staat wird ein Menschenopfer gebracht zum imaginären Wohl des Volkes.

Die Schüler(innen) sprachen aber nicht von sittlicher Verantwortung, sondern von „Gesetzen", von „selbstloser Pflichterfüllung". Das Verhalten des Kurfürsten, der nach der Machtübergabe an seinen Sohn ins Kloster gehen will, fand Anerkennung:

> „Solche Opfer kann nur ein wahrer, echt deutscher Staatsmann für sein Volk bringen."

Und daß der Sohn schließlich Verständnis für das Handeln seines Vaters zeigt, wurde als Vorrang des „Interesses des Staates" akzeptiert. Der vermeintlichen Staatsräson wurde das individuelle Leben geopfert: „Die fein empfindende, fromme Frau stirbt für Ehre und Treue", so Kahle, der Hebbel mit diesem Stück „zum bewußten Deutschen gereift (sieht), ja, er stellt das Ganze und Allgemeine dem Wohl des Einzelnen voran"[40].

So war dann auch der Gliederungspunkt eines Schülers „Die Ähnlichkeit Hermanns und des Kurfürsten mit Adolf Hitler", der inhaltlich abschließend - wohl aus Zeitgründen - nicht mehr abgehandelt wurde naheliegend und auch die Schlußfolgerung:

> „Diese Beispiele zeigen uns, daß viele Dichter uns zu der Idee führen, die Adolf Hitler nun ins ganze Volk getragen hat: zum Nationalsozialismus."

Der restaurative Charakter des Dramas, in dem der Staat bedingungslos legitimiert wird, wurde an keiner Stelle problematisiert.

Nur ein Schüler wählte als zu bearbeitende Aufgabe das Gedicht, von dessen aktualisierbarem Tenor er sich hinreißen ließ. Es erfolgte kaum eine Interpretation einzelner Zeilen oder Worte, sondern der Schüler versuchte sich in verklärender Weise nur in der Beschreibung von Entwicklungsaspekten des Nationalsozialismus:

> „Wir waren Materialisten. Millionen und Abermillionen verzagten und klagten und hatten längst die Hoffnung auf ein neues Deutschland aufgegeben. Gott sei Dank, hatten nicht alle diese Hoffnung aufgegeben. Nein, eine große Zahl sah Tag für Tag die Geburtsstunde des neuen Reiches näher kommen. Der Führer dieses neuen Reiches war aus dem Volke erstanden. Er kannte das 'Volk' aus eigener Erfahrung. Daher war sein großes Ziel: ein einiges deutsches Volk. Er wußte, daß ein Bürgerkrieg bevorstand, in dem es keine Front gab. Nein, die Front war dann überall. An jeder

---

[40] ebd., S. 429

Straßenecke hätte der Mord gelauert. In ihm hätte es kein Mitleid und kein Gesetz gegeben. In Strömen hätte das Blut geflossen. Ja, Rhein und Nordsee wären Grenzen Asiens geworden. Alles dieses hatten schon Tausende erkannt. 'Der Tag der Freiheit und für Brot', wie ihn Horst Wessel nannte, mußte einmal kommen. Das Apostelwort: 'Das Blut der Märtyrer ist der Samen neuer Christen', bewahrheitete sich von Tag zu Tag mehr. ... Noch nie in der deutschen Geschichte hat das Volk durch seine Mehrheit bei einem Umsturze eine solche Vertrauensgrundlage geschaffen, wie das deutsche Volk in der nationalen Revolution. Hitler allein hat den rettenden Weg für das materialistische Deutschland gefunden: Kameradschaftliche Einigung aller Volksgenossen im Geiste der Gerechtigkeit, der Treue und Ehre. - Ihm, wie allen seinen Mitkämpfern, sind wir daher zum Danke verpflichtet. Zum Danke sind wir auch verpflichtet den Kämpfern des Weltkrieges, den Millionen Toten, Millionen Krüppeln und Elenden. Um diesen Dank zu beweisen, tritt auch du, 'Träumer', in die Reihen und kämpfe für das neue Deutschland. Dann wird unser Vaterland wieder ein ehrenhaftes Land, dann wird es ein Land der Hochachtung, dann ist es unser Deutschland."

Auffällig an dieser Schülerdarstellung, die in Diktum und Inhalt an Propagandareden erinnert, ist die Verbindung von Enthusiasmus, Vertrauen und Idealismus - teilweise sprachlich religiös verbrämt.

Im folgenden sollen die dargestellten Schüler(innen)arbeiten grundsätzlicher diskutiert werden:

Die Bearbeitung der Aufgaben läßt wenigstens teilweise erkennen, wie die Behandlung des Unterrichtsstoffs erfolgte, dessen Auswahl weitgehend im Ermessen des Fachlehrers lag. Mit der Herausstellung von Symbolfiguren zur Überwindung der „gesellschaftlichen Zersplitterung", der föderalistischen Aufteilung Deutschlands und der Trennung von den „ererbten" deutschen Gebieten, gekoppelt an die Ideologie des starken Führers und des starken Staates wurde eine chauvinistisch-imperialistische Gesinnung verbreitet und eine „Opferbereitschaft" erzeugt, wobei eine Anknüpfung an historische Kontinuitätslinien eine erfolgversprechendere Durchsetzung ermöglichte. Begünstigt wurde so die Zurücknahme des Individuums zugunsten einer obrigkeitsstaatlichen Ordnung.

Wer als Pädagoge „ganz in seiner Zeit" stehe, sollte - so empfahl Dr. Max Vanselow als Studienrat an einer Oberrealschule in Berlin in einer führenden Fachzeitschrift - die „verstehende Deutung" der Dichtung durch eine neuartige, den „besonderen Bedürfnissen" angepaßte, eine den/die Schüler(in) „geistig führende" ersetzen.[41] Vanselow sah durch eine Verbindung der „Tugenden des deutschen Menschen" wie „Tapferkeit und Treue, Opferbereitschaft und Gehorsam, Selbstzucht und Stolz, Ehre und Freiheit" mit der Lebenswirklichkeit, d. h. mit dem na-

---

[41] Vanselow, Max, Deutschunterricht als geistige Führung, in: ZfDK 48 (1934), S. 210f. Vanselow wurde 1935 kommissarischer Leiter des Paulsen-Realgymnasiums in Berlin-Steglitz.

tionalsozialistischen Staat, den Deutschunterricht in den Dienst der nationalpoliti-schen Aufgabe der Erziehung gestellt.[42] Eine noch nicht vollkommen staatsethi-sche Erziehung zeigte er in diesem Sinne an Hebbel und Kleist auf:

> „Hebbels 'Agnes Bernauer' ... zeigt uns in Herzog Ernst das bewunderungswürdige Vorbild eines Herrschers, der dem Staat alles, sogar seinen Sohn, zu opfern bereit ist, zeigt uns in Herzog Albrecht einen Menschen, den härteste Schicksalsschläge von der Selbstsucht eines ichverhafteten Lebens hinführen zur Anerkennung und Erfüllung der Pflicht dem Staat gegenüber, zeigt uns schließlich in Agnes selbst das unglückli-che Opfer staatlicher Notwendigkeiten. Wir können unsere Schüler zu überzeugen suchen, daß es im Rahmen unserer Staatsethik richtig und sittlich gut war, eine Agnes zu opfern."[43]

Und zum „Prinz von Homburg":

> „Kurfürst und vielleicht auch Kottwitz (sind) die Vertreter der Staatsethik, zu der wir unsere Schüler führen wollen, ist wiederum der jugendliche Prinz das Beispiel einer Erziehung zum selbstlosen, opferbereiten Dienst am Staat."[44]

Darüber hinausführend und grundsätzlicher sah Vanselow als „vornehmste(n) Gegenstand" des Deutschunterrichts jene Dichtung, „die aus dem Volksgeist ge-schöpfte, den Volksgeist wiederum schaffende und gestaltende Dichtung", die der Mensch als den „in seiner Seele erwachenden Volksgeist als Stimme des Blu-tes, als Stimme des Gewissens, wohl auch als 'Ruf' Gottes (empfindet)", wobei es dem Lehrer zur Erfüllung dieses „letzten Ziel des Deutschunterrichts" obliege, „vernehmenden Gehorsam, Verantwortlichkeit und Treue gegenüber der Stimme des Blutes fordern zu müssen"[45].

Auch wenn dieses „letzte Ziel" (Vanselow) des Deutschunterrichts nicht erreicht worden war, wiesen die Schüler(innen)arbeiten doch nach, daß der Unterricht Ziele des nationalsozialistischen Staates - wie sie Vanselow einforderte - verfolg-te. Als das Gemeinsame zwischen Literatur und Wirklichkeit wurde das heroisch-kämpferische Ethos herausgestellt und dem neuen Staat höchste Autorität zuge-ordnet, was man für die Weimarer Republik vermißte. So spiegeln die Arbeiten Interpretationen wieder, die in „Prinz von Homburg" und in „Hermannsschlacht"

---

[42] ebd., S. 211-213

[43] ebd., S. 213f.

[44] ebd., S. 214. Da einerseits damit die Intention Kleists nicht genau erfaßt sei und anderer-seits „eine Übertragung ins Begrifflich-Verstandesmäßige, die den innersten Wert der Dichtung kaum berührt", auch nicht angemessen sei, regte Vanselow an, doch gleich „die Schriften d e r Männer in den Mittelpunkt des Deutschunterrichts zu stellen, die uns den gegenwärtig gegebenen Staat und die von ihm geforderte Sittlichkeit ganz unmittelbar darbieten, weil sie seine Vorkämpfer und Vorbilder sind. Ich meine die Schriften von Hit-ler, Frick, Rosenberg, Darré und anderen" (ebd., S. 214f.).

[45] ebd., S. 218-220

ein prophetisches und die damalige Realität vorwegnehmendes Erleben sahen.[46]
Diesen Brückenschlag zur „nationalen Erhebung" und zum Führer nahmen fast alle Schüler(innen) vor. Eine geistige Verbindung zwischen Literatur und neuem Staat war für sie gegeben, was nicht, ohne eine unterrichtliche interpretatorische Unterstützung durch den Fachlehrer anzunehmen und zu erklären ist. Eine problemorientierte, abwägende, sich auseinandersetzende Beurteilung erfolgte in keiner Arbeit, sondern es wurden nur schablonenhaft direkte Meinungsäußerungen wiedergegeben, denen eher Propagandacharakter zukam.

Zwar wird sich der Fachlehrer nicht als „Propagandaminister im Kleinen" verstanden haben, wie Walther Linden als früher und wohl bedeutendster Repräsentant eines nationalsozialistischen Deutschunterrichts empfahl[47], doch lag der behandelte Schriftsteller und das ausgewählte Werk im schriftlichen Abitur insofern im politisch-ideologischen Trend, als erst in den Richtlinien von 1938 unter der Rubrik „Das ewige Deutschland" als verbindliche Lesestoffe „Prinz von Homburg" und „Agnes Bernauer" für die Prima festgeschrieben wurden.[48] Besonders

---

[46] So formulierte Fricke, Gerhard, Schiller und Kleist als politische Dichter, in: ZfDK 48 (1934), S. 236f.: „Daß die gottgeschaffene Wirklichkeit des Volkes der unerschöpfliche und heilige Boden ist, in dem es wurzelt, aus dem ihm aller Wert, alle Aufgabe und aller Lohn zuteil wird. Und diese Wirklichkeit der völkischen Gemeinschaft, höchste Aufgabe des Schöpfers an den Menschen, die lebendig und unendlich vor und über jedem einzelnen ist, ist doch zugleich höchste Aufgabe, wird von jedem einzelnen und von jedem Geschlecht neu erschaffen und erhalten. Nur dort aber kann der Staat diesen wunderbaren Prozeß des völkischen Lebens zu einer unwiderstehlichen Einheit von Hingabe und Selbsterfüllung der einzelnen und der Gesamtheit zusammenschmieden, ... wo Staat und Führung aus der Seele der lebendigen Wirklichkeit des Volkes heraus fühlen und handeln, wo sie von dem jubelnden Gefühl und der bedingungslosen Hingabe aller getragen, nur tun, was als innerste Gewißheit im Gefühl aller einzelnen und der ganzen Gemeinschaft lebt, sie nichts sind als das lebendige Gewissen, die Verkörperung der ewigen Bestimmung der Nation selber, wo die Bewegung - in der sich das völkische Bewußtsein und Gewissen am unmittelbarsten und lebendigsten verkörpert - in ihrem glühenden Herzschlag identisch ist mit der unbedingten Führung der Nation, wo das Volk nicht um der Gesetze willen da ist, sondern wo der Staat das Wesen und die Bestimmung der Nation selber zum lebendigen Gesetze erhebt." Zur (Um-)Deutung von Kleist und Hebbel als Garanten eines nationalsozialistisch orientierten Deutschunterrichts vgl. auch Deuker, Robert, Das Preußentum in der Dichtung, in: ebd., S. 383-394, und Burger, Heinz Otto, Die rassischen Kräfte im deutschen Schrifttum, in: ebd., S. 462-476. Fricke erhielt seine erste Professur 1934 in Berlin.
[47] Linden, Walther, Deutschkunde ..., a.a.O., S. 340
[48] vgl. Reichs- und Preußisches Ministerium für Wissenschaft, Erziehung und Volksbildung, Erziehung und Unterricht in der Höheren Schule. Amtliche Ausgabe, Berlin 1938, S. 68. „Hermannsschlacht" wurde unter der Rubrik „Der Mensch der germanisch-deutschen Frühzeit" für Klasse 6 „nur" empfohlen. Auswahlkriterien waren: „Das Erbe der Vergangenheit nach den Maßstäben der deutschen Gegenwart" und „Spannungsreichtum des Le-

bezüglich der wertenden Deutung der im Unterricht behandelten Literatur, die vom Fachlehrer präferiert wurde, wiesen die Schüler(innen)arbeiten schon zu diesem Zeitpunkt Elemente der Vorgaben der Richtlinien von 1938 auf, in denen es hieß:

> „Ein verstandesmäßiges Zergliedern organisch gewachsener Dichtungen und oberflächliche Bemerkungen zerstören die Ehrfurcht vor dem Dichter und seinem Werk und sind daher sorgsam zu vermeiden. Der Kerngehalt ist stark vereinfacht und eindringlich herauszuarbeiten. Es genügt nicht, beim Schüler das Einfühlungsvermögen zu entwickeln, vielmehr ist der Mut zur seelischen Entscheidung zu wecken."[49]

Schwerpunkte der Abituraufgaben, die von den Schüler(inne)n ausgewählt wurden, sind nach diesen Richtlinien unter den Gesichtspunkt „Das Volk als Gesinnungsgemeinschaft" zu rubrizieren. Die Schüler(innen) benutzten den propagandistischen Begriff der „Volksgemeinschaft" als Gesinnungsgemeinschaft mit fast religiösem Charakter, der teilweise aus der Frontgemeinschaft entwickelt wurde und auch dadurch Opferbereitschaft (bis zum Tode) implizierte.[50] Zugleich wurde durch die von Hammerschmidt angestrebte Interpretation der „Hermannsschlacht" eine Polarisierung des Denkens zu einem Freund-Feind-Schema gefördert, da sich in ihr „eine solche Weißglut heidnischen Hasses (offenbart), daß man von einer Zerstörung der Grundlagen der Kultur reden kann"[51], begründete Kahle seine spätere entschiedene Ablehnung des Stückes „für Jugend und Volk", das er 1932 noch im Unterricht behandelt hatte und 1934 Abiturthema seines Fachkollegen war.

Doch muß erstaunen, daß bei Kahle, der die Hermannsschlacht einerseits wegen der „Grausamkeiten und Haßgesänge" stark kritisierte, andererseits die ausgewählte Literatur aus katholischer Sicht Anerkennung finden konnte. So „erweckt"

---

[49] bens und der Einsatz heldischer Kräfte" (ebd., S. 48, 50).
ebd., S. 52

[50] Im Zusammenhang mit der bearbeiteten Literatur betonte Kahle noch 1949 diese religiöse Komponente: Kleist „strebt aus dem Chaos zur unbeirrbaren Sicherheit des wieder mit Gott vereinten Menschen. Wir dürfen, nein, wir müssen bei unserm Dichter einen Durchbruch durch das Gebäude der aufklärerisch-idealistischen Weltanschauung zum religiös bestimmten Weltbild ansetzen. Ja, wir dürfen sagen, daß wir zum tiefsten Verständnis Kleists auch seine Sehnsucht nach der katholischen Kirche berücksichtigen müssen. 'Ach, nur ein Tropfen Vergessenheit, und mit Wollust würde ich katholisch werden.' ... Seine Dramen (verbinden) von Anfang an die antike Schicksalstragödie mit christlichem Vorsehungsspiel. Der verborgene christliche Sinn der Kleistschen Dramen, die nur an der Oberfläche eine rein weltliche Handlung zu bieten scheinen, die in der Tiefe jedoch die Mysterien des Christentums offenbaren, ist zuerst von Friedrich Braig herausgestellt." (Kahle, Wilhelm, Geschichte ..., a.a.O., S. 329)

[51] ebd., S. 334

für Kahle „Prinz von Homburg" auch „sittliche Genugtuung der Zuschauer", und er glaubte mit Braig[52], daß bei der Gestaltung des Charakters des Kurfürsten „das geistige Schauen des Dichters bewußt oder unbewußt auf die Gottperson gerichtet" gewesen sein müsse.[53] Vor diesem Hintergrund kann die unkritische Staats- und Führerverherrlichung in den Schüler(innen)arbeiten dann wieder kaum überraschen.

Und solche Interpretationsaspekte machten es einigen katholischen Lehrern sicher leichter, diese Literatur auszuwählen, die mit der Unterordnung des Einzelnen unter die Gemeinschaft bzw. die (staatliche) Autorität Parallelstrukturen zur katholischen Kirche aufwies, und sie dem „Zeitgeist" auszusetzen, der schon in der Weimarer Republik zunehmend an Bedeutung gewonnen hatte.[54] Der Gründungsaufruf der Kleistgesellschaft 1920 lautete: „Zu Kleist stehen heißt deutsch sein."[55] Alle Schüler(innen)arbeiten waren vom Fachlehrer kaum inhaltlich, sondern überwiegend nur sprachlich kommentiert und korrigiert worden. Auch die Begründung der Noten blieb sehr allgemein und nahm auf (politische) Inhalte kaum Bezug, was vom Prüfungsvorsitzenden Oberschulrat Hellwig ausweislich des Protokolls nicht moniert wurde. Hellwig hatte in den Vorberatungen zu den mündlichen Prüfungen zu den Deutscharbeiten nur festgestellt, daß die erste Aufgabe zu Ibsens „Brand" „auffallenderweise keine Bearbeitung gefunden hatte", obwohl er doch der Meinung war, daß sie „einem jugendlichen Temperament

---

[52] Kahle würdigte Braigs Kleist-Buch (1925) als „geniale(n) Versuch einer interpretatio christiana des kryptokatholischen Werkes" (ebd., S. 545).

[53] ebd., S. 335. Sogar für Hebbel wies Kahle religiöse Züge nach, obwohl er um dessen „sittlichen Relativismus" wußte (ebd., S. 431).

[54] Die von Kahle gesehenen religiösen Bezüge bei Kleist und Hebbel ließen aber nach Spael eigentlich keine Qualifizierung als katholisches Drama zu: „Gestaltung der Tragik ist nicht katholisch, sondern im letzten Sinne atheistisch." (Spael, Wilhelm, Das katholische Drama des deutschen Sprachgebiets, in: Katholische Leistung in der Weltliteratur der Gegenwart. Dargestellt von führenden Schriftstellern und Gelehrten des In- und Auslandes, Freiburg 1934, S. 66) So lehnte auch Katann Braigs Interpretationen, denen Kahle folgte, ab, da er „die Erbsünde und den daraus folgenden Bruch im Menschen als Kleists ideelle Grundlage betrachtete" (Katann, Oskar, Die katholische Kunstprosa des deutschen Sprachgebietes, in: ebd., S. 58).

[55] zit. nach Wichmann, Thomas, Heinrich von Kleist, Stuttgart 1988, S. 2, der einen Überblick über den Stand der Kleist-Forschung bietet. Ausführlicher werden die angesprochenen Kleist-Dramen - teilweise mit anderen Deutungen - behandelt von Arntzen, Helmut, Prinz Friedrich von Homburg - Drama der Bewußtseinsstufen, in: Hinderer, Walter (Hrsg.), Kleists Dramen. Neue Interpretationen, Stuttgart 1981, S. 213-237, und Ryan, Lawrence, Die 'vaterländische' Umkehr in der Hermannsschlacht, in: derselbe, a.a.O., S. 188-212.

wohl liegen könne"[56]. Hellwig war sich sicher, daß die von den Schüler(inne)n vorrangig gewählten Aufgaben „vor allem hohe Anforderungen an das logische Denken stellen" würden, und leitete daraus ab, „daß erfreulicherweise der logischen Schulung besondere Aufmerksamkeit im Unterricht zugewandt worden ist"[57].

Inwieweit die geforderte Wiedergabe unterrichtlicher Inhalte und das teilweise Abspulen nationalsozialistischer Propaganda in einem Zusammenhang mit logischem Denkvermögen in der Kategorie „hohe Anforderungen" gesehen werden konnte, bleibt allerdings unklar.

In den mündlichen Deutschprüfungen wurden teilweise weitere Unterrichtsinhalte abgefragt, auf die im folgenden punktuell eingegangen werden soll, soweit die Protokollführung dies zuläßt[58], u. a.:

- Agnes in Ibsens „Brand": ihre sittliche Vollendung

- „Im Anfang war die Tat." Welche Weltanschauung?

- Antithese: Weimar - Potsdam?

- Hitler in seiner Entwicklung zwischen Preußen und Österreich

- Völkische Dichter: Stefan George

- Dichter des untergehenden Bürgertums: Thomas Mann, Buddenbrocks

- Das Volk steht auf - Bindungen?

Obwohl Ibsen in der Oberstufe der höheren Schulen gelesen wurde, fand Ibsens „Brand" kaum Beachtung.[59] Nicht nur für Oberschulrat Hellwig, sondern auch für den Deutschlehrer Hammerschmidt war diese Randständigkeit nicht vertretbar. Hammerschmidt reihte Ibsen ein

„zu den großen Richtern der europäischen Gesellschaft, zu Dostojewskij und Tolstoi, die ihr Wehe aus tiefer Geistgläubigkeit über den europäischen Materialismus rufen und als gewaltig Inbrünstige, wenn auch, von katholischer Weltanschauung aus gesehen, zugleich als gewaltig Irrende, nicht müde werden, die Leuchtfanale ewiger Ideale in den Finsternissen Europas aufzurichten"[60].

Insofern sei Ibsen nicht nur „nihilistische(r) Vernichter bürgerlicher Sitte und Moral", sondern er bringe „der Jugend in moderner Sprache, in modernen Menschen

---

[56]   Schularchiv, Abiturunterlagen 1934
[57]   ebd.
[58]   vgl. ebd.
[59]   Unter den 80 häufigsten Werken steht „Nordische Heerfahrt" an 77. Stelle und unter den 126 weiteren Werken „Volksfeind" an 11. sowie „Nora" und „Peer Gynt" an 50. bzw. 51. Stelle (vgl. Behr, Klaus, Gymnasialer ..., a.a.O., S. 364, 371f.).
[60]   Hammerschmidt, Ferd., Was kann uns ..., a.a.O., S. 161

und Schicksalen einen unentwegt kämpfenden Gegenwartsidealismus"[61]. Als vorbildhaft wurde Ibsens „ernsthafter Lebenskampf um einen zeitgemäßen idealistischen Lebensstil" gesehen, wobei die Schüler(innen) erkennen sollten, daß Ibsen „die ganz umfassende und allerfüllende Substanz eines übernatürlichen Glaubens"[62] fehle.

Für den Fachlehrer stellte sich Ibsens Pfarrer Brand als Vision eines neuen Menschen dar, der Rettung bringen könne vor dem Materialismus, aber aufgrund seines Individualismus trotz starker persönlicher Sittlichkeit unterging.[63] Brands Frau Agnes wandelte ihr intuitiv unreflektiertes Leben angesichts des „Pflichtbewußtseins" Brands und schloß sich seiner rigiden „Alles-oder-Nichts-Ethik" an, die mit der Opferung des eigenen Kindes und letztlich ihrer selbst endete.[64] Dieser Idealismus mit eingeschränkter Humanität, aber in angenommener Verantwortung vor Gott, blieb inhaltsleer. Insofern war die Prüfungsfrage nach „sittlicher Vollendung" Agnes, die sich den rigiden Prinzipien Brands unterworfen hatte, nur bei Relativierung von Menschenleben zugunsten einer „Verantwortung vor Gott" nachvollziehbar. Ob sich auch für Agnes aufrechterhalten läßt, was Hammerschmidt für Ibsen feststellt:

„Durch sein Werk führt ein Weg, der geeignet ist, den modernen Menschen aus seiner materialistischen Gottesferne in idealistische Gottesnähe zu führen"[65],

erscheint mehr als fraglich und aufgrund der polarisierenden Ethik für Schüler(innen) eher überfordernd.

Die Rubrizierung Stefan Georges unter „völkische Dichter" in der Abituraufgabe kann kaum nachvollzogen werden.[66] Zwar sah auch Hammerschmidt George „nie den übermächtig emporschießenden Gewalten und Prächten des Materialismus verfallen", doch konstatierte er eine „unbedingte Geistgläubigkeit, die sich schon in jungen Jahren kundtut in einer erstaunlichen Beherrschung alles Leidenschaftlichen und Triebhaften, in echt aristokratischer Abmauerung gegen die vielen, in vornehm stolzer Selbstdurchzüchtung und Selbstbildung"[67]. Wenn aber mit „völkisch" übersteigertes Nationalgefühl und rassistische Elemente verbunden wurden, konnten diese elitär-asketischen Hinweise die allgemeine Zuordnung den-

---

[61] ebd., S. 160, 163
[62] ebd., S. 164f.
[63] vgl. ebd., S. 170ff.
[64] vgl. Hamburger, Käte, Ibsens Drama in seiner Zeit, Stuttgart 1989, S. 44-58
[65] Hammerschmidt, Ferdinand, Was kann uns ..., a.a.O., S. 174
[66] vgl. Kapitel C.III.2.a)
[67] Hammerschmidt, Ferdinand, Die bewegenden Kräfte ..., a.a.O., S. 136

noch kaum stützen; sie wären aber ein weiterer Hinweis auf die Möglichkeiten der Inanspruchnahme Georges, die in seinem Werk gründeten.

In den Buddenbrocks spiegelte sich für Hammerschmidt - und das wird er als Schülerantwort u. a. erwartet haben - die Geschichte des 19. Jahrhunderts „als das Werden, Wachsen und Zerscheitern des Individualismus und Liberalismus", die Mann „durch üppigste Entfaltung des Materialismus zum Abfall vom geistigen Innentum zu einer lauten, brutal geschäftlichen Äußerlichkeit hindrängt und hinzwängt. Grenzenlose innere Vereinsamung ist die Folge, ein haltloses Zerbrechen."[68] Diese „Mängel" entfaltend reduzierte Linden Manns Leistung auf die „meisterhafte Schilderung der sich innerlich auflösenden und zersetzenden Bürgerlichkeit", der auch „die religiöse Überzeugung von aufbauenden und bejahenden Kräften in der Welt" fehle, womit Mann in „impressionistische(r) Dekadenz befangen" bleibe, da er „den Widerstreit mit dem Heroischen ... aus seiner Ohnmacht nicht schildern" könne.[69] Als zentraler Einwand gegen Mann müsse aber laut Linden der Vorwurf gelten:

> „Was nichts bedeutet in der Welt dieser Romane ist Volk und Vaterland. Das Religiöse wie das Nationale fällt aus dieser Welt heraus. ... Die Beziehungen zur großen Volkseinheit aber treten nirgends hervor",

und zusammenfassend:

> Manns „rational-impressionistische Haltung ist dem Organisch-Synthetischen echter deutscher Art immer fremd geblieben"[70].

In diesem Spektrum zwischen fehlender Gläubigkeit und fehlender Volkstumsnähe muß die erwartete Schülerantwort auf die Frage nach dem „untergehenden Bürgertum" verortet werden. Diese negative Abgrenzung lieferte zugleich Kriterien, um 'heroisch gläubige Volkstumsliteratur' bestimmen zu können, wie sie auf die Prüfungsfrage „Das Volk steht auf - Bindungen" von einem anderen Schüler eingefordert wurde.

Daß die erwartete Gegenüberstellung „Weimar - Potsdam" die Weimarer Demokratie negativ ab- und ausgrenzte, da nicht zuletzt seit dem „Tag von Potsdam" am 21. März 1933 die Synthese zwischen Preußentum und Nationalsozialismus als in Erfüllung gegangen galt, und daß Fragen nach Hitler „richtig und kenntnisreich" - so das Protokoll - mit „Mein Kampf" beantwortet werden konnten, läßt weitere Aspekte des Unterrichts erkennen. Diese werden verstärkt durch eine

---

[68] ebd., S. 133
[69] Linden, Walther, Entwicklungsstufen scheidender Bürgerlichkeit. Thomas Mann, Hans Grimm und der neue Heroismus, in: ZfDK 47 (1933), S. 350, 355
[70] ebd., S. 356

Betrachtung der Aufsatzthemen des letzten Schuljahrs, wo schon im Herbst 1933 das Thema „Warum bin ich SA-Mann (Flieger, Nationalsozialist) geworden?" angeboten wurde. Fast alle Schüler(innen) waren inzwischen Mitglied in national-sozialistischen Organisationen geworden, denen der Fachlehrer mit seiner Aufga-benstellung entgegenkommen konnte und wollte. Zugleich muß aber auch kon-statiert werden, daß es den Schüler(inne)n ermöglicht wurde, auf eher unpoliti-sche und traditionell-konservative Themen auszuweichen.[71] Trotzdem erstaunt insgesamt die Durchdringung der Schüler(innen)arbeiten mit nationalsozialisti-schen Ideologieelementen.

Abitur 1935 (Prüfer: Studiendirektor Dr. Heinrich Steinrücke)

Schulleiter Steinrücke ließ seine Schüler(innen) im schriftlichen Abitur aus drei Themenbereichen eine Aufgabe auswählen: Entstehungshintergrund des National-sozialismus, Heldentum in literarischen Werken und Familienkunde. Exemplari-sche Schüler(innen)arbeiten bzw. entsprechende Passagen werden im folgenden wiedergegeben und anschließend diskutiert.

---

[71] Aufsatzthemen (Schularchiv, Jahresberichte, Schuljahr 1933):
     1. Kl(assenarbeit)
        a) Gedanken zum neuen Schuljahr.
        b) Ein selbstgewähltes Stück moderner deutscher Prosa ist stilistisch zu untersuchen.
     2. H(ausarbeit)
        Die Entwicklung Friedrichs des Großen.
     3. Kl(assenarbeit)
        a) Warum bin ich SA-Mann (Flieger, Nationalsozialist) geworden?
        b) Mit vielen teile deine Freuden, mit allen Munterkeit und Scherz, mit wenig Edlen
           deine Leiden, mit Auserlesenen nur dein Herz.
        c) Welche Aufgabe sieht Hermann, und wie wird er ihr gerecht? (Kleist: Hermanns
           schlacht)
        d) Heroische Menschen.
     4. Kl(assenarbeit)
        a) Was gibt uns der Staat, und was sind wir dem Staat zu geben verpflichtet?
        b) Landschaften der deutschen Geschichte.
        c) Bismarck und Hermann (Ein Vergleich nach Kleist).
        d) Deutschland, Land des Pfluges, Land des Lichtes, Land des Schwertes und
           Gedichtes.
     5. Kl(assenarbeit)
        a) Menschen materialistischer Weltanschauung in Ibsens „Brand".
        b) Freuden, die nichts kosten.
        c) Das Arbeitsfeld der deutschen Frau einst und jetzt.
        d) Klara, Meister Anton und der Sekretär waren nicht genug sie selber, darum
           scheiterten sie.

Die erste Aufgabenstellung in der Reifeprüfung Ostern 1935 im Fach Deutsch lautete:

„1. Mit welchem Recht kann man behaupten: „Die nationalsozialistische Revolution ist eine Saat des Weltkrieges?"

Im folgenden wird die einzige mit „gut" bewertete Arbeit vollständig wiedergegeben, da sie dem Tenor aller fünf Bearbeitungen, allerdings auf sprachlich höherem - teilweise eigenwilligem - Niveau entsprach. Der Kommentar des Fachlehrers erkannte eine „große Sicht", einen „klaren Kopf" und eine „tiefschürfende" Darstellung, so daß nur sprachliche Ungenauigkeiten korrigiert wurden.

Gliederung:
Einleitung: Der Krieg birgt in sich größte Kräfte des Verfalls, aber auch des Aufschwungs.
Hauptteil: 1. Die Wiedergeburt idealer Werte im Kriege.
2. Die Schmiedung des nationalsozialistischen Kämpfertyps.
3. Geburt der völkischen Gemeinschaftsidee.
Schluß: Krieg als Schicksal und Mahnung für die Zukunft.

Säte denn der Krieg nicht Zerstörung? Forderte er nicht das Leben von Millionen Soldaten, das Glück von Millionen Frauen und Kindern? Granaten, Geschwader, Tankflotillen, wollten sie nicht vernichten? Müssen wir daher nicht an der ganzen Menschheit verzweifeln, die solche Zerstörung betrieb? Wie kann diese Zusammenballung solcher Kräfte der Vernichtung Saat sein für eine Zukunftsbewegung!

Hätte es in diesem Krieg nur um die Vernichtung materieller Güter gegangen, wäre dieser freilich ein Wahnsinn gewesen. Tatsächlich aber trug der Weltkrieg neben größten Kräften materiellen Verfalls auch größte Kräfte geistigen Aufschwunges in sich. Indem er materielle Güter vernichtete, machte er den Weg frei für geistige und formte den Menschen in dieser Richtung von Grund auf um.

Die Welt von 1914 war eine vermaterialisierende. Gerade das deutsche Volk war ganz materiell verhaftet. Auf allen Gebieten regierte die Nützlichkeitslehre und das Streben nach alleinseligmachendem Reichtum. Solch vermaterialisierendes Volk war stolz auf seine wirtschaftlichen Erfolge, stolz auf sein Reich, das seine jungen Kräfte in riesigen Unternehmungen nach außen wandte. Im Beruf erkämpfte man sich nur die irdische Wohlfahrt und sorgte krankhaft um seine Sicherheit mit dem höchsten Ziel des Rentnerdaseins. Und wenn die irdische Wohlfahrt versagt war, kämpfte man rücksichtslos um sie oder betete um eine himmlische. Auf den Kathedern lehrte der dialektische Materialismus und Praktizismus in blankem eisigen Verstand. Diesem Menschen war die Welt dazu da, daß es ihm wohlerging. Was sollte er mit Idealen anfangen, wenn es nur auf den Gewinn ankam? Die Ideale, von denen man sprach, waren verlogen, das 'Vaterland' lebte nicht in Taten, sondern in alkoholischer Verherrlichung einer Einrichtung für die irdische Wohlfahrt.

Nein, der Durchschnittsmensch der Vorkriegszeit war dem Ideellen, dem Ethischen nicht mehr verpflichtet, seine Ziele waren nicht - wie wir es vom Menschen fordern - geistig und ethisch bestimmt.

Dieses Volk wurde in den Krieg gestoßen wie in einen großen Reinigungsprozeß, um in ihm zurückgeholt zu werden ins Ideelle. In vielen brannte es schon; so gingen sie mit der heißen Erwartung in den Krieg, daß er neue Werte gebäre und endlich den Krämer beiseite schiebe. In blitzenden Trichterfeldern, verqualmten Schützengräben, schier endlosen Nächten der Wache, in dieser einförmigen Kette von Mühen und Entbehrungen, ging es da um Erhaltung? Wurde hier gestorben, für Sicherheit, für den Magen? In solcher Beleidigung der materiellen Bedürfnisse erhielt das Leben nur Sinn durch sittliche Werte. Um so entschiedener und wesentlicher erschienen den Frontkämpfern diese sittlichen Werte, je mehr sie dafür sterben sahen. Die Idee des Vaterlandes z.B. war kein leerer Begriff mehr. Wenn man auf Heimaturlaub fuhr, dann erkannte man, daß man das Vaterland jetzt liebte, weil man durch Blut mit ihm verbunden war. Absolut hatte man zur Idee zurückgefunden; deshalb stand man in gewinnledigem Dienst, stand auch, als die Hoffnung auf Erfolg versank.

Die Männer, die 1918 heimkehrten, kannten nur Pflicht; lange schon hatten sie den Untergang erkannt, aber sie standen in Treue; sie klagten nicht an, denn sie kannten Opfer. In den Frontkämpfen hatte der Materialismus eine gründliche Niederlage erlitten. Mit Recht sagt Dörfler: 'Nach 1000 Jahren noch wird man die Jugend aus dem Tempeln des Genusses in diesen germanischen Rosengarten der Front führen, damit sie erfüllt wird von den wahren Werten der Menschheit. Ideen waren wieder die treibenden Kräfte geworden, nicht die Materie. Der neue Mensch war geschmiedet, verwurzelt wieder im Geistigen.'

Dieser Mensch geht durch die solche Werte vermissende Zeit nach der Revolution. Die Ideen sind ihm zu hart eingehämmert, als daß sie wieder herausgerissen werden konnten. In einem erneuten Kampfe sollten alle freiwillig zu ihnen geführt werden. Heute geht diese Saat erst ganz auf. Ideen bestimmen den National-Sozialismus, sie formen Politik und Wirtschaft. Und das deutsche Volk redet nicht nur von Pflicht und Ehre und Opfer und Mut und Gemeinschaft und Treue. Die nationalsozialistische Revolution war eine Neugestaltung aus diesen Werten, die der Krieg neu gebar.

Indem der Krieg solche ideelle Werte freimachte, zerschlug er den glatten Materialismus. Daß er dabei weit entfernt blieb von idealistischer Schwärmerei, vielmehr den harten, fest in der Wirklichkeit stehenden Mann formte, das ist ein Wert des Weltkrieges.

Viele Kämpfer waren in den Krieg gezogen mit einem äußeren Ja. Als dieser aber zur Gewohnheit wurde, die Kolonnen stumm im Unterstand lagen oder müde und mit Fluchen auf zerschossenen Straßen marschierten, als der Krieg etwas ganz anderes wurde als musikumrauschtes Kämpfen und fahnenumwehter Tod, als vielmehr grausames Wüten der Materialschlacht, grauer Alltagsdienst den Krieg kennzeichneten, sollte da Durchhalten nicht Härte schaffen! Oder gar den Erfolg versinken zu sehen, war das nicht Kraftprobe! Wer hier nicht geistig zerbrach und über den Dingen stand, war zum Herrschen geboren.

Wie im Kriege dieser harte, die Wirklichkeit meisternde Mann geboren wurde, zeigt uns bezeichnend Thor Goote in seinem Buch 'Wir fahren den Tod'. Eindringlich reden hier Wirklichkeit und Wahrheit. Wie Goote als Munitionsfahrer den leibhaftigen Tod fährt, rauscht der Krieg in dunklen Impressionen an uns vorbei. Steht mitten im Feuer, Dreck, Regen und Blut, ist immer umwittert von Tod und Schrecken. Er zeigt alle Nöte mit seinem moralischem Mut sondergleichen. Wer solche Wahrheit sieht, hat keinen Sinn für klingende Worte; aber Goote ist nicht zerschlagen, solcher Wirklichkeit ins Auge sehend, wie ein Remarque, für ihn fordert sie männliche Haltung; sie muß gemeistert werden Kraft der richtunggebenden Idee. Stärker als das Schicksal ist der Mensch. Diese Haltung kommt ganz im Titel dieses Buches zum Ausdruck: Wir fahren den Tod; das ist furchtbar, ja es hängt uns zum Halse heraus; wir können solches Schicksal nicht beschönigen, aber wir wollen es meistern.

Solche Hagennatur wurde in der Heimat als Roheit empfunden. Doch die Frontkämpfer haben diese den Heroismus im Realen bewährende Haltung ins Volk getragen. Sie durchdrang von Anfang an die nationalsozialistische Bewegung; Haltung war nötig im Kampf gegen den kommunistischen Terror, im fast aussichtslosen Kampf um das Endziel überhaupt. Dieser Thor Goote steht bezeichnend heute als Führer in der S.A. Der Reichsminister Dr. Goebbels hat diese Haltung wiederholt verlangt, diese nüchterne, sentimentalitätslose Sachlichkeit, die den Problemen fest ins Auge sieht, die sich nicht bekreuzt vor der Notwendigkeit der Aufgabe, die nichts verherrlicht, was sie in Wirklichkeit fürchtet, die in alle Nöte, in alle Niedertracht skrupellos hineinschaut, aber hart darüber steht mit der entscheidenden Idee. So muß und wird der nationalsozialistische Kämpfer auch in der Zukunft aussehen. Mit solcher Haltung werden wir auf allen Gebieten des Lebens arbeiten. Ein Verdienst des Krieges wird es gewesen sein, an der Stelle des deutschen Michels diesen Kämpfer gerückt zu haben. Entscheidend ist, daß dieser Typ führend wird. Die deutschen Menschen, die 1914 an die Front fuhren, hatten kein Volk mehr, wenn man Volk in des Wortes tiefster Bedeutung faßt: als einer sittlichen Gemeinschaft in stetem Miteinander und Füreinander. Seine Glieder waren nicht auf ein großes Ganzes gerichtet, sondern sahen wesentlich ihre Interessen, ihre Befreiung: der Bauer kämpfte um einen möglichst hohen Gewinn, der Arbeiter schloß sich zusammen zu den Gewerkschaften, die nur Lohnkampforganisationen waren und verbrüderte sich zur Erreichung seines Zieles mit der Arbeiterklasse uns unfreundlich gegenüber stehender Völker. Und wenn der Kaufmann den Staat bejahte, so nicht als die Form der Gemeinschaft, sondern als eine Einrichtung, die seinen Interessen diente, durch die er nur Vorteile materieller Art genoß. Die Enterbten kämpften um den Besitz materieller Güter, die Besitzmenschen verteidigten diesen rücksichtslos. Die Vorkriegszeit lief einem krassen Egoismus entgegen.

Der Weltkrieg führte, ja er zwang uns geradezu zur Volksgemeinschaft. Unmittelbar an der Front wurde der Gemeinschaftsgedanke zuerst geboren: hier in dem harten äußeren und inneren Ringen, in dem nur der wirkliche seelische Gehalt galt, brach zunächst der Standesdünkel. Kein materieller Vorteil trennte die Soldaten; sie waren verbunden durch gleiches Erlebnis (und gleiche Gesinnung). Der einzelne stand im Kampf nur als Glied, und nur in der Gemeinschaft konnte gesiegt werden. Jeder Frontkämpfer war mit dem Nachbarn verkettet durch gemeinsame Verwundung, gemeinsamen Mangel. An der Front stand zuerst die große Schicksalsgemeinschaft nah, die wirklich durch Blut gebildet wurde. Hier wurde nicht um den eigenen Futtertrog gekämpft, sondern die nationale Gemeinschaft, das Volk verteidigt. - Ja, das ganze Volk stand in einer Kameradschaft: der Bauer arbeitete nicht mehr so sehr, um einen möglichst hohen Gewinn aus seiner Scholle herauszuholen, er wurde Ernährer des Volkes; auch in dem Arbeiter kam das stolze, aber verpflichtende Bewußtsein auf, daß auch er in der Fabrik kämpfte für sein Volk, indem er durch Waffen- und Munitionsherstellung mithalf, die Front zu halten. Sein letztes Ideal war nicht mehr das Wohlergehen der Arbeiterklasse, sondern der Bestand seines deutschen Volkes, besonders dann, wenn er an der Front stand, fand er zurück zu seinem Volk, um dieses in seiner Gesamtheit wurde ja hier gefochten, nicht um den Sieg der Arbeiterklasse.

Solcher Gemeinschaftsgedanke als Dienst am Volk, im Weltkrieg grundgelegt, wurde und wird im National-Sozialismus verwirklicht. An die Stelle der Eigeninteressen stellt dieser den Grundsatz des Gemeinnutzes. Eine verdienende Landwirtschaft schafft er um zum Nährstand der deutschen Volksgemeinschaft. Der Arbeiter, der nur nach einem möglichst hohen Lohn strebte und dieses Ziel vorwiegend auf internationalem Wege durchsetzen wollte, wurde wieder ins Volk gestellt, wo er nicht nur gut geschützt wird, sondern auch dient. Wirtschaft, Erziehung, Kunst usw., alle diese Lebensgebiete betrachtet und beurteilt der National-Sozialismus unter dem Gesichtspunkt der Volksgemeinschaft.

Daß mit dem Kriege der Individualismus überwunden wurde und somit eine neue Grundlage für ein ganzes großes Jahrhundert geschaffen wurde, das schon läßt uns die materiellen Verluste gering erscheinen gegenüber seinen positiven Werten. Waren aber alle diese Werte des Krieges nicht eigentlich mit dem Umsturz von 1918 zerstört? Waren wir in der Nachkriegszeit nicht gerade so ganz materiell verhaftet? Führte uns nicht der Kampf aller gegen alle an den Rand des Bürgerkrieges? - Das Zeitalter des Materialismus und Individualismus sollte in den schärfsten Dissonanzen ausklingen, um so die Wende, deren Grundkräfte nur schlummerten, aber untilgbar bewahrt waren, an diesem Ausklang zu entzünden. Es mußte zuerst noch einmal ein innerer Krieg um diese Werte des Krieges geführt werden; denn nichts Großes wird geschenkt; es mußte erkämpft werden in der Bewegung des National-Sozialismus.

'Der Weltkrieg war' - so schreibt Beumelburg am Schlusse seines Buches 'Sperrfeuer um Deutschland' - 'ein Gottesgericht. Wer Ohren hat zu hören und Augen zu sehen, der unterwerfe sich diesem Schicksal. Er sehe die Werte des Krieges und forme daraus das neue Bild des Menschen. Hoffen wir, daß auch die anderen Völker diese Stimme des Schicksals hören!'

Schon in der Weimarer Republik war das Kriegserlebnis substantiell gewesen für das antidemokratische Denken konservativer Provenienz. Es hatte als richtungsweisend für zukünftige gesellschaftliche Entwicklungen gegolten und war damit zugleich auch Beurteilungsmaßstab der gesellschaftlichen Realität gewesen.[72] Der verlorene Krieg war zur Geburtsstunde eines neuen Nationalismus geworden. Eine literarische Aufarbeitung des Kriegsgeschehens in Verklärung der traumatischen Erlebnisse setzte erst verstärkt Ende der 20er Jahre ein, nachdem Freikorps, Stahlhelm, Jungdeutscher Orden u. a. für eine personelle und teilweise ideelle Kontinuität des Frontsoldatentums gesorgt hatten.[73]

Die oben wiedergegebene Schülerarbeit knüpfte an Erfahrungen des Kriegserlebnisses nicht aus pazifistischer Perspektive an - was auch schon der Terminus „Erlebnis" ausschloß -, sondern verstand den Krieg als mögliche und notwendige heroische, gemeinschaftsfördernde, nationale Herausforderung - gefördert durch das Grauen des Stellungskrieges. Die der Literatur bzw. unterrichtlicher Bearbei-

---

[72] vgl. Sontheimer, Kurt, Antidemokratisches ..., a.a.O., S. 93ff.
[73] vgl. ebd., S. 106-109

tung entnommenen Erfahrungen wurden weniger von der Weimarer Republik abgegrenzt, die eher als kurze zeitliche Verzögerung der Durchsetzung der erworbenen Ideale gesehen wurde, als vom „Materialismus" der Vorkriegszeit, der durch Hinwendung zum „Geistigen" der Volksgemeinschaft überwunden worden sei, und zwar insbesondere durch das Gemeinschaftserleben zu Kriegsbeginn und die pflichtbewußte, kameradschaftliche, gefolgschaftstreue, opferbereite Schicksalsgemeinschaft im Schützengraben. Die militärische Niederlage wurde positiv gewendet zur notwendigen läuternden Erneuerung des Volkes, d. h. aller Lebensbereiche. Nicht als „Krämer", sondern als heroischer Krieger konnte man mit Ernst Jüngers preußischem Pflichtverständnis einig gehen, aus dessen Werk „In Stahlgewittern" ein anderer Schüler einen „tiefen Einblick" in Kriegsverlauf und „die Seelen seiner Kameraden" erhalten haben will:

> „Ein kaum bemerkbares Zittern geht durch den glutvollen Körper des tapferen Kämpfers. Vertrauensvoll blicken sie auf zu ihrem Führer. Ja, mit dem möchten sie gerne in den Tod eilen! Der teilt sein letztes Stück Brot mit seinen Kameraden, das wissen sie, und darum wanken sie auch nicht. Noch zwei Minuten! Die Hand, die noch vor einigen Minuten den Rosenkranz umklammert hielt, löst sich mechanisch. Ein letzter Blick zum Himmel: 'Gott schütze Weib und Kind.' Auf, marsch, marsch! ... So eilen sie dem Tode in die Arme, diese Kämpfer für Deutschland."

Diese klischeehaft formulierte Bereitschaft, fast Sehnsucht, mit dem militärischen Führer, um den sich ein Personenkult rankte, gemeinsam in den Tod zu gehen, stand als etwas ursprünglich Gemeinschaftliches im Kontrast zu den menschenverachtenden Materialschlachten des Stellungskrieges.[74]

Die durch Weltkriegspropaganda und verklärende Literatur geprägten Menschen entwickelten in der Weimarer Republik überhöhte Ansprüche in Form eines selbstbewußten, starken und wehrhaften - militarisierten - Staates, denen die Realität nicht entsprach. Dem folgten auch die Schülerarbeiten mit dem Bezug auf Schriftsteller wie Jünger, Goote, Beumelburg und Dörfler und deren Glorifizierungen des Krieges. Für die Schüler wurden die Millionen Toten entindividualisiert und mythenhaft zum sinnvollen Opfer für den „neuen" Menschen, der gekennzeichnet war durch eine sittliche Erneuerung durch Überwindung materieller Interessen - wiedergeboren im und durch den Krieg, verwirklicht im Nationalsozialismus. Ein Schüler formulierte resümierend am Schluß der Arbeit:

> „So können wir wohl mit einigem Recht behaupten, daß die nationalsozialistische Revolution die Saat des Weltkrieges ist. Er ist die Abwendung vom Materialismus zum Idealismus, zum ethischen Idealismus, vom Idealismus zur Volksgemeinschaft."

---

[74] vgl. Segeberg, Harro, „Letzthin ist der Untergang das einzig Normale". Über Krieg und Technik im Frühwerk Ernst Jüngers, in: Der Deutschunterricht 41 (1989), Heft 5, S. 20-27

Daß dies keine rein propagandistisch zu erklärende Position der Schüler war, sondern dem Unterrichtsgeschehen und besonders der Meinung des Fachlehrers entsprach, ist schon aus der Aufgabenstellung ableitbar. Es ergibt sich aber darüber hinaus besonders aus einem qualifizierenden Lehrerkommentar:

> „Im Sinne des Schlußgedankens hätte die Arbeit angelegt werden müssen."

Die - als eher konfliktlos gedachte - Gemeinschaft war aber weder Realität im Weltkrieg noch Realität im Nationalsozialismus, sondern Wunschtraum, der gesellschaftliche Gegensätze und ihre Ursachen ignorierte.[75] Mit nationalem Pathos und Gemeinschaftsbeschwörungen sollten die sozialen Gegensätze überdeckt werden. Der Tenor der Schülerarbeiten und die herangezogene Literatur waren zwar nicht genuin nationalsozialistisch; sie ließen sich aber problemlos in das nationalsozialistische Ideologiegebäude integrieren - auch wenn z. B. der Krieg als „Gottesgericht" sakral verklärt wurde.[76] Oder anders gewendet: Die nationalsozialistische Ideologie konnte nahtlos an das nationalistische Gedankengut und dessen kriegsbejahende Sichtweise anknüpfen.

Da der „Prozeß der Remilitarisierung der öffentlichen Meinung"[77] schon Ende der 20er Jahre eingesetzt hatte, kann nicht erstaunen, daß die von den Schüler(inne)n 1935 herangezogene Kriegsliteratur auch schon 1932 in den Schulen bearbeitet worden war,[78] wobei sich die Akzentuierung zunehmend von der reinen Beschreibung des Kriegsgeschehens auf die Vermittlung des Krieges „als Volksschicksal, als Schule der Not und des Opfers als Weg in das zukünftige Deutschland"[79] verschoben hatte. Dadurch wurde auch der Stellenwert anekdotischer Erlebnisse, von Hurrapatriotismus und individuellem Heldentum zurückge-

---

[75]   vgl. Prümm, Das Erbe der Front. Der antidemokratische Kriegsroman, in: Denkler, Horst / Prümm, Karl (Hrsg.), Die deutsche Literatur im Dritten Reich. Themen - Traditionen - Wirkungen, Stuttgart 1976, S. 138-164, und Jöst, Erhard, Im Donner des Todes. Anmerkungen zur Darstellung des Krieges in der deutschen Literatur, in: Der Deutschunterricht 40 (1988), Heft 5, S. 44-67

[76]   vgl. grundsätzlich Scheuer, Helmut, Die Dichter und ihre Nation - Ein historischer Aufriß, in: Der Deutschunterricht 42 (1990), Heft 4, S. 4-46, bes. S. 22-38, und Ketelsen, Uwe-K., Völkisch-nationale und nationalsozialistische Literatur in Deutschland 1890-1945, Stuttgart 1976, S. 51-105, sowie Vogl, Joseph, Kriegserfahrung und Literatur. Kriterien zur Analyse literarischer Kriegsapologetik, in: Der Deutschunterricht 35 (1983), Heft 5, S. 88-102

[77]   Wette, Wolfram, Zur psychologischen Mobilmachung der deutschen Bevölkerung 1933-1939, in: Michalka, Wolfgang (Hrsg.), Der Zweite Weltkrieg. Analysen, Grundzüge, Forschungsbilanz, München 1989, S. 209

[78]   vgl. Bosch, Bernhard, Das Schrifttum der Gegenwart und die Höhere Schule, in: ZfDK 46 (1932), S. 221-231

[79]   Müller, Alwin, Der Deutschunterricht und die Kriegsdichtung, in: ZfDB 11 (1935), S. 22

drängt zu Gunsten der neuen Erziehungsaufgabe. Krieg sollte als Teil der Volksgemeinschaft gesehen und ihm eine „religiös-nationale Sinndeutung"[80] zugeschrieben werden. So gelangte auch der ausführlich zitierte Schüler in Anlehnung an eine Beumelburg-Aussage zu seiner Einschätzung der Materialschlachten mit ihren Hunderttausenden von Toten als qualifizierenden Ausleseprozeß, aus dem personelle und ideelle Führungsansprüche abgeleitet werden konnten:

> „Wer nicht geistig zerbrach und über den Dingen stand, war zum Herrschen geboren."

Die Beachtung des Gesichtspunktes „Das Volk als Schicksals- und Kampfgemeinschaft" wurde von den Nationalsozialisten erst mit den Richtlinien von 1938 erzwungen, wobei thematisch u.a. auf „Kampf um Raum, Soldatentum (Heer, Flotte, Luftmacht), Heldentum, Kriegsdichtung, der Frontkämpfer des Weltkrieges als mythische Gestalt und sittliche Kraft" abgehoben wurde.[81] Explizit wurden aber keine Schriftsteller(innen) vorgeschrieben - im Gegensatz zur Behandlung der klassischen Literatur -, und die Vorgaben zu den einzelnen Klassen blieben sehr vage. Sie wurden erst in den Folgejahren in der Fachliteratur präzisiert.[82]

Das zweite Thema, das die Schüler(innen) 1935 zur Wahl gestellt bekamen, lautete:

> „Das Heldische im Schillerschen Drama und im Drama der deutschen Gegenwart"

Bedingt durch die Aufgabenstellung erfolgt im folgenden zunächst ein knapper Abriß der Auswirkungen der Neuorientierung des Deutschunterrichts nach 1933 auf den klassischen Lektürekanon am Beispiel von Schiller anhand der einschlägigen Literatur. Dies ist insofern für Westfalen bedeutsam, da während der Weimarer Republik hier ein „Klassikertod" kaum zu konstatieren war.[83] Die Auswahl der Klassiker nach Maximen der Verwertbarkeit für eine nationalsozialistische Erziehung führte nicht zu einer Aussonderung einzelner Dichter, sondern zu einer differenzierten Beurteilung seines Werkes nach völkischen Gesichtspunkten. Dies machte eine Akzeptanz möglich und wahrte zugleich Kontinuitäten. Die Darstel-

---

80 Linden, Walther, Volkhafte Dichtung von Weltkrieg und Nachkriegszeit, in: ZfDK 48 (1934), S. 20. „Der Krieg ging verloren, aber eine neue völkische Form wurde gewonnen." „Unsere volkhafte Kriegsdichtung ... schreibt auf die unzähligen Totensteine des Weltkrieges: 'Und ihr habt doch gesiegt!'" (ebd.)

81 Reichs- und preußisches Ministerium für Wissenschaft, Erziehung und Volksbildung, Erziehung ..., a.a.O., S. 52

82 vgl. Dithmar, Reinhard, Kriegsliteratur im Dienst nationalsozialistischer Erziehung, in: Diskussion Deutsch 16 (1985), S. 647-649

83 vgl. Faßbinder, Franz, Jugend und Dichtung, in: ZfDB 7 (1931), S. 18-26. Davon unbenommen präferierten die Schüler(innen) auch in dieser Region eindeutig neuere Literatur.

lung der Neuorientierung wird zum einen auf die Diskussion in den unterrichtsbe-
zogenen Fachzeitschriften beschränkt und zum anderen - im Hinblick auf das Ab-
iturdatum - auf den Zeitraum bis 1934, für den die Positionen der Meinungsführer
vorgestellt werden.

Besonders Schillers (individualistischer) Freiheitsbegriff und sein eher universalistisches Weltbild standen den Vereinnahmungsbemühungen zwecks Wahrung
von und Anknüpfung an Traditionslinien im Weg. Der Klassikerinterpret Walther
Linden bemühte sich, das Trennende herauszuarbeiten, aber auch Verbindungs-
stellen zum völkischen Zeitgeist aufzudecken. So distanzierte er sich von der
„Hochwertung des Geistig-Vernunftgemäßen" bei Schiller, das auf der
„scharfe(n) Trennung der geistig-willensgemäßen und der sinnlich-triebhaften
Natur des Menschen"[84] beruhe. Doch ging für Linden mit dem Trennenden bei
Schiller zugleich ein Versöhnungsdrang einher, den er der „Uranlage", dem
„Bluterbe" zuschrieb, und zwar dem „bluthafte(n) Vermächtnis der dinarischen
Rassenanlage in dem nordisch-dinarischen Schiller"[85]. Erkennbar ist hier ein Ver-
such, Schiller durch Einordnung in einen 'rassischen' Zusammenhang zu legiti-
mieren.

Nach dieser Grundvoraussetzung für eine Behandlung im Unterricht erkannte
Linden bei Schiller zwar noch die Gründung des Menschen „auf den sittlichen,
vernunftgemäßen Willen, auf die überindividuelle Idee des Sittengesetzes" als
positiv an, doch stellte er als entscheidenden Mangel, als „tiefste(n) und wesent-
lichste(n) Unterschied" zur deutschen Gegenwart die fehlende völkische Einbindung heraus:

> „Der Schillersche Mensch lebt nicht aus Boden und Landschaft, Stammestum und
> Volkheit, nicht aus natürlichen, konkreten Bedingungen und naturgegebener soseien-
> der Gemeinschaft",

was ihn in die Nähe des nun überwundenen „Aufklärungsgedanken der allgemeinen Menschlichkeit" bringe, der „keine bluthafte Wirklichkeit der Geschichte"
sei.[86] Damit waren von vornherein Schillers geschichtlich-politische Dramen als
nicht völkisch ausgerichtet abqualifiziert. Konkret für Don Carlos wies Linden
auf die Planung des Befreiungskampfes - nach Zurückstellung seiner individuellen
Zuneigung - hin, die die „völkischen Lebensgesetze" in Europa nicht beachte,
was Linden als „abstrakte Verblasenheit"[87] des Don Carlos abwertete. Auch für

---

[84] Linden, Walther, Schiller und die deutsche Gegenwart. Zum 175. Geburtstag am 10. November 1934, in: ZfDK 48 (1934), S. 513
[85] ebd.
[86] ebd., S. 519-521
[87] ebd., S. 523

die „Jungfrau von Orleans" erkannte Linden aus dieser Perspektive eher „allgemein-menschliche Seelenkämpfe" als die zu fordernde „völkische Tragödie"[88].

Zur teilweisen Rettung des Schillerschen Werkes bzw. zu dessen Nutzbarmachung griff Linden auf rassistische Konstruktionen zurück. Denn den Stellen der Werke, wo sich Schillers nordische „Blutanlage" durch „heroische(s) Menschentum" in Form „heldischer Unbedingtheit und opferbereiter Todesentschlossenheit", wo sich „Willensstärke gegen sich selbst" zeige, komme „höchste und dauerndste Bedeutung" zu, da hier „jener echte Ordensgeist" lebe, „der auf Unterwerfung und Gehorsam heldischer Kriegernaturen"[89] gerichtet sei. So blieb für Linden von Schiller, dem „unvergänglichen Künder nordisch-germanischer Gesinnung", nur die „tragisch-heroische Weltansicht"[90]. Diese Reduzierung Schillers auf die Art der Willensentscheidung, auf Opferbereitschaft und Todesentschlossenheit, bei Abstrahierung von den Zielen dieser Entscheidungen ließ ihn angesichts des Mythos' um die Frontkämpfergeneration verwertbar erscheinen.

Die auf die nationalsozialistische Gegenwart gerichtete Perspektive als Beurteilungsmaßstab hatte Fricke schon früher aufgegriffen und als das Fragwürdige in Schillers Dichtung vor allem das „idealistische Freiheitserlebnis" als „apolitisch-ethische(n) Untergrund" gesehen, dem aber „unverlierbar Großes" innewohne, nämlich die „Gewißheit, daß unser Leben ... sich erst erfüllt, wo es zur Hingabe, zum Dienst und zum Opfer wird", sowie „die männlich harte Überzeugung, daß es den Menschen möglich ist, unter allen Umständen ... die Treue zu halten", und der „heroisch-kämpferische Glaube", „daß der Mensch und das Leben dort seinen Triumph und seine Rechtfertigung finden, wo man das irdische Dasein geopfert wird"[91]. Damit war auch von Fricke das nationalsozialistische Erziehungsideal des „politischen Kämpfers" entwickelt und ein selektives Interpretationsschema für Schiller vorgegeben worden.

Noch grundsätzlicher wurde Schulze bei seinem Bemühen, die klassische Dichtung „bildungspolitisch gleich(zu)schalten"[92]. Er plädierte fast für eine völlige Aussonderung der Schillerschen Dramen, da sie als Träger idealistisch-huma-

---

[88]   ebd., S. 524f.
[89]   ebd., S. 527-529
[90]   ebd., S. 531
[91]   Fricke, Gerhard, Schiller ..., a.a.O., S. 226ff. „Trotz mancher Überschärfen im einzelnen überaus fruchtbar", wurde Fricke beurteilt (Rasch, Wolfdietrich, Neue Forschungen zur deutschen Klassik. Ein Literaturbericht, in: ZfDB 12 (1936), S. 53).
[92]   Schulze, Eduard, Die deutsche Klassik und die nationalpolitische Bildung, in: ZfDB 10 (1934), S. 124ff.

nistischer Bildung mit ihrem optimistischen Fortschrittsglauben der geforderten „totalen Volkwerdung", dem „schicksalshaften Werden" nicht gerecht würden. So räumte Schulze der Dichtung, die aus der „völkischen Not der Gegenwart geboren ist und infolgedessen auch die unmittelbarste bildende Wirksamkeit" entfalte wie z. B. Hans Grimms „Volk ohne Raum", Priorität vor Schiller und Goethe ein.[93]

Trotz der hier vorgetragenen Bedenken gegenüber Schiller legten die Richtlinien 1938 unter dem Thema „Der Deutsche in der Volksgemeinschaft" als einzige für die Klasse 5 zu lesende Ganzschrift „Die Jungfrau von Orleans" fest.[94] Für Klasse 6 war im Bereich der verpflichtenden Ganzschriften zum Thema „Der Mensch der germanisch-deutschen Frühzeit" neben einem Werk „aus dem Schrifttum der Gegenwart" und Kleists „Michael Kohlhaas" wieder Schiller, diesmal mit „Maria Stuart" zu lesen; für die Klasse 7 wurde - neben vier anderen Werken - erneut auf Schiller beim Thema „Die Selbstbefreiung des deutschen Geistes" mit „Die Räuber" oder alternativ mit „Luise Millerin" zurückgegriffen.[95] Die Dominanz Schillers bei den zu lesenden Ganzschriften fand ihre Bestätigung auch in der Klasse 8, in der zum Thema „Das ewige Deutschland" neben acht weiteren Werken Schillers „Wallenstein" genannt wurde; diese Tendenz wurde ergänzt durch Vorgaben zur Auswahl aus dem Lesebuch, die u. a. vorsahen: „Schiller, aus den Briefen vor allem an Goethe und Körner, Gedichte"[96].

Gegenüber diesen Festsetzungen, die auf Kontinuitäten im klassischen Literaturunterricht beharrten, stellte sich die Diskussion in der Fachpresse wenigstens teilweise als im nationalsozialistischen Sinne weitergehender, d.h. als ausgrenzender heraus. Aus der thematischen Zuordnung und Auswahl der Werke kann abgelesen werden, daß sich eine Vereinnahmung bzw. selektive Inanspruchnahme Schillers bei entsprechender interpretativer Ausrichtung durchgesetzt hatte gegenüber einer grundsätzlichen Ablehnung dieses Klassikers. Damit war ein größerer Bruch im literaturkundlichen Unterricht wenigstens äußerlich verhindert und die Akzeptanz nationalsozialistischer Eingriffe erhöht worden. Einen eher pragmatischen Grund führte Schulze für diese Entwicklung an: Nationalpolitische

---

[93]   vgl. Schulze, Eduard, Die deutsche ..., a.a.O., S. 133. Daß die Diskussion mit diesen Festlegungen zwar Richtung, aber keine abschließende Detailinterpretation erfuhr, zeigte Rasch, Wolfdietrich, Herbert Cysarz, „Schiller" (Rezension), in: ZfDB 10 (1934), S. 662f., und ders., Neue Forschungen..., a.a.O., S. 51-54

[94]   vgl. Reichs- und preußisches Ministerium für Wissenschaft, Erziehung und Volksbildung, Erziehung ..., a.a.O., S. 62

[95]   vgl. ebd., S. 64

[96]   ebd., S. 66, 68

Bildung könne „nicht ganz" auf die bildende Kraft von Schillers idealistischer Dichtung verzichten, „weil es noch nicht genügend wertvolle Dichtungen aus dem unsere deutsche Gegenwart beseelenden neuen Geiste gibt"[97]. Es ist zu prüfen, inwieweit die Schüler(innen) diesen Interpretationstendenzen bei der Herausarbeitung des „Heldischen im Schillerschen Drama" folgten. Dieses muß dann als Ergebnis des Unterrichts angesehen werden, da ein eigenständiger Zugang zur einschlägigen Literatur nicht anzunehmen ist. Für „Don Carlos" stellten die Schüler(innen) dar, wie er - angestoßen durch seinen Freund Marquis Posa - „seine Natur", d. h. seine Leidenschaft zu seiner Stiefmutter, der Königin, als Schuld erkannte und durch Akzeptanz der „Pflicht" überwandt. Insofern wurden eher Elemente einer Familientragödie und eine sittliche Läuterung als freiheitlich aufklärerische Gedanken entwickelt.[98] Denn Hinweise auf die republikanische Gesinnung des Kronprinzen, der die Niederlande zusammen mit dem Marquis von der spanischen Herrschaft befreien wollte, fehlten vollständig.

In ähnlicher Form wurde die „Jungfrau von Orleans" abgehandelt. Sie sei vor Gott schuldig geworden, da sie in Vernachlässigung ihrer „Pflicht" - die freiwillige Übernahme eines göttlichen Gebotes - aus Zuneigung einen englischen Gegner nicht tötete. Diese Zuneigung stellte sie dann später „nach schwerem Seelenkampfe" durch Überwindung ihrer „Natur" zurück zugunsten ihrer „göttlichen Mission", in der sie dann tödlich verwundet wurde.[99] So zeigte sich der Schillersche Rigorismus im Individuum, das die dramatischen Konflikte austrug und die Humanität opferte. Dies betonte auch ein Schüler, der die Beschränkung des Heldischen bei Schiller auf das Individuum herausarbeitete und der vermißte, daß keine Auswirkungen der Läuterungen auf das Umfeld dargestellt wurden (Don

---

[97] Schulze, Eduard, Die deutsche ..., a.a.O., S. 131. Grundsätzlich muß die sich verändernde Akzentuierung des Schillerbildes auch in Abhängigkeit von den Erfordernissen des sich stabilisierenden NS-Regimes gesehen werden. Dies wird z.B. auch an der Instrumentalisierung durch Haacke deutlich, der 1936 Schillers „nordischen" Liberalismus in „Don Karlos" begrüßte, da er sich gegen das „ganze spanisch-katholische System" wende, um - mit Schillers Worten - „in Darstellung der Inquisition die prostituierte Menschheit zu rächen und ihre Schandflecken fürchterlich an den Pranger zu stellen" (Haacke, Ulrich, Der junge Schiller, in: ZfDK 50 (1936), S. 353).

[98] Demgegenüber war für Haacke „die strahlende Verherrlichung einer deutschen Jünglingsfreundschaft" zentral (Haacke, Ulrich, Der junge ..., a.a.O., S. 352).

[99] Stuckert sah den „eigentliche(n) künstlerische(n) Mangel" in den Wundern, wo Schiller „die dämonische Kraft des religiösen Genius oder die irrationale Tiefe des gefühlsgebundenen Menschen auszudrücken sucht": „Der Durchbruch des Transzendenten (wirkt) nicht überzeugend", „nicht wunderbar genug." (Stuckart, Franz, Rationalismus und Irrationalismus in Schillers „Jungfrau von Orleans", in: ZfDK 48 (1934), S. 105)

Carlos wurde dem Großinquisitor überstellt, Johanna starb in der Vision des Paradieses).

Zusammenfassend schrieb ein Schüler „dem Schillerschen Held" einen „individuellen Charakter" zu:

> „Seine Auswirkung auf die Mitmenschen tritt ganz in den Hintergrund. Wenn der Held sein Ideal, Überwindung der Natur und Anstreben ethischer Werte, erreicht hat, scheidet er aus dem Leben. So zeigt sich in den Werken Schillers ein weltfremder, bisweilen auch weltflüchtiger Zug."

Trotz der Herausarbeitung der Elemente „Opfer", „Pflicht", „Dienst" sowie - besonders in der „Jungfrau von Orleans" - „vaterländische Haltung" aus den Schillerschen Dramen, die auch den „neuen" Menschen kennzeichnen sollten, waren mit Schiller zentrale völkische Zusammenhänge für die Schüler(innen) nur schwer zu entwickeln. Im Sinne des Erziehungsziels sollten die Schüler(innen) deshalb laut Aufgabenstellung auf ergänzende völkische Gegenwartsliteratur zurückgreifen, die aber - abgesehen von Heimat- und Kriegsliteratur - nur begrenzt vorhanden war.

Ersatzweise bot sich diejenige Literatur an, die die Zeit der Freikorps und den Entstehungszusammenhang des Nationalsozialismus glorifizierte: Als typisches Werk dieser Provenienz kann Johsts[100] Drama „Schlageter" von 1933 gelten, das alle Schüler als Beleg heranzogen.[101] Dieses Drama hatte mit Aktionismus und expressionistischen Elementen schnell und erfolgreich einen „Schlageter-Kult" entfesselt, der sich umgehend auch in den Fachzeitschriften niederschlug.

Schücking räumte „Schlageter" besondere Bedeutung für die Schule ein, indem er es als „ein so reiches, farbiges und starkes Werk"[102] qualifizierte. Zum Inhalt ist festzuhalten, daß Leo Schlageter mit anderen Frontoffizieren - geprägt durch Kriegserlebnis und Kameradschaftsgeist - über den passiven Widerstand im besetzten Rheinland hinaus gegen die Zurückhaltung älterer Konservativer eine na-

---

[100] Johst, Kriegsfreiwilliger, Schriftsteller, Dramaturg, ab 1934 preußischer Staatsrat, ab 1935 Präsident der Reichsschrifttumkammer wie der Deutschen Akademie der Dichtung, Brigadeführer der SS sowie Träger diverser literarischer Preise, u. a. 1935 des Nationalpreises der NSDAP für Kunst und Wissenschaft (vgl. DBA 660, 302-323).

[101] Mennemeier, Franz Norbert, Nationalistische Dramatik, in: Bormann, Alexander von u.a. (Hrsg.), Weimarer Republik ..., a.a.O., S. 287, spricht vom „unbestrittene(n) Klassiker" in diesem Genre. Stellvertretend für den Schlageter-Kult vgl. auch Kahle, Maria, Schlageter. Zum 15. Todestag des deutschen Freiheitskämpfers am 26. Mai, in: Landesbauernschaft Rheinland: Wochenblatt der Landesbauernschaft Rheinland, Köln 1938, S. 506f.

[102] Schücking, Julius Lothar, Schlageter in der Schule, in: ZfDK 47 (1933), S. 413

tionale Erhebung und einen Marsch auf Berlin initiieren wollte, was aber verhindert werden konnte. Schlageter wurde zum Tode verurteilt und exekutiert.[103]
Schücking charakterisierte Leo Schlageter als Kern eines Stückes, das „das Verständnis für den inneren Sinn der nationalen Erhebung" vertiefe: „Schlageter ist weder Abenteurer noch Fanatiker, Brandstifter, Bandit, nicht der letzte Soldat des Weltkrieges, sondern der 'erste des dritten Reiches'", der das „Lebensgefühl des Nationalsozialismus" repräsentiere und „die Wiedergeburt des politischen Menschen" darstelle, indem er „Privatleben bewußt" verneine, und der „sein Ich unter den Befehl einer Gemeinschaft" stelle.[104] Schücking sah in Schlageter einen „konservative(n) Revolutionär", für Oelsner war Schlageter ein politischer Realist, dessen „ganzes Leben ein ununterbrochener Dienst an seinem Volk und Vaterland (ist)" und der „sich dienend (aufrecht) vor sein geschändetes Volk (stellt)" und der als Soldat „nur eine Schuld kennt": „Mangel an Treue"[105].
Das Schlageter-Drama muß ausweislich der umfangreichen Bearbeitung durch die Schüler(innen) unterrichtlich exemplarisch behandelt worden sein. Diese sahen in Leo Schlageter einen Menschen, dessen Handlungsmotiv die „Pflicht" war, die nur noch von der „Ehre des deutschen Volkes" überlagert wurde. So sei in ihm, als das Vaterland in Gefahr geriet, „das deutsche Blut zum Durchbruch" gekommen. „Die Pflicht, den Gesetzen des Staates zu gehorchen", habe dann nicht mehr bestanden. Die Schüler(innen) interpretierten den gemeinsamen Widerstand von Schlageter und seinen Freunden - gedacht als Fanal - als Opfer des eigenen Lebens für „das Wohl des Volkes". „Erfüllung der Pflicht bis zum Letzten" sei der Wahlspruch Leo Schlageters und „damit des modernen Helden" gewesen.
Ohne jegliche Einschränkung wurde eine Apotheose Schlageters geleistet und sein Leben märtyrerhaft stilisiert, ohne daß aber als anderer Aspekt der Kampf Schlageters gegen „das herrschende System", gegen „Internationale und Klassenhaß" und gegen „charakterlosen Egoismus der Bonzen" - wie bei Oelsner[106] - angesprochen wurde.

---

[103] vgl. Schücking, Julius Lothar, Schlageter ..., a.a.O., und Oelsner, Albert, Johsts „Schlageter" im Deutschunterricht der Oberstufe, in: ZfDB 9 (1933), S. 641-646
[104] Schücking, Julius Lothar, Schlageter ..., a.a.O., S. 411f.
[105] Oelsner, Albert, Johsts ...,a.a.O., S. 643f.
[106] vgl. ebd., S. 644f. Auch für die Unterstufe waren Schlageter-Darstellungen im Rahmen des nationalsozialistischen Jugendschrifttums in der Rubrik „Taten der Märtyrer der deutschen Revolution" vorgesehen. „Bei der Behandlung dieses Helden wird man nie nur seine Persönlichkeit den Kindern zum Erlebnis zu bringen suchen, sondern stets auch die deutschen Nöte der Nachkriegszeit (Unter dem Druck von Versailles, im Kampf gegen die rote Flut, im Ringen um Oberschlesien und das Ruhrgebiet) dem kindlichen Verständnis gemäß mitbesprechen." (Jacoby, Kurt, Das Schrifttum über die nationalsozialistische Re-

Als zweites - allgemein weniger bekanntes - Drama der Gegenwart zogen die Schüler(innen) Walther Erich Schäfers „Der 18. Oktober" von 1932 heran, in dessen Mittelpunkt für den Interpreten Oelsner[107] ein „mitreißender" junger Deutscher stand, der sich der „Unterordnung" unter das Volk bewußt ist und demgemäß handelt - sogar als Spion. Zum Ende der Befreiungskriege hält Oberst Bauer entsprechend der königlichen Weisung mit seinem süddeutschen Rheinbundregiment Napoleon aus soldatischem Pflichtgefühl die Treue, obwohl seine Liebe Deutschland gilt und schon andere Regimenter die Seite gewechselt haben. Sein Pflichtgefühl läßt ihn an seinem Eid festhalten, doch weigert er sich, die Exekution eines jugendlichen deutschen Spions vorzunehmen, was zur Meuterei führt. Er läßt seine Füsiliere zu den Preußen wechseln, bevor er Selbstmord begeht. Die Entwicklung des Dramas wird geprägt durch eine Gerichtsverhandlung, in der der Spion den Oberst mit einer begeisternden Idee konfrontiert - der Idee eines geeinten Deutschlands. Dessen Argumentation und Vorgehensweise „als Vorkämpfer des heiligen Volksgedankens", erhoffte sich Oelsner als Zielsetzung der Dramalektüre, sollten „die Herzen unserer Jugend im Sturm erobern".[108]

Die Schüler(innen) gaben in ihren Aufsätzen den „Seelenkampf zwischen Pflicht und Neigung" wieder und erkannten, daß beim Oberst „die Macht des Blutes" sich erst mit dem Todesbefehl durchsetzte und er „aus dem Leben als Held der Pflicht" schied. Demgegenüber zeigte für sie der Spion „Blutstreue seinem Volk gegenüber": „ein Held im modernen Sinne", „unserer deutschen Gegenwart", dem Rettung seines Vaterlandes „höchstes Gebot" ist als „Dienst an der Gemeinschaft". Die so ausgerichteten Bearbeitungen entsprachen, wenn man vom häufigem und diffusem Gebrauch des Terminus „Blut" absieht, Oelsners Darstellung und Interpretation.

Resümierend kam ein Schüler zu der Erkenntnis, daß der Held der deutschen Gegenwart „in gewisser Hinsicht die Weiterentwicklung des Schillerschen Helden" sei, „der seine Aufgabe erfüllt" habe,

„wenn er sich als Individuum vollkommen gemacht hat. Der moderne Held ist auch eine weit ausgeprägte Persönlichkeit, dessen Heldentum aber darin liegt, daß er seine Kräfte in den Dienst der Gemeinschaft stellt und nicht wie bei Schiller nach seiner Ausprägung aus dem Leben scheidet ohne Rücksicht auf die Gemeinschaft."

---

volution im Deutschunterricht der Unterstufe, in: ZfDK 48 (1934), S. 714, 718)
[107] Oelsner, Albert, Fanatiker der Pflicht (Hans Kysers „Schicksal um Yorck" und Walter Erich Schäfers „Der 18. Oktober" im Deutschunterricht der Oberstufe), in: ZfDB 10 (1934), S, 626-629. Oelsners Inhaltsangabe wird im folgenden gestrafft wiedergegeben.
[108] ebd., S. 629

So wurde von den Schüler(inne)n akzeptiert, daß „das höchste Glück des Lebens ... in einem Sichhinopfern an die als höchstes Lebensgesetz erkannte Pflicht gegenüber dem Staat und dem Volke (beruht)"[109].

Im Rahmen der Erziehung zu „geistiger Wehrhaftigkeit" empfahl Wilhelm Poethen, Mitherausgeber der Zeitschrift für Deutsche Bildung, auf Grundlage der Durchsicht der Jahresberichte der Schulen aus dem Schuljahr 1934/35 im Auftrag des Oberpräsidenten der Rheinprovinz für die Zukunft eine „ausgiebigere Auswertung des politischen Gehalts der historisch-heroischen Dichtung unserer Gegenwart", u.a. durch Heranziehung von Johsts „Schlageter" und Schäfers „Der 18. Oktober".[110] Für diesen Teilbereich der politischen Erziehung als Teil der Deutschkunde muß man für Rüthen eine Vorwegnahme konstatieren.

Drittes Auswahlthema der Abiturprüfungen in Deutsch 1935 war die Frage:

„Warum beschäftigen wir uns mit Familienkunde?"

Im folgenden werden wesentliche Passagen aus einer Schülerarbeit, die mit „reichlich genügend" bewertet wurde, wiedergegeben. Sie bündelte zentrale Aspekte auch der anderen Arbeiten.

Gedankenordnung:

A. Einleitung: Die Stellung des Nationalsozialismus zur Familienkunde

B. Hauptteil: Wir beschäftigen uns mit Familienkunde

    a) aus rein wissenschaftlichen Gründen,

    b) weil die Beschäftigung mit Familienkunde ein Weg zur Selbsterkenntnis ist,

    c) aus Verantwortungsgefühl für die kommende Generation.

C. Schluß: Familienkunde ist Arbeit an der Gemeinschaft.

---

[109] ebd., S. 623

[110] vgl. Poethen, Wilhelm, Die Lesestoffauswahl im Rahmen der heutigen Forderungen, in: ZfDB 12 (1936), S. 23. Nach Behr, Klaus, Gymnasialer ..., a.a.O., S. 254, war „Schlageter" in 38,1% aller höheren Schulen im Literaturkanon des Jahres 1933/34 vertreten. Für 1939 stellt er einen Rückgang auf 10,5% fest (vgl. ebd., S. 255). Die Interpretation, daß das Drama aus der „Kampfzeit" angesichts eines gefestigten Staates nicht mehr so „aktuell" war, unterstellt, daß alle Lehrer(innen) dies auch so reflektierten, da die konkreten Gegenwartsstücke in den Richtlinien nicht vorgeschrieben waren. Der „Entwurf zu einem Erlaß der Landesunterrichtsbehörde Hamburg über politische Erziehung im deutschen Unterricht", in: ZfDB 9 (1933), S. 452-456, verfaßt „unter dem Gesichtspunkt der revolutionären Erfordernisse", listete allerdings zur „Literatur seit 1914 im Dienste der politischen Erziehung" unter der Rubrik „Der Durchbruch der Volkheit zum nationalen Staat" beide angesprochenen Werke auf.

Ausführung:

A. Aus der Erkenntnis heraus, daß die Familie die Keimzelle des ganzen Volkes darstellt, hat der Nationalsozialismus der Familie wieder die Stellung im öffentlichen Leben eingeräumt, die ihr nach Gottes Willen zukommt. Die Familie ist aber keine materielle Angelegenheit, wie es der Materialismus so gerne haben wollte, sondern eine Angelegenheit blutsgebundener Kräfte, die erst durch die Beschäftigung mit der Familienkunde in ihrer weitgehenden Auswirkung erkannt werden können. So ist es zu erklären, daß in unserem nationalsozialistischen Staate die Beschäftigung mit der Familienkunde fast der Befolgung eines ungeschriebenen Gesetzes gleichkommt.

B. a. ... So werden an Hand der Familienkunde oft ganz überraschende Tatsachen festgestellt, die oft Wesentliches über unsere Ahnen, sowohl körperlicher als auch geistiger Hinsicht aussagen. - Auch für das Studium der Vererbungsgesetze gibt uns die Familienkunde Stoff in reichem Maße. Erbliche Krankheiten können in ihrer schädigenden Wirkung erkannt und verfolgt und besondere Veranlagungen festgestellt werden. Wenn wir zum Beispiel sehen, daß aus einer Familie im Laufe der Jahrhunderte mehrmals Führerpersönlichkeiten hervorgegangen sind, so können wir aus dieser Tatsache Rückschlüsse auf den Wert des Erbgutes dieser Familie ziehen. - Wir sehen , daß gerade die Familienkunde dem Wissenschaftler schier unerschöpfliches Material darbietet.

b. Neben diesem mehr äußerem Grunde, muß uns noch ein anderer zur Beschäftigung mit der Familienkunde anregen. In einer Familie werden die Kräfte einer Kette von Menschen lebendig, die durch das Blut dieser Kette eingegliedert sind. Das Blut ist also das Kriterium des menschlichen Erbgutes. Will sich also jemand über seine seelischen Eigenschaften und Veranlagungen klar werden, so kommt ihm dabei die Kenntnis der Familienkunde sehr zu statten. Schon Goethe erkannte ihre hohe Bedeutung und das, was er mehr ahnte als wußte, muß uns fester geistiger Besitz sein, nachdem die Wissenschaft uns mit den Gesetzen der Vererbung bekannt gemacht hat. Bei der Selbsterkenntnis gibt sich der menschliche Geist sehr leicht Selbsttäuschungen hin, denn in den meisten Fällen nimmt er an sich das Beste an. Objektiver würde das Urteil über sich selbst, wenn der Mensch das Erbgut seiner Ahnen betrachten und dieses im wesentlichen auf sich beziehen würde. Wir hören heute oft: „Der Junge ist genauso wie sein Großvater." Dieses „Genausosein" beschränkt sich aber nicht nur auf körperliche, sondern auch auf geistige Eigenschaften. Irgendwie spricht auch der Geist des Großvaters aus dem Jungen. Der Geist formt also letzten Endes den Körper und so kommt zu der geistigen Ähnlichkeit auch im gewissen gerade eine körperliche.
...

c. Die letzte Antwort auf die Frage: Warum beschäftigen wir uns mit Familienkunde? ist das Verantwortungsgefühl gegenüber der kommenden Generation. Wir Nationalsozialisten sehen ein, daß unser zeitliches Wohlergehen nicht letzter Zweck unseres Daseins ist. Uns schwebt das Bild einer Kette vor Augen, deren eines Ende sich in den Nebeln der grauen Vorzeit verliert und deren anderes Ende wir selbst als letztes Glied sind. Durch diese Kette strömt nun ein Blutstrom, angefüllt mit geistigen und körperlichen Kräften. Es ist göttlicher Wille, daß dieser Kraftstrom nicht im Sande versiegt. Jeder Mensch soll bestrebt sein, neue Kräfte in diesen Strom hineinzuleiten und weiterzuführen. Wer ihn durch Verfolgung selbstsüchtiger Interessen schwächt oder zum Versiegen bringt, ist ein Verbrecher an seinem Stamm und seiner Familie.

Erkennt der Mensch aus der Familienkunde, daß er wertvolles Erbgut in sich trägt, so erwächst ihm aus der Zugehörigkeit zu seiner Familie die Pflicht, sein Erbgut durch eine Ehe mit einem Träger wertvollen Erbgutes seiner Nachkommenschaft zu vermitteln; erkennt er aber, daß sein Erbgut geschädigt oder krankhaft ist, so kann es für ihn eine Pflicht bedeuten, auf Nachkommenschaft zu verzichten und die Gesetze des Staates zur Verhütung erbkranken Nachwuchses anzuerkennen. Wir müssen zugestehen, daß das Sterilisationsgesetz ein Eingriff in die persönliche Freiheit des Individuums ist, doch der Gesunderhaltung eines ganzen Volkes wegen muß sich der Einzelmensch opfern. Aus den Tatsachen, daß der Liberalismus das Einzelwesen zum Maß aller Dinge machte und daß die meisten Nationalsozialisten noch Spuren liberaler Denkungsart tragen, sind vielleicht die Gegensätze zu erklären, die gerade bei der Frage nach der moralischen Berechtigung des Sterilisationsgesetzes auftauchen. - Die Erweckung des Verantwortungsgefühls für die kommende Generation ist sicher der eigentliche Zweck der Beschäftigung mit der Familienkunde. Was wären alle wissenschaftlichen Erfolge und Erkenntnisse über uns selbst, wenn sie nicht dienstbar gemacht werden sollten für die Zukunft, einem glücklicheren und reineren Menschentum.

C. Es ist nicht zu leugnen, daß sich bei der Durchführung der Familienkunde oft ungeahnte Schwierigkeiten hemmend in den Weg stellen oder eine genaue Erforschung unmöglich machen. Doch diese Schwierigkeiten dürfen uns nicht abschrecken von unserer Aufgabe; denn wir arbeiten je letzten Endes nicht für uns. Kommende Generationen werden uns vielleicht einmal Dank wissen.

Familienkunde war kein neues Stoffgebiet in den Schulen. So verwies Bernstorf schon 1933 auf eine „mehrjährige Praxis" der Sippenforschung, vom genealogischen Standpunkt her mit „recht befriedigenden Ergebnissen", die ein „Gefühl der Verbundenheit mit den Ahnen geweckt"[111] hätten. Beispielhaft führte Bernstorf an, daß in seinem Unterricht die in einem Nachbardorf „so überaus häufig vorkommenden Verwandtenheiraten mit ihren überall zu beobachtenden Degenerationserscheinungen und zum Durchbruch kommenden krankhaften Erbanlagen (Schwachsinn, Sprachfehler, Kinderlosigkeit)" festgestellt und diesen die „günstige" Wirkung „frische(r) und gesunde(r) Blutzufuhr auf das Erbbild" gegenübergestellt worden seien, und zwar anhand der „fünf weit über dem Durchschnitt stehenden Klassenbesten"[112].
Der relevante Erlaß „Vererbungslehre und Rassenkunde in den Schulen" stellte die Familienkunde neben Vererbungslehre, Rassenkunde, Rassenhygiene und Bevölkerungspolitik und wollte diese Stoffe auch im Deutschunterricht behandelt wissen mit dem vagen Ziel „der Kenntnis der biologischen Grundtatsachen und

---

[111] Bernstorf, Otto, Sippenforschung (Familienkunde) im Deutschunterricht der Mittelstufe, in: ZfDK 47 (1933), S. 728. Ritscher, Martin, Familienforschung als Gemeinschaftserziehung in der Schule, in: DDHS 2 (1935), S. 213, sprach von „zehnjähriger Erfahrung".
[112] Bernstorf, Otto, Sippenforschung ..., a.a.O., S. 731

ihrer Anwendung auf Einzelmensch und Gemeinschaft"[113]. Obwohl dieser Erlaß 1934 keine Präzisierung erfuhr[114] und die Familienkunde gegenüber den anderen genannten Stoffgebieten vernachlässigt wurde, zeigte Hussong in einem Zeitschriftenbeitrag die nationalsozialistisch geprägte Entwicklungsrichtung auf. Er hatte bis 1933 Mächte am Werk gesehen, die die Grundlagen der „abendländisch, germanisch-christlichen Familienkulturen und damit den Bestand der deutschen Familie überhaupt systematisch zu untergraben" versuchten. „Die Wiederherstellung der Familie" sollte von daher „wesentlicher Teil der ... völkischen und geschichtlichen Gesamtaufgabe" des neuen Staates sein.[115]

Die Familienkunde - weniger Wissenschaft als Gesinnung - stellte für Hussong unter Bezugnahme auf „Mein Kampf" insofern auch ein Mittel dar, „den Rassesinn und das Rassegefühl instinkt- und verstandesgemäß in Herz und Gehirn der Jugend hinein(zu)brenn(en)", indem sie - der Konzentrationsidee verpflichtet - als „immer wiederkehrendes Erziehungs- und Unterrichtsprinzip" eingesetzt werden sollte - mit dem Ziel, daß jeder sich „als ein schicksal- und blutgebundenes Glied in der großen lebendigen Menschenkette" erkennen sollte.[116] Mit dieser Selbstschau sollte der „Schlüssel zur Enträtselung menschlicher und völkischer Wesensart" gewonnen werden mit der letztendlichen Maßgabe, „den Forderungen der Rassemoral und des Rassegewissens gerecht zu werden"[117]. Für Hussong war der Deutschunterricht berufen, in diesem Sinne „zur jugendlichen Gesinnungs- und Willensbildung ... beizutragen"[118].

Diese Forderung nach rassekundlicher Ausrichtung des Deutschunterrichts fand in den Anstaltslehrplänen bis 1934/35 aber offensichtlich noch wenig Berücksichtigung.[119] Insgesamt beklagte Poethen nämlich die seltene Behandlung rein familienkundlicher Schriften, da so die Gelegenheit versäumt würde, „Familienkunde in Gesinnung umzusetzen"[120]. Zu diesem Zeitpunkt dominierte in den Zeitschriften eher ein Verständnis zur Bestimmung der Familienkunde, das ihr eine

---

[113] Erlaß vom 13.9.1933, in: Zentralblatt ... 1933, a.a.O., S. 244
[114] vgl. Erlaß vom 13.3.1934 in: Zentralblatt ... 1934, a.a.O., S. 98, der den Erlaß von 1933 einfach verlängerte.
[115] Hussong, Wilhelm, Familienkunde im Deutschunterricht, in: ZfDB 10 (1934), S. 15
[116] ebd., S. 16f.
[117] ebd., S. 19
[118] ebd.
[119] vgl. Poethen, Wilhelm, Die Lesestoffauswahl ..., a.a.O., S. 17
[120] ebd., S. 19. Gottschald, Max, Familienkunde. Literaturbericht, in: ZfDB 11 (1935), S. 529, beklagte, daß „man vielfach Zusammenstellungen von Gedichten, Erzählungen und Dramen vermißt, in denen die Fragen der Vererbung, der Rasse, der Familie eine Rolle spielen".

Vorbereitungsfunktion für Stoffgebiete der Vererbungs- und Rassepflege zusprach, die besonders das „Bewußtsein der Volksgemeinschaft" vertiefen und der
„Überwindung der Klassen- und Standesvorurteile"[121] dienen sollte.
Mit der Zuordnung der Familie als unterstes Glied in einen organischen Staats-
aufbau sah der oben ausführlich wiedergegebene Schüler die Nationalsozialisten
nach Gottes Willen handeln, indem er ein ähnliches Verständnis zur Familie im
Katholizismus vordergründig aus dem Gesamtkontext löste. Die mythische Beschreibung des Blutes ging einher mit biologistischer Ahnenforschung. Positive
familienkundliche Erkenntnisse sollten nach Gottes Willen - und auch der Nationalsozialisten, wie der Schüler linear unreflektiert ableitete - in Kinderreichtum
münden, sonst sei man „Verbrecher an seinem Stamm und seiner Familie". Demgegenüber wurde das Sterilisationsgesetz nicht göttlich legitimiert, sondern als
idealistisches Opfer des Einzelnen für das Volk gesehen. Kritik, die ja besonders
auf religiös-humanistischer Grundlage erfolgte, interpretierte der Schüler als
„Spuren liberaler Denkungsart", die er sogar bei Nationalsozialisten ausmachte.
Die Bearbeitung zeigt, daß die von Hussong und Poethen geforderte „Gesinnung"
durch die Behandlung der Familienkunde im Deutschunterricht im Einzelfall erreicht worden ist, da der Schüler auch für sich persönlich rassistische Gedanken
als verhaltensrelevant ansah. Die Nähe der Familienkunde zur Heimatkunde begünstigte im ländlichen Bereich wohl diese frühe Aufnahme rassistischer Teilelemente in den Deutschunterricht, die in der einschlägigen Literatur zwar angesprochen, aber noch nicht umfangreich thematisiert und entwickelt worden war.
Die Protokolle der vier mündlichen Prüfungen im Fach Deutsch weisen nach, daß
über die Themenbereiche der schriftlichen Abiturarbeiten hinaus im Unterricht
weitere Epochen und Literaturgattungen behandelt worden waren. Leider läßt die
Protokollführung aufgrund ihrer häufigen Bewertung der Antworten ohne inhaltliche Wiedergabe nur begrenzt eine einordnende Kommentierung zu. Im folgenden
werden die Prüfungsaufgaben jeweils benannt, Antworten aufgegriffen und soweit wie möglich kurz analysiert.
Die erste Frage in der ersten Prüfung lautete:

„Welcher der beiden Dichter scheint Ihnen dem Geist unserer deutschen Gegenwart
näher zu stehen: Goethe oder Schiller?"

---

[121] Graf, Jakob, Die Familienkunde im Unterricht der höheren Schule von der Lebenskunde
(Biologie) aus gesehen, in: DDHS 2 (1935), S. 199-208, und Weidemann, Karl, Erziehung zur bewußten Volksgemeinschaft durch Familienkunde, in: DDHS 2 (1935), S. 208-
212, sowie Ritscher, Martin, Familienforschung ..., a.a.O.

Der Schüler griff zur Begründung auf „Egmont" und „Don Carlos" zurück, um „das Wesen der Dichter zu zeigen", u.a. deren „Lebensgrundsätze":

„Schiller sei der große Begründer des Sittengesetzes. Schon körperlich dazu geneigt, dann Schiller als Protestant. Goethe das gesunde Naturkind, normale Entwicklung. G. der Naturidealist."

„Schiller steht dem Geist unserer Zeit näher."

Diese Antwort machte wiederum die im Unterricht erfolgte Herausarbeitung von „Pflicht", „Dienst", „Opfer" und „Hingabe" aus der Schillerschen Dichtung deutlich, die in den schriftlichen Ausführungen bereits deutlich geworden war. Das Heroische war zentrales Auswahl- und Bewertungskriterium. Obwohl in Goethe nach Linden „so viele Wesensgrundlagen des unerschütterlichen und ewigen, weil bluthaft-rassisch bedingten Deutschtum(s)" ruhten und er „auf dem Gebiete des Geistes" als „eine der größten nordischen Führergestalten, der nordische Begründer moderner Weltansicht, Religiosität und Lebensführung gesehen" und von ihm das „unberechenbare, dämonische, irrational-göttliche Leben" gepriesen wurde, blieb Goethe doch für Linden im Ideellen verhaftet und das Heroische überwiegend in „bürgerliche Formen gepreßt"[122]. Vor diesem Hintergrund wurden die aufklärerischen Tendenzen bei Schiller für die Schüler in der Bedeutung für die Gegenwartsnähe nachrangig.

Die zweite Aufgabe dieser „sehr guten" Prüfung thematisierte das „Schicksal bei Hebbel". Der Prüfling ging von „Agnes Bernauer" aus: „Ihre Schuld ist ihre Schönheit, weiter: ihr Sein", als Beispiel auch für andere Dramen. Zur Frage nach der „Beziehung zu Schopenhauer" wurde im Protokoll vermerkt: „Stark ausgeprägte Individuen werden von der Gemeinschaft vernichtet. Hebbels Dramen spielen an der Zeitenwende." Die Interpretation der Hebbelschen Dramen war mit den Prüfungen im Vorjahr weitgehend identisch.

In einer zweiten Prüfung sollten drei Aufgabenbereiche abgehandelt werden:

1. Heimatdichtung

2. Vergleiche die Dramen: „die Weber" von Hauptmann und „Gas" von Kaiser

3. Übersicht über die Entwicklung deutscher Lyrik,

wobei die Prüfung aus Zeitgründen bei Behandlung der zweiten Aufgabe abgebrochen wurde.

---

[122] Linden, Walther, Goethe in der neuen Schule, in: Zeitschrift für Deutschkunde 48 (1934), S. 184-190. Ab 1938 gehörte der vom Schüler herangezogene „Egmont" alternativ zu „Götz von Berlichingen" zu den verpflichtenden Ganzschriften der Klasse 7 (vgl. Reichs- und preußisches Ministerium für Wissenschaft, Erziehung und Volksbildung, Erziehung und Unterricht ....a.O., S. 67).

Unter „bewußte" Heimatdichtung subsumierte der Prüfling neben Storms „Schimmelreiter" auch besonders Annette von Droste-Hülshoff mit „Knabe im Moor" und „Judenbuche". In diesem Zusammenhang hatte der Prüfling den Unterschied zwischen Roman und Novelle darzulegen und die von ihm gelesene Novelle „Alkmene" vorzustellen. Die zweite Aufgabe bewältigte der Prüfling einleitend mit „Gedanken über das Wesen des Naturalismus und Expressionismus", deren Unterschiede er darlegte und an „Gas" belegte.

Die Schauspiele „Gas I" und „Gas II" von Georg Kaiser versuchten, mit expressionistischer Dramaturgie die Inhumanität industrieller Entwicklungen - besonders der Automation - und die Folgeerscheinungen wie Entfremdung, soziales Elend und „Vermassung" aufzuzeigen. Lehmann sah in diesem Industrie-Drama einen „Aufschrei aus tief empfundener Qual über die Massenvernichtung hoher Menschenwerte durch das verheerenden Fabrikleben", das zum „Maschinenmenschen" führe, und setzte diesem „Weg zur Selbstvernichtung" dann in konservativer Tradition ein „Zurück zur Natur", zu „Heimat und Nährboden der Menschheit" entgegen.[123] Die Aufführung dieser Werke von Kaiser, der 1938 emigrieren mußte, wurde schon 1933 verboten.[124] Die unterrichtliche Behandlung dieses Dramas ist daher überraschend und kann nur erklärt werden aus dem exemplarischen Charakter dieses Werkes für eine kulturkritische Perspektive.

Eine dritte Prüfung stellte folgende Aufgaben:

1. Wie erklärt es sich, daß die klassischen Dramen in unserer Zeit so häufig auf deutschen Bühnen aufgeführt werden?

2. Wie kennzeichnet sich die deutsche Sprache als eine lebende Sprache?

Zur ersten Prüfungsaufgabe zog der Schüler „Prinz von Homburg" heran und „entwickelt, wie der Prinz sich schuldig macht". Der Kurfürst wurde charakterisiert und dem Prinzen gegenübergestellt. Auf die Frage nach „Beziehungen zur Gegenwart" wurde u. a. das „Erbhofgesetz" erwähnt und dessen „Sinn" begründet. Als weitere Dichtung Kleists mit ähnlicher Beziehung zur Gegenwart nannte der Prüfling „Michael Kohlhaas". Damit bekamen Opferbereitschaft und Einsatzbereitschaft als preußische Tugenden zur Durchsetzung des Rechts Bedeutung - doch in Verbindung mit der Verklärung bedingungsloser Gewaltanwendung. Zum Abschluß dieses Prüfungsteils wurde auf den „Sachsenspiegel" als „deutsches Recht" eingegangen sowie nach Datierung und Bezeichnungen gefragt.

---

[123] Lehmann, Karl, Junge deutsche Dramatiker. Eine Einführung in die Gedankenwelt des neuen Dramas, Leipzig 1923, S. 56

[124] vgl. Martini, Fritz / Haubrich, Walter, Kleines Literarisches Lexikon, Band 2 Teil 1, vierte, neu bearbeitete und stark erweiterte Aufl. Bern u.a. 1972, S. 405

Die zweite Aufgabe lief recht kurzschrittig ab, wie die zahlreichen Fragen und inhaltlichen Antwortwiedergaben zeigen: Änderungen der Sprache, Theorien, Entwicklung von Gefühls- und Begriffssprache, Zeitraum. Abschließend wurde ein Vergleich zwischen Romantikern und Neoromantikern erwartet.

Die letzte der vier Deutschprüfungen wurde mit dem Prädikat „gut" bewertet für die Behandlung der Aufgaben:

1. Was bedeutet die Mahnung: Sei nicht Peer Gynt sondern Faust!?

2. Einflüsse des Auslands auf die deutsche Dichtung.

Für den Prüfling ließen die „Schwierigkeiten in Peer Gynts Charakter" Rückschlüsse auf den Charakter Ibsens zu. Doch wurden Details über die Realitätsferne einerseits und die Nähe Peer Gynts zu Phantastisch-Dämonisch-Mystischem im Protokoll nicht festgehalten. Demgegenüber wurde die Erlösung des sündigen Peer Gynt durch Solvejg, dem dominierenden Motiv, „als Schluß aus dem Drama" gekennzeichnet:

„Der Mensch wird durch dienende Liebe erlöst."

Im Kontrast zu Peer Gynt gilt als „Fausts Lebensgrundsatz": „Die ichgerichtete Tat, zunächst", und in diesem Sinne wurde der „gereift(e)" Faust als Vorbild akzeptiert, der als Symbolfigur für „deutschen Geist" gelten konnte.

Für die zweite Aufgabe der Prüfung wurden „die Dichtungen der wichtigsten Naturalisten, Tolstoi und Dostojewski" herangezogen und ihr „Einfluß auf die deutschen Naturalisten" angesprochen. Für die Einflüsse der englischen Dichtung wurde im Protokoll festgehalten:

„Im 17. J. Shakespeares Bekanntwerden in Deutschland, Einfluß auf das Theater, die englischen Komödianten, Auftreten von Frauen wurden genannt und näher erläutert."

Insgesamt kann aus der Aufnahme völkischer (Kriegs-)Literatur, der Neuakzentuierung bzw. Umbewertung der Klassiker, der Aufnahme rassistischer Elemente und Beibehaltung einer kulturkritischen Perspektive eine Nähe zur (selbst-) gleichgeschalteten Fachliteratur und zur nationalsozialistischen Ideologie bzw. Propaganda abgeleitet werden. Grundsätzliche Widersprüche sind nicht erkennbar. Die Schüler(innen)beiträge zeigen keine autonome diskursive Bearbeitung der Aufgaben, sondern nur eine - wenn auch unterschiedliche - Nähe zum völkisch-nationalen idealistisch vebrämten Staat - häufig in einer sakralisierten Sprache, aber ohne näheren Begründungszusammenhang. Eine Distanz zum Heldenhaften-Heroischen bzw. zum Krieg ist nicht wahrnehmbar, sondern eher eine Mystifizierung des „deutschen Wesens", das als Ideologieelement teilweise schon vor der Weimarer Republik vorhanden war und mit der Klassikerumwertung eine weitere Traditionslinie erhielt. Ein Gegensatz zwischen Schüler(innen)bearbeitung und Erwartungshorizont beim Fachlehrer bzw. Prüfungsgremium läßt sich weder bei den Aufgabenstellungen und den fachlichen Kommentierungen noch bei der Notengebung erkennen.

Demgegenüber hatten die das Abitur vorbereitenden Deutschaufsätze in der Oberprima den hier aufgezeigten Trend nicht in dieser Form erwarten lassen.[125] Mit Ausnahme der letzten Klassenarbeit war fast immer ein klassisches Thema - allerdings in spezifischer Ausrichtung - wählbar, wenn nicht eine Beschränkung auf „Heimat" erfolgte. Die Hausarbeit ermöglichte durch ihre offene Aufgabenstellung den Schüler(inne)n, ihre spezifischen Interessen einzubringen.

Abitur 1936 (Prüfer: Studienassessor Dr. Wilhelm Kahle)

Die Reifeprüfung Ostern 1936 stellte den Schüler(inne)n drei Themen zur Auswahl. Die meisten Prüflinge (7) wählten das Thema:

> „Wartburg, Weimar, Potsdam, Nürnberg. Was sagen diese Namen dem jungen Deutschen von 1936?"

Sechs Arbeiten wurden mit „genügend" und eine Ausarbeitung mit „sehr gut" bewertet. Letztere beeindruckte den Fachlehrer wegen der „geistige(n) Durch-

---

[125] Aufsatzthemen im Jahr 1934:

1. Kl(assenarbeit)
   a. Egmont oder Marquis Posa?
   b. Das Dichterwort: Stirb und werde soll mit der nationalsozialistischen Weltanschauung in Verbindung gebracht werden.
2. Kl(assenarbeit)
   a. Das Ich und die Gemeinschaft in Storms: Schimmelreiter.
   b. Menschen und Ereignisse, die meinen Lebensgang entscheidend beeinflußt haben.
3. Kl(assenarbeit)
   a. Mit welchem Rechte läßt sich behaupten, daß im Prinzen von Homburg der Kurfürst und im Kurfürsten der Prinz siegt?
   b. Wie erklärt es sich, daß Kleists Hermannsschlacht in heutiger Zeit auf vielen deutschen Bühnen aufgeführt wird?
   c. Welche soziologischen Einsichten habe ich während des diesjährigen Klassenaufenthaltes in Berlin gewonnen?
4. H(ausarbeit)
   a. Ein bebilderter Aufsatz aus einem von dem Schüler zu wählenden Stoffgebiete.
5. Kl(assenarbeit)
   a. Stadt und Land - Hand in Hand.
   b. Eigenes Brot auf eigener Scholle.
   c. Gedanken zum diesjährigen Erntedankfest.
6. Kl(assenarbeit)
   a. Mit welchem Rechte können wir von einer nationalsozialistischen Revolution sprechen?

(Schularchiv, Jahresberichte, Schuljahr 1934)

dringungskraft" und der „Fähigkeit des Gestaltens" des Verfassers. Inhaltliche Anmerkungen enthielt die Begründung der Note nicht. Da diese „seltene Leistung" den Vorstellungen des Fachlehrers voll entsprach, läßt sie auch Folgerungen auf dessen Erwartungshorizont und den unterrichtlichen Zusammenhang zu. Der Aufsatz im Wortlaut:

Möller van den Bruck hat einmal gesagt: „Die Deutschen schufen sich keine Hauptstadt, aber eine große Städtekultur." - Mit diesen Worten bringt er in knapper Form zum Ausdruck, was das deutsche Schicksal von Anbeginn war: Deutschland ist niemals um einen einzigen kulturellen oder politischen Pol herum gebaut und gerichtet gewachsen. Immer waren es Städte, nie eine Hauptstadt im wirklichen Sinn, die seine Kultur und sein geschichtliches Werden beeinflußten. Warum konnte Frankreich schon im ausgehenden Mittelalter zur Einheit kommen? Weil die Hauptstadt Frankreich bedeutet, weil sie nicht die erste unter gleichen ist, weil keine anderen Kulturmittelpunkte und politischen Zentren das Werk der Einheit gefährdeten.

Anders bei uns! - Mögen einzelne Städte und Stätten kulturell auch für den Einzelstaat von noch so hoher Bedeutung gewesen sein - die deutsche Einheit des ersten Reiches wiederzuschaffen, ist immer an diesen Tatsachen gescheitert.

Der Nationalsozialismus aber brachte uns diese Einheit wieder. Er schuf sie nicht ohne oder gegen Begriffe (Korrektur des Fachlehrers: Symbole, H.-G. B.), die uns das Werden deutscher Kultur und geschichtlicher Einzelentwicklung versinnbildlichen, sondern er verschmolz sie alle zu einem Ganzen: Deutschland, erlebt, getragen und erhalten von den deutschen Menschen.

Und so dürfen wir auch heute auf jene Stätten schauen; nicht, um Einzelnes zu verherrlichen, sondern, um alles, was Teil ist, als Markstein und Glied eines größeren Ganzen zu erkennen.

Nürnberg! - Stolzes Wahrzeichen des mittelalterlichen Reiches, als noch ein Wille galt und nicht vieles herrschte. Steinernes Sinnbild ehemaliger Größe deutschen Geistes!

An einer der Hauptverkehrsstraßen gelegen, gelangte Nürnberg durch seinen Handel mit dem Süden bald zu Reichtum und Ansehen. Es wurde durch seine wirtschaftliche Blüte zu einem starken politischen Pfeiler des Reiches. In Nürnberg wurden für Jahrhunderte die Reichskleinodien aufbewahrt; ein Zeichen dafür, welch hohen Ruf und welche Achtung die Stadt im Mittelalter genoß. So konnte es nicht ausbleiben, daß bei einer hohen wirtschaftlichen Blüte und einer politischen Vormachtstellung ebenfalls die Kunst gedeihen konnte. Namen wie Peter Wischer, Adam Kraft, Veit Stoß sind für jeden von uns die Verkörperung der hohen und ernst-religiösen Kunst des Mittelalters. Und endlich ist gar ein Albrecht Dürer, der Deutscheste der Maler, ebenfalls ein Nürnberger Sohn.-

So konnte Adolf Hitler keinen besseren Ort wählen, als er Nürnberg zum Ort der Reichsparteitage bestimmte. Keine andere Stadt verbindet wie Nürnberg den Geist des geeinten und mächtig-stolzen ersten Reiches mit unserem neuen, glaubensstarken Wollen um ein ewiges Drittes Reich, wenn wir dort diesem Willen auf den Parteitagen das äußere Gepräge verleihen.

So bekam der Name Nürnberg durch unsere Zeit neue Bedeutung und lebte weiter, solange ein Drittes Reich bestehen wird: Nürnberg lebt ewig - der Einheitsstaat des

Mittelalters fiel. Mit ihm fiel sein Symbol. Eine andere Zeit brach heran. Das Landesfürstentum beherrschte Deutschland.

Ein unbedeutendes Ereignis an sich war es nur, daß die Burggrafen von Nürnberg nach Brandenburg verpflanzt wurden. Aber dieses äußerliche Geschehnis ist gleichsam das Sinnbild einer geschichtlichen Wandlung: Preußen, der Territorialstaat, war nun berufen, Deutschlands Geschichte weiterzuführen; indirekt, aber doch tatsächlich, denn durch Preußen wurde ja wieder ein Deutschland.-

Potsdam! - Verkörperung des Preußentums! Was heißt Preußentum? Der Geist von Potsdam bedeutet unbedingte Unterordnung auf der einen, kraftvolle, aufopfernde, idealistische Führung auf der anderen Seite. Preußengeist heißt weiter: beiderseitige, eherne Manneszucht, unerschütterlicher, ja fanatischer Glaube an unsere Sendung. Potsdam bedeutet: unermüdliches Schaffen für die Gemeinschaft, ruheloses und gegen sich selbst rücksichtsloses Einsetzen der eigenen Person für die anderen.

In Potsdam haben die beiden großen preußischen Könige für das Wohl ihres Staates gewirkt. Jene Grundsätze wurden von ihnen aufgestellt und gelebt. Durch solche Männer allein mit jenem Geiste wurde Preußen das, was es werden mußte: der Staat in Deutschland, durch den allein das Reich wieder werden konnte.

So wurde Potsdam auch vom Führer, der uns am allerdeutlichsten den wahren Preußengeist vorlebt, zur Geburtsstätte des Dritten Reiches bestimmt. An dieser Stelle nahm er aus der Hand des getreuen Eckart des deutschen Volkes das große Erbe in seine Obhut. Bei der Geburt des neuen Reiches schwebten durch den Raum der Garnisonskirche die Geister des großen Preußen. So verband der Name Potsdam den deutschen Geist des Dritten Reiches mit seinen großen preußischen Vorbildern und wurde zum leuchtenden Sinnbild.-

Deutsches Sein kann aber nicht nur aus Geist bestehen. Es gibt auch eine deutsche Seele.- Ebenso wie wir Marksteine des deutschen Geistes besitzen, so verehren wir die Seele Deutschlands an Stätten, die sie sich schuf oder nach ihrer Eigenart bildete.

Die Wartburg ist ein Stück deutscher Seele.- Die ritterlichen Sänger der hohen Minne fanden hier im Mittelalter ihre Heimstätte und Zuflucht. Froher Gesang ertönte von den grauen Mauern wieder, als die besten Sänger dort im Wettstreit ihre Lieder kündeten.- Der singenden Seele Deutschlands eine ewige Erinnerung.-

Elisabeth - Fürstin, die sich vor dem Bettler neigt, fleischgewordenes selbstloses Leben. Auf der Wartburg war ihr Lebens- und Wirkungskreis, die Wartburg wird immer der deutschen Seele damit durch Elisabeth künden!

'Von hier aus ging, wie Quell vom Felsen, Sprache,
Von hier aus quoll, wie Tau der Wüste, Segen
Hier ward... gerettet das Gewissen, deinem Volke.'

(Kommentar des Fachlehrers: Das Zitat paßt hier nicht, weil es Luther meint. H.-G. B.)

So singt der Dichter Ernst Bertram von der Wartburg.

War es die Fürstin, die auf der Wartburg zum Tiefsten ihres Volkes herniederstieg, so lebte hier später der Bergmannssohn, der himmelhoch stieg, der Reformator, berufen, seinem Volk das Gewissen wiederzuerwecken, berufen auch, die Einheit der Schriftsprache zu begründen.- Welche Seele konnte wohl je deutscher gewesen sein als die Martin Luthers des Eiferers, der aber auch fein still dem Willen des Herrn den seinen unterwerfen konnte. Wartburg, du zeigst uns die deutsche Seele von allen Seiten.-

1816 (Korrektur: 1817, H.-G. B.). Das junge Deutschland, betrogen um die Früchte seines Befreiungskampfes, niedergehalten durch das System der Reaktion, fand auf der Wartburg die Kraft, gegen alle Unterdrückung des reaktionären Geistes sein Traumbild klar zu verfassen und dem ganzen Volke das geeinte Reich als Ziel zu zeigen.

- Freiheit in der Gemeinschaft - der deutschen Seele tiefste Sehnsucht. Die Wartburg lebt mit allem, was sie in der Zeit deutscher Geschichte erleben durfte und an großen deutschen Seelen beherbergte, in der Erinnerung unserer Zeit weiter. Junge deutsche Dichter, u.a. H. Stegweit, Fr. Blunck, B. von Münchhausen, haben sich dort versammelt, um durch ihren Bund 'Wartburgrose' das Andenken dieser Stätte in der Seele des neuen Deutschlands wach zu halten.

- Und noch ein Ort ist für uns Symbol deutscher Seelengröße geworden: Weimar. In seinen Mauern lebten die beiden so gegensätzlichen und zusammen doch eine große Einheit bildenden Männer: Goethe und Schiller. Auf die Eigenart dieser beiden Dichterfürsten einzugehen, würde wohl zu weit führen, doch soviel kann hier gesagt werden: lebt in Goethe das naive, unbewußt-richtige Erleben und Genießen der Natur, ein universales Erkennen und geniales Empfinden, so verkörpert Schiller den stetigen, bewußten Kampf des in eine unnatürliche Lebensart gefallenen Menschen um die Vollendung im Natürlichen, das verzehrende Ringen um sittliche Größe, um Beherrschung des Körpers durch den Geist. Doch nicht der Kampf soll das Höchste sein, sondern die erreichte Harmonie, der Friede erst wird es sein.-

Das Wesen deutscher Seele in ihrem Grunde könnte nicht klarer als in diesem ewigen Ringen und der Sehnsucht nach wahren Seelenfreuden erfaßt werden, andererseits aber nennt auch jeder Deutsche die Züge Goethes, sein Sehnen nach der Natur, naives Erleben und die ins Universale gehende Richtung mehr oder weniger sein eigen.-

Wenn wir den Namen Weimar aussprechen, dann müssen wir uns jedesmal über die beiden Weimarer Großen in dieser Weise klar werden, müssen versuchen, in ihnen ein Vorbild wahrer Seelengröße zu erblicken und ihnen nachzustreben.- Weimar bleibt für uns der Inbegriff wahrer Seelengröße.-

- Deutscher Geist und deutsche Seele, sie bilden den deutschen Menschen. - Nürnberg und Potsdam: das ist deutscher Geist. Die Wartburg und Weimar: deutsche Seele. Sie zusammen geben das Ideal des deutschen Menschen, an dem wir Menschen des Dritten Reiches uns emporläutern sollen, damit das Wort Geibels in Erfüllung geht: 'Und so mag an deutschem Wesen einmal noch die Welt genesen!'"

Mit Möller van den Bruck, als Vertreter der Jungkonservativen, fand der Schüler einen inhaltlichen Einstieg, der einen dominierenden Aspekt seines Textes, die Einheit des Reiches, vorwegnahm. Die Reichseinheit war propagandistisches Ziel der Konservativen und Nationalsozialisten während der Weimarer Republik gewesen und sollte nach 1933 aufgebaut werden. Die Vision des Reiches, von Jungkonservativen wie Möller als Weiterentwicklung des preußisch-Bismarckschen Reiches gesehen, von Rechtskatholiken eher als Traditionslinie am Heiligen Römischen Reich des Mittelalters orientiert,[126] war schon „wirksamste Anti-

---

[126] vgl. Clemens, Gabriele, Rechtskatholizismus zwischen den Weltkriegen, in: Langner, Al-

these"[127] zum Weimarer Staat gewesen und scheint auch für den Schüler ein zentrales ideologisches Element zu sein, das der Nationalsozialismus schon verwirklicht hatte.

Die Verbindung zwischen dem mittelalterlichen Nürnberg und den Reichsparteitagen sowie von Preußentum - mit seinem spezifischen und als vorbildhaft erachteten Verhältnis von Unterordnung und Führung - und Potsdam bestätigte diese Sehnsucht, die im Glauben an eine deutsche Sendung mündete. Erstaunlich bleibt, daß noch 1936 das „Dritte Reich" in die Nähe eines neuen Sacrum Imperium gelegt wurde, die bis zur Identifikation führte.[128] Auch über die Wartburg wurde vom Schüler eine Traditionslinie vom Mittelalter bis zu den völkischen Dichtern aufgebaut, die im Nationalsozialismus protegiert wurden. Zu Weimar assoziierte der Schüler einseitig literaturkundlich mit Goethe dessen Naturverbundenheit und mit Schiller das „Ringen um sittliche Größe", ohne jeglichen - gegebenenfalls auch negativen - Hinweis auf die Tagung der Nationalversammlung zur Ausarbeitung der ersten demokratischen Verfassung, der Weimarer Reichsverfassung. Nicht einmal als „Zwischenreich" fand die Weimarer Republik Erwähnung.

Die notwendige ergänzende Antithese zum „deutschen Geist" stellte für den Schüler die „deutsche Seele" dar, die er in der Literatur besonders an Goethe und Schiller verankerte. Dieser „deutschen Seele" wurde das Organische, Dynamische und Universale zugeschrieben als ein vages Erleben, das als Zeichen einer irrationalen Tendenz angesehen werden kann, die dem Intellekt abnehmende Bedeutung zuwies:

„Der Geist als Widersacher der Seele." (Klages)[129]

Gegenüber dieser insgesamt geschlossenen - stark historisch orientierten - Bearbeitung fielen die anderen Schüler(innen)arbeiten durch ihre propagandistischere Sprache und stärkere Führerorientierung deutlich ab:

---

brecht (Hrsg.), Katholizismus, nationaler Gedanke und Europa seit 1800, Paderborn u.a. 1985, S. 119f. Breuning, Klaus, Die Vision des Reiches. Deutscher Katholizismus zwischen Demokratie und Diktatur (1929-1934), München 1969, S. 113, weist auf die besondere Anziehungskraft der Reichsidee auf die junge akademische Generation hin.

[127] Sontheimer, Kurt, Antidemokratisches Denken ..., a.a.O., S. 223

[128] vgl. für rechtskatholische Kreise auch nach 1933 Breuning, Klaus, Die Vision ..., a.a.O., S. 179ff.

[129] Bei Akzeptierung von Klages' kulturpessimistischer Analyse der Epoche einer „technischen Überintellektualisierung und atomistischen Mechanisierung" des Lebens wandte sich Günther, Hans R. G., Geist und Seele bei Ludwig Klages, in: ZfDB 9 (1933), S. 296, gegen Klages' Sehnsucht nach der „Rückkehr zu dem vorgeschichtlichen Menschheitsstadium des chthonisch-naturhaft-vegetativen Lebens" mit dem Hinweis auf „die zahlreichen Symptome einer echten Wiedererneuerung".

„Das höchste Gesetz preußischen Soldatentums war, sich in Kameradschaft, Disziplin, Verantwortung, Leistung und heldischen Opfermut zu üben. Sind es nicht die gleichen Anforderungen, die der Führer an seine Mitkämpfer stellte und die ihn den 30. Januar 1933 erleben ließen? Am 21. März zeigt die stille Gruft der Garnisonskirche dem Führer den Weg zum Wiederaufbau des deutschen Volkskörpers, der durch liberal-marxistische Zersetzungsarbeit zu Grunde gerichtet war."

Steinbruchartig wurden von den Schüler(inne)n für aktuelle Gegebenheiten Anknüpfungspunkte in der Geschichte gesucht, denen vorbildhafter bzw. legitimierender Anspruch zukam. So habe die „große deutsche Heilige, Elisabeth" durch „grenzenlose Nächstenliebe der deutschen Frau das höchste Leitziel zur Opferbereitschaft im Winterhilfswerk" gegeben. Die Leistung der Schüler(innen) bei der Bearbeitung der Aufgabenstellung lag in der Ordnung historischer und aktueller Ereignisse und deren Darstellung unter nationalsozialistischen Sprachregelungen. Die Erwartungshaltung des Fachlehrers, die die deutlich werdende Gesinnung berücksichtigte, läßt sich der Begründung einer Note „noch genügend" entnehmen:

„Der Aufsatz ist die Arbeit eines niedersächsischen Bauernsohnes. Er hat die Schwächen seiner Vorzüge. Unbedingt ehrliche Gesinnung, echte vaterländische Begeisterung führen ihm die Feder. Doch kann z. T. sein Kopf mit dem Herzen nicht mit (sachliche Fehler!), und die Hand ist oft ungelenk (manche formale Mängel!). Über alle Mängel hinweg jedoch erfaßt uns die Echtheit dieses Menschen."

Sprachliche und inhaltliche Mängel waren gegenüber nationaler Ausrichtung nachrangig, besonders wenn sie förderungswürdigen sozialen Schichten zugeordnet werden konnten. Andererseits war der Fachlehrer auf tendenziöse Präzision bedacht, wenn er die Passage

„Aus jenem Soldatengeist, den uns die Weltkriegsdichtung zeigt, wurde jenes große Werk geboren, welches Deutschland vor dem gänzlichen Verfall gerettet hat, damit war der Weg frei zum ersten einigen Deutschland, zum 3. Reich."

kommentierte durch folgende Korrekturen: „Jenes große Werk" sollte ersetzt werden durch „die stolze Bewegung", und insgesamt fehle „die wichtige Ergänzung: die NSDAP".

Das zweite Auswahlthema dieser Abiturprüfung lautete:

„Das Bild des Soldaten in der deutschen Dichtung (Minna v. Barnhelm, Wallenstein, Prinz v. Homburg, Dichtung des Weltkrieges)."

Es wurde von den fünf Schüler(inne)n so aufgefaßt, daß entweder die klassischen Dramen bzw. die Komödie oder alternativ die Weltkriegsdichtung herangezogen wurden. Die Aktualität des Themas ergab sich - wie ein Schüler erkannte - aus der am 16. März 1935 bekanntgegebenen Wiedereinführung der Allgemeinen Wehrpflicht. Während sich die Behandlung der klassischen Literatur weitgehend in der Charakterisierung der jeweiligen Hauptfiguren erschöpfte, ohne Beziehungen zur Gegenwart herzustellen, und so früheren Abiturarbeiten entsprach - auch in Minna v. Barnhelm ging es den Schüler(inne)n um Gehorsam bis zur Hörigkeit zwischen Soldat und Vorgesetztem und soldatischem Auftreten in der Öffentlichkeit[130] -, hatte die Bearbeitung der Weltkriegsdichtung aktuellere und grundsätzlichere Bezüge.

Im Gegensatz zu der „Darstellung der Schwachen, Pazifisten und Drückeberger" - „im Geiste des Novemberstaates" -, wie ein Schüler z. B. Remarques „Im Westen nichts Neues" interpretierte, ging es um Kriegserlebnisse jener, „die gestählt zu neuem Kampfe aus dem Völkerringen hervorgingen". „Zu den wirklichen Gestalten des Krieges" wurden die Menschen in Jüngers „In Stahlgewittern", in Schauweckers „Aufbruch der Nation", in Wehners „Sieben vor Verdun", in Beumelburgs „Sperrfeuer um Deutschland" und in Witteks „Deutschland anno 18" gezählt.[131] Aus ihren Werken wurden zentrale Handlungszusammenhänge referiert, die typisch für einzelne Kriegsphasen Lebensverachtung und Frontgemeinschaft verklärten. Durch die Entwicklung zum Stellungskrieg wurde eine Spaltung der Front erkannt, die sich an der Frage „Bist Du bereit, Deine Liebe zu Volk und Vaterland mit dem Tode zu besiegeln?" offenbare. Der objektive Massentod bekam so eine höhere Sinnhaftigkeit.[132] Die Frontgemeinschaft wurde durch „bedingungslose Kameradschaft untereinander und grenzenloses Vertrauen auf die Führung" charakterisiert. Die Verbindung der genannten Aspekte resultierte in:

> „Das Leben ist der Güter Höchstes nicht, aber doch das größte Opfer, das ein Soldat für einen Führer bringen kann."

Mit der Akzeptanz der Dolchstoßlegende blieb der „Krieg der Illusionen" (Fischer) verschleiert und wurde letztendlich Kriegsbereitschaft gewahrt:

> „So setzt er, der Sieger in tausend Schlachten, unbesiegt den Fuß in die Heimat. Dort erwartet ihn das Bitterste: die Revolution und ein ehrloser Friede."

---

[130] Der Fachlehrer schrieb nach 1945 zu diesem Lustspiel u.a.: „Ein klärender Kampf um Ehre und Liebe, wo die harte Starrheit eines verkrampften Männerherzens sich löst zu echter Menschlichkeit unter weiblicher Herzenssonne; als das und noch viel mehr ist dies gar nicht genug zu preisende Spiel von Kriegern, die den Frieden lieben, die Soldatenwerk als Handwerk ablehnen." (Kahle, Wilhelm, Geschichte ..., a.a.O., S. 193)

[131] Kurzcharakterisierungen dieser empfohlenen Werke bei Linden, Walther, Volkhafte Dichtung ..., a.a.O., S. 1-22, sowie bei Müller, Alwin, Der Deutschunterricht ..., a.a.O.

[132] vgl. Starke, Fritz, Das Vaterland als Herrenland. Eine Unterrichtsskizze zu den „vaterländischen Reden" der Weimarer Republik, in: Diskussion Deutsch 15 (1984), S. 343f., der die Bedeutung der Mystifizierung von Kampf und Tod sowie deren Funktion in der Weimarer Republik aufzeigt, und Vogl, Joseph, Kriegserfahrung ..., a.a.O., S. 88-102, der die Autoren in einem Traditionszusammenhang sieht und die Basis für eine ideologiekritische Bewertung legt.

Bei Wahrung der apologetischen Behandlung der Kriegsliteratur in früheren Abiturarbeiten, die eher auch schicksalshafte persönliche Problemstellungen entwikkelten, zeichnete sich eine Änderung ab. Der Fachlehrer in seiner Notenbegründung zur obigen Textauswahl:

> „Die Aufgabe, die männlich-harte und echte Art des Soldaten im Weltkriege aufzuzeigen, ist hier in einer ähnlichen Gesinnung gelöst."

Darüber hinaus stellte er fest: „frei von allen Lyrismen", „stilistisch männliche Schreibweise", „sachlicher Ernst", und faßte zusammen:

> „Eine sehr sympathische Arbeit."

Damit hatte der Unterricht dazu geführt bzw. nicht verhindern können, daß der Geist des Ersten Weltkriegs zum Erzieher geworden war, der Abiturienten schuf, die soldatische Gesinnung zeigten - weit über den Hurrapatriotismus der kriegsfreiwilligen Abiturienten 1914 hinausgehend. Ein neuer Menschentyp zeigte sich, der auf den nächsten Krieg schon ideologisch vorbereitet war[133] und vordemokratische Sekundärtugenden präferierte.[134] Wobei dies immer auf einen Männertypus zielte, wie auch der Fachlehrerkommentar zu einer Bearbeitung der klassischen Literatur auswies:

> „Für ein Mädchen ist diese Vertiefung in die Seele des Soldaten eine anerkennenswerte Leistung. Durchaus genügend."

Auch wenn sich die Rüthener Lehrer die Herleitung der Wehrerziehung durch Mühle nicht unbedingt zu eigen machten:

> „Die Wehrerziehung entspringt also dem ganz natürlichen Wehrsinn oder Wehrinstinkt, den jedes rassisch gesunde, auf die Erhaltung seiner Art bedachte Volk besitzt",[135]

kamen dessen Vorschläge zur Umsetzung im Fach Deutsch ausweislich der Unterrichtsergebnisse durchaus zum Tragen.

Das „Schillerjahr" 1934 hatte zu einer noch weiter verstärkten Inanspruchnahme der Werke Schillers durch die Nationalsozialisten geführt. Das schlug sich nicht nur in häufigeren Theateraufführungen seiner Werke nieder, sondern machte sich

---

[133] Baeumler sprach später vom „Menschen der totalen Wehrbereitschaft" als Auftrag der „politischen Erziehung" der Schule (Baeumler, Alfred, Die deutsche Schule im Zeitalter der totalen Mobilmachung (1937), abgedruckt in: derselbe, Bildung und Gemeinschaft, Berlin 1942, S. 20ff.). Vgl. zum „Soldatentum als Lebensform" für Männer Dithmar, Reinhard, Kriegsliteratur ..., a.a.O., S. 645-647

[134] vgl. Starke, Fritz, Das Vaterland ..., a.a.O., S. 346, der zu diesen „Männertugenden" Treue, Kameradschaft, Freundschaft, Gehorsam, Opferwilligkeit, Liebe zum Vaterland und Mannesmut zählt.

[135] Mühle, Martin, Wehrgeistige Erziehung und Schule, in: VuG 25 (1935), S. 676, 679

auch bei den Abiturthemen bemerkbar. Hier konnten die Schüler(innen) noch expliziter als im vorjährigen Abitur beim weiteren Thema:

„Warum ist Schiller in den letzten Jahren in der Hochschätzung des deutschen Volkes gestiegen?"

nachweisen, wie die propagandistische Darstellung in den Medien und die unterrichtliche Behandlung sich auf das Schillerbild ausgewirkt hatten. Das Thema wurde von drei Schüler(inne)n gewählt.

Die Herangehensweise war in der Grundstruktur der Arbeiten ähnlich: Der Darlegung der durch den Nationalsozialismus veränderten gesellschaftlichen Bedingungen gegenüber der Weimarer Republik folgte eine an den Erfordernissen der Zeit ausgerichtete Auswahl und Interpretation einiger Werke, die dann in einer positiven Verbindung dieser Bearbeitungsteile mündete. Im folgenden wird die Wiedergabe der Gesellschaftsveränderung in den Vordergrund gestellt, die ein Schüler unter das Thema „Schillers Erwachen in deutschen Herzen" stellte:

„Die Zeit des Materialismus ist um, und mit ihr so vieles, was uns jungen Deutschen heute fremd, gar widerwärtig ist. Vorbei ist eine Epoche unserer Geschichte, wo die deutsche Volksseele von den Giftstoffen liberalistischer und materialistischer Irrlehren zerfressen wurde, wo alles Mindere und Gemeine als sittliche Norm galt, wo der Schmutzfink der Asphaltliteratur als Prediger edlen Menschentums gewürdigt, der Idealist unserer Dichtung aber als überholt und unzeitgemäß vergessen oder gar beschmutzt wurde. Dieser Demoralisierung unseres Volkes fiel auch das Andenken unseres Schillers zum Opfer. Wenn man sich sogar daranmachte, in Schmähschriften ihn, den großen Volkskämpfer, einen Volksverführer und Fürstenlakaien, ihn, den großen Prediger edlen Menschentums, einen Moralphilister zu schimpfen, so ist dieses nur auf jenem jüdisch-bedingtem Geist der Systemzeit, dem jeder Lebensernst, jede sittliche Hochachtung vor dem Großen und Erhabenen, jedes Ideal und jeder Kampfeswille fehlte, zurückzuführen. Jüdische Dreckmäuler beschmutzten den besten Deutschen und kümmerliche, sich 'deutsch' nennende Schreiberlinge halfen mit bei dieser literarischen Schuttabladung. Stumm mußten wieder jene Mäuler werden, wenn unser Schiller zu seinem Volk zurückkehren sollte. Sie wurden stumm, zerstreut in alle Welt; jener aber kam wieder zu den Seinigen, begeisterter gefeiert denn je zuvor. Ihm nahm man den Schleier der Verleumdung, uns fiel es wie Schuppen von den Augen. Stolz stieg im Osten die Sonne des Hakenkreuzes empor, alle Nebel einer langen, düsteren Nacht vertreibend. Ein deutscher Morgen brach an. Auch unser Genius Schiller erwachte aus langem Schlafe und seine Stimme hob wieder zu mahnen und hinzuweisen an. Das deutsche Volk überhörte seine Stimme nicht, denn vieles hatte sie ihm zu sagen und wird sie immer zu sagen haben. Welcher Schöpfer hat seinem Geschöpf nichts zu sagen? Schiller ist mit der Schöpfer unserer heutigen Zeit. Er ist der Vorkämpfer des Nationalsozialismus, er marschiert in unseren Reihen. Sein Leben, seine Helden und sein kraftsprühendes Wort, sie geben uns ein herrliches Leitbild, wie wir leben, wie wir sterben sollen."

Diese theatralischen pathosverhafteten - teils antisemitischen - Ausführungen werden im Kommentar des Fachlehrers wie folgt charakterisiert:

„Der ... Aufsatz zeugt von Reife des Urteils und Eigenart der Sprache. Von hoher
Warte aus überblickt der Verfasser unsere Zeit und ihr Wollen, die jüngste Vergangenheit, Schiller, den Menschen und das Werk. Kleine sachliche Unebenheiten, Miß-
griffe in der stark mitreißenden und rhetorischen Sprache sind Schwächen, die der
begabte und strebsame Verfasser noch ablegen wird."

Zu erkennen ist hier eine Bewertung, die die propagandistische Beurteilung der
Weimarer Republik und deren Kultur durch den Schüler nicht problematisiert,
sondern ihr sogar Urteilsfähigkeit bescheinigt.

Zum Aufzeigen der aktuellen Bedeutung Schillers wiesen die Schüler(innen)
durch die Heranziehung zahlreicher Dramen (Räuber, Luise Millerin, Kabale und
Liebe, Wallenstein, Wilhelm Tell, Jungfrau von Orleans) und Gedichte umfassende Werkkenntnis nach, die an die im Zusammenhang mit den Abiturprüfungen
des Vorjahrs behandelten Schillerinterpretationen anknüpften. Zur Belegung der
Instrumentalisierung Schillers sollen im folgenden einige Passagen wiedergegeben werden, die Aspekte ansprechen, denen bisher wenig Bedeutung zukam:

„Tugend, Freiheit, Gott sind seine Forderungen in den 'Worten des Glaubens'. Idole,
utopischen Glauben an das Weltgewissen und Rationalismus aber verdammt er in den
Gedichten: 'Worte des Wehes'. Wie Warnungen klingen diese Worte an unser Ohr.
Wurden wir nicht selbst einmal in den Jahren des Marxismus von solchen wahnsinni-
gen Ideen angekränkelte Menschen in die Irre, ins Verderben geleitet? Gab es nicht
auch in unseren Tagen Menschen, die glaubten, daß das Gute und Rechte siegen
werde, die in ihrer kaltschnäuzigen Art mit dem wenigen Verstand, den sie besaßen,
dem Menschen sein größtes Geheimnis, Gott, zu nehmen im Stande waren (Korrektur des Fachlehrers: versuchten, H.-G. B.), die sagten: 'Religion ist Opium für das
Volk.' Solchen Ideen sagen wir heute mit Schiller blutigsten Kampf an."

Mit Schiller gegen Marxismus, Internationalismus und Atheismus und für eine
religiöse Grundhaltung könnte verkürzt dieser katholische Standpunkt beschrieben werden, dem aber angesichts der gesellschaftlichen Lage durch Propaganda
geförderte Analyseunfähigkeit zugeschrieben werden muß.

Aktualität gewann Schiller für die Schüler(innen) durch die von ihnen geforderte
Einsatz- und Opferbereitschaft, die das Leben als Kampf erscheinen ließ, was sie
aus Schillers Werken glaubten ablesen zu können:

„So ist er kein Weltverneiner, sondern im tiefsten Grunde ein Lebensbejaher. Seine
Kunst, ganz in den Dienst der Volkserziehung gestellt, ist keine lebensferne l'art pour
l'art-Kunst, sondern eine Auseinandersetzung, ein ewiger Kampf mit dem Leben."

Wobei das Leben als eins gesehen wurde, das „dem Geist der heutigen Zeit" entspreche:

„Kampf und Tat, nicht gesättigte Beschaulichkeit machen das Leben des Menschen
aus, geben ihm ein heroisches Ethos und ein geläutertes sittliches Wollen. Das Leben
ist ein einziges Gefecht; die Menschen sind seine Fechter; die Tugend ist deren Waffe."

Die Bearbeitungen lassen insgesamt erkennen, daß Schiller als Teil des National-sozialismus gesehen wurde, was weit über eine punktuelle Vorläuferfunktion hin-ausging. Kritische Elemente waren vollkommen ausgeblendet bzw. so aufgesogen worden, daß sie nicht mehr identifizierbar waren. Irgendwelche Vorbehalte, wie sie für frühere Abiturarbeiten noch zentral waren, sind an keiner Stelle der Schü-ler(innen)arbeiten mehr zu finden. Demgegenüber tauchten verstärkt klischeehaft antisemitische Aspekte auf, die nur ansatzweise werkbedingt waren. Da wurde in einer Arbeit formuliert:

> „Er macht ihn in so häßlicher Art seiner Blutsgemeinschaft abspenstig und spielt ihn gleichzeitig einem typischen Juden ... in die Hände."

Und:

> „Seiner jüdischen Intrige ist es zuzuschreiben, daß statt seiner ein Unschuldiger an den Galgen kommt."

Und:

> „Hier spielt der Jude die Rolle, wie in den kommunistischen Unruhen unserer Tage. Sein übertriebenes Ehrgefühl ist ihm angeboren."

Irgendeine negative Kommentierung oder Korrektur zu den von den Schü-ler(inne)n eingenommenen Positionen zu Schiller oder zu Werkinterpretationen - auch zu den antisemitischen - erfolgte durch den Fachlehrer nicht. Den Schü-ler(inne)n bescheinigte er im Gegenteil „gute Vertrautheit mit Schiller" und ging von „lebendiger Gegenwartsnähe" der Aufsätze aus. Insofern wurden die beiden Arbeiten, denen die vorgestellten Textauszüge entnommen wurden, auch mit „gut" benotet.

Gegenüber den politisch-ideologischen Themenstellungen bzw. deren einschlägi-gen Interpretationsmöglichkeiten fiel das weitere vom Fachlehrer vorgeschlagene Thema:

> „Meine Wanderungen und ihre bleibenden Eindrücke"

völlig aus dem Rahmen - sowohl wegen seiner unpolitischen Tendenz als auch wegen seines geringen Abstraktionsniveaus.

Zwar gab Schulleiter Steinrücke die vier Vorschläge als „genehmigt" weiter, doch wurde dies Thema von einem Mitarbeiter der Schulbehörde gleichsam als nicht adäquat gestrichen.

Sehr erfolgreich liefen die mündlichen Prüfungen ab, in denen einmal „sehr gut", viermal „gut" und nur einmal „genügend" vergeben wurde. Da der Schriftführer weitgehend Verlaufsprotokolle anfertigte, ist ein Einblick in die Leistungen und die Erwartungshaltung der Lehrer gegeben.

Die erste Aufgabe lautete:

„Die Gestalt des Juden im deutschen Schrifttum."

Das Protokoll gab wieder:

„Nathan der Weise, Judenbuche, Ut mine Stromtid, Büttnerbauer, Soll und Haben werden näher angeführt.

Nathan der Weise. Seine ideale Gestalt erklärt sich aus der Bewegung der Aufklärung, auch die Instinktlosigkeit des Templers. Durch Nachfrage kommt ... auf die Humanität. In der Judenbuche der Jude ausnahmsweise nicht bloß Händler, sondern auch Handwerker. Moses in Ut mine Stromtid ist im Grunde ein ehrlicher Mensch, er hat auch Sinn für Großmut. Sein Sohn David dagegen ist ein echter Judenschacherer, ein Hypothekenaufkäufer, ein Feind des Bauern. Im Büttnerbauern spielen sich die Stadtjuden als echte Juden (auf), welche den Biedersinn des Bauern mißbrauchen, um ihn in Schulden zu ziehen. Bei all ihren Geldgeschäften handeln sie ohne sittliche Bedenken. Der städtische Börsenjude in „Soll und Haben". Er arbeitet nach ebenso skrupellosen Methoden wie die anderen Juden. Veitel Itzig: Streben nach Macht und Geltung durch den Besitz des Mammons. In solchem Streben geht er ganz auf, alles Menschliche geht ihm dabei verloren. Pinkus der gänzlich verkommene Jude.

Klärende Fragen des Prüfenden werden gut beantwortet. Bernhard Ehrentahl, der Sohn des Börsenjuden, ist edel, er gewinnt sogar Einfluß auf seinen Vater. Der Rechtsverdreher Keitel hat einen entsprechenden Lehrer, den er schließlich versenkt.

... zeigt sich gut orientiert. Zusammenfassend: die deutschen Dichter beurteilen die Juden negativ."

Mit Lessings Nathan wies der Schüler auf einen (religiöse) Toleranz und Humanität vetretenden Juden hin, der daher für den Fachlehrer als christlich orientiert galt:

„Nathans sittliche Größe, besonders seine Feindesliebe sind nicht jüdisches, sondern christliches Gewächs."[136]

Kahle versuchte so, den christlichen Absolutheitsanspruch gegen (religiösen) Indifferentismus zu wahren. Das Eingehen auf Droste-Hülshoffs Judenbuche aktualisierte berufsspezifische Vorurteile - unabhängig von den historischen Bedingtheiten. Aus Reuters Zeitroman „Ut mine Stromtid" wurde typisierend einordnend der Jude David isoliert. Während Reuter selbst vielfältige Aspekte des ländlichen Bürgertums durchleuchtete, reduzierte sein Interpret Kuhn einseitig auf eine „erbarmungslos(e)" Aufdeckung aller gefährlichen Seiten des Judentums:

„Geldgier ist ihr Trieb, Geschäft ihr Mittel dazu."[137]

Kuhn sah hier „ein fast geschlossenes Bild von all dem ..., was der Nationalsozialismus dem Liberalismus und dem Judentum vorwirft"[138].

---

[136]   Kahle, Wilhelm, Geschichte ..., a.a.O., S. 198
[137]   Kuhn, Margarete, Fritz Reuters Stromtid in O III. Ein Arbeitsbericht, in: DDHS 2 (1935), S. 644

Der Wandel im ländlichen Bereich, durch den von Polenz den Büttnerbauern seinen Hof verlieren läßt,[139] wurde nicht strukturell erklärt, sondern durch den Schüler rassistisch personalisiert. Die Polarisierung zweier (klein-)bürgerlicher Karrieren in Freytags „Soll und Haben" zwischen dem Arbeitsethos eines ehrbaren Kaufmanns und einem habgierigen Kaufmann transportierte antisemitische Klischees.[140]

Die selektive Aufgabenstellung wie die teilweise selektive Interpretation des Schülers, die ohne unterrichtliche Vorbereitung nicht denkbar ist, förderten antisemitische Denkweisen zutage, die in der zeitgenössischen Literatur zum Bauern- und Bürgertum des 19. Jahrhunderts unterschiedlich stark angelegt waren und nun als frühe - von den Nationalsozialisten aufgegriffene - Erkenntnis dargestellt wurden. Nicht zufällig scheint die starke Repräsentanz von „Heimatliteratur" bei dieser Aufgabenstellung zu sein, die rassische Ressentiments offenbarte und förderte.

In der zweiten Aufgabe ging es um „Germanisches Heldenlied und mittelhochdeutsches Heldenepos". Das Protokoll formulierte hierzu:

> „... spricht fließend und sachlich. ... legt zunächst das Verhältnis von Geschichte und Sage dar. Dann erörtert ... Form und Aufbau des germanischen Heldenliedes. Der Übergang vom germanischen Heldenlied zum mittelhochdeutschen Heldenepos wird treffend gekennzeichnet. Abschließend vergleicht ... die innere Haltung der germanischen und mittelhochdeutschen Helden und greift dabei sicher das Wichtigste heraus. Vertiefende Zwischenfragen durch den Prüfenden werden zufriedenstellend beantwortet. Entstehung des Nibelungenliedes: richtig. Die Sagenkreise dieses Liedes: richtig. Gedanken über die Weiterentwicklung germanischer Haltung durch das Christentum wurden an Hand der Nibelungen von Hebbel entwickelt, manchmal mit geringer Nachhilfe. Mit weniger Einhilfe gibt ... Richtiges über die Überlieferungsweise der germanischen Heldenlieder. Die Rolle der Stadt Soest dabei: wird gewußt. Über Wagners Nibelungenauffassung ist ... unterrichtet: Fluch des Goldes."

---

138 ebd.

139 Langenbucher, Hellmuth, Volkhafte ..., a.a.O., S. 231, ordnete den Büttnerbauern in eine Zeit ein, „da der Boden zum Schacherobjekt wurde, da er in der Anwendung einer undeutschen Rechtsauffassung immer mehr Opfer eines so fürchterlichen Raubes zu werden im Begriffe war, daß an diesem Raub das ganze Volk zugrunde zu gehen drohte", und warb für die Ausrottung derartiger „fremde(r) Anschauungen ... mit Stumpf und Stil". Vgl. auch Darge, Elisabeth, Der neue deutsche Bauernroman, in: ZfDB 12 (1936), S. 243, die im „Büttnerbauer" „das Bewußtsein der Verantwortlichkeit für das Bauerntum ..., das von Kapitalismus und Maschinenzeitalter bedroht erscheint" sah.

140 vgl. Prestel, Josef, Deutsche ..., a.a.O., S. 159, der als „Leitlinie" „die Schmarotzerpflanze des aussaugenden Judentums (gedeihe) nur auf der ungesunden Selbstsucht des Adels" sah.

Das religionslose Heldenlied der „Germanischen Frühe" wird vom Schicksalsgedanken - nicht Schicksalsglauben - beherrscht, der für den Fachlehrer „nicht mit düsterem tatenlosen Fatalismus gepaart ist"[141]. Das Lied kenne „nur eine innerweltliche Bewährung"[142]. In der altgermanischen Dichtung erfolge dann eine Verschmelzung mit dem Christentum.

Die Heldenepen der Ritterzeit würden den „Geist des höfischen Rittertums mit den urtümlich germanischen Beständen" verbinden bei Wahrung deren tragischer Komponenten - trotz der Wandlung des Nibelungenliedes vom „hohe(n) Lied von todverachtender Männlichkeit" zur „Tragödie von der Liebe Leid einer Frau"[143]. So sah Kahle mit Knorr den Grundgedanken des Nibelungenliedes:

> „Es ist die Tragik einer Menschenwelt, die sich aus dem Zusammenstoß des mächtigen Einzelnen mit der Gemeinschaft notwendig ergibt",[144]

und kam zu der abschließenden Einschätzung:

> „Das Nationalepos eines christlichen Deutschlands kann das Werk bei aller menschlichen und dichterischen Größe nur in dem Sinne sein, daß es die Todverfallenheit einer unerlösten Welt schildert und die Ergänzung durch ein christliches Weltbild fordert, wie es etwa der Parzival bietet."[145]

Hebbel hätte in seinem Trauerspiel „Nibelungen" „weithin epische Bestände" des Nibelungenliedes „pietätvoll" übernommen und gäbe ihm eine christliche - nicht kirchliche - Tendenz:

> „Wieder ist Weltwende, wieder stehen sterbende und aufsteigende Kulturen in den Personen des Doppeldramas im Kampf. Brunhild und Siegfried ragen noch in den Mythos hinein. Die sich zerfleischenden Burgunden und Hunnen repräsentieren das

---

[141] Kahle, Wilhelm, Geschichte ..., a.a.O., S. 23

[142] ebd.

[143] ebd., S. 67, 70

[144] ebd., S. 71. Ausschlaggebend für den Verlauf der Handlung sind für Hoffmann, Werner, Das Nibelungenlied, Frankfurt 1987, S. 90, nicht die Macht des Schicksals, nicht dämonische Mächte, auch nicht Gott, sondern „menschliche Antriebe und Entscheidungen", die vielfach Ausdruck gesellschaftlicher Werte und Normen sind.

[145] Kahle, Wilhelm, Geschichte ..., a.a.O., S. 72. Demgegenüber Kluges, Hermann, Geschichte ..., a.a.O., S. 33: „Indem, uns so das Nibelungenlied einen Reichtum von Gestalten vor die Seele führt, läßt es uns wie in einem Spiegel die Züge des deutschen Nationalcharakters in seiner Reinheit schauen und zeigt uns den trotzigen Sinn, den unbeugsamen Mut, die Todesverachtung nicht minder, wie die tiefe Gemütsinnigkeit des deutschen Volkes. Das innerste Lebenselement aber ... ist die Treue." Zur Treue als „politische Tugend" im Parzival vgl. Neumann, Friedrich, Das germanische Erbe und die deutsche Dichtung, in: ZfDB 12 (1936), S. 585, 587f. Für Naumann, Hans, Germanentum und Christentum (anläßlich einiger neuerer Schriften über den Gegenstand), in: ZfDB 11 (1935), S. 118, lehrte Wolframs Parzival, „daß man sich diesem transzendenten, außerweltlichen, übermächtigen Schicksalsgottbegriff auf keine Weise mehr entziehen kann".

Heidentum, das an seiner Lieblosigkeit stirbt. Rettend erscheint in der überragenden Gestalt des vollendeten Ritters Dietrich von Bern die christliche Religion, welche die Welt weiterschleppt im Namen dessen, der am Kreuze erblich."[146]

Mit der Herausarbeitung christlicher Züge vernachlässigte diese Interpretation noch nach 1945, daß auch Treue, Pflicht und Unterwerfung des Einzelnen unter den Staat herausgelesen werden konnten und wurden. Diese von den Nationalsozialisten forcierte traditionelle Auslegung mit ihrem Pathos und ihrer Heldenglorifizierung - die Erfüllung des Helden lag im heroischen Sterben - wurde nicht reflektiert.

Gegenüber einer Verstärkung des Christianisierungsgedankens später bei Mell[147] hatte Wagner eine Wendung zum Mythos der Germanen - in Anlehnung an die Edda - gefunden mit einem pessimistischen Tenor durch Schopenhauers Einfluß.[148]

Die Forderung nach Etablierung (alt)germanischer Kultur als „Eckstein in dem Gebäude der wahrhaft deutschen Dichtung"[149] und konkret des Nibelungenliedes in den „Mittelpunkt des Deutschunterrichtes in Obersekunda"[150] hatte sich auf Publikationen in der Weimarer Republik stützen können, in denen auf eine „heroische Lebensform" der Germanen abgehoben worden war. Für Mulot manifestierte sich in den Heldenliedern eine „weltgeschichtliche Mission der Germanen", an denen im Unterricht „das innerste Wesen des Heroismus"[151] zu erarbeiten war: der Kampf als „sinntragende Idee"[152], der sich erstmals im deutschen Frontsoldatentum des 1. Weltkrieges wiedergezeigt habe:[153]

> „Der Krieger setzt das Leben ein, um es zu erhalten. Der Held dagegen erhält das Leben, um es wegwerfend einzusetzen. Ein unbewußter Drang treibt ihn gerade der gefahrdrohenden Situation entgegen, in der er nicht eine Störung, sondern den Höhepunkt des Daseins sieht."[154]

Dabei liege aber „die Erfüllung nicht im Erfolg, sondern im Opfer"[155], war sich Mulot sicher. So versuchte man das Germanische als bildende Kraft in der deut-

---

[146] Kahle, Wilhelm, Geschichte ..., a.a.O., S. 430
[147] vgl. Hoffmann, Werner, Das Nibelungenlied, a.a.O., S. 123f.
[148] vgl. Kahle, Wilhelm, Geschichte ..., a.a.O., S. 519
[149] Mulot, Arne, Die altgermanische Dichtung im deutschen Unterricht, in: ZfDB 10 (1934), S. 9
[150] Stieber, Willi, Das Nibelungenlied als Dichtung in der Schule, in: ZfDB 13 (1937), S. 346
[151] Mulot, Arne, Die altgermanische ..., a.a.O., S. 9, 11
[152] Mulot, Arne, Die heroische Lebensform der Germanen, in: ZfDB 10 (1934), S. 225
[153] vgl. ebd., S. 226ff., der sich stark auf Ernst Jüngers Kriegspublikationen stützte, und derselbe, Die altgermanische ..., a.a.O., S. 9, 14
[154] Mulot, Arne, Die heroische ..., a.a.O., S. 228
[155] ebd., S. 232

schen Dichtung nachzuweisen und historische Linien aufzuzeigen - von von Eschenbach und Nibelungenlied, über Eckhart, Luther, Herder, Goethe und Grimm bis zur Frontsoldatenliteratur.[156]

Die Bedeutungssteigerung des Germanentums und entsprechender Haltungen hatte sich im Unterricht niedergeschlagen, aber mit einer stärkeren Akzentuierung christlicher Perspektive. Dies entsprach der öffentlich ausgetragenen Kontroverse über das Wesen der Germanen und seiner quellenmäßigen Absicherung in der Forschung - ausgelöst 1933 durch eine Adventspredigt Kardinal Faulhabers zum Germanentum. Faulhaber hatte sich gegen eine Rückkehr zu einer nordisch-germanischen Religion ausgesprochen und in der Bekehrung der Germanen - unter Verweis u.a. auf deren Blutrache, Faulheit und Trunksucht - „keine Störung der artgetreuen Entwicklung" gesehen und apodiktisch formuliert:

> „Das deutsche Volk wird nämlich entweder christlich sein oder es wird nicht sein."[157]
> (im Original gesperrt, H.-G.B.)

Und:

> „Gottes Gnade (hat uns) nicht vor dem russischen Heidentum bewahrt, um uns jetzt in einem germanischen Heidentum versinken zu lassen."[158]

Diese Vorhaltungen griffen verstärkt auf kirchliche Argumente zurück, die vor der Machtübergabe zur Distanz vom Nationalsozialismus geführt hatten und angesichts der nationalen Euphorie eher randständig geworden waren.

In der dritten Prüfung im mündlichen Abitur 1936 wurde das Thema „Parzival und Simplizissimus" erörtert. Protokoll:

> „... versucht, Parzival als wesentlich deutschen Menschen zu schildern. Seine Wesenheit sieht er in der starken Innerlichkeit, die stetiges sittliches Streben zum Gegenstand hat. Gehaltlich stellt diese Innerlichkeit germanisches Menschentum und christliche Artung dar. Das veranschaulicht .. durch Darstellung des Lebensschicksals Parzivals. Dabei bleibt er nicht immer in guter überlegter Ordnung, auch nicht immer gegenständlich-sachlich. Doch bringen Fragen des Prüfenden ihn gleich zum Wesentlichen zurück: Deutsch ist sein Verhältnis zum Konventionellen, sein Auftrotzen gegen Gott, sein Drang zur Synthese, zum Ausgleich zwischen Antike und Christentum und Germanentum, zwischen Weltlichem und Geistlichem.
> Simplizissimus hat mit Parzival die allmähliche Entwicklung zur inneren Menschenform in einem unaufhörlichen Streben gemeinsam. ... gibt die einzelnen Stufen dieses

---

[156] vgl. Neumann, Friedrich, Das germanische ..., a.a.O., S. 586ff.

[157] Faulhaber, Christentum und Germanentum, in: derselbe, Judentum, Christentum, Germanentum. Adventspredigten gehalten in St. Michael zu München 1933, München o.J., S. 103ff. Vgl. zur Diskussion die Hinweise bei Naumann, Hans, Germanentum ..., a.a.O., S. 113ff.

[158] Faulhaber, Christentum ..., a.a.O., S. 123

Strebens wesentlich an: Endziel und Reifepunkt ist der Besitz Gottes. Doch sieht ...
auch schon den Aufbruch in eine neue, nicht theozentrische Zeit."

Kahle sah in Wolfram von Eschenbachs „Parzival" „ein Menschheitswerk vom
Ringen mit Gott als Grund- und Hauptthema"[159]. Parzival, der sich in Trotz von
Gott abgewendet hatte, fand nach tragischen Erfahrungen und rastlosem Streben -
getrieben von der „süße(n) Wehmut des Christen, der zum Ewigen aufschaut"[160] -
die Gnade Gottes. Kahle wehrte sich gegen Interpretationen, die Parzival zum
Vorläufer germanischen Glaubens machten, mit dessen christlicher Gesinnung
und gegen antiklerikale Tendenzen mit dem Verweis, daß es Sache der Ritter und
nicht des Klerus sei, „mit Schwertesarm in der Welt die Feinde Christi zu besie-
gen"[161]. „Echt deutsch" in diesem Werk Anfang des 13. Jahrhunderts war für
Kahle „Schweifen und Streben des Jünglings ... in ihrer Grenzenlosigkeit", „die
einsame Schwermut des ringenden Mannes", „die keusche Sehnsucht nach Weib
und Kind" und „die schalkhafte Art des Dichters"[162].
Grimmelshausens volkstümlicher Roman „Simplizissimus" - geprägt durch den
30jährigen Krieg - führte unter die sogenannten niederen Stände. Kahle interpretierte:

„Wir (geraten) auch in die Niederungen der Leidenschaften und der Verbrechen, der
animalischen Lust und deren entsetzlichsten Schandtaten. Hier wird nicht ein Hoch-
bild edlen Menschentums zur Nacheiferung hingestellt. ... Der Held tritt zwar aus
dem übermäßig lange gedehnten Zustand der Kindheit in die Reife des Mannes, aber
er fällt immer wieder nach den neuen Aufschwüngen aus dem Reich des geistgelenk-
ten Menschentums in die schmutzigen Tiefen animalischer Roheit zurück."[163]

Diese Darstellung macht deutlich, daß Parallelen zwischen den beiden Werken
aus dieser Sicht nur sehr begrenzt zu finden waren. So beklagte Kahle nach 1945
auch - im Gegensatz zur Protokollführung - „soviel Unsinn über die angebliche
Verwandtschaft"[164]. Während Parzival ein in der Jugend „nicht vernachlässigter
Christenmensch" gewesen sei, wachse der Romanheld „in tierischer unmenschli-
cher Dumpfheit"[165] auf und könne sich der „Übermacht der heillosen Welt" nur

---

[159] Kahle, Wilhelm, Geschichte ..., a.a.O., S. 64
[160] ebd., S. 60
[161] ebd., S. 63. Im Bemühen um historische Kontinuitätslinien konstatierte Knorr im Parzival
eine eigene Reichsidee - „diese großartige Vision unseres vollkommensten Dichters" - in
Abgrenzung vom Imperium Romanum und Imperium Sacrum (Knorr, Friedrich, Wolframs
„Parzival" und die deutsche Reichsidee, in: ZfDK 50 (1936), S. 173).
[162] Kahle, Wilhelm, Geschichte ..., a.a.O., S. 64
[163] ebd., S. 153
[164] ebd., S. 154. Vgl. auch Kluges, Hermann, Geschichte ..., a.a.O., S 84f.
[165] Kahle, Wilhelm, Geschichte ..., a.a.O., S. 154

durch Flucht entziehen. Gegenüber dem „geschichtsmächtigen Christentum" im Parzival konstatierte Kahle „im Simplizissimus ein unstetes Schwanken zwischen Reue und Genuß, eine Versunkenheit in die niedrigsten und schmutzigsten Sünden, eine Besserung aus Angst und in den Formen der primitiven Volksfrömmigkeit", „Verzweiflung am Sinn des Weltgeschehens und Flucht in die Einsamkeit"[166].

Diese Charakterisierung offenbart weniger Verständnis für das Elend des Volkes und die sozialen Verhältnisse als eine dominierende weltferne religiöse Perspektive, die in der „gut" genannten Prüfung durch das Bemühen des Schülers um ein Aufzeigen der Parallelität eines sittlichen Strebens überlagert wurde. Diese akzeptierte Akzentverschiebung kann als Tribut an die neuen Interpretationsschemata angesehen werden.

Eine weitere Abituraufgabe behandelte mit „Annette und Löns" „zwei Niederdeutsche". Das Protokoll gibt die Prüfung wie folgt wieder:

> „... stellt zunächst den Anteil der Niederdeutschen an der deutschen Gesamtdichtung in geschichtlichem Überblick dar: wesentlich. ... spricht fließend und treffsicher zugleich. Annette: nach eigenem Bekenntnis: Stockwestfälin. Diesem Bekenntnis entsprechend ihre Dichtung, westfälisch ihre Heimatverbundenheit, ihre Gestaltung der Natur westfälisch: unheimlich, einsam, gruselig, gespenstisch, entsprechend ihre Menschengestaltungen: jenen wohnt etwas Seherisches inne. Sie sei ernst, schwer, ans Ewige gekettet, nicht augenblickshingegeben. Auch ihre vorwiegend lyrische Begabung entspricht einer westfälischen Art des Naturerlebnisses: realistisch im kleinen, herbe Gefühlsmeisterung. Westfälisch auch ihr Kampf gegen bittere Enttäuschungen: herrisch stolzes Entsagen. Ihr religiöses Erleben: echt, geboren aus harten Kämpfen.
> Löns: ... lehnt zunächst leichtfertige Beurteilungen des Löns ab. Löns ist der große Befreier der deutschen Seele vom Materialismus. Ein leidenschaftliches Bekenntnis zu Acker und Boden ist sein Dichten. Menschen und Natur gehören zusammen. Der deutsche Bauer hat solche Lebenseinheit. Aus ihr ergibt sich die Echtheit der Handlungsschilderungen in seinen Werken.
> Fragen des Prüfenden, die näher auf den westfälischen Anteil der deutschen Dichtung der Vergangenheit eingehen, wird ... gerecht. Er beweist ziemlich eingehende Kenntnis auf diesem Gebiete."

Die Darstellung von Person und Werk der Dichterin Annette von Droste-Hülshoff blieb sehr stark auf einer beschreibenden Ebene, ohne auf persönliche, familiäre oder gesellschaftliche Interpretationsbezüge einzugehen. Das heimische Westfalen galt als zentrale bewegende Kraft; Werk und Person schienen an die Landschaft gebunden und durch sie typisch-überindividuell geformt.

Die häufig als die größte deutsche - ja europäische (Alfred Meyer) - Dichterin angesehene Katholikin wurde ab 1938 anläßlich ihres 90. Todestages verstärkt

---

[166] ebd., S. 155

vom nationalsozialistischen Kulturbetrieb in Anspruch genommen: So sah Gauleiter und Reichsstatthalter Alfred Meyer „in der Droste die größte dichterische Gestalterin des nordisch-germanischen Weltgefühls", „die dem deutschen Volke Ewigkeitswerte geschenkt habe"; Schulte-Kemminghaus „feierte die Kunst der Dichterin als Ausdruck des deutschen Volkstums"; Thila von Trotha bezeichnete sie als „die Königin unter den Dichterinnen der germanischen Völker", die von den „heute am höchsten geachteten Lebenswerten geformt und getragen" werde: „von einer starken, gesunden, bäuerlichen Bodenverbundenheit auf der einen und einem großen naturnahen Allgefühl auf der anderen Seite".[167] Diese Inanspruchnahme durch Bindungen von Blut und Volkstum (Schulte-Kemminghausen) wurde gefördert durch zeitgenössische westfälische Dichter(innen), für die auch „Heimatgebundenheit" und „Sippe" zentrale Werte waren und die sich Drostes „altdeutschinniger Jesusfrömmigkeit" als „nordische Seherin" - wie der Prüfer[168] - verbunden fühlten.[169]

Löns hatte den Ersten Weltkrieg „als Erlösung und Möglichkeit zum sinnvollen Tode" begrüßt, den er dann auch als 48jähriger Kriegsfreiwilliger 1914 fand.[170] Die gesellschaftliche Entwicklung - besonders die Urbanisierung -, die auch die bäuerlichen Lebensformen veränderte, versuchte er in seinen Werken mit der Verherrlichung von Natur und Scholle - vergebens - aufzuhalten. Elemente einer „germanischen Renaissance" lagen seiner bekannten Bauernchronik „Wehrwolf" zugrunde, die Löns nach geringer Rezeption in der Weimarer Republik nun im Nationalsozialismus eine stärkere - für Graul noch nicht hinreichende - Beachtung zukommen ließ, da „ein gut Teil des Gedankengutes unserer Gegenwart" am Wehrwolf erarbeitet werden könne: Volkstum, Führergedanke, heldische Geisteshaltung, Naturverbundenheit, starkes Gemeinschaftsgefühl, festgefügte Ehegemeinschaft und Familie, rassebewußte Menschen, der Mann als Kämpfer, die

---

[167] zit. nach Vernekohl, Wihelm, Annette-Gedenktage, in: Heimat und Reich 5 (1938), S. 31. Diese Vereinnahmung führte auch zur „Neugestaltung der Droste-Gesellschaft" durch den Gauleiter, der hoffte, „mit Hilfe der Partei, vor allem aber auch der Hitler-Jugend und der NS-Frauenschaft, dem Werk der Annette neue Geltung zu verschaffen" (zit. nach Heiß, Ernst, Annette von Droste-Hülshoff-Gedenktage, in: Heimat und Reich 5 (1938), S. 394).

[168] vgl. Kahle, Wilhelm, Geschichte ..., a.a.O., S. 548

[169] Stellvertretend z.B. Kahle, Maria, Die Droste als Künderin nordischer Landschaft, in: Bismarck-Jahrbuch für deutsche Frauen 44 (1939) Dresden, S. 56-61, etwas gekürzte Fassung dieselbe, Hinausweh und Heimweh der Droste. Zum 90. Todestag der westfälischen Dichterin, in: Völkischer Beobachter vom 24.5.1938, S. 6

[170] Kahle, Wilhelm, Geschichte ..., a.a.O., S. 480

Frau als Bewahrerin.[171] Damit war Löns für Graul „einer der Wegbereiter des Nationalsozialismus", der „dem Denken und Fühlen gerade der Jugend nahe(steht), die in diesen Geist hineinwächst"[172].

Die auch vom Schüler erkannte und akzeptierte Mythisierung der Scholle, die Ausdruck seiner als „sehr gut" bewerteten Prüfung war, kann als ein nationalsozialistisches Ideologieelement angesehen werden, das agrarromantische konservative Vorstellungen aufgriff, aber schon 1936 deutlich eher eine ideologische Schimäre war, wie die reale Ausweitung der Industrialisierung mit entsprechender Landflucht und wachsender Berufstätigkeit der Frau zeigte.[173]

Mit Droste und Löns verknüpfte sich die thematische Abkehr von großstädtischer Zivilisation mit der Sehnsucht nach einer vorgeblich überschaubar klaren naturhaften Bodenständigkeit im ländlichen Raum Westfalens.

Als weitere Aufgabe mußte sich ein Schüler mit „Wegbereiter(n) des 3. Reiches" auseinandersetzen. Protokoll:

> „... zeichnet treffend die Situation, aus der die Wegbereiter aufbrachen. Georges Überwindung des reinen Ästhetentums wird dargelegt, sein Durchstoß ins Leben. Stern des Bundes: Vision des Weltkrieges. Während des Krieges ist er der idealistische Deuter des furchtbaren Kriegserlebnisses, nach dem Kriege führt er aus der materialistisch grundgelegten Verzweiflung zu neuem Hoffen in einem idealistischen Glauben.
>
> Der ...(nicht lesbar, H.-G.B.) Moeller van den Bruck, im Ausland entzündet sich sein nationales Fühlen. Er zeichnet den 'preußischen Stil'! Während des Weltkrieges kämpft er für Deutschland, nach dem Kriege schafft er mitten im Zusammenbruch 'das Dritte Reich'. Neben Hitlers 'Mein Kampf' zu stellen. Hier klärt er den Begriff, Wert und die Notwendigkeit einer Revolution. Alles aus geschichtlicher Gesinnung heraus. Bismarcks Reich nur ein Übergang. Der Weltkrieg schaffte die inneren Voraussetzungen zur Schaffung des 'Dritten Reiches'.
>
> Vertiefende Fragen zu den behandelten Gegenständen werden richtig beantwortet. Insbesondere wird der Begriff seiner (im original unterstrichen, H.-G.B.) Revolution klargelegt. Sie ist konservativ."

Die vom Schüler vorgetragene - und vom Fachlehrer akzeptierte und mit „gut" bewertete - Subsumierung Georges unter die Wegbereiter des Nationalsozialismus entsprach der ausführlich belegten Position,[174] deren Akzeptanz sich auch

---

[171] vgl. Graul, Josef, Der Wehrwolf, ein Werk nationalsozialistischen Geistes, in: DDHS 2 (1935), S. 726ff.

[172] Graul, Josef, Hermann Löns im Deutschunterricht, in: ZfDB 12 (1936), S. 392

[173] vgl. Ritschl, Albrecht, Wirtschaftspolitik im Dritten Reich - Ein Überblick, in: Bracher, Karl Dietrich u.a. (Hrsg.), Deutschland 1933-1945 ..., a.a.O., S. 118-134 und Thalmann, Rita R., Zwischen Mutterkreuz und Rüstungsbetrieb: Zur Rolle der Frau im Dritten Reich, in: ebd., S. 198-217

[174] vgl. Kapitel C III.2.a)

hier aus der Überwindung eines Materialismus durch einen neuen Idealismus speiste. Demgegenüber sah der Fachlehrer nach 1945 seine Einschätzung/Analyse eher als Propaganda der Straße:

> „Er (George, H.-G.B.) ahnt den kommenden Führer und das Neue Reich, doch nicht den Verführer meint er, der sein Volk in unausdenkbare Tiefen stürzt. Mag auch die Propaganda des ihm wesensfremden und verhaßten Reiches der Straße ihn frech als Vorläufer begrüßt haben: Georges Reich ist die Heimat hoher Kultur und abendländischer Gesittung."[175]

Eine Reflexion der eigenen Fehleinschätzung fehlte vollständig, eine grundsätzliche Ablehnung des Führergedankens ist auch jetzt nicht erkennbar, Demokratie noch nicht als Herrschaftsform voll akzeptiert.

In das scheinbare politische und ideologische Vakuum der Weimarer Republik, das Krieg und Revolution geschaffen hatten und die Demokraten vor dem Hintergrund der allgemeinen wirtschaftlichen Entwicklung nur bedingt füllen konnten, drangen antidemokratische Publikationen ein, von denen Moeller van den Brucks formelhaftes „Drittes Reich" eine weit reichende Ausstrahlung gewann. Dies geschah nicht zuletzt, weil er historische Bezüge vom Mittelalter über das Zwischenreich Bismarcks mit einer prophetischen Vision des „Dritten Reiches" als Kontrast zur Parteienherrschaft verband.[176] Sein vages Konzept, eine auf die Zukunft gerichtete Reichsvorstellung, ließ diverse konservative Konkretisierungen zu, wurde zur „Bibel des jungen Nationalismus"[177].

Beide vom Schüler herangezogenen prophetischen Wegbereiter wollten nicht den realisierten Nationalsozialismus - wie später deutlich wurde -, sondern eine konservative Revolution, d.h. eine grundsätzliche Rückbesinnung auf eine abendländische voraufklärerische Epoche, die aber in ideologischer Hinsicht starke Affinitäten zum Nationalsozialismus aufwies:

> „Volksbegriff, Hochschätzung des Krieges als Stahlbad der Nation, autoritäres Führertum, Kulturkritik, Parlamentarismuskritik, Ablehnung von Intellektuellen in Kunst und Philosophie."[178]

Zwar akzeptierte Dozent Dr. Hohlfeld 1934 Moeller van den Bruck als „große(n) Verkünder", der im Gefolge eines „preußischen Soldatentums" als „konservativer Revolutionär" und „nationaler Sozialist" anzusehen sei, der „sehen und begreifen lehrte", doch relativierte er dessen Bedeutung: „Marschieren und die Straße ge-

---

[175] Kahle, Wilhelm, Geschichte ..., a.a.O., S. 452f.
[176] vgl. Sontheimer, Kurt, Antidemokratisches ..., a.a.O., S. 237ff.
[177] ebd., S. 241
[178] Greiffenhagen, Martin, Das Dilemma ..., a.a.O., S. 297

winnen, das allerdings lehrte er nicht"[179], was spätere Vorbehalte der Nationalsozialisten vorwegnahm. Die Nähe reichte jedoch aus, damit der Konservatismus
seine Funktion erfüllen und Wegbereiter sein konnte.

Die letzte Aufgabe des mündlichen Abiturs 1936 schließlich beschäftige sich mit
der „Arbeiterdichtung". Das Protokoll gibt hier wieder:

> „ ... erklärt den Begriff der Arbeiterdichtung. Er spricht fließend und im allgemeinen
> treffend. Dann stellt er die Anfänge der Arbeiterdichtung dar, legt das Ergebnis, wel-
> ches zugrunde liegt, auseinander. Die Vorkriegszeit bringt dann Arbeiterdichtung mit
> marxistischer Tendenz: Lersch und Engelke führen dann die Arbeiterdichtung aus
> solcher Enge in größere Breite: Sie kämpfen um materielle und ideelle Besserstellung
> ihres Lebens, um Teilnahme an der großen deutschen Kultur. ... streift daneben auch
> die ganz kommunistische Arbeiterdichtung. Das Kriegserlebnis bringt eine neue
> Wende: der Arbeiter überwindet die Klasse und fühlt das Volksganze. ... nennt Na-
> men und Werke. Die Nachkriegszeit brachte Dichter, die um mannigfachste Ziele
> kämpften. Besonders wird Lersch herausgehoben: Ringen um das Verständnis des
> Bürgertums für den Arbeiter. Die unmittelbare Gegenwart anerkennt diese Dichtung:
> Sie hat eine Zukunft. ... geht auf die menschliche Haltung der Arbeiterdichtung ein:
> Bauernblut wirkt nach. Der Nationalsozialismus wird der Arbeiterdichtung fördernd
> nahestehen." (Danach folgten kurze Fragen zur Romantik.)

Bei den unter Arbeiterdichtung firmierenden Gerrit Engelke und Heinrich Lersch
„ist der Arbeiter doch nur Objekt bürgerlicher Dichtung"[180], genauer: kleinbür-
gerlicher Dichtung. Dem Bauerntum und Handwerk verbunden priesen sie aber
den sich im technischen Fortschritt ausdrückenden Geist. Kahle:

> „Deshalb fehlt auch die krasse Schilderung des Proletarierelends, es fehlt der Ruf zum
> Klassenkampf und die Anklage gegen den Bürger."[181]

So erstaunt nicht, daß Engelke, von Kahle als „kosmischer Dichter" und als „das
größte Talent der Arbeiterdichtung"[182] gerühmt, „von den üblichen Arbeiterpar-
teien" und den Gewerkschaften nichts wissen wollte und daß Lersch „den Arbeiter hinaus(riß) über das trügerische Evangelium von der Klasse und von der
Gleichheit der Menschen, er ihn (geleitete) mit einer leidenschaftlichen Liebe zu
Volk und Vaterland auf den Weg, der auf das Schicksal der Nation zuführte"[183].

---

[179] Hohlfeld, Andreas, Unser Weg zum Werke Moellers van den Bruck, in: ZfDB 10 (1934),
S. 78ff. Hohlfeld trat zum 1.5.1932 der NSDAP bei, war ab 1934 planmäßiger Dozent für
Politische Pädagogik und Geschichtliche Bildung an der Hochschule für Lehrerbildung
Dortmund und ab 1936 Professor für Erziehungswissenschaft und Methodik des Ge-
schichtsunterrichts sowie Direktor der Hochschule für Lehrerbildung Karlsruhe. Vgl. Hes-
se, Alexander, Die Professoren ..., a.a.O., S. 370-372

[180] Kahle, Wilhelm, Geschichte ..., a.a.O., S. 468

[181] ebd., S. 469

[182] ebd.

[183] Langenbucher, Hellmuth, Volkhafte Dichtung ..., a.a.O., S. 255f.

Die Darstellung eines Arbeiterbewußtseins - orientiert an der gesellschaftlichen Realität - war von Engelke und Lersch nicht beabsichtigt, was ihr Schrifttum für Nationalsozialisten im Sinne der Volksgemeinschaft förderungswürdig machte. Bemerkenswert am Katholiken Lersch ist neben seiner innigen Gläubigkeit - beispielsweise: „Oh Mutter Gottes, dann komm zu uns, zu uns in den vordersten Schützengraben" - sein nationaler Pathos, der schon 1914 in dem vielfach verwendeten populären Kehrreim gipfelte: „Deutschland muß leben, und wenn wir sterben müssen", was Prestel als „das feurigste Bekenntnis des deutschen Arbeiters zum Vaterland"[184] ansah. Vor diesem nationalistischen und wenig proletarischen Hintergrund kann es kaum erstaunen, daß Lersch, der durch den Nationalsozialismus die Gleichberechtigung der Arbeiter erreicht sah, von diesem entsprechend protegiert wurde.[185]

Die Prüfung dokumentierte nur im Ansatz eine gewisse pluralistische Herangehensweise an das Thema, die durch die Darstellung der historischen Entwicklung bedingt war, doch blieb die Distanz zur ureigenen Sicht der Arbeiterklasse gewahrt durch die Beschränkung auf Engelke und Lersch, denen jegliches Verständnis für eine Organisierung der Arbeiterschaft fehlte. Ein Gegensatz zur nationalsozialistischen Sicht dieser Dichtung ist nicht zu erkennen.

Mit den abschließenden Fragen zur Romantik hat der Prüfer vermutlich versucht, an die Mitgliedschaft von Engelke und Lersch im „Bund der Werkleute auf Haus Nyland" anzuknüpfen, dessen Ziel „eine Erneuerung des geistigen Lebens nach dem Bauhütten-Muster im romantischen Mittelalter"[186] war.

Insgesamt ist festzustellen, daß auch die Schüler(innen) dieses Abiturjahrganges umfangreiche und historisch weit gestreute Literaturkenntnisse nachwiesen. Abgestimmt auf die politischen Erwartungen wurde es notwendig, geschichtliche Kontinuitäten zu konstruieren und auf Alltag und Zukunft des NS-Staates, sprich Militarisierung des Bewußtseins, orientierte Verhaltensschemata einseitig interpretativ zu isolieren. Die der Heimatbewegung entnommene Literatur förderte beschreibend gesellschaftliche Klischees. Unterschiede zu einer sich als nationalsozialistisch verstehenden Interpretation zeigten sich, wenn George und Moeller van den Bruck als Systembestandteile interpretiert wurden, ohne deren „Vorläufigkeit" inhaltlich zu erfassen. Offensichtlich wurde - auch durch die teilweise

---

[184] Prestel, Josef, Deutsche ..., a.a.O., S. 177
[185] Entsprechend wird der „leidenschaftliche Dienst an der Volksgemeinschaft" dieses Mitgliedes der „Deutschen Dichterakademie" in einem Nachruf gewürdigt (Maus, Theodor, Heinrich Lersch. Zum Gedächtnis, in: ZfDB 12 (1936), S. 498-502).
[186] Bormann, Alexander von, Lyrik, in, Bormann, Alexander von u.a. (Hrsg.), Weimarer ..., a.a.O., S. 247

geforderte Herausarbeitung antisemitischer Inhalte - ein Bezug zum Nationalsozialismus erwartet., was aber im Gegensatz stand zu den schulinternen Themenstellungen in Oberprima.[187]

Abitur 1937 (Prüfer: Studienrat Dr. Ferdinand Hammerschmidt und Studiendirektor Dr. Heinrich Steinrücke)

Mit Erlaß vom 30.11.1936 hatte Minister Rust ab Ostern 1937 die Schulzeit auf zwölf Jahre verkürzt.[188] Für die Primen brachte dies einschneidende Änderungen im Abiturbereich: Zwar hatten die Oberprimaner(innen) in ihren obligatorischen Aufsätzen zum Lebenslauf und Bildungsgang noch Wünsche bezüglich der schriftlichen Abiturfächer geäußert, doch wurde nun für die um einen Monat auf Anfang Februar 1937 vorgezogene Abiturprüfung auf einen schriftlichen Anteil

---

[187] Die vorbereitenden Aufsatzthemen in Oberprima ließen den Schüler(inne)n wiederum durchgängig die Chance, sich auf klassische Aufgaben zu beschränken:
1. Kl(assenarbeit)
   a) Thema aus Faust.
   b) Die Bedeutung des Flugzeugs für unsere Zeit.
   c) Warum nennen wir Friedrich II. den Großen?
   d) Welche Frauengestalt der Ibsenschen Dichtung gefällt mir am besten und warum?
2. Kl(assenarbeit)
   a) Welche Gründe bewegen den Gr. Kurfürsten im „Prinz von Homburg" zur Verurteilung, welche zur Begnadigung des Prinzen?
   b) Reifung des Prinzen im „Prinz von Homburg."
   c) Kleist, der ewige Wanderer.
   d) Romantik: Heimkehr der Ibsenschen Seele zu sich selbst.
   e) Warum stößt das 3. Reich im Auslande auf soviel Mißverständnisse und Feindschaften?
   f) Das Hilfswerk „Mutter und Kind". Voraussetzungen, Ziele, Leistungen.
3. H(aus)a(rbeit)
   a) Der Jahreslauf im Brauchtum meiner Heimat.
   b) Kunstdenkmäler meiner Heimat, mit Bildern.
4. Kl(assenarbeit)
   a) Hat der Film „Liebe, Tod und Teufel" tieferen Sinn?`
   b) Land und Leute von Westfalen in der Dichtung der Droste.
   c) Der Ehrbegriff als Quelle der Tragik in Hebbels, Maria Magdalena.
   d) Wir sind nur Glieder einer Kette.
5. Kl(assenarbeit)
   a) Ringendes Deutschtum jenseits der Grenzen.
   b) Vor- und Nachteile des Landlebens für meine Entwicklung.
   c) Was hat die Dichtung des Realismus dem Deutschen von 1935 noch zu sagen?
6. H(aus)a(rbeit)
   Mein Lebenslauf und Bildungsgang
   (Schularchiv, Jahresberichte, Schuljahr 1935/36)
[188] abgedruckt in: Deutsche Wissenschaft ... 1936, S. 525

verzichtet. Einschneidender waren die Vorgaben für die Unterprimaner, deren Schulzeit um die Oberprima verkürzt und deren Abiturprüfung - wieder nur mündlich - auf Mitte März 1937 festgelegt wurden.

Diese „Übergangsmaßnahmen" reduzieren die vorhandenen Abiturunterlagen über Schüler(innen)leistungen auf die Protokolle der mündlichen Prüfungen, wobei inhaltlich die Prüfungen der Unterprimaner auf den Unterrichtsstoff der Oberprimen nur sehr begrenzt abheben konnten, da dieser laut Erlaß nur „in den wesentlichsten Grundzügen"[189] zusätzlich in den Monaten Dezember 1936 bis Februar 1937 erarbeitet werden sollte und konnte.

Von den Prüfungen (Fachlehrer Dr. Ferdinand Hammerschmidt) der Oberprimaner(innen) liegen für das Fach Deutsch sechs Protokolle von mündlichen Prüfungen vor. Das erste Aufgabe behandelte „Die Entwicklung Friedrich des Großen in Ernsts Bühnenstück 'Preußengeist' zum preußischen Herrscher". Protokoll:

> „... zeigt den Gegensatz Vater - Sohn, Flucht des Sohnes. Ausgang. Kattes Schicksal erschütterte Friedrich. Er veränderte sich, opferte seine Neigungen und näherte sich den Ansichten des Vaters. Pflichtbewußtsein. - Wußte Katte, daß er sein Leben aufs Spiel setzte? r(ichtig) b(eantwortet)
>
> Andere echte 'Preußen'? Yorck
>
> Warum? wird ausreichend beantwortet. Pflichtbewußtsein; der Staat kommt zuerst.
>
> Andere Dichtungen über Friedrich den Großen? Minna von Barnhelm.
>
> Welche Rolle spielt Friedrich der Große darin? r. b."

Paul Ernsts Drama, das 1915 uraufgeführt worden war, setzte sich nicht mit den Fragen der Zeit auseinander, sondern es wandte sich zurück zu „klareren" Verhältnissen, die geprägt waren von Pflichterfüllung und Gehorsam. Katte, der bereit war, seinem Freund dem Kronprinzen zuliebe, den Fahneneid zu brechen, wird deswegen zum Tode verurteilt und hingerichtet. Friedrich ist Zuschauer der Hinrichtung, deren Erleben in ihm Pflichtbewußtsein weckte.

Die sich ausdrückende Verherrlichung heroischen Verhaltens und von Unterordnung unter die Staatsaufgaben wurde in der Prüfung nicht erkennbar thematisiert. Doch auch der Hinweis auf „Yorck" wies Kenntnisse über Ernsts Preußendramen auf, die Walther Linden als die „völkisch bedeutsamsten"[190] Dramen Ernsts ansah. Mit Ernst hatte Hammerschmidt auf einen Dramatiker zurückgegriffen, der noch stärker als klassische Interpreten „Staatsräson" als „überpersönliche(s) Le-

---

[189] ebd.
[190] Linden, Walther, Paul Ernst. Das dichterische Werk, in: ZfDK 50 (1936), S. 217

bens- und Schicksalsgesetz"[191] verkündete und dem der Fachkollege „hohe sittliche, dann auch religiöse Ziele"[192] zuschrieb.

Die übrigen fünf Deutschprüfungen hatten als Aufgaben:

- „Zeichnen Sie die Entwicklung des Prinzen von Homburg (Kleist) in wesentlichen Zügen auf!"

- „Wozu fühlt Ibsens Brand sich berufen? Wie wird er seiner Berufung gerecht?"

- „Wie kommt Faust zu seinem Tatgesetz, dem Gesetz seines Lebens, und wie wird er diesem Gesetz gerecht?"

- „'Agnes Bernauer' von Hebbel, eine dramatische Gestaltung des Konfliktes individualistischer Lebensführung und der Verpflichtung zum Staat."

- „Veranschaulichen Sie nach Hans Johsts 'Schlageter' ein Bild des Nachkriegsdeutschland."

Da diese Themen in ähnlicher Formulierung schon in früheren mündlichen oder schriftlichen Prüfungen gestellt worden waren und ihre konkrete Bearbeitung diesmal - nach den Protokollen - keine neuen Aspekte aufwies, wird auf eine erneute Wiedergabe und Kommentierung verzichtet.

Im März 1937 fanden fünf mündliche Deutschprüfungen für die Unterprimaner (Fachlehrer Dr. Steinrücke) statt. Die Protokolle wurden teilweise sehr umfassend, für den Außenstehenden aber häufig inhaltsleer geführt.

Zum Thema „Ringende Jugend in der deutschen Dichtung" gibt das Protokoll wieder:

„... versucht die Darstellung des Themas im Anschluß an 'Mordenaars-Graf'. ... veranschaulicht fließend und im allgemeinen treffend. Der Sohn liebt den Vater, aber auch der Vater bringt aus Liebe große Opfer für sein Kind. Beim Tode zeigt sich des Vaters große Liebe. Der Tod läßt alles Innerliche aufbrechen, leider 'zu spät'. Darin liegt seine Tragik: Der Vater wird aus Liebe zu seinem Sohn ein Mörder.

Ringende Jugend auch in Storms Novelle 'Hans u. Heinz Kirch', auch in Schillers Drama Kabale und Liebe."

Die Novelle Mordenaars-Graf von Hans Grimm arbeitet weniger das Verhältnis eines Jungen zu seinem Vater heraus, sondern stellt den schicksalshaften Seelenkampf des Vaters dar. Der sieht sich gezwungen, seinen Sohn, der unerreichbar tödlich verletzt und von Geiern bedroht auf einem Felsabhang liegt, auf dessen Wunsch von den Qualen zu „erlösen". Erst in dieser tragischen Situation erkennt der Vater seine Liebe zu seinem Sohn. Sich von Gott verlassen fühlend sieht der Vater dann seinen Freitod als Sühnetod für seinen Rechtsverstoß an.

---

[191] ebd., S. 218. Zur Interpretation des Gesamtwerkes in der NS-Zeit siehe Langenbucher, Hellmuth, Volkhafte ..., a.a.O., S. 49-69

[192] Kahle, Wilhelm, Geschichte ..., a.a.O., S. 471

In der Interpretation von Thomas erhielt diese Novelle antichristliche Züge, da der Vater nicht „geschick- und gottergeben" handelt, sondern den Kindesmord als „sittliche Notwendigkeit" begriff „aus dem schicksalshaften Urtrieb heraus" und in „heroischer Einsamkeit" als „höchste Steigerung seiner Daseinsform" ein „tragisches Ende" wählte.[193]

Dem ähnlich gelagerten Vater-Sohn-Konflikt in Storms Novelle 'Hans und Heinz Kirch' lag die patriarchalische Verfügungsgewalt im Kleinbürgertum zugrunde, die den Sohn bedingungslos in die Aufstiegsorientierung einbindet und an der das Selbstwertgefühl des Sohnes zu zerbrechen drohte.[194]

In „Kabale und Liebe" sah Kahle neben sozialer Kritik am Adel auch erst in der Todesstunde „die Wahrheit", „das Gesetz der ewigen Gerechtigkeit", aufbrechen „und das Bekenntnis stammelt im Angesichte des Ewigen":

> „Sterbend erfüllen die Menschen den Traum der Größe, da ist alles an Hemmungen und Mißverständnissen klein geworden unter ihnen."[195]

Doch bliebt insgesamt die hergebrachte Ordnung durch die Todesstunden bestätigt.

Für das Thema „Volkhafte Dichtung der deutschen Gegenwart" wurde protokolliert: .

> „Die Arbeiterdichtung als solche Dichtung wird erläutert. Die Entstehung dieser Dichtung aus der Seele des Arbeiters. Als Kampfdichtung wird sie gekennzeichnet. Dichter dieser Entstehungszeit werden gewußt. Der Wandel dieser Dichtung in jüngster Zeit von der Kampfdichtung zu volkhafter Dichtung wird gefunden und mit einiger Hilfe gezeichnet: die Seele des Arbeiters zur Volksgemeinschaft bereit, selbst über Deutschlands Grenzen hinaus. Veranschaulicht durch ein Gedicht Maria Kahles. Die näheren Einzelheiten dieses Gedichtes nur wenig bekannt.

> Die deutsche Jugenddichtung: Dichtungen, die sich an die Jugend wenden, sie dem ideal der Volksgemeinschaft zuführen wollen. Dichter dieser Art sind bekannt. Baldur von Schirachs Dichtungen werden inhaltlich erläutert.

> Kriegsdichtungen, die das Kriegserleben lebendig erhalten. Tieferes Eingehen in diese Dichtungen gelingt nur mit Nachhilfe. Ein Gedicht von Walter Flex ebenfalls nur mit Nachhilfe.

> Die volkhaft-epische Dichtung der Gegenwart: von Beumelburg werden zwei Werke genannt. Es sind meist Kriegsromane. Die Haltung der Dichter zum Kriege: Ihre Verschiedenheit nicht bekannt. ... ist Beumelburg bekannt. Unter starker Führung gelangt

---

[193] Thomas, Anneliese, Mensch und Schicksal in Hans Grimms 'Mordenaars-Graf', in: ZfDB 13 (1937), S. 224ff.

[194] vgl. Liesenhoff, Carin, Novellen, in: Glaser, Horst (Hrsg.), Vom Nachmärz zur Gründerzeit: Realismus 1848 - 1880 (= Glaser, Horst (Hrsg.), Deutsche Literatur. Eine Sozialgeschichte, Bd. 7), Hamburg 1982, S. 170

[195] Kahle, Wilhelm, Geschichte ..., a.a.O., S. 234

er schließlich zu einer vertieften Kriegsauffassung: Menschenbildner. Welche Haltung hat Beumelburg? ... erkennt Beumelburgs sittlich sinnvolle Kriegsdeutung.

Volkhafte Bühnenkunst: Noch nicht voll entwickelt. ... kennt Johsts 'Schlageter', '18. Oktober', 'Preußengeist'."

Die abschließenden Fragen zur „höfischen Lyrik", Volksliedern, Romantik, Kirchenliedern, Sprache der Lyrik wurden nur bruchstückhaft beantwortet bzw. mit Nachhilfe, so daß diese Prüfung als „nicht genügend" qualifiziert wurde.

Auch wenn vom Prüfling nur wenige Namen stellvertretend für Teilbereiche volkhafter Dichtung genannt wurden, so wurde mit der westfälischen Heimatdichterin Maria Kahle eine Propagandistin des „Dritten Reiches" besonders beim Auslandsdeutschtum erwähnt[196] und mit Reichsjugendführer von Schirach, dem späteren Reichsstatthalter und Gauleiter, ein jugendlicher Lyriker herausgestellt, dessen spruchformhafte kämpferische Gedichte und Lieder als beispielhafte politische Dichtung galten und besonders anläßlich von Feiern vorgetragen wurden.[197]

Über Beumelburg wurde der Schüler „zu einer vertieften Kriegsauffassung" geführt, Krieg als „Lehre", als „Menschenbildung", als Schaffer des Frontsoldatentums.

„Ein Gefühlskreis bildet sich, der stärker ist als Heimat, Familie, Haus: die Gruppe, zu der die Frontkameraden gehören. Die Gruppe ist der kleine Kreis, und aus vielen kleinen Kreisen wird sich später vielleicht der große Kreis, das Ganze bilden",[198]

interpretiert Linden die Kriegswerke Beumelburgs. Die Zäsur Weltkrieg sollte Ausgangspunkt nationaler Erneuerung werden, die ihr Vorbild in den einfachen Sozialbeziehungen der Front hatte. Dieses Verständnis ermöglichte auch eine Verknüpfung der Gegenwart mit der Geschichte, wie an den genannten Vertretern volkhafter Bühnenkunst schon in anderen Prüfungen dargelegt und kommentiert wurde.

Diese Prüfung legte offen, in welcher Breite und mit welchen Intentionen sogenannte Gegenwartsliteratur, d.h. Literatur, die dem System funktional war, aber überwiegend aus der Kriegs- bzw. Nachkriegszeit stammte, in den Unterricht integriert wurde.

Ein weiteres Thema war die „Heimatdichtung". Das Protokoll verzeichnete:

---

[196] vgl. Kapitel C.III.2.h)

[197] vgl. Langenbucher, Hellmuth, Volkhafte ..., a.a.O., S. 565ff. „Die Lyrik der Gegenwart (ist die) Offenbarung der Ideen des Nationalsozialismus", so kennzeichnete Wychram, J., Hilfsbuch für den Unterricht in der deutschen Literaturgeschichte. Durchgesehen und fortgeführt von W. Topp, 26. Aufl. Bielefeld u.a.1938, S. 194, die Werke von Schirachs, G. Schumanns usw.

[198] Linden, Walther, Volkhafte Dichtung ..., a.a.O., S. 8

„Der Naturalismus hat die Heimatdichtung gefördert: er will den Menschen aus der Umwelt begreifen. Das Wesen der Heimatdichtung läßt sich aus Storms Schimmelreiter gut veranschaulichen. ... versucht zunächst, die Sprache der dortigen Landschaft herauszustellen, das Atmosphärische der Landschaft: Nebel, Meeresbrausen, Meeeresf ... (unleserlich, H.-G.B.), Kampf des Menschen mit dem Meer. Nordseelandschaft. Die Menschen der Landschaft: Kämpfer, wagemutige Fischer und Seeleute, Kampf mit dem Meer und seinen Gewalten. Sie fühlen sich abhängig von höheren Gewalten: gespenstergläubig ..., Tatmenschen, nicht Wortmenschen, deren Inneres aber voll warmen Erlebens ist. Das wird veranschaulicht durch Beispiele, die zeigen, daß ... mit dem Stoff vertraut ist, wenn auch Einzelheiten sich hier und da verschieben. Der Gespensterglaube wird näher beschrieben, dabei bleibt ... nicht ganz beim Thema, doch mit Nachhilfe gelingt die Beschreibung einigermaßen.- Das Kämpferische bei der Hauptperson? Wird eingehend veranschaulicht aus dem Leben und Arbeiten seiner Jugendzeit, durch Darstellung seines Geltungsdranges und seines Selbstgefühls, durch Erwähnung seiner Arbeitsleistung als Knecht, durch Erläuterung seines Kampfes um das Deichgrafenamt.- Worin liegt die Tragik seines Lebens? ... kommt mehr vom Äußerlichen zu ihrer Erfassung. Unter Nachhilfe gelingt ... dann doch an das Wesentliche: der stetige Kämpfer scheitert durch einmaliges Versagen." (Abschließend wird der Prüfling über Novellen, ihrer Beziehung zum Drama und „tote" und „lebendige" Sprache kurzschrittig geprüft.)

Die Verwurzelung der Menschen in der Landschaft und eine sich zeigende Prägung des Charakters durch die Natur wurde in der NS-Zeit als Vorläufer der Heimatdichtung protegiert, da sie Elemente einer Blut- und Bodenideologie enthielt. Heimat konnte nur der ländliche Bereich sein, der den Kampf mit der Natur ermöglichte als Hort der Tradition - auch in Kontrast zur wachsenden Industriegesellschaft. So mußte der Schüler auch die kämpferische Leistung des heroischen Einzelmenschen gegen die Natur herausstellen, wohingegen sein tatkräftiges Aufbegehren - eigennützig, aber auch aufklärerisch - gegen die Mitmenschen und ihren Aberglauben und ihre provinzielle Engstirnigkeit kaum Beachtung in der Prüfung fanden. Das tragische Scheitern wird erklärt als „Versagen", was einen lösbaren Konflikt suggerierte und so in Distanz zum Schicksal stand.[199]

Das Thema „Faust oder Egmont?" der Abiturprüfung verlangte vor allem eine Auseinandersetzung mit Goethe. Protokoll:

„Egmont wird dargestellt als optimistischer Fatalist. Im allgemeinen flüssig veranschaulicht. Faust als Tatmensch ist zeitgemäßer. Sein Tatmenschentum ist total im Hinblick auf das Ziel: wird einsichtsvoll erläutert, total im Hinblick auf die Kraft, die Mittel: wird mit leichter Nachhilfe herausgestellt und gut in andere sittliche Haltungsweisen hineingestellt, namentlich in die Haltungsweise des Christentums.

Fausts Individualismus führt schließlich zu einem geschichtsgebundenen Persönlichkeitsideal: Auf freiem Grund in freiem Volk zu stehen, ist sein Streben gewesen, ist

---

[199] vgl. Kahle, Wilhelm, Geschichte ..., a.a.O., S. 406, der auf die „christentumfeindliche(n) Züge" der Stormschen Novellen hinwies.

Leistung am Ende seines Lebens. Die zusammenfassende Vergleichung Egmonts und Fausts wird kurz und treffend gegeben. Germanischer Schicksalsglaube wird in Beziehung zu Egmont gebracht, sein Schicksalsglaube ist nicht kämpferisch wie der germanische. Egmont ist Persönlichkeitsoffenbarung Goethes. Das weiß ... kundig zu belegen und zu erläutern. Goethe war auch Schicksalsoptimist.

Stufen der Vollendung Faustens: Wissenschaft, Magie: nach dem Verstand vertraut Faust mehr dem Gefühl ..., Liebe: Versuch der Ewigkeitsumfassung, scheitert, weil Ewigkeitshunger und Fraulichkeit tragisch zusammenstoßen.

Über die literaturgeschichtliche Entstehung der Fausttragödie berichtet ... aus gutem Kenntnisschatz. Insbesondere weiß er um die Wendung der deutschen Faustsaga seit Lessing und Goethe. Vortrag des Monologs Faust I.

Die Bedeutung des Monologs im Gesamtverlauf des Stückes wird einsichtsvoll herausgearbeitet. Einblicke von hier in Goethes Lyrik gelingen."

Die Charakterisierung Egmonts als „optimistische(n) Fatalist(en)" durch den Schüler ordnete sich in die Persönlichkeitsbestimmung durch StR Dr. Hans Friese ein, der als Hauptzüge „soldatische Tapferkeit, überlegenes Führertum, hochherzige Volksverbundenheit, Herzensgüte, Offenheit, Vertrauen auf ein gütiges über ihm waltendes Geschick, unbedingte Lebensfreude, sorglose Heiterkeit und eine allem Grübeln abholde Instinktsicherheit"[200] sah. Der interpretative Spielraum zeigte sich im Vergleich zur Einschätzung aus katholischer Sicht:

„Es ist kein politisches und erst recht kein republikanisches Trauerspiel, es geht wohl um die Freiheit, die alten Rechte und die Religionsfreiheit, aber im Vordergrund der Teilnahme steht doch der ganz unpolitische Egmont, der allerdings in der Stunde der Bewährung nobel zu sprechen und zu sterben weiß, der jedoch nicht kämpferisch zu leben wußte. ... Er hat zwar viel Liebenswürdiges, aber nichts Großes und Zwingendes an sich."[201]

Mit Linden, der Goethe als „Träger nordisch-germanischen Geistes"[202] vorstellte und in „Egmont" „die Grundform germanisch-volkhafter Staatsanschauung"[203] erkannte sowie in „Faust" „eine nordisch-germanische Weltdichtung von religiöser Tiefe und unauslöschlicher menschlicher Bedeutsamkeit" - „das große Mysterium nordisch-germanischen Lebensringens"[204] - sah, wurde die herkömmliche Beto-

[200] Friese, Hans, Goethes Egmont - ein Vorkämpfer der Volkheit, in: DDHS 5 (1938), S. 336
[201] Kahle, Wilhelm, Geschichte ..., a.a.O., S. 240
[202] Linden, Walther, Goethe ..., a.a.O., S. 185
[203] ebd., S. 187. Dieser Aspekt fand bei Friese, Hans, Goethes ..., a.a.O., S. 338, eine interpretative Ausweitung zum „völkischen Freiheitsdrama", in dem Vorstellungsgehalte „der Begriffe der Rasse, der Volksheit, der Volksverbundenheit, des Führertums" antizipiert worden seien.
[204] Linden, Walther, Goethe ..., a.a.O., S. 189. Goethes natürliche Weltfrömmigkeit hatte für Kahle Berührungspunkte zum Christentum, was sich teilweise im „Faust" zeige: „Faust ist also in seiner Selbstherrlichkeit und reinen Diesseitsgesinnung, in seiner Ablehnung Christi alles andere als ein Christ. Doch ist Goethe, dem Kenner der Frauenseele, die Zeichnung

nung der Menschheits- und Persönlichkeitswerte dieser klassischen Bildung reduziert und durch ihre „geschichtlich bedingte Einseitigkeit" relativiert sowie die Person Goethes als nur noch „vorgängige Synthese deutschen Wesens" eingeschränkt, die aber „viele Wesensgrundlagen des unerschütterlichen und ewigen, weil bluthaft-rassisch bedingten Deutschtums"[205] aufweise.

In diesem Sinne thematisierte die Prüfung nur, in welchem Werk Goethes eine tiefere Beziehung zum Nationalsozialismus vorhanden war - u.a. mit einem nationalsozialistischen Kriterium, dem germanischen Schicksalsglauben. Doch stand dies im Einklang mit dem in der didaktischen Diskussion erkennbaren Bemühen, immer wieder neue nationalsozialistische Ideologieelemente in Goethes Werken festzustellen - auch in Abgrenzung zu fortdauernden „konservativen", „nicht nachprüfbaren" und „schlagwortartig(en)"[206] Interpretationen.

Im Mittelpunkt der letzten Prüfung schließlich standen „Führergestalten in der deutschen Dichtung". Der Prüfling erwähnte zahlreiche Werke bzw. Hauptpersonen: Tellheim, Hermann, Prinz von Homburg, Philatos, Schlageter und Oberst Bauer im „18. Oktober", an dessen Person er Führereigenschaften erläuterte. An der mit Nachhilfe herausgearbeiteten allgemeinen Kennzeichnung des Führers: „Der Führer muß eine überragende geistige und sittliche Überlegenheit haben", wurde in der Prüfung offengelegt, daß Bauers Gestalt als Beispiel „sich nicht gut eignet", so daß der Schüler an „Hermann" aus der Hermannsschlacht (Kleist) „die überragenden sittlichen und geistig-verstandesmäßigen Eigenschaften", u.a. „Aufopferungsfähigkeit" und „Verzicht auf Herrschaft", belegte.

Beide vom Schüler herangezogenen Werke waren schon Gegenstand früherer Prüfungen und wurden dort entsprechend analysiert und kommentiert.

Die Themen dieser Prüfungsgruppe, die immerhin ein Jahr weniger Oberstufenunterricht erhalten hatte, wichen nicht substantiell von anderen Prüfungsjahren ab. Die in früheren Prüfungen weniger beachteten Aspekte volkhafter Dichtung und Heimatdichtung können auch durch den Fachlehrer bedingt gewesen sein.

---

einer wahrhaft christlichen Gestalt gelungen. Die einzige echt christliche Figur im Faust ist die Sünderin Gretchen. Nicht nur äußerlich betätigt sie ihre Frömmigkeit in Kirchgang, Beichte, Gebet am Marienbild, sie ist auch vom Glauben durchdrungen." (Kahle, Wilhelm, Geschichte ..., a.a.O., S. 286)

[205] Linden, Walther, Goethe ..., a.a.O., S. 185

[206] Lorentz, Paul, Goethes Weltanschauung im deutschen Unterricht, in: ZfDK 51 (1937), S. 177-184; Obenauer, Karl Justus, Goethezeit und Goethe. Ein Literaturbericht, in: ZfDK 51 (1937), S. 249-254, und derselbe, Goethe-Romantik. Literaturbericht, in: ZfDB 14 (1938), S. 439-441

Zusammenfassung und Bewertung

Die vorgenommene Darstellung und Analyse der Abiturthemen und -aufsätze läßt eine allgemeine Affinität zu nationalsozialistischen Grundhaltungen erkennen, die sich nicht erst mit der Durchsetzung des nationalsozialistischen Systems ausprägte, sondern schon 1934 deutlich zu erkennen war. Auch wenn der skizzierte Wertewandel der Deutschkunde erst später explizit formuliert wurde, zeigten sich in den Schüler(innen)arbeiten schon ansatzweise Elemente dieser geforderten Interpretationen - weitgehend nur zu erklären mit unterrichtlichen Gegebenheiten. Aus dem „klassischen Erbe" wurden teilweise neue Werke bevorzugt bzw. ausgewählt, die neue Interpretationen, die Elementen der nationalsozialistischen Ideologie entsprachen, 'besser' zuließen. Konkret waren dies u.a.: Heldenideal, Führer-Gefolgschaft, Gemeinnutz vor Eigennutz, Soldatentum usw. unter der Perspektive idealistischer Dienst und Opferbereitschaft. Zudem waren diese Elemente, die auch der propagierten Kriegsliteratur leicht zu entnehmen waren, dem Katholizismus nicht fremd.

Man muß sich vergegenwärtigen, daß die ersten analysierten schriftlichen Deutschprüfungen schon im Frühjahr 1934 stattfanden und daß deren Themen Ende 1933 formuliert worden waren sowie daß die entsprechende unterrichtliche Vorbereitung schon im Laufe des Jahres 1933 erfolgt war. Möglich waren die neuen Prüfungsinhalte nur, weil man in den der Deutschkunde nahestehenden bürgerlichen Kreisen schon früh in konservativer kulturkritischer Form die gesellschaftlichen Gegensätze und politischen Entwicklungen in der Weimarer Republik, die sich auch in der Literatur(kritik) spiegelten, reflektiert hatte:

> „Die echte Wirkungssphäre des dichterischen Wortes ist bedroht durch die mechanisierte Kunst des Films und des Rundfunks, die Amerikanisierung des Kulturgefühls ebenso wie durch den von Rußland andringenden Kollektivismus mit seinem die Form verachtenden Proletarierpathos. Von daher gewinnt heute die Tradition, die Provinz und der vielgeschmähte Geist des Bürgertums eine neue Wertbeständigkeit, nicht als Hort der Reaktion, sondern als unverlierbarer Untergrund in der zermalmenden Umformung und Umschichtung der Stände, Länder und Gesinnungen, eine unausrottbare Kultursubstanz, aus der der neue Realismus der Zeit richtungsweisende Kräfte zieht."[207]

Von dieser von Pongs aufgezeigten Basis, deren Tenor sich in den Publikationen der Fachlehrer spiegelte, war es nur ein kleiner Schritt, die von den Nationalso-

---

[207] Pongs, Hermann, Vom Naturalismus bis zur neuen Sachlichkeit, in: Korff, H. A., Linden, W. (Hrsg.), Aufriß der deutschen Literaturgeschichte nach neueren Gesichtspunkten, Leipzig u.a. 1930, S. 217. Pongs war seit 1929 o. Professor in Stuttgart und später Mitherausgeber von „Volkstum und Dichtung".

zialisten erwartete Umbewertung mitzumachen bzw. zu forcieren - unter formaler Wahrung des „klassischen Erbes". Denn eine Literatur, die den Nationalsozialisten als marxistisch, liberalistisch, dekadent, pazifistisch, erotisch oder psychoanalytisch erschien und somit ausgesondert werden sollte, gehörte sowieso nicht zum Fundus deutschkundlich orientierter Lehrer - auch nicht in Rüthen.

Daneben war sicher bedeutsam, daß viele Germanisten sich schon lange als „Erzieher und Werteverkünder" (Schnaber) verstanden und der traditionellen „Deutschtümelei" nahestanden und nach 1933 - besonders in der Anfangsphase des Nationalsozialismus - verbesserte Umsetzungsmöglichkeiten nationalistischer und völkischer Interpretationen wahrnehmen konnten und wollten. Entscheidend in diesem Zusammenhang waren geistige Traditionstatbestände aus dem 18. und 19. Jahrhundert, die den Einklang mit Elementen der nationalsozialistischen Ideologie erleichterten: Irrationalismus, Anti-Pluralismus, Natur- und Gemeinschaftsromantik, Anti-Liberalismus. Sie konnten in der Weimarer Republik popularisiert und zu einem „völkisch-totalitären Anspruch" erweitert werden, der die Deutschkundler zu „Wegbereitern des Faschismus"[208] machte.

Daß in den Abituraufgaben nie direkt auf Hitler Bezug genommen wurde und auch andere Exponenten des Regimes wie Schirach, Rosenberg, Baeumler usw. keine Erwähnung fanden, kann allein nicht als Beleg für eine „Verweigerung des Deutschlehrers"[209] gelten. Bedeutsamer ist die geringe Möglichkeit für die Schüler(innen), in der schriftlichen und mündlichen Abiturprüfung einer Uminterpretation der Klassik mit historisch-politischer Akzentuierung bzw. einer völkisch-nationalen Aufgabenstellung auszuweichen, was in den vorbereitenden Klassenarbeiten, die keiner direkten behördlichen Kontrolle unterlagen, noch eher ermöglicht worden war. Die völkisch-nationale Aufgabenstellung, die 1932/33 in Rüthen noch nicht zum eher konservativ-christlichen Standardrepertoir gehörte hatte, war aber genauso wie die Kriegsliteratur zu diesem Zeitpunkt an anderen Schulen schon verbreitet. Insofern war ein Bruch in Rüthen, d.h. die Änderung der Anforderungen als Folge der Machtübergabe ausweislich der Abituraufgaben für 1934 klarer feststellbar.

---

[208] Dithmar, Reinhard, Der Deutschunterricht ..., a.a.O., S. 27

[209] Dithmar erkennt eine derartige Haltung der Deutschlehrer aufgrund der Tatsache, daß die ideologische Essayistik des Nationalsozialismus nur einen minimalen Anteil im Lektürekanon der Oberstufe von 18 Berliner Jungenschulen eingenommen hat (vgl. Dithmar, Reinhard, Richtlinien und Realität. Deutschunterricht im Gymnasium nach der Machtergreifung, in: Dithmar, Reinhard (Hrsg.), Schule und Unterricht im Dritten Reich, a.a.O., S. 32).

Andererseits ist aber nicht zu erkennen, daß unterrichtlich direkte rassistische Positionen dominierten, die das Volk auf eine „Blutsgemeinschaft" reduzierten. Insgesamt 'strahlten' viele Schüler(innen)bearbeitungen eine fast eschatologische Gewißheit aus, der fast religiöser Charakter zukam, was nicht auf eine gegenteilige Überzeugungskraft der Lehrer schließen läßt. Andere erklärende Hinweise geben zwei Schüler des Abiturjahrgangs 1935:

> „Auf nationale Belange wurde nach 1933 Wert gelegt. Was wir geschrieben haben bzw. was wir schreiben mußten, da haben wir den 'Adolf' so gelobt. Es wurde erwartet. Wer das nicht machte, hatte einen Makel, war in Gefahr abzugehen. Aber auch die Lehrer standen unter Druck."[210]

Aufgrund der zu konstatierenden „didaktischen Umbiegung" (Behr) und der inhaltlich völkischen Ausrichtung besonders der Klassik auch durch das Lösen von Texten aus ihren spezifischen Bezügen, der Uminterpretation reformpädagogischer Begrifflichkeiten und der Verherrlichung von Krieg, Opfer und Pflicht muß für den untersuchten Zeitraum festgestellt werden, daß eine Gleichsetzung der Deutschkunde mit dem nationalsozialistischen Erziehungsideal mehr als nur partiell vorhanden war,[211] da sich für die Schüler(innen) ein geschlossenes Bild ergab, in dem der Nationalsozialismus den Endpunkt einer historischen Entwicklungslinie darstellte. Die geforderte aktualisierende Bezugnahme ließ für viele nationalsozialistisch genutzte Termini eine Problematisierung bzw. Hinterfragung obsolet erscheinen, so daß häufig in den Schüler(innen)arbeiten undifferenzierte Vergleiche genutzt wurden, ohne zu kritischen Anmerkungen des Fachlehrers zu führen. Angesichts der gegenüber dem Nationalsozialismus euphorischen Grundhaltung dieser Fachlehrer zu diesem Zeitraum ausweislich ihrer biographischen Skizzen kann dies kaum erstaunen.

Grundsätzlich bleibt aber erwähnenswert, daß im literarischen Teil des Deutschunterrichts insgesamt eine gewisse Kontinuität nicht nur suggerierende Fortführung des bildungsbürgerlichen Literaturkanons erfolgte, was auch schon die oben abgehandelte didaktische Diskussion gezeigt hatte.[212]

---

[210] PAB, Interview Bittern

[211] Insofern kann man der Einschätzung von Hopster, Norbert / Nassen, Ulrich, Literatur und Erziehung im Nationalsozialismus, Paderborn u.a. 1983, die zwar eine Änderung der Deutschkunde konstatieren, aber auf einer nur partiellen Übereinstimmung beharren, nicht vollständig folgen.

[212] Klönne, Arno, „Heimkehr zu Goethe"?, in: Diskussion Deutsch 19 (1988), weist darauf hin, daß auch die Hitlerjugend in ihren kulturellen Aktivitäten und Konzepten mit dem „klassischen Bildungsgut" nicht gebrochen habe, wenn man von den antisemitischen Ausgrenzungen absehe (vgl. S. 148f.).

b) Geschichte

Fachdidaktische Diskussion

Im folgenden soll die didaktische Diskussion, wie sie sich besonders in der führenden Fachzeitschrift der Geschichtslehrer „Vergangenheit und Gegenwart" (VuG), die auch an der Rüthener Aufbauschule gehalten wurde, zeigte, für die Weimarer Republik und die ersten Jahre im Nationalsozialismus als Beurteilungsfolie für die Abituranforderungen nachvollzogen und ergänzend für katholisch geprägte Didaktik auf den renommierten Studienrat Schnee abgehobenen werden. Schon in der Vorkriegszeit hatten sich in der 1911 gegründeten Zeitschrift VuG und dem 1913 gegründeten „Verband deutscher Geschichtslehrer" (VdG) Vorbehalte gegen eine Instrumentalisierung des Geschichtsunterrichts durch den Staat gezeigt, deren Basis aber eine konservativ-nationale Grundhaltung der akademisch gebildeten Lehrer und ihre bürgerliche Herkunft waren. Das erfolgreiche Bemühen um die Wahrung eines auch dem neuen demokratischen Staat gegenüber distanzierten Geschichtsunterrichts zeigte sich nach dem als traumatisch erfahrenen Erlebnis der Revolution 1918/19 im erfolgreichen Widerstand gegen das von Minister Haenisch (SPD) verfügte Verbot der Nutzung der alten Geschichtsbücher.[213] Die nationale Grundhaltung, aus der heraus die „bis fast zum letzten

---

[213] vgl. Erlaß vom 6.12.1919, Zentralblatt ... 1919, a.a.O, S. 672f. Den Anspruch, der aus dem „Geist" der Umwälzung abgeleitet wurde, aber auch die auftretenden Probleme kennzeichnete der von Minister Hoffmann (USPD) herausgegebene Erlaß vom 15.11.1918:

„1. Wo bisher der Geschichtsunterricht mit anderen Lehrfächern dazu mißbraucht wurde, Volksverhetzung zu betreiben, hat solches in Zukunft unbedingt zu unterbleiben, vielmehr einer sachgemäßen kulturhistorischen Belehrung Platz zu machen. Alle tendenziösen und falschen Belehrungen über den Weltkrieg und dessen Ursachen sind zu vermeiden.

2. Aus den Schulbibliotheken sind alle Bücher zu entfernen, welche den Krieg an sich verherrlichen.

3. In keinem Unterrichtsfache sind seitens der Lehrkräfte abfällige oder entstellende Bemerkungen über die Ursachen und Folgen der Revolution sowie der gegenwärtigen Regierung zu äußern, welche geeignet sind, bei der Schuljugend das Ansehen und die Errungenschaften dieser Volksbefreiung herabzuwürdigen.

4. Es hat seitens der Schulleiter und Lehrer im Verkehr mit der Jugend alles zu unterbleiben, was geeignet ist, die Stimmung zu einer Gegenrevolution (besonders auf dem flachen Lande) zu schüren, da solches Vorgehen im jetzigen Augenblick die größte Gefahr eines Bürgerkrieges für unser Volk in sich birgt." (Zentralblatt ... 1918, a.a.O., S. 708)

Vgl. zum Gesamtzusammenhang Leidinger, Paul, Der Verband deutscher Geschichtslehrer (1913-1934) in der Bildungspolitik seiner Zeit, in: Leidinger, Paul (Hrsg.), Geschichtsunterricht und Geschichtsdidaktik vom Kaiserreich bis zur Ge-

Kriegstag" auch in den Schulen verbreitete Siegeseuphorie zu erklären ist[214], als auch das verbreitete Wissenschaftsverständnis, das in einem voraussetzungslosen Geschichtsunterricht mündete, dienten objektiv der Absicherung konservativer Positionen im Geschichtsunterricht, auch wenn der Blickwinkel als überparteilich, gleichsam von außen, angesehen wurde.

Die Tendenz der Ausklammerung politischer, sozialer und ökonomischer Entwicklungen und ihrer Verflechtungen personifizierte sich in Fritz Friederich[215], dem (Mit-)Herausgeber von VuG zwischen 1911 und 1934, und spiegelte sich in den Beiträgen der Zeitschrift, die sich nur punktuell dem Weimarer Pluralismus öffnete, sondern auf dem „positivistische(n) Dogma der einen historischen Wahrheit"[216] beharrte. Als Ziele des Geschichtsunterrichts und damit als Werteprofil ermittelte Jochen Huhn:

„Ehrfurcht, Pflichtbewußtsein, Verantwortungsbewußtsein, Bereitschaft zum Dienst, Opfer, Sich-einordnen, Glaube und Gefühlsbindung an Volksgemeinschaft, Vaterland und Staat"[217],

die kaum in ihrer Gesamtheit zu einer demokratischen Grundeinstellung geprägt von Toleranz und Freiheit führen konnten.

Die Ablehnung soziologischer Kategorien verhinderte das Erkennen der politischen Funktion der eigenen Wertentscheidungen und damit eine Problematisierung der eigenen „Unabhängigkeit".[218] Insofern fand auch die von der Weimarer Reichsverfassung geforderte Beachtung der Staatsbürgerkunde, obwohl sie sich

---

genwart. Festschrift des Verbandes der Geschichtslehrer Deutschlands zum 75jährigen Bestehen, Stuttgart 1988, S. 30

[214] vgl. Schneider, Gerhard, Geschichtsdidaktik und Geschichtsunterricht am Ende des Kaiserreichs (vorwiegend in Preußen), in: Leidinger, Paul (Hrsg.), Geschichtsunterricht ..., a.a.O., S. 64

[215] vgl. Huhn, Jochen, Fritz Friederich (1875-1952), in: Quandt, Siegfried (Hrsg.), Deutsche Geschichtsdidaktiker des 19. und 20. Jahrhunderts. Wege, Konzeptionen, Wirkungen, Paderborn u.a. 1978, S. 257-279

[216] vgl. Riekenberg, Michael, Die Zeitschrift „Vergangenheit und Gegenwart" und die Organisation der deutschen Geschichtslehrer (1911-1944), in: Leidinger, Paul (Hrsg.), Geschichtsunterricht ..., a.a.O., S. 129

[217] Huhn, Jochen, Geschichtsdidaktik in der Weimarer Republik, in: Leidinger, Paul (Hrsg.), Geschichtsunterricht ..., a.a.O., S. 91

[218] vgl. Huhn, Jochen, Geschichtsdidaktik ..., a.a.O., S. 94. Weder Deutschkunde noch geisteswissenschaftliche Didaktik fanden vor diesem Hintergrund großen Einfluß - auch nicht in dem Versuch einer Verbindung, um die sich Peters, Ulrich, Die erzieherischen Werte des Geschichtsunterrichts, in: ZfDB 4 (1928), S. 123-130, bemühte. Peters war 1926 Direktor der pädagogischen Akademie Kiel geworden und wurde dort 1928 zum Professor ernannt. Er setzte sich als Geschichtsdidaktiker für eine eher poetische Geschichtsbetrachtung ein.

auf eine „Einführung in die Reichsverfassung" reduzierte[219], ihre Grenzen in einer zu vermittelnden allgemeinen „Staatsgesinnung", die weiterhin auf „Führerpersönlichkeiten" abhob.[220] Aspekte der Weimarer Republik, der Demokratie, des Parteienstaates, der Industrialisierung und ihrer sozialen Folgen sowie der Arbeiterbewegung fanden keine (neuen) Antworten - außer kulturpessimistischen, die schon in der Vorkriegszeit diskutiert worden waren.

Gegenüber diesen Grundtendenzen bei den meisten Geschichtslehrern war die Stellung des Bundes der Entschiedenen Schulreformer isoliert, da die Mitglieder die ökonomischen, sozialen und politischen Zusammenhänge reflektierten und für den Geschichtsunterricht nutzbar machen wollten. Diese Position kann, da sie aus dem bürgerlichen Umfeld der Geschichtslehrer entstanden ist und die politischen Verhältnisse nicht umfassend überwinden wollte, durchaus als Beurteilungsmaßstab für demokratisches Engagement innerhalb des Systems und als möglicher Entwicklungsweg aufgezeigt werden. Radikaldemokratisch und kultursozialistisch setzten sich die Mitglieder des Bundes für die Demokratie ein und befanden sich - parteipolitisch kaum vereinnahmbar - im Spannungsfeld um SPD und KPD. Von diesen Reformer(inne)n profilierte sich zum Geschichtsunterricht besonders Georg Siegfried Kawerau, der sich mittels soziologischer Einsichten u.a. „Fragen nach Herrschaft, Machtkontrolle, Beteiligung der Arbeiterschaft, Entscheidungsfindung" aufgrund der industriellen Entwicklung neu stellte.[221]

Kawerau setzte sich besonders für Völkerversöhnung ein und forderte in diesem Zusammenhang eine Überarbeitung der Geschichtsbücher mit dem Ziel der Herausnahme aller Unwahrheiten bzw. der Hereinnahme verschwiegener wichtiger Tatsachen, Vermeidung doppelter Moral und generalisierender Werturteile, um auch die Akzeptanz der Weimarer Republik zu erhöhen und so verstärkte Mitarbeit im Staat zu erreichen.[222] Geschichtsdidaktisch relativierte Kawerau die Bedeutung „großer Männer" auch zugunsten sozialer, ökonomischer, politischer und kultureller Bedingungen und wies mit der Forderung nach kritischer Behandlung

---

[219] vgl. Zentralblatt ... 1920, a.a.O., S. 637

[220] vgl. Geiger, Wolfgang, Geschichte und Staatsbürgerkunde vor und in der Weimarer Zeit, in: Leidinger, Paul (Hrsg.), Geschichtsunterricht ..., a.a.O., S. 104. „Tiefgreifende Unterschiede im Hinblick auf die Prämissen und Ziele" eines staatsbürgerlichen Unterrichts spiegelten das Verhältnis der Parteien zur Weimarer Republik (Vent, Reinhard, Stellungnahmen der politischen Parteien zur Staatsbürgerkunde im Preußischen Landtag (1919-1932), in: Heinemann, Manfred (Hrsg.), Sozialisation ..., a.a.O., S. 243).

[221] vgl. Huhn, Jochen, Georg Siegfried Kawerau (1886-1936), in Quandt, Siegfried (Hrsg.), Deutsche ..., a.a.O., S. 292ff., Zitat S. 294

[222] vgl. ebd., S. 287ff.

von Quellen und historischen Romanen einen Weg zur Entwicklung politischen Denkens in der Jugend.[223] Aufgrund der Vernachlässigung bzw. Ablehnung dieser Grundhaltung in der dominierenden Zeitschrift VuG kann die von Schallenberger durch Schulbuchanalyse ermittelte Aufsplitterung des Geschichtsbildes in der Weimarer Republik u.a. in eine „beachtliche, eigenständige demokratisch-republikanische Bemühung" keine umfassende Geltung beanspruchen.[224] Denn in und durch VuG sind das „Fortleben von Zügen des alten kaiserlichen Bildes" und eine „ansatzhafte Vorwegnahme der NS-Geschichtssicht" besonders Anfang der 30er Jahre eher belegbar.[225] So kann man Mannzmann zustimmen: Die historisch-politische Bildung in

---

[223] ebd., S. 297-299. Konkret schlug Kawerau für den Geschichtsunterricht vor, „typische Formen des Gesellschaftslebens" ab 1550 festzustellen und „an Hand dieses Materials Richtungslinien der Entwicklung auf allen Gebieten des Gemeinschaftslebens, z. B. in der Religion, in der Naturbetrachtung, im Staatsleben, in der auswärtigen Politik, in der Familie, in Recht, Sitte usw." zu beobachten und erarbeiten zu lassen, dem dann vor dem Berufseintritt ein „Aufriß der gesamten Entwicklung der Menschheit" folgen sollte: Dies war alles gedacht als „Anleitung zum selbständigen ursächlichen Denken über gesellschaftliche Erscheinungsformen" (Kawerau, Siegfried, Soziologische Pädagogik, Leipzig 1921, S. 227-233, Zitat S. 233).

[224] Schallenberger, Horst, Untersuchungen zum Geschichtsbild der Wilhelminischen Ära und der Weimarer Zeit. Eine vergleichende Schulbuchanalyse deutscher Schulgeschichtsbücher aus der Zeit 1888 bis 1933, Ratingen 1964, S. 234. Auch Huhn konstatiert insgesamt eher „eine faktische Parteinahme gegen die Demokratie" (Huhn, Jochen, Politische Geschichtsdidaktik. Untersuchungen über politische Implikationen der Geschichtsdidaktik in der Weimarer Republik und in der Bundesrepublik, Kronberg 1975, S. 286f.). Erstaunen muß, daß in dieser umfassenden Untersuchung die christlich-völkische Richtung und ihr Exponent StR Dr. Schnee nicht erwähnt werden.

[225] vgl. ebd. Franke sieht schon für Anfang der 20er Jahre „Entwicklungsstränge deutlich werden, die auf einen völkischen Nationalismus und auf präfaschistische Einstellungsmuster hinweisen" (Franke, Kurt F.K., Medien im Geschichtsunterricht der nationalsozialistischen Schule, in: Dithmar, Reinhard (Hrsg.), Schule und Unterricht im Dritten Reich, a.a.O., S. 64). Doch hatten solche kritischen Vertreter der Geschichtsdidaktik bis 1933 kaum Chancen, sich derartig öffentlich in VuG zu profilieren. Immerhin war aber der von Franke beispielhaft benannte Studienrat Dr. Walther Gehl im Vorstand des VdG als 2. Kassenwart 1930-1933 und kommissarisch bis 1934 sowie im Vorstand der Berliner Ortsgruppe seit 1928 als Beisitzer und ab 1932 als 2. Vorsitzender tätig. Zudem gehörte er dem Ausschuß an, der 1933/34 den „Umbau des Verbandes" vorbereitete (vgl. Riekenberg, Michael, Die Zeitschrift ..., a.a.O., S. 134 und Leidinger, Paul, Der Verband ..., a.a.O., S. 34f.).

der Weimarer Republik hat „keine durchschlagende Neuorientierungen gefunden."[226]

Der Geschichtsunterricht in der Weimarer Republik stand mehrheitlich noch stark unter dem Einfluß der national-konservativen Prägung im Kaiserreich: Das Bekenntnis zur Weimarer Republik blieb abstrakt, das Wertprofil gab „Demokratie" kaum Raum, der Staat stand über den Parteien, der Staatsmann wurde positiv vom Politiker abgegrenzt[227], was sich besonders in den älteren Lehrern personifizierte und sich auch in den Lehrbüchern[228] niederschlug: Die Weimarer Republik als „eine zwangsweise Verlegenheitslösung mit Übergangscharakter."[229]

Die mit der „Neuordnung des preußischen höheren Schulwesens" 1924 erfolgte Neuordnung des Geschichtsunterrichts stieß in der Lehrerschaft weniger wegen der Einordnung zu den kulturkundlichen Fächern auf Kritik - immerhin sollten diese ja eine Kernstellung im Lehrplan erhalten -, sondern wegen der fehlenden Vermehrung der Stundenzahl auf der Oberstufe, die u.a. mit der zu verstärkenden Staatsbürgerkunde und neuen Methoden wie Arbeitsunterricht und Quellennutzung legitimiert worden war.[230] Für den Unterrichtsstoff „Neueste Zeit" - einsetzend im Anschluß an die Französische Revolution - stand günstigstenfalls die Oberprima zur Verfügung, so daß auch aus Zeitgründen die geforderte inhaltliche Verzahnung der kulturkundlichen Fächer erstrebenswert erschien[231] - besonders für „staatsbürgerliche Stoffkreise"[232]. Dies galt auch für die Aufbauschule, da dort ebenso in der Oberstufe ein chronologischer Überblick zu leisten war.[233]

---

[226] Mannzmann, Anneliese, Geschichtsunterricht und politische Bildung unter gesellschaftlicher Perspektive, in: Mannzmann, Anneliese (Hrsg.), Geschichte der Unterrichtsfächer II ..., a.a.O., S. 49

[227] vgl. Huhn, Jochen, Geschichtsdidaktik in der Weimarer Republik, in: Bergmann, Klaus / Schneider, Gerhard (Hrsg.), Gesellschaft. Staat. Geschichtsunterricht. Beiträge zu einer Geschichte der Geschichtsdidaktik und des Geschichtsunterrichts von 1500-1980, Düsseldorf 1982, S. 227ff.

[228] vgl. Kawerau, Siegfried, Denkschrift über die deutschen Geschichts- und Lesebücher, vor allem seit 1923, Berlin 1927

[229] vgl. Gies, Horst, Die verweigerte Identifikation mit der Demokratie: Geschichtslehrer und Geschichtsunterricht in der Weimarer Republik, in: Dithmar, Reinhard (Hrsg.), Schule und Unterricht in der Endphase ..., a.a.O., S. 98

[230] vgl. Rindfleisch, George, Die preußische Denkschrift und der Geschichtsunterricht, in: VuG 15 (1925), S. 90-94

[231] vgl. ebd., S. 98-101

[232] vgl. Haacke, Ulrich, Mehr Lebensnähe im staatsbürgerlichen Unterricht!, in: VuG 18 (1928), S. 306

[233] vgl. Klemmer, Heinrich, Zum Geschichtsunterricht an der Aufbauschule, in: VuG 16 (1926), S. 405ff. Strittig war nur, ob in U III im Gegensatz zu den Richtlinien nicht doch auch die Antike behandelt werden sollte - als eine Voraussetzung für den deutschen Idea-

Diese Stoffverteilung auf der Oberstufe blieb trotz der Restriktionen durch die Sparmaßnahmen[234] am Ende der Weimarer Republik erhalten und setzte sich gegen den einmaligen Gang durch den geschichtlichen Lehrstoff bzw. auch der Blockung in einen zweijährigen Vorkurs in Unter- und Obertertia und in einen vierjährigen Hauptkurs von Untersekunda bis Oberprima[235] durch.

Für den Bereich der Methodik gab es erhebliche Widerstände gegen die geforderte stärkere Quellennutzung, da so „sicheres Wissen nicht im entferntesten erworben"[236] werden könne. Demgegenüber beharrte man auf - insofern an der Deutschkunde orientiert: „Reizvoller sind zusammenhängende Geschichtserzählungen"[237]; „anschauungsgesättigt davon zu erzählen, wie es draußen im Leben eigentlich ist"[238]; eine „lebendige Darbietung durch den Lehrer"[239]. Dies resultierte auch aus dem zeitlichen Abschluß vieler Geschichtsbücher mit dem Jahre 1919, was für die Staatsbürgerkunde den Rückgriff besonders auf Zeitungen als Quellen erfordert hätte.

Mit zeitgeschichtlichen Quellen wären thematisch und werturteilsmäßig Akzente fixiert worden, die Studienrat Preller, Dozent an der Universität Jena, allgemein umschreibt:

„Nationalismus, Partikularismus, Konfessionalismus, Antisemitismus, Sozialismus, Kommunismus sind in deutschen Landen zu mächtigem Leben aufgerührt, und die Geschichtslehrer sind von diesen starken Strömungen der eine so, der andere so in Schwingung versetzt. Dabei ist die persönliche Stellungnahme zu diesem Berührtsein außerordentlich verschieden"[240],

wobei er nur ein „einzige(s), allerdings unentbehrliche(s) Werturteil, ... das dynamische" akzeptiert:

---

[234] lismus (vgl. ebd., S. 406). Vgl. auch Oelsner, Albert, Zum Geschichtsunterricht in der Untertertia der Aufbauschule. Eine Entgegnung, in: VuG 18 (1928), S. 160-163 vgl. Koch, Franz, Die gegenwärtige Lage im Geschichtsunterricht und die Möglichkeiten einer Neueinteilung des Stoffes, in: VuG 23 (1933), S. 219f.

[235] Wie es seit 1928 im Lehrplan Hessens der Fall war (vgl. Streuber, Albert, Der Geschichtsunterricht an den Aufbauschulen. Ein Beitrag zur Frage der Stoffverteilung, in: VuG 23 (1933), S. 421ff.).

[236] Nach deutsches Philologen-Blatt 1925, S. 494, zitiert bei Herms, Franz, Noch einmal die preußischen Richtlinien und der Geschichtsunterricht, in: VuG 18 (1928), S. 34

[237] Herms, Franz, Noch einmal ..., a.a.O., S. 35

[238] Haacke, Ulrich, Mehr Lebensnähe ..., a.a.O., S. 303

[239] Preller, Hugo, Die Behandlung der Jahre 1919-1928 im Geschichtsunterricht der höheren Schulen und ihre Folgen für die Methode, in: VuG 19 (1929), S. 539

[240] Preller, Hugo, Die Behandlung ..., a.a.O., S. 535

„Die Bewertung der Person und Ereignisse nach den Kräften, die sie in das Geschehen geschleudert, nach der Stärke der Folgen, die sie herbeigeführt haben."[241]

Dieser sich konservativ-distanziert und „wertfrei" gebenden Auffassung von Geschichtsunterricht - auch im Gefolge der Reform von 1924 und der aktuellen Entwicklung - entsprach die Position der Zeitschrift „Vergangenheit und Gegenwart" auch in den Folgejahren bis 1933. In diesem Sinne setzte gegen die „Radikalisierung der Jugend" Stud.-Ass. Dr. Koch für Oberprima die Betrachtung des Zeitraumes von 1815 bis 1932, die das Ziel einer „Entpolitisierung der Jugend" anstrebte „durch eine sachliche, parteipolitisch ungebundene Darstellung der gegenwärtigen Verhältnisse."[242] Diese „Entpolitisierung der Schule" wollte Frankl umgesetzt wissen im „Programm der Verpersönlichung des Unterrichtes - das heißt der Herstellung eines lebendigen Vertrauensverhältnisses zwischen Lehrern und Schülern" auf der Basis „einer vertrauenden Grundhaltung."[243]

Mit dieser dominierenden Grundhaltung ging eine sich methodischen Neuerungen eher aufgeschlossen zeigende Richtung einher, die aber konservativen Wertentscheidungen nicht auswich und auch im Katholizismus verankert war.[244] StR Dr. Heinrich Schnee kann hier stellvertretend genannt werden.

Auch wenn den Rüthener Geschichtslehrern nicht nachgesagt wird, daß sie „Herzensmonarchisten" (Gies) geblieben waren, waren ihnen - wie den meisten (ländlichen) Lehrern - die „drei Fixsterne: Kaiser - Volk - Vaterland" eines wilhelminisch geprägten Weltbildes, die sich transformieren ließen in „Führerprinzip - Volksgemeinschaft - Nationalismus" nicht fremd.[245] So konnte Gies an Hand von Aufsatzthemen belegen, daß „Machtpolitik, Einparteiensystem und Volksgemeinschaftsideologie" in Verbindung mit dem nationalkonservativen Mythos eines auf Tradition setzenden Reichsgedankens durchaus populär waren.[246] Auch der staatsbürgerkundliche Unterricht blieb im Vordemokratischen verhaftet, eine Resistenz gegen nationalsozialistische Ansprüche konnte so nicht erzeugt werden.[247] Nicht zuletzt auch, weil das besonders auf dem Lande durch Wandertage

---

[241] ebd., S. 536
[242] vgl. Koch, Franz, Die gegenwärtige ..., a.a.O., S. 224ff.
[243] vgl. Frankl, Viktor, Geschichtsunterricht und Politik, in: VuG 23 (1933), S. 44
[244] Eher sozialistische Positionen - eine deutliche Minderheit - können in unserem Zusammenhang außer acht bleiben. Zu sozialdemokratischen und sozialistischen Geschichtsdidaktikern siehe bei Huhn, Jochen, Politische ..., a.a.O., S. 185-203
[245] vgl. Gies, Horst, Die verweigerte ..., a.a.O., S. 91
[246] vgl. ebd., S. 91ff.
[247] vgl. Geiger, Wolfgang, Staatsbürgerliche Erziehung und Bildung in der Endphase der Weimarer Republik, in: Dithmar, Reinhard (Hrsg.), Schule und Unterricht in der Endphase ..., a.a.O., S. 1-20

und Exkursionen geförderte „Heimatbewußtsein ausgeweitet (wurde) zu einem deutsch-patriotischen Lebensgefühl", wie die Abiturientin einer Aufbauschule erkannt hat.[248]

Am Beispiel des katholischen Fachdidaktikers Heinrich Schnee soll im folgenden gezeigt werden, wie sich konservative Teile des Berufstands zur Machtübergabe an die Nationalsozialisten verhielten. Schnee ist insbesondere deswegen gewählt worden, weil es sich bei ihm um einen der wenigen anerkannten katholischen Fachdidaktiker handelt.

Für Schnee[249] war es aufgrund seiner Erfahrungen als Fachleiter am Bezirksseminar eine Tatsache, daß durch die preußische Schulreform „von allen Unterrichtsfächern der Geschichtsunterricht eine wirklich grundlegende Umgestaltung erfahren" habe, so daß er von einem „modernen Unterricht" aufgrund seiner pädagogischen Reformarbeit glaubte sprechen zu können.[250] Dabei wollte er als religiöser Lehrer und Erzieher über die Reformziele hinaus anstreben, „Bildungswissen tief im Religiösen zu verankern" und „schließlich in Erlösungswissen umzuwandeln" als „Krönung aller Unterrichtsarbeit."[251] Insgesamt ging es Schnee im Geschichtsunterricht weniger um lückenlose Kenntnis einzelner Tatsachen, sondern um die „Fähigkeit, sich in einen historischen Zeitabschnitt einzuleben, ihn zu verstehen, sein ihm eigentümliches Lebensgefühl nachzuempfinden": die Schüler sollten „den Geist erfassen."[252]

Schnee grenzte seinen modernen Arbeitsunterricht im Sinne Peters[253] nicht nur methodisch von der „recht konservative(n) Haltung der Geschichtslehrer" ab, sondern distanzierte sich auch inhaltlich von der früher üblichen Kriegsgeschichte, der dynastischen Orientierung und den kriegerischen Helden, einem Unterricht, der „kaum über den Krieg hinaus(ging)" und nun bis an die „Schwelle der Gegenwart" führen müsse:

> „Der neue Geschichtsunterricht, der an eine große geistige Bewegung anknüpft, die mit 'Sturm und Drang' einsetzt, durch Fichte und die deutsche Romantik befruchtet und fortgeführt wird, von Lagarde, Nietzsche und Langbehn die stärksten Impulse empfängt, kommt schon vor der Schulreform in den methodischen Schriften zum

---

248 Pohlmeier, Ferdinande, Die Aufbauschule in Büren (1922-1945), in: Festschrift. 50 Jahre Priv. Mauritius-Gymnasium in Büren. 1946/1996, o.O. (Büren), o.J.(1996), S. 25

249 Unter den einflußreicheren Geschichtsdidaktikern im Nationalsozialismus war Schnee der einzige Fachhistoriker (vgl. Genschel, Helmut, Politische Erziehung ..., a.a.O., S. 101).

250 vgl. Schnee, Heinrich, Der neue Geschichtsunterricht. Grundzüge, Erfahrungen und Ausblicke, in: Pharus 23 (1932), 2. Halbband, S. 206

251 ebd., S. 207, 210

252 ebd., S. 207

253 vgl. Peters, Ulrich, Methodik des Geschichtsunterrichts ..., a.a.O.,

544

Siege, in erster Linie durch das gewaltige Erlebnis des Weltkrieges. Wir lernten uns wieder auf unsere eigenen Kräfte, unser Volkstum besinnen."[254]

Moderne Methodik auf der Vermittlungsebene korrespondierte mit einer inhaltlichen Ausrichtung, die sich weniger auf die sich durchsetzenden Strukturelemente einer dynamischen Industriegesellschaft bezog, sondern eine Traditionslinie zum deutschen Idealismus entwickelte und sich als Teil der Deutschkunde-Bewegung zu erkennen gab. Erziehung „zum Bewußtsein unserer Deutschheit" sollte für Schnee im Mittelpunkt staatsbürgerlicher Arbeit stehen, wobei dem Staat als „die Verkörperung einer erhabenen Schöpferidee Gottes" eine das Volkstum stützende Funktion zukam.[255] Diesem metaphysischen Verständnis entsprach die Lehraufgabe besonders des Religionsunterrichtes, „auch dem Gegenwartsstaat aus sittlichem Bewußtsein pflichttreu zu dienen."[256] Pflicht degenerierte im Sinne obrigkeitsstaatlicher Denkmuster zu einer inhaltsleeren Kategorie.

In einer Besprechung von Kriecks „Völkischer Gesamtstaat und nationale Erziehung" teilte Schnee 1932 zwar dessen Kritik an Staat, Wirtschaft und Erziehung „in vielen Punkten" und zeigte sich „von dem leidenschaftlichen Pathos ... mitgerissen", sah sich aber noch „grundsätzlich auf ganz anderem Boden" stehend.[257] Doch schon ein Jahr später stand auch Schnee im Banne des „mythische(n) Charakter(s)" des deutschen Nationalismus, der „gefühls- und blutgebunden" „aus der volksdeutschen Idee gewachsen" sei und sich von dem „rationalistisch(en), traditionsgebunden(en), doktrinär(en)" und mit „unausstehlicher Überheblichkeit" gepaarten westeuropäischen Chauvinismus sowie dem preußisch-liberalen Hurrapatriotismus der Vorkriegszeit unterscheide[258] - auf dem Weg zum „großdeutschen völkischen Nationalstaat."[259] So forderte er auf, Deutschlands geschichtliche Entwicklung unter rassischen Gesichtspunkten zu betrachten und stellte für die „Rassegemeinschaft" mit den Griechen und Römern als Menschen nordischer Rasse heraus, daß deren Schicksal „mit der Verschlechterung des Blutes nordischer Menschen infolge Vermischung mit minderwertigen Rassen ... besiegelt" wurde, und war sich sicher:

---

[254]   Schnee, Ulrich, Der neue Geschichtsunterricht ..., a.a.O., S. 207ff.
[255]   vgl. Schnee, Heinrich, Erziehung zu Volk und Staat. Ein Beitrag zur Frage der staatsbürgerlichen Erziehung, in: Pharus 24 (1933), 1. Halbband, S. 273
[256]   ebd., S. 279
[257]   vgl. Schnee, Heinrich, Probleme des modernen Geschichtsunterrichts, in: Vierteljahrsschrift für wissenschaftliche Pädagogik 8 (1932), S. 350
[258]   vgl. Schnee, Heinrich, Der Geschichtsunterricht im Dienste der werdenden Nation, in: Vierteljahrsschrift für wissenschaftliche Pädagogik 9 (1933), S. 325
[259]   ebd., S. 355

„Der Reichskanzler Adolf Hitler kann uns auch auf diesem Gebiete führen."[260]

Mit Schnees volkstumsideologischen Vorstellungen und seinem in preußischer Tradition stehenden Staatsverständnis ließ sich kaum Distanz zum Nationalsozialismus wahren. So war Schnee auch schnell in der Lage, allgemein von einem „mächtigen Antrieb" zu sprechen, „den der Geschichtsunterricht durch die nationalsozialistische Revolution empfangen" habe.[261] Noch dezidierter war seine Einschätzung der „nationalen Erhebung", die „im tiefsten ein machtvoller Durchbruch deutschen Geistes" sei:

> „Das deutsche Volk findet endlich zu sich selbst zurück in dem Kampfe gegen artfremde Ideologie asiatisch-jüdischer und westeuropäischer Herkunft."[262]

Hierbei handelt es sich um eine deutlich völkische Terminologie, die rassistische Vorstellungen offenlegte. Rückblickend beklagte Schnee in den Unterrichtszielen zu wenig politische Willensbildung und politische Haltung und forderte inhaltlich für den „arteigenen germanisch-nordischen Kulturkreis" und den „völkischen Nationalstaat" mehr Raum sowie eine Erziehung zu Nationalstolz und Rassebewußtsein auf der Basis von „Rassenkunde und Rassenbiologie", die nicht zwischen „einem extremen Individualismus und einem abstrakten Menschheitsbegriff" schwanke, doch blieb es für ihn zugleich „selbstverständlich, daß Volk und Rasse, Nation und Reich ihren letzten Sinn erst erhalten in unserem Glauben an einen allmächtigen Gott als Sinngebung alles Irdischen"[263].

Trotz dieser Beharrung auf einer christlichen Norm muß für Schnee von einem eigenständigen Schritt zu einer völkischen Geschichtsbetrachtung[264] gesprochen werden, die nur noch partiell und in Randbereichen von nationalsozialistischer Ideologie abzuweichen schien. Sein Weg vom Volkstum zum Völkischen war kurz und direkt - und nicht nur in seiner didaktischen Literatur. Sein Geschichtsbuch „Deutsche Geschichte von Bismarck bis Hitler" war ein tendenziöses, antidemokratisches, antisemitisches und rassistisches und somit nationalsozialistisches Propagandawerk. Schnee bezeichnete die Novemberrevolution von 1918 als „Sieg der Feiglinge, Schwachen, Drückeberger und Untermenschen" und die Aufstände von 1919 als „terrorisierendes Untermenschentum", erkannte eine

---

[260] ebd., S. 347
[261] vgl. Schnee, Heinrich, Geschichtsunterricht als nationalpolitische Gesinnungsdisziplin, in: Pharus 24 (1933), 2. Halbband, S. 384
[262] ebd. Zum katholischen Pharus, der derartigen Formulierungen Raum gab, siehe auch B.V.4.c)
[263] ebd., S. 389ff.
[264] vgl. aus explizit völkischer Perspektive auch Hohlfeld, Andreas, Das Geschichtsbild des Dritten Reiches, in: Volk im Werden 1 (1933), Heft 5, S. 19-27

„rassische Verschlechterung durch Juden" und sprach von einer „Herrschaft dieser rassisch Minderwertigen" sowie von „vertierte(n) Kommunisten", empfahl „rassische Reinhaltung" und „Aufnordung des deutschen Volkes" und versuchte, die Vereinbarkeit von katholischem Christentum und Nationalsozialismus mit antidemokratischen und antisemitischen Belegen sowie derselben Gegnerschaft (Bolschewismus, Liberalismus, Relativismus, Subjektivismus, schrankenlose Presse- und Redefreiheit, Voraussetzungslosigkeit der Wissenschaft, Kampf gegen Geburtenkontrolle und Empfängnisverhütung) abzusichern.[265]

Daß ein derartiger Weg auch für katholische Lehrer begehbar war, ist u.a. auch Ausfluß ihres Wissenschaftsverständnisses, das im Gefolge des Weltkriegs und im Anschluß an Dilthey - vertreten u.a. durch Rothacker, Litt, Scheler, Wust - wieder Einfluß gewann. Zwar konnte die Säkularisierung der Wissenschaft seit der Renaissance, die das religiöse Weltbild als Einheit von Weltanschauung und Wissenschaft im Mittelalter abgelöst hatte und in der „Voraussetzungslosigkeit der Wissenschaft" mündete, nicht vollständig rückgängig gemacht werden, doch wurde eine metaphysische Verwurzelung der Geisteswissenschaften verstärkt toleriert. Max Webers 1919 erneuerten Hinweise auf die Grenzen der Wissenschaft in Bezug auf wertsetzende Urteile und ihrer alleinigen Bestimmung zur „Kausalerkenntnis" standen a priori gesetzte Glaubensinhalte und ein objektivistischer Wahrheitsbegriff gegenüber, der Revisionen nicht zugänglich war. Um die Integration dieser Position als gleichwertigen Standpunkt im Wissenschaftsbetrieb hatte sich während der Weimarer Republik besonders Eduard Spranger verdient gemacht, auf den auch Schnee sich stützte.[266] Er schloß Spranger folgend eine „objektive Geschichtswissenschaft und Geschichtsschreibung", d.h. grundsätzlich: einen Widerspruch zwischen Offenbarung und Wissenschaft aus, da Ge-

---

[265] vgl. Schnee, Heinrich, Deutsche Geschichte von Bismarck bis Hitler, Paderborn 1934, S, 143-199. Der „Gral" rezensierte zeitgemäß vorsichtig, aber eindeutig und belegte, daß katholische Positionen nicht grundsätzlich immer vereinnahmbar waren: „Um einen Begriff von dem Inhalt zu geben, genüge die Annahme, es habe sich der Verfasser in den letzten Jahren auf einer fernen Insel aufgehalten, habe dort als Quellen für sein Geschichtswerk die nationalsozialistische Presse Deutschlands gelesen, ergänzt durch den Rundfunk, und habe dementsprechend sein Werk gestaltet, wenn man von Gestaltung sprechen darf. Interessant mag noch sein, daß neuerdings auch in katholischen Verlagen 'Geschichtswerke' erscheinen können, in denen dem deutschen Episkopat 'mangelnde Schau auf den Wesenskern des Nationalsozialismus' vorgeworfen wird." (M., F., Deutsche Geschichte von Bismarck bis Hitler (Rezension), in: Der Gral 28 (1933/34), S. 518)

[266] vgl. Schnee, Heinrich, Geschichtsauffassung, Geschichtsschreibung und Geschichtsunterricht, in: Vierteljahrsschrift für wissenschaftliche Pädagogik 8 (1932), S. 270ff.

schichte „ihre Deutung und ihre Enderklärung in der Realisierung des göttlichen Weltplanes" finde.[267]

Seinen religiösen Absolutheitsanspruch konnte Schnee aufgrund der von ihm erkannten „stärkste(n) Impulse" auf die Geschichtswissenschaft durch „die Totalität der nationalsozialistischen Weltanschauung", die auch die „deutsche Wissenschaft revolutioniert" habe, kaum aufrechterhalten:

> „Die Geschichtsbetrachtung und Geschichtsschreibung nach rassischen Gesichtspunkten ist d i e Aufgabe unserer Zeit",

die er als „die ewige Bedingtheit allen weltgeschichtlichen Lebens aus Blut und Boden" kennzeichnete.[268] Da Schnee einer „staatsbürgerlichen Erziehung zu den Jahrtausende überdauernden Werten Volk und Rasse, Nation und Reich" eine metaphysische Verankerung zusprach, konnte er zwar noch von „Gott als Kuppel" über diesen Werten ausgehen, doch die Religion fast nur noch rassistisch begründen:

> „Das Christentum ist für uns ... Wesensbestandteil deutscher Art und Bereicherung des deutschen Volkstums."[269]

So sah auch Honsberg zwar, daß „die jeweilige Aufgabe einem Zeitalter von Gott gesetzt (wird)", doch schloß auch er sich der „geschichtswissenschaftlichen Wertung" durch den Staat an:

> „Damit sind ohne Wahl und Willkür die völkischen, rassischen und nationalsozialistischen Werte für uns verbindlich geworden."[270]

Diese metaphysische Anbindung machte Bader unter Bezugnahme auf den Religionsphilosophen Ernst Troeltsch deutlich, indem er die Antwort auf die Frage nach dem Sinn der Geschichte nicht mehr der Wissenschaft zuschrieb, sondern auf „das innerste, heilige Lebens- und Wahrheitsgefühl, (den) Glaube(n)" abhob, aber diesen Rückbezug auf die Schöpfungsordnung und die „gottgesetzten Unterschiede des Blutes" in „rassische Bedingtheiten" münden ließ, die sich in der Rasse als „gottgegebener Grundlage für alle wurzelhafte Eigenart der Einzelpersönlichkeit wie für die geschichtlichen Leistungen der Völker" konkretisieren sollten.[271]

---

[267] ebd., S. 274-280

[268] vgl. Schnee, Heinrich, Das Ringen um ein neues Geschichtsbild, in: Erziehung und Bildung 2 (1935), S. 65

[269] Schnee, Heinrich, Der Geschichtsunterricht im Dienste ..., a.a.O., S. 355

[270] Honsberg, Eugen, Voraussetzungen und Aufgaben von Geschichtswissenschaft und Geschichtsunterricht, in: VuG 25 (1935), S. 554f.

[271] vgl. Bader, G., Grundfragen des Geschichtsunterrichts, in: Württembergische Schulwarte. Mitteilungen der Württembergischen Landesanstalt für Erziehung und Unterricht 9

Schnees betont nicht wertfreie Auffassung überschnitt sich mit dieser propagierten nationalpolitischen Erziehung, die an „urewige Wahrheiten" (Hitler) anknüpfte. Gemeinsam war ihnen die Ablehnung einer auf die Aufklärung zurückgehenden Geschichtsschreibung[272], die sich um „Kausalität" und „Entwicklung" bemühte. Ihr wurde von Studienrat Dr. Haacke vorgeworfen, „die irrationalen Triebkräfte im Leben der Einzelnen und Völker", „die neue Seelenhaltung" zu übersehen: „ein Sonderfall des 'Intellektualismus'".[273] Gegen den Entwicklungsbegriff in der Geschichtsschreibung setzte er den „unveränderliche(n) Wesenskern der völkisch-rassischen Eigenart", den er einem „zusammenhängende(n) Lebensstrom" „Romantik, Nietzsche, Lagarde, Langbehn, Jugendbewegung, Nationalsozialismus" zuordnete.[274] Diese „volksorganische Geschichtsbetrachtung" ging biologistisch bei der „Deutung der geschichtlichen Wirklichkeit von dem körperlichen Rassebild" aus und wollte eine imaginäre „Rassenseele der Völker" erkennen.[275]

Schnee stellte sich den allgemeinen Vorgaben und präzisierte sie zu seiner „rassewertenden Geschichtsbetrachtung", deren Grundlagen die „menschliche Erblehre" und „Rassenkunde" darstellten[276], aus der er nach Diskussion einschlägiger Literatur folgende Aufgaben ableitete:

„1. Darstellung der Rasse als des Urbodens, aus dem alle wurzelechte Eigenart sowohl der Einzelpersönlichkeit wie der Völker erwächst.

2. Die gewonnenen Erkenntnisse sind auf unser Volk anzuwenden und in Gesinnung umzusetzen.

3. Das Verantwortungsgefühl jedes einzelnen für den rassischen Bestand seines Volkes muß geweckt, der Wille zu entsprechender Lebenshaltung gestärkt werden.

(1933), S. 392

[272] Honsberg charakterisiert unter Bezugnahme auf die von Schnee formulierten Ziele des Geschichtsunterrichts die Aufklärung negativ als Streben „zu einem umfassenden Weltbürgertum": „Man suchte Humanität zu formen und zu fördern ohne Rücksicht auf staatliche, völkische und rassische Verbände. Dieser aufklärerische Kosmopolitismus war zugleich Individualismus, weil er den einzelnen losgelöst von allen blutlichen Gemeinschaftsbeziehungen dachte." Vor diesem Hintergrund galten ihm dann „Kosmopolitismus, Internationalismus und Pazifismus" als „verfehlte Konstruktionen" (Honsberg, Eugen, Voraussetzungen ..., a.a.O., S. 557).

[273] vgl. Haacke, Ulrich, Kausalitätsbegriff, Schicksalsidee und volksorganische Schau in der Geschichtsbetrachtung, in: DDHS 2 (1935), S. 554

[274] ebd., S. 556

[275] ebd., S. 558

[276] vgl. Schnee, Heinrich, Geschichtsunterricht im völkischen Nationalstaat. Ein Handbuch für Lehrende, vierte und umgearbeitete und erweiterte Aufl., Bochum 1936, S. 29ff.

4. Widerlegung der liberalen Fortschrittslehre, der sogenannten Demokratie und anderer Gleichheitsbestrebungen (Paneuropa, Menschheitsglaube, u.a.).

5. Weckung und Stärkung des Sinns für den Führergedanken.

6. Die nordrassisch bestimmten Völker sind als Schöpfer aller abendländischen Kulturen darzustellen.

7. Ausgangspunkt des Geschichtsunterrichts auf deutschen Schulen ist die Heimat der Nordrassen.

8. Wertung der Führer und ihrer Taten, aller Ereignisse und Zustände danach, was sie für die Stärkung deutschen Wesens und deutscher Staatsbildung geleistet haben.

9. Strenge Wertung der von fremden Völkern übernommenen Kulturgüter danach, was sie Aufbauendes für unser Wesen und unsere politische und kulturliche Entwicklung geleistet haben.

10. Darstellung der nationalsozialistischen Erneuerung als des letztmöglichen Versuchs, die nordrassische Kultur Europas vor dem Fremdtum zu bewahren und sie zu erneuern."[277]

Mit dieser antidemokratischen und rassistischen und zudem vagen Formulierung der Aufgaben orientierte sich Schnee stark an der nationalsozialistischen Erlaßlage. Eigenständiger wurde er in seinen Überlegungen zur staatsbürgerlichen Erziehung, die „im Parteienstaat fruchtlos bleiben mußte", da „wir einem artfremden Staatsbegriff, der einer uns wesensfremden Ideologie entlehnt war, dienen sollten."[278] So konstatierte er mit dem Nationalsozialismus einen

„neue(n) Durchbruch deutschen Geistes, die endgültige Überwindung der von westeuropäischen und jüdischem Geist getragenen Aufklärung des 19. Jahrhunderts."[279]

Durch diese Rückkehr zu den „ewigen Werten unseres völkischen Seins" erweiterte Schnee seine Idee des Staates „als Teil der sittlichen Weltordnung ... als vollkommenste Gemeinschaft zur Entfaltung des geistig-sittlichen Wesens der Menschen."[280] Er entzog den Staat jeglicher irdischer Kritik, indem er ihn zu einem „völkisch-sittlichen Wert" erhob, der „Verkörperung einer erhabenen Schöpferidee Gottes (im Original gesperrt, H.-G. B.)" - und nicht nur als Ziel des Geschichtsunterrichtes, sondern auch der Religionsunterricht sollte den Staat in dieser Form definieren und dazu erziehen, ihm „aus sittlichem Bewußtsein pflichttreu zu dienen"[281]. Konkret wollte er die Erziehung zum Volksgenossen und die Erziehung zum Reichsbürger fördern durch eine „volksdeutsche Geschichtsbe-

---

[277] ebd., S. 38
[278] ebd., S. 54
[279] ebd.
[280] ebd., S. 55f.
[281] ebd., S. 56, 58

trachtung" und durch die Behandlung der „Grundgesetze" einer „germanischen Demokratie", „die auf altgermanischen Formen von Führertum und Gefolgschaft" beruhen sollten:

> „Das Ermächtigungsgesetz, die Gleichschaltungs- und Statthaltergesetze, die zusammengehören, das Gesetz zur Wiederherstellung des Berufsbeamtentums, die Gesetze über das Staatsoberhaupt, die Wehrmacht, den Arbeitsdienst, den Schutz der deutschen Ehre und des deutschen Blutes, das Reichsbürger- und Staatsangehörigkeits- und das Flaggengesetz."[282]

Schnees Fixierung auf den Staat und seine rassistisch orientierte Grundhaltung ließen ihn alle qualitativ-inhaltlichen Unterschiede in den Gesetzen und deren Entstehungszusammenhang vernachlässigen sowie ihre überwiegend menschenfeindlichen Auswirkungen auf die Bevölkerung ignorieren. Aufgrund der hier aufgezeigten Verkündigung nationalsozialistischer Ideologieelemente[283] konnte Schnee als überzeugter und daher vorzeigbarer Anhänger des Nationalsozialismus erscheinen, dem so die Aufgabe anvertraut wurde, eine Denkschrift „Vorschläge für die berufspraktische Ausbildung der Geschichtslehrer an höheren Schulen"[284] auszuarbeiten. In seinen Vorschlägen beklagt Schnee dann auch, daß die Studienreferendare „von der Hochschule nicht einmal die einfachsten Voraussetzungen für eine rassewertende Geschichtsbetrachtung" mitbrächten, so daß er konsequenterweise einerseits einen Kanon von Rasse-geprägten Pflichtvorlesungen und andererseits einen entsprechenden Arbeitsplan für die Bezirksseminare entwickelte, der auch explizit antisemitische Literatur aufgriff.[285]

Wenig ist in diesen Veröffentlichungen noch zu spüren, daß Schnee doch stark in den Katholizismus eingebunden (gewesen) war. Zwar sieht er durch Le Forts Hymnen „die tiefsten Quellen aufgedeckt, die das Fundament unseres Deutschseins bilden müssen: der tiefe, gottverwurzelte Glaube an unsere Sendung als das Opfervolk, das Herzvolk des Reiches"[286], doch blieb noch nicht einmal sein Rückbezug auf den „Mythos des deutschen Schicksals", der sich auf ein neues

---

[282] ebd., S. 64

[283] Schon die 1. Auflage seines „Geschichtsunterricht im völkischen Nationalstaat" war äußerst positiv besprochen worden, da es „immer an Hitlers Urteilen ausgerichtete Gedanken, Vorschläge und Anweisungen" enthalte (Goering, R., Rezension, in: Nationalsozialistische Erziehung 3 (1934), S. 121f.).

[284] In Auszügen abgedruckt in: Schnee, Heinrich, Geschichtsunterricht im völkischen Nationalstaat, a.a.O., S. 249-253

[285] vgl. ebd., S. 251ff.

[286] vgl. Schnee, Heinrich, Gertrud von Le Fort und ihre Stellung im Geistesleben der Gegenwart, in: Pharus 25 (1934), 1. Halbband, S. 408

christliches Reich - wie im Mittelalter - bezog und „Kirche und Vaterland"[287] verbinden sollte, gewahrt. Rosenberg hatte bereits 1933 für diesen Zusammenhang Klärendes zum Geschichtsbild des Nationalsozialismus gesagt: Der Nationalsozialismus „ist aber nicht etwa Erbe des Gedankengutes des Heiligen Römischen Reiches Deutscher Nation, sondern ist Fortsetzer jener Kämpfer, die gegen diese Gedanken im deutschen Volke lebendig waren", da er zugleich „eine Neuformung deutscher Volksführung geboren aus der alten germanischen Charaktergrundlage heraus" darstelle.[288] Das hatte Schnee inzwischen auch für sich akzeptiert:

> „Den Schülern muß zum Bewußtsein kommen, wie stark zum Beispiel die Gegenwart in verschiedenen Lebensformen bewußt und unbewußt in Sitte und Brauch von Jahrtausenden wurzelt. Germanische Wehrhaftigkeit und Mannhaftigkeit, altgermanische Gefolgschafts-treue, sie leben in dem Heldensinn und in der Treue der Wehrorganisationen der Gegenwart: SS. und SA., Hitlerjugend und Wehrmacht zum Führer."[289]

Zwar nahm Schnee zur Kenntnis, daß es Strömungen im Nationalsozialismus gab, die „in dem Christentum etwas Artfremdes" sahen, doch folgte er unter Bezugnahme auf den „Führer und Reichskanzler" den propagierten Aussagen, daß „das neue Deutschland ... auf dem Boden des positiven Christentums" stehe.[290]
Da Schnees Vorstellungen überwiegend im NSLB „durchgesprochen und geklärt" wurden und Gegenstand des praktischen Unterrichts als auch von Fachsitzungen des Geschichtsseminars waren[291], können sie als Teil der Wirklichkeit des Geschichtsunterrichts im Nationalsozialismus aufgefaßt werden. Wie weit derartiges Gedankengut reichte, zeigte die positive Besprechung dieses „wegweisende(n) Werk(es)" in der katholischen Zeitschrift „Bildung und Erziehung":

> „Der Verfasser (hat) in dieser Auflage nach Grundlegung des nationalsozialistischen Geschichtsbildes seine Verwirklichung im G.U. systematisch aufgewiesen. Der erste Teil des Werkes behandelt die grundsätzlichen Fragen des G.U. wie: Volksdeutsche und rassewertende Geschichtsbetrachtung als Grundlage für die Erziehung zu Volksgenossenschaft und Reichsbürgertum. ... Sein Werk (wird) zum unentbehrlichen Hilfsmittel, wo es sich etwa um die Fragen zur Vorgeschichte, des Grenz- und Auslandsdeutschtums, des Kampfes um die Befreiung von Versailles, der Geschichte des deutschen Nationalbewußtseins oder gar der Luftfahrt im G.U. handelt."[292]

---

[287]   ebd., S. 410
[288]   zit. nach M., W., Alfred Rosenberg zur nationalsozialistischen Geschichtsauffassung, in: VuG 24 (1934), S. 51f.
[289]   Schnee, Heinrich, Geschichtsunterricht im völkischen ..., a.a.O., S. 84
[290]   vgl. ebd., S. 21
[291]   vgl. ebd., S. 9
[292]   Tenbrock, Wichtige Bücher, in: Bildung und Erziehung 4 (1937), S. 140

Auch in „Theologie und Glaube", immerhin von Professoren der Erzbischöflichen phil.-theol. Akademie Paderborn herausgegeben, empfahl Dozent Dr. Kampmann Schnees Handbuch zur „ernste(n) Beachtung", in dem der Verfasser „in ebenso gründlicher wie temperamentvoller Weise" zeige, „wie die großdeutsche und rassewertende Geschichtsbetrachtung ... der nationalpolitischen Erziehung dienen kann."[293] Schnee hatte also eine Brücke geschlagen von einer völkisch-katholischen zur nationalsozialistischen Geschichtsdidaktik.[294]

Der Nationalsozialismus knüpfte an formale Werte wie Pflichterfüllung, Dienst, Opfer, Hingabe und inhaltlich an autoritärer Staat, Volksgemeinschaft, Führer- und Gefolgschaft, Kampf, Heroismus und Kriegserlebnis an, die christlicher und konservativer Staatsethik zugerechnet werden können. Dadurch konnte eine Kontinuität zu den Wertvorstellungen des deutschen (Bildungs-)Bürgertums gewährleistet und so auch für diesen Bereich eine weitgehende Akzeptanz gesichert werden[295], die eine Anknüpfung an weitergehende rassistische Vorstellungen erleichterte. Einschneidende direkte Eingriffe in den Geschichtsunterricht an den Schulen konnten so in den ersten Jahren des Nationalsozialismus unterbleiben.[296]

Relevant für den Unterricht war neben dem allgemeinen Erlaß, daß „Vererbungs- und Rassenkunde" als „Leitlinie" für alle Fächer zu gelten hatte, nur[297] der Erlaß des Reichsministers Frick vom Juni 1933, der als Hauptforderung für den Geschichtsunterricht besonders die Zeitgeschichte herausstellte und für deren Be-

---

[293] Kampmann, Th(eoderich), H. Schnee. Geschichtsunterricht im völkischen Staat (Rezension), in: Theologie und Glaube 29 (1937), S. 720

[294] vgl. Genschel, Helmut, Politische Erziehung ..., a.a.O., S. 33ff.

[295] vgl. Genschel, Helmut, Geschichtsdidaktik und Geschichtsunterricht im nationalsozialistischen Deutschland, in: Bergmann, Klaus / Schneider, Gerhard (Hrsg.), Gesellschaft ..., a.a.O., S. 262f.

[296] Erst ab 1938 erachtete die nationalsozialistische Schulverwaltung es als notwendig, - parallel zur organisatorischen Umgestaltung des höheren Schulwesens - Richtlinien/Lehrpläne und Schulbücher umfassend zu revidieren (vgl. Siegfried, Klaus Jörg, Das deutsche Lesebuch in der Zeit des Nationalsozialismus. Kritische Anmerkungen zur Analyse faschistischer Schulbücher, in: Diskussion Deutsch 10 (1979), S. 295ff.), obwohl die Neueinführung im Fach Geschichte „besonders dringlich" erschien (Erlaß vom 16.8.1934, abgedruckt im Zentralblatt ... 76 (1934), S. 262).

[297] Wenn man von den wenigen ad-hoc-Erlassen 1933 zur Würdigung des Volkstrauertages (S. 64) und zur Erinnerung an den Versailler Vertrag (S. 166) absieht sowie das Verbot von Verfassungsfeiern (S.196) vernachlässigt (vgl. Zentralblatt ... 75 (1933), Berlin 1933). Für 1934 sind bezüglich spezifischer neuer Erlasse nur die Behandlung der „Saar" (S. 55, 139) und das teilweise wieder zurückgenommene Verbot von zwei Geschichtsbüchern (S. 230, 347) erwähnenswert (gl. Zentralblatt ... 76 (1934), Berlin 1934). Daneben war die Besprechung von Büchern (S. 188, 242) im nichtamtlichen Teil dieses Zentralblattes auch eine lenkende Maßnahme.

handlung neben allgemeinen Hinweisen wie „Besinnung auf das Arteigene" und „stärkere Betonung der Blutsbande" festlegte, u.a.:

> „Das ungeheure Erlebnis des Weltkrieges mit dem heldenhaften Ringen des deutschen Volkes gegen eine Welt von Feinden, die Zersetzung unserer Widerstandskraft durch vaterlandsfeindliche Kräfte, die Entwürdigung unseres Volkes durch das Versailler Diktat und der ihr folgende Zusammenbruch der liberalistisch-marxistischen Weltanschauung sind ebenso eingehend zu behandeln wie das beginnende Erwachen der Nation, vom Ruhrkampf bis zum Durchbruch des nationalsozialistischen Freiheitsgedankens und bis zur Wiederherstellung der deutschen Volksgemeinschaft am Tage von Potsdam."[298]

Da diese Forderung in Preußen in den Schulen selten durch einen Sonderlehrgang[299], aber auch nicht durch neue Lehrpläne und neue Schulbücher untermauert wurde[300], hatte sie eher appellativen Charakter und ließ viel Freiraum für die Lehrer, die schon vor der Machtübergabe national-konservative und/oder christliche Positionen vertreten und Distanz zu Liberalismus, Demokratie, Sozialismus und Pazifismus gewahrt hatten, also für die große Mehrzahl der Lehrer.[301] Denn nur eine Minderheit neben den sozialdemokratischen und kommunistischen Geschichtslehrern zeigte sich 1933/34 gegen die „emotionalisierte völkische Aufbruchstimmung" und die „vaterländisch-nationalistischen Verengungen der Perspektive und deutschkundlichen Irrationalismen" gefeit.[302]

---

[298] Richtlinien für die Geschichtsbücher vom 20. Juli 1933, Zentralblatt ... 75 (1933), S. 197ff.

[299] Dies stand im Gegensatz zu anderen Ländern (vgl. Genschel, Helmut, Politische Erziehung ..., a.a.O., S. 22ff.).

[300] Es wurde empfohlen, ergänzend zu den Schulbüchern auf spezielle Hefte und Unterrichtsbögen zurückzugreifen (vgl. Baustaedt, Carl, Literaturbericht. Unterrichtsmittel für höhere und mittlere Schulen, in: VuG 24 (1934), S. 57-70, und Kösters, Joseph, Zum Geschichtsunterricht ..., a.a.O., S. 84ff., der die Ergänzungshefte und Ersatzbücher zur „nationalsozialistischen Revolution und dem nationalsozialistischen Staat" vorstellte, sowie auch Gies, Horst, Geschichtsunterricht unter der Diktatur ..., a.a.O., S. 63f.). Selten waren die Zeit bis 1933 einbeziehende Neuerscheinungen der Verlage, für die vom Reichsministerium keine offiziellen Genehmigungen vorlagen. Üblicherweise wurden Seiten überklebt bzw. Kapitel angefügt (vgl. Franke, Kurt F.K., Medien ..., a.a.O., S. 67).

[301] Insofern bleibt fraglich, ob auch für diese Mehrheit der Lehrer das „Gesetz zur Wiederherstellung des Berufsbeamtentums" ein „Instrument des Gesinnungsterrors" war, wie Gies behauptet (Gies, Geschichtsunterricht als deutschkundliche Weihestunde, in: Dithmar, Reinhard (Hrsg.), Schule und Unterricht im Dritten Reich, a.a.O., S. 41). Z. B. wurde mit Ausnahme Josef Rüthers im weiten Umkreis um Brilon kein Gymnasiallehrer zu diesem Zeitpunkt entlassen (vgl. Blömeke, Sigrid, „Nur Feiglinge ..., a.a.O.).

[302] So Gies, Horst, Die verweigerte Identifikation ..., a.a.O., S. 109

Auch wenn den Lehrer(inne)n in der Stabilisierungsphase des Systems 1935 und 1936 keine bedeutsamen Erlasse speziell zum Geschichtsunterricht[303] neue Inhalte und Methoden auferlegten, brachte doch der allgemeine Erlaß zur „Vererbungslehre und Rassenkunde im Unterricht" vom 15.1.1935 auch mit seiner Anwendung auf das Fach Geschichte neue, umzusetzende Anordnungen.

Vor dem skizzierten Hintergrund kam der Haltung der verbreiteten konservativen Fachzeitschrift „Vergangenheit und Gegenwart zur Machtübergabe und der weiteren politischen Entwicklung besondere Bedeutung zu.

So kann Studienrat Dr. Krippendorfs eilfertiger Aufsatz als vorauseilender und sich den Machthabern einschmeichelnder, kurz als opportunistischer Beitrag gesehen werden, der sich auf Hitlers „Mein Kampf" berief. Euphorisch wurde die Durchsetzung konservativer Positionen bejubelt:

> „Die leuchtende Morgenröte einer neuen Epoche ist über Deutschland aufgegangen. Die glutvolle Erhebung unseres Volkes, welche aus urtümlichen schöpferischen Elementarkräften geboren wurde, hat den deutschen Menschen aus den Banden der liberalistischen Wissenschaftsaufklärung befreit. Die durch Intellektualisierung wie Materialisierung des geistigen und durch Vernützlichung des Idealen verdrängte Seelenmacht des germanischen Ursprungserbes hat sich in titanischem Ringen zu neuen schöpferischen Taten Bahn gebrochen. ... Eine neue geschlossene Welt- und Lebensanschauung völkisch-christlichen Gepräges ringt sich aus dem hegenden Schoß der Blutsgemeinschaft ans Licht empor."[304]

Preußisch forderte dieser Lehrer, der 1933 Vorsitzender des Prüfungsausschusses für Schulbücher der Geschichte und politischen Erdkunde beim Preußischen Kulturminister geworden war:

> „Die großen Führer der Geschichte müssen unserer Jugend wieder zwingende Vorbilder werden. An ihnen ist zu zeigen, wie nur durch entsagungsvolles Sicheinsetzen und idealgerichtete Lebensauffassung, durch eisernen Willen und entschlossene Tatkraft, durch edle Begeisterung und opferfreudige Hingabe, durch sittliches Verantwortungsgefühl und felsenfestes Gottvertrauen einheitlich-zielstrebige Entwicklung und Entfaltung ermöglicht, Entscheidungsvolles und Großes geleistet werden kann."[305]

---

[303] Wenn man die diversen Erlasse zur Anerkennung (11x) bzw. Ablehnung (15x) von „Lichtbildreihen zur nationalen Erhebung" (S. 80f., 260) sowie die Hinweise auf die Totengedenkfeiern (S. 84, 338) und den „Tag des Deutschen Volkstums" (S. 387) vernachlässigt. Abgedruckt in: Deutsche Wissenschaft ... 1 (1935). In Deutsche Wissenschaft ... 2 (1936) wird nur auf die Todestage von Heinrich I. (S. 278) und Friedrich dem Großen (S. 364) sowie im nichtamtlichen Teil ausführlich auf ein Schulungslager zur „Rassischen Geschichtsbetrachtung" (S. 78) hingewiesen.

[304] Krippendorf, Kurt, Grundsätzliche Erwägungen zur Neugestaltung des Geschichtsunterrichts, in: VuG 23 (1933), S. 482

[305] ebd., S. 485f.

Gleichschaltung durch die Nationalsozialisten kann man dieses unaufgeforderte anbiedernde Einbringen christlich-konservativer Vorstellungen mit ihrem völkischen Einschlag wohl nicht nennen.

Mit dieser Erklärung war auch die schon von Schnee geforderte „radikale Neuformung"[306] des (Geschichts-)Unterrichts eröffnet, nachdem Lehmann in einer früheren Ausgabe noch vor einer „Überspannung des Rassegedankens" gewarnt und auf die Bedeutung gesellschaftlicher Bedingtheiten der Menschen hingewiesen hatte.[307] Doch hatte der „Tag von Potsdam" (nicht nur) Konservativen wie z.b. dem langjährigen Reichstagsabgeordneten der DNVP Otto Hoetzsch Kontinuitätslinien aufgezeigt durch „Anknüpfung an die Vergangenheit"[308], die unabhängig von den realen schul- bzw. gesellschaftspolitischen Entwicklungen zu euphorischen Hoffnungen Anlaß zu geben schien. So zeigte sich auch für Professor Westphal in Potsdam die „Einheit von Germanentum und Preußentum":

„Potsdam! Potsdam: das Bündnis, das Ineinswerden der völkischen Bewegung mit den altpreußischen Elementen, wie sie in der Gestalt des Generalfeldmarschalls und Reichspräsidenten verkörpert geblieben sind."[309]

Es häufte sich im Laufe des Jahres 1933 das Bemühen zahlreicher Autoren - und damit auch der Zeitschriftenredaktion -, konservative Positionen als begründet mit der nationalsozialistischen Weltanschauung in Übereinstimmung zu zeigen. So erkannte Otto Hoetzsch als das „Wesentliche" in ihr die „unversöhnliche Gegensätzlichkeit gegen den Marxismus als bewußt internationalen Klassenkampfgedanken und als atheistischen, rein diesseitigen Materialismus. Dagegen wird gesetzt ... die Idee des Volkstums, der Rasse und die ... idealistische Weltanschauung."[310] Angesichts dieser Entwicklungstendenzen in der Zeitschrift kann die dort veröffentlichte „Mitteilung des Verbandes deutscher Geschichtslehrer" kaum überraschen:

„Der 'Verband deutscher Geschichtslehrer' ist stolz darauf, daß er keine 'Gleichschaltung' im heute üblichen Sinne nötig hat. Seine Haltung ist stets ausgesprochen

---

[306] vgl. Schnee, Heinrich, Der Geschichtsunterricht im völkischen Nationalstaat, in: VuG 23 (1933), S. 317

[307] vgl. Lehmann, F. Rudolf, Einzelbesprechungen, in: VuG 23 (1933), S. 236f anläßlich einer positiven Rezension von „Rasse und Kultur" (Franz Boas).

[308] vgl. Hoetzsch, Otto, Die deutsche nationale Revolution. Versuch einer historisch-systematischen Erfassung, in: VuG 23 (1933), S. 354. Hoetzsch war Osteuropahistoriker.

[309] Westphal, Otto, Bismarck und Hitler, in: VuG 23 (1933), S. 474-481. Im März 1933 unterzeichnete er mit nur wenigen anderen Universitätshistorikern den Aufruf „Die deutsche Geisteswelt für Liste 1" (NSDAP) und war Mitglied der NSDAP seit 29.4.1933. So Schönwälder, Karen, Historiker ..., a.a.O., S. 24 und S. 285, Anm. 39

[310] vgl. Hoetzsch, Otto, Die deutsche ..., a.a.O., S. 362

national gewesen, das ... den Unwillen des damaligen preußischen Kulturministeriums ... zur Folge hatte."[311]

Daneben wird in dieser Mitteilung aufgrund des Rücktrittes des Vorsitzenden - ohne die erforderliche Einberufung des Verbandstages - um schriftliche Zustimmung zum künftigen „Führer des Verbandes", Herrn Klemmt, gebeten, der sich „große Verdienste um die propagandistische Vertretung des deutschen Gedankens im Osten" erworben habe, „aus Polen ausgewiesen" wurde und der „nationalsozialistischen Partei seit vielen Jahren an(gehörte)."[312] Da dieser Coup fehlschlug, wurde 1934 der kommissarische Schulleiter Moritz Edelmann beauftragt, den Verband aufzulösen und in den NSLB zu überführen.[313] Verstärkt meldeten sich in der Zeitschrift Vertreter protegierter Teilbereiche der Geschichte zu Wort. Aufgrund der Akzentsetzungen durch den Frickschen Erlaß konnten sich die Befürworter einer Geopolitik gestärkt fühlen, deren „Wissenshaft" sich darum bemühe - so der Abteilungsleiter für höhere Schulen in der „Arbeitsgemeinschaft für Geopolitik" Walter Gehl -, die Grundkräfte „von Blut und Boden" „in ihrer schicksalsbestimmenden Wirkung aufzuspüren und sichtbar zu machen."[314] Auch die Stellung der Alten Geschichte war aufgewertet worden, da sie sich zur Rassenbiologie öffnen ließ. So sah Schachmehr die „geschichtlichen Höchstwerte" im „Volkstum an sich und in der nordischen Rassenkomponente", was in der Aufgabe für den Althistoriker mündete, sich den Erkenntnissen der Rasseforscher zu stellen, daß „die Auflösung des Volkstums der Griechen und Römer auf den Einfluß nichtnordischen Blutes und der damit artfremden Geistigkeit zurückzuführen ist."[315] Nur konsequent ermöglichte die Zeitschrift nach einem Teilwechsel in der Schriftleitung Rudolf Benze, die „für den Geschichtsunterricht heute wichtige und notwendige Literatur", d.h. „grundlegende und unentbehrliche nationalsozialisti-

---

[311]   Amling/Reimann, Mitteilung an die Herren Vorstandsmitglieder und Vorsitzenden der Ortsgruppen, in: VuG 23 (1933), S. 467f.

[312]   ebd., S. 468

[313]   vgl. Gies, Horst, Geschichtsunterricht ..., a.a.O., S. 112f. Edelmann wurde 1935 Oberstudiendirektor und 1939 Professor und Direktor der Hochschule für Lehrerbildung in Dortmund.

[314]   vgl. Gehl, Walter, Geopolitik im Unterricht. Ein Aufruf an die Amtsgefährten für Erdkunde, Geschichte, Naturwissenschaften und im Deutschunterricht, in: VuG 23 (1933), S. 587f.

[315]   vgl. Schachmehr, Fritz, Die Aufgaben der Alten Geschichte im Rahmen der nordischen Weltgeschichte, in: VuG 23 (1933), S. 596-598

sche Bücher" zu besprechen.[316] Neben „Mein Kampf" und diverse Hitlerreden verwies Benze auf das Parteiprogramm und besonders auf Rosenbergs „Mythus", in dem „die völkische Lebensidee (Mythus) als der Gegenpol des liberal-demokratischen und des römisch-klerikalen Machtbezirks herausgearbeitet"[317] werde. Als „Vorläufer" des Nationalsozialismus qualifizierte er Moeller van den Bruck, Chamberlain, Lagarde und Langbehn, deren „erst unvollkommene" Gestaltung der „tragenden Gedanken" besonders zum Rassismus Benze durch die Vorstellung zahlreicher Werke zur Vererbungslehre und Rassenkunde, die ihm als wissenschaftliche Grundlage der völkischen Ideen galten, ergänzte.[318] Daraus ableitend war es für Benze auch zwingend, daß vor allem das Fach Geschichte eine „völlige Umwertung nötig" habe:

> „Alle Geschichtsbetrachtung muß ausgehen von der frühgermanischen Zeit und muß das Ringen der überwiegend nordischen Völker um kulturelle und politische Gestaltung und ihren Kampf gegen orientalische Zersetzung und Überfremdung in Vorderasien, Südeuropa sowie schließlich in Mittel- und Nordeuropa durch die letzten vier Jahrtausende verfolgen bis hin zu der großen nordischen Neuerungsbewegung des Nationalsozialismus."[319]

Folgerungen aus den „geistigen Ecksteinen des Nationalsozialismus" (Benze) der Vererbungslehre und Rassenkunde hatte die Schriftleitung schon Anfang des Jahres 1934 durch einen angeforderten Artikel zur nationalsozialistischen Rassenhygiene ziehen lassen - ein Jahr früher als der einschlägige Erlaß für die Schulen. Vier „Grundgesetze" herrschten für den Arzt Pfannenstiel in der Natur:

> „überschießende Fruchtbarkeit, Auslese der Höherwertigen, Ausmerzung der Minderwertigen und Reinhaltung der Rasse."[320]

Er betrachtete es als „das unvergängliche Verdienst Adolf Hitlers, daß er die Rassenhygiene zur staatspolitischen Grundlage für die Erneuerung des deutschen Volkes gemacht"[321] habe. Das Bestreben der Rassenhygiene sollte für Pfannenstiel die weitgehende Ausmerzung sowohl „kulturell und biologisch Minderwertiger" als auch „kulturell Hoch- und biologisch Minderwertiger" sein, da sonst „der Volkskörper in Parteien zerfalle und degeneriere", um „statt parlamentarischer Zersplitterung Uniformität, statt Nivellierung das Führer- und Leistungsprinzip"

---

[316] Anmerkung der Schriftleitung zu Benze, Rudolf, Nationalsozialistisches Schrifttum, in: VuG 24 (1934), S. 279
[317] ebd., S. 281
[318] ebd., S. 281ff.
[319] ebd., S. 287
[320] Pfannenstiel, W., Bevölkerungspolitische Entwicklung und Rassenhygiene im nationalsozialistischen Staat, in: VuG 24 (1934), S. 97
[321] ebd., S. 106

zur Geltung bringen zu können.[322] Über schon getroffene Maßnahmen gegen „Minderwertige, Asoziale und Erbkranke" konstatierte Pfannenstiel:

> „Nicht nur das Gesetz zur Verhütung erbkranken Nachwuchses und das Gesetz gegen gefährliche Gewohnheitsverbrecher und über Maßnahmen der Sicherung und Besserung, sondern auch die Konzentrationslager dienen diesen Zwecken."[323]

Für die Zukunft wußte er:

> „Endlich auch wurden Maßnahmen gegen die Vermischung mit Fremdrassigen getroffen bzw. sind in Vorbereitung. Der Arierparagraph ist eine derartige Maßnahme ... Mit dem kommenden Reichsangehörigkeitsgesetz werden ... zahlreiche Fremdrassige ihr Heimatrecht in Deutschland verlieren."

Und schließlich:

> „Wir können Adolf Hitler nicht dankbar genug sein, daß er uns durch die legalen Maßnahmen gegen das Judentum vor Pogromen bewahrt hat."[324]

Damit war die gedankliche Basis für Verfolgung und letztendlich Tötung von „Anderen" gelegt und der Geschichtslehrerschaft eröffnet.

Mit zwei Grundsatzartikeln im August 1934 trug auch die Zeitschrift „Deutsche Oberschule und Aufbauschule" den geforderten Änderungen zum Geschichtsunterricht Rechnung. Eilhard Pauls, Professor in Lübeck, erhielt Gelegenheit, die neue Linie vorzustellen. Pauls wollte von Hitler für den Geschichtsunterricht inhaltlich und methodisch lernen: weniger Zahlen, weniger Stoff, mehr Erlebnis durch „Belauschung des Geheimnisses" der Geschichte.[325] Einer deutschen Geschichte, die interpretiert wurde von Pauls an der Entwicklung des Volkes: von der „Auflösung des Volkganzen" durch eine „volkfremde Religion" im Altertum (Karl als Sachsenschlächter) bis zur Volkwerdung in der Gegenwart als Rückkehr zum „organisch Gewordenen" zu „der Tatsache der großen Stämme", was den totalen Staat erfordere.[326] Und missionarisch sah Pauls als deutsche aufopferungsvolle Aufgabe gegen „Römertum" und weltweiten Universalismus:

> „Es ist das Schicksal des deutschen Volkes, stellvertretend für alle Völker, in der volkeigenen Art an dieser Volkfremdheit zu leiden, um sie wieder stellvertretend für alle Völker durch Leiden zu überwinden."[327]

---

[322]   ebd., S. 106f.
[323]   ebd., S. 107
[324]   ebd., S. 108
[325]   vgl. Pauls, Eilhard Erich, Der Einbau ..., a.a.O., S. 65f.
[326]   ebd., S. 67-70. Zur Kontroverse um die Bewertung der karolingischen Reichsgründung und damit der Stellung Karl des Großen siehe überblickshaft unter Bezug auf Lehrererinnerungen bei Klewitz, Marion, Lehrersein ..., a.a.O., S. 210ff und grundsätzlich Schönwälder, Karen, Historiker ..., a.a.O., S. 76ff, 223f.
[327]   Pauls, Eilhard Erich, Der Einbau ..., a.a.O., S. 68

Diesen Kampf um das „Wieder-Volkwerden" führe der Deutsche so, „daß er das Artfremde eindeutscht. Das hat mit dem Christentum getan Meister Ekkehart zuerst, Martin Luther danach, und ihm folgend Männer wie Fichte, Lagarde, der Rembrandtdeutsche, bis hin zum Satze Hitlers von der Unantastbarkeit des positiven Bekenntnisses."[328] Neben diese teilweise zwanghaft vereinnahmende Traditionslinie stellte Pauls gegen die „zersetzende Kraft jeglicher Aufklärung" die „Bindung an das Blut", die sich in der „Volksseele" ausdrücke.[329] Für die Schule wollte Pauls „bescheiden" „von der Einzelseele, der Rasse, dem Blut des einzelnen Menschen ausgehen", dem „Urquell", den er mythisch umschrieb mit: „Das Blut denkt nicht, es treibt."[330]

Gegen diese rassistisch ausgerichtete völkische Geschichtsinterpretation in einschlägiger Phraseologie hatte Joseph Kösters[331] als Repräsentant der Aufbauschulen punktuelle Bedenken, wie seine Besprechung diesbezüglicher Veröffentlichungen zeigte. So beharrte er bei Einzelaspekten - „willkürlich und ohne zwingende Kraft", „ausgesprochene Schwarzweiß-Darstellung" wie z.B. „Karl der Große nur als Sachsenschlächter" oder „Sokrates als internationaler Sozialdemokrat" - auf wissenschaftlichen Standards, indem er forderte, „dringende Vorarbeiten zu leisten", um überzeugen zu können.[332] Unabhängig von dieser Kritik war er sich mit Göring - aber auch mit Pauls - einig in der Notwendigkeit der „Erziehung zum Glauben an die Weltmission des eigenen Volkes" als „erste und wichtigste Aufgabe des Geschichtslehrers":

> „Der Nationalsozialismus, von hier aus als etwas spezifisch Deutsches erfaßt, wird dann dem Schüler als eine hohe weltgeschichtliche Aufgabe erscheinen."[333]

Da Kösters „Geschichte als völkische Selbsterkenntnis" verstand, gab es für ihn „kein(en) Zweifel, daß der rassekundliche Gesichtspunkt die größten Umwälzungen im Geschichtsunterricht herbeiführen wird, weil er nicht nur alte Werturteile stark verändert, sondern auch außerordentlich tief auf die Stoffauswahl einwirkt."[334] Diesen rassistischen Umbau des Geschichtsunterrichts machte er sich zu eigen durch entsprechende Vorschläge zur Unterrichtsgestaltung. Die vom Erlaß betonte Vor- und Frühgeschichte faßt Kösters als „Besinnung auf die eige-

---

[328] ebd., S. 70
[329] ebd., S. 72
[330] ebd.
[331] Zu Kösters Stellung im Verband der Deutschen Oberschulen und Aufbauschulen siehe auch Kap. B V.4.a)
[332] vgl. Kösters, Joseph, Zum Geschichtsunterricht ..., a.a.O., S. 77
[333] ebd., S. 75
[334] ebd., S. 76

ne Art" als „(zurückgehen) auf die unverfälschten Wurzeln" auf und empfahl für O II die Form „synchronistischer Betrachtung", da dies den „außerordentlichen Vorteil" habe, „daß man immer von deutschem Boden ausgeht", der mit dem „nordischen Blut" im Mittelpunkt stehe.[335] Wer wie Kösters in personalisierender Betrachtung „ganz Große" der Geschichte wie Arminius, Stein, Bismarck und Hitler als „seltene Gnadengeschenke im Leben der Völker" sah, schlug dann naheliegend für die Sexta „deutsche Sagen und Heldendichtungen" sowie die Behandlung der „Lebensbilder von Hindenburg und Hitler" vor, während in Quinta die Schüler „die erste einfache Ahnentafel ihrer Familie entwerfen" sollten, um dann von der „Vorgeschichte der Heimat" ausgehen zu können.[336] Methodisch war es Kösters wichtig, auf die geänderte Bedeutung der Zeitungskunde hinzuweisen. Sollten „vor dem Umschwung" die Schüler „durch das Gestrüpp der Parteizeitungen selbständig den Weg zur Wahrheit finden", so müßte jetzt die Hauptaufgabe darin bestehen, „zur Selbständigkeit gegenüber den Meldungen ausländischer Zeitungen und Radiostationen zu erziehen", was Kösters aus „der Stellungnahme des Auslandes zu den Ereignissen vom 30. Juni" ableitete.[337] Da es für innerstaatliche Auseinandersetzungen in den gleichgeschalteten Medien kein Sprachrohr mehr gab, sollte so eine Immunisierung gegen jegliche Kritik von außen erfolgen.

Mit diesem Grundsatzartikel war die Akzeptanz eines völkischen Geschichtsunterrichts gegeben, auch wenn Bedenken bestanden gegen eine überzogene, da noch nicht hinreichend belegbare Anwendung des rassischen Geschichtsverständnisses.

Im Jahr 1936 entwickelte sich die Zeitschrift „Vergangenheit und Gegenwart" zu einem Organ, das sich nicht nur offen für antisemitische Vorstellungen zeigte, sondern dem eine propagandistische Vorreiterrolle zufiel.

Wenn man wie Oberstudiendirektor Hohmann den „tiefsten Sinn der deutschen Geschichte in dem Kämpfen und Ringen um die artfreie Entfaltung der rassenmäßigen Grundlagen unseres Volkstums" sah und der „nationalsozialistischen Erneuerung" die „Mission" zuschrieb, „die nordrassische Kultur Europas vor artfremder Überwucherung und damit vor dem Untergang zu bewahren", mußte für die bisherige Geschichtsauffassung eine „totale Wandlung" fordern[338], die

---

[335] ebd., S. 81
[336] ebd., S. 79, 82
[337] ebd., S. 86. Hitler hatte unter dem Vorwand eines Putschplanes von Röhm Teile der SA-Führung und weitere Personen liquidieren lassen.
[338] vgl. Hohmann, Walter, Ein Beitrag zur Durchführung des Ministerialerlasses über Rassenkunde im Geschichtsunterricht, in: VuG 26 (1936), S. 157

auch jegliches konservative Verständnis sprengte. Die Auswanderung zahlreicher Deutscher im Laufe der letzten Jahrhunderte bezeichnete Hohmann biologisch als „Gegenauslese" und „Vergeudung deutschen Blutes" und stellte Juden als „Gegenrasse" dar, die eine „furchtbare Gefahr für Deutschland" bildeten.[339] Der bekannte Antisemit Grau schrieb:

> „Mit den 'Nürnberger Gesetzen' ist des Juden Existenz in Deutschland wieder auf den Boden des germanischen Fremdenrechts gestellt. Wie einst ist ihm nun wieder der Zutritt zum biologischen und geistigen Raum unseres Volkes verwehrt."[340]

So durfte Erbt ein opportunistisches Eigenlob wiederholen - dargestellt auf einer Tagung der Gaufachbearbeiter für Geschichte -, daß er schon 1924 eine „Behandlung der Alten Geschichte auf rassischer Grundlage" gefordert habe, was damals noch „ein allgemein verspottetes Unternehmen" gewesen, aber heute „die Forderung des Tages" sei: „Rassenkörper- und Rassenseelenkunde" sollten das nötige Wissen vermitteln, um „das Spiel ihrer Kräfte (der neun Rassen der Alten Welt, H.-G. B.) zu belauschen und die Ergebnisse ihres Wirkens und Gegeneinanderwirkens herauszustellen mit dem letzten Ziel, uns uns selber verständlich zu machen."[341] Oberstudienrat Baustaedt erhielt Gelegenheit, ein Unterrichtsprojekt eines Halbjahres mit Oberprimanern über Rosenbergs „Mythus" umfassend darzustellen. Nachdem Baustaedt die „Kulturprotestler" und „Wegbereiter" des Nationalsozialismus Nietzsche, Lagarde, Chamberlain, Spengler und Moeler van den Bruck gewürdigt hatte, indem er ihre Grenzen als Wegbereiter des Nationalsozialismus an den „wichtigsten Punkten aus dem nationalsozialistischen Gedankengut": Rassenfrage, deutscher Sozialismus, Ehr- und Freiheitbegriff des deutschen Menschen, Abwehrstellung gegen den Liberalismus und die westliche Demokratie aufgezeigt hatte, konfrontierte er die Schüler mit „dem überwältigenden Reichtum der Rosenbergschen Gedanken", deren „wahrhaft revolutionärer" Charakter sich in Rosenbergs Aufruf zeige:

> „Nicht weltwirtschaftliche, über alle Völker gelagerte Trusts als Ziel und Sinn der Weltgeschichte, nicht ein rasseloser Völkerbund ist es, was die nordisch-deutsche Erneuerung in europäischer und weltpolitischer Hinsicht zu verkünden hat, sondern rassisch bestimmte Staatensysteme ..., welche die politische Herrschaft der weißen Rasse über den Erdball sicherstellen."[342]

---

[339] ebd., S. 166ff.

[340] Grau, Wilhelm, Die Judenfrage in der deutschen Geschichte, in: VuG 26 (1936), S. 258

[341] vgl. Erbt, Wilhelm, Die Alte Geschichte, in: VuG 26 (1936), S. 617f.

[342] Baustaedt, Carl, Rosenbergs Mythus und seine Wegbereiter im Geschichtsunterricht der Prima oder: Von Nietzsche zu Rosenberg, in: VuG 26 (1936), S. 673ff. Zitat ohne genauere Quellenangabe S. 691

Neben den deutlichen antisemitischen Äußerungen und teils diffusen und vagen rassistischen Passagen blieb z.b. bei Baustaedt nur teilweise ein konservatives Verständnis gewahrt, da er mit Rosenberg einen sich als führenden Theoretiker der nationalsozialistischen Weltanschauung verstehenden Funktionär im Unterricht behandelte, in dessen kichenfeindlichem Werk „Mythus des 20. Jahrhundert" eine rassegemäßer Glaube eingefordert wird.

In Verbindung mit der „Rassenfrage" und zu deren Konkretisierung wurden in „Vergangenheit und Gegenwart" auch zunehmend Stoffgebiete thematisiert, denen schon in der Weimarer Republik - auch aufgrund des Versailler Vertrages - wachsende Bedeutung zukam: „Auslandsdeutschtum" und „Heimat".

Regelmäßig stellte die Zeitschrift in Literaturberichten neue Veröffentlichungen zum Auslandsdeutschtum vor, das schon in den ersten Geschichts"richtlinien" des „Dritten Reiches" vom 20.7.1933 besondere Beachtung gefunden hatte, indem die „Entwicklung des deutschen Nationalbewußtseins" gefordert wurde:

> „Diese Besinnung auf das Arteigene führt zu stärkerer Betonung der Blutsbande, die uns mit den Volksgenossen in den Grenzgebieten und im übrigen Ausland verbindet."[343]

So hatte schon der Erlaß vom 9. Mai 1933 die „ungehemmte Entfaltung" der Schulgruppen des V.d.A. (Verein für das Deutschtum im Ausland) „dringend" gewünscht und es den Schulen als „selbstverständliche Pflicht" verordnet, „in den Schülern das Bewußtsein der Kulturgemeinschaft und der völkischen Zusammengehörigkeit mit allen getrennten Volksgenossen zu wecken und zu erhalten."[344]

Für den „Tag des deutschen Volkstums" wurden entsprechend Schulfeiern angesetzt und die Schulen angewiesen, „festlich (zu) flaggen."[345]

Im Gegensatz zur „Weimarer Volkstumsideologie", die nach Prof. Harmjanz (Reichserziehungsministerium) den Lehrer bezüglich nationaler Minderheiten beschränkte „auf die Erweckung von ‚Interesse' und Opferfreudigkeit", sollte entsprechend den „völkischen Lebensgesetzen" die „Schicksalsgemeinschaft", die auf der „Blutsgemeinschaft" beruhe, herausgestellt werden.[346] Damit stand das

---

[343]   Zentralblatt ... 75 (1933), S. 198

[344]   ebd., S. 139. Schulgruppen waren schon 1921 aufgrund eines Erlasses von Minister Boelitz gegründet und „Auslandsdeutschtum" als Unterrichtsthema 1925 in den preußischen Richtlinien verankert worden (vgl. Gies, Horst, Geschichtsunterricht ..., a.a.O., S. 80f.). Umbenennung in Volksbund für das Deutschtum im Ausland (VDA).

[345]   Deutsche Wissenschaft ... 1 (1935), S. 387 und Deutsche Wissenschaft ... 3 (1937), S. 361

[346]   vgl. Harmjanz, H., Ein neues Erziehungswerk zu gesamtdeutschem Denken. (Das Handwörterbuch des Grenz- und Auslandsdeutschtums.), in: Deutsche Wissenschaft ... 3 (1937), Stimmen aus Praxis und Wissenschaft (Nichtamtlicher Teil), S. 139f.

Grenz- und Auslandsdeutschtum im „Mittelpunkt der völkischen Erziehung" - auch in vielen Unterrichtsfächern - mit dem Ziel, „völkische(s) Verantwortungs-bewußtsein und die Bereitschaft zum Einsatz und Opfer" zu wecken und zu vertiefen.[347] Unter Vernachlässigung politischer und ökonomischer Motive wollte Studienrat Winter die „deutsche Auswanderungsbewegung" in einen „Rhythmus der nordischen Blutwellen" gliedern, wobei die vierte und zugleich „letzte rassische Ausstrahlung" auch „die gegenwärtige Zerstreuung des Deutschtums über die Welt hin" beinhalte, deren Ursachen in der „Enge ... des deutschen Lebensraumes" liege, der „gebieterisch Entlastung" fordere.[348] Einerseits glaubte Winter, daß das deutsche Volk nicht länger dulden könne, daß sich „das Volkstum wahllos an die Welt verschwende" und so „Raubbau an seinem kostbaren Erbgut" treibe und andererseits sollten alle „Volksgenossen in der weiten Welt" sich behaupten als Teil der „geistig-seelischen Einheit des deutschen Volkes" mittels „ausreichender Geburtenziffern" und einem „wache(n) völkische(n) Bewußtsein".[349]

Damit hatte sich eine Richtung in Ministerium und Zeitschrift durchgesetzt, die in teilweiser Traditionslinie der imperialen alldeutschen Bewegung lag.[350]

Der Umgang mit „Heimat" war ein zwiespältiger. Einmal durchaus von Baustaedt als unhinterfragbares Axiom, was „im Blut (liegt)", gesetzt[351], hatte Studiendirektor Spanuth aber schon 1933 den Heimatgedanken zwar als Grundsatz „neuzeitlichen Unterrichts" auch im Fach Geschichte anerkannt, doch blieb er in der Literatur stark auf den erdkundlichen Bereich beschränkt.[352] Spanuth hatte die „Erziehung zur Heimat" nicht nur als methodische Forderung zur Veranschaulichung, sondern als „zunächst ethisch betontes Ziel" gesehen, ihm aber dann gegenüber „Vaterland" und „Staatsbewußtsein" Nachrangigkeit eingeräumt.[353] Eine

---

[347] ebd., S. 140ff.
[348] vgl. Winter, Friederich, Der Rassegedanke und das Auslandsdeutschtum, in: VuG 26 (1936), S. 77f.
[349] ebd., S. 80ff.
[350] vgl. u.a. Schreiber, Georg, Das Auslandsdeutschtum als Kulturfrage (= Deutschtum und Ausland 17./18. Heft), Münster 1929, S. 103-118, Hermand, Jost, Der alte Traum ..., a.a.O., S. 47-84, und Hartwig, Edgar, Alldeutscher Verband (ADV) 1891-1939, in: Lexikon zur Parteiengeschichte. Die bürgerlichen und kleinbürgerlichen Parteien und Verbände in Deutschland (1789-1945). In vier Bänden. hrsg. von Dieter Fricke u.a., Band 1, Köln 1983, S. 13-47
[351] vgl. Baustaedt, Carl, Unterrichtsmittel ..., a.a.O., S. 123
[352] vgl. Spanuth, Heinrich, Der Heimatgedanke im Geschichtsunterricht der Volksschule. Seine Begrenzung und Ergänzung, in: VuG 23 (1933), S. 105
[353] ebd., S. 107ff.

derartige Nachrangigkeit wurde auch von den Nationalsozialisten postuliert gegenüber der Perspektive „vom deutschen Volk" aus - bei aller Betonung der Bedeutung der „Verwurzelung".[354]

Die von Spanuth geforderte „Veranschaulichung" faßte Poll konkreter, indem er den „Gedanke(n) einer Geschichtsschreibung 'von unten',, formulierte und die Perspektive des „kleinen Mannes" instrumentalisierte:

> „Es ist für die nationale Erziehung, für das Hineinwachsen des Menschen in die neue Staatsidee, für die Stärkung der politischen Selbstverantwortung zweifellos von großer Bedeutung, wenn der einfache Kämpfer nicht immer nur als Massenobjekt der Geschichtsschreibung behandelt sondern als mitverantwortlich und mitgestaltend in die geschichtliche Betrachtung eingegliedert wird."[355]

Um zu verhindern, daß aus dem Geschichtsunterricht nur eine „vaterländische Feierstunde" wird, forderte er die Verfassung von Schul- und Kirchenchroniken, von Hof- und Familiengeschichten - letzte als „Ausgangs- und Anknüpfungspunkt für Rassen- und Volkskunde": „An den Beispielen und Vorbildern, die der Heimat- und Erlebniswelt der Jugend selbst entnommen sind, kann das heranwachsende Geschlecht am sichersten zu heroischem Denken und heldischer Gesinnung, zu Volksgemeinschaft und Opferbereitschaft, für Heimat und Nation erzogen werden." Wobei „nachhaltige Erfolge" für Poll „nur eine Erziehung aus den Werten der Familie, der Landschaft und des Volkstums, ... aus Glauben und Heimat" versprach.[356] Eine Vorstellung, die an das Bildungsverständnis von konservativen Lehrern in der Weimarer Republik problemlos anknüpfen konnte.

Die Brücke zum Rassismus bildete für Cornelius Marx in der katholischen Zeitschrift „Pharus" der „Heimatgedanke", der „lediglich die landschaftliche Ausprägung des deutschen Volkstums darstelle."[357] Im Anschluß an Hitlers Diktum, „die ewigen Fundamente unseres Lebens, unseres Volkes (zu wahren)", forderte er biologistisch,

> „das Blut des Volkes reinzuhalten und vor Entartung zu schützen, die Rasse, den Kern des Volkes, zu retten und wieder hochzuführen."[358]

So konnte er auch eine Beziehung zum Auslandsdeutschtum herstellen:

> „Unsere Gemeinschaft von Volk und Rasse kann da nicht aufhören, wo Zwangsgrenzen deutschen Volksboden durchschneiden; denn Volkstum steht vor Staat."[359]

---

[354] vgl. hierzu die Diskussion in der westfälischen Zeitschrift „Heimat und Reich" während der NS-Zeit

[355] Poll, Bernhard, Heimatgedanke und Geschichtsunterricht, in: VuG 24 (1934), S. 47

[356] ebd., S. 41, 50

[357] vgl. Marx, Cornelius, Durch Heimat zu Volk und Rasse, in: Pharus 25 (1934) 1. Halbband, S. 175

[358] ebd.

Damit war eine Ausdehnung der Staatsgrenzen argumentativ vorbereitet, die aber noch durch schulische Erziehung abgesichert werden sollte:

„Heute (muß) die Liebe zu Volk und Rasse größer werden denn je. Heimatverbundenheit und deutscher Volkstumskampf jenseits der politischen Grenzen gehören zusammen, und deshalb gehört eine VDA.-Gruppe in jede Schule."[360]

Auch wenn die „Reichsidee zum begrifflichen Kristallisationspunkt des neuen Geschichtsbildes" im Nationalsozialismus wurde, was sich mit der Annexion des Sudetenlandes und Österreichs zu realisieren begann und auch von konservativer Seite begrüßt wurde[361] und Edelmann als Herausgeber von VuG Rosenberg als (vermeintlichem) Chefideologen versicherte, daß er kaum eine „dankbarere und einsatzbereitere Gefolgschaft besitze als unter den Männern des NSLB"[362], wurden zunehmend auch völkische Autoren auf ihre Zuverlässigkeit hin überprüft - besonders wenn sie einen religiösen Hintergrund hatten. So mußte sich auch Schnee als „Wechselbalg" charakterisieren lassen, da seiner Abhandlung „Geschichtsunterricht und völkischer Nationalstaat" auch teilüberarbeitete Vorträge zugrunde liegen sollten, die er am katholischen „Institut für wissenschaftliche Pädagogik" gehalten hatte. Das drängte Utermann zu der Vermutung, „daß unter neuen Zeichen Restbestände hinübergerettet werden sollten"[363]. Neben sprachlichen Anpassungen an das Jahr 1936 (im Vergleich zur Erstauflage 1933) warf Utermann Schnee in der neuen Zeitschrift für Lehrer „Weltanschauung und Schule", die sich das Ziel gesetzt hatte, daß „die letzten Reste politisch farbloser oder reaktionärer Fachbetriebsamkeit ... aus ihren verstecktesten Winkeln ausgetrieben werden"[364], einen unklaren Rassebegriff und eine zwar volksdeutsche, doch konfessionell durchsetzte Geschichtsauffassung vor, was zu einer Verfälschung

---

[359] ebd.

[360] ebd., S. 176

[361] vgl. Riekenberg, Michael, Die Zeitschrift ..., a.a.O., S. 135

[362] vgl. Edelmann in VuG 29 (1939), S. 365, zit. nach ebd., S. 134

[363] vgl. Utermann, Wir sind Winfried Ekkehart ein wenig nachgegangen, in: Weltanschauung und Schule 1 (1936/37), S. 111. Der katholische Pharus hatte noch 1934 die Erstauflage positiv besprochen und ihren „hohe(n) Wert" für die Praxis herausgestellt, u.a.: „Ferner werden die maßgeblichen Äußerungen und Anweisungen der führenden Staatsmänner des nationalsozialistischen Deutschlands herangezogen und für die Neuformung des geschichtlichen Unterrichts genutzt. Scharfe Ablehnung erfährt der intellektualistisch-ästhetische und die philosophisch-humanistische Einstellung im Geschichtsunterricht liberalistischer Prägung. ... Mit Umsicht und Sorgfalt werden die gesicherten Ergebnisse rassenkundlicher Forschung (Gobineau, Chamberlain, Mendel, Günther, Lenz) dargeboten." (Heinrich Schnee: Geschichtsunterricht im völkischen Nationalstaat (Rezension), in: Pharus 25 (1934), 2. Halbband, S. 175f.)

[364] Was wir wollen, in: Weltanschauung und Schule 1 (1936/37), S. 1

der nationalsozialistischen Geschichtsauffassung führe.[365] StR Karl Anor, ab 1933 Professor an der Hochschule für Lehrerbildung in Kiel und Mitherausgeber von VuG seit 1937, griff diese Besprechung inhaltlich und teilweise wörtlich auf, indem er die „konfessionelle Bindung" umfassend belegte und anprangerte, wobei er besonders Kritik am politischen Katholizismus und die notwendige Herausstellung Adolf Hitlers, beides zentral in „Weltanschauung und Schule", vermißte:

> „Das ganze Buch ist ein mißglückter Versuch, das konfessionelle Geschichtsbild des politischen Katholizismus mit falsch verstandenen oder falsch angewandten nationalsozialistischen Begriffen zu verbrämen."[366]

Diesem totalen Verriß war noch 1935 in VuG eine Besprechung der sprachlich und inhaltlich weniger nationalsozialistisch ausgerichteten 1. Auflage dieser „frischgeschriebenen Arbeit von Heinrich Schnee" vorausgegangen:

> „Seine Forderungen nach einheitlicher deutscher Geschichtsauffassung, nach einheitlicher politischer Willensbildung, nach Erziehung zur volksdeutschen Idee sind nur anzuerkennen, seine Auslassungen über Vorgeschichte, Rassenkunde zeugen von Vertrautheit mit Stoff und Aufgabe. Besonders wertvoll ist der Abschnitt Dichtungen im Geschichtsunterricht."[367]

Kritik erfolgte nur an der Interpretation der volksdeutschen Idee durch Schnee, da er „das Christentum als Wesensbestandteil deutscher Art und Bereicherung deutschen Volkstums" hingestellt und sich von Luther abgrenzte hatte.[368] Nicht ein Mal fiel in der Rezension das Wort „katholisch", doch wurde vorsichtig erwähnt, daß die aufgeworfenen Fragen „ohne jedes von anderwärts bestimmte Urteil" zu prüfen seien.[369]

Die Forderungen an den Geschichtsunterricht wurden ab 1936 über nationalsozialistische Zeitschriften politisch rigoroser, propagandistischer und rassistischer sowie gegen christlich-konservative Positionen - auch wenn sie einen völkischen Charakter hatten - öffentlich ab- und ausgrenzender vorgetragen.[370] Diese hatten

---

[365] vgl. Utermann, Wir sind Winfried ..., a.a.O., S. 111-114
[366] Alnor, Karl, Neue Bücher. Unterrichtsmittel für höhere, Mittel- und Volksschulen, in: VuG 27 (1937), S. 682. Alnor trat zum 1.5.1933 der NSDAP bei und war ab 1934 Kreissachbearbeiter für Geschichte in der Kreisverwaltung Kiel des NSLB (vgl. Hesse, Alexander, Die Professoren ..., a.a.O., S. 136-138).
[367] E., M., Neue Bücher. Erziehung und Geschichtsunterricht, in: VuG 25 (1935), S. 117
[368] vgl. ebd.
[369] vgl. ebd., S. 118
[370] So „entlarvt" Leistritz auch das Werk von Winfried Ekkehart (Pseudonym) „Rasse und Geschlecht" als ein „Lehrbuch neuerer Kampfmittel des politisierenden Gegners" und „als großes Spiel gegen die rassische Geschichtsbetrachtung" sowie als einen Beitrag zur „Verwirrung" mit religiösem Hintergrund (vgl. Leistritz, Vorsicht, deutsche Geschichts-

die Akzeptanz des Nationalsozialismus erhöht und somit nun ihre Funktion erfüllt. Taktische Rücksichtnahmen auf konservative Positionen waren kaum noch erforderlich.

Die inhaltliche Entwicklung der Zeitschrift VuG zeigte sich nach den Rücktritten in der Herausgeberschaft nun im Jahre 1936 auch in der offiziellen Qualifizierung als „Zeitschrift des Reichsfachgebietes Geschichte im NSLB", wobei die alleinige Herausgeberschaft beim Reichsfachbearbeiter für Geschichte im NSLB, Oberstudiendirektor Moritz Edelmann verblieb.[371] Auch in dieser Fachzeitschrift wurde - nicht erst nach der Änderung ihres Status - die nationalsozialistische Ideologie offensiver, d.h. gegenüber konservativen Richtungen wie den Vertretern eines „Sacrum Imperiums" oder des „revolutionären Konservativismus" abgrenzender vorgetragen. Besonders Oberregierungsrat Studentkowski stellte klar, daß die „Vernichtung der Parteien" nur ein erster Schritt, nur „ein Mittel zum Zweck der totalen Durchsetzung der nationalsozialistischen Weltanschauung war", der er einen unwiderlegbaren Charakter zuwies - aufgezeigt an Rosenbergs Mythus, „weil ein neuer Glaube, eine neue Weltanschauung und eine sich hieraus ergebende neue Haltung sich nicht mit Verstandesgründen aus der Welt disputieren lassen"[372]. Es sei nicht Aufgabe einer „deutschen Wissenschaft", „objektiv" und „voraussetzungslos" zu sein, sondern sie habe „die Rasse, die Art als naturgegebene Voraussetzung von vornherein einzubeziehen und so zu einem wahrhaftigerem, aber auch der Ehre der Nation ungleich dienlicherem Ergebnis zu kommen als bisher"[373]. Da Studentkowski aus der „Rassefrage" die „ganze nationalsozialistische Idee" ableitete, schreckte er vor antisemitischen Ausfällen und Kritik an

---

lehrer, in: Weltanschauung und Schule 1 (1936/37), S. 110f.).

[371] vgl. Edelmann, Moritz, An unsere Leser!, in: VuG 26 (1936), S. 369. Schon zu Jahresbeginn 1934 waren Prof. Friedrich und Oberstudienrat Baustaedt aus der Schriftleitung ausgeschieden. Ein entsprechender Hinweis in der Zeitschrift erfolgte mit der Betonung der „neuen Aufgaben" der wissenschaftlichen Geschichtsschreibung im Hinblick auf den notwendigen „geistigen Umbruch": Sie habe „neben dem Staat die Kräfte des Volkstums, der Rasse und des Bodens ... entscheidend zu berücksichtigen" (Herausgeber und Verlag, An unsere Leser, in: VuG 24 (1934), S. 1f.).

[372] vgl. Studentkowski, Werner, Nationalsozialistische Literatur, in: VuG 26 (1936), S. 49-53

[373] ebd., S. 55f. Vgl. auch bei Edelmann, Moritz, Neue Bücher zu Erziehung und Geschichtsunterricht, in: VuG 26 (1936), S. 604, die Hinweise auf Reichsminister Rust: „Die wahre Autonomie und Freiheit der Wissenschaft liegt darin, geistiges Organ der im Volke lebendigen Kräfte unseres geschichtlichen Schicksals zu sein und sie im Gehorsam gegenüber dem Gesetz der Wahrheit darzustellen", und auf Ernst Krieck: „Wahrheit bleibt zwar Weg und Gestaltungsgesetz der Wissenschaft. Ihr Ziel aber ist Gestaltung des Menschentums und der völkischen Lebensordnung gemäß dem Charakter und Naturgesetz der Gemeinschaft. Wissenschaft hat also ihren Wurzelgrund in der Weltanschauung."

der (katholischen) Kirche nicht zurück. Zugleich ging er in Distanz zur Lehre des totalen Staates - auch im Vergleich zum italienischen Faschismus - und hob auf die Topoi Volk und Führer ab.[374] Damit waren nationalkonservative gesellschaftliche Interpretationsschemata, die u.a. auf den Staat fixierten und z.B. wie der katholische Staatsrechtslehrer Carl Schmitt Hitlers Mordorgie am 30. Juni 1934 positivistisch gerechtfertigt hatten[375] oder wie Reichswehr und Justiz hinnahmen und so den Nationalsozialismus anfangs förderten und stabilisierten, offensichtlich funktionslos geworden. Sie hatten ihre besondere Bedeutung für das nationalsozialistische System weitgehend eingebüßt.

Vor dem skizzierten Hintergrund der geschichtsdidaktischen Diskussion in der Weimarer Republik, des Übergangs zum Nationalsozialismus und dessen Exemplifizierung am katholischen Geschichtslehrer Studienrat Schnee kann festgestellt werden:

- Eine aktiv breit angelegte Vorbereitung des Nationalsozialismus in Form der Propagierung ähnlicher Interpretationsschemata durch die dominierenden bürgerlich-konservativen Geschichtspädagogen erfolgte in der Weimarer Republik nicht.[376]

- Nicht wenige dieser Geschichtslehrer ebneten aber den Weg in den Nationalsozialismus, indem vorhandene Denkmuster aufgegriffen und ausgerichtet wurden, was nur begrenzt Widerstand fand.

- Die „volkliche Geschichtsauffassung" mit dem Kern des gesamt- und großdeutschen Gedankens war die Brücke, die Konservativen von der nationalsozialistischen Weltanschauung in der Übergangsphase geboten und überwiegend auch (bereitwillig) begangen wurde[377] - unterschiedlich weit und lange.

- „Völkische Geschichtsdidaktiker", zu denen Gies zu Recht auch Krippendorf, Schnee und Haacke zählt[378], hatten schon in der Weimarer Republik Publizierungsmöglichkeiten, u.a. in katholischen Zeitschriften und in VuG. Andere

---

[374] vgl. Studentkowski, Werner, Nationalsozialistische ..., a.a.O., S. 59f.

[375] Obwohl Schmitt sich 1936 bemühte, den Staat nur noch als Mittel zur Verwirklichung der NS-Weltanschauung zu sehen und den Vorrang von Partei und Volk anzuerkennen (vgl. Rüthers, Bernd, Carl Schmitt im Dritten Reich. Wissenschaft als Zeitgeist-Verstärkung?, 2. erweiterte Aufl. München 1990, S. 76-80, 96f.).

[376] vgl. die abschwächendere Einschätzung bei Riekenberg, Michael, Die Zeitschrift ..., a.a.O., S. 133

[377] vgl. ebd., S. 134

[378] vgl. Gies, Horst, Geschichtsunterricht und nationalpolitische Erziehung im NS-Staat 1933-45, in: Leidinger, Paul, (Hrsg.), Geschichtsunterricht ..., a.a.O., S. 117

Autoren veröffentlichten in VuG nach der (Selbst-)Gleichschaltung weiter wie z. B. der ehemalige Mitherausgeber Baustaedt.[379]

- Eine aktive und breit angelegte Distanzierung der dominierenden bürgerlichen Geschichtspädagogen vom Nationalsozialismus läßt sich im Jahre 1933 - wo es noch am ehesten möglich gewesen wäre - nicht erkennen, wie die teilweise euphorischen Artikel belegen.[380]

- Die vorliegenden Untersuchungen zur Geschichte der Geschichtsdidaktik müssen um bisher vernachlässigte Aspekte wie das Verhalten im Jahr 1933 und die Diskussion außerhalb der Zeitschrift VuG, wie z. B. in der einschlägigen katholischen Publizistik, erweitert werden.

Schriftliche und mündliche Abiturprüfungen

Vor dem Hintergrund der hier aufgezeigten Entwicklung der geschichtsdidaktischen Diskussion, deren Träger überwiegend (ehemalige) Studienräte waren und die insofern auch als Vergleichsmaßstab dienen kann, soll der konkrete Unterricht, wie er sich in den schriftlichen und mündlichen Abituraufgaben bzw. deren Bearbeitung durch die Schüler(innen) spiegelt, untersucht werden. Damit können Spekulationen abgebaut werden, die sich allein auf nationalsozialistische Verlautbarungen und plausible Erklärungen gründen, ohne die konkreten Unterrichtsinhalte zu berücksichtigen.

Damit wäre auch eine Annäherung an die Verhaltensweisen von Geschichtslehrern zu finden, die Gies „zwischen enthusiastischer Unterstützung, opportunistischer Anpassung und kompromißlosem Widerstand"[381] ansiedelt, ohne jedoch angemessen diese Teilgruppen zu identifizieren.

---

[379] Ob man auch für die ersten Jahre im Nationalsozialismus VuG als „offen nazistisch" qualifizieren kann wie Schönwälder, Karen, Historiker ..., a.a.O., S. 87, bedarf einer differenzierteren Untersuchung.

[380] Dies stellt eine notwendige Ergänzung zu Leidinger dar, der in diesem Zusammenhang feststellte: „Bei allem nationalen Engagement (bestand) eine p a r t e i l i c h e Affinität zum aufkommenden Nationalsozialismus nicht." (S.35) Und: „Keine erkennbare p e r s o - n e l l e Kontinuität (führt) im V o r s t a n d vom alten Verband zur neuen NS-Sachgruppe." (S. 36) (Alle Sperrungen durch H.-G. B.) Wenig analytisch mutet die Formulierung an: „Merkwürdig und unrühmlich ist das Ende des Verbandes 1933/34." (S. 35). Zudem bleibt der erklärende Hinweis auf die „aus der Not der nationalsozialistischen Machtergreifung in Staat und Gesellschaft getroffene Flucht nach vorn" für den satzungswidrigen „Umbau des Verbandes" unbelegt (S. 35). Vgl. Leidinger, Paul, Der Verband ..., a.a.O.

[381] vgl. Gies, Horst, Geschichtsunterricht unter der Diktatur ..., a.a.O., S. 122

Die Schüler(innen) durften im Rahmen der schriftlichen Prüfungen zwischen den Fächern Geschichte und Erdkunde wählen. Es ergab sich durchgängig eine leichte Priorität für das Fach Geschichte. Alle Abiturarbeiten und Protokolle der mündlichen Prüfungen aus dem Untersuchungszeitraum wurden ausgewertet.[382]

Abitur 1933 (Prüfer: Studienassessor H.)

Nur zwei der vom Fachlehrer den sechs Schüler(inne)n zur Wahl vorgelegten drei Themen wurden bearbeitet. Im folgenden werden die sechs Schüler(in-nen)aufsätze kurz diskutiert:

1. Thema:

> Die Auffassungen Helfferichs und Tirpitzs über den verschärften U-Boot-Krieg sind an Hand der beiden vorliegenden Denkschriften darzulegen. Es ist weiterhin im Hinblick auf den Ausgang des Weltkrieges zu untersuchen, welche Auffassung die richtigere war.
>
> Hilfsmittel: Kumsteller: „Geschichtsquellen", Quelle & Meyer, Leipzig, Heft 12, Seite 12 - 15

Dieses Thema hatte eindeutige Priorität und wurde fünfmal gewählt. Der Inhalt der zu bearbeitenden Denkschriften läßt sich wie folgt skizzieren.

Helfferich hatte seine Denkschrift in seiner Funktion als Staatssekretär im Reichsschatzamt mit Datum vom 5.8.1915 erstellt und an den Reichskanzler gerichtet, während Marineminister Großadmiral von Tirpitz sich am 27.4.1916 an den Kaiser wandte.

Hellferich machte unmißverständlich deutlich, daß „das Möglichste zum Zweck der Verhinderung eines Bruchs mit den Vereinigten Staaten geschehen müßte", um eine Deckung des Geldbedarfs der Entente und den Kriegseintritt weiterer Länder zu verhindern sowie die Baumwolleinfuhr für die Textilindustrie zu sichern.

Von Tirpitz sah die „furchtbarste Koalition der Geschichte" gegen Deutschland kämpfen, verwahrte sich gegen Nachgiebigkeit gegenüber Amerika und versprach einen militärischen Erfolg gegen England unter der Bedingung, daß auch ein „scharfe(r) U-Boot-Krieg" geführt werde, der zur Wahrung der weltwirtschaftlichen Reputation und besonders der nationalen Ehre erforderlich sei.

Als „gut" wurde vom Fachlehrer eine Schülerbearbeitung angesehen, die davon ausging, daß aufgrund der kulturellen Verbindung Amerikas zu England und zur Vermeidung eines deutschen Sieges Amerika auch bei Verzicht auf den U-Boot-

---

[382] Alle Zitate ohne Anmerkung sind diesen Quellen entnommen. Vgl. grundsätzlich Schularchiv, Abiturunterlagen.

Krieg eingegriffen hätte. Zugleich galt aber der Einsatz der U-Boot-Flotte angesichts der amerikanischen Geschwader als verspätet und chancenlos, um ein „Aushungern" Englands zu erreichen. Tenor: Den Positionen Helfferichs und von Tirpitz wurden „Fehler" zugeschrieben. Insgesamt fand aber die Position Helfferichs als die weitsichtigere in den übrigen Arbeiten stärkere Anerkennung, was an Spezifika des späteren Seekrieges nachgewiesen wird.

Die Schüler(innen)arbeiten zum U-Boot-Krieg bezogen weder die unterschiedlichen Positionen der Verfasser in der Regierung, noch die unterschiedlichen Adressaten und Zeitpunkte der Denkschriften ein, sondern beschränkten sich auf eine Textwiedergabe mit eher kurzer Einschätzung im Sinne der Aufgabenstellung. Ganz offensichtlich war der Fachlehrer aber auf eine bestimmte Interpretation nicht festgelegt, da der Bewertung durch ihn eher Umfang und Klarheit der Argumentation zugrunde lag.

2. Thema:

Es ist zu untersuchen, inwieweit Sombarts Begriff des politischen Führers in einem politischen Führer der letzten Jahrhunderte verwirklicht ist.[383]

Hilfsmittel: Aus Sombarts proletarischen Sozialismus: Die Idee des politischen Führertums, abgedruckt in Oldenburgs geschichtlichem Quellenwerk, Teil IX Seite 165 - 168.

Inhaltsskizzierung des vorgelegten Textes, der nur von einem Schüler bearbeitet wurde.

Für Sombart wurzelte ein politischer Führer in einer religiösen Grundbestimmung. Er hatte sich als „Gottgesandte(r)" zu fühlen, dessen Denken und Tun „transzendent verankert" sei und in dem die „Missionsidee", „das Werk Gottes auf dieser Erde zu verrichten", „die leuchtende wärmende Sonne" bildete. Eingebunden in die Verantwortung gegenüber Gott sei der Führer von einer Idee „besessen" und von seinem „Dämon" getrieben. Aus der Gleichsetzung der staatserhaltenden Aufgabe eines Führers mit der gemeinschaftsbildenden leitete Sombart als Strukturierungsprinzipien für die Gemeinschaft ab: „Zucht, Autorität, Unterordnung, Pietät, Ehrfurcht, Dienstbereitschaft, Opferwilligkeit usw." Von einem Demagogen im formalen Verständnis, der nur rational orientiert und wenig opferbereit sei, „Freiheit und Gleichheit" predige und gegenüber „dem Nationalen, Völkischen, Staatlichen" gleichgültig sei, grenzte Sombart ein materiales Verständnis ab. Dieser „echte Führer", zugleich ein Held, zeige sich an seiner „Gefolgschaft", dem

---

[383] Eine fast identische Aufgabenstellung wurde im Fach Deutsch an der benachbarten Bürener Aufbauschule in der Weimarer Republik gestellt (vgl. Pohlmeier, Ferdinande, Die Aufbauschule in Büren (1922-1945) ..., a.a.O., S. 25).

Volk, das keine atomisierte „wetterwendisch(e)" Masse darstelle. Dieser Volksführer wende sich „immer an diejenigen Seelenkräfte, die nach oben, zum Lichte führen: er weckt die aufbauenden, positiven, gemeinschaftsbildenden Instinkte und Gefühle."

Die vom Fachlehrer „gut" genannte Bearbeitung stellte heraus, daß der von Sombart charakterisierte echte Führer, der ein Volk mitreiße, „heute dem schwer bedrückten und innerlich zerrissenen deutschen Volke" fehle. Der letzte Führer in diesem Sinne, weder Beamter noch Tyrann und den Kriterien Sombarts entsprechend, sei Bismarck gewesen, der „Deutschland unter Führung Preußens zur Einheit und Stärke" emporgeführt habe „wenn auch mit Blut und Eisen." Er habe in der „Realisierung des Christentums den Zweck des Staates" gesehen.

Entsprechend der Aufgabenstellung und auch unter Zustimmung des Fachlehrers beschränkte sich die Bearbeitung auf eine gegliederte Zusammenfassung des Textes und den Nachweis, daß Bismarck ein „echter Führer" im Sombartschen Sinne gewesen sei, ohne die angelegten Kriterien, die eine Sehnsucht nach einem autoritären charismatischen religiös eingebundenen Führer offenbaren, oder Bismarcks Politik zu hinterfragen. Ein zu erwartender aktueller Hinweis, auch nur als vage Hoffnung oder mit diversen Einschränkungen, auf Adolf Hitler erfolgte nicht.

3. Thema:

> Bismarcks Ansichten über die Bedeutung der Dynastien und Stämme für die politische Entwicklung Deutschlands sind aus dem 13. Kapitel des 1. Bandes von Bismarcks: „Gedanken und Erinnerungen" herauszuschälen und darzustellen. Im Anschluß an die Darstellung ist zu prüfen, inwieweit die Entwicklung Deutschlands bis zur neuesten Zeit Bismarcks Ansichten Recht geben.
>
> Hilfsmittel: Bismarcks: „Gedanken und Erinnerungen" 1. Band, 13. Kapitel

Da dieses Thema nicht gewählt wurde, ist auch nicht mit Sicherheit zu sagen, inwieweit die Inhalte im Unterricht vorbereitet bzw. die dargestellte Position den Schüler(inne)n geläufig war.

Nach Auflistung der zweiteiligen Aufgaben der drei mündlichen Prüfungen und der Wiedergabe der entsprechenden Protokolle, die teilweise nur Themen benennen, erfolgt eine Diskussion der Schüler(innen)aussagen.

1. Prüfung

> Aufgabe: Wie läßt sich die Berechtigung des großdeutschen Gedankens nach Uhlands Rede erweisen und wie kann weiter in der Geschichte unter Berücksichtigung der etwaigen politischen Folgen dazu (Stellung) genommen werden?
>
> Protokoll: Der Prüfling stellt Uhlands Gründe für den Anschluß Österreichs zusammen und pflichtet ihm bei: der großdeutsche Gedanke war berechtigt. Die Gegenwart

gibt ihm recht, Österreich darf, so wünschenswert heute der Anschluß ist, nicht angegliedert werden.

Fragen:

Lassalle - Marx als Gegensatz?

Bismarcks Stellung zu Lassalle und zu Marx?

Lassalle der Romantiker?

Marx der Materialist?

Marx' Werk: das Kapital, seine Bedeutung.

2. Prüfung

Aufgabe: Inwieweit ist die Verfassung von Weimar Weiterbildung der früheren Vorstellungen?

Protokoll: Prüfling stellt fest, welche Bestimmungen der Frankf. und der von 1871 in der Weimarer Verf. sich wiederfinden, (r.) spricht über das Verhältnis von Kaiser, Bundesrat und Reichstag 1871 und über die Bedeutung des Reichstages 1919. (m. N.) Vergleich zwischen Bundesrat und Reichstag. (r.)

Fragen:

Stellung des Kaisers in der Verf. v. 1871 r.

Bedeutung der Bezeichnung absolut?

Königtum bei den Germanen, im Mittelalter? r.

Der Name Kaiser?

Wie kommt es zur Einkreisung Deutschlands vor dem Weltkriege?

Abkehr von der Politik Bismarcks r.

Englands Bündnispolitik: Frankreich, Japan r.

Bismarck und die Einkreisung Deutschlands

Einkreisung Preußens

Deutschland das Herz Europas

3. Prüfung

Aufgabe: Wie ist die Proklamation Napoleons III. an das franz(ösische) Volk (3. Mai 1859) zu beurteilen und wieweit gelten die Gedanken auch für den Weltkrieg und noch heute für den frz. Nationalcharakter?

Protokoll: Prüfling führt aus: Napoleon III. sucht, Kaiser der Franzosen geworden, das frz. Volk für sich zu gewinnen; das wird zu erreichen, wenn er die alte Glorie wiederherstellt. Fr. strebt, Kriegssühne zu erwerben auf Teilnahme am Kriege (Krimkrieg). Jetzt bietet sich wieder Gelegenheit. Seine Machtpolitik verschleiert er, indem er die Teilnahme am Kriege als eine rechtl. Notwendigkeit hinstellt. Gott wird daher mit den Franzosen sein. Die Gedanken gelten auch für den Weltkrieg. Frankreich verbirgt seine Revanchegedanken hinter dem Hinweis auf Deutschlands Militarismus und der Pflicht, ihn zu zertrümmern.

Fragen:

Den Begriff Politiker aus dieser Proklamation zu erklären.

Was tut Napoleon?

Protokoll: Er setzt den Gegner ins Unrecht, tritt selbst für das Recht ein, tritt ein für den Fortschritt der Menschheit und macht religiöse Motive geltend, in Wirklichkeit strebt er nach Macht. Vorbild Napoleon I.

Die mündlichen Prüfungen decken ein weites Spektrum des Faches ab: die Entwicklung des großdeutschen Gedankens in Anknüpfung an Vorstellungen des Liberalen Ludwig Uhland von 1848 bis zu den Regelungen in den Friedensverträgen von Versailles und Saint Germain; die soziale Frage und die sozialistisch-sozialdemokratischen „Lösungen" durch Lassalle; Verfassungsvergleich im Rahmen einer Institutionenkunde; Deutschlands geopolitische Lage; Machtpolitik eines Nachbarlandes am Beispiel Napoleon III.

Erstaunlich ist, daß auch in den mündlichen Prüfungen die aktuelle politische Entwicklung in der Weimarer Republik nicht thematisiert wurde. Mögliche Fragen zur Entwicklung der Parteienlandschaft, zur Verfassung z.B. im Zusammenhang mit der Stellung des Reichspräsidenten, zu den Präsidialkabinetten, zur Außenpolitik Stresemanns, zum Young-Plan oder auch zur Machtübergabe an Hitler blieben ausgeklammert. Staatsbürgerkunde war in den Prüfungen nicht vorgesehen.

Abitur 1934 (Prüfer: Studienrat Dr. Ferdinand Hammerschmidt)

Aus dem deutschkundlichen Wahlbereich entschieden sich 11 Schüler(innen) für eine schriftliche Prüfungsarbeit in Geschichte und nur einige wählten Erdkunde. Im folgenden werden nach der Nennung des Themas die Schüler(innen)aufsätze unter Zitierung wesentlicher Ausschnitte diskutiert.

1. Thema:

„Es ist darzulegen, wie die Reformpläne des Freiherrn vom Stein nach 1806/7 im Zeichen des völkischen Gedankens standen und dadurch Preußens Wiedergeburt und seine Befreiung 1813/14 bewirkten, es ist weiterhin zu erörtern, inwiefern die Gedanken des Freiherrn von Stein für uns in unserer heutigen Lage richtunggebend sein können."

Die zwei Schüler(innen), die dieses Thema ausgewählt hatten, bearbeiteten den ersten Teil der Aufgabe, indem sie Ideen Steins und einige Umsetzungen darlegten, ohne die gesellschaftlichen Widerstände und die damit einhergehenden Grenzen des Reformwerkes zu erörtern. Dies hätte auch den 2. Teil der Aufgabe, Kontinuitätslinien aufzuzeigen, erschwert.

Wesentliche Textpassagen:

- „Die Gedanken des Freiherrn vom Stein sind auch für unsere heutige Lage richtunggebend. Dasselbe Ziel, das der Freiherr von Stein hatte, hat auch unser Führer
Adolf Hitler. Er will das deutsche Volk wieder zu einer wahren Volksgemeinschaft
machen. Das Volk, das in den letzten Jahren nur Masse war, soll sich wieder auf sich
selbst besinnen. Wie im absoluten Staat arbeiteten auch viele Beamten in den letzten
Jahren nur des Lohnes wegen, ebenso die Arbeiter. Sie hatten sich in Gewerkschaften
zusammengeschlossen, welche nur Machtmittel ihrer Klasse waren. Ihr Ruf war:
„Höhere Löhne!" Der Materialismus hatte sie völlig in der Gewalt. Der Führer ist
bestrebt, ihnen zu helfen. Er erkennt aber auch, daß ihnen nicht nur geholfen werden
kann durch materielle Güter, dadurch, daß man ihnen Arbeit gibt, sondern sie müssen
auch zu Idealisten werden. Sie müssen sich als Glieder der Volksgemeinschaft fühlen,
miteinander und füreinander arbeiten. Wie Stein die Landwirtschaft unterstützte, den
Bauer von der Leibeigenschaft befreite, so setzt sich auch unser Führer Adolf Hitler
mit aller Macht für den Bauern ein. Aber auch der Bauer muß ordentlich wirtschaften, er muß den Boden, den er bearbeitet, nicht nur als sein Eigentum betrachten,
sondern als Eigentum des ganzen Volkes. Auch er muß ein Arbeiter für sein Volk
sein, muß sich der Pflicht bewußt werden, die er dem Vaterlande gegenüber trägt.
Jeder Stand muß opfern für die Gemeinschaft - So wollte der Freiherr vom Stein und
will unser Führer Adolf Hitler ein Volk schaffen von Pflichterfüllung, Verantwortung
und wahrem Opfergeist."
- „Die heutige Zeit geht auf die Reformpläne des Freiherrn vom Stein zurück. Der
Bauernstand, als eine Grundlage des Staates, soll wieder frei werden aus Schuld-
knechtschaft. Der Bauer soll seinen Hof nicht als persönlichen Besitz betrachten,
sondern daß er ihn für das Volk, für die Gemeinschaft bearbeitet. Er soll Verantwortung fühlen der Gemeinschaft gegenüber. Auch Beamtenbürger und Arbeiterstand
sollen für die Gemeinschaft arbeiten. Jeder einzelne muß sich verpflichtet fühlen, all
seine Kraft für die Gemeinschaft, für das Volk herzugeben. Wir müssen wieder Volk
werden, das heißt, eine sittliche Gemeinschaft."

Die Schüler(innen) identifizierten sich in ihren Beiträgen nicht mit einzelnen Bevölkerungsgruppen, sondern konfrontierten diese mit den Zielen des Führers, die
in einer idealisierten Volksgemeinschaft gipfelten. Verständnis für einen Interes-
senpluralismus - besonders für die abhängige soziale Lage der Arbeiterschaft - ist
nicht zu erkennen. Erwähnenswert erscheint in diesem Zusammenhang die über-
nommene Distanz zum Privateigentum des Bauern, die die individuelle Schollenmentalität relativierte und eine Einordnung in die Gemeinschaft forderte.
Ohne jedwede Problematisierung wurde von den Schüler(inne)n eine Parallelität
gesehen bzw. eine Traditionslinie gezogen von Karl Freiherr vom Stein, der die
ständisch-feudalen Strukturen durch Selbstverwaltungseinrichtungen zu überwinden suchte und die Gutsuntertänigkeit der Bauern beendete[384], zu Adolf Hitler

---

[384] Die Gewinner der sog. Bauernbefreiung durch das sog. Oktober-Edikt von 1807 waren
aber die Großgrundbesitzer, da die Aufhebung der Feudallasten nicht entschädigungslos
erfolgte, sondern die Bauern mindestens ein Drittel ihres Grundbesitzes abtreten mußten.

und den herrschenden klassenspezifischen Gesellschaftsstrukturen, die nicht konkret bearbeitet wurden.

Von der späteren Bestimmung Steins als „völkischen Staatsmann", der „die altverwurzelte, germanische Gemeinde der freien Männer entdeckt und zur Grundlage seines nationalpolitischen Denkens gemacht" habe, mit dem Ziel eines Vorläufers des Nationalsozialismus, [385] war in diesen Beiträgen nur ansatzweise etwas zu bemerken.

Vier Schüler(innen) entschieden sich für das 2. Thema:

> „'Die Aufgabe unserer Generation ist es, gleichzeitig unsere kontinentale Stellung, welche die Grundlage unserer Weltstellung ist, zu wahren und unsere überseeischen Interessen zu pflegen, eine besonnene, sich weise beschränkende Weltpolitik so zu führen, daß die Sicherheit des deutschen Volkes nicht gefährdet und die Zukunft der Nation nicht beeinträchtigt wird.' (Aus einer Rede des Reichskanzlers von Bülow am 14.11.1906.)
>
> Welche Politik gibt sich in diesen Worten kund und welches Urteil fällen wir heute über ihre Durchführung?"

Als Tenor aller Schüler(innen)arbeiten kann angesehen werden, daß die Politik von Bülows „in Weltkrieg und Verderben (steuerte)." Klar skizzierte ein Schüler Bülows unentschlossene Politik der sog. „freien Hand" und zeigte Alternativen auf, die Deutschlands weltpolitische Isolierung erschwert hätten:

> „Daß man besonnene Politik nur dann treibt, wenn man sich mit anderen Staaten verbindet, die möglichst dieselben Interessen haben, scheint Bülow nicht gewußt zu haben. Für Bülow gab es nur zwei Möglichkeiten, die Politik zu führen. 1. Er mußte im Bunde mit Rußland Weltpolitik führen. So konnte er durch Rußland immer Englands beste Kolonie gefährden und es in Schach halten. 2. Er mußte im Bunde mit England Kontinentalpolitik betreiben und dem Bevölkerungsüberschuß den Weg nach Osten gegen Rußland weisen. In beiden Fällen mußte er aber Österreich behandeln, wie er die ganze Welt behandelt hat. Er durfte es weder begünstigen noch schädigen. Dann hätte er im geeigneten Augenblick die Hand über das deutsche Österreich halten können, und der Traum Großdeutschlands wäre verwirklicht worden."

Das sich hier zeigende machtpolitische Kalkül wurde nur bei der Bündnisalternative mit Rußland vom Lehrer kommentiert: „Siehe 'Mein Kampf'." Eine Problematisierung des zugrunde liegenden imperialen Denkens (Flottenpolitik, Kolonialfrage), das Deutschland Weltgeltung bringen und zugleich innenpolitisch das

---

[385] vgl. Kopp, Friedrich, Ständische Erneuerung oder nationale Revolution? Zur Beurteilung der Steinschen Reform, in: Weltanschauung und Schule 1 (1936/37), S. 358. Dieser Artikel stellt auch ein Beispiel für innernationalsozialistische Auseinandersetzung um die Vorläufer-Frage und die Bedeutung des (ständischen) Konservatismus dar. Siehe dazu auch Kayser, Walter, Stein und Marwitz, in: Weltanschauung und Schule 1 (1936/37), S. 413 - 415 und Kopp, Friedrich, War der Patriot Marwitz ein Vorkämpfer der nationalsozialistischen Revolution? in: ebd., S. 415f.

überholte Gesellschaftsgefüge stabilisieren sollte, erfolgte ebensowenig wie eine kritische Bezugnahme zum Ausbruch des 1. Weltkrieges oder zum „Traum Großdeutschland", der neben Österreich auch eine Osterweiterung beinhaltete.

3. Thema:

> „Die deutsche Arbeiterfrage, ihre Entstehung, ihr Hauptproblem und die Versuche ihrer Lösung sind im wesentlichen zu entwickeln."

Fast alle fünf Schüler(innen), die diese Aufgabe bearbeiteten, zeigten Lösungsversuche für die sich aus der Industrialisierung stellende soziale Frage der Arbeiterschaft auf, indem sie für den sozialreformerischen und sozialistischen Flügel der Arbeiterbewegung nur Marx und für den christlichen Flügel aber Ketteler, Kolping und Bodelschwingh kurz - als Einflußgröße mit den jeweiligen Zielsetzungen - vorstellten und demgegenüber ausführlich und teils abstrakt die „Lösung" der Nationalsozialisten propagierten, mit der sie sich selber identifizierten, ohne aber immer auf den Kern „soziale Frage" einzugehen:

> - „Alle diese Versuche mußten scheitern, mußten dem Arbeiter gleichgültig bleiben, weil keiner den kulturellen und ideellen Teil der Frage ins Auge gefaßt hat. Adolf Hitler, unser Führer, allein hat den Kernpunkt der Frage getroffen. Wir sehen heute den Arbeiter als einen Stand an, der genau so gut das Recht auf Achtung und Ehre hat als wir selber. Wir sorgen nicht nur materiell für den Arbeiter, sondern wir machen ihn auch wieder zum Gliede unseres Volkes. Wir wollen es ihn wissen und fühlen lassen, daß er zu unserer Gemeinschaft gehört und daß es ohne seine Arbeit nicht mehr geht. Wenn das der Arbeiter weiß, daß die Augen aller anderen Stände auf den Werken seiner schaffenden Hände ruhen, dann geht er mit Stolz und Freude an die Arbeit. Der Fabrikant sieht in ihm dann auch weniger die Arbeitskraft, sondern den Volksgenossen. Auch der Arbeiter sieht dann am wenigsten in seinem Vorgesetzten den Peiniger, sondern auch den Volksgenossen, der mit ihm gemeinsam Dienst am ganzen Volke tut."
>
> - „In neuester Zeit ist dem Arbeiter ein rettender Engel erschienen. Unser Volkskanzler Adolf Hitler faßt das Arbeiterproblem nicht wie die Linksradikalen oberflächlich auf, sondern er hat die Lage der Arbeiter in ihrer Tiefe erkannt und versucht, sie nun von Grund aus zu ändern. Er sagt nicht, wie seine Vorgänger: Jeder Mensch hat ein Recht aufs Leben und schiebt ihn mit einer Unterstützung beiseite, wenn er arbeitslos ist. Nach Hitlers Auffassung sind die berechtigten Ansprüche des Menschen höher. Jeder Mensch hat nicht nur ein Recht aufs Leben, sondern auch ein Recht auf Arbeit. Die Arbeit ist es, die den Menschen adelt. Dadurch, daß man dem Arbeitslosen wieder Arbeit gibt, ist die Arbeiterfrage aber noch nicht gelöst. Der Arbeiter ist entwurzelt. Er fühlt sich vom Volke ausgestoßen und bildet abseits vom Volke eine proletarische Masse. Wie unser Führer betont, ist es nun die Aufgabe der Nationalsozialisten, den Arbeiter aus der Masse herauszureißen und ihm das Bewußtsein zu geben: Du bist nicht vom Volke ausgestoßen, sondern Du gehörst zum Volke. Deine Arbeitsleistung ist unbezahlbar. Außer dem materiellen Wert hat Deine geleistete Arbeit noch einen ideellen Wert. Du schaffst nämlich für ein Volk, zu dem Du gehörst."

- „Erst Hitler erfaßte die tiefe Bedeutung des Arbeiterproblems und trat mit ganzer Energie an die Lösung heran. Das tiefste Übel erblickte er in der Volksentfremdung des Arbeiters; bildete dieser in den letzten Jahren doch wirklich einen Fremdkörper im Staate. Der Kanzler versucht deshalb mit allen Mitteln, den Arbeiterstand wieder in den Volkskörper einzubauen. Dann will er ihm Ehrgefühl, Arbeitsfreude und Interesse am Staate zurückgeben. In diesem Sinne unternahmen wir Oberprimaner denn auch vor kurzer Zeit eine Studienfahrt in das Industriegebiet, nach Dortmund. Wir sahen die schwere Arbeit der Männer in Gruben und an Hochöfen. Wir bekamen Achtung vor ihm und seiner Arbeit, und wir lernten ihn verstehen. Mögen sie, wenn der Führer es will, wurzelnschlagen in Großstadt und Fabrik. Arbeit und die Produkte ihrer Arbeit sollen wieder Stücke ihrer Seele werden, dann ist ein bedeutender Schritt zur Lösung ihrer Frage getan."

- „Die Lösung der Arbeiterfrage ist nicht nur materiellen, sondern viel mehr noch vom ideellen Standpunkt aus anzugreifen. Aus dieser Erkenntnis heraus handelt unser heutiger Staat. Gewiß muß dem Arbeiter auch in materieller Hinsicht geholfen werden. Aber wichtiger ist, daß er erst einmal aus seiner Isolierung herausgeholt wird, daß er wieder zum Volkskörper gehört. Er muß wieder in die Verbundenheit mit dem Boden und der Heimat zurückgeführt werden. Er muß wissen, daß seine Arbeit genauso viel wert ist wie jede andere. Er muß sich als notwendiges und geachtetes Glied im Volke fühlen. Es muß ihm gezeigt werden, daß nicht ein Stand für sich allein existieren kann, sondern daß alle füreinander da sind. - In diesem Sinn wird heute bei uns gearbeitet. Das muß uns der Lösung der Arbeiterfrage, wenn auch nicht in kurzer Zeit, erheblich näher bringen."

Kein(e) Schüler(in) diskutierte die eher historischen Ansätze oder ging auf Ursache-Wirkung-Beziehungen ein, sondern sie beschränkten sich auf die Wiedergabe von nationalsozialistischen Propagandaaussagen zur Integration der Arbeiterschaft in den NS-Staat, deren Annahmen, Rechtfertigungen und Widersprüche nicht hinterfragt wurden. Auffällig ist die große sprachliche und inhaltliche Distanz zur Arbeiterschaft und ihren Problemen, die u.a. mit einer erneuten „Verwurzelung" gelöst werden sollten. Diese kulturpessimistische Sicht war auch durch die „heile" ländliche Schollenmentalität geprägt. Die Arbeiterschaft galt den Schüler(inne)n als Verfügungsmasse, um die sich Hitler persönlich kümmere. Hitler wurde zum „rettende(n) Engel" erklärt. Ökonomische Grundprobleme einer sich weiter industrialisierenden kapitalistischen Gesellschaft und ableitbare Fragen nach Macht, Herrschaft, Abhängigkeit oder Selbstbestimmung wurden nicht thematisiert, galten als in der „Volksgemeinschaft" aufgelöst.

Alle hier vorgebrachten kritischen Anfragen zur Bearbeitung der Abituraufgaben durch die Schüler(innen) sprengten - wie die Fachlehrerkommentierung ausweist - den Erwartungshorizont des Lehrers.

Die Abituraufgaben leisteten weitgehend einen Rückbezug auf die Vergangenheit mit dem Ziel, die Gegenwart zu bestätigen und zu verklären. So wurde „Geschichte zum Steinbruch" (Genschel) zwecks Legitimierung nationalsozialistischer Propaganda und Alltagspolitik. Begeistert und aufopferungsbereit formulierten die Schüler(innen) die „notwendige Volksgemeinschaft" im Gegensatz zur „Zerrissenheit und Spaltung der Gesellschaft". Damit wurden „Konflikte" als abträglich bewertet und einer „Einheit" selbstzweckhaft gegenübergestellt: Kein spezifisch nationalsozialistisches Geschichtsbild, sondern in deutsch-nationaler bis konservativ-völkischer Tradition.[386] Das in den Schüler(innen)arbeiten zum Ausdruck kommende Vertrauen auf die Leistung des „Führers" war Ausdruck eines personifizierten Geschichtsverständnisses, das „große Männer" schicksalshaft legitimiert. Die autoritäre Persönlichkeit galt als Glücksgriff der Geschichte und als Vorbild zum Nacheifern.

Insgesamt kann man feststellen, daß die Aufgaben in ihren Formulierungen und mit dem aktualisierenden Abheben auf ein unspezifisches „heute" bzw. die „heutige Lage" kein reiner Ausdruck nationalsozialistischer Aufgabenstellung waren, da wesentliche Elemente, die z.B. rassistische Antworten erzwungen hätten, fehlten. Diese Aufgabenstellungen riefen explizit keine nationalsozialistischen Unterrichtsinhalte ab, sie hätten teilweise auch fünf oder zehn Jahre früher in ihrer Grundanlage, aber ohne Hinweis auf eine imaginäre Volksgemeinschaft, formuliert werden können.

Die mündlichen Prüfungen zeigten in ihren zentralen Aufgaben, die vortragshaft gelöst werden mußten, eine ähnliche Ausrichtung:

Aufgaben:
Bismarcks Werk der deutschen Einigung.
Der Verlauf des Weltkrieges in wesentlichen Zügen.
Das Wachstum des brandenburgisch-preußischen Staatsgebietes im kurzen Überblick.
Der Staat Ludwigs XIV.

Die sogenannten kleineren Zusatzfragen des Prüfers deckten weitere Unterrichtsinhalte ab:

Fragen:
Unterschied zwischen Staatenbund und Bundesstaat
Namen von Bedeutung in der schleswig-holsteinischen Frage.
Hitlers Bemerkung in seiner Rede vom 30.1.1934 über dynastische und Volksinteressen (Hohenzollern).
Zum Vergleich: Führer und Volk - Friedrich II. und Hitler.

Nur mit den beiden letzten Fragen wurde eine Aktualisierung versucht, die aber den Gesamtcharakter der mündlichen Prüfungen nicht grundsätzlich korrigieren

---

[386] vgl. Genschel, Helmut, Geschichtsdidaktik ..., a.a.O., S. 288f.

kann: Übliche Themen, die kaum einen nationalsozialistischen Einfluß in der Aufgabenstellung als auch in den Antworten - soweit sie stichwortartig festgehalten und nicht nur unter n(icht) b(eantwortet) oder m(it) H(ilfe) b(eantwortet) qualifiziert wurden - erkennen lassen.

Insofern ergeben die mündlichen Prüfungen - auch durch ihre stärkere Ausrichtung auf „Persönlichkeiten" - keinen wesentlich anderen Befund als die schriftlichen Arbeiten.

Abitur 1935 (Prüfer: Studienrat Dr. Ferdinand Hammerschmidt)

Nach Wiedergabe der von den Schüler(inne)n gewählten Themen werden die jeweiligen Bearbeitungen diskutiert unter Hinzuziehung exemplarischer Ausschnitte.

1. Thema:

> „'Unsere Zukunft liegt auf dem Wasser'. Ein Wort Wilhelms II. Die Politik, welche durch dieses Wort gekennzeichnet wird, ist kurz darzustellen und im Lichte nationalsozialistischer Erkenntnisse zu beurteilen."

Beispielhaft für die Bearbeitung durch drei Schüler(innen) wird hier „die Kritik im Sinne des Nationalsozialismus" aus einer Arbeit vollständig wiedergegeben, da sie in vielen Passagen fast wörtlich identisch ist und zugleich die wenigsten sprachlichen und inhaltlichen Korrekturen aufweist. Der Bearbeitungstenor bleibt so am stärksten bewahrt.

> „Die Politik Wilhelms II. trug bei zum Zusammenbruch Deutschlands. Die Folgen der einseitigen Förderung der Industrie und der Vernachlässigung der Landwirtschaft zeigten sich in erschreckender Weise während des Weltkrieges. Deutschland war in seiner Ernährung vom Ausland abhängig geworden. Als England die Blockade über Deutschland verhängte und dadurch die Lebensmittelzufuhr von Deutschland abschnitt, war eine genügende Ernährung unseres Volkes nicht mehr möglich. Aus dieser Tatsache heraus sah der Führer unserer Bewegung, daß die Industrie allein, nicht die Quelle der Ernährung der Deutschen sei. So mußte Wilhelm II. neben der Industrie den Ackerbau stärker fördern, damit die Selbsternährung Deutschlands gesichert blieb. Dieses Ziel war bei der wachsenden Bevölkerungszahl nur erreichbar durch bessere Bearbeitung des vorhandenen Bodens und durch Urbarmachung neuen Bodens. Dieses Siedeln hätte viele Arbeitskräfte aus der Stadt angezogen und die Arbeiter wären von der verderblichen Verstädterung bewahrt geblieben. So wäre anstelle des Proletariats eine gesunde, ländliche bodenständige Landbevölkerung getreten. Das ist im Sinne Hitlers.
> Die gefährliche Mittellage Deutschlands erforderte eine geschickte Bündnispolitik und nicht die Politik der freien Hand, wie Wilhelm II. sie vertreten hatte. Wollte Wilhelm II. seine Weltmarktpolitik durchführen, so mußte er sich mit Frankreich und Rußland verbinden und eine starke Kriegsflotte ausbauen. Eine zweite Möglichkeit bestand in der Verbindung mit England. Dann aber müßte Wilhelm II. seine Welt-

marktpolitik aufgeben und sich die Macht auf dem Festland durch ein starkes Heer sichern. Wilhelm II. verhinderte durch seinen Zickzackkurs ein festes Bündnis und war deshalb genötigt, sowohl eine starke Kriegsflotte aufzubauen, als auch ein Landheer aufzustellen. Diese Halbheit mußte im Falle eines Krieges zum Verhängnis werden. Unser Führer verwirft Wilhelms II. Weltmarkt- und Kolonialpolitik und setzt an ihre Stelle die Großraumwirtschaft. Die Kolonialpolitik bringt uns in starken Gegensatz zu anderen Großmächten. Außerdem kann im Falle eines Krieges das Mutterland von den Kolonien nicht unterstützt werden. Bei der Großraumwirtschaft dagegen besteht eine natürliche Verbindung mit dem Mutterland. Kolonien und das Mutterland (Korrektur des Fachlehrers: Absatz- und Erzeugungsgebiete, H.-G. B.) können sich im Kriege gegenseitig unterstützen. Der Austausch von Waren wird einheitlicher. Die schnelle und nicht so teure Förderung von Lebensmitteln und umgekehrt von Rohstoffen bewirkt eine Verbilligung von Waren. es besteht hauptsächlich eine Unabhängigkeit von den anderen Großmächten, da durch die Großraumwirtschaft alle Deutschen ernährt werden können. So zeigt sich, daß die Großraumwirtschaft zum organischen Aufbau eines Staates unbedingt notwendig ist. Die Großraumwirtschaft bedeutet auch die Erhaltung des Deutschtums. Während in den Kolonien das Deutschtum durch fremde Einflüsse gefährdet wird, ist diese Gefahr in der Großraumwirtschaft nicht vorhanden. Deutsche Sitten und Gebräuche bleiben erhalten. So erweist sich die Großraumwirtschaft als die glückliche Lösung, den Bestand eines Staates zu sichern. Diese Erkenntnis hat auch Adolf Hitler. Deswegen verwirft er die Weltmarkt- und Kolonialpolitik Wilhelms II."

Die Schüler(innen) faßten das Thema als Aufforderung zur Darstellung der Politik Wilhelms II. auf, indem sie besonders außenpolitische Aktivitäten in Hinblick auf die Kolonien herausstellten, deren Notwendigkeit vor allem durch „Bevölkerungsüberschuß" begründet wurde. Der imperiale Gedanke, der die Flotten- und Kolonialpolitik als Mittel zur Brechung der englischen Vorherrschaft und für eine deutsche Weltmachtstellung sah, wurde von den Schüler(inne)n nicht aufgegriffen und konnte so auch nicht problematisiert werden.[387] Aufgrund der Erfahrungen des Weltkrieges, dessen Entstehung und Verlauf nicht thematisiert und die Ernährungskrisen allein auf die Blockade reduziert wurden, galt nun „Großraumwirtschaft" als Ziel. Der Hinweis auf das Deutschtum implizierte, daß Nachbarländer von Deutschen wenigstens teilweise besiedelt werden sollten. In einer Arbeit wurde konkret auf Polen, den Balkan und die Türkei hingewiesen. Probleme aufgrund der Souveränität der Nachbarstaaten fanden keine Erwähnung, sondern nur ökonomische Vorteile einseitig aus der Perspektive Deutschlands. Die Nichtberücksichtigung der Nachbarstaaten und -völker, die gleichsam als beliebige Verfügungsmasse hingestellt wurden, erfolgte sicher nicht aus dem Gedanken der

---

[387] Eine derartige Bearbeitung war auch der Grundtenor der meisten Schulbücher vor dem Ersten Weltkrieg gewesen (vgl. Schallenberger, Horst, Untersuchungen ..., a.a.O., S. 132ff.).

Völkerversöhnung. Das Abheben auf die Mittellage entsprach damaliger geopolitischer Doktrin: Sicherung durch Expansion.[388] Die Schüler(innen) kritisierten nicht das Großmachtstreben mit seiner Störung des europäischen Gleichgewichts insgesamt, sondern nur ein taktisch ungeschicktes Vorgehen Wilhelms II. und machen sich aus dieser Grundhaltung die Großraumwirtschaft mit Verweis auf den „Führer" zu eigen. Die Kritik an Wilhelm II., dem somit dilettantisches Vorgehen unterstellt wurde, symbolisierte auch den Rückgang einer dynastischen Geschichtsbetrachtung. Ein weiteres Indiz für diese Entwicklung ist auch der Hinweis in einer Arbeit, daß „Hitler die Halbheit in der völkischen Politik Wilhelms II. (tadelt). In einem streng monarchistischen Staate duldete, ja förderte Wilhelm II. die Sozialdemokratie, eine Bewegung, die bewußt gegen die bestehende Staatsordnung und auf eine Republik hinarbeitete."

2. Thema:

„Versuche, ausgehend vom absolutistischen Staat, die Wesenszüge des nationalsozialistischen Staates kurz zu umreißen."

Die Bearbeitung dieses Themas erfolgte durch die drei Schüler(innen) entsprechend der Aufgabenstellung systematisch, d.h. durch vergleichende Gegenüberstellung zentraler Aspekte, und nur reproduktiv. Inhaltlich waren alle drei Arbeiten weitgehend identisch, so daß die einzige mit „gut" benotete Arbeit - aufgrund ihrer sprachlichen Qualitäten - vorgestellt werden soll, wobei alle größeren Abschnitte zum Absolutismus herausgelassen werden.

„Der Absolutismus wurde zum Schöpfer des modernen Staatswesens, indem er zum erstenmal ein festes Staatsgerippe aufrichtete. Dieses, freilich gedacht als Werkzeug einer zentralen Machtzusammenfassung auf den absoluten Herrscher hin, wurde die Grundform auch des nationalsozialistischen Staates. ...

Der tragende Grundzug des nationalsozialistischen Staates ist die Idee der Volksgemeinschaft, und so wird dieser Staat Mittel zur Erhaltung und Förderung aller Kräfte der durch Rasse und Kultur bestimmten Gemeinschaft, dient nicht der Persönlichkeit, sondern dem Volk.

So steht der Führer des Staates nicht über diesem, sondern ist nach dem biologischen Prinzip der Ungleichheit, also des Führertums, als oberstes Glied eingebaut. Nicht zweifelhaft von Gottes Gnaden leitet er seine macht ab, sondern aus dem Vertrauen des Volkes, das ihn freiwillig als seinen Besten auf Grund ethischer und praktischer Leistung erwählt. Als Vollstrecker des Richtung gebenden Volkswillens wird er möglichst in jedem Jahr bestätigt. Nur als solcher übernimmt er alle Verantwortung

---

[388] Ähnliche Interpretationsraster bekommen heute wieder vorsichtig Konjunktur (vgl. Schöllgen, Gregor, Die Macht in der Mitte Europas. Stationen deutscher Außenpolitik von Friedrich dem Großen bis zur Gegenwart, München 1992, und kritisch zu diesen deterministischen Annahmen in einer Besprechung deutscher, italienischer und französischer Literatur Walther, Rudolf, Man braucht mehr Platz, in: Die Zeit vom 21. Juli 1995).

und somit auch alle Gewalt: die gesetzgebende, die ausführende (er ernennt die Beamten, er ist Führer der Wehrmacht), im Falle der Staatsnotwehr ist auch richterlich sein Wille verbindlich. In dieser germanischen, d.h. Führer-Demokratie, gibt es keine Körperschaften, die den Führer kontrollieren; noch bestehen Kammern der Volksstände zu sachlicher Beratung, die Entscheidung liegt beim Führer. ...

Der nationalsozialistische Staat baut auch seinen Beamten-Körper organisch ein. Die Minister werden vom Führer eingesetzt, besser berufen, aber nicht als Funktionäre, sondern als Gefolgschaftsmänner, in gegenseitigem Vertrauensverhältnis seiner Führung und seinem Charakter Folgende. So organisch gefügt ist der ganze Beamtenkörper. Daß er in seinen wichtigen Aufgaben (z.B. Verwaltung) die Verbindung mit dem Volke nicht verliert, steht aus der Inhalt gebenden Idee der Volksbezogenheit des Staates heraus neben ihm das Organ des Volkes, d.h. seine biologische Auslese (bisher im Kampf um die Macht gebildet, demnächst bewußt nach dem Leistungsprinzip getroffen): die Partei. Hat der Staat schon durch den Führer das Vertrauen des Volkes, so ist die den staatlichen Organen nebengestellte Partei besonderer Garant für dessen volksbezogene Arbeit. So steht neben der Reichsregierung die Reichsparteileitung, neben der Provinzialverwaltung der Gau, neben der Kreisverwaltung die Kreisleitung, neben dem Bürgermeister (oder Gemeindevorsteher) der Ortsgruppenleiter. ...

Demgegenüber bildet das Heer des nationalsozialistischen Staates den Wehrstand zur Sicherung des Volkes und seines Raumes. Heeresdienst darf auch nicht mehr besoldete Pflicht sein, sondern eine freiwillig getane Leistung eines jeden Deutschen, entsprungen der germanischen Auffassung, daß man für seine Weltanschauung und sein Volk auch mit der Waffe, mit seinem Leben eintreten muß, ferner einer notwendigen Gemeinschaftserziehung. Die Verbindung zwischen Volk und Wehrstand wird durch den Führer als Oberstkommandierenden der Wehrmacht gewährleistet, ferner durch die Möglichkeit, daß jedem nach dem Prinzip der Leistung auch die Offiziersstellen zugänglich sind. Aus dem Pflichtverhältnis im Heer des absolutistischen Staates ergeben sich körperliche Strafen und harte Disziplin, sowie die Lineartaktik. Der Freiwilligkeit des nationalsozialistischen Dienstes entsprechen Ehrenstrafen, eine Kampfesart, die sich auf die Selbständigkeit des Einzelnen stützt, aber im Rahmen der Disziplin. ...

Der Nationalsozialismus kennt nicht das Volk als Untertanenmasse, ihm ist es als blutsbestimmte sittliche Gemeinschaft Ziel. Als organische Gemeinschaft gliedert es sich in Stände, von denen jeder in seiner Funktion notwendig ist für den ganzen Volkskörper, die auch nicht wie Kasten nebeneinanderstehen, sondern in lebendigem, sittlichem Auf- und Absteigen jedem nach seinen Anlagen und seiner Leistungsfähigkeit seine Berufstätigkeit ermöglichen. ...

Im nationalsozialistischen Staate muß demgegenüber das Arbeitsethos in der Wirtschaft Volksgemeinschaft heißen. Er fordert daher ein Ausgewogensein zwischen den einzelnen Zweigen der Wirtschaft. Der eigentliche wirtschaftliche Reichtum eines Volkes besteht im Boden, er ist entscheidend als Nährscholle; der Bauer, befreit von den Verknüpfungen an kapitalistischen Menschen, vom Kapitalismus überhaupt, wird der Ernährer des Volkes (nicht Landwirt, sondern Nährstand!). Die Industrie hat ebenso eine den Belangen des Volkes dienende Aufgabe. Bei gesteigerter Ernährung und wesentlich selbständiger Rohstoffversorgung soll sie nicht für den Weltmarkt produzieren, sondern für das eigene Land und den ihm angeschlossenen Großraum.

Innerhalb dieser Grenzen kann die Industrie weitest gesund ausgebaut werden zur Unabhängigmachung von den ausländischen Industriemächten und zur Motorisierung Deutschlands. Zwischen diesen beiden großen Stützen der Volkswirtschaft steht ein verbindender Mittelstand von Handwerkern und Kaufleuten, die gegenüber einer unbegrenzten Industrieproduktion, bzw. dem Warenhausbetrieb, gestützt werden müssen. Jedem seinen Verdienst ermöglichend, sind alle Wirtschaftszweige synthetisch volksbezogen, wie denn überhaupt alle Fäden des nationalsozialistischen Staates zusammenlaufen im sittlichen Begriff Volk."

Der Volksgedanke und der Gemeinschaftsgedanke wurden mythisch überhöht zusammengefaßt und das „Volk" nicht als faßbare, sondern sittliche Größe definiert, deren Ausführungsorgan der erwählte Führer sei. Diese Gemeinschaftsideologie verschleierte die gesellschaftlichen Gegensätze, die im liberalen Pluralismus anerkannt werden und in der Weimarer Republik auch zum ersten Male teilweise offen und öffentlich ausgetragen wurden. So hieß es auch in einer weiteren Arbeit: „Die Stände sollen sich nicht in beständigem Klassenhaß bekämpfen, sondern sich zur wahren Volksgemeinschaft ergänzen." Der Austragung von Interessenkonflikten stand ein ausgeprägtes Harmoniebedürfnis gegenüber, das vor demokratischen Normen und Verfahren nicht Halt machte. Doch wurde immerhin noch erwartet, daß der „auf Grund ethischer und praktischer Leistung erwählte" Führer, wobei dieser Vorgang der Erwählung eher transzendent als konkret blieb, „möglichst in jedem Jahr bestätigt wird" und „Verantwortung" übernehmen sollte. Eine Vorstellung, die schon in der Weimarer Republik weit verbreitet war und als Sehnsucht besonders im konservativen Lager empfunden wurde.[389]
Keinerlei Ansatzpunkte lassen sich erkennen, daß die durch das nationalsozialistische System gegebenen und erfahrenen illiberalen Organisationsmuster und deren Prinzip von Führer und Gefolgschaft in Staat und Gesellschaft Bedenken auslösten. Eher läßt sich sagen, daß ein geschlossenes Weltbild vorgelegt wurde, das für die verschiedenen staatlichen Handlungsbereiche „Lösungen" präsentierte, die propagandistisch verbreitet wurden, ohne durchgängig den Alltag erreicht zu haben bzw. überhaupt erreichen zu können. Die vollständige Auflösung der Gewaltenteilung im „Führer" - auch dies eher ein Propagandaprodukt als nationalsozialistische Realität - wurde in einer weiteren Arbeit für den „richterlichen" Bereich über den Terminus „Staatsnotwehr" hinaus beispielhaft belegt, obwohl „dieser Punkt auch noch etwas unklar" sei:

„Beim Versagen der richterlichen Gewalt nimmt er (Hitler, H.-G. B.) diese ohne weiteres in die Hand. Am 30. Juni 1934 hat er von sich aus Urteile gefällt und vollstrecken lassen; dieses Handeln ließ er aber nachher durch Gesetz rechtmäßig erklären."

---

[389] vgl. Sontheimer, Kurt, Antidemokratisches ..., a.a.O., S. 214-222

Zwar ging es nicht um ein „Versagen" der richterlichen Gewalt, sondern um kollektiven Mord an SA-Führern (u.a. SA-Stabschef Ernst Röhm), Reichswehrgeneralen (u.a. ehemaliger Reichskanzler v. Schleicher), zahlreichen Politikern, Parteigenossen und am Vorsitzenden der katholischen Aktion in Berlin Erich Klausner. Die Ermordung wurde gerechtfertigt durch einen angeblichen Putschversuch der SA unter Röhm und nachträglich - drei Tage später - durch ein spezielles Gesetz für rechtens erklärt. Auch dieser eklatante Verstoß gegen rechtsstaatliche Formen führte zu keiner Problematisierung.

Gegenüber der wahrgenommenen Realität wurde die Erwartung ausgedrückt, daß das Leistungsprinzip in Parteiapparat und Offizierslaufbahn Geltung erhalten wird, d.h. das (Schul-)Bildung gegenüber langfristiger Parteizugehörigkeit und adeliger Herkunft als Eignungskriterien Vorrang eingeräumt werden soll. Auch in diesen Arbeiten zeigte sich bei Behandlung des nationalsozialistischen Wirtschaftssystems ein Autarkie-Modell, das eher bäuerlich-mittelständisch orientiert einen „angeschlossenen Großraum" anstrebte.

Daß demgegenüber ein Thema, das konkret sich auf die Eigentumsfrage in der Landwirtschaft bezieht:

> „Die Eigentumsverhältnisse von Grund und Boden in der deutschen Geschichte sind im Hinblick auf die Agrarpolitik des Nationalsozialismus im Überblick zu kennzeichnen",

keine Bearbeitung fand, ist nicht zuletzt auch aufgrund der sozialen Herkunft mehrerer Abiturient(inn)en aus dem bäuerlichen Milieu erstaunlich.

Die vier mündlichen Prüfungen waren für die Schüler(innen) insgesamt erfolgreich, wie man aus den erteilten Prädikaten ableiten kann. Da der Protokollführer die Äußerungen der Schüler(innen) kursorisch inhaltlich dargestellt hat und die Prüfungen keine Einzelfragen beinhalteten, die über das Hauptthema hinausgingen, wird das Protokoll im Anschluß an die Aufgabe jeweils vollständig wiedergegeben. Knappe Hinweise sollen dann Aufgabe und „Lösung" charakterisieren und eine Einordnung bzw. Bewertung erleichtern.

1. Prüfung

Aufgabe: Besonders bemerkenswerte Schlachten des Weltkrieges

Protokoll: „ ... berichtet zunächst von der Marneschlacht. Einzelheiten, doch nicht ganz klar in der Kernfrage, doch mit Einhilfe richtig. Aus dem Vortrag wird bald ein Gespräch, in dem der Schüler reiche Kenntnisse zeigt, die er jedoch (nur) mit einiger Nachhilfe zu einem Gesamtbild ordnen kann. Prädikat: gut."

Das Prüfungsgespräch gibt keinen Hinweis auf eine Ursache-Wirkung-Beziehung oder eine Problematisierung des Krieges insgesamt, sondern beschränkt sich auf schlachtspezifische Kenntnisse. Ob die vage Frage nach „bemerkenswerten"

Schlachten, eher auf „Materialschlacht, Stellungskrieg usw." abhob oder sich auf siegreiche deutsche Schlachten bezog, entschied der/die Schüler(in) mit dem Hinweis auf die Marneschlacht substantiell. Denn diese Schlacht in Nordfrankreich in der Anfangsphase des Krieges im September 1914 brachte den Übergang vom Bewegungs- zum Stellungskrieg und kann als strategische Niederlage des deutschen Heeres aufgefaßt werden, da die nach dem Schlieffenplan organisierte Umfassung des französischen Heeres scheiterte.

2. Prüfung

Aufgabe: Geschichte des deutschen Bauernstandes im Überblick

Protokoll: „Ausgehend von der Bauernkultur der Germanen bringt ... in seinem Vortrag eine wohldurchdachte Geschichte der Tatsachen, geistigen Zusammenhänge und kulturellen Hintergründe der Entwicklung des Bauerntums bis ins Mittelalter. Abgebrochen. Im Lehrgespräch mit dem Prüfer nimmt der Prüfling begründet Stellung zur Entstehung des Hörigentums. Römisches Recht und Bauernkrieg wurden geschichtlich richtig gesehen. Ebenso die 'Bauernbefreiung' Stein-Hardenbergs in Preußen und ihre Folgen bis in die Gegenwart bzw. bis zum Erbhofgesetz. Prädikat: sehr gut."

Das Thema setzte beim Prüfling umfassende Kenntnisse voraus, die er souverän nachwies. Die Aktualisierung des Themas ging bis zum „Erbhofgesetz", einer Maßnahme des NS-Staates, die nach Meinung von Schüler(inne)n in ihren schriftlichen Geschichtsarbeiten eine Befreiung „aus der kapitalistischen Zinsknechtschaft" bewirke und die Ackerscholle nicht als „Handelsware" auffasse, sondern dem Bauern nur zur treuhänderischen Verwaltung überlasse, da sie „Eigentum des Volkes" sei. Der Einstieg in das Thema über die „Germanen" zeigte das Bemühen um eine „rassische" Kontinuitätslinie als Spezifikum jeglicher nationalsozialistischer Geschichtsbetrachtung.

3. Prüfung

Aufgabe: Wie sicherte Bismarck die außenpolitische Stellung des von ihm 1870/71 gegründeten zweiten deutschen Reiches?

Protokoll: „ ... beantwortete die Frage des Themas in zusammenhängenden Ausführungen betr. Bismarcks Stellung zu Frankreich und seiner Kolonialpolitik, dem 3. Kaiserbund, dem Panslawismus. Er kommt auf den Berliner Kongreß und findet mit Nachhilfe den Weg zum Thema zurück. Erwähnt den Zweibund, dessen Wert und Gefahren ihm allerdings nicht ganz klar sind. Der Rückversicherungsvertrag ist bekannt. Erweiterung des Zweibundes zum Dreibund und Stellungnahme Englands dazu werden richtig erkannt mit geringer Nachhilfe. Schwächen des Dreibundes sind ihm geläufig. Prädikat: genügend."

Das Thema bestätigt das Zurücktreten der dynastischen Geschichte, indem von Wilhelm I. keine Rede ist, sondern der „heroische" Bismarck als Neugründer des Reiches und Führer zur Einheit beim Schüler im Mittelpunkt steht. Von diesem

Persönlichkeitskult weg muß der Schüler zum eigentlichen Thema „Bündnispolitik" zurückgeführt werden.

4. Prüfung

Thema: Wehrformen des deutschen Volkes im Ablauf seiner Geschichte.

Protokoll: „ ... beantwortet das Thema in einem Vortrag über das altgermanische Kriegswesen. Besonders die Kampfesweise. Beispiel: Idisiaviso. Nachfragen stellen fest, daß ihm doch einzelne Begriffe unklar sind. Übergang zur Wehrform der Ritter wird mit einiger Hilfe geschildert. Einführung des Reiterheeres ist unbekannt. ... kommt schließlich auf Karl Martell. Das Ritterheer wird in seinen Aufgaben richtig dargestellt. Das letzte deutsche Bauernheer ist ihm nicht bekannt. Das Söldnerheer wird primitiv im Ausdruck, doch sachlich richtig charakterisiert. Er kennt auch manche Einzelheiten zur Sonderart des ...(unleserlich, H.-G.B.) der absoluten Fürsten, des stehenden Heeres. Niedergang dieser Wehrform und Entstehung des modernen Volksheeres sind bekannt, auch Scharnhorst und sein Werk sind richtig beurteilt. Prädikat: genügend."

Der Terminus „Wehrform" in der Themenstellung als auch der vom Schüler gewählte Einstieg mit dem Abheben auf das „altgermanische Kriegswesen" als Teil des „deutschen Volkes" entsprach der einschlägigen nationalsozialistischen Geschichtsbetrachtung, die deutsche Geschichte schon zwanghaft bei den Germanen beginnen ließ. Scharnhorsts Reform des Militärwesens nach dem Zusammenbruch von 1806 beinhaltete neben der Übernahme der Abschaffung der Söldnerheere durch Napoleon auch eine demokratischere Binnenstruktur des Heeres.

Die Geschichtsprüfungen insgesamt lassen erkennen, daß Stoffkenntnisse erwartet wurden, die über den chronologisch aufgebauten Themenkatalog der Jahrgänge Unter- und Oberprima weit hinausgingen. Daraus läßt sich - gestützt auch auf die durchaus systematische Vorgehensweise der Schüler(innen) - ableiten, daß im Unterricht thematische Schwerpunkte gesetzt wurden, die nach Inhalt und geschichtlicher Grundlegung in vielen Teilen nationalsozialistischen Vorstellungen durchaus entsprachen. Dies ist besonders durch die häufige Abhebung auf „die Germanen" zu belegen, aber auch durch eine insgesamt an positiven Tatsachen orientierte Geschichte, die so auf überwiegend konstruktive Kontinuitätslinien reduziert wird, die im aktuellen Staat enden. Erleichtert wird dies durch die Aufgabenstellungen des Fachlehrers, der entsprechendes reproduktives Wissen abruft und z.B. in seinen schriftlichen Themen auf mögliche Quellenbearbeitung verzichtet.

Für eine explizit rassistische Geschichtsbetrachtung lassen sich bei Themen und Bearbeitungen nur sehr begrenzt Hinweise entnehmen. Auch das Einbringen von Elementen eines christlichen Geschichtsverständnisses ist nicht erkennbar.

Abitur 1936 (Prüfer: Studienrat Dr. Ferdinand Hammerschmidt)

Nach der Wiedergabe des von den Schüler(inne)n gewählten Themas erfolgt eine Diskussion der Aufsätze unter Zitierung wesentlicher Passagen.

1. Thema:

> Stufen der deutschen Einigung seit 1800, mit besonderer Berücksichtigung ihrer Vollendung durch den Nationalsozialismus.

Alle Schüler(innen) versuchten in ihren Bearbeitungen, ausgehend von der Kleinstaaterei um 1800 - entsprechend der Aufgabenstellung - im Rahmen eines Durchlaufs durch die Geschichte verschiedene Einigungsbemühungen und -erfolge über die Revolution von 1848 und Bismarck - bei Darstellung des Interessengegensatzes zwischen Österreich und Bismarck - bis zur Weimarer Republik darzustellen.

Aus einer mit dem Prädikat „sehr gut" beurteilten Arbeit:

> „Dann kam das große Völkerringen 1914-18, das den Zusammenbruch des Bismarck'schen Reiches brachte. - Was dann kam, war nicht ein besseres, vollkommeneres Reich. Die Revolution, besser gesagt, jene kleindeutsche Revolte, brachte uns Chaos. - Der Staat von Weimar war die übelste und staatsschädlichste Verkörperung des Parlamentarismus seit je. Volksfremde Parteien, für ihre Sonderinteressen kämpfend, bildeten die 'Vertretung des deutschen Volkes', den Reichstag. Der Klassenkampf beherrschte die weiten Schichten des Volkes. Nicht Einheit, nein, nur vollkomme Auflösung konnte am Ende einer solchen Staatsform stehe; denn auch die Länderhoheiten, das Erbe noch des zweiten Reiches, waren durch das System nicht beseitigt worden. Das einzige Gute dieses Staates war, daß die Einheit, d.h. die Macht und Gewalt des Reiches nun auch auf die Eisenbahn sowie auf das Finanzwesen überging."

Nach derartigen teils hetzerischen Darstellungen der Weimarer Republik, deren Demokratiepotential ignoriert wurde, widmeten sich die meisten Schüler(innen) einer umfassenden Bearbeitung der durch die Aufgabenstellung vorgeschriebenen „Vollendung durch den Nationalsozialismus". Nur in einer Bearbeitung blieb diese „letzte Stufe" - so der Fachlehrerkommentar - „offenbar in der Skizze stecken."

Aus einer Arbeit, die eine „erfreuliche Verwesentlichungskraft des Begreifens" zeigte - nach Meinung des Fachlehrers -, was besonders für „das nationalsozialistische Einigungswerk" galt, dessen Darstellung „ein bewußtes und verantwortungsfreudiges Mitgehen mit der Bewegung" kundtat, wird im folgenden der gesamte gelobte Abschnitt wiedergegeben.

> „Aber gab es nicht doch Ansätze, die auf den ersehnten Einheitsstaat hinwiesen? Die meisten Parteien waren international eingestellt. Die Deutschnationalen vernachlässigten die Arbeiterfrage. Aber es bestand eine Partei oder vielmehr wurde sie gegründet, die in ihren Reihen alle Stände und Stämme vereinigte. Sie hatte auf ihren Fahnen die

Worte geschrieben: Treue, Kameradschaft und Opferbereitschaft, Tugenden, die das Frontgeschlecht ausgezeichnet hatten. Der Gründer und die ersten Mitkämpfer waren Frontsoldaten. Sie kannten keine blinde Schwärmerei. Wie an der Front kannten sie auch jetzt nur einen Wunsch: Deutschland einig und groß zu machen. In unerbittlichem Kampf gegen Marxismus und Kommunismus erringt diese Partei am 30. Januar die Macht im Staate. Jetzt kann die Vollendung zum Einheitsstaate, die tausendjährige Sehnsucht aller Deutschen, herbeigeführt werden. So galt es, die Regierung von westlich-, demokratisch-parlamentarischen Ideologien zu befreien. Meilensteine auf dem Wege zu einem starken Einheitsstaate sind: das Ermächtigungsgesetz, das Reichsstatthaltergesetz und das Gesetz zum Neuaufbau des Reiches. Das erste erlaubt der Reichsregierung Eingriffe in die Verfassung des Staates in beschränktem Umfange. Durch das zweite Gesetz werden die Länderhoheiten eingeschränkt. Das Gesetz zum Neuaufbau des Staates erlaubt der Regierung (Einfügung des Fachlehrers: Eingriffe, H.-G. B.) in unbeschränktem Umfange. Die einzelnen Länder geben die nur unbedingt notwendigen Rechte an das Reich ab. (Richtigstellung des Fachlehrers: alle Länderhoheiten werden aufgehoben, H.-G. B.). Eine neue Verfassung ist noch nicht gegeben. Das Staatsrecht des autoritären Führerstaates ist noch im Werden. Neben diesen Hauptpunkten sind noch eine Fülle anderer Neuerungen, die den Einheitsstaat fördern, zu erwähnen. So wurden das Rechts- und Schulwesen vom Reich übernommen. (Fachlehrer: Genauer: das Rechtswesen bereits, soll das Schulwesen vom Reiche übernommen werden, ja die Übernahme ist in vollem Gange, H.-G. B.) Der Einheitsstaat muß von einem freien, selbstbewußten Volke getragen werden. Unter diesem Gesichtspunkt erhalten die Gesetze zur Arbeitsbeschaffung, Gesundung des deutschen Bauern und zum Aufbau der Wehrmacht ihre Bedeutung, ebenso der Austritt aus dem Völkerbund. Heute lebt ein Volk (Ergänzung des Fachlehrers: in Deutschland, H.-G. B.) unter einer Fahne und geschützt von einem Heer."

Sechs von neun Schüler(innen) hatten dieses Thema gewählt und in der Grundstruktur ähnlich behandelt. Die Weimarer Republik reduzierte sich innenpolitisch - gerade unter dem Blickwinkel Einigung - als Auflösung eines einheitlichen Volkes, das nun erst gespalten und in Interessengegensätze, was sich auch in den Parteien ausdrücke, aufgelöst - gefördert durch ein westliches Parlamentarismusverständnis - sich dem Chaos überlassen habe. Demgegenüber wurde im zentralen Staat, der die Volksgemeinschaft repräsentiere, die sich auch - so der Mythos[390] - im Krieg in der Frontgemeinschaft gezeigt habe, das Ziel der Sehnsucht gesehen, das durch den Nationalsozialismus aufgegriffen und zur Vollendung geführt würde. Diesem Staat sollte es obliegen, die Gesellschaft am vorgegebenen Gemeinwohl auszurichten. Auch in einem Bereich, der „noch nicht ... restlos der Einheit unterworfen" war: die Konfessionen. „Aber" - und da war sich ein Schüler sicher - „durch den Willen des Führers und den Willen des Volkes wird das letzte Reich vollkommen entstehen, das dritte Reich, für das wir leben müs-

---

[390] Eher handelt es sich um eine literarische Überhöhung der Kriegserlebnisse (vgl. Sontheimer, Kurt, Antidemokratisches ..., a.a.O., S. 93ff.).

sen, wenn wir leben wollen." Für die Schüler(innen) war im Bereich der neuen staatlichen Gesetzgebung besonders wichtig, auf den Abbau des Föderalismus hinzuweisen, da er ihrem Einheitsverständnis widersprach. Insofern wurde auch für die Weimarer Republik die Bedeutung der Reichsbahn positiv herausgestellt. Konservative Parlamentarismuskritik und antiliberale Staatsgedanken, durchsetzt mit ständischen Vorstellungen - breit diskutiert in der Weimarer Republik auch im rechtskatholischen Raum[391] - fanden in dem die Gesellschaft total erfassen sollenden „autoritären Führerstaat" ihren Niederschlag.

2. Thema:

> „Die wichtigsten germanisch deutschen Wehrformen und Wehrerziehungsziele der deutschen Geschichte sind in wesentlichen Zügen nachzuzeichnen und ihre Vollendung in der nationalsozialistischen Wehrpolitik der deutschen Gegenwart aufzuweisen."

Nur zwei Schüler(innen) wählten dieses Thema, von denen eine Bearbeitung den Ansprüchen nicht genügen konnte. Auch an der mit „gut" bewerteten Arbeit monierte der Fachlehrer, daß die jeweiligen „Wehrerziehungsziele" - im Gegensatz zur Aufgabenstellung - weniger deutlich gemacht wurden als die Wehrformen:

> „Doch kommen auch diese in ihrer durchaus ethisch gerichteten germ.dtsch. Grundhaltung zum Ausdruck."

Die Schüler(innen) stellten überblicksweise die Wehrformen von den Germanen, im Frankenstaat, als Lehnswesen, bei den Rittern, als Söldner- und Volksheer in Abhängigkeit von Lebensformen, Besitzverhältnissen und Waffentechnik bzw. deren jeweiligen Veränderungen dar. Politisch wurden die Hinweise bei der Behandlung des 1. Weltkrieges:

> Das Volksheer „sollte im Weltkrieg seine Tüchtigkeit beweisen und hat die Probe glänzend bestanden. Nie gab es ein Volksheer, so voller vaterländischer Begeisterung, so siegessicher, stolz, tüchtig und diszipliniert wie das von 1914. 4 Jahre hindurch behauptete sich das deutsche Volksheer gegen eine täglich sich vergrößernde Macht an Menschen und Material und hinderte den Feind, die Grenzen zu überfluten. Aber ein Heer kann sich auf die Dauer nur behaupten, wenn die Heimat stärkend hinter ihm steht. Was fehlte hier, ... (unleserlich, H.-G. B.) Agitation und den landesverräterischen Machenschaften der unabhängigen sozial-demokratischen Partei gelang es, ... (unleserlich, H.-G. B.) in der Heimat zu trüben, die Massen zu Streiks und Revolution aufzurufen. So kehrten die Trümmer des deutschen Heeres unbesiegt und in voller Ordnung in die Heimat zurück. Bedingungen, unter denen Deutschland den Waffenstillstand abschloß, ... (unleserlich, H.-G.B.) Entente, als sie sah, das die Revolution die letzte ... (unleserlich, H.-G. B.) aufzehrte, nicht gehalten. Trotzdem nahm die deutsche ... (unleserlich, H.-G. B.) unter sozialdemokratischen Einfluß alle Bedingungen an."

---

[391] ebd., S. 192-214

Die durch den Versailler-Vertrag festgelegte Größe eines Berufsheeres auf 100.000 Personen wurde durch die Reichsregierung im März 1935 mit einem Gesetz zur allgemeinen Wehrpflicht gebrochen. Die geplante Aufstellung eines Volksheeres von 36 Divisionen kommentierte ein(e) Schüler(in):

> „Damit ist dem geächteten und geknechteten Deutschland seine Ehre und Freiheit wiedergegeben."

Und aus preußischer Tradition, sich der „Ehrenpflicht" der Waffenausbildung zu stellen, erläuterte ein Schüler die Entwicklung eines Wehrethos:

> „Wenn aber die Massen des Volkes in kurzer Dienstzeit kriegstüchtig gemacht werden sollen, so muß die Jugend von früher Kindheit an für die Verteidigung des Vaterlandes körperlich und geistig vorgebildet werden. In das ganze Volk muß die sehr feste Überzeugung hineingetragen werden, daß es unrettbar dem Untergang geweiht ist, wenn in ihm der Geist der Wehrhaftigkeit verkümmert. Die vaterländische Gesinnung der Jugend muß von Grund auf reformiert werden: denn was nützt die beste Wehrtechnik, wenn nicht eine Wehrethik dahinter steht. Auch jede deutsche Frau ist im Kriege zur Dienstleistung für das Vaterland verpflichtet, denn nur dann ist unsere Heimat sicher, wie wir aus unserer Geschichte gelernt haben, wenn wir alle sie zu verteidigen bereit und fähig sind. Dann werden ... (unleserlich, H.-G. B.) Volk von Soldaten, auch ein Volk des Friedens sein können."

Die euphorisierende Darstellung des Kriegsgeschehens in Verbindung mit der „Dolchstoßlegende" und dem vorgeblich „vaterlandsverräterischen" Verhalten der Sozialdemokratie entsprachen schon in der Weimarer Republik vorgetragenen Meinungen im rechten Partei- und Verbandslager und waren Bestandteil antidemokratischen Denkens[392], das sich gegen die aus den revolutionären Veränderungen 1918/19 erwachsenen politischen Strukturen und deren Erweiterungen in den gesellschaftlichen Bereich sperrte. In diesen Kreisen hatte das Kriegserlebnis eher zu einer Propagierung des Wehrgedankens als zur Hinwendung zum Pazifismus geführt, was sich auch in den paramilitärischen Gruppen äußerte.

Wenn man aus der Aufrüstung neues Selbstbewußtsein ziehen konnte, da man bei pazifistischer Ausrichtung das Volk dem „Untergang" zutreiben sah, war der Vorschlag der Militarisierung der Erziehung naheliegend. Demgegenüber konnte „Völkerverständigung" nur als Schwäche ausgelegt werden.

Mit der Wehrpflicht und Aufrüstung entsprach der nationalsozialistische Staat zentralen Vorstellungen der Weimarer Rechten über einen starken Staat.

---

[392] vgl. zur Debatte um die „Kriegsschuldlüge", die als ein Bindeglied der Rechten zu sehen ist, Heinemann, Ulrich, Die Last der Vergangenheit. Zur politischen Bedeutung der Kriegsschuld- und Dolchstoßdiskussion, in: Bracher, Karl, Dietrich u.a. (Hrsg.), Die Weimarer ..., a.a.O., S. 371-386

3. Thema:

„Die deutsche Außenpolitik von 1890 bis 1914 und ihre Kritik durch den Führer. Werden Wege und Ziele in der deutschen Außenpolitik der Gegenwart sichtbar, die eine Überwindung jener Politik verheißen?"

Die Begrenztheit des Bündnisses mit Österreich/Italien, weil es „für eine über Mitteleuropa hinausgehende Politik wertlos war", belegte der einzige Schüler, der sich diese Aufgabenstellung gewählt hatte, mit Hitlers Aussage zu Österreich: „Staatskadaver." Zwar hielt der Schüler den Weg in die sich entwickelnde Isolierung aufgrund der „Politik der freien Hand" für „unglücklich", doch zeigte er sich mit dem Ziel einverstanden:

„Wir können stolz darauf sein, daß unser deutsches Volk den Mut gehabt hat, aus der Enge seines Raumes herauszustreben und durch eine Weltpolitik die Stärke seines Staates zu bekunden."

Daher zog der Schüler auch einen Vertrag mit Rußland in Erwägung, dessen Ziel „der Erwerb rohstoffreicher Kolonien, die Brechung der Monopolstellung der englischen Wirtschaft (hätte) sein müssen". Daneben stellte er alternativ in Anlehnung an Hitler als „ertragreichste(s)" Bündnis das mit England, dessen Vor- und Nachteile er so kenntlich machte:

„Deutschland (hätte) auf den weiteren Ausbau seiner Industrie verzichten müssen, um mit England im Bunde die urgermanische Besiedlung-Kolonisationspolitik im Osten des Reiches wieder aufzunehmen. Die eroberten Gebiete hätten mit dem alten Kernland eine gut funktionierende wirtschaftliche Einheit gebildet. Diese Politik war damals unbedingt zu führen, weil der Augenblick günstig war und weil sie doch einmal in der Zukunft geführt werden mußte, weil das deutsche Volk (Ergänzung des Fachlehrers: immer mehr, H.-G. B.) ein Volk ohne Raum zu werden drohte."

An mehreren Vereinbarungen belegte der Schüler, daß es Hitler gelungen sei, „den Ring zu sprengen", der durch den Vertrag von Versailles und die ihn beinhaltende Isolierung Deutschlands ausgegangen sei.

Die Beurteilung von Bündnissen durch den Schüler erfolgte nicht aus dem gegenseitigen Nutzen, sondern aus einseitigen Vorteilen, die eine Weltmacht gegenüber schwächeren Nachbarstaaten ziehen kann. Die sich so darstellende imperiale Politik, die sich verbrämt als Besiedlung von Eroberungen östlich Deutschlands manifestieren sollte, wurde besonders mit unhinterfragten Sachzwängen des Bevölkerungswachstums begründet, was Teile einer später erfolgenden Argumentationskette schon vorwegnahm und die Akzeptanz der Vernichtungsfeldzüge im Osten erhöhte.[393]

---

[393]   vgl. nicht nur zum Krieg gegen Rußland Heer, Hannes / Naumann, Klaus (Hrsg.) Vernichtungskrieg. Verbrechen der Wehrmacht 1941 - 1944, Hamburg 1995

Der offen imperiale Charakter der Darstellung fand in der Kommentierung durch den Fachlehrer keine entsprechende Korrektur. Der allgemeine Kommentar hielt bei dieser als „gut" bewerteten Arbeit fest:

> „Auch Wege und Ziele der nationalsoz(ialistischen) Außenpolitik sind im großen und ganzen als Überwindungsmöglichkeiten der deutschen außenpolitischen Isolierung kenntlich gemacht."

Die fünf mündlichen Prüfungen zeigten dann die Breite des Geschichtsunterrichts auf, da weitere Themenbereiche von den Schüler(inne)n bewältigt werden mußten.

1. Prüfung:

> Aufgabe: Deutsche Staatsformen: a) der Lehnstaat Ottos des Großen, b) die ständische Form der deutschen Territorialstaaten, der absolutistische Staat Preußen.

Schon Ende der Weimarer Republik war eine Tendenz zum verstärkten Rückgriff auf das Sacrum Imperium in katholischen akademischen Kreisen festzustellen, die mehr oder weniger offen eine Anknüpfung an das mittelalterliche, universalistische Reich projektierte und auch Ausdruck deutschen Sendungsbewußtseins war, und zwar unter christlichen Vorzeichen.[394] So erläuterte der Prüfling auch umfassend die Zielsetzungen Ottos des Großen: „feste Zentralgewalt, Kampf gegen Herzöge, Lehnsverhältnis, deutsches Kaisertum, nationale Gesichtspunkte" und ging dann noch auf die „Doppelwürde der Bischöfe" und den „Gegensatz: Papsttum und Kaisertum" ein. Die Teilaufgabe „Territorialstaaten" fand aus Zeitgründen kaum Beachtung.

2. Prüfung:

> Aufgabe: Der Kampf der europäischen Völker um die Weltherrschaft seit 1500, mit besonderer Berücksichtigung des Anteils der vorwiegend nordisch rassischen Völker.

Die sich auf eine Darstellung der Chronologie der Ereignisse von Karl V. bis zur Bündnispolitik Ende des 19. Jahrhunderts beschränkende Antwort des Schülers wurde mit „gut" bewertet, obwohl der Teil der Aufgabe, der auf „nordisch-rassische Völker" abhob, kaum Beachtung fand. Er wirkte inhaltlich „aufgesetzt" und war eher wohl Tribut an spezifische Erwartungen.

3. Prüfung:

> Aufgabe: Das Wachsen des brandenburgisch-preußischen Staatsgebietes im Laufe der Jahrhunderte.

In einem Überblicksvortrag - beginnend mit der Einwanderung der Slawen an Oder und Elbe bis zum Versailler „Diktat" - stellte der Schüler die Entwicklungsgeschichte des Gebietes orientiert an Kriegen und Persönlichkeiten als Gewinn-

---

[394] vgl. Breuning, Klaus, Die Vision ..., bes. S. 67-81

und Verlustrechnung dar und erläuterte „klar" den Begriff „Preußischer Geist", was mit „sehr gut" bewertet wurde.

4. Prüfung:

Aufgabe: Große Gestalten des preußischen Staates (Großer Kurfürst, Friedrich Wilh(elm) I., Friedrich d(er) Gr(oße), Stein (Hardenberg).

Die Personifizierung der Geschichte durch diese Aufgabe wurde vom Schüler direkt aufgegriffen, indem er seinem Vortrag den Gedanken zugrunde legte, „daß die Geschichte von großen Männern gemacht werde". Nach der vorgesehenen Darstellung des Großen Kurfürsten und der Kaiser sowie ihrer jeweiligen grundsätzlichen Leistungen für den Staat kam der Schüler mit Freiherr vom Stein zur „Umformung des Volkskörpers". Das Protokoll stellte abschließend fest:

„Ein Blick auf die Zeit der Reaktion geworfen. Karlsbader Beschlüsse. Demagogenverfolgung. Die enttäuschten Freiheitskämpfer verfallen der westlichen Demokratie."

Liberale bürgerliche Vorstellungen bildeten keine adäquate Kontinuitätslinie.

5. Prüfung:

Aufgabe: Die Entwicklung der Persönlichkeit des Führers, des Werdens und Wachsens der nationalsozialistischen Bewegung sind in wesentlichen Zügen darzustellen.

Protokoll:

„Einleitend bemerkt ..., daß dem deutschen Volk in Zeiten der Not ein Retter ersteht. - Er will dann mit der ... (unleserlich, H.-G. B.) der Persönlichkeit nach dem Kriege beginnen, geht aber auf eine Frage des Prüfenden zur Jugendzeit des Führers zurück. Er war schon der 'Führer' seiner Spielkameraden. Sein nationaler Sinn entwickelt sich im Nationalitätenstaat Österreich-Ungarn. Die Lage des Arbeiters von damals außerhalb der Volksgemeinschaft. Sozialismus (m. H. des Prf. gefunden). Der falsche Sozialismus des Marxismus. Welche Idee taucht auf beim Führer: Volksgemeinschaft: sozialer Sinn. - Des Führers Kriegserlebnis: Klärung von Nat. und Sozialismus. An Idee Judentum: Rassegedanke des Führers. Entwicklung der Partei: Mitgl. Nr. 7. - Propagandawart. Der Prflg. weiß Bescheid: abgebrochen.

Der Bauer im Mittelalter: Eigentumsverhältnisse: Grundherr u. Eigentümer. Land für Kriegsdienste. Staatenbildung um Christi Geburt. - Bauer u. Kriegsdienst. Untergang des freien Bauerntums. Der Bauer übergibt sich seinem Grundherrn. Zinspflicht. Hand- + Spanndienste. An der leitenden Hand des Prüfenden findet sich der Prfl. zurecht."

Der dokumentierte Verlauf der Prüfung zeigt, daß der Prüfling der Thematik kaum gewachsen war und so auch kaum zusammenhängende Komplexe selbständig darstellen konnte. Diese Prüfung fiel gegenüber den anderen drastisch ab; das Ergebnis war aber doch noch „genügend".

Die Prüfungen hinterlassen keinen eindeutigen Eindruck. Besonders zwei schriftliche Prüfungen nahmen in ihrer Aufgabenstellung schon Teilergebnisse vorweg, so daß ein Entscheidungsfindungsprozeß, d.h. ein abwägendes Urteilen über die gelernte Faktendarstellung hinaus, kaum möglich war. Die Schüler(innen) wurden so gezwungen, nationalsozialistische Maßnahmen in ihre Ausführungen einzubringen. Ein Ausweichen auf „neutrale" Themen, d.h. ohne nationalsozialistische Aspekte, war bei den schriftlichen Aufgaben nicht möglich. Andererseits war auch eine eigenständige Entscheidungsmöglichkeit für ein nationalsozialistisches Geschichtsbild über die verpflichtende Reproduktion entsprechender Elemente hinaus nur sehr begrenzt gegeben. Dies war vielleicht durchaus eine Entlastung für manche Schüler(innen). Auffällig in den mündlichen Prüfungen war die Dominanz außenpolitischer Themen[395] und die weitgehende Ausklammerung der Zeit ab 1914. Nur in einer Prüfung wurden spezifisch nationalsozialistische Themen in simpelster Form abgefragt, die den „Führer" stilisieren mußten.

Zwei Randbemerkungen des Fachlehrers, der in seinen grundsätzlichen Kommentierungen zur Begründung der Note auf inhaltliche Fragen - wenn überhaupt - nur sehr pauschal einging, sollen noch erwähnt werden. Ein Schüler kritisierte Bismarck, weil er das Proletariat nicht als Macht betrachtete, „die am Aufbau und Bestand des Staates beteiligt" werden müsse, was Adolf Hitler als „Sozialisierung der Massen" bezeichnet habe, und kam zu der eigenständigen Überlegung: „Es wäre besser gewesen", wenn Bismarck mit Lassalle „zusammengegangen wäre, den einzigen deutschen Juden und Arbeiterführer mit dem richtigen Sinn für den Staat als solchen, für die Machtnotwendigkeit eines Preußen". Diese Behauptung kommentierte der Fachlehrer mit „problematisch!". Dies konnte sich auf die Verbindung „Bismarck-Lassalle" beziehen, auf die Anwendung der Hitlerformulierung „Sozialisierung der Massen" oder auf die Charakterisierung Lassalles als „einzigen deutschen (?) Juden". Aufgrund der Lage und Länge des Korrekturanstrichs über drei Zeilen und da keine Unterstreichung von Einzelpassagen - wie sonst üblich - erfolgte, scheint die erste Möglichkeit gemeint gewesen zu sein. Das deutet einmal auf eine Distanz zur Arbeiterbewegung hin und läßt andererseits aber eine negative Kommentierung des rassischen Teilaspekts der Aussage vermissen.

Ein anderer Schüler beschrieb die Weimarer Republik, u.a.:

> „Nicht nur in Parteiungen, auch der Klassenkampf zwischen Besitzenden und Nichtbesitzenden herrschte im Innern. Auf allen Lebensgebieten macht sich der (Kommentar des Fachlehrers: „ergänzen: völkisch zersetzende", H.-G. B.) jüdische Einfluß bemerkbar."

---

[395] Eher typisch für das Geschichtsbild in der Wilhelminischen Ära (vgl. Schallenberger, Horst, Untersuchungen ..., a.a.O., S. 55ff.).

Diese ohne jegliche sachliche Notwendigkeit vorgenommene Präzisierung der Schüleraussage gab dieser erst ihre rassistische Härte und deutete eine Aufnahme nationalsozialistischer Ideologieelemente an. Der Eindruck verstärkt sich, wenn man beide Beispiele der Kommentierung zusammen bewertet. In allen neun Geschichtsarbeiten lassen sich darüber hinausgehende direkte rassistische Aussagen weder von Schüler(inne)n noch vom Fachlehrer erkennen.

Abitur 1937 (Prüfer: Studienrat H. und Studienrat Dr. Ferdinand Hammerschmidt)

In den um einen Monat wegen der Schulzeitverkürzung für die Unterprimaner vorgezogenen Abiturprüfungen wurden drei Oberprimaner(innen) im Fach Geschichte von StR H. mündlich geprüft; die schriftlichen Prüfungen fielen aus.

1. Prüfung:

Aufgabe: Nach der Kundgebung Hindenburgs ist der Young-Plan geschichtlich aus seiner Zeit im Gegensatz zur nationalen Opposition zu würdigen und die gegenwärtige Ansicht darüber klarzulegen.

Dem knappen Protokoll ist zu entnehmen, daß der Schüler auch auf „Stresemanns Erfüllungspolitik" und den Locarno-Vertrag einging und die Ablehnung durch die nationalen Parteien herausstellte.

Mit dem Young-Plan mußte 1929 der Dawes-Plan abgelöst werden, da das Deutsche Reich nicht in der Lage war, die vereinbarten Kriegsreparationen zu zahlen, so daß über eine Anleihe eine längerfristige Tilgung notwendig wurde. Gegen diese internationale Vereinbarung agitierten die sog. 'nationalen' Parteien vehement und machten aus dem außenpolitischen Problem ein innenpolitisches Thema: Der Young-Plan wurde stellvertretend für das Weimarer System bekämpft und der rechtsliberale Gustav Stresemann (DVP) als Erfüllungspolitiker weiter diffamiert.[396] Er hatte als Reichskanzler bzw. Außenminister schon 1923 den passiven Widerstand im Ruhrkampf abgebrochen sowie 1925 den Locarno-Pakt unterzeichnet, der Deutschlands Westgrenzen sicherte. Beides wurde ihm besonders von völkischen Gruppen und Parteien als „Verrat am Vaterland" ausgelegt. Letztere Position war jetzt offiziell und so vom Schüler darzustellen.

2. Prüfung:

Aufgabe: Nationalismus und Faschismus in ihrer Entstehung, ihrem Wesen und ihren Führern zu vergleichen.

---

[396] Für einen Überblick vgl. Meyer, Gerd, Die Reparationspolitik. Ihre außen- und innenpolitischen Rückwirkungen, in: Bracher, Karl Dietrich u.a. (Hrsg.), Die Weimarer ..., a.a.O., S. 327-342

Das stichwortartige Protokoll hielt zur Entstehung der Parteien den erfolgreichen Marsch der faschistischen Kampfverbände auf Rom fest, während die NSDAP und Adolf Hitler am 9. November (1923) einen Mißerfolg gehabt hätten, was zum „legalen Weg zur Macht" geführt habe. Zum Wesen gab der Schüler für Italien primär den Staat an, für Deutschland das Volk und sah in beiden Ländern den Führergedanken verwirklicht, wobei der Faschismus imperialistisch sei, jedoch der „Nationalsozialismus denkt nicht daran". Während Mussolini, der „Duce", als Führernatur und Diktator angesehen wurde, galt Adolf Hitler als „Mann und Führer des Volkes".

Die Herausarbeitung der Unterschiede dieser totalitären Systeme blieb für Deutschland der Propaganda verhaftet, was angesichts der engen Aufgabenstellung nicht anders zu erwarten war. Es kann davon ausgegangen werden, daß ein derartiger Vergleich bzw. die Behandlung des Faschismus in Italien auch Gegenstand des Unterrichts gewesen ist.

3. Prüfung:

Aufgabe: Bismarcks Bündnispolitik.

Im Protokoll heißt es: Der Schüler „spricht über Bismarcks Sorge, das Reich nach 1871 durch Bündnisse zu schützen und Geheimabkommen mit Österreich (Zweibund 1879)". Darüber hinaus beantwortete er Fragen nach dem Inhalt des Abkommens und der Erweiterung zum Dreibund durch Beitritt Italiens sowie zum Rückversicherungsvertrag mit Rußland richtig. Abschließend mußte der Schüler auf „Hitlers Freundschaftsverträge (statt Bündnisse)" eingehen.

Die Aktualisierung brachte die Hitlersche Außenpolitik in Tradition und Fortsetzung der Bismarckschen, ohne Probleme anzusprechen. So war Hitlers Fortsetzung traditioneller Großmachtpolitik funktional durchaus erfolgreich: Konkordat mit dem Vatikan 1933, Nichtangriffspakt mit Polen 1934, deutsch-englisches Flottenabkommen 1935, deutsch-österreichisches Abkommen und deutsch-japanisches Bündnis 1936; doch verdeckte sie nur das rassistisch fundierte „Lebensraum"-Konzept im Osten und lieferte - so wurde erst später deutlicher - dessen Voraussetzung und Basis.[397]

Die um ein Jahr vorgezogenen Prüfungen der Unterprimaner mußten dem reduzierten Unterrichtsstoff Rechnung tragen. Entsprechend waren die vom Fachlehrer Dr. Ferdinand Hammerschmidt vorgesehenen Themen allgemeiner formuliert.

---

[397] vgl. Recker, Marie-Luise, Vom Revisionismus zur Großmachtstellung. Deutsche Außenpolitik 1933 bis 1939, in: Bracher, Karl Dietrich u.a. (Hrsg.), Deutschland ..., a.a.O., S. 315-330, und Hornung, Klaus, Friedenspropaganda im Dienste des Krieges, in: FAZ vom 23. Mai 1995

1. Prüfung:

Aufgabe: Der Schlieffenplan

Das Protokoll weist aus, daß der Prüfling „zu Beginn des Krieges das Vordringen der Russen" würdigte, „das Ziel des Schlachtplans gut erklärt", für den Westen „kein Eindringen nach Frankreich über die Festungskette" für möglich hielt, „das Vordringen der Franzosen nach dem Elsaß erkannt" hatte und die Marneschlacht schildern konnte.

Der von Alfred Graf von Schlieffen entwickelte strategische Plan sah für den Ersten Weltkrieg im Fall eines Zweifrontenkriegs vor, zunächst durch Verletzung der belgischen und luxemburgischen Neutralität die französischen Streitkräfte zu vernichten und sich dann gegen Rußland zu wenden.

Doch gelang dann im Ersten Weltkrieg die rasche offensive Umfassung nicht, und schon Anfang September 1914 kam es mit der Marneschlacht in Nordfrankreich zum Übergang vom Bewegungs- zum Stellungskrieg.

Die Reduzierung der Prüfung auf militärische Details implizierte zugleich den Verzicht auf die Behandlung der gegen das Völkerrecht verstoßenden Verletzung der Neutralität. Wie schon im Schlieffenplan kam auch bei der Bewertung von dessen Umsetzung der politischen Dimension keine Bedeutung zu.

2. Prüfung:

Aufgabe: Weltlage um 1900

Im Vordergrund der Antwort standen der Krieg zwischen China und Japan und die jeweiligen Unterstützer. Darüber hinaus wurden Englands und Deutschlands Isolierung verglichen, das Bündnis Frankreichs mit Rußland erwähnt und auf Bismarcks Kontinentalpolitik eingegangen, ohne daß inhaltliche Tendenzen im Protokoll zu erkennen waren.

3. Prüfung:

Aufgabe: Eine bestimmte Stelle aus Hitler, Mein Kampf, Volksausgabe Bd. 1, Seite 137.

Protokoll:

„Zunächst ein Überblick über die Geschichte jener Zeit vor dem Krieg wird oft mit Nachhilfe richtig erklärt. ... (unleserlich, H.-G. B.) sozialen Frage gut erläutert, der Marxismus international von Hitler erkannt; der Klassenkampf: gegen Volksgemeinschaft. Die Rassenfrage in Wien gut hervorgehoben, das Judentum als Zerstörer des Nationalen und der Volksgemeinschaft. Die starke Rassenmischung z. T. mit Nachhilfe in Wien hervorgehoben, ferner Hitlers neue Weltanschauung hier in Wien begründet. Lueger und die christliche Volkspartei mit Nachhilfe gefunden, die Lebensraumbewegung ferner hervorgehoben. Richtig erkannt: Rassenproblem und Weltanschauung der N.S.D.A.P. schon dort begründet. Weitere Entwicklung richtig erkannt, den legalen Weg beschritten. Die Majorität gegen das deutsche Wesen richtig erkannt. Demokratie verneint."

Die Prüfung entsprach in ihren Inhalten der Selbststilisierung durch Hitler in „Mein Kampf" in den Kapiteln „Wiener Lehr- und Leidensjahre" und „Allgemeine politische Betrachtungen aus meiner Wiener Zeit", in denen Hitler seine politische völkische Erweckung memoirenhaft festhält, die unter dem Einfluß Karl Luegers, nach 1894 viermal Bürgermeister in Wien, und seiner antisemitischen Christlich-sozialen Partei sowie dem Alldeutschen Verband unter Georg von Schönerer gestanden haben soll.[398] Der Schüler war gehalten, Hitlers Lebensweg als früh festgelegt und beständig aus „Mein Kampf" zu reproduzieren und auf die Zeit nach dem Krieg anzuwenden.

4. Prüfung:

Aufgabe: Entwickeln Sie im Anschluß an die folgenden Sätze aus Hitlers „Mein Kampf" die Grundsätze der nationalsozialistischen Wirtschaftspolitik. Hitler: Mein Kampf, Volksausgabe Bd. I, Seite 49/50

Protokoll:

„Ausnutzung der Arbeiter und Kleingewerbetreibenden, durch Streik häufig abgewendet. Jetzt Volksgemeinschaft: Das Gesetz zur nationalen Arbeit. Früher Arbeiterrat, jetzt Betriebsrat. Führer und Gefolgsmann, Arbeitgeber - Arbeitnehmer. Der Eigentumsbegriff im Mittelalter: Bauern, Grundherrn. Durch das römische Recht und durch Fabrik, Maschine usw. = Kapital. Der Kaufmann, der Diener des Volkes. Meist mit Verständnis alles aufgefaßt."

Ausweislich dieser weitgehend inhaltsleeren und auf allgemeine Schlagworte basierenden Angaben läßt sich eine Auswertung kaum vornehmen, da eine positive Entwicklung unterstellt, aber nicht direkt benannt wird.

Geschichtskenntnisse wurden in den mündlichen Prüfungen des Jahres 1937 besonders von den Schülern, denen die Oberprima fehlte, nur noch sehr begrenzt abgeprüft. Sie hatten teilweise das Selbstbild Hitlers in Anlehnung an „Mein Kampf" zu reproduzieren. Eine eher schlichte Aufgabenstellung, die keinerlei Auseinandersetzung ermöglichte, die aber voraussetzte, daß das „Leben" Hitlers intensiv behandelt worden war. Hitlers Biographie als Kontinuitätslinie in der Geschichte entlarvte entweder ein unhistorisches und apologetisches Verständnis oder diente opportunistisch einer Verdeckung anderer Geschichtsinterpretationen.

---

[398] vgl. auch Hermand, Jost, Der alte Traum ..., a.a.O., S. 85ff. Belege für Hitlers überwiegend autodidaktisch erarbeitete Grundhaltung zu dieser Zeit außerhalb von späteren Selbstdarstellungen sind nicht vorhanden. Neuerdings korrigiert in einer sorgfältigen Studie Hamann, Brigitte, Hitlers Wien. Lehrjahre eines Diktators, München 1996, zahlreiche Legenden über Hitler.

Auch die Prüfung zur Wirtschaftspolitik zeigte wenig Substantielles und beschränkte sich ohne Theorieanteil auf Einzelaspekte. Auffällig ist das positivistische Rechtsverständnis der Schüler. In zwei Prüfungen wird auf den „legalen Weg zur Macht" explizit abgehoben, was auf eine unterrichtliche Behandlung hindeutet.

Zusammenfassung und Bewertung

Während die Geschichtswissenschaft sich nach Gies „als ausgesprochen resistent" gegenüber dem Nationalsozialismus erwiesen habe soll[399], kann dies für die dominierende bürgerliche Geschichtsdidaktik kaum behauptet werden - eher lassen sich Anzeichen für eine übereilte und vorgezogene Anpassung finden, die bis ins katholische Milieu reichte. Während Didaktiker auch explizit vor antisemitischen Vorgaben und Interpretationen nicht zurückschreckten[400], wurde sogar in den Lehrplänen von 1938 Antisemitismus nur vage angedeutet, wenn auch der Rassenbegriff einen zentralen Stellenwert einnahm. Neben Karrierestreben müssen als ursächlich für dieses Verhalten einerseits das Trauma des 1. Weltkriegs und die vielfältigen Ressentiments gegen die Weimarer Republik angesehen werden - schließlich bestand keine Veröffentlichungspflicht für die zahlreichen festangestellten Studienräte - und andererseits das vom Nationalsozialismus angebotene Anknüpfen an nationalistisch-völkische Positionen. Geblendet vom patriotischen Pathos, Volksgemeinschaftsgerede und einem ordnungsstiftenden Reichsgedanken wurden die Geschichtsdidaktiker teils ungewollt, aber objektiv zu Wegbereitern des Nationalsozialismus, ohne im Einzelfall immer rassistischen Vorgaben zu folgen.

Diese Tendenz war noch deutlicher in den untersuchten Abiturarbeiten erkennbar. Die Umsetzung eines explizit rassistischen Weltbildes durch die Geschichtslehrer erfolgte kaum. Die Gegenwart wurde häufig zum Ausgangs- und/oder Zielpunkt

---

[399] vgl. Gies, Horst, Geschichtsunterricht unter der Diktatur ..., a.a.O., S. 20. Dies findet nur begrenzt Unterstützung bei Schreiner, Klaus, Führertum, Rasse, Reich. Wissenschaft von der Geschichte nach der nationalsozialistischen Machtergreifung, in: Lundgreen, Peter, Wissenschaft im Dritten Reich, Frankfurt 1985, S. 163-252. Zu berechtigten kritischen Einwänden siehe Schönwälder, Karen, Historiker ..., a.a.O., die nachweist, daß zwar keine Neustrukturierung der nationalkonservativen Geschichtswissenschaft erfolgte, daß aber die fachspezifischen Veröffentlichungen mit der nationalsozialistischen Propaganda korrespondierten.

[400] Siehe zusätzlich z. B. Klagges, Dietrich, Geschichte als nationalpolitische Erziehung, 6. Aufl. Frankfurt 1940. Klagges war Volks- und Mittelschullehrer und avancierte 1931 in Braunschweig zum Innen- und Volksbildungsminister und 1933 zum Ministerpräsident.

601

der Aufgabenstellung gemacht, was die Beurteilungsmaßstäbe setzte, während die Weimarer Republik einerseits „als negative Hintergrundfolie"[401] wirken mußte und andererseits über die völkische Bewegung Anknüpfungspunkte zu liefern hatte. Gegenüber innenpolitischen Entwicklungen hatte für den Zeitraum vor dem 1. Weltkrieg die Außenpolitik insgesamt Vorrang.

Der Erwartungshorizont bei den schriftlichen Abiturarbeiten wurde durch suggestive Aufgabenstellung überwiegend vorgegeben, wobei es für die Schüler(innen) trotz Themenauswahlmöglichkeiten nur selten möglich war, auf politisch weniger brisante Bereiche auszuweichen.

Erstaunlich ist die von 1933 auf 1934 erfolgende plötzliche und umfassende Übernahme nationalsozialistisch orientierter Themen und Termini, die nicht ohne inhaltliche Übereinstimmung erklärt werden kann, denn Rechtsunsicherheit oder Angst vor Denunziation war zu diesem Zeitpunkt, der durch Euphorie bestimmt war, bei keinem Geschichtslehrer ausweislich ihrer Entnazifizierungsunterlagen handlungsbestimmend. Für die Zeit ab 1936 kann ein (eher notgedrungenes) Arrangement mit dem System nicht ausgeschlossen werden, wenn man nur die spezifischen Aufgabenstellungen und Erwartungen der Fachlehrer zugrunde legt.

Inhaltlich waren die Schüler(innen) auf Argumentationsmuster ausgerichtet worden, in deren Mitte das Bild einer harmonischen Volksgemeinschaft stand, der man sich bereitwillig ein- und unterordnen wollte, was man aber auch von anderen erwartete. Ausdruck ihres Idealismus war die bedingungslose Bereitschaft, dem Volk, dem Staat und dem Führer zu dienen, was in Selbstpreisgabe und Opfergesinnung mündete. Es überwogen in diesem Zusammenhang zunehmend Klischees und Versatzstücke aus der nationalsozialistischen Propaganda, verbunden mit persönlichen Bekenntnissen, wobei auch bei Beurteilungen mit „sehr gut" zwar sprachliches Niveau und umfassendes einseitiges Wissen, aber nicht reflektierendes Abwägen und Erörtern honoriert wurden. Die zum Ausdruck kommende Begeisterung der Schüler(innen) kann aber nicht ausschließlich auf eine affektive Überwältigung im Geschichtsunterricht zurückgeführt werden, auch wenn dies in der Erinnerung dominiert[402], da Einflüsse aus anderen Fächern, dem Schulleben, der HJ und Medien nicht auszuschließen sind.

---

[401] vgl. Gies, Horst, Geschichtsunterricht unter der Diktatur ..., a.a.O., S. 76

[402] „Der konnte uns begeistern. Da haben wir vor ihm gesessen und die Ohren gespitzt. Er verstand es ausgezeichnet, uns zu fassen", erinnert sich ein Schüler an StR. Dr. Hammerschmidt (PAB, Interview Potthast). Und weiter: „Unvergeßlich ist bei mir eine Geschichtsstunde, in der er über den Vertrag von Versailles einen Vortrag hielt und ihn umformte zum Diktat von Versailles und seine Folgen. Welchen jungen Deutschen hätte das nicht begeistern können!" (ebd.) Und ein anderer Schüler über Hammerschmidt, „der Wert

c) Erdkunde

Fachdidaktische Diskussion

Die Diskussion in der Zeit nach dem Ersten Weltkrieg war in der Geographie nach Schultz von einem „doppelte(n) Revisionismus" gekennzeichnet: Einerseits verfolgte man in Anschluß an das geo-darwinistische Politikverständnis des Begründers der Anthropogeographie Friedrich Ratzel (1844-1904) aus der Vorkriegszeit weiterhin eine deterministische Argumentation, die sich einer als „natürlich" ausgebenden „imperialistisch-expansiven Bewegungslehre" verschrieben hatte, und andererseits hob eine „ethno-voluntaristische" Richtung der Geographie stärker auf einen wieder zu entwickelnden Wachstumswillen des Volkes, auf „natürliche Triebkräfte" ab, die auch die Außenpolitik prägen würden.[403] Gemeinsam war beiden Strängen eine über die Revision des Versailler Vertrags hinausgehende Vision eines zukünftigen Deutschlands mit Weltmachtstellung, aber auch ein kulturkritisches und antidemokratisches Potential, das sich gegen Kosmopolitismus und Internationalismus wandte und ein 'unverfälschtes' deutsches Volksbewußtsein propagierte. Mit der Geo-Politik sollte an die „realen, erdgebundenen Interessen", an den „gesunde(n) Instinkt" angeknüpft werden, der letztlich - so die biologistische Erklärung - auf Bodennatur und Klima zurückginge und auch die Staatsstrukturen bedingen würde.[404] Mit diesem „Kernparadigma" „Landschaft" und „ihrem Ideenfeld von Ganzheit, Totalität, Gestalt, Individualität, Intuition und Zusammenschau" genoß die sich verstärkt als Geisteswissenschaft verstehende Geographie im deutschen Bildungsbürgertum insgesamt hohes Prestige.[405] Über den Einfluß der Lebensphilosophie in Gefolge W. Diltheys entwickelte sich auch eine „vernunftfeindliche und teilweise antiwissenschaftliche Haltung", die - wenn auch nicht vorwiegend - die Landschaft als „Seelenkunde" verstand und ihr „ästhetisch-seelische" Komponenten zuwies.[406]

Dieser geo-deterministische Grundton mit seinen diffusen Komponenten hatte auch schon die preußische Lehrplanreform von 1924/25 durchzogen, die die Erd-

---

legte auf nationalsozialistische Belange": „der konnte Geschichtsunterricht geben, das war Spitze, ein echter Lehrer." (PAB, Interview Bittern)

[403] vgl. Schultz, Hans-Dietrich, „Wachstumswille ist Naturgebot"! Der Beitrag der Schulgeographie zum Versagen der Staatsbürgerkunde in der Weimarer Republik, in: Dithmar, Reinhard (Hrsg.), Schule und Unterricht in der Endphase ..., a.a.O., S. 25ff.

[404] vgl. ebd., S. 28f.

[405] vgl. Schrand, Hermann, Zur Geschichte der Geographie in Schule und Hochschule, in: Mannzmann, Anneliese (Hrsg.), Geschichte der Unterrichtsfächer II ..., a.a.O., S. 92ff.

[406] vgl. ebd., S. 96

kunde als Teil der Deutschkunde sah und ihr die Aufgabe zuwies, Einsicht in die „lebensgesetzliche(n) Zusammenhänge" zu vermitteln, zu „genetischer Auffassung" zu erziehen und „die Verwurzelung der Kultur in der Natur" herauszustellen.[407] Auch aufgrund dieser Vorgaben entwickelte sich die Geo-Politik u.a. mit der Thematisierung der deutschen Mittellage zu einem wesentlichen Teil des Erdkundeunterrichts in der höheren Schule. Sie leitete deterministisch Machtansprüche aus dem Boden und der geographischen Lage ab und legitimierte territoriale Expansion.

Eine Unterstützung dieser Entwicklung erfolgte auch durch die deutschkundlich orientierte katholische Zeitschrift „Pharus", was die Breite der Diskussion belegt. Auch sie propagierte eine „politische Geographie", die „Zusammenhänge und Wechselwirkungen zwischen Staat und Boden" aufdecke und zu „gewissen Grundgesetzen der Außenpolitik" führe, da „die geographischen Gegebenheiten die Form weltpolitischen Machtbegehrens, die Richtung und das Ziel außenpolitischer Betätigung der Staaten" bestimmen würden.[408] Der Schule sollte es obliegen, den „geographischen Kern" zu zeigen, „der den meisten weltpolitischen Machtfragen" innewohne.[409] Neu war in diesem Zusammenhang nicht die Bedeutung der Infrastruktur, der Rohstoffe und der Bevölkerungszahl, sondern daß ihnen „geradezu gesetzmäßig(e)" Auswirkungen zugeschrieben wurden.[410]

Ausgangspunkt des Unterrichts besonders für die unteren Schulklassen[411] war in der Weimarer Republik der „eigentümliche Bildungswert" (Spranger) der Heimatkunde, der über eine rückwärts gewandte Lebenseinstellung, die einem Schollenmythos verhaftet war, ein Erziehungsauftrag zur Gemüts- und Gesinnungsbildung zugrunde lag.[412] Mit dieser „fatalen Verzeichnung des Eigenen" korrespondierte in einer kulturkritischen Perspektive eine „bedenken- und gedankenlose Unterschätzung des Fremden".[413] Auch hierin lag die Voraussetzung einer deut-

---

[407] vgl. Schultz, Hans-Dietrich, „Wachstumswille ..., a.a.O., S. 30f.

[408] vgl. Schmelzer, Karl, Erziehung zum politischen Denken im geographischen Unterricht, in: Pharus 21 (1930), 1. Halbband, S. 118

[409] vgl. ebd.

[410] vgl. ebd., S. 119-129

[411] Für Wagner, Julius, Didaktik der Erdkunde. Handbuch des Unterrichts an höheren Schulen, Band 8, Frankfurt 1928, S. 49, war „Heimat" für alle Altersstufen „Rückgrat" des Unterrichts.

[412] vgl. Engel, Joachim, Der Erdkundeunterricht und seine Heimat, in: geographie heute, Heft 21, 5 (1984), S. 9

[413] vgl. Freilinger, Hubert, Heimat, in: geographie heute, Heft 53, 9 (1987), S. 46f. Daß aus dem „Heimat"-Topos auch dynamische und demokratische Tendenzen abgeleitet werden können, zeigt das Werk Josef Rüthers (vgl. Blömeke, Sigrid, „Nur Feiglinge ..., a.a.O.).

schen „ethnographischen Wahrheit", die bei den Nachbarn „Machthunger und Größenwahn" erkannte und für sich eine völkische Revision des „Versailler Diktates" einforderte.[414] Diese nationalistische Erdkunde ließ - durchgängig emotionalisierend - u.a. die Auswirkungen des Versailler Vertrages und die Situation des Grenz- und Auslandsdeutschtums behandeln.[415] So wurden in einem Quellenbuch Meinungen angeboten, die während des Krieges „seherisch-triebhaftes Vorausahnen der völkischen Lebensnot" und später dann einen Mangel an „völkische(m) Gemeinschaftsbewußtsein" konstatierten und zukünftig ein „deutsch geführte(s) Mitteleuropa" anstrebten und Raum für Deutsche einforderten.[416]

Die Aufwertung der Geographie zeigte sich besonders an den Deutschen Oberschulen und Aufbauschulen, da sie Teil des „kulturkundlichen Gesamtunterrichts" wurde mit einem zweistündigen Unterricht auch in den Klassen der Oberstufe, der an anderen Schultypen nur einstündig möglich war.

Vor dem dargestellten Hintergrund der Entwicklung in der Weimarer Republik kann das Diktum von Schultz:

„die Selbstübergabe der Geographie an das Nazi-Regime geschah rasch und auf breiter Front"[417],

kaum noch erstaunen. Unter Aufgreifen der „Blut und Boden"-Formel kam es zu „eilfertig abgegebenen Identitätsbekenntnisse(n)" und „hemmungslosen Kooperationsbekundungen", die die „nationale Revolution" als „elementare Bewegung aus den triebhaften Untergründen des Volkstums" feierten[418], obwohl die Eingliederung des Verbandes der Schulgeographen in den NSLB erst Mai 1934 erfolgte und sich die Geopolitik als Unterrichtsinhalt noch nicht durchsetzen konnte.[419]

Die Ideologisierung der Geographie zu NS-Zwecken schon 1933 zeigte sich beispielhaft z. B. an einer Empfehlung für den Lehrer, wie er nach der klimatologischen Darstellung des Föhns den Unterricht fortsetzen konnte:

„Heutzutage durchbraust ein Föhnsturm unser deutsches Vaterland. Nervöse, schwächliche Menschen - ja, denen ist nicht wohl zu Mut, aber die gesunde kräftige Jugend atmet förmlich auf. Es trocknen aus die marxistischen Sümpfe, es fliegen die

---

414 vgl. Schmelzle, Karl, Erziehung ..., a.a.O., S. 129f.
415 Fraglich ist, ob die Hinwendung zu einem gefühlsbetonten, eher irrationalen Unterricht, der den Arbeitsunterricht verdrängte, erst auf den Geographentag 1929 gelegt werden kann, wie von Heske, Henning, „ ... und morgen ..., a.a.O., S. 45ff angenommen wird.
416 vgl. Knospe, Paul u.a. (Hrsg.), Geographische Staatenkunde, Breslau 1925, S. 108-116. Es handelt sich hierbei um ein Unterrichtswerk, das in Rüthen eingesetzt wurde.
417 Schultz, Hans-Dietrich, „Wachstumswille ..., a.a.O., S. 21
418 So formulierte z. B. Emil Hinrichs als führender Didaktiker (vgl. Schultz, Hans-Dietrich, „Wachstumswille ..., a.a.O., S. 21f.).
419 vgl. Heske, Henning, „ ... und morgen ..., a.a.O., S. 53ff.

giftbeladenen Sowjet-Mücken, eingestürzt ist der jüdische Augiasstall, der die deutsche Luft verpestete. Reinigend, erfrischend wirkt dieser deutsche Föhn! Und wem verdanken wir diese herrliche Bewegung? Unserem von Gott gesandten, genialen Führer! Binnen hundert Jahren drei Genies - Goethe, Bismarck, Hitler - hervorgebracht zu haben, welchem anderen Volk ist das beschert worden?! Ein solches Volk wird nicht untergehen, wenn ihr eure Pflicht tut."[420]

Die Etablierung einer völkischen Geographie kann nicht auf bloßen Opportunismus der Geographen reduziert werden, denen es um eine Ausweitung ihres Fachunterrichts ging, sondern muß vor dem Hintergrund einer erhofften Stärkung nationalistischer Inhalte sowie dem geschickten Taktieren von Albrecht Burchard, dem ersten Reichssachbearbeiter für Erdkunde, gesehen werden.[421] Erst 1937 kam es zum Anschluß des NSLB an die Arbeitsgemeinschaften für Geopolitik, nicht zuletzt auch, weil die nationalsozialistische Rassenideologie weniger von Geo-Politikern favorisierte Boden- und Raumgesetze als prägend ansah, sondern die rassische Anlage der Menschen.[422]

Die Diskussion in den Fachzeitschriften um Heimatkunde, Geopolitik, Rassenkunde und Kolonialgeographie als Komponenten eines nationalsozialistischen Erdkundeunterrichts wurde 1936/37 erweitert durch wehrpolitische Artikel, wie Heske durch Auswertung der Publikationen „Geographischer Anzeiger" und „Zeitschrift für Erdkunde" ermittelte.[423]

Die wachsende Bedeutung des Faches, die auch an der Forderung nach Erhöhung der Stundenzahl ablesbar ist[424], veranlaßte Starke im Rahmen einer deutschkundlichen Arbeitsteilung zwischen den Fächern Geschichte und Erdkunde, letzterem die Aufgaben zu übertragen, die augenblicklichen Verhältnisse des Grenz- und Auslandsdeutschtums und in den „ehemaligen (!) Kolonien" sowie im Rahmen der staatspolitischen Bildung die Geopolitik zu behandeln.[425] Damit beachtete diese Zuweisung, die kaum historisches Terrain aufgab, die in der Erdkunde diskutierten Entwicklungen und versuchte durch marginale Zugeständnisse zu verhindern, daß die geforderte Ausweitung der Fachstundenzahl zu Lasten des Geschichtsunterrichts ging.

---

[420] zit. nach ebd., S. 133
[421] zu Burchard vgl. ebd., S. 76ff.
[422] vgl. ebd., S. 85ff.
[423] vgl. ebd., S. 113-175
[424] vgl. Gerloff, Fritz, Gedanken über den zukünftigen Erdkundeplan für die höheren Schulen, in: DDHS 2 (1935), S. 645
[425] vgl. Starke, Rudolf, Zusammenarbeit zwischen Geschichte und Erdkunde, in: VuG 24 (1934), S. 399-407

Neben der Diskussion in den Fachzeitschriften sind aber die Vorgaben zu beachten, die sich in der Zeitschrift des NSLB „Die Deutsche Höhere Schule" bündeln, denen man am ehesten nationalsozialistische Perspektivgebung für das Fach unterstellen kann. Hier standen aber im Zentrum der erdkundlichen Diskussion um die Bedeutung des Faches die „Rassenfrage" und die Heimatkunde.

In Abgrenzung vom Biologieunterricht war im Erdkundeunterricht für Konrad Bahr eine zweifache rassekundliche Zielsetzung anzustreben: einmal eine belehrende, das „Wechselverhältnis von Raum und Rasse" (im Original gesperrt, H.-G. B.), und zum anderen eine erziehende, „Geopolitik auf rassenkundlicher Grundlage" (im Original gesperrt, H.-G. B.).[426] Mit diesen Zielen war offensichtlich intendiert, die aus der Weimarer Republik tradierte Landschaftskunde abzulösen. So sollten Schüler belehrt werden, daß z. B. der Hausgrundriß und die künstlerische Gestaltung von Sakralbauten, aber auch Wirtschaftsweisen und Technikentwicklung rassisch bedingt seien.[427] Zur Vorbereitung für eine geopolitische Betrachtung Deutschlands wurde empfohlen, an der Geschichte Spaniens aufzuzeigen, wie „die Gegenauslese und die Rassenschande die Kraft des spanischen Volkes gebrochen (haben)"[428]. Am Beispiel Schlesiens sollte gewarnt werden vor „weitere(r) Rassenmischung, die den Kern unserer nordischen Erbanlagen weiter verdünnt", da „jede Blutmischung unseres vorwiegend nordisch bedingten Volkstums mit dem vorwiegend ostisch und ostbaltisch bestimmten Slawentum unseren Bestand an typisch deutscher Erbanlage" schwäche und so „der heldische Mensch, der Typ des politischen Führers, zurückgedrängt" werde „zugunsten des völkisch gleichgültigen, politisch unbrauchbaren Herdenmenschen"[429]. Insgesamt käme es darauf an, die „rassischen Wurzeln der Kulturen" offenzulegen und auch die als positiv zu sehende „starke Vernordung" von Völkern aufzuzeigen.[430] Nicht zuletzt weil kausale Erklärungsversuche ihren spekulativen Charakter nicht ablegen konnten und teilweise zu einem „Rassematerialismus" führten, sollte ersatzweise „die sinnefreudige und lebensnahe Schau auf die Erscheinungen des Lebens selbst"[431] in den unterrichtlichen Vordergrund gerückt werden. Eine der-

---

[426] vgl. Bahr, Konrad, Die Rassenfrage im Erdkundeunterricht, in: DDHS 2 (1935), S. 109f.

[427] vgl. ebd., S. 110-112. Weitere Beispiele bei Sauer, Oskar, Rasse, Volk und Lebensraum, in: DDHS 2 (1935), S. 580f.

[428] vgl. Bahr, Konrad, Die Rassenfrage ..., a.a.O., S. 113

[429] vgl. ebd., S. 113f.

[430] vgl. Winter, Friedrich, Der Rassegedanke im erdkundlichen Unterricht, in: DDHS 3 (1936), S. 371-374

[431] vgl. Petersen, Johannes, Einige Gedanken zur Rassenfrage im Erdkundeunterricht, in: DDHS 3 (1936), S. 347

artige „Schau" führte für den Studienrat und späteren Professor an einer Hochschule für Lehrerbildung Johannes Petersen zu folgenden Feststellungen:

„Europa ist der planende Kopf und der handelnde Wille der Welt."

Afrika ist „das natürliche Kolonialreich der Europäer".

„Das Verhältnis Europas zu Afrika ist das des denkenden Kopfes zum Leib."

„Eine naturgegebene Feindseligkeit herrscht ... zwischen den Völkern Europas und Asiens."

„Amerika ... besitzt auch heute keine eigene, einheitliche Kultur ... , sondern nur das 'Drum und Dran der Zivilisation'."[432]

Von einer derartigen „Schau" konnte sich Petersen kaum Erkenntnisgewinn versprechen, doch einen „hohe(n) erzieherischen Wert"[433]. Der Erdkundeunterricht war auf dem Weg, zu völkischer Metaphysik zu degenerieren.

Eine zweite Forderung, deren Umsetzung die Erdkunde verändern sollte, war die Aufwertung der Heimatkunde zum „Eckstein des erdkundlichen Unterrichts" im Sinne einer „nationalen Lebensraumkunde". Ausgehend von der kulturkritischen Setzung des Bauerntums „als dem Urgrund jedes gesunden Volkes und Staates" wurde angestrebt, den Schülern das „Erlebnis der Erde oder des Bodens, das zusammen mit dem Erlebnis des Blutes allein die Grundlage eines starken Volkstums sein" könne, zu vermitteln.[434] Wanderungen, Lagerleben, Tagesmärsche und Zeltnächte galten als ein „unentbehrliches Bildungsmittel", um eine „unauslöschliche Vaterlandsliebe" und „eine eigene unlösbare Verwurzelung in dem Boden seiner Heimat" zu erzielen - als Ersatz für das „Erderlebnis" der Frontsoldaten.[435]

Als weiteres wurden aus der „völkischen Bedeutung der Heimaterdkunde" geländesportliche Übungen abgeleitet, die als „Verfeinerung des eigentlichen Wehrsports" zu einer „souveräne(n) Beherrschung des Geländes" führen sollten: „Kartenlesen muß die Grundlage der erdkundlichen Durchschnittsleistung werden."[436]

---

[432] vgl. ebd., S. 348f.

[433] vgl. ebd., S. 349

[434] vgl. Völkel, Rudolf, Die Erdkunde im Umbruch, in: DDHS 2 (1935), S. 693

[435] vgl. ebd., S. 694-696. Zum hohen Stellenwert der Erwanderung der Heimat siehe auch Petersen, Johannes, Erdkunde als Ganzheitslehre. Ihre Grundlegung durch das Heimaterlebnis und die Heimaterkundung, in: DDHS 3 (1936), S. 680-687

[436] vgl. Völkel, Rudolf, Die Erdkunde ..., a.a.O., S. 697f. Harder ging über die wehrsportlichen Aufgaben für den Erdkundeunterricht noch hinaus und forderte eine wehrpolitische Erziehung zur Stärkung des Wehrwillens, um u.a. Friedensresolutionen wie im 1. Weltkrieg zu verhindern (vgl. Harder, Heinz, Wehrkundliche Aufgaben des Erdkundeunterrichts, in: DDHS 3 (1936), S. 496-503).

Heimat sollte Ausgangspunkt des erdkundlichen Unterrichts in den ersten Jahrgängen sein und später Bezugspunkt auch für darüber hinausgehende Länderkunde bleiben, wobei schon Ende der Mittelstufe für die Schüler „verstandes- und gefühlsmäßig" feststehen sollte, „daß in Deutschland Blut und Boden zu einer Einheit verschmolzen sind"[437]. Gemeinsam war allen Beiträgen, daß sie eine „sogenannte wissenschaftliche Objektivität", eine „mechanistisch-positivistische Auffassung" durch eine ganzheitliche Landschaftserfassung überwinden wollten. Diese Auffassung machten sich auch Katholiken zu eigen, die von einer vaterländisch-christlichen Wertgestaltung ausgingen, den neuen Erdkunde-Unterricht als „nach Voraussetzung, Gehalt und Zielsetzung schlechtweg völkisch-national bestimmt" begrüßten und ihn zielmäßig enden sahen „in einem immerwährenden Aufschwung des völkisch-nationalen Willens im ganzheitlich-heldischen deutschen Menschen"[438]. Aus der staatlichen Schulverwaltung erhielten die Erdkundelehrer(innen) nur wenige Festlegungen, wenn man von

- der Empfehlung eines Buches zur Wehr-Geopolitik, das den „Wehrinstinkt" fördere[439],

- der Kritik eines Werkes zur Kolonialgeschichte wegen seiner sachlichen Fehler und des nur gelegentlichen Hervortretens des Rassegedankens[440] und

- der Vorstellung von Büchern zum Grenz- und Auslanddeutschtum[441] absieht.

Pointierter hatte nur der Erlaß für „Vererbungslehre und Rassenkunde in den Schulen" von 1933, dem auch die Erdkunde verpflichtet war, für diese festgelegt,

> „die Verbreitung der auf deutschem Volksboden vorkommenden Rassen mit ihren körperlichen und geistig-seelischen Eigenschaften zu betonen und dabei besonders die nordische Rasse als das Verbindende, das Judentum als das Trennende zu werten."[442]

Die Richtlinien von 1938 legten die Heimatkunde zwar als Unterrichtsgrundsatz für alle Klassen fest, forderten aber doch auch eine globale Betrachtung ein, da

---

[437] vgl. Gerloff, Fritz, Gedanken ..., a.a.O., S. 645-649
[438] Erdkundeunterricht als nationalpolitische Gesinnungsdisziplin, in: Pharus 24 (1933), 2. Hb., S. 334-337
[439] vgl. Thom, Reinhard, Wehr-Geopolitik. Von Karl Haushofer (Rezension), in: Zentralblatt ... 76 (1934), Nichtamtlicher Teil, S. 251f.
[440] vgl. Haacke, Ulrich, Der Kampf um den Erdraum. Von Paul Ritter (Rezension), in: Deutsche Wissenschaft ... 2 (1936), Nichtamtlicher Teil, S. 39*f.
[441] vgl. Harmjanz, H., Ein neues Erziehungswerk ..., a.a.O., und Gräfe, Gerhard, Was jeder Deutsche vom Grenz- und Auslanddeutschtum wissen muß (Rezension), in: Deutsche Wissenschaft ... 3 (1937), S. 220*f.
[442] vgl. Erlaß vom 13.3.1934 in: Zentralblatt ... 1934, a.a.O., S. 98, der den Erlaß vom 13.9.1933 verlängerte

die „ganze Erde" (im Original gesperrt, H.-G. B.) ins Blickfeld rücken sollte.[443] „Gründliche erdkundliche Kenntnisse" sollten die Verständnisgrundlage bilden für „die großen nationalsozialistischen Aufgaben der Außenpolitik, der Wirtschaftspolitik, der Bevölkerungspolitik, des Vierjahresplanes, der Reichsreform und der Wehrhaftmachung"[444].

Deutschland wurde thematisch zum Mittelpunkt des Unterrichts in Unter- und Mittelstufe nur in der Eingangs- und in der Abschlußklasse, ansonsten waren nur Bezüge herzustellen. Da auch in der dreijährigen Oberstufe nur in der Oberprima Deutschland zentrales Thema sein sollte, kann insgesamt nicht von einer Vernachlässigung anderer Erdregionen gesprochen werden. Eher randständig tauchten Hinweise auf eine notwendige „Bevorzugung des Erlebnismächtigen" oder auf rassistische Vergleiche und Auswertungen auf.[445] Eher aufgesetzt wirkten auch Vorgaben in den von der Länderkunde dominierten Richtlinien wie, daß die Jugend „zu ganzen Deutschen und ganzen Nationalsozialisten" erzogen werden sollte[446], auch wenn als „Lebensfragen" u.a. „Wehrhaftmachung", „Kampf der Mächte um Lebensraum und Weltgeltung" und „Kolonialfrage" schlagwortartig genannt wurden.[447]

Gegenüber früheren Erlassen und gegenüber der didaktischen Diskussion waren die neuen Richtlinien insgesamt weniger rassenkundlich, geopolitisch und wehrgeographisch geprägt, wobei es einer detaillierteren Analyse überlassen bleiben muß zu klären, ob damit die von Nyssen für Mathematik mit den Richtlinien von 1938 versuchte Belegung der Rücknahme der Ideologiefunktion von Schule zugunsten einer Qualifikationsfunktion auch für die Erkunde Geltung beanspruchen kann.[448]

Schriftliche und mündliche Abiturprüfungen

Abitur 1933 (Prüfer: Studienrat Dr. H.)

Nach einer Auflistung der Aufsatzthemen, die zur Wahl gestellt wurden, erfolgt eine Diskussion ihrer Bearbeitung durch die Schüler(innen).

---

[443] vgl. Reichs- und preußisches Ministerium für Wissenschaft, Erziehung und Volksbildung, Erziehung ..., a.a.O., S. 105, 107
[444] vgl. ebd., S. 107
[445] vgl. ebd., S. 109-123
[446] vgl. ebd., S. 109
[447] vgl. ebd., S. 107
[448] vgl. Nyssen, E., Schule ..., a.a.O.

1. Thema:

„Eigenart und Entstehung der Eifel-Mosel-Landschaft ist nach dem Blatt Cochem (Nr. 504 der Karte des Deutschen Reiches 1:100 000) in Verbindung mit der geologischen Karte von Lepsius darzustellen."[449] (einmal gewählt)

2. Thema:

„Nach einer Zusammenstellung der Niederschläge in den Jahren 1897 - 1916 für 27 Orte des Zuflußgebietes der oberen Lippe und Ems ist eine Regenkarte dieses Gebietes zu entwerfen. Die Niederschlagsverhältnisse sind zu beschreiben und in Verbindung mit graphischen Skizzen zu begründen." (dreimal gewählt)

3. Thema:

„Aus welchen Gründen ist Brasilien in seiner wirtschaftlichen Entwicklung hinter Argentinien zurückgeblieben?" (viermal gewählt)

Während die ersten beiden Themen aufgrund ihrer unpolitischen Orientierung hinter den aufgezeigten Tendenzen für die Weimarer Republik deutlich zurückblieben, eröffnete das dritte Thema Ansatzpunkte für eine geopolitische Perspektive und Hinweise auf das Deutschtum im Ausland. Die vier Schüler(innen) hoben in ihren Arbeiten auf die klimatischen Bedingungen, Infrastruktur und Bodenschätze sowie auf die Zusammensetzung der Bevölkerung in Argentinien und Brasilien ab, wobei besonders deutsche Siedlungsbereiche und die verschiedenen Bevölkerungsgruppen in Brasilien erwähnt wurden. Am plakativsten, doch vom Fachlehrer nicht korrigiert, formulierte folgende Schülerarbeit:

„Die Weißen sind ja die Träger der modernen Kultur. In den tropischen Gebieten haben auch die Weißen den Boden ausgenutzt mit Hilfe der Neger. Aber seit der Aufhebung der Sklaverei ist der Plantagenbau in Brasilien sehr zurückgegangen, denn die Neger sind von Natur aus faul. In Argentinien ist die Bevölkerung einheitlich aus Weißen zusammengesetzt und wenig vermischt. Die Rasse ist also hochstehender als die bunt zusammengewürfelte Rasse Brasiliens."

Dieser vorurteilsverhaftete Tenor zeigte sich - wenn auch weniger eindeutig - in allen Arbeiten, was auf eine diesbezügliche unterrichtliche Bearbeitung hinweist. In den drei mündlichen Prüfungen standen folgende Aufgaben im Vordergrund:

Gründe für die Bildung der Gebirge. Analyse von Wetterkarten

Untersuchung der Anlage von acht Städten

Erläuterung des Altersaufbaus des deutschen Volkes nach einer Grafik. Küstenformen

Die breite Streuung der Themen in den schriftlichen und der Aufgaben in den mündlichen Prüfungen deutet das Spektrum des erdkundlichen Unterrichts an.

---

[449]   Schularchiv, Abiturunterlagen. Hier auch alle weiteren Zitate aus Schüler(innen)arbeiten und Protokollen der mündlichen Prüfungen.

Der länderkundliche Vergleich Argentinien - Brasilien bezog die in den Richtlinien geforderten Volkstumsfragen ein, spiegelte aber - in einem Fall sehr deutlich - weitgehend verbreitete rassistische Klischees. Doch ist insgesamt keine Politisierung des Unterrichts erkennbar, wenn auch keine Hinweise zur Interpretation des Themas zum Altersaufbau des deutschen Volkes vorliegen.

Abitur 1934 (Prüfer: Studienassessor H.)

Folgende drei Themen stellte der Fachlehrer zur Wahl:

1. Thema:

> Aus den beiden Kartenblättern Bremerhaven und Swinemünde 1:100000 ist vergleichsweise das geographische Bild der Küstenlandschaft an der Weser- und Odermündung zu entwickeln und die Entstehung der Landschaft und ihre Ausgestaltung durch die Hand des Menschen aufzudecken.
> Unterlagen: 1. Die beiden Karten des Deutschen Reiches 1:100000 Bremerhaven und Swinemünde, herausgegeben vom Reichsamt für Landesaufnahme 1922. 2. Schulatlas von Diercke.

2. Thema:

> Ist der Anschluß Österreichs an das Deutsche Reich geographisch und geopolitisch zu begründen und welche Aussichten bietet er für die Zukunft, insbesondere für die wirtschaftliche Entwicklung beider Länder?
> Unterlagen: 1. Schulatlas von Diercke. 2. Tabellen: a) Österreichs Ausfuhr 1926, b) Deutschlands Warenein- und ausfuhr aus und nach Österreich, c) Österreichs Außenhandel, d) Verwertung der Bodenfläche Österreichs.

3. Thema:

> An Hand der vorliegenden Karten und Ansichten ist das Werden der Stadt und der Stadtlandschaft Dortmunds in seiner Abhängigkeit von den geographischen Voraussetzungen zu erklären und das besondere Gepräge der Stadt unter Bezugnahme auf die Ruhrlandschaft zu kennzeichnen.
> Unterlagen: Atlas zur Heimatkunde von Dortmund und Umgebung von Topp & König.

Alle drei Themen beschränkten sich auf Deutschland. Thema 1 wurde von drei Schüler(inne)n und Thema 3 von einem Schüler gewählt. Bei beiden handelt es sich um originäre Erdkundethemen, Landschaftsentwicklung und Stadtentwicklung sollten materialgebunden bearbeitet werden. Aus diesem Rahmen fiel Thema 2 mit seiner geopolitischen Ausrichtung und seinem suggestiven Charakter, der Hoffnungen auf zukünftige Entwicklungen - eine Korrektur von Festlegungen des Versailler Vertrages - begründet aus ökonomischen Daten vorwegnehmen lassen wollte. Erstaunlich ist, daß sich kein(e) Schüler(in) an diesem politischen Thema versuchte. Ursächlich könnten die mangelnde unterrichtliche Vorbereitung dieser

Aufgabe gewesen sein, aber auch eine Diskrepanz zwischen den Einstellungen der Schüler(innen) und der des Lehrers. Letzteres läßt sich aber weder aus den Gesuchen der Schüler(innen) um Zulassung zur Reifeprüfung noch aus der Biographie des Lehrers heraus nachweisen.

Daß bei der Bearbeitung dieser Aufgabe mehr erwartet wurde als eine Interpretation der ökonomischen Fakten, ergibt sich aus den Protokollen der mündlichen Prüfungen. Folgende Aufgabenfelder wurden abgefragt bzw. im Frage-Antwort-Verfahren erarbeitet:

Aufgabe: Hauptindustriegebiete Deutschlands und ihre artliche Bedingtheit.

Protokoll: „Das rhein. westf. Industriegebiet wird beschrieben. Auf Anfrage werden die Wasserwege des Ruhrgebietes dargelegt. Das Vorkommen der Kohle- und Textilindustrie wird geographisch richtig begründet (Bodenschätze, Verkehrsmöglichkeit, Klima für Textilindustrie). Niederschlagsärmste Gebiete in Westdeutschland. Nur m. H. beantwortet. Textilindustrie in Westfalen. Außer Bielefeld und Barmen können keine Orte genannt werden. Gründe für Textilindustrie im Münsterland nur m. H. beantwortet. Bedeutung der Industrieentwicklung seit 1870. Abwanderung vom Land und Eindringen fremder Elemente in das Industriegebiet nur m. H. dargelegt. Der günstige Einfluß konnte nicht geschildert werden. Die frühere Siedlungspolitik wird der heutigen richtig gegenübergestellt. Wirkung der wirtschaftlichen Depression auf die Bevölkerungsdichte nur m. H. beantwortet."

Aufgabe: „Die Grenzen Deutschlands im Osten sind geographisch zu charakterisieren unter Hervorhebung der zeitlichen Grenzverschiebungen und unter Hinweis auf Deutschlands Zukunft."

Protokoll: „Grenzen im Osten richtig als offen bezeichnet durch Fehlen von Gebirgen begründet. Einfluß eines Flusses auf Abgrenzung nicht klar erfaßt. Vorstoß der Germanen nach Osten in den 3 Zügen richtig dargelegt. Näher dargelegt wird auf Anfrage die Kolonisation der Kreuzritter. Meist ohne Hilfe beantwortet. Die kleinen Hohenzüge an der Ostgrenze sollen dargelegt werden. Darstellung der Schlacht an den Masurischen Seen nicht beantwortet. Wert der Niederungen im Kampfe der alten Germanen. m. H. b."

Aufgabe: „Das Auslandsdeutschtum in Europa und die Bedeutung des gesamten Auslandsdeutschtums für Deutschland."

Protokoll: „Anzahl der Auslandsdeutschen richtig angegeben. Entwicklung für Holland und Belgien historisch richtig dargelegt. Flamen m. H. genannt. Luxemburgs ... (unleserlich, H.-G. B.) m. H. gekennzeichnet. Elsaß Lothringen erwähnt. Oesterreichs Einstellung zu Deutschland in der Vergangenheit geschildert. Heutige Gesinnung unbekannt. Verteilung und Lage der Deutschen in der Tschechoslowakei konnte nur ungenau angegeben werden. Geschichte Böhmens wenig bekannt.

Frage: Was lehrt die Erdkunde für die Gegenwart und Zukunft unseres Volkes?

Stärkung des Deutschtums im Auslande in erster Linie durch Pflege des Bauerntums nur m. H. gefunden. Durch Gegenüberstellung der Heere in der Hermannsschlacht soll die Bedeutung der Bodenständigkeit erfaßt werden. m. H. beantwortet."

Die mündlichen Prüfungen zeigen deutlich, daß die Bedeutung des Auslandsdeutschtums - besonders im Gefolge des Versailler Vertrages - und auch geopolitsche Aspekte - historisch bis auf die Germanen zurückgreifend - im Unterricht nicht nachrangig behandelt wurden. Eine Ableitung politischen Handelns aus den geographischen und bevölkerungsstrukturellen Bedingungen war implizite Annahme, der Volkstumsgedanke zentraler Bestandteil des Selbstverständnisses des Fachlehrers.

Abitur 1935 (Prüfer: Studienrat Dr. H.)

1. Thema:

> „Wie spiegeln sich Geologie und Heimatgeschichte im Kartenbild der Möhnelandschaft wieder?
> Hilfsmittel: 1. Meßtischblatt Hirschberg und Rüthen. 2. Geologische Karte des Devon-Kulm Gebietes von Warstein nach H. Schmid 1919."

2. Thema:

> Die wirtschaftliche Verknüpfung des Saargebietes mit den Nachbargebieten ist aus dem geographisch-physikalischen Aufbau der Saarlande zu erklären.
> Hilfsmittel: 1. Geologische Karte des Saargebietes. 2. Topographische Karte des Saargebietes 1:200000. 3. Wirtschaftskarte des Saargebietes in H. Schneider „Unsere Saar" S. 35 (Verlag Runge Berlin-Tempelhof 1934). 4. Karte des Personenverkehrs im Saargebiet. 5. Tabelle der wichtigsten Ein- und Ausfuhrgüter des Saargebiets.

3. Thema:

> „Die Kreuzung der französischen und italienischen Interessen im Mittelmeer.
> Hilfsmittel: 1. Diercke Schulatlas (Große Ausgabe). 2. Geopolitische Wandkarte von Dr. Georg Schmidt (Verlag Perthes 1933)"

Das am stärksten heimatbezogene Thema fand keinen Zuspruch, während Thema 2 einmal und Thema 3 zweimal gewählt wurden.

Wie zu erwarten erschöpfte sich die Behandlung des Saarthemas, dem aufgrund der vom Saarstatut im Versailler Vertrag für 1935 vorgesehenen Volksabstimmung aktuelle Bedeutung zukam, weitgehend in dem Nachweis einer engen Bindung des Saargebiets an Deutschland, wie sie sich aus der historischen Entwicklung eingeschliffen hatte.

Die Bearbeitung des Interessenkonflikts zwischen Italien und Frankreich erfolgte nach ausführlicher Darstellung der jeweiligen Stützpunkte, Einflußzonen bzw. Kolonialgebiete in Afrika sowie Kleinasien unter besonderer Hervorhebung Abessiniens und reduzierte sich in bezug auf Italien auf die Notwendigkeit, Raum für die „überschüssigen Arbeitskräfte" zu finden:

„Italien schreit wie Deutschland nach Raum."

Demgegenüber wurde als Triebfeder Frankreichs seine Menschenarmut angesehen, was „fremde Kräfte" für die Industrie und „farbige Truppen" zur „Auffüllung des Heeres" notwendig mache. Daher besitze Italien „moralisch ... das größere Anrecht auf den Besitz wirtschaftlich wertvoller Kolonien." Und aktualisierend wurde erkannt, daß aufgrund von Besprechungen zwischen Mussolini und Laval die Spannungen zwischen Italien und Frankreich reduziert worden seien. Mit diesen Überlegungen wurden nicht nur allgemein Hegemonialansprüche - auch Deutschlands - legitimiert, sondern auch die ein Jahr später erfolgte Okkupation Abessiniens durch Italien billigend vorweggenommen. Die Schüler(innen) präferierten durch Wahl und Darstellung die angebotenen politischen Themen und gaben zugleich einen Eindruck der unterrichtlichen Situation.

Dies bestätigen auch die mündlichen Prüfungen, in denen u.a. mit Geländeformen im Harz, Verwitterungserscheinungen und Quellformen rein erdkundliche Themen abgefragt wurden, aber andererseits auch vorgeschichtliche Funde genannt, ausgiebig zum Saargebiet Volksdichte, Volksbräuche und Bauweise abgrenzend erläutert werden sollten oder sogar „sechs Rassenbildungen zu erklären" waren. Bei dem Erdkundeunterricht handelte es sich also offensichtlich um einen gespaltenen Unterricht, der die erwarteten neuen Aufgaben und Forderungen zwar nicht integrierte, aber doch nicht unbeachtet ließ.

Abitur 1936 (Prüfer: Studienrat Dr. H.)

1. Thema:

„Wie weit entspricht die nach dem Weltkriege erfolgte Abgrenzung der „Nachfolgestaaten" Österreich-Ungarns den natürlichen Lebensbedingungen dieser Staaten? Die Darlegungen können durch geopolitische Skizzen erläutert werden.
Hilfsmittel: Diercke, Schulatlas für höhere Lehranstalten."

2. Thema:

„Die Verbundenheit der Wirtschaftsbezirke Westfalens untereinander und mit dem übrigen Deutschland soll nach den beigegebenen Karten und einer Tabelle dargestellt und geographisch begründet werden.
Hilfsmittel: „Raum Westfalen" Band I Karte: 17, 18, 30, 34, 36. Band III Karte 5. Tabelle Seite 90."

3. Thema:

„Die Auswirkungen tektonischer und vulkanischer Erscheinungen im Landschaftsbilde des Neuwieder Beckens und seiner Umgebung sollen nach dem Blatt Koblenz 1:100000 und der geologischen Karte von Lepsius dargestellt werden.
Hilfsmittel: 1. Blatt Koblenz 1:100000. 2. Geologische Karte von Lepsius."

Von den beiden originär erdkundlichen Themen fand nur die Bearbeitung des Neuwieder Beckens einmal Beachtung, die übrigen vier Schüler(innen) wählten das historisch-politische Thema 1.[450]

Für die Schüler(innen) war offensichtlich, daß mit dem „schändlichen" Friedensvertrag von Saint-Germain ein „geographisch einheitliches Gebilde" („natürliche Lebensräume, wirtschaftliche, politische und kulturelle Eigenheiten") zerstört und Österreich zu einem „Trümmerstaat" geworden war. Im Detail wurden für Österreich, Ungarn und die neue Tschechoslowakei Probleme der Infrastruktur, der Rohstoffversorgung und der Grenzsicherung aufgrund des „Gewaltfriedens" erörtert. Bei der Behandlung der Bevölkerungsstruktur der Tschechoslowakei kommentierte der Fachlehrer:

„Hervorzuheben war, daß die Deutschen als Minderheit die höchste Kultur besitzen."

Den Aufgabenvorschlägen insgesamt kann man keine Politisierung nachsagen. Auch die Aufgabe zu den Auswirkungen des Friedensvertrages war nicht typisch nationalsozialistisch, sondern war einem besonders im konservativen Gesellschaftsspektrum weit verbreiteten Meinungsbild in der Weimarer Republik verhaftet.

Auch die mündlichen Prüfungen entsprachen diesem Gesamttenor. Von den Schüler(inne)n mußten Kenntnisse über die „Ein- und Ausfuhr Italiens" und über „Lage, Gestalt und Grenzen Deutschlands im Vergleich zu Frankreich" nachgewiesen sowie Karten zu „Neustadt" bzw. zum Geestland ausgewertet werden.

Abitur 1937 (Prüfer: Studienrat Dr. H. und Studienassessor H.)

Fünf Oberprimaner(innen) stellten sich einer mündlichen Prüfung im Fach Erdkunde. Sie waren aufgefordert, Wissen über die Gebirgsbildung allgemein und die Geologie Rüthens nachzuweisen, eine Wetterkarte zu deuten, Steinarten zu bestimmen, verschiedene deutsche Bauernhäuser an Bildern zu erklären und diverse Stadtpläne zu beschreiben und ihre Entstehungszeit anzugeben.

Die Themen ließen in keiner Weise erkennen, ob der Unterricht den nationalsozialistischen Forderungen entsprach. Auch durch die Anwesenheit von Oberschulrat Goldmann bei den Prüfungen schien keine Notwendigkeit gegeben, andere Akzente zu setzen.

In vier mündlichen Prüfungen von Unterprimanern ließ der Fachlehrer Statistiken der Handelsbilanz Deutschlands, Frankreichs, Englands und der Vereinigten

---

[450] Die Unterlagen zu einer sechsten Arbeit, die mit „gut" bewertet worden war, sind nicht mehr vorhanden.

Staaten im Vergleich Vorkriegszeit - Gegenwart auswerten, die wichtigsten deutschen Industriegebiete „aus der Landschaft" erklären, Kartenblätter von Bremerhaven und Swinemünde vergleichend auswerten und aus fünf Kartenblättern die Siedlungsverhältnisse und besonders die Dorfformen erklären. Auch diese Prüfungen lassen in keiner Weise eine nationalsozialistische Durchdringung des Unterrichts erkennen.

Zusammenfassung und Bewertung

Die Themen- und Aufgabenstellungen sowie die Bearbeitungen durch die Schüler(innen) lassen bis 1937 in keinem Jahr erkennen, daß genuin nationalsozialistische Positionen den Unterricht geprägt haben. Rassismus, Geopolitik, Kolonialgeschichte und Wehrpolitik spielten - im Gegensatz zur didaktischen Diskussion - nur eine geringe Rolle, auch wenn einige wenige Formulierungen aus demokratischer Sicht nicht toleriert werden können. Der Unterricht fiel eindeutig sogar hinter manche konservative Position aus der Weimarer Republik zurück, da keiner von den beiden Fachlehrern klare völkische oder deterministische Positionen bezog. Festzuhalten bleibt auch, daß dies von den Schüler(inne)n - ausweislich der gegenüber dem Fach Geschichte deutlich geringeren Wahl von Erdkunde als schriftliches Abiturfach - nicht positiv sanktioniert wurde.
Die Ergebnisse des hier untersuchten Erdkundeunterrichts lassen Heskes apodiktische Feststellung, daß „offensichtlich theoretische Unterrichtskonzeption", wie sie sich in der vom NSLB geprägten fachdidaktischen Diskussion zeige, „und Unterrichtsrealität im allgemeinen wenig voneinander abwichen", mindestens als fraglich erscheinen. [451]

d) Biologie

Fachdidaktische Diskussion

Seit der Wende zum 20. Jahrhundert erfolgte im Kontext konservativer Gesellschaftstheorien und -gruppen, die auf eine ständische Sozialordnung abzielten, zunehmend eine sozialdarwinistisch-ideologische Ausrichtung, die das biologische Prinzip der Auslese auf das Zusammenleben zwischen den Völkern und in einem Volk übertrug. [452] Einerseits wurde so z. B. Krieg als sozialbiologisch na-

---

[451] vgl. Heske, Henning, „... und morgen ...", a.a.O., S. 20ff.
[452] vgl. überblickshaft Quitzow, Wilhelm, Das Menschenbild im Biologieunterricht - von der Evolutionstheorie zum Sozialdarwinismus, in: Dithmar, Reinhard (Hrsg.), Schule und Unterricht in der Endphase ..., a.a.O., S. 231-234, Altner, Günter, Der Sozialdarwinismus,

türlich begrüßt und andererseits wurde innergesellschaftlich durch Annahme der Vererbbarkeit von geistigen, moralischen und Charaktereigenschaften sowie Krankheiten, dem eine rassenanthropologisch starre Verbindung zwischen Phänotypus und Genotypus zugrunde lag, „Minderwertigkeit" und „Entartung" suggeriert, was sich auch in den Biologie-Schulbüchern besonders der höheren Schulen niederschlug.[453] Eine breite rassehygienische Bewegung diskutierte als politische Konsequenzen „positive" - also pronatalistische Familien- und Steuerpolitik - und „negative" - also eugenische Eheberatung, freiwillige Sterilisierung und Asylierung - rassehygienische Maßnahmen. Die Diskussion wurde auch an den Universitäten geführt[454]; sogar mit einer radikalisierenden Tendenz Richtung Ausmerze und Zwangssterilisierung. Dies geschah nicht zuletzt auch, um zivilisationskritisch mit dem „Dogma der natürlichen Ungleichheit der Menschen" die erbbiologische Ausstattung der Gesellschaft vor der Moderne zu retten.[455]

Schon die Richtlinien aus dem Jahre 1925 hatten dem Biologieunterricht „politische Funktionen im Rahmen staatsbürgerlicher und nationaler Erziehung" übertragen, indem erwartet wurde, daß „biologische Einsichten" für „persönliche Lebensführung" und „staatsbürgerliches Handeln" wirksam werden sollten.[456] Zum Ende der Weimarer Republik fand verstärkt Akzeptanz, daß Darwins Entwicklungslehre - im besonderen der „Kampf ums Dasein" - mehr war als nur eine Arbeitshypothese und politisch-weltanschauliche Gesichtspunkte nicht nur den Biologieunterricht dominierten[457], sondern auch in andere Fächer eindrangen. Im

---

in: derselbe (Hrsg.), Der Darwinismus. Die Geschichte einer Theorie, Darmstadt 1981, S. 95-99, und zu den historischen Wurzeln der „Deutschen Biologie" Bäumer, Änne, NS-Biologie, a.a.O., S. 15-69

[453] siehe Beispiel bei Quitzow, Wilhelm, Das Menschenbild ..., a.a.O., S. 236ff.

[454] vgl. Reyer, Jürgen, „Rassenhygiene" und „Eugenik" im Kaiserreich und in der Weimarer Republik: Pflege der „Volksgesundheit" oder Sozialrassismus?, in: Herrmann, Ulrich u.a. (Hrsg.), Pädagogik ..., a.a.O., bes. S. 122ff., und Bäumer, Änne, NS-Biologie, a.a.O., S. 86ff.

[455] vgl. Zmarzlik, Hans-Günter, Der Sozialdarwinismus in Deutschland. Ein Beispiel für den gesellschaftlichen Mißbrauch naturwissenschaftlicher Erkenntnisse, in: Altner, Günter (Hrsg.), Kreatur Mensch. Moderne Wissenschaft auf der Suche nach dem Humanum, München 1969, S. 147-156

[456] vgl. Keckstein, Rainer, Die Geschichte des biologischen Schulunterrichts in Deutschland, in: biologica didactica 3 (1980), Heft 4, S. 53

[457] vgl. ebd., S. 54-56. Der „Deutsche Biologen-Verband" forderte 1932 u.a. in seinen Leitsätzen: „Die rassenbiologisch gefährdete Zukunft des deutschen Volkes macht einen gründlichen Unterricht über Vererbungslehre und Eugenik zum dringenden Gebot. Von diesem Unterricht kann die tiefste ethische Wirkung auf die Jugend erwartet werden, die angesichts des Niederganges der Sittlichkeit im deutschen Volke notwendig erscheint", wobei „eugenischer Unterricht ein höchst bedeutsames Stück staatsbürgerlicher Erzie-

einschlägigen Standardwerk sah StR Dr. Philipp Depdolla, Mitherausgeber der Zeitschrift „Der Biologe", als Zweck der Rassehygiene im Unterricht „nicht nur die Mitteilung von eugenischen Tatsachen und Forderungen, sondern die Ausdehnung des sittlichen Verantwortungsbewußtseins auf die Wirksamkeit für die ganze Nation und Rasse."[458] Bevölkerungspolitisch in Hinblick auf Ehepartner, Kinderwunsch und Kinderzahl forderte er unter Zurückdrängung des Individualismus bei Beachtung des „heiligste(n) Ziel(s) der Familie" „Verantwortung gegenüber der großen Volksgemeinschaft" durch „Erzeugung vollwertigen Nachwuchses"[459].

Was Depdolla für den naturwissenschaftlichen Unterricht für notwendig erachtete, postulierte Hans Schemmer für den geisteswissenschaftlichen Unterricht. Er sprach sich zwar dagegen aus, sich auf die „heute wie Pilze aus der Erde schießenden Rassenphantasien aller Art" einzulassen, doch schien es ihm elementar, rassehygienische Aspekte zu thematisieren, um eine „Selbstdegradierung" des deutschen Volkes zu verhindern.[460] Sie sollten eine Korrektur der „im fürchterlichsten Sinne verhängnisvollen Tatsache" erreichen, daß „wertvollste(s) Erbgut" „am wenigsten künftiges Leben erzeuge"[461]. Diese auch von Hartnacke u.a. immer wieder biologistisch und mit viel Zahlenspielerei interpretierte Erscheinung[462], daß die Kinderzahl in Akademiker-Familien geringer war, verknüpfte

---

hung" darstelle (zitiert nach ebd., S. 56). Bis auf den Nachsatz werden diese Forderungen noch 1951 von Steinecke, Fritz, Methodik des biologischen Unterrichts an höheren Lehranstalten, 2. Auflage, Heidelberg 1951, S. 33, zitiert mit dem Hinweis, „von deren Verwirklichung wir heute z. T. weiter entfernt sind als zur Zeit ihrer Entstehung". Zur frühen völkischen Ausrichtung des Deutschen Biologen-Verbandes und seinem Anschluß an den NSLB 1934 siehe bei Deichmann, Ute, Biologen unter Hitler. Porträt einer Wissenschaft im NS-Staat (1992), Frankfurt 1995, S. 329ff., und Bäumer, Änne, NS-Biologie , a.a.O., S. 129ff.

[458] vgl. Depdolla, Phillip, Vererbungslehre und naturwissenschaftlicher Unterricht, in: Just, Günther (Hrsg.), Vererbung und Erziehung, Berlin 1930, S. 292. Prof. Dr. Just, Herausgeber der „Zeitschrift für menschliche Vererbungs- und Konstitutionslehre" und der „Schriften zur Erbelehre und Rassehygiene", wurde 1933 Direktor des Instituts für menschliche Erblehre und Eugenik an der Universität in Greifswald und 1937 zusätzlich Leiter des erbwissenschaftlichen Forschungsinstituts des Reichsgesundheitsamtes in Berlin-Dahlem. Zu seinen Forschungsschwerpunkten siehe Deichmann, Ute, Biologen ..., S. 122ff.

[459] vgl. ebd., S. 293

[460] vgl. Schemmer, Hans, Vererbungslehre und geisteswissenschaftlicher Unterricht, in: Just, Günther (Hrsg.), Vererbung ..., a.a.O., S. 307, 315

[461] ebd., S. 307

[462] vgl. z.B. Hartnacke, Wilhelm, Naturgrenzen geistiger Bildung. Inflation der Bildung - Schwindendes Führertum - Herrschaft der Urteilslosen, Leipzig 1930, und derselbe, Bil-

Schemmer mit der Feststellung, daß Menschen durch Erbgut „auf den Weg des Verbrechens oder des arbeitsscheuen Tagediebes" kommen würden.[463] Diese biologistische Determinierung vernachlässigte Gesellschaftsstrukturen und forderte für Schemmer rassehygienischen Unterricht u.a. in den Fächern Geschichte, Deutsche Literatur, Philosophie und Religion heraus. Zugleich verbrämte er das „sich in der Vererbung auswirkende Naturgesetz" religiös, das „nicht nur Schicksal" sei, „sondern Wille des allmächtigen und alliebenden Gottes"[464]. Die Richtlinienforderung nach Gewöhnung an „biologisches Denken" hatte sich durchgesetzt - und nicht nur in der 1931 gegründeten Zeitschrift „Der Biologe".[465]

So hatte sich auch Dr. Paul Brohmer, später Professor an der Hochschule für Lehrerbildung in Kiel, schon 1931 in einer deutschkundlichen Fachzeitschrift unwidersprochen dafür eingesetzt, den Biologieunterricht stärker an der Bildungsaufgabe der Schule zu orientieren und dadurch „die Synthese zwischen den Einzelfächern" zu fördern.[466] Da „der Staat ... ein Organismus" sei, „in dem die gleichen Gesetze herrschen wie in der lebendigen Natur", war es nur folgerichtig für ihn, Bestrebungen zu begrüßen, „die den menschenkundlichen Unterricht mit rassehygienischen Gedankengängen durchsetzen wollen", was „leicht" durch Anknüpfung an die Vererbungslehre erfolgen könne:

> „Auf keinen jungen Menschen bleiben die Besorgnisse ohne Wirkung, die man infolge der Rassenverschlechterung für die Zukunft des Abendlandes hegen muß."[467]

Brohmer zeigte daneben Wege auf, mittels des Biologieunterrichts „zur Vertiefung des Vaterlandsverständnisses beizutragen" und „das geschichtliche Verständnis für die deutsche Kultur" zu fördern.[468] Dies sollte mehr als nur eine „bloße Ergänzung der Biologie nach der deutschkundlichen Seite hin" sein, sondern „im Sinne einer deutschen Erziehung" müsse die „innere Haltung ... verändert werden"[469].

---

[463] dungswahn ..., a.a.O.
vgl. Schemmer, Hans, Vererbungslehre ..., a.a.O., S. 309
[464] ebd., S. 311
[465] „Der Biologe" erschien im völkischen J. F. Lehmann-Verlag und gab rassistischem Gedankengut umfangreich Raum. Siehe hierzu Bäumer, Änne, NS-Biologie, a.a.O., mit zahlreichen Verweisen.
[466] vgl. Brohmer, Paul, Biologie und Deutschkunde, in: ZfDB 7 (1931), S. 432
[467] ebd., S. 429
[468] ebd., S. 430f.
[469] ebd., S. 431

Die eugenische Diskussion reichte weit in die Kirchen hinein und führte zu manch einem Tabubruch durch die neue „familienfreundliche Wissenschaft"[470]. Auch der katholische Lehrer, der sich den induktiv gewonnenen neuen naturwissenschaftlichen Erkenntnissen aufgeschlossen zeigte, konnte trotzdem auf dem „Schöpfungswillen" beharren, da „das Leben vielmehr determiniert (ist) durch undeutbare innere Faktoren":

> „Ohne teleologisches Deuten kann die Natur nicht verstanden werden."[471]

So wurde die Biologie „im Dienst der Wahrheit für den Kulturmenschen" als „unentbehrlich" angesehen, da sie „Fundamentales für die Weltanschauung und für die religiöse Haltung überhaupt gibt"[472]. Auf dieser Basis konnten auch die Forderungen der Biologie-Richtlinien nach „sittliche(n) Antrieben sowohl für die eigene Lebensführung wie für die Arbeit der Gesundung des Volkes" akzeptiert und konkretisiert werden:

> „Die Bewahrung und Fortpflanzung eines guten Erbgutes ist so wichtig für den einzelnen wie für das Volksganze im Staate, daß die Beschäftigung mit bevölkerungsbiologischen Problemen zu einer unerläßlichen Pflicht des einzelnen wird."[473]

Ohne jegliche Problematisierung wurden inhaltlich aus Beobachtungen am Bienenstand sozialbiologisch „Lebensnotwendigkeiten" des Staates abgeleitet:

> „Leben heißt Verpflichtungen anerkennen, opfern, dienen."[474]

Diese Subsumierung menschlichen Handelns und dessen Auswirkungen auf staatliche Gemeinschaften unter „biologischer Gesetzmäßigkeit" als Teil von „Gottes Geboten" gab völkischen Interpretationen Raum:

> „Das Bestehen mehrerer Völker nebeneinander muß ebenfalls einem großen Weltenplan entsprechen. Keinem Volk kann daher der Platz an der Sonne streitig gemacht werden. Selbstwehr ist biologisch gegebenes Gebot. Ein Volk, das sich selbst überstark rüstet, das Nebenvolk aber in der Selbstwehr beschränkt, übt Unmoral, weil es durch künstlichen Eingriff ein gottgewolltes Gleichgewicht stört."[475]

Die Umsetzung und Verschärfung der diskutierten rassehygienischen Programmatik im Nationalsozialismus resultierte aus dessen Selbstverständnis als „biologisch denkende Weltanschauung" - Bock sprach zu Recht vom Nationalsozialis-

---

[470] vgl. Schwartz, Michael, Konfessionelle Milieus und Weimarer Eugenik, in: HZ Band 261 (1995), S. 403-448
[471] Brinkmann, M., Über die Stellung der Biologie zur Gesamtkultur, in: Pharus 23 (1932), 2. Halbband, S. 302
[472] ebd., S. 303
[473] ebd., S. 304
[474] ebd., S. 307
[475] ebd., S. 304, 307

mus als „Vollstrecker"[476] - und äußerte sich schon September 1933 im Erlaß „Vererbungslehre und Rassenkunde in den Schulen". Dieser sah für sämtliche Abschlußklassen vor, „unverzüglich" die Stoffgebiete „Vererbungslehre, Rassenkunde, Rassenhygiene, Familienkunde und Bevölkerungspolitik" zu erarbeiten, die dann auch für jeden Schüler als „pflichtmäßiges Prüfungsgebiet" (im Original gesperrt, H.-G. B.) vorgesehen waren.[477] Um dies zu gewährleisten, mußten dem Fach Biologie 2 bis 3 Wochenstunden eingeräumt werden - „nötigenfalls auf Kosten der Mathematik und der Fremdsprachen"[478]. Da „biologisches Denken" zum Unterrichtsgrundsatz aufgewertet wurde, sollten sich besonders die deutschkundlichen Fächer „in den Dienst dieser Aufgabe stellen"[479]. Der Stellenwert der genannten Stoffgebiete wurde daran deutlich, daß der Erlaß sie als „unerläßliche Voraussetzung" zur Erneuerung des Volkes betrachtete.[480]

Trotz dieses elementaren Charakters für die nationalsozialistische Ideologie kam es 1934 noch nicht zu einer Lehrplanreform[481], doch aber zu einer weiteren Aufwertung der schon verbreiteten völkischen Rassenlehre. So wurde zunächst auf Hilfsmittel für den Unterricht verwiesen, dann noch ein ausführliches Buchverzeichnis veröffentlicht.[482]

Gerade letzteres war wichtig, da grundlegende Kenntnisse über die neuen Stoffgebiete häufig gering und ihre Akzeptanz eher verhalten war. Diese „fachliche

---

[476] vgl. Bock, Gisela, Zwangssterilisation im Nationalsozialismus. Studien zur Rassenpolitik und Frauenpolitik, Opladen 1986, S. 27, und grundsätzlich auch Kuhlmann, Carola, Erbkrank oder erziehbar? Jugendhilfe als Vorsorge und Aussonderung in der Fürsorgeerziehung in Westfalen von 1933-1945, Weinheim u.a. 1989

[477] Erlaß vom 13.9.1933, abgedruckt in: Zentralblatt ... 75 (1933), S. 244. Ansonsten war in diesem Jahr im Zentralblatt nur eine Buchempfehlung gegeben worden, in dem u.a. die Bedeutung der Biologie als „wesentliches Erziehungsmittel", als „ethisches Fach" herausgestellt wurde, das u.a. zur Ehrfurcht und zur Verantwortung gegenüber der Volksgemeinschaft anleite (vgl. Depdolla, Ph., Methodik des biologischen Unterrichts an höheren Lehranstalten von Studienrat Privatdozent Dr. Fritz Steinecke (Rezension), in: Zentralblatt ... 75 (1933), Nichtamtlicher Teil, S. 112).

[478] Zentralblatt ... 75 (1933), S. 244

[479] ebd.

[480] ebd.

[481] Zur Entwicklung an den Volksschulen siehe Scherf, Gertrud, Vom deutschen Wald ..., a.a.O., S. 217-234

[482] Zentralblatt ... 76 (1934), S. 27, 144-146, 172, 318-321, einschließlich drei Titeln zur „Judenfrage". Im nichtamtlichen Teil wurde Literatur zu „lebensgesetzlichen Fragestellungen" (S. 17f.), eine rassehygienische Fibel (S. 131), eine Studie über die „Vererbung des Schwachsinns" (S. 162f.), eine Einführung in rassehygienische Politik (S. 163f.) und umfangreiche Besprechungen der Broschüren „Rasse und Schule" (Ministerialrat Benze) (S. 249-251) und Eugenik (Muckermann) (S. 286f.) vorgestellt.

Lücke" z. B. in der Rüthener Lehrerschaft wurde durch die Anschaffung zahlreicher Fachbücher früh und schnell beseitigt, wie eine Inventarliste aller zwischen dem 19.9.1933 und dem 9.11.1933 angeschafften Bücher ausweist (in zeitlicher Reihenfolge):

> „Mein Kampf" Bd. 1 und 2 je drei Exemplare, „Steinbein und Hünengrab", „Deutsche Geschichte und Rassenschicksal", „Rassenhygiene", „Gesundes Volk - gesunde Rasse", „Die Rassen und Völker der Erde", „Erblehre - Erbhygiene", „Eugenik und Volkswohlfahrt", „Das Gotteskind", „Vererbungs- und Abstammungslehre I. und II.", „Menschenkunde - Einführung in die Eugenik", „Die gegenseitigen Beziehungen der Lebewesen", „Vererbungslehre und Rassenhygiene", „Mythus des 20. Jahrhunderts", „Wandkarte: Deutschlands Grenzen".[483]

Diese Literatur ermöglichte eine zügige Bewältigung des Nachholbedarfs an neuen Fachkenntnissen und zugleich eine entsprechende Unterrichtsvorbereitung im Sinne der Erlaßlage und gestattete letztendlich auch entsprechende Prüfungen. Insgesamt stellte die wachsende Betonung erbbiologischer und rassehygienischer Gedanken und Theorien - auch für den Schulbereich - zwar noch keinen klaren Bruch mit der Diskussion in der Weimarer Republik dar. Mit der Behauptung einer fast völligen Bestimmung des „Seelisch-Geistigen durch das Erbgefüge aber wurde der nationalsozialistischen Rassenideologie eine scheinbar biologische Grundlage gegeben", resümiert Kattmann zu recht, die anfangs weniger den Haß gegen andere eingefordert hatte als die „Verantwortung für das Eigenvolk"[484]. Erst mit dem Erlaß „Vererbungslehre und Rassenkunde im Unterricht" wurden 1935 die Unterrichtsinhalte für das Fach Biologie (aber auch für die deutschkundlichen Fächer) nicht mehr nur schlagwortartig, sondern tenorhaft präzisiert. Ein Beitrag zur Weckung „nationalsozialistische Gesinnung" sollte in der Einwirkung auf die Schüler liegen, „an der rassischen Aufartung des deutschen Volkstums bewußt mitzuarbeiten"[485]. Zur Abgrenzung von einem „rassepflegerischen Leichtsinn" wurde die „Bekämpfung der Volksentartung" propagiert und „die biologisch-rassenkundliche Grundlage des Erlebnisses der Volksgemeinschaft" betont, was eine Absonderung von „andersrassigen, fremdvölkischen Gruppen, besonders also dem Judentum" implizierte:

---

[483] Siehe Schularchiv, Verzeichnis. Die Exemplare „Mein Kampf" waren für die Schülerbücherei bestimmt, in die Lehrerbücherei war ein Exemplar schon am 24.7.1931 eingestellt worden.

[484] vgl. Kattmann, Ulrich, Biologie ..., a.a.O., S. 92-95

[485] Erlaß vom 15. Januar 1935 abgedruckt in: Hellfeld, Matthias von / Klönne, Arno, Die betrogene Generation. Jugend in Deutschland unter dem Faschismus, 2. Aufl. Köln 1987, S. 146-153

„Jede Vermischung mit wesensfremden Rassen (leiblich oder geistig-seelisch) bedeutet für jedes Volk Verrat an der eigenen Aufgabe und damit am Ende Untergang."[486]
Insofern hatten die Einzelfächer auch die Aufgabe, „den Blick für das Wesen der
Rasse" zu schärfen, was konkret bedeutete, „der Umweltlehre entgegenzutreten"
und die „sogenannte Demokratie oder andere Gleichheitsbestrebungen" abzulehnen.[487] Auf diesem Wege sollte die zentrale Aussage der Rassetheorie sowohl
eine Umwandlung kultureller Eigenschaften als auch des Geschichtlichen ins Ge-
netische gewährleistet werden[488] - und nicht erst in den Abschlußklassen. Denn
über die Familienkunde war schon für die Unterstufe intendiert, eine „Stärkung
des Willens zu rassebewußter Familienpflege" und schließlich eine „Erweiterung
des Familiensinns zum Volksgemeinschaftswillen" zu erreichen.[489]
Mit dieser Entwicklung korrespondierte außerschulisch das „Gesetz zur Verhütung erbkranken Nachwuchses" vom 14. Juli 1933, auf dessen Basis zwischen
1934 und 1945 ca. 350.000 Menschen zwangssterilisiert wurden[490], und später
das „Gesetz zum Schutz der Erbgesundheit des deutschen Volkes" vom 18. Oktober 1935, mit denen gegen ein christliches Selbstverständnis[491] - kirchenamtlich
erneut dokumentiert durch die Enzyklika „Casti connubium" vom 30.12.1930 -
staatliche Eingriffe in menschliches Leben sowie in Ehe und Familie formal auto-
risiert wurden.
Für die Akzeptanz freiwilliger eugenischer Sterilisation im Katholizismus plädierte und sorgte besonders - und dies kann als Kennzeichen für die Breite der rassehygienischen Diskussion gelten - der Jesuit Prof. Dr. Hermann Muckermann, der
von rassistischen Vorstellungen nicht frei war.[492] Die mit dem Gesetz vom

---

[486] vgl. ebd.
[487] vgl. ebd.
[488] vgl. Kattmann, Ulrich, Biologie ..., a.a.O.
[489] vgl. Erlaß vom 15. Januar 1935, abgedruckt in: Hellfeld, Matthias von u.a., Die betrogene
... , a.a.O.
[490] vgl. Eckart, Wolfgang U., Mörderischer Wissensdrang. Konzentrationslager und Euthanasieanstalten als Großlabors, in: FAZ vom 27.4.1995, und grundsätzlich Nowak, Kurt,
F., Sterilisation und „Euthanasie" im Dritten Reich. Tatsachen und Deutungen, in: GWU
39 (1988), S. 327-341, sowie Bock, Gisela, Zwangssterilisation ..., a.a.O.
[491] Keim, Wolfgang, Erziehung ..., a.a.O., S. 157, konstatiert für die katholische Kirche und
die von ihr betriebene Fürsorge „eine begrenzte Widerständigkeit gegenüber der zwangs-
weisen psychischen und physischen Verletzung von Menschen" im Zusammenhang mit
dem Gesetz von 1933.
[492] vgl. besonders Muckermann, Hermann, Volkstum, Staat und Nation eugenisch gesehen,
Essen 1933. Eine Publikation Muckermanns zur Eugenik aus dem Jahre 1934 wurde dagegen offiziell aufgrund ihrer Thematik und der Zustimmung zur Sterilisation noch gewürdigt, doch aufgrund ihrer engen Auslegung des Rassebegriffs schon kritisiert (vgl.

14.7.1933 ermöglichte Zwangssterilisierung begrüßte sogar ein Paderborner Moraltheologe - im Gegensatz zur herrschenden Lehrmeinung.[493]

Für den Bereich der höheren Schule erfolgte auch 1936/37 keine unterrichtsrelevante Konkretisierung[494] der Erlaßlage, so daß die propagierten neuen Unterrichtsinhalte eher diffus blieben. Für den Lehrer bedeutete dies Handlungsspielraum, aber auch Unsicherheit, da über die Prüfungsergebnisse berichtet werden mußte und besondere Beauftragte an den Reifeprüfungen teilnehmen sollten.[495] Zugleich eröffnete die geringe Konkretheit der Erlasse angesichts einer zunehmenden rassistischen Propaganda vielfältige Möglichkeiten einer Umsetzung, die von Willfährigen und Übereifrigen auch genutzt wurde.

Fritz Steinecke, Privatdozent und Studienrat in Königsberg, erhoffte sich durch den Sozialdarwinismus Unterstützung für seine antidemokratischen Vorstellungen, indem er die Schüler „gegen schwächlichen Pazifismus und Völkerverbrüderung" gefeit machen sollte.[496] Offizielle Anerkennung fand seine Publikation auch, weil sie die „Bedeutung der Biologie als wesentliches Erziehungsmittel" hervorhob.[497]

So plädierten die Studienräte Dr. Donath und Dr. Karl Zimmermann, später Reichsbeauftragter für das Sachgebiet Rasse beim NSLB, z. B. schon 1933 für ein völkisches Religionsverständnis, das die „vollkommenste Entfaltung der Natur" in der Rasse sah und sich von einer „materialistisch-monistischen Naturphilosophie", einer „mechanistischen Weltauffassung" und einem „monistischen Panpsychismus" abgrenzte:

Dobers, Ernst, Eugenik. Von Hermann Muckermann. Rezension, in: Zentralblatt 76 (1934), Nichtamtlicher Teil S. 286f.). Muckermann war nach seiner 1926 erfolgten Befreiung von den Ordenspflichten von 1927 bis 1933 Leiter der Abteilung für Eugenik im Kaiser-Wilhelm-Institut für Anthropologie, menschliche Erblehre und Eugenik (Berlin) (vgl. DAB NF 915, 395-419).

[493] vgl. kritisch dazu Blumberger, Karljosef, Das deutsche Gesetz zur Verhütung erbkranken Nachwuchses, in: Werkhefte Junger Katholiken 2 (1933), S. 245-249, und Wagener, Ulrich, Priester und Laien der katholischen Kirche als Opfer und Täter, in: Frankemölle, Hubert (Hrsg.), Opfer und Täter: zum nationalsozialistischen und antijüdischen Alltag in Ostwestfalen-Lippe, Bielefeld 1990, bes. S. 161ff.

[494] Siehe „Deutsche Wissenschaft, Erziehung und Volksbildung" als neues „Amtsblatt des Reichs- und Preußischen Ministeriums für Wissenschaft, Erziehung und Volksbildung und der Unterrichtsverwaltungen der anderen Länder 1 (1935), 2 (1936), 3 (1937), das sich weiterhin auf die Vorstellung von Lichtbildreihen und Büchern beschränkte.

[495] So sah es der Erlaß vom 13.9.1933 vor, der am 13.3.1934 verlängert wurde (Zentralblatt ... 76 (1934), S. 98).

[496] vgl. Steinecke, Fritz, Methodik des biologischen Unterrichts an höheren Lehranstalten, Leipzig 1933, S. 27. Siehe auch Anm. 54

[497] vgl. Depdolla, Phillip, Methodik ..., a.a.O., S. 112f.

„Die religiöse Auffassung der Natur als Schöpfung Gottes hat zur Folge, daß auch die wertvollen Erbanlagen der Rasse als Geschenk Gottes angesehen werden. Daraus ergibt sich dann die sittlich-religiöse Pflicht, dieses wertvolle Bluterbe nicht nur unversehrt zu erhalten, sondern zu mehren und zu höchster Entfaltung zu bringen."[498]

Aus dieser Festlegung folgte dann auch die Legitimierung der Verbreitung des Rassismus in der Schule über „biologisches Denken als allgemeines Unterrichtsprinzip" (im Original gesperrt, H.-G. B.) und über das Fach Biologie, das in eine „Mittlerstellung zwischen die anorganischen Naturwissenschaften ... und die reinen Geisteswissenschaften rückt(e)".[499] Als „vordringlichste rassehygienische Maßnahmen" (im Original gesperrt, H.-G. B.), die im Biologieunterricht der Abschlußklassen wissenschaftlich und ansonsten „instinktmäßig" zu vermitteln seien, werden von den Studienräten schon vor den erst später veröffentlichten einschlägigen Gesetzen und Erlassen genannt:

„1. Die Ausschließung aller erblich Schwerbelasteten von der Fortpflanzung durch Unfruchtbarmachung.

2. Die Ausschließung aller Farbigen und Juden und aller Bastarde mit diesen aus der Volksbürgerschaft und ihren Rechten; Verhinderung der Bastardisierung durch Strafen.

3. Die Förderung der positiven Geburtenauslese. ...

4. ... Allgemeine Erziehung zum rassischen Verantwortungsgefühl."[500]

Biologie avancierte in vielen fachdidaktischen Veröffentlichungen zum „Kernfach aller Schularten" in Verfolgung des Diktums von Hans Schemm, dem Gründer und Leiter des NSLB bis 1935:

„Nationalsozialismus ist politisch angewandte Biologie."[501]

Erst mit den Richtlinien von 1938, die dem Biologie-Unterricht allgemein das Ziel zuwiesen, „sich innerlich zu einer im Rassegedanken begründeten Kunde vom Menschen" zu erweitern gegen „alle bloß intellektualistische Vorstellungen vom Menschen", wurde als „wichtigste(s) Naturgesetz" die „Ausmerze" verankert und verpflichtend gemacht, die Achtung der „ewigen Gesetze des Blutes" in den

---

[498] Donath, F. / Zimmermann, K., Biologie, Nationalsozialismus und neue Erziehung, 2. Aufl. Leipzig 1933, S. 28, 46. Vgl. auch Staemmler, Martin, Rassenpflege und Schule, in: Die Erziehung im nationalsozialistischen Staat, a.a.O., S. 132-154

[499] Donath, F. u.a., Biologie ..., S. 40f.

[500] ebd., S. 53

[501] vgl. Stachowitz, Werner, Vom lebenskundlichen Unterricht in der höheren Schule, in: DDHS 2 (1935), S. 793-798

Vordergrund gerückt - auch, indem der Lehrer diffuses „organisches Fühlen und Denken" wecken sollte.[502] Das bedeutete konkreter:

> „Die für den Menschen gültigen Lebensgesetze sind besonders in den Stoffkreisen Vererbungslehre, Rassenkunde, Rassenpflege und Bevölkerungspolitik in ihrer völkischen Bedeutung klar und eindrucksvoll zu entwickeln."[503]

Damit war zugleich die Empfehlung einer Einbeziehung aktueller nationalsozialistischer Politik verbunden, wenn ab Klasse 5 „Ausschnitte aus Schriften über die Bevölkerungspolitik, über das Siedlungswesen oder das Bauerntum" besprochen werden sollten, „soweit in ihnen die Verwurzelung der völkischen Aufbaupolitik in der organischen Lebensschau zum Ausdruck" komme.[504] In den Oberklassen, die eher einer „lebensgesetzlichen Gesamtschau" verpflichtet waren, sollten darüber hinaus „die Grenzen naturwissenschaftlicher Forschung" aufgezeigt werden, ohne sich in „metabiologische Spekulationen" zu verlieren.[505] So glaubte man den scheinwissenschaftlichen Charakter des Rassismus wahren zu können, ohne andererseits Glaubensfragen zu eröffnen. Geschlechtsspezifisch ausgerichtet oblag es besonders den Mädchen aufgrund einer unterstellten „geistig-seelischen Eigenart" zu erkennen, „daß ein Volk zerfällt, wenn in seinen Frauen die instinktsichere Abwehr gegen artfremdes Blut schwindet", und „seine Kultur entartet, wenn seine Mütter und Frauen im Kreise ihrer Familie nicht mehr arteigenes Volkstum pflegen"[506].

Der Stoffplan der Aufbauschule für Jungen war für die Klassen 4-8 mit dem für die Oberschule identisch.[507] Für rassenkundliche Unterweisungen waren die Klassen 5-8 vorgeschrieben. Beginnend mit der „Auswertung der familienkundlichen und erbbiologischen Beobachtungen" und Aspekten der Erbgesundheitspflege sowie Bevölkerungspolitik in Klasse 5, sahen die Richtlinien für Klassen 6 und 7 unter dem Gebiet „Einzelwesen und Gemeinschaft" eher die Erarbeitung allgemeiner wissenschaftlicher Erkenntnisse besonders zur Vererbung vor, während in der Abschlußklasse die „biologisch-rassischen Grundlagen der Volksgemeinschaft und der Staatsführung" vermittelt werden sollten mit Schwerpunkten wie

---

502 vgl. Reichs- und preußisches Ministerium für Wissenschaft, Erziehung und Volksbildung, Erziehung ..., a.a.O., S. 141-143
503 ebd., S. 146
504 ebd., S. 148
505 ebd., S. 150, 152
506 ebd., S. 152f.
507 ebd., S. 161f. Der Plan der Aufbauschule für Mädchen glich für die Klassen 3 bis 5 dem der Aufbauschule für Jungen und für die Klassen 6 bis 8 dem der Hauswirtschaftlichen Form der Oberschule für Mädchen (vgl. ebd., S. 162-164).

„organische Naturauffassung", „Rassenseele", „biologische Ursachen des Verfalles von Kulturvölkern", „Geburtenrückgang", „krankes Erbgut", „gesetzgeberische Maßnahmen", „Erhaltung der Rassereinheit", „Judenfrage", „Nürnberger Gesetze", „rassische Aufartung".[508]
Diese Zielsetzung der Richtlinien - im Einzelfall durchaus allgemein bleibend - war von der didaktischen Diskussion schon vorbereitet worden. Sie ging zu Lasten individueller Freiheitsrechte, implizierte die Höherstellung der „nordisch-germanischen Rasse" als „Herrenrasse", diffamierte und grenzte aus und endete - unausgesprochen legitimierend - in Zwangssterilisierung und industriellem Massenmord besonders von Juden, Roma und Sinti sowie Kranken. Es wird zu prüfen sein, ob auch der unterrichtliche Zusammenhang in Rüthen dazu einen Beitrag leistete.

Mündliche Abiturprüfungen

Der Sonderstatus, der dem Fach Biologie von den Nationalsozialisten zugewiesen wurde, ist auch daran abzulesen, daß sich alle Abiturient(inn)en ab 1934 einer mündlichen Prüfung unterziehen mußten.

Abitur 1933 (Prüfer: Studienassessor Dr. S.)

Aufgaben:
  - Können Sie etwas über die Vermehrung der Pflanzen sagen?
    Stoffwechsel der Pflanze?
  - Stoffwechsel des Menschen
    Warum muß die Nahrung umgewandelt werden?
    Weshalb gelangt die Nahrung in die Vene?
  - Das Gehör- und Gleichgewichtsorgan der Wirbeltiere
    Ist eine Entwicklung der Gehörorgane zu erklären?
    Werden auch heute noch Abänderungen in der Tierwelt beobachtet?

Die am Ende der Weimarer Republik häufig zu konstatierende Politisierung des Biologieunterrichtes und die Anwendung weltanschaulicher Fragen auf wissenschaftliche Inhalte hatte ausweislich der drei Abiturprüfungen hier noch nicht stattgefunden, da sich die Aufgabenstellungen auf die Darlegung fachlich gegebener Zusammenhänge beschränkten.

---

[508] ebd., S. 158-161

Abitur 1934 (Prüfer: Studienassessor Dr. S.)

Oberschulrat Hellwig, vom Provinzialschulkollegium zum Prüfungsleiter bestimmt, stellte in den Vorgesprächen die Position des Ministers heraus, daß bei allen Schüler(inne)n, die nicht in Biologie geprüft werden sollten, die einschlägigen Stoffgebiete im Zusammenhang mit anderen Fächern abgeprüft werden müßten. Der Prüfungsausschuß erleichterte sich diese Aufgabe - zugleich verzichtete er damit auch auf das direkte Eindringen biologistischer Anschauungen in den deutschkundlichen Prüfungsbereich -, indem er alle Schüler(innen) einer mündlichen Biologie-Prüfung unterzog. Das belegt aber zugleich die gewachsene Bedeutung des Faches.

Hauptaufgaben der Prüfungen waren u.a.:

- Abstammungstheorie/Paläontologie,
- Vererbung des Geschlechts/geschlechtsspezifische Vererbung,
- Abstammungstheorie, Einzeller, Fossilien,
- Chromosomen als Träger der Erbanlagen,
- Gekoppelte Erbanlagen und Faktorenaustausch,
- Das deutsche Volk, ein alterndes Volk,
- Entstehung der Rassen,
- Mendelsches Vererbungsgesetz,
- Begründung der Abstammungstheorie.

Diese Aufgaben sollten von den Schüler(inne)n selbständig vortragshaft bewältigt werden, dem sich dann kleinere das Stoffgebiet abdeckende Fragen nach Verwandten-Ehen, Bismarcks und Hitlers Verhältnis zu den Juden, Möglichkeit der Rückentwicklung von Völkern, Kolonisation, Heilpflanzen und Vitaminen anschlossen.

Die drei besten Prüfungen, die sich alle nur auf eine Hauptaufgabe erstreckten, lassen am weitestgehendsten an Hand des Protokolls eine Politisierung der Prüfung auf Basis des Unterrichts erkennen.

Aufgabe: Sterilisationsgesetz

Protokoll: „Viele Krankheiten sind vererblich, die Kranken vom Staate größtenteils unterhalten. (richtig wiedergegeben). Die große Vermehrung der Minderwertigen richtig gewürdigt. Seit Januar 1934 durch das Sterilisationsgesetz Vermehrung der Erbkranken verhindert. (richtig). Richtig wird das Gesetz gewürdigt, namentlich vom sozialen Zustande aus."

Aufgabe: Die Rassenbestandteile des deutschen Volkes

Protokoll: „Das Allgemeine der Rasse richtig hervorgehoben. Die sechs Rassen in Deutschland richtig aufgezählt. Das Körperliche der nordischen Rasse gut charakterisiert. Die mongolische Rasse Finnlands mit Nachhilfe genannt. Das Seelische der nord(ischen) Rasse zwar kurz, aber doch richtig erfaßt. Auch die fälische Rasse nach den Körperformen und der Seele richtig, wenn auch nicht ausführlich, wiedergegeben."

Aufgabe: Die Verschlechterung des Erbgutes des deutschen Volkes durch Gegenauslese

Protokoll: „Richtig erwähnt, daß minderwertige Anlagen heute nicht mehr die Schwierigkeiten der Erziehung bieten wie früher. Schädigung des Erbgutes des ganzen Volkes, namentlich der sozialen Oberschicht verschlechtert sich immer mehr, späte Heiraten, geringe Kinderzahl wird besonders gut hervorgehoben. Bezeichnung Fürsorgestaat; Krüppelheime, Krankenhäuser für Geisteskranke, Krebskranke wird mit Nachhilfe richtig erklärt. Richtig wird dann nach christl(ichen) Grundsätzen erklärt, daß für die Krüppel gesorgt werden muß, doch nicht übertrieben, wie bisher fast immer."

Aufgabenstellung und Schülerantworten decken die Unterrichtsinhalte auf und zeigen, daß der Rassismus den Biologieunterricht erreicht hat. Jede zweite Prüfung ging auf rassistische Spezifika ein, obwohl für die Erarbeitung dieser Unterrichtsinhalte nur 5 Monate zur Verfügung gestanden hatten. In zwei Prüfungen deutete sich ein utilitaristisches Verständnis des Umgangs mit Kranken an, das in Ablehnung bisheriger „übertriebener" Fürsorge gipfelte. Doch vage wurde von einem Schüler eine christliche Position angedeutet. Die Gegenauslese als zentrale Kategorie der Vererbungslehre und Bevölkerungspolitik war bekannt und. der Terminus „Minderwertige" wurde unbefangen benutzt sowie das Sterilisationsgesetz in seinen Zielen begrüßt. Auch Rassenschemata waren Gegenstand des Unterrichts gewesen. Der Hinweis auf die Kolonisation zeigte auf, daß Herrschaft sozialdarwinistisch als Folge natürlicher Selektion gerechtfertigt wurde.

Die abgefragten Unterrichtsinhalte waren teilweise spezieller als die Erlaßvorgaben und wiesen schon einige Elemente auf, die erst mit dem Erlaß vom 15.1.1935 (Sterilisationsgesetz, Merkmalskoppelung, geschlechtsgeb. Vererbung) verbindlich gemacht wurden.

Abitur 1935 (Prüfer: Studienassessor Dr. S.)

Die mündlichen Prüfungsaufgaben lauteten:

- Vererbung des Geschlechts
- Bluterkrankheit
- Gekoppelte Erbanlagen mit Faktorenaustausch
- Kulturentwicklung des Menschen
- Mendelsche Vererbungsgesetz
- Altersaufbau des deutschen Volkes und seine Bedeutung für die Zukunft
- Entstehung von Rassen

- Reifeteilung der Geschlechtszellen

In allen Prüfungen - auch wenn spezifische nationalsozialistische Themen wie Rassenentstehung oder Bevölkerungspolitik behandelt wurden - dominierte eine eher fachwissenschaftliche Perspektive, die auf (tages-)politische Bewertungen und Anwendungsmöglichkeiten verzichtete.

Abitur 1936 (Prüfer: Studienassessor Dr. S.)

Hauptaufgaben der mündlichen Prüfungen und ihre Bewältigung durch die Schüler(innen) ausweislich der protokollarischen Wiedergabe waren:

Die Begründung des Sterilisationsgesetzes aus der bevölkerungspolitischen Lage des deutschen Volkes

Protokoll: „Ausführlich wird dargelegt, warum der liberale Staat nicht eingegriffen, sondern direkt die Minderwertigen in jeder Hinsicht gefördert hätte. Auf die Einwände der kath(olischen) Kirche wird nicht ganz richtig eingegangen, da Hermann Mukkermann etwas anderes sagte. Die Errungenschaften des Nationalsozialismus durch das Sterilisationsgesetz werden anschaulich und treffend herausgestellt, das Gesetz genau erklärt und gezeigt, warum das deutsche Volk kein Volk der Minderwertigen sein dürfte. Der Vortragende sprach fließend, aber teilweise verlor er das Thema aus den Augen."

· Die seelische Haltung der nordischen und ostischen Rasse.

Protokoll: „Recht gut wird das Seelische über das Körperliche gestellt. Der Vergleich beider Rassen wird gut durchgeführt: einzeln die seelischen Unterschiede beider Rassen dargetan, wo der nordische doch besser als der ostische Mensch wegkommt. Das Kleinliche, Genügsame der ostischen Rasse scharf unterstrichen, als Massenmensch für den Marxismus geboren, als Soldat z. T. gut; als Rentner genügsam und zufrieden. Die Ergänzung beider Rassen gut nachgewiesen."

Die Bedeutung des Erbhofgesetzes für die Erhaltung und Pflege gesunder Erbstämme und damit des deutschen Volkes.

Protokoll: „Es wird richtig und umfassend nachgewiesen, wie der Reichsernährungsminister den Boden zum Volksgut macht, keine Handelsware mehr sein soll. Genauso wird der Begriff Ackernahrung erläutert, auf die Verschiedenartigkeit und ...(unleserlich, H.-G. B.) Größe hingewiesen. Die biologische Bedeutung des Erbhofgesetzes wird gut und umfassend erläutert. Die politische Bedeutung eines gesunden Bauernstandes wird gerade an Deutschlands Lage und Grenzen sehr gut erläutert, ferner das Deutschtum Estlands, Lettlands und Kurlands in tiefer Beziehung gewürdigt."

Die Siedlung als bevölkerungspolitische Aufgabe

Protokoll: „Deutschlands Raumnot wird gut geschichtlich nachgewiesen, namentlich der Ostraum im Gegensatz zum Westraum geschildert. Die Industrialisierung zum Ventil der Gesamtbevölkerung anschaulich erklärt, namentlich das Übel der Großstädte. Abhilfe durch die Stadtrandsiedlung bewirkt, ferner noch das Gesunde der Siedlungsschulung eingehend und verständnisvoll erklärt. Besonders auch geschichtlich den Überfluß der ländlichen Bevölkerung im Gegensatz zu den Großstädten dargelegt. ... legte dem Vortrag eine gut gegliederte Disposition zu Grunde und trägt fließend vor."

Das 2te Mendelsche Gesetz und die Erzeugungsschlacht

Protokoll: „Ausführlicher wurde auf Deutschlands Einfuhr, die aus nationalen Gründen möglichst unabhängig gestaltet werden muß, hingewiesen, wie hier die Züchtung und Kreuzung der Pflanzen für die Landwirtschaft nach wissenschaftlichen Grundsätzen durchgeführt wird. - Sehr ausführlich und erschöpfend wurden die sieben Mannigfaltigkeitszentren erklärt und örtlich festgemacht. E. Bauers Bedeutung für die Erblehre wurde sachgemäß behandelt. - Ausführlicher noch auf die Öl- und Haferpflanzen sowie auf die neuen Züchtungen bei der Kartoffel hingewiesen. Besonders an der Süßluzine noch die große Bedeutung für die Landwirtschaft erkannt. Das große sachliche Wissen ist besonders hervorzuheben."

Was verstehen wir unter Rasse?

Protokoll: „Anschaulich und gut wird der Rassebegriff entwickelt. Die Menschengruppen und ihre Merkmale werden charakterisiert. Es werden die schwarzen, gelben und weißen Rassen genannt und unterschiedlich besprochen. Richtig wurde herausgearbeitet, wie Günther für die europäischen Rassen ein brauchbares Schema entwirft. Bestimmter werden die seelischen Rassenmerkmale entwickelt. Erbliches und Erscheinungsbild wird mit Nachhilfe herausgestellt, ferner entwickelt, was ist durch die Umwelt, was durch Rasse bedingt. Das Wort des Führers gut herausgearbeitet: Rasse ist Haltung."

Die Familie als Keimzelle des Staates

Protokoll: „Die Familie im Nationalsozialismus auf die Keimzelle zurückgeführt. (richtig); daß nur die gesunde Familie für den Staat wichtig ist, wird deutlich gemacht. Nur in der Familie die Erziehung der Kinder gewährleistet und auch nur so in den Staat eingeordnet (richtig wiedergegeben), der Staat als Volk ... (unleserlich, H.-G. B.). Frl. ... sprach nicht gerade fließend, doch war der Inhalt einigermaßen erschöpft. Eine bessere Gliederung hätte zwar vorgenommen werden können, doch die Stoffülle bewältigt."

Die Frau im nationalen Staat

Protokoll: „Frl. ... spricht geläufig über die jetzige Stellung der Frau im Nationalsozialismus; sie lehnt die alten Auffassungen des Marxismus ab. Genauer wird die jetzige Frauenfrage besprochen: Mutterwille besonders gewürdigt. - Die neuen Gesetze über die Ehe gut und ausführlich gewürdigt, auch die körperliche Ertüchtigung der Frau ausführlich klargelegt. - Frl. ... spricht fließend und erschöpfend, ihre innere überzeugende Einstellung zum Nationalsozialismus klang scharf durch."

Gibt es eine Vererbung erworbener Eigenschaften?

Protokoll: „An Beispielen sucht ... die Vererbung erworbener Eigenschaften scheinbar zu erklären. Dann geht er auf die Lehre des Marxismus ein, zeigt für das Unzulängliche der Lehre: erworbene Eigenschaften können sich nicht vererben. ...(unleserlich, H.-G. B.) Beispiele richtig angeführt. ... doch weiter das Thema: Erbanlage und Umwelt ergänzen sich doch einander. Durch das Beispiel der starken Männer sucht ... das richtigzustellen als Augenbeweis. Beim Alkoholismus können sich erbschädigende Einflüsse vorweisen lassen. Erbanlage und Umwelt ergänzen sich meistens gut, das wird gut nochmals erläutert."

Die Nürnberger Gesetze zur Reinerhaltung des deutschen Blutes.

Protokoll: „Ausführlich werden die nicht arischen Rassen und das jüdische Volk in Gegensatz zum deutschen Volk gestellt. Die Unmoral des jüdischen Volkes wurde sehr kräftig geschildert, und zwar unsittlich im rass(ischen) Sinne. Ferner ausführlich gezeigt, wie der Jude keinen Sinn für Volk, Heimat und Familie habe. Aus dem Nomadentum und der Inzucht wird das Internationale des Judentum richtig hervorgeleitet. Nach dem Talmut die Ausblutung der Christen erlaubt; durch die Presse, durch die Geldmacht wirkt das Judentum so schädlich. Auf die Asiaten und die Afrikaner hätte eine Auslese sich nicht auswirken können, deshalb minderwertig, falls die Auslese vor sich ginge, ... (unleserlich, H.-G. B.) für das deutsche Volk zu spät ... (unleserlich, H.-G. B.): das Charakterbild der Juden träfe nicht."

Gesundes Volk als Aufgabe und Ziel des nationalen Staates

Protokoll: „Wohl richtig ging man von dem Satze aus: Was treibt ein Volk seinem Untergang entgegen. Ausführlich wurde die biologische Grundlage in quantitativer und qualitativer Hinsicht gewürdigt. Das Sterilisationsgesetz wurde gut aus der Pflicht des Staates erklärt und besonders in ethischer Hinsicht gewürdigt. Dann wurde auf die Erziehung der Jugend besonders in gesundheitlicher Hinsicht eingegangen. Die Rassenreinheit wurde durch viele Beispiele erläutert, namentlich durch die Bevölkerung Südamerikas richtig veranschaulicht. Im ganzen fehlte die straffe Gliederung, die geschlossene Darstellung, wenn auch die Wissensfülle groß war."

Weitere Aufgaben, eine mit ähnlichem Inhalt bzw. zwei mit rein wissenschaftlichen Bearbeitungen durch die Schüler(innen):

- Die Rassen Deutschlands
- Die Koppelung von Erbanlagen und der Faktorenaustausch
- Die Reifung der Ei- und Samenzellen

Fast alle Prüfungen hatten zum ersten Mal eine politisch-ideologische Ausrichtung, die zudem die gesamte Breite nationalsozialistischer Weltanschauung abdeckte. Das Sterilisationsgesetz, dessen Anwendung allgemein bekannt war, ließ man als „Errungenschaft" und unter ethischen Gesichtspunkten würdigen - mit punktuellen Vorbehalten aus katholischer Sicht. Das Reichserbhofgesetz vom 29.9.1933, mit dem das Bauerntum „als Blutquelle des deutschen Volkes" gesichert werden sollte und das einen wesentlichen Teil nationalsozialistischer Landwirtschaftspolitik darstellte, war den Schülern in seinen Inhalten und Zielen bekannt. Aus der „Raumnot" wurden Siedlungsnotwendigkeiten auch im Osten im Sinne eines Lebensraums abgeleitet. Die pseudowissenschaftliche Rassenlehre nach Günther und ihre physischen und psychischen Zuordnungen fanden mehrfach Erwähnung und wurden vom Protokollführer positiv herausgestellt. Im Sinne eines organistischen Staatsbildes sollten besonders die Schülerinnen die Familie als Keimzelle betrachten und die Frau auf ihre Mutterrolle reduzieren. Zum ersten Male wurden auch unter Aufgreifen der „Nürnberger Gesetze" vom 15. September 1935 - erst einige Monate vor der Prüfung veröffentlicht - explizit antisemitische Stereotype zum Gegenstand einer Prüfung gemacht, in der sich zahlreiche religiöse, ökonomische und rassische Vorurteile bündelten.

Abitur 1937 (Prüfer: Studienassessor Dr. S. und Studienassessor H.)

Um das unterrichtlich vermittelte Wissen der Schüler(innen) zu verdeutlichen, werden die Hauptaufgaben der Prüfung und ihre Behandlung durch die Oberprimaner(innen) ausweislich des Protokolls erneut vollständig wiedergegeben:

Warum Sterilisationsgesetz?
Protokoll: „Erklärung des Sterilisationsgesetz z. T. richtig erklärt. Vererbung der Erbmasse richtig erklärt. Die erbkranken Menschen einzuschränken, richtig mit Nachhilfe erklärt. Erbkranke zu Recht an Vermehrung gehindert. Beispiele: 6 Auswanderer des Veitstanzes nach Amerika schufen die vielen Veits-Kranke (richtig). Die ungeheuren Kosten gut erwähnt. Die bestimmten Krankenlisten für die Sterilisation fast ganz aufgezählt. Die Krankheit muß erblich sein: erkannt. - Alles wenig klar und genau erfaßt, meist nur mit Hilfe."

Siedlung, eine bevölkerungspolitische Notwendigkeit
Protokoll: „Mit der Stadt der Geburtenschwund Hand in Hand. Im Osten Deutschlands weniger Hilfe bei Besiedlung, deshalb hierfür gesorgt worden. Polen geburtenreich. Im Osten Deutschlands der Großgrundbesitz ohne Hilfe Bevölkerung, fast menschenleer. Konkrete Angabe: 1,2 Mill. Geburten in Deutschland, pro Mill jetzt bei uns 18, bei den Polen 32, dadurch Gefährdung des deutschen Ostens. Die Minderwertigkeit der Polen nicht zu stark hervorgehoben. Das Siedlungsprogramm der NSDAP wird richtig wiedergegeben. Die Schwierigkeit der Besiedlung richtig erkannt. Das ganze Problem ist zwar erkannt, aber nicht voll durchdacht und erkannt. Zweck der Siedlung: 1) bevölkerungspolitisch, 2) wirtschaftl(iche) Zwecke, 3) mehr politisch, 4) völkisch. Kolonialsiedlung: 1) Rohstoffe, 2) wirtschaftliche Vorzüge. Allgemein wohl erklärt, doch nicht genügend sachlich und logisch entwickelt. Die Stadtrandsiedlung: in bevölkerungspolitischer Hinsicht wichtig, heimatlich."

Die Rassenzugehörigkeit einiger bekannter Deutscher soll nach Bildern angegeben werden.
Protokoll: „Richtig werden die Bilder ausgewertet, ausgenommen des Bilds der nordischen Rasse und der dinarischen Rasse. Mischrassen falsch."

Die Frau im nationalsozialistischen Staat
Protokoll: „Gleicherziehung von Frau + Mann früher: jetzt z. T. anders. Die besondere Ausbildung der Frau erwähnt: als Mutter besonders gewürdigt. Der Sport, Erholung, Fürsorge für Kinder. Frau als Erzieherin gut gewürdigt. Die Geburtenziffer in Deutschland nicht genau genannt. Der Vortrag war namentlich gefühlsmäßig und sprachlich gut dargestellt. Geburtenziffer pro Mill. nicht gewußt. Das Sterbealter

richtig angegeben. Die Geburt von 1,2 Mill Kindern nicht gefunden. Vor dem Kriege 2 Mill nur annähernd genannt. Geburtenüberschuß mit Nachhilfe genannt, zwar gering."

Die seelische Haltung der nordischen + ostischen Rasse

Protokoll: „Als nordische Rassen werden die Perser und Griechen genannt (Nicht zum Thema). - Die wesentlichen seelischen Eigenschaften der nordischen Rasse werden nach Günther hervorgehoben. Nach Clauss als Leistungsmensch bezeichnet. Die ostische als Gegenstück der nordischen Rasse bezeichnet, an Beispielen erläutert. Den Familiensinn gut hervorgehoben (Rentnerglück). Nicht kulturschaffend, wohl musikliebend (Bach, Schubert). Richtig die gute Ergänzung beider hervorgehoben. Allgemein zwar richtig, doch meistens nicht scharf ausgedrückt und allgemein gehalten. Die Klarheit fehlte verschiedentlich."

Die gesunde Familie als Keimzelle des Staates

Protokoll: „Gut wird die Familie als Keimzelle des Staates dargestellt. Bedeutung des Brauchtumes gewürdigt. Kampf dem Verderb. gut."

Die Vererbung im Leben erworbener Eigenschaften.

Protokoll: „Soma erklärt, ... hebt hervor, daß Übung die körperlichen Eigenschaften verstärkt. Auswahl in der Herde: künstliche Zuchtwahl gut herausgearbeitet. Die Variabilität erwähnt. Schutzfärbung in Richtung der Erhaltung: Mimikry: Namentlich bei Schmetterlingen erwähnt. Zuchtwahl der Züchter und natürliche Zeitwahl unterschieden. Lamarcks ähnliche Ansichten hervorgehoben: Höhe in der Steppe, Beinmuskeln sich stärken. - Zusammengefaßt: Lamarck und Dr ... (unleserlich, H.-G. B.) unterschiedlich erklärt. Lamarcks Beispiel der Bohnen: keine Rasse: Johannsen nicht gekannt. Weismanns Rasselehren genannt. Die Vorgänge aus den Keimzellen nicht erklärt. Alles richtig, doch wenig logisch gegliedert, umständlich erzählt."

Die Nürnberger Gesetze für die Erhaltung unserer Rasse

Protokoll: „Genauer wird das Gesetz erläutert, die einzelnen Paragraphen gebührend erläutert. Juden, Halb- und Vierteljuden durchgegangen und nach den Gesetzen erklärt. Keine Minderwertigkeit des jüdischen Volkes durch die Gesetze ohne weiteres ausgedrückt, mit Nachhilfe gefunden. Zu unserem dt. Volke zwar minderwertig."

Die Bedeutung des Erbfolgegesetzes für die Erhaltung und Pflege gesunder Erbstämme und damit des deutschen Volkes.

Protokoll: „Das Erbhofgesetz wird ausführlich erläutert und richtig erkannt. Der gesunde Blutstrom wird durch das Erbhofgesetz besonders gepflegt. Der Geburtenschwund vieler Völker durch den Untergang des Bauerntum erklärt, nur mit Nachhilfe. Arischer Nachweis bis 1800 erforderlich, mit Nachhilfe erklärt. Die Mitgiftregelung ist erträglich zu gestalten. Die Begrenzung von Grund und Boden erwähnt unter Nachhilfe. Schutz der anderen Geschwister."

Gesundes Volk als Aufgabe und Ziel des nationalsozialistischen Staates

Protokoll: „Durch äußere Maßgaben suchte der Marxismus das Volk zu verbessern. Anders der Nationalsozialismus: Sterilisationsgesetz u.v.m., Ehestandsdarlehn: Gesunde Kinder zu erzeugen: mit Nachhilfe gefunden: Erklärung des Ehestandsdarlehn nur mit Nachhilfe erklärt. Nachweis gesunder Eltern durch Arzt und arische Abstammung erbracht. Darlehn mit Hilfe erklärt; Darlehn unter Umständen später zurückgezahlt. Ansonsten aber die Geburtenzunahme richtig gefunden; aber noch nicht genug. Erbhofgesetz erläutert: nur gesunde Bauern. Die Bedeutung nur mit Nachhilfe gefunden. Schulung der Jugend richtig hervorgehoben, die Begründung mit Nachhilfe gefunden. Aufklärung der Familien: gesunde Kinder, Ahnenforschung. Meist richtig, doch nicht streng gegliedert."

Weitere Aufgaben lauteten:

Das II. Mendelsche Gesetz und die Erzeugungsschlacht
Die Keimbahn als Trägerin aller Geschlechter eines Volkes

Es dominierten insgesamt Anwendungsbereiche einer biologistischen Gesellschaftsbetrachtung, in denen explizit nationalsozialistische Vorgaben nicht nur pauschal geprüft wurden. Auch die beiden letztgenannten Prüfungen fragten weniger fachwissenschaftliche Zusammenhänge ab.[509] Die Breite der nationalsozialistischen Weltanschauung war ausweislich der Prüfungen Gegenstand des Unterrichts gewesen. Unsicherheiten ergaben sich bei der Zuordnung von „Minderwertigkeit", wenn ihr „nur" Bedeutung im Verhältnis zu Deutschen zugeschrieben wurde, aber zugleich Juden ausgeschlossen werden. Auffällig ist, daß die Prüfungen zur diffusen Rassenkunde auch „sachliche" Schwächen bei den Schüler(innen) deutlich machten. Insgesamt zeigen sich thematisch und inhaltlich - wenn auch sprachlich teilweise vager - Parallelen zur Abiturprüfung 1936, die eine deutliche ideologische Ausrichtung aufwies. Dies festigte nach der eher fachwissenschaftlichen Prüfung 1935 einen der didaktischen Diskussion entsprechenden Trend. Nicht einem(r) Schüler(in) wurde es ermöglicht, nicht ideologisch ausgerichtete biologische Erkenntnisse darzustellen.

Prüfung der Unterprimaner

Im folgenden werden die den Unterprimanern gestellten Hauptaufgaben und ihre Behandlung ausweislich des Protokolls wiedergegeben, wobei zu beachten ist, daß zur thematischen Erarbeitung dieser Inhalte nur wenige Monate Unterrichtszeit zur Verfügung standen:

---

[509] Die in der einen Aufgabe genannte „Erzeugungsschlacht" war nicht nur an den Boden-Topos, sondern über das Bauerntum auch an „Blut" gebunden. Und die in der letzten Aufgabe angedeutete Keimplasmatheorie von August Weismann förderte ein Verständnis des Menschen als Gefangener seiner Vererbung, was rassehygienische Maßnahmen begründete (vgl. Bäumer, Änne, NS-Biologie, a.a.O., S. 66ff., 79ff., 183ff.).

Die rassische Zusammensetzung des jüdischen Volkes, seine Verbreitung und Ablehnung einer Mischrasse.

Protokoll: „Die rassische Gliederung der Ost- und Südjuden wird richtig dargelegt und historisch r. begründet (Züge, Handel). Die jetzige Verteilung der Juden auf der Welt wird zahlenmäßig ziemlich richtig erläutert. - Die Ablehnung der Rassenmischung wird begründet durch die auftretenden Nachteile/Verschwinden der Eigenart in Sitte und Kultur, Auftreten schlechter Eigenschaften."

Zusatzfrage: Wie ist die große Zahl jüdischer Nobelpreisträger zu erklären? m. H. b."

Vererbung geistiger Eigenschaften und Charakteranlagen

Protokoll: „Es wird zuerst die Schwierigkeit dargelegt zu entscheiden, wieweit Handlungen aus ererbten Eigenschaften oder aus Einflüssen der Umgebung entspringen. Die Wirkung schlechter Erbanlage wird an einem Beispiel ausführlich, ja sogar mit genauesten Zahlenangaben, erläutert. Die Wirkung guter Erbanlagen wird an den Vorfahren L. Uhlands dargelegt. Der Beweis für die Wirkung der Erbanlagen durch Beobachtung von Zwillingen wird an einzelnen Beispielen erörtert."

Rassenpflege und Erbgesundheitspflege als Pflichten gegen Rasse, Volk u(nd) Staat

Protokoll: „Der Schüler erläutert zuerst die Begriffe Rasse, Staat und Volk. Rasse ist zu pflegen durch körperliche und geistige Erziehung und ständige Weiterentwicklung. Die Gefahren für die Gesunderhaltung der Rasse (Mißbrauch durch Alkohol, Tabak, Geschlechtskrankheiten) sind zu bekämpfen. - Die Rasse ist rein zu erhalten. - Gesetze haben die Fortpflanzung erbkranker Menschen zu unterbinden."

Zusatzfrage: In welchem Prozentsatz sind die Rassen in Deutschland vertreten? r. b.

Die nordische u(nd) ostische Rasse ist in ihrem seelischen Wesen zu vergleichen.

Protokoll: „Ausblick auf die Leistungen der nordischen Rasse bzw. den Griechen - Römern. Führereigenschaften. Geringes Einfühlungsvermögen. Clauss: Leistungsmensch. Wo ist die ostische Rasse verbreitet? Erscheinungsbild. Entstehungstypus. Rentnerglück. Beharrungstypus. Musikalische Begabung - im ganzen wenig schöpferisch, der Haß ist bekannt."

Chromosomenlehre

Protokoll: „Der Schüler streift die Forschungen Strasburgers u(nd) Weismanns. Mendelsche Gesetze werden durch die Chromosomenlehre richtig erklärt. Insbesondere werden die Vorgänge der Befruchtung und die Sonderfälle der Neubildung eines Lebewesens ohne Befruchtung dargelegt. Die Reifung der Eizelle wird an Hand von Skizzen übersichtlich dargelegt."

Keimbahn und Umwelteinflüsse

Protokoll: „Nach Weismann wird der Aufbau u(nd) Entwicklung der Keimzelle entwickelt. Die Theorie Lamarcks, Beeinflussung der Zellen durch mehr oder weniger Gebrauch, Entwicklung der Körperzelle zur Keimzelle wird m. H. dargestellt. Die andersartige Theorie Weismanns wird gegenübergestellt. Ein Versuch Weismanns an 24 Generationen von Mäusen und seine Beweiskraft wird r. dargelegt. - Aus den dargelegten Ergebnissen der heutigen Wissenschaft werden die für uns notwendigen Folgen dargelegt."

Das Verhältnis von Erbbild und Erscheinungsbild
Protokoll: „Primelversuch von Baur. Einwirkung der Temperatur. Erbliche Überein-stimmung - äußerlich verschieden. Außeneinflüsse. Erblichkeit der Variation. An-pflanzung der Pflanze aus der Ebene ins Gebirge. - Modifikation. Mutation. - Bedeu-tung für die Zucht. - Der Stoff ist gut bekannt."

Die Schäden der Erbkrankheiten für das Volksganze u(nd) Gesetz z(ur) Verhütung erbkr(anken) Nachwuchses
Protokoll: „Wirtschaftl(iche) Folgen der Behandlung Erbkranker für den Staat. An Beispielen wird die Übertragung der Erbkrankheiten nachgewiesen. Sterilisationsge-setz u(nd) Kastrationsgesetz notwendig, weil die Erbkranken mehr Nachwuchs haben als die Erbgesunden. ... macht dazu genauere Zahlangaben."

Weitere Aufgaben:
- Die Folgen der sinkenden Geburtenziffer für Rasse, Volk und Staat
- Mendel als Begründer der modernen Erblehre und seine Gesetze

Die wegen Krankheit nicht vom Fachlehrer durchgeführten Prüfungen knüpften thematisch nur in einigen Teilen an die Vorjahre an, da stärker fachwissenschaft-liche Zusammenhänge bzw. fachhistorische Entwicklungen[510] aufgezeigt werden sollten, was aber nicht heißt, daß Aufgaben und Antworten mit rassistischer Ori-entierung fehlten. Ursächlich kann diese thematische Veränderung der Prüfungen einerseits aus der nicht genauen Kenntnis des Prüfers über den konkreten Unter-richtsstoff erwachsen sein, doch dürfte als wesentlicher anzunehmen sein, daß aufgrund des um ein Jahr vorgezogenen Prüfungstermins der Oberprima zugeord-nete Stoffgebiete, die im besonderen Maße eine weltanschauliche Ausrichtung aufwiesen, nicht umfangreich behandelt werden konnten. Allerdings ist die Proto-kollführung für eine Auswertung kaum ergiebig, da Ergebnisse teils nur pauschal gewürdigt werden. Grundsätzlich ist auch nicht auszuschließen, daß der Prüfer ein distanzierteres Verhältnis zu den unterrichtlich behandelten Stoffgebieten hatte.

Zusammenfassung und Bewertung

Seit den ersten unter nationalsozialistischen Vorgaben durchgeführten Prüfungen 1934 läßt sich eine verstärkte Aufnahme nationalsozialistischer Ideologieelemen-te in die Prüfungen feststellen, wobei die Prüfungen im Jahr 1935 zeigten, daß

---

[510] vgl. zur Entwicklung Darwinismus - Lamarckismus ebd., S. 55ff.

dies keinen unumstößlichen Zwang darstellte. Insgesamt legen die Ergebnisse aber nahe, daß die spezifischen Vorgaben durch die Erlaßlage und die aktuelle spezifische Gesetzesentwicklung durchaus unterrichtlich übernommen wurden, da entsprechende weltanschauliche Prüfungsaufgaben für alle Schüler(innen) verbindlich waren, was aber nur eine begrenzte Aussage über deren unterrichtlichen Umfang und die Art der Vermittlung zuläßt. Doch unter Hinzuziehung der Themen aus der weiter unten behandelten Arbeitsgemeinschaft „Biologie" drängt sich der Eindruck auf, daß der Fachlehrer sich den nationalsozialistischen Ansprüchen bis 1937 nicht verweigerte und der Biologieunterricht auch durch Rassismus in vielfältiger Form geprägt war. Damit entsprach er durchaus der didaktischen Diskussion[511], wenn man vereinzelte Hinweise von Schülern zu christlichen Positionen in den Prüfungen nicht überbewerten will.

Da vom Fachlehrer für Biologie keine zum Vergleich heranziehbare biographische Skizze auf Basis der Personalakten angefertigt werden konnte, aber von den Prüfungen auf Unterrichtsinhalte geschlossen wird, sollen folgende zusätzliche Erkenntnisse nicht vernachlässigt werden: Hinweise von Schülern der Abiturjahrgänge 1934 und 1935 belegen, daß sie einige Monate vor den Prüfungen unterschiedliche Themen zwecks vorbereitender Ausarbeitung erhielten, die entgegen den schulbehördlichen Bestimmungen dann auch abgeprüft wurden.[512] Inwieweit dies als durchgängiges Lehrerverhalten einzuordnen ist und inwieweit sich dies auf spezifische Unterrichts- und Prüfungsinhalte auswirkte, war nicht zu klären.

Gegenüber den aus den rassistischen Prüfungen ableitbaren Bewertungen charakterisiert ein Schüler (Abiturjahrgang 1941) den Fachlehrer als eine Persönlichkeit, die „zu Zeit- und Lebensfragen in einer Weise Stellung nahm, die in jenen Jahren des 'Dritten Reiches' schon etwas Mut erforderte"[513]. Da der „Schlüssel zu seinem Wesen und Wirken ... wohl in seiner tiefen Religiosität" gelegen habe[514], ist es naheliegend, daß seine die Prüfungsaufgaben betreffenden Hinweise gegenüber

---

[511] Daß Biologielehrer Abiturthemen für andere Fächer stellten, scheint eher äußerst selten akzeptiert worden zu sein. Bäumer, Änne, NS-Biologie, a.a.O., S.208, verweist auf eine Oberrealschule, an der 1935 für den Deutschaufsatz die Aufgabe „Der völkische Staat biologisch gesehen" vom Biologielehrer gestellt wurde.

[512] vgl. PAB, Interview Bittern und Interview Potthast

[513] Grafenschäfer, E., Dr. Steinwachs, in: Rüthener Hefte 1961/62, S. 9

[514] ebd., S. 10. Prägnanter heißt es in einem Nachruf, daß sein „feste(r) Charakter ... das ihn tragende religiös-weltanschauliche Fundament in den Jahren der Versuchung und Gefährdung nach 1933 nicht preisgab" (Grafenschäfer, Eberhard, Nachruf für Herrn Dr. Ernst Steinwachs, in: Rüthener Hefte 1973/74, S. 8).

den Schüler(inne)n aus dieser Grundhaltung erfolgten, die aber auch gekennzeichnet war durch seinen Beitritt zur NSDAP 1933.[515]

4. Arbeitsgemeinschaften

a) Deutschkunde

Im Schuljahr 1933/34 zeigte sich überdeutlich ein Bruch zu den bisher im deutschkundlichen Bereich angesprochenen konservativ-religiösen Themen. So bearbeitete StR Dr. Hammerschmidt im Sommerhalbjahr „germanische Vorgeschichte mit besonderer Berücksichtigung der Funde in der Kulturhöhle 'Hohler Stein'" und behauptete für das Winterhalbjahr, Hitlers „Mein Kampf" „eingehend durchgearbeitet und mit einschlägigen nationalsozialistischen Schriften in ideenmäßige Verbindung gebracht"[516] zu haben. Damit hatte Hammerschmidt freiwillig - gerade mit dem letzten Thema zentrale - ideologische Elemente des Nationalsozialismus aufgegriffen und ausgebreitet und war damit aber auch Interessen der Schülerschaft nachgekommen, wie diese größte Arbeitsgemeinschaft mit 22 Teilnehmer(inne)n deutlich machte. Den Schüler(inne)n galt er als kompetenter Vertreter der neuen politischen Entwicklung.[517]

Die Kulturhöhle „Hohler Stein" bei Kallenhardt galt seit den Ausgrabungen Ende der 20er Jahre nicht nur für Eberhard Henneböle, Konrektor der Rüthener Volksschule, „der Zahl der Fundstücke und der Dauer der Besiedlung nach"[518] als bedeutendste vorgeschichtliche Siedlung im Kreis Lippstadt. Die Bewertung der ergänzenden Funde, die 1934 mit Unterstützung des Arbeitsdienstlagers gemacht wurden, durch den Konrektor zeigte einen tagesaktuell passenden Tenor:

> „Auch die Callenhardter Funde sind ein Beweis dafür, daß unsere Vorfahren nicht die Barbaren waren, als welche manche Geschichtsschriftsteller sie früher gerne hinstell-

---

[515] Daneben war er Mitglied in SA, NSLB und NSV (vgl. StA MS 9872,2). Der Amtsbürgermeister Rüthens beurteilte ihn in einem Schreiben an den Oberpräsidenten vom 1.10.1945: Ich halte ihn „nicht für einen Nationalsozialisten seiner Gesinnung nach. Seine Haltung und seine Äußerungen - auch längere Zeit vor dem Zusammenbruch - ließen dieses klar erkennen." (vgl. Stadtarchiv R, B 738)

[516] Schularchiv, Jahresberichte, Schuljahr 1933/34

[517] vgl. Kapitel C.IV.1.d)

[518] Henneböle, Aus den Urtagen des Menschengeschlechts in unserer Heimat, in: Heimatbuch des Kreises Lippstadt, 2. Band, Lippstadt 1930, S. 156, sowie derselbe, Die vorgeschichtliche Siedlungsstätte „Hohler Stein" bei Kallenhardt, in: Heimatblätter. Organ des Heimatbundes für den Kreis Lippstadt, 12 (1930) Nr. 1 vom 25.1.1930, S. 1f.

ten. Wir können stolz auf unsere Vorfahren sein, die schon längst vor unserer Zeit-rechnung eine ureigene Kultur von hoher Blüte hatten."[519]

Zwar konnte von Hammerschmidt mit der Anknüpfung an die Ausgrabungser-gebnisse nur begrenzt eine besondere Kulturhöhe der Germanen aufgezeigt und damit auch keine christliche Inanspruchnahme verbunden werden, wie dies z. B. im Streit um die Externsteine erfolgte,[520] aber er blieb im Kontext nationalsozia-listischer Themenvorgaben.

Die deutschkundliche Arbeitsgemeinschaft im Schuljahr 1934/35 hatte sich Schulleiter Steinrücke vorbehalten. Er sah es als Aufgabe der Arbeit mit neun Schüler(inne)n:

> „Im Anschluß an die Schrift von Ernst Jünger den Weltkrieg als inneres Erlebnis zu würdigen, insbesondere die volksethischen Kräfte aufzuzeigen, die er entbunden hat und die in der nationalsozialistischen Bewegung ihre volkformende Wirkung entfal-ten. Der Einblick in den erlebnismäßigen Charakter des Krieges wurde vermittelt durch die in Frage kommende Kriegsliteratur der jüngsten Zeit insbesondere durch die Werke von Carossa, Dwinger, Ettighoffer, Schauwecker, Beumelburg, Mechow, Wehner, Wichert. Zur weiteren Behandlung wurden auch herangezogen die ein-schlägigen Kapitel aus Hitler: Mein Kampf und die Schrift von Metzsch: Krieg als Saat."[521]

Steinrückes Ziel war offensichtlich, von Jüngers Kriegstagebuch „In Stahlgewit-ter" und zahlreichen weiteren kriegsverherrlichenden Romanen ausgehend nicht nur eine Kontinuität der Frontkämpfergeneration und des von ihr reklamierten Gemeinschaftsgeistes bis zu den Nationalsozialisten aufzuzeigen, sondern diese auch als Verwirklicher, als Vollzugsorgan anzusehen. Den Ersten Weltkrieg als Erlebnis zu qualifizieren, konnte dem Nicht-Kriegsteilnehmer Steinrücke nur ge-lingen, indem er die antimilitaristische Kriegsliteratur wie von Renn oder Remar-que vernachlässigte. Daher war es ihm nicht möglich, Distanz zu wahren zu der angeblichen Authentizität der Tagebücher und Romane zahlreicher Kriegsfreiwil-liger und ihrer präformierten Darstellungsmuster, die Krieg als Naturerscheinung

---

[519] Henneböle, „Kulturstufe Hohler Stein". Neue wertvolle Funde aus der Kulturhöhle „Hohler Stein" bei Callenhardt, in: Patriot vom 14.8.1934, S. 7. 1937 sieht Henneböle dann in den Funden: „Ein stolzes Gedenken einer stolzen Vergangenheit." (Henneböle, Im „Hohlen Stein" bei Kallenhardt, in: Patriot vom 17.9.1937, S. 7) In seinen fachwissen-schaftlichen Aufsätzen erfolgte eine politisch-ideologische Verwertung nur verhalten (vgl. Henneböle, E., Neue Lehrmittel für den Unterricht in der Vorgeschichte, in: Aus der Vor-zeit in Rheinland, Lippe und Westfalen 1 (1933/34), Heft 4, S. 64-67) oder gar nicht (vgl. Henneböle, E., Neue Funde aus dem „Hohlen Stein" bei Kallenhardt, in: Aus der Vorzeit in Rheinland, Lippe und Westfalen 3 (1936), Heft 3/4, S. 41-47).

[520] vgl. Fuchs, Alois, „Im Streit um die Externsteine". Ihre Bedeutung als christliche Kultstät-te, Paderborn 1934

[521] Schularchiv, Jahresberichte, Schuljahr 1934/35

ansahen, ihm mythische Opferqualität beimaßen und ihm letztendlich den Sinn unterstellten, ein neues Deutschland hervorzubringen.

Eine Weiterentwicklung dieser schon in der Weimarer Republik nicht nur in völkisch-nationalistischen Kreisen betriebenen Stilisierung des Krieges zu einem heroischen Geschehen leistete Steinrücke in der Fortsetzung der Arbeitsgemeinschaft im Winterhalbjahr 1934/35. Er stellte sich die Aufgabe,

> „das Heldentum im Sinne des Nationalsozialismus im Drama der deutschen Gegenwart zu erkennen. Insbesondere wurde der Individualheld der klassischen Zeit dem Gemeinschaftshelden nationalsozialistischer Prägung gegenübergestellt. Ziel der Arbeitsgemeinschaft war, die Erkenntnis zu gewinnen, daß in dem Drama unserer Zeit nicht die autonome Persönlichkeit, sondern der dienende Tatmensch den Sinn des Heldischen ausmacht."[522]

Das Ideal des „Soldatischen" sollte eben kein sich individuell entscheidender Einzelkämpfer sein, sondern der sich gemeinsamer Opferbereitschaft (ein)fügende Mensch. Gefordert waren Gemeinschaftsgesinnung und Gemeinschaftstat.

Eine Akzentverschiebung erfolgte im ersten Schulhalbjahr 1935/36 durch Stud.-Ass. Dr. Kahle, der beabsichtigte,

> „durch Bearbeitung von Dichtungen aus den verschiedensten Zeiten die Schüler zur Erkenntnis zu führen, daß ohne Familiengefühl kein Gefühl für Volksgemeinschaft besteht, daß ferner zum Aufbau einer lebendigen völkischen Gemeinschaft eine Milderung und Überwindung der Gegensätze herbeizuführen ist, die naturnotwendig zwischen den Generationen bestehen. Im besonderen Maße wurde zur Vermittlung dieser Einsichten das Dicht(gut) der neueren und neuesten Zeit herangezogen."[523]

Das von der HJ geförderte Herauslösen der Jugendlichen aus den Familien hatte, da die HJ in Rüthen keinen adäquaten Erziehungsersatz bot, zu Erziehungsschwierigkeiten geführt, die von Schule und Elternschaft angegangen wurden. So mußte der Elternbeirat wiederholt „nationalpolitische Erziehungsfragen" behandeln, um „manche Mißverständnisse und Unklarheiten zwischen Schule und Elternhaus einerseits und Hitlerjugend andererseits zu beseitigen und ein vertrauensvolles Zusammenarbeiten anbahnen zu helfen"[524]. Da auch der Katholizismus sich zur besonderen Bedeutung der Familie bekannte, konnte Kahle die „Volksgemeinschaft" argumentativ nutzen und instrumentalisieren - sicher auch im Interesse der katholischen Eltern. Inwieweit das Dichtgut der neuesten Zeit dabei behilflich sein konnte, bleibt fraglich - ebenso wie der Erfolg dieser Arbeitsgemeinschaft. Da zusammenfassend am Ende des Schuljahres nur vage von „anbahnen zu helfen" gesprochen wurde, deutete sich ein Weiterbestehen des grund-

---

[522] ebd.
[523] Schularchiv, Jahresberichte, Schuljahr 1935/36
[524] ebd.

sätzlichen Konflikts an, der in der Regel durch die Inanspruchnahme und Beeinflussung der Schüler(innen) durch die HJ entstanden war.[525] Warum diese Arbeitsgemeinschaft im Winterhalbjahr 1935/36 wieder von Steinrücke übernommen wurde, ist nicht zu klären. Sein Ziel war es auf jeden Fall, „durch Behandlung altnordischen Schrifttums, vor allem der isländischen Sagas und der Edda die germanische Ethik zur Erkenntnis zu bringen. Zur Vertiefung wurden einschlägige Kapitel aus den Werken von Baetke, Günther, Kossinna u.a. herangezogen."[526] Die angesprochene Literatur ermöglichte, „arische" Kontinuitätslinien aufzuzeigen, um an den Heroismus und die Wehrhaftigkeit in den Sagas anknüpfen und Traditionen im völkischen Sinne aufzeigen zu können.

Mit dem Thema „Ringende Jugend in der deutschen Dichtung" griff Steinrücke 1936/37 den von Kahle im Vorjahr bearbeiteten Generationenkonflikt auf.[527] Daß die Fachlehrer für Deutsch und Geschichte, Hammerschmidt, Kahle und Steinrücke, die die Arbeitsgemeinschaften leiteten, sich gegenüber dem Nationalsozialismus abwartend verhielten, läßt sich aus den von ihnen freiwillig angebotenen Themen und ihrer konkreten Behandlung nicht ableiten. Schon im Sommer 1933 wurden den Schüler(inne)n nationalsozialistisch orientierte Ideologieelemente angeboten, die auch in den Folgejahren - ausweislich der Fachlehrerangaben - kontinuierlich Gegenstand einer zustimmenden Bearbeitung waren.

b) Biologie

Schon im Winterhalbjahr 1932/33 wurde von Fachlehrer Dr. S. mit dem Angebot einer AG zur „Eugenik", der Erbgesundheitslehre, die allgemein der Förderung des Erbgutes der menschlichen Rasse und konkret der Verhütung erbschädigender Einflüsse diente und deren Diskussion besonders um Sterilisation kreiste, aktuell an besonders von Nationalsozialisten thematisierte Problembereiche angeknüpft.[528] Der weitergehende preußische Erlaß zur „Vererbungslehre und Rassen-

---

[525]   Das Konfliktpotential zwischen den „Erziehungsmächten" Schule, HJ und Familie wurde auch von nationalsozialistischer Seite erkannt und daher gefordert, sich auf die jeweiligen spezifischen unterschiedlichen Aufgaben zu beschränken und der Familie „Zeit zum gemeinsamen Leben" zu lassen (vgl. Usadel, Georg, Die Erziehungsmächte Schule, Hitlerjugend und Elternhaus, in: Volk im Werden 2 (1934), S. 155-158). Aus einer Erklärung im Zusammenhang mit einem Entnazifizierungsverfahren geht hervor, daß die Rüthener HJ als „verwahrlost" galt, da „sich selbst überlassen" war (StA MS, PA, C 23, Schreiben vom 20.9.1947).

[526]   Schularchiv, Jahresberichte, Schuljahr 1935/36
[527]   vgl. StA MS, PSK 5566
[528]   vgl. Schularchiv, Jahresberichte, Schuljahr 1932/33

kunde", der diese Bereiche zur Pflichtprüfung in Abschlußklassen machte, datierte auf den 13.9.1933. Im Schuljahr 1933/34 setzten die 15 Schüler(innen) in der Arbeitsgemeinschaft „Biologie", die sich in der Weimarer Republik weitgehend noch auf konkrete Gartenarbeit beschränkt hatte, das allgemeine Thema „Eugenik" fort mit der Erörterung von „rassekundlichen Problemen", die aber im Jahresbericht nicht näher spezifiziert wurden.[529]

Näheren Aufschuß können punktuell die oben abgehandelten mündlichen Abituraufgaben geben, die sich rassistischen Vorgaben öffneten. Zur Anwendung kamen die bisher erworbenen Kenntnisse im Schuljahr 1934/35, als „die gestaltenden Kräfte des Erscheinungsbildes aufgezeigt (wurden), wie sie in Erbanlage und Umwelt wirksam sind. Insbesondere wurden die Schüler durch Behandlung einschlägiger Literatur und eingehenden Demonstrationsmaterials sowie durch Beobachtungen und Erfahrungen aus dem Lebensraum der Landschaft im allgemeinen und ortsnahen Verhältnissen im besonderen zur Erkenntnis ihrer Verantwortung der Mit- und Umwelt gegenüber gebracht."[530] Bei der „einschlägigen Literatur" handelte es sich um zahlreiche Standardwerke im Zusammenhang von Rassehygiene, Rassenschicksal, Eugenik und Volkswohlfahrt, Rassenkunde, Erblehre usw., die besonders 1933 für die Lehrerhand von der Schule erworben worden waren.[531]

Im Winterhalbjahr 1934/35 war die Ausrichtung der Arbeitsgemeinschaft noch deutlicher erkennbar, da als Ziel ausgewiesen wurde:

> „die auf wissenschaftlicher Grundlage gewonnene Einsicht in die Berechtigung der nationalsozialistischen Auffassungen über Vererbung, Rassenbildung und Reinerhaltung der Rassen. Gegenstand besonderer Behandlung war das Gesetz über Verhütung erbkranken Nachwuchses sowie über rassegefährliche Einwirkungen des Judentums. Die Arbeitsgemeinschaft stützte sich auf einschlägiges Schrifttum, versuchte aber auch die wesentlichen Erkenntnisse aus der Beobachtung des heimischen Volkstums zu gewinnen. Erfahrungen hiesiger Ärzte und Fürsorgestellen wurden dabei verwertet."[532]

Die Annäherung an rassistische und antisemitische Positionen wurde hier offenbar, deren Konkretisierung und Anwendung wie in der nationalsozialistischen Literatur empfohlen ortsnah erfolgte. Die Formulierungen zeigen eine größere Akzeptanz der biologistischen Weltsicht, als durch Erlaß vorgegeben war, und nehmen eine Ausgrenzungen von Juden und von durch Fürsorgestellen Betroffenen

---

[529] vgl. Schularchiv, Jahresberichte, Schuljahr 1933/34
[530] Schularchiv, Jahresberichte, Schuljahr 1934/35
[531] vgl. Schularchiv, Verzeichnis
[532] vgl. Schularchiv, Jahresberichte, Schuljahr 1934/35

vor, was deren Diskriminierung, Entrechtung und letztendlich auch Vernichtung begünstigte.

Für das Schuljahr 1935/36 setzte der Leiter der Arbeitsgemeinschaft einen anderen Schwerpunkt, indem das propagierte Thema Genetik reduziert wurde auf die „Beobachtung von Vererbungserscheinungen an Pflanzen im Schulgarten"[533]. Es zeigt sich so ganz deutlich, daß auch eine Bearbeitung biologischer Themen fernab rassistischer Erklärungsmuster möglich war. Entsprechend beschäftigten sich die Schüler(innen) im Winterhalbjahr mit der „Herstellung und Untersuchung mikroskopischer Präparate"[534]. Daran schloß sich im Schuljahr 1936/37 konsequent die „Herstellung und Analyse von Schnitten"[535] an. Dieses Zurück zu wissenschaftlicher Behandlung kann als Bruch mit der früh einsetzenden und sich jährlich steigernden Anpassung an nationalsozialistische Vorgaben angesehen werden. Nachdem die Anfangseuphorie verflogen war, hatte sich die rassistische Akzentuierung des biologischen Unterrichtsstoffes wohl nicht mehr als allumfassend erwiesen. In den stärker schulaufsichtlich kontrollierten Abiturprüfungen spiegelte sich das Zurück jedoch nur im Jahr 1935 in Form einer Unterbrechung.

c) Weitere Arbeitsgemeinschaften

Im Schuljahr 1934/35 wurde erstmalig eine Englisch-AG von StR T. mit dem Thema „Nationalsozialismus und Internationalismus im englischen Schrifttum" für beide Schulhalbjahre angeboten. Der Jahresbericht weist aus, womit sich die acht teilnehmenden Schüler(innen) zuerst beschäftigen mußten:

> „Unter Heranziehung von Aufsätzen aus englischen Zeitungen wurde die im englischen Volke aufkommende Spannung aus dem Verhältnis von Nationalismus und Internationalismus aufgezeigt und mit der nationalsozialistischen Bewegung in Deutschland in Vergleich gebracht."[536]

Den Tenor dieser Einbeziehung aktueller Politik offenbarte der Bericht über das zweite Halbjahr. Der Fachlehrer betonte, daß weniger künstlerisches Schrifttum als einschlägige neueste Artikel herangezogen wurden - mit dem Ziel zu verdeutlichen, „wie auch in England der Kampf gegen den Internationalismus anhebt und sich dort Bestrebungen zeigen, welche dem deutschen Nationalsozialismus wesensverwandt sind. Insbesondere wurde das Verhältnis Englands zum Kommu-

---

[533] Schularchiv, Jahresberichte, Schuljahr 1935/36
[534] StA MS, PSK 5566
[535] ebd.
[536] Schularchiv, Jahresberichte, Schuljahr 1934/35

nismus beleuchtet"[537]. Unter diesem Blickwinkel erschien der Nationalsozialismus als epochebestimmende Ideologie, und zwar besonders seine Stoßrichtung gegen den Kommunismus.

Auch andere Schulfächer boten sporadisch Arbeitsgemeinschaften an, deren thematische Ausrichtungen keine offenkundigen politische Bezüge aufwiesen: So 1935/36/37 die AGs „Wechselstrom und elektrische Schwingungen" in Physik mit zwölf Teilnehmer(inne)n, „Leibesübung" mit den Schwerpunkten auf Leichtathletik und Spiele" (18 Teiln.) und „Die Geschichte unserer Heimat" (zehn Teiln.). Dagegen war die Geographie mit dem geopolitischen Thema „Einflüsse der Natur und Rasse auf die Staaten und den Charakter der Staatsbürger; der Staat als lebender Organismus" (sieben Teiln.) von rassistischen und deterministischen Formulierungen nicht frei.[538]

Außerhalb der Schulfächer war die seit 1933/34 durchgeführte photographische Arbeitsgemeinschaft anzusiedeln. Unter Leitung von Dr. H. wurden Aufnahmen von Landschaft und Bauernhäusern aus der Umgebung Rüthens erstellt, sich um „Erfassung und Erleben der heimatlichen Bauweise und des bäuerlichen Lebens" bemüht, aber auch eine „Auswertung der Fotografie für sportliche und wehrsportliche Zwecke"[539] versucht. Stärker an den vorgegebenen Bedürfnissen des nationalsozialistischen Staates orientiert war die Arbeitsgemeinschaft „Fluglehre", die auf Grundlage des Physikunterrichts in Flugtechnik und -lehre einführte:

„Insbesondere wurde versucht, die so erworbenen Kenntnisse im Zusammenhang mit Übungen der hiesigen Ortsgruppe im Segelfliegen zu erproben."[540]

Zur Vorbereitung dieser Aktivitäten der HJ-Gruppe können zwei Flugmodellbaugruppen der Klassen Unter- und Obertertia angesehen werden.[541] Derartige Projekte wie Flugmodellbauunterricht und flugphysikalische Lehrgänge sollten an die Begeisterung der Schüler für die Luftfahrt anknüpfen, um einerseits den Nachwuchs für die Luftfahrt sicherzustellen und andererseits sie ganz an den Gedanken der Wehrhaftmachung zu gewöhnen.[542]

---

[537] ebd.
[538] vgl. StA MS, PSK 5566
[539] Schularchiv, Jahresberichte, Schuljahre 1933/34, 1934/35 und 1935/36
[540] Schularchiv, Jahresberichte, Schuljahr 1935/36
[541] vgl. ebd.
[542] vgl. Rantzau, Otto Graf zu, Das Reichsministerium ..., a.a.O., S. 262

5. Schulleben

Die Schulwirklichkeit wird nicht nur durch das Lehren und Lernen von fachwissenschaftlichen Erkenntnissen bestimmt, sondern auch durch außerunterrichtliche Aktivitäten und atmosphärische Gegebenheiten geprägt, was erst zusammen die Entwicklung der Schüler(innen) beeinflußt. Im folgenden werden neben direkten unterrichtlichen Zusammenhängen auch allgemeine Regularien, Erfahrungen mit der Koedukation, nationalpolitische Lehrgänge, Teilnahme an örtlichen Veranstaltungen und Organisierung der Schüler(innen) sowie Theaterveranstaltungen thematisiert.

a) Allgemeines

Der Stundenplan unterlag nationalsozialistischen Eingriffen. Wegen des Staatsjugendtages mußte eine Unterrichtskürzung vorgenommen werden, und zwar in U III durch je eine Stunde Englisch, Mathematik/Rechnen und Singen. Daneben war zur Erhöhung des Biologieunterrichts in O I der Mathematikunterricht um eine Stunde gekürzt worden.[543] 1935 stand eine weitere Umverteilung der Unterrichtsstunden durch die verbindliche Einführung einer dritten Turnstunde an, um die „Heranbildung einer starken und wehrhaften männlichen Jugend"[544] zu fördern. Um dieser Zielsetzung zu entsprechen, wurde als Unterrichtsinhalt dieser Stunde für die Mittelstufe Fußball und für die Oberstufe Boxen festgelegt.[545] Letzteres, dem Hitler eine besondere Relevanz bei der Charaktererziehung zugesprochen hatte, konnte aber zu diesem Zeitpunkt in Rüthen noch nicht umgesetzt werden, da die entsprechend ausgebildeten Lehrer fehlten, wie Schulleiter Steinrücke dem Oberpräsidenten meldete.[546] Zugunsten dieser dritten Turnstunde wurden folgende Fächer gekürzt: in U III Deutsch, O III Englisch, UII Englisch, OII Mathematik, UI Mathematik, OI Latein.[547]

Insgesamt ging entsprechend der deutschkundlichen Orientierung der Schule und der Minderbewertung klassischer Fächer die Unterrichtsreduzierung besonders zu Lasten von Mathematik (4 Std.) und Englisch (3 Std.).

Hinweise auf Probleme mit der Koedukation - immerhin ein Mädchenanteil von 22% 1933/34 und von 28% 1937/38 - gibt es nicht. Der Turnunterricht erfolgte weiterhin getrennt und für die Mädchen aller Jahrgangsstufen gemeinsam. Der

---

[543] vgl. ebd.

[544] so Minister Rust, zit. nach Peiffer, Lorenz, Turnunterricht ..., a.a.O., S. 55

[545] vgl. zur besonderen Bedeutung dieser Sportart ebd., S. 40ff.

[546] vgl. StA MS, PSK 5566, Schreiben vom 21.11.1935

[547] vgl. STA MS, PSK 5566

Nadelarbeitsunterricht wurde auf Antrag der Eltern 1936 durch Erlaß von zwei Wochenstunden für alle Mädchen auf je zwei Wochenstunden für Mittel- und Oberstufe ausdifferenziert.[548] Eine Schülerin erinnert sich bezüglich des Umgangs der Jungen und Mädchen miteinander an ein „echt kameradschaftliches Verhältnis: hätte gar nicht schöner sein können"[549].

Insgesamt betonen alle ehemaligen Schüler(innen) das gute Klima an der Schule und die schülerfreundliche Einstellung des Kollegiums. Ein Schüler (Abiturjahrgang 1937) faßt zusammen:

> „Wir haben unsere Lehrer nicht gefürchtet, sondern geachtet. Prinzipien waren Ordnung, Ehrlichkeit, Sauberkeit und Treue. - Wir konnten zu allen Lehrern, die in Rüthen wohnten, nachmittags kommen, um uns erklären zu lassen, was wir nicht verstanden hatten. - Im Altenrüthener Bahnhof haben wir oft gefeiert und getanzt - auch Lehrer nahmen teil."[550]

In einem Gesuch um Zulassung zum Abitur 1937 qualifizierte ein Schüler die Schule wie folgt:

> „Sie bot zunächst weite Möglichkeiten fachlicher Schulung, aber sie war in erster Linie Lebensschule. Wir sind hier nicht zu Menschen geformt worden, die ins Leben schauen nur mit strenger Wissenschaftlichkeit, mit seelenlosem Gedächtnis. Wir haben nicht Dichtkunst studiert und uns dabei in Lebensdaten der Dichter erschöpft, sondern immer wieder gefragt, was das Werk uns zu sagen hat. Wir haben lebensgrundsätzliche Kritiken aufeinanderplatzen lassen. Im Durcheinander der Meinungen ergab sich doch Klärung. Das Größte, wie das Gemeinste haben wir ohne Skrupelhaftigkeit und konventionelle Rücksichtnahme beleuchtet. Und wir haben aus unserer Umgebung immer wieder Bedenken herangetragen; denn diese Schule hatte nicht Schliff zu edler Uniformität, zur Glätte, auf der das Leben doch nur ausgleitet, zum Ziel, sie lenkte bewußt unseren Blick in die realen Tiefen des Lebens. ... Das Letzte der Schulung war nicht Aufgehen im Wissen und das Höchste nicht geistiger Genuß, sondern ideenmäßige lebensnahe Grundsätze, die nach außen hin irgendwie verjüngend und festigend wirken sollten. ... Diese Schule wird, je unverbildeter, wahrer und energischer das Material ist, wirkliche Menschen formen, die draußen, besonders wenn sie führen müssen, in ihrem allgemein gerichteten Streben nicht an die Wand gedrückt werden."[551]

Dieser Eindruck - dominiert durch das Lehrerverhalten - wurde aus Schülersicht nicht relativiert durch den als „kümmerlich" (Steinrücke) zu bezeichnenden Bestand an Unterrichtsmitteln besonders im Bereich Chemie und Physik. Steinrücke forderte mehrmals trotz Kenntnis der wirtschaftlichen Schwierigkeiten der Stadt -

---

[548] vgl. StA MS, PSK 5566, Antrag vom 7.9.1936 und Erlaß vom 14.10.1936
[549] PAB, Interview Söding
[550] PAB, Interview Hage
[551] Schularchiv, Abiturunterlagen 1937

648

auch aufgrund von Revisionsberichten des Oberpräsidenten - „gründliche Abhilfe"[552], die aber ausblieb.

Auch die Art und Weise des Sportunterrichts führte nicht zu einer anderen Bewertung der Schule. Der Weg zur Turnhalle wurde ab 1933 im Gleichschritt marschierend zurückgelegt, wobei der Klassenälteste das Kommando geben mußte. Die Schüler zogen mit den Turnschuhen in der Hand Landsknechts- und Kriegslieder singend zur Turnhalle, in der sie sich wieder bei dem Lehrer melden mußten, und zwar grundsätzlich in einer Linie nach Größe antreten.[553]

Die Erinnerung an das Schulleben ist bei vielen Ehemaligen reduziert auf Wandertage und Klassenausflüge, wohingegen das politische Wirken kaum noch zu vergegenwärtigen ist, u.a. weil es in Routine erstarrte. So wurde der Unterricht selbstverständlich ab März 1933 mit „Heil Hitler" begonnen[554]; da wurden zu besonderen Feiertagen - wie z. B. Hitlers Geburtstag - die Fahnen auf dem Dach gehißt, während die Schüler auf dem Schulhof standen und das Deutschland-Lied und das Horst-Wessel-Lied sangen.[555] An diesen Tagen sah man verstärkt Schüler in Uniform.[556] Mehrere Lehrer trugen öffentlich das Partei-Abzeichen, ein Lehrer erschien gelegentlich in Uniform, erinnern sich Schüler des Abiturjahrgangs 1935.[557] Zu den Problemen einer Rekonstruktion des Schullebens über die Erinnerung gehört auch, daß das Hitler-Bild in den Klassen noch gedanklich präsent ist, während die Erinnerung an das übliche Kruzifix schwerfällt.[558]

Manche Auswirkungen, Umsetzungen oder auch Hintergründe müssen deshalb auch offengelassen werden - besonders, wenn nur Hinweise aus Konferenzen vorliegen. So bleiben Fragen wie z. B.:

- Wie hat der eingerichtete Büchereiausschuß den Beschluß „Die Schulbüchereien sind von Büchern zu reinigen, die nationalen und christlichem Geist widersprechen" (Konferenz vom 24.3.1933), umgesetzt?
- Warum wurde einstimmig beschlossen: „Es soll den Abschlußklassen verboten werden, in der sgt. Bierzeitung die Lehrer satirisch zu behandeln?" (24.3.1933)

---

[552] Stadtarchiv R, B 1061 und 1062, diverse Berichte der Schule und des Oberpräsidenten
[553] vgl. PAB, Interview Potthast
[554] vgl. PAB Interview Bittern, Interview Helle und Interview Potthast
[555] vgl. PAB, Interview Bittern
[556] vgl. ebd.
[557] vgl. PAB, Interview Bittern und Interview Helle
[558] vgl. ebd. „Hitlerbilder waren am nächsten Tag (nach dem 21. März 1933, H.-G. B.) da. Wie schnell das alles organisiert wurde, da macht man sich keine Vorstellung von." (PAB, Interview Potthast)

- Wie wurde die zur „Ehre der deutschen Mutter" angeordnete Feier „in würdiger Weise" begangen (7.5.1934)?
- Wie wurde den Schülern am „Tag der Wintersonnenwende" in der Schulfeier „die sozialistische Tat des Winterhilfswerkes zum Erlebnis" gemacht (16.12.1935)?
- Haben die „in Aussicht genommenen" Lehrproben zur fächerspezifischen Umsetzung des Erlasses zur Vererbungslehre und Rassenkunde stattgefunden (4.3.1936)?
- Lassen sich die zahlreichen Disziplinarstrafen gegen die Schüler (28.10.1932, 19.11.1932, 31.3.1933, 23.11.1933, 21.9.1934, 4.3.1936) durch einen Bedeutungsverlust der Schule erklären?[559]
- Wer hat warum dafür gesorgt, daß ab 1934 ein Schulstempel neben dem Hakenkreuz auch den Text „Gott mit uns" enthielt?

Die Hinweise über das Schulleben lassen sich dennoch zu einem Eindruck verdichten, dessen Grundlegung sich auf die Klärung der folgenden Teilbereiche stützt.

b)   Nationalpolitische Lehrgänge

Mit Erlaß vom 13.7.1935 wurde den Schulen durch den Reichserziehungsminister empfohlen, nationalpolitische Lehrgänge durchzuführen.[560] Da als Aufgabe der neuen völkischen Schule u.a. die „politisch zielbewußte Pflege der gesunden rassischen Kräfte" angesehen wurde, kam den Lehrgängen die Aufgabe zu, „ein charakterstarkes Geschlecht, das den Willen hat, Kameradschaft zu pflegen und in Zucht, Einfachheit und Verantwortungsfreudigkeit zu leben", heranzubilden sowie dafür Sorge zu tragen, daß die Schüler „mit Land und Leuten in ein inniges Verhältnis kommen und dadurch mitarbeiten an der Verwirklichung unserer Volkwerdung"[561].

Auf der Lehrerkonferenz vom 30.10.1935 hielt StR V. das Einleitungsreferat zu diesem Vorhaben. Er beschränkte sich laut Protokoll stark auf formale Hinweise,

---

[559]   vgl. Schularchiv, Konferenz-Niederschriften. Die Vorfälle hatten in keinem Fall einen politischen Hintergrund wie z.B. die fünf Konflikte am Dreikönigsgymnasium (vgl. Tjarks, Walter, Das Kölner ..., a.a.O., S. 86ff.).

[560]   Auf Drängen der HJ und des NSLB wurden die Lehrgänge am 3.12.1936 wieder verboten, da die Lehrgänge wohl doch nicht so „systematisch durchdacht" (Tjarks) waren und vor allem ihre Umsetzung nicht immer vorgabengemäß gesichert werden konnte.

[561]   Schneider, Georg, Nationalpolitische Lehrgänge für Schüler, in: ZfDB 11 (1935), S. 584-587

setzte einen Schwerpunkt auf die Finanzierungsprobleme und entsprechend wurde in der Aussprache dann nur die Einrichtung einer Schulsparkasse erörtert.[562] Schon der Jahresbericht 1933/34 hatte einen „nationalsozialistischen Lehrgang" ausgewiesen. Klassenleiter T. war mit den Reifeprüflingen, die überwiegend aus bäuerlichen Familien stammten, für 14 Tage nach Dortmund gefahren mit dem Ziel, sie

„Einblick gewinnen zu lassen in den Lebensraum und die Innenwelt des Industriearbeiters, dadurch die Erkenntnis seiner volktragenden Bedeutung zu wecken und ihn als vollwertiges Glied in der Volksgemeinschaft achten zu lernen"[563].

Eine Schülerin erinnert sich aber auch an Besuche von Museen und Gemäldeausstellungen.[564]

Auch im Schuljahr 1933/34 - überwiegend in den Sommerferien - hatten die Klassen O I und U I schon eine Fahrradtour nach Berlin „unter Führung des Zeichenlehrers H." unternommen. Die Fahrt berührte „einen großen und geschichtlich bemerkenswerten Abschnitt Mitteldeutschlands". Doch nicht nur Betriebe und kommunale Einrichtungen wurden besichtigt, sondern die Schüler wurden auch „mit hervorragenden Stätten deutscher Kultur und nationaler Geschichte und Größe"[565] bekannt gemacht. Die Unterbringung und Verpflegung der Schüler während des 10tägigen Aufenthaltes in Berlin erfolgte kostenlos im SA-Heim „Bombe".[566] Ein Schüler sieht rückblickend in der Fahrt eher eine private Initiative des Lehrers, dessen Verlobte in Berlin wohnte. Im Vordergrund habe der von H. organisierte Besuch von Berliner Museen gestanden.[567]

Den Unter- und Oberprimaner(inne)n wurde im Schuljahr 1934/35 bewußt ein Kontrast zu ihrer Lebenswelt geboten, indem sie an Stelle des für Stadtschulen obligatorischen Landaufenthaltes mit Kahle (und dessen Schwester) und zwei weiteren Lehrern (sowie deren Ehefrauen) im Rahmen eines in dieser Form vom PSK genehmigten nationalpolitischen Lehrgangs erneut die Großstadt Berlin besuchten.[568] „Unter sachkundiger Führung" wurden den Schülern „wertvolle Ein-

---

562   vgl. Schularchiv, Konferenz-Niederschriften
563   Schularchiv, Jahresberichte, Schuljahr 1933/34. Die Schüler absolvierten ein vom Verkehrs- und Wirtschaftsamt der Stadt Dortmund ausgearbeitetes Programm (vgl. ebd.).
564   vgl. PAB, Interview Söding
565   Schularchiv, Jahresberichte, Schuljahr 1933/34
566   vgl. ebd.
567   vgl. PAB, Interview Potthast. Bei der Betrachtung von expressionistischen Bildern in einem Museum kam ein Aufseher auf die Schüler zu und sagte ihnen allen, daß sie sich „diese Bilder nicht mehr lange ansehen könnten, da sie der NS-Kunstauffassung widersprechen würden" (ebd.).
568   vgl. PAB, Interview Bittern

sichten in die soziologische Struktur unserer Reichshauptstadt, in wichtige wirtschaftliche und kommunale Einrichtungen" vermittelt - „ganz abgesehen von dem geistigen Zuwachs, den sie durch die Besichtigung der Kunstwerke und Museen erhielten", war sich der Schulleiter sicher[569].

Für die Schule stand es „außer Zweifel", daß dieser Besuch eine „außerordentliche Weiterung des geistigen Horizontes der Schüler zur Folge gehabt und ihnen die Augen geschärft hat für die Fragen völkischen Zusammenlebens"[570]. Dieser veröffentlichten Stellungnahme stand intern eine eher verhaltene Kritik gegenüber. Auf der Konferenz vom 21.9.1934 wurde es als günstiger herausgestellt, nur mit einer Klasse zu reisen - nicht zuletzt aufgrund der Einschätzung, daß „die Pflege der Kameradschaft hätte besser sein können"[571]. Diese „Lehrgänge" glichen in ihrem Programm eher Besichtigungstouren oder Betriebserkundungen, als daß sie der im Erlaß geforderten „Wehrhaftigkeit" dienten.

Organisatorisch sollte der Lehrgang als „Lager" konzipiert sein, sich zu einer „neuen Lebensform der völkischen Schule" entwickeln.[572] In den Schülererinnerungen dominieren aber eher Besichtigungen der Schultheiß-Brauerei und des Flugplatzes Tempelhof, das schmale Essen in der SA-Küche, das Baden im Wannsee und die nach Teer riechende Jugendherberge, die ein stillgelegter Frachtkahn war.[573] Doch man besichtigte auch das Horst-Wessel-Haus oder wartete nachmittags vor dem Reichstagsgebäude mit vielen Tausend Menschen auf das Erscheinen Hitlers am Fenster, der „schon als höheres Wesen galt"[574].

Dem vorgesehenen Tenor dieser Lehrgänge kam man 1935/36 insofern nach, als die 14-tägigen Schulungslager von vier Klassen in nahe Jugendherbergen (Brilon, Oer und Neuastenberg) verlegt wurden. Die ländliche waldreiche Umgebung forderte verstärkt „körperliche Ertüchtigung durch Früh- und Geländesport, durch Wanderung und Marsch sowie durch Abhärtung"[575] heraus. Zwar ist über das konkrete Programm nur bekannt, daß es durch weltanschauliche Vorträge u.a. nationalpolitische Kenntnisse verschaffte und „bedeutsames Wissen über germanische Vorgeschichte"[576] vermittelte, es bleibt dennoch fraglich, ob es gelang,

---

[569] Schularchiv, Jahresberichte, Schuljahr 1934/35
[570] ebd.
[571] vgl.Schularchiv, Konferenz-Niederschriften
[572] vgl. Schneider, Georg, Nationalpolitische ..., a.a.O.
[573] vgl. PAB, Interview Bittern
[574] ebd.
[575] Schularchiv, Jahresberichte, Schuljahr 1935/36
[576] So in einem Gesuch um Zulassung zum Abitur 1937 der U I (Schularchiv, Abiturunterlagen)

durch die Heimabende die vorgesehenen „rassisch-völkische(n) Kräfte" zu wekken. Eher war es wohl ein „kameradschaftliches Zusammenleben mit Klassen der verschiedenen Schulen", was einen Schüler den „nationalsozialistischen Gemeinschaftsgedanken aufs neue in lebensnaher Tat"[577] erleben ließ. Kritik wurde seitens der Schüler nur bezüglich der Verpflegung geäußert, „die hier und da in Güte und Menge nicht ganz ausreichend schien"[578].

Im Vorfeld hatte es schon für viele Eltern große Schwierigkeiten gegeben, überhaupt die Kosten für die Jugendherbergsaufenthalte zu tragen. Aufgrund der gespannten Wirtschaftslage mußten zahlreiche Eltern Kredite aufnehmen.[579] Eine Besserung der Lebensverhältnisse war bis zu diesem Zeitpunkt in der Region nicht eingetreten.

c) Mitgliedschaften der Schüler(innen)

NS-Organisationen

Bis 1933 gab es keine schulinterne katholische Schülergruppe wie z. B. den Bund Neudeutschland (ND), die sich gegen eine Mitgliedschaft in der HJ hätte sperren können, wenn man von der 1932 gegründeten St. Georgspfadfinderschaft absieht.[580] So kann nicht erstaunen, daß sich eine frühe und schnelle Organisierung der Schülerschaft schon 1933 nachweisen läßt, obwohl man davon ausgehen kann, daß ein Teil der Schülerschaft anderen örtlichen kirchlichen Organisationen verbunden war. Über eine vorbereitende Agitation z. B. für oder durch den NS-Schülerbund (NSS) ist nichts bekannt. An die erste Hakenkreuzbinde bei einem Schüler erinnert sich ein Schüler für den Herbst 1932.[581]

Mitgliedschaft in nationalsozialistischen Organisationen

	Schülerzahl	Jungvolk/ HJ/BDM[582]	Organisationsgrad (in %)
1935/36	132	127	96
1936/37	142	131	92
1937/38	165	165	100

---

[577] ebd. Für das Dreikönigsgymnasium weist Tjarks, Walter, Das Kölner ..., a.a.O., S. 64ff., den militärischen Charakter der Lehrgänge nach.
[578] Schularchiv, Jahresberichte, Schuljahr 1935/36
[579] vgl. ebd.
[580] vgl. zur Gründung der Pfadfindergruppe Kapitel C.IV.1.c)
[581] vgl. PAB, Interview Potthast
[582] vgl. Wegweiser ...1936, S. 30f., Wegweiser ... 1937, S. 30f., Wegweiser ... 1938, S. 28f.

Gegenüber diesen - obwohl schon vergleichsweise hohen - Prozentzahlen fällt auf, daß im Jahresbericht 1933/34 von der Schule sogar behauptet wird:

> „Im übrigen gehören sämtliche Schüler unserer Anstalt mit Ausnahme eines körperlich Behinderten der SA bzw. der HJ an, sämtliche Mädchen sind Mitglieder des BdM. Besonders in der Flieger-SA haben sich unsere Schüler beim Bau eines Segelflugzeuges durch Eifer und Geschick bewährt."[583]

Diese Tendenz bestätigt ein Schüler, der sich erinnert, daß nach den Herbstferien 1934 auf dem Schuldach die NS-Jugend-Schulfahne als Zeichen der totalen Erfassung der Schülerschaft wehte.[584] Die Zahlen für 1936 lassen erkennen, daß von den Neuzugängen einige nicht organisiert waren und sich anfangs auch nicht organisieren ließen, während später durch das „Gesetz über die Hitler-Jugend" vom 1.12.1936 die freiwillige Mitgliedschaft durch eine quasi Zwangserfassung ersetzt wurde, die 1939 in der „Jugenddienstpflicht" mündete.[585] Unklar muß bleiben, ob der für 1935/36 und 1936/37 ausgewiesene Organisationsgrad nicht noch höher ausfallen würde, wenn die vereinzelten Mitgliedschaften in SA und SS einbezogen würden.

Die vom Oberpräsidenten vermutete starke Distanz zentrumsnaher Kreise gegenüber HJ und BdM läßt sich für die Rüthener Schülerschaft - wie für die meisten anderen westfälischen Aufbauschulen - nicht belegen,[586] was andererseits aber noch keinen Hinweis auf deren Aktivitäten in konfessionellen Jugendgruppen zuläßt.[587] Daß 1933/34 nur ein körperlich behinderter Schüler nicht in der HJ war, kann kaum Zufall sein, sondern war eher Ausdruck dessen Abqualifizierung als „Minderwertiger", da auf ihn offensichtlich kein Druck ausgeübt wurde beizutreten.[588]

---

[583] Schularchiv, Jahresberichte, Schuljahr 1933/34. Ein Schüler erinnert sich, daß er und ein weiterer Oberprimaner Ende 1933 nicht in die HJ gegangen sind, sondern für das restliche Vierteljahr ihrer Schulzeit in den Jungstahlhelm, obwohl der Schulleiter den Beitritt in eine NS-Jugendorganisation gefordert habe (vgl. PAB, Interview Potthast).

[584] vgl. Sögtrop, Ludwig, Erinnerungen ..., a.a.O., S. 120f.

[585] vgl. das Kapitel „Die Hitler-Jugend auf dem Weg in die Jugenddienstpflicht" und die dort abgedruckten Dokumente in: Hellfeld, Matthias von u.a., Die betrogene ..., a.a.O., S. 92-141

[586] vgl. Kapitel B.V.5.

[587] vgl. auch Pahlke, Georg, Trotz Verbot nicht tot. Hrsg.: Diözesanvorstand des Bundes der deutschen Katholischen Jugend (BDKJ), Diözesanvorstand Paderborn (= Katholische Jugend in ihrer Zeit. Band III: 1933 - 1945), Paderborn 1995

[588] Der Schüler erinnert sich, daß er sich auch später vor den NS-Organisationen drücken konnte, da er aufgrund seiner Knieverletzung nicht in der Lage war zu marschieren (vgl. PAB, Interview Bittern).

Auch wenn einerseits Mitgliedschaften der Schüler in NS-Organisationen seitens der Schule und besonders des Schulleiters gefördert wurden, gab es doch schon früh Vorbehalte gegen einen ausufernden zeitlichen Umfang des Dienstes. So ist dem Konferenz-Protokoll vom 28. Juli 1933 zu entnehmen, daß der Direktor sich mit dem zuständigen SA-Fliegersturmführer in Verbindung setzen wollte, „damit die Schüler nicht durch allzugroße Inanspruchnahme ihrer Freizeit für Übungen und Märsche von ihrer Arbeit für die Schule abgehalten werden"[589].

VDA

Das erst 1933 einsetzende Bemühen um Gründung einer VDA-Gruppe an der Schule war 1934/35 erfolgreich.[590] Unter Leitung von Lehrer H. traten ihr fast alle Schüler und Schülerinnen bei. Schüler erinnern sich:

> „In dem Verein waren wir alle. In die Mitgliedshefte mußten wir jeden Monat Beitragsmarken von 10 oder 20 Pfennig kleben."[591]

Entsprechend der völkischen Orientierung des Vereins machte Lehrer Kahle schon im Frühjahr 1934 den Verein zum Thema und fragte seine Schüler(innen) in U I in einer Klassenarbeit: „Was gibt mir der VDA?"[592] „Wiederholte Veranstaltungen" - schrieb der Schulleiter - „hielten den Gedanken an die Verbundenheit mit unseren auslandsdeutschen Brüdern lebendig"[593]. Damit hatte man umgesetzt, was durch die große Veranstaltung mit Maria Kahle in der Aula schon im Dezember 1931[594] begonnen worden und nun auch politisch stärker opportun war. Hierzu muß auch die Verquickung von Heimatkunde und Ostkolonisation

---

589 vgl. Schularchiv, Konferenz-Niederschriften
590 Zur Geschichte des Allgemeinen Deutschen Schulvereins und dessen Nachfolger, des Vereins für das Deutschtum im Ausland sowie dessen Umbenennung im Nationalsozialismus in Volksbund für das Deutschtum im Ausland vgl. neuerdings - teils polemisch - Goldendach, Walter von / Minow, Hans-Rüdiger, „Deutschtum Erwache!" Aus dem Innenleben des staatlichen Pangermanismus, Berlin 1994
591 PAB, Interview Bittern
592 vgl. Schularchiv, Jahresberichte, Schuljahr 1934/35
593 ebd. Auch für das nächste Schuljahr wurde von einem „regen Leben" und „Veranstaltungen verschiedenster Art" gesprochen (Schularchiv, Jahresberichte, Schuljahr 1935/36). 1937/38 hieß es dann, daß die Schulgruppe des VDA „durch wiederholte schulische Veranstaltungen das Gefühl der Verbundenheit mit den auslandsdeutschen Brüdern lebendig hält" (Schularchiv, Jahresberichte, Schuljahr 1937/38). Die unterrichtliche Behandlung der „unauflösliche(n) Schicksalsgemeinschaft" mit den Deutschen außerhalb der Reichsgrenzen hatte in Anlehnung an die Richtlinien schon 1927 Minister Boelitz propagiert (vgl. Boelitz, Otto, Auslandsdeutschtum und höhere Schule, in: Deutsches Philologen-Blatt Nr. 23, 35(1927) vom 8.6.1927, S. 374-376).
594 siehe Kapitel C.III.2.h)

gezählt werden, wie sie die Wolter von Plettenberg-Feier am 27.2.1935 zeigte: Nicht nur durch einen Vortrag des hierfür fachlich renommierten Lehrers Dr. Casser, sondern auch durch eingeübte Gedichte und Lieder der Schülerschaft wurde das „Wirken und Kämpfen dieses großen Westfalen im Ostraum"[595], der von 1494 bis 1535 Meister des livländischen Zweiges des Deutschen Ordens war, gewürdigt.[596] Auch in der Folgezeit war die Schulgruppe aktiv. Denn einem Schüler wurde 1937 bescheinigt, daß er mit „Zuverlässigkeit und Geschick" in der VDA-Gruppe an verantwortlicher Stelle gearbeitet habe, was von maßgeblichen Stellen „wiederholt öffentlich belobt worden"[597] sei.

d) Teilnahme an örtlichen politischen Aktivitäten

Schon sehr früh und deutlich offenbarte die Schule, wie sie zum politischen Ende der Weimarer Republik stand:

„Am 8. März (1933, H.-G. B.) beteiligte sich die Anstalt anläßlich des Wahlsieges der nationalen Front geschlossen an einem großen Fackelzug in Rüthen."[598]

Lehrer und Schülerschaft dokumentierten gemeinsam ihre Ablehnung von KPD, SPD und auch Zentrum, indem sie sich dem von den Nationalsozialisten initiierten Umzug eigeninitiativ anschlossen und das Ergebnis der kaum noch als frei zu bezeichnenden Wahlen, den knappen Sieg von NSDAP und deren Koalitionspartner von der Kampffront „Schwarz-Weiß-Rot" begrüßten. Von einem Anpassungsdruck auf die Schule kann zu diesem Zeitpunkt keine Rede sein. Denn das örtliche Wahlergebnis der NSDAP lag bei unter 30%, der „Zentrumsturm" Rüthen hatte nur gewackelt. Eher stellt sich die Schule als Teil der von den Nationalsozialisten geförderten Dynamik einer Aufbruchsstimmung dar. Man wollte wohl den Anschluß nicht verpassen und reihte sich ein.

In diesem Sinne wurde der Tag von Potsdam u.a. mit einem „imposanten Fackelzug der Schulen, Vereine, Stahlhelm, NSDAP und SS"[599] und Gedichtvorträgen

---

[595] Schularchiv, Jahresberichte, Schuljahr 1934/35. Zur literarischen Verklärung Plettenbergs vgl. Blunck, Hans Friedrich, Wolter von Plettenberg, Hamburg 1938 und Kahle, Maria, Wolter von Plettenberg (Kleine Westfälische Reihe V/1*), Bielefeld-Bethel 1956

[596] Auch in der Geschichtswissenschaft wurde ab 1935/36 mit der Phase der forcierten Aufrüstung verstärkt eine „Ostbewegung" unter völkischer Perspektive diskutiert, was in der Forderung nach „Neuordnung des deutschen Ostens" mündete (Schönwälder, Karen, Historiker ..., a.a.O.).

[597] Schularchiv, Abiturunterlagen, Gutachten für einen Reifeprüfling der UI 1937

[598] Schularchiv, Jahresberichte, Schuljahr 1932/33. Wenn auch im folgenden die Schulleitung von einer „geschlossenen" Teilnahme berichtete, so bezog sich das nach Angaben von Ehemaligen nur auf die Lehrer und die ortsansässigen Schüler(innen) (vgl. PAB, Interview Bittern und Interview Söding).

von Schülern als Nationalfeiertag festlich begangen, was den Besuch des Festgottesdienstes einschloß. Für den Leiter der St. Georgspfadfinder, ein Oberprimaner, der mit der Gestaltung der Feier beauftragt war - „erstmalig hatte die Partei eingeladen" -, stand eher der Frühlingsanfang im Mittelpunkt. Er erinnert sich an Einzelheiten der Feier in Anwesenheit aller Lehrer:

> „Zum ersten Male tauchte an dem Abend eine Fahne auf, und zwar die Schulfahne, in der ein Hakenkreuz auf ein Tuch draufgesetzt worden war. Diese Fahne hatte ich vorher nie gesehen, muß unter Verschluß gewesen sein. Diese Fahne wurde uns praktisch in die Hand gedrückt und am Abend marschiert."[600]

Der Aufmarsch und auch der Ablauf der Feier, von den Pfadfindern in Absprache mit dem Schulleiter gestaltet, sprengte bisher bekannte Dimensionen mit Trommeln, Fackeln und Fahnen.[601] Zum 1. Mai wurden die Feierlichkeiten durch die Rede des örtlichen SS-Repräsentanten erweitert.[602] Daß das Engagement der Schule kein spontaner Rausch war, weist der Jahresbericht 1933/34 aus:

> „An den verschiedenen öffentlichen Aufzügen der NSDAP nahm die Schule geschlossen teil."[603]

Hierzu zählte auch die Teilnahme an der Sonnenwendfeier, auf der die Aufbauschule nicht nur den Festredner stellte, der den „neuen Aufbruch" pries, sondern auch durch einen „formvollendeten Spruchchor" Beachtung fand.[604] Auch wenn

---

[599] Stadtarchiv R, Viegener, 22.3.1933
[600] vgl. PAB, Interview Potthast
[601] Erinnerung an den konkreten Ablauf der Feier: „Erst die üblichen Lieder, Landsknechtslieder, Kriegslieder; Gedichte vorgetragen; ich habe die Feuerrede gehalten; Bezug genommen, was die Sonnenwende für die Vorzeit bedeutet; auf Lichtzeichen eingegangen, auch was sie für die jetzige Zeit bedeuten; Hinweis auf die Gemeinschaft gegeben; zum Schluß den Feuersprung, Jungen und Mädchen mußten durchs Feuer springen; dann „Flamme empor" und Deutschland- und Horst-Wessel-Lied". ebd. Zum grundsätzlichen Charakter der Feier: „Prozessionen sahen immer noch etwas anders aus. Doch war das äußere Erscheinungsbild auch bekenntnishaft, die innere Überzeugung sollte nach außen dokumentiert werden, so bei der Prozession als auch bei den Feiern." (ebd.) (Evtl. verwechselt der Schüler diese Veranstaltung mit der drei Monate später erfolgenden Sonnenwendfeier; vgl. hierzu C.IV.1.c))
[602] vgl. Stadtarchiv R, Viegener, 2.5.1933. Für eine Werbeausstellung des Segelflugvereins, an der u.a. „Herren der Aufbauschule" teilnahmen, ist dokumentiert, daß deren Anliegen weniger dem Sport als der Wehrhaftmachung diente (vgl. Stadtarchiv R, Viegener, 26.3.1933).
[603] Schularchiv, Jahresberichte, Schuljahr 1933/34
[604] vgl. Stadtarchiv R, Viegener, 27.6.1933 und Kapitel C IV.1.c

die Quellenlage für die Folgejahre spärlich ist,[605] zeigen Einzelbelege, daß die Schule weiterhin - nicht zuletzt auch bei den Sonnenwendfeiern mit dem pathosbehafteten Festredner Hammerschmidt[606] - in örtliche Veranstaltungen der NSDAP eingebunden war.[607] Mit dem frühen geschlossenen Auftreten der Schule auf öffentlichen NSDAP-Veranstaltungen, das keinerlei Berührungsängste dokumentierte, stand das geschlossene Auftreten der Schule auch im religiösen Bereich, so z.b. auf Fronleichnamsprozessionen, nicht in erkennbarem Widerspruch. In den ersten Jahren des Nationalsozialismus scheint das Mitwirken an diesen inhaltlich konträren Veranstaltungen, die aber beide das Gemeinschaftsgefühl ansprachen, keinen Gegensatz dargestellt zu haben. Die Teilnahme an den religiösen wie auch an den nationalsozialistischen Veranstaltungen war für die Lehrer und Schüler(innen) eine Selbstverständlichkeit.

e)   Aula-Theater

Wenn man von morgendlichen Appellen auf dem Schulhof absieht, konzentrierten sich zahlreiche Aktivitäten in der Aula der Schule. Dort wurden laut Schulchronik weiterhin die wöchentlichen Gottesdienste gefeiert, ein kleiner Festakt anläßlich des Besuchs des Erzbischofs am 21.6.1933 abgehalten, Radioübertragungen von politischen Veranstaltungen gehört - z.B. zum 1. Mai 1934 aus dem Berliner Lustgarten -, Gastkonzerte veranstaltet und Theaterstücke aufgeführt.[608] So war die Aula dreimal gefüllt, als das mittelalterliche Weihnachtsspiel „Das Gottes Kind" in der Neubearbeitung von Alfred Herrmann auch der Rüthener Bevölkerung gezeigt wurde. Die Wirkung dieses Stückes auf den Chronisten ist nicht unabhängig zu sehen von der allgemeinen politischen Grundhaltung, wenn er schreibt:

„Ganz dem Willen des Führers gemäß versuchte die Aufführung, wie StD Dr. Steinrücke einführend darlegte, nicht bloß irgendwelche ästhetischen Bedürfnisse eines Publikums zu erfüllen, sondern sie strebte danach, Erziehungsarbeit an den Schülern und durch diese selbst zu leisten, stellte sich bewußt in den Dienst an dem Aufbau und Durchbau der Volksgemeinschaft. Schüler und Schülerinnen versuchten mit eifrigem Bemühen und nicht ohne Erfolg aus lebendiger Verbundenheit mit dem

---

[605]   Der Jahresbericht 1936/37 fehlt im Schularchiv, die Aufzeichnungen Viegeners fehlen für 1936 und 1937.
[606]   vgl. Kapitel C.IV.1.d)
[607]   Schüler der Schule wirkten an der Mai-Feier 1935 mit, und das Orchester gestaltete einen Volksgemeinschaftsabend der HJ (vgl. Stadtarchiv R,Viegener, 2.5.1935 und 29.11.1938).
[608]   vgl. Schularchiv, Jahresberichte ab 1933/34

Brauchtum und dem Glauben ihrer Väter das Spiel des Weihnachtswunders in pakkende Wirklichkeitsnähe zu erheben. Gemeinsame Gesänge der Spielschar und Zuschauer gaben der Aufführung den Atem eines echten Gemeinschaftserlebnisses. ...(Allen) vergelts Gott! Die Aufführung war eine wirkungsvolle und richtungsweisende Tat in echt nationalsozialistischem Sinne."[609]

Die Einführungsworte des Schulleiters und auch die Rezeption zeigen, daß nicht der „unausschöpfbare Zauber der Weihnacht", den auch das von Lehrer Hoischen gestaltete Bühnenbild erahnen ließ,[610] im Vordergrund stand, sondern ein eher fast krampfhaftes Bemühen um eine aktuelle Politisierung mit dem Ziel, sich dem Zeitgeist durch Uminterpretation religiöser Elemente anzupassen. Dieses war in der Interpretation und Rezeption von Kahle gelungen. Denn er hatte im Oratorium eine „wunderbare Vermählung von deutschem Volkstum und echtem Christentum"[611] erkannt.

6. Zusammenfassung und Bewertung

Im folgenden wird versucht, das Lehren und Lernen an der Rüthener Aufbauschule im Spannungsfeld von Demokratie und Nationalsozialismus zusammenfassend in den größeren Rahmen von Konservatismus, Katholizismus, Kulturkritik, Nationalismus und Deutschtum einzuordnen, was eine Bewertung ermöglicht. Das Schulleben sowie die Inhalte des Unterrichts, wie sie sich besonders in den Abiturprüfungen zeigten, und der Arbeitsgemeinschaften sollen von Zufälligkeiten gelöst und in spezifische weltanschauliche Strömungen eingebunden werden. Ein solches Vorgehen würde es ermöglichen, eventuelle Affinitäten zum Nationalsozialismus strukturell zu verdeutlichen. Entsprechend der prägenden Rolle der Lehrerschaft an einer Schule kommt der Auseinandersetzung mit dem Verhalten ihrer Mitglieder und deren weltanschaulichen Grundhaltungen eine zentrale und daher vorrangige Bedeutung zu. Doch wird auch auf den spezifischen Umgang der Schülerschaft mit den nationalsozialistischen Zumutungen verwiesen werden. Die gesellschaftliche Entwicklung am Ende der Weimarer Republik und die Machtübergabe an die Nationalsozialisten sowie deren Durchsetzung war in keiner Form determiniert, doch als Option denkbar gewesen und auch befürchtet worden.[612] Die katholischen Bischöfe hatten noch 1931 vor dem Nationalsozia-

---

[609] Stadtarchiv R, Viegener, 27.12.1933
[610] vgl. ebd.
[611] Stadtarchiv R, Viegener, 14.1.1934
[612] So charakterisierte Georg Wagner, Verbandsobmann des KJMV, die politische Haltung der katholischen Jugend 1930 wie folgt: „1. Der jungen Generation ist eine radikale Absage an den Liberalismus und Individualismus des vergangenen Jahrhunderts eigen. Mächtig

lismus gewarnt, doch im besonderen nur vor dessen kulturpolitischen Auffassungen, und enthielten sich einer Verurteilung der nationalsozialistischen Weltanschauung. Nur wenige erkannten die Gefahr, daß sich Hitler durch Verzicht auf verfängliche Programmpassagen und antikirchliche Propaganda die Duldung durch die Bischöfe verschaffen könnte. Auch der Widerstand des Zentrums basierte vor allem auf religiösen und nicht auf sozialen oder wirtschaftlichen Motiven. Der Wegfall der „religiösen Hemmung" (im Original gesperrt, H.-G. B.), erkannte Brobeil schon 1931 analytisch klar, würde für den katholischen Volksteil eine Auslieferung an den Nationalsozialismus bedeuten, was sich in einem „Teilabfall zu den Nationalsozialisten" oder in einer „schleichende(n) Faschisierung von innen" äußern würde.[613] In diesem Sinne konstatierte auch Walter Dirks schon 1931 die Gefahr einer Anfälligkeit des politischen Katholizismus für eine „innere Faschisierung"[614].

Vor diesem historischen Hintergrund sind die Biographien der katholischen Lehrer zu sehen, die an der Rüthener Aufbauschule in einem ländlich-katholischen Milieu tätig waren und aus eher kleinbürgerlichen Verhältnissen stammten.[615] Dies geschieht nicht, um Personen zu „entlarven" oder geschichtliche Abläufe zu personalisieren, sondern um ein für eine bestimmte Personengruppe „repräsen-

---

ist in ihr der Wille zur Gemeinschaft aufgebrochen ... 2. Die kritische Einstellung gegen den entarteten Parlamentarismus der letzten Jahre ... ist allgemein. Die Jugend setzt auf dieses System keine Hoffnung mehr ... Dieser scharfen Kritik steht die Idee der Autorität und der starken Führung gegenüber ... Nicht der 'Vertreter', der Funktionär, der Taktiker aus Grundsatz gilt, sondern der politische Führer, der sich persönlich hinstellt und einsetzt, ... letztens aus der Gewissensverantwortung vor den Gesetzen des Herrn und aus den Kräften des Glaubens. 3. Ein starker staatspolitischer Wille ist lebendig geworden ... Es geht um den neuen deutschen Staat, um das vierte Reich, um den großen Reichsstaat aller Deutschen." (zit. nach Götz von Olenhusen, Irmtraud, Jugendreich, Gottesreich, Deutsches Reich. Junge Generation, Religion und Politik 1928-1933 (= Edition der deutschen Jugendbewegung Bd. 2), Köln 1987, S. 121)

[613] vgl. Brobeil, Wolfgang, Die Haltung der Bischöfe zum Nationalsozialismus, in: Deutsche Volkskraft 4 (1931), S. 67f.

[614] zit. nach Schmidt, Ute, Zentrum oder CDU. Politischer Katholizismus zwischen Tradition und Anpassung, Opladen 1987, S. 111. Und im März-Heft 1932 der Zeitschrift „Die Arbeit" warnte Dirks: „So wenig Verständnis der Katholizismus für jede Form von Wotankult und für die Deutschkirche hat, so nahe liegen ihm doch gewisse weniger plumpe Formen der faschistischen Ideologie. Die Worte 'Autorität', 'Vertrauen zum Führer', 'Ruhe und Ordnung' finden ein geneigtes Ohr. Vom Wirtschaftsprogramm der NSDAP zum 'Solidarismus', zum 'Ständestaat' und ähnlichen im Katholizismus verbreiteten Vorstellungen ist kein sehr weiter Weg." (zit. nach Breuning, Klaus, Die Vision ..., a.a.O., S. 160)

[615] vgl. auch Goetz, Karl, Zur sozialen Herkunft der Lehrer an höheren Schulen, in: Monatsschrift für höhere Schulen 30. Band 1931, S. 58-63, der 46,3% den „mittleren und unteren Schichten des Volkes" zuordnet.

tatives Versagen unter typischen Umständen aufzuklären"[616]. Gilt es doch - auch fernab von rein opportunistischen Verhaltensweisen - Dispositionen zu erkennen, auf die sich der Nationalsozialismus stützen konnte und die zugleich resistentes oder widerständiges Verhalten verhinderten.[617]

Mit dem Wechsel in der Schulleitung von Fluck zu Steinrücke 1932 hatte der letzte parteipolitisch aktiv im Zentrum engagierte Lehrer die Schule verlassen. Zwar waren alle Lehrer standesgemäß im Philologenverband und teilweise auch im Reichsverband der Deutschen Ober- und Aufbauschulen Mitglied, doch kann deren Politik, wie diese Untersuchung gezeigt hat, nicht als Unterstützung der Weimarer Demokratie angesehen werden. Besonders die 1930 einsetzende Notverordnungspolitik verschärfte die Vorbehalte der zahlreichen Rüthener Assessoren gegenüber der Republik. Seine nationalen Positionen sah das Kollegium oberhalb des alltäglichen und ungeliebten Parteienstreits angesiedelt; Desinteresse an der Weimarer Republik und an Politik insgesamt waren dominant.

Reichsweit gelang der nationalsozialistische Einbruch im März 1933[618] besonders in den politischen Katholizismus, aber auch in das katholische Milieu insgesamt -

---

[616] vgl. Habermas, Jürgen, Was bedeutet „Aufarbeitung der Vergangenheit" heute?, in: Die Zeit vom 3.4.1992

[617] Für den Bereich der Erziehungswissenschaft hat der Verweis auf Schnittmengen zwischen der Mehrzahl konservativer Pädagogen und dem Nationalsozialismus durch Prof. Dr. W. Keim (Universität-Gesamthochschule Paderborn) in seiner Stellungnahme zum Podium „Erziehungswissenschaft und Nationalsozialismus" auf dem Bielefelder Kongreß der DGfE am 19.3.1990 zu einer aufgeregten polemischen Anschuldigung geführt (vgl. Prange, Klaus, Sind wir allzumal Nazis? Eine Antwort auf Wolfgang Keims Bielefelder Kontinuitätsthese, in: Z.f.P. 36 (1990), S. 745-751), die Keim zu Recht als Diffamierung zurückwies und in der er auf die notwendige Auseinandersetzung der Pädagogen mit dem eigenen Versagen beharrte (Keim, Wolfgang, „Moralismus" versus „menschliches Maß". Eine Erwiderung auf den Versuch einer Satire von Klaus Prange, in: Z.f.P. 36 (1990), S. 937-942).

[618] So kamen Zentrum und BVP zusammen nur noch auf 13,9% der Wählerstimmen. Noch am 17.2.1933 hatten zahlreiche katholische Standesorganisationen öffentlich u.a. gefordert: „Wir wollen die Erhaltung des Rechtes im öffentlichen Leben, die Heilighaltung des Verfassungseides, die Wahrung der staatsbürgerlichen und sozialen Grundrechte der Reichsverfassung." (zit. nach Breuning, Klaus, Die Vision ..., a.a.O., S. 177). Wegen des auch im katholischen Milieu verankerten „antikommunistischen Syndroms" (Rohlfes) war das Wahlergebnis vom November 1932, das reichsweit einen Rückgang für die NSDAP (von 37,3% auf 33,1%), aber eine Stärkung der KPD auf ihr bestes Ergebnis (16% reichsweit und auch in Rüthen) gebracht hatte, nicht unbedeutsam für die Akzeptanz Hitlers.

nach einem jahrelangen Erosionsprozeß[619]. Neben der schon entwickelten Bedeutung des 'Tages von Potsdam' waren die Zustimmung des Zentrums und der BVP zum Ermächtigungsgesetz vor dem Hintergrund der Zusicherung Hitlers in der Regierungserklärung vom 23.3.1933, daß der katholische Einfluß auf Schule und Erziehung gewahrt bleibe, und die in der Kundgebung des Episkopats vom 28.3.1933 durchschimmernde Akzeptanz des neuen Staates entscheidende Momente, da sie als kirchenpolitische Entwarnung verstanden wurden und zu einer gegenüber der NSDAP aufgeschlosseneren Haltung im Katholizismus führten. Diese Akzeptanz wurde später durch die mit dem Reichskonkordat erreichte Legitimation der neuen Regierung und die zwangsweise Selbstauflösung des Zentrums verstärkt - festzumachen am schnellen Nachholprozeß bezüglich der NSDAP-Mitgliedschaft der Katholiken[620] und an der Bereitschaft auch der katholischen Lehrer zur Mitarbeit im neuen Staat.[621] Die antisemitischen Boykottaktionen der NSDAP und deren Organisationen am 1.4.1933, die Zerschlagung der Gewerkschaften am 2.5.1933 und die Bücherverbrennungen in zahlreichen Universitätsstädten am 10.5.1933 standen dem offensichtlich nicht entgegen. Gemeinsam und öffentlich begrüßte denn auch die Lehrerschaft der Rüthener Aufbauschule die „nationale Erhebung". Dem konkreten Parteibeitritt kam gegenüber der Selbstdarstellung nach außen und der unterrichtlichen Anpassung eine verschärfende Bedeutung zu, während die Mitgliedschaft im NSLB und in der NSV eher randständigen Charakter hatte. Als mitentscheidend für das Überschwenken ins nationalsozialistische Lager hatte sich die in den biographischen Skizzen deutlich werdende ideologische Ausrichtung der sich als unpolitisch verstehenden Lehrer herausgestellt, die auch in den als Entlastung gedachten Aussagen im Rahmen der Entnazifizierung noch durchschimmerte. Ihre religiöse Einbindung erwies sich nicht als substantielles Hemmnis. Das Engagement der Lehrer für NSDAP und NSLB war Ausdruck ihrer Grundhaltung, die den Blick für nutzbare Potentialitäten des Nationalsozialismus schärfte - aktualisiert durch di-

---

[619]   vgl. Loth, Wilfried, Integration und Erosion: Wandlungen des katholischen Milieus in Deutschland, in: ders. (Hrsg.), Deutscher Katholizismus im Umbruch zur Moderne, Stuttgart 1991, S. 266-281

[620]   Belegt für den Gau Westfalen-Nord bei Damberg, Wilhelm, Der Kampf um die Schulen in Westfalen 1933-1945 (Veröffentlichungen der Kommission für Zeitgeschichte Reihe B: Forschungen Band 43), Mainz 1986, S. 74

[621]   Festzumachen auch an der Eintrittswelle in den NSLB. Die Mitgliederzahl im überwiegend katholischen Gau Westfalen-Nord entwickelte sich wie folgt: 1. April 1933 299 Mitglieder, 1. Mai 526, 1. Juni 1545 und Juli 1933 3000 Mitglieder und weitere 2000 Anmeldungen, wobei die Philologen eher als zurückhaltend eingestuft werden (vgl. ebd, S. 40, 44, 50).

verse Ereignisse, die eine Anknüpfung an vorgegebene Dispositionen erleichterten und Zwiespälte überbrückten.

Vor diesem Hintergrund ist nur schwer nachzuvollziehen, daß diese Lehrer versuchten, sich im Entnazifizierungsverfahren auf Druck von außen zu berufen. Auch wenn das „Gesetz zur Wiederherstellung des Berufsbeamtentums" (GWBB) einen psychologischen Druck ausgeübt haben mag, sind „gezielte Maßnahmen gegen die katholische Lehrerschaft für die Provinz Westfalen wohl kaum nachweisbar"[622]. Bis Ende 1933 war es z. B. im Regierungsbezirk Münster nur zu vier Entlassungen und zwei Versetzungen in eine geringeres Amt gekommen, d. h. nur 1,17% der Philologen waren von den GWBB-Maßnahmen betroffen.[623] Darüber hinaus wurde nur einer der sieben Oberschulräte abgelöst. Schon am 20.2.1933 war die Ablösung des Oberpräsidenten der Provinz Westfalen, Johannes Gronowski (Zentrum), erfolgt. Er wurde durch den Katholiken Ferdinand Frhr. von Lüninck (DNVP) ersetzt, der als Antidemokrat mit monarchistisch-ständischen Vorstellungen ausgewiesen war.[624] Die personalpolitischen „Säuberungen" blieben in der Durchsetzungsphase des Nationalsozialismus im katholischen Bereich begrenzt.[625] Damberg konstatiert insgesamt bis zum Frühjahr 1934 für die NS-Regierung ein „Werben um national-konservative Kreise auch aus dem katholischen Lager" und für den NSLB „das Bestreben einer Harmonisierung von christlicher Tradition und 'nationalem Aufbruch'"[626]. Dem entsprach die restriktive Anwendung des GWBB, die Damberg zu der Einschätzung veranlaßt, daß „eine allgemeine Beunruhigung der katholischen Lehrerschaft damit verhindert werden (konnte)"[627].

Als Meinungsführer im Rüthener Kollegium erwiesen sich und wurden anerkannt der Geistliche Studienassessor Dr. Wilhelm Kahle und der ehemalige Franziskaner Dr. Ferdinand Hammerschmidt. Sie, aber auch Schulleiter Dr. Heinrich Steinrücke und alle übrigen Lehrer, sind eindeutig dem Konservatismus zuzuordnen, wenngleich sie sich einer schablonenartigen Identifizierung und genaueren Zu-

---

[622] ebd., S. 42

[623] vgl. ebd., S. 63f.

[624] vgl. zur Scharnier-Funktion von Lünincks Klausa, Ekkehard, Vom Bündnispartner zum „Hochverräter". Der Weg des konservativen Widerstandskämpfers Ferdinand von Lüninck, in: Westfälische Forschungen 43 (1993), S. 530-571

[625] Dies schloß aber die Verfolgung von Kommunisten, Sozialisten und Pazifisten nicht aus. Insgesamt waren von den Maßnahmen des GWBB 8% der 596 Oberstudienräte/Oberstudienrätinnen und 3% der 13023 Studienräte/Studienrätinnen betroffen (vgl. Nixdorf, Delia und Gerd, Politisierung ..., a.a.O., S. 228).

[626] Damberg, Wilhelm, Der Kampf ..., a.a.O., S. 46

[627] ebd., S. 68

ordnung zu Fraktionen versperren.[628] Ihre Vorstellungen waren nicht nur geprägt von einem „allgemeine(n) Unbehagen an der Zivilisation des technischen Zeitalters"[629], sondern auch durch die „Ideen von 1914" im Sinne einer völkischen Verarbeitung der Kriegserlebnisse. Ihr Idealismus, ihre Opfer- und Todesbereitschaft war trotz der militärischen Niederlage ungebrochen. Aber auch die übrigen Lehrer, die mit den Meinungsführern diesem gemeinsamen Generationszusammenhang der sogenannten Frontgeneration zugerechnet werden können und deren Identitätsentwicklung deutlich durch den Krieg[630] und durch die späteren Wirtschaftskrisen sowie die miserable Arbeitsmarktlage für Studienassessoren im Hinblick auf Identität und Statusängste negativ beeinflußt wurde[631], lassen weder Pazifismus[632] noch Demokratiebegeisterung erkennen, sondern eher eine Abneigung gegen Parlamentarismus und Liberalismus.

Mit den als perspektivlos angesehenen gesellschaftlichen Entwicklungen korrespondierte aber durchaus ein neues Selbstwertgefühl des Katholizismus, das zum einen auf die Erfolge des Zentrums und zum anderen auf die verbreiteten Sehnsüchte nach einem haltgebenden religiösen Weltbild rekurrieren konnte.

Darüber hinaus gab es besonders bei Hammerschmidt immer wieder Ansätze für ein charismatisches Sendungsbewußtsein zur „Rettung des Abendlandes", die

---

[628] Insofern spiegeln sie das Dilemma, das auch in neueren Untersuchungen nur bedingt ausgeräumt werden konnte, daß der durch neue Analyseraster gewonnene strukturelle Erkenntniszugewinn sich nur bedingt und im Einzelfall eindeutig personalisieren läßt (vgl. zuletzt Breuer, Stefan, Anatomie ..., a.a.O., gegenüber den älteren Arbeiten von Neurohr, Jean F., Der Mythos ..., .a.a.O., oder auch Jonas, Erasmus, Die Volkskonservativen 1928-1933. Entwicklung, Struktur, Standort und staatspolitische Zielsetzung (= Beiträge zur Geschichte des Parlamentarismus und der politischen Parteien, Bd. 30), Düsseldorf 1965).

[629] Gerstenberger, Heide, Konservatismus in der Weimarer Republik, in: Kaltenbrunner, Gerd-Klaus (Hrsg.), Rekonstruktion des Konservatismus, Freiburg 1972, S. 339

[630] Ernst Jünger, Gegenstand des Unterrichts, urteilte 1926: „Der Krieg ist unser Vater, er hat uns gezeugt im glühenden Schoße der Kampfgräben als ein neues Geschlecht, und wir erkennen mit Stolz unsere Herkunft an." Zitiert bei Breuer, Stefan, Anatomie ..., a.a.O., S. 32

[631] vgl. Bölling, Rainer, Sozialgeschichte der deutschen Lehrer. Ein Überblick von 1800 bis zur Gegenwart, Göttingen 1983, S. 119

[632] Nicht ein Lehrer hat anläßlich der Entnazifizierung erwähnt, daß er in der Weimarer Republik Mitglied im „Friedensbund Deutscher Katholiken" war, der in der Region starke Verbreitung gefunden hatte. Vgl. Blömeke, Sigrid, Der FDK im Sauerland. Regionale katholische Friedensarbeit - Programmatik, Personen, politische Arbeit und die Bedeutung für den Gesamtverband, in: 75 Jahre katholische Friedensbewegung in Deutschland. Zur Geschichte des 'Friedensbundes Deutscher Katholiken' und von 'Pax Christi' hrsg. von Johannes Horstmann (= Veröffentlichungen der Katholischen Akademie Schwerte, Akademie-Vorträge Bd. 44), Schwerte 1995, S. 95-115

gebunden waren an typische Rückbezüge auf die Romantik[633] bzw. auf „mythische Grundtatbestände der deutschen Geschichte"[634], nicht zuletzt auch in Form einer Propagierung vorkapitalistischer Eigentums- und Herrschaftsformen im Sinne ständisch-korporativer Modelle. Diese restaurativen Elemente gingen einher mit eher jungkonservativen Gedanken gegen die „atomisierte liberale Gesellschaft, gegen Rationalismus, Intellektualismus, Pazifismus, Parlamentarismus und Kapitalismus"[635], aber auch gegen den Moloch Großstadt[636]. Ein konkreter Bezug auf die gesellschaftliche Realität unterblieb; die deutsche Kultur wurde gegen die westliche Zivilisation ausgespielt, Weimar und sein Parlamentarismus galten als Negativsymbol.

Die Empfänglichkeit für derartige kulturpessimistisch geprägte Vorstellungen wurde erleichtert durch die deutliche Einbindung der Lehrer in den Katholizismus und dessen nicht wenigen inhaltliche Affinitäten, die einerseits als Reflex anzusehen sind auf die „Erfahrung einer zunehmenden Relativierung aller Norm- und Wertsysteme"[637], die aber andererseits auch Folge des weitgehenden Verzichts waren, sich der Aufklärung und ihrer Folgeentwicklungen konstruktiv zu stellen.

Da Steinrücke in dieses Gedankengut am wenigstens stark eingebunden war, strebte er auch „nur" eine geistige antiliberalistische Wende der Gesellschaft zu einer Volksgemeinschaft an, ohne wie Kahle und Hammerschmidt auch die grundlegenden gesellschaftlichen und ökonomischen Strukturen in Richtung eines eher religiös gebundenen Gesellschafts- und Staatsmodells mit mittelalterlichen ständischen Elementen ändern zu wollen. Gemeinsam blieb den drei Meinungsführern aber das Ziel von überschaubareren Sozialverhältnissen, dessen Vagheit sich u.a. daran zeigte, daß z.B. die von Moeller van den Bruck, der unterrichtlich als Wegbereiter des Dritten Reiches eingestuft wurde, propagierte und prophezeite organische Wirtschaftsordnung eines dritten Reichs eher einer staatssozialistischen Lösung als der Restauration des wilhelminischen Reichs oder gar des heiligen römischen Reiches ähnelte. Demgegenüber hatte eine berufsständische Ordnung, wie sie von jungkonservativer Seite favorisiert und von Hammerschmidt noch 1946 vertreten wurde, auch Rückhalt in der katholischen Soziallehre.

[633] vgl. grundsätzlich Breuning, Klaus, Die Vision ..., a.a.O. und Baumgartner, Alois, Sehnsucht nach Gemeinschaft. Ideen und Strömungen im Sozialkatholizismus der Weimarer Republik, Paderborn u.a. 1977

[634] Gerstenberger, Heide, Konservatismus ..., a.a.O., S. 341

[635] ebd., S. 342

[636] vgl. grundsätzlich Bergmann, Klaus, Agrarromantik und Großstadtfeindschaft (= Marburger Abhandlungen zur Politischen Wissenschaft Band 20), Meisenheim am Glan 1970

[637] Leugers-Scherzberg, August H., Der deutsche Katholizismus ..., S. 13f.

Schon der territorial verkleinerte Weimarer Staat sah sich konfrontiert mit der Vision eines Reiches, die idealisierend an die Ottonen- bzw. Stauferzeit[638] anknüpfte und in der ein katholisches universalistisches Leitbild entwickelt wurde, in dem die politische Souveränität nicht von den Individuen ausging.[639] Da gerade jungen Katholiken in der Weimarer Republik eine verbindende tragende Idee fehlte - Rationalismus und Liberalismus konnten ihnen eine überindividuelle Sinngebung kaum geben und auch Gruppenkonflikte nicht verhindern -, war zum Ende der Weimarer Republik durchaus eine Neigung zu autoritären Krisenlösungsmodellen und einer harmonisierenden Volksgemeinschaft, die den Pluralismus überwand, feststellbar. Wenn man Struktur und Herrschaftssystem der Kirche zum Vorbild nahm für das gesellschaftliche Zusammenleben, war in dessen Konsequenz die Akzeptanz der Weimarer Realität kaum erreichbar - auch für junge Katholiken.[640]

Kahle und Hammerschmidt erkannten die von ihnen als notwendig erachteten ständischen und antiaufklärerischen Elemente in der Ideologie des Nationalsozialismus wieder und begrüßten dessen Antibolschewismus und Kulturkritik.[641] So waren Ansatzpunkte für Identifikationen und Kooperationen gegeben. Demgegenüber erschienen die katholischen Organisationen des Verbandskatholizismus

---

[638] Ein differenziertes Bild zwischen Anspruch und Wirklichkeit entwickeln die Mediävisten Rösch, Eva Sibylle / Rösch, Gerhard, Kaiser Friedrich II. und sein Königreich Sizilien, Sigmaringen 1995

[639] Besonders vertreten von Othmar Spann, der den mittelalterlichen Lehensstaat mit „christlicher Schichtung" wiedererwecken wollte. Vgl. u.a. Spann, Othmar, Der Wahre Staat, Leipzig 1921. Vgl. zu Spann auch Baumgartner, Alois, Sehnsucht ..., a.a.O., bes. S. 30-38, 144-153. Die christliche Sehnsucht nach einem Dritten Reich wird deutlich bei Dempf, Alois, Das Dritte Reich. Schicksale einer Idee, in: Hochland 29 (1931/32), Bd. 1, S. 37 48, 158-171, der die Entwicklung der Dritte-Reichsidee in Christentum und Geschichte nachzeichnet. Zum „Reich" als Schlüsselwort für christliche und völkische Assoziationen vgl. Beilmann, Christel, Eine katholische Jugend in Gottes und dem Dritten Reich. Briefe. Berichte. Gedrucktes 1930-1945. Kommentare 1988/89, Wuppertal 1989, S.187ff

[640] vgl. Pahlke, Georg, Trotz Verbot ..., a.a.O., S. 408. Daß im innerkatholischen Streit um den Parlamentarismus Weimars sich der Hochland auf die - erst nach dem 2. Weltkrieg allgemeiner akzeptierte - Seite der Verfassungsdemokraten schlug: Es sei „sittliche Pflicht eines jeden deutschen Bürgers", der Verfassung „nicht nur äußere(n) Gehorsam zu leisten, sondern auch innerlich als im Gewissen verbindlichen Gesetz Anerkennung zu zollen", blieb noch eine Minderheitsposition (Ebers, Godehard Josef, Reichsverfassung und christliche Staatslehre, in: Hochland 26 Jg. 1928/29 Bd. 2, S. 578).

[641] Zu Recht weist Klönne darauf hin, daß die Gemeinsamkeiten und Affinitäten bei einigen Aspekten nur bei oberflächlicher Betrachtung bestanden, was aber deren integrierende Wirkung und Anziehungskraft - und das ist entscheidend - nicht verhinderte (vgl. Klönne, Arno, Jugendbewegung und Faschismus, in: Jahrbuch des Archivs der deutschen Jugendbewegung, Bd. 12 (1980), S. 26).

eher „als Erbe des liberalen Zeitalters", deren Erhaltung nicht erstrebenswert erschien,[642] was nicht zuletzt auch durch das Konkordat begünstigt wurde. Entsprechend reagierten die beiden Lehrer anfangs euphorisch auf die „nationale Erhebung", die eine „wirkliche Volksgemeinschaft" im Sinne der vertretenen organischen Gemeinschaftsidee bringen sollte, ohne daß sie sich aber als „nationale Katholiken" dem Bund „Kreuz und Adler"[643] anschlossen.

Erst Jahre später, als sie erkannten, daß die „nationale Wiedergeburt" doch nicht auf Grundlage des Christentums erfolgte und eine Überwindung des Nihilismus nicht gegeben war, sondern das NS-Regime eine Beschränkung der Kirche auf religiöse Fragen implizierte und auch eine Verfolgung der Kirche sowie die Propagierung des Neuheidentums bedeutete, reagierte besonders Hammerschmidt mit einer Verstärkung seiner durchgängig feststellbaren Idealisierung des Mittelalters durch Rückzug auf eine neoromantische Mittelalternostalgie.[644] Hierbei handelte es sich um eine unpolitische und nicht ideologiefreie irrationale Schwärmerei und Verklärung, die auch damit zusammenhing, daß die Distanzierung vom Nationalsozialismus nicht wegen der Diktatur und der Verfolgung der Sozialdemokraten, Kommunisten, Juden und Pazifisten geschah, sondern wegen aktueller kirchenfeindlicher Akte. Hier nur von Desillusionierung zu sprechen, verdeckt zu sehr die partiellen positionellen Gemeinsamkeiten zwischen seinen restaurativen Vorstellungen und dem Nationalsozialismus. Ethische Normen reduzierten sich auf religiöse Themen, die originär christliche Sorge um Benachteiligte wurde randständig in Vernachlässigung christlicher Moralauffassung.

Neben den zivilisationskritischen und ständestaatlichen Affinitäten des Katholizismus sind auch die antidemokratischen bzw. führerorientierten ideologischen Schnittmengen bezeichnend,[645] die eine Verortung der drei Lehrer im NS-System

---

[642] vgl. Maier, Hans, Christ und Politik - Aufgaben nach dem Konzil (1966), in: derselbe, Katholizismus und Demokratie (Schriften zu Kirche und Gesellschaft Bd. 1), Freiburg 1983, S. 157f.

[643] Siehe hierzu Breuning, Klaus, Die Vision ..., a.a.O., S. 225ff und Hürten, Heinz, Deutsche ..., a.a.O., S. 201

[644] vgl. grundsätzlich auch Beilner, Helmut, Reichsidee, ständische Erneuerung und Führertum als Elemente des Geschichtsbildes der Weimarer Zeit, in: GWU 28 (1977), bes. S. 2ff. Götz von Olenhusen interpretiert die besonders auch in der katholischen Avantgarde verbreiteten Reichsphantasien mit sozialpsychologischen Kategorien: „Ein immenses Harmoniebedürfnis, durchsetzt mit Omnipotenzphantasien, läßt ein fiktives katholisches Reich ohne Interessengegensätze, aber mit Privateigentum entstehen, das jeder realistischen Perspektive entbehrt." (Götz von Olenhusen, Irmtraud, Jugendreich ..., a.a.O., S. 96)

[645] vgl. dazu diverse Artikel z.B. zur Würdigung Edgar J. Jungs (Die Herrschaft der Minderwertigen) und Julius Langbehns oder zur Missionsaufgabe der Deutschen sowie bei aller Ablehnung des Nationalsozialismus die Begrüßung dessen Bekämpfung aller französischer

erleichterten. Auch wenn ihre hierarchischen Vorstellungen von der Staats- bzw. Gesellschaftsebene nicht direkt bis auf ihr Verhältnis zu den Schüler(inne)n durchschlugen, sondern dort teils ein paternalistisches Klima herrschte, präferierten sie doch eher vordemokratische Ordnungsvorstellungen in Erziehung, Bildung und Kultur, die sich gegen eine (Sozial-)Demokratisierung wandten. Führung und Autorität - in Staat, Kirche (schon manifestiert im Lehr- und Hirtenamt) und Familie - waren und blieben die Weimarer Republik überdauernde Leitvorstellungen, die erst die gewünschte gottgewollte ständische Hierarchie ermöglichen würden, aber zugleich Gefolgschaft und Gehorsam implizierten und dem (wirklichen) Führer einen Sendungscharakter zusprechen mußten.

Für Demokratie, Fortschritt und Emanzipation war in dieser auf freiwilliger Unterordnung basierenden Vorstellung Kahles und Hammerschmidts kein Platz. Damit fand die von Irmtraud Götz von Olenhusen für die in katholischen Verbänden organisierte Nachkriegsjugend festgestellte Überschneidungen der Ideologien auch über 1933 hinaus noch eine Bestätigung:

„Die nicht proletarische katholische Nachkriegsgeneration wollte kein 'Drittes Reich', sondern ein katholisches 'Viertes Reich', das in bezug auf Totalitätsanspruch, antiparlamentarische und antikapitalistische Gesellschaftsformen grundsätzlich nicht vom 'Dritten' unterschieden war. Gemeinsame Klammer war einerseits die Absage an das freie bürgerliche Individuum in seiner Fähigkeit zu Eigenverantwortlichkeit, andererseits die Angst vor einer revolutionären Aufhebung des Privateigentums durch die sozialistische und kommunistische Arbeiterbewegung. Liberalismus und Sozialismus wurden grundsätzlich abgelehnt."[646]

Einflüsse, auch im Hochland, dem später keinerlei Nähe zum Nationalsozialismus nachgesagt werden kann. So wurde z.B. Carl Schmitts Analyse des faschistischen Italiens als Rückkehr zur „ursprünglichen, echt demokratischen Form" verstanden,. Vgl. Radakovic, Mila, Carl Schmitts Verfassungslehre, in: Hochland 1928/29 2. Bd., S. 541. Erst neuerdings wird m.E. zu recht verstärkt Schmitts Staatsverständnis auch aus seiner christlich katholischen Grundprägung entwickelt, wobei aber noch offen bleiben muß, ob der Offenbarungsglaube sein „Gravitationszentrum" war. Vgl. Meier, Heinrich, Die Lehren Carl Schmitts. Vier Kapitel zur Unterscheidung politischer Theologie und politischer Philosophie, Stuttgart 1994 und neuerdings Lenk, Kurt, Parlamentarismuskritik im Zeichen politischer Theologie. Carl Schmitts „Sakralisierung" der Demokratie zum totalen Staat, in: Aus Politik und Zeitgeschichte B 51/96 vom 13.12.1996, S. 15-22. Eher kritisch dazu Bogner, Daniel, Gestern, heute - und in alle Ewigkeit. Zur Carl-Schmitt-Deutung in der aktuellen Diskussion, in: Das Parlament Nr. 21-22 vom 19./26. Mai 1995. Zu den Identifikations- und Annäherungsversuchen führender katholischer Fachtheologen an den Nationalsozialismus und deren Erkenntnis „grundlegender Verwandtschaften" vgl. Zimmermann-Buhr, Bernhard, Die katholische Kirche und der Nationalsozialismus in den Jahren 1930-1933, Frankfurt u.a. 1982, S. 72ff. Vgl. die eher wenigen Hinweise bei Hürten, Heinz, Deutsche ..., a.a.O., S. 144ff

[646] Götz von Olenhusen, Irmtraud, Jugendreich ..., a.a.O., S. 133

Diese Ablehnung erfolgte nicht zuletzt auch deswegen, weil man der Totalität-sidee, der theokratischen Denkweise verhaftet war, Staat und Gesellschaft nach einheitlichen Weltanschauungsprinzipien zu gestalten. Religion als übergreifendes Organisationsprinzip führte zu einer totalitären Zukunftsvision. Julius Bachem spricht zu Recht von einer „integralen Überspannung des katholischen Prin-zips"[647], die in großen Teilen der katholischen Intelligenz Rückhalt hatte. Beson-ders Hammerschmidt zeichnete sich durch eine Sehnsucht nach einem charismati-schen Führer aus, den er in der Geschichte schon einmal in Friedrich II., der „Schlüsselgestalt des Staufermythos" (Breuer), verwirklicht gewesen sah. Unab-hängig von dem ab 1935/36 deutlicher werdenden Konflikt zwischen NSDAP und Kirche blieb die Loyalität dem Staat gegenüber, der Gehorsam und die Treue gegenüber der als legal und legitim erachteten Obrigkeit - in Wort und Tat,[648] letztendlich auch im Krieg und in der Beurteilung des Attentates vom 20. Juli 1944.[649]

Es zeigt sich, daß der Kulturpessimismus in der antidemokratischen Tradition von Paul de Lagarde und Julius Langbehn bis Oswald Spengler eine politische Gefahr für die Weimarer Republik war, die ein „neues Deutschland" zum Ziel hatte, das den Deutschen eine welthistorische Aufgabe versprach und dem ein deterministi-sches Menschenbild zugrunde lag.[650] In der katholischen Variante dieser Denk-tradition der Hoffnung auf eine deutsche (geistige) Wiedergeburt standen - mehr oder weniger bewußt - die Aufbauschullehrer, wenn sie auch nicht Houston Stuart Chamberlains rassistische Zuspitzung vornahmen.

Zusammen mit den religiös bedingten Vorbehalten gegen die Aufklärung waren die kulturpessimistisch eingestellten Lehrer gegenüber den Auswirkungen der In-dustrialisierung hilflos und blieben einem völkischen Mystizismus verhaftet, zu dessen Wurzeln Schicksalsgebundenheit gehörte. Dem entfremdeten und sündi-gen Großstadtleben wurde eine Agrarromantik gegenübergestellt, die eine über-schaubarere vorindustrielle Ordnung suggerierte und den an die Scholle gebunde-nen Bauern als Jungbrunn eines deutschen Volkstums stilisierte, das besonders im Auslands- bzw. Grenzlanddeutschtum bewahrt worden sei. Das war eine Flucht in eine nie vorhanden gewesene archaische Idylle mit völkischen Implikationen -

---

[647] zit. nach Schmidt, Ute, Zentrum ..., a.a.O., S. 79
[648] vgl. auch die Textsammlung „Von was wir gelebt haben. Zitate zum Stichwort: Gehor-sam/Treue/Untertan" in Beilmann, Christel, Eine katholische ..., a.a.O., S. 237ff.
[649] vgl. Hürten, Heinz, Deutsche ..., a.a.O., S. 540f
[650] vgl. Steinhaus, Hubert, Blut und Schicksal. Die Zerstörung der pädagogischen Vernunft in den geschichtsphilosophischen Mythen des Wilhelminischen Deutschland, in: Herrmann, Ulrich u.a. (Hrsg.), Pädagogik ..., a.a.O., S. 88ff.

erleichtert durch die schon in der Romantik erfolgte Betonung von Volkstum, Brauchtum und Geschlechterfolge.

Dieser Romantizismus ging einher mit einem neudeutschen Idealismus, der einerseits sich als „Überdruß an dem Materialismus und Positivismus" der Weimarer Zeit charakterisieren läßt und andererseits „Verinnerlichung und Vertiefung" einforderte: „Man sehnt(e) sich nach Seele."[651] So wollte katholische Bildung - und die Schüler(innen)aufsätze legen dies auch nahe - nach Abt Herwegen „einen katholischen D e u t s c h e n erziehen", der germanischer Art durch deutsche Innerlichkeit, Gründlichkeit und Gemütstiefe verbunden war.[652] Mittels deutschen Geistes durch Mystizismus und Irrationalismus sollte die Auflösung des Abendlandes aufgehalten und Europa erneuert werden. Der erforderliche neue Mensch war für Katholiken der christliche mittelalterliche Mensch, der sich dem Geheimnis der Schöpfung, den Sakramenten und der Liturgie verpflichtet wußte und sich in den Dienst der Gemeinschaft stellte. Die eingeforderte idealistische Haltung verbunden mit Lust- und Genußfeindlichkeit präferierte Entsagungs- und Opferwilligkeit nicht nur für religiöse, sondern auch für staatliche Vorgaben, genauer: für das Vaterland - auch im Dienst für ein deutsches Sendungsbewußtsein. Der vorbildhafte Rückgriff auf die verklärte Zeit der Schützengräben war naheliegend - und damit eine Opferung für Deutschland, Volk und Vaterland. Während die Weimarer Republik (und ihre Kunst und Kultur) eher als fremd galt, setzte man noch weiter zurückgreifend auf vage „Wurzelkräfte" des Volkstums - in Rüthen besonders durch Dr. Casser vertreten -, die eine Rückbesinnung einleiten sollten, ohne aber rassistisch im physischen oder kulturellen Antisemitismus zu enden.

Wesentliche und zahlreiche der vorgebrachten konservativ-katholischen Vorstellungen finden sich gebündelt in der verbreiteten „Vision des Reiches" als einer „rückwärts gewandten Prophetie", dessen „ideologisch-theologische Zwielichtigkeit" Breuning grundlegend aufgehellt[653] und Pahlke auch für die katholische Jugend als „bestimmenden Faktor des Weltbildes"[654] bestätigt hat. Der Rückgriff auf das Mittelalter implizierte ein Staatsverständnis, das die Volkssouveränität

---

[651] vgl. Switalski, Wladislaus, Der neudeutsche ..., a.a.O., S. 57

[652] Herwegen, Ildefons, Das katholische Bildungsideal, in: Rosenmöller, Bernhard (Hrsg.), Das katholische Bildungsideal ..., a.a.O., S. 24f

[653] vgl. Breuning, Klaus, Die Vision ..., a.a.O.

[654] Pahlke, Georg, Trotz Verbot ..., a.a.O. Auf Diskussionen in der Altphilologenschaft über Zusammenhänge zwischen Drittem Humanismus und Dritten Reich sowie auf den Einfluß des George-Kreises verweist Fritsch, Andreas, „Dritter Humanismus" und „Drittes Reich" - Assoziationen und Differenzen, in: Dithmar, Reinhard (Hrsg.), Schule und Unterricht in der Endphase ..., a.a.O., S. 152-175

negierte und durch hierarchische Strukturen im Sinne einer traditionell-christlichen Lehre ersetzen wollte. Wirksam geworden als Antithese gegen den eher pluralistischen und verweltlichten Weimarer Staat zugunsten einer ganzheitlichen theozentrischen Gesellschaftsordnung - besonders verbreitet im Katholischen Akademikerverband - sollte eine Sakralisierung des deutschen Reiches erfolgen, dem so eine Auserwählung, ein Sendungscharakter zugesprochen wurde: ein neues Sacrum Imperium. Aus der Strahlkraft dieser Perspektive, religiös und deutsch, ist auch in der Aufbauschule das Halten der Zeitschrift „Deutsches Volkstum" zu verstehen, die sich unter Herausgeberschaft des Protestanten Wilhelm Stapel einer derart strukturierten Reichsideologie (aber ohne Rückgriff auf das Sacrum Imperium) als „metaphysischer Aufgabe" verpflichtet fühlte und den Deutschen imperialistisch Vorrang vor anderen Nationen einräumte.[655] Das deutsche Volk wurde auserwählt zum Träger des ersehnten und mythisch überhöhten Reiches, was angesichts eines Zeitalters der Nationalstaaten als unhistorisch eingeschätzt werden muß.

Während sich später Hammerschmidt unter dem Druck der Kirchenverfolgung auf Mittelalterschwärmerei zurückzog, reagierte Kahle mit einem Rückzug auf Glauben und Frömmigkeit, auf Sakramente und besonders auf einen heldischen Christuskult. Auch er blieb damit wie Hammerschmidt seiner überkommenen Grundhaltung aus der Weimarer Republik verhaftet, die sich an der Liturgischen Bewegung orientierte und u.a. weniger Heiligenverehrung und Marienkult forderte und an deren Stelle Christus in das Zentrum des Glaubens rückte.[656] Kahles Betonung des Gemeinschaftscharakters des Schulgottesdienstes bezog durch Ablauf, Form und Inhalt die Jugendlichen ein und sprach sie intellektuell und emotional stärker an, förderte aber eine Verinnerlichung und damit eine Selbtbeschränkungsmentalität.[657] Zugleich blieb so weiterhin der Anspruch auf Veränderung unpolitisch, da

---

[655] vgl. Breuning, Klaus, Die Vision ..., a.a.O., S. 131ff.

[656] Die Hinwendung zum NS-Staat ist auch als „eine politische Konsequenz der Liturgischen Bewegung" verstanden worden, so von Abt Herwegen als politische Anwendung seiner religiösen Arbeit: „Was auf religiösem Gebiet die Liturgische Bewegung ist, ist auf dem politischen Gebiet der Faschismus." (Breuning, Klaus, a.a.O., S. 315). Vom Standpunkt der Dogmatik kommt der Paderborner Prälat Prof. Bartmann zu „wärmsten, lebhaftesten Sympathien" für die liturgische Bewegung, ohne diese denkbaren Implikationen zu thematisieren. Vgl. Bartmann, B., Katholische Bewegungen mit Hemmungen, in: Theologie und Glaube 28 (1936), S. 24f

[657] Pahlke, Georg, Trotz Verbot ..., a.a.O., S. 408ff., spricht von einem „Paradigmenwechsel im Kirchenbild von der societas perfecta zum corpus Christi mysticum", der das lebendige Zusammenleben der Gemeinde betonte.

auf den religiösen Bereich beschränkt, d.h. außerhalb der konfliktgeladenen gesellschaftlichen Realität.

Diese Entwicklung - abgeleitet aus den jeweiligen Veröffentlichungen - wird durch Kahles Abiturthemen und dem daraus teilweise erkennbaren Unterricht nur insofern gestützt, als keine Verstärkung nationalsozialistischer Positionen erfolgte, eher ein gelassenerer Umgang mit den behördlichen Vorgaben. Der Darlegung rassistischer Vorstellungen wurde direkt keine Möglichkeit eingeräumt.

Bei allen Differenzierungen und Unterschieden lassen sich im Kollegium insgesamt Affinitäten zum Nationalsozialismus bzw. seiner Propaganda, wie gezeigt wurde, nicht verdecken - besonders der Rassismus war in den mündlichen Biologie-Prüfungen mehr als nur partiell vorhanden.[658] Während zwar propagandistisch eine Anti-Moderne versprochen wurde, in der für politischen Pluralismus und Individualrechte kein Platz war, gingen aber die Ansätze einer charismatischen Herrschaft mit bürokratischen Elementen einher, die auf eine Hochindustrialisierung und kriegswirtschaftliche Organisation zielten, die der erhofften romantischen Agrarstruktur und den antikapitalistischen Vorstellungen keinen Raum gaben. Es bleibt offen, inwieweit letztere Entwicklung, die den politischen und kulturellen Vorstellungen konträr lief, neben der Verfolgung der Kirche auch ausschlaggebend war für den Rückzug vom Nationalsozialismus. Grundsätzlich basierte die Ablehnung des Regimes aber auf dessen Widerspruch zur Kirche und erfolgte nicht aufgrund politischer oder weltanschaulicher Strukturen.[659]

Der sich Mitte der 30er Jahre verstärkt abzeichnende Konflikt zwischen dem nationalsozialistischen Regime und der Kirche führte zwar zu einer Rückbesinnung auf Glaubenswahrheiten, doch war ein Rückzug aus Parteiämtern kaum möglich, sondern nur ein reduziertes öffentliches Ausfüllen. Ein kaum wahrnehmbares Signal für Distanz. Unterrichtlich ermöglichte die überwiegende religiöse Einbindung der Schüler(innen) durch ihr Elternhaus das Beharren auf christlichen Werten, die aber den Staat nicht in Frage stellten. Die Termini „loyale Opposition" oder „widerstreitende Kooperation" scheinen für dieses Verhalten schon fast zu weitgehend, da ein Bestehen auf humanistischen Werten zu diesem Zeitpunkt nur begrenzt erkennbar war.

Auch die Veröffentlichungen nach der militärischen Niederlage des Nationalsozialismus offenbaren für Hammerschmidt das unreflektierte Dilemma, „trotz un-

---

[658] Unberücksichtigt blieb die teilweise Kongruenz im Frauenbild in Form der weitgehenden Reduktion auf die Mutterrolle und den Wirkungskreis Familie.

[659] Die ambivalente Situation charakterisiert Beilmann, Christel, Eine katholische ..., a.a.O., S. 311: „Mit den Nationalsozialisten gegen den Bolschewismus für das Vaterland."

übersehbarer Realität der modernen, hochdifferenzierten, industrialisierten und technisierten Welt christliche Grundforderungen in Staat und Gesellschaft durchsetzen zu wollen, die in vormodernen Zeiten wurzelten."[660] Diese religiöse Grundhaltung korrespondierte mit traditionellen bürgerlich-konservativen Wertvorstellungen, vor deren Hintergrund man sich gegen die auf eine „Säkularisierung" reduzierte Gesellschaftsentwicklung wehren wollte durch eine „Rückkehr zu Gott" zur Rettung des Abendlandes. Eine derartige Vorstellung implizierte ein eingeschränktes Verständnis des Nationalsozialismus, nämlich als Abfall vom Glauben, und sah in ihm nur eine konsequente materialistische Weltanschauung.[661] Interpretation der Vergangenheit und Zukunftsdeutung blieben der Tradition verbunden und waren weder durch 1933 noch durch 1945 gebrochen, sondern blieben längerfristigen Mentalitäten verhaftet, die auch auf den durch die Romantik beeinflußten Vorstellungen katholischer Sozialreformer und besonders den Sozialenzykliken basierten.[662] Jetzt von einem Mißbrauch der Jugend, besonders der höheren Schüler zu sprechen, greift und griff[663] analytisch zu kurz. Eine angemessene und geänderte Auseinandersetzung mit der Industriegesellschaft, die

---

[660] Einleitung, in: Kaiser, Jochen-Christoph u.a. (Hrsg.), Christentum ..., a.a.O., S. X. Damit blieb Hammerschmidt dem Diskussionsstand im Katholischen Akademikerverband Ende der Weimarer Republik verhaftet, dem Baumgartner nachweist, ihn als „den Versuch eines katholisch-theologischen Brückenschlages zum nationalsozialistischen Ideengut" verstehen zu können. Baumgartner, Alois, Sehnsucht ..., a.a.O., S. 166

[661] So auch programmatisches Selbstverständnis der CDU. Vgl. Greschat, Martin, „Rechristianisierung" und „Säkularisierung". Anmerkungen zu einem europäischen konfessionellen Interpretationsmodell, in: Kaiser, Jochen-Christoph u.a (Hrsg.), Christentum ..., a.a.O., S. 6f. In diesem Sinne argumentierten auch viele christliche Historiker. Vgl. Schulze, Winfried, Deutsche ..., a.a.O., S. 266ff und das Fallbeispiel von Kröger, Martin / Thimme, Roland, Die Geschichtsbilder des Historikers Karl Dietrich Erdmann. Vom Dritten Reich zur Bundesrepublik, mit einem Vorwort von Winfried Schulze, München 1996

[662] vgl. Löhr, Wolfgang, Rechristianisierungsvorstellungen im deutschen Katholizismus 1945-1948, in: Kaiser, Jochen-Christoph u.a. (Hrsg.), Christentum ..., a.a.O., S. 25

[663] So Winfried, Heinrich, Bilanz des Nationalsozialismus, in: „Stimmen der Jugend. Zeitschrift junger Katholiken" 3 (1931), H.3, S. 90: „So mißbraucht er (der Nationalsozialismus, H.-G.B.) das neu aufkommende Verständnis für das V o l k s t u m im Dienst seines Rassenevangeliums, er mißbraucht die J u g e n d b e w e g u n g und ihre Sehnsucht nach Führung und Ganzheit, er mißbraucht die von Otmar Spann wieder angebahnte u n i v e r - s a l i s t i s c h e Denkweise, er mißbraucht den W e h r w i l l e n, die berechtigte D e - m o - k r a t i e - und K a p i t a l i s m u s k r i t i k, er mißbraucht die E i n h e i t s s e h n - s u c h t der gläubigen, christlich-deutschen Welt durch sein primitives Ideal der 'Verschmelzung der beiden christlichen Kirchen in Deutschland', er mißbraucht vor allem den T a t w i l l e n d e r j u n g e n G e n e r a t i o n, die vom Weltkrieg keine erlebnismäßige Vorstellung mehr hat und 'Sturmbrücke zur neuen Zeit' sein möchte."

sche Ansatz, allein über religiöse Veränderungen zu einer neuen christlichen Gemeinschaft zu kommen, vernachlässigte weiterhin die Strukturen der bürgerlichen Gesellschaft und ihre demokratischen Potentiale. Die Vision eines religiösen Reiches für das 20. Jahrhundert war geblieben. Wenn Walter Dirks seinen Verfechtern bestätigt: „Es sind die Schlechtesten nicht, die für seinen Zauber empfänglich waren"[664], kann man da für die Rüthener Lehrerschaft, die als „Brückenbauer" zum Nationalsozialismus anzusehen sind[665], bedingt zustimmen, doch bleiben Nachfragen: Warum hatten die Warner vor dieser restaurativen Reichsvision auch in der Nachkriegszeit eine so geringe Resonanz? Warum war der „Lernerfolg" z. B. bei dem als besonders religiös geltenden Hammerschmidt in Hinblick auf eine demokratische Gesellschaft so gering? Warum sollten noch immer die Ziele der Französischen Revolution wie Freiheit und Gleichheit überwunden werden? War der Januskopf des übergroßen Idealismus, der moralisch-religiösen Unnachgiebigkeit die Anfälligkeit für totalitäre Ansprüche gewesen? Das antidemokratische Potential im Katholizismus dominierte noch.[666]

Die Deutschkundebewegung, die ihren spezifischen Niederschlag in Deutscher Oberschule und besonders in der ländlichen Aufbauschule gefunden hatte, förderte die oben aufgezeigte Entwicklung und gab ihr eine besondere Stoßkraft. Sie offenbarte - wie Teile des Katholizismus - Affinitäten zur Propaganda des Nationalsozialismus: Überhöhung von Volkstum, Familie, Bodenständigkeit und Gemeinschaftsgedanken[667], Ablehnung der unorganischen und rationalen Gesellschaft (in Tradition von Tönnies) und einer dekadenten Zivilisation, Forderung einer neuen religiös-mythisch-emotionalen Denkweise, Suche nach Tiefe und Ursprünglichkeit, Romantisierung und Mystifizierung der Heimat, Apotheose eines erdverbundenen Bauerntums und Ablehnung fremder Volks- und Kultureinflüsse usw. - bei Ignorierung der forcierten industriellen Entwicklung und der fortschreitenden Verstädterung. Dies korrespondierte mit Unterordnungsbereitschaft und Pflichtbewußtsein als soldatischen Tugenden gegenüber einem starken Staat sowie Propagierung des Heldischen und Heroischen, von (Daseins-)Kampf, Ehre

---

[664] Dirks, Walter, Geleitwort, in: Breuning, Klaus, Die Vision ... a:a.O., S. 11
[665] vgl. Hürten, Heinz, Deutsche ..., a.a.O., S. 214ff.
[666] Noch 1948 glaubte Kardinal Frings, daß „sich das gegenwärtige Regime kaum von einem totalitären Staat unterschied" (zit. nach Foschepoth, Josef, Zur deutschen Reaktion auf Niederlage und Besatzung, in: Herbst, Ludolf (Hrsg.), Westdeutschland 1945-1955. Unterwerfung, Kontrolle, Integration, München 1986, S. 152).
[667] Klemmt, Alfred, Wissenschaft und Philosophie im Dritten Reich, in: Meier-Benneckenstein (Hrsg.), Grundfragen der deutschen Politik, Berlin 1939, S. 53-83, sah wiederum als „Konsequenz des Gemeinschaftsprinzips" den ständischen Gedanken (S. 73).

und Opferethos, von Schicksal und Todessucht. Derartige Verhaltensweisen und Eigenschaften waren großen Teilen des Katholizismus nicht fremd. Als ein weiteres Bindeglied ist auch die Übereinstimmung in der zukünftigen Stellung der Deutschen anzusehen: ihr Erwähltsein für größere Aufgaben, was ein spezifisches (göttliches) Sendungsbewußtsein beinhaltete. Diesen Vorstellungen waren auch die Rüthener Aufbauschullehrer verhaftet, was sich in Veröffentlichungen, Reden und Abituraufsatzthemen sowie in deren interpretativer Bearbeitung durch die Schüler(innen) niederschlug.

Daß sich die Abituraufgaben und daraus ableitbar mindestens ein Teil des Unterrichts trotz weitgehenden Fehlens ns-spezifischer Richtlinien und besonderer Lehrbücher an der aktuellen, der nationalsozialistischen Propaganda bzw. Ideologieentwicklung folgenden Diskussion der einschlägigen Fachzeitschriften orientierten - mit Ausnahme der Erdkunde -, zeigt einmal mehr, daß bei partieller Übereinstimmung sich schnell eine Eigendynamik entwickeln kann, die die Unterschiede teilweise überdeckt.

Die umfassende Betonung des Deutschtums zeigte sich an der schon angeführten Haltung der Zeitschrift „Deutsches Volkstum": Gegenüber ihrer völkisch-nationalistischen Ausrichtung war auch für überzeugte Katholiken ihre eher evangelische Orientierung nachrangig. Diese von Wilhelm Stapel herausgegebene Zeitschrift propagierte allgemein ein völkisches Christentum und forcierte den Weg zu einem Imperium Teutonicum, wobei man sich alltagspolitisch vom Kabinett Brüning (März 1930-Mai 1932) eine „Synthese von 'Frontgeist' und katholischem Christentum erhoffte"[668]. Stapel sah dann 1932 die geschichtliche Funktion des Nationalsozialismus in der Aufgabe, „die Reste von Weimar auszuräumen, damit alsdann die echten, die volksbiologisch grundhaltigen Fronten sichtbar und wirksam werden können, aus deren Kampf erst die Gestalt des neuen Reiches hervorgeht", und zeigte sich im September 1933 „froh des Aufbruchs, in eine unbekannte Zukunft zu wandern"[669]. Konkret unterstützte bzw. begrüßte Stapel im „Deutschen Volkstum" die Aufhebung der Pressefreiheit, die Bücherverbrennung, die Entrechtung der Juden, die Revision des Versailler Vertrages und zeigte sich insgesamt begeistert vom neuen Regime.[670] Für die Schule war dies alles kein Grund, die Zeitschrift abzubestellen.

---

[668] vgl. Breuer, Stefan, Anatomie ..., a.a.O., S. 159
[669] Zitiert ebd., S. 142f.
[670] vgl. ebd., S. 171f. 1938 mußte aber die Zeitschrift wegen Kritik an Auswüchsen des Systems eingestellt werden (ebd., S. 172).

Die deutschkundliche Ausrichtung der Aufbauschule und ihrer Lehrer war ein weiteres Element neben der aufgezeigten spezifischen Interpretation der katholischen Weltanschauung, das Affinitäten zum Nationalsozialismus eröffnete. Die Vertreter der Deutschkunde - besonders auch im Verband der deutschen Ober- und Aufbauschulen - hatten den „nationalen Aufbruch" euphorisch begrüßt, doch war ihre Unterstützung nur bis zur Etablierung des Regimes gefragt, da sie sich teilweise den rassistischen und antiintellektuellen Ansprüchen versperrten, wie sie in der Weiterentwicklung der Deutschkunde zum „völkischen Realismus" zum Ausdruck kamen. Ihre konservativ-nationale Grundhaltung und Distanz zur (Weimarer) Demokratie verbunden mit der Hoffnung auf Durchsetzung ihrer bildungspolitischen und schulorganisatorischen Forderungen und Wünsche durch die NSDAP ließen sie dennoch einschwenken auf den ersehnten hierarchischen und autoritären und letztendlich diktatorischen Staat. Da sich hier weitere politisch-ideologische Affinitäten zeigten, reduzierte sich die anfängliche Distanz der Mitglieder des Lehrerkollegiums weiter. Sie zeigten sich als Zuarbeiter, Wegbereiter und teilweise als Schrittmacher des Nationalsozialismus, indem sie Mentalitäten entwickelten und mitformten, die im Nationalsozialismus fortgesetzt werden konnten.

Das unterstellt aber keine geradlinige kontinuierliche Entwicklungslinie. Gerade im Literaturunterricht war der geforderte „Geist des Lagers" wenigstens bis 1937 nicht erkennbar, die Deutschkunde als „politisch durchblutete Lebenswissenschaft" (Linden) noch nicht in den Unterricht transponiert. Eher ist ein Verharren auf der Erziehung des deutschen Menschen und nicht des nationalsozialistischen Tatmenschen zu erkennen. Deutsche Bildung degenerierte nicht vollständig zur Charakterschulung.

Während sich der Kulturpessimismus in unterschiedlich starker Ausprägung als Band zwischen vielen Intellektuellen nachweisen läßt, die einen „Ekel" an der Moderne entwickelten und einige sogar einen „Abfall von Gott" als Zeitphänomen erkannt haben wollten, stellt sich doch die Frage, warum einige Intellektuelle verführbar waren und mit fliegenden Fahnen zum Nationalsozialismus wechselten, während andere sich aus ihrer Kulturkritik heraus dem Nationalsozialismus schon 1933 und nicht erst später verweigerten. Für letztere seien stellvertretend für ein breites politisches Spektrum genannt Ernst Cassirer, Dietrich Bonhoeffer, Ewald von Kleist-Schmenzin, für erstere Martin Heidegger, Ferdinand Freiherr von Lüninck.[671]

---

[671] Die divergierende Verarbeitung von Jugendbewegung und Kriegserlebnis zeigt exemplarisch für katholische Intellektuelle Bröckling, Ulrich, „Katholische Intellektuelle in der

Im Verhalten des gesamten Rüthener Kollegiums, das vom Oberschulrat Hellwig politisch nicht kritisiert wurde,[672] spiegelte sich die typisch defensiv-konservative gesellschaftspolitische Einstellung der Philologenschaft in der Weimarer Republik. Dieser weist Lauterbach in ihrer Mehrheit ein ständisch-hierarchisches Gesellschaftsbild nach, das auch durch antisozialdemokratische Affekte bestimmt war und zu einer Indifferenz gegenüber der parlamentarischen Demokratie führte.[673] Die Distanz zu den Parteien zeigte sich in Rüthen deutlich auch darin, daß nur einer der doch bewußt und betont katholischen Lehrer Mitglied im Zentrum war.

Ihr unpolitisches Verständnis von Pädagogik und ihr fehlendes Demokratiebewußtsein aufgrund antiaufklärerischer Traditionen machten sie einerseits anfällig für deutschtümelnde Unterrichtinhalte, aber auch für die sich autoritär gebende „nationale Erhebung", von der man sich verstärkten Widerstand gegen die Auflösung traditionaler Werte versprach. Daß dieser Haltung durchgängig eine sich als „unpolitisch" verstehende Selbsteinschätzung zugrunde lag, offenbart fehlende gesellschaftliche Reflexionsfähigkeit. Und daß diese sich als neutral verstehende Haltung besonders angesichts der Umbruchprozesse Parteinahme war, war als Erkenntnis auch nach der Befreiung vom Nationalsozialismus nicht vorhanden.

Die Grundhaltung ging einher mit einer großen, später nur sektoralen Anpassungsbereitschaft gegenüber den Forderungen des neuen Regimes, die zeigt, daß neben Konjunkturrittertum auch punktuelle inhaltliche Affinitäten zum Nationalsozialismus vorhanden waren.[674] Daß ist zu beachten, wenn die Bereitschaft zur Mitarbeit nach der Machtübergabe insgesamt durchaus enthusiastisch und pflichtbewußt erfolgte. Der kollektive Beitritt des Kollegiums konnte als Mischung aus

---

Weimarer Republik". Zeitkritik und Gesellschaftstheorie bei Walter Dirks, Romano Guardini, Carl Schmitt, Ernst Michel und Heinrich Mertens, München 1993

[672] Zur politischen Position Hellwigs: Er stellte sich nach seiner Pensionierung in Rüthen als Festredner einer Parteiveranstaltung anläßlich der „Wiederkehr des Jahrestages der nationalen Erhebung" zur Verfügung. Seiner Ansprache lag der Gedanke „Verheißung-Erfüllung" zugrunde und Hellwig schilderte - so der Chronist weiter - „in kurzen Zügen aus der Geschichte die Tatsachen für Deutschlands frühere Ohnmacht und weiter die Bestrebungen, aus dem Tiefstand wieder herauszukommen, bis nach dem letzten Niedergang nach dem Weltkriege unser Führer uns die Rettung brachte. Redner schloß mit dem Wunsch, daß unser Führer uns noch recht viele Jahre erhalten bleiben möge." (Stadtarchiv R, Viegener, 1.2.1938)

[673] Lauterbach, Hans-Christoph, Die Politik des Philologenverbandes, in: Heinemann, Manfred (Hrsg.), Der Lehrer ..., a.a.O., S. 249-261

[674] siehe zum zeitlichen Parteibeitritt auch Breyvogel, Wilfried, Volksschullehrer und Faschismus - Skizze zu einer sozialgeschichtlichen Erforschung ihrer sozialen Lage, in: Heinemann, Manfred (Hrsg.), Lehrer ..., a.a.O., S. 317-343

Angst vor dem Verpassen des Anschlusses an einen insgesamt begrüßten nationalen Trend, Gruppendruck[675] und Folgebereitschaft angesichts der Vorreiterrolle der intellektuell und in religiösen Fragen dominierenden Lehrer charakterisiert werden. Der Beitritt offenbarte aber für diesen Zeitpunkt zugleich mangelnde individuelle Charakterstärke, wobei diese Einschätzung mit zunehmender Desillusionierung des Kollegiums aufgrund nationalsozialistischer Ansprüche und Eingriffe besonders in das religiöse Leben teilweise korrigiert werden kann. Daß ein einzelnes Mitglied des Kollegiums aus Krankheitsgründen am gemeinsamen Beitritt zur NSDAP 1933 nicht teilnahm und dies 1937 nachholte, ist schwierig einzuordnen. Er kann einerseits unter Anpassungsdruck beigetreten sein, andererseits ist auch eine bewußte nachträgliche Entscheidung denkbar. Sein konflikthaltiges demonstrativ religiöses Verhalten kann kaum als grundsätzliche Opposition, eher als Resistenz gedeutet werden, da es seinem allgemeinen Querulantentum, seinem Nichtanpassenwollen an staatliche Maßnahmen entsprach.

Gerade sich eher als unpolitisch verstehende Katholiken wie die meisten Rüthener Lehrer fühlten sich durch die Verlautbarungen der Bischöfe und die Zustimmung des Zentrums zum Ermächtigungsgesetz von Vorbehalten entlastet und weitgehend „in die Einsamkeit persönlicher Entscheidung" entlassen[676], der sie de facto häufig allerdings nicht gewachsen waren. Eine mögliche nur verhaltene Anpassung der Unterrichtsinhalte und Prüfungsthemen an die politisch oder fachdidaktisch empfohlene Ausrichtung erfolgte nach der Machtübergabe nicht. Daß auch diese Lehrer, die mehr als nur aus einem „strukturellen Opportunismus" (Buchheim) handelten, im Rahmen der Entnazifizierung als höchstens „Mitläufer" eingestuft wurden[677] und aufgrund ihrer Nähe zur Kirche heute fast als Widerständler angesehen werden, kann Historiker und Historikerinnen kaum zufriedenstellen - auch wenn ihre Integration in die Demokratie als gelungen bezeichnet werden kann.[678] Diese Einschätzung gründet auch in der notwendigen Differenzierung der Lehrer(innen)schaft und Würdigung derjenigen Lehrer(innen), die

---

[675] Die Beachtung dieses Aspekts ergibt sich auch daraus, daß ausweislich der Entnazifizierungsunterlagen mehrere Lehrer nach ihrer Versetzung aus Rüthen ihre Aktivitäten in nationalsozialistischen Organisationen nicht fortgesetzt haben.

[676] vgl. N., L., Die neue Situation, in: Werkhefte Junger Katholiken 2 (1933), März/April 1933, S. 104, der von einer „Stunde der Ratlosigkeit und Verwirrung" sprach und deutlich sagte: „Die katholischen Parteien haben uns in die Wüste geführt." ebd.

[677] vgl. grundsätzlich Niethammer, Lutz, Die Mitläuferfabrik. Die Entnazifizierung am Beispiel Bayerns, Berlin 1982

[678] vgl. grundsätzlich Henke, Klaus-Dietmar, Die Grenzen der politischen Säuberung in Deutschland nach 1945, in: Herbst, Ludolf (Hrsg.), Westdeutschland ..., a.a.O., S. 127-133

sich der Inanspruchnahme durch die Nationalsozialisten früh verweigerten oder sogar widerständiges Verhalten zeigten und hierfür geachtet werden müssen.[679] Wenn man davon ausgeht, daß nicht in allen Elternhäusern der Schüler(innen) der Aufbauschule nationalsozialistisches Gedankengut dominierte,[680] bleibt zu prüfen, wie die Schüler(innen) mit den Ansprüchen und Zumutungen des Nationalsozialismus an der Schule - vertreten durch das Kollegium - umgingen, wieweit es dem Kollegium gelang, sie zu integrieren und ihr Selbstverständnis zu beeinflussen angesichts des häuslichen katholischen Milieus. Andererseits bleibt aber auch zu fragen, welche Dispositionen die elterliche Erziehung bzw. welche Dispositionen das gesellschaftliche Umfeld förderte, die die Kinder für nationalsozialistische Ideologieelemente empfänglich machten.

Nur die ersten Schüler(innen)jahrgänge der Aufbauschule hatten noch vage Erinnerungen an das Ende des Ersten Weltkriegs. Zunehmend waren Kindheit und Adoleszenzphase durch die materielle Notlage in der Nachkriegszeit und die teilweise schwierigen Familienverhältnisse geprägt. Alle Schüler(innen), die zwischen 1933 und 1937 die Reifeprüfung bestanden, hatten aufgrund ihres Alters eine politische Alternative zum Nationalsozialismus kennengelernt - auch wenn die Krisenzeit der autoritären Präsidialkabinette und eine konservativ-nationale und religiöse Erziehung in Schule und Elternhaus bewußtseinsmäßig wohl dominierten -, da ein Teil ihrer Sozialisation in der Weimarer Republik erfolgt war.[681] Doch führte diese Gegenwelt kaum zu erkennbarer Distanz gegenüber dem Regime - auch nicht beim Abiturjahrgang 1934. Die Angst vor sozialer Deklassierung begünstigte die verbreitete Bereitschaft zu einer Akzeptanz einer autoritären Krisenbewältigung. Die patriarchalisch-autoritären Familienstrukturen förderten eher Anpassungs- als Widerspruchsverhalten, Vorbehalte gegen den Nationalsozialismus gingen kaum über das religiöse Terrain hinaus. Und die Lehrer als do-

---

[679] vgl. Dick, Lutz van, Lehreropposition ..., a.a.O.

[680] vgl. Kapitel C.I.

[681] Neben dem hier verfolgten sozial- und strukturgeschichtlichen sowie ideologiekritischen Ansatz wäre ergänzend auch ein sozialisationsspezifischer auf Familienbasis denkbar gewesen, um zu zeigen, wie gering bzw. wie prägend der Einfluß der Schule war, und zwar beispielhaft im Hinblick auf die streng religiöse Familie Kraas. Der Vater - gestorben 1933 - war seit 1914 Lehrer in Scharfenberg bei Brilon, die fünf Söhne besuchten teilweise auch die Aufbauschule in Rüthen. Die ältesten vier machten Karriere in SS oder Wehrmacht (einer wurde sogar SS-Generalmajor), der jüngste besuchte bis 1944 eine Nationalpolitische Erziehungsanstalt (vgl. „Was sollen wir denn Böses getan haben?" Die Scharfenberger Familie Kraas, in: Blömeke, Sigrid u.a., „Jungens ..., a.a.O., S. 42-44). Vgl auch Haupert, Bernhard / Schäfer, Franz Josef, Jugend zwischen Kreuz und Hakenkreuz. Biographische Rekonstruktion als Alltagsgeschichte des Faschismus, 2. Aufl. Frankfurt 1992

minierende Sozialisationsinstanzen hatten es versäumt (bzw. waren gar nicht in der Lage), die Schüler(innen) mit ethischen und politischen Kategorien auszustatten, die eine rationale demokratieorientierte Auseinandersetzung mit der emotional eingefärbten politischen Entwicklung begünstigt hätten. Der breite Rückhalt in Bevölkerung und Lehrerschaft für den „nationalen Aufbruch" und die fast konfliktfreie Etablierung des Nationalsozialismus in Rüthen sowie die Verfolgung „nur" von Mitgliedern der Arbeiterschicht, zu denen aufgrund der sozialen Herkunft der Schüler(innen) kaum Kontakt bestand, sowie die Diskriminierung und Entrechtung der zahlenmäßig geringen Bevölkerungsgruppe der Juden, die öffentlich auch von Lehrer Kahle denunziert worden war, erleichterten die Nichtproblematisierung der Veränderungen und förderten keine Distanz. Die zur existentiellen Frage erklärte Glaubensbedrohung verhinderte die Wahrnehmung der Verfolgung anderer Gruppen. Zwar ist ein expliziter Antisemitismus nicht erkennbar, andererseits aber auch keine Immunisierung. Daß Eltern und Schüler(innen) wie an anderen Schulen in Auseinandersetzungen um die religiöse Ausrichtung der Schule (Gottesdienste, Kreuze oder Heiligenbilder im Klassenzimmer) involviert waren, ist nicht bekannt.

Die Übernahme von Verantwortung in den nationalsozialistischen Jugendorganisationen, die den Aufbauschüler(inne)n als höheren Schüler(inne)n häufig zugeteilt wurde, kann als weiteres integrierendes Moment angesehen werden, das verstärkt wurde durch gemeinsame politisch-ästhetische Aufmärsche und Feiern.[682] Ein besonderer Stellenwert kam im Einzelfall Hitler als Idol zu, da sich die Teilnehmer besonders von Parteitagen der Wirkung der Inszenierungen nicht entziehen und als faszinierte und bewundernde Multiplikatoren wirken konnten.[683] Denn Führertum und Gefolgschaft waren für junge Katholiken zu Beginn der 30er Jahre „vertraute Elemente ihres Gemeinschaftslebens, die für sie durchweg emotional positiv besetzt waren", resümiert Pahlke und schließt, daß „eine affektive oder reflektierte Ablehnung jenes staatlichen Führertums, wie es der Nationalsozialismus propagierte, von ihnen kaum zu erwarten (war)"[684].

---

[682] Klafki schreibt diesen Inszenierungen aufgrund der Auswertung zahlreicher Autobiographien eine identifikationsstiftende Wirkung zu (vgl. Klafki, Wolfgang, Typische Faktorenkonstellationen für Identitätsbildungsprozesse von Kindern und Jugendlichen im Nationalsozialismus im Spiegel autobiographischer Berichte, in: Berg, Christa u.a. (Hrsg.), Du bist ..., a.a.O., S. 170).

[683] Klafki analysiert in diesem Zusammenhang: „Dieses Idol wirkte als ideologische Versöhnungsklammer und gleichsam als letzte Verankerung des Systems im politischen Identitätsbewußtsein der jungen Menschen zu jener Zeit." (ebd., S. 171)

[684] Pahlke, Georg, Trotz Verbot ..., a.a.O., S. 356

In der Erinnerung der Schüler(innen) waren die ersten Jahre im Nationalsozialismus, die ihnen aufgrund ihrer Stellung als höhere Schüler(innen) Führer(innen)positionen in HJ und BDM und damit spezifische Erfolgserlebnisse brachten, die schön(st)e Zeit ihres Lebens, die ihnen mehr Selbständigkeit durch die erwünschte Unabhängigkeit von der Familie ermöglichte - vergleichsweise stärker bei Mädchen als bei Jungen. Die Erlebnisse dieser Jugendlichen aus kleinbürgerlichem Milieu wurden geprägt durch Kameradschaft in der Schule und NS-Organisationen. Letztere boten in den ersten Jahren nach 1933 oft noch attraktives „'jugendbewegtes' Leben und Treiben"[685], während die Schule den Lernerfolg brachte, der ihnen den erhofften gesellschaftlichen Aufstieg in der Zukunft bringen sollte. Das Verlassen dieser vermeintlichen Normalität, die auch retrospektiv als unpolitisch gilt, und eine teilweise Neubesinnung setzten erst mit Landjahr, Arbeitsdienst und Wehrmacht ein. Doch eine kritische Auseinandersetzung mit diesen „schönen" Jugendjahren im Nationalsozialismus im Hinblick auf dort erworbene Verhaltensmuster und intellektuelle Prägungen erfolgte bis heute nicht.[686] Die NS-Zeit bleibt nostalgisch verklärt - wohl auch um Identitätskrisen zu vermeiden.[687]

Hinweise, daß der Unterricht in Rüthen als reine platte Indoktrinationsveranstaltung ablief, gibt es kaum. Vielmehr dominierte eine jugendgemäße Diskussionsbereitschaft, aus der aber zunächst nur eine formale Offenheit der Lehrer abgeleitet werden kann. Inhaltlich beharrten diese einerseits auf religiösen Positionen und Weltbildern, andererseits vertraten sie völkisch-nationalsozialistische Vorstellungen. Die Aussagen der Schüler(innen) legen nahe, daß sie sich mit den als aufgeschlossen gebenden Lehrern auch aufgrund deren idealistischen Aktivismus als Bezugspersonen identifizierten. Als Persönlichkeitsbruch wurde ihre Mitglied-

---

[685]   Klönne, Arno, Jugend im Dritten Reich. Die Hitler-Jugend und ihre Gegner, München 1995, S. 284ff.

[686]   Auch Kaschuba/Lipp beklagen in ihrer Regionalstudie, „daß man (die Dabeigewesenen, H.-G. B.) den Nationalsozialismus als 'normale Jugend', als 'normales Leben' empfand und auch heute kaum anders darüber denken mag. Vor allem: Daß man gar nicht so recht identifizieren kann, was an diesen gesellschaftlichen Erfahrungen 'falsch' war". Kaschuba/Lipp sprechen daher von „'unwissender' Faschismuserfahrung" (Kaschuba, Wolfgang / Lipp, Carola, Kein Volk steht auf, kein Sturm bricht los. Stationen dörflichen Lebens auf dem Weg in den Faschismus, in: Beck, Johannes u.a. (Hrsg.), Terror und Hoffnung in Deutschland 1933-1945. Leben im Faschismus, Hamburg 1980, S. 111f.).

[687]   In diesem Sinne auch Rosenthal, Gabriele (Hrsg.), Die Hitlerjugend-Generation. Biographische Thematisierung als Vergangenheitsbewältigung, Essen 1986, bes. S. 368ff. Vgl. auch Kock, Lisa, „Man war bestätigt und man konnte was!". Der Bund Deutscher Mädel im Spiegel der Erinnerungen ehemaliger Mädelführerinnen, Münster u.a. 1994, bes. S. 256ff.

schaft in der NSDAP nicht gesehen. Die Lehrer zeigten durch ihr öffentliches Auftreten in den ersten Jahren und durch die spezifischen Unterrichtsinhalte, daß sie den Nationalsozialismus begrüßten und nur Einschränkungen bei religiösen Fragen sahen. Ihr anerkannter Vorbildcharakter erleichterte den Schüler(inne)n die schnelle Akzeptanz des Nationalsozialismus für den weltlichen, sprich staatlichen Bereich.

Nicht ohne Einfluß der Lehrerschaft ist der schnelle frühe und vollständige Beitritt zur HJ zu erklären,[688] der für katholische Schulen sonst nicht nachweisbar ist.[689] Erstaunlich bleibt dies vor dem Hintergrund des katholischen Milieus, das mindestens bei einigen Schüler(inne)n zu verzögernden Vorbehalten der Eltern gegenüber einem Beitritt hätte führen können. Entweder waren die Unterschiede zum Nationalsozialismus nicht zu erkennen gewesen oder es lag diesem Verhalten eine Trennung der Lebensbereiche zugrunde, die die Reichweite der Religion auf den Privatbereich beschränkte, was aber derem fundamentalen Anspruch entgegengelaufen wäre. Erleichtert wurde der HJ-Eintritt durch das Fehlen von konfessionellen Schülerorganisationen. Die Teilnahme am kirchlichen Leben fand keine Einschränkung durch die HJ-Mitgliedschaft, sie führte zu keinem direkten Konflikt, höchstens zu zeitlichen Koordinationsschwierigkeiten. Auch von seiten der Kirche wurden - wenn man den religiösen Pflichten genügte - keine Distanzierungen vom Nationalsozialismus erwartet, was angesichts der eigenen Einbindungen auch schwierig zu vermitteln gewesen wäre.

Daß die Schüler(innen) schon ab Frühjahr 1933 geschlossen an außerschulischen NS-Veranstaltungen wie Aufmärschen und Sonnenwendfeiern teilnahmen, dürfte einerseits der Erwartungshaltung der Schule, aber andererseits auch ihrer Sehnsucht nach Gemeinschaft entsprochen haben. Ritualisierter Ablauf, öffentliches Bekenntnis und die Gemeinschaftsform, die eine Rücknahme der Individualität bedeutete, unterschieden sich äußerlich-formal kaum von den katholischen Prozessionen, wie ein Schüler formulierte, denen auch ein demonstrativer Charakter zukam und an denen man auch geschlossen teilnahm. Das läßt sich durchaus als Protest gegen religiöse Beschränkungen interpretieren, ohne unbedingt die Affinitäten zum Nationalsozialismus in Frage zu stellen.

---

[688] Inwieweit der häufige Beitritt zur Flieger-HJ sich aus Technikbegeisterung erklären läßt oder ob dem eher ein Verständnis als Nische mit geringerem Politisierungsgrad zugrunde lag, ist unklar.

[689] Damberg zitiert Gestapo-Lageberichte für November 1935, die positiv herausstellten, daß an einzelnen katholischen Schulen ein Organisationsgrad von 90% erreicht wurde (vgl. Damberg, Wilhelm, Der Kampf ..., a.a.O., S. 119).

Die nationalsozialistische Ausrichtung von Schule und Lehrerschaft schließt im nachhinein eine wohlwollende Betrachtung der Schulzeit und der Lehrer durch die Schüler(innen) offensichtlich nicht aus. Doch muß deren alleiniger Maßstab, die Beschränkung auf eine religiöse Dimension, die Verteidigung des Glaubens, hinterfragt werden. Kritisch sieht Christel Beilmann eine derartige Fixierung, die Freiheit, Gleichheit, Gerechtigkeit und Menschenrechte eher vernachlässigt:

> „Wir haben nie soviel bekannt, soviel gebetet, soviel geglaubt, soviel geliebt wie in der Zeit des Dritten Reiches. Wir haben es an der falschen Stelle getan, in den Mauern der Kirche, und sind schuldig geworden. Wir sind nicht dort gewesen, wo wir hätten sein müssen. Wir haben nicht gedacht.“[690]

In den Erinnerungen der Schüler(innen) dominieren in diesem Sinne auch keine Vorbehalte gegen den totalitären Staat, sondern gegen die Einschränkung des Glaubens, was aber auch nur als partielle Distanz anzusehen ist, da die gesellschaftspolitische Ebene ausgeblendet blieb.

Typische Ausprägungen von nationalsozialistischen Einstellungen und Handlungsformen bei den Schüler(innen) lassen sich insgesamt kaum erkennen, wenn man nationalsozialistische Argumentationsmuster und Phrasen in den Abiturarbeiten nicht überbewerten will.[691] Andererseits lassen sich aber auch keine Ernüchterung, Distanz oder sogar Widerstand aus den angesprochenen Arbeiten oder aus schulinternen Vorfällen ableiten, die eher auf Renitenz hindeuten.

Bezüglich der heutigen Beurteilung des Lehrerverhaltens durch die Schüler(innen) behaupten Delia und Gerd Nixdorf:

> „Da Kritikfähigkeit, eigenständige Informationssuche und Auseinandersetzung mit kontroversen Themen weder angestrebt noch aufgrund des allgemeinen Informationsmangels und der Datenverfälschung möglich waren, wurden auch diejenigen Schüler massiv in ihrem Denken beeinflußt, die im nachhinein sagen, daß ihre Lehrer keine eigentlichen Nationalsozialisten waren. Daß bereits kleine Abweichungen im Unterricht auffielen, läßt sich nachträglich als Symptom für die Enge des Denkens und der Handlungsmöglichkeiten ansehen.“[692]

Dieser Einschätzung kann man auch folgen, wenn man als „Abweichungen“ bereits die Behandlung katholischer Glaubensfragen im Unterricht betrachtet. So

---

[690] Beilmann, Christel, Eine katholische ..., a.a.O., S. 314
[691] Gerda Freise sah es als 'normal' an, „viele der ... übermittelten Lehrmeinungen zwar für falsch und blödsinnig zu halten, auch darüber zu spotten, aber sie dennoch bedenkenlos im Unterricht und in schriftlichen Arbeiten zu reproduzieren" (Freise, Gerda, Jugend im Nationalsozialismus. Versuch einer kritischen Vergegenwärtigung der Vergangenheit, in: Klafki, Wolfgang (Hrsg.), Verführung ..., a.a.O., S. 32).
[692] Nixdorf, Delia und Gerd, Politisierung ..., a.a.O., S. 238. Flessau schließt aus dem politischen Desinteresse der damaligen Schüler(innen) auf ein „politikferne(s) Erinnerungsbild" der heute Befragten (Flessau, Kurt Ingo, Schulen der Partei(lichkeit)? ..., a.a.O., S. 68f.).

wurden aus Lehrern, die schon im Mai 1933 Parteimitglieder waren, einschlägige Reden hielten und Aufsätze schrieben, öffentlich für den Nationalsozialismus auftraten und spezifische Abituraufgaben stellten, in der Wahrnehmung der Schüler(innen) „Andersdenkende", obwohl die Schnittmengen zum Nationalsozialismus beträchtlich und unübersehbar waren. Während sich Schüler(innen) des Abiturjahrgangs 1932 an nationalkonservative/nationalistische Lehrer erinnern, die Jahrgänge 1934 und 1935 von den spezifischen Ansprüchen dieser NSDAP-Mitglieder wissen, veränderten sich in den Folgejahren diese Lehrer aus Schüler(innen)sicht trotz der - wenn auch eingeschränkten - Propagierung des Nationalsozialismus zu aufrechten Widerständlern. Doch ist zu konzedieren, daß man auch offen bekannten religiösen „Abweichungen" angesichts der Stabilisierung des Systems zunehmende Bedeutung aufgrund der innewohnenden Bereitschaft, durch Kritik „anzuecken", beimessen kann.

Bis heute wird von den Schüler(inne)n die eigene politisch-weltanschauliche Position als Beurteilungsmaßstab kaum reflektiert. Diese Dimensionsverengung zeigte sich auch 1949 bei Kahle in der Beurteilung von Walter Flex' „Wanderer zwischen beiden Welten" und des Leutnants Wurche, der als junger Held auch in katholischer Interpretation im Tod „frühe Vollendung" findet: Flex u.a. „nehmen Krieg und Tod als geheimnisvolle Gabe aus Gottes Hand."[693] Ein Abiturient des Jahrgangs 1938 schrieb 1961 dazu:

> „Wir Vorkriegsabiturienten gehören zu einer Generation, die beispielsweise gegenüber den pausenlosen Phrasen nationalsozialistischer Wehrauffassung sich immerhin dadurch ein überhöhtes geistiges Bild vom Wehrgedanken bewahrte, daß wir im Kriege Walter Flex lasen und Ernst Wurche für die Tieferdenkenden auch noch im Zweiten Weltkrieg das geheime Leutnantsideal abgab: 'Leutnantsdienst tun' heißt, seinen Leuten vorleben, Vorsterben ist nur ein Teil davon."[694]

Die Funktion dieser Unterrichtsliteratur und ihre Wirkung auf das Selbstverständnis eines Katholiken und eines sich 'vaterlandstreu' verstehenden Jugendlichen in Hinblick auf Dienst und Gehorsam oder Wehrpflicht und Krieg ist immer noch weitgehend unproblematisiert und ihre Nähe zum Nationalsozialismus unerkannt.[695]

---

[693] vgl. so noch 1949 Kahle, Wilhelm, Geschichte ..., a.a.O., S. 467. Aus vergleichbarer protestantischer Sicht vgl. Schübel, Albrecht, Walter Flex - Gottes Soldat, in: Zeitwende 13 (1937), S. 577-584

[694] vgl. aus einem sehr problemorientierten Aufsatz anläßlich der atomaren Gefahren am 13. August 1961 von Risse, Ewald, Von den geistigen Grundlagen der Gefallenenehrung in unserer Zeit, in: Rüthener Hefte 1961, S. 75f.

[695] Zuletzt wies Neuß auf die Flexsche Fiktion eines sauberen Krieges und der Verkörperung männlicher Reinheit bei Wurche hin und erkannte insgesamt ein Gemisch aus militantem

In den späteren Jahren, das heißt nach 1936/37, haben sich die nationalsozialistischen Ansprüche gegen die Kirche weiter verschärft, so daß resistentem Verhalten der Lehrer in diesem Zusammenhang ein erhöhter Stellenwert zugeschrieben
werden muß. Wenn vor diesem Hintergrund - wie belegt wurde - die individuelle
generelle Bereitschaft der intellektuellen Meinungsführer, dem System zu folgen,
bei Hammerschmidt deutlich abnahm und Kahle versetzt wurde, so ergibt sich
auch hieraus eine veränderte Bewertungsmöglichkeit. Es ist nicht auszuschließen,
daß systemkritische Äußerungen - hier gegenüber der nationalsozialistischen Position zur Kirche - „gleichsam hindernde Pflöcke gegen die Vielfalt eher system-
integrativer Einflüsse im außerschulischen Erfahrungsraum (setzten)" und Di-
stanzierungstendenzen aufgrund des häuslichen katholischen Milieus im Einzelfall
verstärkten.[696]

Protestantismus und idealistischer Philosophie (vgl. Neuß, Raimund, Anmerkungen zu
Walter Flex. Die „Ideen von 1914" in der deutschen Literatur: Ein Fallbeispiel, Schernfeld
1992).
[696] vgl. Klafki, Wolfgang, Typische Faktorenkonstellationen ..., a.a.O., S. 167

D. Schlußbemerkungen und Ausblick

Gegenstand der Arbeit war die Überprüfung des Demokratiepotentials der Aufbauschule als Teil des höheren Schulwesens in Preußen im Übergang von der Weimarer Republik zum Nationalsozialismus. Die folgende schlaglichtartige Darstellung der Ergebnisse orientiert sich an der mehrschichtigen Fragestellung, ohne diese immer explizit aufzugreifen. Auf eine Wiederholung der in den beiden Hauptteilen erfolgten zahlreichen Präzisierungen und Korrekturen des in der Einleitung umfassend problematisierten unzulänglichen Forschungsstandes wird jedoch verzichtet. (Hierfür verweise ich auf die jeweiligen Zusammenfassungen und Bewertungen.) Zum zweiten werden weitergehende Aufgabenstellungen formuliert, die deutlich machen, daß Untersuchungen wie die vorliegende Arbeit die Notwendigkeit weiterer präzisierender, erweiternder oder verallgemeinernderer Forschungsaufgaben eröffnen und sogar notwendig machen können.
Die Bearbeitung der gestellten Thematik hat aufgrund der Quellenlage dazu geführt, daß der sozial- und strukturgeschichtliche Ansatz in wesentlichen Bereichen eine Erweiterung durch ideengeschichtliche und ideologiekritische Akzentuierungen erfahren konnte. So kamen verstärkt persönliche Verantwortlichkeiten besonders des Bildungsbürgertums und seiner kulturkritischen Fraktionen - auch aus dem Bereich des Katholizismus - in den Blick, die auf Kontinuitäten basierten, die ihre politisch-ideologische Grundlegung zeitlich noch vor der Weimarer Republik hatten, aber durch den Ersten Weltkrieg und seine Folgen aktualisiert und gestärkt wurden.[1] Es ließen sich Affinitäten und Schnittmengen zu völkischen und deutschnationalen Positionen aufzeigen, die sich einer Demokratisierung entgegenstellten, was es möglich machen sollte, aus der (Schul-)Geschichte zu lernen - auch wenn man manchen Ergebnissen biographischen, regionalen oder schulformspezifischen, aber durchaus teilweise übertragbaren Charakter zuschreiben muß.
Insgesamt wurde mit der Darstellung der Gründungsideen zur Aufbauschule und deren Umsetzung in Preußen, die an einer konkreten Schule überprüft werden

---

[1] In diesem Sinne formulierte schon Remarque, Erich Maria, Im Westen nichts Neues (1928), 576.-600. Tausend Berlin 1929, S. 5, in einem Vorspruch seines in der Weimarer Republik umstrittenen Romans: „Dieses Buch soll weder eine Anklage noch ein Bekenntnis sein. Es soll nur den Versuch machen, über eine Generation zu berichten, die vom Kriege zerstört wurde - auch wenn sie seinen Granaten entkam." Zum öffentlichen Streit in der Weimarer Republik um Buch und Film, die eine Entzauberung jeglicher Kriegsheroisierung darstellten, vgl. „Der Fall Remarque. Im Westen nichts Neues". Eine Dokumentation. Herausgegeben von Bärbel Schrader, Leipzig 1992.

konnten, ein Teil eines vielversprechenden bildungstheoretischen Neubeginns untersucht, der jedoch durch eine partielle Nähe zum Völkischen gekennzeichnet war, die sich zu mehr als nur zu einem „Gleichklang von Denkmustern"[2] entwikkelte, und sich so dem Nationalsozialismus nicht grundsätzlich sperrte, sondern ihn mit spezifischen Erwartungen befrachtete. Von daher war es an dem Beispiel der Aufbauschule (leider) nicht möglich, eine „bessere Tradition" (Tenorth) aufzuarbeiten, wie es angesichts der Verfolgungen besonders ab 1933 und der Verdrängung nach 1945 als notwendige Aufgabe der Erziehungswissenschaft angesehen wird.[3]

Die Aufbauschule war strukturell durchaus ein innovativer Ansatz, der - reformpädagogisch an der Einheitsschule orientiert - auf Demokratie und soziale Chancengleichheit im Sinne der neuen Verfassung hätte abzielen können, wie es bei den städtischen Aufbauschulen eher der Fall war, wenn sie nicht mit der dominanten Form der ländlichen Aufbauschule bildungspolitisch unter der Regie Hans Richerts für eine völkisch-nationale Position instrumentalisiert und mit einer aus der Kulturkritik erwachsenen Aufgabe der Erneuerung des Volkes vom Land aus befrachtet worden wäre. Rein quantitativ waren die Aufbauschulen, die fast alle zwischen 1922 und 1926 errichtet wurden, kein ausreichender Ersatz für die abgebauten Lehrerseminare, doch eröffneten sie wenigen Schülern, aber auch Schülerinnen, den Zugang zu höherer Bildung. Soziostrukturell blieb die Aufbauschule dem Kleinbürgertum verhaftet und eröffnete der Arbeiterschaft keine grundsätzliche Aufstiegsmöglichkeit. Der soziale Immobilismus konnte so nur partiell abgebaut werden. Daher waren die Aufbauschulen nur sehr bedingt ein Beitrag zur Demokratisierung des Bildungswesens; eher handelte es sich um eine konservativ orientierte Reaktion auf die revolutionären Forderungen im Zusammenhang mit den politischen Umwälzungen 1918/19.

---

[2] Diesen Terminus kann Tenorth nur verwenden, da er unterstellt, daß die deutsche Pädagogik nur gegen eine Instrumentalisierung durch den Nationalsozialismus nicht immun gewesen sei (vgl. Tenorth, Heinz-Elmar, Deutsche Erziehungswissenschaft 1930-1945. Aspekte ihres Strukturwandels, in: Z.f.Päd. 32 (1986), S. 316). Kritisch verweist Gamm zu diesem Versuch, der Pädagogik eine in der Geschichte „singuläre Figuration" zu attestieren, auf Kontinuitäten aus der Weimarer Republik in den Nationalsozialismus (vgl. Gamm, Hans-Jochen, Kontinuität der Kathederpädagogik oder : Differenzen über faschistische Pädagogik, in: Demokratische Erziehung 2 (1987), S. 14-18).

[3] vgl. Keim, Wolfgang, Pädagogik und Nationalsozialismus. Zwischenbilanz einer Auseinandersetzung innerhalb der bundesdeutschen Erziehungswissenschaft (ohne Anmerkungen 1989), in: Forum Wissenschaft Studienhefte 9 Erziehungswissenschaft und Nationalsozialismus - Eine kritische Positionsbestimmung, Marburg 1990, S. 14-27

Die völkische Intention der Aufbauschulgründung - verschärft durch die deutsch-kundliche Ausrichtung in Form der Deutschen Oberschule[4] - erwies sich als Präferenz, die es - gegenüber anderen Formen höherer Schule - leichter möglich machte, die Schule in den Dienst des Nationalsozialismus zu stellen und sie zu funktionalisieren - nicht zuletzt auch aufgrund der Kooperationsbereitschaft aus der Lehrerschaft und ihren Verbänden. Die Hoffnung der Aufbauschulvertreter auf eine direkte Aufwertung der Aufbauschulen durch die Nationalsozialisten im Sinne einer Regelschule erfüllte sich jedoch nicht. Auch die übergroßen Erwartungen der Deutschkundler und ihre Bereitschaft zur Anpassung sowie ihr vorauseilendes Bemühen um das Aufzeigen von Kontinuitäten erwiesen sich letztendlich angesichts des Durchsetzungsvermögens der Nationalsozialisten und deren rassistischer Programmatik als illusionär. Die rein zahlenmäßige Bedeutung der Aufbauschulen blieb auch nach der Umorganisation des Schulsystems gering, doch nicht zuletzt durch die Zuordnung von Schülerheimen entsprachen sie eher den Erziehungsperspektiven der neueingerichteten nationalsozialistischen Schulen. Sowohl in der Weimarer Republik als auch im Nationalsozialismus sollten die Aufbauschulen als Aufstiegskanal für eine politisch-ideologische Erneuerung des Volkes dienen, auch wenn die Ziele nicht vollständig kongruent waren.

Diese grundsätzlichen Trends und Entwicklungen, die auf der Grundlage von politischen Verlautbarungen, staatlichen Erlassen, verbandlichen Erklärungen und allgemeinen Entwicklungen der Schulform entfaltet werden konnten, wurden an einer Einzelschule überprüft, und zwar an der 1926 gegen örtliche - überwiegend finanziell bedingte - Widerstände gegründeten staatlichen Deutschen Oberschule in Aufbauform in Rüthen. Die gewonnenen Erkenntnisse machen es möglich, dieser Schule einen exemplarischen Charakter zuzusprechen, der die Ergebnisse des landesweiten Untersuchungsteils im Detail bestätigt.

Zwar konnte eine völkische Ausrichtung der Schule in ihrer Aufbau- und Konsolidierungsphase bis 1932 nur punktuell nachgewiesen werden, doch war auch sie einer Kulturkritik verhaftet, die der gesellschaftlichen Entwicklung distanziert, wenn nicht teilweise antiaufklärerisch gegenüberstand. Die bildungsmäßige Benachteiligung der Landbevölkerung wurde durch sie nur für das Kleinbürgertum, im besonderen für die Landwirte, etwas aufgehoben; erwähnenswert bleibt aber

---

[4] Durch Hinzuziehung der Entwicklung der grundständigen deutschen Oberschule und nicht nur ihrer dominierenden Form der Aufbauschule wäre die angedeutete These, daß wesentliche Elemente der Neuordnung des preußischen Schulwesens schon 1922 festgelegt worden sind, eventuell zu fundieren und die eher übliche Datierung auf 1924/25 zu problematisieren.

der Zugang von Mädchen gegenüber dem von der Aufbauschule ersetzten Lehrerseminar.

Die Entwicklung im Übergang zum Nationalsozialismus und in den ersten Jahren der Diktatur belegt mehr als nur eine Anfälligkeit der Schule für nationalsozialistisches Gedankengut. Sowohl die Lehrerschaft - nicht nur dokumentiert an ihrem geschlossenen Beitritt zur NSDAP und den zahlreichen Veröffentlichungen der Meinungsführer - als auch die Abituraufgaben, die Aufsätze der Schüler(innen) und das Schulleben insgesamt hatten sich überdeutlich in den Nationalsozialismus eingegliedert, wenn auch dessen rassistische Elemente nicht immer deutlich zu Tage traten. Die gute Quellenlage ermöglichte es, die Unterrichtsinhalte und deren Vermittlung - in Abgrenzung zur fachdidaktischen Literatur und Richtlinienvorgaben - in den Fächern Deutsch, Geschichte, Erdkunde und Biologie für die Abiturjahrgänge bis 1937 weitgehend zu rekonstruieren, was durch die soziale Koinzidenz zwischen Schule und Schülerschaft erleichtert wurde. Eine weitere Annäherung an den authentischen Unterricht ermöglichten die Zeitzeugenbefragungen, die zu einer Akzentuierung der Aktenlage führten, was sich besonders in den biographischen Skizzen der Lehrer niederschlug. Ganz bewußt wurde auf eine „Entlarvung" des Verhaltens der Lehrer und deren diesbezüglichen Angaben in der Entnazifizierung sowie der Schüler(innen)aussagen verzichtet. Die Gegenüberstellung von Quellenlage und erinnernden Zeitzeugenaussagen ermöglicht aber eine eigenständige Bewertung.

Die erst kurze Tradition der Aufbauschule in Rüthen beim Übergang zum Nationalsozialismus hatte Auswirkungen auf das Selbstverständnis des Kollegiums und die Stellung der Schule in der Öffentlichkeit, was einerseits einen moderneren Unterricht erleichterte, sie aber andererseits offensichtlich anfällig machte für Ansprüche aus der (örtlichen) Gesellschaft, auch wenn ein besonderer Formierungsdruck nicht nachweisbar ist. Die verbreitete gesellschaftliche Euphorie in Verbindung mit Erwartungen auf Beachtung der nationalistischen Entwicklung traf auf eine spezifische Empfänglichkeit bei den katholisch geprägten kulturkritischen Lehrerpersönlichkeiten und erschwerte eine Verweigerung gegenüber dem Nationalsozialismus, da auch die eher widerständigen Potentiale im Katholizismus keine Beachtung fanden, sondern auf dessen konservativ-restaurative Elemente abgehoben wurde, was gesamtgesellschaftlich nicht als Einzelfall interpretiert werden konnte. Zudem hatte eine Mentalität, sich staatlichem undemokratischem Handeln verweigern zu können, nicht nur im katholisch geprägten Bildungsbürgertum kaum Tradition. Die gegenüber der sich verschärfenden gesellschaftlichen Entwicklung ab 1936 eher stagnierende bzw. punktuell wieder auf ureigene christliche Elemente abhebende politisch-ideologische Ausrichtung der Schule - gestützt durch Lehrerwechsel und Änderung der Stellung einiger Lehrer zur nationalsozialistischen Ideologie aufgrund der ihnen offensichtlicher werdenden Einschränkung des kirchlichen Terrains - entspricht weitgehend der kontroversen Erinnerung der verschiedenen Schüler(innen)jahrgänge über ihre Schulzeit zwischen 1933 und 1945.

Dieser Arbeit lag auch das Interesse zugrunde, die Auseinandersetzung um die Geschichte der Rüthener Aufbauschule durch substantielle Nachforschungen über konkret nachweisbare schulische Zusammenhänge aus polemischen Argumentationsmustern zu befreien und so das Konfliktpotential durch die Nutzung wissenschaftlicher Standards zu minimieren. Dies ist m. E. für den Zeitraum bis 1937 gelungen.

Gezeigt hat sich auch die Berechtigung der Entscheidung im Vorfeld dieser Arbeit, den Untersuchungszeitraum sowohl für die Aufbauschulbewegung als auch für eine Einzelschule über die Gründungsphase hinaus bis auf die Umorganisation des Schulsystems durch die Nationalsozialisten auszudehnen. Die auch in der historischen Pädagogik aufgeworfene Frage nach Brüchen besonders im Spannungsfeld von Demokratie und Nationalsozialismus konnte so strukturell, inhaltlich und personell eine weitere Klärung erfahren, die die „Gemengelage von Kontinuitäten und Diskontinuitäten" (Hockerts) wenigstens teilweise aus ihrer Diffusität befreite. Von einer grundsätzlichen Zäsur 1933 kann auch für diesen Teil des Schulsystems nicht mehr gesprochen werden, was punktuelle Resistenz, wie am ehemaligen Schulleiter Dr. Fluck nachgewiesen werden konnte, nicht ausschließt. Die Rüthener Lehrer behaupteten auch nach 1945 noch, daß ihre Tätigkeit nach der Machtübergabe an Hitler „in der Substanz unverändert blieb", obwohl nicht nur aus heutiger Sicht durchaus qualitative Veränderungen zu nationalsozialistischen Ideologieelementen hin sowohl im Bereich des deutschkundlichen Unterrichts als auch bei öffentlichen Reden zu konstatieren sind. Für die Lehrer war dieser Wandel nur eine Verschiebung innerhalb eines Koordinatensystems, das sich bildete aus Katholizismus, Kulturkritik, Deutschheit und Staatsloyalität, und in dem Demokratie kaum eine Einflußgröße darstellte.

Wenn auch in dieser Arbeit für 1933 insgesamt eine eher reibungslose Nazifizierung konstatiert werden muß, deuten sich für die Jahre nach dem Untersuchungszeitraum örtlich teilweise resistente Verhaltensweisen an, die auf einem Beharren im religiös-kirchlichen Bereich beruhten, dem aber später ein auch durch die militärischen Anfangserfolge stabilisiertes nationalsozialistisches Regime gegenüberstand. Zu untersuchen wäre, wie sich der Krieg abgesehen von den organisatorischen Schwierigkeiten durch Einberufungen von Schülern und Lehrern inhaltlich unterrichtlich auswirkte und welchen Stellenwert der Rassismus einnahm. Wie sich für 1933 die Frage nach der Zäsur stellte, so kann auch für 1945 geprüft werden, was aus den Erfahrungen mit dem Nationalsozialismus gelernt wurde, wie das Verhalten von 1933 verarbeitet wurde, ob belastete Traditionen fortgeführt wurden, inwieweit sich die Unterrichtsinhalte in den deutschkundlichen Fächern änderten - angesichts der Wiedereinstellung der Lehrkräfte nach ihrer Entnazifizierung.[5]

Ein eigenständiges Forschungsvorhaben wäre auch die Untersuchung der Auswirkungen des Unterrichts auf die Schüler(innen) vor dem Hintergrund ihrer jeweiligen häuslichen Sozialisation. Auf Basis der dazu notwendigen biographischen Forschungen, die sich aber auf Tiefeninterviews stützen müssen, um einen lebensgeschichtlichen Zugang gewinnen zu können, sind dann auch Erkenntnisse über das Selbstaufklärungspotential der Schüler(innen) ermittelbar. Denn letztlich ist nicht auszuschließen, daß die oft als glücklich und unpolitisch empfundene Kindheit und Jugend im Nationalsozialismus spezifische Auswirkungen zeitigte, die als grundlegende zeittypische Erfahrungs- und Einstellungsmuster fortwirken.[6]

Für den Bereich der Fachdidaktik Geschichte hat die intensivere Auseinandersetzung mit Heinrich Schnee gezeigt, daß durch einen stärker personellen Zugang

---

[5] Wenig Beachtung fand bisher in der historischen Pädagogik die in der Geschichtswissenschaft zunehmend thematisierte Zäsur in der Bewußtseinslage der Bevölkerung, die für 1942 bzw. mit der Kapitulation der 6. Armee in Stalingrad im Februar 1943 und weniger 1945 für die militärische Niederlage des nationalsozialistischen Systems angenommen wird. So handelt Hagen Schulze den Zeitraum 1942-1949 geschlossen ab im Kapitel „Finis Germaniae und neuer Anfang" (vgl. Schulze, Hagen, Kleine deutsche Geschichte, München 1996). Kenkmann, Alfons, „Wilde Jugend". Lebenswelt großstädtischer Jugendlicher zwischen Weltwirtschaftskrise, Nationalsozialismus und Währungsreform, Essen 1996, belegt - nicht immer zwingend - Zäsuren für 1930 und 1948. Broszat, Martin u.a. (Hrsg.), Von Stalingrad ..., a.a.O., sehen eine Zäsurphase von 1942-1948. Für den Bereich der führenden Verwaltungsbeamtenschaft weist Ruck nach, daß sie die politischen Zäsuren 1918/19, 1933 und 1945 „personell beinahe unbeschadet überstanden" und erkennt erst für das Ende der 60er Jahre den Abschluß einer gesellschaftspolitischen Umorientierung. Vgl. Ruck, Michael, Korpsgeist und Staatsbewußtsein. Beamte im deutschen Südwesten 1928 bis 1972, München 1996.

[6] vgl. Hübner-Frank, Sibylle, Aufwachsen unter Hitler: Eine „unpolitische" Jugendzeit? Irritierende Vermächtnisse einer „gebrannten" Generation, in: Jahrbuch für Pädagogik 1995: Auschwitz und die Pädagogik, Frankfurt 1995, S. 53-72, und Freyberg, Jutta von / Bromberger, Barbara / Mausbach, Hans (Hrsg.), „Wir hatten andere Träume." Kinder und Jugendliche unter der NS-Diktatur, hrsg. vom Studienkreis Deutscher Widerstand Frankfurt, Frankfurt 1995

eher milieuspezifische Wirkungen in den Blick kommen können. Es handelt sich hierbei um ein wissenschaftliches Arbeitsfeld, das bisher kaum beachtet worden ist.

Die Arbeit hat insgesamt auch gezeigt, daß es heute durchaus noch möglich ist, sich der Unterrichtsauthentizität stärker anzunähern, als es zahlreiche Veröffentlichungen zur Weimarer Republik und zum Nationalsozialismus, die sich besonders auf fachdidaktische Literatur bzw. amtliche Vorgaben stützen, vorgeben zu leisten. Durch weitere umfassende konkrete Untersuchungen vor Ort an Einzelschulen und ihrer Einbindung ins örtliche Milieu wäre auch stärker erkennbar, welche Relevanz der Durchsetzung des Nationalsozialismus abseits der faschismustheoretischen Diskussion zukommt, was zugleich den Einblick in das Demokratiepotential der damaligen Lehrer- und Schülerschaft verbessern würde.

Insofern könnten sich dann die bisher gewonnenen Einzelerkenntnisse eventuell in Teilbereichen als Besonderheiten der Rüthener Schule erweisen und die Grenzen der Übertragbarkeit auf andere Schul(form)en aufzeigen - vorausgesetzt, daß die zugrunde liegenden Untersuchungen sich auch auf eine vergleichbar gute Quellenlage stützen können. Davon bliebe aber die grundsätzliche Erkenntnis, daß die allgemeine Entwicklung der Rüthener Aufbauschule der Entwicklung der ländlichen Aufbauschule in Preußen entspricht, unberührt.

Die in dieser Arbeit aufgezeigten völkischen Konturen und ihre politischen und gesellschaftlichen Implikationen lassen es notwendig erscheinen, sich heute erneut gegen aktuelle semirestaurative Tendenzen - Heidegger, Jünger und Schmitt haben ebenso Konjunktur wie Geopolitik und Revisionismus - zu sperren. Um so notwendiger ist es, weiter an der Erforschung der Voraussetzungen und Wirkungen des Nationalsozialismus auch im Bildungsbereich zu arbeiten. Mögliche Forschungsaspekte wurden angedeutet. Daß vielversprechende Ansätze in den 80er Jahren jetzt durch Forschungen über die Ex-DDR verdrängt werden, ist naheliegend, doch angesichts der genannten Tendenzen eher bedauerlich.[7]

Es muß dieser Gesellschaft gelingen, sich der Aufklärung weiterhin verpflichtet zu fühlen durch Förderung der Autonomie, der „Kraft zur Reflexion, zur Selbst-

---

[7] Andererseits kommen z. B. durch die Forschungen von Prof. Dr. Christa Uhlig (Berlin) zur (Re-)Emigration, die sich auch auf lange nicht zugängliche Archive stützen, bisher verdrängte Zusammenhänge in den Blick (vgl. Uhligs Vorträge am 24.1.1997 zum Thema „Stalinismus und sowjetisches Exil - Zur Ausgangslage der Pädagogik in der SBZ und DDR" im Rahmen des Oberseminars „Bildung und Erziehung im geteilten Deutschland. Die Ausgangskonstellation in West und Ost" (Prof. Dr. Wolfgang Keim) im WiSe 1996/97 an der Universität/Gesamthochschule Paderborn).

bestimmung, zum Nicht-Mitmachen"[8]. Und der Beitrag des Katholizismus, der in dieser Untersuchung eine bedeutende Rolle einnahm, muß weiterhin im Anschluß an das II. Vatikanische Konzil bleiben, dem Pluralismus und der Inkulturation geöffnet zu sein und sein „Weltbild-Defizit" (Dirks) zu überwinden. Vielfältigen historischen Forschungen, die sich besonders der Kontinuitätsproblematik 1933 und/oder 1945[9] stellen, kann in diesem Zusammenhang m. E. eine besondere aufklärerische Bedeutung zukommen. Nicht zuletzt entsprechende Untersuchungen im Bereich Erziehungswissenschaft und Pädagogik können für Gefährdungen unserer demokratisch verfaßten Gesellschaft sensibilisieren und dann über moralisch-demokratische Urteilsfähigkeit zu notwendigem konkreten Handeln führen. Insofern kann ihnen nicht nur Bedeutung für die Gegenwart, sondern auch eine Orientierungsfunktion für die Zukunft zukommen.

---

[8] Adorno, Theodor W., Erziehung nach Auschwitz, in: Stichworte. Kritische Modelle 2. Frankfurt 1966/1969, S. 90. So zeichneten sich Lebensretter im Nationalsozialismus durch Mitleidsbereitschaft und moralische Integrität, durch „ausgeprägte humanistische Wertvorstellungen aus", die schon in der Kindheit ausgebildet wurden (Fogelmann, Eva, „Wir waren keine Helden". Lebensretter im Angesicht des Holocaust, Frankfurt 1995).

[9] Wie auch neuerdings in grundsätzlicher Form Frei, Norbert, Vergangenheitspolitik. Die Anfänge der Bundesrepublik und die NS-Vergangenheit, München 1996, und Herbert, Ulrich, Als die Nazis wieder gesellschaftsfähig wurden. Vom raschen Wiederaufstieg der NS-Eliten und von der Frage: Wie konnte aus der Bundesrepublik dennoch eine stabile Demokratie werden, in: Die Zeit Nr. 3 vom 10. Januar 1997, und auf Einzelpersonen bezogen Kröger, Martin / Thimme, Roland, Die Geschichtsbilder ..., a.a.O. und Aly, Götz, Macht, Geist, Wahn. Kontinuitäten deutschen Denken, Berlin 1997, S. 153-183 sowie Siemsen, Barbara, Der andere Weniger: eine Untersuchung zu Erich Wenigers kaum beachteten Schriften, Frankfurt 1995, und Beutler, Kurt, Re-education-Politik und geisteswissenschaftliche Pädagogik unter besonderer Berücksichtigung Erich Wenigers, in: Auschwitz und die Pädagogik. Jahrbuch für Pädagogik 1995, Frankfurt 1995, S. 115-125.

694

Abkürzungsverzeichnis

Abg.	Abgeordnete(r)
AfS	Archiv für Sozialgeschichte
AG	Arbeitsgemeinschaft
AHS	Adolf-Hitler-Schulen
AS	Aufbauschule
BDM	Bund deutscher Mädchen
BVP	Bayerische Volkspartei
DBA	Deutsches Biographisches Archiv N.F.
DDHS	Die Deutsche Höhere Schule
DDP	Deutsche Demokratische Partei
DNVP	Deutschnationale Volkspartei
DO	Deutsche Oberschule
DOA	Deutsche Oberschule und Aufbauschule
DOS	Deutsche Oberschule
DP	Deutsche Partei
DVP	Deutsche Volkspartei
FAZ	Frankfurter Allgemeine Zeitung
FR	Frankfurter Rundschau
Geh. Reg.	Geheimer Regierungsrat
GuG	Geschichte und Gesellschaft
GWBB	Gesetz zur Wiederherstellung des Berufsbeamtentums
GWU	Geschichte in Wissenschaft und Unterricht
HJ	Hitlerjugend
HZ	Historische Zeitschrift
KPD	Kommunistische Partei Deutschlands
MErl.	Ministererlaß
(M)SPD	Mehrheitsfraktion der SPD
Napola	Nationalpolitische Erziehungsanstalten
ND	Bund Neudeutschland
NPEA	Nationalpolitische Erziehungsanstalten
NS	Nationalsozialismus
NSDAP	Nationalsozialistische deutsche Arbeiterpartei
NSLB	Nationalsozialistischer Lehrerbund
NSS	Nationalsozialistischer Schülerbund
NSV	Nationalsozialistische Volkswohlfahrt
ORS	Oberrealschule
OS	Oberschule
OStD	Oberstudiendirektor
OStR	Oberstudienrat
PSK	Provinzialschulkollegium
PVS	Politische Vierteljahrsschrift
RLB	Reichsluftschutzbund
RSA	Reichsschulausschuß
RSK	Reichsschulkonferenz
SA	Sturmabteilung der NSDAP

SPD	Sozialdemokratische Partei Deutschlands
SS	Schutzstaffel der NSDAP
StD	Studiendirektor
StR	Studienrat
Stud.-Ass.	Studienassessor
USPD	Unabhängige Sozialdemokratische Partei Deutschlands
VDA	Verein für das Deutschtum im Ausland bzw. Volksbund für das Deutschtum im Ausland
VdG	Verband deutscher Geschichtslehrer
VfZ	Vierteljahrshefte für Zeitgeschichte
VSPD	Vereinigte Sozialdemokratische Partei Deutschlands
VuG	Vergangenheit und Gegenwart
WEuV	Wissenschaft, Erziehung und Volksbildung
WHB	Westfälischer Heimatbund
Z.f.Päd.	Zeitschrift für Pädagogik
ZfDB	Zeitschrift für Deutsche Bildung
ZfDK	Zeitschrift für Deutschkunde

Quellen- und Literaturverzeichnis

1. Quellenverzeichnis

Bundesarchiv. Abteilung Potsdam (zit. als BA Potsdam):
Reichsministerium für Wissenschaft, Erziehung und Volksbildung (49.01). Aufbauschule für Knaben in Rüthen 1926-1942 (zit. als 49.01)

Erzbischöfliches Archiv Paderborn (zit. als EbA Pb):
Akte XV.27, Die Aufbauschule zu Rüthen 1929-1943 (zitiert als XV.27)

Geheimes Staatsarchiv Merseburg (zit. als GStA Merseburg):
Rep. 76 VI, SeKZ 1 Gen. ff Nr. 1, Bd. I (zit. als Nr. 1,I)
Rep. 76 VI, SeKZ 1 Gen. ff Nr. 1, Bd. II (zit. als Nr. 1, II)
Rep. 76 VI, SeKZ 1 Gen. ff Nr. 1, Bd. III (zit. als Nr. 1, III)
Rep. 76 VI, SeKZ 1 Gen. ff Nr. 1, Bd. VIII (zit. als Nr. 1, VIII)
Rep. 76 VI, SeKZ 1 Gen. ff Nr. 2, Bd. III (zit. als Nr. 2, III)
Rep. 76 VI, SeKZ 1 Gen. ff Nr. 5 (zit. als Nr. 5)
Rep. 76 VI, SeKZ 1 Gen. ff Nr. 8 (zit. als Nr. 8)

Hauptstaatsarchiv Düsseldorf (zit. als HStA D):
Entnazifizierungsakten: NW 1000 EÜ 7920; NW 1039 F 492; NW 1100 G 33 97; NW 1105 G 33 110; NW 1105 G 33 370

Privatarchiv Hans-Günther Bracht, Brilon (zit. als PAB)
Interviews
Bittern, Johannes / Kegel, Josef, Abiturjahrgang 1935, am 25.3.1996 in Rüthen (Cassette 4), zit. als Bittern
Hage, Gustav, Dr., Abiturjahrgang 1937, am 13.4.1996 in Balve (Cassette 9), zit. als Hage
Helle, Alfons, Dr. / Kegel, Josef / Kraas, Wilhelm, Abiturjahrgang 1935, am 12.4.1996 in Neuengeseke (Cassetten 7 und 8), zit. als Helle
Hölzl, Maria (geb. Dohmen), Abiturjahrgang 1932, am 2.12.1993 in Arnsberg/Neheim-Hüsten (Cassette 3), zit. als Hölzl
Knülle, Albert, Abiturjahrgang 1932, am 1.7.1993 in Hamm (Cassetten 1 und 2), zit. als Knülle
Pöggeler, Franz, Prof. Dr. Dr., am 27.3.1996 in Aachen (Cassette 6, autorisierte Niederschrift vom 3.5.1996), zit. als Pöggeler
Potthast, Franz, Abiturjahrgang 1934, am 26.4.1996 in Bad Driburg (Cassetten 10 und 11), zit. als Potthast
Söding, Marianne (geb. Hoeynck), Abiturjahrgang 1934, am 25.3.1996 in Meschede (Cassette 5), zit. als Söding
Schriftverkehr
Schreiben des Provinzsekretärs des Provinzialats der sächsischen Franziskanerprovinz, Werl, Pater Engelhard Kutzner, vom 10.5.1991
Schreiben von Margret Rips, Abiturjahrgang 1938, vom 1.4.1996
Schreiben von Dr. Hanna Engelhardt, Abiturjahrgang 1932, vom 25.10.1996
Schreiben von Dr. Maria Fisch, Abiturjahrgang 1944, vom 29.11.1996

Schularchiv der Staatlichen Deutschen Oberschule in Aufbauform Rüthen, des späteren Städtischen (Aufbau-)Gymnasiums und des heutigen Friedrich-Spee-Gymnasiums Rüthen (= zit. als Schularchiv):
Korrespondenz
Konferenz-Niederschriften
Jahresberichte
Schulchronik
Abiturunterlagen
Verzeichnis der neuangeschafften Vermögensstücke (zit. als Verzeichnis)

Staatsarchiv Münster (zit. als StA MS):
Provinzialschulkollegium Münster (zit. als PSK) 5566; 5567; 5568; 5570; 5571; 5572; 6448; 6502; 6600; 6861; 6862; 7001; 7109; 7377; 8064; 8065; 8066,2 ; 8068, 9872,1 u. 2; 9884
Personalakten A (zit. als PA) Nr. C 18; C 23; F 122; H 28; H 44; H 81; H 95; H 703; K 47; V 6, Bd. I, II und SB II; T 103; T 105; T 135
Politische Polizei, III. Reich, Nr. 353

Stadtarchiv Mönchengladbach (zit. als Stadtarchiv M)
Bestand 14 Nr. 2700, Schiller, Arnold, Die staatliche Aufbauschule zu Rheydt. Erinnerungen an eine vergessene Schule

Stadtarchiv Paderborn (zit. als Stadtarchiv Pb):
A III 4330

Stadtarchiv Rüthen (zit. als Stadtarchiv R):
B 15; B 16; B 20; B 44, B 126; B 128; B 671; B 677; B 738 Bd. 1 u.2; B 1058, B 1061, B 1062; B 1063; B 1085, B 1112, B 1120, B 1365
Nachlaß Viegener, Pressemitteilungen (zit. als Viegener)

2. Literaturverzeichnis

100 Jahre Kolpingsfamilie Rüthen, in: Festschrift aus Anlaß des 100jährigen Bestehens der Kolpingsfamilie e.V. Rüthen. 30. April - 8. Mai 1977, o.O. (Rüthen), o.J. (1977), o.P.

Abelshauser, Werner, Umsturz, Terror, Bürgerkrieg. Das rheinisch-westfälische Industriegebiet in der revolutionären Nachkriegsperiode, in: Abelshauser, Werner / Himmelmann, Rolf (Hrsg.), Revolutionen in Rheinland und Westfalen. Quellen zu Wirtschaft, Gesellschaft und Politik 1918-1923, Essen 1988, S. XI-LI

Aber leider war im Jahre 45 nichts normal. Erinnerungen der Ehemaligen des Abiturjahrganges 1945 anläßlich einer Schulbesichtigung, in: Ursulaschule Osnabrück. Gymnasium für Jungen und Mädchen in Trägerschaft des Bistums Osnabrück. 1. Halbjahresbericht 1994/95, Osnabrück 1995, S. 45-47

Abiturienten von AS. und DOS. auf Pädagogischen Akademien, in: DOA 3 (1930), H. 1, S. 30

Abkommen zwischen dem NSLB., Reichsfachschaft II (Lehrer an höheren Schulen) und dem Reichsverband der Deutschen Ober- und Aufbauschulen, abgedruckt in: DDHS 1 (1934), S. 28

Achberger, Friedrich, Österreichische Literatur, in: Bormann, Alexander u.a. (Hrsg.), Weimarer ..., S. 318-337

Adam, Uwe Dietrich, „Anmerkungen zu methodischen Fragen in den Sozialwissenschaften: Das Beispiel Faschismus und Totalitarismus", in: PVS 16 (1975), S. 55-88

Adorno, Theodor W., George und Hofmannsthal. Zum Briefwechsel: 1891 - 1906 (1942), in: Wuthenow, Ralph-Rainer (Hrsg.), Stefan George und die Nachwelt ..., S. 144-171

Adorno, Theodor W., Erziehung nach Auschwitz, in: Stichworte. Kritische Modelle 2, Frankfurt 1966/1969, S. 85-101

Adriánji, Gabriel u.a., Die Weltkirche im 20. Jahrhundert (= Handbuch der Kirchengeschichte Bd. VII herausgegeben von Hubert Jedin und Konrad Repgen), Freiburg u.a. 1979

AG gegen den Antisemitismus, Holbeinschule (Hrsg.), „Die NS-Zeit an den Schulen erforschen!" Materialien I, II und IV, Frankfurt 1992

Alnor, Karl, Neue Bücher. Unterrichtsmittel für höhere, Mittel- und Volksschulen, in: VuG 27 (1937), S. 675-682

Altner, Günter, Der Sozialdarwinismus, in: derselbe (Hrsg.), Der Darwinismus. Die Geschichte einer Theorie, Darmstadt 1981, S. 95-99

Altrogge, Theodor, Rüthen als Lehrerbildungsstätte, in: Heimatbuch des Kreises Lippstadt. Im Auftrage des Kreisausschusses herausgegeben von Joseph Preising, 1. Band 1925, Paderborn 1925, S. 141-148

Aly, Götz, „Endlösung". Völkerverschiebung und der Mord an den europäischen Juden, Frankfurt 1995

Aly, Götz, Macht, Geist, Wahn. Kontinuitäten deutschen Denken, Berlin 1997

Aly, Götz / Heim, Susanne, Vordenker der Vernichtung. Auschwitz und die deutschen Pläne für eine neue europäische Ordnung, Hamburg 1991

Amling / Reimann, Mitteilung an die Herren Vorstandsmitglieder und Vorsitzenden der Ortsgruppen, in: VuG 23 (1933), S. 467f.

Amtliche Einführung von Französisch als Anfangssprache?, in: DOA 4 (1930/31), H. 5, S. 94f.

Amtlicher Erlaß. Neuordnung des höheren Schulwesens, in: DDHS 5 (1938), S. 160-162

Anhang. Ergebnisse der Wahlen im Reich 1919-1933, in: Bracher, Karl Dietrich u.a. (Hrsg.), Die Weimarer Republik ..., S. 630f.

Anlage. Erziehung und Unterricht in der höheren Schule, abgedruckt in: DDHS 5 (1938), S. 162-174

Anrich, Ernst, Der Schulaufbau im nationalsozialistischen Staat, in: Die Deutsche Schule 37 (1933), S. 603-610

Antelme, Robert, Das Menschengeschlecht. Als Deportierter in Deutschland, München 1990

Arbeitskreis für kirchliche Zeitgeschichte (AKKZG), Münster, Katholiken zwischen Tradition und Moderne. Das katholische Milieu als Forschungsaufgabe, in: Westfälische Forschungen 43 (1993), S. 588-654

Arntzen, Helmut, Prinz Friedrich von Homburg - Drama der Bewußtseinsstufen, in: Hinderer, Walter (Hrsg.), Kleists Dramen ..., S. 213-237

Asbeck-Stausberg, Leni, Stefan George. Werk und Gestalt, Warendorf 1951

Assheuer, Thomas, „Platt-human, trivial-verderbt, feminin-elegant". Wieder einmal: „Kultur" gegen „Zivilisation" - Das Raunen über „tragische Politik", in: FR vom 4.2.1995 Seite ZB 3

Aufbauschule. Sammlung der Sonderbestimmungen für diese Schulart. Zusammengestellt von Walter Landé, 2. Aufl. Berlin 1929

Aufbauschule, in: Im Schritt der Zeit. Sonntagsbeilage der Kölnischen Volkszeitung vom 24.4.1932, S. 4

Aufnahme von Aufbauschülern in preußischen Akademien, in: DOA 3 (1930), H. 3/4, S. 79

Augustin-Wibbelt-Gymnasium Warendorf. Städtisches Aufbaugymnasium für Jungen und Mädchen. Schrift aus Anlaß der Namensgebung und Einweihung des neuen Gebäudes an der Von-Ketteler-Straße am 9. Oktober 1981, o.O., o.J.

Aus dem NSLB, in: DDHS 2 (1935), S. 117-120, 154-156, 305-308, 823-826

Aus dem NSLB, in: DDHS 3 (1936), S. 552f.

Aus dem NSLB. Rundschreiben 1935/1. An alle Gaufachschaftsleiter, abgedruckt in: DDHS 2 (1935), S. 55

Aus der Arbeit der Fachschaft 2. Tagung der Gauarbeitsgemeinschaft für Geschichte im Gau Thüringen, in: DDHS 3 (1936), S. 434f.

Baacke, Dieter, Biographie: soziale Handlung, Textstruktur und Geschichten über Identität. Zur Diskussion in der sozialwissenschaftlichen und pädagogischen Biographieforschung sowie ein Beitrag zu ihrer Weiterführung, in: Baacke, Dieter u.a. (Hrsg.), Pädagogische Biographieforschung ..., S. 3-28

Baacke, Dieter / Schulz, Theodor (Hrsg.), Pädagogische Biographieforschung. Orientierungen, Probleme, Beispiele, Weinheim u.a. 1985

Backheuer, W, Die kritische Lage der Mittelschule, in: Die Mittelschule vom 30.7.1928, vorabgedruckt in: Deutsches Philologen-Blatt Nr. 30 vom 25.7.1928

Bader, G., Grundfragen des Geschichtsunterrichts, in: Württembergische Schulwarte. Mitteilungen der Württembergischen Landesanstalt für Erziehung und Unterricht 9 (1933), S. 388-403

Baetge, Walter, Die Aufnahme des Christentums durch die Germanen, in: derselbe, Vom Geist und Erbe Thules. Aufsätze zur nordischen und deutschen Geistes- und Glaubensgeschichte, Göttingen 1944, S. 82-117

Baeumler, Alfred, Die Grenzen der formalen Bildung (1936), in: derselbe, Politik und Erziehung. Reden und Aufsätze, Berlin 1937, S. 67-91

Baeumler, Alfred, Die deutsche Schule im Zeitalter der totalen Mobilmachung (1937), abgedruckt in: derselbe, Bildung und Gemeinschaft, Berlin 1942, S. 17-31

Bahr, Konrad, Die Rassenfrage im Erdkundeunterricht, in: DDHS 2(1935), S. 109-114

Barth, Carola, Gegenwartsaufgaben der Mädchenbildung, in: Grimme, Adolf u.a. (Hrsg.), Wesen ..., S. 76-83

Bartmann, B., Katholische Bewegungen mit Hemmungen, in: Theologie und Glaube 28 (1936), S. 19-28

Bartmann, B., Ferdinand Hammerschmidt, Der christliche Erlösungsgedanke (Rezension), in: Theologie und Glaube 29 (1937), S. 338f.

Bäumer, Änne, NS-Biologie, Stuttgart 1990

Baumgartner, Alois, Sehnsucht nach Gemeinschaft. Ideen und Strömungen im Sozialkatholizismus der Weimarer Republik, Paderborn u.a. 1977

Baustaedt, Carl, Literaturbericht. Unterrichtsmittel für höhere und mittlere Schulen, in: VuG 24 (1934), S. 57-70

Baustaedt, Carl, Rosenbergs Mythus und seine Wegbereiter im Geschichtsunterricht der Prima oder: Von Nietzsche zu Rosenberg, in: VuG 26 (1936), S. 673-691

Beck, F. A., Die nationalsozialistische Erziehungsidee, in: Gamm, Hans-Jochen (Hrsg.), Führung ..., S. 105-108

Beck, Friedrich Alfred, Kampf und Sieg. Geschichte der Nationalsozialistischen Deutschen Arbeiterpartei im Gau Westfalen-Süd von den Anfängen bis zur Machtübernahme, Dortmund 1938

Becker, Hellmut, Reform von Schule und Lehrerbildung im Preußen der Weimarer Zeit, in: Becker, Hellmut / Kluchert, Gerhard, Die Bildung der Nation. Schule, Gesellschaft und Politik vom Kaiserreich zur Weimarer Republik, Stuttgart 1993, S. 365-535

Becker, P., Jahresringe einer Schule. Zur Geschichte des Aufbaugymnasiums, in: Augustin-Wibbelt-Gymnasium ..., S.69-74

Behr, Klaus, Gymnasialer Deutschunterricht in der Weimarer Republik und im Dritten Reich. Eine empirische Untersuchung unter ideologiekritischem Aspekt, Weinheim u.a. 1980

Behrend, Felix, Die Zukunft des deutschen höheren Schulwesens, Breslau 1925

Beilmann, Christel, Eine katholische Jugend in Gottes und dem Dritten Reich. Briefe, Berichte. Gedrucktes 1930-1945. Kommentare 1988/89, Wuppertal 1989

Beilner, Helmut, Reichsidee, ständische Erneuerung und Führertum als Elemente des Geschichtsbildes der Weimarer Zeit, in: GWU 28 (1977), S. 1-16

Benze, Rudolf, Der Aufbau der deutschen Schule, in: Volk im Werden 1 (1933), S. 29-40

Benze, Rudolf, Nationalsozialistisches Schrifttum, in: VuG 24 (1934), S. 279-289

Benze, Rudolf, Die Neuordnung des höheren Schulwesens, in: Weltanschauung und Schule 1 (1936/37), S. 375-382

Benze, Rudolf, Die Neuordnung des höheren Schulwesens, in: Jahrbuch. Kunzes Kalender der Lehrer der höheren Schulen. 44. Jg. Schuljahr 1937/38, Stand vom 1. Mai (mit Nachträgen bis Anfang Dezember 1937). Zweiter Teil, Breslau 1937, S. 3-7

Benze, Rudolf, Rasse als Lebensgebot und Erziehungsgrundsatz, in: Benze, Rudolf u.a. (Hrsg.), Rassische Erziehung ..., S. 1-11

Benze, Rudolf, Nationalpolitische Erziehung im Dritten Reich, in: Grundlagen der deutschen Politik, herausgegeben von Paul Meier-Benneckenstein (= Das Dritte Reich im Aufbau. Übersichten und Leistungsberichte. Bd. 1), Berlin 1939, S. 321-342

Benze, Rudolf / Pudelko, Alfred (Hrsg.), Rassische Erziehung als Unterrichtsgrundsatz der Fachgebiete, Frankfurt 1937

Berg, Christa / Ellger-Rüttgardt, Sieglind (Hrsg.), „Du bist nichts, Dein Volk ist alles". Forschungen zum Verhältnis von Pädagogik und Nationalsozialismus, Weinheim 1991

Bergmann, Bernhard, Schule, Volk und Volkstum, in: Pharus 24 (1933), 1. Halbband, S. 116-133

Bergmann, Klaus, Agrarromantik und Großstadtfeindschaft (= Marburger Abhandlungen zur Politischen Wissenschaft Band 20), Meisenheim am Glan 1970

Bergmann, Klaus / Schneider, Gerhard (Hrsg.), Gesellschaft. Staat. Geschichtsunterricht. Beiträge zu einer Geschichte der Geschichtsdidaktik und des Geschichtsunterrichts von 1500-
1980, Düsseldorf 1982

Bericht über den Verlauf der bayerischen Aufbauschulbewegung 1928-1930, in: DOA 3
(1930), H. 6, S. 118f.

Bermbach, Udo, „Der Wahn des Gesamtkunstwerks". Richard Wagners politisch-ästhetische
Utopie, Frankfurt 1994

Bernett, Nikolaus, Leibesübungen in der Aufbauschule, in: DOA 2 (1929), S. 19-21

Bernstorf, Otto, Sippenforschung (Familienkunde) im Deutschunterricht der Mittelstufe, in:
ZfDK 47 (1933), S. 728-731

Berthold, Michael / Schepp, Heinz-Hermann, Die Schule in Staat und Gesellschaft: Dokumente
zur deutschen Schulgeschichte im 19. und 20. Jahrhundert (= Quellensammlung zur Kulturgeschichte Bd. 22), Göttingen 1993

Betreffend Deutsches Philologen-Blatt, in: Deutsches Philologen-Blatt 42 (1934), S. 459

Beutler, Kurt, Re-education-Politik und geisteswissenschaftliche Pädagogik unter besonderer
Berücksichtigung Erich Wenigers, in: Auschwitz und die Pädagogik. Jahrbuch für Pädagogik 1995, Frankfurt 1995, S. 115-125

Biedert, Hans, Von der Lateinschule des Mittelalters zum Schubart-Gymnasium - 600 Jahre
Schulgeschichte, in: 75 Jahre Abitur am Schubart-Gymnasium Aalen, Aalen 1989, S. 16-27

Bildungswerk des Bistums Dresden-Meißen e.V. (Träger), Die katholische Kirche und der Nationalsozialismus. Märtyrer und Zeugen aus Mitteldeutschland. Ausstellungskatalog, (o.O.)
1994

Blankertz, Herwig, Die Geschichte der Pädagogik. Von der Aufklärung bis zur Gegenwart
(1982), Wetzlar 1992

Blättner, Fritz, Das Gymnasium. Aufgaben der höheren Schule in Geschichte und Gegenwart,
Heidelberg 1960

Blessing, Werner K., „Deutschland in Not, wir im Glauben ...". Kirche und Kirchenvolk in einer katholischen Region 1933-1949, in: Broszat, Martin u.a. (Hrsg.), Von Stalingrad zur
Währungsreform. Zur Sozialgeschichte des Umbruchs in Deutschland (= Quellen und Darstellungen zur Zeitgeschichte, hrsg. vom Institut für Zeitgeschichte, Bd. 26), München
1988, S. 3-111

Blömeke, Sigrid, Der Wiederaufbau der Volksschullehrerinnen- und -lehrerausbildung in der
Provinz Westfalen 1945/46 und die Pädagogische Akademie Paderborn, Paderborn 1991
(unveröff. Examensarbeit)

Blömeke, Sigrid, Nur Feiglinge weichen zurück. Josef Rüther (1881 - 1972). Eine biographische Studie zur Geschichte des Linkskatholizismus, Brilon 1992

Blömeke, Sigrid, Der FDK im Sauerland. Regionale katholische Friedensarbeit - Programmatik, Personen, politische Arbeit und die Bedeutung für den Gesamtverband, in: 75 Jahre
katholische Friedensbewegung in Deutschland. Zur Geschichte des 'Friedensbundes Deutscher Katholiken' und von 'Pax Christi' hrsg. von Johannes Horstmann (= Veröffentlichungen der Katholischen Akademie Schwerte, Akademie-Vorträge Bd. 44), Schwerte 1995, S.
95-115

Blömeke, Sigrid / Bracht, Hans-Günther / Kemper, Gisela, Juden in Brilon zur Zeit des Nationalsozialismus. Dokumente. Familienschicksale. Zeitzeugenaussagen, Brilon 1988

Blömeke, Sigrid / Bracht, Hans-Günther / Günster, Barbara / Günster, Rolf, „Jungens, der
Krieg ist zu Ende!" Nationalsozialismus und Zweiter Weltkrieg in Brilon, Brilon 1995

Blumberger, Karljosef, Das deutsche Gesetz zur Verhütung erbkranken Nachwuchses, in:
Werkhefte Junger Katholiken 2 (1933), S. 245-249

Blunck, Hans Friedrich, Wolter von Plettenberg, Hamburg 1938

Bock, Bernhard, Die Deutsche Oberschule als Trägerin der völkischen Erziehung, in: ZfDK 47 (1933), S. 641-647

Bock, Gisela, Zwangssterilisation im Nationalsozialismus. Studien zur Rassenpolitik und Frauenpolitik, Opladen 1986

Böckenförde, Ernst-Wolfgang, Der deutsche Katholizismus im Jahre 1933. Eine kritische Betrachtung, in: Hochland 53 (1960/61), S. 215-239

Böckenförde, Ernst-Wolfgang, Der Zusammenbruch der Monarchie und die Entstehung der Weimarer Republik, in: Bracher, Karl Dietrich u.a. (Hrsg.), Die Weimarer ..., S. 17-43

Böckmann, Paul, Walther Linden, Aufgaben einer nationalen Literaturwissenschaft (Rezension), in: ZfDB 10 (1934), S. 105-107

Boelitz, Otto, Der Aufbau des preußischen Bildungswesens nach der Staatsumwälzung, 2. durchgesehene Aufl. Leipzig 1925

Boelitz, Otto, Auslandsdeutschtum und höhere Schule, in: Deutsches Philologen-Blatt Nr. 23 35 (1927) vom 8.6.1927, S. 374-376

Bogner, Daniel, Gestern, heute - und in alle Ewigkeit. Zur Carl-Schmitt-Deutung in der aktuellen Diskussion, in: Das Parlament Nr. 21-22 vom 19./26. Mai 1995

Bohlen, A., Auswirkungen der preußischen Schulreform, Leipzig 1925

Bohm, Mitteilung, in: Deutsches Philologen-Blatt 42 (1934), S. 549

Bohm, Rudolf, Erstes Jahr im nationalsozialistischen Reich, in: Deutsches Philologen-Blatt 42 (1934), S. 49

Bohm, Rudolf u.a. (Hrsg.), Höhere Schule - wozu? Sinn und Aufgabe, Leipzig 1935

Bohm, Rudolf, Von dieses Buches Absicht, in: derselbe u.a. (Hrsg.), Höhere Schule ..., S. 1-14

Böhme, Lothar, Deutschunterricht und Nationalsozialismus, in: ZfDK 47 (1933), S. 387-398

Bolle, W., Die Aufbauschule, in: Deutsches Philologen-Blatt 30 (1922), S. 371

Bölling, Rainer, Sozialgeschichte der deutschen Lehrer. Ein Überblick von 1800 bis zur Gegenwart, Göttingen 1983

Bormann, Alexander von / Glaser, Horst Albert (Hrsg.), Weimarer Republik - Drittes Reich: Avantgardismus, Parteilichkeit, Exil (= Deutsche Literatur. Eine Sozialgeschichte Bd. 9, hrsg. von Horst Glaser), Hamburg 1983

Bormann, Alexander von, Lyrik, in: Bormann, Alexander von u.a. (Hrsg.) Weimarer Republik ..., S. 235-254

Bosch, Bernhard, Das Schrifttum der Gegenwart und die Höhere Schule, in: ZfDK 46 (1932), S. 221-231

Boskamp, Dorothee u.a., Schule und Nationalsozialismus. Seminararbeiten aus dem WS 1989/90. Universität-Gesamthochschule Paderborn

Bosshard, Stefan Niklaus, Evolution und Schöpfung, in: Christlicher Glaube in moderner Gesellschaft. Teilband 3 der Enzyklopädischen Bibliothek, Freiburg u.a. 1981, S. 87-127

Bourdieu, P. / Passeron, J.-C., Die Illusion der Chancengleichheit. Untersuchungen zur Soziologie des Bildungswesens am Beispiel Frankreich, Stuttgart 1971

Br., F. Hammerschmidt: Die Stadt über der Erde (Rezension), in: Deutsche Arbeit. Monatsschrift für die Bestrebungen der christlich-nationalen Arbeiterschaft 16 (1931), S. 223

Bracher, Karl Dietrich, Deutschland zwischen Demokratie und Diktatur, Bern u.a. 1964

Bracher, Karl Dietrich, Nationalsozialismus, Faschismus, Totalitarismus - Die deutsche Diktatur im Macht- und Ideologiefeld des 20. Jahrhunderts, in: Bracher, Karl Dietrich u.a. (Hrsg.), Deutschland ..., S. 566-590

Bracher, Karl Dietrich / Funke, Manfred / Jacobsen Hans-Adolf (Hrsg.), Nationalsozialistische Diktatur 1933-1945. Eine Bilanz (= Bundeszentrale für politische Bildung, Schriftenreihe Bd. 192), Bonn 1983

Bracher, Karl Dietrich / Funke, Manfred / Jacobsen, Hans-Adolf (Hrsg.), Die Weimarer Republik 1918-1933. Politik. Wirtschaft. Gesellschaft (= Bundeszentrale für politische Bildung, Schriftenreihe Bd. 251), 2. durchgesehene Aufl. Bonn 1988

Bracher, Karl Dietrich / Funke, Manfred / Jacobsen, Hans-Adolf (Hrsg.), Deutschland 1933-1945. Neue Studien zur nationalsozialistischen Herrschaft (= Bundeszentrale für politische Bildung, Schriftenreihe Bd. 314), 2. ergänzte Aufl. Bonn 1993

Bracht, Hans-Günther, Maria Kahles Wirken in der völkischen Bewegung. Ein Beitrag zum Gesellschaftsverständnis der sauerländischen Dichterin, in: Sauerland Nr. 1 März 1994 (Teil I), S. 8-11, und Nr. 2 Juni 1994 (Teil II), S. 68-69

Braun, Christa von / Heid, Ludger (Hrsg.), Der Ewige Judenhass: Christlicher Antijudaismus, Deutschnationale Judenfeindlichkeit, Rassistischer Antisemitismus (= Studien zur Geistesgeschichte Bd. 12, hrsg. von Julius H. Schoeps), Stuttgart 1990

Brecht, Bertolt, Über Lyrik, 8. Aufl. Frankfurt 1987

Brehmer, Ilse, Einleitung. Mütterlichkeit als Profession?, in: dieselbe (Hrsg.), Mütterlichkeit als Profession. Lebensläufe deutscher Pädagoginnen in der ersten Hälfte dieses Jahrhunderts, Pfaffenweiler 1990, S. 1-11

Breuer, Stefan, Anatomie der Konservativen Revolution, 2. durchgesehene und korrigierte Aufl. Darmstadt 1995

Breuer, Stefan, „Ästhetischer Fundamentalismus". Stefan George und der deutsche Antimodernismus, Darmstadt 1995

Breuning, Klaus, Die Vision des Reiches. Deutscher Katholizismus zwischen Demokratie und Diktatur (1929-1934), München 1969

Breyvogel, Wilfried, Lehrer zwischen Weimarer Republik und Faschismus. Die Lehrerschaft des Hessischen Volksschullehrervereins in den Jahren 1930-1933, in: Sozialistischer Lehrerbund (Hrsg.), Zur Geschichte der Lehrerbewegung, Teil II: Die Situation der Lehrer in der letzten Phase der Weimarer Republik und den Anfängen der NS-Zeit, Reihe Roter Pauker, Heft 12, Offenbach 1974

Breyvogel, Wilfried, Volksschullehrer und Faschismus - Skizze zu einer sozialgeschichtlichen Erforschung ihrer sozialen Lage, in: Heinemann, Manfred (Hrsg.), Der Lehrer ..., S. 317-343

Breyvogel, Wilfried / Lohmann, Thomas, Schulalltag im Nationalsozialismus, in: Herrmann, Ulrich (Hrsg.), „Die Formung ..., S. 253-268

Brinkmann, M., Über die Stellung der Biologie zur Gesamtkultur, in: Pharus 23 (1932), 2. Halbband, S. 299-307

Brinkmann, M., Schulgarten, in: Lexikon der Pädagogik Bd. 4, 4. Aufl. Freiburg u.a. 1965, Spalten 110f.

Brobeil, Wolfgang, Die Haltung der Bischöfe zum Nationalsozialismus, in: Deutsche Volkskraft 4 (1931), S. 67f.

Brocke, Karl, Erbsünde - eine abstruse Lehre?, in: St. Liborius 1 (1937), S. 18

Bröckling, Ulrich, „Katholische Intellektuelle in der Weimarer Republik". Zeitkritik und Gesellschaftstheorie bei Walter Dirks, Romano Guardini, Carl Schmitt, Ernst Michel und Heinrich Mertens, München 1993

Brohmer, Paul, Biologie und Deutschkunde, in: ZfDB 7 (1931), S. 425-432

Brohmer, Paul, Biologieunterricht und völkische Erziehung, in: DOA 7 (1934), H. 3, S. 33-39

Brohmer, Paul, Der Biologieunterricht im Sinne der völkischen Erziehung, in: Hiller, Friedrich (Hrsg.), Deutsche Erziehung ..., S. 294-300

Broich, Karl, Politik und Pädagogik. Zum Problem der politischen Erziehung, in: Pharus 24 (1933), 2. Halbband, S. 22-37

Broich, Karl, Die Schule im neuen Staat, in: Pharus 25 (1934), 1. Halbband, S. 249-257

Broszat, Martin, Grenzen der Wertneutralität in der Zeitgeschichtsforschung: Der Historiker und der Nationalsozialismus (zuerst 1981), in: derselbe, Nach Hitler ..., S. 162-184

Broszat, Martin, Eine Insel in der Geschichte? Der Historiker in der Spannung zwischen Verstehen und Bewerten der Hitler-Zeit (zuerst 1983), in: derselbe, Nach Hitler ..., S. 208-215

Broszat, Martin, Nach Hitler. Der schwierige Umgang mit unserer Geschichte, revidierte Taschenbuchausgabe München 1988

Broszat, Martin, Was heißt Historisierung des Nationalsozialismus?, in: HZ Bd. 247 (1988), S. 1-14

Bruchmann, Gerhard, Der Aufbauschulabiturient - ein „Treibhausprodukt"?, in: Deutsches Philologen-Blatt 38 (1930), S. 200f.

Brunnengräber, Hans, Die deutsche Schule und die pädagogische Situation der Gegenwart, in: Vierteljahrsschrift für Wissenschaftliche Pädagogik 9 (1933), S. 259-276

Brunnengräber, Hans, Die Zeit in ihrem Zerwürfnis. Zur pädagogischen Situation dieser Zeitschrift, in: Bildung und Erziehung 1 (1934), S. 1-14

Bücher, Helmut, Die Schuljahre 1935-51 des Helmholtz-Gymnasiums Hilden, in: Hildener Heimatblätter 2 (1951), Sp. 113-118

Bude, Heinz, Deutsche Karrieren. Lebenskonstruktionen sozialer Aufsteiger aus der Flakhelfer-Generation, Frankfurt 1987

Burger, Heinz Otto, Die rassischen Kräfte im deutschen Schrifttum, in: ZfDK 48 (1934), S. 462-476

Busch, Helmut, Aus der Geschichte des Lehrerseminars und des Jung-Stilling-Gymnasiums in Hilchenbach. Schrift anläßlich des Stadtjubiläums 300 Jahre Stadtrechte Hilchenbach 1687-1987, 2. erweiterte Aufl. Hilchenbach 1987

Caspar, Geleitwort zur Einführung des Bistumsblattes, in: St. Liborius 1 (1937), S. 2

Casser, Paul, Das Westfalenbewußtsein im Wandel der Geschichte, in: Der Raum Westfalen. Bd. II: Untersuchungen zu seiner Geschichte und Kultur, zweiter Teil hrsg. von H. Aubin und E. Schule, Berlin 1934, S. 211-294

Cauer, Paul, Aufbau oder Zerstörung. Eine Kritik der Einheitsschule, Münster 1919

Chroust, Peter, Gießener Universität und Faschismus. Studenten und Hochschullehrer 1918-1945. Bd. 1, Münster 1994

Clauß, Günter / Ebner, Heinz, Grundlagen der Statistik für Psychologen, Pädagogen und Soziologen, Frankfurt u.a. 1970

Claussen, Johann Hinrich, Kaum mehr als nichts? Die katholischen Bischöfe im Dritten Reich, in: FAZ vom 3.1.1996

Clemens, Gabriele, Rechtskatholizismus zwischen den Weltkriegen, in: Langner, Albrecht (Hrsg.), Katholizismus, nationaler Gedanke ..., S. 111-130

Como, Hochschulstudium und Aufbauschulabiturienten in Hessen (nach der Hochschulstatistik für d. SoSe 1931), in: DOA 5 (1931) Heft 3, S. 44f.

Como, J., Entwicklung und Stand der Aufbauschulen im Freistaat Hessen, in: DOA 4 (1930/31), H. 4, S. 77-79

Cramer, Hans, 40 Jahre Staatliches Aufbaugymnasium Rüthen, in: Rüthener Hefte Nr. 13 (1967), S. 3-10

Cramer, Hans, 50 Jahre Gymnasium Rüthen. Experiment von 1926 gelungen, in: Heimatblätter Folge 6 des 56. Jahrgangs März 1976 als Beilage zum „Patriot"

Cramer, Hans, Festansprache anläßlich des 50jährigen Bestehens des Gymnasiums Rüthen, abgedruckt in: Rüthener Hefte 1973/74-1980/81, S. 15-21

Da., W., Abschied von Dr. Heinrich Steinrücke. Er prägte das Gesicht des Rüthener Aufbaugymnasiums, in: Rüthener Hefte Nr. 13 (1967), S. 46f.

Dacqué, Edgar, Vom Sinn des Naturerkennens, in: Corona 3 (1932/33), S. 173-191, 326-358

Dahmen, Hans, Das Bild Stefan Georges / Zum 60. Geburtstag des Dichters, in: Hochland 25 (1927/28) 2. Band, S. 378-390

Dahmen, Hans, Stefan George und die nationale Erziehung, in: ZfDB 9 (1933), S. 375-382

Dahrendorf, Ralf, Gesellschaft und Demokratie in Deutschland, 4. Aufl. München 1975

Damberg, Wilhelm, Der Kampf um die Schulen in Westfalen 1933-1945 (Veröffentlichungen der Kommission für Zeitgeschichte Reihe B: Forschungen Band 43), Mainz 1986

Danzfuß, Wird die Aufbauschule sich durchsetzen?, in: Preußische Lehrerzeitung Nr. 111 v. 15. September 1928, S. 1

Darge, Elisabeth, Der neue deutsche Bauernroman, in: ZfDB 12 (1936), S. 243-252

Das Preußische Staatsministerium zu Landtagsbeschlüssen über Aufbauschulen, in: DOA 3 (1930), H. 5, S. 92

Das Preußische Staatsministerium zu Landtagsbeschlüssen über Aufbauschulen, in: DOA 3 (1930), H. 6, S. 115

Das Reich - Aufgabe der Jugend. Dr. Casser sprach vor der münsterischen HJ, in: Westfälische Tageszeitung vom 18.3.1944

Das Tagebuch der Hertha Nathorff. Berlin - New York. Aufzeichnungen 1933-1945, hrsg. und eingeleitet von Wolfgang Benz, Frankfurt 1988

de Lorent, Hans-Peter / Ullrich, Volker (Hrsg.), „Der Traum von der freien Schule". Schule und Schulpolitik in der Weimarer Republik, Hamburg 1988

Dehmer, Heinz, Die Leistungsentwicklung des Aufbauschülers, in: DOA 5 (1931), H. 1, S. 7-11

Deichmann, Ute, Biologen unter Hitler. Porträt einer Wissenschaft im NS-Staat (1992), Frankfurt 1995

Deiters, Heinrich, Die Neuordnung des höheren Schulwesens, in: Die Gesellschaft, Band 2, (1926), unveränderter Nachdruck 1968, S. 143-158

Delbo, Charlotte, Trilogie. Auschwitz und danach, Frankfurt 1993

Dempf, Alois, Das Dritte Reich. Schicksale einer Idee, in: Hochland 29 (1931/32) Band 1, S. 37-48, 158-171

Denzler, Georg / Fabricius, Volker, Die Kirchen im Dritten Reich. Christen und Nazis Hand in Hand? Band 1: Darstellung, Frankfurt 1984

Denzler, Georg / Fabricius, Volker (Hrsg.), Die Kirchen im Dritten Reich. Christen und Nazis Hand in Hand?, Band 2: Dokumente, erweiterte Ausgabe Frankfurt 1988

Depdolla, Philipp, Methodik des biologischen Unterrichts an höheren Lehranstalten von Studienrat Privatdozent Dr. Fritz Steinecke (Rezension), in: Zentralblatt ... 75 (1933), Nichtamtlicher Teil S. 112

Depdolla, Philipp, Vererbungslehre und naturwissenschaftlicher Unterricht, in: Just, Günther (Hrsg.), Vererbung ..., S. 277-303

Der Fall Remarque. Im Westen nichts Neues. Eine Dokumentation, herausgegeben von Bärbel Schrader, Leipzig 1992

Der preußische Kultusminister über die Aufbauschulen, in: DOA 2 (1929), H. 3, S. 43f.

Der Stand der organisatorischen Verhandlungen zwischen dem deutschen Philologenverband und dem NSLB, in: Deutsches Philologen-Blatt 42 (1934), S. 181-184

Der Verfall des höheren Schulwesens im Dritten Reich, in: Schnorbach, Hermann (Hrsg.), Lehrer und Schule unterm Hakenkreuz. Dokumente des Widerstands von 1930 bis 1945, Königstein 1983, S. 130-132

Detthlefs, Gerd, Die Wiedertäufer in Münster 1534/35, in: Stadtmuseum Münster, Die Wiedertäufer ..., S. 19-36

Deuker, Robert, Das Preußentum in der Dichtung, in: ZfDK 48 (1934), S. 383-394

Deutsche Oberschule bezw. Aufbauschule und Lehrerbildung, in: Bayerisches Bildungswesen 2 (1928), S. 651-654

Deutsche Wissenschaft, Erziehung und Volksbildung. Amtsblatt des Reichs- und Preußischen Ministeriums für Wissenschaft, Erziehung und Volksbildung und der Unterrichtsverwaltungen der anderen Länder 1 (1935), Berlin 1935 (zit als Deutsche Wissenschaft 1935ff.)

Deutscher Philologenverband. I. Eingabe betr. Reichsschulausschuß, in: Deutsches Philologen-Blatt 32 (1924) vom 24.12.1924, S. 523f.)

Deutsches biographisches Archiv. München u.a., N.F. (zit. als DBA) 100, 308f.; 146, 400-402; 660, 302-323; 1027, 88-93; 1332, 20-24

Deutsches Philologen-Blatt 42 (1934), S. 503, 550

Dibelius, Wilhelm, Die Überfüllung der Universität, in: Deutsches Philologen-Blatt 38 (1930), S. 263-272

Dick, Lutz van (Hrsg.), Lehreropposition im NS-Staat. Biographische Berichte über den „aufrechten Gang", Frankfurt 1990

Die Aufbauschulen im Preußischen Landtag, in: DOA 3 (1930), H. 5, S. 92f.

Die Bearbeitung des Nationalsozialismus in bundesdeutscher Erziehungswissenschaft. Entwicklung und Erneuerung eines unbequemen Traditionszusammenhanges. Von der ersten zur dritten Generation. Hans Jochen Gamm, Darmstadt antwortet Johanna Pütz, Berlin, in: Pädagogik und Schulalltag 50 (1995), S. 183-188

Die deutsche Jugendschule. Sechsjährige höhere Schule. Ein Erziehungs- und Unterrichtsplan des Nationalsozialistischen Lehrerbundes Gau Westfalen-Süd, Bielefeld u.a. 1935

Die deutsche Schulreform. Ein Handbuch für die Reichsschulkonferenz, hrsg. vom Zentralinstitut für Erziehung und Unterricht (Leipzig 1920), unveränderter Neudruck Vaduz 1987

Die Deutschen Oberschulen in Preußen nach der Sprachenfolge, in: DOA 4 (1930/31), H. 4, S. 79

Die Erziehung im nationalsozialistischen Staat. Vorträge gehalten auf der Tagung des Pädagogisch-psychologischen Instituts in München (1.-5. August 1933), Leipzig (o.J.)

Die höheren Lehranstalten in Bayern, in: DDHS 2 (1935), S. 783

Die nationale Schulgesetzgebung als Verwirklichung der Volks-Bildungseinheit, in: Hiller, Friedrich (Hrsg.), Deutsche Erziehung ..., S. 49-65

Die Reichsschulkonferenz 1920. Ihre Vorgeschichte und Vorbereitung und ihre Verhandlungen (Deutsche Schulkonferenzen Bd. 3), (Leipzig 1921), unveränderter Neudruck Glashütten 1972

Die schulpolitischen Forderungen der Deutschnationalen an den Preußischen Landtag, abgedruckt in: Schule und Erziehung 20 (1932), S. 351

Dienst, K., Geschichte des christlichen Gottesdienstes, V B.: Der Westen, in: Die Religion in Geschichte und Gegenwart, Handwörterbuch für Theologie und Religionswissenschaft, 3. völlig neu bearbeitete Aufl. Tübingen 1958, Spalten 1773f.

Diner, Dan (Hrsg.), Zivilisationsbruch. Denken nach Auschwitz, Frankfurt 1988

Diner, Dan, Perspektivenwahl und Geschichtserfahrung. Bedarf es einer besonderen Historik des Nationalsozialismus?, in: Pehle, Walter (Hrsg.), Der historische Ort des Nationalsozialismus. Annäherungen, Frankfurt 1990, S. 94-113

Diner, Dan, Rationalisierung und Methode. Zu einem neuen Erklärungsversuch der „Endlösung", in: VfZ 40 (1992), S. 359-382

Dirks, Walter, Die fünf Gesichter des Faschismus und die antifaschistische Front, in: Deutsche Volkschaft 4 (1931), Heft 4, S. 59-61

Dirks, Walter, Was ist „Faschismus"?, in: Werkhefte Junger Katholiken 2 (1932), S. 2-6

Dirks, Walter, Geleitwort, in: Breuning, Klaus, Die Vision ..., S. 7-12

Dithmar, Reinhard, Der Deutschunterricht in der Weimarer Republik als Wegbereiter des Faschismus, in: Dithmar, Reinhard u.a. (Hrsg.), Schule zwischen Kaiserreich ..., S. 3-32

Dithmar, Reinhard, Kriegsliteratur im Dienst nationalsozialistischer Erziehung, in: Diskussion Deutsch 16 (1985), S. 647-649

Dithmar, Reinhard (Hrsg.), Schule und Unterricht im Dritten Reich, Neuwied 1989

Dithmar, Reinhard, Richtlinien und Realität. Deutschunterricht im Gymnasium nach der „Machtergreifung", in: Dithmar, Reinhard (Hrsg.), Schule und Unterricht im Dritten Reich ..., S. 21-37

Dithmar, Reinhard (Hrsg.), Schule und Unterricht in der Endphase der Weimarer Republik, Neuwied 1993

Dithmar, Reinhard, Der Kriegsmythos im Deutschunterricht, in: Dithmar, Reinhard (Hrsg.), Schule und Unterricht in der Endphase ..., S. 115-135

Dithmar, Reinhard / Willer, Jörg (Hrsg.), Schule zwischen Kaiserreich und Faschismus: zur Entwicklung des Schulwesens in der Weimarer Republik, Darmstadt 1981

Ditt, Karl, Raum und Volkstum. Die Kulturpolitik des Provinzialverbandes Westfalen 1923 - 1945 (= Veröffentlichungen des Provinzialinstitutes für Westfälische Landes- und Volksforschung des Landschaftsverbandes Westfalen-Lippe, Bd. 26), Münster 1988

Dlugoborski, Waclaw, Die deutsche Besatzungspolitik gegenüber Polen, in: Bracher, Karl Dietrich u.a. (Hrsg.), Nationalsozialistische Diktatur ..., S. 572-590

Dobbelmann, Hanswalter / Löher, Jochen (Hrsg.), Eine gemeine Schule für die Jugend. 450 Jahre Stadtgymnasium Dortmund (= Schriftenreihe des Westfälischen Schulmuseums Dortmund, Bd. 2) Essen 1993

Dobers, Ernst, Eugenik. Von Hermann Muckermann (Rezension), in: Zentralblatt ... 76 (1934), Nichtamtlicher Teil S. 286f.

Dolch, Josef, Kundgebung für Deutsche Bildung und Deutsche Schule in Braunschweig, in: Deutsches Bildungswesen 1 (1933), S. 378

Donath, F. / Zimmermann, K., Biologie, Nationalsozialismus und neue Erziehung, 2. Aufl. Leipzig 1933

Dorider, Adolf, Geschichte der Stadt Recklinghausen in den neueren Jahrhunderten (1577 - 1933), Recklinghausen 1955

Dörr, Margerete, Lebensgeschichten als Beitrag zur Aufarbeitung der nationalsozialistischen Vergangenheit. Einige Gedanken zu Nutzen und Grenzen am Beispiel des Buches von Eva Sternheim-Peters: „Die Zeit der großen Täuschungen", in: GWU 44 (1993), S. 810-814

Drees, Paul, Über die Ergebnisse der ersten Reifeprüfungen an den preußischen Aufbauschulen, in: DOA 2 (1929), H. 3, S. 39f.

Drees, Paul, Die Koedukation im Lichte von Aufbauschüleraussagen, in: DOA 3 (1930), S. 84-86

Dreyer, J., Die 2. Hauptversammlung des Verbandes der Deutschen Oberschulen und Aufbauschulen in Weimar, in: Deutsches Philologen-Blatt Nr. 44 vom 31.10. 1928, S. 669-671

Dreyer, Johannes, Dresden 1929. Bericht über die 3. Hauptversammlung des Verbandes Deutscher Oberschulen und Aufbauschulen vom 3. bis 5. Oktober in Dresden, in: DOA 3 (1930), H. 1, S. 1-17

Dreyer, J., 4. Hauptversammlung des Reichsverbandes in Koblenz (3.-5. Oktober 1930), in: DOA 4 (1930/31), H. 1, S.1-21

Dreyer, J., Aus dem Verbande. Sitzung des erweiterten Vorstandes am 4. Oktober 1932, in: DOA 6 (1932), H.1, S. 8-12

Dreyer, Johann, Braunschweig 1933. 5. Hauptversammlung des Reichsverbandes Deutscher Oberschulen und Aufbauschulen, in: DOA 6 (1933), H. 5/6, S. 85-93

Dreyer, Johannes, „Nationalpolitische Stunden". Ein Gang zu Horst Wessels Kampfstätten, in: DDHS 3 (1936), S. 283-285

Dudek, Peter, Antifaschismus: Von einer politischen Kampfformel zum erziehungstheoretischen Grundbegriff?, in: Z. f. Päd. 36 (1990), S. 353-370

Dudek, Peter, Kontinuität und Wandel. Wissenschaftliche Pädagogik im Nachkriegsdeutschland, in: Pehle, Walter / Sillem, Peter (Hrsg.), Wissenschaft im geteilten Deutschland. Restauration oder Neubeginn nach 1945?, Frankfurt 1992, S. 57-73

Dudek, Peter, „Der Rückblick auf die Vergangenheit wird sich nicht vermeiden lassen." Zur pädagogischen Verarbeitung des Nationalsozialismus in Deutschland (1945-1990), Opladen 1995

Dülmen, Richard van, Das Täufertum als sozialreligiöse Bewegung. Ein Versuch, in: Zeitschrift für Historische Forschung, 6. Band 1979, S. 185-197

Duncker, Käthe, Aufbauschule und Proletariat, in: Beilage Feuilleton der Roten Fahne Nr. 212 vom 8.9.1928

E., M., Neue Bücher. Erziehung und Geschichtsunterricht, in: VuG 25 (1935), S. 111-118

Ebers, Godehard Josef, Reichsverfassung und christliche Staatslehre, in: Hochland 26 (1928/29), Bd. 2, S. 564-578

Ecco, Umberto, Urfaschismus, in: Die Zeit vom 7.7.1995, S. 47f.

Eckart, Wolfgang U., Mörderischer Wissensdrang. Konzentrationslager und Euthanasieanstalten als Großlabors, in: FAZ vom 27.4.1995

Eckert, Rainer, Die Widerstandsforschung über die NS-Zeit - ein methodisches Beispiel für die Erfassung widerständigen Verhaltens in der DDR?, in: GWU 46 (1995), S. 553-566

Edelmann, M., Neue Bücher zur deutschen Geschichte, zu Erziehung und Geschichtsunterricht, in: VuG 25 (1935), S. 701-710

Edelmann, Moritz, An unsere Leser!, in: VuG 26 (1936), S. 369

Edelmann, Moritz, Neue Bücher zu Erziehung und Geschichtsunterricht, in: VuG 26 (1936), S. 604-611

Edvardson, Cordelia, Die Welt zusammenfügen, München u.a. 1988

Eggert, Heinz-Ulrich (Hrsg.), Der Krieg frißt eine Schule. Die Geschichte der Oberschule für Jungen am Wasserturm in Münster 1938 - 1945. Verfaßt vom Grundkurs 11e Geschichte des Wilhelm-Hittorf-Gymnasiums Münster im Schuljahr 1982/83, (Münster) 1984

Ehrecke, Fritz, Deutschkundeunterricht in Verbindung mit nationalpolitischen Lehrgängen. Ausgeführt 1935/36 von der Urspringschule, in: DDHS 3 (1936), S. 639-646

Eich, Klaus-Peter, Schulpolitik in Nordrhein-Westfalen 1945-1954, Düsseldorf 1987

Eichenauer, Richard, Deutschunterricht und Rassenkunde, in: ZfDK 47 (1933), S. 522-532

Eickels, van Klaus, Das Collegium Augustinianum Gaesdonk in der NS-Zeit 1933-1942. Anpassung und Widerstand im Schulalltag des Dritten Reiches, Kleve 1982

Eid, Ludwig, Neuere Höhere Lehranstalten auch in Bayern? in: Bayerisches Bildungswesen 1 (1927), S. 493-509

Eid, Ludwig, Die Aufbauschulen Deutschlands nach ihren Jahresberichten, in: Bayerisches Bildungswesen 1 (1927), Nr. 9 vom 15.9.1927, S. 555-566

Eid, Ludwig, Die deutschen Aufbauschulen 1927/28, in: Bayerisches Bildungswesen 2 (1928), S. 607-617

Eierdanz, Jürgen, Wir wollen gehorchen lernen! Peter Petersen und der „Jena-Plan", in: Demokratische Erziehung 3 (1987), S. 16-21

Eilers, Den Kritikern der deutschen Jugendschule ins Stammbuch, in: Nationalsozialistischer Lehrerbund Westfalen-Süd (Hrsg.), Auf dem Wege ..., S. 7-12

Eilers, Grundlinien für den Aufbau der nationalsozialistischen Jugendschule, in: Nationalsozialistischer Lehrerbund Westfalen-Süd (Hrsg.), Auf dem Wege ..., S. 13-19

Eilers, Rolf, Die nationalsozialistische Schulpolitik. Eine Studie zur Funktion der Erziehung im totalitären Staat, Köln u.a. 1963

Einleitung, in: Kaiser, Jochen-Christoph u.a. (Hrsg.), Christentum ..., S. VIII-XII

Eisen, Hammerschmidt, F.: Die Stadt über der Erde (Rezension), in: Bücherwelt 27 (1930), S. 233

Eisenhut, Rückschritt oder Fortschritt. Zur Bildungsfrage im Süden unseres Kreises, in: Patriot vom 17.12.1924

Eley, Geoff, Deutscher Sonderweg und englisches Vorbild, in: Blackbourn, David / Eley, Geoff, Mythen deutscher Geschichtsschreibung, Frankfurt/M. u.a. 1980, S. 7-70

Eley, Geoff, Wilhelminismus, Nationalismus, Faschismus. Zur historischen Kontinuität in Deutschland, Münster 1991

Elias, Norbert, Studien über die Deutschen. Machtkämpfe und Habitusentwicklung im 19. und 20. Jahrhundert, Frankfurt 1989

Ellerbrock, Wolfgang, Paul Oestreich. Porträt eines politischen Pädagogen (Veröffentlichungen der Max-Traeger-Stiftung Bd. 14), Weinheim u.a. 1992

Engel, Joachim, Der Erdkundeunterricht und seine Heimat, in: geographie heute, Heft 21 5 (1984), S. 9

Entwurf zu einem Erlaß der Landesunterrichtsbehörde Hamburg über politische Erziehung im deutschen Unterricht, in: ZfDB 9 (1933), S. 452-456

Epkenhans, Michael, Neuere Literatur zur britischen Deutschland- und Besatzungspolitik 1945-1949, in: Westfälische Forschungen 41 (1991), S. 517-529

Erbt, Wilhelm, Die Alte Geschichte, in: VuG 26 (1936), S. 617-628

Erdkundeunterricht als nationalpolitische Gesinnungsdisziplin, in: Pharus 24 (1933), 2. Halbband, S. 334-337

Erklärung des Gesamtvorstandes zur grundständigen Deutschen Oberschule, in: DOA 4 (1930/31), H. 3, S. 63

Erklärung im Reichsjugendpressedienst, abgedruckt in: DDHS 4 (1937), S. 104f.

Erlaß vom 29.1.1938, in: DDHS 5 (1938), S. 160-162

Esleben, Leo, Erinnerungen an unsere Ostendorfschule in der Zeit von 1938-44, in: Ostendörfler. Schriftenreihe des Vereins der Ehemaligen des Ostendorf-Gymnasiums (Lippstadt), Nr. 1 September 1995, S. 13-24

Eulenburg, Franz, Die herrschende soziale Bewertung der verschiedenen Berufsgruppen. Ein Entwurf, in: Petersen, Peter (Hrsg.), Der Aufstieg ..., S. 131-136

Evans, Richard J., Bürgerliche Gesellschaft und charismatische Herrschaft. Gab es einen deutschen Sonderweg in die Moderne?, in: Die Zeit Nr. 42 vom 13. 10. 1995

F., Verbandsnachrichten, in: DOA 7 (1933), H. 1, S. 11f.

Falke, Braunschweig. Die Aufbauschulen (DOS.) im Freistaat Braunschweig, in: DOA 3 (1930), H. 2, S. 44f.

Falter, Jürgen W., Hitlers Wähler, München 1991

Falter, Jürgen W. / Kater, Michael H., Wähler und Mitglieder der NSDAP. Neue Forschungsergebnisse zur Soziographie des Nationalsozialismus 1925-1933, in: GuG 19 (1993), S. 155-177

Faßbinder, Franz, Jugend und Dichtung, in: ZfDB 7 (1931), S. 18-26

Faulhaber, Christentum und Germanentum, in: derselbe, Judentum, Christentum, Germanentum. Adventspredigten gehalten in St. Michael zu München 1933, München o.J.

Feidel-Mertz, Hildegard / Lingelbach, Karl-Christoph, Gewaltsame Verdrängung und prekäre Kontinuität. Zur Entwicklung der wissenschaftlichen Pädagogik in Frankfurt am Main vor und nach 1933, in: Z.f.Päd. 40 (1994), S. 707-726

Fend, Helmut, Gesellschaftliche Bedingungen schulischer Sozialisation, Weinheim u.a. 1974

Festschrift 125 Jahre Gymnasium Petrinum. Anno 1858-1983, o.O. (Brilon), o.J. (1983)

Fischer, Zur Denkschrift des Verbandes der Deutschen Hochschulen über Fragen der höheren Schule, in: DOA 6 (1932), H. 1, S. 1-3

Fischer, Aus dem Verbande, in: DOA 6 (1932), H. 2, S. 26

Fischer, Aus dem Verbande. II. Arbeitsgemeinschaften, in: DOA 6 (1933), S. 46

Fischer, Auf zur Braunschweiger Tagung!, in: DOA 6 (1933), H. 4, S. 49

Fischer, Aus dem Verbande, in: DOA 6 (1933), H. 4, S. 60f.

Fischer, Albert, Zur Vereinheitlichung des deutschen höheren Schulwesens, in: DOA 6 (1933), H. 5/6, S. 65-85

Fischer, Albert, Die Aufbauschule, in: DDHS 2 (1935), S. 40-43

Fischer, Albert, Die Charaktererziehung in der Schule, in: DDHS 4 (1937), S. 342-345

Fischer, F., Aufbauschule und Rektoratsschule, in: Germania Nr. 183 vom 5.7.1923

Flechtheim, Ossip K., Die KPD in der Weimarer Republik, (Nachdruck der Erstauflage von 1948), 3. Aufl. Frankfurt/M 1973

Fleischer, Helmut, Zur Kritik des Historikerstreits, in: Aus Politik und Zeitgeschichte B 40-41/88 vom 30. September 1988, S. 3-14

Flessau, Kurt-Ingo, Schule der Diktatur - Lehrpläne und Schulbücher des Nationalsozialismus, München 1977

Flessau, Kurt Ingo, Schulen der Partei(lichkeit)? Notizen zum allgemeinbildenden Schulwesen des Dritten Reiches, in: Flessau, Kurt Ingo / Nyssen, Elke / Pätzold, Günter (Hrsg.), Erziehung im Nationalsozialismus. „... und sie werden nicht mehr frei ihr ganzes Leben", Köln u.a. 1987, S. 65-82

Flitner, Wilhelm, Zur Kulturpolitik der Notzeit, in: Die Erziehung 7 (1931/32), S. 148-158

Flören, Die gewerblichen Gilden der Stadt Rüthen, in: Festschrift. 50 Jahre katholischer Gesellenverein in Rüthen, Rüthen 1927, S. 30-39

Fluck, Hans, Aus Heimat und Fremde. Ein deutsches Lesebuch für die Untertertia der Aufbauschulen. Reihe: Deutsches Lesebuch für höhere Lehranstalten hrsg. von Franz Ewald und Stephan Heibges, Paderborn 1926

Fluck, Hans, Über Stefan George. Auszug aus der Rede des Studiendirektors Dr. Fluck, in: derselbe (Hrsg.), Mitteilungen ..., S, 13-21

Fluck, Hans (Hrsg.), Caesar: De bello Gallico. Schöninghs Lateinische Klassiker Bd. 5, Paderborn o.J.

Fluck, Hans (Hrsg.), Catull und Tibull. Sammlung altsprachlicher Lesestoffe Bd. 16, Paderborn o.J.

Fluck, Hans (Hrsg.), Einhards Vita Karoli Magni. Sammlung altsprachlicher Lesestoffe Bd. 1, Paderborn o.J.

Fluck, Hans (Hrsg.), Greif: Buch der Lyrik. Schülerhefte von deutscher Art. Schöninghs Dombücherei Bd. 62, Paderborn o.J.

Fluck, Hans (Hrsg.), Hebbels Jugendjahre. Die Kuh. Pauls merkwürdige Nacht. Schülerhefte von deutscher Art. Schöninghs Dombücherei Bd. 6, Paderborn o.J.

Fluck, Hans (Hrsg.), Peter Dörfler. Schülerhefte von deutscher Art. Schöningsh Dombücherei Bd. 44, Paderborn o.J.

Fluck, Hans (Hrsg.), Petronius, Cena Trimalchionis. Sammlung altsprachlicher Lesestoffe Bd. 14, Paderborn o.J.

Fluck, Hans (Hrsg.), Tacitus: Germania. Schöninghs Lateinische Klassiker Bd. 1, Paderborn o.J.

Fluck, Hans (Hrsg.), W. H. Riehl: Im Jahre des Herrn. Der stumme Ratsherr. Schülerhefte von deutscher Art. Schöninghs Dombücherei Bd. 23, Paderborn o.J.

Fluck, Hans (Hrsg.), Wernher der gartenaere: Meier Helbrecht (mittelhochdeutsch). Schülerhefte von deutscher Art. Schöninghs Dombücherei Bd. 22, Paderborn o.J.

Fluck, Hans (Hrsg.), Neue deutsche Lyrik. Schülerhefte von deutscher Art Schöningsh Dombücherei Bd. 1, Paderborn 1925

Fluck, Hans (Hrsg.), Deutsche Poetik. Schülerhefte von deutscher Art. Schöninghs Dombücherei Bd. 58, Paderborn 1927

Fluck, Hans (Hrsg.), Ludwig van Beethoven. Schülerhefte von deutscher Art. Schöninghs Dombücherei Bd. 50, Paderborn 1927

Fluck, Hans (Hrsg.), Achim von Arnim, Isabella von Ägypten. Schöninghs Textausgaben alter und neuer Schriftsteller Bd. 112, Paderborn 1928

Fluck, Hans (Hrsg.), W. H. Riehl, Der verrückte Holländer. Der Märzminister. Die Dichterproben. Schöninghs Textausgaben alter und neuer Schriftsteller Bd. 104, Paderborn 1928

Fluck, Hans (Hrsg.), Kulturbilder aus dem 18. Jahrhundert. Schülerhefte von deutscher Art. Schöninghs Dombücherei Bd. 64, Paderborn 1929

Fluck, Hans (Hrsg.), Moderne Prosa I. Ein Lesebuch deutschen Schrifttums seit 1885. Schöninghs Textausgaben alter und neuer Schriftsteller Bd. 115, Paderborn 1929

Fluck, Hans (Hrsg.), Sturm und Drang. Schülerhefte von deutscher Art. Schöninghs Dombücherei Bd. 68, Paderborn 1929

Fluck, Hans (Hrsg.), Impressionismus. Schülerhefte von deutscher Art. Schöninghs Dombücherei Bd. 73, Paderborn 1930

Fluck, Hans (Hrsg.), Deutsches Schrifttum als Ausdruck seiner Zeit. 1. Urzeit bis 1150. 2. Die Ritterzeit. 3. 1300-1748. Schülerhefte von deutscher Art. Schöninghs Dombücherei Bd. 89/90/91, Paderborn 1931

Fluck, Hans (Hrsg.), Mitteilungen der Staatlichen Deutschen Oberschule. Aufbauschule, Rüthen i. Westfalen, Heft 1, Ostern 1931

Fluck, Hans (Hrsg.), Das Spiel von den zehn Jungfrauen. Schülerhefte von deutscher Art. Schöninghs Dombücherei Bd. 113, Paderborn 1932

Fluck, Hans (Hrsg.), Expressionismus. Schülerhefte von deutscher Art. Schöninghs Dombücherei Bd. 74, Paderborn 1932

Fluck, Hans (Hrsg.), Deutsches Schrifttum als Ausdruck seiner Zeit. Von 1748 bis Goethes Tod. Schülerhefte von deutscher Art. Schöninghs Dombücherei Bd. 92, Paderborn 1936

Fluck, Hans (Hrsg.), Moderne Prosa I. Ein Lesebuch deutschen Schrifttums seit 1885, Schöninghs Textausgaben, 2. Aufl. Paderborn 1946

Fogelmann, Eva, „Wir waren keine Helden". Lebensretter im Angesicht des Holocaust, Frankfurt 1995

Foschepoth, Josef, Zur deutschen Reaktion auf Niederlage und Besatzung, in: Herbst, Ludolf (Hrsg.), Westdeutschland ..., S.151-165

Fräger, Paul, Probleme der Schüleraufnahme in der Aufbauschule, in: Allgemeine Deutsche Lehrerzeitung 55. Jg. Nr. 6 vom 11.2.1926, S. 101-103

Frank, Horst Joachim, Geschichte des Deutschunterrichts. Von den Anfängen bis 1945, München 1973

Franke, G. H., Fesseln der Überlieferung. Aufbauschule und Deutsche Oberschule, in: DOA 2 (1929), H. 3, S. 33-36

Franke, G.H., Die pädagogische Ergänzung, in: DOA 6 (1932), H. 2, S. 17-20

Franke, G.H., Die angelehnte Aufbauschule, in: DOA 7 (1933), H. 1, S. 1-6

Franke, Kurt F.K., Medien im Geschichtsunterricht der nationalsozialistischen Schule, in: Dithmar, Reinhard (Hrsg.), Schule und Unterricht im Dritten Reich ..., S. 59-85

Frankl, Viktor, Geschichtsunterricht und Politik, in: VuG 23 (1933), S. 30-44

Frei, Norbert, Wie modern war der Nationalsozialismus, in: GuG 19 (1993), S. 367-387

Frei, Norbert, Vergangenheitspolitik. Die Anfänge der Bundesrepublik und die NS-Vergangenheit, München 1996

Freilinger, Hubert, Heimat, in: geographie heute, Heft 53 9 (1987), S. 46f.

Freise, Gerda, Jugend im Nationalsozialismus. Versuch einer kritischen Vergegenwärtigung der Vergangenheit, in: Klafki, Wolfgang (Hrsg.), Verführung ..., S. 19-44

Freitag, Aus der Praxis der Aufbauschule, in: Allgemeine Deutsche Lehrerzeitung 55. Jg. Nr. 6 vom 11.2.1926, S. 103-105

Freitag, Otto, Deutsches Gymnasium, Oberschule, Aufbauschule als nationale Erziehungsschule der Zukunft, Berlin 1919

Freitag, Otto, Die Deutsche Oberschule, in: ZfDK 35 (1921), S. 539-548

Freitag, Werner, Ein „Handwerkerfest" 1933. Dörfliche Horizonte und NS-Politik, in: 79. Jahresbericht des Historischen Vereins für die Grafschaft Ravensberg, Jahrgang 1991, Bielefeld 1991, S. 257-279

Freitag, Werner, Nationale Mythen und kirchliches Heil: Der „Tag von Potsdam", in: Westfälische Forschungen 41 (1991), S. 379-430

Frevet, Ute, Ehrenmänner. Das Duell in der bürgerlichen Gesellschaft, München 1991

Freyberg, Jutta von / Romberger, Barbara / Mausbach, Hans (Hrsg.), „Wir hatten andere Träume." Kinder und Jugendliche unter der NS-Diktatur, hrsg. vom Studienkreis Deutscher Widerstand Frankfurt, Frankfurt 1995

Frick, Kampfziel der deutschen Schule, in: Die nationalsozialistische Revolution 1933, bearbeitet von Axel Friedrichs (= Dokumente der Deutschen Politik, Reihe: Das Reich Adolf Hitlers, hg. von F. A. Six, Bd. 1)(1935), 7. Aufl. Berlin 1942, S. 327-338

Fricke, Gerhard, Schiller und Kleist als politische Dichter, in: ZfDK 48 (1934), S. 222-238

Fried, Johannes, Die Garde stirbt und ergibt sich nicht. Wissenschaft schafft die Welten, die sie erforscht: Das Beispiel Geschichte (stark gekürzte Dankrede für den Preis des Historischen Kollegs, München 1995) in: FAZ vom 3. April 1996

Fried, Johannes, Wissenschaft und Phantasie. Das Beispiel Geschichte, in: HZ, Bd. 263 H.2 (1996), S. 291-316

Friedländer, Saul, Überlegungen zur Historisierung des Nationalsozialismus, in : Freibeuter. Vierteljahreszeitschrift für Kultur und Politik, Heft 36 1988, S. 33-52

Friedmann, H., Auf dem Wege zur Ganzheit. NSLB und Philologenverband, in: DDHS 2 (1935), S. 117-119

Friedrich, Fritz, Vereinheitlichung oder Vereinerleiung?, in: Deutsches Philologen-Blatt 42 (1934) S. 343-347

Friese, Hans, Goethes Egmont - ein Vorkämpfer der Volkheit, in: DDHS 5 (1938), S. 334-339

Fritsch, Andreas, „Dritter Humanismus" und „Drittes Reich" - Assoziationen und Differenzen, in: Dithmar, Reinhard (Hrsg.), Schule und Unterricht in der Endphase ..., S. 152-175

Fuchs, Alois, „Im Streit um die Externsteine". Ihre Bedeutung als christliche Kultstätte, Paderborn 1934

Führ, Christoph, Zur Schulpolitik der Weimarer Republik. Die Zusammenarbeit von Reich und Ländern im Reichsschulausschuß (1919-1923) und im Ausschuß für Unterrichtswesen (1924-1933). Darstellung und Quellen, 2. Aufl. Weinheim 1972

Für die Schülerbibliothek. Hammerschmidt, F., Die Stadt über der Erde (Rezension), in: Zeitschrift für den katholischen Religionsunterricht 7 (1930), S. 122

Füssl, Karl-Heinz, Restauration und Neubeginn. Gesellschaftliche, kulturelle und reformpädagogische Ziele der amerikanischen „Re-education"-Politik nach 1945, in: Aus Politik und Zeitgeschichte Heft B 6/97 vom 31. Januar 1997, S. 3-14

G., Zur Stellung der preußischen Aufbauschulen im Preußischen Philologenverband, in: DOA 1 (1928), H. 2, S. 26f.

G., Tagung der Deutschen Oberschulen und der Aufbauschulen Nordwestdeutschlands in Bremen am 16. und 17. Juni 1928, in: DOA 1 (1928) Heft 3/4, S. 60f.

G., Die Aufbauschule im Hauptausschuß des Preußischen Landtages (April 1929), in: DOA 2 (1929), H. 5, S. 75

G., Die Aufbauschulen im Preußischen Landtag (Februar 1930), in: DOA 3 (1930), H. 3/4, S. 73

G., Lebensfragen der Großstadtaufbauschule, in: DOA 3 (1930), H. 2, S. 45f.

G., Statistisches von den Aufbauschulen Preußens, in: DOA 3 (1930), H. 3/4, S. 74

G., Stellung des 5. Preußischen Philologentages zur grundständigen Deutschen Oberschule und Aufbauschule, in: DOA 4 (1930/31) H. 2, S. 39

Gamm, Hans-Jochen, Führung und Verführung. Pädagogik des Nationalsozialismus. Eine Quellensammlung (1964), Neuauflage 1984 mit einer neuen Einleitung und einer Ergänzungsbibliographie, 3. Aufl. München 1990

Gamm, Hans-Jochen, I. Problemstellung. Einleitung zur Neuausgabe von 1984, in: derselbe, Führung ..., S. 13-41

Gamm, Hans-Jochen, Faschismus als Herausforderung an die Pädagogik, in: Otto, Hans-Uwe / Sünker, Heinz (Hrsg.), Soziale Arbeit und Faschismus. Volkspflege und Pädagogik im Nationalsozialismus, Bielefeld 1986, S.3-17

Gamm, Hans-Jochen, Kontinuität der Kathederpädagogik oder : Differenzen über faschistische Pädagogik, in: Demokratische Erziehung 2(1987), S. 14-18

Gauly, Thomas M., Konfessionalismus und politische Kultur in Deutschland, in: Aus Politik und Zeitgeschichte B 20/91 v. 10. Mai 1991, S. 45-53

Gebhardt, Jürgen, Zwischen Wissenschaft und Religion. Zur intellektuellen Biographie E. Voegelins in den 30er Jahren", in: Politisches Denken. Jahrbuch 1995/96, Stuttgart u.a. 1996, S. 283-306

Gedanken zur Schulreform, in: Deutsches Philologen-Blatt 42 (1934), S. 437-439

Gedenkstätten für die Opfer des Nationalsozialismus. Eine Dokumentation. Text und Zusammenstellung: Ulrike Puvogel (= Bundeszentrale für politische Bildung, Schriftenreihe Band 245), Bonn 1987

Gehl, Walter, Geopolitik im Unterricht. Ein Aufruf an die Amtsgefährten für Erdkunde, Geschichte, Naturwissenschaften und im Deutschunterricht, in: VuG 23 (1933), S. 587f.

Gehrig, R., Von der Karl-Marx-Schule zum Kaiser-Friedrich-Realgymnasium, in: Deutsches Philologen-Blatt 43 (1935), S. 28-30

Geiger, Theodor, Die soziale Schichtung des deutschen Volkes, Stuttgart 1932

Geiger, Wolfgang, Geschichte und Staatsbürgerkunde vor und in der Weimarer Zeit, in: Leidinger, Paul (Hrsg.), Geschichtsunterricht ..., S. 99-109

Geiger, Wolfgang, Staatsbürgerliche Erziehung und Bildung in der Endphase der Weimarer Republik, in: Dithmar, Reinhard (Hrsg.), Schule und Unterricht in der Endphase ..., S. 1-20

Geissler, Georg, Die Diskussion der Schulfrage in der Gegenwart, in: Die Erziehung 6 (1931), S. 302-312

Geißler, Rainer, Die Sozialstruktur Deutschlands. Ein Studienbuch zur gesellschaftlichen Entwicklung im geteilten und vereinten Deutschland, Opladen 1992

Genschel, Helmut, Politische Erziehung durch Geschichtsunterricht. Der Beitrag der Geschichtsdidaktik und des Geschichtsunterrichts zur politischen Erziehung im Nationalsozialismus (= Studien zur Politikdidaktik Bd. 15), Frankfurt 1980

Genschel, Helmut, Geschichtsdidaktik und Geschichtsunterricht im nationalsozialistischen Deutschland, in: Bergmann, Klaus / Schneider, Gerhard (Hrsg.), Gesellschaft. Staat. Geschichtsunterricht. Beiträge zu einer Geschichte der Geschichtsdidaktik und des Geschichtsunterrichtes von 1500-1980, Düsseldorf 1982, S. 261-294

Gentsch, Dirk, Potsdam - ein Standort nationalsozialistischer Eliteschulen. „Die Politik macht die Schule - nicht die Pädagogik!" Rousseau „Emile" (1762), in: Pädagogik und Schulalltag 49 (1994), S. 478-482

George, Stefan, in: Jens, Walter (Hrsg.), Kindlers Neues Literatur Lexikon, Bd. 6, München 1989, S. 223-235

Geppert, Alexander C.T., Forschungstechnik oder historische Disziplin? Methodische Probleme der Oral History, in: GWU 45 (1994), S. 303-323

Gerloff, Fritz, Gedanken über den zukünftigen Erdkundeplan für die höheren Schulen, in: DDHS 2 (1935), S. 645-649

Gerstenberger, Heide, Konservatismus in der Weimarer Republik, in: Kaltenbrunner, Gerd-Klaus (Hrsg.), Rekonstruktion des Konservatismus, Freiburg 1972, S. 331-348

Gerstenberger, Heide, Alltagsforschung und Faschismustheorie, in: Normalität oder Normalisierung. Geschichtswerkstätten und Faschismusanalyse, Münster 1987, S. 35-49

Gestaltungsplan der Aufbauschule, in: Bayerisches Bildungswesen 2 (1928), S. 524-527

Geudtner, Otto / Hengsbach, Hans / Westerkamp, Sybille, „Ich bin katholisch getauft und Arier". Aus der Geschichte eines Kölner Gymnasiums, Köln 1985

Gewerkschaft Erziehung und Wissenschaft (GEW), Landesverband Hessen (Hrsg.), Dokumentation. Die Auseinandersetzung um das Konzept „Die Nazi-Zeit an den Schulen erforschen!", Frankfurt 1990

Gies, Horst, Die verweigerte Identifikation mit der Demokratie: Geschichtslehrer und Geschichtsunterricht in der Weimarer Republik, in: Dithmar, Reinhard (Hrsg.), Schule und Unterricht in der Endphase ..., S. 89-114

Gies, Horst, Geschichtsunterricht als deutschkundliche Weihestunde, in: Dithmar, Reinhard (Hrsg.), Schule und Unterricht im Dritten Reich ..., S. 39-58

Gies, Horst, Geschichtsunterricht und nationalpolitische Erziehung im NS-Staat 1933-45, in: Leidinger, Paul, (Hrsg.), Geschichtsunterricht ..., S. 110-117

Gies, Horst, Geschichtsunterricht unter der Diktatur Hitlers, Köln u.a. 1992

Giesecke, Hermann, Hitlers Pädagogen. Theorie und Praxis nationalsozialistischer Erziehung, Weinheim u.a. 1993

Gilman, Sander L. (Hrsg.), NS-Literaturtheorie. Eine Dokumentation, Frankfurt 1971

Giordano, Ralph, Die zweite Schuld oder Von der Last Deutscher zu sein, Hamburg u.a. 1987

Glomp, Hans, Vom Werden und Wesen der Aufbauschule, in: Schola. Lebendige Schule 6 (1951) Nr. 3, S. 179-185

Göcking, W., Die Ansprüche des Lebens an die Typisierung, in: Schule und Erziehung 21 (1933), S. 23-29

Goebel, Klaus (Hrsg.), Wuppertal in der Zeit des Nationalsozialismus, 2. korrigierte Aufl. Wuppertal 1984

Goering, R., Rezension, in: Nationalsozialistische Erziehung 3 (1934), S. 121f.

Goetz, Karl, Zur sozialen Herkunft der Lehrer an höheren Schulen, in: Monatsschrift für höhere Schulen 30. Band 1931, S. 58-63

Goldendach, Walter von / Minow, Hans-Rüdiger, „Deutschtum Erwache!" Aus dem Innenleben des staatlichen Pangermanismus, Berlin 1994

Gotto, Klaus / Hockerts, Hans Günter / Repgen, Konrad, Nationalsozialistische Herausforderung und kirchliche Antwort. Eine Bilanz, in: Bracher, Karl Dietrich u.a. (Hrsg.), Nationalsozialistische ..., S. 655-668

Gottschald, Max, Familienkunde. Literaturbericht, in: ZfDB 11 (1935), S. 528-535

Götz von Olenhusen, Irmtraud, Jugendreich, Gottesreich, Deutsches Reich. Junge Generation, Religion und Politik 1928-1933 (= Edition der deutschen Jugendbewegung Bd. 2), Köln 1987

Gräber, Gerhard / Spindler, Matthias, Friedensrepublik Hein & Kunz. Das kurze Leben der „Autonomen Pfalz" und die lange Verdrängung, in: Die Zeit vom 29.3.1991, S. 37/38

Grabert, Willy, Die preußische Schulreform und die Bildungsreformen der Hauptkulturländer nach dem Kriege, in: Grimme, Adolf u.a. (Hrsg.), Wesen ..., S. 27-40

Graf, Jakob, Die Familienkunde im Unterricht der höheren Schule von der Lebenskunde (Biologie) aus gesehen, in: DDHS 2 (1935), S. 199-208

Gräfe, Gerhard, Was jeder Deutsche vom Grenz- und Auslanddeutschtum wissen muß. Rezension, in: Deutsche Wissenschaft ... 3 (1937), S. 220*f

Grafenschäfer, E., Dr. Steinwachs, in: Rüthener Hefte 1961/62, S. 9f.

Grafenschäfer, Eberhard, Nachruf für Herrn Dr. Ernst Steinwachs, in: Rüthener Hefte 1973/74, S. 7-9

Grau, Wilhelm, Die Judenfrage in der deutschen Geschichte, in: VuG 26 (1936), S. 249-259

Graul, Josef, Der Wehrwolf, ein Werk nationalsozialistischen Geistes, in: DDHS 2 (1935), S. 726-729

Graul, Josef, Hermann Löns im Deutschunterricht, in: ZfDB 12 (1936), S. 390-401

Grebing, Helga, Geschichte der deutschen Arbeiterbewegung, 4. Aufl. München 1966

Grebing, Helga, Der „deutsche Sonderweg" in Europa 1806-1945. Eine Kritik. Unter Mitarbeit von Doris von der Brelie-Lewien und Hans-Joachim Franzen, Stuttgart u.a. 1986

Grebing, Helga, Preußen-Deutschland - die verspätete Nation?, in: Grebing, Helga, Der „deutsche Sonderweg" ..., S. 76-137

Greff, Die Deutsche Oberschule in Aufbauform, in: Pädagogische Post Nr. 19 1928, S. 210f.

Greiffenhagen, Martin, Das Dilemma des Konservatismus in Deutschland. Mit einem neuen Text: „Posthistoire?". Bemerkungen zur Situation des „Neokonservatismus" aus Anlaß der Taschenbuchausgabe 1986, Frankfurt 1986

Greschat, Martin, „Rechristianisierung" und „Säkularisierung". Anmerkungen zu einem europäischen konfessionellen Interpretationsmodell, in: Kaiser, Jochen-Christoph u.a. (Hrsg.), Christentum ..., S. 1-24

Greshake, Karl, Das Ringen um die Gründung des Aufbaugymnasiums Warendorf (1922 - 1925), in: Augustin-Wibbelt-Gymnasium Warendorf. ..., S. 75-82

Grimme, Adolf zus. mit Heinrich Deiters und Lina Mayer-Kulenkampff (Hrsg.), Wesen und Wege der Schulreform, Berlin 1930

Grimme, Adolf, Nachwort, in: derselbe u.a. (Hrsg.), Wesen ..., S. 295-303

Gröber, Conrad, Kirche, Vaterland und Vaterlandsliebe. Zeitgemäße Erinnerungen und Erwiderungen, Freiburg 1935

Große Anfrage der Zentrumsfraktion im Preußischen Landtag, abgedruckt in: Schule und Erziehung 20 (1932), S. 138f.

Grüneberg, Horst, Das Schicksal der Höheren Schule, in: Volk im Werden 2 (1934), S. 468-478

Gundolf, Friedrich, George (1920), 3. erweiterte Aufl. Berlin 1930

Günther, Alfred, Die Stundentafeln der deutschen Aufbauschulen, in: DOA 1(1928), H. 2, S. 24-26

Günther, Alfred, Bestand der deutschen Aufbauschulen, in: DOA 1 (1928), Heft 3/4, S. 53-59

Günther, Alfred, Die deutsche Aufbauschulbewegung, in: Deutsches Philologen-Blatt 37 (1929), S. 20

Günther, Alfred, Zur Berufswahl der ersten Abiturienten und Abiturientinnen der preußischen Aufbauschulen (Ostern 1928), in: Deutsches Philologen-Blatt 37 (1929), S. 126f.

Günther, Alfred, Kann die Aufbauschule die künftige Normalschule werden?, in: Deutsches Philologen-Blatt 38 (1930), S. 50-52

Günther, Elke / Kapf, Gisela / Mützner, Ulrike / Rösner, Monika / Schonig, Bruno, Lebensgeschichten verstehen lernen. Ein Bericht über die Arbeit der „Berliner Projektgruppe Lehrerlebensläufe", in: Baacke, Dieter / Schulz, Theodor (Hrsg.), Pädagogische Biographieforschung ..., S. 107-123

Günther, Hans R. G., Geist und Seele bei Ludwig Klages, in: ZfDB 9 (1933), S. 289-296

Günther, Karl-Heinz u.a., Quellen zur Geschichte der Erziehung, 5. Aufl. Berlin (DDR) 1968

Günther, Schulgeldfreiheit, Erziehungsbeihilfe u.ä. an den Aufbauschulen der Provinz Hannover im Schuljahr 1929, in: DOA 4 (1930/31), H.1/2, S. 36

Güsgens, Joseph, Das nationalsozialistische Schul- und Erziehungsprogramm, in: Pharus 24 (1933), 1. Halbband, S. 28-42

H., Schulabbau und Aufbauschule, in: Im Schritt der Zeit. Sonntagsbeilage der Kölnischen Volkszeitung v. 13.3.1932, S. 4

Haacke, Ulrich, Mehr Lebensnähe im staatsbürgerlichen Unterricht!, in: VuG 18 (1928), S. 300-306

Haacke, Ulrich, Die Not des Literaturunterrichts: Einbildung oder Wirklichkeit?, in: Die Erziehung 5 (1930), S. 117-124

Haacke, Ulrich, Kausalitätsbegriff, Schicksalsidee und volksorganische Schau in der Geschichtsbetrachtung, in: DDHS 2 (1935), S. 553-559

Haacke, Ulrich, Der junge Schiller, in: ZfDK 50 (1936), S. 344-354

Haacke, Ulrich, Der Kampf um den Erdraum. Von Paul Ritter (Rezension), in: Deutsche Wissenschaft ... 2 (1936), Nichtamtlicher Teil S. 39*f

Habermas, Jürgen, Was bedeutet „Aufarbeitung der Vergangenheit" heute?, in: Die Zeit vom 3.4.1992

Hackethal, Norbert, Epoche der Neuanfänge. Die Jahre 1921 bis 1965 (zuerst 1965), in: Hemmen, Wilhelm (Hrsg.), Festschrift ..., S. 27-52

Hadlich, H., Die Mädchenaufbauschule, in: Deutsches Philologen-Blatt Nr. 41 vom 10.10.1928, S. 619f.

Haenicke, A., Aus dem Arbeitskreis der ländlichen Aufbauschule, in: ADLV. Deutsche Lehrerinnenzeitung 44 (1927), S. 291-294

Haffner, Sebastian, Germany: Jekyll & Hyde. 1939 - Deutschland von innen betrachtet (1940), Berlin 1996

Hamann, Brigitte, Hitlers Wien. Lehrjahre eines Diktators, München 1996

Hamburger, Käte, Ibsens Drama in seiner Zeit, Stuttgart 1989

Hammerschmidt, Ferdinand, Der Deutsche Rosenkranz. Gebetszyklus, o.O., o.J.

Hammerschmidt, Adam gen. Ferdinand, Martin Greif als Lyriker. Eine psychologisch-ästhetische Analyse, Diss., Münster 1924

Hammerschmidt, Ferdinand, Wie drückt sich das Niederdeutsche im Katholizismus Niederdeutschlands aus?, in: Was ist niederdeutsch? Beiträge zur Stammeskunde hrsg. von der Fehrs-Gilde, Kiel 1928, S. 178-194

Hammerschmidt, Ferdinand, Die Stadt über der Erde, Paderborn 1929

Hammerschmidt, Ferdinand, Karl Wagenfelds dichterischer Aufstieg, in: Volkstum und Heimat. Karl Wagenfeld zum 60. Geburtstag vom Westfälischen Heimatbunde, Münster 1929, S. 22-36

Hammerschmidt, F., Die Stadt über der Erde (Rezension), in: Zeitschrift für den katholischen Religionsunterricht 7 (1930), S. 122

Hammerschmidt, F., Die Persönlichkeitsbildung der heutigen höheren Schule im Lichte des kathol(ischen) Persönlichkeitsideals, in: Zeitschrift für den katholischen Religionsunterricht an höheren Lehranstalten 8 (1931), S. 348-362

Hammerschmidt, F., Das religiös-sittliche Weltbild in Goethes „Faust", in: Zeitschrift für den katholischen Religionsunterricht an höheren Lehranstalten 9 (1932), S. 104-118

Hammerschmidt, Ferd., Goethe und der Katholizismus (= Kulturkundliche Sammlung Pantheon Band 15/16), Breslau o.J. (1932)

Hammerschmidt, Ferd., Was kann uns Ibsen sein?, in: Zeitschrift für den katholischen Religionsunterricht an höheren Lehranstalten 9 (1932), S. 158-175

Hammerschmidt, Ferdinand, Die bewegenden Kräfte der Gegenwart und ihre dichterische Gestaltung, in: Zeitschrift für den katholischen Religionsunterricht an höheren Lehranstalten 10 (1933), S. 129-138 und S. 229-238

Hammerschmidt, Ferdinand, Zeitenwende, ihre Gestalt in der Dichtung der Gegenwart (= Kulturkundliche Sammlung Pantheon Bd. 17/18, Breslau 1933

Hammerschmidt, Ferdinand, Deutsches Ethos in deutscher Dichtung, in: Zeitschrift für den katholischen Religionsunterricht an höheren Lehranstalten 11 (1934), S. 101-111

Hammerschmidt, Ferd., Individualismus als Schicksal. Zu Otto Millers gleichnamigem Buch in Mumbauers Werk: „Die deutsche Dichtung der neuesten Zeit." II, 1., in: Zeitschrift für den katholischen Religionsunterricht an höheren Lehranstalten 11 (1934), S. 187f.

Hammerschmidt, Ferdinand, Persönlichkeit und Autorität in der nationalsozialistischen Erziehung, in: Deutsches Bildungswesen 2 (1934/35), S. 517-522

Hammerschmidt, Ferdinand, Der christliche Erlösungsgedanke. Seine Lebensform in der germanisch-deutschen Dichtung, Warendorf 1936

Hammerschmidt, Ferdinand, Die Blüte und der Verfall der mittelalterlichen Ritterorden, in: Stimmen der Zeit 136. Bd. (1939), S. 388-398

Hammerschmidt, Ferdinand, Der Christ in der Gegenwart, Warendorf 1946

Hammerschmidt, Markus (Pseudonym), Der Mönch, Paderborn 1921

Hammerschmidt/Rohfleisch, Deutsches Denken und Dichten seit Herder, Paderborn 1927

Harder, Heinz, Wehrkundliche Aufgaben des Erdkundeunterrichts, in: DDHS 3 (1936), S. 496-503

Harmjanz, H., Ein neues Erziehungswerk zu gesamtdeutschem Denken (Das Handwörterbuch des Grenz- und Auslandsdeutschtums), in: Deutsche Wissenschaft ... 3 (1937), S. 139*-142*

Hartmann, Karl, Hans Richert und die preußische Schulreform, in: Monatsschrift für höhere Schulen 29 (1930), S. 4-15

Hartnacke, Grundständige höhere Schule oder Aufbauform?, in: DOA 4(1930/31), S. 36-38

Hartnacke, Wilhelm, Naturgrenzen geistiger Bildung. Inflation der Bildung- Schwindendes Führertum - Herrschaft der Urteilslosen, Leipzig 1930

Hartnacke, Wilhelm, Bildungswahn - Volkstod!, München 1932

Hartung, Günter, Literatur und Ästhetik des deutschen Faschismus. Drei Studien, Köln 1984

Hartwig, Edgar, Alldeutscher Verband (ADV) 1891-1939, in: Lexikon zur Parteiengeschichte. Die bürgerlichen und kleinbürgerlichen Parteien und Verbände in Deutschland (1789-1945). In vier Bänden. hrsg. von Dieter Fricke u.a., Band 1, Köln 1983, S. 13-47

Hauer, Nadine, Die Mitläufer - Oder die Unfähigkeit zu fragen: Auswirkungen des Nationalsozialismus auf die Demokratie von heute, Opladen 1994

Haupert, Bernhard / Schäfer, Franz Josef, Jugend zwischen Kreuz und Hakenkreuz. Biographische Rekonstruktion als Alltagsgeschichte des Faschismus, 2. Aufl. Frankfurt 1992

Haupt, Die Verwirklichung der Deutschen Oberschule, in: DOA 7 (1934), H. 2, S. 17f.

Hausmann, Christopher, Heranwachsen im „Dritten Reich". Möglichkeiten und Besonderheiten jugendlicher Sozialisation im Spiegel autobiographischer Zeugnisse, in: GWU 41 (1990), S. 607-618

Heck, Irmgard, Meine Schulzeit im Dritten Reich, in: Lippstädter Heimatblätter 75 (1995), S. 37-40

Heer, Hannes / Naumann, Klaus (Hrsg.) Vernichtungskrieg. Verbrechen der Wehrmacht 1941 - 1944, Hamburg 1995

Hehl, Ulrich von (Bearb.), Priester unter Hitlers Terror. Eine biographische und statistische Erhebung. Im Auftrag der deutschen Bischofskonferenz unter Mitwirkung der Diözesanarchive (= Veröffentlichungen der Kommission für Zeitgeschichte Reihe A: Quellen. Band 37), 2. Aufl. Mainz 1985

Hehl, Ulrich von, Der deutsche Katholizismus nach 1945 in der zeitgeschichtlichen Forschung, in: Kaiser, Jochen-Christoph u.a. (Hrsg.), Christentum ..., S.146-175

Hehl, Ulrich von, Die Kirchen in der NS-Diktatur. Zwischen Anpassung, Selbstbehauptung und Widerstand, in: Bracher, Karl Dietrich u.a. (Hrsg.), Deutschland ..., S. 153-181

Hehl, Ulrich von, Staatsverständnis und Strategie des politischen Katholizismus in der Weimarer Republik, in: Bracher, Karl Dietrich u.a.(Hrsg.), Die Weimarer Republik ..., S. 238-253

Heim, Susanne / Aly, Götz, Sozialplanung und Völkermord. Thesen zur Herrschaftsrationalität der nationalsozialistischen Vernichtungspolitik, in: Schneider, Wolfgang (Hrsg.), Vernichtungspolitik. Eine Debatte über den Zusammenhang von Sozialpolitik und Genozid im nationalsozialistischen Deutschland (Hamburger Institut für Sozialforschung), Hamburg 1991, S. 11-23

Hein, Annette, „Es ist viel 'Hitler' in Wagner". Rassismus und antisemitische Deutschtumsideologie in den Bayreuther Blättern (1878 bis 1938), Tübingen 1996

Heinemann, Manfred (Hrsg.), Sozialisation und Bildungswesen in der Weimarer Republik (= Veröffentlichungen der Historischen Kommission der Deutschen Gesellschaft für Erziehungswissenschaft, Bd. 1), Stuttgart 1976

Heinemann, Manfred (Hrsg.), Der Lehrer und seine Organisation (= Veröffentlichungen der Historischen Kommission der Deutschen Gesellschaft für Erziehungswissenschaft, Bd. 2), Stuttgart 1977

Heinemann, Ulrich, Die Last der Vergangenheit. Zur politischen Bedeutung der Kriegsschuld- und Dolchstoßdiskussion, in: Bracher, Karl, Dietrich u.a. (Hrsg.), Die Weimarer ..., S. 371-386

Heinrich Schnee: Geschichtsunterricht im völkischen Nationalstaat (Rezension), in: Pharus 25 (1934), 2. Halbband, S. 175f.

Heinze, Karl, Haben sich die Aufbauschulen bewährt? in: Deutsches Philologen-Blatt 39 (1931), S. 114-116

Heiß, Ernst, Annette von Droste-Hülshoff-Gedenktage, in: Heimat und Reich 5 (1938), S. 393-395

Heller, Editha, Schule im Nationalsozialismus am Beispiel Pelizaeus-Schule, in: Boskamp, Dorothee u.a., Schule ..., S. 137-167

Heller, Editha / Hülsbeck-Mills, Ralf, Schule im Nationalsozialismus am Beispiel der Reismann-Schule in Paderborn, unveröff. Diplomarbeit, Paderborn 1991

Hellfeld, Matthias von / Klönne, Arno, Die betrogene Generation. Jugend in Deutschland unter dem Faschismus. Quellen und Dokumente, 2. Aufl. Köln 1987

Hemmen, Wilhelm (Hrsg.), Festschrift zum 100jährigen Bestehen der Reismann-Schule Paderborn 1888-1988, Paderborn 1988

Hengstenberg, Hans Eduard, Die vier Ganzheiten der nationalpolitischen Erziehung, in: Pharus 24 (1933), 2. Halbband, S. 120-134

Hengstenberg, Eduard, Über den Wesenszusammenhang von rassischer Grundlage und völkischer Kultur, in: ZfDB 11 (1935), S. 9-17

Henke, Josef, Verführung durch Normalität - Verfolgung durch Terror. Gedanken zur Vielfalt nationalsozialistischer Herrschaftsmittel, in: Aus Politik und Zeitgeschichte B 7/84 vom 18. Februar 1984, S. 21-31

Henke, Klaus-Dietmar, Die Grenzen der politischen Säuberung in Deutschland nach 1945, in: Herbst, Ludolf (Hrsg.), Westdeutschland ..., S. 127-133

Henneböle, Aus den Urtagen des Menschengeschlechts in unserer Heimat, in: Heimatbuch des Kreises Lippstadt, 2. Band, Lippstadt 1930, S. 155-161

Henneböle, Die vorgeschichtliche Siedlungsstätte „Hohler Stein" bei Kallenhardt, in: Heimatblätter. Organ des Heimatbundes für den Kreis Lippstadt, 12 (1930) Nr. 1 vom 25.1.1930, S. 1f.

Henneböle, E., Neue Lehrmittel für den Unterricht in der Vorgeschichte, in: Aus der Vorzeit in Rheinland, Lippe und Westfalen 1 (1933/34), H. 4, S. 64-67

Henneböle, „Kulturstufe Hohler Stein". Neue wertvolle Funde aus der Kulturhöhle „Hohler Stein" bei Callenhardt, in: Patriot vom 14.8.1934, S. 7

Henneböle, E., Neue Funde aus dem „Hohlen Stein" bei Kallenhardt, in: Aus der Vorzeit in Rheinland, Lippe und Westfalen 3(1936), Heft 3/4, S. 41-47

Henneböle, Im „Hohlen Stein" bei Kallenhardt, in: Patriot vom 17.9.1937, S. 7

Herausgeber und Verlag, An unsere Leser, in: VuG 24 (1934), S. 1f.

Herbert, Ulrich, Als die Nazis wieder gesellschaftsfähig wurden. Vom raschen Wiederaufstieg der NS-Eliten und von der Frage: Wie konnte aus der Bundesrepublik dennoch eine stabile Demokratie werden, in: Die Zeit Nr. 3 vom 10. Januar 1997

Herbert, Ulrich, Best. Biographische Studien über Radikalismus, Weltanschauung und Vernunft, 1903-1989, Bonn 1996

Herbst, Ludolf (Hrsg.), Westdeutschland 1945-1955. Unterwerfung, Kontrolle, Integration, München 1986

Herbst, Ludolf, Das nationalsozialistische Deutschland. 1933 - 1945. Die Entfesselung der Gewalt: Rassismus und Krieg, Frankfurt 1996

Hermand, Jost, Der alte Traum vom neuen Reich. Völkische Utopien und Nationalsozialismus, Frankfurt 1988

Herms, Franz, Noch einmal die preußischen Richtlinien und der Geschichtsunterricht, in: VuG 18 (1928), S. 33-36

Herring, Wilhelm, Lehrerberuf und Lehrerbildung, in: Oestreich, Paul (Hrsg.), Menschenbildung. Ziele und Wege der entschiedenen Schulreform (Entschiedene Schulreform VII). Vorträge entschiedener Schulreformer gehalten im Zentralinstitut für Erziehung und Unterricht zu Berlin, Januar bis März 1922, Berlin 1922, S. 180-187

Herrle, Theo, Grundlegung des kulturkundlichen Unterrichts, Langensalza 1935

Herrlitz, Hans-Georg / Hopf, Wulf / Titze, Harmut, Deutsche Schulgeschichte von 1800 bis zur Gegenwart. Eine Einführung, Königstein 1981

Herrmann, Ulrich (Hrsg.), „Die Formung des Volksgenossen." Der „Erziehungsstaat" des Dritten Reiches (= Geschichte des Erziehungs- und Bildungswesens in Deutschland, Bd. 6), Weinheim u.a. 1985

Herrmann, Ulrich / Oelkers, Jürgen (Hrsg.), Pädagogik und Nationalsozialismus. (= Z.f.P.: 22. Beiheft), Weinheim u.a. 1988

Herrmann, Ulrich, „Völkische Erziehung ist wesentlich nichts anderes denn Bindung." Zum Modell nationalsozialistischer Formierung, in: derselbe (Hrsg.), „Die Formung ..., S. 67-78

Hertzog, Lastenverteilung zwischen Staat und Städten bei Errichtung von Aufbauschulen, in: Kommunale Rundschau Nr. 3 1923, S. 31-35

Herwegen, Ildefons, Das katholische Bildungsideal, in: Rosenmöller, Bernhard (Hrsg.), Das katholische Bildungsideal ..., S. 7-28

Heske, Henning, „... und morgen die ganze Welt ...". Erdkundeunterricht im Nationalsozialismus, Gießen 1988

Hesse, Alexander, „Bildungsinflation" und „Nachwuchsmangel". Zur deutschen Bildungspolitik zwischen Weltwirtschaftskrise und dem Zweiten Weltkrieg (= Erziehungswissenschaftliche Dissertationen Bd. 2), Hamburg 1986

Hesse, Alexander, „Glücklich ist, wer vergißt...". 50 Jahre Arbeit am Mythos. Polemische Notizen zur pädagogischen Historiographie, in: 1999. Zeitschrift für die Sozialgeschichte des 20. und 21. Jahrhunderts 10 (1995), H. 2, S, 74-87

Hesse, Alexander, Die Professoren und Dozenten der preußischen Pädagogischen Akademien (1926-1933) und Hochschulen für Lehrerbildung (1933-1941), Weinheim 1995

Hettling, Manfred / Jeismann, Michael, Der Weltkrieg als Epos. Philipp Witkops „Kriegsbriefe gefallener Studenten", in: Hirschfeld, Gerhard u.a. (Hrsg.), „Keiner fühlt ..., S. 205-234

Hey, Bernd, „Was alles ist doch zerstört!". 5. Sammelrezension über neue regionale und lokale Studien zur NS-Zeit, in: Westfälische Forschungen 43 (1993), S. 724-746

Heydebrand, Renate von, Literatur in der Provinz Westfalen 1815 - 1945. Ein literarhistorischer Modell-Entwurf (= Geschichtliche Arbeiten zur Westfälischen Landesforschung. Geistesgeschichtliche Gruppe Bd. 2), Münster 1983

Heydorn, Heinz-Joachim / Koneffke, Gernot, Zur Bildungsgeschichte des deutschen Imperialismus. Einleitungen zur Neuherausgabe der Preußischen Schulkonferenz 1890/1900 und der Reichsschulkonferenz von 1920, Glashütten im Taunus 1973

Hielscher, Karla, Tschechow. Eine Einführung, Zürich u.a. 1987

Hierl, Ernst, Die Entstehung der neuen Schule. Geschichtliche Grundlagen der Pädagogik der Gegenwart, Leipzig u.a. 1914

Hiller, Friedrich, Die nationalpolitischen Bildungsanstalten, in: DOA 7 (1934), H. 4, S. 56-59

Hiller, Friedrich, Aufbau der deutschen Schule, in: derselbe (Hrsg.), Deutsche Erziehung ..., S. 152-185

Hiller, Friedrich, Der organisatorische Aufbau der deutschen Schule, in: Die Erziehung im nationalsozialistischen Staat ..., S. 63-85

Hiller, Friedrich (Hrsg.), Deutsche Erziehung im neuen Staat (1934), 2. Aufl. Langensalza 1936

Himmelstein, Klaus, Kreuz statt Führerbild. Zur Volksschulentwicklung in Nordrhein-Westfalen 1945 - 1950, (= Studien zur Bildungsreform, Bd. 13), Frankfurt u.a. 1986

Himmelstein, Klaus (Hrsg.), Otto Koch - Wider das deutsche Erziehungselend. Versuche eines Schulreformers (= Studien zur Bildungsreform, Bd. 17), Frankfurt u.a. 1992

Himmelstein, Klaus, „Ehrfurcht vor Gott" als Erziehungsziel - Zur Diskussion über die pädagogische Nachkriegsentwicklung im Spannungsfeld von Demokratisierung und Restauration, in: Pädagogik und Schulalltag 49 (1994) H. 4, S. 483-493

Himmelstein, Klaus, Neofaschismus in der Bundesrepublik als Problem der Erziehungswissenschaft, in: Keim, Wolfgang (Hrsg.), Pädagogen und Pädagogik ..., S. 207-225

Hinderer, Walter (Hrsg.), Kleists Dramen. Neue Interpretationen, Stuttgart 1981

Hirschfeld, Gerhard u.a. (Hrsg.), „Keiner fühlt sich hier als Mensch ...". Erlebnis und Wirkung des Ersten Weltkriegs, Frankfurt 1996

Hitzer, Friedrich, Aus alten Schulheften 1941 bis 1951 mit einer Auslegung des Oberschulrats Johann Balthasar Schopf, Frankfurt 1985

Hochmuth, Ursel, de Lorent, Hans-Peter (Hrsg.), Hamburg: Schule unterm Hakenkreuz. Beiträge der „Hamburger Lehrerzeitung" (Organ der GEW) und der Landesgeschichtskommission der VVN/Bund der Antifaschisten, Hamburg 1985

Hoetzsch, Otto, Die deutsche nationale Revolution. Versuch einer historisch-systematischen Erfassung, in: VuG 23 (1933), S. 353-373

Hoffmann, Erich, Die deutsche Dichtung und unsere Aufbauschuljugend, in: DOA 5 (1932), S. 17-23

Hoffmann, Erich, Aus dem Verbande. Allgemeine Tagung, in: DOA 6 (1933), H. 3, S. 42-45

Hoffmann, Walter, Kindheit und Jugend im Nationalsozialismus. Emanzipation - Identität - Kontinuität, in: Neue Sammlung 32 (1992), S. 53-64

Hoffmann, Werner, Das Nibelungenlied, Frankfurt 1987

Hofmann, Konrad (Hrsg.), Zeugnis und Kampf des deutschen Episkopats. Gemeinsame Hirtenbriefe und Denkschriften (= Das christliche Deutschland 1933 bis 1945. Dokumente und Zeugnisse hrsg. von einer Arbeitsgemeinschaft katholischer und evangelischer Christen. Katholische Reihe Heft 2), Freiburg 1946

Hofstaetter, Walther, Gesellschaft für deutsche Bildung, in: ZfDK 47 (1933), S. 233-238

Höhere Schule - wozu? Denkschrift des Deutschen Philologenverbandes über Sinn und Aufgabe der höheren Schule (Rezension), in: ZfDK 49 (1935), S. 570

Hohlfeld, Andreas, Das Geschichtsbild des Dritten Reiches, in: Volk im Werden 1 (1933), Heft 5, S. 19-27

Hohlfeld, Andreas, Unser Weg zum Werke Moellers van den Bruck, in: ZfDB 10 (1934), S. 78-87

Hohmann, Walter, Ein Beitrag zur Durchführung des Ministerialerlasses über Rassenkunde im Geschichtsunterricht, in: VuG 26 (1936), S. 157-169

Hoischen, Franz, Wissenswertes aus den letzten 50 Jahren, in: Festschrift 1200 - 1950. Heimatgeschichte der Stadt Rüthen. Herausgegeben zur 750 Jahrfeier der alten Bergfeste an der Möhne, Rüthen 1950, S. 52-56

Hoischen, A(lfons), Das Porträt, in: Rüthener Hefte 1960/61, S. 12f.

Höltermann, Rassenkunde im Deutschunterricht, in: ZfDB 11 (1935), S. 512-522

Hommes, Jakob, Ernst Krieck: Nationalsozialistische Erziehung (Rezension), in: Pharus 25 (1934) 1. Halbband, S. 301-303

Hommes, Jakob, Lebens- und Bildungsphilosophie als völkische und katholische Aufgabe, in: Pharus 25 (1934), 1. Halbband, S. 475-477

Hommes, Jakob, Ernst Krieck: Musische Erziehung - Die soziale Funktion der Erziehung (Rezension), in: Pharus 25 (1934), 2. Halbband, S. 88-90

Honsberg, Eugen, Voraussetzungen und Aufgaben von Geschichtswissenschaft und Geschichtsunterricht, in: VuG 25 (1935), S. 552-560

Hopster, Norbert / Nassen, Ulrich, Literatur und Erziehung im Nationalsozialismus, Paderborn u.a. 1983

Hördt, Philipp, Ernst Krieck: Nationalpolitische Erziehung, in: ZfDB 8 (1932), S. 409f.

Hördt, Philipp, Theorie der Schule, 2. Aufl. Frankfurt 1933

Horkheimer, Max / Adorno, Theodor W., Dialektik der Aufklärung. Philosophische Fragmente (1944/1947), Taschenbuchausgabe Frankfurt 1971

Horn, Klaus-Peter, Pädagogische Zeitschriften im Nationalsozialismus. Selbstbehauptung, Anpassung, Funktionalisierung (= Bibliothek zur Bildungsforschung Bd. 3), Weinheim 1996

Hornung, Klaus, Friedenspropaganda im Dienste des Krieges, in: FAZ vom 23. Mai 1995

Horstmann, Johannes (Hrsg.), Ende des Katholizismus oder Gestaltwandel der Kirche? (= Veröffentlichungen der Katholischen Akademie Schwerte. Akademie-Vorträge Bd. 41), Schwerte 1993

Hübner-Frank, Sibylle, Aufwachsen unter Hitler: Eine „unpolitische" Jugendzeit? Irritierende Vermächtnisse einer „gebrannten" Generation, in: Jahrbuch für Pädagogik 1995: Auschwitz und die Pädagogik, Frankfurt 1995, S. 53-72

Huhn, Jochen, Politische Geschichtsdidaktik. Untersuchungen über politische Implikationen der Geschichtsdidaktik in der Weimarer Republik und in der Bundesrepublik, Kronberg 1975

Huhn, Jochen, Fritz Friederich (1875-1952), in Quandt, Siegfried (Hrsg.), Deutsche ..., S. 257-279

Huhn, Jochen, Georg Siegfried Kawerau (1886-1936), in: Quandt, Siegfried (Hrsg.), Deutsche ..., S. 280-303

Huhn, Jochen, Geschichtsdidaktik in der Weimarer Republik, in: Bergmann, Klaus u.a. (Hrsg.), Gesellschaft ..., S. 218-260

Huhn, Jochen, Geschichtsdidaktik in der Weimarer Republik, in: Leidinger, Paul (Hrsg.), Geschichtsunterricht ..., S. 79-98

Humanistische Aufbauschulen, in: Germania Nr. 596 vom 22. 12. 1925

Hunger, Ulrich, Germanistik zwischen Geistesgeschichte und „völkischer Wissenschaft": Das Seminar für deutsche Philologie im Dritten Reich, in: Becker, Heinrich u.a. (Hrsg.), Die Universität Göttingen unter dem Nationalsozialismus. Das verdrängte Kapitel ihrer 250jährigen Geschichte, München u.a. 1987, S. 272-297

Hüppauf, Bernd, Schlachtenmythen und die Konstruktion des „Neuen Menschen", in: Hirschfeld, Gerhard u.a. (Hrsg.), „Keiner fühlt ...", S. 53-103

Hürten, Heinz, Kurze Geschichte des deutschen Katholizismus 1800-1960, Mainz 1986

Hürten, Heinz, Deutsche Katholiken 1918-1945, Paderborn 1992

Hürten, Heinz, Katholische Kirche und Widerstand, in: Steinbach, Peter u.a. (Hrsg.), Widerstand ..., S. 182-192

Hussong, Wilhelm, Familienkunde im Deutschunterricht, in: ZfDB 10 (1934), S. 14-21

Iserloh, Erwin, Innerkirchliche Bewegungen und ihre Spiritualität, in: Adriányi, Gabriel u.a., Die Weltkirche im 20. Jahrhundert (= Handbuch der Kirchengeschichte Bd. VII, hrsg. von Hubert Jedin und Konrad Repgen), Freiburg u.a. 1979, S. 301-337

Jacoby, Kurt, Das Schrifttum über die nationalsozialistische Revolution im Deutschunterricht der Unterstufe, in: ZfDK 48 (1934), S. 713-723

Jahresberichte der höheren Lehranstalten in Preußen Schuljahr 1927/28 bearbeitet von der Staatlichen Auskunftsstelle für Schulwesen, Berlin 1930

Jakobi, O., Schülererinnerungen aus Kriegs- und Nachkriegszeit, in: Ostendörfler. Schriftenreihe des Vereins der Ehemaligen des Ostendorf-Gymnasiums (Lippstadt), Nr. 2 Dezember 1996, S. 21-27

Johannes Tews. Sein Leben und Wirken. Dargestellt von Fritz Stach im Auftrage des Berliner Verbands der Lehrer und Erzieher, Berlin 1950

Jonas, Erasmus, Die Volkskonservativen 1928-1933. Entwicklung, Struktur, Standort und staatspolitische Zielsetzung (= Beiträge zur Geschichte des Parlamentarismus und der politischen Parteien Bd. 30), Düsseldorf 1965

Jöst, Erhard, Im Donner des Todes. Anmerkungen zur Darstellung des Krieges in der deutschen Literatur, in: Der Deutschunterricht 40 (1988), H. 5, S. 44-67

Junger, Gerhard, Von der Lateinschule zum Friedrich-Schiller-Gymnasium, in: Festschrift des Friedrich-Schiller-Gymnasiums Pfullingen 1988. Lateinschule - Gymnasium 1763 - 1988, Pfullingen 1988, S. 13-29

Junkert, Max, Von der Lehrerbildungsanstalt zur Aufbauschule, in: Bayerisches Bildungswesen 2 (1928), S. 528-538

Just, Günther (Hrsg.), Vererbung und Erziehung, Berlin 1930

K., E., Von der Schule, in: Volk im Werden 3 (1935), S. 250-252

Kahle, Maria, Gegrüsset seist Du, Königin, Mönchen-Gladbach 1921

Kahle, Maria, Gekreuzigt Volk, Kassel 1924

Kahle, Maria, Hinausweh und Heimweh der Droste. Zum 90. Todestag der westfälischen Dichterin, in: Völkischer Beobachter vom 24.5.1938, S. 6

Kahle, Maria, Schlageter. Zum 15. Todestag des deutschen Freiheitskämpfers am 26. Mai, in: Landesbauernschaft Rheinland: Wochenblatt der Landesbauernschaft Rheinland, Köln 1938, S. 506f.

Kahle, Maria, Die Droste als Künderin nordischer Landschaft, in: Bismarck-Jahrbuch für deutsche Frauen 44 (1939) Dresden, S. 56-61

Kahle, Maria, Umweg über Brasilien, 3. und 4. Aufl. Berlin-Lichterfelde o.J. (1944)

Kahle, Maria, Wolter von Plettenberg (= Kleine Westfälische Reihe V/1*), Bielefeld-Bethel 1956

Kahle, Wilhelm, Leserbrief, in: Germania Nr. 353 vom 27.12.1923

Kahle, Wilhelm, Das Sauerland und seine Dichter, in: Der Jungdeutsche vom 1.3.1925

Kahle, Wilhelm Gündel, Friedr. Dr.: Roma aeterna (Rezension), in: Vierteljahrsschrift für wissenschaftliche Pädagogik 4 (1928), S. 121f.

Kahle, Wilhelm, Arbeitsgemeinschaften des Jahres 1930, in Fluck, Hans (Hrsg.), Mitteilungen ..., S. 31-33

Kahle, Wilhelm, Bemühungen um liturgische Bildung, in: Fluck, Hans (Hrsg.), Mitteilungen ..., S. 33f.

Kahle, Wilhelm, Der Dichter der Gegenwart und die Religion, in: Franziskus-Stimmen 16 (1932), S. 342-344

Kahle, Wilhelm, Ein Nachruf für den Literarischen Ratgeber für die Katholiken Deutschlands, in: Kölnische Volkszeitung vom 24.12.1932, S. 10

Kahle, Wilhelm, Wilhelm Killing 1847 - 1923, in: Festschrift zur Feier des 75jährigen Bestehens des Gymnasiums Petrinum zu Brilon am 1. und 2. und 3. August 1933. 1858 - 1933, o.O. (Brilon), o.J. (1933), S. 24-26

Kahle, Wilhelm, Das Alte Testament im Religionsunterricht der höheren Schule. Feststellungen und Forderungen, in: Zeitschrift für den katholischen Religionsunterricht an höheren Lehranstalten 14 (1937), S. 61-67

Kahle, Wilhelm, Germanische Frömmigkeit in der kirchlichen Liturgie. Zur Feier der Bittage, in: St. Liborius 1 (1937), S. 62f.

Kahle, Wilhelm, Im Osterlicht, in: St. Liborius 1(1937), S. 5f.

Kahle, Wilhelm, Katholische Kirche und Kultur in der Barockzeit. Bemerkungen aus Anlaß eines Buches, in: Zeitschrift für den katholischen Religionsunterricht an höheren Lehranstalten 14 (1937), S. 228-230

Kahle, Wilhelm, Rosenkranz und Rosenkranzfest im Lichte der Liturgie, in: Bibel und Liturgie. Blätter für volksliturgisches Apostulat, Klosterneuburg 1937, S. 9-11

Kahle, Wilhelm, Von der Jungfräulichkeit. Gedanken zu einer christlichen Haltung, in: St. Liborius 1 (1937), S. 20f.

Kahle, Wilhelm, Das Ende der Gegenreformation, in: Eine heilige Kirche Jg. 1937/38, S. 8-15

Kahle, Wilhelm, Der Kampf ums Mittelmeer. Von Philipp Hiltebrandt (Rezension), in: Heimat und Reich 7 (1940), S. 247

Kahle, Wilhelm, Steirischer Lobgesang. Von Max Mell (Rezension), in: Heimat und Reich 7 (1940), S. 277

Kahle, Wilhelm, Südamerika. Gesicht, Geist, Geschichte. Von Ernst Samhaber (Rezension), in: Heimat und Reich 7 (1940), S. 222f.

Kahle, Wilhelm, Geschichte der Deutschen Dichtung, Münster 1949

Kahle, Wilhelm, Briloner Bilderbogen aus der Zeit vor 1914, in: 300 Jahre Gymnasium Petrinum. Brilon 1655 - 1955, Brilon 1955, S.86-88

Kaiser, Jochen-Christoph / Doering-Manteuffel, Anselm (Hrsg.), Christentum und politische Verantwortung. Kirchen im Nachkriegsdeutschland, Stuttgart u.a. 1990

Kampmann, Th., H. Schnee. Geschichtsunterricht im völkischen Staat (Rezension), in: Theologie und Glaube 29 (1937), S. 720

Kansteiner, Heinrich, Der kurze Weg vom Städtischen Gymnasium zum Hitler-Gymnasium - Das Gymnasium in der Zeit des Nationalsozialismus, in: Dobbelmann, Hanswalter u.a. (Hrsg.), Eine gemeine Schule ..., S. 149-168

Kanz, Lothar, Höhere Schule und Philologenverband. Untersuchungen zur Geschichte der Höheren Schule und ihrer Standesorganisation im 19. Jahrhundert und zur Zeit der Weimarer Republik, Frankfurt 1984

Karasek, Horst, Die Kommune der Wiedertäufer, Berlin 1977

Karrer, Wolfgang, Englischunterricht im Nationalsozialismus, in: Englisch Amerikanische Studien. Zeitschrift für Unterricht, Wissenschaft & Politik 2/1986, S. 328-332

Karsen, Fritz, Die Aufbauschule am Kaiser-Friedrich-Realgymnasium in Neukölln, Berliner Tageblatt Nr. 417 vom 4.9.1926, 1. Beiblatt

Karstädt, Otto, Aufbauschule und Deutsche Oberschule. Schriftenreihe des Preußischen Lehrervereins. Schulpolitik und Volksbildung, H. 2, Osterwieck-Harz 1920

Kaschuba, Wolfgang / Lipp, Carola, Kein Volk steht auf, kein Sturm bricht los. Stationen dörflichen Lebens auf dem Weg in den Faschismus, in: Beck, Johannes / Boehncke, Heiner / Vinnai, Gerhard (Hrsg.), Terror und Hoffnung in Deutschland 1933-1945. Leben im Faschismus, Hamburg 1980, S. 111-150

Kaßner, Peter, Peter Petersen - die Negierung der Vernunft?, in: Die deutsche Schule 81 (1989), S. 117-132

Katann, Oskar, Die katholische Kunstprosa des deutschen Sprachgebietes, in: Katholische Leistung ..., S. 35-64

Katholische Leistung in der Weltliteratur der Gegenwart. Dargestellt von führenden Schriftstellern und Gelehrten des In- und Auslandes, Freiburg 1934

Kattmann, Ulrich, Biologie und Rassismus, in: Unterricht Biologie Nr. 36/37 3 (1979), S. 92-95

Kattmann, Ulrich, Rasse als Lebensgesetz. Rassenbiologie im Unterricht während des Nationalsozialismus, in: Mitteilungen des Verbandes Deutscher Biologen. Beilage Nr. 359 zu: Naturwissenschaftliche Rundschau Heft 11 (1988), S. 1662-1664

Kaufmann, Heinz, Die soziale Gliederung der Altonaer Bevölkerung und ihre Auswirkung auf das Wohlfahrtsamt. H. 2 der Veröffentlichungen der Schleswig-Holsteinischen Universitätsgesellschaft, 2. Aufl. Altona 1928

Kautz, Heinrich, An die Pharus-Gemeinde, in: Pharus 24 (1933) 1. Halbband, S. 479f.

Kautz, Heinrich, Die Pädagogik im neuen Deutschland, in: Pharus 24 (1933), 2. Halbband, S. 1-21

Kautz, Wilhelm, Tradition als Verpflichtung? Skizzen zur Geschichte des Gymnasiums Arnoldinum, in: 400 Jahre Arnoldinum 1588-1988. Festschrift. (Hrsg.: Kreisheimatbund Steinfurt in Verbindung mit der Stadt Steinfurt, Greven o.J. (1988)), S. 161-183

Kawerau, Siegfried, Soziologische Pädagogik, Leipzig 1921

Kawerau, Siegfried, Denkschrift über die deutschen Geschichts- und Lesebücher, vor allem seit 1923, Berlin 1927

Kayser, Walter, Stein und Marwitz, in: Weltanschauung und Schule 1 (1936/37), S. 413-415

Keckstein, Rainer, Die Geschichte des biologischen Schulunterrichts in Deutschland, in: biologica didactica 3 (1980), H. 4, S. 1-99

Keim, Wolfgang, Bundesdeutsche Erziehungswissenschaft und Nationalsozialismus. Eine kritische Bestandsaufnahme, in: Keim, Wolfgang (Hrsg.), Pädagogen und Pädagogik ..., S. 15-34

Keim, Wolfgang, Einführung, in: Keim, Wolfgang (Hrsg.), Pädagogen und Pädagogik ..., S. 7-14

Keim, Wolfgang (Hrsg.), Pädagogen und Pädagogik im Nationalsozialismus - Ein unerledigtes Problem der Erziehungswissenschaft (= Studien zur Bildungsreform hrsg. von Wolfgang Keim, Bd. 16), Frankfurt u.a. 1988

Keim, Wolfgang, Peter Petersen Rolle im Nationalsozialismus und die bundesdeutsche Erziehungswissenschaft, in: Die Deutsche Schule 81 (1989), S. 133-145

Keim, Wolfgang, Erziehung im Nationalsozialismus. Ein Forschungsbericht. Beiheft 1990 zur „Erwachsenenbildung in Österreich", Wien 1990

Keim, Wolfgang, „Moralismus" versus „menschliches Maß". Eine Erwiderung auf den Versuch einer Satire von Klaus Prange, in: Z.f.Päd. 36 (1990), S. 937-942

Keim, Wolfgang, Pädagogik und Nationalsozialismus. Zwischenbilanz einer Auseinandersetzung innerhalb der bundesdeutschen Erziehungswissenschaft (zuerst ohne Anmerkungen 1989), in: Forum Wissenschaft, Studienhefte 9, Erziehungswissenschaft und Nationalsozialismus - Eine kritische Positionsbestimmung, Marburg 1990, S. 14-27

Keim, Wolfgang, Schule und deutscher Faschismus - Perspektiven für die historische Schulforschung, in: Zubke, Friedhelm (Hrsg.), Politische Pädagogik. Beiträge zur Humanisierung der Gesellschaft, Weinheim 1990, S. 209-232

Keim, Wolfgang, Erziehung unter der Nazi-Diktatur. Band 1. Antidemokratische Potentiale, Machtantritt und Machtdurchsetzung, Darmstadt 1995

Keller, Hagen, Etikettenschwindel bei der Geschichte Deutschlands. Leserbrief, in: FAZ vom 7. Dezember 1995

Kenkmann, Alfons, „Wilde Jugend". Lebenswelt großstädtischer Jugendlicher zwischen Weltwirtschaftskrise, Nationalsozialismus und Währungsreform, Essen 1996

Kerrl, Th., Bildungsideal und Einheitsschule, Gütersloh 1919

Kershaw, Ian, Der NS-Staat. Geschichtsinterpretationen und Kontroversen im Überblick (1985), Hamburg 1988

Kershaw, Ian, Hitlers Popularität. Mythos und Realität im Dritten Reich, in: Mommsen, Hans u.a. (Hrsg.), Herrschaftsalltag ..., S. 24-48

Ketelsen, Uwe-K., Völkisch-nationale und nationalsozialistische Literatur in Deutschland 1890-1945, Stuttgart 1976

Kiehn, Ludwig, Deutsche Bildung - und was nun? Eine Besinnung nach dem 21. März 1933, in: ZfDB 9 (1933), S. 311-320

Kindermann, Heinz, Dichtung und Volkheit: Grundzüge einer neuen Literaturwissenschaft, 2. Aufl. Berlin 1939, S. 56-71, abgedruckt in: Gilman, Sander L. (Hrsg.), NS-Literaturtheorie ..., S. 21-36

Kindt, Karl, Zur Frage des verbindlichen Lesestoffes im Deutschunterricht der Oberstufe, in: ZfDK 50 (1936), S. 56-69

Klafki, Wolfgang (Hrsg.), Verführung, Distanzierung, Ernüchterung: Kindheit und Jugend im Nationalsozialismus. Autobiographisches aus erziehungswissenschaftlicher Sicht, Weinheim u.a. 1988

Klafki, Wolfgang, Einleitung, in: derselbe (Hrsg.), Verführung ..., S. 7-17

Klafki, Wolfgang, Politische Identitätsbildung und frühe pädagogische Berufsorientierung in Kindheit und Jugend unter dem Nationalsozialismus. Autobiographische Rekonstruktionen, in: derselbe (Hrsg.), Verführung ..., S. 131-183

Klafki, Wolfgang, Typische Faktorenkonstellationen für Identitätsbildungsprozesse von Kindern und Jugendlichen im Nationalsozialismus im Spiegel autobiographischer Berichte, in: Berg, Christa u.a. (Hrsg.), „Du bist nichts ..., S.159-172

Klagges, Dietrich, Geschichte als nationalpolitische Erziehung, 6. Aufl. Frankfurt 1940

Klausa, Ekkehard, Vom Bündnispartner zum „Hochverräter". Der Weg des konservativen Widerstandskämpfers Ferdinand von Lüninck, in: Westfälische Forschungen 43 (1993), S. 530-571

Kleeberg, A., Halberstädter Tagung des „Verbandes der Deutschen Oberschulen und Aufbauschulen", in: ZfDB 3 (1927), S. 643

Kleeberg, A., Bremer Tagung der nordwestdeutschen Gruppe des Verbandes Deutscher Oberschulen und Aufbauschulen, in: ZfDB 4 (1928), S. 444f.

Kleeberg, A., Die Daseinsberechtigung der Großstadt-Aufbauschule, in: DOA 1 (1928), H. 2, S. 17-19

Kleeberg, A., Grundsätzliches zur Aufbauschulfrage, in: Neue Jahrbücher für Wissenschaft und Jugendbildung 6 (1930), S. 741-747

Kleeberg, Arthur, Die Fremdsprachenfrage an der Deutschen Oberschule, in: Monatsschrift für höhere Schulen Bd. 30 (1931), S. 143-148

Kleeberg, A., Nach dem 10. November, in: DOA 5 (1932), H. 3, S. 43f.

Kleeberg, A., Die Aufbauschule in den Erörterungen zur Schulreform, in: DOA 7 (1934), H. 4, S. 59-64

Kleine Mitteilungen. Adolf-Hitler-Schulen, in: DDHS 4 (1937), S. 104f.

Kleine Schulchronik, in: Fluck, Hans (Hrsg.), Mitteilungen ..., S. 5-9

Klemmer, Die preußische Aufbauschule und die Katholiken, in: Schule und Erziehung 15 (1927), S. 90-106

Klemmer, Heinrich, Zum Geschichtsunterricht an der Aufbauschule, in: VuG 16 (1926), S. 405-409

Klemmt, Alfred, Wissenschaft und Philosophie im Dritten Reich, in: Meier-Benneckenstein (Hrsg.), Grundfragen der deutschen Politik, Berlin 1939, S. 53-83

Klemperer, Victor, Ich will Zeugnis ablegen bis zum letzten. Tagebücher 1933-1941, hrsg. von Walter Nowojski unter Mitarbeit von Hadwig Klemperer, 7. Aufl. Berlin 1996

Klewitz, Marion, Lehrersein im Dritten Reich. Analysen lebensgeschichtlicher Erzählungen zum beruflichen Selbstverständnis, Weinheim u.a. 1987

Klönne, Arno, Jugendbewegung und Faschismus, in: Jahrbuch des Archivs der deutschen Jugendbewegung, Bd. 12 (1980), S. 23-34

Klönne, Arno, Einleitung, in: Blömeke, Sigrid u.a., Juden ..., S. 8-9

Klönne, Arno, „Heimkehr zu Goethe"?, in: Diskussion Deutsch 19 (1988), S. 144-156

Klönne, Arno, „Vergangenheitsbewältigung", „Säuberung", „Umerziehung". Historische Erfahrungen und aktuelle Eindrücke, in: Lehmann, Monika / Schnorbach, Hermann (Hrsg.), Aufklärung als Lernprozeß. Festschrift für Hildegard Feidel-Mertz, Frankfurt 1992, S. 293-304

Klönne, Arno, Jugend im Dritten Reich. Die Hitler-Jugend und ihre Gegner, München 1995

Klönne, Arno, Vor Ort nach den Gründen fragen..., in: Blömeke, Sigrid u.a., „Jungens ..., S. 46-47

Kloppe, Fritz, Nationalpolitische Erziehungsanstalten, in: Hiller, Friedrich (Hrsg.), Deutsche Erziehung ..., S. 215-222

Kluges, Hermann, Geschichte der deutschen National-Literatur. Zum Gebrauche an höheren Unterrichtsanstalten und zum Selbststudium, 54. Aufl. Altenburg 1927

Knoll, Joachim H., Dithmar, Reinhard (Hrsg.), Schule und Unterricht ... (Rezension), in : Bildung und Erziehung 47 (1994), S. 122-124

Knorr, Friedrich, Wolframs „Parzival" und die deutsche Reichsidee, in: ZfDK 50 (1936), S. 160-173

Knospe, Paul u.a. (Hrsg.), Geographische Staatenkunde, Breslau 1925

Knust, Hermann, Höhere oder mittlere Schule als geeignete Schulform fürs Land?, in: Deutsches Philologen-Blatt 42 (1934), S. 383f.

Koch, Franz, Die gegenwärtige Lage im Geschichtsunterricht und die Möglichkeiten einer Neueinteilung des Stoffes, in: VuG 23 (1933), S. 218-228

Koch, Franz, Umbruch. Ein Forschungsbericht zur Dichtung der Gegenwart, in: ZfDB 11 (1935), S. 47-54

Koch, Otto, Die soziale Umerziehung, in: Grimme, Adolf u.a. (Hrsg.), Wesen ..., S. 53-59

Koch-Hennecke, Hans, Verfallszeitalter und völkische Wiedergeburt in der Dichtung Stefan Georges, in: ZfDB 13 (1937), S. 147-153

Kock, Lisa, „Man war bestätigt und man konnte was!". Der Bund Deutscher Mädel im Spiegel der Erinnerungen ehemaliger Mädelführerinnen, Münster u.a. 1994

Kocka, Jürgen, Deutsche Identität und historischer Vergleich. Nach dem „Historikerstreit", in: Aus Politik und Zeitgeschichte B 40-41/88 vom 30. September 1988, 15-28

Kocka, Jürgen, Stand - Klasse - Organisation. Strukturen sozialer Ungleichheit in Deutschland vom späten 18. bis zum frühen 20. Jahrhundert im Aufriß, in: Wehler, Hans Ulrich (Hrsg.), Klassen in der europäischen Sozialgeschichte, Göttingen 1979

Kocka, Jürgen, Ursachen des Nationalsozialismus, in: Aus Politik und Zeitgeschichte B 25/80 vom 21. Juni 1980, S. 3-15

Kocka, Jürgen, Einleitung, in: derselbe (Hrsg.), Sozialgeschichte im internationalen Überblick. Ergebnisse und Tendenzen der Forschung, Darmstadt 1989, S. 1-17

Kocka, Jürgen, „Totalitarismus" und „Faschismus". Gegen einen falschen Begriffskrieg (zuerst 1980), in: derselbe, Geschichte und Aufklärung ..., S. 114-120

Kocka, Jürgen, Geschichte und Aufklärung, in: derselbe, Geschichte und Aufklärung ..., S. 140-159

Kocka, Jürgen, Geschichte und Aufklärung, Göttingen 1989

Kofmann, Sarah, Erstickte Worte, Wien 1988

Köhler, Ernst, Die langsame Verspießerung der Zeitgeschichte. Martin Broszat und der Widerstand, in: Freibeuter. Vierteljahreszeitschrift für Kultur und Politik, Heft 36 1988, S. 53-72

Köhler, Ernst, Wissenschaft und Massenvernichtung. Oder: Die Hamburger Schule, in: Kommune 7 (1989), H. 9, S. 58-63

Köhler, Ernst, Die Problematik des großen Bogens. Auschwitz und die deutschen Pläne, in: Kommune 9 (1991) H. 8, S. 52-54

Köhler, Joachim / Thierfelder, Jörg, Anpassung oder Widerstand? Die Kirchen im Bann der „Machtergreifung Hitlers, in: Landeszentrale für politische Bildung Baden-Württemberg und Haus der Geschichte Baden-Württemberg (Hrsg.), Formen des Widerstandes im Südwesten 1933-1945: Scheitern und Nachwirken, Ulm 1994, S. 53-94

Kolb, Eberhard, Die Weimarer Republik, München u.a 1984

Kolb, Eberhard, Literaturbericht Weimarer Republik. Teil 3. Wirtschaft und Gesellschaft in der Weimarer Zeit, in: GWU 43 (1992), S. 699-721

Kolb, Eberhard, 1918/19: Die steckengebliebene Revolution, in: Stern, Carola / Winkler, Heinrich (Hrsg.), Wendepunkte deutscher Geschichte 1848-1945, überarbeitete und erweiterte Neuausgabe Frankfurt/M. 1994, S. 99-125

Kopp, Friedrich, Ständische Erneuerung oder nationale Revolution? Zur Beurteilung der Steinschen Reform, in: Weltanschauung und Schule 1 (1936/37), S. 358-371

Kopp, Friedrich, War der Patriot Marwitz ein Vorkämpfer der nationalsozialistischen Revolution? in: Weltanschauung und Schule 1 (1936/37), S. 415f.

Köppen, Aloys, Experto credite! Eine Leserkritik, in: Petrinum 21/1989, Recklinghausen 1989, S. 71f.

Korff, H. A., Zivilisations-Pädagogik, in: Die Erziehung 4 (1929), S. 301-309

Korff, H. A., Die Forderung des Tages, in: ZfDK 47 (1933), S. 341-345

Kortemeier, Wie läßt sich die Idee der deutschen Oberschule und Aufbauschule verwirklichen?, in: Zeitschrift für christliche Erziehungswissenschaft 15 (1922), S. 255-260

Kosch, Wilhelm, Das katholische Deutschland, 1. Band Aal-John, Augsburg 1933

Kösters, Joseph, Zum Geschichtsunterricht (Grundsätzliches, Literarisches und Methodisches), in: DOA 7 (1934). H. 5, S. 75-80 und H. 6, S. 81-87

Krämer, Hermann jun., Die Entstehung des Kriegervereins Rüthen, in: Lippstädter Heimatblätter 75 (1995), S. 33-36

Krampe, Sigfrid, Die Deutsche Oberschule und die Aufbauschule, in: Grimme, Adolf (Hrsg.), Wesen ..., S. 120-125

Kranz, Gisbert, Von Aschoka bis Schumann. Zehn exemplarische Staatsmänner, Würzburg 1996

Kraus, Uwe, Von der Zentrums-Hochburg zur NS-Gemeinde. Aufstieg und Machtergreifung der Nationalsozialisten in Ravensburg zwischen 1928 und 1935, 2 Bd., Tübingen 1985

Krause-Vilmar, Dietfried, Schulgeschichte als Sozialgeschichte. Kurseinheit 2: Zur schulpoliti-
schen Entwicklung in der Zeit der Weimarer Republik (1918-1933), Hagen 1983
Krenn, Kurt, Katholizismus und die Philosophie des deutschen Idealismus, in: Langner, Al-
brecht (Hrsg.), Katholizismus und philosophische Strömungen ..., S. 9-25
Kreuzberg, Friedhelm, Gründung und Aufbaujahre (1925 - 1931), in: Gymnasium Egeln in
Verbindung mit dem „Förderverein Gymnasium Egeln e.V." (Hrsg.), 70 Jahre Schule 1925 -
1995. Festschrift zum 70jährigen Jubiläum des Gymnasiums Egeln, Egeln 1995, S. 20-29
Krieck, Ernst, Völkische Bildung, in: Volk im Werden 1(1933), S. 2-12
Krieck, Ernst, Die Lehrerschaft und die politische Entscheidung, in: Volk im Werden 1 (1933),
S. 32-35
Krieck, Ernst, Völkischer Gesamtstaat und nationale Erziehung (1930/31), 4. Aufl. Heidelberg
1934
Krieck, Ernst, Die deutsche Aufgabe und die Erziehung. Vortrag, gehalten auf der 58. Ver-
sammlung deutscher Philologen und Schulmänner in Trier, abgedruckt in: DDHS 2 (1935),
S. 65-70
Krieck, Ernst, Nationalpolitische Erziehung (1932), 21. Aufl. Leipzig 1937
Krippendorf, Kurt, Grundsätzliche Erwägungen zur Neugestaltung des Geschichtsunterrichts,
in: VuG 23 (1933), S. 481-495
Krippendorf, Kurt, Grundsätzliches zur Neugestaltung des Deutschunterrichts, in: ZfDK 47
(1933), S. 514-522
Kröger, Martin / Thimme, Roland, Die Geschichtsbilder des Historikers Karl Dietrich Erd-
mann. Vom Dritten Reich zur Bundesrepublik, mit einem Vorwort von Winfried Schulze,
München 1996
Krudewig, Maria, Das Bildungsideal des Nationalsozialismus, abgeleitet aus den Zielen der
Partei und den Ideen der sie tragenden Bewegung, in: Pharus 23 (1932), 1. Halbband, S.
267-275
Kuhlmann, Carola, Erbkrank oder erziehbar? Jugendhilfe als Vorsorge und Aussonderung in
der Fürsorgeerziehung in Westfalen von 1933-1945, Weinheim u.a. 1989
Kuhn, Margarete, Fritz Reuters Stromtid in O III. Ein Arbeitsbericht, in: DDHS 2 (1935), S.
641-645
Kühnl, Reinhard (Hrsg.), Texte zur Faschismusdiskussion I. Positionen und Kontroversen,
Hamburg 1974
Kulturströmungen im neuen Deutschland, in: DDHS 1 (1934), S. 10-19
Kunert, Hubertus, Deutsche Reformpädagogik und Faschismus, Hannover 1973
Kupffer, Heinrich, Gustav Wyneken (= Texte zur Schriftenreihe „Aus den deutschen Lander-
ziehungsheimen" hrsg. von Hellmuth Becker u.a.), Stuttgart 1970
Küppers, Heinrich, Schulpolitik, in: Rauscher, Anton (Hrsg.), Der soziale und politische Ka-
tholizismus ..., S.352-394
Kurfeß, Hans, Religiöse Erziehung (Die katholische Auffassung), in: Grimme, Adolf u.a.
(Hrsg.), Wesen ..., S. 196-201
Kürzung der Mittel für Begabtenförderung und deren Auswirkung an den Aufbauschulen, in:
DOA 4 (1930/31), S. 105
L., W., Ferdinand Hammerschmidt, Zeitenwende, ihre Gestalt in der Dichtung der Gegenwart
(Rezension), in: ZfDK 48 (1934), S. 356
Lamla, Ernst, Die preußische Reform im Überblick, in: Grimme, Adolf u.a. (Hrsg.), Wesen ...,
S. 63-75

Landfried, Klaus, Politik der Utopie - Stefan George und sein Kreis in der Weimarer Republik, in: Link, Werner (Hrsg.), Schriftsteller und Politik in Deutschland, Düsseldorf 1979, S. 62-81

Lange, Dietmar, 125 Jahre Höhere Schule in Warstein - Beiträge zu einer Chronik, in: Gymnasium der Stadt Warstein (Hrsg.), 125 Jahre Höhere Schule in Warstein. Festschrift des Gymnasiums der Stadt Warstein zum Jubiläum 1994, Warstein 1994, S. 17-64

Langenbucher, Hellmuth, Volk und Dichter: die deutsche Gegenwartsdichtung, Berlin 1939, S. 9-14, abgedruckt in: Gilman, Sander L. (Hrsg.), NS-Literaturtheorie ..., S. 15-20

Langenbucher, Hellmuth, Volkhafte Dichtung der Zeit, 5. ergänzte und erweiterte Aufl. Berlin 1940

Langenmaier, Theodor, Vorschläge zu einheitlicher Gestaltung der höheren Schule, in: DDHS 3 (1936), S. 420-422

Langer, Norbert, Die deutsche Dichtung seit dem Weltkrieg. Von Paul Ernst bis Hans Baumann, 2. ergänzte Aufl. Karlsbad u.a. o.J.

Langner, Albrecht (Hrsg.), Katholizismus und philosophische Strömungen in Deutschland, Paderborn 1982

Langner, Albrecht (Hrsg.), Katholizismus, nationaler Gedanke und Europa seit 1800, Paderborn u.a. 1985

Laubach, Ernst, Die Täuferherrschaft in Münster. Zur Korrektur eines Fernsehfilms, in: GWU 45 (1994), S. 500-517

Lauf-Immesberger, Karin, Literatur, Schule und Nationalsozialismus. Zum Lektürekanon der höheren Schule im Dritten Reich (= Saarbrücker Beiträge zur Literaturwissenschaft, Bd. 16), Köln 1987

Lauscher, Katholiken und Aufbauschule, in: Germania. Zeitung für das deutsche Volk 56. Jg., Nr. 284 vom 23. Juni 1926

Lauscher, A., Die höhere Schule in Gefahr? T. I und II, in: Kölnische Volkszeitung vom 17. und 18.2.1932

Lauterbach, Hans-Christoph, Die Politik des Philologenverbandes, in: Heinemann, Manfred (Hrsg.), Der Lehrer ..., S. 249-261

Le Mang, R., Der Verband Deutscher Oberschulen und Aufbauschulen, in: Deutsches Philologen-Blatt Nr. 37 vom 12.10.1928, S. 558f.

Lehberger, Reiner, Englischunterricht im Nationalsozialismus, Tübingen 1986

Lehberger, Reiner / de Lorent, Hans-Peter (Hrsg.), „Die Fahne hoch". Schulpolitik und Schulalltag in Hamburg unterm Hakenkreuz, Hamburg 1986

Lehmann, F. Rudolf, Einzelbesprechungen, in: VuG 23 (1933), S. 236-238

Lehmann, Karl, Junge deutsche Dramatiker. Eine Einführung in die Gedankenwelt des neuen Dramas, Leipzig 1923

Lehmann, Rudolf, Die pädagogische Bewegung im Beginn des zwanzigsten Jahrhunderts, in: Jahrbuch des Zentralinstitutes für Erziehung und Unterricht, 2. Jg., Berlin 1920, S. 61-107

Leidinger, Paul (Hrsg.), Geschichtsunterricht und Geschichtsdidaktik vom Kaiserreich bis zur Gegenwart. Festschrift des Verbandes der Geschichtslehrer Deutschlands zum 75jährigen Bestehen, Stuttgart 1988

Leidinger, Paul, Der Verband deutscher Geschichtslehrer (1913-1934) in der Bildungspolitik seiner Zeit, in: Leidinger, Paul (Hrsg.), Geschichtsunterricht ..., S. 20-41

Leistritz, Vorsicht, deutsche Geschichtslehrer, in: Weltanschauung und Schule 1 (1936/37), S. 110f.

Lemhöfer, Ludwig, Die Katholiken in der Stunde Null. Restauration des Abendlandes oder radikaler Neubeginn, in: Kringels-Kemen, Monika / Lemhöfer, Ludwig (Hrsg.), Katholische Kirche und NS-Staat. Aus der Vergangenheit lernen?, Frankfurt 1981, S. 101-117

Lemke, Ulrich, Schulgeschichte in regionalen Zeitschriften. Kommentierte Bibliographie der Aufsätze zur Schulgeschichte in Nordrhein-Westfalen 1784-1982. Teil 1 (= Dortmunder Arbeiten zur Schulgeschichte und zur historischen Didaktik, Bd. 21/1), Bochum 1993

Lenger, Friedrich, Werner Sombart - 1863-1941. Eine Biographie, München 1994

Lenger, Friedrich, Wider die falschen Eindeutigkeiten, in: Die Zeit Nr. 48 vom 25.11.1994, S. 65

Lenk, Kurt, Parlamentarismuskritik im Zeichen politischer Theologie. Carl Schmitts „Sakralisierung" der Demokratie zum totalen Staat, in: Aus Politik und Zeitgeschichte B 51/96 vom 13.12.1996, S. 15-22

Lenschau, Thomas, Die deutsche Oberschule, in: Die deutsche Schulreform. Ein Handbuch für die Reichsschulkonferenz hrsg. vom Zentralinstitut für Erziehung und Unterricht, (Leipzig 1920), Berlin/Vaduz unveränderter Neudruck 1987, S. 23-32

Lenz, Albert, Entschiedene Schulreform. Der Schulgarten als Stätte der Produktionsschule (1928), in: Hoff, Dieter, Die Schulpraxis der Pädagogischen Bewegung des 20. Jahrhunderts. Berichte und Unterrichtsbilder, Bad Heilbrunn 1969, S. 156-160

Lenzen, Dieter (Hrsg.), Pädagogik und Geschichte. Pädagogische Historiographie zwischen Wirklichkeit, Fiktion und Konstruktion, Weinheim 1993

Leugers-Scherzberg, August H., Der deutsche Katholizismus und sein Ende, in: Horstmann, Johannes (Hrsg.), Ende des Katholizismus ..., S. 9-35

Levi, Primo, Das periodische System, München 1991

Levi, Primo, Ist das ein Mensch? Die Atempause, 2. Aufl. München 1989

Liesenhoff, Carin, Novellen, in: Glaser, Horst (Hrsg.), Vom Nachmärz zur Gründerzeit: Realismus 1848 - 1880 (= Glaser, Horst (Hrsg.), Deutsche Literatur. Eine Sozialgeschichte Bd. 7), Hamburg 1982, S. 163-178

Lind, Gunter, Physikdidaktik zur Zeit des Nationalsozialismus, in: Die deutsche Schule 85 (1993), S. 496-513

Linden, Walther, Das neue Antlitz der Deutschkunde, in: Deutsches Bildungswesen 1 (1933), S. 401-414

Linden, Walther, Ferd. Hammerschmidt, Goethe und der Katholizismus (Rezension), in: ZfDK 47 (1933), S. 263

Linden, Walther, Deutschkunde als politische Lebenswissenschaft - das Kerngebiet der Bildung!, in: ZfDK 47 (1933), S. 337-341

Linden, Walther, Entwicklungsstufen scheidender Bürgerlichkeit. Thomas Mann, Hans Grimm und der neue Heroismus, in: ZfDK 47 (1933), S. 345-361

Linden, Walther, Volkhafte Dichtung von Weltkrieg und Nachkriegszeit, in: ZfDK 48 (1934), S. 1-22

Linden, Walther, Goethe in der neuen Schule, in: ZfDK 48 (1934), S. 184-190

Linden, Walther, Hammerschmidt, Ferd.: Goethe und der Katholizismus (Rezension), in: Neue Literatur 35 (1934), S. 519

Linden, Walther,, Schiller und die deutsche Gegenwart. Zum 175. Geburtstag am 10. November 1934, in: ZfDK 48 (1934), S. 513-531

Linden, Walther, Einführung, in: derselbe (Hrsg.), Naturalismus (= Band 1 der Reihe „Vom Naturalismus zur neuen Volksdichtung" hrsg. von Dr. Walther Linden), Leipzig 1936

Linden, Walther, Paul Ernst. Das dichterische Werk, in: ZfDK 50 (1936), S. 209-227

Lindner, Burkhardt, Der Mythos „Deutsch", in: Diskussion Deutsch 17 (1986), S. 311-325

Lingelbach, Karl-Christoph, Erziehung und Schule unter brauner Herrschaft, in: Pädagogische Rundschau 38 (1984), S. 39-51

Lingelbach, Karl-Christoph, Erziehung und Schule unter brauner Herrschaft (1984), in: derselbe, Erziehung und Erziehungstheorien ..., S. 283-298

Lingelbach, Karl-Christoph, Bericht über die Diskussion der Arbeitsgruppe „Erziehungsgeschichte und oral history" auf der Arbeitstagung der Historischen Kommission der Deutschen Gesellschaft für Erziehungswissenschaften vom 25.9. - 27.9. 1983 in der Tagungsstätte der Evangelischen Akademie Loccum, in: derselbe, Erziehung und Erziehungstheorien ..., S. 299-307

Lingelbach, Karl-Christoph, Erziehung und Erziehungstheorien im nationalsozialistischen Deutschland. Ursprünge und Wandlungen der 1933 - 1945 in Deutschland vorherrschenden erziehungstheoretischen Strömungen; ihre politische Funktionen und ihr Verhältnis zur außerschulischen Erziehungspraxis des „Dritten Reiches". Überarbeitete Zweitausgabe mit drei neueren Studien und einem Diskussionsbericht (= Sozialhistorische Untersuchungen zur Reformpädagogik und Erwachsenenbildung; Bd. 6) Frankfurt 1987

Linhardt, Hans, Zum Wesens- und Sprachenproblem der Aufbauschule, in: Bayerisches Bildungswesen 3 (1929), S. 366-370

Löffler, Eugen, Das öffentliche Bildungswesen in Deutschland, Berlin 1931

Löhr, Wolfgang, Rechristianisierungsvorstellungen im deutschen Katholizismus 1945-1948, in: Kaiser, Jochen-Christoph u.a. (Hrsg.), Christentum ..., S. 25-41

Longerich, Peter, Deutschland 1918-1933. Die Weimarer Republik. Handbuch zur Geschichte, Hannover 1995

Lorentz, Paul, Goethes Weltanschauung im deutschen Unterricht, in: ZfDK 51 (1937), S. 177-184

Loth, Wilfried, Integration und Erosion: Wandlungen des katholischen Milieus in Deutschland, in: ders. (Hrsg.), Deutscher Katholizismus im Umbruch zur Moderne, Stuttgart 1991, S. 266-281

Loth, Wilfried, Katholiken im Kaiserreich. Der politische Katholizismus in der Krise des wilhelminischen Deutschlands, Düsseldorf 1984

Loth, Wilfried, Soziale Bewegungen im Katholizismus des Kaiserreichs, in: GuG 17 (1991), S. 279-310

Louis, Gustav, Mathematik, Naturwissenschaft, Erdkunde, in: Bohm, Rudolf u.a. (Hrsg.), Höhere Schule ..., S. 120-154

Louis, Gustav, Vorbemerkung, in: Bohm, Rudolf u.a. (Hrsg.), Höhere Schule ..., S. 115-119

Löwenstein, Curt, Was hat der „Marxismus" in den 14 Jahren auf dem Gebiete der Schule und Erziehung geschaffen?, in: Die Gemeinde 10 (1933), S. 201-216

Löwenthal, Leo, Zur gesellschaftlichen Lage der Literatur, in: Zeitschrift für Sozialforschung 1 (1932), S. 85-102

Löwenthal, R., Bonn und Weimar. Zwei deutsche Demokratien, in: Winkler, H. A. (Hrsg.), Politische Weichenstellungen im Nachkriegsdeutschland, Göttingen 1979, S. 9-25

Lukács, Georg, Repräsentative Lyrik der Wilhelminischen Zeit (zuerst 1945), in: Wuthenow, Ralph-Rainer (Hrsg.), Stefan George ..., S. 172-177

Lundgreen, Peter, Sozialgeschichte der deutschen Schule im Überblick. Teil II: 1918-1980, Göttingen 1981

M., F., Deutsche Geschichte von Bismarck bis Hitler (Rezension), in: Der Gral 28 (1933/34), S. 518

M., W., Alfred Rosenberg zur nationalsozialistischen Geschichtsauffassung, in: VuG 24 (1934), S. 51f.

Mahner, Franz, Aus der Geschichte unserer Schule, in: Taubitz, Felix, Hermann-Stehr-Schule. Staatliche Oberschule in Aufbauform in Habelschwerdt, o.O. (Lippstadt), o.J., 15-17

Maier, Hans, Christ und Politik - Aufgaben nach dem Konzil (1966), in: derselbe, Katholizismus ..., S. 150-173

Maier, Hans, Katholizismus, nationale Bewegung und Demokratie in Deutschland (1965), in: derselbe, Katholizismus ..., S. 51-66

Maier, Hans, Katholizismus und Demokratie (Schriften zu Kirche und Gesellschaft, Bd. 1), Freiburg 1983

Mann, Erika, Zehn Millionen Kinder. Die Erziehung der Jugend im Dritten Reich. Mit einer Einführung von Thomas Mann (zuerst 1938), München 1986

Mannzmann, Anneliese (Hrsg.), Geschichte der Unterrichtsfächer I. Deutsch, Englisch, Französisch, Russisch, Latein, Griechisch, Musik, Kunst, München 1983

Mannzmann, Anneliese (Hrsg.), Geschichte der Unterrichtsfächer II. Geschichte, Politische Bildung, Geographie, Religion, Philosophie, Pädagogik, München 1983

Mannzmann, Anneliese, Geschichtsunterricht und politische Bildung unter gesellschaftlicher Perspektive, in: Manzmann, Anneliese (Hrsg.), Geschichte der Unterrichtsfächer II ..., S. 19-73

Mannzmann, Anneliese (Hrsg.), Geschichte der Unterrichtsfächer III. Biologie, Physik, Mathematik, Chemie, Haushaltslehre, Handarbeit, München 1984

Margies, Dieter, Das höhere Schulwesen zwischen Reform und Restauration. Die Biographie Hans Richerts als Beitrag zur Bildungspolitik in der Weimarer Republik, Rheinstetten-Neu 1972

Margies, Dieter / Bargiel, Anja, Der Preußische Schulreformer Hans Richert, in: Schmoldt, Benno (Hrsg.), Pädagogen in Berlin ..., S. 215-236

Marßolek, Inge, Antifaschistische Aufklärung und Alltag im Dritten Reich, in: Hans-Böckler-Stiftung u.a. (Hrsg.), Deutsch/Deutsche Vergangenheiten. Geschichtsrundbrief Neue Folge 4, Düsseldorf u.a. 1993, S. 6-14

Martin, Bernd, Zur Tauglichkeit eines übergreifenden Faschismus-Begriffs. Ein Vergleich zwischen Japan, Italien und Deutschland, in: VfZ 29 (1981), S. 48-73

Martini, Fritz / Haubrich, Walter, Kleines Literarisches Lexikon, Band 2 Teil 1, vierte, neu bearbeitete und stark erweiterte Aufl. Bern u.a. 1972

Marx, Cornelius, Durch Heimat zu Volk und Rasse, in: Pharus 25 (1934) 1. Halbband, S. 172-176

Maschmann, Melita, Fazit. Kein Rechtfertigungsversuch, Stuttgart 1963

Maser, H. / Terhart, E. / Zedler, P., Aufgaben und Verfahren interpretativer Theoriebildung, in: Z.f.P., 18. Beiheft hrsg. von D. Benner, Weinheim u.a. 1983, S. 321-349

Material zur Reform des höheren Schulwesens in Preußen. Dritte Eingabe des Episkopats, in: Schule und Erziehung 12 (1924), S. 256f.

Material zur Schulreform. Die Stellung des Episkopates, in: Schule und Erziehung 12 (1924), S. 91-96

Matthias, Adolf, Das höhere Knabenschulwesen, seine Entwicklung und sein Verhältnis zur deutschen Kultur, in: Lexis u.a., Die Allgemeinen Grundlagen der Kultur der Gegenwart, (= Die Kultur der Gegenwart 1.1 hrsg. von Paul Hinneberg), Berlin/Leipzig 1906, S. 120-174

Maus, Theodor, Heinrich Lersch. Zum Gedächtnis, in: ZfDB 12 (1936), S. 498-502

Mayer-Kulenkampff, Lina, Die Frauenoberschule, in: Grimme, Adolf (Hrsg.), Wesen ..., S. 126-132

Mayser, Eugen, Der Willensgehalt nationaler Dichtung und ihre Interpretation, in: ZfDK 47 (1933), S. 673-693

Mehling, Jonas, Zur Organisation unserer höheren Schulen, in: Bayerisches Bildungswesen 3 (1929), S. 483-490

Meier, Ekkehard, Wer immer strebend sich bemüht.... Kurt Schwedtke - eine deutsche Beamtenkarriere, in: Radde, Gerd u.a. (Hrsg.), Schulreform ..., S. 330-345

Meier, Heinrich, Die Lehren Carl Schmitts. Vier Kapitel zur Unterscheidung politischer Theologie und politischer Philosophie, Stuttgart 1994

Mennemeier, Franz Norbert, Nationalistische Dramatik, in: Bormann, Alexander von / Glaser, Horst Albert (Hrsg.), Weimarer Republik ..., S. 287

Merck, Walther, Zum Abbau im höheren Schulwesen, in: Die Erziehung 7(1931/32), S. 183-187

Metzner, Karl, Zum deutschen Bildungswesen der Gegenwart im Lichte schulpolitischer Entwicklung, Leipzig 1930

Meurers, Joseph, Katholizismus und Naturwissenschaftliche Strömungen im 19. und 20. Jahrhundert, in: Langner, Albrecht (Hrsg.), Katholizismus und philosophische Strömungen ..., S. 27-42

Meyer, Gerd, Die Reparationspolitik. Ihre außen- und innenpolitischen Rückwirkungen, in: Bracher, Karl Dietrich u.a. (Hrsg.), Die Weimarer ..., S. 327-342

Michalka, Wolfgang, Nationalsozialismus in fragwürdiger Historisierung. Die Verantwortung des Chronisten im Umgang mit einer sperrigen Vergangenheit., in: Das Parlament Nr. 12 vom 15.3.1996

Mikus, Hermann, Erinnerungen an „Reismann", Oberrealschule in Paderborn, bei Gelegenheit des 50. Jahrestages unseres Abiturs 1937, in: Hemmen, Wilhelm (Hrsg.), Festschrift ..., S. 156-166

Milberg, Hildegard, Schulpolitik in der pluralistischen Gesellschaft. Die politischen und sozialen Aspekte der Schulreform in Hamburg 1890-1935, Hamburg 1970

Milberg, Hildegard, Oberlehrer und höhere Schule, in: Lorent, Hans-Peter de u.a. (Hrsg.), „Der Traum ..., S. 195-210

Mischon-Vosselmann, Doris, Das Ende der Karl-Marx-Schule, in: Radde, G. u.a. (Hrsg.), Schulreform ..., S. 346-357

Mizinski, Jan, Freund-Feind-Stereotyp in der Literatur des Soldatischen Nationalismus nach 1918, in: Text und Kontext 13(1985) H. 2, S. 335-354

Moede, W. / Piorkowski, C. (Hrsg.), Zwei Jahre Berliner Begabtenschulen. Erfahrungen ihrer Schulleiter, Leipzig 1920

Moede, W. / Piorkowski, C. / Wolff, G., Die Berliner Begabtenschulen, ihre Organisation und die experimentellen Methoden der Schülerauswahl, Langensalza 1918

Mohler, Armin, Die Konservative Revolution in Deutschland 1918 - 1932: ein Handbuch. Ergänzungsband. Mit Korrigenda zum Hauptband, 3. Aufl. Darmstadt 1989 (Der Hauptband ist identisch mit der veränderten 2. Auflage von 1972. Erstauflage 1951)

Möllers, Georg, Vom Petrinum ins Konzentrationslager. Das Schicksal des Oberprimaners Ludwig Grindel, in: Petrinum 21 (1989), Recklinghausen 1989, S. 79-88

Mommsen, Hans / Willems, Susanne (Hrsg.), Herrschaftsalltag im Dritten Reich. Studien und Texte, Düsseldorf 1988

Mommsen, Hans, Zur Verschränkung traditioneller und faschistischer Führungsgruppen in Deutschland beim Übergang von der Bewegungs- zur Systemphase (1976) in: derselbe, Der Nationalsozialismus ..., S. 39-66

Mommsen, Hans, Hitlers Stellung im nationalsozialistischen Herrschaftssystem (1981), in: derselbe, Der Nationalsozialismus ..., S. 67-101

Mommsen, Hans, Nationalsozialismus als vorgetäuschte Modernisierung (1990), in: Mommsen, Hans, Der Nationalsozialismus ..., S. 405-427

Mommsen, Hans, Der Nationalsozialismus und die deutsche Gesellschaft. Ausgewählte Aufsätze, Hamburg 1991

Mommsen, Hans, Zeitgeschichte als „kritische Aufklärungsarbeit". Zur Erinnerung an Martin Broszat (1926 - 1989), in: GuG 17 (1991), S. 141-157

Mommsen, Hans, Das deutsche Amalgam aus Macht und Geist. Über den Mythos der Nation: die uneingestandene Niederlage und die Irrwege des Nationalismus zwischen den beiden Weltkriegen, in: FR vom 17.1.1994, S. 10

Mommsen, Hans, Noch einmal: Nationalsozialismus und Modernisierung, in: GuG 21 (1995), S. 391-402

Mommsen, Wolfgang J., Geschichte als Historische Sozialwissenschaft, in: Rossi, Pietro (Hrsg.), Theorie der modernen Geschichtsschreibung, Frankfurt 1987, S. 107-146

Mommsen, Wolfgang J., Der autoritäre Nationalstaat. Verfassung, Gesellschaft und Kultur im deutschen Kaiserreich, Frankfurt/M. 1990

Mommsen, Wolfgang J., Der Erste Weltkrieg und die Krise Europas, in: Hirschfeld, Gerhard u.a. (Hrsg.), „Keiner fühlt ..., S. 30-52

Monjé, Robert, Deutsch, in: Bohm, Rudolf u.a. (Hrsg.), Höhere Schule ..., S. 17-43

Monjé, Robert, Geschichte, in: Bohm, Rudolf u.a. (Hrsg.), Höhere Schule ..., S. 44-72

Monjé, Robert, Zur schulpolitischen Aussprache, in: Deutsches Philologen-Blatt 42 (1934), S. 358f.

Monjé, Robert, Grundsätzliches zur Schulreform, in: Deutsches Philologen-Blatt 42 (1934), S. 389-391

Moraw, Frank, Das Gymnasium zwischen Anpassung und Selbstbehauptung. Zur Geschichte des Heidelberger Kurfürst-Friederich-Gymnasiums 1932 - 1946, Heidelberg 1987

Mr., Aufbauschulfragen im Hauptausschuß des Preußischen Landtages (54. Sitzung, 11. März 1929), in: DOA 2 (1929), H. 5, S. 75-77

Muchow, Hans, Aus der Bewährungsstatistik einer großstädtischen Aufbauschule (Schluß), in: DOA 5 (1932), H. 6, S. 97-100

Muckermann, Hermann SJ, Volkstum, Staat und Nation eugenisch gesehen, Essen 1933

Mues, Willi, Seit 125 Jahren: Höhere Schule in Erwitte, in: Kreis Soest (Hrsg.), 1990. Heimatkalender des Kreises Soest, S. 77-80

Mühle, Martin, Wehrgeistige Erziehung und Schule, in: VuG 25 (1935), S. 673-683

Müller, Alwin, Der Deutschunterricht und die Kriegsdichtung, in: ZfDB 11 (1935), S. 18-30

Müller, Bücherbesprechungen. Rüstzeug der Gegenwart, in: Zeitschrift für den katholischen Religionsunterricht an höheren Lehranstalten 14 (1937), S. 54f.

Müller, Detlef K. / Zymek, Bernd, Sozialgeschichte und Statistik des Schulsystems in den Staaten des Deutschen Reiches, 1800 - 1945 (= Datenhandbuch zur Deutschen Bildungsgeschichte, Bd. II Höhere und mittlere Schulen, 1.Teil), Göttingen 1987

Müller, Franz, Der nationalbiologische Sinn der höheren Schule, in: Bohm, Rudolf u.a. (Hrsg.), Höhere Schule ..., S. 216-230

Müller, Georg, Die Aufbauschule als ländliche Sammelschule, in: Pädagogische Rundschau 3 (1949), S. 315f.

Müller, Hammerschmidt, F., Zeitenwende, ihre Gestalt in der Dicht(un)g der Gegenwart (Rezension), in: Zeitschrift für den katholischen Religionsunterricht an höheren Lehranstalten 11 (1934), S. 251f.

Müller, Joachim, Stefan George als Staatsdichter, in: ZfDB 11 (1935), S. 202-210

Müller, Literatur, in: Zeitschrift für den katholischen Religionsunterricht an höheren Lehranstalten 9 (1932), S. 254f.

Müller, Otto, Die deutsche Oberschule in Aufbauform, in: Westdeutsche Arbeiter-Zeitung Nr. 46 vom 13.11.1926

Müller, Otto, Hat die Aufbauschule die bei ihrer Gründung an sie geknüpften sozialen Hoffnungen bisher erfüllt?, in: Lehrer und Volk Jg. 1928, H. 3, S. 105f.

Müller, Otto, Wo wohnen unsere Aufbauschüler? Vorläufiges, in: DOA 2 (1929), H. 5, S. 69-71.

Müller, Otto, Aufbauschule und Vorbildung der katholischen Theologen, in: Theologie und Glaube 22 (1930), 1. Hälfte, S. 215-227

Müller, R., Der Primaneraufsatz als Mittel für nationalsozialistische Erziehung, in: ZfDK 47 (1933), S. 648-658

Müller, Sebastian F., Die Höhere Schule Preußens in der Weimarer Republik. Zum Einfluß von Parteien, Verbänden und Verwaltung auf die Schul- und Lehrplanreform 1919 - 1925, Weinheim u.a. 1977

Müller, Sebastian F., Zur Sozialisationsfunktion der höheren Schule. Die Neuordnung des preußischen höheren Schulwesens im Jahre 1924/25, in: Heinemann, Manfred (Hrsg.), Sozialisation ..., S. 105-116

Mulot, Arne, Die altgermanische Dichtung im deutschen Unterricht, in: ZfDB 10 (1934), S. 9-14

Mulot, Arne, Die heroische Lebensform der Germanen, in: ZfDB 10 (1934), S. 225-234

Mumbauer, Johannes, Die deutsche Dichtung der neuesten Zeit, Bd. 1, Freiburg 1931

Munser, A., Liturgische Bewegung, in: Lexikon für Theologie und Kirche, hrsg. von Michael Buchberger, Bd. 6, 2. neubearbeitete Aufl. Freiburg 1934, Spalten 615-617

Muth, Karl, Schöpfer und Magier, Leipzig 1935

Muthesius, Karl, Deutsche Oberschule und deutsche Aufbauschule, in: Muthesius, Karl u.a., Deutsche Oberschule ..., S. 3-14

Muthesius, Karl / Ortmann, Rudolf / Rolle, Hermann, Deutsche Oberschule und Aufbauschule (= Deutsche Erziehung. Schriften zur Förderung des Bildungswesen im neuen Deutschland, H. 18), Berlin 1921

Mütter, Bernd, Die Geschichte des Geschichtsunterrichts als Forschungsproblem. Überlegungen zu Hilke Günther-Arndt: Geschichtsunterricht in Oldenburg 1900-1030, in: GWU 36 (1985), S. 642-657

N., L., Die neue Situation, in: Werkhefte Junger Katholiken 2 (1933), März/April 1933, S. 102-105

Nachrichten, in: ZfDB 11 (1935), S. 174-176, 335, 589-592

Nachrichten, in: ZfDB 12 (1936), S. 173-176, 461-464

Nath, Axel, Der Studienassessor im Dritten Reich. Eine sozialhistorische Studie ʼzur „Überfüllungskrise" des höheren Lehramtes in Preußen 1932 - 1942, in: Z.f.Päd. 27 (1981), S. 281-306

Nath, Axel, Die Studienratskarriere im Dritten Reich. Systematische Entwicklung und politische Steuerung einer zyklischen „Überfüllungskrise" - 1930-1944 (= Sozialhistorische Untersuchungen zur Reformpädagogik und Erwachsenenbildung Bd. 8), Frankfurt 1988

Nationalpolitische Bildungsanstalten, in: Deutsches Philologen-Blatt 42 (1934), S. 348-350

Nationalsozialistischer Lehrerbund Westfalen-Süd (Hrsg.), Auf dem Wege zur Nationalsozialistischen Deutschen Jugendschule (Sechsjährige höhere Schule), Dortmund 1935

Naumann, Hans, Germanentum und Christentum (anläßlich einiger neuerer Schriften über den Gegenstand), in: ZfDB 11 (1935), S. 113-120

Naumann, Klaus, Die Sehnsucht des Mitläufers nach dem Schlußstrich, in: Die Zeit Nr. 6 vom 3.2.1995, S. 46

Neuendorff, Edmund, Kriegserfahrungen und Neugestaltung des höheren Schulwesens, Leipzig u.a. 1917

Neuendorff, Edmund (Hrsg.), Die Schulgemeinde. Gedanken über ihr Wesen und Anregungen zu ihrem Aufbau, Leipzig u.a. 1921

Neuhäusler, Johann, Kreuz und Hakenkreuz. Der Kampf des Nationalsozialismus gegen die katholische Kirche und der kirchliche Widerstand. Erster Teil, München 1946

Neumann, Friedrich, Die Deutsche Oberschule als Trägerin des völkischen Erziehungsgedankens, in: ZfDB 9 (1933), S. 601-609

Neumann, Friedrich, Das germanische Erbe und die deutsche Dichtung, in: ZfDB 12 (1936), S. 577-594

Neurohr, Jean F., Der Mythos vom Dritten Reich. Zur Geistesgeschichte des Nationalsozialismus, Stuttgart 1957

Neuß, Raimund, Anmerkungen zu Walter Flex. Die „Ideen von 1914" in der deutschen Literatur: Ein Fallbeispiel, Schernfeld 1992

Niethammer, Lutz, Die Mitläuferfabrik. Die Entnazifizierung am Beispiel Bayerns, Berlin 1982

Nipperdey, Thomas, Organisierter Kapitalismus. Verbände und die Krise des Kaiserreichs, in: GuG 5 (1979), S. 418-433

Nixdorf, Delia und Gerd, Politisierung und Neutralisierung der Schule in der NS-Zeit, in: Mommsen, Hans u.a. (Hrsg.), Herrschaftsalltag ..., S. 225-303

Nolte, Ernst, Die Deutschen und ihre Vergangenheiten. Erinnerung und Vergessen von der Reichsgründung Bismarcks bis heute, Berlin u.a. 1995

Norrenberg, J., Vorwort, in: Norrenberg, J. (Hrsg.), Die deutsche höhere Schule ..., S. III-VI

Norrenberg, J. (Hrsg.), Die deutsche höhere Schule nach dem Weltkriege. Beiträge zur Frage der Weiterentwicklung des höheren Schulwesens, Leipzig u.a. 1916

Nowak, Kurt, F Sterilisation und „Euthanasie" im Dritten Reich. Tatsachen und Deutungen, in: GWU 39 (1988), S. 327-341

Nyssen, E., Schule im Nationalsozialismus, Heidelberg 1979

Obenauer, Karl Justus, Goethezeit und Goethe. Ein Literaturbericht, in: ZfDK 51 (1937), S. 249-254

Obenauer, Karl, Goethe-Romantik. Literaturbericht, in: ZfDB 14 (1938), S. 439-441

Oelkers, Jürgen, Erziehung und Gemeinschaft: Eine historische Analyse reformpädagogischer Optionen, in: Berg, Christa u.a. (Hrsg.), „Du bist nichts ..., S. 22-45

Oelsner, Albert, Zum Geschichtsunterricht in der Untertertia der Aufbauschule. Eine Entgegnung, in: VuG 18 (1928), S. 160-163

Oelsner, Albert, Johsts „Schlageter" im Deutschunterricht der Oberstufe, in: ZfDB 9 (1933), S. 641-646

Oelsner, Albert, Fanatiker der Pflicht (Hans Kysers „Schicksal um Yorck" und Walter Erich Schäfers „Der 18. Oktober" im Deutschunterricht der Oberstufe), in: ZfDB 10 (1934), S, 626-629

Oestreich, Paul (Hrsg.), Menschenbildung. Ziele und Wege der entschiedenen Schulreform (Entschiedene Schulreform VII). Vorträge entschiedener Schulreformer gehalten im Zentralinstitut für Erziehung und Unterricht zu Berlin, Januar bis März 1922, Berlin 1922

Oestreich, Paul, Nachwort, in: Oestreich, Paul (Hrsg.), Menschenbildung ..., S. 188-197

Olefs, Wilh., Hammerschmidt, F.: Die Stadt über der Erde (Rezension), in: Caritas. Zeitschrift für Caritas und Caritasarbeit 36. Jg. (10. Neue Folge) 1931, Beiheft, S. 64

Oppermann, Detlef, Gesellschaftsreform und Einheitsschulgedanke. Zu den Wechselwirkungen politischer Motivation und pädagogischer Zielsetzungen in der Geschichte des Einheitsschulgedankens, Frankfurt 1982

Ortmanns, Monika, 300 Jahre „Antonianum" in Geseke, in: Kreis Soest (Hrsg.), Heimatkalender des Kreises Soest 1988, S. 76-81

Ortmeyer, Benjamin, Schulzeit unterm Hitlerbild. Analysen, Berichte, Dokumente, Frankfurt 1996

Pädagogisches Institut der Landeshauptstadt Düsseldorf (Hrsg.), Projekt: Beiträge zur Geschichte der Schule in Düsseldorf, 4: Schule im „Dritten Reich" dokumentiert am Beispiel des Benrather Jungengymnasiums von Hans-Peter Görgen und Heinz Hemming, Düsseldorf 1988

Paffrath, F. Hartmut (Hrsg.), Kritische Theorie und Pädagogik der Gegenwart. Aspekte und Perspektiven der Auseinandersetzung, Weinheim 1987

Pahlke, Georg, Trotz Verbot nicht tot. Herausgeber: Diözesanvorstand des Bundes der Deutschen Katholischen Jugend (BDKJ), Diözesanverband Paderborn (= Katholische Jugend in ihrer Zeit. Band III: 1933-1945), Paderborn 1995

Pakschies, Günter, Umerziehung in der Britischen Zone 1945 - 1949. Untersuchungen zur britischen Re-education-Politik (Studien und Dokumentationen zur deutschen Bildungsgeschichte, Bd. 9), 2. durchgesehene Aufl. Köln u.a. 1984

Panzer, Fr., Deutschkunde als Mittelpunkt deutscher Erziehung, Frankfurt 1922

Panzer, Friedrich, Ein Vorkämpfer für deutsche Bildung. Johann Georg Sprengel zum 70. Geburtstag, in: ZfDB 9 (1933), S. 545-552

Paul, Gerhard, „...gut deutsch, aber auch gut katholisch". Das katholische Milieu zwischen Selbstaufgabe und Selbstbehauptung, in: Paul, Gerhard / Mallmann, Klaus-Michael, Milieus und Widerstand. Eine Verhaltensgeschichte der Gesellschaft im Nationalsozialismus (= Widerstand und Verweigerung im Saarland 1935-1945 hrsg. von Hans-Walter Herrmann, Bd. 3), Bonn 1995, S. 25-152

Paul, Johann, Vom Volksrat zum Volkssturm: Bergisch Gladbach und Bensberg 1918 - 1945, Bergisch-Gladbach 1988

Pauls, Eilhard Erich, Der Einbau der nationalsozialistischen Weltanschauung in den Geschichtsunterricht, in: DOA 7 (1934), H. 5, S. 65-75

Paulsen, Friedrich, Das moderne Bildungswesen, in: Die Kultur der Gegenwart, herausgegeben von Paul Hinneberg (= Lexis, W. u.a., Die allgemeinen Grundlagen der Kultur der Gegenwart, Bd. 1.1), Berlin u.a. 1906, S. 54-86

Paulsen, F., Das deutsche Bildungswesen in seiner geschichtlichen Entwicklung, 3. Aufl. Leipzig 1912

Paulsen, Wilhelm, Der Aufstieg der Volksschule, in: Vorwärts vom 3.7. 1928, abgedruckt in: Deutsches Philologen-Blatt Nr. 29 vom 18.7.1928, S. 450

Pedersen, Ulf, Bernhard Rust: ein nationalsozialistischer Bildungspolitiker vor dem Hintergrund seiner Zeit. (= Steinhörster Schriften und Materialien zur regionalen Schulgeschichte und Schulentwicklung herausgegeben von Heinz Semel Bd. 6), Braunschweig 1994

Peiffer, Lorenz, Turnunterricht im Dritten Reich - Erziehung für den Krieg? Der schulische Alltag des Turnunterrichts an den höheren Jungenschulen der Provinz Westfalen vor dem Hintergrund seiner politisch-ideologischen und administrativen Funktionalisierung, Köln 1987

Petermann, Franz, Soziale Herkunft der Schüler an Fach- und Aufbaugymnasien, in: Die deutsche Schule 67 (1975), S. 703-708

Peters, Elke, Nationalistisch-völkische Bildungspolitik in der Weimarer Republik. Deutschkunde und höhere Schule in Preußen, Weinheim u.a. 1972

Peters, Jan Henning, Jüdische Schüler am Gymnasium Petrinum. Zwischen Assimilation und Vertreibung, in: Petrinum 23/1991, Recklinghausen 1991, S, 79-87

Peters, Ulrich, Die erzieherischen Werte des Geschichtsunterrichts, in: ZfDB 4 (1928), S. 123-130

Peters, Ulrich, Methodik des Geschichtsunterrichts an höheren Schulen, Frankfurt 1928

Peters, Ulrich, Ph. Hördt, Theorie der Schule (Rezension), in: ZfDB 9 (1933), S. 282

Peters, Ulrich, Deutsche Bildung gestern und heute, in: ZfDB 9 (1933), S. 337-341

Peters, Ulrich, Deutschkunde und Deutsche Oberschule, in: DOA 7 (1934) H. 4, S. 49-56

Peters, Ulrich, Radcke, Wir wollen deutscher werden (Rezension), in: ZfDB 11 (1935), S. 57

Peters, Ulrich, Theo Herrle, Grundlegung ... (Rezension), in: ZfDB 11 (1935), S. 647)

Petersen, Johannes, Einige Gedanken zur Rassenfrage im Erdkundeunterricht, in: DDHS 3 (1936), S. 346-350

Petersen, Johannes, Erdkunde als Ganzheitslehre. Ihre Grundlegung durch das Heimaterlebnis und die Heimaterkundung, in: DDHS 3 (1936), S. 680-687

Petersen, Julius, Literaturwissenschaft und Deutschkunde. Ansprache bei der Festsitzung der Gesellschaft für deutsche Bildung in der alten Aula der Universität Berlin am 30. September 1924, in: ZfDK 38 (1924), S. 403-415

Petersen, Peter, Die Probleme der Begabung und der Berufswahl auf der höheren Schule, in: Petersen, Peter (Hrsg.), Der Aufstieg ..., S. 78-94

Petersen, Peter, Einleitung, in: Petersen, Peter (Hrsg.), Der Aufstieg ..., S. 1-8

Petersen, Peter (Hrsg.), Der Aufstieg der Begabten. Vorfragen, Leipzig u.a. 1916

Petersen, Peter, Bedeutung und Wert des Politisch-Soldatischen für den deutschen Lehrer und unsere Schule. Eine erziehungswissenschaftliche Betrachtung, in: Deutsches Bildungswesen 2 (1934), S. 1-17

Petersen, Peter, Der Jena-Plan, eine Ausgangsform für die neue deutsche Schule, in: Die Erziehung 10 (1935), S. 1-8

Petersen, Peter, Nationalpolitische Bildung der menschlichen Sittlichkeit, in: Die Erziehung 10 (1935), S. 208-218

Petrat, Gerhardt, Die gezielte Öffnung der Hochschulreife für alle Volksschichten in der Weimarer Republik, in: Heinemann, Manfred (Hrsg.), Sozialisation ..., S. 75-91

Petri, Die Entwicklung der Aufbauschule (AS), in: Preußische Lehrer-Zeitung, Ausgabe Provinz Sachsen Nr. 49 vom 24. April 1930

Peukert, Detlev J. K., Rassismus und „Endlösungs"-Utopie. Thesen zur Entwicklung und Struktur der nationalsozialistischen Vernichtungspolitik, in: Kleßmann, Christoph (Hrsg.), Nicht nur Hitlers Krieg. Der Zweite Weltkrieg und die Deutschen, Düsseldorf 1989, S. 71-81

Peukert, Detlev, Alltag unterm Nationalsozialismus, in: Herrmann, Ulrich (Hrsg.), „Die Formung ..., S. 40-64

Peukert, Detlev, Rassismus als Bildungs- und Sozialpolitik, in: Cogoy, Renate u.a. (Hrsg.), Erinnerung als Profession. Erziehungsberatung, Jugendhilfe und Nationalsozialismus, München 1989, S. 111-124

Peukert, Helmut, „Erziehung nach Auschwitz" - eine überholte Situationsdefinition? Zum Verhältnis von Kritischer Theorie und Erziehungswissenschaft, in: Neue Sammlung 30 (1990), S. 345-354

Pfannenstiel, W., Bevölkerungspolitische Entwicklung und Rassenhygiene im nationalsozialistischen Staat, in: VuG 24 (1934), S. 95-109

Philologen-Jahrbuch 41. Jg. Schuljahr 1934/35, Stand 1.Mai, Breslau 1934

Philologen-Jahrbuch 42. Jg. Schuljahr 1935/36. Stand 1. Mai, Nachträge Mitte Oktober, Breslau 1935

Philologen-Jahrbuch 43. Jg. Schuljahr 1936/37 Stand 1. Mai, Nachträge Ende Oktober, Breslau 1936

Piper, Wulf, Das Apostelspiel, in: Jens, Walter (Hrsg.), Kindlers Neues Literatur Lexikon, Bd. 11, München 1990, S. 476f.

Pius XI., Die christliche Erziehung der Jugend. Enzyklika „Divini illius magistri" (1929). Eingeleitet und mit textkritischen Anmerkungen versehen von Rudolf Peil, Freiburg 1959

Platner, Geert / Schüler der Gerhart-Hauptmann-Schule in Kassel (Hrsg.), Schule im Dritten Reich. Erziehung zum Tod. Eine Dokumentation, Köln 1988

Poethen, Wilhelm, Die Lesestoffauswahl im Rahmen der heutigen Forderungen, in: ZfDB 12 (1936), S. 14-27

Pöggeler, Franz (Hrsg.), Politik im Schulbuch, Bonn 1985

Pohlmann, Hanne und Klaus, Kontinuität und Bruch. Nationalsozialismus und die Kleinstadt Lemgo (= Forum Lemgo. Schriften zur Stadtgeschichte Heft 5), Bielefeld 1990

Pohlmeier, Ferdinande, Die Aufbauschule in Büren (1922-1952), in: Festkomitee der ehemaligen Schüler der Aufbauschule Büren (Hrsg.), Mauritiusschule (1922-1952). Staatliche Deutsche Oberschule in Aufbauform, Büren o.J. (1988), S. 6-33

Pohlmeier, Ferdinande, Die Aufbauschule in Büren (1922-1945), in: Festschrift. 50 Jahre Priv. Mauritius Gymnasium in Büren. 1946/1996, o.O. (Büren), o.J. (1996), S. 23-28

Poll, Bernhard, Heimatgedanke und Geschichtsunterricht, in: VuG 24 (1934), S. 40-51

Pongs, Hermann, Vom Naturalismus bis zur neuen Sachlichkeit, in: Korff, H. A., Linden, W. (Hrsg.), Aufriß der deutschen Literaturgeschichte nach neueren Gesichtspunkten, Leipzig u.a. 1930, S. 192-217

Popplow, Ulrich, Schulalltag im Dritten Reich. Fallstudie über ein Göttinger Gymnasium, in: Aus Politik und Zeitgeschichte B 18/80 vom 3. Mai 1980, S. 33-69

Portmann, Heinrich, Kardinal von Galen. Ein Gottesmann seiner Zeit, Münster 1948

Poschenrieder, Hermann, Pläne zur Reform der höheren Schule, in: Bayerische Blätter für das Gymnasialschulwesen 71 (1935), S. 1-16

Poste, Burkhard, Schulreform in Sachsen 1918 - 1923. Eine vergessene Tradition deutscher Schulgeschichte (= Studien zur Bildungsreform hrsg. von Wolfgang Keim, Bd. 20), Frankfurt u.a. 1993

Pottier, Joel (Hrsg.) Christen im Widerstand gegen das Dritte Reich, Stuttgart u.a. 1988

Poulantzas, Nicos, Klassen im Kapitalismus - heute. Studien zur Klassenanalyse 5, Berlin 1975

Pr., Aus dem Parlament, in: DOA 6 (1932), H. 1, S. 12-14

Pr., Auswirkungen der Sparmaßnahmen, in: DOA 5 (1932), H. 4, S. 73

Prange, Klaus, Sind wir allzumal Nazis? Eine Antwort auf Wolfgang Keims Bielefelder Kontinuitätsthese, in: Z.f.P. 36 (1990), S. 745-751

Preising, Joseph, Rüthens Verkehrsverhältnisse einst und jetzt, in: derselbe (Hrsg.), Rüthen ..., S. 105-112

Preising, Joseph, Zwei wichtige Industriezweige Rüthens, in: derselbe (Hrsg.), Rüthen ..., S. 137-142

Preising, Joseph (Hrsg.), Rüthen in geschichtlichen Einzelbildern, Lippstadt 1924

Preller, Hugo, Die Behandlung der Jahre 1919-1928 im Geschichtsunterricht der höheren Schulen und ihre Folgen für die Methode, in: VuG 19 (1929), S. 533-542

Prestel, Josef, Deutsche Literaturkunde. Erbgut und Erfüllung, Freiburg 1935

Pribilla, Max S.J., Nationale Revolution, in: Stimmen der Zeit Bd. 125 (1933), S. 156-168

Prinz, Michael / Zitelmann, Rainer (Hrsg.), Nationalsozialismus und Modernisierung, Darmstadt 1991

Pröbsting, G., Das Philologen-Jahrbuch 1934, in: Deutsches Philologen-Blatt 43 (1935), S. 13-16

Prümm, Das Erbe der Front. Der antidemokratische Kriegsroman, in: Denkler, Horst / Prümm, Karl (Hrsg.), Die deutsche Literatur im Dritten Reich. Themen - Traditionen - Wirkungen, Stuttgart 1976, S. 138-164

Przywara, Erich S.J., Deutscher Aufbruch, in: Stimmen der Zeit Bd. 124 (1933), S. 82-93

Quandt, Siegfried (Hrsg.), Deutsche Geschichtsdidaktiker des 19. und 20. Jahrhunderts. Wege, Konzeptionen, Wirkungen, Paderborn u.a. 1978

Quitzow, Wilhelm, Das Menschenbild im Biologieunterricht - von der Evolutionstheorie zum Sozialdarwinismus, in: Dithmar, Reinhard (Hrsg.), Schule und Unterricht in der Endphase ..., S. 231-234

Radakovic, Mila, Carl Schmitts Verfassungslehre, in: Hochland 1928/29 2. Bd., S. 534-541

Radcke, Fritz, Ein Jahr Aufbauschule. Ein Blick in die Werkstatt. in: Preußische Lehrerzeitung Nr. 38/39 vom 29.3.1923

Radcke, Fritz, Wir wollen deutscher werden. Der Deutschunterricht als Fürsprecher des Dritten Reiches, Potsdam 1933

Radcke, Fritz, Die Franzburger Aufbauschule als Heimatschule, in: DOA 6 (1933), H. 3, S. 37-39

Radcke, Fritz, Der Weg der Aufbauschule - der Weg ins Dritte Reich, in: DOA 7 (1934), H. 3, S. 39-41

Raddatz, Fritz J., „Sein, sein, deutsch sein!!". Gerhart Hauptmanns Tagebücher aus dem Ersten Weltkrieg antizipieren den Dichter des „Dritten Reichs", in: Die Zeit vom 28.März 1997, S. 53

Radde, Gerd, Fritz Karsen. Ein Berliner Schulreformer der Weimarer Zeit (= Historische und pädagogische Studien, Bd. 4), Berlin 1973

Radde, Gerd, Der Reformpädagoge Fritz Karsen. Verfolgt und verdrängt, doch nicht vergessen, in: Schmoldt, Benno (Hrsg.), Pädagogen in Berlin ..., S. 249-271

Radde, Gerd u.a. (Hrsg.), Schulreform - Kontinuitäten und Brüche. Das Versuchsfeld Berlin-Neukölln, Bd. 1 1912-1945, Opladen 1993

Radkau, Joachim, Die Zweideutigkeit des Kapitals gegenüber dem Faschismus. Einige Gedanken zum Verhältnis von Geschichtsforschung und Faschismustheorie und zum Vergleich Deutschland und Italien, in: Das Argument 146 26. Jg. Juli/August 1984, S. 527-538

Rang, Adalbert, Spranger und Flitner 1933, in: Keim, Wolfgang (Hrsg.), Pädagogen ..., S. 65-78

Rantzau, Otto Graf zu, Das Reichsministeriums für Wissenschaft, Erziehung und Volksbildung, in: Staat und Verwaltung. Der organisatorische Aufbau Teil III, herausgegeben von Paul Meier-Benneckenstein (= Das Dritte Reich im Aufbau. Übersichten und Leistungsberichte Bd. 4), Berlin 1939, S. 232-277

Rasch, Wolfdietrich, Herbert Cysarz „Schiller" (Rezension), in: ZfDB 10 (1934), S. 662f.

Rasch, Wolfdietrich, Neue Forschungen zur deutschen Klassik. Ein Literaturbericht, in: ZfDB 12 (1936), S. 51-54

Rauh-Kühne, Cornelia, Katholisches Milieu und Kleinstadtgesellschaft. Ettlingen 1918-1939, Sigmaringen 1991

Rauscher, Anton (Hrsg.), Der soziale und politische Katholizismus. Entwicklungslinien in Deutschland 1803 - 1963, München 1982

Rawer, Karl / Rahner, Karl, Weltall - Erde - Mensch, in: Christlicher Glaube in moderner Gesellschaft. Teilband 3 der Enzyklopädischen Bibliothek, Freiburg u.a. 1981, S. 5-85

Reble, Albert (Hrsg.), Geschichte der Erziehung. Dokumentarband II, Stuttgart 1971

Recker, Marie-Luise, Vom Revisionismus zur Großmachtstellung. Deutsche Außenpolitik 1933 bis 1939, in: Bracher, Dietrich u.a. (Hrsg.), Deutschland ..., S. 315-330

Rede des komm. Reichsfachschaftsleiters Karl Frank, in: Bericht über die Sondertagung der Fachschaft 2 anläßlich der Reichstagung des NSLB. im Juli 1936, in: DDHS 3 (1936), S. 564-575

Rede von Rust in Trier anläßlich der Eröffnung von acht neuen Hochschulen für Lehrerbildung, abgedruckt in: Weltanschauung und Schule 1 (1936/37), S. 66-75

Reichart, G. / Reichart, N. / Trommer, G., Zur Geschichte des Unterrichtsfaches Biologie, in: Mannzmann, Anneliese (Hrsg.), Geschichte der Unterrichtsfächer III ..., S. 24-53

Reichel, Peter, Der schöne Schein des Dritten Reiches. Faszination und Gewalt des Faschismus, Frankfurt 1993

Reichs- und Preußisches Ministerium für Wissenschaft, Erziehung und Volksbildung, Erziehung und Unterricht in der Höheren Schule. Amtliche Ausgabe, Berlin 1938

Reichsinnenministerium (Hrsg.), Jahrbuch für das höhere Schulwesen. Statistischer Bericht über den Gesamtstand des höheren Schulwesens im Deutschen Reich. 1. Jahrgang 1931/32, Leipzig 1933

Reichsminister Rust zum Jahrestag der nationalsozialistischen Revolution an die deutschen Erzieher, in: DDHS 2 (1935), S. 97

Reichsministerium des Innern, Die Umgestaltung des höheren Schulwesens insbesondere der deutschen Oberschule und der Aufbauschule. Denkschrift, Leipzig 1923.

Reichsverband deutscher Oberschulen und Aufbauschulen, in: Patriot (Lippstadt) vom 14.6.1933

Reicke, Eckart, Die Entstehung der deutschen Oberschule (Aufbauschule) aus dem Lippischen Lehrer-Seminar, in: Heimatland Lippe 74 (1981), S. 399-402

Reinhardt, Karl, Die Neugestaltung des deutschen Schulwesens, Leipzig 1919

Reiß, Gunter (Hrsg.), Materialien zur Ideologiegeschichte der deutschen Literaturwissenschaft. Von Wilhelm Scharer bis 1945. Bd. 2: Vom Ersten Weltkrieg bis 1945, Tübingen 1973

Remarque, Erich Maria, Im Westen nichts Neues (1928), 576.-600. Tausend Berlin 1929

Repgen, Konrad, „Die deutschen Bischöfe und der Zweite Weltkrieg", in: Historisches Jahrbuch 115. Jg. 1995, 2. Halbband, S. 411-452

Reyer, Jürgen, „Rassenhygiene" und „Eugenik" im Kaiserreich und in der Weimarer Republik: Pflege der „Volksgesundheit" oder Sozialrassismus?, in: Herrmann, Ulrich u.a. (Hrsg.), Pädagogik ..., S. 113-145

Richert, Hans, Die deutsche Bildungseinheit und die höhere Schule - Ein Buch von deutscher Nationalerziehung, Tübingen 1920

Richert, Hans, Die Bildung zur Einheit in der Weltanschauung (1920), in: Müller, Karl (Hrsg.), Gymnasiale Bildung. Texte zur Geschichte und Theorie seit Wilhelm von Humboldt, Heidelberg 1968, S. 218-228

Richert, Hans, Die Ober- und Aufbauschule, Leipzig 1923

Richert, Hans, Das Bildungsideal der deutschen Oberschule, in: DOA 1(1928), Heft 1, S. 1f.

Richtlinien für einen Lehrplan der Deutschen Oberschule und der Aufbauschulen hrsg. von Hans Richert, dritte verbesserte Aufl. Berlin 1925

Riekenberg, Michael, Die Zeitschrift „Vergangenheit und Gegenwart" und die Organisation der deutschen Geschichtslehrer (1911-1944), in: Leidinger, Paul (Hrsg.), Geschichtsunterricht ..., S. 128-140

Rindfleisch, George, Die preußische Denkschrift und der Geschichtsunterricht, in: VuG 15 (1925), S. 90-100

Rips, Margret, Dr. Hammerschmidt, in: Rüthener Hefte 1961/62, S. 4-6

Risse, Ewald, Von den geistigen Grundlagen der Gefallenenehrung in unserer Zeit, in: Rüthener Hefte 1961, S. 74-76

Ritscher, Martin, Familienforschung als Gemeinschaftserziehung in der Schule, in: DDHS 2 (1935), S. 212-216

Ritschl, Albrecht, Wirtschaftspolitik im Dritten Reich - Ein Überblick, in: Bracher, Karl Dietrich u.a. (Hrsg.), Deutschland 1933-1945 ..., S. 118-134

Rittermeier, Erika, Schulalltag in Hattingen, in: VHS Hattingen (Hrsg.), Alltag in Hattingen 1933-1945. Eine Kleinstadt im Nationalsozialismus, Essen 1985, S. 122-161

Rixen, Franz, Die Odenkirchener Aufbauschule, in: Laurentiusbote Nr. 80, August 1956, S. 384

Rödding, Hans, Evangelische Glaubenskunde, in: Nationalsozialistischer Lehrerbund Westfalen-Süd (Hrsg.), Auf dem Wege ..., S. 20-28

Roeßler, Wilhelm, Schichtenspezifische Sozialisation in der Weimarer Republik, in: Heinemann, Manfred (Hrsg.), Sozialisation ..., S. 17-38

Roethig, Max, Leibesübungen, in: Bohm, Rudolf u.a. (Hrsg.), Höhere Schule ..., S. 97-119

Rohlfes, Joachim, Der Nationalsozialismus - ein Hitlerismus?, in: GWU 48 (1997), S. 135-150

Rolle, Hermann, Zum Kampf um die deutsche Oberschule, in: Muthesius, Karl u.a., Deutsche Oberschule ..., S. 23-32

Rösch, Eva Sibylle / Rösch, Gerhard, Kaiser Friedrich II. und sein Königreich Sizilien, Sigmaringen 1995

Rosenmöller, Bernhard, Einleitung, in: derselbe (Hrsg.), Das katholische Bildungsideal ..., S. 2-6

Rosenmöller, Bernhard (Hrsg.), Das katholische Bildungsideal und die Bildungskrise. Vorträge der Sondertagung des Verbandes der Vereine Katholischer Akademiker in Recklinghausen, München o.J. (Imprimatur 1926)

Rosenthal, Gabriele (Hrsg.), Die Hitlerjugend-Generation. Biographische Thematisierung als Vergangenheitsbewältigung, Essen 1986

Rossmeissl, Dieter „Ganz Deutschland wird zum Führer halten ...". Zur politischen Erziehung in den Schulen des Dritten Reiches, Frankfurt 1985

Roth, Heinrich (Zusammenstellung), Katholische Jugend in der NS-Zeit. Daten und Dokumente (= Altenberger Dokumente 7), Düsseldorf 1959

Ruck, Michael, Führerabsolutismus und polykratisches Herrschaftsgefüge - Verfassungsstrukturen des NS-Staates, in: Bracher, Karl Dietrich u.a. (Hrsg.), Deutschland ..., S. 32-56

Ruck, Michael, Korpsgeist und Staatsbewußtsein. Beamte im deutschen Südwesten 1928 bis 1972, München 1996

Rürup, R., Demokratische Revolution und „dritter Weg". Die deutsche Revolution von 1918/19 in der neueren wissenschaftlichen Diskussion, in: GuG 9 (1983), S. 278-301.

Rusinek, Bernd-A., Gesellschaft in der Katastrophe - Terror, Illegalität, Widerstand - Köln 1944/45 (= Düsseldorfer Schriften zur Neueren Landesgeschichte und zur Geschichte Nordrhein-Westfalens Bd. 24), Essen 1989

Rust, Bernhard, Das Preußische Kultusministerium seit der nationalen Erhebung, in: Hiller, Friedrich (Hrsg.), Deutsche Erziehung ..., S. 39-41

Rust, Bernhard, Völkische Auslese und Aufbauschule, in: Weltanschauung und Schule 1 (1936/37), S. 3-9

Rustemeyer, Dirk, Identität als faktische Fiktion? Zum Selbstverständnis der Erziehungswissenschaft, in: Lenzen, Dieter (Hrsg.), Pädagogik ..., S. 103-119

Rüther, Josef, Die völkische Bewegung als Abfall vom Christentum I, II und III in: Germania vom 28.11., 3.12. und 8.12.1923

Rüthers, Bernd, Carl Schmitt im Dritten Reich. Wissenschaft als Zeitgeist-Verstärkung?, 2. erweiterte Aufl. München 1990

Ryan, Lawrence, Die 'vaterländische' Umkehr in der Hermannsschlacht, in: Hinderer, Walter (Hrsg.), Kleists Dramen ..., S. 188-212

S., Verbandsnachrichten, 2. Bayern, in: DOA 7 (1934), H. 3, S. 42

S., J. G., Die Gesellschaft für Deutsche Bildung, in: ZfDB 11 (1935), S. 478f.

Sahrhage, Norbert, Bünde zwischen „Machtergreifung" und Entnazifizierung. Geschichte einer westfälischen Kleinstadt von 1929 bis 1953, Bielefeld 1990

Sauer, Oskar, Rasse, Volk und Lebensraum, in: DDHS 2 (1935), S. 580f.

Schachmehr, Fritz, Die Aufgaben der Alten Geschichte im Rahmen der nordischen Weltgeschichte, in: VuG 23 (1933), S. 589-600

Schaefer, Hans, Zur Reform der höheren Schule, in: Deutsches Philologen-Blatt 42 (1934), S. 391f.

Schäfer, Josef (Zusammenstellung), Wo seine Zeugen sterben ist sein Reich. Briefe der enthaupteten Lübecker Geistlichen und Berichte von Augenzeugen, Hamburg 1946

Schaffroth, Harriet, Die Vagantendichtung als Ausdruck der Verweltlichung im staufischen Zeitalter, in: ZfDB 12 (1936), S. 345-354

Schallenberger, Horst, Untersuchungen zum Geschichtsbild der Wilhelminischen Ära und der Weimarer Zeit. Eine vergleichende Schulbuchanalyse deutscher Schulgeschichtsbücher aus der Zeit 1888 bis 1933, Ratingen 1964

Schausberger, Norbert, Intentionen des Geschichtsunterrichts im Rahmen der nationalsozialistischen Erziehung, in: Heinemann, Manfred (Hrsg.), Erziehung und Schulung im Dritten Reich. Teil 1: Kindergarten, Schule, Jugend, Berufserziehung (= (Veröffentlichungen der Historischen Kommission der Deutschen Gesellschaft für Erziehungswissenschaft, Bd. 4.1) Stuttgart 1980, S. 251-263

Scheibe, Wolfgang, Die Reformpädagogische Bewegung 1900 - 1932. Eine einführende Darstellung, 6. erweiterte Aufl. Weinheim u.a. 1978

Scheler, Max, Der Genius des Krieges und der Deutsche Krieg, Leipzig 1915

Schemmer, Hans, Vererbungslehre und geisteswissenschaftlicher Unterricht, in: Just, Günther (Hrsg.), Vererbung ..., S. 304-325

Scherf, Gertrud, Vom deutschen Wald zum deutschen Volk. Biologieunterricht in der Volksschule im Dienste nationalsozialistischer Weltanschauung und Politik, in: Dithmar, Reinhard (Hrsg.), Schule und Unterricht im Dritten Reich ..., S. 217-234

Scheuer, Helmut, Die Dichter und ihre Nation - Ein historischer Aufriß, in: Der Deutschunterricht 42 (1990), H. 4, S. 4-46

Schewe, Dieter, Pädagogik am Gymnasium 1935-1942?, in: Petrinum 24/1992, Recklinghausen 1992, S. 71-75

Schieder, Wolfgang, Die NSDAP vor 1933. Profil einer faschistischen Partei, in: GuG 19 (1993), S. 141-154

Schildt, Asal, NS-Regime. Modernisierung und Moderne. Anmerkungen zur Hochkonjunktur einer andauernden Diskussion, in: Tel Aviver Jahrbuch für deutsche Geschichte. Band XXIII 1994, Nationalsozialismus aus heutiger Perspektive, Gertingen 1994, S. 3-22

Schlemmer, Adalbert, Die Deutschen Aufbauschulen, in: Zeitschrift für den katholischen Religionsunterricht an höheren Lehranstalten 13 (1936), S. 185

Schlemmer, Hans, Die Philosophie in der höheren Schule, in: Grimme, Adolf (Hrsg.), Wesen ..., S. 180-189

Schlitter, Horst, Papst schließt Frieden mit der Evolutionstheorie Darwins, in: FR vom 25.10.1996

Schmädeke, Jürgen / Steinbach, Peter (Hrsg.), Der Widerstand gegen den Nationalsozialismus. Die deutsche Gesellschaft und der Widerstand gegen Hitler, München u.a. 1986

Schmelzle, Karl, Erziehung zum politischen Denken im geographischen Unterricht, in: Pharus 21 (1930), 1. Halbband, S. 117-133

Schmidt, Alfred M. (Hrsg.), Die deutsche Aufbauschule. Das auf der Grundschule errichtete deutsche Gymnasium. Eine Reformschrift über Lehrerbildung nebst Lehrplanentwürfen, Langensalza 1920

Schmidt, Ernst, Die Aufbauschule nach Wesen, Aufgaben und Bildungszielen, in: Der Reichsbote, Tageszeitung für das evangelische Deutschland, Beilage Volkserziehung und Jugendbildung, 55. Jg. Nr. 56 vom 8.3.1927

Schmidt, Ernst, Über das pädagogische Grundproblem der Aufbauschule, in: Deutsche Lehrer-Zeitung 41 (1928), Nr. 12 v. 23.3.1928, S. 121-124

Schmidt, Siegfried J., Von der Memoria zur Gedächtnispolitik. Zwischen Hypertext und Cyberspace: Was heißt individuelle und soziale Erinnerung?, in: FR vom 20.2.1996

Schmidt, Ute, Zentrum oder CDU. Politischer Katholizismus zwischen Tradition und Anpassung, Opladen 1987

Schmidt, Ute, Linkskatholische Positionen nach 1945 zu Katholizismus und Kirche im NS-Staat, in: Ludwig, Heiner / Schroeder, Wolfgang (Hrsg.), Sozial- und Linkskatholizismus. Erinnerung - Orientierung - Befreiung, Frankfurt 1990, S. 130-147

Schmidt-Voigt, H. H., Die fünfte Hauptversammlung des Reichsverbandes Deutscher Oberschulen und Aufbauschulen, in: ZfDB 9 (1933), S. 407-409

Schmidt-Voigt, Hans Heinrich, Bericht über eine Kundgebung für die Deutsche Oberschule, in: ZfDB 9 (1933), S. 584-587

Schmidt-Voigt, H.H., Otto Tumlirz, Das deutsche Bildungsideal als Sonderbericht (Rezension), in: ZfDK 47 (1933), S. 670-672

Schmidt-Voigt, H. H., Vorschläge zur Beseitigung der Unstimmigkeiten zwischen Schule und HJ, in: Deutsches Philologen-Blatt 42 (1934), S. 41

Schmidt-Voigt, H.H., „Bündische Romantiker", in: Deutsches Philologen-Blatt 42 (1934). S. 117

Schmidt-Voigt, H.H., Hellmuth Langenbucher, Volkhafte Dichtung der Zeit (Rezension), in: Deutsches Philologen-Blatt 42 (1934), S. 240

Schmidt-Voigt, H.H., Entwurf eines Stoffplans für den Deutschunterricht auf der Oberstufe, in: ZfDB 13 (1937), S. 408-413

Schmidt-Voigt, H. H., Deutschkunde, in: Handbuch für den Deutschunterricht hrsg. von R. Murtfeld, Bd. 1, Langensalza u.a. 1938, S. 120f.

Schmitt, Hanno, Am Ende stand das Wort „Umsonst". Nationalsozialismus an Marburger Schulen, in: Kirche und Schule im nationalsozialistischen Marburg hrsg. vom Magistrat der Universitätsstadt Marburg, Marburg 1985, S. 165-306

Schmitz, Die staatliche Oberrealschule in Aufbauform zu Alsdorf, in: Heimatblätter des Kreises Aachen 5 (1935), H. 2, S. 13f.

Schmitz, Fritz, Christliche Persönlichkeits- u. völkisch-deutsche Wiederaufbaupädagogik, in: Pharus 25 (1934) 2. Halbband, S. 1-12

Schmitz, Maria, Der konfessionelle Charakter der höheren Schule, in: Kölnische Volkszeitung Nr. 265 vom 4. April 1922 (Abendausgabe)

Schmoldt, Benno, Zur Theorie und Praxis des Gymnasialunterrichts (1900-1930). Eine Studie zum Verhältnis von Bildungstheorie und Unterrichtspraxis zwischen Paulsen und Richert, Weinheim u.a. 1980

Schmoldt, Benno, Die Bedeutung der 'Richertschen' Schulreform für die Entwicklung des 'Höheren Schulwesens' im Deutschen Reich und nach 1945, in: Dithmar, Reinhard u.a. (Hrsg.), Schule zwischen Kaiserreich ..., S 155-175

Schmoldt, Benno, Zur Geschichte des Gymnasiums: Ein Überblick: Grundwissen und Probleme zur Geschichte und Systematik des deutschen Gymnasiums in Vergangenheit und Gegenwart, Boltmannsweiler 1989

Schmoldt, Benno, Hildegard Wegscheider, in: derselbe (Hrsg.), Pädagogen in Berlin ..., S. 237-247

Schmoldt, Benno (Hrsg.), Pädagogen in Berlin. Auswahl von Biographien zwischen Aufklärung und Gegenwart, Hohengehren 1991

Schnabl, Arthur, Uneingelöste Versprechen. Die Debatte über Nationalsozialismus und Modernisierung. Kontinuität oder Erwartung, in: FAZ vom 23.8.1995

Schnauber, Cornelius, Einleitung, in: Gilman, Sander L., NS-Literaturtheorie ..., S. VII-XXII

Schnee, Heinrich, Der neue Geschichtsunterricht. Grundzüge, Erfahrungen und Ausblicke, in: Pharus 23 (1932), 2. Halbband, S. 206-222

Schnee, Heinrich, Geschichtsauffassung, Geschichtsschreibung und Geschichtsunterricht, in: Vierteljahrsschrift für wissenschaftliche Pädagogik 8 (1932), S. 269-291

Schnee, Heinrich, im Dienste der werdenden Nation, in: Vierteljahrsschrift für wissenschaftliche Pädagogik 9 (1933), S. 324-355

Schnee, Heinrich, Probleme des modernen Geschichtsunterrichts, in: Vierteljahrsschrift für wissenschaftliche Pädagogik 8 (1932), S. 348-352

Schnee, Heinrich, Gertrud von Le Forts „Hymnen an Deutschland" im deutschkundlichen Unterricht, in: ZfDB 9 (1933), S. 535f.

Schnee, Heinrich, Erziehung zu Volk und Staat. Ein Beitrag zur Frage der staatsbürgerlichen Erziehung, in: Pharus 24 (1933), 1. Halbband, S. 273-287

Schnee, Heinrich, Geschichtsunterricht als nationalpolitische Gesinnungsdisziplin, in: Pharus 24 (1933), 2. Halbband, S. 384-394

Schnee, Heinrich, Der Geschichtsunterricht im völkischen Nationalstaat, in: VuG 23 (1933), S. 316-331

Schnee, Heinrich, Deutsche Geschichte von Bismarck bis Hitler, Paderborn 1934

Schnee, Heinrich, Gertrud von Le Fort und ihre Stellung im Geistesleben der Gegenwart, in: Pharus 25 (1934), 1. Halbband, S. 401-410

Schnee, Heinrich, Das Ringen um ein neues Geschichtsbild, in: Erziehung und Bildung 2 (1935), S. 65-70

Schnee, Heinrich, Geschichtsunterricht im völkischen Nationalstaat. Ein Handbuch für Lehrende, vierte und umgearbeitete und erweiterte Aufl. Bochum 1936

Schneider, Christian / Stillke, Cordelia / Leineweber, Bernd, Das Erbe der Napola. Versuch einer Generationsgeschichte des Nationalsozialismus, Hamburg 1996

Schneider, Georg, Nationalpolitische Lehrgänge für Schüler, in: ZfDB 11 (1935), S. 584-587

Schneider, Gerhard, Geschichtsdidaktik und Geschichtsunterricht am Ende des Kaiserreichs (vorwiegend in Preußen), in: Leidinger, Paul (Hrsg.), Geschichtsunterricht ..., S. 54-67

Schneider, Hermann, Germanische Dichtung und Christentum, in: ZfDK 50 (1936), S. 599-613

Schneider, M., Nationalsozialismus und Modernisierung? Probleme einer Neubewertung des „Dritten Reiches", in: AfS 32 (1992), S. 541-545

Schoeps, Julius H., Sexualität, Erotik und Männerbund. Hans Blüher und die deutsche Jugendbewegung (zuerst 1986), in: derselbe, Leiden an Deutschland. Vom antisemitischen Wahn und der Last der Erinnerung, München 1990, S. 139-158

Schöllgen, Gregor, Die Macht in der Mitte Europas. Stationen deutscher Außenpolitik von Friedrich dem Großen bis zur Gegenwart, München 1992

Scholtz, Harald, Erziehung und Unterricht unterm Hakenkreuz, Göttingen 1985

Scholtz, Harald, NS-Ausleseschulen. Internatsschulen als Herrschaftsmittel des Führerstaates, Göttingen 1973

Scholz, Barbara-Christiane, Die Jahresberichte der Höheren Lehranstalten in Preußen. Ein Projektbericht zu einer empirischen, datenbankgestützten Untersuchung des nationalsozialistischen Deutschunterrichts, in: Dithmar, Reinhard (Hrsg.), Schule und Unterricht im Dritten Reich ..., S. 275-285

Scholz, Lothar, Der verratene Idealismus. Kindheit und Jugend im Dritten Reich, Frankfurt 1990

Schön, Eduard, Französisch und Englisch, in: Bohm, Rudolf u.a. (Hrsg.), Höhere Schule ..., S. 155-179

Schönbrunn, Walter, Philosophische Arbeitsgemeinschaften, in: ZfDK 42 (1928), S. 136-143

Schönbrunn, Walter, Die Not des Literaturunterrichts in der großstädtischen Schule, in: Die Erziehung 4 (1929), S. 252-259

Schönbrunn, Walter, Wie steht es mit der Schulreform?, in: Monatsschrift für höhere Schulen Bd. 30 (1931), S. 38-52

Schonig, Bruno, Berliner Reformpädagogik in der Weimarer Republik. Personen - Konzeptionen - Unterrichtsansätze, in: Schmoldt, Benno (Hrsg.), Schule in Berlin - gestern und heute, Berlin 1989, S. 31-53

Schönwälder, Karen, Historiker und Politik. Geschichtswissenschaft im Nationalsozialismus, Frankfurt 1992

Schörken, Rolf, Jugend 1945. Politisches Denken und Lebensgeschichte, Opladen 1990

Schott-Fahle, Hanna, Die ersten Lebensjahre der Staatlichen Aufbauschule Rüthen, in: Rüthener Hefte 1960/61, S. 94-96

Schrand, Hermann, Zur Geschichte der Geographie in Schule und Hochschule, in: Mannzmann, Anneliese (Hrsg.), Geschichte der Unterrichtsfächer II ..., S. 74-107

Schreiber, Georg, Das Auslandsdeutschtum als Kulturfrage (= Deutschtum und Ausland 17./18. Heft), Münster 1929

Schreiner, Klaus, Führertum, Rasse, Reich. Wissenschaft von der Geschichte nach der nationalsozialistischen Machtergreifung, in: Lundgreen, Peter, Wissenschaft im Dritten Reich, Frankfurt 1985, S. 163-252

Schröder, Karl, Geschichtsmetaphysik. Ein Nachwort zu Oswald Spenglers „Untergang des Abendlandes", in: Die Gesellschaft 2. Band 1926, S. 535-546

Schroeder, Friedrich, Liebe und Heimat. Maria Kahles Erstlingsbuch heute gelesen und kritisch betrachtet, in: Sauerland Nr. 1 März 1993, S. 4-7

Schroeder, Friedrich, Von der Rektoratsschule zum Gymnasium. 75 Jahre Schulgeschichte, in: Becker, K. u.a. (Hrsg.), 75 Jahre Höhere Schule in Winterberg - von der Rektoratsschule zum Geschwister-Scholl-Gymnasium, Winterberg 1994, S. 24-45

Schröteler, J. SJ, Zur Neuordnung des preußischen höheren Schulwesens, in: Schule und Erziehung 12 (1924), S. 49-69

Schröteler, Joseph SJ, Moderner Staat und Bildung, in: Rosenmöller, Bernhard (Hrsg.), Das katholische Bildungsideal ..., S. 106-140

Schröteler, Joseph SJ, „Nationalpolitische Erziehung, in: Stimmen der Zeit Bd. 124 (1933), S. 103-115

Schröteler, Joseph SJ, Katholisches Bildungsideal und nationalpolitisches Wollen, in: Schule und Erziehung 21 (1933), S. 129-141

Schubarth, Wilfried u.a., Verordneter Antifaschismus und die Folgen. Das Dilemma antifaschistischer Erziehung am Ende der DDR, in: Aus Politik und Zeitgeschichte B 9/91 vom 22. Februar 1991, S. 3-16

Schübel, Albrecht, Walter Flex - Gottes Soldat, in: Zeitwende 13 (1937), S. 577-584

Schubert, Hans von, Der Kommunismus der Wiedertäufer in Münster und seine Quellen. Sitzungsberichte der Heidelberger Akademie der Wissenschaften. Philosophisch-historische Klasse, Jahrgang 1919, 11. Abhandlung, Heidelberg 1919

Schücking, Julius Lothar, Schlageter in der Schule, in: ZfDK 47 (1933), S. 410-413

Schulchronik, in: Fluck, Hans, Mitteilungen ..., S. 9

Schule im Dritten Reich, in: Rüthener Hefte Nr. 19 (1986/87), S. 63-68

Schulordnung für die Deutschen Aufbauschulen, abgedruckt in: Amtsblatt des bayerischen Staatsministeriums für Unterricht und Kultus, München Nr. 8, 31. Mai 1935, S. 77-123

Schulpolitik im neuen Jahr, in: Deutsches Philologen-Blatt 43 (1935), S. 26-28

Schulpolitische Führertagung. Ein Bericht, in: Pharus 24 (1933), 1. Halbband, S. 54-57

Schulpolitische Umschau, in: Deutsches Philologen-Blatt 42 (1934), S. 477-481

Schulreform und Fachschaftsarbeit. Nach dem Vortrage des Reichsfachschaftsleiters Pg. Dr. Benze auf Burg Lauenstein am 30. Mai 1935, in: DDHS 2 (1935), S. 395-397

Schulte, Martina, Die Weimarer Schulreform - Demokratische Ansätze für wen?, in: Dobbelmann, Hanswalter u.a. (Hrsg.), Eine gemeine Schule ..., S. 135-148

Schultz, Hans-Dietrich, „Wachstumswille ist Naturgebot"! Der Beitrag der Schulgeographie zum Versagen der Staatsbürgerkunde in der Weimarer Republik, in: Dithmar, Reinhard (Hrsg.), Schule und Unterricht in der Endphase ..., S. 21-42

Schultz, Hans-Dietrich, Henning Heske: „... und morgen die ganze Welt (Rezension), in: Westfälische Forschungen 41 (1991), S. 680-682

Schulz, Heinrich, Ein Wort zum Geleit, in: Die deutsche Schulreform. Ein Handbuch für die Reichsschulkonferenz, herausgegeben vom Zentralinstitut für Erziehung und Unterricht, (Leipzig 1920) unveränderter Neudruck Vaduz 1987, S. VIII-XII

Schulze, Bücherschau. Schule und Schulaufbau, in: DDHS 3 (1936), S. 514-515

Schulze, Eduard, Die deutsche Klassik und die nationalpolitische Bildung, in: ZfDB 10 (1934), S. 123-133

Schulze, Gerhard, Die Erlebnisgesellschaft. Kultursoziologie der Gegenwart, 2. Aufl. Frankfurt u.a. 1992

Schulze, Hagen, Kleine deutsche Geschichte, München 1996

Schulze, Winfried, Deutsche Geschichtswissenschaft nach 1945 (= HZ, Beiheft 10), München 1989

Schumann, Hans-Joachim von, Die nationalsozialistische Erziehung im Rahmen amtlicher Bestimmungen, Leipzig 1934

Schuwerack, W. G., Nationalpolitische Erziehung, in: Pharus 23 (1932), 2. Halbband, S. 352-360

Schwartz, Michael, Konfessionelle Milieus und Weimarer Eugenik, in: HZ Bd. 261 (1995), S. 403-448

Schwarz, Mia, Die Erdkunde in der neuen Schule. Ein Überblick über die Lage, die Aufgaben und das neu erschienene Schrifttum, in: DOA 7 (1934), H. 6, S. 87-94

Schwarz, Sebald, Vom Aufstieg der Begabten, in: Deutsches Philologen-Blatt Nr. 11 vom 14.3.1928, S. 165-167

Schwarzlose, Adolf, Der Berufsgedanke als Einteilungsgrundsatz der Schulorganisation, in: DDHS 3 (1936), S. 687-693

Schwedtke, Dank an Oberschulrat Bohm, in: Deutsches Philologen-Blatt 42 (1934), S. 550

Schwedtke, Kurt, Besinnung, in: Deutsches Philologen-Blatt 43 (1935), S. 1-6

Schwerdt, Ulrich, Martin Luserke (1880-1968). Reformpädagogik im Spannungsfeld von pädagogischer Innovation und kulturkritischer Ideologie (Studien zur Bildungsreform hrsg. von W. Keim Bd. 23), Frankfurt u.a. 1993

Seeligmann, Chaim, Die Philologen zu Beginn der Weimarer Republik, in: derselbe, Zur politischen Rolle der Philologen in der Weimarer Republik. Gesammelte Aufsätze über Lehrerverbände, Jugendbewegung und zur Antisemitismus-Diskussion (= Studien und Dokumentationen zur deutschen Bildungsgeschichte, Bd. 41), Köln u.a. 1990, S. 7-63

Segeberg, Harro, „Letzthin ist der Untergang das einzig Normale". Über Krieg und Technik im Frühwerk Ernst Jüngers, in: Der Deutschunterricht 41 (1989), H. 5, S. 20-27

Seifert, Heribert, „Schwierigkeiten mit dem jüdischen Schüler Feuerstein". Wie 1938 der letzte jüdische Schüler vom Gymnasium Petrinum getrieben wurde, in: Petrinum 20/1988, Recklinghausen 1988, S. 75-79

Sickinger, Das Mannheimer Schulsystem und der Aufbau des Gesamtschulwesens der Stadt Mannheim, in: Petersen, Peter (Hrsg.), Der Aufstieg ..., S. 148-165

Siedentop, Werner, Biologie, in: Bohm, Rudolf u.a. (Hrsg.), Höhere Schule ..., S. 78-96

Sieferle, Rolf Peter, Fortschrittsfeinde? Opposition gegen Technik und Industrie von der Romantik bis zur Gegenwart, München 1984

Sieferle, Rolf-Peter, Die Konservative Revolution. Fünf biographische Skizzen, Frankfurt 1995

Siegfried, Klaus Jörg, Das deutsche Lesebuch in der Zeit des Nationalsozialismus. Kritische Anmerkungen zur Analyse faschistischer Schulbücher, in: Diskussion Deutsch 10 (1979), S. 288-306

Siemoneit, Martin Alfred, Politische Interpretationen von Stefan Georges Dichtung: Eine Untersuchung verschiedener Interpretationen der politischen Aspekte von Georges Dichtung im Zusammenhang mit den Ereignissen von 1933 (Diss.), Connecticut 1973

Siemsen, Barbara, Der andere Weniger: eine Untersuchung zu Erich Wenigers kaum beachteten Schriften, Frankfurt 1995

Sievers, Gerd, Zur Geschichte der Friedrich-List-Schule, in: Friedrich-List-Schule. Kaufmännische Schule des Kreises Herford in Herford 100 Jahre. 1890 - 1990, Herford 1990, S. 3-65

Simon, Eduard, Die selbständigen (bzw. alleinstehenden) staatlichen Aufbauschulen in Preußen, in: Deutsches Philologen-Blatt Nr. 9 vom 2.3.1927, S. 133-135

Simon, Eduard, Schülerzahlen und Klassenfrequenzen der höheren Lehranstalten Preußens im Jahre 1930, in: Deutsches Philologen-Blatt 38 (1930), S. 17-22

Simon, Eduard, Das höhere Schulwesen Preußens 1934, in: Deutsches Philologen-Blatt 42 (1934), S. 301-303

Simon, Eduard, Das höhere Schulwesen Preußens 1935, in: DDHS 2 (1935), S. 473-480

Soergel, Albert / Hohoff, Curt, Dichtung und Dichter der Zeit. Vom Naturalismus bis zur Gegenwart, 2. Bd., Düsseldorf 1963

Sögtrop, Ludwig, Erinnerungen an die Schulzeit 1933-1938 (redigiert von Hans-Günther Bracht), in: Rüthener Hefte 27 (1994/95), S. 119-124

Sombart, Werner, Händler und Helden. Patriotische Besinnungen, München u.a. 1915

Sonnenschein, Alb., Julius Langbehn, in: St. Liborius 1 (1937), S. 75

Sontheimer, Kurt, Antidemokratisches Denken in der Weimarer Republik. Die politischen Ideen des deutschen Nationalismus zwischen 1918 und 1933, Taschenbuchausgabe München 1978

Sontheimer, Kurt, Die politische Kultur der Weimarer Republik, in: Bracher, Karl Dietrich u.a. (Hrsg.), Die Weimarer ..., S. 454-464

Sontheimer, Kurt, Wider die Leisetreterei der Historiker, in: Die Zeit Nr. 45 vom 4. November 1994, S. 15f.

Spael, Wilhelm, Das katholische Drama des deutschen Sprachgebiets, in: Katholische Leistung ..., S. 65-89

Spann, Othmar, Der Wahre Staat, Leipzig 1921

Spanuth, Heinrich, Der Heimatgedanke im Geschichtsunterricht der Volksschule. Seine Begrenzung und Ergänzung, in: VuG 23 (1933), S. 105-123

Spengler, Oswald, Der Untergang des Abendlandes. Umrisse einer Morphologie der Weltgeschichte. Sonderausgabe der Auflage von 1923 in einem Band, Berlin u.a., o.J.

Sprengel, J. G., Deutsch, in: Norrenberg, J. (Hrsg.) Die deutsche höhere Schule ..., S. 80-104

Sprengel, Johann Georg, Eine kulturpolitische Aussprache in Frankfurt a. M., in: ZfDB 9 (1933), S. 271-276

Sprengel, Johann Georg, Vorschläge für die Neugestaltung des deutschen Unterrichts an höheren Schulen im nationalen Staat, in: ZfDB 9 (1933), S. 575-583

Sprengel, Johann Georg, Der Staatsgedanke in der deutschen Dichtung vom Mittelalter bis zur Gegenwart, Berlin 1933

Sprengel, Johann Georg, Deutsches Volkstum und deutscher Geist, in: ZfDB 10 (1934), S. 144-151

Sprengel, Johann Georg, „Höhere Schule - wozu? Sinn und Aufgabe" (Rezension), in: ZfDB 11 (1935), S. 105f.

Sprengler, Joseph, Richard Billinger und Max Mell in ihren Stilelementen, in: Hochland 27 (1929/30) Bd. 1, S. 73-79

Stachowitz, Werner, Vom lebenskundlichen Unterricht in der höheren Schule, in: DDHS 2 (1935), S. 793-798

Stadtmuseum Münster, Die Wiedertäufer in Münster. Katalog der Eröffnungsausstellung vom 1. Oktober 1982 bis 27. Februar 1983, 4. Aufl. Münster 1983

Staemmler, Martin, Rassenpflege und Schule, in: Die Erziehung im nationalsozialistischen Staat ..., S. 132-154

Stangl, Bernhard, Staat und Demokratie in der Katholischen Kirche, in: Aus Politik und Zeitgeschichte B 46-47/87 vom 14. November 1987, S. 32-45

Starke, Fritz, Das Vaterland als Herrenland. Eine Unterrichtsskizze zu den „vaterländischen Reden" der Weimarer Republik, in: Diskussion Deutsch 15 (1984), S. 334-355

Starke, Rudolf, Zusammenarbeit zwischen Geschichte und Erdkunde, in: VuG 24 (1934), S. 399-407

Statistisches Amt Altona (Hrsg.), Statistisches Jahrbuch der Stadt Altona 1925-1927, Altona 1928

Steinbach, Peter / Tuchel, Johannes (Hrsg.), Widerstand gegen den Nationalsozialismus (Bundeszentrale für politische Bildung, Schriftenreihe Band 323), Bonn 1994

Steinbach, Peter, Der Historikerstreit, in: Lichtenstein, Heiner / Romberg, Otto R. (Hrsg.), Täter - Opfer - Folgen. Der Holocaust in Geschichte und Gegenwart (= Bundeszentrale für politische Bildung, Schriftenreihe Bd. 335), Bonn 1995, S. 101-113

Steinbach, Peter, Einsam - in Deutschland und der Welt. Ein Meilenstein der Forschung über den deutschen Widerstand gegen Hitler. Rezension von Müller, Klaus-Jürgen u.a. (Hrsg.),

Großbritannien und der deutsche Widerstand 1933 - 1944, Paderborn 1994, in: FAZ 16.1.1995

Steinecke, Fritz, Methodik des biologischen Unterrichts an höheren Lehranstalten, Leipzig 1933

Steinecke, Fritz, Methodik des biologischen Unterrichts an höheren Lehranstalten, 2. Aufl. Heidelberg 1951

Steiner, Günter, Waldecks Weg ins Dritte Reich. Gesellschaftliche und politische Strukturen eines ländlichen Raumes während der Weimarer Republik und zu Beginn des Dritten Reiches (= Nationalsozialismus in Nordhessen. Schriften zur regionalen Geschichte, Heft 11), Kassel 1990

Steinfatt, Gustav, Vom Lande aus!, in: DDHS 3 (1936), S. 178 - 183

Steinhaus, Hubert, Blut und Schicksal. Die Zerstörung der pädagogischen Vernunft in den geschichtsphilosophischen Mythen des Wilhelminischen Deutschland, in: Herrmann, Ulrich u.a. (Hrsg.), Pädagogik und Nationalsozialismus ..., S. 87-112

Steinhaus, Hubert, Die nihilistische Utopie - der nationalsozialistische Mensch, in: Herrmann, Ulrich (Hrsg.), „Die Formung ..., S. 105-116

Steinhaus, Hubert, Hitlers Pädagogische Maximen. „Mein Kampf' und die Destruktion der Erziehung im Nationalsozialismus, Frankfurt 1981

Steinle, Jürgen, Hitler als „Betriebsunfall in der Geschichte". Eine historiographische Metapher und ihre Hintergründe, in: GWU 45 (1994), S. 288-302

Steinrücke, Heinrich, Die literarische Tätigkeit Friedrich Steinmanns mit besonderer Berücksichtigung seiner Beziehungen zu Heinrich Heine, Diss. Münster 1926

Steinwachs, Hans Georg, Sehr geehrte..., in: Rüthener Hefte Nr. 20 (1987/88), S. 80

Steinwachs, Hans Georg, Aufruf! Unsere Fahne, in: Rüthener Hefte Nr. 25 (1992/93) S. 111

Steinwachs, Hans Georg, Aufruf! Spende für die Renovierung unserer Fahne!, in: Rüthener Hefte Nr. 26 (1993/94), S. 126

Stellungnahme des Hochschulausschusses der Gesellschaft für Deutsche Bildung zur Denkschrift des Verbandes der Deutschen Hochschulen über Fragen der höheren Schule, abgedruckt in: ZfDB 9 (1933), S. 216-220

Stellungnahme. Anmerkungen zum Artikel „Schule im Dritten Reich" in der letzten Ausgabe der Rüthener Hefte, in: Rüthener Hefte Nr. 20 (1987/88), S. 75-77

Stern, Fritz, Kulturpessimismus als politische Gefahr, Bern u.a. 1963

Sternheim-Peters, Eva, Die Zeit der großen Täuschungen. Eine Jugend im Nationalsozialismus, überarbeitete Neuaufl. Köln 1992

Stieber, Willi, Das Nibelungenlied als Dichtung in der Schule, in: ZfDB 13 (1937), S. 346-356

Stockmann, Alois, Goethe und der Katholizismus. Von Dr. Ferd. Hammerschmidt (Rezension), in: Stimmen der Zeit Band 125 (1933/34), S. 70f.

Stonner, Anton, Zur Frage der nationalen Erziehung in der Gegenwart, in: Schule und Erziehung 20 (1932), S. 297-306

Stonner, Anton, Nationales Bildungsgut und katholische Pädagogik, in: Bildung und Erziehung 2 (1935), S. 297-309

Strehler, Adolf, Die Aufbauschule in der Denkschrift des Bayerischen Lehrervereins zur Lehrerbildungsfrage, in: Bayerisches Bildungswesen 2 (1928), S. 655-658

Streuber, Albert, Der Geschichtsunterricht an den Aufbauschulen. Ein Beitrag zur Frage der Stoffverteilung, in: VuG 23 (1933), S. 415-425

Strodthoff, Werner, Stefan George. Zivilisationskritik und Eskapismus (= Studien zur Literatur der Moderne hrsg. von Helmut Koopmann, Bd. 1), Bonn 1976

Stübing, Heinz, Der Einfluß des Militärs auf Schule und Lehrerschaft, in: Handbuch der Bildungsgeschichte, Bd. IV 1870-1918. Von der Reichsgründung bis zum Ende des Ersten Weltkrieges (hrsg. von Christa Berg), München 1991, S. 515-527

Stuckart, Franz, Rationalismus und Irrationalismus in Schillers „Jungfrau von Orleans", in: ZfDK 48 (1934), S. 93-106

Studentkowski, Werner, Nationalsozialistische Literatur, in: VuG 26 (1936), S. 49-61

Stupperich, Robert, Das Münsterische Täufertum, sein Wesen und seine Verwirklichung, in: Stadtmuseum Münster, Die Wiedertäufer ..., S. 37-53

Suchel, Adolf, Die Arbeitsgemeinschaft in der höheren Schule, in: Die Erziehung, 7 (1932), S. 59-63

Switalski, Wladislaus, Der neudeutsche Idealismus und die deutsche Bildung, in: Rosenmöller, Bernhard (Hrsg.), Das katholische Bildungsideal ..., S. 52-71

Tamm, Ernst, 100 Jahre Neues Gymnasium Nürnberg. Ein Beitrag zur Geschichte des bayerischen Gymnasiums im mittelfränkischen Raum, in: 100 Jahre Neues Gymnasium Nürnberg. 1889 - 1989. Festschrift hrsg. im Auftrag der Freunde des humanistischen Gymnasiums Nürnberg e.V. von Richard Klein, Donauwörth 1989, S. 23-97

Taubitz, Felix, 25 Jahre staatliche Aufbauschule Rüthen, in: Rüthener Hefte 1951, S. 5-9

Tenbrock, Wichtige Bücher, in: Bildung und Erziehung 4 (1937), S. 139f.

Tenorth, Heinz-Elmar, Zur deutschen Bildungsgeschichte 1918 - 1945. Probleme, Analysen und politisch-pädagogische Perspektiven (= Studien und Dokumentationen zur deutschen Bildungsgeschichte, Bd. 28), Köln u.a. 1985

Tenorth, Heinz-Elmar, Deutsche Erziehungswissenschaft 1930-1945. Aspekte ihres Strukturwandels, in: Z.f.Päd. 32 (1986), S. 299-321

Tenorth, Heinz-Elmar, Geschichte der Erziehung. Einführung in die Grundzüge ihrer neuzeitlichen Entwicklung, Weinheim u.a. 1988

Tenorth, Heinz-Elmar, Wissenschaftliche Pädagogik im nationalsozialistischen Deutschland. Zum Stand ihrer Forschung, in: Herrmann, Ulrich u.a. (Hrsg.), Pädagogik und Nationalsozialismus ..., S. 53-84

Tenorth, H.-Elmar, Wahrheitsansprüche und Fiktionalität. Einige systematische Überlegungen und exemplarische Hinweise an die pädagogische Historiographie zum Nationalsozialismus, in: Lenzen, Dieter (Hrsg.), Pädagogik ..., S. 87-102

Tews, J., Die Lebensfrage der Volksschule, Preußische Lehrer-Zeitung Nr. 5 vom 11. Januar 1930

Thalmann, Rita R., Zwischen Mutterkreuz und Rüstungsbetrieb: Zur Rolle der Frau im Dritten Reich, in: Bracher, Karl Dietrich u.a. (Hrsg.), Deutschland 1933-1945 ..., S. 198-217

Thamer, Hans-Ulrich, Nationalsozialismus und Faschismus in der DDR-Historiographie, in: Aus Politik und Zeitgeschichte B 13/87 vom 28. März 1987, S. 27-37

Thamer, Hans-Ulrich, Das Dritte Reich. Interpretationen, Kontroversen und Probleme des aktuellen Forschungsstandes, in: Bracher, Karl Dietrich u.a. (Hrsg.), Deutschland ..., S. 507-531

Thamer, Hans-Ulrich, Verführung und Gewalt. Deutschland 1933 - 1945, Berlin 1989

Thamer, Hans-Ulrich, Nationalsozialismus I. Von den Anfängen bis zur Festigung der Macht (= Bundeszentrale für politische Bildung, Informationen zur politischen Bildung 251, 2. Quartal 1996), Bonn 1996

Theine, Burkhard, Westfälische Landwirtschaft in der Weimarer Republik. Ökonomische Lage, Produktionsformen und Interessenpolitik (= Veröffentlichungen des Provinzinstituts für westfälische Landes- und Volksforschung, Bd. 28), Paderborn 1991

Thiemann, Walter, Historischer Rückblick 1536 - 1961, in: Eine alte Schule im Wandel der Zeit. Festschrift zur 450-Jahr-Feier des Gymnasiums am Löhrtor Siegen, Siegen 1986, S. 17-46

Thom, Reinhard, Wehr-Geopolitik. Von Karl Haushofer (Rezension), in: Zentralblatt ... 76 (1934), Nichtamtlicher Teil S. 251f.

Thomas, Anneliese, Mensch und Schicksal in Hans Grimms 'Mordenaars-Graf', in: ZfDB 13 (1937), S. 224-230

Thyen, Hermann, Zur Theorie und Praxis der Koedukation, in: Die Erziehung 4 (1928/29), S. 553-565

Tjarks, Walter, Das Kölner Dreikönigsgymnasium in der Zeit des Nationalsozialismus, unveröff. Magisterarbeit, Köln 1989

Tormin, Walter (Hrsg.), Die Weimarer Republik, 20. Aufl. Hannover 1981

Trepte, Rubrik „Erziehungswichtige Tatsachen", in: Weltanschauung und Schule 1 (1936/37). S. 105-109

Trippen, Norbert, Gesellschaftliche und politische Auswirkungen der Modernisierungskrise in Deutschland, in: Langner, Albrecht (Hrsg.), Katholizismus und philosophische Strömungen ..., S. 59-103

Tumlirz, Otto, Die Kultur der Gegenwart und das deutsche Bildungsideal, Leipzig 1932

Über Stefan George. Auszug aus der Rede des Studiendirektors Dr. Fluck, in: Fluck, Hans (Hrsg.), Mitteilungen ..., S. 13-21

Übergang hochbegabter Kinder von der Grundschule auf die höhere Schule, abgedruckt in: DDHS 4 (1937), S. 250

Überhorst, Horst (Hrsg.), Elite für die Diktatur. Die nationalpolitischen Erziehungsanstalten 1933 - 1945. Ein Dokumentarbericht, Düsseldorf 1969

Uhlig, Christa, Verordneter Antifaschismus oder antifaschistischer Konsens? Bildungsgeschichtliche Überlegungen zum 8. Mai, in: Pädagogik und Schulalltag 50 (1995), S. 164-174

Unterhorst, M., Die Schülerzahlen der preußischen Aufbauschulen, in: DOA 7 (1933), Heft 1, S. 9f.

Usadel, G., Plan einer deutschen Nationalerziehung, in: Nationalsozialistische Monatshefte 1 (1930), S. S. 345-360

Usadel, Georg, Die Erziehungsmächte Schule, Hitlerjugend und Elternhaus, in: Volk im Werden 2 (1934), S. 155-158

Utermann, Wir sind Winfried Ekkehart ein wenig nachgegangen, in: Weltanschauung und Schule, 1 (1936/37), S. 111-114

Vanselow, Max, Deutschunterricht als geistige Führung, in: ZfDK 48 (1934), S. 209-222

Vanselow, Max, Sechsjährige höhere Schule?, in: Deutsches Philologen-Blatt Nr. 45 42 (1934), S. 489-492

Vent, Reinhard, Stellungnahmen der politischen Parteien zur Staatsbürgerkunde im Preußischen Landtag (1919-1932), in: Heinemann, Manfred (Hrsg.), Sozialisation ..., S. 231-244

Vereinbarung zwischen Reichsminister Rust und Reichsleiter Dr. Ley, abgedruckt in: Weltanschauung und Schule 1 (1936/37), S. 64

Vernekohl, Wihelm, Annette-Gedenktage, in: Heimat und Reich 5 (1938), S. 31

Vietor, Karl, Die Wissenschaft vom deutschen Menschen in dieser Zeit, in: ZfDB 9 (1933), S. 342-348

Vogl, Joseph, Kriegserfahrung und Literatur. Kriterien zur Analyse literarischer Kriegsapologetik, in: Der Deutschunterricht 35 (1983), H. 5, S. 88-102

Vogt, Martin, Parteien in der Weimarer Republik, in: Bracher, Karl Dietrich u.a.(Hrsg.), Die Weimarer ..., S. 134-157

Völkel, Rudolf, Die Erdkunde im Umbruch, in: DDHS 2 (1935), S. 691-700

Vom Bildungsprogramm des Nationalsozialismus, in: Deutsches Philologen-Blatt 40 (1932), S. 216f.

Vom Schulwesen in Rüthen, in: Stadt Rüthen (Hrsg.), 775 Jahre Stadt Rüthen, Rüthen 1975, S. 51-59

Vom Wesen und Ziel der Aufbauschule. Aus der Rede des Herrn Oberschulrats Hellwig, in: Fluck, Hans (Hrsg.), Mitteilungen ..., S. 10-13

Vorschlag für das Schulprogramm der Nationalsozialistischen Deutschen Arbeiterpartei, in: Nationalsozialistische Lehrer-Zeitung 4 (1930/31), S. 8-9

Vorschläge zur Schulreform, in: Deutsches Philologen-Blatt 42 (1934), S. 272f., 285f., 294-296, 307f., 313f., 332f.

Vorurteile und Urteile!, in: Deutsches Philologen-Blatt 42 (1934), S. 561-564

W.,K., Die Aufbauschule, ihre Freunde und Gegner, in: Pädagogische Post Nr. 38 1926, S. 540f.

Wagener, Ulrich, Priester und Laien der katholischen Kirche als Opfer und Täter, in: Frankemölle, Hubert (Hrsg.), Opfer und Täter: zum nationalsozialistischen und antijüdischen Alltag in Ostwestfalen-Lippe, Bielefeld 1990, S. 147-164

Wagner, Julius, Didaktik der Erdkunde. Handbuch des Unterrichts an höheren Schulen, Bd. 8, Frankfurt 1928

Walther, Heinrich, Hermann Lietz als Vorkämpfer neuer deutscher Erziehung in seiner Erstlingsschrift „Emlohstobba", in: DDHS 2 (1935), S. 361-364

Walther, Rudolf, Man braucht mehr Platz, in: Die Zeit vom 21. Juli 1995

Was sollen wir denn Böses getan haben? Die Scharfenberger Familie Kraas, in: Blömeke, Sigrid u.a., „Jungens ..., S. 42-44

Was wir wollen, in: Weltanschauung und Schule 1 (1936/37), S. 1f.

Weber, Hermann, Einleitung, in: Flechtheim, Ossip K., Die KPD ..., S. 5-68

Weber, Rita, Die Neuordnung der preußischen Volksschullehrerbildung in der Weimarer Republik. Zur Entstehung und gesellschaftlichen Bedeutung der Pädagogischen Akademien, Köln u.a. 1984

Wegweiser durch das höhere Schulwesen des Deutschen Reiches. Schuljahr 1935. Bearbeitet von der Reichsstelle für Schulwesen, 1. Jg. Berlin 1936

Wegweiser durch das höhere Schulwesen des Deutschen Reiches. Schuljahr 1936. Bearbeitet von der Reichsstelle für Schulwesen, 2. Jg. Berlin 1937

Wegweiser durch das höhere Schulwesen des Deutschen Reiches. Schuljahr 1937. Bearbeitet von der Reichsstelle für Schulwesen, 3. Jg. Berlin 1938

Wehler, Hans-Ulrich, Das Deutsche Kaiserreich 1871-1918, 3. Aufl. Göttingen 1977

Wehler, Hans-Ulrich, Wie „bürgerlich" war das Deutsche Kaiserreich?, in: Kocka, Jürgen (Hrsg.), Bürger und Bürgerlichkeit im 19. Jahrhundert, Göttingen 1987, S. 243-280

Wehler, Hans-Ulrich, Aus der Geschichte lernen? Essays, München 1988

Wehler, Hans-Ulrich, Von der Herrschaft zum Habitus, n: Die Zeit Nr. 44 vom 25. Oktober 1996

Wehrhan, K., Ketzerische Gedanken zur Aufbauschule, in: Die Mittelschule 36 (1922), Nr. 37 v. 13.9.1922, S. 577-582

Weidemann, Karl, Erziehung zur bewußten Volksgemeinschaft durch Familienkunde, in: DDHS 2 (1935), S. 208-212

Weinacht, Paul Ludwig, Bildungswesen, Erziehung, Unterricht, in: Adrianyi, Gabriel u.a., Die Weltkirche ..., S. 379-410

Weinstock, Heinrich, Typen der Bildung und Typen der Schule, in: Grimme, Adolf u.a. (Hrsg.), Wesen ..., S. 87-99

Weißmann, Karlheinz, Der Weg in den Abgrund - Deutschland unter Hitler 1933 bis 1945 (= Propyläen Geschichte Deutschlands, Bd. 9), Berlin 1995

Weizsäcker, Richard von, Nachdenken über Geschichte, in: Presse- und Informationsamt der Bundesregierung, Bulletin Nr. 131/S.1185-1188 vom 14. Oktober 1988

Weizsäcker, Richard von, Wozu Menschen fähig sind. Das schwierige Erinnern an den Nationalsozialismus, in: FAZ vom 29.11.1994, S. 37

Wendt, Bernd Jürgen, Deutschland 1933-1945. Das „Dritte Reich". Handbuch zur Geschichte, Hannover 1995

Wenz, Zentrum und Aufbauschulen, in: Kölnische Volkszeitung vom 22.4.1932, S. 4

Werner, E., Untersuchung über den Einfluß des Geburtenausfalls während der Kriegsjahre 1915 - 1919 auf die Schülerzahl der Bugenhagenschule Pölitz i. Po., in: DOA 6 (1932/33), H. 3, S. 33-35

Werners, Hans, Erinnerungen an die Jahre 1933/34 auf dem Petrinum, Petrinum 20/1988, Recklinghausen 1988, S. 69-72

Westphal, Otto, Bismarck und Hitler, in: VuG 23 (1933), S. 469-481

Wette, Wolfram, Zur psychologischen Mobilmachung der deutschen Bevölkerung 1933-1939, in: Michalka, Wolfgang (Hrsg.), Der Zweite Weltkrieg. Analysen, Grundzüge, Forschungsbilanz, München 1989, S. 205-223

Wetzel, Paul, Der Bildungsgedanke der „Deutschen Oberschule", in: ZfDB 8 (1932), S. 149-156

Weymar, P., Gescheitertes Studium. Die Begabten-Auslese der Aufbauschulen, in: Vossische Zeitung Nr. 100 vom 28.2.1932, Erste Beilage

Wichmann, Thomas, Heinrich von Kleist, Stuttgart 1988

Willenborg, Rudolf, Die Schule muß bedingungslos nationalsozialistisch sein. Erziehung und Unterricht im Dritten Reich (= Dokumente und Materialien zur Geschichte und Kultur des Oldenburger Münsterlandes, Bd. 2), Vechta 1986

Wilmsen Friedrich, Zur Schulreform, in: Deutsches Philologen-Blatt 42 (1934), S. 258-260

Winfrid, Das nationalsozialistische Gymnasium, in: Volk im Werden 1 (1933), H. 4, S. 52-54

Winfried, Heinrich, Bilanz des Nationalsozialismus, in: „Stimmen der Jugend. Zeitschrift junger Katholiken" 3 (1931), H.3, S. 90-97

Winkler, Heinrich August, Der Herrenreiter als Steigbügelhalter. Rezension zu Joachim Petzold, Franz von Papen. Ein deutsches Verhängnis, in: Die Zeit vom 29.3.1996

Winter, Friederich, Der Rassegedanke und das Auslandsdeutschtum, in: VuG 26 (1936), S. 77-82

Winter, Friedrich, Der Philologe im Dritten Reich, in: DDHS 2 (1935), S. 312-317

Winter, Friedrich, Der Rassegedanke im erdkundlichen Unterricht, in: DDHS 3 (1936), S. 371-374

Winterfeld, Paul von, Deutsche Dichter des Lateinischen Mittelalters in Deutschen Versen, hrsg. und eingeleitet von Hermann Reich, 2. Aufl. München 1917

Wippermann, Wolfgang, Zur Analyse des Faschismus. Die sozialistischen und kommunistischen Faschismustheorien 1921-1945, Frankfurt 1981

Wippermann, Wolfgang, Ein Abgrund. Deutsche Geschichtsrevision im „Propyläen"-Verlag, in: FR vom 9. Januar 1996

Wir Katholiken und die Aufbauschule. Von einem schlesischen Schulmanne, in: Mitteilungs-blatt für katholische Elternausschüsse und Elternbeiräte an mittleren und höheren Schulen. Zentralstelle der katholischen Schulorganisation Deutschlands 1 (1925), Nr.1, S. 5-7

Wittwer, Wolfgang W., Die sozialdemokratische Schulpolitik in der Weimarer Republik. Ein Beitrag zur politischen Schulgeschichte im Reich und in Preußen, Berlin 1980

Wolf, Hans-Friederich / Roeder, Peter-Martin, Die Aufbauschule. Strukturwandel einer Schulform, in: Die Deutsche Schule 56 (1964). S. 41-57

Wolfheim, Elsbeth, Anton Cechow - Selbstzeugnisse und Bilddokumente, Hamburg 1982

Wolters, Friedrich, Stefan George und die Blätter für die Kunst. Deutsche Geistesgeschichte seit 1890, Berlin 1930

Wort der deutschen Bischöfe aus Anlaß des 50. Jahrestages der Befreiung des Vernichtungsla-gers Auschwitz am 27. Januar 1995, abgedruckt in: FAZ vom 25.1.1995

Wuessing, Fritz, Staatsbürgerliche Erziehung, in: Grimme, Adolf u.a. (Hrsg.), Wesen ..., S. 211-219

Wulf, Joseph, Literatur und Dichtung im Dritten Reich. Eine Dokumentation (= Kultur im Dritten Reich, Bd. 2, von Joseph Wulf), Frankfurt u.a. 1989

Wuthenow, Ralph-Rainer (Hrsg.), Stefan George in seiner Zeit. Dokumente zur Wirkungsge-schichte Bd. 1, Stuttgart 1980

Wuthenow, Ralph-Rainer (Hrsg.), Stefan George und die Nachwelt. Dokumente zur Wir-kungsgeschichte Bd. 2, Stuttgart 1981

Wychram, J., Hilfsbuch für den Unterricht in der deutschen Literaturgeschichte. Durchgesehen und fortgeführt von W. Topp, 26. Aufl. Bielefeld u.a.1938

Wyneken, Gustav, Schule und Jugendkultur, 3. Aufl. Jena 1914

Zacharias, Klaus, Oberstudiendirektor Dr. phil. Karl Greff (1890-1949), in: Vereinigung ehe-maliger Schüler des Gymnasiums Theodorianum in Paderborn (Hrsg.), Jahresbericht 1995. Vereinigung ehemaliger Theodorianer, S. 74-76

Zadra, Dario / Schilson, Arno, Symbol und Sakrament, in: Christlicher Glaube in moderner Gesellschaft. Teilband 28 der Enzyklopädischen Bibliothek, Freiburg u.a. 1982, S. 85-150

Zens, Maria, „Ich bin katholisch getauft und Arier." - Genese und Rezeption einer unbequemen Dokumentation, unveröffentlichte Seminararbeit im SoSe 1987 im Seminar für Politische Wissenschaft der Rheinischen Friedrich-Wilhelms-Universität Bonn

Zentralblatt für die gesamte Unterrichtsverwaltung in Preußen, hrsg. in dem Ministerium für Wissenschaft, Kunst und Volksbildung 60 (1918), Berlin 1918 (zit. als Zentralblatt 1918ff.)

Ziehen, Julius, Der Aufstieg der Begabten und die Organisation des höheren Schulwesens, in: Petersen, Peter (Hrsg.), Der Aufstieg ..., S. 166-173

Ziel und Einrichtung der Nationalpolitischen Erziehungsanstalten (nach dem amtlichen Presse-dienst), in: ZfDB 11 (1935), S. 591f.

Zierold, Kurt / Rothkugel, Paul, Die Pädagogischen Akademien. Amtliche Bestimmungen, 2. erweiterte Aufl. Berlin 1931

Zimmermann-Buhr, Bernhard, Die katholische Kirche und der Nationalsozialismus in den Jah-ren 1930-1933, Frankfurt u.a. 1982

Zitelmann, Rainer, Vorwort, in: derselbe, Adolf Hitler ..., S. 7-11

Zitelmann, Rainer, Adolf Hitler. Eine politische Biographie (1989), 3. durchgesehene Aufl. Göttingen 1990

Zmarzlik, Hans-Günter, Der Sozialdarwinismus in Deutschland. Ein Beispiel für den gesell-schaftlichen Mißbrauch naturwissenschaftlicher Erkenntnisse, in: Altner, Günter (Hrsg.), Kreatur Mensch. Moderne Wissenschaft auf der Suche nach dem Humanum, München 1969, S. 147-156

Zöllner, Paul, Die Arbeit in der Werkstatt, in: Fluck, Hans (Hrsg.), Mitteilungen ..., S. 37

Zöllner, Paul, Die naturwissenschaftliche Arbeitsgemeinschaft, in: Fluck, Hans (Hrsg.), Mitteilungen ..., S. 36

Zöllner, Paul, Überblick über die Geologie der Umgebung Rüthens, in: Fluck, Hans (Hrsg.), Mitteilungen ..., S. 34-36

Zöllner, Paul, Unterrichtseinrichtungen und Sammlungen für Chemie und Biologie, in: Fluck, Hans (Hrsg.), Mitteilungen ..., S. 36f.

Zum Plane einer Aufbauschule in Bayern, in: Bayerisches Bildungswesen 2 (1928), S. 519-523

Zur organisatorischen Lage, in: Deutsches Philologen-Blatt 42 (1934), S. 299f., 386f., 421f.

Zylmann, Peter, Die freien Arbeitsgemeinschaften, in: Grimme, Adolf u.a. (Hrsg.), Wesen ..., S. 152-158

Zymek, Bernd, Der verdeckte Strukturwandel im höheren Knabenschulwesen Preußens zwischen 1920 und 1940, in: Z.f.Päd. 27 (1981), S. 271-280

Zymek, Bernd, Die pragmatische Seite der nationalsozialistischen Schulpolitik, in: Herrmann, Ulrich (Hrsg.), „Die Formung ..., S.269-281

Zymek, Bernd, Schule, Hochschule, Lehrer, in: Langewiesche, Dieter / Tenorth, Heinz-Elmar (Hrsg.), Die Weimarer Republik und die nationalsozialistische Diktatur (= Handbuch der deutschen Bildungsgeschichte hrsg. von Christa Berg, Bd. V 1918-1945), München 1989, S. 155-208

Zymek, Bernd, Das „Gesetz gegen die Überfüllung der deutschen Schulen und Hochschulen" und seine Umsetzung in Westfalen, 1933-1935, in: Drewek, Peter / Horn, Klaus-Peter / Kersting, Christa / Tenorth, Heinz-Elmar (Hrsg.), Ambivalenzen der Pädagogik. Zur Bildungsgeschichte der Aufklärung und des 20. Jahrhunderts, Weinheim 1995, S. 205-225

Personenverzeichnis

(ohne Dank, Vorwort und Literaturhinweise)

Bürger, Gottfried August 338
Burte, Hermann 470
Busch, Helmut 48
Carossa, Hans 335, 641
Casser, Paul 422-426, 656, 670
Cassirer, Ernst 676
Catull 389
Celan, Paul 19
Chamberlain, Houston Stewart 176, 558, 562, 669
Chopin, Fryderyk 363
Clauss, Ludwig Ferdinand 635, 637
Cramer, Hans 47, 48-50
Dacqué, Edgar 348
Damberg, Wilhelm 662, 682
Darré, Richard Walther 242, 473
Darwin, Charles Robert 348
Deiters, Heinrich 110
Denzler, Georg 19
Depdolla, Philipp 619
Dibelius, Wilhelm 158, 159
Dietzenschmidt, Anton 408
Dilthey, Wilhelm 547, 603
Diner, Dan 24, 35
Dirks, Walter 27, 660, 674, 693
Dithmar, Reinhard 60
Donath (StR) 625
Dörfler, Peter 408, 485
Dostojewski, Fjodor Michailowitsch 477, 502
Drees, Paul 156, 324
Dreyer, Johann 138, 212
Droste-Hülshoff, Anette von 67, 335, 357, 501, 514, 520, 522, 526
Dudek, Peter 76, 177
Duncker, Käthe 168
Dürer, Albrecht 504
Dwinger, Edwin Erich 641
Ebert, Friedrich 84, 172
Eckhart 518
Edelmann, Moritz 197, 557, 566, 568
Eichendorff, Joseph Freiherr von 337
Eickels, Klaus van 58
Eilers (OStR) 195, 196
Eilers, Rolf 59
Eisenhut (Prorektor) 278, 282-285, 289, 377
Eley, Geoff 79

Elias, Norbert 79
Elisabeth (hl.) 505, 508
Engelke, Gerrit 463, 524, 525
Erbt, Wilhelm 562
Ernst, Paul 527
Eschenbach, Wolfram von 403, 516, 518, 519
Ettighoffer, Paul Coelestin 641
Eulenburg, Franz 80
Evans, Richard J. 79
Fabricius, Volker 19
Falke (StR) 138, 214, 215
Faulhaber (Kardinal) 518
Feder, Gottfried 175, 243
Federer, Heinrich 408
Fichte, Johann Gottlieb 361, 544, 560
Fischer, Albert 138, 189, 190, 207, 209-212, 214, 215, 220, 221
Fischer, Fritz 509
Flessau, Kurt Ingo 683
Flex, Walter 316, 332, 362, 407, 453, 529, 684
Flitner, Wilhelm 165, 177, 322
Flören, Fritz 292, 294, 317
Fluck, Hans 37, 49, 301-307, 310-315, 317, 318, 325, 328, 331-338, 349, 352, 354, 356, 361-363, 365, 368, 380, 661, 691
Fraenkel, Ernst 82
Frank, Horst Joachim 40
Frank, Karl 190, 193, 194, 232
Franke, G.H. 207
Franke, Kurt F.K. 540
Frankenthal, Hans 22
Frankl, Viktor 543
Freise, Gerda 683
Freitag, Otto 91, 131
Frentz, Raitz von 274, 275
Frevet, Ute 79
Freytag, Gustav 515
Frick, Wilhelm 188, 473, 553, 557
Fricke, Gerhardt 474, 489
Friederich, Fritz 538
Friedrich II. (der Große) 342, 480, 526, 527, 555, 568, 580, 595, 669
Friedrich Wilhelm I. 595
Friese, Hans 532
Frings (Kardinal) 674

313, 325-327, 339, 341, 352, 372, 380, 428, 434, 476, 477, 629, 677
Henneböle, Eberhard 294, 640
Hentschel, Ernst 348
Herbart, Johann Friedrich 73
Herder, Johann Gottfried 240, 335, 518
Hermann der Cherusker 445
Herring, Wilhelm 108
Herrlitz, Hans-Georg 38, 154
Herrmann, Alfred 658
Herrmann, Ulrich 34
Herwegen, Ildefons 670, 671
Heske, Henning 68, 69, 606
Hesse, Anton 317, 362
Heuscher (Geh. ORegR) 113
Hey, Bernd 59
Heydebrand, Renate von 360
Hierl 93
Hildebrand 460
Hiller, Friedrich 175, 176, 185-188, 216, 223, 224, 227
Himmelstein, Klaus 22
Himmler, Heinrich 33
Hindenburg, Paul von 272, 307, 412, 561, 597
Hinrichs, Emil 605
Hitler, Adolf 19, 21, 30, 31, 52, 54, 55, 202, 208, 210, 212, 214, 218, 225-227, 232, 243, 261, 272, 304, 312, 381, 388, 396, 411-414, 419, 423, 428, 429, 445-447, 449, 451, 455, 459, 468, 469, 471, 473, 477, 479, 504, 522, 535, 536, 546, 549, 551, 555, 558-561, 565, 567, 569, 573, 575, 576, 578-583, 585, 593, 596, 598-600, 606, 629, 640, 641, 647, 649, 652, 660, 662, 665, 680, 691
Hitzer, Friedrich 59
Hockerts, Hans Günter 691
Hoetzsch, Otto 556
Hoeynck (Elternrat) 353
Hoffmann (Minsiter USPD) 537
Hofmannsthal, Hugo von 335
Hohlfeld, Andreas 523, 524
Hohmann, Walter 338, 561, 562
Hoischen, Franz 319, 356, 659
Hölderlin, Johann Christian 465
Holtz (Abg. USPD) 99, 108
Honsberg, Eugen 548, 549

Horaz (Quintus Horatius Flaccus) 306
Hördt, Philipp 178-180, 216, 242
Hötte, Franz 272
Huch, Ricarda 335
Huhn, Jochen 538, 540
Hürten, Heinz 19
Hussong, Wilehlm 498, 499
Ibsen, Henrik 466, 476-478, 480, 502, 526, 528
Immermann, Karl Leberecht 331
Jahnke (preuß. Ministerialdirektor) 99, 122
Johannes Paul II. 348
Johannsen, Wilhelm 635
Johst, Hanns 332, 407, 492, 495, 528, 530
Jung, Edgar J. 667
Jünger, Ernst 316, 485, 509, 517, 641, 664, 693
Just, Günther 619
Kahle, Maria 316, 357-360, 383, 384, 388, 389, 400, 529, 530, 655
Kahle, Wilhelm 293, 295, 317, 318, 324, 334, 340, 341, 344-347, 349, 356, 359, 362, 364, 375, 379-400, 426, 434, 462, 463, 467, 471, 475, 476, 503, 514, 516, 519, 520, 524, 529, 642, 643, 655, 659, 663, 665, 666, 668, 671, 672, 680, 684, 685
Kaiser, Georg 500, 501
Kampmann, Theoderich 553
Kant, Immanuel 148
Kanz, Lothar 40
Kapp, Wolfgang 92
Karl der Große 359, 559, 560
Karl V. 594
Karsen, Fritz 95, 164, 173, 209
Karstädt, Otto 88, 89, 97, 105
Kaschuba, Wolfgang 681
Katann, Oskar 476
Kattmann, Ulrich 29, 623
Kauke, Hermann 294, 317
Kautz, Heinrich 245, 246
Kawerau, Georg Siegfried 539, 540
Keim, Wolfgang 22, 24, 29, 75, 177, 661, 693
Keller, Gottfried 331, 335
Kerff (Abg. KPD) 162
Kershaw, Ian 31

Ketteler, Wilhelm Emmanuel Freiherr von 578
Kiehn, Ludwig 236
Killing, Wilhelm 390
Kindermann, Heinz 457
Kindt, Karl 459
Klafki, Wolfgang 680
Klages, Ludwig 507
Klagges, Dietrich 217, 601
Klausner, Erich 586
Kleeberg, Arthur 138, 139, 141-143, 213, 214, 218, 219
Klein, Caspar 122, 392
Kleist, Heinrich von 465, 467, 470, 473-476, 480, 490, 501, 503, 526, 528, 533
Kleist-Schmenzin, Ewald von 676
Klemmer (StR) 145
Klemmt, Alfred 557
Klewitz, Marion 69
Klönne, Arno 666
Klopstock, Friedrich Gottlieb 335
Kluges, Hermann 467
Knackstedt (StR) 436, 437
Knorr, Friedrich 516
Knülle, Albert 291, 292, 366
Koch (Gauleiter) 261
Koch, Franz 409, 543
Koch, Otto 169
Koch, Robert 348
Kocka, Jürgen 28
Koenig, L. 127
Kohorst, Bernhard 295
Kolbenheyer, Erwin Guido 407
Kolping, Adolf 578
Korff, Hermann August 240, 339, 456, 457
Körner, Christian Gottfried 490
Kortemeier (Seminarprorektor) 110, 111
Kortum, Karl Arnold 331, 332
Kossinna, Gustav 643
Kösters, Joseph 138, 139, 213, 215, 216, 560
Kraas (Brilon) 679
Kraft, Adam 504
Krampe, Sigfrid 127
Kraus, Karl 311
Krieck, Ernst 65, 175, 178-182, 216, 229, 230, 242, 243, 247, 249, 545, 568
Krippendorf, Kurt 458, 461, 555, 569

Krudewig, Maria 175
Kuhn, Margarete 514
Kurfeß, Hans 149
Kutzner, Engelhard 401
Lagarde, Paul Anton de 34, 139, 166, 168, 217, 248, 544, 549, 558, 560, 562, 669
Lamarck, Jean Baptiste 635, 637
Lampe (StD`) 138
Landé, Walter 280, 300
Langbehn, Julius 34, 139, 166, 217, 248, 394, 544, 549, 558, 667, 669
Lange (Hamm) 436
Langenbucher, Hellmuth 332, 457
Lassalle, Ferdinand 342, 574, 575, 596
Lauf-Immesberger, Karin 61
Lauscher, A. 128, 146, 147, 161
Lauterbach, Hans-Christoph 677
Laval, Pierre 615
Lawrenz, Erwin 19
Le Fort, Gertrud Freiin von 408, 551
Le Mang, R. 138
Lehberger, Reiner 61
Lehmann (Geh. Reg.R) 85
Lehmann, F. Rudolf 556
Lehmann, Karl 501
Leistritz, Hans Karl 568
Lemke, Ulrich 53
Lenger, Friedrich 36
Leo XIII. 149
Lersch, Heinrich 463, 524, 525
Lessing, Gotthold Ephraim 514, 532
Ley, Robert 257, 258, 261
Liebermann, Max 20
Lietz, Hermann 127
Liliencron, Detlev von 290, 334, 338, 463
Lind, Gunter 61
Linden, Walther 240, 404, 409, 469, 474, 479, 488, 489, 527, 530, 532, 676
Lindner, Burkhardt 241
Lipp, Carola 681
Lissauer, Ernst 407, 409
List, Friedrich 342
Litt, Theodor 547
Löffler, Eugen 170
Löns, Hermann 335, 520-522
Louis, Gustav 227
Löwenstein, Curt 165, 188
Löwenthal, Richard 81

STUDIEN ZUR BILDUNGSREFORM

Herausgeber: Wolfgang Keim

Band 1 Rudolf Hars: Die Bildungsreformpolitik der Christlich-Demokratischen Union in den Jahren 1945-1954. Ein Beitrag zum Problem des Konservatismus in der deutschen Bildungspolitik. 1981.

Band 2 Martin Fromm: Soziales Lernen in der Gesamtschule. Aspekte einer handlungsorientierten Konzeption. 1980.

Band 3 Wilfried Datler (Hrsg.): Verhaltensauffälligkeit und Schule. Konsequenzen von Schulversuchen für die Pädagogik der "Verhaltensgestörten". 1987.

Band 4 Gernot Alterhoff: Soziale Integration bei Gesamtschülern in Nordrhein-Westfalen. Längsschnittuntersuchung zu Veränderungen verschiedener Aspekte im Sozialverhalten. 1980.

Band 5 Dietrich Lemke: Lernzielorientierter Unterricht - revidiert. 1981.

Band 6 Wolf D. Bukow/ Peter Palla: Subjektivität und freie Wissenschaft. Gegen die Resignation in der Lehrerausbildung. 1981.

Band 7 Caspar Kuhlmann: Frieden - kein Thema europäischer Schulgeschichtsbücher? 1982.

Band 8 Caspar Kuhlmann: Peace - A Topic in European History Text-Books? 1985.

Band 9 Karl-Heinz Füssl/ Christian Kubina: Berliner Schule zwischen Restauration und Innovation. 1983.

Band 10 Herwart Kemper: Schultheorie als Schul- und Reformkritik. 1983.

Band 11 Alfred Ehrentreich: 50 Jahre erlebte Schulreform - Erfahrungen eines Berliner Pädagogen. Herausgegeben und mit einer Einführung von Wolfgang Keim. 1985.

Band 12 Barbara Gaebe: Lehrplan im Wandel. Veränderungen in den Auffassungen und Begründungen von Schulwissen. 1985.

Band 13 Klaus Himmelstein: Kreuz statt Führerbild. Zur Volksschulentwicklung in Nordrhein-Westfalen 1945-1950. 1986.

Band 14 Jörg Schlömerkemper/ Klaus Winkel: Lernen im Team-Kleingruppen-Modell (TKM). Biographische und empirische Untersuchungen zum Sozialen Lernen in der Integrierten Gesamtschule Göttingen-Geismar. 1987.

Band 15 Luzius Gessler: Bildungserfolg im Spiegel von Bildungsbiographien. Begegnungen mit Schülerinnen und Schülern der Hiberniaschule (Wanne-Eickel). 1988.

Band 16 Wolfgang Keim (Hrsg.): Pädagogen und Pädagogik im Nationalsozialismus - Ein unerledigtes Problem der Erziehungswissenschaft. 1988. 3. Auflage 1991.

Band 17 Klaus Himmelstein (Hrsg.): Otto Koch - Wider das deutsche Erziehungselend. 1992.

Band 18 Martha Friedenthal-Haase: Erwachsenenbildung im Prozeß der Akademisierung. Der staats- und sozialwissenschaftliche Beitrag zur Entstehung eines Fachgebiets an den Universitäten der Weimarer Republik - unter besonderer Berücksichtigung Kölns. 1991.

Band 19 Bruno Schonig: Krisenerfahrung und pädagogisches Engagement. Lebens- und berufsgeschichtliche Erfahrungen Berliner Lehrerinnen und Lehrer 1914 – 1961. 1994.

Band 20 Burkhard Poste: Schulreform in Sachsen 1918-1923. Eine vergessene Tradition deutscher Schulgeschichte. 1993.

Band 22 Inge Hansen-Schaberg: Minna Specht – Eine Sozialistin in der Landerziehungsheimbewegung (1918-1951). Untersuchung zur pädagogischen Biographie einer Reformpädagogin. 1992.